The Distribution and Research of Fortifications of Northeast Ancient Nationalities

东北古代民族筑城研究

王禹浪 著

中国社会科学出版社

图书在版编目(CIP)数据

东北古代民族筑城研究/王禹浪著. —北京：中国社会科学出版社，2017.12
ISBN 978-7-5203-1096-3

Ⅰ.①东… Ⅱ.①王… Ⅲ.①古代民族—筑城—历史—研究—东北地区 Ⅳ.①E291

中国版本图书馆CIP数据核字(2017)第238550号

出版人 赵剑英
责任编辑 安 芳
责任校对 张爱华
责任印制 李寡寡

出 版 中国社会科学出版社
社 址 北京鼓楼西大街甲158号
邮 编 100720
网 址 http://www.csspw.cn
发行部 010-84083685
门市部 010-84029450
经 销 新华书店及其他书店

印刷装订 北京君升印刷有限公司
版 次 2017年12月第1版
印 次 2017年12月第1次印刷

开 本 710×1000 1/16
印 张 51.5
字 数 875千字
定 价 198.00元

图 1　凤凰山山城城垣遗址 (1)

图 2　凤凰山山城城垣遗址(2)

图 3　金代界壕边堡遗址

图 4　金代界壕长城遗址

图 5　辽代祖州大石棚

图 6　辽阳东京城天佑门

图 7　金代泰州城遗址

图 8　辽金泰州遗址泰来县塔子城

图 9　辽阳唐岩州城城垣遗址

图 10　辽阳岩州城北墙马面遗址

图 11　辽宁省朝阳三燕故都辽塔

图 12　辽源七一古城城垣遗址

图 13　金代蒲裕路故址

图 14　金代蒲裕路文物保护标志

图 15　辽金时期的双凤铜镜

图 16　七台河市古城出土的靺鞨陶罐

目　录

前　言

一　东北古代民族筑城的发展轨迹概述

夏家店下层的石城文化伴随着东北古族的迁徙进入辽东，成为秽貊族修筑山城的技术起源。秽貊，又称濊貊、穢貊、秽貉等，是我国东北历史上的古代民族之一。一般认为，秽貊族主要是由秽族和貊族，并杂糅良夷、白夷、发、古朝鲜等众多东北古族融合而成。此后在秦汉时期逐渐分化而成，以松花江上游为中心的夫余族和以浑江、鸭绿江流域为中心的高句丽族。在今辽东山地，分布着许多青铜时代秽貊族的石筑山城。这些山城依山而建，设施完备，并已形成较为成熟的山城筑城形制。这些秽貊族山城无疑对探索后世高句丽山城的源流提供了重要的实物依据。此外，吉林市东郊古城群中发现的西团山文化因素则证实这些古城与秽族所建之“秽城”密切相关，应属于秽族的筑城遗存。

夫余族是秽貊族系的重要组成部分，亦是我国东北地区较早建立王国政权的古代民族，在东北古代历史上占据着十分重要的地位。夫余族建立的夫余国曾占地两千里，有户八万，特别是东汉时期盛极一时，是当时东北亚强大的王国之一。夫余国祚长达近600年，曾与汉族、勿吉、鲜卑、高句丽等民族发生过密切的联系，后期在慕容鲜卑前燕政权、勿吉、高句丽等周边邻国的打击下逐渐走向衰落，直至灭亡。由于考古调查未能发现更多的夫余一般筑城，因此，学术界对夫余筑城的研究基本上只是对其王城的探索。夫余的前身是活跃于乌裕尔河、嫩江、松花江流域的“北夷”索离国，索离王子东明南下秽地建立了夫余国后，始有夫余国及其夫余族之称谓。通过30余年来对索离国及夫余国王城的探索可得出如下推论，即黑龙江省宾县庆华堡寨城址、巴彦县王八脖子城址以及吉林省吉林市东郊的南城子古城、东团山古城不仅在出土遗物的年代上符合夫余的年代，古城形制也与文献中关于夫余“以圆栅为城”“作城栅皆圆，有似牢狱”的记载吻合，故可基本确定为不同时代的夫余王城。这种圆形土城的筑城形制开创了东北古代民族圆形筑城的先河，夯土筑城的形制和建筑方法则无疑是深受中原土筑城址影响的结果。如今，属于秽城、由夫余人修筑的城池主要分布在吉林市、哈尔滨市、长春市所辖的松花江流域的诸多支流的山区、半山区的丘陵和山地上，多以圆栅为城，留存的遗址为圆形结构，城内外分布着许多穴居坑。这种类型的城池东部可达双鸭山地区，北部可达黑河地区，南部到达清源龙岗山脉，西部则接近松辽大平原地区，分布范围甚广。虽不能说明这些城池都属于夫余时期所建，但从夫余国存续的时间长达600年之久的现象上分析，受夫余筑城文化影响的可能性是存在的。如牡丹江东部地区的挹娄人长期受夫余人统治，其筑城当然就有夫余筑城的特点，松花江以北、黑龙江以南的小兴安岭山地是夫余人先民所居之地，筑城文化当属一脉相承的关系。松花江以南、以西地区长白山脉的张广才岭、老爷岭、龙岗山地区的筑城则是因为晚期夫余王城西迁近燕，或南迁近汉的缘故，筑城形制往往会出现一些变异。其中必不可少地融入了汉代筑城与鲜卑筑城的特点。

作为满族先民源流的肃慎族，早在青铜时代即已修筑城址。《新唐书·地理志》引贾耽《道里记》记载渤海王城即上京龙泉府“西南三十里有古肃慎城”。《钦定满洲源流考》在卷八《疆域》之《肃慎四至》《肃慎城肃慎县》中考释肃慎城则位于渤海上京城附近的宁古塔一带。晚清著名东北史地学家曹廷杰的《东三省舆地图说·肃慎国考》云：“据《山海经》及《晋书》肃慎国在不咸山北，贾耽谓渤海王城临呼尔罕海，其西南三十里有古肃慎城，今东京城西南三十里有古城基，当即肃慎国也……”笔者认为，今渤海上京龙泉府之西南三家镇三家子村附近的由三道城垣环绕的古城很可能为古肃慎城。[①] 肃慎在两汉时期称挹娄，开创了东北第一个古代民族筑城文明的时代，黑龙江地区三江平原出现的汉魏时期挹娄古城群就是重要的历史见证。这批古城群在考古学文化上属于双鸭山市滚兔岭文化发展为凤林文化的产物，同时还受到了南部图们

① 王禹浪、王文轶：《东北古代史研究》，黑龙江人民出版社2014年版，第275页。

江和绥芬河流域团结文化的影响。根据黑龙江省文物考古研究所主持的“黑龙江七星河流域汉魏遗址群聚落考古计划”及其历年相关的考古调查可知，三江平原地区的汉魏古城群以乌苏里江流域七星河支流为中心，共发现筑城址 113 处、遗址 313 处，加上临近的佳木斯、七台河等地区发现的近百座城址和数百处遗址（由于一些城址坍毁严重，故暂定其为古遗址），据不完全统计三江平原汉魏时期筑城址数量当在数百座之多。其中以七星河流域友谊县的凤林村古城址的规模最为宏大，形制复杂、出土文物精美、考古文化十分丰富，是迄今所见东北地区面积最大的半地穴式城址。因此，许多学者认为凤林古城遗址可能就是挹娄王城。凤林古城隔七星河，与宝清县炮台山古城遥遥相对，这是一座依山势而修建的三重城垣接近半圆形的山城。在炮台山山城的顶部发现了据说是北斗七星式的祭坛遗存，说明该城的性质可能与祭祀相关。除此之外，在三江平原地区还有双鸭山保安村 2 号城址、佳木斯前董家子古山寨城址等次级中心城址。三江平原汉魏古城群的发现，表明这一时期的挹娄族已迈入早期国家的门槛，并开创了灿烂的城邦文明，成为东北地区黑龙江流域古代历史上重要的筑城文化的高峰。魏晋南北朝时期，来自图们江、绥芬河流域的沃沮族在高句丽的打击下不断北迁至三江平原，沃沮人驱逐土著的挹娄族，建立强大的勿吉王国，并在挹娄人修筑的古城群的基础上融入图们江流域的筑城文化。三江平原汉魏古城群以圆形筑城为多，还有少量长方形或不规则形筑城，其城垣多为土筑，这种筑城形制与夫余筑城形制类似，可能是受挹娄人西邻的夫余人筑城文化的影响。

公元前 37 年（汉元帝建昭二年），以吉林市为中心的夫余国王子邹牟南下浑江流域建立了高句丽政权，定都于卒本川的纥升骨城，其城址为今辽宁省桓仁县五女山城。公元 3 年（汉平帝元始三年），高句丽第二代国王琉璃明王迁都国内城（今吉林省集安市），并筑有尉那岩城，后改称丸都山城。公元 427 年（北魏太武帝始光四年），高句丽第二十代国王长寿王迁都平壤。公元 668 年（唐高宗总章元年），在唐朝和新罗的联合打击下，国祚 705 年的高句丽政权灭亡。高句丽政权存在了 7 个世纪的时间，历经中原王朝的两汉、三国两晋南北朝、隋、唐，其统辖区域囊括了我国辽河以东的辽宁省东部、吉林省东南部，以及汉江流域以北的朝鲜半岛地区，其政权在东北亚古代历史上占有极为重要的地位。据不完全统计，目前我国东北地区的高句丽山城达 170 余座，还有包括桓仁下古城子、集安国内城等高句丽王城在内的近10座大型平原筑城。其中五女山城、丸都山城是高句丽山地筑城的典范，分别代表了高句丽政权早期和中期山地筑城的高超技术。高句丽好太王时期开始大肆对外扩张后，高句丽疆域达到了鼎盛，其疆域西部与北魏政权划辽河而治，辽东半岛尽入囊中。辽东半岛现存有高句丽山城57座，是高句丽军事防御的山城最为集中的地区，其中不乏大连大黑山山城、普兰店巍霸山城、盖州青石岭山城、庄河城山山城、辽阳燕州山城等周长5000米以上的大型山城。这些山城几乎均是高句丽好太王占据辽东后所建，并在隋丽、唐丽战争中发挥了重要作用。高句丽山城依形制分为簸箕型、筑断型、一面坡型、多角边型等类型，城墙则分为石筑、土筑、土石混筑等多种因地制宜的修筑方法。山城内居住址、瞭望台、蓄水池、仓储遗址、“水牢”等生活与军事设施一应俱全。高句丽平原城几乎均袭用汉城或依汉城而建。国内城则是典型的高句丽土石混筑的平原城，反映了高句丽族平原筑城的典型特点。高句丽后期荣留王时期为抵御唐朝的进攻，还修筑了自夫余城至渤海之滨的千里长城。在吉林省延边州的和龙、龙井一带也发现了高句丽时代的边墙，可能始建于高句丽与勿吉对峙时期，其长城形制为土石混筑。

公元698年，粟末靺鞨首领大祚荣在图们江流域布尔哈通河与海兰江交汇处的城子山山城（史称东牟山）建立了渤海政权。天宝末年，渤海第三代国王大钦茂自显州（中京显德府）迁都牡丹江畔的上京龙泉府。其间虽短暂徙都东京龙原府，但终渤海之世，上京城是长期作为渤海国的政治、经济、文化中心。渤海国在以牡丹江流域、图们江流域、鸭绿江流域为中心的中世纪创造了辉煌的文明，史称“海东盛国”。渤海的繁荣大大促进了东北地区古代筑城文明的发展，特别是将图们江、黑龙江、鸭绿江流域推向了都市文明和城镇化的高峰。目前在我国境内的渤海国筑城数量超过了200座，朝鲜和俄罗斯远东滨海边疆区也有60余座渤海筑城。渤海早期仍延续着靺鞨族和高句丽族的山地筑城的传统，渤海国早期的王都东牟山城所在地延吉城子山山城，“勿汗州兼三大王都督”所在地镜泊湖城子后、重唇河、城墙砬子三座山城规模宏大，如城子后山城周长超过了5000米，是渤海早期筑城文化的标志。大钦茂自显州迁都渤海上京后，其平原筑城显著增加，并出现了繁荣辉煌的都市文明。渤海上京龙泉府、中京显德府、东京龙原府是渤海的三大都城，其建制深受唐都长安城和洛阳城的影响，均为套城形制。渤海不仅继承了高句丽的山地筑城传统，城址形制和城墙修筑技艺与高句丽十分相似，而且开始大量建造平原城，其规模宏伟。平原城均坐落在水陆要冲、交通要道，城垣多为夯土版筑，城墙设有城门、瓮城、角楼等防御设施，城址平面以方形和长方形为主，另有少量城址依地形修筑成不规则形、近似椭圆形、多边形等。城址内官衙、亭台楼阁、回廊、道路、寺院、府邸、生活设施、水井、作坊、民宅等设施齐备。古城中出土大量青砖、莲花纹瓦当、瓦头、牡丹花纹方砖、布纹板瓦、筒瓦等建筑饰件都充分说明渤海国的都市化、城镇化规模都达到了空前水平。渤海国上京、中京、东京三大都城及200余座山地和平原筑城使东北地区进入了继三江平原汉魏古城群后又一灿烂的都市文明阶段，三大都城所开创的牡丹江流域和图们江流域的都市文明，犹如三颗耀眼的星，深刻影响了黑龙江、图们江、鸭绿江流域的古代城市文明的发展进程。无疑，随着这些筑城的出现，东北地区古代水陆交通网络业已形成。自渤海国之后，东北古族的平原筑城在东北地区广为兴起，山地筑城则逐渐居于次要地位，这反映了以平原定居为特征的农业文明的发展和政权统治出现了相对稳定的局面。值得注意的是，渤海国早期为了防御黑水靺鞨的袭扰，仿效高句丽人在镜泊湖附近凭借险要的地形修建了长城防御设施，今天发现于镜泊湖畔的牡丹江边墙就是充分利用当地盛产的玄武岩石块垒砌而成。

公元10世纪以后，兴起于我国东北地区的古代民族契丹族和女真族，先后入主中原，建立了统治半壁中国、疆域极为辽阔的大辽帝国和大金帝国。东北地区作为辽金王朝的发祥之地和都城之所在，辽朝上京临潢府、中京大定府、东京辽阳府及其所管辖的上京道、中京道、东京道，金朝上京会宁府及上京路、东京路、咸平路、北京路等均位于东北地区。契丹和女真统治者在东北地区修建了近千座古城；其中有些古城沿用了渤海筑城。辽代一方面沿用了渤海筑城；另一方面则强迁渤海遗民于辽阳、辽西、燕山南北地区，遂导致了这些地区筑城的发展，而黑龙江流域大量渤海城址则被废弃。金代在渤海、辽筑城的基础上进一步发展，并兴建了许多女真族筑城。女真筑城亦分山地筑城和平原筑城，以方形和长方形的平原筑城为主，城墙上附设有城门、瓮城、马面、角楼等，古城的防御性较渤海时期有所增强。辽上京、辽中京和金上京城代表了这一时期东北古代民族都市文明的巅峰。金源内地则在金上京都市文明的辐射下形成了繁荣密集的城市群，仅以金上京为中心的阿什河流域及哈尔滨地区周边已发现和认定的女真筑城即达170余座。以松花江干流为主的左、右两岸的大小支流，如乌裕尔河、呼兰河、木兰河、阿什河、枷板河、蚂蜒河、拉林河、运粮河、马家沟河、何家沟河等均分布着大量的金代筑城，并形成了星罗棋布的筑城文化网络。这种发达的城市文明不断地向外部扩展，不仅在嫩江、牡丹江、洮儿河流域留下了筑城文化的深刻烙印，甚至远播至北达黑龙江以北的结雅河、布列亚河流域，南逾长白山山地进入辽河平原，东达绥芬河、穆棱河、乌苏里江流域，直至俄罗斯远东地区的黑龙江口及滨海边疆区，西至蒙古高原地区和外蒙古的三河源地区。辽金契丹、女真筑城形制复杂、数量众多、遍及东北的山川河流、湖泊、平原、草原、湿地及其沿海地区。在这一时期，大城与小城、方城与圆城、石城与土城、山城与平原城均被整合于契丹、女真筑城群的体系之中。

据《辽史·太祖本纪》记载，辽太祖耶律阿保机曾“肇国辽东”，并于“太祖二年冬十月，筑长城于镇东海口”。“镇东关”系镇东海口长城上的重要关隘，学术界一般认为，辽代“镇东关”位于今大连市甘井子区南关岭一带，金、元、明历朝均沿用此关，并先后改称“合厮罕关”“哈斯罕关”“哈斯关”等。该地区遗迹至今尚存，为夯土筑墙，与东北地区辽金平原筑城方式基本一致。但笔者认为，“海口”系大河入海口，今大连地区不仅没有大河入海口，且并非位于辽上京、辽中京之东。镇东海口长城及镇东关应在辽帝国东方的某大河入海口附近寻之，即应位于靠近朝鲜半岛的鸭绿江右岸的丹东一带。该地区为辽帝国威慑高丽的重要战略要塞，同时也是辽朝与高丽使者往来的必经之地。明代虎山长城可能就利用了辽代镇东海口长城及镇东关旧址。不仅如此，金代为防御其西部阻卜等部族的袭扰，修筑了自今齐齐哈尔市的嫩江之滨，直至今内蒙古河套地区的金长城，全长5000公里。金长城又称“金界壕”“边堡”等，由主墙、护城壕、副壕、马面、烽燧、边堡、屯兵城组成，形成中国北方民族为防御北部蒙古族袭扰的军事防御体系。

元代建立后，东北全境被划入辽阳行省，辽阳行省内先后设辽阳路、沈阳路、广宁路、大宁路、东宁路、开元路（后析出水达达路）等路予以管辖。元代东北筑城主要沿用辽、金筑城，并未开创新的筑城时代，只是在行省制度下勉强延续着辽金时期的筑城。在辽代鹰路、金代站铺的基础上沿着松花江、黑龙江设置了海西东水路城站的交通大动脉。为了便于自元大都至黑龙江口的征东元帅府的管辖，沿途设置了数个军民万户府和重要的交通驿站。然而，元代的东北筑城文化已趋于衰落。明代对东北全境的统治是比较短暂的，随着明廷撤置奴儿干都司，势力收缩至辽河流域后，广袤的东北地区被女真各族控制。东北古代的筑城文明逐渐陷于衰落和停滞阶段。

建州女真兴起后，曾在其聚居区浑河流域、苏子河流域的交通要道建造了一些城寨，有些一直沿用至后金时期，印证了文献中关于建州女真“六祖城”“佛阿拉”等早期城寨的记载。这些城寨普遍规模不大，多修筑在浑河、苏子河河谷等扼守要地。城垣的外围城垣或栅栏、城栅均依山而建，一些城垣为土石混筑，城外还掘有壕堑。位于清原县北三家乡黑石木村的黑石木方城子城寨址，是一处建州女真规模较大、建制较复杂的城寨。城寨有大、小城之别，以黑石方村东面的山头为全城中心，独建城垣形成小城，周长为150米，其东北角设有城门，并与其下外城城址相连。古城内西侧制高点上还修建有瞭望台。[①] 公元1616年，努尔哈赤在赫图阿拉建立后金政权，即进军辽河平原。后金天命四年（1619）六月，努尔哈赤短暂移都界藩城（又作界凡城），在此停驻一年零三个月，并在当年的萨尔浒之战大败明军，遂连下辽阳城、沈阳城。次年（1620）九月，努尔哈赤又移都萨尔浒城近半年。天命六年（1621）四月，定都辽阳，在辽阳城东太子河畔修筑新城，名“东京城”，又称“新城”，成为后金历史上的第二座都城。后金天命十年（1625）三月初一，努尔哈赤突然决定由辽阳迁都沈阳。在次年的宁远大捷中，努尔哈赤被明军打败，数月后忧愤而死。皇太极继位后，继续拓展沈阳新都的皇宫、扩大城池、设置衙署、增建寺庙，于天聪八年（1634）尊沈阳为“盛京”。兴京赫图阿拉城、东京辽阳城、盛京沈阳城并称为清代“关外三京”，是建州女真及以其为主体的满洲族在继承东北古代民族筑城的基础上，不断吸纳和充分利用汉族筑城技术而形成新的东北古代筑城文化的产物。

从赫图阿拉到盛京筑城的演变，亦可从一个侧面看出建州女真及以

---

① 辽宁省抚顺市第三次全国文物普查办公室：《第三次全国文物普查不可移动文物登记表（第四卷：清原县北三家乡、英额门镇、敖东家堡乡、红透山镇）》。

其为主体的满洲族的发展历程。清代“关外三京”是该时期东北都市文明的代表，遗憾的是由于清政府长期对东北实行封禁政策，导致广袤的东北地区人烟罕至、城镇荒芜，“关外三京”仅仅是清朝在东北地区南部（今辽宁地区）放射出的微弱的筑城之光。清朝政府为了保护其“龙兴之地”，对东北地区实行封禁政策，还修建了一条柳条篱笆边墙予以隔离，谓之“柳条边墙”俗称“柳条边”。柳条边系用堆土筑成的宽、高各3尺的边墙，墙堤上每隔5尺插柳树三株，柳树之间用绳索相连，即所谓“插柳结绳”。边墙外挖掘深8尺、底宽5尺、口宽8尺的边壕。柳条边墙自山海关至威远堡边门，北段至法特哈边门，南段向南至凤凰城边门，形成以山海关、威远堡、法特哈、凤凰城为要塞结点的“人”字形封禁篱笆，共设边门20个，均分布在交通要道和战略要地。柳条边墙虽不是筑城，且与真正意义上的长城不同，仅仅是简易的一种边界筑墙，并非一种军事防御体系。然而，其修筑形式和方法依然在某种程度上反映了满洲族的筑城传统。值得注意的是，柳条边墙的修筑方法与建州女真城寨筑墙颇为类似。

二 东北古代民族筑城源流及其文化

从东北古代民族筑城源流上看，夏家店下层文化的筑城当然是东北地区目前发现最早的石筑古城。然而，近年来在山西神木县发现的石峁古城及附近的府谷寨山、榆林寨峁梁、佳县石摞山、山西兴县碧村等石筑古城，在年代学上均早于夏家店下层文化遗址所发现的石城。我们推测以石峁古城为代表的陕北高原石城群的发现，将会把我国早期国家与北方筑城文明的起源时间提前至更早的年代。从中也似乎看到东北地区古代最早的筑城文化，即夏家店下层筑城文化来自何方的蛛丝马迹——很可能夏家店下层文化的筑城与石峁古城有着千丝万缕的联系，从它们的筑城方式，如石块垒砌城墙、城墙上砌筑巨大的马面、复杂的瓮门结构、筑城的材料、依山势修筑城垣的巧妙构思、选择近水且隘口险要的地形、易守难攻等共同特点进行分析可知，夏家店下层文化的筑城与石峁古城有着不可思议的共性特征。这种石块砌筑的筑城主要分布于东北南部的山地，利用石块砌筑山城的技术在高句丽时期达到了顶峰。高句丽的燕州山城、巍霸山城、青石岭山城、丸都山城、国内城等众多石砌筑城都是典型的代表。如果说东北地区的南部是以石筑城池发展起来的筑城文化的话，那么在东北北部的黑龙江流域则是以土筑和圆木为栅栏修筑的土筑城池。从空间分布上观察，东北地区的这种南北不同的筑城形制是极为特殊和饶有兴趣的文化现象。从时间上看，这两种筑城文化实为相向而行，逐渐走向融合，并且在以今吉林市一带为中心的松花江上游流域合流，土筑城池与石筑城池最终合二为一，成为吉林市龙潭山山城类型的主要特征。这种类型的山城，西至图们江流域，东达吉林市的松花江流域，形成了东北地区长白山山地的南北分界线。由三江平原地区发展起来的肃慎、挹娄、勿吉系统的民族筑城逐渐进入夫余的领地，勿吉灭亡夫余之后，这两种土筑的筑城融合，并与高句丽的石砌筑城与土筑筑城的混合型形成了鲜明的对立。其文化的对立特征表明了《隋书》记述勿吉人曾经与高句丽人对抗征战的史实。勿吉与高句丽的争夺战，主要是围绕着神秘的长白山主峰山地和辽河流域龙岗山地与千山山脉盛产的青铜、铁矿而无休止地进行着。此前，高句丽人与慕容鲜卑人为占据辽东矿藏进行了长达200余年的争夺战，付出了巨大的代价。因此，高句丽人不得不在公元5世纪初，在松花江上游到图们江支流的布尔哈通河流域阻止勿吉人南下。在今天的九台、舒兰、德惠、永吉、五常、双城、镜泊湖、东宁、汪清、珲春一带的古城，以及在延边地区的长城，实际上是勿吉与高句丽对峙的产物。

由此可以看出，石砌筑城与土筑圆栅形制的城池应该是东北地区城址的典型特征。特别是东北地区带有马面的土筑城址的时间可能要上推至汉魏时期。原因在于三江平原地区的凤林古城遗址中发现了汉魏时期的马面筑城。城垣均为土筑，马面设计得特别巨大，城内出土的文物非常单一。当然，这种马面与夏家店下层文化的石城马面相比要相差近两千年。特别是在东北的辽金以前土筑城池中带有马面的筑城不是普遍现象，凤林古城遗址只是一个孤证。

值得注意的是，中原地区的筑城技术传入东北地区的时间可以上推至战国时期。当时，靠近东北的燕国势力很早就进入了东北的南部地区，并在那里建立了有效的管辖区域，辽东郡与辽西郡就是这一时期建立的。辽东郡、辽西郡分别管理着西辽河与东辽河的广大地区，郡县制度早在秦并六国前就在东北南部得到很好的施行。如今，在今天的法库、四平、辽源、梅河口一线以南地区都曾经发现大量战国至汉代的筑城、墓葬等遗址。其中吉林省梨树县的二龙湖古城是迄今所知纬度最北的战国至汉代古城。汉代在辽南地区修建的筑城多为方形或长方形土筑城址，其规模虽然不大，却严格按照周礼所制定的筑城规制而规范修筑。无疑，汉代在东北南部的筑城对东北地区古代民族筑城产生了十分深刻的影响。

东北地区古代民族政权修筑大型的平原型筑城，是从渤海国开始的。由渤海国开始全面学习汉唐文明的筑城方式与筑城技术，包括筑城材料的砖、瓦的烧制。应该说，渤海国时期是东北地区古代筑城真正进入文明时代的转折点。都城、京城、府、州、县的筑城均有严格的规模划分，街道、寺庙、两市、坊区、道路、驿站、官衙等都有不可逾越的界限。这是东北地区开创真正都市文明的开端，同时也是中原筑城文化深入东北、影响东北的最重要的历史时期。渤海国的五京、十五府、六十二州、一百余县的中央及地方的行政建制，深刻地影响了辽金两朝，辽金两朝的五京之制实际上就是来自渤海国。然而，渤海国虽有完备的五京体制，但是它毕竟属于地方王国政权。辽金两朝则是入主中原的泱泱帝国，二者之间对中国历史的影响有着极大的不同。

第一章

东北古代筑城的起源

第一节　东北古代筑城的起源

一　东北古代文明的起源

距今几十万年前，有一支北京猿人向东北地区移动，他们沿着南北两条通道，即今西辽河与北方草原，首先驻足于辽河流域，并在旧石器晚期陆续到达白山黑水。考古发现营口“金牛山猿人”与“北京猿人”所使用的石器具有明显的相似性，[①] 从某种方面诠释着东北人类起源与迁徙假说的这种可能性。他们在旧石器时代使用简单的石器工具和骨器工具，以渔猎和采集天然果实为生。旧石器的早期和中期的古人类居住在天然岩洞里，其主要分布在辽河流域。旧石器时代晚期则逐渐从洞穴中走出，步入平原地带，并逐步扩展到松花江、嫩江和黑龙江流域。考古发现的旧石器时代早期遗址主要有：辽宁省营口市金牛山遗址[②]和本溪市东南的庙后山遗址。[③] 属于旧石器时代中期的遗址有：辽宁省喀左县鸽子洞遗址[④]和黑龙

---

① 李硕：《传说时代的文明——远古》，时代文艺出版社 2011 年版，第 4—7 页。

② 张森水：《中国远古人类》（辽宁营口金牛山），科学出版社 1989 年版。

③ 辽宁省博物馆等：《庙后山——辽宁本溪市旧石器文化遗址》，文物出版社 1986 年版。

④ 张之恒、黄建秋、吴建民：《中国旧石器时代考古》，南京大学出版社 2002 年版，第 271—276 页。

江省阿城区交界镇石灰场遗址,[①] 均属洞穴遗址，东北原始人类至少在旧石器时代中期就开始驻足于黑龙江流域地区。旧石器时代晚期有洞穴遗址，如辽河流域的海城小孤山洞穴遗址、松花江流域的安图人洞穴遗址等。然而，其大部分旧石器时代晚期遗址地点都依山傍水，并坐落在具有天然屏障的地形地貌上，如山岗、台地、河岸、河湾等，如辽河流域的凌源县西八间房遗址位于大凌河右岸，锦县沈家台遗址位于小凌河支流东岸的山坡台地上；松花江流域的吉林省乾安县大布苏遗址位于大布苏泡子东岸，黑龙江省哈尔滨市阎家岗遗址位于松花江支流运粮河右岸；嫩江流域的大兴屯遗址位于嫩江左岸；黑龙江流域的十八站遗址位于大兴安岭东坡、呼玛河左岸。[②] 尤其引人注目的是海城小孤山洞穴遗址发现孔骨针，说明旧石器时代晚期人类缝制技术的成熟。骨针虽小，却意义重大，代表人类早期缝纫技术的产生，解决了缝纫皮衣问题，东北原始人类就可以走出洞穴，走向平原，走向寒冷的北方。[③]

距今1万年前，东北原始人类开始进入新石器时代。考古发现距今8000—7000年的查海—兴隆洼文化遗址普遍出现了以成排成行为特点的半地穴式房址群，并伴有大量的石器和陶器出现，形成早期的聚落形态，特别是查海遗址和兴隆洼遗址，聚落外围有环壕围绕。尽管查海—兴隆洼文化遗址迄今未发现农耕的迹象，出土的生产工具表明仍以渔猎和采集作为主要经济形态，但聚落形态的出现，是东北原始人类开始迈向文明的重要标志。根据聚落形态的研究成果表明，查海—兴隆洼文化遗址的聚落房址群，反映了原始社会结构的层次性和规模大小的分化，从居室葬与居址葬的随葬品的差别，反映了氏族部落中拥有较大权力和较高社会地位的特权阶层的出现。尤其是从玉器和龙的图腾崇拜所反映的宗教观念和原始部落的核心价值观的发达程度。例如：查海遗址中处于聚落中心的大型龙形堆石，都已表明查海—兴隆洼文化的社会发展阶段，已越过原始氏族公社发展的繁荣期进入了一个新阶段。已故著名考古学家苏秉琦教授据此提出“上万年的文明起步”的观点，并专门为查海遗

---

① 于汇历：《黑龙江省旧石器时代考古二十年》，《北方文物》2000年第1期。

② 张之恒、黄建秋、吴建民：《中国旧石器时代考古》，南京大学出版社2002年版，第354—361页。

③ 张镇洪等：《辽宁海城小孤山遗址发掘简报》，《人类学学报》1985年第1期。

址题词："玉龙故乡，文明发端。"[1]

到新石器时代中晚期，继查海—兴隆洼文化之后，辽西、辽东和松花江与嫩江流域相继出现了属于各地域的新石器文化：距今7000—6000年前后，辽河下游及辽东半岛地区出现了新乐文化和小珠山文化；距今5000年前后辽西地区出现了赵宝沟文化、红山文化和富河文化；距今6000—5000年前后，松花江流域出现了新开流文化和莺歌岭下层文化，而嫩江流域出现了昂昂溪文化。[2] 并且出现了辽西地区的红山文化与中原地区的仰韶文化、辽东半岛的小珠山文化与山东半岛的大汶口文化，它们直接接触并相互作用，促进了地域文化的相互融合与传播，使东北地区各地域的新石器时代中晚期文化面貌日益复杂化。在这些文化的相互作用下，各地域的文化开始走向文明的进程。从目前考古发现来看，新石器时代中晚期，东北辽西地区的红山文化最先步入人类文明时代，可以说这是东北文明起源的标志。

红山文化，是以在内蒙古赤峰市红山后发现的遗址而得名，遗址主要分布在内蒙古东南部、辽宁西部和吉林省的西、西南、西北部以及河北北部地区。从考古发现的村落遗址来看，红山文化的人们已经开始定居。定居的村落遗址主要坐落在靠近河岸台地上或较高地点，并呈现出比新石器时代早期遗址分布扩展的范围和密集程度较大的特点。所发现的生产工具主要以铲、锄、斧、刀、镰、石耜等农耕石器工具为主，说明其社会经济生活已经由渔猎和采集过渡到以农业经济为主的阶段。当时社会还出现了祭祀活动和"神权意识"，在辽宁省喀左市红山文化东山嘴遗址中发现一座大型方形石砌建筑祭祀遗址；[3] 在辽宁省凌源市牛河梁遗址还发现一座"女神庙"，多处积石冢群和一座面积约4万平方米类似城堡和方形广场的石砌围墙遗址，形成了坛、庙、冢"三位一体"的大型礼仪性建筑群，并在多处红山文化遗址中发现了积石冢群及其玉礼器。[4] 从积石冢的墓葬状况分析，墓葬规格大致可分出中心大墓、台阶式墓、甲类石棺墓、乙类石棺墓和附属墓等五个具有明显等级的墓级，说

① 苏秉琦：《中国文明起源新探》，生活·读书·新知三联书店1999年版。

② 张宏彦：《中国史前考古学导论》，科学出版社2011年版，第150—154页。

③ 郭大顺等：《辽宁省喀左县东山嘴红山文化建筑群址发掘简报》，《文物》1984年第11期。

④ 辽宁省文物考古研究所：《辽宁省牛河梁红山文化"女神庙"与积石冢群发掘简报》，《文物》1986年第6期。

明红山文化已经形成了严格的等级社会。红山文化的积石冢一般分布山岗上，每个山岗上的积石冢或积石冢群各代表一个并存的独立单元，与部落、氏族、家庭相对应，积石冢群的大小、规模不同，反映出单元集团的大小、强弱程度的不同。

东北辽西地区红山文化时期的农耕文明的出现、村落的分布扩展和等级社会的形成，特别是以坛、庙、冢“三位一体”礼仪性建筑为象征的宗教礼制的形成，标志着东北辽西地区文明时代的到来。同时，这种文明的迹象也反映出“原始氏族部落制的发展已经产生基于公社又高于公社的高一级的社会组织形式”，即古代城邦式原始国家已经在这一地区产生，即进入了古国阶段。[①] 而中原地区的文明起源可能要稍晚于东北辽西地区，但在不迟于距今四五千年前大体都进入了古国阶段，出现了诸多古国并立的现象，先商、先周都是与夏并立的古国，就是春秋以后的齐、鲁、燕、晋以及若干个小国，在周分封以前也都各有自己的早期古国。另外，红山文化作为辽河流域的地域文化的发现，证明了中华文明的起源是多元的，以辽河流域为中心的地区同样是我国的文明起源地之一。这种文明的起源既是当地数十万年文明进步的积累，也是辽西地区与周围地区，特别是中原地区文明交流、传播的结果，为辽河流域乃至整个东北地区告别原始氏族部落社会、步入阶级社会、形成各自的区域性方国，并最终成为统一的多民族国家的共同体奠定了基础，并预示或标志着战争起源的古国纷争时期即将到来，及其战争对立的产物——早期城堡即将出现。

二　渔猎人的临时宿营地和环壕聚落

在洞穴中生活的东北原始人类，到旧石器时代晚期逐渐从洞穴中走出，步入平地，寻找栖息地，他们面临的首先是猛兽等自然界的威胁，由于他们以渔猎和采集为生，最初没有固定的定居点，往往先使用狩猎的兽骨、树枝、树干等原始材料，构筑临时性宿营地。之后，随着人类文明的起步、氏族部落的出现，进步较快的一部分东北原始人类开始定居生活，并构筑聚落式房址群，出现了东北筑城的雏形——环壕聚落，

---

① 苏秉琦：《中国文明起源新探》，生活·读书·新知三联书店 1999 年版，第 109—144 页。引用苏秉琦提出的“古国—方国—帝国”国家起源的三部曲理论。

以防备猛兽和其他部落的侵扰。

1. 哈尔滨阎家岗古营地遗址

20 世纪末，考古工作者发现了位于黑龙江省哈尔滨市松花江支流运粮河右岸的一处早期人类临时宿营地，即阎家岗古营地遗址。这处遗址属旧石器时代晚期遗址，共发现了两处临时居住的古营地遗址。两处古营地遗址相距约 40 米，均埋藏在距地表 3.5—4.2 米深的粉砂层中。其中一处营址用 500 多块兽骨有规则地叠垒成一个半圆圈形状，半圆的弧长约 5 米，直径 0.6 米，缺口朝南。许多骨骼表面有人工砸击的痕迹，经专家鉴定，动物骨骼中有 90% 以上属于幼年个体，其余的属于老年个体，说明这些动物是人类的猎获物。另一处古营地遗址用 500 多块兽骨围筑，围墙高 0.8 米，形状为一个大半圆形，缺口朝东，圆圈的内径为 3.5 米。骨骼分三层叠砌，下层大多是粗而重的犀牛肢骨，上层是野牛、野马和鹿的骨骼，骨骼上同样有人工砍砸的痕迹。此外，还发现一个动物的尸积坑。考古发掘者认为，阎家岗是远古人类曾经居住过的地方，古营地遗址是原始人类猎人的屠宰场，是肢解较大动物的地方。这两处古营地遗址，其上可能有用树枝、兽皮搭盖的篷顶以遮蔽风雨。类似的房屋基址在俄罗斯西伯利亚地区也曾发现，同样是用猛犸象骨骼筑成的。房基呈圆形，有一个缺口供猎人出入。另外，在贝加尔湖以西的安加拉盆地也曾经发现一个半地穴式（浅穴）棚屋，墙基也是用猛犸象披毛犀和驯鹿的骨骼、牙齿、角及石块围筑的。这种早期猎人的临时宿营地，主要供猎人休息、防备猛兽的侵扰和遮蔽风雨等，还不能称为早期筑城的雏形，但却预示着原始聚落的出现，并反映出渔猎民族的早期筑垒技术。①

2. 辽西地区查海和兴隆洼环壕聚落

距今 8000—6000 年前，是中华大地文明起步的重要时期。从黄河中、下游，长江中、下游到燕山南北地区，都发现了这一时期的聚落遗址，然而有聚落围沟的遗址并不多见。目前，考古发现的具有聚落围沟环绕的遗址有：属于辽西地区的查海和兴隆洼文化的查海遗址、兴隆洼遗址、河北磁县潘汪龙山遗址；属于仰韶文化的西安半坡遗址和临潼姜寨遗址

① 黑龙江省文物管理委员会、哈尔滨市文化局、中国科学院古脊椎动物与古人类研究所东北考察队：《黑龙江考古发掘报告》，文物出版社 1990 年版。

等。其中属辽河流域的查海遗址和兴隆洼遗址的时间为最早，距今约在8000—7000年，而属仰韶文化的西安半坡遗址和临潼姜寨遗址距今为7000—5000年。我们把这种在居住村落周围挖出环形壕沟来保护自己的居住方式，称为“环壕聚落”。

查海环壕聚落：查海环壕聚落遗址属新石器时代早期遗址，位于阜新市东北20公里的一片丘陵地带。从地理环境看，处在古文化比较发达的辽西地区，这一地区与辽河下游平原接壤的接合部，作为辽西与辽东分界的医巫闾山到此已是尽头。所以从辽西到辽东经过这里并无阻隔。遗址坐落在一处漫岗向阳的南坡，北部是略高的平坦台地，东北方向5公里处便是查海山，遗址四周都为起伏的丘陵地带，其地势较为平缓开阔，南部濒临一条名叫“泉水沟”的河道。泉水沟尽头有一泉眼，至今泉水涓涓流淌，成为辽河支流绕阳河的河源地之一。沿泉水沟向四面延伸，西可达大凌河、东可抵辽河下游及渤海湾，北接内蒙古自治区东南部草原。看来古人类选择此处为居住址，不仅具有便于从事生产和生活的开阔空间和良好的自然环境，而且具有军事战略位置的意义。因为它恰好处于贯穿医巫闾山南北交通的要道上，向北可进入内蒙古东南部草原，向南可进入辽西平原。遗址东北部的查海山作为天然屏障，可谓进可攻、退可守的形胜之地。然而，我们很难想象远古聚落居民在选择聚落地点时，为了抵御其他部落的侵袭，这种早期朴素的军事防御思想是否已经萌芽。

查海遗址主体部分的面积，东西、南北大约100米，面积约1万平方米。房址以南北成行，东西成排为特点，房址间排列密集有序，聚落中心则为一条龙形堆石和墓葬群所占据。聚落周围有环壕围绕，形成了布局完整、具有防御功能的环壕聚落，是迄今东北地区发现的最早的一处史前聚落。不过从遗址外围东部清理出的一段壕沟看，遗迹较浅而宽，且未获得原始数据。查海房址发现有50余座，房址呈方形圆角为半地穴式，地穴部分全部是凿入基岩做成，这种凿岩入穴的做法在当时具有很大的难度。引人注意的是每一处房址都未发现明显的门道。[①] 为此有人推测，这一时期由于注重防寒、防野兽和外敌等原因，所以门都应设在屋顶。

① 辽宁省文物考古研究所：《辽宁阜新县查海遗址1987—1990年三次发掘》，《文物》1994年第11期。

在屋顶开门的方式可以从文献学及东北古代民族中找到相关的证据。如《魏书·勿吉传》记载：勿吉人“筑城穴居，屋形似冢，开口于上，以梯出入”。晚近北方民族也有以木梯或带刻槽的木柱出入穴居的材料，都可以与查海遗址的情况相互印证。其实与查海处于同一历史发展阶段的西亚史前文化中，就有在屋顶设门的明确发现，这就是在土耳其中央安那托利亚南部的恰塔·夫尤克乃遗址，距今已有8500—7700年，其完整聚落经复原不仅门开在屋顶，人们出入房屋和村落都使用梯子，而且还发现有屋顶兼作道路使用的痕迹（见图1-1）。大概查海人当时出入房间的情形，与遥远的西亚民族有相近甚至相同之处吧！

图1-1　土耳其中央安那托利亚南部的恰塔·夫尤克乃遗址复原图

兴隆洼环壕聚落：兴隆洼环壕聚落遗址，属于新石器时代早期文化遗址，位于内蒙古敖汉旗宝国吐乡兴隆洼村。1983—1993年，中国社会科学院考古研究所内蒙古工作队经过6次大规模发掘，揭露面积3万平方米，发掘遗址中包括房址、灰坑、墓葬和围沟。房屋基址达160余间，大致成西北—东南方向排列，营建有序，多近圆角长方形半地穴式建筑，设有门道和入室台阶遗迹。

在遗址周围，有一圈不规则圆形“灰土带”，经发掘证明是一圈较大的大围沟，周长约570米，直径达166—183米，沟宽2米，残深0.55—1米。围沟内即为房屋聚落遗址。围沟西南部有一宽4.6米的缺口，即出入房址的通道。这种围沟环绕着成排的房址，是其主要特征——“兴隆洼环壕聚落模式”，这种遗址与仰韶文化的半坡遗址[①]和姜寨遗址[②]完全不同，在史前聚落中具有独到的特点。[③]

查海—兴隆洼文化的环壕聚落遗址的年代，较比仰韶文化的半坡遗址和姜寨遗址至少要早上千年。我们并不能据此就推断战争文明的先后，或者说此时的战争文明已经产生，因为这一时期并没有产生明显的阶级对立现象。氏族首领及特权人物的出现尚不能说明形成了阶级对立，部落之间的争斗属于掠夺性的侵扰，是野蛮性的掠夺，应该属于战争的萌芽状态。然而，从考古发现的早期筑城雏形——环壕聚落来看，东北筑城的文明应该与东北文明的发生保持同步。构筑环壕进行防御的早期筑城雏形的这种筑城文明现象与辽西地区处于连接中原地区、东北亚的陆路交通要道的地理位置与枢纽不无关系，说明传说中原始人类由辽西通道步入东北亚、远涉美洲的说法，在某种程度上具有一定的可信度。由此可见，自古以来，人们就在辽西通道上修筑城垒，说明这里始终处于交通枢纽和战略要地的地带，当属于战争萌芽的要素之一。

从环壕聚落的本身特点来看，查海—兴隆洼文化的环壕聚落与仰韶文化的环壕聚落构筑特点存在着明显差别：查海—兴隆洼文化的环壕聚落的房址成排成列布局（图 1－2）。

而仰韶文化的环壕聚落成群聚团式，并沿周边环壕分布。查海—兴隆洼文化的环壕聚落的墓葬分为居室葬和居址葬，大多分布于环壕内部，而仰韶文化的环壕聚落的墓葬群则处于环壕外部附近，既体现了墓葬习惯的不同，更体现了环壕聚落布局的不同，有人为此提出“兴隆洼聚落模式”。至于查海遗址与兴隆洼的环壕聚落之间也存在着明显的不同。查海房屋的门道开在屋顶，房址的穴部凿在基岩上，而兴隆洼遗址的房址门道则开在房屋的一侧；兴隆洼遗址晚于查海遗址，但查海的房址更具有防兽、御敌的功能；查海遗址外围东部清理出的一段环壕浅而宽，防御功能不明显，而兴隆洼遗址的环壕具有明显的防御功能。这种现象也许是由查海人到兴隆洼人的进步，或许是氏族部落筑城习惯和筑城技术的不同，反映了辽西地区不同部落筑城文明的特点和差异。

---

① 中国科学院考古研究所等：《西安半坡》，文物出版社 1963 年版。

② 西安半坡博物馆等：《姜寨——新石器时代遗址发掘报告》，文物出版社 1988 年版。

③ 中国社会科学院考古研究所内蒙古考古工作队：《内蒙古敖汉旗兴隆洼聚落遗址 1992 年发掘简报》，《考古》1997 年第 11 期。

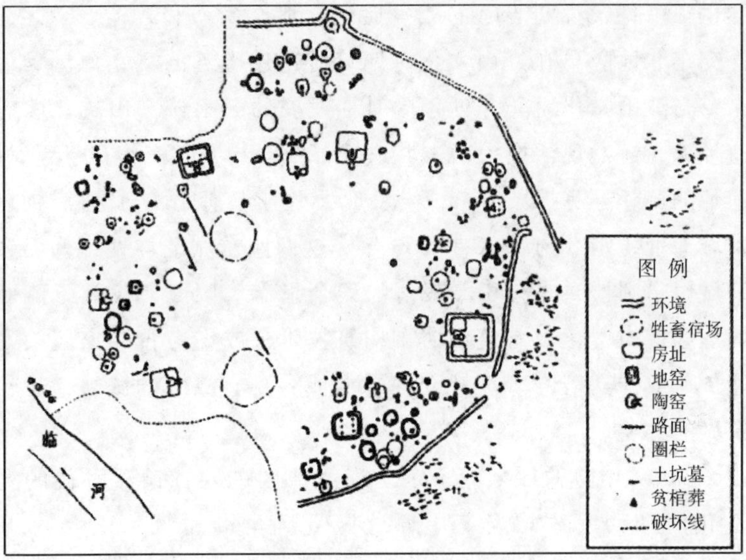

图 1－2　成排成行的兴隆洼聚落房址群①

三　东北辽西地区的早期城堡

东北辽西地区的范围，大致包括东北地区的燕山南北地区，具体范围东起辽河或辽河西的医巫闾山，西至内蒙古的锡林浩特，北抵西辽河流域上游，即西拉木伦河两侧，南到大凌河、小凌河或燕山山脉。从流域的角度观察，这一地区属于西辽河流域的支流西拉木伦河与老哈河，以及大、小凌河流域的支流。如从行政区划上看，则属于今辽宁省的阜新、锦州、葫芦岛、朝阳及内蒙古地区的赤峰。这一区域内的红山文化时期的东山嘴遗址发现了一座南北、东西长 200 米，总范围面积约 4 万平方米的类似城堡或方形广场的石砌围墙遗址。石砌围墙与女神庙形成一体性建筑，专家由此推断这是一座大型祭祀遗址。然而，在牛河梁遗址还发现了一座金字塔式的巨型建筑址，是一座土石结构的正圆丘形建筑，由以夯土构筑的中央土丘和四周台阶式砌石两部分组成。说明这一时期东北辽西地区的先民已经熟练掌握夯土筑城技术和石砌筑城技术，但是考古工作者迄今并没有发现真正意义上的筑城遗迹，这一时期的石兵器、

① 苏秉琦：《中国文明起源新探》，生活·读书·新知三联书店 1999 年版，第 114 页。

骨兵器也很少见，说明当时的战争还没有那么激烈和普遍。总之，我们很难探究东北地区早在红山文化时期筑城遗迹匮乏的真正原因。值得注意的是，与红山文化比邻并处于同时期发展的湖南城头山文化除有环壕聚落遗址外，还发现了城头山古城遗址，距今约6000—4800年。城头山古城遗址的城外环有护城河，城内发现大型夯土基址。[①] 此外，河南郑州西山古城遗址，距今约5300—4800年。这两座古城址均处于仰韶文化中晚期，城垣呈圆形，并有环壕聚落的残余形态。因此，我们不能断言东北辽西地区红山文化没有筑城防御构筑技术，或许考古专家还没发现其筑城遗迹，或许真正的阶级社会并未形成，没有战争的威胁，恐怕也就没有筑城的必要。

距今5000年前的后半叶，东北辽西地区进入青铜器时代的夏家店下层文化时期，大约相当于中原地区夏到早商时期，距今约4000—3500年。考古工作者在辽西地区发现了属于这一时期的早期城堡遗址，这是迄今为止所发现的东北地区最早的城堡。这些城堡遗址主要分布在以辽宁朝阳，内蒙古的敖汉旗、赤峰、宁城和辽宁省喀左县这一环形区域为中心的地区，在靠近河北北部的浅山区也发现了这种城堡类型的遗存。城堡类型主要有村落城堡、独立城堡群和带式城堡群，并出现了早期山城。[②]

村落城堡：这是夏家店下层文化的一个突出特征，村落密集分布在河谷地带的台地上，每个村落都有防御设施。村落周围修筑土石混筑的围墙，并形成土石构筑的“城堡”。这种城堡仅在辽宁喀左县内就发现300多处，在局部区域甚至比现代居民点还要密集。在以赤峰和宁城等地为中心的老哈河、孟克河、教来河流域和大凌河、柳河上游一带分布的大小不等而密集的村落遗址中，有些大的村落周围修筑了石砌的城墙或壕沟。如在赤峰西山根旁西路嘎河边的岩石山岗上所发现的夏家店下层文化城址，是由两堵相连接的用自然石块垒砌的围墙，每堵围墙内约有30座大小不同的房屋基址；在敖汉大甸子发掘的一处修筑在黄土丘陵地上的村落遗址，村落周围的围墙是夯土修筑的；宁城小榆树林遗址内，有土坯和石块垒砌的圆形房子，村落周围的石墙、夯土墙与壕沟应

① 李硕：《传说时代的文明——远古》，时代文艺出版社2011年版，第42页。

② 田广林：《中国东北西辽河地区的文明起源》，中华书局2004年版，第159—175页。

是当时的重要防御设施；在赤峰药王庙遗存中，还发掘出两座半地穴式房屋。①

图 1－3　北票康家屯夏家店下层文化石城墙图

独立城堡群：一般由“一大几小”土石城堡形成组合城堡群，像是周边小城保护中间大城，基本形成了环形防御结构。辽宁省朝阳地区和内蒙古昭盟敖汉旗发现了多处类似规模的城堡群。

带式城堡群：由多个城堡群组成，城堡群一般沿河谷呈线式分布，群与群之间一般保持距离不等的间隔，每个城堡群由多个小土石城堡组成。小城堡群呈两种布局：一种是大范围的星罗棋布，一种是在边缘地带由多个小城堡连成一串，不是为保护一座城市，而是形成大范围的线式防御。在赤峰市北部沿英金河分布着这种典型的带式城堡群并与燕、秦长城平行或重合。这种城堡群虽然排列成带状，但在形式上还不能称为“长城”。然而，其功能却形成了较大范围的线式防御体系，犹如汉代烽燧遗址一样，如果串联起来就起到了“长城”的作用。这种带式城堡群的存在比秦汉长城要早一千多年，可视作“原始长城”或“战国、秦汉长城”的文化源流。无疑，这是东北地区出现最早的长城的雏形。而中原地区类似“原始长城”的边堡则出现在西周时期。《诗·小雅·出车》记“王命南仲，往城于方”和“天子命我，城彼朔方，赫赫南仲，

① 田广林：《中国东北西辽河地区的文明起源》，中华书局 2004 年版，第 159—175 页。

猃狁于襄”，这是文献中对“周筑边城”的记载，周宣王为防御北方猃狁的进攻而命南仲沿边境线筑建城堡，并配合烽火台传递军情。这种线式分布的城堡带到春秋战国时期各诸侯国开始用城墙将城堡联结起来形成了“长城”。而东北辽西地区的这种“原始长城”，是青铜时代相当于早商时期的遗存，比中原地区的长城起源至少要早几个世纪。①

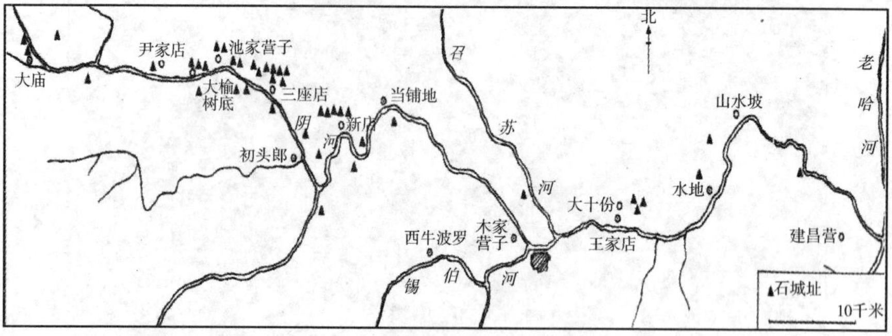

图1-4 英金河、阴河夏家店下层文化石城址分布图②

早期山城：山城是东北地区具有民族和地域特色的城池类型，在东北广泛分布着高句丽和渤海国时期的山城。但迄今在东北地区考古发现的最早山城遗址是东八家石城遗址，它位于内蒙古赤峰市红庙子车站东7.5公里的东八家后山坡上，属于青铜时代夏家店下层文化的城址。石城依山势而筑，呈不规则长方形，东西宽140米，南北长160米，用天然石块砌成阶式墙，东北角残高1.5米，城内东南部圆形石墙建筑址分布密集。

总之，东北辽西地区从查海—兴隆洼文化时期的环壕聚落，到红山文化时期夯土和石砌筑城技术的趋于成熟，到夏家店下层文化时期就出现了以村落城堡和独立城堡群为代表的早期城郭雏形，以及带式城堡群式的“原始长城”。这种现象折射出的早期线式筑城防御和环形筑城防御思想，标志着东北辽西地区早期筑城的形成，并与这一地区早期文明的出现保持同步。

① 张宏彦：《中国史前考古学导论》，科学出版社2011年版，第396页。

② 苏秉琦：《中国文明起源新探》，生活·读书·新知三联书店1999年版，第114页。

四　东北筑城及其战争起源的发展过程

筑墙挖壕，修筑城池，是战争中保护自己而采取的一种必要的工程手段。要不要筑城，筑什么样的城？皆取决于战争的需求。因而，战争是筑城起源最主要、最直接的因素。筑城和战争往往相伴而生，战争是动因，筑城是战争中与进攻相对立的产物。筑城的起源和发展过程往往伴随战争的原始表现形式，即部落间的冲突伴随着战争的萌芽而产生。这一发展过程是积于由原始社会到阶级社会的社会变革基础，当战争推动原始社会形态突破临界状态，进入阶级社会时完成的。东北筑城起源的发展过程也遵循了这一规律。从上述的发展历程看，东北筑城的出现是经过旧石器时代和新石器时代早期的萌芽阶段，新石器时代中、晚期的过渡阶段，直到青铜时代才最终完成了筑城的历史。

东北筑城的萌芽阶段：出现了环壕聚落。东北原始人类在旧石器时代早期和中期生活在洞穴里，以渔猎和采集天然果实为生，晚期各部落逐渐从洞穴中走出。走出洞穴的东北原始人类最初为捕食猎物或采集天然果实，需要经常变换栖居地，他们最初面临的威胁不是原始人类本身而是野兽等自然天敌。他们利用树枝、树干插植在临时宿营地的周围而形成临时性的寨栅，或利用狩猎剩下的兽骨、天然石块搭设临时宿营地，如阎家岗的古营地遗址。新石器时代早期，一些部落选择河流冲击的平原地带开始定居生活，往往选择具有天然屏障的地形，如山岗、台地、河岸的阶地等，遗址既离水源较近又可控制出入的交通要道。然而，在防范野兽和其他部落的侵扰时往往无险可依，于是早期人类便想出了用人工设置障碍的办法，即在居住的村落周围挖出环形壕沟来保护自己，于是就出现了聚落环壕。如辽西地区的查海和兴隆洼聚落环壕；还有一些仍然生活在大山深处的部落，如古老的肃慎民族面临的主要威胁依然是野兽、害虫、严寒、洪水等，夏天他们在树上放上横木、铺上柴草，既可防野兽又可防害虫；冬季为了抵御严寒，他们或搬进洞穴或挖设穴窖而居。可见，旧石器时代和新石器早期，尽管出现部落间的掠夺性侵扰，但人类仍处于原始状态下的野蛮性掠夺。这一时期，还没有产生私有财产更没有阶级的意识，也就没有标志战争产生的私有制社会和阶级社会；尽管出现了聚落环壕等原始筑城形式，但是标志筑城产生的最基本、最直接的动因即战争并未产生，标志筑城形成的城池并未出现，只能称作筑城产生的早期萌芽。

东北筑城的过渡阶段：出现了夯土和石块砌筑城墙的技术。东北地区新石器时代中、晚期，处于中原地区与东北地区陆路交通要道上的辽西地区，已经进入早期文明起步阶段红山文化时期，正是东北筑城的过渡阶段。尽管在这一地区红山文化遗址中尚未发现明显的筑城遗迹，但从红山文化遗址的坛、庙、冢的建筑技术上分析，辽西地区的先民们已经熟练地掌握了石砌筑城技术和夯土筑城技术，且坛、庙、冢主要采取的都是石砌筑城技术，体现了东北先民的新石器文化传统。如牛河梁遗址群中的金字塔式的巨型建筑中，台基采用了夯土筑城技术和在夯土台外面再用大块石包砌的方法。此外，红山文化时期的东山嘴遗址由石块砌筑墙体构成了大型方形祭坛，看上去酷似城堡的建筑等，都充分地说明了早在红山文化时期东北的先民就已经掌握了构筑城堡的技术和方法。为什么迄今为止没有发现有关红山文化的筑城遗迹呢？一种可能是，尽管辽西地区红山文化虽已进入文明古国阶段，但仍处于早期的古国发展阶段；尽管这一时期的等级社会已经出现了雏形，但真正的阶级社会尚未形成。因此部落之间的战争和冲突尚未产生，作为攻战的对立产物即筑城还没有出现。另一种可能是，迄今为止未发现红山文化中明显的筑城遗址。红山文化的筑城形式可能要进步于兴隆洼文化的聚落环壕，而落后于青铜时代夏家店下层文化的早期城堡。当然，这一结论还有待于今后的考古发现来证明。值得我们注意的是，属红山文化同时期的富河文化遗址中发现了石镞，说明这一地区已经开始使用弓箭。

新石器时代中、晚期的辽东地区主要出现了新乐文化和辽东半岛南端的小珠山文化。小珠山文化具有同时期山东半岛的大汶口文化的某些特征，说明早在这一时期的辽东半岛的文化就通过渤海海峡与大汶口文化直接接触并受其影响。在小珠山文化的中层出现了农业经济形态，标志着这一地区文明进步时代的到来。考古工作者证实：东北南部辽东半岛地区的先民已经开始了定居生活，其房址为半地穴式并形成了聚落形态。然而，仍然没有发现这一时期的筑城遗址，但是却发现了石镞和骨镞，说明已经在这一地区开始使用弓箭。

新石器时代中、晚期的松花江流域、嫩江流域、黑龙江流域也相继出现具有寒地特征的地域文化，经济形态仍以渔捞、狩猎、采集经济为主。黑龙江流域的新开流文化遗址出现了圆形或椭圆形窖穴，没有发现房屋基址；松花江流域下游的牡丹江流域的莺歌岭下层文化遗址出现了圆形或长方形房址；嫩江流域则发现了较早的新石器时代早期遗址，即以细石器为主要特征的丰富的小型石镞，这种细石器文化延续的时间较长，一直沿用到新石器时代的中、晚期。即使在嫩江流域较为发达的白金堡文化中依然没有发现筑城遗迹。由此可见，新石器时代的中、晚期，东北辽西地区最先进入了农业经济形态的文明时代，筑城技术趋于成熟；辽东地区受山东半岛大汶口文化的影响，也进入了农业经济形态，形成了聚落文明；黑龙江和吉林地区寒地的大河流域分布的原始人类仍以渔猎、采集经济为主且聚落形态不明显，而靠近日本海的莺歌岭文化出现半地穴式房址的时代已经接近了新石器时代晚期和青铜时代的过渡阶段。这说明东北地区的几个文化区域的文明进步表现出南部较早北部较晚的特征。其中尤以辽西地区的文明进程发展最为进步，并已经进入文明时代的古国阶段，其筑城技术趋于成熟，为青铜时代早期城堡的出现奠定了基础。

东北筑城的形成阶段：可以明确地说，东北的青铜时代就是东北筑城的形成阶段。这一时期人类社会的生产工具和兵器发生了重大变革，青铜器的出现是人类第一次掌握复杂技术，可以把岩矿石融化，经过复杂的工艺技术生产出金属工具，极大地推动了生产力发展，并最终突破原始社会向阶级社会过渡的临界状态进入阶级社会。战争伴随着这次社会大变革而不断加剧，并成为推动这次社会大变革的主要推动力。筑城，作为攻战的对立产物也就在这一时期应运而生。东北地区在青铜时代首先在辽西地区发生了社会大变革，具体说是发生在青铜时代的夏家店下层文化时期。考古工作者在夏家店下层文化中发现了铜柄戈、铜镞、青铜礼器等青铜器，考古专家认为辽西地区正是在这一时期进入了青铜时代。然而，对于夏家店下层文化的社会大变革的过程并没有文献记载，包括推动社会大变革的战争史料也无从查起。但考古发现的夏家店下层文化中存在着许多早期城堡的事实，证明了辽西地区的夏家店下层文化已经进入成熟的东北筑城阶段。根据这些早期城堡推断在以辽宁省的朝阳，内蒙古的敖汉旗、赤峰、宁城和辽宁省的喀左县这一环形区域为中心的东北辽西地区，曾有一个与中原地区的夏王朝为伍称霸一方、盛极一时的古方国的存在。如成环形分布的独立城堡群已经具备了早期城池的特征，这是代表阶级社会的早期国家形态——古方国形成的重要标志。

再如赤峰市北部的英金河一带，呈线形分布的城堡群显示出具有国家规模的强大集团的集体防御体系。在由古国向方国嬗变的过程中，必然要通过战争突破原始社会向阶级社会过渡的临界状态才能进入方国时代。但从早期城堡形成的筑城防御体系来看，这一地区已经进入了古方国时代。那么，这种推动社会大变革的战争应该发生在方国形成之前，并有同时期的筑城的出现。因此，笔者认为，东北筑城和战争起源的时间，应该在辽西地区方国形成之前的某一个历史时期。这种说法可以与中原地区的战争和筑城起源于五帝时代相提并论，而东北古方国的形成确是以夏王朝的建立为标志来作为佐证。

第二节　东北古族的形成与东北筑城发展的因素初探

东北地区的原始人类在旧石器晚期遍布整个东北地区，在新石器时代中晚期，原始渔猎民族逐渐形成了各自区域性特征的文化：东北辽西地区主要出现了赵宝沟文化、红山文化和富河文化；辽东地区出现了新乐文化、四平山文化、小珠山文化；吉林地区出现了西团山文化；松花江流域出现了新开流文化和莺歌岭下层文化；嫩江流域出现了昂昂溪文化；内蒙古东北部出现了哈克文化、扎赉诺尔文化。这些区域性文化为东北区域性古代民族的形成奠定了基础。发展到青铜时代，东北地区各区域的古代民族分布开始明朗化。沿着大兴安岭南北分布直到辽西地区主要有东胡族，而松嫩平原到辽河平原地区主要分布着秽貊族，小兴安岭、张广才岭及其东部地区的完达山脉地域主要有肃慎族，鸭绿江流域及其辽东地区主要有古朝鲜族，其他如“发”等民族都属于东北地区的少数民族，并没有形成大的区域性民族系统。早期铁器时代的战国时期，由于燕国势力向辽河流域的扩张，原先生活在辽河流域的东胡族、肃慎族、古朝鲜族等民族开始向北、西北、东北、东方迁移或退缩，中原华夏族通过燕国进入西辽河与东辽河流域，进入东北的南部并逐渐从陆路、海路以辽东半岛为基点，向辽河上游、松花江流域、鸭绿江流域发展。相当于战国末期，中国东北地区形成了四大板块的区域性民族分布，即东北西部的东胡族系统、东北东部的肃慎族系统、东北中部的秽貊系统、东北东南及南部的古朝鲜族和华夏族系统。古朝鲜族在战国末期被燕将秦开驱逐到鸭绿江以东地区。东胡族、肃慎族和秽貊族的后裔在以后的历史发展中，都曾建立过自己的王国政权，以及多次南下定鼎中原建立王朝政权。

一　东北古族的形成对东北筑城的区域影响——以东胡族系为中心

东胡是我国北方的古老民族，也称狄、戎、北戎，或胡人。东胡可能出自山戎（即北戎）。[①] 春秋战国时期，仍以山戎著称于北方大地。战国末年，以东胡著称，属远东蒙古人种的华北型。秦以前东胡族活动地区的南界大致在今长城东段，其北界尚难以确定。其活动中心可能在今辽宁省锦州地区。《史记·五帝本纪》说：虞舜北抚“山戎、息慎”，说明五帝时期山戎活动在中原地区的北部。另据《史记·匈奴传》记载，“燕北有东胡、山戎”，是活动于东北的西南部山地的一个戎人部落集团，比邻东胡。各部落散居溪谷，自有君长，虽然未曾统一，但“往往而聚者百有余戎”，即形成了相当不稳定的部落联盟。其经济生活，不仅从事畜牧狩猎，而且有了相当规模的农业，还掌握了青铜冶炼和铸造技术。辽西地区的夏家店下层文化时期的氏族部落有可能是山戎部落，特别是各部落散居溪谷，正好与其村寨城堡遗址散布在河谷地带的特点相对应。夏家店上层文化时期，年代约西周至春秋时期，当时北起松花江口的黑龙江流域，南至河北和山西北部，居住着山戎、东胡、肃慎等少数民族，与中原华夏族有着不同程度的交往和接触。周初，山戎曾向周王进贡特产。时至春秋，山戎势力逐渐强大，控制了孤竹和令支。战国时期，随着北方和东北游牧民族文化的兴起，东胡族成为东北的西南部地区的一个强盛的民族，并经常南下侵扰和掠夺，对南部燕国等形成了极大的威胁。到燕昭王时期，燕将秦开东却东胡，东胡退缩至燕长城以北地区。汉初，东胡被匈奴所灭，分解为鲜卑和乌恒两族。到汉时，匈奴分解为两部分，北匈奴西遁，南匈奴降汉，原属东胡族的乌恒内附汉室，塞外成为东胡另一支古族即鲜卑族的天下，并成为东北西部地区最大的军事部落集团。后来的慕容、拓拔、宇文、契丹都属于东胡族的后裔鲜卑族系统，发端于内蒙古东北部呼伦贝尔草原的蒙古族也是东胡族的后裔，而大兴安岭北部的嘎仙洞附近则是鲜卑人的祖庙石室祭祖朝拜之所。因

① 李治亭：《关东文化大辞典》，辽宁教育出版社 1993 年版，第 204 页。

此，自战国时期开始，东北的西部地区成为东胡族及其后裔的主要聚居地，并在以后的历史发展过程中，建立了自己的王国，如慕容部的三燕、拓跋部的北魏、吐谷浑，以及契丹族建立的大辽帝国、蒙古族建立的大元王朝等。

东北的西部地区，包括辽西地区和内蒙古东北部地区。吉林西部地区，在战国时期以前就存在着早期筑城的历史。辽西地区的筑城文明起源较早，在红山文化中已经发现城墙的墙体，稍早的兴隆洼文化中的环壕是筑城的起源。夏家店下层文化时期的早期筑城遗迹在这一地区的分布十分密集。到战国后期，随着燕国势力向辽西地区的扩张，燕长城以南的辽西地区成为华夏族的聚居区，出现了具有中原筑城特色的长城与城池筑城体系，长城也由此成为秦以前的东北华夏族、汉以后的汉族与东北古代游牧民族的分割线或隔离带。辽西长城以北地带的东北西部地区的东胡游牧民族，擅长骑射，不善筑城，因而整个东北西部地区出现了严重的筑城遗迹分布不平衡现象。这种不平衡现象与游牧民族和农耕民族军事文化传统，特别是以骑兵为主的进攻作战方式与以步兵为主的防御作战方式的不同有着直接关系。东胡游牧民族的威胁与燕国华夏族的防御，是促使东北燕长城及其城池产生的直接原因。

二　东北古族的形成对东北筑城的区域影响——以肃慎、秽貊、古朝鲜为中心

1. 肃慎民族的谱系的形成对东北筑城的影响

肃慎民族是东北古老的民族，又称息慎或稷慎，很久以前就聚居在长白山以北至黑龙江中下游的广大地区。据《山海经》大荒北经说："大荒之中，有山名曰不咸，有肃慎之国。"《山海经》所记肃慎国与不咸山（今长白山）相连。神话中的长白山，人和动物皆白。故《山海经》海外西经说："肃慎之国，在白民北。""不咸"的含义就是大放光明之意。今牡丹江流域的莺歌岭文化下层，很可能就是肃慎族及其先民的文化遗迹。

在舜禹时代，肃慎族很早就与中原发生了交往。据《竹书纪年》记载，舜即位二十五年，肃慎氏到中原朝贡，并以"楛矢石砮"为贡品，表示加入舜的部落联盟。《史记·五帝本纪》说：舜的部落联盟地广五千里，北至山戎、发、肃慎等族地区。周朝时期，肃慎族与中原王朝的联系有所加强，曾先后向周王室进贡"楛矢石砮"等贡品。春秋时，周朝

官员宣称："肃慎、燕、亳、吾北土也。"① 指明了肃慎、燕、亳是周天子的北部领土。据说，肃慎族还曾派人从海上来到中原，或者到了楚国。但至战国时期，由于燕、山戎、古朝鲜的强盛，曾一度使肃慎不能直达中原。

战国时期，肃慎族的辖境曾远至辽河流域，燕将秦开东却东胡，地扩辽东，也曾接近肃慎族南部的疆域，肃慎族也由此向东北地区退缩，占有牡丹江上游流域，北至黑龙江中、下游，南至松花江上游中段，以及今图们江流域左岸，其东部已经抵达海滨。肃慎族在汉代称挹娄，南北朝时称勿吉，隋唐时称靺鞨。挹娄与勿吉时期，都曾经在三江平原地区建立了较为强大的王国，并与西部的夫余国、南部的高句丽国分庭抗礼。其居于松花江上游流域的粟末靺鞨在唐时建立了渤海国，后被契丹所灭。此后，原隶属于渤海的黑水靺鞨部的完颜部女真人建立金国，并先后灭亡辽国和北宋，并与南宋对峙百余年。后来的女真后裔——满族，在明代晚期于苏子河畔壮大起来，灭亡明朝而入主中原，建立了强大的、幅员辽阔的清王朝。

肃慎民族社会发展较慢，文明起源较晚。在新石器时代，文化发展与辽西、辽东地区相比，与中原文化接触受地理空间的阻隔，聚落形态不明显。青铜时代的青铜文化不明显，社会经济以渔猎经济为主，以弓箭作为武器和工具，擅长制作楛矢石砮。在今牡丹江流域、乌苏里江流域、松花江中下游、黑龙江中下游地区都发现大量的各种石质箭头，尤其是牡丹江流域所发现的石箭镞最为丰富且磨制得十分精巧。推测今牡丹江流域可能就是肃慎族的居住中心。最近，在牡丹江流域渤海上京城附近西南约15公里的三家子镇三家子村发现属于肃慎的早期筑城，筑城由三道无马面城垣所环绕，无瓮门和马面，城垣为堆土筑城，修筑在周围的山岗上，城池处于低洼处。这座城池很可能就是历史上迷失的肃慎城，即洪皓《松漠纪闻》中所描述的肃慎王城，以及清初《柳边纪略》中记录的渤海上京城西南15公里的肃慎王城的所在地。其时代大约在先秦时期。此种类型的筑城在鹤岗地区、双鸭山地区、佳木斯地区、乌苏里江流域均有发现，当为肃慎族的分布地域。肃慎筑城的历史可能较比我们推测得更早，或当在商周之际。因为，近几年来在兴凯湖以北的宝

① 魏国忠、朱国忱、郝庆云：《渤海国史话》，中国社会科学出版社2006年版。

清地区、乌苏里江上游的劝农二道岭发现了属于具有商周文化特征的遗址，并出土大量具有商周文化特征的陶器。其年代距今为3800年前后。汉魏时期的肃慎故地为挹娄，三江平原地区发现了数百座汉魏古城，且多数筑城都修筑在山上，具有军事防御的鲜明特征。南北朝时期则为勿吉国、隋唐则为靺鞨。这一时期的筑城更加个性化和具有多重防御体系的筑城开始出现，城墙上附设的角楼、马面、瓮门都比较高大。城垣出现了夯土版筑和石块垒砌的建筑形式。作为靺鞨后裔的渤海国、女真时期则出现了具有中原营造法式规范的都城和砖瓦结构的城市住居。总之，肃慎系统的筑城史从商周到辽金始终没有间断过，其筑城主要有两大类，一是平原城；二是山城。修筑山城的时间较长，而平原城出现的时间较晚。作为大都市文明的出现，则是在渤海国和辽金时期。如渤海国的都城上京龙泉府就修筑在牡丹江流域中游地区的宁安盆地，金朝初期的都城修建在松花江流域支流的阿什河畔——金上京会宁府。

2. 秽貊民族谱系的形成对东北筑城的影响

秽貊族在先秦时期，常把“秽”与“貊”分别叙述，因此在学术界也把秽貊作为两个不同的民族集团来看待。按照秽貊族群的分布空间，一般将秽族确定在以吉林市为中心的松花江上游地区的长白山地，而把貊族推定在辽东半岛或辽南地区的山地。大约在战国中期，燕国北却东胡千里之外，并修建了燕北长城。燕国的势力整体越过燕山地带开始向东北地区移动。原来居住在辽东半岛和辽东、辽西地区的貊族向东北迁徙，这就造成秽、貊两个不同的族群在今天的松花江流域上游地区开始碰撞融合，并最终形成了两个族群融为一体的新的民族复合体。秽、貊各族分别起源于秽和貊两个族系，秽族主要从事农业生产兼营狩猎渔捞和采集，其主要分布在松花江上游地区，以今天的吉林市为中心的长白山地，属于这一地区的土著民族。貊族则主要从事渔捞、狩猎、畜牧和少量的农耕，居住地域主要是辽东半岛、千山山脉、东辽河流域的山地。目前，在这一地区所发现的大石棚文化、石棺墓、石板墓等都属于貊族的文化遗存。秽貊族形成后，四邻为南近燕国，西接东胡，东临发族、肃慎，北隔弱水与索离为邻（即今第一松花江）。据杨军先生考证，“秽人也就是东夷人”，故《汉书·武帝纪》称南闾为“东夷秽君”。《史记·平津侯主父列传》有“秽州”，《集解》引如淳曰“东夷也”，《索隐》：“濊州，地名，即古濊貊国也”，都可以证明这一点。

《三国志·魏书·东夷传》称夫余人“其印文言秽王之印”，夫余族建立的国家所用印文称“秽王之印”，此印当不是夫余人自铸，而是出自对秽人遗物的继承；参之《三国史记·新罗本纪》南解次次雄在位时“北溟人耕田，得秽王印”，都可以证明秽人确曾建立过自己的国家。[①] 杨军《秽国考》一文的最可贵之处，就是首次提出“秽王之印”并非夫余人所铸，而是对秽人遗物的继承，这是非常正确的推断。因为建立夫余国的并非秽人，而是弱水之北的索离王子南渡弱水后到秽地建立夫余国的索离人。也就是说，早在索离王子来到秽地建立夫余国前，秽国就已存在。然而，秽国建立的具体时间不详，《逸周书·王会篇》中已经出现用作族称的“秽人”，《管子·小匡》也有“北至孤竹、山戎、秽貊”，说明春秋时期已将秽与貊连称，秽国的建立当在春秋以前。最迟在秦汉之际，秽貊逐渐组成了较大的民族共同体。一般认为，最早从秽貊中形成的民族是索离人南下到达秽地建立的夫余国，此后由夫余国又衍生为夫余族。有趣的是，夫余国的国王依然使用中原王朝册封的“秽王之印”。夫余国强盛时，其分布区域东至松花江中下游地区挹娄人的故地，并控制挹娄人长达数百年之久，西至松嫩平原以嫩江、洮儿河为界，南至鸭绿江，北面已进入松花江之左岸。东汉时期，从北夫余中分离出来的东夫余又派生出一个强大的高句丽民族政权，其对东北的影响远远超过夫余。高句丽在十六国至南北朝时期势力极盛，疆域向西扩展到辽东半岛地区，后被唐所灭，退至朝鲜半岛并与朝鲜半岛南部的百济、新罗共存。

从目前的考古发现上看，商周时期的秽族与貊族的筑城遗迹不明显，先秦至西汉时期秽貊族的筑城遗迹却多有发现，今吉林市的东团山山城、西团山山城、宾县的庆华堡寨、宾县的索离沟遗址、九台、德惠、蛟河、长春地区，以及吉林市的松花江沿岸发现了众多这一时期的筑城遗迹。有人推断这些古城或城堡可能是夫余人的筑城，我认为这些筑城的年代可能会更早，或许是秽族所建而夫余人沿用之。后来东夫余人分离出来的高句丽人能够修筑更加高大坚固的山城，尤其是用石块砌筑的厚重的墙体，都是东北地区其他古代民族所无法比拟的。目前，在广大的吉林、辽宁省的长白山地区靠近河谷、濒临江河的隘口交通要道上，几乎都有

① 杨军：《秽国考》，《黑龙江民族丛刊》2004年第1期。

秽貊人及其后裔夫余、高句丽人所建立的各类山城与戍守要地的城堡。这些山城大多选择在有取之不尽、用之不竭的泉水的山脊顶端，并借用山上的泉眼开凿成水池，名之曰潭。高句丽的山城规模很大，有些山城的城垣规周长可以达到十余公里，并能驻守近10万军民。[①] 可想而知，如果山城中没有充足的水源和足够的粮食，是很难抵御外敌进攻的。这些大规模的山城，形成了独具特色的东北古代少数民族区域特色的军事筑城文化。

3. 古朝鲜族系的形成及其衰落

古朝鲜族是晚于肃慎族、早于夫余族的一个东北古老民族。出现于商周时期，曾与商族先世友好相处，后臣服于商王朝。周武王灭商，封商王族箕子为朝鲜国王。[②] 于是，箕子出走朝鲜，带去了中原文明，使古朝鲜族进入了奴隶社会，并由渔猎经济形态过渡到农业经济形态。当时古朝鲜占据朝鲜半岛西北海滨、鸭绿江和辽河下游、辽东半岛及大凌河以东沿海地区。[③] 如果从族源上看，古朝鲜的族源与秽貊有着千丝万缕的联系，上述地域内的青铜文化、大石棚文化都具有相似性。其中在朝鲜半岛大同江流域、清川江流域分布的大石棚文化较比辽东半岛更为密集且规模较大。据朝鲜社会科学院考古研究所所长孙基浩介绍，[④] 仅在大同江流域就发现了近万座大石棚遗迹。伴随着这种大石棚文化的，即发达的青铜器和丰富的制陶业，考古工作者在遗址上发现了大量的青铜兵器和陶器。战国时期，这一地区的冶铁业也非常发达，在今辽阳、鞍山、抚顺、清源、桓仁、本溪等地都出土了战国时期的铁器。通过化学分析，这些铁器都是采取“高温液体还原法”铸造的。从文物的地层年代和分布范围来看，很可能与秽貊或古朝鲜族的遗物有关。古朝鲜族在这一时期的商业也有了一定的发展，并与燕、赵、齐等诸侯国都有商业交往，这些地区出土的大量燕、赵、齐等诸侯国的货币就说明了这一点。《管

---

① 作者注，如高句丽的安市城、凤凰城等，见王禹浪、王文轶《辽东半岛地区的高句丽山城》，哈尔滨出版社2006年版。

② 孙进己：《孙进己论文集·韩国朝鲜国民族史》，中州古籍出版社2004年版，第39—51页。

③ 陈蒲清：《古朝鲜族源神话与古代朝中文化关系》，《求索》1996年第3期。

④ 2010年笔者曾经应朝鲜民主主义共和国社会科学院考古研究所所长孙基浩先生邀请，访问了平壤的朝鲜国家社会科学院考古研究所，在座谈会上了解到大同江流域的大石棚文化的分布状况，在此深表致谢！

子》中还记载了古朝鲜与齐国商业贸易往来的事实。其实在战国后期，燕将秦开却东胡和东却古朝鲜于满潘汗以东地区后，辽东地区逐渐成为华夏族的聚居区。秦开之后，另一位叫卫满的燕人赶跑了古朝鲜王箕准，并成为新的古朝鲜王，组织军队，发展农业生产、修筑堡垒。西汉时期，古朝鲜与汉王朝疏远，最终西汉对其发动了征服战争，古朝鲜王国被灭亡，并分别融合到汉族和高句丽族中。

古朝鲜族的地域地近中原的文明发达地区，其生产力与文明程度较比肃慎族更加进步，很早就与中原的先进文化有了广泛的接触和影响。在商周时期开始进入奴隶社会，青铜制造业与早期冶铁业都比较发达。因此春秋、战国时期的燕、赵、齐等国的筑城技术与长城修筑的方法传入了古朝鲜。尤其是燕国进入辽西、辽东地区广置郡县、修筑城池后，为古朝鲜的地区的筑城提供了重要的技术支撑。

综上所述，先秦时代东北区域性民族系统的分布及文化进步和社会发展的不同，以及与中原地区文化接触和交流的程度不同，加之东北地域各自不同的地理环境等因素，都是导致东北筑城产生与发展不平衡性的重要原因。春秋战国时期，东北南部的东胡游牧民族的兴起，对燕国形成严重威胁，迫使燕国“北却东胡”，构筑长城边塞，才使东北筑城真正由起源步入发展时期。辽西、辽东地区具有中原筑城特色的东北筑城的优先发展，对东北其他地区的筑城起到了影响和传播作用。到战国后期，东北区域性民族的分布趋于明显，东北西部地区为东胡游牧民族，以游牧、狩猎为主，兼事畜牧和采集，东北东部地区的肃慎民族则以狩猎为主，兼营渔捞和农业、采集，东北南部地区包括燕长城以南的辽西地区为华夏农业民族，东北中部地区则为秽貊族，以狩猎为主，兼有农业及畜牧业，东北东南部地区与朝鲜半岛北部的古朝鲜族则以农业为主，兼营狩猎、渔捞和采集。

三　兵器的变革与传播对东北筑城发展的影响

东北原始人类最初是从自然界获得生活资料的，制作简单的石器工具从事渔猎和采集，后来氏族部落为争夺生活资料等原因而发生武装冲突，原先使用的石器工具变成了争斗的武器。根据考古出土的新石器时代的器物来看，存在着大量的兵器，如石刀、石矛、石镞、骨镞等。在石兵器时代，有一项重要的军事技术成就，即弓箭的发明。东北地区早在距今1万年前的中石器时代，位于内蒙古的扎赉诺尔文化遗址就发现有石镞，扎赉诺尔人使用玛瑙、玉髓等硬质石料制造石镞，是代表东北弓箭最早出现的有力证据。在新石器时代，辽西地区的富河文化、辽东地区的新乐文化，牡丹江流域的莺歌岭下层文化、嫩江流域的昂昂溪文化、依敏河流域的哈克文化、兴凯湖的新开流文化等遗址都出土了大量的石矛、石镞、骨角矛和骨镞，这些都属于新石器时代的重要石兵器。先秦时期的肃慎民族发明了一种弓矢之器——“楛矢石砮”。传说在虞舜时，肃慎始通中国。据《竹书纪年·武帝纪》载：“（帝舜有虞氏）二十五年，息慎氏来朝，贡弓矢。”又《国语·鲁语下》：“仲尼在陈，有隼集于陈侯之庭而死，楛矢贯之，石砮，其长尺有咫。”[①]《宋书·夷蛮传·高句骊国》：“大明三年，高句骊王高琏，又献肃慎氏楛矢石砮。”[②] 楛矢是用楛木做的箭杆，石砮是用一种质地特别坚硬的石头做的箭头，据史书记载，中原舜帝时肃慎氏用楛矢石砮作为贡品向中原朝贡，表示加入舜的部落联盟。这说明至少在新石器时代，东北各文化区域的石兵器及骨兵器已经相当普遍，而且这一时期各区域的聚落形态也相当明显，氏族部落之间的战争不可避免，这些石兵器和骨兵器不仅是他们用于渔捞和狩猎的工具，同时也是他们防卫和攻战的武器，且当时的人们已经能够进行较远距离作战，弓箭已成为战场上的重要武器之一。恩格斯说：“弓箭对于蒙昧时代，正如铁剑对野蛮时代和火器对于文明时代一样，乃是决定性的武器。”[③] 堡寨、山城、石墙、城垣、栅栏、土垣都是抵御弓箭等远射程兵器的最好筑城形式，聚落环壕与城墙都是阻止持石兵器的敌人进入聚落内部的筑城形式。辽西地区在新石器时代早期最早出现了环壕聚落，红山文化时期出现了较为成熟的夯土和石砌筑城技术，石围墙也已经出现并且是作为防御性的阻止进攻的重要遗迹。可以明确地说，东北石兵器的产生特别是弓箭的出现，对东北筑城的发展确实起到了直接的推动作用。

石兵器在东北武器发展历史上占据了很长的时间。然而，随着青铜兵器的出现，兵器的发展经过铜石兵器并用时代，并逐渐过渡到以青铜兵器为主的时代。这是东北地区发生兵器史上的第一次变革，即由石兵

---

① 刘倩、鲁竹：《国语正宗》，华夏出版社2008年版。

② （南朝）沈约：《宋书》，中华书局1997年版。

③ 恩格斯：《家庭、私有制和国家的起源》，人民出版社1972年版。

器到青铜兵器的变革。东北地区各区域民族的青铜兵器变革表现出明显的不同，甚至有些区域的古代民族并未经历过明显的青铜时代。例如：东北北部的肃慎人的遗存中，就没有或很少发现青铜时代的器物。从遗址出土的各种石兵器上观察，直到汉魏时代这种石兵器依然与铁器并用。然而，东北南部的古代民族的东胡系统、秽貊系统、古朝鲜系统则较早进入青铜器时代，主要集中在东、西辽河流域和大、小凌河、鸭绿江、大同江、清川江流域。由于这一地区是中原文化与东北文化系统的交汇处，其青铜文化既具有鲜明的地域特色，又带有中原青铜文化的某些痕迹。辽西地区在红山文化时期，青铜文化已初露端倪，并已经掌握了红铜冶炼技术。考古发掘中发现了红铜刀，这是代表东北地区最早的铜兵器。相当于中原地区夏至早商时期夏家店下层文化，即已经进入了青铜时代，出现了较为发达的青铜铸造业。其青铜文化的发达程度足可以与同时代的中原最发达的地区相媲美。不过在夏家店下层文化时期，考古发现的兵器主要以石兵器为主而青铜兵器占少数，其兵器依然处于铜石并用时代。考古发现的青铜兵器主要有铜柄戈、铜镞等。辽宁省锦州市出土了一柄青铜铜带柄大戈，其戈身与柄体整体性浇铸，为夏家店下层文化时期青铜兵器的代表，戈身不但具有典型的早商时期特征，同时也表现出浓厚的地域特色且又与中原青铜军事文化血脉相通。

夏家店下层发达的青铜文化与后来夏家店下层文化的突然消失，以及夏家店上层文化的突然出现，在考古学的解释层面依然是个不解之谜。有的考古专家推测，夏家店下层文化是先商文化，原因是考古发现的文物具有先商文化特征；有的学者推测在以内蒙古赤峰为中心的夏家店下层文化分布区域内可能经历了一场大的社会变革，即全族迁移的大规模战争导致土地改变了主人；也有的学者推测夏家店下层文化是山戎族的文化遗存，其主要原因是，夏家店下层文化的年代正是山戎活动的活跃阶段。不管这些推测是否正确，这一现象的发生与东北游牧民族的兴起，特别是东胡族的兴起具有一定的关系。

夏家店下层文化的早期城堡，特别是阴河和英金河北岸的土石城堡带，显示出一种面向西北方向线式防御的态势，比如城堡门一般开在东面或南面，西面和北面一般不设城门，似乎防御的重点就在西北方。其绵延数百里的带式城堡群的分布，既显示出“原始长城”的雏形，也显示出一种强大的战争与军事对抗的激烈规模是何等的残酷。农业是夏家店下层文化的主要经济方式，牲畜饲养业也十分发达。夏家店下层文化的突然消失，取而代之的是属于东胡游牧文化的夏家店上层文化。夏家店上层文化的青铜文化特别发达，考古工作者在辽西地区发现了相当于商周时期的窖藏铜器群，集中分布于大凌河上游地区，出土的青铜器无论从铸造技术，还是从时代特征都与中原同期器物完全一致。今赤峰市林西县还发现了大型古铜矿遗址，证实早在2000—3000年前，辽西的先民们就能开采铜矿，冶炼和铸造青铜器。显示出了夏家店上层文化的地域性特色与中原地区青铜文化的交流关系，且发达的夏家店上层文化是以游牧经济为主，并兼有农业。发达的青铜文化和游牧经济方式为东胡民族的青铜兵器发展奠定了基础。辽西地区发现了众多的夏家店上层文化的东胡族墓葬，出土了大量兵器与马具。兵器、马具均以青铜器为主。如宁城县南山根101号大墓，发现有500多件铜器，成组的铜盔、铜戈、甲及整套马具，证明墓主人可能是一位高贵的骑士。这种发达的青铜兵器军事文化与辽西地区的筑城发展，从夏家店下层文化的早期城堡到上层文化时期筑城的匮乏性的现象令人大惑不解。这种现象是否就能说明崛起的东胡游牧民族南下，并征服了夏家店下层文化时期的农业民族呢？同时说明自东周开始的春秋战国时期燕、赵、齐的北部经常受到侵扰的事实与夏家店上层文化的存在时间比较吻合。从某种意义上说，战国时期的燕国北击东胡、筑东北长城，并在辽东、辽西设置和修筑郡县城池，可能就是夏家店上层文化的出现所导致的结果。当然，东胡族具有游牧民族军事文化特征的青铜兵器的发达，又为其进行掠夺性战争创造了条件。

夏家店上层文化的青铜器，无论是种类还是数量都以兵器为多，如铜盔、铜戈、铜矛、铜镞、青铜短剑，以及车马具等，证明兵器的发展在辽西地区已经由铜石并用时代过渡到以青铜兵器为主的时代，出现了东北人类历史上第一次兵器大变革。这一兵器变革首先在辽西地区发生，并逐渐向东、东北、北部扩展。这一扩展现象又从辽河流域的青铜短剑军事文化特征所处的区域中表现出来。青铜短剑最早见于商代晚期的北方地区，是曲柄匕首式短剑，其渊源或可追溯到新石器时代北方地区的细石文化石刃骨剑，并显然与游牧文化有着密切关系。辽河流域在新石器时代出土大量的石剑、石矛、长柄石斧等。到西周与春秋之交，辽河流域逐渐成为青铜短剑的发达地区。短剑是具有一定等级身份的人物必备的随身武器，其造型和装饰都很讲究，体现了当时青铜铸造水平和艺术成就。在辽河流域出土的青铜短剑又可根据剑柄和剑身的铸造，分为连铸的匕首式和分铸的“丁”字形把手曲刃式为主的若干类型。根据各类型短剑的分布、发展、演变等规律，可见东北地区青铜文化由辽西地区向东、东北扩展的趋势。

匕首式青铜短剑主要分布于西辽河流域及其西部。这一区域军事文化类型表现出大量使用草原动物作装饰，表现在短剑的剑柄、剑鞘甚至剑身以及车马具、装饰器上。辽河流域的支流——老哈河流域的中上游地区是这一军事文化类型的分布中心，这里不断有相当于西周至春秋早期的大型墓葬和相应的居住址的发现，并出土大量代表这一军事文化类型的青铜兵器。由老哈河流域向大凌河和下辽河流域则是“丁”字形把手曲刃式青铜短剑文化的分布区。这种青铜短剑在游牧文化中较为普遍，但是其草原动物装饰减少，说明辽河流域各类青铜短剑文化与东胡、山戎等游牧民族的移动有关，并呈现出由辽西向东扩展的趋势。其中所含的燕文化因素也呈现出同类现象，即自辽西而至辽东，反映出东北南部接受燕文化的历史过程和路线也是由辽西向辽东发展的，这种发展趋势一直延伸到朝鲜半岛，而向北则扩展到松花江流域。这种青铜兵器军事文化的分布体现出游牧民族南下和燕国势力向辽河流域扩张的对立趋势，上述两种青铜兵器军事文化的碰撞与融合，为燕国及东胡之间的战争和防御中的燕国筑城体系的出现奠定了基础。春秋战国，辽河流域主要是善于骑射而不善筑城的游牧民族的活动区域，为这一时期筑城遗迹的匮乏提供了最好的证据，也正是东胡等游牧民族的青铜兵器军事文化的发达，为其南下占据广阔的辽西地区创造了条件，使辽河流域乃至整个东北地区的筑城发展，出现由雄伟的早期城堡遗迹到筑城遗迹的突然中断，并随着燕国势力的扩张，又出现了中原筑城形式向这一地区的延伸。

战国时期，中原地区的铁兵器开始大量装备部队，锐利的钢铁兵器使这一时期的诸侯争霸和兼并战争进一步加剧，并随着北方游牧民族的兴起，燕、赵、齐等国开始加强对北方边境的军事防御和军事进攻，出现了大规模的中原农业民族与北方游牧民族之间的民族战争。战国后期，燕将秦开东却东胡，占据了东北地区广阔的辽河流域，并将中原地区铁兵器带到了辽河流域，考古发现的燕国城池遗址和燕国东北长城遗迹，多处发掘出铁镞等战国时期的铁兵器，并伴有铁镢等农业工具的出现。在河北易县的燕下都出土有著名的战国铁戟和扁茎铁剑，进一步证明燕国在战国时期铁兵器的出现及在战争中的应用。燕将秦开东却东胡固然与燕昭王时期燕国国力日趋昌盛有着直接关系，但铁兵器明显优于青铜兵器，也可能是燕国战胜东胡的一个重要原因。燕国东却东胡、占据辽东地区，不仅把中原地区先进的铁兵器带至辽河流域，也带来了中原地区的筑城文明及先进的农业经济形态下的封建社会的生产关系；不仅开始筑城防御东北游牧民族南下入侵的东北长城，也开始设置和修筑具有封建制社会行政区域特色的郡县城池，而且，燕国东北长城和郡县城池的构筑明显吸收并融合了东北筑城技术，其石砌技术具有鲜明的东北筑城技术特色。自战国时期，中原地区铁兵器首先在辽河流域传播，并在以后的发展历史中，逐渐向东北整个区域扩展蔓延，促进了东北区域性民族的军事及社会的变革。生活在东北地区的各古代民族大约在秦汉之际进入早期铁器时代，并开始大规模构筑城池。

可见，兵器的变革与传播，确实对东北筑城的发展产生了巨大影响，在夏家店下层文化的青铜文化早期，辽西地区出现了早期城堡，在夏家店上层文化的青铜文化鼎盛时期，却出现筑城遗迹衰退现象。到战国时期，伴随着一方大量使用铁兵器战争的出现，辽河流域出现了具有中原筑城特色的长城和城池筑城体系，使东北筑城在先秦时代的发展呈现出曲线式、波浪式发展状况。这确实与东北地区兵器的变革与传播，与中原农业民族和北方游牧民族的战争有着极其复杂的关系，各民族兵器的发展与扩张及防御性战争是导致东北筑城这一独特发展现象出现的直接原因。

第三节　夏家店下层文化筑城研究概述

夏家店下层文化因最初发现于赤峰夏家店遗址下层而得名，是一种分布于燕山山脉南北、辽西、内蒙古东南部的青铜时代文化，年代为公元前2000—前1500年。以今赤峰市地区为中心，囊括大凌河、小凌河、西拉木伦河、英金河、阴河等流域，向南延伸至燕山山脉南麓的滦河、海河、永定河等流域，向西至张家口壶流河流域。夏家店下层文化以大量规模宏大的石城址为其典型的聚落形态，这种石城的建筑形制掀开了东北地区筑城史的序幕。自1943年考古学家佟柱臣先生在赤峰市首次发现东八家石城址以来，考古工作者已在夏家店下层文化分布区域内发现了近百座石城，其中以北票康家屯城址、赤峰三座店城址、上机房营子城址、上机房西梁城址、二道井子城址等为代表。这些石城均以石砌或土石混筑的城墙为防御设施，城墙设有城门和半圆形马面，城内还有建筑址和祭祀址。从形制和文化内涵上看，夏家店下层文化的石城与乌兰察布市凉城县老虎山石城文化、陕北石峁古城和辽东秽貊石筑山城的建筑形制与特点具有一定的联系。夏家店下层文化虽已进入出现阶级分化的“方国”时代，然而其石城文化尚处于早期城市的雏形阶段。但毫无疑问，夏家店下层文化的石城是东北地区最初的古代筑城。

对夏家店下层文化城址的发现和研究始于1943年，佟柱臣在赤峰东八家村的后山坡上发现了一座石城址。① 1964年，中国社会科学院考古研究所在赤峰境内英金河流域及其上游阴河流域进行考古调查时，又发现夏家店下层文化石城址42座。② 1979年至20世纪80年代末，对凌源三官甸子城子山山城③、阜新平顶山遗址④的发掘和对承德、敖汉旗的文物普查，将对夏家店下层文化石城址的分布范围从阴河流域扩展到大凌河、小凌河、教来河、老哈河流域等。

20世纪90年代后，考古工作者利用GPS（全球卫星定位系统）对阴河中下游地区石城址展开了调查。1994—1995年，在美国国家科学基金会（NSF）资助下，北京大学以色列籍研究生吉迪先生、赤峰民族高等师专北方民族文化研究所与赤峰市北方文化国际研究中心，联合对赤峰松山区西部阴河中下游地区进行了全面考察，重新确认并发现64座夏家店下层文化石城址。考古调查与研究成果见于王惠德、薛志强等撰写的《阴河中下游地区夏家店下层文化石城的性质及特点》⑤《阴河中下游石城

---

① 佟柱臣：《赤峰东八家石城址勘察记》，《考古通讯》1957年第6期。

② 徐光冀：《赤峰英金河、阴河流域的石城遗址》，《中国考古学研究》，文物出版社1986年版。

③ 李恭笃：《辽宁凌源县三官甸子城子山城遗址试掘报告》，《考古》1986年第6期。

④ 辽宁省文物研究所、吉林大学考古学系：《阜新平顶山石城址发掘报告》，《考古》1992年第5期。

⑤ 薛志强、王惠德：《阴河中下游地区夏家店下层文化石城的性质及特点》，《昭乌达蒙族师专学报》（汉文哲学社会科学版）1995年第3期。

的调查与研究》。[①] 1996年，中国社会科学院考古研究所、内蒙古文物考古研究所和吉林大学考古学系联合对赤峰市西南部半支箭河流域的夏家店下层文化遗址进行了调查和发掘，共发现38处夏家店下层文化或以夏家店下层文化为主体的遗址。[②] 20世纪90年代中期的数次中外联合考察，使半支箭河流域夏家店下层文化筑城址的文化面貌得以清晰，科学出版社还正式出版了考察报告《半支箭河中游先秦时期遗址》。[③] 1999年至2001年，中美赤峰联合考古队在赤峰地区又新发现379处夏家店下层文化遗址。[④] 2000年，中国社会科学院考古研究所与敖汉旗联合发掘了城子山山城。该城址是我国北方地区面积最大、保存最完整、暴露遗迹最为清晰、结构最复杂的新石器时代至青铜时代城址，也是夏家店下层文化的超中心城址。城址内13万平方米的祭祀遗址表明该城是夏家店下层文化社会的中心祭祀城址。[⑤] 截至20世纪以前，目前已知夏家店下层文化石城址近百座。

2003年，为了全面了解红山地区古文化遗址的分布情况，赤峰市红山区文物管理所协同中科院考古研究所内蒙古工作队，再次全面踏查了红山地区并发现了红山夏家店下层文化石城址。通过与三座店石城址的比较，对红山区发现的城址的布局、城墙及圆形石砌建筑进行了研究，认为该城址确系夏家店下层文化无疑。然而，如果与三座店石城址相比，其防御性能更加明显。[⑥] 2005年，为配合三座店水利枢纽工程的建设，吉林大学边疆考古研究中心与内蒙古文物考古研究所联合对赤峰初头朗镇三座店城址进行了发掘。[⑦] 2006年秋，又对赤峰上机房营子石城址遗址进

---

① 王惠德、薛志强、吉迪、刘景岚：《阴河中下游石城的调查与研究》，《昭乌达蒙族师专学报》（汉文哲学社会科学版）1998年第4期。

② 朱延平、郭治中、王立新：《内蒙古赤峰市半支箭河中游1996年调查简报》《内蒙古陪嗽泌旗大山前遗址1996年发掘简报》，《考古》1998年第9期。

③ 国家文物局合组赤峰考古队：《半支箭河中游先秦时期遗址》，科学出版社2002年版。

④ 赤峰中美联合考古研究项目：《内蒙古东部（赤峰）区域考古调查阶段性报告》，科学出版社2003年版。

⑤ 邵国田：《城子山遗址》，《内蒙古文物考古》2001年第2期；康爰、孙国军：《赤峰市国家级重点文物保护单位——敖汉城子山山城遗址简介》，《赤峰学院学报》（自然科学版）2011年第10期。

⑥ 赵爱民等：《赤峰市红山夏家店下层文化石城址调查报告》，《内蒙古文物考古》2009年第1期。

⑦ 郭治中、黄莉：《内蒙古赤峰发现一处保存完整的夏家店下层文化山城遗址》，《中国文物报》2005年12月16日；内蒙古考古文化研究所：《内蒙古赤峰市三座店夏家店下层文化石城遗址》，《考古》2007年第7期。

行了大规模的考古发掘，发掘面积2000余平方米，出土文物1000余件，其文化属性分属于夏家店下层文化和夏家店上层文化。并确定石城址系夏家店下层文化所建，夏家店上层文化沿用，上机房营子石城为探讨阴河流域青铜时代考古学文化面貌及诸多相关问题提供了佐证。上机房营子石城址的发掘意义重大，报告撰写者认为："以往的考古调查表明，阴河中下游地区的夏家店下层文化石城址内，裸露于地表的遗迹主要为石圆圈或石堆建筑，如赤峰三座店石城址和上机房营子西梁石城址，而上机房营子石城址内的居住区则集中在北部两道石墙之间较平坦的地带，尚未发现石圆圈建筑。"① 此外，还发掘了赤峰上机房西梁石城址。② 2009年4月至11月，内蒙古文物考古研究所对赤峰红山区二道井子遗址进行了发掘。③

目前，学术界关于夏家店下层石城址的研究主要有如下几个方面：

在对夏家店下层石城址综合研究方面：徐昭峰全面梳理总结了夏家店下层文化石城的研究状况。他认为夏家店下层文化石城作为聚落单位，包含了祭祀功能，但不能忽略其军事防御功能的本质。④ 夏保国则认为，辽西夏家店下层文化遗址是以台地型聚落、城址和山岗型石城址作为典型聚落形态，具有较强的防御性。但根据防御强度，可将其分为平时使用和战争时使用的场所。⑤ 陈国庆、张全超则结合赤峰上机房营子石城址、西梁石城址、三座店石城这三座夏家店下层文化石城址考古发掘的收获，并结合以往考古调查和试掘的资料，对阴河、英金河流域夏家店下层文化石城址的分布规律、营造法式、功能及起源等问题进行了分析和探讨。⑥ 朴炫真对夏家店下层文化城址的概况、布局与建筑特点、城址分期、城址性质与功能进行了综合研究。⑦ 于明波利用考古学资料，通过

① 吉林大学边疆考古研究中心、内蒙古文物考古研究所：《2006年赤峰上机房营子石城址考古发掘简报》，《北方文物》2008年第3期。

② 吉林大学边疆考古研究中心、内蒙古自治区文物考古研究所：《赤峰上机房营子西梁石城址2006年考古发掘简报》，《边疆考古研究》2007年。

③ 曹建恩、孙金松、党郁：《内蒙古赤峰市二道井子遗址的发掘》，《考古》2010年第8期。

④ 徐昭峰：《试论夏家店下层文化石城》，《中原文物》2010年第3期。

⑤ 夏保国：《辽西夏家店下层文化聚落的防御性及相关问题》，《北方文物》2011年第4期。

⑥ 陈国庆、张全超：《阴河、英金河流域夏家店下层文化石城址研究》，《社会科学战线》2012年第5期。

⑦ 朴炫真：《内蒙古地区夏家店下层文化城址初步研究》，硕士学位论文，内蒙古大学，2014年。

群体与个体特征的综合考察，对夏家店下层文化独立聚落、成组聚落以及中心聚落遗址的属性进行分析，深入探讨夏家店下层文化聚落形态演变与社会形态发展的关系问题。[①] 张星德、辛岩对大凌河、小凌河流域的夏家店下层文化聚落址进行研究，认为聚落的界围形式有围墙和环壕两种。带有围墙的聚落就是石城，墙体结构主要有石墙、土石结构墙、夯土墙等，其中石墙或土石结构墙体多见马面或角台等建筑。此外，夏家店下层城址一般的聚落成群分布；聚落内部的房址分布可区分为单体房址或2—3座房址组成的院落，若干院落组成的院区及若干院区共同构成的一个聚落这样几个层次；一些房址还有带两圈墙体的双圈式房屋结构。[②] 王惠德的《夏家店下层文化石城研究》[③] 一书，是目前关于夏家店下层文化石城的唯一一部专著。该书对以西辽河流域和阴河流域为主的夏家店下层文化石城的自然地理环境、类型、特征等均予以论证，并对这些石城址形成的历史背景进行了考古学方面的梳理，并将夏家店下层石城址与中国早期的方国体制联系起来。

在特定区域的夏家店下层石城址研究方面：陈国庆、张全超指出，以往学术界均将英金河、阴河流域的石城址及城址内的石堆建筑定为夏家店下层文化，赤峰初头朗镇上机房营子石城址的考古发掘表明，石城址发现的石堆建筑为夏家店上层文化墓葬，这说明这些石城址未必都是夏家店下层文化，其中也有夏家店上层文化的遗存。这一发现为研究夏家店下层石城址及与之相关的其他石砌建筑的年代和性质提供了重要启示。[④] 郑绍宗对河北平泉茅兰沟一带发现的石围墙、石城遗址作了重点介绍，并以此作为切入点对我国北方夏家店下层文化的石围墙、石城聚落遗址进行了全面分析，认为集中在内蒙古的赤峰、辽宁的朝阳、河北的承德一带的夏家店下层文化石围墙、石城构成的“城堡带”分布直径在400公里左右，可能是当时“古国”的所在。这些石城在用途上分为居住址、防御式城堡址、祭祀址三种，是早期城市的

① 于明波：《西辽河上游地区夏家店下层文化聚落群聚形态研究》，硕士学位论文，辽宁师范大学，2014年。

② 张星德、辛岩：《大、小凌河流域夏家店下层文化聚落的初步认识》，《东方考古》第11集，科学出版社2014年版。

③ 王惠德：《夏家店下层文化石城研究》，国际华文出版社2001年版。

④ 陈国庆、张全超：《赤峰上机房营子石城址考古发掘与启示》，《吉林大学社会科学学报》2006年第3期。

雏形。[①] 杨召礼将内蒙古长城地带的早期石城址分为内蒙古中南部段（即长城地带中段）和内蒙古东南部段（即长城地带东段），他将这两个地区石城址进行比较研究，重点探讨了两地区石城址的布局差异、社会功用、彼此之间的关系等。他认为两个地区石城址均建在地势险要的依山傍水之地，防御性明显，城址内均有祭祀场所，且与中原土城的发展具有一定的连续性，但所反映的社会形态不一，东段夏家店下层文化石城址呈群聚分布，应是中部岱海地区以老虎山为代表的大型石城址进一步分化和发展的结果。[②] 王太一通过对夏家店下层文化聚落的过程性研究，探讨了夏商时期燕山南北地区夏家店下层文化的社会变化及在聚落演变上的表现。[③] 李维宇对大凌河中游的北票康家屯石城进行分期研究，认为城址分为三期，在年代上处于夏家店下层文化的中、晚期阶段，是一处集居住与防御为一体的一般性聚落。[④]

关于夏家店下层石城与环境关系研究方面：韩茂莉从西辽河流域各考古学文化期聚落的环境选择、聚落与高程、地貌等因素相关度的环境分析，西辽河流域史前时期聚落持续使用时间与环境容量等三个方面，从人地关系学的角度深入探究了史前时期西辽河流域聚落与环境的互动关系。[⑤] 孙永刚、曹彩霞通过对夏家店下层文化时期聚落分布以及诸多遗址周边自然地层与文化层的孢粉研究结果分析，夏家店下层文化遗址集中分布于赤峰南部黄土丘陵台地地区，并向河谷台塬、河漫滩等适宜农业开发的地域推进，加之这一时期相对优越的气候环境的影响，促进了夏家店下层文化时期农业经济的高度发展。[⑥]

在夏家店下层石城研究的其他方面：孙永刚认为，辽西地区的古代社会经历了从兴隆洼文化分散的村落组织、赵宝沟文化时期流行的部落、红山文化时期的复杂酋邦，到夏家店下层文化统一的地域性国家的持续

---

① 郑绍宗：《河北平泉一带发现的石城聚落遗址——兼论夏家店下层文化的城堡带问题》，《文物春秋》2003 年第 4 期。

② 杨召礼：《内蒙古长城地带早期石城址的考古学研究》，硕士学位论文，内蒙古师范大学，2011 年。

③ 王太一：《夏家店下层文化的聚落形态研究》，硕士学位论文，陕西师范大学，2011 年。

④ 李维宇：《北票康家屯城址及相关问题》，硕士学位论文，吉林大学，2006 年；《北票康家屯城址及相关问题研究》，《东北史地》2015 年第 4 期。

⑤ 韩茂莉：《史前时期西辽河流域聚落与环境》，《考古学报》2010 年第 1 期。

⑥ 孙永刚、曹彩霞：《夏家店下层文化时期聚落分布、环境变化与农业经济的关系》，《赤峰学院学报》（汉文哲学社会科学版）2011 年第 11 期。

进步的演进过程，在中华文明起源、中华文明多元一体格局的形成与发展过程中，起到了重要的推动作用。夏家店下层文化多层次的聚落群，特别是石城址的出现表明夏家店下层文化已步入“方国”时代。[①] 卢冶萍对夏家店下层文化石城内房址进行研究，目前已见于发表的夏家店下层文化石城房址20余座，分为半地穴式和地面式两类，以圆形建筑为主，建筑材料多选用石块，也有少量土墙房屋，地面式房屋多平地起建，不挖基槽。另外，泥墙和地面有多层抹泥，表明房屋已经多次翻修。[②] 王绵厚曾将夏家店下层文化石城作为高句丽石筑山城的渊源。[③]

由此可见，学术界对夏家店下层文化石城的研究仍处于起步阶段，多仍停留在梳理和分析考古学材料的阶段，不仅未能从理论上对夏家店下层文化的社会组织形态、社会结构、经济发展等进行深入研究，也未能从更加宏观的视野来审视夏家店下层文化所处的位置。仅有陈国庆等的《阴河、英金河流域夏家店下层文化石城址研究》、杨召礼的《内蒙古长城地带早期石城址的考古学研究》等少数研究成果论及了夏家店下层文化可能与早于它的老虎山文化石城、阿拉善石城之间的关系。但对夏家店下层文化的流向却几乎无人涉足。

近年来，陕西榆林神木县石峁古城的连续发掘可谓石破天惊，无数个惊人的发现从根本上动摇、冲击甚至改变了人们对中国上古时代早期文明的认识。特别是石峁古城壮观的石筑城垣、瓮城与城门、马面等遗迹都表明了距今4000年左右的石峁古城人群已经掌握了高超的筑城技艺。遗憾的是，学术界虽一次次为石峁古城叹为观止，却至今尚无一人将其与东北地区夏家店下层文化石城联系起来。一些学者认为石峁古城马面的发现将中国古代筑城中马面的历史由汉代提升至距今4000年前。但事实上，在东北地区夏家店下层文化的石城中早已出现了成熟的马面形态。令人疑惑的是，二者之间这一至关重要的联系至今却无人提及。不仅在马面问题上，夏家店下层文化石城中用纯石块砌筑或用土石混合填充墙体、外包石块的城墙建造工艺，以及城址的祭祀遗迹亦与石峁古城颇为

---

① 孙永刚：《辽西地区新石器时代至青铜时代考古学文化研究述论》，《赤峰学院学报》（汉文哲学社会科学版）2007年第5期。

② 卢冶萍：《夏家店下层文化石城聚落房屋分析及其相关问题》，辽宁省博物馆馆刊2010年版。

③ 王绵厚：《高句丽的城邑制度与山城》，《社会科学战线》2001年第4期。

相似，二者在年代和社会发展阶段上也大致吻合。从内蒙古凉城县老虎山石城到夏家店下层文化石城，再沿长城地带向西至石峁古城，向东进入辽河以东，成为后来秽貊族和高句丽石筑山城的重要源头，上述石城共同构筑起一幅宏大的中国北方石城文化带。这一石城文化带的背后正是北方和东北青铜时代的古代民族交汇、融合、分化的复杂历史时期。

夏家店下层文化之后，为带有浓厚游牧色彩的夏家店上层文化所取代，一些石城在经过夏家店上层文化人群短暂沿用后被废弃。然而值得注意的是，在辽东半岛最南端的大连地区，作为青铜时代大连最重要的历史遗迹，位于甘井子区大连湾镇、距今 3000 多年的大嘴子遗址发现了迄今为止大连地区最早的石墙遗址。石墙共三道，均以不规则的石块砌筑。[①]“王禹浪等学者认为，大嘴子城址虽还不能算作完整的城市，但却是大连地区最早的城堡，是大连筑城史的开端。[②]”大嘴子石城城墙的形制与夏家店下层文化石城城墙类似，表明在年代上晚于夏家店下层文化的大嘴子人群可能与辽西的夏家店下层文化的古族存在某种联系。

① 大连市文物考古研究所：《大嘴子：青铜时代遗址 1987 年发掘报告》，大连出版社 2000 年版。

② 王禹浪、刘述昕：《遥远的记忆——追寻大连城史纪元》，《旅顺博物馆学苑》，吉林文史出版社 2011 年版。

第二章

秽貊、索离与夫余筑城研究

第一节 "北夷"索离国及夫余初期王城考

自19世纪末以来，大凡治中国东北史的中外学者，在研究和考证夫余族源及其夫余王国的初期王城的同时，无不涉及"北夷索离国"（又写作"橐离国"或"高离国"）的地望问题。然而，遗憾的是，人们在为夫余初期王城定位的同时，却往往只注意到了夫余王城"南有鹿山"和"北有溺水"的记载，而对"橐离国"的地望则几乎忽略了。其实确定"北夷索离国"的地望是非常必要的，因为它涉及夫余与"高离""高丽""高句丽"族源等一系列与中国东北早期历史地理的重大问题。多年来，人们一直对"北夷橐离国"与地望所在有一种朦胧之感。

长期以来，我们一直围绕着古代的"弱水"，即今第一松花江两岸之地寻找北夷索离国与早期夫余王城的蛛丝马迹。经过近20年的反复实地考察，利用考古调查资料校雠历史文献，初步推定为哈尔滨市所辖的松花江中游左岸与少陵河交汇处的巴彦县王八脖子山遗址，可能就是夫余初期建国的前身"北夷橐离国"的所在地。

在这处遗址的正南方，松花江右岸的蜚克图河的上游，今宾县境内的庆华堡寨就是夫余初期的王城遗址，而以往确定吉林市东团山与西团山为夫余前期王城故址的观点，则与我们考证的夫余初期王城并不矛盾。因为我们所求证的是索离国王子东明王南渡掩滤水后的初都之所，而与夫余前期王城有着本质的不同。

一 宾县庆华遗址及巴彦王八脖子遗址发现经过

（一）宾县庆华遗址发现经过

1981年春季，笔者率领的松花江地区文物普查队在宾县境内进行文物普查时，发现了这些遗址。

由于当时没有发现渤海及辽、金时期的文化遗存与遗物，且发现的古城又呈椭圆形，城垣上无马面和角楼的建置，所以将此古城年代初步推定为“早期堡寨”遗址。由于地处宾县新立乡庆华村附近，随即命名为庆华堡寨遗址。

1983年，笔者撰写了《松花江地区1981年文物普查简报》，并发表在1983年《黑龙江文物丛刊》（即《北方文物》的前身）第3期上，首次向学术界公布了庆华堡寨遗址的基本情况。

当时我们在宾县的庆华堡寨遗址附近，共发现三处堡塞遗址，唯独庆华堡寨遗址古城的面积为最大，笔者推定其文化类型当与同仁文化相近。

1984年的夏秋之交，在哈尔滨举行的全国金史学术研讨会结束不久，笔者即组织与会的部分专家学者又一次踏堪了宾县庆华堡寨遗址。当时参加调查的学者有李健才先生、王绵厚先生、孙进己先生和王承礼先生等。笔者借机向参加实地踏查的学者作了详细的介绍，许多学者都对庆华堡寨提出了自己的推测。其中吉林省博物馆研究员武国勋先生提出的观点最为新颖，认为庆华堡寨遗址很可能就是夫余的早期王城遗址。并欣然命笔题写了“夫余王城”的墨书。后来武国勋先生在《北方文物》1983年第4期发表了《夫余王城新考——前期夫余王城的发现》一文，其论点之一就是夫余以“筑圆栅为城”的特征，庆华堡寨符合这一条件。并对原确定吉林省吉林市龙潭山山城及东团山古城当为夫余早期王城，似乎有偏南之嫌。另外，对于《晋书》中所提到的夫余王城在玄菟郡北千里的地理方位与里数不符，也提出了不同看法，因为，玄菟郡大致定位在辽宁省的浑河及沈阳市境内，距由此向北或东北的吉林市只有300公里，而不足千里。实际上这一质疑动摇了初期夫余王城为吉林说的观点。然而，武国勋先生却将初期夫余王城推定在吉林市南城子古城的结论，则仍然没有摆脱夫余前期王城为今吉林市一说的束缚。

1985年4月，黑龙江省文物考古工作队根据我们考古调查的发现，对宾县庆华堡寨遗址进行了复查，并于同年8月29日至9月28日进行了考古发掘。主持发掘的是黑龙江省考古工作队的金太顺、谭英杰、李砚铁、赵虹光等人。

1987年，由金太顺、赵虹光根据1985年对庆华堡寨遗址的发掘，执笔撰写了《黑龙江宾县庆华遗址发现简报》一文，并公开发表在《考古》杂志1987年第7期上，简略地报告了这次考古发掘的经过及其发掘收获，并附有详细的考古绘图。

90年代初期，日本北海道大学文学部教授菊池俊彦在研究东北亚地域古代历史文化的课题中，十分重视庆华堡寨遗址的发现。1995年2月25日，由日本北海道大学图书刊行会出版了菊池俊彦先生的《东北亚古代文化的研究》。书中菊池先生多次引用了庆华堡寨遗址的考古调查和发掘资料，并将庆华堡寨的考古文化类型与黑龙江流域的白金宝文化、同仁文化以及望海屯类型的考古文化、牡丹江上游的莺歌岭文化上层进行了广泛而深刻的比较研究，推定由白金宝文化系列到同仁文化系列的文化类型应属于靺鞨文化系列的一种考古文化。这是利用庆华堡寨的考古学文化与历史文献记载的靺鞨文化进行比较研究的新突破。

2000年8月，由黑龙江教育出版社出版的《东北古族古国古文化》一书（中册、王绵厚著）中的《东北古代夫余部的兴衰及王城变迁》一文中，明确将庆华堡寨遗址考证为：汉代南迁松花江上游“秽城”以前夫余的先世——“北夷”橐离国故地的王城。

王绵厚先生将东汉王充所著《论衡》一书中提到的“北夷”橐离国王子东明“南渡掩滤水”定位在今拉林河流域。这是截至目前关于“北夷橐离国”的最新推断，也是唯一明确推断“北夷”橐离国具体位置的新观点。

（二）巴彦县松花江乡富裕村王八脖子山遗址与发现经过

1982年，笔者率领松花江文物普查队在巴彦县境内进行文物普查时所发现，该处遗址的面积很大，近20万平方米，遗址中有两座古城，是目前黑龙江省境内发现的青铜时代——早期铁器时代面积最大的遗址，遗址靠近少陵河与松花江的交汇处。

1993—2001年，巴彦县文物管理所闫志林、李彦君对该遗址进行了反复调查，采集了两千余件各类文物标本。其中有石器、骨器、青铜器、玉器、陶器、铁器等文物，文化遗存异常丰富，目前这些标本依然保存在巴彦县博物馆。《北方文物》1995年第1期刊登了由李彦君、刘展执笔的《巴彦王八脖子山遗址调查简报》，第一次公布了此处遗址的地理位置、分布情况及文化内涵，认为此遗址可能与黑龙江流域的白金宝文化有关，将其初步推定为具有黑龙江流域特色的青铜文化时代类型。

不久，李彦君又在1996年黑龙江省《文化导报》上发表文章，对其进行了报道。20世纪90年代末，我与李彦君合作对这处遗址出土的文物又进行了认真的梳理和研究，共同认为巴彦县王八脖子山遗址的文化要早于宾县的庆华堡寨遗址，其中的共同点和差异性引起了我们的高度重视，并开始对其文化面貌进行文献检索和历史定位。

二　巴彦县王八脖子山遗址及宾县庆华堡寨遗址的分布情况及其文化内涵

（一）巴彦县王八脖子山遗址

王八脖子山遗址位于巴彦县松花江乡富裕村南1.5公里处，松花江左岸的二级台地上。由于地势犹如一只乌龟的脖颈，故当地农民俗呼为“王八脖子”山，遗址因而得名。遗址的总面积达20万平方米。台地高出江岸20余米，形成坡度45°，遗址的地表已被开辟为耕地。遗址距离松花江约1.5公里，右侧是自北向南流淌的少陵河。少陵河发源于小兴安岭南麓，又称“硕罗河”，即金代的“帅水”。松花江南岸即宾县的满井乡及鸟河的古城遗址。王八脖子山遗址面积呈东西分布，台地南部与西南部各有15米×20.2米和50米×30.2米，近乎椭圆形的城垣遗址，并与台地的遗址形成一个整体。台地上部较平坦，地势为西南高、东北低。整个遗址地表上陶片、石器、骨器俯拾可得。采集的石器共计有200余件、陶片2000余件。

从巴彦王八脖子山遗址采集的大量标本来看，这一文化遗存具有其独特属性。在松花江中游流域形成了一个新的文化内涵。该遗址的陶器既有白金宝文化的特点，与庆华遗址也有相似之处。其中白金宝文化大量使用的篦纹陶，以及横桥状鋬耳器都与白金宝文化有着极其密切的关系。该遗址的骨甲片、横桥耳陶器、重唇罐、锯齿沿罐、陶豆、鬲、压制石镞、彩陶等又与宾县庆华堡寨遗址有着明显的继承关系。该遗址的重唇罐、附加堆纹罐等皆属靺鞨文化系统，并与黑龙江省东部三江平原早期铁器时代文化遗存有联系，陶支座、锯齿状口沿罐以及横桥装饰耳罐是其考古文化的特点之一。

总之，从打制石器、压制石器、磨制石器到铁器和青铜器饰件的发现，证明该遗址的文化面貌是多源的，从新石器到青铜时代，一直延续到早期铁器时代的持续性和共生性是其本身的特征之一。遗址的规模证明该部落群是一个文化特征鲜明、人口众多的集中聚居区，具有一种酋邦或邦联的核心属性和功能。依据考古调查所知，巴彦县王八脖子山遗址类型的文化遗存主要分布在今巴彦县与呼兰区交界的少陵河流域。北部可达绥化地区的泥河，沿通肯河及呼兰河之上游地区并与乌裕尔河流域相接。其西界可达呼兰河流域，东界达木兰县境内的蒙古山城。然而，其集中的地区则是少陵河与松花江合流处的王八脖子山遗址，遗址沿松花江北岸向两翼延伸，该遗址的上限应早于宾县庆华堡寨遗址。

（二）宾县庆华堡寨遗址及周边环境

庆华堡寨遗址位于中国黑龙江省宾县县城东南约 7 公里新立乡庆华村北山岗的南坡上。遗址的南侧有一条长年流淌的小河，河的南岸就是庆华村。庆华村的南侧便是连绵起伏、横亘东西的张广才岭山麓。因山在村之南，故又有“南山”之称。此南山之阳便是阿城市的松峰山和老母猪顶子山，亦即金代完颜部的发祥地，海沟河与安出虎水源之地。山之阴便是宾县与松江铜矿所在地，此山盛产金、铜、银、铁等矿藏。在庆华村之南的山地中与阿城市和宾县交界处，曾出土两把青铜短剑和大批积石墓，山区中还有众多的椭圆形城寨。

庆华堡寨遗址附近的河流发源于南山，穿过遗址后经过古城堡寨流向西北，经二龙山水库注入蜚克图河，在宾县境内老头山附近注入松花江。遗址北距松花江右岸仅 20 余公里。能见度好时，站在古城堡上可眺望松花江的江面。庆华堡寨的遗址分布面积较大，主要分布在古城西侧和南侧的山坡上。尤以古城之南侧临近小河两岸的山坡地最为集中，每到春季农耕时，各种陶片、红衣陶、黑陶、夹砂陶片、陶塑、石球等遍地皆是，随处可见。整个遗址的面积达 18 万平方米，遗址最高耸的地方是一座人工堆砌的椭圆形的古城遗址。古城周长 650 米，共有东、南、北三座城门，以东侧城门地势最为险要，濒临断崖。古城墙底部与城门附近分布着许多碎石，可能是砌筑城门和墙体基础时所用。古城内的正中央有人工堆砌的土丘，高近 4 米。土丘附近的夹砂陶片和各种陶片非常丰富，城堡北、西、南三面皆有堑壕、无马面和角楼。乡村公路从古城的东墙下穿过，公路濒临断崖。

1985 年，黑龙江省考古工作队（现改称文物考古研究所）对遗址进行了小面积考古发掘工作。共开掘5米×5米的探方7个，2米×30米的探沟两条，清理出房址两座，灰坑、窖穴各一处，发掘总面积约300平方米。根据已经发表的发掘简报得知：F1的房址已经遭到严重的损毁，仅存居住面和灶的残部，已经无法判明其房址的结构和形状。在居住面上还出土了少量的红衣陶片。F2的房址位于开掘探沟北壁的东部城垣下，房址的上部被城墙破坏，其结构不详。房址内为半地穴式，平面呈方形，边长3.4米。房址的居住面平滑坚硬，似被火烧烤过，地面呈红褐色。在靠近房址内偏东南处，有两块石头，石头下有直径约1米、深0.2米的锅底形灶坑，坑内堆积有大量的烧土和炭屑等。房址的居住面上还发现有几片夹砂褐陶片、两片彩陶片以及陶猪的雕塑。

在发掘的窖穴中出土了许多陶器，有夹砂敛口瓮、双耳罐、实把鬲、錾状器耳、柱状器耳、彩陶钵、红衣陶壶、木炭及大量烧土块。在灰坑中发现了少量的夹砂陶片和彩陶片。

总之，从考古发掘的遗物总体特点上看，器物共有300余件，其中以陶器居多。少量的有铜器、铁器和骨器，玉器则更少见。

陶器以夹砂陶为主，约占总数的55%；其次为彩陶，占总数的22%；红衣陶则占18%。除此之外，还有少量的泥质陶。其中的彩陶器物群多为瓮、罐、盆、钵、鬲、碗等，皆为泥质陶，均为手制。彩陶的纹饰多为三角几何纹、菱形纹、方格纹，还有几种纹饰组合在一起的复合形纹饰。这种彩陶纹饰在黑龙江流域的历史文化遗存中尚属罕见，它的文化内涵值得我们深思。

值得注意的是，陶猪、陶马、陶狗等陶塑的发现也是饶有兴趣的问题之一。说明当时居民不仅已经驯养家畜，而且已经将这些家畜作为一种文化形态表现出来，并造出生动活泼的形象并加以欣赏，这实在是难能可贵的。另外，由于发掘的面积有限，遗址中出土的铁器和铜器的数量不多，很难推测出其生产生活的具体发展水平，但不难看出庆华堡寨遗址的年代已经进入早期铁器时代。无论这种铁器的来源是不是自身冶炼和生产的，或是交换而来，都说明铁器与铜器出现在巴彦王八脖子山和庆华堡寨遗址中的重要意义。

黑龙江省考古工作者推断庆华堡寨遗址年代，大致在战国时期至西汉末年，是比较科学和可信的，笔者同意其结论性的观点。值得强调的是，上述巴彦王八脖子山遗址与庆华堡寨遗址的分布状态和发展走向，基本上沿着小兴安岭南麓靠近呼兰河以东的山地与松花江河谷平原，并以巴彦县少陵河为中心，越过松花江，沿着张广才岭西麓的山地与松嫩平原东部地区阿什河、拉林河流域，一直向南进入吉林市的松花江上游的山地而分布着。

从地域上看，基本上只是由北向南的渐进发展趋势。90年代，在今拉林河上游五常市沙河子镇西山发现的石板墓，与吉林市西团山文化和庆华堡寨、巴彦王八脖子山、阿城大岭发现的青铜短剑墓地文化联系在一起。这是一种很值得探讨的南北纵向的区域文化发展线索。

然而，在相当于战国时代至两汉末年的松花江中游两岸，即今巴彦、宾县境内发现的上述考古文化遗存究竟是属于哪一个民族文化的遗存呢？这就是本章将要继续深入探讨的核心问题。

（三）北夷橐离国及其夫余初期王城的位置

截至目前，中国学者最新论述和推断北夷橐离国的考古文化遗存及其地望者，大致有如下四种观点：其一，以黑龙江省考古学界的学者所推断的“白金堡文化”可能与夫余建国前的早期文化——橐离、索离文化相关。

其二，是王锦厚先生提出的宾县庆华堡寨的考古文化遗存应为“北夷橐离国”的文化。

其三，魏存成先生在其所撰《夫余、高句丽族源传说考》一文中所推断的北夷橐离国文化与地望，当在“松嫩平原的北部，不会越过小兴安岭。东明南渡的大水，很可能是嫩江或东流松花江。这就是说，东明开始立都称王、建立夫余政权的王城应在嫩江或东流松花江之南”。笔者对魏存成先生的推断深表赞同。

其四，李建才先生力主吉林市东团山与西团山附近为夫余前期的王都之所的观点，依据是比较充分合理的。但是，我们认为吉林市附近的夫余王城可能不是南渡弱水（掩滤水）的初期王都之所，而是夫余的前期王城的可能性较大。

我们认为，在我国历史文献中记载有关夫余、高句丽的族源传说中，尤以王充《论衡·吉验篇》中的记载比较可信。由此而后的《魏略》《三国志》《后汉书·夫余传》《梁书·高句丽传》《好太王碑》《冉牟冢题铭》《魏书·高句丽传》《三国史记》以及《三国遗事》等文献大多是在演义王充《论衡》中的夫余族源的传说（详见魏存成先生的考证）。在王充《论衡·吉验篇》中有关夫余的族源传说，有如下几个关键环节，值得我们深入思考和研究。

其一，“北夷”橐离国（索离国、高离国）的名称与概念具有地名化石功能。

其二，“北夷”橐离国的方位与王子东明南逃后，渡掩淲水路线的方向相符合，并在北夷的范围内初都夫余，故北夷内又有夫余国。这个北夷之说，是指中原王朝统辖区域内的玄菟郡的北部方向。

众所周知，所谓的“北夷橐离国”又写成“高离、索离”，显然这是对同一名词（地名或族名）的不同文字的同音记录。其中将“橐离”与“高离”又与“索离”相通是饶有趣味的。这里的“橐”字发 tuo 音，而“索”则发 suo 音，如从当代中原汉音角度是很难理解的，为何“索”音与“橐”音相通。如果我们继续深入探讨王充《论衡》中所记录的那个“橐离”国的地名，我们是否能够在松花江中游左右（北）与某个地方找到与“索离”音近的地名呢？

无独有偶，在我们上述介绍的巴彦县王八脖子山遗址，实际上正处在自古以来就叫作“硕罗”水的河口附近。在元、明、清三朝的许多历史文献中，都将其记录成“索棱”水或“硕罗”水等。现在则定成“少陵河”。

这个“硕罗河”的地名与古代“索离国”的地名并非偶然的巧合。实际上正与巴彦县所发现的王八脖子山遗址文化属性相吻合。这是启发我们将这处遗址与北夷橐离国相联系的最主要的线索之一。实际上我国东北地区的地名中，所保留的古老的民族名称和古地名的凡例屡见不鲜。此其一。

巴彦县王八脖子遗址的文化类型，大致沿今少陵河（古称硕罗河）两岸分布着。其中以靠近松花江与河口处遗址最为集中，并且是黑龙江省目前为止发现的最大的史前文化遗存。从遗址面积和地表散落的遗物密度及数量上看，应该是北夷索离国的中心，亦即可能是橐离国与索离国的王都之所。此其二。

根据目前从地表上采集的文物标本上看，这处遗址既不完全等同于白金宝文化，也不等同于同仁文化。既有团结文化的相似性，也有西团山文化的特征，它是介于这几种考古文化之间的一种复合型文化。纵观西汉初年的东北各族文化的活动范围，唯一夫余的活动涉及最为广泛。

其建国历史源流最悠久，王朝延续的年代最长，所以夫余考古文化的特征应该是一种多源体的复合文化特征。巴彦县王八脖子山遗址的年代被推定在春秋与西汉之间，因为它的文化内涵中的许多器型器物与松花江对岸的庆华堡寨中的出土文化相类似。由于此遗址出土了大量的早期石器和陶器，所以其相对年代要早于庆华堡寨遗址。这与由北夷索离国的一部分由北向南渡过掩滤水、建立北夷夫余国的记载相吻合，而在二者之间存在的差异则说明了文化移动后的必然变异。此其三。

历史文献中所记载的“掩滤水”“施掩水”“掩滞水”“奄利水”，实际上均为同一条河。即今天的嫩江与东流段的松花江及黑龙江下游，这是西汉时期古人对东北水系的地理概念。掩、淹、难、捺、弱均为同音异写，古代的难河、弱水均指这条水。因此掩滤水应该主要就是指今日的东流段的松花江。这是西汉时期松花江的名称。今巴彦王八脖子山遗址正处在松花江北岸，而隔江相对的南岸就是庆华堡寨文化遗址。庆华堡寨遗址与巴彦王八脖子山遗址的考古文化，有着十分密切的关系，且有许多异同。庆华堡寨文化明显晚于松花江北的巴彦王八脖子山遗址。这两处遗址隔江相对，一南一北形成对峙局面，且中间有“掩滤”大水相隔，符合王充《论衡》的记载。此其四。

《后汉书》《三国志》《晋书》的夫余传都对夫余的方位、地望、地理环境的记载尤为详细。如“夫余在长城之北，去玄菟千里，南与高句丽相接，东与挹娄，西与鲜卑接，北有弱水，方可二千里。户八万，其民土著，有宫室、仓库、牢狱。多山陵，广泽，于东域之域最为平敞”。

玄菟郡为今沈阳市，其北千里正相当于今日宾县的庆华堡寨遗址附近。以宾县庆华堡寨为夫余初都王城，文献中的“夫余四置”与文献正合。而北有弱水，即今日之松花江，西接挹娄，当指今依兰以东之地域，南与高句丽接，西与鲜卑接，均与文献记载一一相合。

另外，文献中在记载夫余人居住的地理环境时，即记录了“多山陵广泽”，又记载了“于东夷之地最为平敞”的复杂地势。今庆华堡寨的东、西、南、北四周地势，既有山林丘陵，也有广阔的湿地、沼泽和平野。这一地理环境，正是以庆华遗址为中心向南向西的拉林河、阿什河流域以及在第二松花江以东的地理环境特征，这一区域广布着山林、浅山区及丘陵。而松花江、拉林河、阿什河流域水系十分发育，沼泽星罗棋布，遍及河流中下游与沿江沿河之两岸，此其五。

在巴彦和庆华堡寨遗址中还发现了大量的陶塑猪、狗、马等，这与夫余人的国中之官职“马加、狗加、猪加”的记载相符。此其六。

在今宾县、阿城、五常沿张广才岭西麓丘陵地带与松嫩平原东部相接处的浅山区内的拉林、阿什河流域两岸与山丘上，多分布着椭圆形的山城，这与夫余人筑城的“圆栅之制”相一致。此其七。

在这一区域内除有椭圆形山城外，在阿城的山地、五常的拉林河畔、双城的平野都出土了青铜短剑、积石墓及石板墓，此与夫余葬俗相合，此其八。

综上所述，我们认为今巴彦县的少陵河即古之索离河、硕罗河，当为“橐离国”“索离国”之地名的化石遗存。少陵河与松花江合流处的所谓黑龙江最大的史前文化遗址——巴彦王八脖子山遗址，可能就是古之北夷橐离国的王都之所。这处遗址南临松花江之大水，即东明王南逃时所渡的“掩滤水”。隔松花江之南岸的宾县庆华堡寨的大型遗址或许就是东明王南渡松花江后的“因都王夫余之地”的所在地。从此之后，夫余初都之地的北界弱水，即指今松花江。需要说明的是，夫余初都之所的南方应有“鹿山”，“夫余初居于鹿山”，“尸之国南山上”。今庆华堡寨大型遗址的正南方是起伏的张广才岭，至今仍称之南山。在此南山发现了有青铜短剑的积石墓。

我们认为庆华堡寨为夫余初都之所，而今吉林市的东团山南城子古城址则为夫余的前期王城。夫余建国前后达数百年，如何来划分其历史分期？当存在许多未解之谜。我们认为至少应将夫余的初都之所与前期王城之城严格区分并加以寻找，方能在种种谜团中对夫余初都之所有新的注释。

此外，在王充《论衡》中“国有都城名秽城，盖本秽貊之地，而夫余王其中，自谓‘亡人’”的记载是有区别的。所谓的“因都王夫余之地”，当指初都之所，而秽貊城当与秽人所居之地有关，秽貊城是与久居秽貊水的族团有关。所谓的秽貊，实际上就是粟末水，亦即今天的吉林市境的第二松花江。因此确定今吉林市龙泽附近与东团山与西团山的文化遗存当为古之秽城之地，亦即夫余从初都之所由北向南沿张广才岭西麓和松嫩平原东部逐渐向今吉林市迁徙，最后定都于秽城的前期王城。这与李健才先生和武国勋先生的考证是一致的。

我们认为，目前应该引起人们注意的是，从小兴安岭南麓少陵河至松花江南岸的宾县庆华古城，沿张广才岭西麓山地与松嫩平原的接合部，已经出现了一种由北向南、年代逐渐递减的历史文化的共同遗存现象，这一文化现象的主要特征是：

其一，磨光的石器、玉器、骨器与少量的铁器、铁簇、铁镬、小件青铜器等并存。其二，以圆栅为城，凭险踞守。古城近乎椭圆形，当为夫余人所特有的“圆栅之制”。其三，遗址上的文物标志十分丰富，巴彦王八脖子山、宾县庆华、五常西山、吉林西团山的考古文化类型中以陶器最为发达，有彩陶、磨光红陶与黑陶，器型有：直领陶壶、柳叶型石簇有鞅鞨罐、板桥状耳罐，有鬲、杯、陶塑等。其四，巴彦王八脖子山、宾县庆华、五常西山与吉林西团山文化中的骨器与骨角器较发达，以巴彦王八脖子山、宾县庆华遗址最为发达和丰富。

第二节 秽貊、夫余筑城研究综述

一 秽貊、夫余前期王城研究综述

秽貊族系的貊族在东北历史上很早就已开始筑城。目前已在辽东地区发现大量以大石棚、石棺墓、石盖墓等石构墓葬及夹砂褐陶平底器、青铜短剑等为典型器物的秽貊族遗存。这些遗存附近还往往分布着一些青铜时代的石筑山城，这些山城应是秽貊族所建。一些山城为后世高句丽所沿用。学术界关于秽貊族山城的研究还极为有限。王绵厚在《高句丽的城邑制度与山城》一文中认为秽貊族以“环山围壕”和“石垣聚落”为主要形式的石构建筑是高句丽山城的“近源”。一些学者也已开始注意到吉林市东郊南城子、龙潭山、东团山等夫余筑城中，早于两汉时期夫余的西团山文化因素，说明这些古城应是秽族始建，即文献记载的“秽城”。但目前还未见秽貊族山城的专题性研究成果。

关于夫余筑城的研究，由于未能发现更多的夫余聚落遗存，因此对夫余筑城的研究主要是围绕着夫余王城。夫余在历史上曾多次迁徙，其政治中心遂不断迁移。关于夫余王城的记载主要见于《资治通鉴》卷九七《晋纪十九》“穆帝永和二年（346）春正月”条：“初，夫余居于鹿山，为百济所侵，部落衰败，西徙近燕，而不设备。”因此，传统上学术界将夫余王城分为“初居鹿山”的前期王城和“西徙近燕”的后期王城两个阶段。近来姜维东、赵振海提出了夫余王城四迁说。[①] 笔者以学界公认的夫余王城分前、后两个时期为准。文献亦有记载，“北夷”索离国王子东明南下秽地建立了夫余国。因此，应将索离国与夫余国的王城置于一个筑城史体系中予以综合考察。

近年，笔者与王绵厚等先生对夫余前身北夷“索离国”及夫余初期都城进行了有益的探索。王绵厚认为宾县庆华古城的文物形制及年代与文献记载的汉和汉以前的夫余分布区大体相当，推测该古城是“北夷”橐离国故地的王城。[②] 笔者初步推定巴彦县王八脖子山遗址可能是夫余初期建国的前身“北夷”橐离国的所在地。位于其正南方的宾县庆华堡寨则是索离国王子东明王南渡掩滤水后的初都之地，后再迁至今吉林市东郊。[③] 东汉王充的《论衡》、曹魏鱼豢的《魏略》均记载了夫余王东明王自索离国出走、渡掩滤水而建夫余国的历史。长期以来，学术界都把目光投在了东明王南下而居鹿山建国的史实研究中，而对东明王南下前的定都情况及索离国的政治中心关注甚少。笔者认为文献中的掩滤水主要就是指今日东流段的松花江，巴彦县王八脖子山遗址与宾县庆华堡寨遗址正好隔江一南一北分布，且巴彦县王八脖子山遗址年代早于庆华堡寨遗址，也符合索离国早于夫余国的史实。因此，笔者在学界将今吉林市龙潭山、东团山、西团山作为夫余前期王城的基础上，在其与索离国年代断限之间提出了东明王初都于宾县庆华堡寨的观点。还需特别指出的是，笔者于2010年夏季对以黑龙江省北安市为中心的乌裕尔河流域进行考察时发现了一种特殊的石器——石耜。这种石耜的年代、形制与吉林市西团山文化遗址中出土的石耜几乎一致，这说明相距如此遥远的两地很可能存在某种联系，这种联系又很可能与橐离国和夫余国的关系有关。在北安市和吉林市之间，隐藏着橐离国王子南下秽地建立夫余国的神秘历史。[④]

对夫余前期王城的探索其实主要就是考据“鹿山”的地望。学界已基本认可“鹿”通“夫”，“鹿山”即“夫山”，为“夫余之山”的

---

① 姜维东、赵振海：《高句丽夫余城再考》，载《辽源龙首山山城及相关遗迹学术研讨会论文简编》，2015年。

② 王绵厚：《东北古代夫余部的兴衰及王城变迁》，《辽海文物学刊》1990年第2期。

③ 王禹浪、李彦君：《北夷“索离”国及其夫余初期王城新考》，《黑龙江民族丛刊》2003年第1期；王禹浪：《“索离”国及其夫余的初期王城》，《黑龙江民族丛刊》2013年第1期。

④ 王禹浪：《乌裕尔河流域的历史与文化——以北安市为中心》，《哈尔滨学院学报》2011年第7期。

简称。长期以来，我国学者普遍将夫余前期王城定位在农安。这主要是源自《新唐书》“扶馀故地为扶馀府”的记载，《辽史》中有“东京龙州黄龙府，本渤海夫余府”的记载。成书于晚清的《吉林通志》谓“扶余府，今长春府，农安县境”，因此长期以来将农安作为夫余府即夫余王城之所在。

进入20世纪80年代后，学术界对夫余前期都城的探索可谓取得了突破性进展，一系列新的考古发现引发了学界关于夫余前期王城的大讨论。这就是吉林省吉林市东郊龙潭山山城、东团山山城、南城子古城等夫余筑城以及帽儿山墓地的发现和发掘，所有治夫余史学者均将目光聚焦于此。

龙潭山山城位于吉林市东郊的龙潭山上，山势陡峻挺拔，最高峰“南天门”海拔388.3米。山城依山势修筑而成，平面呈不规则多边形，周长约2396米。城墙用黄土和碎石混合而筑，仅西侧一段为纯黄土筑成。山城西、南、北三面的凹状处各设有一门，其中西门位于今盘山公路山腰处，此门应为正门，残宽近24米。南北两门为便门，在山城四面各突出地方均设有平台，其中以南平台最高，俗称为“南天门”。山城内出土了大量青铜时代、高句丽、渤海、辽金时期的遗物，说明此城沿用时间较长。① 东团山位于吉林市东郊江南乡永安村，是一座海拔仅50余米的圆形小山。20世纪三四十年代，李文信先生就对其进行了调查，在《吉林附近之史迹及遗物》一文中记述了考察时发现的五铢钱、铜镜、玉饰、琉璃耳饰、灰陶瓦当、陶耳杯、陶灶、陶甑等汉代遗物。新中国成立后对其又进行了多次调查，发现了南城子古城。近年来，吉林省文物工作者对南城子古城形制进行了实测，可知南城子古城形状近圆形，有三道围垣，无西墙，而是以东团山边缘为墙。此城设有南北二门。城墙唯有东南墙保存较好，残高5—6米，其余皆坍毁严重。

帽儿山墓地位于吉林省吉林市丰满区江南乡裕民村附近的帽儿山附近，因形似草帽而得名。墓地以帽儿山为中心，北起龙潭山南麓，南至南山南坡和陵园下西北坡的建华村，西至松花江，东至西山、帽儿山和南山的南坡。墓地面积约15平方公里，目前已知分布着4000余座夫余时

---

① 王禹浪、王宏北：《高句丽渤海古城址研究汇编》，哈尔滨出版社1994年版，第82—83页。

期的墓葬，推测墓葬总数应超过 1 万座，自北向南分为龙潭山、西山、帽儿山、南山四个墓区。1980 年，吉林市博物馆为配合吉林市送配电工程公司在帽儿山的基建活动，抢救性地发掘了三座墓葬。1989—1997 年大约 10 年间，吉林省文物考古研究所在吉林市博物馆、吉林市文物管理处的配合下，对帽儿山墓地进行了调查、勘探和发掘，共计发掘墓葬 200 余座。帽儿山墓地墓葬形制有土坑墓、土坑木椁墓、土坑火葬墓、土坑积石墓、土坑石圹墓等六种类型，其中土坑木椁墓数量最多，内部填充以青膏泥。这次发掘出土文物共计 4000 余件，品种丰富，造型精美。陶器有盆、罐、壶、豆、纺轮等，主要为夹砂褐陶和泥质灰陶、褐陶；铁器有镢、铧、环首刀、削刀、锥、矛、箭镞、剑、甲片、马衔等；铜器有权杖、铜镜、泡饰、车辖、锸等；金银器也出土较多，有金牌饰、金管饰、金片饰、金泡饰、鎏金马镫、银指环、金银耳饰等；另外还有漆器、木器以及玛瑙珠、玛瑙管等玉石器。新莽“货泉”钱币的出土，说明帽儿山墓地一部分墓葬时间已至两汉之际。①

揭开 30 多年前夫余前期王城研究大讨论序幕的正是著名东北历史地理学家李健才先生（已故）。他首次提出了夫余前期王城应位于今吉林市附近的观点。② 随后，武国勋在李氏之说基础上，更加全面系统地论证了此说，正式提出吉林市东团山及南城子古城就是夫余前期王城。③ 随后，马德谦先后发表多篇论文表示赞同，并认为南城子古城应为王城，东团山至龙潭山之间应为外郭区，龙潭山是防卫城。④ 董学增指出吉林市东团山至龙潭山麓的临江岗地是夫余前期王城，南城子应是宫城遗址。⑤ 魏存成认为：“吉林龙潭山山城自青铜时代西团山文化始一直是第二松花江流

---

① 张立明：《吉林帽儿山汉代木椁墓》，《辽海文物学刊》1988 年第 2 期；刘景文：《吉林市帽儿山古墓群》，《中国考古学年鉴》，文物出版社 1990、1991 年版；董学增：《帽儿山古墓群——我国汉魏时代最大的墓地》，载政协吉林市委员会编《中国历史文化名城吉林市》，吉林人民出版社 1999 年版。

② 李健才：《夫余的疆域与王城》，《社会科学战线》1982 年第 4 期；李健才：《东北史地考略》，吉林文史出版社 1986 年版，第 24 页。

③ 武国勋：《夫余王城新考——前期夫余王城的发现》，《黑龙江文物丛刊》1983 年第 4 期。

④ 马德谦：《谈谈吉林龙潭山、东团山一带的汉代遗物》，《北方文物》1987 年第 4 期；马德谦：《夫余文化的几个问题》，《北方文物》1991 年第 2 期；马德谦：《夫余前期国都的几个问题》，《博物馆研究》1995 年第 3 期。

⑤ 董学增、仇起：《夫余王国论集》，吉林市文物管理处 2003 年版；董学增：《再论吉林市“南城子”是古秽城、夫余王国前期王城》，《东北史研究》2006 年第 2 期。

域的文化中心。西团山文化之后便是汉代文化，夫余政权前期的王城便在此地。”① 翟立伟②、李东③等认为东团山、南城子古城均地域狭窄，不适宜居住，龙潭山山城应为夫余前期王城④。张福有⑤、黄斌、刘厚生⑥、薛虹、李澍田、李治亭⑦也都赞同吉林市东郊古城群系夫余“初居鹿山”的说法。秦丽荣等认为以龙潭山为主体、包括东团山、帽儿山和龙潭山火车站在内的“三山”地区为夫余全盛时期的故都。⑧ 截至目前，吉林市东郊古城群作为夫余前期王城的观点已基本为学界所认可，帽儿山墓地的发掘更是提供了珍贵的实物佐证。

然而，虽然吉林市东郊诸古城及墓葬为学术界探索夫余前期王城提供了极其珍贵的线索，也有一些学者对此问题持质疑甚至反对态度。张博泉先生就从 10 个方面提出了反对意见，⑨ 很有代表性。三江指出西团山文化在汉代出现中原汉文化因素，东汉时期又部分被老河深文化所取代，与夫余“自先世以来，未尝破坏”的历史事实不符。且今吉林市一带属于汉代疆域，不可能允许存在少数民族政权⑩。孙进己认为夫余最初建国地点应在辽宁西丰城子山古城的凉泉文化类型可能是早期夫余城文化遗存。⑪ 李德山等学者亦认为农安应是夫余的第一座王城，也是主要王城；第二座王城尚难以确定，但其时间、规模都不会超过农安。⑫ 刘宁认为南城子的规模及未发现宫殿建筑遗址与王都性质不符，南城子古城三道围垣的形制说明该城很可能是作为守卫帽儿山墓地的军事卫城或祭祀场所，类似“陵邑”的性质。⑬ 王洪峰亦认为：“以上诸城中的某城能够

① 魏存成：《高句丽遗迹》，文物出版社 2002 年版，第 110 页。

② 翟立伟、仇起：《吉林市龙潭山城应为夫余国前期都城》，《江城论坛》2002 年第 6 期。

③ 李东：《夫余国研究》，吉林人民出版社 2006 年版，第 62—71 页。

④ 翟立伟、仇起：《吉林市龙潭山城应为夫余国前期都城》，《江城论坛》2002 年第 6 期。

⑤ 张福有：《“黄龙府”考辨》，载辽宁省辽金契丹女真研究会主编《辽金历史与考古国际学术研讨会论文集》（上），辽宁教育出版社 2012 年版。

⑥ 黄斌、刘厚生：《夫余国史话》，远方出版社 2005 年版，第 111—114 页。

⑦ 薛虹、李澍田：《中国东北通史》，吉林文史出版社 1993 年版，第 137 页；李治亭：《东北通史》，中州古籍出版社 2003 年版，第 84 页。

⑧ 秦丽荣等：《吉林市龙潭山文化内涵新考》，《博物馆研究》2013 年第 2 期。

⑨ 张博泉：《夫余的地理环境与疆域》，《北方文物》1998 年第 2 期。

⑩ 三江：《汉魏夫余史地考略》，《北方文物》1988 年第 1 期。

⑪ 孙进己：《东北民族史研究》（一），中州古籍出版社 1996 年版，第 180—181 页。

⑫ 李德山、栾凡：《中国东北古民族发展史》，中国社会科学出版社 2003 年版，第 143 页。

⑬ 刘宁：《夫余历史与文化探索》，硕士学位论文，东北师范大学，2011 年。

出土如耳杯玉器之类的高等级文物，抑或发现有瓦顶建筑及堪称‘宫室’的建筑群，则王城已可定谳，但目前尚无法确指。”[①]

二 夫余后期王城研究综述

夫余受外族入侵而自初居之地鹿山“西徙近燕”之地，是为夫余后期王城。这里所说的“燕”应是慕容鲜卑所建立的三燕政权。关于夫余后期王城的地望，由于史籍记载的阙如，史学界争论颇多，至今尚未有定论。综合来看，大致有如下几种观点：

其一，吉林省农安说。20世纪上半叶日本学者池内宏提出这一观点。曹廷杰在《东三省舆地图说》中考订：“扶余府黄龙府即今农安城无疑。”即以农安为渤海扶余府、辽金黄龙府逆推该地为夫余后期王城。李健才对夫余后期王城位于农安的观点进行了系统论述，在学术界产生了很大的影响，至今仍有不少学者赞同此说。[②] 李治亭[③]、都兴智[④]等学者均赞同此说。尽管学界对夫余后期王城的探索仍然莫衷一是，但农安说似是较主流观点。

其二，辽宁省西丰城子山山城说。此说最早由李文信在《辽宁史迹资料》[⑤] 中提出，但未作详细论证。时隔近30年后，王绵厚[⑥]、周向永[⑦]先后进一步论证了李氏观点。

其三，辽宁省昌图四面城说。这一观点由金毓黻始提：“至所谓西徙近燕者，愚谓即后来高句骊之夫余城，唐征高丽，薛仁贵所拔之扶余城，即是处也。盖夫余国初都于今吉林农安县附近，正为辽金时代之黄龙府，其后为高句骊所侵，不得已而西南徙，居于今四面城（在今昌图县北四十里）即为后来之夫余城，通鉴所谓西徙近燕，即指此也。”[⑧]

其四，吉林省四平一面城说。谭其骧主编的《〈中国历史地图集〉

---

① 王洪峰：《关于夫余和夫余王城的几点想法》，载《辽源龙首山山城及相关遗迹学术研讨会论文简编》，2015年。

② 李健才：《东北史地考略》，吉林文史出版社1986年版。

③ 李治亭：《东北通史》，中州古籍出版社2003年版，第84页。

④ 都兴智：《辽金史研究》，人民出版社2004年版，第193页。

⑤ 李文信：《辽宁史迹资料》，辽宁省博物馆（内部资料）1962年版。

⑥ 王绵厚：《东北古代夫余部的兴衰和王城变迁》，《辽海文物学刊》1990年第2期。

⑦ 周向永：《西丰城子山山城始建年代再考》，《东北史地》2008年第2期。

⑧ 金毓黻：《东北通史》（上编），五十年代出版社1981年版，第170—171页。

释文汇编·东北卷》认为："案《辽史·地理志二》称，'通州安远军节度。本扶馀国王城，渤海号扶馀城，太祖改龙州，圣宗更今名。'据此则辽之通州应为《通鉴》所记西徙近燕之夫余王城故址所在，其地今为吉林省四平市西侧之一面城古城，参看辽图说明书通州条。"①

其五，吉林省柳河罗通山城说。王绵厚在《高句丽古城研究》一书中认为："罗通山城应是松花江上游通向高句丽集安和北上'夫余'腹地的重要大型中晚期山城。从其地望和遗物看，可初定为高句丽继承夫余后期王城之'夫余城'，并可能为后代沿用过。"②

其六，吉林长春宽城子古城说。此说见于董玉瑛《宽城子初探》及王兆明《关于"宽城子"古城的初步探索》。③

其六，辽宁省开原说。该说在学术界亦有一定影响力，代表性学者是刘兴晔。他使用清代中朝等文献，结合明代在开原边外设兀良哈三卫之一的福余卫等史实，认为夫余后期王城位于开原附近。值得注意的是，开原市至今仍有夫余大队、夫余村、夫余小学、夫余街、夫余公园地名称。

其八，吉林省辽源市龙首山山城说。辽源龙首山城位于辽源市区东部的龙首山上。山城东、南、西三面地势开阔，北面则连接起伏的群山，东辽河自东向西绕城而去。山城城垣依龙首山山势叠土修筑而成，呈椭圆形。古城周长约1200米，西墙保存较好，东、南、北面城垣破坏较为严重。古城西北角和西南角尚能辨别角楼痕迹。门址发现两处，北门位于北墙西段靠近西北的角楼处，西门位于西墙中段偏南位置。城内出土新石器时代、青铜时代、汉代、高句丽、渤海、辽金、明清各时期遗物，尤以高句丽文物为多。④ 近年来，张福有等学者首倡辽源龙首山山城新说。他认为《新唐书》中的"扶馀故地为扶馀府"并非"夫余府即夫余故地"之意，而是在夫余故地中设夫余府之意。他以夫余前期王城为吉林龙潭山山城、东团山山城、三道岭山城（九站南山城）构成的"三位

---

① 谭其骧主编：《〈中国历史地图集〉释文汇编·东北卷》，中央民族学院出版社1988年版，第32页。

② 王绵厚：《高句丽古城研究》，文物出版社2002年版。

③ 董玉瑛：《宽城子初探》，《博物馆研究》1985年第2期；王兆明：《关于"宽城子"古城的初步探索》，《博物馆研究》1985年第2期。

④ 王禹浪、王宏北：《高句丽渤海古城址研究汇编》，哈尔滨出版社1994年版，第70—72页。

一体”“山城拱卫”格局，推测夫余后期王城也应是这种“三位一体”的“山城拱卫”格局。辽源龙首山山城、工农山山城、城子山山城亦是上述格局。附近发现的东辽县石驿彩岚和西岔沟夫余墓地，则成为这一地区作为夫余后期王城的重要佐证。[①] 但王洪峰认为今辽源距慕容燕都城即今朝阳过远，并非“近燕”。[②] 可见龙首山山城说仍有疑点。笔者以为，张氏之论不无道理，但推测成分较大，特别是关于后期王城形制与前期王城的关系，论据明显不足。

第三节 黑龙江流域黑河地区古代民族筑城初步研究

黑河地区位于黑龙江上游和中游分界的结点，自然地理环境复杂，是黑龙江流域古代文明史上古代民族交错、融合的重要区域，亦是其迁徙移动及水陆通衢的“大十字路口”，在历史上拥有不曾间断的城市文明。据不完全统计，黑河地区现有古代城址 18 处，其中以爱辉区西沟古城（老羌城）、逊克县河西古城、西石砬子古城、北安市南山湾古城、嫩江县伊拉哈古城等最为重要。上述古城占据水陆要冲，在历史时期均设置有级别较高的行政建制，亦是室韦诸部、黑水靺鞨、乌古敌烈、女真等古代民族活动的中心城邑。

一 黑河地区的自然地理环境与地理空间

黑河地区位于黑龙江省东北部、小兴安岭北麓，距黑龙江省会哈尔滨市594 公里，其西北接大兴安岭地区呼玛县，北部与俄罗斯隔黑龙江相望，西接内蒙古呼伦贝尔盟，西南部与齐齐哈尔市毗邻，南接绥化市，东南部与伊春市接界。

黑河是我国在中俄两国4300 公里边境线上最大的城市，也是唯一的地市级城市。黑河市与俄罗斯远东阿穆尔州首府布拉戈维申斯克市隔江

---

① 张福有：《“黄龙府”考辨》，载辽宁省辽金契丹女真研究会主编《辽金历史与考古国际学术研讨会论文集》（上），辽宁教育出版社 2012 年版；张福有、孙仁杰、迟勇：《夫余后期王城考兼说黄龙府》，《东北史地》2011 年第 2 期；张福有：《辽源龙首山山城及相关遗迹考略》，载《辽源龙首山山城及相关遗迹学术研讨会论文简编》，2015 年。

② 王洪峰：《关于夫余和夫余王城的几点想法》，载《辽源龙首山山城及相关遗迹学术研讨会论文简编》，2015 年。

相望，系唯一一座与俄联邦主体首府相对应的距离最近、规模最大、规格最高、功能最全、开放最早的边境城市，两市遂成为中俄黑龙江界江文化带上唯一一对“双子城”，黑河也因此被誉为“中俄之窗”“欧亚之门”。

黑河市辖境广阔，下辖爱辉区、北安市、五大连池市、嫩江县、孙吴县、逊克县，共计一区两市三县。黑河地处黑龙江干流上游和中游的分界节点，隔江对岸即黑龙江左岸俄罗斯境内最大支流结雅河与黑龙江交汇口。黑河西部为大兴安岭余脉伊勒呼里山向东南延伸的低山丘陵，中部和东部为黑龙江右岸沿江平原，南部则为小兴安岭余脉。自北向南有托牛河、法别拉河、额泥河、石金河、公别拉河、逊比拉河、库尔滨河等多条较大河流汇入黑龙江。其中石金河又称什建河、什锦河、锦河。石金河蜿蜒穿行在小兴安岭山区中，将山体切割出深达 100 米的壮丽峡谷，即锦河大峡谷，现已开发为旅游景区。石金河即历史文献中记载的“室建河”，这一地名相当古老，当与室韦族关系密切。石金河注入黑龙江口南部不远处即是卡伦山古墓。1858 年《瑷珲条约》签订后，卡伦为清代沿黑龙江右岸所设立边境哨所。1985 年，黑龙江省文物部门曾对卡伦山古墓群进行了科学考古发掘，获得了一大批珍贵的文物资料。但在关于卡伦山古墓的族属问题上尚存争议。我们认为很可能是辽代室韦某部遗存。公别拉河系黑河爱辉区南部最大的河流，又称坤河，“公”系“坤”的同音异写，“别拉”即“毕拉”，满语河流之意。《黑龙江志稿·地理志·山川》记载：“县南二十二里。源出坤安岭北麓。东北流二十五里，右受盘当沟。又东北流，折东南流三十里，右受一水。折东流五里，阿林河自额勒克尔山，挟布尔噶里河东南流四十里，经六座窑山南来注之。又东流三里，右受一小水。又九里，经萨哈连乌拉站，即坤河南，托尔河挟莫色河来注之。又东流十三里，经曹家屯北，达鲁木河东北流来会。折东北流二十里，经县南，注于黑龙江。”注云：“《盛京志》《纪略》《嘉庆大清一统志》均作昆河，蒙古语，昆，人也。《提纲》作尼河。”① 公别拉河全长 141 公里，发源于小兴安岭北段大黑山，河流由西向东流经锦河农场、西岗子镇等，在坤河达斡尔族满族乡注入黑龙江。

① 万福麟监修，张伯英总纂：《黑龙江志稿》（上），黑龙江人民出版社 1992 年版，第 182 页。

该河河道蜿蜒曲折，上游穿行在小兴安岭北段山区中，植被茂密，遍布森林和湿地，位于黑河市爱辉区罕达汽镇境内的公别拉河国家级自然保护区就拥有丰富的湿地生态系统和原生性沼泽植被。下游为靠近黑龙江的丘陵低地和平原，土壤肥沃，农业发达。公别拉河流域左岸的老羌城在民国九年（1920）出版的《瑷珲县志》中即有记载，自20世纪80年代至今，历经多次考古调查活动，具有较高的研究价值。

今黑河爱辉区东南部沿黑龙江沿岸为孙吴县和逊克县，即逊比拉河流域和库尔滨河流域。《黑龙江志稿·地理志·山川》载："逊河，县南二百八十里，源出东兴安岭，合数支渠东北流，折而东南流三百二十里，与占河合。折东流三十里，有乌都里河北流八十里来注之。折东北流三十里，有小岔河二源东南流来注之。小岔河左岸产金。又东北流二十里，经毕拉尔协领署南。又东北三十里，经奇克特镇东。又北分为二道，北流二十里注于黑龙江。自源至占河口，河东北属县，西南属龙镇。自占河至入黑龙江口，河北属县，河南属乌云。逊河南北岸，皆鄂伦春行帐。"注云："逊，奶浆也。即逊必拉。《纪略》作孙河，古肃慎氏所居之水。语讹为双顺，俗亦称泡子河。因其流经库穆尔窝集，亦曰库穆尔河。"[①] 逊比拉河简称逊河，今逊克县即因合并逊河县和奇克县而得名。逊比拉河和库尔滨河均发源于小兴安岭北部，蜿蜒穿行于山区复杂的地形和茂密的植被中。扼守逊比拉河与黑龙江汇合口的逊克干岔子乡河西古城是迄今为止黑河地区唯一经过科学考古发掘的古代民族筑城。该城占据水路要冲的制高点，并通过四道城垣加以拱卫，足见其战略价值之高。

嫩江县、五大连池市、北安市所在的黑河地区南部和西南部为嫩江流域和乌裕尔河流域。嫩江县毗邻内蒙古呼伦贝尔盟加格达奇，位于发源于伊勒呼里山的科洛河、发源于大兴安岭的甘河与嫩江干流交汇的三岔河口。该地区处于松嫩大平原向大兴安岭地区过渡的平原丘陵区的中心部位，水陆交通便利，区位优势明显，能够有效管控黑龙江上游、大兴安岭地区及蒙古高原东部，因此古代民族筑城也较为密集，其中不乏如"回"字形的高等级大型城址——伊拉哈古城。该古城不仅是金初乌古迪烈统军司治所，很可能也是唐代室韦都督府、辽代室韦国王府治所

① 万福麟监修，张伯英总纂：《黑龙江志稿》（上），黑龙江人民出版社1992年版，第183页。

之所在。北安市地处我国第二大内流河——乌裕尔河流域上游，地理特征以海拔300—500米的山地为主，均为小兴安岭向西延伸的余脉。随着乌裕尔河自东向西流淌，地势也随之降低。讷谟尔河、通肯河也是北安市境内重要的河流。"乌裕尔"即"凫臾""夫余""扶余""蒲裕"的同音异写。这一地区正是夫余族先世北夷索离国地理分布的中心区域以及金代蒲裕路治所辖区，是黑龙江流域古代城市文明相对繁荣的地区之一。五大连池市是嫩江支流讷谟尔河流域的中心城市之一，讷谟尔河横贯市辖区中部。五大连池市北部系小兴安岭西侧山前火山熔岩台地，第四纪以来断裂带的多次火山喷发形成了五大连池火山群，是我国著名火山风景区和矿泉疗养地。五大连池地区受火山群地质地貌的影响，人口稠密区自古以来始终分布在市辖境西南部的讷谟尔河两岸。

二　黑河地区古代民族筑城形制、遗存与研究综述

据笔者不完全统计，黑河地区现存古代民族筑城共计18座，其中黑河爱辉区（原爱辉县）3座、北安市2座、五大连池市3座、嫩江县6座、孙吴县1座、逊克县3座。学术界对黑河地区古城的研究尚处在对古城进行著录的阶段，对古城形制、内涵及相关古代民族及其历史地理问题等的研究还相当缺乏。综合性著录主要见于如下成果：

郝思德等《黑龙江省黑河地区发现的古城址》① 发表于《北方文物》1991年第1期，著录了北安南山湾古城、庙台子古城、孙吴四方城古城，逊克何地营子古城、新兴山城、石砬子山城、嫩江繁荣古城、门鲁河古城、小石砬子古城、伊拉哈古城，共计10座古城，并绘制有古城平面简图与地理分布简图，遗憾的是该文缺少对爱辉区西沟古城的记载。逊克何地营子古城即河西古城。该文亦是目前所见较为详实的黑河地区古代筑城资料。孙文政《嫩江流域辽金古城简要介绍》（未刊稿）、王禹浪等的《文明碎片——中国东北地区辽、金、契丹、女真历史遗迹与遗物考》② 及《嫩江流域辽金古城的分布与初步研究》③ 等亦对黑河地区古城

① 郝思德、张鹏：《黑龙江省黑河地区发现的古城址》，《北方文物》1991年第1期。

② 王禹浪、都永浩：《文明碎片——中国东北地区辽、金、契丹、女真历史遗迹与遗物考》，黑龙江教育出版社2013年版。

③ 王禹浪、郝冰、刘加明：《嫩江流域辽金古城的分布与初步研究》，《哈尔滨学院学报》2013年第7期。

有所著录，但偏重于嫩江流域。截至目前，关于黑河地区古代民族筑城的研究成果均未收录爱辉老羌城。但由于关于逊克河西古城的考古学材料较丰富，故对其著录尤详。近年王禹浪对嫩江县伊拉哈古城、逊克县河西古城给予了相当大的关注，经过多次实地调查并结合文献，将伊拉哈古城考订为金初乌古迪烈统军司治所，而对河西古城在王禹浪教授的带领下，黑河地方史志学者吴边疆、刘忠堂对河西古城进行了详尽的航拍与多次调查，得出许多新的结论。①

笔者综合《嘉庆重修大清一统志》《黑龙江志稿》、民国九年（1920）《瑷珲县志》②、1986 年《爱辉县志》③、1994 年《北安县志》④、1992 年《嫩江县志》⑤、1991 年《逊克县志》⑥ 等方志文献，以及近数十年来学术界的研究与著录成果、调研记录等，对黑河地区古代民族筑城的形制、遗存及研究情况予以梳理和综述。

（一）黑河市古代民族筑城

1. 老羌城：位于黑龙江省爱辉区西岗镇西沟达斡尔民族村南 5.7 公里，故又称西沟古城，民间称老羌城或老枪城，有大小之分。老羌城的北、东、南（偏西）坡 30 余公里被公别拉河环抱。西沟古城距黑龙江直线距离为 24.702 公里，海拔高度有三个高点，东北角海拔为 251 米，北部中间高点海拔为 3535.2 米，西北角海拔为 368.8 米。古城分南、北二城，南城较大，周长 2.7 千米。南城南墙开一城门，门道外是一条弧形城墙，形成瓮门，门高 0.4—0.5 米，宽约 1 米之内。城门内南侧是 1 条 300—400 米长的土城墙，城高在 1.5—2.5 米之间，城墙基宽 2—2.5 米，顶部宽 1.5 米左右。城墙每隔 40—50 米之间有一马面。城墙为堆筑，墙外有护城壕。城墙内距城墙 5 米左右或 10 米处，有一排不规则的土包或探险坑，推断为住所、垒灶（灰坛）遗址。1976 年 5—7 月，黑龙江省考古队、黑龙江省博物馆、哈尔滨师范大学三家单位联合组成“黑河地区文物普查队”对老羌城进行了文物普查，初步定为金代古城。

关于老羌城的地方志文献记载，在民国九年（1920）《瑷珲县志》与

① 王禹浪：《金初乌古迪烈统军司地望新考》，《哈尔滨学院学报》2013 年第 6 期。

② 孙蓉图修，徐希廉纂：《瑷珲县志》，成文出版社有限公司 1920 年版。

③ 爱辉县修志办公室：《爱辉县志》，北方文物杂志社 1986 年版。

④ 北安市地方志编撰委员会：《北安县志》，内部出版 1994 年版。

⑤ 嫩江县地方志编纂委员会：《嫩江县志》，中国三环出版社 1992 年版。

⑥ 逊克县地方志编纂委员会：《逊克县志》，黑龙江人民出版社 1991 年版。

1986 年《爱辉县志》均有记载，兹附之如下：

民国九年《瑷珲县志》：“西沟迤西有古围一处，四门、周墙土迹确在，四面，均在十余里，地方人民俗称老羌城。想系康熙以前俄人占据之地。”笔者按，考古调查只发现南门一处，其余墙段未见城门。是文载当地俗称“老羌城”之“羌”恐与清前期俄罗斯人有关，即哥萨克入侵黑龙江。

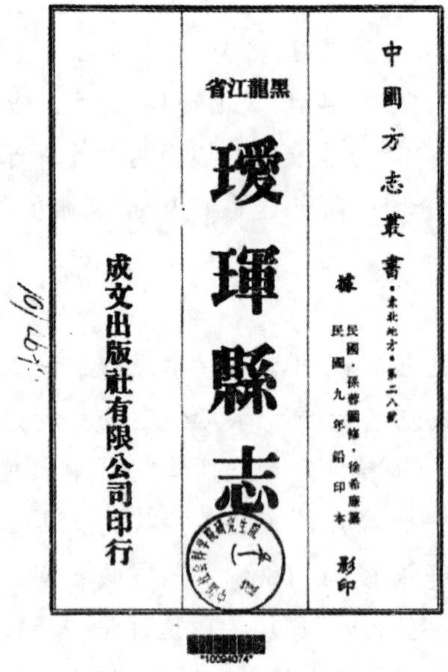
中國方志叢書·東北地方·第二八號

黑龍江省

瑷琿縣志

據民國·孫蓉圖修·徐希廉纂 民國九年鉛印本影印

成文出版社有限公司印行

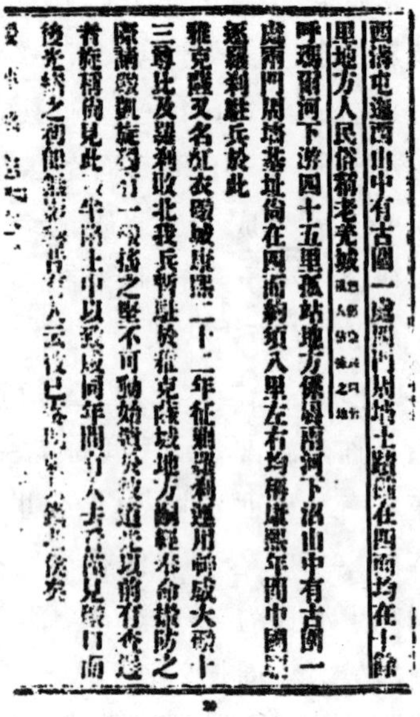
西溝屯迤西山中有古圍一處四門周墻土跡確在四面均在十餘
里地方人民俗稱老羌城
呼瑪爾河下游四十五里孤站地方係屬爾河下沿山中有古圍一
處兩門周墻基址尚在四面約須入里左右均稱康熙年間中國[illegible]
逐羅剎駐兵於此
雅克薩又名紅衣礮城康熙二十二年征剿羅剎選用砲攻大破十
三尋比及羅剎敗北我兵暫駐於雅克薩城地方嗣經奉命撤防之
[illegible]

1986 年由爱辉县修志办公室编撰的《爱辉县志 · 文物古迹篇》记载：“ 1981 年文物普查，大西沟古城，西沟大队西南 20 里，待考。小西沟古城，西大队西南 16 里，待考。”[①] 笔者按，“大西沟古城”与“小西沟古城”即老羌城、小羌城。

黑河市图书馆馆员吴边疆提供了 1976 年、1981 年，文物工作者先后两次踏查老羌城的调查记录：

（1）1976 年第一次全国文物普查开始，原爱辉县文化馆馆长白长祥与方伦荣（上海知青）对西沟古城进行了踏查，他们一行二人，由林业站检查员勾成海（当年 58 岁）做向导，于 6 月 13 日对老羌城进行了初步调查。

① 爱辉县修志办公室：《爱辉县志》，北方文物杂志社 1986 年版。

白长祥调查笔录记载：大羌城位于西沟大队西南的三十余华里的老羌城山上，东端是老羌城山陡峭的山崖，崖下是公别拉河，西端是小窟窿沟，两面有河水所环绕，城墙东西长约550米，城墙底宽6米，顶端2—3米，高2—2.5米，有大小城门四个，城楼三个都已经塌陷，在东端城墙头上向南眺望，可隐约看到陡沟子村，在距城墙内侧2米处有每30—40米，有一个土包，共计4个，直径5.5米，其中第三个为炮台遗址。在离城墙内侧3米处有一条约200米长的壕沟，城内有9个土坑。我们在老羌城遗址拍了5张照片，在大城门和城堡已塌陷的土坑中，我们试掘了几处红烧土，尚未发现其他的遗物。随后我们又步行15里到小羌城遗址进行调查。

小羌城位于西沟大队西南，东南山下是公别拉河，此处，地势险要，居高临下，难攻易守，在小羌城里有一道壕沟，约200余米，还发现两山头各有壕沟一条，大小土坑20余个，似是炮台遗址，在这里拍了照片。

在西沟大队，我们走访了几位老人询问这一遗址有关问题，看法不一，众说纷纭。一说，光绪二十六年跑反（海兰泡惨案），俄国人从齐齐哈尔回来建的。又说，清康熙以前，大岭这一带都是俄国人的地方，康熙皇帝派兵把俄国人赶走了。

从我们实地调查来看，两处城堡虽位于山顶，但是，从老羌城至小羌城之间有约15里长的小岗，地势平坦，适于农耕，山林茂密，野兽踪迹很多，又适合狩猎，其次山下是公别拉河，至今尚有人在这里捕鱼，适于人类居住，难怪现在有人曾计划在此开辟村落。

由于时间仓促，准备工作不充分，没有进行深入细致的发掘，没有发现文物，因此，这一遗址是何人、何时所建，目前尚难以断定。建议对这古城遗址作进一步的踏查和细致发掘。（爱辉分队1976年6月19日）

（2）1981年秋，第二次全国文物普查开始，黑河地区文管所张鹏，黑河地区文工团杨军、朱东利，爱辉县图书馆副馆长王春复、馆员吴边疆，西岗子文化站站长刘复成等五人对西沟古城进行考古踏查，当时上山只有荒草丛生的山道，如无人带领。当时村里派了一姓勾的老人，耳朵背，当地人戏称其为“勾聋子”，即白长祥说的勾成海。他带着猎枪和一条狼狗上了山，带领我们，走了两三个小时，穿越了荆棘遍地的野地和耕地羊肠小道，才来到古城，当时古城外表与现在的情形没有太大变化，只是现在修了上山的防火路。开越野车能直接开到古城边。古城东北是悬崖峭壁，东北方向是夹皮墙。公别拉河水从东边环绕古城北部。

2016年9月18日，正值由黑河学院中俄边疆历史文化与社会发展研究中心主办的“首届黑龙江流域文明暨俄罗斯远东历史文化与社会发展论坛”刚刚闭幕，由大连大学中国东北史研究中心主任王禹浪教授、黑河学院中俄边疆研究中心主任谢春河教授带队的考察团对老羌城进行了一次全新的实地调查，对古城城墙形态、马面、穴居坑等进行了系统调查。2017年4月，黑河市文物爱好者吴边疆、刘中堂对老羌城、小羌城进行了寻访和航拍，确定了城墙轮廓，对该城的研究取得了较大进展。我们初步认定，该城至少为为辽金时期修筑。

2016年9月开始，黑河学院远东研究院黑龙江流域古代民族筑城课题组针对黑河市近郊区的西沟古城进行了多次考察，并对西沟古城进行了首次航拍，摸清了西沟古城是由南、北二城组成。2017年5月，黑河学院与黑河市政府联合成立的“黑河地区自然与文明千里行”项目科考组在参观瑷珲历史陈列馆时发现了展馆中展出的采自于西沟古城的金代“经略使司之印”。这一重大发现，使多年来西沟古城一直成谜的历史成为关注的焦点。这一消息在黑河地区千里行活动仪式发布会上公布后，随即引起国内各大媒体的关注，在黑河地方史研究者队伍中引发了强烈的反响。这是在靠近中俄黑龙江流域中游边境地区所发现的最高等级的金代官印，它将会对中俄两国的文化交流与学术研究起到推波助澜的作用，意义极其深远。[①] 这方官印于1979年采集于爱辉西岗子镇西沟村，边长约7厘米，印文为九叠篆，长把印纽上刻有一字“上”。该官印为一方金代官印，是金朝末年边镇军事机构的印鉴。边镇军事机构最初设置于唐朝，宋依唐制，设有经略使或经略安抚司，机构官职由节度使担任，属于准省级机构。目前，全国出土的金代经略使司之印总共有四方，黑河市爱辉区西岗子镇西沟古城出土的金代经略使司之印是第四方经略使

① 王禹浪、谢春河：《黑河市西沟古城发现金代经略使司之印研究》，《哈尔滨学院学报》2017年第10期。

司之印。王禹浪教授考证认为，黑河市爱辉区西沟古城作为金代末期的经略使司所在地，可以证明黑河市的准省级建置在历史上并不是自清朝开始的，而是在金代就设置了省级的行政机构。这个角度来说，出土"经略使司之印"的黑河西沟古城，不仅使黑河市的城史纪元被提前了近500年，而且具有了确定城史纪元的直接证据，又为黑龙江流域的金代建置填补了空白。

在2017年9月25—26日由黑河学院主办的"首届黑河地区古代文明与城史纪元"学术研讨论证会上，来自国内众多高校的专家学者，对王禹浪教授及"黑河地区自然与文明千里行"项目科考组所提出的西沟古城的定位予以了充分肯定，认为将西沟古城的年代下限确定在辽金时期是正确的，由此对黑河市城史纪元提前数百年的观点也是可信的。这对于延伸瑷珲古城的历史文明，提升黑河市文化定位都具有重要的历史和现实意义。[①]

截至目前，对于老羌城的研究尚处于起步期，其背后隐藏的历史还远远没有被揭开。我们应该从古代族群活动的地理分布以及古代行政建制沿革的角度，重新梳理这一地区历史谱系，并从宏观视野中对老羌城进行比较研究和断代分析，进而为其定性提供重要参照。

2. 小羌城：位于老羌城以西约7公里处山顶，东南山下为公别拉河，地势险要。城内有壕沟，约200余米，大小土坑20余个。古城现为耕地，遗迹已难寻。该城可能为拱卫老羌城的卫城或卫星城。

3. 黑河卡伦山古城：位于黑龙江省黑河市郊区卡伦山上，周长1.4千米，呈正方形。1985年，文物部门曾对卡伦山古墓群进行了考古发掘，共计发掘墓葬19座。考古报告将其定为辽代女真人墓葬。[②] 该说法有待商榷，我们认为可能是室韦人墓葬。卡伦山古城与卡伦山古墓之间显然存在一定关联。

（二）北安市古代民族筑城

1. 庙台子古城：辽金时期古城，位于黑龙江省北安市东南约58千米，石华乡立业村西1000米处的通肯河支流六道沟台地上。古城平面呈长方形，长约600米，宽200米，周长1.6千米。城垣残高0.4米，墙基

① 翟少芳：《首届"黑河地区古代文明与城史纪元学术研讨会论证会——以西沟古城研究为中心"会议综述》，待刊稿。

② 郝思德、李陈奇：《黑河卡伦山古墓葬发掘的主要收获》，《黑河学刊》（地方历史版）1986年第1期。

宽5米。古城外西北方向200米处有一土石混筑方形高台，面积约25平方米。当地百姓称其为庙台子。古城破坏严重，在城内采集和征集的文物有泥质轮制灰陶片、布纹瓦、青灰砖、残磨石、铜镜、铜佛、铜人佩饰、铜钱、铜饰件、铁锅、铁刀、铁鱼叉、铁甲片、陶器人塑像等。

2. 南山湾古城：辽金时期古城，位于黑龙江省北安市胜利乡民生四屯西侧的漫土岗上，地近乌裕尔河与闹龙河交汇处。古城为南北向，平面呈方形，周长300米，城墙高1米。南城垣设一城门，城垣四角尚存角楼遗迹，城垣外有近2米宽的护城壕。在城内曾发现陶片、残瓦片、铜镜、铜佛、铜钱、铁镞、石臼等。古城东南700米处发现居住址一处，地表散布铜钱、铁镞、青砖、布纹瓦等遗物。古城附近曾出土金代“曷苏昆山谋克之印”，官印两侧的边款刻有“系蒲与猛安下”及“曷苏昆山谋克之印”等文字，背面右侧还嵌刻“大定十年七月”（1170）、左侧刻有“少府监造”等字样。[①] 可知该城应系蒲裕路下辖曷苏昆山谋克城之所在。该印系黑河地区目前所见唯一一方明确表明行政建置名称的古代官印。

“曷苏昆山谋克”官印与印模

（三）五大连池市古代民族筑城

1. 和安村古城：辽金时期古城，位于五大连池市和平镇和安村东北约500米处。古城东西长700米，南北宽100米，周长1600米，城内有明显的建筑遗迹，1973年该遗址出土了一面铜镜。

2. 永远村古城：辽金时期古城，位于五大连池市团结乡永远村附近，讷谟尔河支流石龙河右岸台地上。古城内出土有铁器、北宋“元丰通宝”“政和通宝”等字样的铜钱。

3. 凤凰山古城：辽金时期古城，位于五大连池市兴隆镇凤凰山村旁

① 北安市地方志编撰委员会：《北安县志》，1994年。

的耕地中，古城内出土有铜钺、铁箭镞等遗物，在城址附近的五一水库（即今凤凰山水库）附近发现有金代墓葬。

（四）嫩江县古代民族筑城

1. 门鲁河古城：辽金时期古城，位于嫩江县长江乡长江村南2公里处，南距长江村居民住宅100米，距门鲁河口300米，西距嫩江2.5公里。古城呈正方形，边长100米，周长400米。城墙残高约1米，四角设有角楼，南城墙中部有一豁口，应为城门遗迹，城门宽约7米。古城附近为沟塘，四周杂草丛生，现已遗址难辨。

2. 小石砬子古城：辽金时期古城，位于嫩江县临江乡小石砬子村农机站院内，东北1千米处为嫩江。城墙址为农机站石头墙基础，略高于地面，系夯筑而成，但夯土层不明显。城墙残高1米，基宽8米，无角楼和马面，南、北、西墙各有一个豁口，可能为城门。古城为方形，边长近100米，周长400米。小石砬子古城座北朝南，背靠一座海拔60余米的小山，城前有干涸的河道。

3. 繁荣古城：辽金时期古城，位于嫩江县前进镇繁荣村附近，北距嫩江近1千米。古城东侧50米处为居民住宅，东北距嫩江县20里。古城平面呈方形，每边墙140米，周长560米。东、北两面城墙已遭到一定破坏，西城墙残高2米，底宽约10米，南城墙残高1.7米。城址西北和东南角上各有一个凸出部分，可能是角楼遗存。据当地村民反映，原在东城墙中部有个豁口，是否为城门遗迹，现已难辨。古城内采集到铁箭镞、铁锅、铁碗等遗物。

4. 伊拉哈古城：位于嫩江县伊拉哈镇红嫩村东北隅，古城与红嫩村毗邻。南距老莱河右岸约1000米，齐黑铁路横贯古城东西穿过。古城分内、外二城，均呈方形，外城边长765.5米，内城边长665.5米，内城位于外城之东南，内城东南墙与外城东南墙重合。伊拉哈古城外城周长近3000米，内城周长2662米。城墙现残高1—2米，内城有角楼，每边墙各有马面三个。北墙保存相对完整，南墙原有瓮门遗迹，现被辟为乡村土路，已无存。古城内出土有大量的金代铜钱、布纹瓦、灰陶罐、定白瓷、仿定白瓷片等。1976年“一普”确认，1999年再次确认，属省级文物保护单位。王禹浪将其考订为金初乌古迪烈统军司治所。[①]

① 王禹浪：《金初乌古迪烈统军司地望新考》，《哈尔滨学院学报》2013年第6期。

5. 海江村古城：辽金时期古城，位于嫩江县海江镇西孟村，北距科洛河6公里。古城呈长方形，东西长近千米，南北宽约100米，周长近2200米。出土有布纹瓦、青砖、北宋铜钱、铁锅、定白瓷器等遗物。

6. 兴安城：古城位于嫩江县塔溪乡光明村六屯西北近1公里处，西南距县城约75公里。古城位于山岗坡地，西、北、南三面均为山丘所围。城墙平面呈不规则长方形，长约115米，宽约110米。城墙现多已不存。城内散见青砖、石块、白灰等居住址遗迹。

（五）孙吴县古代民族筑城

四方城古城：位于孙吴县东北约35公里的沿江乡西屯村西北近2千米处的方形山丘上。古城西北距黑龙江近约3公里。古城方位基本为南北向，城址近方形，周长约420米。城墙挖土堆筑而成，底宽约8米，残高1.5米。城角系漫圆状，未见瓮城、马面、角楼等附属建筑。仅在古城东南角有一道向外延伸的小土岗，长约30米。城内分布众多穴居坑，直径4—5米，深约0.5米。据群众反映，这里曾发现过铁锹镞、陶网坠、残瓦等遗物。

（六）逊克县古代民族筑城

1. 河西古城：位于逊克县干岔子乡河西村南约5千米，黑河与孙吴交界处的一架山至逊必拉河河口的弯月形山脉中部，马鞍山西北海拔293米的第二高峰上。城址以北8千米为黑龙江，南10千米为逊必拉河，西北90千米为结雅河与黑龙江汇合口，东105千米为布列亚河与黑龙江汇合处。当地人俗称“老前城”。

古城依山势而建，平面呈不规则的倒三角形，东西最长处约480米，东北至西南最宽处约250米。城东南北均有30°左右的陡坡。西部马鞍形缓坡处筑有四道城墙，东南部有一天然形成的台阶，在上、下台阶边缘各筑一道城墙，东北部有一条狭窄的山脊直通山下。

由西向东排列，第一道城墙建在主峰与西侧峰相接处，长167米，由外侧挖土向内堆筑，城壕最宽处5米，深0.5米，墙基宽5米，高于地面0.7米。城墙两端为陡崖，城门宽5米，城门外有壕，距城北端62米。第二道城墙建在主峰脚下，走向为北偏东30°，长123米，两侧挖土堆筑，外壕宽7米，深0.2米；内壕宽5米，深0.5米，墙基宽6米，高出地表0.8—2米，南北两端与陡崖相接，南端有一座角楼或马面。城门在城墙中部，宽8米。第一、第二道城墙北端间距110米，南端间距28米，城门间距 130 米。第三道城墙在主峰山腰下，长 261 米，两侧挖土堆筑，外壕宽 8 米，深 1 米；内壕宽 8 米，深 1.5 米；墙基宽 7 米，高出地表 1.5—2 米；墙体北端有半圆形构筑。第三道墙与第二道墙垂直高差约 3 米；两墙在南部缓坡处间隔 55 米，在北部陡坡处间隔 2 米。城门距墙北端 97 米，宽 4 米，壕沟无隔断，西南距二道城门 25 米。第四道墙建在山腰上部，由外侧挖土堆筑，壕宽 6—11 米，深 1.5 米；墙基宽 8 米，高出地表 3 米，全长 283 米；有两个城门，南门距墙南端 29 米，宽 6 米；北门距墙北端 35 米，宽 8 米，两门壕沟均无隔断。三墙与四墙间距南端 80 米，北端 2 米，垂直高差 3—5 米。

在城东南自然两层台阶垂直高差 15 米，边缘均筑城墙。山腰一道墙长 247 米，城门宽 9 米，第二层台阶城墙与山腰墙平行，长 103 米，两道墙都是基宽 8 米，高 1.5 米。城北部山缘向北城拇指状突出的山脊内折角处，有人工修建的马面状建筑。

城内分布 209 个方形坑，1976 年曾出土三件凿形铁镞及少量灰陶片。1990 年，城内圆形灶坑出土陶罐和铁镞。城内遗物有铁渣、素面泥质灰陶罐、夹砂黄褐陶素面单耳罐。

河西古城发现于 1976 年，1990 年因受黑龙江水电站淹没区影响再度被文物普查队复查。1992 年 5 月，由黑龙江省文物考古研究所黑河分所、黑河博物馆、逊克文管所、孙吴文管所组成的联合考古队第三次对该古城进行了调查和测绘，发表了《黑龙江省逊克县河西古城第三次调查简报》①，并被收录进王禹浪等主编《东北辽代古城研究汇编》② 中。今人对河西古城的认识几乎完全来自该简报。简报认为该城尚未掌握瓮城、马面技术，年代应晚于同仁文化，早于金界壕边堡。并认为该城的修建与剖阿里国叛辽事件有关。

据笔者初步研究，认为逊必拉河之“逊”即是黑水靺鞨思慕部之“思慕”的快读，二者实为同音异写。因此，构造复杂、拥有四道城垣的河西古城可能为黑水靺鞨思慕部筑城。《新唐书·靺鞨传》云：“初，黑水西北又有思慕部……”河西古城及其所处之逊必拉河流域正位于唐黑水都督府故址萝北江岸古城（我们将唐黑水都督府故址暂定为萝北县江

---

① 张鹏、于生：《黑龙江省逊克县河西古城第三次调查简报》，《北方文物》1995 年第 3 期。

② 王禹浪、薛志强、王宏北、王文轶编：《东北辽代古城研究汇编》，哈尔滨出版社 2007 年版。

岸古城[①]）之西北方位。因此，河西古城很可能为思慕部中心城址，逊必拉河即思慕河。河西古城四道城垣的筑城形制及城内发现的铁箭镞显然与当时的战争形势有关。

2. 新兴山城：山城位于逊克县新兴乡新兴村西南约15公里的乌松干河和库尔滨河交汇河口，古城西、北临库尔滨河，南临之乌松干河从古城所在山脚下流过，东流汇入库尔滨河。古城西北距逊克县45公里，四周均为丘陵和沼泽。古城修筑在海拔100米的山岗之上，西、南、北三面均为陡崖，唯有南部地势较为平缓。城墙修筑于城东部，有城墙一道，残长约150米，残高近2米，中设一门。山城周长近700米。城内发现200余个穴居坑。

3. 石砬子山城：《逊克县志·文物志》将其定名为“古居住地（古土城）”。山城位于逊克县城西南4公里的大石砬子山岗上，东南距边疆乡石砬子村200米，北距黑龙江2公里，南临黑龙江一条小支流，隔小河对岸为一片开阔河滩地，西靠陡峭的石砬子，成为古城的天然屏障，东面为一处平缓山岗，并向东北延伸直至奇克镇。山城依山势而建，呈椭圆形，周长约800米。城墙垒土而成，残高1—2米，城外设有3道护城壕，壕宽约12米，间距近1米。城墙东北、西南各有一豁口，应为城门所在，可知古城为东北—西南走向。城内地表发现30多个鱼鳞坑，呈扇形分布，前后两排，前排17个，后排16个。穴居坑长约5米，宽约3米，深1—2米。山城内散见夹砂陶片、石器和红烧土、木炭、骨骼等遗物。《逊克县志·文物志》记载，黑河地区文物考察队将其认定为原始社会新石器时代晚期居住址。[②] 石砬子山城内可能存在新石器时期遗物，但城墙与鱼鳞坑显然晚于新石器时期，并应同属于一个时代。

民国五年（1916），奇克特县佐陶炳然辑撰《黑龙江奇克特志略》，其文“胜迹城址”条云：“奇克特迤西五里许，有西山焉，与三峰山相近，山有土城一座，广约二里许，城中土井一，深可数丈，询诸土人，皆无知者。相传为前清中叶时代所筑，用以防御俄人者。其城垣半多倾颓，最高处仅及人肩，前面临江，下视绝壁千寻，后倚山势设险，推其形势，以抽象的推测之，似一兵垒，昔人屯兵之所也。其所谓井者，以

① 邓树平：《黑水靺鞨地域范围与黑水府治所初探》，《满族研究》2011年第1期；王禹浪、王俊铮：《唐黑水都督府研究概述》，《东北史地》2015年第4期。

② 逊克县地方志编纂委员会：《逊克县志》，黑龙江人民出版社1991年版，第527页。

具体的观察之，或为军需储藏所亦未可知。或谓此城昔时为鄂伦春人所筑，聚处以避野兽者，而近时鄂伦春人尚未甚开化，当时能富于理想，有此建筑殆亦有人焉。”

三　黑河地区的古代行政建制沿革与交通

战国至汉代，今黑河地区南部的乌裕尔河流域和嫩江流域为夫余族先世北夷索离国的地理分布范围。“乌裕尔”即“凫臾”“夫余”“扶余”的同音异写。索离王子南下建立夫余国后，《后汉书·东夷传》记载了其疆域范围：“夫余国，在玄菟北千里。南与高句丽，东与挹娄，西与鲜卑接，北有弱水。地方二千里，本濊地也。”可知夫余位于玄菟郡以北一千里的地方，疆域东、南、西三面分别与挹娄、高句丽、鲜卑接壤，北部则有弱水。对“弱水”的探索是学界一个热点话题。学界也有多种说法，日本学者白鸟库吉、张博泉等认为弱水即黑龙江①；李健才认为夫余“北有弱水”是指今东流松花江的西段，而挹娄“北极弱水”则是指通河以东的第一松花江和黑龙江下游②；林沄先生认为弱水在古代文献中均指西流之河，这里的弱水应是指第二松花江西流③。李东在综合诸家之说后对林沄先生的“第二松花江西流说”较为认可，同时他还提出，“弱水”还可能指嫩江上游一带，因为这一地区是夫余源头之一的索离国文化分布地区。④ 朱国忱等则考据“弱水”应是一个较为模糊的概念，系指今三江平原以挠力河为主的湿地沼泽区。⑤ 冯恩学则认为唯有作为内流河的乌裕尔河符合“弱水”河水逐渐减弱、河道逐渐消失的特征，故“弱水”应为乌裕尔河。⑥ 目前，“弱水”为今第一松花江的观点已基本为学术界所接受。因此可以断定，今黑河地区南部正是夫余国北部疆界的范围。夫余国灭亡后，一部分夫余族众又北迁回索离故地，建立了豆末娄王国，

---

① 白鸟库吉：《弱水考》，《史学杂志》（第七编第11号）1890年；张博泉：《夫余史地丛说》，《社会科学集刊》1981年第6期；张博泉：《夫余的地理环境与疆域》，《北方文物》1998年第2期。

② 李健才：《夫余的疆域与王城》，《社会科学战线》1982年第4期；李健才：《东北史地考略》，吉林文史出版社1986年版。

③ 林沄：《夫余史地再研究》，《北方文物》1999年第4期。

④ 李东：《夫余国研究》，吉林人民出版社2006年版，第59—60页。

⑤ 朱国忱、赵哲夫、曹伟：《关于弱水与大鲜卑山》，《东北史研究》2014年第1期。

⑥ 冯恩学：《夫余北疆的“弱水”考》，《中国边疆史地研究》2015年第4期。

其中心区域也在今黑河地区南部。魏晋南北朝时期，黑河地区还是鲜卑、乌洛侯、失韦（即后来的室韦）的活动区域。由此可知，该地区长期以来为古代族群和王国分布区，始终未有成熟的行政建制。

黑河地区成熟的行政建制应始于唐代室韦都督府的建置。孙进已和冯永谦认为室韦都督府的地理位置应在嫩江流域。[①] 孙玉良依据《唐会要》记载，唐德宗贞元八年“室韦都督和解热素等十一人来朝贡”。唐文宗太和九年“室韦大都督阿朱等三十人来朝贺”开成四年“上御麟德殿，对入朝贺正室韦阿朱等十五人。其年十二月室韦大都督轶虫等三十人来朝贡”，证实了室韦都督府的存在。而关于史籍中称“阿朱”和“轶虫”为大都督，孙玉良认为是都督府升为了大都督府。另外他根据上述史料，分析一年中有两位室韦大都督入朝，推测室韦中不止一个都督府，而关于室韦都督府的具体情况仍旧是个谜。[②] 关于室韦都督府的诸多方面无从考究，王德厚称虽然室韦都督府的建立具体时间地点无法确定，但唐朝设置室韦都督府毋庸置疑。史籍中提到的室韦都督和室韦大都督，特别是室韦大都督不知根据为何，两者之间应有区别，不同之处仍待考据。[③] 但张国庆则依据《唐会要》的记载，认为唐朝应是设置了室韦都督府和室韦大都督府两个都督府。[④] 程妮娜认为唐朝在落后的地区不会设置规格很高的羁縻大都督府，因此，室韦大都督只是室韦都督府长官的称号而已。[⑤]

《辽史·百官志》记载辽朝设有“靺鞨国王府”“铁骊国王府”“高丽国王府”“日本国王府”“吐谷浑国王府”“室韦国王府”“濊貊国王府”等，将其均视为辽朝属国。辽朝对黑龙江中上游及嫩江流域的室韦设立室韦国王府予以管辖。但“室韦国王府”的名称并不意味着室韦此时建立了“室韦国”。所谓“室韦国王府”即室韦部族活动的中心城邑。

蒲裕路与乌古迪烈统军司的设置是金代黑河地区重要的行政建制。蒲裕路又称“蒲与路”“蒲屿路”。金代上京地区设上京路，蒲裕路为其下辖五路中最大的一路。《金史·地理志》载：“（蒲峪路）南至上京六百七十里，东南至胡里改一千四百里，北至边界火鲁火疃谋克三千里。”

① 孙进已、冯永谦主编：《东北历史地理》，黑龙江人民出版社 1989 年版。
② 孙玉良：《唐朝在东北民族地区设置的府州》，《社会科学战线》1986 年第 3 期。
③ 王德厚：《东魏至唐时期室韦与中原皇朝及毗邻民族的关系》，《民族研究》1994 年第 3 期。
④ 张国庆：《略论唐初东北少数民族地区羁縻府州的设置》，《黑河学刊》1988 年第 2 期。
⑤ 程妮娜：《古代中国东北民族地区建制史》，中华书局 2011 年版。

可知今黑河大部分地区归属于蒲裕路管辖。学术界现已达成共识，今克东县金城乡古城村古城系金代蒲裕路故城无疑。距蒲裕路故城不远的黑河北安市南山湾古城附近曾出土金代“曷苏昆山谋克之印”，官印两侧的边款刻有“系蒲与猛安下”及“曷苏昆山谋克之印”等文字。可知该城系金代蒲裕路下辖曷苏昆山谋克城。该城也成为目前黑河地区唯一一座建制称谓明确的古代民族筑城。蒲裕路辖境西至嫩江流域与乌古迪烈统军司毗邻。在《辽史》《金史》等历史文献中，“乌古迪烈”又写作“乌骨迪烈”“乌古敌烈”“乌虎里”“乌古里”“石垒”“敌烈底”等。乌古迪烈实为乌古部和迪烈部两个部族。辽金乌古部即原室韦乌素固部，迪烈部族源尚有待于进一步研究，可能与蒙古草原丁零有关。但可以肯定的是，乌古迪烈统军司治所范围内应有相当数量的已融入契丹族和女真族中的室韦后裔。史籍有时将乌古部和迪烈部分别记述，有时又合二为一。乌古、迪烈二部一直活动在辽、金王朝的北方，时叛时服，其剽悍、骁勇善战的特长，时长造成辽、金北部边患不断。因此，辽、金两朝专设乌古迪烈统军司或乌古迪烈招讨司，通过招抚和征讨并举的办法加以管控。长期以来，关于乌古迪烈统军司的地望始终莫衷一是，清季王国维撰《金界壕考》[①]一文，将乌古迪烈统军司地望锁定在“兴安岭之东、蒲裕路之西、泰州之北”的范围内。自此国内学者多因循此说。2012 年 8 月，王禹浪教授在嫩江县委宣传部、文化局同志的陪同下实地调查了黑河市嫩江县伊拉哈古城。古城北墙保存基本完好，马面、角楼、城垣均依稀可辨。古城东方的老莱河蜿蜒曲折由东北向西南流淌。笔者通过综合考察乌古迪烈统军司与蒲裕路故城、金界壕、金代庞葛城、金初开国名将婆卢火死亡和埋葬地等的关系，认为唯有伊拉哈古城最符合上述条件，当为金初乌古迪烈统军司治所之所在。而金代乌古迪烈部的游牧地，就是金界壕外侧，伊拉哈古城以北、以西，今嫩江上游左、右岸之地。我们还初步认定，今黑河嫩江县伊拉哈古城可能为唐室韦都督府、辽室韦国王府治所，后为金初乌古敌烈统军司所沿用。黑河市瑷珲历史陈列馆馆藏金代“经略使司之印”，则表明黑河市爱辉区西沟古城应为金代末期经略使司治所，是当时的准省级建置。有关该问题，还有待进一步论证。

① 王国维：《金界壕考》，《观堂集林》，中华书局 2006 年版。

在辽上京临潢府和辽中京大定府与室韦国王府之间，有一条漫长的交通线，即沿着大兴安岭东麓、松嫩大平原西部的平原，经宁州、泰州、长春州等地到达嫩江流域。金代的金界壕其实也是沿着这条交通要道修筑的。

从金上京会宁府出发至今黑河，也有一条交通大动脉。《金史·地理志》载："（蒲峪路）南至上京六百七十里，东南至胡里改一千四百里，北至边界火鲁火曈谋克三千里。"即由今克东县金城乡古城村蒲裕路故城向北三千里，直至火鲁火曈谋克（大致在外兴安岭南麓的结雅河上游）在内的区域皆属大金国北部疆域。蒲裕路地处金上京会宁府与火鲁火曈谋克之间，其三者大致呈南北一线。金上京所在的阿什河与松花江左岸支流通肯河注入松花江河口相距甚近，两大支流与松花江主河道几乎形成了天然的大十字路口。这条交通大动脉自金上京出发，沿阿什河流域，越过松花江进入通肯河流域，继而到达乌裕尔河流域上游的蒲裕路。黑河公别拉河流域正处在以克东县、黑河北安市为中心的乌裕尔河流域及嫩江流域上游至俄罗斯结雅—布列亚平原的过渡交界区域和交通要道必经之地，地理位置十分重要。因此，从地理空间的角度来看，老羌城显然具有很高的战略地位。值得注意的是，在俄罗斯阿穆尔州还分布着一座年代大致在公元7—12世纪的帽子山古城。古城建有系统的防御体系，城墙的建筑方法为黏土掺杂腐殖土和草皮堆砌。建筑物内有典型的火炕，出土了宋代钱币等遗物。① 该古城与老羌城堆筑城墙的建造方法十分相似，其年代也有重合，其二者之间很可能存在一定联系。这也说明了黑河爱辉地区、特别是公别拉河流域在黑龙江流域古代历史上是民族交错、融合与交往的"地理枢纽"，特别是沟通了黑龙江流域与嫩江流域以及黑龙江左右两岸的族群往来。

元代曾在东北北部边疆水达达女真聚居区设置了若干军民万户府，《元史·地理志》记载："合兰府水达达等路，土地旷阔，人民散居。元初设军民万户府五，抚镇北边。一曰桃温，距上都四千里。一曰胡里改，距上都四千二百里、大都三千八百里。……一曰斡朵怜。一曰脱斡怜。一曰孛苦江。"谭其骧曾做过辨析，认为该处"合兰府水达达路"

① ［苏］С. П. 涅斯捷罗夫等：《俄罗斯黑龙江中游左岸的帽子山古城》，《黑河学院学报》2016年第1期。

应为“女真水达达路”之误。[1] 事实上，水达达路除了统辖上述桃温等五大军民万户府，见诸于《元文类》《元史》《析津志》等文献的军民万户府名称还有吾者野人乞列迷万户府、失宝赤万户府、塔海万户府等。程尼娜综合前人研究，将元代东北北部诸军民万户府地望制表，[2] 兹引用附录如下：

军民万户府	地望
桃温军民万户府	黑龙江省汤原县固木纳古城
胡里改军民万户府	黑龙江省依兰县喇嘛庙
斡朵怜军民万户府	黑龙江省依兰县牡丹江对岸马大屯
脱斡怜军民万户府	黑龙江省桦川县万里霍通古城
孛苦江军民万户府	黑龙江省富锦市西南古城
吾者野人乞列迷万户府	俄罗斯远东阿纽伊河入黑龙江口处附近
失宝赤万户府	黑河爱辉县南霍尔莫津屯
塔海万户府	黑龙江省依兰县西北大古洞村

谭其骧主编《中国历史地图集》（以下简称“谭图”）将失宝赤军民万户府考订在今黑河爱辉县南霍尔莫津屯。失宝赤军民万户府未见《元史》，而见诸于《析津志》《元文类》。元人熊梦祥出任崇文监期间，考究古籍，遍访元大都（即辽南京析津府）周边山川形势，撰《析津志》一书。后是书亡佚。今北京图书馆善本组从《永乐大典》等古籍中将相关内容辑佚成《析津志辑佚》一书。是书《天下站名》记载了自元大都向四方辐射的交通驿站及路线、区间里程。该文献记载，洋州“至北分三路：一路正北肇州转东北至吉答。一路北行转东至唆吉”。依谭图“辽阳行省图”，吉答位于齐齐哈尔市以西、龙江县以东的嫩江右岸一带。[3] 至吉答后，“至此分二路：一路东行至失宝赤万户，一路西行至吾失温，其西接阿木哥”。吉答至失宝赤一线，依次经过牙剌站、捻站、苦怜站、奴迷站、失怜站、和伦站、海里站、果母鲁站、阿余站。其路线即沿着嫩江上溯至今嫩江县，转而向东北进入公别拉河流域，最终到达黑河地

① 谭其骧：《元代的水达达路和开元路》，《历史地理》1981 年创刊号。

② 程尼娜：《元朝对黑龙江下游女真水达达地区统辖研究》，《中国边疆史地研究》2005 年第 2 期。

③ 谭其骧主编：《中国历史地图集》第七册，中国地图出版社 1996 年版。

区。《元文类》卷四一引《经世大典》“鹰房捕猎”条云：“国制，自御位及诸王皆有昔宝赤，盖鹰人也。”“昔宝赤”即“失宝赤”，为管鹰人的万户府。《〈中国历史地图集〉释文汇编·东北卷》考证：“按自辽、金以来，黑龙江下游是出产‘海东青’的地区。失宝赤万户府在吉答以东十站处。从这些情况看，这条驿站线应在松花江以北，约自今黑龙江省齐齐哈尔东北行而东，与另一条沿松花江至奴儿干的驿路相平行，一北一南。清代黑龙江驿站中有一路经齐齐哈尔东北行达瑷珲城，其‘活鲁儿驿’即元代‘和伦站’，其‘枯母黑驿’即元代‘果母鲁站’，‘厄育勒驿’当即元代的‘阿余站’。失宝赤万户（府）在阿余站下，应位于现在黑龙江右侧逊河上流之东，约当现在的霍尔莫津地方，霍尔莫津可能是失（昔）宝赤的音讹。”① 这一观点失之偏颇，如果元代的失宝赤万户府在阿余站下的话，那么当是瑷珲区西沟古城无疑。②

明代东北为辽东都司和奴尔干都司管辖，其中今辽宁省东部、吉林省大部、黑龙江省、外蒙古东部及俄罗斯远东南部尽为奴尔干都司辖境。该地区明代卫所设置最集中的地区位于第一松花江及黑龙江下游沿岸，与之相比，黑龙江中游和上游卫所寥寥无几，今黑河地区成为一个行政管辖相对缺失的区域。唯有墨尔根即今嫩江县设木里吉卫，“墨尔根”与“木里吉”系同音异写。事实上木里吉并非源于明代，而是早在金代即已经出现。③ 谭图中还标注了1449年，在今黑河、孙吴、逊克三市县相邻的沿黑龙江地带曾设巴忽鲁卫。但随着明中期以后奴尔干都司建置的名存实亡，黑河地区卫所行政体系也不复存在。

清代黑河归黑龙江将军衙门及其下辖的瑷珲副都统衙门管辖。瑷珲即“黑龙江城”，又称“艾浑”。康熙十三年（1674）建瑷珲旧城于黑龙江左岸江东六十四屯地，为吉林水师营驻地。康熙二十二年（1683），黑龙江将军衙门进驻瑷珲旧城。康熙二十四年（1685），“因居江左，来往公文一切诸多不便”④，遂将黑龙江将军衙门迁往黑龙江右岸瑷珲城。中俄雅克萨之战后，雅克萨城废，瑷珲逐渐成为黑龙江流域中上游第一重

---

① 谭其骧主编：《〈中国历史地图集〉释文汇编·东北卷》，中央民族学院出版社1988年版，第206页。

② 见王禹浪、谢春河、吴边疆《元代失宝赤万户府新考》，未刊稿。

③ 见王禹浪《墨尔根为金代木里吉猛安考》，未刊稿。

④ 民国九年《瑷珲县志·历史》。

镇。清代在黑河又设置了萨哈连乌拉站、坤站等驿站机构，用以沟通黑河与外界的联系。

四　与黑河地区古城相关的古代民族地理分布研究概述

（一）黑河与室韦地理分布研究概述

室韦是北魏至辽金时期分布于黑龙江流域上游及嫩江流域的古老民族。其地理分布与黑河关系相当密切，笔者即对与黑河相关之室韦地理分布的研究成果予以概述如下。

自20世纪初至今，我国学者关于室韦的研究取得了一定成果，民国时期的成果如丁谦的《魏书外国传地理考证》①、吴廷燮的《室韦考略》②、王国维的《鞑靼考》③ 和《黑车子室韦考》④，王静如的《论阻卜与鞑靼》⑤、方壮猷的《室韦考》⑥ 和《鞑靼起源考》⑦、冯家昇的《东北史中诸名称之解释》⑧ 和《述东胡系之民族》⑨、冯承钧的《辽金北边部族考》⑩ 等。方壮猷翻译了日本东洋史学家白鸟库吉的《失韦考》⑪，王国维则翻译了津田左右吉的《室韦考》⑫ 和箭内亘的《鞑靼考》⑬。这些著述无疑奠定了室韦研究的基石。中华人民共和国成立后，亦邻真的《中国北方民族与蒙古族族源》⑭ 一文掀起了室韦史研究的热潮，相关成果主要出现在20世纪80—90年代。重要论文有干志耿、孙进己合撰

① 丁谦：《魏书外国传地理考证》，《浙江图书馆丛书》第一集。

② 吴廷燮：《室韦考略》，《四存月刊》1922年第14期。

③ 王国维：《鞑靼考》，《国学论丛》1928年第1卷第3号。

④ 王国维：《黑车子室韦考》，《国学论丛》1928年第1卷第3号。

⑤ 王静如：《论阻卜与鞑靼》，《中央研究院历史语言研究所集刊》1931年第2卷第3期。

⑥ 方壮猷：《室韦考》，《辅仁学志》1931年第2卷第2期。

⑦ 方壮猷：《鞑靼起源考》，《国立北京大学国学季刊》1932年第3卷第2期。

⑧ 冯家昇：《东北史中诸名称之解释》，《禹贡》1934年第2卷第7期。

⑨ 冯家昇：《述东胡系之民族》，《禹贡》1935年第3卷第8期。

⑩ 冯承钧：《辽金北边部族考》，《辅仁学志》1939年第8卷第1期。

⑪ ［日］白鸟库吉：《室韦考》，《史学杂志》1919年第30编第8号；氏著：《东胡民族考（下）·失韦考》，郑培凯主编《近代海外汉学名著丛刊（中外交通与边疆史）》，山西人民出版社2015年版。

⑫ ［日］津田左右吉：《室韦考》，《满鲜历史地理研究报告》第一册，1915年；又见王国维《观堂译稿》（下），载《王国维遗书》第14册，上海书店出版社1983年版。

⑬ ［日］箭内亘：《鞑靼考》，《蒙古史研究》，刀江书院，1930年。

⑭ 亦邻真：《中国北方民族与蒙古族族源》，《内蒙古大学学报》1979年第3、4期。

《室韦地理考述》[①]，郑英德的《室韦地理新探》[②]，王德厚的《室韦地理考补》[③]，张久和《室韦地理再考辨》[④] 等。张博泉等撰著的《东北历代疆域史》[⑤]、谭其骧主编《〈中国历史地图集〉释文汇编·东北卷》[⑥]（是书第二章“南北朝隋唐时期”之“失韦（室韦）与失韦诸部”由郭毅生撰写）、孙进己和冯永谦主编《东北历史地理》[⑦] 均对不同时期室韦地理分布有所考述。室韦专著类主要有孙秀仁等合著的《室韦史研究》[⑧] 以及张久和的《原蒙古人的历史：室韦—达怛研究》[⑨]。需要特别指出的是，日本学者白鸟库吉和津田左右吉的观点和理论对后世学者影响颇大，如孙秀仁、干志耿、孙进己等合著《室韦史研究》受到了白鸟和津田观点的重要影响。张久和的《原蒙古人的历史：室韦—达怛研究》代表了目前国内室韦史研究的最高水平，该书博采众家之长，从探索蒙古族族源的角度综合梳理了前人研究成果，并在此基础上提出了一系列新观点。

室韦最初以“失韦”一词出现在《魏书》中。学术界一般认为，室韦在北魏时期主要分布于大兴安岭南麓的嫩江流域。隋朝时其范围不断扩大并向外拓展至额尔古纳河流域和黑龙江流域上游，形成了南室韦、北室韦、大室韦、钵室韦和深末怛室韦。《隋书·室韦传》云南室韦“分二十五部”，北室韦“分为九部落”，钵室韦“人众多北室韦，不知为几部落”，大室韦和深末怛室韦的部落分布情况未见记载。唐朝时，五部室韦进一步分化和扩张，变为二十余部。唐朝为管辖室韦专设了羁縻府机构——室韦都督府。晚唐以后，见诸于史籍的室韦部落名称大量减少，文献中多以“室韦”泛称黑龙江上游一带室韦故地的室韦部族，并接受了突厥语族部落对室韦的泛称——达怛。契丹人则称这一时期西迁入蒙古高原的室韦部落为“阻卜”。黑车子室韦、大黄室韦、小黄室韦、臭泊室韦、兽室韦等为文献中新见之室韦部落名称。辽代为管理室韦各部，

① 干志耿、孙进己：《室韦地理考述》，《社会科学战线》1983 年第 3 期。

② 郑英德：《室韦地理新探》，《社会科学辑刊》1983 年第 4 期。

③ 王德厚：《室韦地理考补》，《北方文物》1989 年第 1 期。

④ 张久和：《室韦地理再考辨》，《中国边疆史地研究》1998 年第 1 期。

⑤ 张博泉、苏金源、董玉瑛：《东北历代疆域史》，吉林人民出版社 1981 年版。

⑥ 谭其骧主编：《〈中国历史地图集〉释文汇编·东北卷》，中央民族学院出版社 1988 年版。

⑦ 孙进己、冯永谦主编：《东北历史地理》，黑龙江人民出版社 2013 年版。

⑧ 孙秀仁、孙进己等：《室韦史研究》，北方文物杂志社 1985 年版。

⑨ 张久和：《原蒙古人的历史：室韦—达怛研究》，高等教育出版社 1998 年版。

还在黑龙江流域专设了室韦大王府予以统辖。这一时期的室韦已经分化较为严重，处于族群解体阶段，并与周边其他族群融合，形成了新的族群。从东北地区的嫩江、黑龙江流域直至蒙古高原，均有室韦及其后裔的分布。

室韦在北魏时期称“失韦”。关于北魏失韦的地理分布，《魏书·失韦国传》记载：“失韦国，在勿吉北千里，去洛六千里。路出和龙北千余里，入契丹国，又北行十日至啜水，又北行三日有盖水，又北行三日有犊了山，其山高大，周回三百余里，又北行三日有大水名屈利，又北行三日有刃水，又北行五日到其国。有大水从北而来，广四里余，名㮈水。”在该文献中，出现了啜水、盖水、犊了山、屈利水、刃水、㮈水等众多古地名，但㮈水的地望无疑对判断失韦的地理分布最为关键。白鸟库吉认为㮈水为黑龙江，他在俱伦泊为今呼伦湖观点的基础上进一步论证：“由此湖水流出之室建河（《新唐书》作望建河）即今 Argun 河也。又此河注入之那河，即今黑龙江；而《魏书》之㮈水，与《唐书》之那河为同名，亦黑龙江之古称也。《朔方备乘》《黑龙江舆地图》等之著者考订此那河为嫩江者，盖徒拘泥于声音上之类似，而未尝深考《唐书》之本文，故有此误也。”且认为㮈水、那河、难河均为蒙古语“碧河之义”。故将北魏失韦地望锁定在瑷珲、海兰泡一带。“位于瑷珲东南八日程之屈利大水，必为近嫩江无疑也。”[①] 津田左右吉则依行进里程将失韦考订在今齐齐哈尔附近，并认为：“如是，则其国中自北来之㮈水即今之嫩江。嫩江，魏时谓之难河，唐称那河。㮈水之名，与之相合也。”[②] 后世学者多从此说，认为㮈水即今嫩江，“㮈”系“嫩”的同音异写。但失韦分布在嫩江流域的具体河段却尚存争议。谭其骧主编《〈中国历史地图集〉释文汇编·东北卷》认为在嫩江上游，干志耿、孙进己的《室韦地理考述》则认为在今齐齐哈尔附近[③]，孙秀仁、干志耿合撰《室韦史研究》认为在齐齐哈尔以北。[④] 王德厚则认为：“北魏时的失韦当以嫩江中游齐齐哈尔以北的嘎仙洞一带为中心，向其东、南、西、北诸方广为分

① ［日］白鸟库吉：《东胡民族考（下）·失韦考》，山西人民出版社 2015 年版，第 27—33 页。

② ［日］津田左右吉：《室韦考》，《满鲜历史地理研究报告》第一册，1915 年；又见王国维《观堂译稿》（下），载《王国维遗书》第 14 册。

③ 干志耿、孙进己：《室韦地理考述》，《社会科学战线》1983 年第 3 期。

④ 孙秀仁、干志耿：《室韦史研究》，北方文物杂志社 1985 年版。

布较为合适。”[①] 张久和认为北朝失韦在嘎仙洞这一地理坐标的南部地区，即东邻豆莫娄，西毗地豆于，东南与勿吉邻近，北与乌洛侯相连，沿嫩江中下游及以西各支流居住，中心地域在雅鲁河和阿伦河之间。活动于甘河流域的乌洛侯也应包括在室韦之中。[②] 可知今黑河地区嫩江县、五大连池市、北安市等均应是北魏失韦的分布范围。

隋朝时室韦地理分布范围不断扩大，并向外拓展至额尔古纳河流域和黑龙江流域上游，形成了南室韦、北室韦、大室韦、钵室韦和深末怛室韦。《隋书·室韦传》云南室韦“分二十五部”，北室韦“分为九部落”，钵室韦“人众多北室韦，不知为几部落”，大室韦和深末怛室韦的部落分布情况未见记载。干志耿、孙进己考证北室韦在齐齐哈尔附近，钵室韦在嫩江上游甘河一带，其范围大致在今黑河西南嫩江县及其以西、以南地区。[③] 张久和考证南室韦在嫩江中下游及以西各支流，北室韦在今呼玛、黑河一带。[④]

唐朝时，五部室韦进一步分化和扩张，据张久和先生对《通典》《旧唐书》《新唐书》的比定和梳理，室韦部落凡二十部——岭西室韦、山北室韦、黄头室韦、大如者室韦、小如者室韦、讷北室韦、婆萵室韦、达末室韦、骆驼室韦、乌素固、移塞没、塞曷支、和解、乌罗护、那礼、大室韦、西室韦、蒙兀室韦、落俎室韦、东室韦。[⑤] 郑英德则认为，历史上的乌洛侯、乌丸、达姤、鞠、地豆于—霫、俞折等不同时期的族群部落均应属于室韦。[⑥] 另外，达姤部、落坦部等也应属于室韦族。有学者考证，那礼部在今黑河市嫩江县，岭西室韦在黑龙江省嫩江县以东、小兴安岭以西一带，讷北支室韦在今小兴安岭北段山区一带，蒙兀室韦今黑河爱辉。[⑦] 唐朝为管辖室韦专设了羁縻府机构——室韦都督府。晚唐以后，见诸于史籍的室韦部落名称大量减少，文献中多以“室韦”泛称黑龙江上游一带室韦故地的室韦部族，并接受了突厥语族部落对室韦的泛称——达怛。契丹人则称这一时期西迁入蒙古高原的室韦部落为“阻

---

① 王德厚：《室韦地理考补》，《北方文物》1989 年第 1 期。
② 张久和：《室韦地理再考辨》，《中国边疆史地研究》1998 年第 1 期。
③ 干志耿、孙进己：《室韦地理考述》，《社会科学战线》1983 年第 3 期。
④ 张久和：《室韦地理再考辨》，《中国边疆史地研究》1998 年第 1 期。
⑤ 张久和：《北朝至唐末五代室韦部落的构成和演替》，《内蒙古社会科学》1997 年第 5 期。
⑥ 郑英德、刘光胜：《室韦部落新探》，《中央民族学院学报》1982 年第 2 期。
⑦ 郑英德：《室韦地理新探》，《社会科学辑刊》1983 年第 4 期。

卜”。辽代为管理室韦各部，还在黑龙江流域专设了室韦国王府予以统辖。笔者初步认定，唐室韦都督府与辽室韦国王府均在黑河市嫩江县伊拉哈古城。

尽管学术界对室韦族及各部的历史脉络与地理分布已经形成了初步认识，但对其各部的地理分布还相当模糊不清。但可以肯定的是，黑河地区自北魏至辽金始终是室韦的重要分布区域，但为室韦何部之活动地域尚不甚明了，其南部和东南部则为与黑水靺鞨的交界地带。

（二）黑河与黑水靺鞨地理分布

俄罗斯作为我国的邻国，与我国地域相连，俄国学者在近二百年的时间中，利用地缘优势，一直致力于对黑龙江流域黑水靺鞨文化遗存的考古学发掘，其在黑水靺鞨考古学领域取得了举世瞩目的成就。俄罗斯学者在进行黑水靺鞨考古学探索的同时，也对其地理分布进行了研究。如沙弗库诺夫考证黑水靺鞨之“黑水”并非今天的黑龙江，而是乌苏里江以及穆棱河，黑水靺鞨的活动范围也主要位于此。进而指出黑水靺鞨和女真人从未活动于今黑龙江沿岸地区，在额尔古纳河、黑龙江流域、嫩江河谷、松花江中下游地区的主要居民是室韦人。[①] 沙氏观点遭到了俄罗斯西伯利亚科学分院学者涅斯捷罗夫的反对。他在《中世纪时代早期阿穆尔河沿岸的民族》（新西伯利亚，1998）一书中认为穆棱河与乌苏里江是自南向北流淌，不可能形成南北靺鞨诸部，黑水即松花江河口以下的黑龙江河段，黑水靺鞨应主要活动于此。Д. Л. 鲍罗金、В. С. 萨布诺夫的《关于阿穆尔河沿岸地区中世纪考古文化族属问题的探讨》认为中世纪早中期的阿穆尔河沿岸大部分地区属于女真文化分布区，黑水靺鞨人生活在松花江和黑龙江以东地区。[②]

清末至民国时，我国曹廷杰、景方昶、李桂林、金毓黻、冯家昇等学者都在其论著以及地方志中对黑水靺鞨的地理分布也有所考究。

曹廷杰的《东三省舆地图说》对相关史实阐释较为详尽。《东三省舆地图说·窝稽说》考证了靺鞨七部的具体方位。同书《黑水部考》考证了黑水部的地理分布范围。《挹娄国、越喜国考》还考证出铁岭县南为黑

① ［苏］沙弗库诺夫：《“黑水”地理位置及“黑龙江女真”族属考》，徐昌翰译，《黑河学刊》1992 年第 1 期。

② ［苏］Д. Л. 鲍罗金、В. С. 萨布诺夫：《关于阿穆尔河沿岸地区中世纪考古文化族属问题的探讨》，郝庆云译，《北方文物》1995 年第 4 期。

水靺鞨越喜部所在地。景方昶亦在其著作《东北舆地释略》对黑水靺鞨的相关历史地理问题给予了一些阐述，认为“黑水”即黑龙江，黑水靺鞨跨黑龙江南北而居。晚清由长顺修、李桂林纂的《吉林通志》卷十：“黑水部：今三姓东北及富克锦左右地。”即今依兰东北至富锦一带。又云：“黑水部应为今黑龙江，然安车骨西北，仅就其西境而言之，其实黑水分部以南北为栅，则三姓以东、混同江南北之地，皆其部之所在，即皆吉林地也。”

通过引述前人文献可知，曹廷杰、景方昶、李桂林等均认定黑水部或黑水靺鞨位于安车骨北或西北，活动地域跨黑龙江南北，特别是《吉林通志》明确指出黑水部位于安车骨西北是“仅就其西境而言之”，并未说明黑水部只分布在安车骨西北。曹廷杰虽然考订出的黑水靺鞨分布地域广大，已延伸至庙尔地方，但将黑水靺鞨之东界定位于海兰泡，还认为该地即是黑水都督府所在地，从而也基本肯定了《隋书·靺鞨传》中黑水部“在安车骨西北”的记载。笔者认为，曹廷杰、利桂林的结论是合理的。从《新唐书·黑水靺鞨传》中记载的黑水靺鞨活动区域中可以看出，黑水靺鞨东起于大海，南与渤海相接，西与室韦为邻，而海兰泡至大兴安岭一线正是黑水靺鞨与室韦活动区域的交界地带。这也证实了至少有一部分黑水靺鞨正是分布于安车骨的西北方向。

金毓黻先是在《东北通史》中认为“近人曹廷杰考释较确”①，而后在《渤海国志长编·地理考》中认为黑水靺鞨在今黑龙江下游与松花江交汇处，进而论述道：“余意黑水以在今黑龙江东境及俄领沿海州北部之地而偏北者为近似，故云东北为黑水靺鞨也。惟其西北境尚无明文，若谓与契丹接，则不应远至是地，若谓与室韦接，亦无显证。然考之唐书室韦传，谓其四境，东黑水靺鞨，西突厥，南契丹，北濒海，则其东南与渤海接壤，明矣。”② 也就是说，金毓黻在《渤海国志长编》中以证据不足为由，认为黑水靺鞨西北境尚不可知。然而，后文所引述唐书室韦传又明确记载室韦东临黑水靺鞨，不知金毓黻先生所指“明文”“显证”究竟为何。冯家昇的《述肃慎系之民族》（《禹贡》第3卷第7期）则以伯力以下的黑龙江流域为黑水故地。由此可知，金毓黻、冯家昇等学者

① 金毓黻：《东北通史》（上编），五十年代出版社1981年版，第173页。

② 金毓黻：《渤海国志长编》，社会科学战线杂志社1981年版，第325页。

已将黑水靺鞨地理分布范围缩小至黑龙江中下游一带。

中华人民共和国后对黑水靺鞨地理分布的研究成果主要出现于改革开放以后。谭其骧主编的《〈中国历史地图集〉释名汇编·东北卷》[1]、孙进己等主编的《东北历史地理》第二卷[2]、张博泉的《东北地方史稿》[3]、张博泉和魏存成主编的《东北古代民族·考古与疆域》[4]等著作对黑水靺鞨都督府及黑水诸部的分布都有较详细的地理考证，均认为《隋书·靺鞨传》记载的黑水部"在安车骨西北"有误，早期黑水靺鞨应分布于今阿什河流域的安车骨之东北方位，即黑龙江下游地区。孙进己的《东北亚民族史论研究》[5]一书也论述了黑水靺鞨的疆域问题。沈一民的《论9世纪前中国对鄂霍次克海的认识》[6]认为黑水靺鞨分布于牡丹江以下的松花江东流段及黑龙江下游的南北两侧，文献中记载的黑水靺鞨"东至于海"（《旧唐书·靺鞨传》）、"东濒海"（《新唐书·黑水靺鞨传》）中所言之"海"，即鄂霍次克海。李秀莲的《女真人与黑龙江流域文明》[7]细致分析了《新唐书·黑水靺鞨传》中记载的黑水靺鞨活动区域，考证出黑水靺鞨的活动范围是东到大海，即日本海；南与渤海临界，在今黑龙江省泰来附近；西到大兴安岭以西，与室韦相接；北到贝加尔湖。

王禹浪的《靺鞨黑水部地理分布初探》[8]对黑水靺鞨的地理位置进行了全新的探析，认为黑水靺鞨应分布于安车骨西北方向的今三肇（肇源、肇东、肇州）地区，从而肯定了文献记载的正确性。马一虹的《靺鞨部族分布地域考述》[9]考证了唐代各个时期靺鞨各部族的地域分布，认为王禹浪先生所考订的三肇地区即使的确是黑水靺鞨的最初居住区，黑龙江中游大量的靺鞨遗存证明这里也是靺鞨的最初住地。何光岳的著作《女

---

① 谭其骧：《〈中国历史地图集〉释文汇编·东北卷》，中央民族学院出版社1988年版，第75—78页。

② 孙进己、冯永谦：《东北历史地理》第2卷，黑龙江人民出版社1989年版，第302页。

③ 张博泉：《东北地方史稿》，吉林大学出版社1985年版，第199—210页。

④ 张博泉、魏存成主编：《东北古代民族·考古与疆域》，吉林大学出版社1997年版，第598页。

⑤ 孙进己：《东北亚民族史论研究》，中州古籍出版社1994年版。

⑥ 沈一民：《论9世纪前中国对鄂霍次克海的认识》，《黑龙江省第二届社会科学学术年会优秀论文集》下册，2010年。

⑦ 李秀莲：《女真人与黑龙江流域文明》，《黑龙江社会科学》2012年第2期。

⑧ 王禹浪：《靺鞨黑水部地理分布初探》，《北方文物》1997年第1期。

⑨ 马一虹：《靺鞨部族分布地域考述》，《中国文化研究》2004年第2期。

真源流史》[1] 介绍了靺鞨诸部与唐代黑水靺鞨诸部的地理分布。范忠泽的《肃慎女真族系历史演变地理分布及对鹤岗地区的影响》[2] 认为黑水部活动于黑龙江中下游南北两岸的广大地区，今鹤岗也包括在黑水部活动的区域内。王彤的《略谈靺鞨七部》[3] 以考古学材料为支撑，认同黑水部应该在黑龙江流域及其与松花江汇合处的广大区域内。邓树平的《黑水靺鞨地域范围与黑水府治所初探》[4] 推定西迄今俄罗斯境内的布拉戈维申斯克到我国境内的黑河、逊克、嘉荫的黑龙江沿江一带以及小兴安岭东麓的鹤岗市至汤旺河流域之间、东到哈巴罗夫斯克之间的今黑龙江中游和松花江下游流域地带，是黑水靺鞨的传统分布区域。

在对黑水靺鞨诸部的研究上，冯恩学的《黑水靺鞨思慕部探索》[5] 一文认为结雅河下游发现的特洛伊茨基墓地当属黑水靺鞨思慕部。作者进一步论证，由于特罗伊茨基墓地位于与室韦的交界地带，在文化上受到来自贝加尔湖草原的影响较大，所以特罗伊茨基墓地的人骨所反映的人种只能代表思慕部居民的种族类型。它是否能代表黑水靺鞨乃至全体靺鞨的种族类型，还需要新的人类学资料对比研究才能确定。如若此说正确，位于结雅河口南岸的今黑河地区显然与黑水靺鞨思慕部存在密切关联。而这也就与上文所论河西古城为思慕部古城、逊河为思慕河的观点。

通过对学术界关于黑水靺鞨地理分布研究成果的综述可知，今黑河地区正处在黑水靺鞨与室韦的交界与杂居地带，这充分体现在室韦“造酒食啖”、养猪、以猪皮（即韦）为衣、与靺鞨同语言等习俗、文化与满族先民十分相似，表现了室韦与黑水靺鞨的接触与融合。

结语：黑河地区南通嫩江流域可直达龙城，即今朝阳，由朝阳而南便是中原腹地。西抵蒙古草原，西北与大兴安岭接壤，北连黑龙江上游左岸及外兴安岭山区，并与结雅—布列亚平原隔江相望，东及东北延伸为小兴安岭，并于黑龙江中、下游两岸相接，可直达黑龙江入海口之地。东南则与小兴安岭山地、三江平原、兴凯湖平原，以及绥芬河流域、乌

① 何光岳：《女真源流史》，江西教育出版社 2004 年版，第 19—31 页。

② 范忠泽：《肃慎女真族系历史演变地理分布及对鹤岗地区的影响》，《黑龙江史志》2009 年第 3 期。

③ 王彤、李茅利：《略谈靺鞨七部》，《中国地名》2010 年第 11 期。

④ 邓树平：《黑水靺鞨地域范围与黑水府治初探》，《满族研究》2011 年第 1 期。

⑤ 冯恩学：《黑水靺鞨思慕部探索》，《中国边疆史地研究》2006 年第 2 期。

苏里江流域相通，并直达俄罗斯的滨海边疆区。因此，黑河地区是黑龙江流域古代文明史上民族交错、融合的重要区域，亦是各民族迁徙移动及水陆通衢的历史地理的枢纽。黑河地区古代民族筑城正是黑河古代文明最重要的历史注脚。据不完全统计，黑河地区现有古代城址 18 处，其中以爱辉区西沟古城（老羌城）、逊克县河西古城、北安市南山湾古城、嫩江县伊拉哈古城等最为重要。上述古城占据水陆要冲，在历史时期均设置有级别较高的行政建制，亦是室韦诸部、黑水靺鞨、乌古迪烈、女真等古代民族活动的中心城邑。但学术界对该地区古城的研究还相当薄弱，其背后所隐藏的城市文明的发展与古代族群的分布还远远没有被揭开。2017 年 5 月，由黑河地区政府与黑河学院联合举行的“黑河地区自然与文明千里行”是揭示该地区古代文明，以及黑龙江流域探源工程的重要组成部分，必将会对黑龙江流域的古代文明研究起到推动作用。

第三章

汉魏时期的东北古城研究

第一节　大连汉代古城与汉辽东郡沓氏县、东沓县、沓津合考

一　沓氏县地望的文献记载与研究综述

两汉时期，辽东半岛南部地区主要为辽东郡下辖之沓氏县（沓县）、文县（汶县）管辖。文县地望尚存在营口大石桥市进步村汉城、盖州城关遗址与大连瓦房店市陈屯汉城之争，①但沓氏县位于今大连地区是毫无疑问的。

历史文献中关于沓氏县地望记载十分简略，《汉书·地理志》《后汉书·郡国志》皆载其为辽东郡下辖县治之一，然并未言其具体位置。朝鲜平壤对河乐浪郡遗址曾出土“沓丞之印”封泥。北魏郦道元《水经注》卷十四云：“沓氏县，西南临海渚，谓之沓渚，泛海至辽沓渚，其登涉之所也。”这是关于沓氏县地望最早的明确记载。《资治通鉴》胡三省注因袭《水经注》之说，云“辽东郡有沓氏县，西南临海渚”。“海渚”为海中小岛，即“沓渚”。《三国志》卷十四《魏书·蒋济传》载曹魏欲讨伐辽东公孙渊政权，公孙渊再度称臣孙吴，并向其求援。曹魏大臣蒋济在回答魏明帝的询问时说道：“然沓渚之间，去渊尚远，若大军相持，事不

---

① 阎海：《营口历史与文物论稿》，吉林大学出版社2011年版，第6—10页。

速决，则权之浅规，或能轻兵掩袭，未可测也。”《三国志》卷五十七《吴书·陆瑁传》云陆瑁上疏谏孙权，反对其亲征时曰：“且沓渚去渊，道里尚远，今到其岸，兵势三分，使强者进取，次当守船，又次运粮，行人虽多，难得悉用……”孙吴大军自江浙一带沿海出发，泛海而来，必然在辽东半岛最南端的大连一带沿海登陆，即沓氏县及其沿海一带。总之，“西南临海渚”即指沓氏县西南濒临大海，海中有岛屿。大连地区三面环海，如果从南方泛海至辽东半岛的海上交通路线及里程来看，大连地区登陆地点大致应在今旅顺口区羊头湾，向南绕过老铁山，向东沿黄海一线。

值得注意的是，清代史地学家顾祖禹在其名著《读史方舆纪要》中云：“沓氏县在金州卫东南，汉县，属辽东郡，晋废。”杨宗翰等撰辑《盛京疆域考》载“沓氏，今金州厅东境”，金毓黻等人编修的《奉天通志》言“沓津、沓渚为吴军航海至辽登岸之地，自在金州无疑”。白鸟库吉主修《满洲历史地理》亦持相同观点。[1] 金州卫、金州厅治所即今大连金州区主城区，有清以降学者均将沓氏县地望锁定在金州以东地区，其方位大致在今大连湾北岸至大李家街道青云河入海口沿海地带。顾氏之说，不仅过于晚近，且对沓氏县地望的记载亦与南方移民泛海登陆的最近路线有所出入。杨宗翰、金毓等学者均沿袭顾氏之说。因此，对于晚近的相关文献记载的使用应慎之又慎，并进行合理甄别。

关于沓氏县地望的探索，清代即已开始，中日学者也多有研究。揆诸学术界研究成果，主要存在如下诸说：

其一，辽阳说。该说见于《嘉庆重修大清一统志》。是书《奉天府表》将沓氏县列入“辽阳州”建制沿革中。是书卷六十《奉天府二·古迹》云：“沓氏古城。在辽阳州界，汉置县，属辽东郡，后汉因之。”该说法过于靠北，远离山东居民登陆地，显然难以成立。

其二，旅顺牧羊城。1928 年，日本东亚考古学会和关东厅博物馆共同组织了对牧羊城的发掘，参与发掘的考古学家有京都大学滨田耕作博士，助手水野清一、岛田贞彦；东京帝国大学原田淑人博士，助手八番一郎；关东厅博物馆主事内藤宽等。最终出版了著名的考古报告——《牧羊城》。原田淑人等学者首次提出牧羊城为汉代沓氏县的看法。

---

① 白鸟库吉：《满洲历史地理》第一卷，丸善株式会社 1940 年版，第 127—128 页。

考古学家安志敏是沓氏县牧羊城说的代表性学者。他认为："沓氏县为辽东门户，通过海路与中原交往密切，'河阳令印''武库中丞'便是有力证据。牧羊城当为县治所在，可能战国晚期以来已成为统治的中心。尹家村一带既有汉墓分布，附近的大坞崖遗址又可能是汉代的聚落遗址，这里显然经过长期的发展。"① 安先生对牧羊城作为"辽东门户""经过长期发展"的定位显然十分准确，令人较为信服。但多数学者以牧羊城规模较小、周边墓葬多为中小型墓葬为由，认为其应系汉代辽南地区的一座海防城堡要塞性质的古城。事实上，这完全是一种毫无根据的想当然。牧羊城无论地理位置、形制与规模、出土遗物等都完全具备作为县一级城市的条件。笔者将在下文予以详细阐述。

其三，大连开发区大岭屯汉城。该城位于大连开发区大李家街道大岭屯东北、小宋屯以北的青云河左岸台地上。1932—1933 年，日本学者三宅俊成两次对大岭屯汉城进行发掘，出土了石斧、石刀等石器，夹砂褐陶片、筒瓦、板瓦、半瓦当等陶质遗物，还有铜镞、带钩、铁斧等铜铁制品，以及燕国刀币、新莽货泉古代货币，② 可知该城始建于战国，两汉沿用。他认为，大岭屯汉城符合"西南临海渚"的地理方位，应为汉代沓氏县。但事实上，大岭屯汉城位于今大连开发区大李家街道青云河入海口附近，东南濒临黄海，即使黄海海面上升淹没青云河入海口，大岭屯汉城也难以形成"西南临海渚"的地理景观，除非海水将今大岭底村以下的青云河流域全部淹没。三宅俊成的依据令人疑惑。

其四，大连开发区董家沟汉城。该城址位于大连开发区董家沟街道小董家沟屯，卧龙河（即董家沟河）右岸近海台地上，今董家沟植物园、福泉小区即位于该台地之上。今董家沟街道尚有城南村等地名，即因地处董家沟汉城之南而得名。据金州考古调查资料可知，城址原存在城墙，城内曾出土五铢钱、汉代铁器等。由于城址遗迹现已难寻，故其形制及规模不甚清楚。董家沟汉城周边分布有大量汉代土圹贝壳墓和砖室墓，是辽东半岛黄海沿岸汉墓最密集的地区。该说系日本人侵占时期南金书院总教习岩间德也在《汉沓氏县考》中所提。③ 董家沟汉城濒临

① 阎承骏、秦玉：《第四站：牧羊城》，《大连日报》2010 年 9 月 12 日。

② 三宅俊成：《大岭屯城址》，《满蒙》1933 年第 6 期；《大岭屯城址的考察》，《考古学文化论集》第 4 辑，文物出版社 1997 年版。

③ 岩间德也：《汉沓氏县考》第一卷，《满洲学报》1932 年。

之小窑湾并不存在岛屿，不符合“临海渚”的记载。

其五，普兰店张店汉城。该说系目前关于沓氏县地望的主流观点，为多数学者所认可。张店汉城位于大连市普兰店花儿山乡张店村，坐落在平安河和鞍子河注入渤海的三角洲上。张店汉城是辽南大连地区规模最大的汉代古城，亦是辽东地区规模最大的汉代古城之一，为夯筑土城，分大小两座，大城南北长约340米，东西宽约240米；小城东西长约140米，南北宽约113米。大城居北，地势较低；小城居南，小城较大城地势较高。城墙为土石修筑。城址内现为农田，其轮廓和规模已模糊难辨，但城址内还可随意捡到汉代砖瓦残件。考古工作者曾在城址内及其附近发现了战国至汉代的大量珍贵遗物，如“千秋万岁”瓦当、绳纹大瓦、“临秽丞印”封泥、铜镞、铜带钩、铁农具、五铢钱、货泉等珍贵遗物，在城址东南部1.5公里处的南海甸子还出土了著名的马蹄金。“千秋万岁”瓦当是较高等级城址的标志之一，只有郡县级别的城池才具备装饰“千秋万岁”瓦当的级别。马蹄金的出土则进一步佐证了该城的等级。《汉书·武帝纪》云：“诏曰：‘有司议曰，往者朕郊见上帝，西登陇首，获白麟以馈宗庙，渥洼水出天马，泰山见黄金，宜改故名。今更黄金为麟趾褭蹏以协瑞焉。”“褭蹏”即马蹄金，可知其系皇帝祝祷封赏的宝物。马蹄金出土于张店汉城南郊，足见该城曾与中原发生过非同一般的联系。马蹄金现已为旅顺博物馆镇馆之宝。在张店古城周边地区，城北的姜屯汉墓与邻近的驿城堡乔屯、陈茔等墓地共同构成了张店古城汉代墓葬群，这是迄今所发现的东北南部地区最大的汉代墓地。刘俊勇的观点最具代表性，他认为：从规模上看，辽南地区汉城以张店者为特大，堪为大县治所；从文献上看，符合“西南临海渚”的记载；从地理位置上看，沓氏作为辽南第一大县，正处于辽东郡治襄平至今旅顺的交通要道上。[①] 张店汉城为辽东地区规模较大城址，又有大、小二城同城分立的复杂建制。城址及附近墓葬中出土的遗物之精美、等级之高，已远远超出了县一级的行政级别，而应具备非同一般的行政意义。不仅如此，从地理空间和海上交通的角度来说，自山东半岛泛海而来的移民不可能绕过辽东半岛最南端深入渤海，舍近求远而至今张店汉城附近的普兰店湾一带登陆。

① 刘俊勇：《大连考古研究》，哈尔滨出版社2003年版，第82—83页；刘俊勇：《追寻大连的城史纪元》，《大连日报》2005年12月18日第B02版。

其六，甘井子区营城子说。大连甘井子区营城子镇系大连地区最重要的汉墓分布区之一，汉墓群在营城子地区的旅大铁路两侧延绵近10公里，据估算当数以千计。数目如此庞大的汉墓附近应存在城址遗存。笔者曾在2005年认为："如果在营城子附近发现汉代城址的话，可能就是辽东郡所辖的汉代的汶、沓氏两县的治所之一。"[1] 遗憾的是，当时在营城子地区始终未能发现汉代古城遗迹。近年文家屯的考古成果为寻找营城子汉城提供了极为珍贵的线索。

二 沓氏县地望与沓津考

关于"沓氏县"地名的含义，历来说法众多：其一说，沓为姓氏，山东原有沓氏大户，后因战乱迁居辽东半岛，重建沓氏县；其二说，《说文》云"沓，语多沓沓也"，引申为重叠之意，故沓氏县有山东移民纷至沓来之意；其三说，《汉书·地理志》应邵注云："沓氏，水也。"故沓氏县源于"沓水"。有学者在考订普兰店张店汉城为沓氏县治的基础上，认为其临近之沙河即为"沓水"。[2] "沓氏"之意当为移民沿山东半岛与辽东半岛之间的岛链，渡海纷至沓来，并筑城于沿海登陆地带，故应邵云"沓氏，水也"，实为临海之意。

由此可知，沓氏县治所应位于距离山东半岛最近、辽东半岛最南端的沿海登陆地点。结合上文历史文献中对沓氏县"西南临海渚"记载的解析，沓氏县当位于今大连旅顺口区牧羊城。牧羊城又称木羊城，为辽东半岛最南端的一座战国至汉代古城，也是沓氏县境内最重要的海港城市，有学者称之"辽东半岛第一城"。[3] 牧羊城位于旅顺口区铁山街道刁家村西南、刘家村东南的一处台地上，西南距渤海东海岸约500米，附近有多个砣头半岛深入海中，形成多个天然港湾，其中以羊头湾港口条件最佳。该城东依老铁山、将军山，交通区位优势突出，不仅是最靠近山东半岛及今京津地区的辽东海港城市，同时也是由海路转为陆路、进而通往辽东半岛腹地的海陆交通枢纽和战略要冲。该城地势较高，居高临下，既能够免遭海水侵蚀及陆上水患，还能有效管控海面情况，具备军

---

① 王禹浪：《追寻大连的城史纪元》，《大连日报》2005年11月13日第B01版。

② 王绵厚：《普兰店张店汉城和熊岳汉城再踏查椠记》，郭富纯主编《旅顺博物馆学苑》，吉林文史出版社2010年版。

③ 刘美晶：《辽东半岛第一城——牧羊城》，《东北史地》2007年第3期。

事侦察能力及沿海防御能力。城址呈长方形，东西宽98米，南北长133米，城墙为夯土筑成，墙基用石块垒砌，现残高2—3米，残长10余米。孙宝田《旅大文献征存》卷二《选举、名胜古迹》云："木羊城：《盛京通志》云：在宁海县城西南一百五十里，周围二百五十步，一门。"① 牧羊城内曾出土战国时期燕国刀币、明字圜钱、灰陶器和汉代半两、五铢、大泉五十等货币，以及铜带钩、铁农具等遗物。值得注意的是，牧羊城还出土了"河阳令印"和"武库中丞"封泥。河阳县为汉代所置，魏晋沿用。《汉书·地理志》云河内郡"县十八：……河阳，莽曰河亭"。故址在今河南焦作孟州市槐树乡桑洼村。"武库中丞"则为汉朝中央政府掌管"武库"的官职。《汉书·高帝纪》云："萧何治未央宫，立东阙、北阙、前殿、武库、大仓。"武库修建于汉高祖七年（前200），吕后时改库名曰灵金藏。汉惠帝时以此库藏禁兵器，名曰灵金内府。武库遗址在今西安汉长安城遗址大刘寨村东面高地上，地处汉长安城中南部，东临安门大街。20世纪70年代，中国社会科学院考古研究所汉城工作队对武库遗址进行了勘探和发掘，基本搞清了汉代武库的形制及规模。② 来自汉朝首都及中原县治的封泥在牧羊城被发现，表明该城与中原存在明确的行政往来，也凸显了该城在汉代大连地区扮演着对外交往的重要角色。在牧羊城出土的建筑遗物中，以"乐央"半瓦当最具特色，其上绘有树木纹图案，"似受到齐故城树木纹瓦当影响"。③ 牧羊城作为与齐地相距最近的辽东半岛汉代古城，显然是来自中原的移民渡海至辽东半岛后最近的登陆地点，必然最先受到山东半岛文化的影响。

牧羊城附近的刘家村、刁家村、尹家村、于家村等地分布着密集的西汉贝墓、瓮棺墓、砖室墓群，还发现了鲁家村汉代铜器窖藏④、大坞崖汉代聚落遗址。⑤ 大坞崖遗址位于尹家村西南，面积约2万平方米。遗址中绳纹瓦、筒瓦、陶器残片随处可见，附近还发现一口古井。⑥ 牧羊城旁

① 孙宝田：《旅大文献征存》，大连出版社2008年版，第56页。

② 中国社会科学院考古研究所汉城工作队：《汉长安城武库遗址发掘的初步收获》，《考古》1978年第4期。

③ 刘庆柱：《战国秦汉瓦当研究》，《古代都城与帝陵考古学研究》，科学出版社2000年版，第188页。

④ 刘俊勇：《旅顺鲁家村发现一处汉代窖藏》，《旅大日报》1978年7月6日。

⑤ 国家文物局主编：《中国文物地图集·辽宁分册》，西安地图出版社2009年版。

⑥ 大连市旅顺口区文化体育局：《解读旅顺历史文化》，内部出版，2006年版，第41页。

的于家村老船坞港及其以北、羊头湾沿岸的羊头洼港是辽东半岛重要的出海港口，也是山东移民登陆的最佳地点。尤为值得注意的是，牧羊城北约10公里处的江西镇大潘家村也坐落着一座汉代古城。第二次文物普查资料显示该城为长方形，东西长约160米，南北宽90米，文化层厚约1.3米。现已破坏严重，难以辨识，仅残存一段城墙。早在20世纪30年代，这一带就曾发现西汉贝墓和东汉砖室墓。1992年3—4月，大连市文物管理委员会办公室、旅顺博物馆等组成考古队，对基建工程水库淹没区内的大潘家村新石器时代遗址进行发掘的同时，清理了三座打破新石器时代文化层的西汉墓葬。[①] 两城距离较近，互呈拱卫之势，应存在密切联系。大潘家汉城很可能作为牧羊城的卫星城存在。这表明，牧羊城并非独立存在的一座沿海孤城，而是集城市群、海港群、聚落、墓葬等多位一体的综合性沿海城市。

牧羊城始建于战国，西汉时期逐渐繁荣，东汉时期废弃，表明牧羊城人群在东汉时期发生过人口流动，沓氏县治所也发生了迁徙。牧羊城的变迁在其附近的汉墓中也存在年代学上的反映。原田淑人于1928年曾在刁家村附近清理过7座西汉贝墓，但多已残破。1976年10月，大连考古工作者先后发掘了尹家村南河土圹墓1座（旅尹M762）、瓦棺墓3座（旅尹M761、旅尹M763、旅尹M764），刁家村贝墓2座（旅刁M761、旅刁M762）。上述诸墓开口均在西汉文化层，旅尹M761、旅尹M763、旅尹M764均出土了西汉半两铜钱；旅尹M762陶器组合仅有壶、盆两种，不见战国竹节柄陶豆，其年代均应在西汉前期。旅刁M761、旅刁M762系牧羊城地区迄今所见最完整的贝墓，特别是旅刁M762二室西壁和底部均用锥螺铺筑，葬式独特，其年代在西汉中期稍早。[②] 根据考古发掘和调查可知，牧羊城附近汉墓多为西汉时期，这无疑与牧羊城的兴废是一致的。

沓氏县境内的港口称“沓津”。“沓津”一词见于《三国志》卷八《魏书·公孙度传》：“贼众本号万人，舒、综伺察，可七八千人，到沓津。”津者，渡口也。沓氏县辖境广阔，海岸线漫长曲折，多优良港湾，如大连湾、大窑湾、小窑湾、羊头湾、金州湾、普兰店湾等。又有鞍子

---

① 大连市文物管理委员会办公室、旅顺博物馆：《辽宁大连大潘家村西汉墓》，《考古》1995年第7期；张翠敏、姜宝宪：《大连地区汉代城址考辨》，《辽宁省博物馆馆刊》2012年。

② 刘俊勇：《大连尹家村、刁家村汉墓发掘简报》，《大连文物》1990年第2期。

河、碧流河、登沙河、青云河、卧龙河、青泥洼河等多条河流注入黄、渤二海，形成海陆通衢的海口三角洲。因此，沓氏县境内渡口必然不止一处。但文献中又特别记载了七八千“贼众”至“沓津”登陆，表明该地绝非一普通海港，应是沓氏县境内一处重要的沿海港口和要塞。牧羊城附近的于家村老船坞港，及其向北扩展至羊头湾沿岸的羊头洼港背风浪小、港阔水深，是辽东半岛重要的出海天然良港，当为沓氏县辖境内最重要的一座“沓津”。羊头洼港位于辽东半岛最南端的渤海湾湾口地带，正南6海里即为黄、渤二海分界线，南约3.5公里为老铁山国际航道。羊头洼港位于长嘴子和大羊头之间，口宽4.6公里，纵深3公里，港阔4公里，水深20米等深线从湾口通过，10米等深线距岸1.2公里。湾内呈“3”字形，北部称羊头洼，南部称杨家套。在第二次鸦片战争、甲午战争和日俄战争中，英军、日军、俄军均曾侵入羊头洼。[①] 羊头洼港现已建成供烟大铁路轮渡停靠的旅顺新港。有学者研究认为，晋代马石津最早并不在今黄金山下的旅顺口，而应位于于家村老船坞。“到了唐朝以后，随着海运的发展和船只加大，已可以经得住风浪急流了，从山东登州来辽东的航船也随之逐渐移至马石山（今老铁山）之东，在都里镇（旅顺口）登陆。”[②] 该说法有一定合理性。事实上，晋代马石津很可能正是沿用了汉代“沓津”即牧羊城附近的于家村老船坞至羊头洼沿海一线的港口。

三　东沓县地望新考

曹魏时期，割据辽东的公孙氏政权与曹魏大军屡次发生交战，曹魏大军纵兵屠掠辽东城，并强迁辽东军民南迁入中原。孙吴大军亦趁机掳掠人口。战争与杀掠使辽东半岛生产力遭受严重破坏。同时，两汉时期发达的城市农耕文明和稠密的人口过度消耗了辽东半岛的淡水、动植物资源，导致自然生态的恶化，因而汉族人口也纷纷渡海南下山东半岛。《三国志》卷四《魏书·少帝纪》载：景初三年（239）“夏六月，以辽东东沓县吏民渡海居齐郡界，以故纵城为新沓县以居徙民”。可知当时的东沓县吏民大批离开辽南之地，山东齐地设新沓县予以安置移民。关于

① 孙激扬主编：《大连历史文化丛书（一）·港口史话》，大连海事大学出版社2006年版，第150页。

② 言午：《晋马石津具体位置小考》，《大连文物》2000年。

“东沓县”的情况，文献中自此再无相关记载。《读史方舆纪要》云“魏景初三年以辽东沓县吏民渡海居齐郡界”，仍以“沓县”称之，而未用“东沓县”。清代顾祖禹显然混淆了沓氏县与东沓县。以沓氏县故址即旅顺牧羊城为基点，向东寻找，东沓县应为牧羊城东北方向的今甘井子区营城子汉城。

大连甘井子区营城子地区系大连地区乃至整个东北地区最重要的汉墓分布区之一，汉墓群在营城子地区的旅大铁路两侧延绵近 10 公里。早年日本人发掘的沙岗子 2 号墓墓壁上绘有东汉“羽化升仙”壁画。壁画下部内容为生者祭奠刚刚逝去的墓主人，祭祀案几上放置盛供品的器皿，案几前有三人，分别呈俯身叩首、下跪行礼、站立祈祷三种不同的祭奠姿态。壁画上部内容则是死者“羽化升仙”的场面，墓主人身材魁梧，头戴长冠，身着长袍，腰间佩剑，徐徐前行。后随一仙童，捧案伫立。仙童身后有一腾龙似在游动。墓主人前由一宽袍大袖的长者引导，长者头戴方巾，手执蒲扇。其身后为一手舞足蹈的仙人做欢迎状，仙人腾云驾雾，手执仙草，身旁有祥云环绕，仙鹤展翅翱翔。整个画面采用黑色线条勾勒，除人间伫立老者长袍涂黑外，其余未加他色填涂，画面布局采用大量留白，生动简洁，层次清晰，人物和动物形象栩栩如生，艺术价值极高，反映了汉代追求超世升仙、长生不老、灵魂不灭、通神求仙的时代精神和文化风貌。① 从 2003 年开始，大连文物考古工作者对营城子汉墓进行了长达 7 年的抢救性考古发掘工作，共发现墓葬 200 多座，出土文物 3200 多件。截至目前，营城子地区尚有大量汉墓未被发现和清理。其中第 76 号东汉墓出土了金质联珠十龙纹带銙、青铜承旋、兽钮铜印、玉剑璏等品级较高的珍贵文物。营城子汉墓群中还出土了“公孙訢印”“文胜之印”“宋郯信印”等私人印绶。如此密集的汉墓群表明该地区在汉代有大量人口聚居，其附近应该存在城址，因此笔者曾在 2005 年提出：“如果在营城子附近发现汉代城址的话，可能就是辽东郡所辖的汉代的汶、沓氏两县的治所之一。”“营城子汉代墓地的周边可能存在着汉代重要的城市居民生活区。因此，开展在营城子地区寻找汉代的城市聚落，这是城史纪元研究中的重要课题。”② 遗憾的是，当时在营城子地区始终

① 王禹浪、王俊铮：《辽东半岛汉墓的类型、文化特征及影响》，《大连大学学报》2016 年第 4 期。

② 王禹浪：《追寻大连的城史纪元》，《大连日报》2005 年 11 月 13 日第 B01 版。

未能发现汉代古城遗迹。据张翠敏等撰文："根据汉墓分布状况分析，现营城子村和牧城驿明城址下推测可能是营城子城址。牧城驿明城周围尚存五个巨型明代烽火台，烽火台内有汉瓦和花纹砖，有可能存在汉代烽火台。营城子村东曾发现汉代遗址和窑址。"[①] 该说法也始终未能得到考古学上明确的证实。但令人欣喜的是，2014 年 8 月，大连市文物考古研究所在营城子镇西北文家屯遗址附近发现了绳纹板瓦、筒瓦、绳纹砖、陶器等典型的汉代遗物，特别是发现了 10 余米长的夯土遗迹。[②] 这一发现可谓近年来大连地区汉代考古的重大发现，印证了笔者在 10 年前提出的营城子地区可能存在汉代古城的观点。但营城子汉代古城究竟位于文家屯还是牧城驿，尚有待进一步考古发掘和探索。

关于东沓县建置的情况，历史文献中没有任何记载。据笔者实地调查，牧羊城虽区位优势突出，但附近缺乏流量较大的河流，淡水资源匮乏。设置东沓县的原因很可能在于沓氏县人口的大量集聚，致使牧羊城难以承受更多移民带来的人口和环境压力。汉朝政府遂于沓氏县以东设置了新的县一级行政单位，对沓氏县即牧羊城的部分移民予以侨置。但新县治治所的选址不应距离牧羊城过于遥远。营城子地区易于农耕、濒临渤海营城子湾和金州湾、海陆交通便捷，优越的自然地理环境使其成为东沓县治所的最佳选择。这也就解释了营城子地区为何会存在数量庞大的汉墓。营城子地区发现的大量东汉砖室墓也从年代学上为营城子汉代古城可能建置的年代提供了重要佐证。

最后需要补充说明的是，尽管营城子地区汉墓密集，其中不乏如 76 号东汉墓、农科院单室砖室墓、沙岗子 2 号壁画墓等高级别墓葬，且与牧羊城距离较近、存在古城遗存，但尚不能完全排除同位于牧羊城东北、黄海沿岸的今大连开发区董家沟汉城或大李家大岭屯汉城作为东沓县的可能性。特别是辽东半岛黄海沿岸唯有董家沟地区汉墓数量最为密集，并向东延伸至大李家街道大岭屯汉城附近。但自此继续向东直经庄河至东港，汉墓数量却迅速减少。上述现象绝非偶然。大量汉墓的发现从侧面证实了今董家沟至大岭屯一带在当时为大连地区黄海沿岸最大的人口聚集区，具备县级古城的条件。如若此说成立，这也就解释了清人顾祖

---

① 张翠敏、姜宝宪：《大连地区汉代城址考辨》，《辽宁省博物馆馆刊》2012 年。

② 刘金友、王飞峰：《大连营城子汉墓出土金带扣及其相关研究》，《北方文物》2015 年第 3 期。

禹等将实为东沓县的所谓“沓氏县”定位在“金州卫东南”或“金州厅东境”的记载。

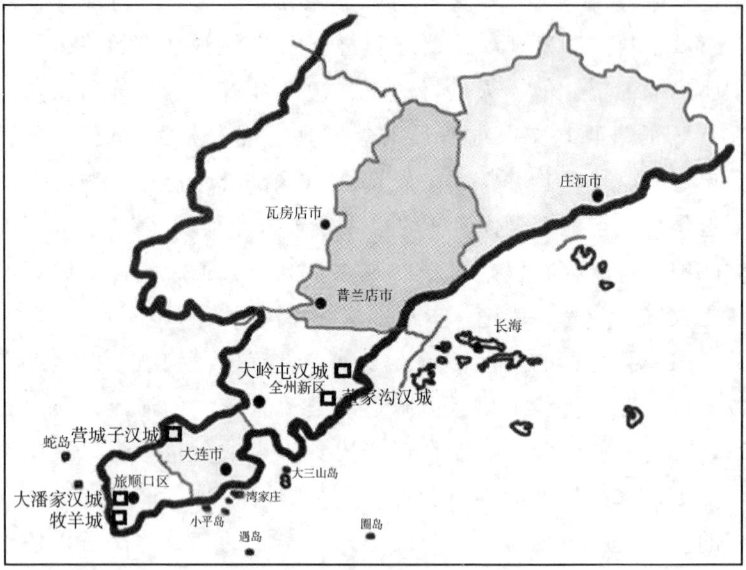

图 3－1　辽东半岛地区部份汉代古城分布

结　语

辽东郡下辖沓氏县系汉代辽东半岛南部地区政治、经济、文化和交通中心，今大连地区曾因沓氏县的建置而出现繁荣的城市文明。在大连地区现存汉代古城中，旅顺牧羊城系辽东半岛距离山东半岛最近的海陆交通枢纽城市，且符合文献中“西南临海渚”的记载，城址出土遗物已充分证明了其与中原地区通过海路存在密切的行政、经贸与文化往来，同时也是一座职能多元化、城市发展布局多样化的辽东沿海城市。随着牧羊城人口迅速膨胀，沓氏县迁址于牧羊城东北的今甘井子区营城子，是为东沓县。牧羊城附近的于家村老船坞港向北延展至羊头洼港，则为沓津之地。

第二节　辽东半岛地区汉代古城初步研究
——兼论大连张店汉城为西汉苍海郡故址[1]

辽东半岛汉代古城是该地区汉代政治、经济、文化发展水平的集中体现，二十余座城址表明这一地区业已形成了繁荣的城市文明，延续并进一步发展了燕秦时期开启的辽东半岛城镇化进程。辽东半岛汉代古城规模大小不一，平面形状则有长方形、方形、矩尺形、三角形等类型，并全部分布在辽东半岛两翼的沿黄、渤二海地区。汉城城市设施已基本完备，与中原地区汉代城址形制基本保持了一致，目前尚未发现瓮城和马面遗迹。其中大连普兰店区张店汉城地处渤海沿岸，自然条件优越，城址形制与规模及其周边墓葬中出土的大量高品级遗物，表明其很可能就是西汉苍海郡故址。

一　辽东半岛汉代古城研究概述[2]

战国后期，随着燕国“秦开却东胡千里”，燕国东部疆域向辽东地区大幅扩展，大量汉人进入辽东半岛，加之山东半岛齐地居民大批泛海而来，辽东半岛出现了繁荣的城市文明。从辽东半岛战国至汉代古城的分布情况来看，大连地区显然是战国至汉代东北筑城文明最繁荣的地区，是辽东半岛名副其实的经济中心，地位仅次于辽东郡郡治所在之辽阳城。牧羊城、张店汉城、陈屯汉城、大岭屯汉城等十余座战国至汉代古城，以及南山里、营城子、董家沟、花儿山、姜屯等数以千计的汉墓，反映了汉代大连地区城市文明的发达和人口的稠密。大量精美遗物的发现更是印证了这一地区经贸往来之频繁。特别是一批高规格遗物的发现，如营城子 76 号墓出土的金质联珠十龙纹带銙、营城子沙岗子 2 号墓中的东汉“羽化升仙”壁画、姜屯 45 号墓出土的“圭璧组合”的玉覆面以及张店汉城南郊南海甸子发现的国宝马蹄金，更进一步反映了汉代大连地区

---

① 本节为 2016 年度大连市社科联（社科院）重大课题项目“大连古代文明研究——西汉苍海郡与大连城史纪元研究”（项目编号：2016dlskzd007）的阶段性成果。

② 本节所探讨的辽东半岛的范围包括大连、营口、鞍山（除辽河以北的台安县）和丹东四座低级市。

的繁荣景象。秽貊族群也与汉族人群充分融合，共同创造了大连古代文明史上第一个黄金期。今营口市盖州地区也是经济文化较为繁荣的区域，特别是盐铁手工业十分发达。鞍山和丹东地区则较大连和营口相对逊色不少。

在汉代古城的综合著录和研究方面，大连和营口地区已有对本市辖境内汉代古城的综合著录和研究成果，鞍山和丹东地区这一工作尚为空白。张翠敏、姜宝宪的《大连地区汉代城址考辨》是目前大连地区汉代古城最系统的研究成果，对大连地区汉代古城数量进行了最新的统计，阐述了其形制、分布、遗迹情况，并结合汉代行政建制的等级划分，试图探索本市汉城的行政体系。截至目前，除庄河地区尚为发现汉代城址外，大连地区其余市、县、区均发现了汉代城址，共计 14 座，其中旅顺口区 2 座，分别为铁山街道牧羊城、江西镇大潘家汉城；金州新区 5 座，分别为开发区大李家街道大岭屯汉城、董家沟街道小董家沟屯南山汉城、金州区三十里堡东马圈子汉城、华家屯镇杨家店汉城、杏树街道猴儿石村单家沟汉城；瓦房店市 3 座，分别为太阳升乡王店村陈屯汉城、李官镇李官汉城、长兴岛北海村土城子汉城；普兰店区 3 座，分别为铁西街道张店汉城、杨树房镇战家村黄家亮子汉城、城子坦镇金山村严屯大城山汉城；长海县 1 座，即广鹿岛朱家村汉城。[①] 需要特别指出的是，学术界一般均将普兰店星台镇葡萄沟村巍霸山城定为高句丽时期古城，但笔者在对山城进行实地调查时，在靠近西城处采集到东汉时期菱形花纹砖一块，该砖系东汉墓葬用砖，疑其附近有东汉时期墓葬。进而由此推测，巍霸山城可能始建于东汉，后为高句丽所沿用。[②] 故普兰店巍霸山城也应纳入汉代古城行列。除此之外，2014 年 8 月，大连市文物考古研究所在甘井子区营城子镇西北文家屯遗址附近发现了绳纹板瓦、筒瓦、绳纹砖、陶器等典型的汉代遗物，特别是发现了 10 余米长的夯土遗迹。[③] 汉代夯土遗迹和绳纹瓦的发现表明这一带应存在建筑遗迹。虽然古城遗存尚不明了，但笔者以为，营城子一带也应是一座重要的汉代古城所在地，故

---

① 张翠敏、姜宝宪：《大连地区汉代城址考辨》，《辽宁省博物馆馆刊》2012 年。

② 王禹浪、王文轶：《辽东半岛地区的高句丽山城》，哈尔滨出版社 2008 年版，第 53 页；王文轶、王秀芳：《高句丽巍霸山城初探》，《哈尔滨学院学报》2008 年第 1 期。

③ 刘金友、王飞峰：《大连营城子汉墓出土金带扣及其相关研究》，《北方文物》2015 年第 3 期。

将其定为“营城子汉城”。因此，据目前所掌握的材料来看，大连地区汉代古城应共计16座。大连地方史专家王万涛还对包括汉代古城在内的大连地区古代城址进行了系统梳理和分类，将其分为军事城堡、州县治所、综合性城邑、粮秣储藏转运城邑、驿邮城邑等五大类，其中牧羊城属于军事城堡，张店汉城和大岭屯汉城属于州县治所，朱家村汉城为粮秣储藏转运城邑。[①] 营口地区汉代古城的综合著录成果见于营口市博物馆研究员崔艳茹、孙璇合撰的《营口地区汉代的城址与墓葬》一文，发表于大连大学中国东北史研究中心主办的学术期刊《辽东史地》2008年第1期。该文著录了5座营口地区汉代古城，并对该地区汉墓类型进行了研究。[②]

汉代古城的专题性研究方面，曹汛的《叆河尖古城和汉安平瓦当》通过对丹东叆河尖古城出土的汉代安平瓦当的分析论证，认为该古城确系汉代西安平县。[③] 刘美晶的《辽东半岛第一城——牧羊城》[④] 对牧羊城的形制、遗迹状况、出土文物、民间传说、地理位置、发掘沿革等做了较系统的阐释，具有一定的学术价值。上述两文是目前所仅见的两篇单独对某一座辽东半岛汉代古城进行研究的专题性文章。

总体来说，目前学术界有关辽东半岛汉代古城的研究已有不少成果，但多是在阐释和论述本市汉代文明或被置于本地区通史的研究与撰写范式下进行的，也有一些成果是志书体例的著录形式，如《辽宁通史》[⑤]《大连通史》[⑥]《大连考古研究》[⑦]《大连文化解读》[⑧]《大连文化之旅》[⑨]《大连文物要览》[⑩]《瑰宝·大连文物》[⑪]《故园·大连古城》[⑫]《营

① 王万涛：《浅说大连古代城邑与近代城市》，《大连日报》专栏“追溯大连的城史纪元”，2005年12月18日第B02版。

② 崔艳茹、孙璇：《营口地区汉代的城址与墓葬》，《辽东史地》2008年第1期。

③ 曹汛：《叆河尖古城和汉安平瓦当》，《考古》1980年第6期。

④ 刘美晶：《辽东半岛第一城——牧羊城》，《东北史地》2007年第3期。

⑤ 朱诚如、邸富生：《辽宁通史》，大连海事大学出版社1997年版。

⑥ 《大连通史》编纂委员会：《大连通史》古代卷，人民出版社2007年版。

⑦ 刘俊勇：《大连考古研究》，哈尔滨出版社2003年版。

⑧ 李振远：《大连文化解读》，大连出版社2009年版。

⑨ 马玉泉：《大连文化之旅》，大连出版社2009年版。

⑩ 大连市文化广播影视局：《大连文物要览》，大连出版社2010年版。

⑪ 王珍仁、苏慧慧：《瑰宝·大连文物》，大连出版社2012年版。

⑫ 王国栋：《故园·大连古城》，大连出版社2013年版。

口通史》[1]《营口地方史研究》[2]《鞍山历史》[3]《鞍山地方史研究》[4]《丹东史迹》[5] 等著作均对本市辖境内汉代古城有所涉猎。特别值得一提的是，刘俊勇撰写了《大连地区汉代物质文明研究》[6]《论大连（旅顺）史在中国东北史中的地位》[7]《大连地区是汉代辽东郡的经济中心》[8] 等多篇文章，从宏观大历史视角，将大连地区汉代古城置于本市区域古代文明史以及东北史中加以考察。

除此之外，还有一些学者对辽东半岛汉代古城和墓葬中出土的文物进行了研究，这一方面的成果主要集中在大连地区，主要有王珍仁的《大连地区出土的汉代陶俑概述》[9]；刘婷婷的《大连地区出土汉代陶质建筑模型研究》[10]《辽南地区出土汉代文物研究》[11]；刘立丽的《旅顺博物馆藏大连地区出土汉代陶建筑明器研究》[12]《旅顺博物馆藏大连地区出土汉代陶灶研究》[13]《大连地区出土汉代青铜器浅析》[14] 等。阎海撰写了《熊岳及周边地区汉代文化遗存简述》[15]《营口地区汉代文字砖所反映的汉代丧葬礼俗》[16]，对营口汉代文物背后的历史信息进行了揭示和解读。

在汉代古城历史地理考据方面，学术界主要集中在对沓氏县、文县

---

① 于阜民主编：《营口通史》，社会科学文献出版社 2003 年版；营口史志办公室：《营口通史》第一、二卷，万卷出版公司 2012、2014 年版。

② 李有升主编：《营口地方史研究》，辽宁民族出版社 1997 年版。

③ 鞍山市教育研究中心：《鞍山历史》，内部出版 1989 年版。

④ 刘景玉主编：《鞍山地方史研究》，辽宁民族出版社 1997 年版。

⑤ 任鸿魁：《丹东史迹》，辽宁民族出版社 2005 年版，第 181—184 页。

⑥ 刘俊勇、刘婷婷：《大连地区汉代物质文明研究》，《辽宁师范大学学报》（社会科学版）2012 年第 1 期。

⑦ 刘俊勇：《论大连（旅顺）史在中国东北史中的地位》，《大连大学学报》2004 年第 1 期。

⑧ 刘俊勇：《大连地区是汉代辽东郡的经济中心》，《大连日报》2015 年 11 月 27 日第 9 版。

⑨ 王珍仁：《大连地区出土的汉代陶俑概述》，《文物春秋》1995 年第 2 期。

⑩ 刘婷婷：《大连地区出土汉代陶质建筑模型研究》，《黑龙江史志》2012 年第 5 期。

⑪ 刘婷婷：《辽南地区出土汉代文物研究》，硕士学位论文，辽宁师范大学，2012 年。

⑫ 刘立丽：《旅顺博物馆藏大连地区出土汉代陶建筑明器研究》，《考古与文物》2012 年第 5 期。

⑬ 刘立丽：《旅顺博物馆藏大连地区出土汉代陶灶研究》，《东北史地》2012 年第 5 期。

⑭ 刘立丽：《大连地区出土汉代青铜器浅析》，《收藏家》2012 年第 8 期。

⑮ 阎海：《熊岳及周边地区汉代文化遗存简述》，《辽东史地》2008 年第 1 期。是文又见于《营口历史与文物论稿》，吉林大学出版社 2011 年版。

⑯ 阎海：《营口历史与文物论稿》，吉林大学出版社 2011 年版，第 133 页。

治所的考订上。沓氏县地望有辽阳[①]、旅顺牧羊城[②]、大连开发区大岭屯汉城[③]、董家沟汉城[④]、普兰店张店汉城[⑤]、大连甘井子区营城子[⑥]等众家之说。王绵厚结合实地踏查，再次明确了张店汉城作为沓氏县的观点，并认为张店汉城是两汉时代在辽东半岛南部形成的一个民族聚邑和经济、文化中心。[⑦] 王禹浪、王俊铮合撰的《汉代辽东郡沓氏县、东沓县、沓津合考》一文是关于汉沓氏县问题的最新研究成果。该文认为："大连旅顺口区牧羊城位于辽东半岛最南端，且符合'西南临海渚'的记载，城址附近密集的汉代贝墓和砖室墓，证明了其应为汉代沓氏县。随着沓氏县人口大量集聚，沓氏县迁址于牧羊城东北的今甘井子区营城子，是为东沓县。牧羊城附近的于家村老船坞港向北延展至羊头洼港，则为沓津之地。"[⑧] 文县治所则有瓦房店陈屯汉城[⑨]、海城析木城[⑩]、大石桥进步村汉城[⑪]、盖州城关汉城[⑫]等说法。苗威系统考述了秦汉辽东郡的边界、诸县治地望。[⑬] 张翠敏、姜宝宪合撰的《大连地区汉代城址考辨》一文对大连地区现存的14座汉代城址的行政级别、功能做了有益的探索，认为："西汉时期城址已初具规模，有些城址甚至沿用战国晚期城址，东汉时期继续沿用并新筑城址。这些城址既有县城，也有邑、乡、里、亭、邮

---

① 《嘉庆重修大清一统志·奉天府二·古迹》。

② 东亚考古学会：《牧羊城——南满州老铁山麓汉以前遗迹》，东京雄山阁1981年版。

③ 三宅俊成：《大岭屯城址》，《满蒙》1933年第6期；《大岭屯城址的考察》，载《考古学文化论集》第4辑，文物出版社1997年版。

④ 岩间德也：《汉沓氏县考》，《满洲学报》第一卷，1932年。

⑤ 刘俊勇：《辽东沓氏县、汶县县治考订》，《博物馆研究》1993年第3期；刘俊勇：《大连考古研究》，哈尔滨出版社2003年版，第82—83页；苗威：《秦汉辽东郡考述》，《朝鲜·韩国历史研究》第十六辑，延边大学出版社2005年版。

⑥ 《追寻大连的城史纪元》，《大连日报》2005年11月13日第B01版。

⑦ 王绵厚：《普兰店张店汉城和熊岳汉城再踏查槧记》，载于郭富纯主编《旅顺博物馆学苑》，吉林文史出版社2010年版。

⑧ 王禹浪、王俊铮：《汉代辽东郡沓氏县、东沓县、沓津合考》，《黑龙江民族丛刊》2016年第6期。

⑨ 刘俊勇：《辽东沓氏县、汶县县治考订》，《博物馆研究》1993年第3期；刘俊勇：《大连考古研究》，哈尔滨出版社2003年版，第82—83页；苗威：《秦汉辽东郡考述》，《朝鲜·韩国历史研究》第十六辑，延边大学出版社2005年版。

⑩ 孙进己、冯永谦：《东北历史地理》，黑龙江人民出版社1989年版，第296页。

⑪ 崔艳茹、冯永谦、崔德文：《营口市文物志》，辽宁民族出版社1996年版，第49—50页。

⑫ 阎海：《营口历史与文物论稿》，吉林大学出版社2011年版，第6—10页。

⑬ 苗威：《秦汉辽东郡考述》，《朝鲜·韩国历史研究》第十六辑，延边大学出版社2005年版。

性质的城；既有行政中心城，也有海防城，在功能和性质上城已经有了区分。”①

宋协毅、王禹浪以大连地区汉代古城为切入点，深入剖析了大连城史纪元的深刻命题，提出：“无论这些城址是具有军事筑城意义，或是商品经济发展的结果，还是意味着行政政治中心，都足以说明大连地区城史纪元的开端应该始于汉代。应该说这是大连城史发展的第一个阶段，即大连古代城史兴起的纪元期。这些筑城的存在，证明了早在19世纪末俄国殖民者在进入大连地区之前的汉朝，中原王朝就已经开创了大连城史的古代纪元。”② 2016年年初，王禹浪等发表了《西汉“南闾秽君”、苍海郡与临秽县考》一文，对秽人“南闾秽君”率族众28万人口南迁“辽东内属”、汉武帝设苍海郡这一历史事件的来龙去脉进行了深入研究，并对苍海郡及张店汉城出土的“临秽丞印”封泥所反映的临秽县地望进行了详细考据，最终将其确定在张店汉城，该城大、小城的城址结构与形制很可能正反映了苍海郡与其下辖首县临秽县同城分治。③ 该文的发表彻底冲破了大连城市发展史的传统研究思路，苍海郡的建置无疑将大连地区的早期筑城等级提升到了新的高度，大连并非仅仅是县治之所在，而应是郡一级别的高等级行政建置，是当时辽东地区地位仅次于辽东郡治所襄平（今辽阳）的“副省级城市”和辽东半岛南部的中心都市。如若苍海郡位于张店汉城一说能够最终成立，那么对大连城史纪元将有必要重新思考，并作出全新的论证。这必将极大地提升大连市的文化软实力和历史竞争力，大连城史纪元并非始于边陲县城或海防要塞，而是始于一座东北地区重要的汉代郡一级都市，这无疑将会使大连在全国范围内的城市历史纪元中脱颖而出。

二　辽东半岛汉代古城述论

（一）大连地区汉代古城

1. 牧羊城：又称木羊城，为辽东半岛最南端的一座战国至汉代古城，

---

① 张翠敏、姜宝宪：《大连地区汉代城址考辨》，《辽宁省博物馆馆刊》2012年。

② 宋协毅、王禹浪：《大连城史纪元的新思考》，《大连大学学报》2004年第3期。

③ 王天姿、王禹浪：《西汉“南闾秽君”、苍海郡与临秽县考》，《黑龙江民族丛刊》2016年第1期。

也是沓氏县境内最重要的海港城市，有学者称之为“辽东半岛第一城”①。牧羊城位于大连市旅顺口区铁山街道刁家村西南、刘家村东南的一处台地上，西南距渤海东海岸约500米。古城地势较高，居高临下，既能够免遭海水侵蚀及陆上水患，还能有效管控海面情况，具备军事侦察能力及沿海防御能力。城址呈长方形，东西宽98米，南北长133米，城墙为夯土筑成，墙基用石块垒砌，现残高2—3米，残长10余米。孙宝田《旅大文献征存》卷二《选举、名胜古迹》云：“木羊城：《盛京通志》云：在宁海县城西南一百五十里，周围二百五十步，一门。”② 牧羊城内曾出土战国时期燕国刀币、明字圜钱、匽刀币、灰陶器和汉代半两、五铢、大泉五十等货币，以及铜带钩、铜敦、铁农具等金属器物以及制造铜斧的范，出土了汉树木纹“乐央”瓦当及代表官方政府往来的“河阳令印”和“武库中丞”封泥。1928年，日本东亚考古学会和关东厅博物馆联合对在牧羊城进行了发掘，出版了《牧羊城——南满洲老铁山麓汉及以前遗迹》的考古报告集，作为《东方考古学丛刊》第二册。牧羊城附近的尹家村、刁家村等地分布有密集的汉代贝墓和砖室墓，以及大坞崖汉代聚落遗址。③ 鲁家村窖藏曾出土一批珍贵的汉代铜器。④

笔者以为，“沓氏”之意当为移民沿山东半岛与辽东半岛之间的岛链，渡海纷至沓来。因此，沓氏县治所应位于距离山东半岛最近、辽东半岛最南端的沿海登陆地点。结合《水经注》《资治通鉴》胡三省注对沓氏县“西南临海渚”的记载，沓氏县当位于今大连旅顺口区牧羊城。牧羊城附近的于家村老船坞港，及其向北扩展至羊头湾沿岸的羊头洼港背风浪小、港阔水深，是辽东半岛重要的出海天然良港，当为沓氏县辖境内最重要的“沓津”。⑤

2. 大潘家汉城：位于大连市旅顺口区江西镇大潘家村，第二次文物普查资料显示古城为为长方形，东西长约160米，南北宽90米，文化层厚约1.3米。现已破坏严重，难以辨识，仅残存一段城墙。早在20世纪30年代，这一带就曾发现西汉贝墓和东汉砖室墓。1992年3—4月，大连

---

① 刘美晶：《辽东半岛第一城——牧羊城》，《东北史地》2007年第3期。

② 孙宝田：《旅大文献征存》，大连出版社2008年版，第56页。

③ 国家文物局主编：《中国文物地图集·辽宁分册》，西安地图出版社2009年版。

④ 刘俊勇：《旅顺鲁家村发现一处汉代窖藏》，《旅大日报》1978年7月6日。

⑤ 王禹浪、王俊铮：《汉代辽东郡沓氏县、东沓县、沓津合考》，《黑龙江民族丛刊》2016年第6期。

市文物管理委员会办公室、旅顺博物馆等组成考古队，对基建工程水库淹没区内的大潘家村新石器时代遗址进行发掘的同时，清理了三座打破新石器时代文化层的西汉墓葬。[①] 大潘家汉城是距离牧羊城最近的汉代古城，两城互呈拱卫之势，应存在密切联系。该城很可能作为牧羊城的卫星城而存在。

3. 营城子汉城：大连市甘井子区营城子镇系大连地区最重要的汉墓分布区之一，汉墓群在营城子地区的旅大铁路两侧延绵近 10 公里。早年日本人发掘的沙岗子二号墓墓壁上绘有东汉“羽化升仙”壁画。从 2003 年开始，大连考古工作者对营城子汉墓进行了长达七年的抢救性考古发掘工作，共发现墓葬 200 多座，出土文物 3200 多件。大量汉墓的发现与发掘表明该地区曾聚集稠密的人口，应有城址或聚落遗址。王禹浪曾在 2005 年指出：“营城子汉代墓地的周边可能存在着汉代重要的城市居民的生活区。因此，开展在营城子地区寻找汉代的城市聚落，这是城史纪元研究中的重要课题。”[②] 遗憾的是当时在营城子地区始终未能发现汉代古城遗迹。据张翠敏等撰文：“根据汉墓分布状况分析，现营城子村和牧城驿明城址下推测可能是营城子城址。牧城驿明城周围尚存五个巨型明代烽火台，烽火台内有汉瓦和花纹砖，有可能存在汉代烽火台。营城子村东曾发现汉代遗址和窑址。”[③] 刘俊勇也指出：“营城子一带只有前牧城驿旧明代驿城内尚未发现汉墓，寻找营城子汉城的重点应放在那里。”[④] 但营城子汉城应位于明牧城驿一带的说法始终未能得到考古学上明确的证实。令人欣喜的是，2014 年 8 月，大连市文物考古研究所在营城子镇西北文家屯遗址附近发现了绳纹板瓦、筒瓦、绳纹砖、陶器等典型的汉代遗物，特别是发现了 10 余米长的夯土遗迹。[⑤] 汉代夯土遗迹和绳纹瓦的发现表明这一带至少存在建筑遗迹。虽然古城遗存尚不明了，但笔者以为，营城子文家屯一带很可能正是失落已久的汉代古城遗址所在地。该城可能为汉朝政府在沓氏县（即牧羊城）以东设置的东沓

① 大连市文物管理委员会办公室、旅顺博物馆：《辽宁大连大潘家村西汉墓》，《考古》1995 年第 7 期。

② 《追寻大连的城史纪元》，《大连日报》2005 年 11 月 13 日第 B01 版。

③ 张翠敏、姜宝宪：《大连地区汉代城址考辨》，《辽宁省博物馆馆刊》2012 年。

④ 刘俊勇：《对营城子汉墓旧疑问的新认识》，《大连日报》2012 年 11 月 29 日第 A19 版。

⑤ 刘金友、王飞峰：《大连营城子汉墓出土金带扣及其相关研究》，《北方文物》2015 年第 3 期。

县故址。[①]

4. 董家沟汉城：位于大连市开发区董家沟街道小董家沟屯，卧龙河（即董家沟河）右岸靠近小窑湾的近海台地上。古城原存在城墙，城内曾出土五铢钱、汉代铁器等。由于城址现已遗迹难寻，故其形制及规模不甚清楚。董家沟附近分布有大量汉代土圹贝壳墓和砖室墓，为整个辽东半岛黄海沿岸汉墓最密集的地区，初步勘测其面积有数万平方米。董家沟汉墓早在20世纪二三十年代曾被日本考古学者进行发掘。2006年，大连市文化局文物处组织大连地区考古工作者对董家沟汉代墓葬进行考古发掘，发掘汉代墓葬20余座，其中砖室墓均为夫妻合葬墓，墓中出土了大量陶罐、陶灶、陶井、陶俑、陶炉等。其中一座墓中还出土了一件高圈足、两面有兽面衔环铺首的青铜簋，表明墓主人具备一定经济实力，拥有一定的社会地位。

5. 大岭屯汉城：位于大连市开发区大李家街道大岭屯东北、小宋屯以北的青云河左岸台地上。城址大致北起"凌云渡桥"高架水渠，东止于某部队驻地，西为伟达机械厂，南抵乡间土路。旧董大线公路从城址中东西向穿过。公路以南的低地为砖砌农业大棚，为城址中心区。大岭屯城址形状略呈方形，边长150米左右。城址所处台地大致呈东北向西南倾斜，因而城址北部略高于南部。1932—1933年，日本学者三宅俊成两次对大岭屯汉城进行发掘，出土了石斧、石刀等石器，夹砂褐陶片、筒瓦、板瓦、半瓦当等陶质遗物，还有铜镞、带钩、铁斧等铜铁制品，以及燕国刀币、新莽货泉古代货币[②]，可知该城系始建于战国，两汉沿用至魏晋。

6. 朱家村汉城：位于大连市长海县广鹿岛东南部朱家村以东一处海岸高地上，据文物普查可知古城平面呈三角形，西墙长110米，南墙宽约90米。因城址毁坏严重，西墙现残长约50米，南墙残宽20米，城址靠近崖边尚残存一段高约60—80厘米的夯土城墙。城址北部有一直径约15米、残高3米的烽火台遗迹。城址中曾出土灰色绳纹陶片、明刀币等战国至汉代遗物。朱家村遗址文化堆积丰厚，年代跨度时间较长，下层年

---

① 王禹浪、王俊铮：《汉代辽东郡沓氏县、东沓县、沓津合考》，《黑龙江民族丛刊》2016年第6期。

② 三宅俊成：《大岭屯城址》，《满蒙》1933年第6期；《大岭屯城址的考察》，载《考古学文化论集》第4辑，文物出版社1997年版。

代系双砣子一期文化，距今4000年左右。[①] 朱家村汉城系辽东半岛唯一一座黄海海岛汉城，为承载海防和对外贸易职能的汉代古城。

7. 杨家店汉城：位于大连市金州区华家屯镇杨家店村杨家屯北200米处。城址平面呈方形，边长约150米。现城址损毁严重，仅在遗址东乡路东侧土崖壁上发现一长约10米、厚1.5米文化层，其中有花纹砖，素面砖混杂，其他无遗存发现。[②]

8. 单家沟汉城：位于大连金州区杏树街道猴儿石村单家沟屯西南沿海高地上，城址沿海山崖处尚残留一段夯土墙基，残长约24米，残宽约1—2米。2005年，村民在修建山庄时，曾挖出过陶钵、陶罐、瓦当、五铢钱等物，为东汉时期城址。[③]

9. 马圈子汉城：位于大连市金州区三十里堡街道老虎山脚下的卫国乡马圈子村，濒临三十里堡河。汉城为相邻的两座，即东马圈子城址和西马圈子城址，是辽东半岛罕见的汉代“双子城”。东马圈子汉城城址南北长约120米，东西宽约80米。20世纪七八十年代，因住宅建设和农用需要，考古工作者曾先后对西马圈子进行过两次抢救性发掘，在70年代的一次发掘中，发现了近20座汉代砖式墓和石板墓。在80年代的发掘中，出土了陶鼎、陶罐、陶灶、陶楼和白陶瓮等，其墓葬形制、出土遗物特征与营城子汉墓完全一致。西马圈子城址上层为辽金时期聚落遗存。2007年，大连市文化局组织考古学家对东马圈子汉墓进行了抢救性发掘，出土了汉代砖瓦、陶器、铁制生产工具、五铢钱等遗物。马圈子汉城东西两城紧相毗连的形制为研究辽东半岛汉代古城提供了难得的新材料。

10. 黄家亮子汉城：位于大连普兰店区杨树房镇战家村黄家亮子屯后山，城址呈长方形，东西长100米，南北长50米。北墙保存较完整，东、西两墙仅存城垣基址，南墙已坍塌无存，现存墙壁高约2—3米，宽2.5米。城门位于南墙，朝向东南，高2.5米，宽5米。其余三面城墙未见城门。城址内曾出土大量战国至汉代灰陶罐、绳纹瓦、豆座、细柄豆盘等遗物。城址东北沙条地中曾出土战国匽刀币100斤左右，可见城内曾居住着拥有巨额财富的富商巨贾。

11. 张店汉城：普兰店张店汉城是辽东半岛规模较大的汉代古城，位

① 大连市文化广播影视局编：《大连文物要览》，大连出版社2009年版，第32页。
② 张翠敏、姜宝宪：《大连地区汉代城址考辨》，《辽宁省博物馆馆刊》2012年。
③ 同上。

于大连市普兰店区花儿山乡张店村，东临平安河，南为鞍子河。古城为夯筑土城，分大小两座，大城南北长约340米，东西宽约240米；小城东西长约140米，南北宽约113米。大城居北，地势较低，小城居南，小城较大城地势较高。城墙为土石修筑。城址内现为农田，其轮廓和规模已模糊难辨，但城址内还可随意捡到汉代砖瓦残件。考古工作者曾在城址内发现了战国至汉代的大量珍贵遗物，如“临秽丞印”封泥、“射襄之印”铜印、“高阳”铜印、“千秋万岁”瓦当、绳纹大瓦、铜镞、铜带钩、铁农具、五铢钱、货泉等珍贵遗物，在城址南部1.5公里处的南海甸子还出土了著名的马蹄金。“马蹄金”的出土则进一步佐证了该城的等级。《汉书·武帝纪》云：“诏曰：‘有司议曰，往者朕郊见上帝，西登陇首，获白麟以馈宗庙，渥洼水出天马，泰山见黄金，宜改故名。今更黄金为麟趾裹蹏以协瑞焉。”可知马蹄金系皇帝祝祷封赏的宝物。马蹄金出土于张店汉城南郊，足见该城曾与中原发生过非同一般的联系。马蹄金现已为旅顺博物馆镇馆之宝。在张店古城周边地区，城北的姜屯汉墓与邻近的驿城堡、乔屯、陈茔等墓地共同构成了张店古城汉代墓葬群，这是迄今所发现的东北南部地区最大的汉代墓地。多数学者认为该古城符合《资治通鉴》胡三省注所云之辽东郡沓氏县“西南临海渚”，故应是汉代沓氏县县治之所在。王禹浪等学者近年经考究后提出，张店汉城优越的自然地理环境和地理位置、较复杂的规制以及古城与周边墓葬中出土的大量高品级遗物，表明张店汉城已超过了县一级行政建制，可能就是汉武帝为削弱来自朝鲜半岛的卫氏朝鲜的压力，专为南迁至此的南闾秽君所设之苍海郡郡治。

12. 大城山汉城：位于大连普兰店区城子坦镇金山村严屯大城山上，城址原为长方形，东西长110米，南北宽74米。城墙现已不存，变为耕地，城址内文化层厚1米左右，曾出土陶罐、铜镞、布币、瓦等文物。[①]

13. 巍霸汉城：位于大连普兰店区星台镇郭屯村葡萄沟北面海拔420米的巍霸山上。学术界一般均将普兰店星台镇葡萄沟村巍霸山城定为高句丽时期古城，但王禹浪、王文轶等学者在对山城进行实地考察时，在靠近西城附近采集到东汉时期菱形花纹砖一块，该砖系东汉墓葬用砖，疑其附近有东汉时期墓葬。进而由此推测，巍霸山城可能始建于

① 张翠敏、姜宝宪：《大连地区汉代城址考辨》，《辽宁省博物馆馆刊》2012年。

东汉，后为高句丽所沿用。[①] 但关于巍霸山城汉代遗存的具体情况目前尚不清楚。

14. 陈屯汉城：位于大连瓦房店市太阳升乡王家村陈屯，东风水库下游，南临复州河。城址呈方形，边长约800米，城墙系夯土筑城，现存东墙长520米，宽12米，残高2—3米。北墙与西墙已被几乎完全平毁，南墙则于1981年毁于复州河洪水。城址内发现大量陶片、绳纹砖、瓦、烧土、木炭、烧骨等遗存。在城址内一断层中曾出土铁镢6件及铁釜和其他铁制品。1994年，为配合东风水库建设，曾发掘了170多座墓葬，以瓮棺墓居多。陈屯汉城有少量贝墓发现，但主要是瓮棺墓、石板墓和砖室墓，说明陈屯汉城始于西汉时期，但主要是东汉至魏晋时期墓葬，遗物以东汉时期为主。刘俊勇等一些学者主张陈屯汉城为辽东郡下辖文县（后改称汶县）县治，城址南部复州河即“汶水”[②]。张翠敏等认为：“城内采集的遗物主要是东汉时期，因此陈屯汉城有可能是东汉时期汶县城址，而西汉时期文县是否是陈屯城址还有待考证。”[③]

15. 北海土城子汉城：位于大连瓦房店市长兴岛北海村土城屯白泥山西北，城址平面呈方形，边长约100米。城墙为夯土筑成，现仅存城墙基，墙宽约6米，残高约0.2米。城址附近有土城子贝墓群、南窑贝墓群等战国至汉代墓葬群。

16. 李官汉城：位于大连瓦房店市李官镇李官村，城址呈方形，边长约400米。城址在20世纪80年代修建沈大高速公路时遭到严重破坏，现已遗迹全无。城址北、西两面紧邻李官汉墓群，地表可见汉代花纹砖、陶片等遗物。

（二）营口地区汉代古城

1. 盖州城关汉城：该城系营口地区规模最大的汉代古城，位于营口盖州市明代盖州卫砖城下，南临大清河（盖州河）。盖州城关汉城平面呈长方形，东西长约800米，南北宽约600米，其南城墙位置在盖州卫明城墙南墙与钟鼓楼之间。20世纪60年代，营口地区考古工作者在盖州镇明城墙夯土层中发现了大量汉代大板瓦、筒瓦等遗物。1981年，在钟鼓楼

---

① 王禹浪、王文轶：《辽东半岛高句丽山城》，哈尔滨出版社2008年版，第53页；王文轶、王秀芳：《高句丽巍霸山城初探》，《哈尔滨学院学报》2008年第1期。

② 刘俊勇：《大连考古研究》，哈尔滨出版社2003年版，第83—84页。

③ 张翠敏、姜宝宪：《大连地区汉代城址考辨》，《辽宁省博物馆馆刊》2012年。

西南200米路南一居民宅院内发现汉代地下排水管道。由于汉城被明代盖州卫城叠压，因此城址中汉代遗物出土有限，但古城周边的城关乡门屯村、路西村、自治村、麻麦庄村、农民村、路东村、繁荣村、新华村等地，均发现了大量汉代墓葬群及遗址。从汉城遗址规模及周边大量汉墓且多出土精美文物等因素来看，盖州城关汉城无疑是今营口地区的政治、经济、文化中心，亦是辽东半岛一座重要的都会。《汉书·地理志》记载："平郭，有铁官、盐官。"《新唐书·地理志》载贾耽《道里记》云："自安东都护府西南至建安城三百里，故汉平郭县也。"据此里程推断，平郭县在今盖州市一带。盖州北有大石桥市周家乡于家堡村打铁炉沟屯的汉代铁矿山与冶铁作坊遗址，出土了铁渣堆及大量汉代建筑材料与生活用具。故盖州城关汉城即为汉辽东郡下辖之平郭县故址。①

2. 姜家岗汉城：位于营口盖州市熊岳镇西南九垅地乡厢红旗村西姜家岗屯。城址呈方形，每边长200米，城墙仅存南墙东段和东墙南段。城址内散步夹砂泥质粗绳纹灰陶器残片。姜家岗汉城靠近海边，盛产海盐，可能系平郭县盐官驻地，与英守沟铁官城构成平郭县"南盐北铁"的布局。②

3. 温泉村汉城：位于营口盖州市熊岳镇东南、陈屯乡和平村西北处温泉村，熊岳河北岸台地上。《盖平县志》记载："古城在城（今盖州市区）南六十里，周围八五步，今废无考。"城址呈长方形，东西长约400米，南北宽约300米。城址文化层厚1米，遗物有绳纹陶片、陶瓮、陶豆残片及汉瓦、砖等。城址周围的和平村、背阴寨村、东达营村发现有汉代墓地。崔艳茹等学者认为："从其周边出土的墓葬时代上分析，时代均较晚，因此该城址应是东汉时期海侵平郭'盐城'即姜家岗汉城后，平郭'盐城'东迁后之城址，即为平郭东汉末至魏晋时期专司盐业之城。"③

4. 英守沟汉城：位于营口大石桥市汤池乡英守沟北。20世纪60年代尚能辨别轮廓，城址平面呈方形，每边长200米。城址北半部有东西并列的两个高台，系建筑遗存。高台遗址上遍布灰色绳纹板瓦、弦纹板瓦、筒瓦等，"长乐"瓦当及大量陶器碎片。文化层下有古井一眼，圆形，石砌井壁。城址周围的大北阳山和裂缝山上发现有冶铁窑址、开采铁矿的

① 崔艳茹、冯永谦、崔德文：《营口市文物志》，辽宁民族出版社1996年版，第48—49页。
② 崔艳茹、孙璇：《营口地区汉代的城址与墓葬》，《辽东史地》2008年第1期。
③ 崔艳茹、冯永谦、崔德文：《营口市文物志》，辽宁民族出版社1996年版，第49—50页。

古矿道等以及大量汉墓，墓主人应系冶铁作坊的手工业人员及其家属。关于英守沟汉城的性质，存在汉安市县、平郭县铁官城等说法。崔艳茹等学者认为该城系平郭铁官城，汉安市县应为海城析木汉城。①

5. 进步村汉城：位于营口大石桥市永安乡进步村西南40米处。城址平面呈长方形，东西长约200米，南北宽约100米。城址内遗物有汉代布纹瓦、绳纹砖等遗物。村民曾在地下1米处发现砖墙，砖墙下即为夯土墙。营口地区的文物工作者多将该城认定为汉代文县故址。崔艳茹等认为："城址西界紧邻辽东湾和淤泥河入海口处。与之毗邻的柳树镇西大平山南坡的战汉时期遗址有好几处，并且这些遗址距该城址只有几华里路程。这些遗址可能就是辽东文县民流徙渡海的登舟乘船的码头。"②

（三）鞍山地区汉代古城

1. 旧堡村汉城：位于鞍山市南5公里千山区旧堡村西南、折柳河北岸的一块高地之上。城址面积7万余平方米，其南部由于农民取土，形成了一长约80米的东西向地层剖面，文化层厚达2米。城址遗迹有建筑址4处、灰坑3个、居住面2处，窖藏1个。遗物多为灰陶残片、绳纹转、细绳纹板瓦、筒瓦、瓦头、半两、五铢等。在城址周围东至大孤山镇、唐家房，南至汤岗子东南大屯，西至宁远屯、双楼台，北至鞍山市铁西区陶官屯、铁东区长甸铺的范围内，分布着密集的汉墓群。刘景玉等学者认为该城址系辽东郡下辖之新昌县故址。③

2. 芦屯村汉城：位于鞍山海城市西南20公里感王镇东上夹河村东、芦屯村西，新开河北岸，西南15公里为太子河。城址东高西低，平面呈长方形，东西长约1000米，南北宽约500米。新开河自东向西流淌，打破城址。从新开河北岸断层可看出长约300米、厚约2.5米的文化层，文化层中夹杂着灰坑、红烧土、红灰陶片和大量灰色绳纹砖、大板瓦、绳纹瓦、布纹瓦等建筑材料。上夹河村东南有大量汉墓。《鞍山文物志》定其为辽队县。④

3. 老墙头汉城：位于鞍山海城市西四方台村。具体情况不明。刘景

---

① 崔艳茹、冯永谦、崔德文：《营口市文物志》，辽宁民族出版社1996年版，第49—50页。
② 崔艳茹、孙璇：《营口地区汉代的城址与墓葬》，《辽东史地》2008年第1期。
③ 刘景玉主编：《鞍山地方史研究》，辽宁民族出版社1997年版，第64页。
④ 安士全主编：《鞍山市文物志》，辽宁大学出版社1989年版。

玉等定其为汉辽队县故址。[①]

4. 析木城：位于鞍山海城市东南20公里的析木镇。城址近方形，东西322米，南北宽364米，城墙为夯筑土城，城墙基宽约8米，残高1米，西南城角保存完好，城外有护城河。城内出土遗物有泥质灰陶、绳纹砖、板瓦、陶片等，城中心出土有冶铁渣。1988年8月，城址西南角地下两米处发现了钱币窖藏，出土2800余枚半两钱，重达15公斤，半两钱有“秦半两”和“汉半两”。刘景玉等将其定为汉代安市县故址。[②]

（四）丹东地区汉代古城

1. 刘家堡汉城：位于丹东凤城市凤山区利民村刘家堡，北距凤城镇8公里。城址北部为低缓丘陵，西部为起伏群山，东1公里处为二龙山，二龙山以东3公里即为凤凰山。城址南部地势平坦开阔，凤（城）岫（岩）公路从古城址前经过，二龙河紧靠公路北侧由西向东流淌。1972年，利民村群众反映，这里经常发现古代的砖瓦石块陶片，丹东市文物工作者对这里进行了实地调查，采集到大量汉代遗物。1982年，丹东市文化局文物普查队又复查了该遗址，并在村南100余米处耕地断崖处发现了约1米厚的文化层。经初步调查，确定这是一座古城遗址。城址坐北朝南，呈方形，边长为500米，面积为25万平方米。城墙土筑，现因风雨侵蚀和人为取土破坏，已很难辨出基形，唯西墙壁还可略看出是一条高出地面的土垅，基本保持原貌。古城中曾出土一百余斤战国明刀币。历次调查还采集到饰有斜方格、米字几何形纹的汉代空心砖，以及卷云几何纹瓦当，这类遗物为辽东半岛其他古城所罕见，但在刘家堡汉城却出土丰富。这些应为官府所用的建筑材料多出土于城址中部和北部靠山部位，这为寻找官府所在提供了重要线索。古城北侧、刘家埠东北方向山坡一带曾发掘瓮馆墓群。刘家堡汉城出土了大量战国时期遗存，为丹东地区最古老城址。1995年10月，经国家文物局批准，由辽宁省文物考古研究所与凤城市文物管理所组成的联合考古队，对刘家堡汉城中心区进行了小面积发掘，挖探沟22条，开探方2个，发掘了西汉建筑房址、城基沟壕石墙、布道等遗迹。其中建筑址3处，有一处房址房瓦坍落有序，遗址上堆积大量西汉早期砖瓦，院落中有用板瓦竖置修砌而成的人

① 刘景玉主编：《鞍山地方史研究》，辽宁民族出版社1997年版，第68—70页。

② 同上。

行步道。战国至西汉文化层之上还叠压着辽代文化层。学术界一般认为该城址为辽东郡东部都尉及武次县故址。①

2. 叆河尖汉城：位于丹东市振安区九连城镇上尖村附近鸭绿江与叆河交汇的沙洲上。城址北临叆河，东临鸭绿江与朝鲜隔江相望。城址平面呈长方形，城墙为石基土筑，南北长600米，东西宽500米，总面积30万平方米。城址损毁严重，仅东北、西南城角尚存，高度不足1米。石砌城基埋入地下约1米。城门址已模糊不清。在城址西北角夯土台基西南面，经考古发掘可知，下层为汉代遗存，中层出土了高句丽红瓦片、莲花纹瓦当，上层为辽金时期。城址内遗存丰富，发现有西汉时期陶器、“穿上一横”和“穿下半星”五铢钱、铁铧等。“安平乐未央”瓦当的发现尤为重要，为探索叆河尖汉城的性质提供了最重要的实物依据。学术界多据此认为该城系汉代西安平县故址。城外东部和南部分布着密集的汉墓，东部汉墓多为积石墓，城南多为石板墓。② 墓葬情形表明该城居民可能存在族群分异——这些石构墓葬可能与辽东土著居民秽貊族有关。

为了方便论述，兹将辽东半岛汉代古城基本信息整理制表如下：

表3-1

<table>
<tr><th>序号</th><th>古城名称</th><th>形状</th><th>周长（m）</th><th>靠近河流</th><th>性质</th><th>所属区县</th><th>所属地级市</th></tr>
<tr><td>1</td><td>牧羊城</td><td>长方形</td><td>462</td><td>无</td><td>沓氏县（原田淑人、安志敏、王禹浪、王俊铮）</td><td rowspan="2">旅顺口区</td><td rowspan="9">大连市</td></tr>
<tr><td>2</td><td>大潘家汉城</td><td>长方形</td><td>500</td><td>无</td><td></td></tr>
<tr><td>3</td><td>营城子汉城</td><td>不详</td><td>不详</td><td>无</td><td>东沓县（王禹浪、王俊铮）</td><td>甘井子区</td></tr>
<tr><td>4</td><td>董家沟汉城</td><td>不详</td><td>不详</td><td>卧龙河</td><td>沓氏县（岩间德也）</td><td rowspan="2">开发区</td></tr>
<tr><td>5</td><td>大岭屯汉城</td><td>方形</td><td>600</td><td>青云河</td><td>沓氏县（三宅俊成）</td></tr>
<tr><td>6</td><td>朱家村汉城</td><td>三角形</td><td>300</td><td>无</td><td></td><td>长海县</td></tr>
<tr><td>7</td><td>杨家店汉城</td><td>方形</td><td>600</td><td>登沙河</td><td></td><td rowspan="3">金州区</td></tr>
<tr><td>8</td><td>单家沟汉城</td><td>不详</td><td>不详</td><td>柳家河</td><td></td></tr>
<tr><td>9</td><td>东马圈子汉城③</td><td>长方形</td><td>400</td><td>三十里堡河</td><td></td></tr>
</table>

① 任鸿魁：《丹东史迹》，辽宁民族出版社2005年版，第181—184页。

② 曹汛：《叆河尖古城和汉安平瓦当》，《考古》1980年第6期；辽宁省地方志编纂委员会办公室：《辽宁省志·文物志》，辽宁人民出版社2001年版，第66—67页。

③ 注：被西马圈子辽金古城叠压的汉城形制不详。

续表

序号	古城名称	形状	周长（m）	靠近河流	性质	所属区县	所属地级市
10	黄家亮子汉城	长方形	300	沙河		普兰店区	大连市
11	张店汉城	矩尺形	1386	鞍子河	a. 沓氏县（刘俊勇、王绵厚、苗威等） b. 苍海郡（王禹浪）	普兰店区	大连市
12	大城山汉城	长方形	368	碧流河		普兰店区	大连市
13	巍霸汉城	不详	不详	碧流河		普兰店区	大连市
14	陈屯汉城	方形	3200	复州河	a. 文/汶县（刘俊勇、苗威） b. 东汉汶县（张翠敏、姜宝完）	瓦房店市	大连市
15	北海土城子汉城	方形	400	无		瓦房店市	大连市
16	李官汉城	方形	1600	浮渡河		瓦房店市	大连市
17	盖州城关汉城	长方形	2800	大清河	a. 平郭县（崔艳茹、苗威等） b. 汶县（阎海）	盖州市	营口市
18	姜家岗汉城	方形	800	熊岳河	平郭县盐官城（崔艳茹等）	盖州市	营口市
19	温泉村汉城	长方形	1400	熊岳河	a. 平郭县第二盐官城（崔艳茹等） b. 平郭县（阎海）	盖州市	营口市
20	英守沟汉城	方形	800	大清河	a. 安市县（《辽东志》、《盖平县志》、孙进己、苗威等） b. 平郭铁官城（崔艳茹等）	大石桥市	营口市
21	进步村汉城	长方形	600	淤泥河	汶县（崔艳茹等）	大石桥市	营口市
22	旧堡村汉城	长方形	1100	折柳河	新昌县（刘景玉）	千山区	鞍山市
23	芦屯村汉城	长方形	3000	新开河	辽队县（《鞍山文物志》）	海城市	鞍山市
24	老墙头汉城	不详	不详	海城河	辽队县（刘景玉、苗威）	海城市	鞍山市
25	析木城	长方形	1372	海城河	安市县（刘景玉、崔艳茹）	海城市	鞍山市
26	刘家堡汉城	方形	2000	二龙河	辽东郡东部都尉及武次县（主流观点）	凤城市	丹东市
27	叆河尖汉城	长方形	2200	叆河、鸭绿江	西安平县（主流观点）	振安区	丹东市

三　辽东半岛汉代古城的规模及相关认识

据上文不完全统计，辽东半岛的大连、营口、鞍山（除辽河以北的台安县)、丹东四市共计至少有27座汉代古城。受资料搜集难度、遗迹保存状况较差、考古发掘有限等因素制约,笔者对辽东半岛汉代古城的统计和概述势必有所遗漏。由于汉代古城多为土城,遗迹保存状况普遍堪忧,这在客观上造成了对一些汉代遗存的判断趋于保守,因此不排除一些汉代遗址有可能存在筑城。另外,辽宁省文物考古研究所等部门近年来在鞍山立山区沙河镇羊草庄①、营口鲅鱼圈区芦屯镇路安工业园天瑞水泥厂②新发掘了大量汉墓,不排除在汉墓附近存在汉代古城的可能性。因此,保守估计辽东半岛汉代古城的数量当在30座以上。

辽东半岛汉代古城形制绝大多数同中原汉代古城一样,以矩形为主,共计20座,其中长方形古城12座、方形古城8座。另外数座形制信息不详的汉城推测也应为长方形或方形。值得注意的是,大连金州马圈子汉城为东西两座长方形汉城并立,但并不相连,平面呈“吅”字形,为辽东半岛唯一之所见。这种两城组合为一城的形制还见于大连张店汉城,但其为大城、小城南北相连,整座古城呈倒矩尺形,与马圈子汉城的“吅”字形有较大区别。大连长海县朱家村汉城受制于海岸走势,为辽东半岛地区唯一一座平面呈三角形的汉代古城。由此可见,辽东半岛汉代古城平面形状共有长方形、方形、矩尺形、三角形等四种类型。其中大连地区汉代古城数量最多,类型最全,凸显出辽东半岛南部地区汉代城市文明的繁荣以及城市建制的复杂性。

根据对辽东半岛四市27座汉代古城周长的计算(其中5座古城周长不详,故忽略不计),可将其规模分为如下几个等级:

周长500米及其以下的小型古城:全部集中在大连地区,分别是旅顺口区牧羊城、旅顺口区大潘家汉城、长海县朱家村汉城、金州区东马圈子汉城、普兰店区黄家亮子汉城、普兰店区大城山汉城、瓦房店市北海土城子汉城,共计7座,比例占大连地区汉代古城近一半,占辽东半岛汉代古城总数约26%。

周长在500米至1000米之间的次级中型古城:分别为大连地区的开发区大岭屯汉城、金州区杨家店汉城,营口地区的盖州市姜家岗汉城、大石桥市英守沟汉城与进步村汉城,共计4座,主要分布在营口市境内,

① 辽宁省文物考古研究所:《羊草庄汉墓》,文物出版社2015年版。

② 辽宁省文物考古研究所、辽宁省文物局:《辽宁营口鲅鱼圈区天瑞水泥厂汉代砖室墓发掘简报》,《北方文物》2016年第2期。

比例占营口地区汉代古城总数的60%，占辽东半岛汉代古城总数约15%。

周长在1000米至2000米之间的中型古城：分别为大连地区的普兰店区张店汉城、瓦房店市李官汉城，营口盖州市温泉村汉城，鞍山立山区旧堡村汉城与析木城，共计4座，占辽东半岛汉代古城总数约15%。

周长在2000米至3000米之间的大型古城：分别为营口盖州市城关汉城，丹东地区的刘家堡汉城与叆河尖汉城，可见丹东地区的两座汉城均为大型古城。这类古城共计3座，占辽东半岛汉代古城总数约11%。

周长达到3000米及其以上的超大型古城：分别为大连瓦房店陈屯汉城与鞍山海城市芦屯村汉城，其中以周长达到3200米的陈屯汉城为最大，两座超大型汉城占辽东半岛汉代古城总数约8%，可见其数量极少。

综上统计，我们可以得出如下认识：

其一，辽东半岛地区汉代古城以周长超过500米以下的中小型汉城为最多，并且全部位于大连地区，共有7座，约占总数近三分之一。在这7座古城中，除辽东半岛最南端的大连旅顺牧羊城因其特殊的地理位置、丰富的物质文化遗存，曾作为沓氏县地望之一受到学术界广泛关注和讨论外，其余6座古城应均为行政级别低于县一级的乡、亭、里、邮性质的城。张翠敏等即认为："大岭屯、杨家店、东马圈子、李官等可能属于乡级城，牧羊城、单家沟、黄家亮子、朱家村应属于海防性质的城，或者可能是亭和邮性质的城。"① 但令人疑惑的是，辽东半岛的鞍山、营口、丹东地区却没有该类古城遗址的相关信息。在上述地区，不乏盖州城关汉城、丹东刘家堡汉城、叆河尖汉城等大型汉城，在其周边地区必定存在行政级别较低的中小型古城，尚有待于考古调查和发掘的深入开展。

其二，营口地区的汉代古城主要为周长500—1000米之间的次级中型古城，其中盖州市姜家岗汉城、大石桥市英守沟汉城分别系平郭县盐官城和铁官城。进步村汉城可能为文县治所。盖州温泉村汉城为中型古城，推测系姜家岗盐官城受海侵东迁后的治所。营口地区最大的汉城盖州城关汉城为周长在2000—3000米之间的大型古城，系管辖盐官和铁官的平郭县治所。由此看来，文县、平郭县治所均为大中型古城，盐官城和铁官城为次级中型古城。虽然可能作为平郭县第二盐官城的温泉村汉城略大于可能为文县治所的进步村汉城，但营口地区汉代古城的规模大小大

① 张翠敏、姜宝宪：《大连地区汉代城址考辨》，《辽宁省博物馆馆刊》2012年。

致符合汉代的行政建置等级。

其三，丹东地区的两座汉城均为大型汉城，等级较高，出土遗物也相对丰富。这无疑与汉朝政府利用今丹东地区震慑和节制朝鲜半岛密切相关。这也表明在辽东郡辖境内，辽东郡东部都尉所承担着重要的守卫边防的重任，武次县和西安平县的城市规模也比辽东郡地区其他县级城市更大。

其四，辽东郡分布于辽东半岛的各县县治主要为周长在1000—3000米之间的大中型汉城，规模并不追求整齐划一，可知辽东地区汉代县级古城并不存在特别严格统一的礼制等级规定，但有一定的规制范围，这显然是由县治所承担的政治和经济职能所决定的。另外还有一重要原因，即辽东半岛部分汉代古城沿用了燕秦城址。

其五，辽东半岛地区最大的两座汉城——大连瓦房店陈屯汉城与鞍山海城市芦屯村汉城，其周长均达到了3000米，在辽东郡辖区内必然占据十分重要的地位。但令人遗憾的是，关于上述两城的性质至今没有定论。大连地区考古与文物研究者多将陈屯汉城定性为文县。依笔者管见，《汉书》《读史方舆纪要》等历史文献中所载“文县”到“汶县”“汶城”的变化可能隐含着文县县治曾有过迁徙的过程，“汶县”之地应与河流有关。但“汶县”是否为陈屯汉城，“汶水”是否为今复州河，尚有待于进一步研究。《鞍山市文物志》定鞍山芦屯村汉城为辽队县，刘景玉等则将辽队县定为老墙头汉城。无论芦屯村汉城是否为辽队县，其规模都足以说明该城地位至关重要。

四 辽东半岛汉代古城的地理分布特征

综合梳理辽东半岛四市汉代古城的分布，可总结归纳出古城的如下地理分布特征：

其一，在辽东半岛汉代古城中，大连地区的董家沟汉城、大岭屯汉城、杨家店汉城、单家沟汉城、黄家亮子汉城等五座汉城坐落在辽东半岛黄海沿岸。长海县广鹿岛朱家村汉城、瓦房店长兴岛北海土城子汉城则分别为地处渤海、黄海之中的海岛城址。其余19座汉城均坐落在靠近渤海或黄海的近海冲击平原或海积平原地带。这即是说，辽东半岛汉代古城全部分布在辽东半岛两翼的沿海地区，其内部则因受千山山脉自然地理环境和地貌特征的影响，未有汉城分布于此。

其二，绝大多数汉城附近存在流量较大河流，其中大清河、熊岳河、海城河流域均分布有两座汉城。丹东刘家堡汉城靠近的二龙河系叆河支流，故叆河流域亦有两座汉城。尤为值得一提的是，丹东叆河尖汉城并未坐落于河流沿岸，而是位于叆河与鸭绿江交汇处形成的大沙洲上，不知系原本就筑城于此，还是叆河与鸭绿江交汇处河道变迁使其逐渐与陆地分离，成为河心岛城址。大连地区古城分布相对分散，该地区几乎每条流量较大的入海河流流域均分布着汉代古城。即使旅顺牧羊城、甘井子区营城子汉城、长海县朱家村汉城与瓦房店北海土城子汉城附近没有大河流经，但亦存在能够满足古城居民生活的淡水资源。

其三，汉代古城的分布主要集中在辽东半岛西部，这一地区既濒临渤海和辽东湾，亦与山东半岛联系紧密，是中原内地与辽东半岛地区距离最近、联系最为紧密、交通最为便捷的地区。与此同时，该地区与辽东郡郡治辽阳城的联系也远较黄海之滨更加便利。因此，多方面因素促使了这一地区汉代城市文明的繁荣。

其四，辽东半岛营口、鞍山、丹东三市汉代古城均为长方形或方形，唯有大连地区汉代古城形制最复杂、类型最全面。从古城规模来看，大连地区同时具备大、中、小型古城，以小型古城为主。从古城平面形状来看，大连地区长方形、方形、矩尺形、“吅”字形、三角形一应俱全。因此，大连地区的汉代古城职能也必然更加广泛。

其五，汉代古城附近普遍分布有密集的汉墓群，系城市居民死后埋葬之所。汉墓与汉城始终相生相伴。将墓区合理地安置在靠近城址又免于水患的“风水宝地”，这在一定程度上反映了辽东半岛汉代城市已经出现了统筹规划意识。

其六，大连广鹿岛朱家村汉城与长兴岛北海土城子汉城均为海岛汉城。北海土城子汉城地处普兰店张店与瓦房店陈屯两大汉城外海中部节点，且长兴岛距辽东半岛沿岸最近处仅358米，沟通极为便捷，现已架起了多条沟通长兴岛临海工业区与普兰店、瓦房店市区的跨海公路大桥。长兴岛事实上已经与半岛大陆基本融为一体，北海土城子汉城附近分布有汉墓群。朱家村汉城则位于董家沟、大岭屯、单家沟等汉城外海的大长山群岛，远离大陆，具有重要的海运枢纽和战略价值。应系外海贸易或移民南渡山东半岛、东渡朝鲜半岛的重要中转站。广鹿岛自新石器时代就已与辽东半岛和山东半岛发生了较密切的联系，具有辽南新石器时代文化坐标意义的小珠山文化遗址时间跨度近两千年，遗址中出土了带有山东半岛大汶口和龙山文化、丹东后洼文化、沈阳新乐文化特征的遗物。但目前在广鹿岛朱家村汉城周边尚未发现汉墓，推测该城常住人口稀少，主要为渡海中转的流动性人口。

五 辽东半岛汉代古城的城市建筑及相关附属设施

城墙与城门。辽东半岛汉代古城均为土城，受自然剥蚀和人为破坏因素较大，城墙保存状况普遍较差。大连牧羊城东南段残存一段高达2—3米的夯土墙。朱家村汉城和单家沟汉城临海断崖边均尚存一段夯土城墙，朱家村汉城土筑烽火台遗迹明显。黄家亮子汉城北墙保存较好，东、西两墙仅存城垣基址。营口姜家岗汉城尚存东墙南段和南墙东段。鞍山析木城城墙亦保存较好，特别是西南城角保存完好。其余城址城墙遗迹大多已模糊难辨。根据考古调查可知，城墙无一例外均为夯土筑墙，大连牧羊城、张店汉城等城址为土石混筑，夯土内掺杂沙砾、碎石、陶片。牧羊城城墙还残留有石砌墙基，丹东叆河尖汉城的石砌城基在地下约1米处，大连张店汉城小城墙基亦有类似遗迹，但这种情况在辽东半岛并不普遍。

城门遗迹大多难以辨别，唯有大连黄家亮子汉城可辨别出城门位于南墙。依据汉都长安城在西汉中前期以东为尊、后期以南为尊，即汉长安城东向时代以东墙霸城门为正门、南向时代以南墙西安门先后为正门,[①] 推测辽东半岛汉城主城门也应位于东墙或南墙中部。

汉代城址普遍尚未形成成熟的瓮城和马面。目前仅在北方河套地区长城地带发现了一些带瓮城和马面的秦汉城址，如内蒙古自治区乌拉察布卓资县三道营城址[②]、陕西省榆林柳树会城址[③]等。依据对汉长安城霸城门等城门遗址的调查可知，汉长安城城门只有城门两侧向外延伸的夯土台基，应为门阙一类的建筑基址，城墙并未转折合围成瓮城的形制。因此，辽东半岛汉代古城亦应不存在瓮城。城墙外亦无马面遗迹。

官府衙署。中华人民共和国至今，辽东半岛汉代古城中仅有丹东刘

---

① 刘瑞：《汉长安城的朝向、轴线与南郊礼制建筑》，中国社会科学出版社2011年版，第49—53页。

② 李兴盛：《内蒙古卓资县三道营古城调查》，《考古》1992年第5期。

③ 白茚骏：《陕北榆林地区汉代城址研究》，硕士学位论文，西北大学，2010年。

家堡汉城、叆河尖汉城进行过小规模的科学考古发掘。营口盖州城关汉城因叠压于明代盖州卫及今盖州市区之下，故多次配合城市基建对汉城遗址进行过抢救性发掘。其余汉代古城仅进行过有限的考古调查。因而城址内布局尚不清楚。根据有限的线索可知，大连张店汉城南部小城地势较高，可能系官署所在。张店汉城大、小城的分野可能与城市职能划分有关。营口大石桥英守沟汉城北部有两座东西并列的夯土高台，其上散步大量板瓦、筒瓦及“长乐”瓦当等建材，当为官署遗址无疑。丹东刘家堡汉城中部和北部靠山部位多发现有空心砖、卷云几何纹瓦当等高等级建筑材料，表明这一带应为官署。鞍山旧堡村汉城内发现建筑址4处。除此之外，作为官署遗物的瓦当也为寻找官署提供了线索，除上文提及的营口英守沟汉城“长乐”瓦当外，大连旅顺牧羊城出土了带有山东齐文化树木纹瓦当风格的“乐央”瓦当，大连开发区大岭屯汉城出土了半瓦当，普兰店张店汉城大城南部靠近小城处出土了“千秋万岁”瓦当，丹东叆河尖汉城出土了“安平乐未央”瓦当，等等。

排水设施。大连旅顺牧羊城、营口盖州城关汉城均出土了用于排水的陶水管道，这是辽东半岛汉代城市基础设施建设进步的重要表现，反映了城市宜居化水准的提高。由于考古工作开展有限，其他汉城遗址尚无发现排水设施。

冶铁作坊与治盐基地。辽东半岛盐铁作坊遗址主要集中在营口地区。盖州城关汉城北有大石桥市周家乡于家堡村打铁炉沟屯的汉代铁矿山与冶铁作坊遗址，这里出土了铁渣堆及大量汉代建筑材料与生活用具。营口大石桥汤池乡英守沟汉城附近的大北阳山和裂缝山上也发现了冶铁窑址、开采铁矿的古矿道等以及大量应属冶铁手工业人员及其家属的汉墓。表明这一带确系辽东冶铁业中心无疑。另外，营口盐场至今仍系辽东湾盐区最大的盐场，占地达175平方公里，素有“百里银滩”之称。因此这一地区也是古代治盐业的中心区域。汉朝在此设置铁官、盐官，也正是汉武帝时期开始施行的“盐铁官营”政策的重要反映。因此，营口地区是汉代辽东半岛名副其实的盐铁手工业中心。

港口。事实上，但凡沿海城址，其附近均必有港口。“沓津”是辽东半岛汉代古城中有明确记载的港口名称。“沓津”即沓氏县港口，沓氏县治所牧羊城附近的于家村老船坞港，及其向北扩展至羊头湾沿岸的羊头洼港背风浪小、港阔水深，是辽东半岛重要的出海天然良港，当为沓氏县辖境内最重要的一座“沓津”。羊头洼港位于辽东半岛最南端的渤海湾湾口地带，正南6海里即为黄渤二海分界线，南约3.5公里为老铁山国际航道。羊头洼港位于长嘴子和大羊头之间，口宽4.6公里，纵深3公里，港阔4公里，水深20米等深线从湾口通过，10米等深线距岸1.2公里。湾内呈“3”字型，北部称羊头洼，南部称杨家套。①

公共墓地。自1905年，日本考古学家鸟居龙藏于营口熊岳城镇发现汉代花纹砖室墓以来，在一百多年的时间里辽东半岛地区的汉墓群不断被发现。据不完全统计，迄今为止在辽东半岛的区域内所发现的汉墓已达数十组群，重要汉墓群如大连地区的南山里汉墓、营城子汉墓、董家沟汉墓、花儿山汉墓、姜屯汉墓、陈屯汉墓等，营口地区的盖州太阳升乡光荣村汉墓、九垅地乡曲莹汉墓、鲅鱼圈天瑞水泥厂汉墓等及鞍山羊草庄汉墓等，这些汉墓群附近多有城址分布，正是城内外居民的公共墓地。

六　大连张店汉城为西汉苍海郡故址的主要依据

西汉苍海郡的设置，是因“北夷”索离人自嫩江、乌裕尔河流域南下建立夫余国，导致秽国的最后一位秽王即“南闾秽君”率秽众迁徙至“苍（沧）海”地区，汉武帝并专设苍海郡以安置秽君及其秽人。“苍海”之名早在苍海郡设置以前即已出现，对“苍海”的考据表明，苍海郡郡治地望应位于辽东半岛两翼的沿黄、渤二海地区。

笔者通过疏证文献，结合实地调查与考古发掘资料的综合研究，利用定量分析法并结合民族学、人类学、考古类型学理论，对辽东半岛汉代古城进行了深入研究，推断今大连普兰店区张店汉城为西汉苍海郡故址。其依据主要有如下几点：

其一，关于秽君、秽城、秽国、秽王的来历。“秽君”最早出自《汉书·武帝纪》的记载：“（元朔元年）秋……东夷薉君南闾等口二十八万人降，为苍海郡。”同样史实还见于《后汉书·东夷传》云：“元朔元年，濊君南闾等畔右渠，率二十八万口诣辽东内属，武帝以其地为苍海郡，数年乃罢。”文献记载，秽人故地后为夫余人所占，成为夫余国的政治中

① 孙激扬主编：《大连历史文化丛书（一）·港口史话》，大连海事大学出版社2006年版，第150页。

心。《后汉书·东夷传》云：“夫余国，在玄菟北千里。……地方两千里，本濊地也。”《三国志·东夷传》：“国（指夫余国，笔者按）有故城名秽城，盖本秽貊之地……”说明“秽地”之中建有“秽城”。另据《吕氏春秋·恃君》有“非滨之东，夷秽之乡”的记述，高诱注：“东方曰夷，秽，夷国名。”《山海经·大荒东经》：“有蒍国，黍食，使四鸟，虎豹熊罴。”可知，秽人建立了名“秽国”的地方王国政权，“秽城”为其王城。《三国志·东夷传》曾记载“秽地”首领持“秽王之印”：“其（指秽人，笔者按）印文言‘秽王之印’……”说明在夫余建国前，秽人曾接受中原王朝的册封。这里的“秽王”应即“秽国”国君。秽君南闾就是秽国的最后一位秽王。

研究证明，原秽国王城，即秽王所居之秽城，即今吉林市帽儿山、东团山、西团山附近的古城。由于兴起于嫩江、乌裕尔河流域的索离国的后裔夫余人渡过松花江南下到秽地建国，秽王也随之南移至今天的龙岗山脉一带，临近鸭绿江、浑江、辉发河流域，秽城随之南迁。至西汉元朔元年（前128年），秽王不堪忍受夫余的不断南侵遂投奔汉武帝，武帝为了全力攻打匈奴而稳住东北与辽东，抵御来自朝鲜半岛的威胁，将南闾秽君所率二十八万人安置在辽东内属，并专门设置了苍海郡以安置南闾秽君所率领的秽王所统的部属与军民。

其二，何谓“辽东内属”。《汉书》《后汉书》等文献已明确记载南闾秽君所率领的秽人归顺汉武帝以后，被安置在辽东地区。即所谓“辽东内属”之地。这是考证秽君所率领的族众究竟被汉武帝安置在何地的最重要的问题。汉代的所谓“辽东”之地，即今天以辽阳为中心的广大地区，北至今开原、西丰、清原一带的龙岗山脉以南。南至辽东半岛南端老铁山和鸭绿江口，西至沈阳与大辽河之右岸、东至鸭绿江流域，其地域包括了龙岗山以南的千山山脉、渤海与黄海沿岸。而“内属”之意则为归顺朝廷的属地或属国、属民。当然“内”字还含有辽东内地之意。西汉前期在辽东的控制范围尚不可能越过长白山到达松花江流域，也不可能东至日本海西海岸的图们江流域与朝鲜半岛江原道地区（因卫氏朝鲜尚存）。

其三，沧海地名的来历。所谓“苍（沧）海”，苍（沧）者，深青色也，苍（沧）海即深青色的海。文献中关于“沧海”的记载较多。曹操的著名诗作《观沧海》中有“东临碣石，以观沧海”。这里的“沧海”

并非是形容词，而是名词，当系指今秦皇岛外的渤海无疑。今河北沧州即是取“沧海”之意，《三国志·魏书·牵招传》载辽东太守公孙康使韩忠云“我辽东在沧海之东”，这里的沧海也是指渤海。也就是说汉代的黄、渤二海的真实地名当有沧海之称，其称谓一直延续到曹魏时期或更长。

其四，既然沧海属于临近辽东之海，无论是黄海、还是渤海，西汉的苍海郡必临近辽东地区所属的滨海之地无疑。因此，我们寻找西汉苍海郡的地理位置，就必须要在属于西汉辽东地区的渤海或黄海之滨的范围内求证。张店汉城位于渤海滨海地带，符合上文对“苍海”地望的考证范围。张店汉城自然地理环境十分优越。古城南有鞍子河、东有平安河，鞍子河北距古城南垣直线距离约 5 千米；平安河紧邻古城东城垣，自北向南流淌，为古城东部的天然护城河。鞍子河与平安河几乎于同一地点注入渤海，张店汉城正处于两河入海口附近的冲击平原上，地势平坦开阔，土壤肥沃，易于农耕和筑城，有条件集聚大量人口，符合两汉时期修筑较大规模城址的地理条件。

其五，西汉苍海郡的郡址必有汉代的城址或汉代的重要文物的发现，其古城的位置、规模、建筑、结构，以及出土文物都必须符合苍海郡的遗址、遗物的特点。张店汉城出土遗物丰富，考古工作者曾在城址内及周边发现了战国至汉代的大量珍贵遗物，如“临秽丞印”封泥、“千秋万岁”瓦当、绳纹大瓦、铜镞、铜带钩、铁农具、五铢钱、货泉、马蹄金等珍贵遗物。至今城址内散落的残砖碎瓦仍俯拾皆是，说明古城内曾建有密集的建筑。“千秋万岁”瓦当是较高等级城址官府的标志之一，只有郡县一级的城池才具备装饰“千秋万岁”瓦当的财力和礼制等级。“临秽丞印”封泥的出土则表明该地确与秽人发生过某种联系。

其六，张店古城南郊南海甸子出土之“马蹄金”，则进一步佐证了该城的等级之高，已远远超出汉代边疆地区县级规模。以往学术界均将“麟趾裹蹏”统一俗称为马蹄金。然而，2015 年江西南昌西汉海昏侯大墓出土的金器表明，“麟趾”与“裹蹏”并不相同。“裹蹏”亦作“裹蹄”“袅蹏”，确系马蹄金无疑。“麟趾”则呈长方块状，形式如同麒麟指，数量极为稀少，比起马蹄金更加珍贵。马蹄金和“麟趾金”均系皇帝祝祷封赏的宝物。马蹄金出土于张店汉城南郊，足见该城曾与汉朝政府发生过非同一般的关系。

其七，有学者曾提出汉苍海郡应该在今吉林地区，这是非常错误的观点。因为吉林地区是秽君南闾的故国，也是秽人的故乡。汉武帝是把秽人原来的故地迁徙到辽东地区设置苍海郡，显然苍海郡已经不是秽人原来的居住地。

其八，还有学者认为汉代苍海郡在朝鲜半岛地区，这一观点也是很难成立的。因为汉武帝元朔元年（前 128 年）在辽东地区建立苍海郡，而非在朝鲜半岛设置苍海郡。此外，朝鲜半岛地区的卫氏朝鲜政权在当时依然存在，汉武帝不可能在征服朝鲜半岛之前去设置苍海郡。

综上所述，笔者初步认为，张店汉城为汉武帝时期苍海郡治所较国内外学者的前述考证更为科学合理，依据更加充分。如果张店汉城确系苍海郡无疑，那么大连城史纪元的开端就应该始于汉武帝元朔元年（前128）苍海郡的建置。

结语：辽东半岛汉代古城是该地区汉代政治、经济、文化发展水平的集中体现，二十余座汉代古城表明这一地区业已形成了繁荣的城市文明，延续并进一步发展了燕秦时期开启的辽东半岛城镇化进程。辽东半岛汉代古城规模大小不一，平面形状则有长方形、方形、矩尺形、三角形等类型。其中大连地区汉代古城数量最多，类型最全，反映了辽东半岛南部地区汉代城市文明的繁荣以及城市建制的复杂性。汉城全部分布在辽东半岛两翼的沿黄、渤二海地区，城址附近一般都有河流入海，地理区位优势明显。汉城城市设施已基本完备，与中原地区汉代城址形制基本保持了一致，目前尚未发现瓮城和马面遗迹。在一些城址中，发现了可能为官署用瓦的瓦当以及陶水管、手工业作坊等配套设施，临海城址附近建有港口。公共墓地亦是汉代辽东半岛物质文化的重要载体，一般与城址相伴相生。总之，辽东半岛汉代古城所反映的历史文化信息是十分丰富的，但由于科学考古发掘开展不够，目前学术界对其认识还较为有限。

在此基础上，笔者通过考据历史文献、梳理考古材料，并进行实地调研，从自然地理环境、地理区位优势、地理坐标、城址与墓葬规模、出土文物品级等因素综合考察，认为大连普兰店区张店汉城很可能就是西汉苍海郡故址。

第三节 汉·沧海郡地理位置新考
——以普兰店市张店古城为中心

一 关于汉沧海郡的历史文献的记载

※《汉书·武帝纪》:"(元朔元年,即公元前128年)秋,……东夷秽君南闾等口二十八万人降,为苍海郡。"

※《后汉书·东夷传》:"元朔元年,秽君南闾等畔右渠,率二十八万口诣辽东内属,武帝以其地为苍海郡,数年乃罢。"

※《汉书·武帝纪》:元朔三年(前126)春,"罢苍海郡"。

元朔二年(前127),汉匈河南之战,汉武帝收复河南地(今内蒙古河套地区),置朔方、五原郡。

※元狩四年(前119),汉武帝取得了漠北大战的胜利,匈奴"漠南无王庭"。

※元封三年(前108),灭卫氏朝鲜,设"汉四郡"管辖辽东和朝鲜半岛。

二 关于汉沧海郡国内外学者的主要观点与考证

在20世纪30年代,日本著名满蒙学派创始人白鸟库吉先生在《满洲历史地理》一书中,考证汉沧海郡的地理位置:应该在今鸭绿江上游及佟佳江。即今浑江流域。此说偏离了沧海与辽东地区的地理位置,距离汉代的沧海之地与辽东地域甚远。

日本著名学者稻叶岩吉在《满洲发达史》中认为:"苍海"应为日本海,苍海郡在后汉时期属于东秽之地,即今朝鲜江原道地区。沧海郡的建立与废止时间均为前汉,而非后汉,朝鲜江原道也不是汉代的辽东之地,沧海更不是日本海,稻叶岩吉的观点,无论是时间和地望都是错误的。

已故著名东北史地学家孙进己与冯永谦先生在其主编的《东北历史地理》中认为:前汉的秽貊,应该包括沃沮、句骊等在内,还应包括以后夫馀所统之秽地,这样才能达到二十八万人。因此,可以认为苍海郡之地应包括今松花江流域、图们江流域以至朝鲜江原道的广阔区域。"孙进已与冯永谦的观点，将汉代沧海郡的所管辖的区域更加无限扩大，即把今天的松花江流域、包括第一、第二松花江、嫩江、牡丹江、洮儿河、以及图们江、布尔哈通河流域、朝鲜江原道附近均纳入沧海郡管辖范围，几乎囊括了中国东北的大部与朝鲜半岛的北部地区。这是一种较比日本学者的求索范围更加扩大化的一种，只求无限大的空间，而无科学定位标准，缺乏历史地理空间的实证，更无考古学量化标准与城邑的标准。

杨军在《高句丽民族与国家的形成和演变》中认为：秽人包括了夫余、高句丽、沃沮、秽貊等各族，苍海郡的地理范围“当包括后世夫余、高句丽、沃沮、秽貊等族居住区的大部分地区”。杨军先生的观点同样过于宽泛。众所周知，后世夫余、高句丽、沃沮、秽貊的分布范围在不同的时期有着不同的分布，其各自的历史发展脉络与沿革都与沧海郡的设置地点有着截然不同的区域。如高句丽于公元前 37 年建国，公元 668 年被唐朝灭亡，高句丽的存在与西汉沧海郡的建立与废止（公元前 128—126 年）的时间相差近一百年，怎么能说西汉沧海郡包括高句丽管辖的地区呢？可见这一观点也是毫无依据的主观臆断。

三　汉沧海郡当为今日大连普兰店市张店古城

众所周知，汉代苍海郡的设置，是因索离人南下建立夫余国，导致秽国的最后一位秽王即“南闾秽君”率秽众迁徙至“苍海”地区，汉武帝并专设苍海郡以安置秽君及其秽人。“苍海”之名早在苍海郡设置以前即已出现，对“苍海”的考据表明，苍海郡郡治地望应位于辽东半岛两翼的沿黄渤海地区的范围是较为科学的。

考古学调查和发掘材料表明，辽东半岛沿黄海海岸一带现已发现了丹东叆河尖古城以及大连地区的普兰店杨树房镇黄家亮子古城、开发区大岭屯古城[①]、董家沟南山城、旅顺牧羊城等汉代古城，但除已被确认为辽东郡西安平县故址的丹东叆河尖古城外，基本没有规模较大、级别较高的汉代古城。在辽东半岛沿渤海一线，则分布着较为密集的汉城遗址，如大石桥英首沟汉城、熊岳城温泉村平郭县汉城、盖州城关汉城、瓦房

① 又称大李家得胜古城。20 世纪 30 年代，日本学者三宅俊成曾对该城进行过考察，并将其定为汉代沓氏县故址。

店陈屯汉城[①]、普兰店张店汉城、金州马圈子汉城等。根据城址规模、出土文物来看，以张店汉城的等级最高。瓦房店陈屯汉城虽然经过田野调查看似较大，但附近墓葬群很少且出土文物没有高品级的文物，加之古城垣难以辨认，是否有后代增筑，且年代难以判定等因素，本文暂不予考虑。

笔者通过疏证文献，结合实地调查与考古发掘的资料，认为位于今大连普兰店市花儿山乡张店村北的张店汉城符合汉苍海郡的条件。其依据如下：

其一，关于秽君、秽国、秽王的来历，“秽君”最早出自《汉书·武帝纪》的记载：“（元朔元年）秋……东夷薉君南闾等口二十八万人降，为苍海郡。”同样史实还见于《后汉书·东夷传》云：“元朔元年，濊君南闾等畔右渠，率二十八万口诣辽东内属，武帝以其地为苍海郡，数年乃罢。”文献记载，秽人故地后为夫余人所占，成为夫余国的政治中心。《后汉书·东夷传》云：“夫余国，在玄菟北千里。……地方两千里，本濊地也。”《三国志·东夷传》：“国（指夫余国，笔者按）有故城名秽城，盖本秽貊之地……”说明“秽地”之中建有“秽城”。另据《吕氏春秋·恃君》有“非滨之东，夷秽之乡”的记述，高诱注：“东方曰夷，秽，夷国名。”《山海经·大荒东经》：“有薉国，黍食，使四鸟，虎豹熊罴。”可知，秽人建立了名“秽国”的地方王国政权，“秽城”为其王城。《三国志·东夷传》曾记载“秽地”首领持“秽王之印”：“其（指秽人，笔者按）印文言‘秽王之印’……”说明在夫余建国前，秽人曾接受中原王朝的册封。这里的“秽王”应即“秽国”国君。秽君南闾就是秽国的郡王之意，这是秽国的最后一位郡王。

事实证明，原来的秽王所居住的秽城，即今天的吉林市帽儿山、东团山、西团山附近的古城。由于兴起于嫩江流域的索离国的后裔夫余人渡过松花江南下到秽地建国，秽王也随之南移至今天的龙岗山脉一带临近鸭绿江、浑江、辉发河流域，秽城随之南迁。至西汉元朔元年（前128），秽王不堪忍受夫余的不断南侵遂投奔汉武帝，武帝为了全力攻打匈奴而稳住东北与辽东，抵御来自朝鲜半岛的威胁，将南闾秽君所率二

① 阎海认为文县县治应是盖州城关遗址。详见阎海《营口历史与文物论稿》，吉林大学出版社 2011 年版，第 8—10 页。

十八万口安置在辽东内属，并专门设置了沧海郡以安置南闾秽君所率领的秽王所统的部属与军民。

其二，何谓辽东内属？《汉书》《后汉书》等文献已明确记载南闾秽君所率领的秽人归顺汉武帝以后，被安置在辽东地区。即所谓“辽东内属”之地。这是考证秽君所率领的族众究竟被汉武帝安置在何地的最重要的问题。汉代的所谓“辽东”之地，即今天以辽阳为中心的广大地区，北至今开原、西丰、清原一带的龙岗山脉以南。南至辽东半岛南端老铁山和鸭绿江口，西至沈阳与大辽河之右岸、东至鸭绿江流域，其地域包括了龙岗山以南的千山山脉、渤海与黄海沿岸。而“内属”之意则为归顺朝廷的属地或属国、属民。当然“内”字还含有辽东内地之意。西汉前期在辽东的控制范围尚不可能越过长白山到达松花江流域，也不可能东至日本海西海岸的图们江流域与朝鲜江原道地区（因卫氏朝鲜尚存）。

其三，沧海地名的来历，所谓“苍（沧）海”，苍（沧）者，深青色也，苍（沧）海即深青色的海。文献中关于“沧海”的记载较多。曹操的著名诗作《观沧海》中有“东临碣石，以观沧海”。这里的“沧海”当指今秦皇岛外的渤海无疑。今河北沧州即是取“沧海”之意，这里的沧海也是指渤海。然《汉书·食货志》记载：“彭吴穿秽貊、朝鲜，置沧海郡。”这意味着彭吴是在穿越秽貊、朝鲜地域后设置苍海郡。苍海郡设置之时，卫氏朝鲜依然存在。因此，“沧海”的范围应还包括了黄海海域北部，这样方符合彭吴穿朝鲜而设郡的记载。也就是说汉代的黄渤二海的真实地名当有沧海之称，其称谓一直延续到曹魏时期或更长。

其四，既然沧海属于临近辽东之海，无论是黄海，还是渤海，西汉的沧海郡必临近辽东地区所属的滨海之地无疑。因此，我们寻找西汉沧海郡的地理位置，就必须要在属于西汉辽东地区的渤海或黄海之滨的范围内求证。张店汉城位于渤海沿海地带，距离黄海直线距离也仅有 30 公里左右，同时兼备了既濒临渤海、又靠近黄海的条件，符合上文对“苍海”地望的考证范围。与“彭吴穿秽貊、朝鲜，置沧海郡”的文献记载也大致吻合。此外，渤海大学崔向东教授在爬梳历史文献中发现了《三国志·魏书·牵招传》中的有关“辽东”和“沧海”的记载：“我辽东在沧海之东，拥兵百万，又有扶余、濊貊之用。”此条文献的发现为辽东与沧海的地名与地望的确定，说明“辽东在沧海之东”的位置，就是今天的渤海之东，这是考证辽东与沧海地理位置的最重要的依据。

其五，西汉沧海郡的郡址必有汉代的城址或汉代的重要文物的发现，其古城的位置、规模、建筑、结构，以及出土文物都必须符合沧海郡的遗址、遗物的特点。大连张店汉城的地理位置（靠近黄渤二海），且属于辽东内地，其地理环境（地势平坦、易于农耕）、规模（辽东半岛仅次于辽东郡治所襄平）、古城建筑特点、出土遗物（“临秽丞印”封泥、玉覆面、马蹄金、鎏金明器车马具、玛瑙质剑璏尾、水晶质耳塞、千秋万岁瓦当、贴金鹿镇等）均符合确定苍海郡地望条件。

其六，张店汉城自然地理环境十分优越。古城南有鞍子河、东有平安河，鞍子河北距古城南垣直线距离约 5 千米；平安河紧邻古城东城垣，自北向南流淌，为古城东部的天然护城河。鞍子河与平安河几乎于同一地点注入渤海，张店汉城正处于两河入海口附近的冲击平原上，地势平坦开阔，土壤肥沃，易于农耕和筑城，有条件集聚大量人口，符合两汉时期修筑较大规模城址的地理条件。

其七，张店汉城是辽南地区乃至辽东半岛地区 14 座汉城中规模较大的汉代古城之一，符合辽东边地郡一级别建置的城址规模。该城为夯筑土城，分大小两座，大城南北长约 340 米，东西宽约 240 米；小城东西长约 140 米，南北宽约 113 米，周长近 1300 米。大城居北，地势较低，小城居南，地势较高。城墙为土石混筑。其形制特点与朝鲜半岛古墓中出土的辽东郡古城形制基本相同，都是刀型。

其八，根据周长山先生的《汉代城市研究》人民出版社，的研究结果，汉代在边塞地区所设置的少数民族的郡县的古城规模建制都较之中原地区为小。其官职与所享受的古城规模都是有意压缩，以示其地位等级都不能等同于或超越于中原地区同姓郡王的级别。这种降等级降规模的做法已成定制，而到后来的东汉时期就更加明显。如高句丽县、屠何县等等。到了隋唐更是延续了汉代的制度，如册封大祚荣为勿汗州都督渤海郡王、骁骑校尉大将军等不一而足。

其九，张店汉城出土遗物丰富，考古工作者曾在城址内及周边发现了战国至汉代的大量珍贵遗物，如“临秽丞印”封泥、“千秋万岁”瓦当、绳纹大瓦、铜镞、铜带钩、铁农具、五铢钱、货泉、马蹄金等珍贵遗物。至今城址内散落的残砖碎瓦仍俯拾皆是，说明古城内曾建有密集的建筑。“千秋万岁”瓦当是较高等级城址官府的标志之一，只有郡县一级的城池才具备装饰“千秋万岁”瓦当的财力和礼制等级。

其十，张店古城的“马蹄金”的出土，则进一步佐证了该城的等级之高，不是一般的县级规模，而是远远超出汉代边疆地区县级规模。《汉书·武帝纪》云：“诏曰：‘有司议曰，往者朕郊见上帝，西登陇首，获白麟以馈（kui）宗庙，渥洼水出天马，泰山见黄金，宜改故名。今更黄金为麟趾（lin zhi）褭蹏（niao ti）以协瑞焉。”以往学术界均将“麟趾褭蹏”统一俗称为马蹄金，然而，2015年江西南昌西汉海昏侯大墓出土的金器表明，“麟趾（lin zhi）”与“褭蹏（niao ti）”并不相同。“褭蹏(niao ti音袅蹏)”亦作“褭蹄”“袅蹏”，确系马蹄金无疑。“麟趾”则呈长方块状，形式如同麒麟指，数量极为稀少，比起马蹄金更加珍贵。马蹄金和“麟趾金”均系皇帝祝祷封赏的宝物。马蹄金出土于张店汉城南郊，足见该城曾与中原发生过非同一般的关系。目前在辽东地区的汉城，唯有张店汉城出土了汉代（袅蹏）即马蹄金，亦可见该城等级之高。张店汉城出土的马蹄金现藏于旅顺博物馆，为该馆镇馆之宝之一。马蹄金是作为汉代最高以馈宗庙的赏赐物品中的麟趾袅蹏之物，无疑张店古城的主人当非同一般的县承所能承受的高规格的遗物，反映了张店古城具备较高等级规模。《汉书》卷六《武帝纪》“三月，诏曰：‘有司议曰，往者朕郊见上帝，西登陇首，获白麟以馈宗庙，渥洼水出天马，泰山见黄金，宜改故名。今更黄金为麟趾褭蹏以协瑞焉。’因以班赐诸侯王”。由此可见，张店古城发现的麟趾袅蹏的马蹄金证明了该城的品级规模当为至少是准诸侯王级别，亦即可能是辽东地区少数民族沧海郡的郡守南闾秽君之物。

其十一，张店古城出土的“临秽丞印”封泥更加印证了张店古城与秽人确实存在密切关系。苍海郡系专为管理南迁秽人所设，“临秽丞印”封泥文字中的“临秽县”无疑也与管辖秽人有关。临秽丞印的出土至少说明了两个问题，一是临秽县可能早在设置沧海郡的同时汉武帝已经考虑到这种临时安置之意，要合乎郡县之制，才合情合理合法。二是沧海郡只设置了两年就匆匆裁撤，其中必有隐情或临时之意，抑或临秽县临郡治之意。当然，临秽之秽的意思就是管辖辽东属地内附的秽人，也就是南闾秽君率众二十八万口的秽人。因此，临秽丞印的出土是非常重要的实物资料。同时，我认为沧海郡只设置两年就被汉武帝所裁撤，同时降郡为县，因此张店古城出土汉代临秽丞印封泥可能就是其中的缘故。说明，沧海郡被裁撤后降为临秽县。

其十二，张店汉城大城、小城之间规模和地势之别，表明该城已存在一定的功能划分和等级差异：小城偏居大城西南，地势较高，便于防守和控制全城，可能是官署机构或秽君居住之所；大城地势较低而平坦开阔，城址内遍地瓦砾和陶器残片，可能是秽人贵族们的居民生活区或秽人聚会的场所。总之，张店汉城的这种大小城相邻的建制特点，说明了其古城功能的复杂性和具有功能区别的作用。

其十三，在张店古城周边地区遍布汉代古墓群。城北的姜屯汉墓与邻近的驿城堡、乔家屯、陈茔等墓地共同构成了张店古城汉代墓葬群的共生现象。这是迄今所发现的东北南部地区最大的汉代墓地与古城比邻的汉文化聚居区。这种密集的居住区恰恰说明了秽人南迁后的人丁繁盛的局面。其中不乏高品级墓葬，反映了张店汉城在汉代经济繁荣、人烟稠密，应该是汉代大连城市文明的中心区域。

其十四，南闾秽君率二十八万口之众，进入辽东内属，这不是一个小的数字，按照汉代人口的比例已经远远超出了县一级别的管辖范围。根据汉代每户人口比例计算，每户 5 口人，就等于 56000 户。这是远远超出县级的人口规模。当然，南闾秽君不一定把二十八万口都安置在张店古城，可能是以张店古城为中心的更广阔地区。因此，在张店古城的附近周边出现了众多的汉城也就不足为奇了。

其十五，科学的考古发掘，证明了张店汉代古城是一座极具发达的古代文明的城市，他已经不是一般的县城或军镇驻守之城。一系列的高品级的文物的出土，特别是出土的一系列奢侈品、高等级的生活用品都说明了这是一座集政治、军事、文化、商业、贸易、交通、货币流通、手工业发达、分工明确、街道互市等多功能的城市。我们目前对已经出土的大批文物的研究还很不够，我们的视野还很偏执，因此揭示张店古城的真正身份还有待于深入研究。

早在 20 世纪 50 年代，张店、乔家屯附近的汉墓就出土了鎏金车马具明器和鎏金铜贝鹿镇等珍贵文物。2009 年 12 月，为配合普兰店市皮口镇至炮台镇高速公路的修建，辽宁省文物考古研究所于 2010 年 3 月对皮炮高速公路姜屯段占地区域进行了为期近一年的考古勘探和发掘，共发掘墓葬 212 座，出土各类遗物约 2000 余件，其中不乏高规格的精美文物，如中 M41 出土了成套鎏金明器车马具、鎏金铜管饰、鎏金铜贝鹿镇；M45 则出土了铜镜、玉圭、玉璧、玉璜、玉佩饰、玛瑙质剑璏（zhi 音治）尾、水晶质耳塞、等遗物。

特别是发现了由 24 件玉器组成的精美绝伦的玉覆面，这在东北地区尚属首次发现。[①] 两座高等级墓葬中出土了鎏金铜贝鹿镇、玉覆面等为数众多的精美遗物，说明墓主人应具有较显赫的地位和身份。虽然两座高等级墓葬年代均为西汉晚期，但也从侧面说明了张店汉城在汉朝管辖东北的行政建置中，具有极为重要的意义。汉代在辽东半岛的众多城市中，张店古城发挥了极为鲜活的动力，其区域中心位置非常凸显，充满了生机。

第十六，沧海郡的设置属于汉武帝时期在新辟边地上增置的城邑，雄才大略的汉武帝即位后，锐意拓边。自建元六年（前 135）始，陆续在西南夷、北部边地，河西与东北地区新辟 28 郡，其中沧海郡就是其中之一。这种专为少数民族设置的郡县，表面上看是为侯邑之城，实则为相当于中原地区的县邑之城。因为当时的辽东地区尚属于汉代的东北边地。因此在考察和比较沧海郡或临秽县的规模时就应该考虑到这里不同于汉代的中心区域，即中原地区，而是属于东北边地。

第十七，关于沓氏县的问题，笔者以为，“沓氏”之意当为移民沿山东半岛与辽东半岛之间的岛链，渡海纷至沓来。因此，沓氏县治所应位于距离山东半岛最近、辽东半岛最南端的沿海登陆地点。结合《水经注》《资治通鉴》胡三省注对沓氏县“西南临海渚”的记载，沓氏县当位于今大连旅顺口区牧羊城。牧羊城附近的于家村老船坞港，及其向北扩展至羊头湾沿岸的羊头洼港背风浪小、港阔水深，是辽东半岛重要的出海天然良港，当为沓氏县辖境内最重要的“沓津”。大连旅顺口区牧羊城位于辽东半岛最南端，且符合“西南临海渚”的记载，城址附近密集的汉代贝墓和砖室墓，证明了其应为汉代沓氏县。随着沓氏县人口大量集聚，沓氏县迁址于牧羊城东北的今甘井子区营城子，是为东沓县。牧羊城附

---

① 白宝玉：《辽宁发掘普兰店姜屯汉墓群》，《中国文物报》2011 年 1 月 28 日第 004 版；辽宁省文物考古研究所、普兰店市博物馆：《辽宁普兰店姜屯第 41 号汉墓发掘简报》，《边疆考古研究》第 10 辑；辽宁省文物考古研究所、普兰店市博物馆：《辽宁普兰店姜屯汉墓（M45）发掘简报》，《文物》2012 年第 7 期；辽宁省文物考古研究所：《姜屯汉墓》，文物出版社 2013 年版。

近的于家村老船坞港向北延展至羊头洼港，则为沓津之地。

综上所述，无论从张店古城所处的地理位置、自然环境，还是古城规模，以及张店汉城周边墓葬中出土的高等级遗物，生产生活的器皿、汉代的货币、金器、玉器、陶器、玛瑙、鎏金鹿镇、鎏金马具等繁缛的生活方式上看，还是从《前汉书》《后汉书》等文献记载上看，张店汉城最有可能是作为汉武帝时期为安置秽人所设之苍海郡的故址。这一点，我采用了城邑的定量历史地理学分析方法，特别是针对当时西汉初期人口的移动民族的迁徙，从历史地理学、与考古学的解释学中寻找出土物的品级与具有者的可能性，尤其是针对城邑的规模与性质特点的中心区域流通性格也做了必要的研究。特别是利用当代人类学调查、文献学检索、田野考古学与传统的考据学并用的方法，对辽东半岛的汉代古城进行了全面系统的梳理与比较。众所周知，秦汉特别是汉代是中国古代城市大发展的关键时期，尤其是在边疆地区汉武帝开创了城市发展的新纪元。张店古城与秦汉古城的规模、规制、出土文物品级、历史地理空间的分布，田野考古发现的遗迹遗物的性格等级都说明了张店古城是汉代辽东半岛的一个中心城市，田野考古的解释学以及科学发掘的出土物都可以证明这一推断是有科学依据的。

汉苍海郡被撤废后，该城作为西汉政府统治辽东的重要城池依然长期存在。

综上所述，张店汉城为汉武帝时期苍海郡之治所较比国内外学者的前述考证更为合理，依据充分。因此，大连的城史纪元就需要重新考虑和认定。如果张店汉城确系苍海郡无疑，那么大连城史纪元的开端就应该提前至汉武帝元朔元年（前128）苍海郡的建置。

《汉书·武帝纪》载：元朔三年（前126）春，“罢苍海郡”。苍海郡仅存在不足三年时间。关于苍海郡被罢废的原因，杨军认为，一方面与卫氏朝鲜的干涉有关，另一方面也与苍海郡的管理机制本身的弊端密切相关，这种弊端体现在苍海郡管辖范围过于广阔，以及秽人各部并未形成统一的政治实体有关。[①] 程妮娜则认为苍海郡被废置的原因如下：一是与汉朝欲集中力量攻打匈奴有关，二是秽人仍处于原始社会末期的社会

---

① 杨军：《高句丽民族与国家的形成和演变》，中国社会科学出版社2006年版，第230—234页。

发展水平尚不适应郡县统辖机制，三是苍海郡地处边域致使汉朝无力经营。[①] 程氏之说中的“秽人仍处于原始社会末期”的说法过于武断和牵强。以往学术界对苍海郡地望的考证过于宽泛，导致其最终被废置的解释都难以成立。至于秽人的政治组织形式和社会发展阶段，如若其尚未形成统一的政治实体或仍处于原始社会末期，那么文献中记载的“秽国”及汉朝政府颁赐“秽王之印”又该作何解释呢？“秽国”与“秽王”的存在及吉林市西团山文化的考古学材料表明，秽人业已进入早期国家阶段。但值得肯定的是，杨、程两位先生均已看到了苍海郡的废置与当时西汉政府面临的边境局势有关。汉武帝时期的汉匈战争始自汉武帝元光二年（前133）的马邑之战，苍海郡被废置之时，汉匈交战正酣，西汉刚刚取得河南之战的胜利，夺取了河套地区。虽然史籍中并未记载当时卫氏朝鲜的情况，但从苍海郡设置仅不足三年便被废置的情况看，当时西汉东北的局势势必不容乐观。笔者以为，这其中的缘由可能是卫氏朝鲜拉拢苍海郡所辖秽人，进而伺机扩大在东北的势力范围。西汉政府暂时无力与卫氏朝鲜对抗，遂不得不放弃了对“南闾秽君”所率秽人的管辖，罢废了苍海郡建置。元狩四年（前119），汉武帝取得了漠北大战的胜利。在基本解除了匈奴威胁之后，汉武帝转而开始解决卫氏朝鲜问题，最终于元封三年（前108）灭亡卫氏朝鲜，并设置了“汉四郡”管辖卫氏朝鲜故地，并重新将辽东地区纳入版图。

四　确定张店汉城为西汉沧海郡的意义与价值

其一，确定张店古城为汉代沧海郡，对提升我们这座城市文化的品质与文化的自信度极为重要的意义。众所周知，大连一直被作为百年城市的形象而享誉海内外。尤其是城市的发展史不过是百年的历史，而古代的大连城市发展也没有超出县一级的行政建制。汉代沧海郡相对今天的行政级别应该属于副省级，因此确定汉代沧海郡对于大连城市文化的提升有着不可估量的价值。特别是提升大连市的文化自信心有着特殊的意义。

其二，关于汉代沧海郡的研究在学术上的意义很大，一是对于多年争论不休的问题有了新的诠释，尤其是在东北历史地理学、民族学、考

① 程妮娜：《古代中国东北民族地区建置史》，中华书局2011年版，第37页。

据学、古代东北民族政权的迁徙、城市考古学等都有重大的突破。应该说，沧海郡是汉武帝时期第一个在东北地区设立的郡治，早于汉四郡在东北的设置。此外，对东北地区城市地理学以及城市建置都有举一反三的价值。将汉代沧海郡的设置地点纳入辽东的范围，并且对于沧海地名的新的解读对历史地名学也有填补空白的意义。

其三，尤其是探讨大连的城史纪元与古代城市文明的发展研究会有积极的推动作用。近年来，围绕着普兰店张店古城的周边地区的一系列的重大考古发现证实，西汉（元朔元年，即公元前128年）苍海郡很可能就位于大连张店汉城，大连城史纪元应始于汉武帝苍海郡的设置。将大连城史纪元追溯至汉代苍海郡，无疑将大连地区的早期筑城提升到了前所未有的高度。大连并非仅仅是县治之所在，而应是郡一级别的高等级行政建置，是当时辽东地区地位仅次于辽东郡治所辽阳的“副省级城市”和辽东半岛的中心城市。这无疑将彻底冲破大连城史纪元始于辽东郡边陲县城的传统观点，从现实意义上看对今日大连的发展与历史文化定位提供新的依据和参考。

其四，其经济价值。通过对大连市张店古城及其周边历史遗迹遗物的研究，深入挖掘潜藏在普兰店市的厚重的历史文化资源，并将其与经济发展、产业开发、旅游文化、精神文明基础建设等活动紧密地结合起来，使学术研究成果转化为经济发展的助推力，通过弘扬历史文化，刺激旅游消费，搞大旅游文化品牌建设，在旅游产品、旅游精品、旅游商品、旅游纪念品等方面，吸引投资和观光客的涌入都具有不可替代的价值。

其五，社会文化价值。城市文化是一座城市历史文明积淀的结晶，是其发展的内在张力和创新基础，是文化建设的源泉，是区别于其他城市的重要标志，更是一座城市的核心软实力的灵魂。随着对张店古城研究的深入，无疑将对大连城市文化的品味、普兰店市的文明基础建设都具有双重意义。使大连彻底摆脱“百年城史”“文化荒漠”的无知定位；有助于培育普兰店市民的自尊、自信、自强心，特别是建立具有国际标示意义的认证系统，使之成为大连城市文明的重要载体。

其六，学术价值。张店古城确定为汉代沧海郡的学术价值在于，填补了汉代东北地区历史地理问题中，汉代郡一级在东北地区行政建置的空白。一直以来，中外学术界把汉代沧海郡推定在朝鲜半岛或临近日本海的地域内。这就偏离了沧海郡与辽东地区的地理空间与范围，把汉代沧海郡的地望无限扩大化。因此，汉代沧海郡的确定在辽东半岛张店古城具有填补东北历史地理的空白意义。

其七，以张店古城为中心建设“辽东半岛汉代古城文化遗址博物馆”，张店古城的周边开发出汉代文化遗址公园、打造沧海郡历史文化广场街区、汉代沧海郡博物馆等一系列文化设施。把普兰店的历史文化建设与行政中心建设结合起来，使城市历史与文化带动经济发展，创造新型的具有地域特色的城市文明与文明的城市。完成大战略视野下的大连文化与经济的双向转型。

其八，以大连地区汉代古城为切入点，深入剖析了大连城史纪元的深刻命题，提出：“无论这些城址是具有军事筑城意义，或是商品经济发展的结果，还是意味着行政政治中心，都足以说明大连地区城史纪元的开端应该始于汉代。应该说这是大连城史发展的第一个阶段，即大连古代城史兴起的纪元期。这些筑城的存在，证明了早在19世纪末俄国殖民者在进入大连地区之前的汉朝，中原王朝就已经开创了大连城史的古代纪元。”[①] 2016年年初，王禹浪等发表了《西汉“南闾秽君”、苍海郡与临秽县考》一文，对秽人“南闾秽君”率族众28万人南迁“辽东内属”、汉武帝设苍海郡这一历史事件的来龙去脉进行了深入研究，并对苍海郡及张店汉城出土的“临秽丞印”封泥所反映的临秽县地望进行了详细考据，最终将其确定在张店汉城，该城大、小城的城址结构与形制很可能正反映了苍海郡与其下辖首县临秽县同城分治。[②] 如若苍海郡位于张店汉城一说能够最终成立，那么对大连城史纪元将有必要重新思考，并作出全新的论证。这必将极大地提升大连市的文化软实力和历史竞争力，大连城史纪元并非始于边陲县城或海防要塞，而是始于一座东北地区重要的汉代郡一级都市，这无疑将会使大连在全国范围内的城市历史纪元中脱颖而出。

---

① 宋协毅、王禹浪：《大连城史纪元的新思考》，《大连大学学报》2004年第3期。

② 王天姿、王禹浪：《西汉“南闾秽君”、苍海郡与临秽县考》，《黑龙江民族丛刊》2016年第1期。

第四节 三江平原汉魏古城群研究综述

一 三江平原的地理环境及其行政区划

三江平原又称三江湿地或三江低地，属于东北大平原的东北部。三江平原与东北大平原之间被南部长白山脉的张广才岭和松花江左岸的小兴安岭山脉相隔。这两大平原之间被松花江水道所贯通。所谓的三江平原，实际上就是由黑龙江、松花江、乌苏里江冲击而形成的平原。

我们现在习惯把完达山以南到兴凯湖地区的穆棱河—兴凯湖平原划为三江平原的南部地区。三江平原的北部地区则是由黑龙江中游和下游的接合部的右岸，以及松花江下游左岸和诸支流水系冲刷而成的低地、湿地、丘陵和平原所构成。实际上属于松花江和黑龙江两江汇合后的三角洲所构成。这里土质肥沃、水源充沛、地势平坦、交通方便，易于人类的繁殖和农业的开发。三江平原的西部以佳木斯市以西地区的倭肯河与牡丹江流域为限，这里虽然多山地丘陵，但是从倭肯河发源地的七台河市附近的平原和谷地一直向这一地区延伸。东部则依乌苏里江左岸为限。乌苏里江的发源地有二：一为俄罗斯境内锡霍特山山脉南段西麓；二为中国与俄罗斯的界湖兴凯湖东岸的松阿察湖，浩瀚的兴凯湖则成为乌苏里江最重要的水源地之一。如果从中国与俄罗斯两国的界河段算起，乌苏里江长达近500公里，几乎贯通松花江右岸以南地区的三江平原东部。在我国境内乌苏里江的重要支流有穆棱河、内七星河、外七星河、松阿察河等，这些支流是构成三江平原湿地或三江平原腹地最重要的水系。尤其是挠力河与挠力河的重要支流，即内、外七星河所流经地域，均属于三江平原地区的核心区域。宝清县、友谊县、集贤县、双鸭山市、饶河、建三江农垦管理局等都在这一区域内。由此可见，三江平原的范围大致是北起黑龙江，南至兴凯湖周边，西起小兴安岭、张广才岭、老爷岭，东达乌苏里江。在这一广阔的地域内分布众多的河流、山脉、湿地、丘陵、森林和平原。在三江平原的内陆地区的主要河流有黑龙江中游右岸的嘉荫河、鸭蛋河、梧桐河、鹤立河、阿凌达河等，松花江下游的嘟噜河、蜿蜒河、敖来河和白龙泡、串通泡、大架泡等大小泡沼。乌苏里江流域的挠力河、内七星河、外七星河、安邦河、倭肯河、嘟噜河、瓦里河、松阿察河等。山脉有阿尔哈倭山、那丹哈达岭、老爷岭、完达山、小兴安岭东麓、老爷岭、张广才岭的余脉等。三江平原地区诸水系的流动方向均流向东北，并流入黑龙江的下游奔向大海。如果从空中俯瞰三江平原的地形特征，犹如一只倒躺着的鼓腹玻璃罐，底座西南、嘴向东北。内七星河、外七星河与挠力河则是三江平原的海拔较低、周围地势渐渐抬高起伏的丘陵与浅山区，之后再过渡到山地。

从行政区划上看，三江平原地区包括佳木斯市、鹤岗市、双鸭山市、七台河市、鸡西市建三江农管局等所属的20余县（市），以及哈尔滨市所属的依兰县。此外，还包括众多的农场管理局系统和林场等行政设置。三江平原地势低平，降水集中，河流缓慢地流经此地。土质特征表现出冻融后的黏重特性，致使地表长期过湿积水过多，形成了大面积沼泽水体和沼泽化的植被，构成了独特的一望无际的沼泽景观。三江平原地区的农业种植主要以水稻、大豆为主，动植物资源十分丰富。动物主要有国家一级保护鸟类丹顶鹤、东方白鹤、白头鹤等许多珍贵鸟类。三江平原的渔捞业也很发达，如有著名的大马哈鱼、三罗五花鱼（辽王朝摆头鱼宴不可缺少的美味），在此地还居住着历史上一直以渔捞为生的我国人口最少的少数民族赫哲族。植被主要分为森林、草甸和沼泽三大类型，桦树为三江平原具有代表性质的树木，木材黄白色，纹理致密顺直，坚硬而富有弹性，其高可达20多米，胸径1米。桦树皮历来被此地生活的人们所利用，不但以此制造各种工艺品，还可以造小船，现在仍被当地少数民族所利用。从外部区位条件看，三江平原位于整个东北亚地区的腹地，北部和东部与俄罗斯远东地区相接，西部与松嫩平原相连，南部与牡丹江、绥芬河流域地区为邻。无论从平原、盆地的肥沃及地形地貌观察，还是与周边毗邻地区相比较，三江平原无疑都是极有可能产生古代文明的地区之一。近数十年来，在三江平原地区的众多考古发现，已经充分地证明了这一地区是黑龙江流域古代文明的早期发祥地。三江平原只是北大荒的意识和观念，正在我们的记忆中渐渐淡去。兴凯湖畔的新开流遗址、宝清县劝农二道岭遗址、饶河小南山遗址、倭肯河畔依兰县的倭肯哈达遗址、依兰县的桥南遗址等，都说明了三江平原地区的历史与文化，以及古代文明早在7000年前就已经十分发达和繁荣。

近30年来，三江平原考古发掘工作取得重大进展，发掘了大批的历史古城、古墓葬、古遗址等历史遗迹。许多学者已经开始将三江平原地区的这些古遗址与历史文献所记载的古代民族的线索有机地结合起来并加以科学的考证。这些考证和研究无疑都是非常有益的探索。

二 三江平原汉魏古城群研究综述

从20世纪70年代开始，黑龙江地区的考古工作者在三江平原地区发现了大量汉魏时期筑城遗址，这些古代筑城遗存表明，该地区在汉魏时期就已出现繁荣的城邦文明，是黑龙江流域古代文明步入早期国家的标志。汉魏之际，双鸭山地区滚兔岭文化的中心由安邦河流域转移至七星河流域，形成了新的凤林文化。三江平原汉魏古城群主要是凤林文化的遗存。1998年，经国家文物局批准，黑龙江省文物考古研究所启动了“黑龙江七星河流域汉魏遗址群聚落考古计划”，这次考古计划旨在重建七星河流域的汉魏文明。该计划以友谊县凤林城址、宝清县炮台山城址、双鸭山保安2号（畜牧队）城址为重点发掘对象。

友谊县凤林古城位于七星河北岸山岗之上，呈不规则状，共有9个城区，总周长6330米，总面积达120万平方米，是七星河流域遗址群中规模最大、形制最复杂的城址，是该地区聚落群的中心聚落。其中七城区为中心城区，呈正方形，周长490米，城墙四角均有角楼，四面城墙中部各有一马面，未见有城门，推测以吊桥出入。1998—2000年，考古工作者对凤林城址七城区进行了三年的持续发掘，共揭露面积达3300平方米，清理半地穴式房址36座，其中最大房址面积达670平方米，有20个柱洞，为目前国内发现的最大的半地穴式房址。另有灰坑48个，解剖城墙1段，出土陶器、石器、骨角器、铁器、铜器、玛瑙串等文物1400余件。[①] 凤林文化因凤林古城而得名。

宝清县炮台山城址位于七星河南岸炮台山上，与凤林古城隔河相望，为七星河流域同期古城中规模最大的山城址。炮台山古城有围垣3道，由人工将山体修筑成3层台阶状，顶部城址为圆角长方形，内有8个天坑，象征北斗七星及北极星。2000年6—7月对该城址东、南山脚下进行试掘，揭露面积580平方米，清理半地穴式房址1座，出土陶器、石器、

① 靳维柏、王学良、黄星坤：《黑龙江省友谊县凤林古城调查》，《北方文物》1999年第3期；黑龙江省文物考古研究所：《黑龙江友谊县凤林城址1998年发掘简报》，《考古》2000年第11期；黑龙江省文物考古研究所：《黑龙江友谊县凤林城址二号房址发掘报告》，《考古》2000年第11期。

骨角器、铁器、铜器等遗物约 50 件。

双鸭山市保安 2 号城址位于七星河南岸二级台地之上，平面呈不规则长方形，周长 733 米。城墙四角及中部有角楼、马面共计 13 个，城门位于东北部城墙。1999 年 5—6 月，对该城址进行发掘，发掘面积约 340 平方米，共清理半地穴式房址 3 座，解剖城墙 1 段，出土陶器、石器、骨角器、铁器、铜器等遗物约 100 件。[①]

通过数年考古调查，最终形成大型报告《七星河：三江平原古代遗址调查与勘测报告》。[②] 我们在综合发掘报告和研究成果的基础上，对七星河流域汉魏遗址群的文化特征作如下归纳：

其一，关于七星河流域考古编年与序列，早期为滚兔岭文化，其年代为两汉时期，晚期为凤林文化，其年代为魏晋时期。其二，七星河流域共发现汉魏遗址 426 处，主要分布在七星河流域中游两岸，其中上游 40 处、中游 309 处、下游 77 处，中游占遗址总数的 72.5%。相同规模、相同性质、不同规模、不同性质的遗址有成群分布的现象，可大致分为兴隆聚落群、长胜聚落群、仁合聚落群、老古山聚落群、永富聚落群、太和聚落群、巨宝山聚落群、肖会聚落群、东悦聚落群等。其三，在 426 处汉魏遗址中，有城址 113 处、遗址 313 处，包括居住址、防御址、祭祀址、瞭望址、要塞址等，可见聚落群有功能的划分。其四，七星河流域汉魏聚落群有小型、中型、大型和超大型之分，表明当时的七星河流域聚落群已进入复杂社会形态，属于全流域的要塞聚落和祭祀聚落的存在，也表明全流域战争和祭祀活动的出现，进而表明已存在国家管理机器。诚如考古计划负责人许永杰所言："如果以聚落考古的方法来检验，七星河流域汉魏居民的社会发展阶段，就应达到了国家。如果以国家作为文明确立的标志，七星河流域的汉魏居民就已经跨入了文明社会的门槛。"[③]

在对凤林文化内涵及其所反映的发展阶段的研究上，在 20 世纪 90

---

① 黑龙江省文物考古研究所：《黑龙江双鸭山保安村汉魏城址的试掘》，《考古》2003 年第 2 期。

② 黑龙江省文物考古研究所：《七星河：三江平原古代遗址调查与勘测报告》，科学出版社 2004 年版。

③ 许永杰：《关于探索黑龙江文明起源的几个问题》，《北方文物》2001 年第 1 期；许永杰、赵永军：《七星河流域汉魏遗址群聚落考古的理论与实践》，载于《庆祝张忠培先生七十岁论文集》，科学出版社 2004 年版；许永杰：《黑龙江七星河流域汉魏遗址群聚落考古计划》，《考古》2000 年第 11 期。

年代末，干志耿先生便较早地对三江平原汉魏聚落遗址群的年代、发展阶段、凤林古城与炮台山古城的内涵、铜鍑文化分布的东端、三江平原古代建置及意义和价值等多方面进行了综合论证。[①] 干志耿先生又与殷德明先生于2000年合作撰写《城市布局与建筑史上的奇观——七星河畔发现“北斗七星”祭坛遗址表明华夏文化在汉魏时已传播至三江平原》一文，对炮台山古城祭坛遗址的形态和内涵进行了论证，指出炮台山城址“是三江平原汉魏时期东夷民族建立文明古国最具代表性的特质文化和精神文化的主要标志”“是目前我国发现的以天文星座为形象的城市核心建筑布局的首例”，这说明华夏文化在汉魏时期已传播到三江平原七星河畔。[②] 2001年，两位先生又提出“亘古荒原第一都”的说法，并论证其科学价值：“从上千处不规范的汉魏城址和聚落址群的基础上萌生了严格的、规范的京都城址、宫殿址和祭坛址，标志着社会发展、城市萌生、文明发端、国家出现的初级阶段，然而是质的飞跃，这不能不说是三江平原和东北亚极边地区有史以来首次出现了以一个城市为中心的、包容周围村社的雏形国家，即城邦国家及其文化历史的表征。这也不能不说是汉魏时期三江平原的东北极边地区原住民族创造的地区性统一城邦国家这种国家初级阶段的模式。”[③] 这一论述可谓十分深刻。他们又发表《黑龙江流域“亘古荒原第一都”——凤林古城及炮台山“七星祭坛”的价值与意义》一文，对凤林古城和炮台山“七星祭坛”遗迹的价值和意义予以了详细论证。[④] 王学良先生主编的四册《黑龙江省双鸭山市文物资料汇编》收录了双鸭山地区文物工作者的考古笔记、资料、发掘报告、研究文章以及国内外专家对双鸭山古族遗存的研究成果，在“综合研究和文献资料篇”一册中被命名为“黑龙江历史第一都”，可视作对“亘古荒原第一都”概念的认可和呼应。田禾系统梳理和研究了凤林文化的特征、分布及渊源，认为凤林文化是魏晋时期分布在三江平原地区一支颇

---

① 干志耿：《三江平原汉魏城址和聚落址的若干问题——黑龙江三江考古千里行随笔》，《北方文物》1999年第3期。

② 干志耿、殷德明：《城市布局与建筑史上的奇观——七星河畔发现“北斗七星”祭坛遗址表明华夏文化在汉魏时已传播至三江平原》，《中国文物报》2000年9月27日第1版。

③ 干志耿、殷德明：《亘古荒原第一都——试谈三江平原“挹娄王城”的发现及其价值》，《中国文物报》2001年1月31日第7版。

④ 干志耿、殷德明：《黑龙江流域“亘古荒原第一都”——凤林古城及炮台山“七星祭坛”的价值与意义》，《学习与探索》2001年第5期。

具地方特色的土著文化。其文化主体是在多方面继承了当地的滚兔岭文化，同时吸纳了部分外围的团结文化和同仁文化的少量因素，经过这三种文化的杂糅相成，导致这支文化走向成熟和繁荣，最终迎来三江平原早期国家文明的到来。[①] 赵永军认为："凤林文化是在继承本地区前期文化——滚兔岭文化的基础上，向南、北分别吸取周邻地区团结文化、蜿蜒河类型的因素，同时有发生了明显改进与嬗变，而发展成为一种内涵广阔、面貌复杂的文化遗存。"[②] 张国强等将凤林文化分为早、晚两期，凤林文化早期与滚兔岭文化相似，以保安村城址为代表；凤林文化晚期以凤林古城为代表。他们认为，凤林文化主要来源于滚兔岭文化，并在形成过程中受到其南部团结文化的强烈影响，还吸收了部分高句丽文化。[③] 黄星坤将凤林城址所反映的文化置于滚兔岭文化的论述中，他系统阐述了凤林城址、炮台山祭坛遗址及凤林文化的内涵，认为："王城的诞生体现了强权政治的出现，萌发了国家文明的雏芽！"[④] 殷德明先生回顾了凤林古城、炮台山古城的内涵以及对其发现、研究的历程。[⑤] 著名天文考古学家伊世同从天文学的角度对凤林古城和炮台山祭坛遗址进行了缜密的阐述，可知两城隔河而建、北斗七星状祭坛等都反映了三江平原古族的天文学意识。[⑥] 王乐文也认为，以友谊县凤林城址命名的凤林文化，是滚兔岭文化的直接继承者，同时又明显包含了南部团结文化的因素。[⑦]

在凤林文化及七星河流域汉魏古城群族属的研究上，学术界多数学者认为其应是挹娄族筑城，并为勿吉沿用。三江平原汉魏筑城的形制、文化内涵及其所反映出的社会发展阶段表明，此时的挹娄族已经进入早期国家阶段。

亦有学者在认可凤林文化属于挹娄族遗存的同时，反对将其定性为

① 田禾：《凤林文化浅析》，《北方文物》2004 年第 1 期。

② 赵永军：《黑龙江东部地区汉魏时期文化遗存研究》，《边疆考古研究》第 3 辑，科学出版社 2005 年版。

③ 张国强、霍东风、华阳：《凤林文化刍议》，《北方文物》2006 年第 2 期。

④ 黄星坤：《浅谈"滚兔岭文化"》，《牡丹江大学学报》2007 年第 5 期。

⑤ 殷德明：《从"北斗七星"祭坛的发现到"亘古荒原第一都"的提出》，载于王学良主编《黑龙江省双鸭山市文物资料汇编·黑龙江历史第一都》，双鸭山市文物考古资料汇编编委会 2008 年版。

⑥ 伊世同：《荒原古都祭斗坛——东北三江平原遗址的天文考古》，载于王学良主编《黑龙江省双鸭山市文物资料汇编·追寻远古》，双鸭山市文物考古资料汇编编委会 2008 年版。

⑦ 王乐文：《挹娄、勿吉、靺鞨三族关系的考古学观察》，《民族研究》2009 年第 4 期。

王城。尹郁山认为凤林遗址的主人先是挹娄人，后是勿吉人，但认为凤林古城并非都城，因为凤林城址出土文物并不明确具备文明要素，是在“邑落”基础上建立起来的“城镇”，七号城区也并非王宫，而应是聚会之所。[①] 李秀莲也持上述观点，她认为凤林古城城墙最大的问题是没有城门，王是社会等级出现的产物，王需要人来护卫，不会居于“瓮中”。没有城门的城很可能是氏族部落的“仓库”，此时的凤林古城仍是部落社会。[②] 在对炮台山祭坛遗址的定性上，也存在不同说法。尹郁山认为炮台山不是祭天台，而是挹娄人从事“星祭”的“祭星台”。[③] 陈景和从不宜用“天坑”来象征星宿、“天坑”与实数不符、满族的星祭观念与道家大相异趣等五个方面，论证了炮台山古祭坛是满族先世挹娄人的星祭坛，而不是后世道家的“七星祭坛”[④]。在学术界引起巨大反响的“黑龙江七星河流域汉魏遗址群聚落考古计划”虽然曾历时数年，参与学者众多，但其报告《七星河：三江平原古代遗址调查与勘测报告》却对七星河汉魏聚落群的族属语焉不详，采取了回避的方式，这也许反映了计划的参与者在这一问题上的慎重态度，看来其族属是挹娄人的说法并非定论。然而计划的负责人许永杰、赵永军却在《七星河流域汉魏遗址群聚落考古的理论与实践》一文中指出，七星河流域汉魏遗址群应与北沃沮人的活动有关。[⑤] 可谓提出了新的看法。张碧波、庄鸿雁认为凤林古城的文化内涵、地理位置均与挹娄不符，否认其是挹娄文化遗存，根据文献记载，指出凤林古城应是《晋书》中的寇莫汗国，即《魏书》中的豆莫娄国，直至公元8世纪并入渤海国，其主体民族应为夫余族。[⑥] 刘晓东认为凤林

---

① 尹郁山：《友谊凤林、兴隆山、长胜三处汉魏时期遗址足迹考》，载于王学良主编《黑龙江省双鸭山市文物资料汇编·黑龙江历史第一都》，双鸭山市文物考古资料汇编编委会2008年版。

② 李秀莲：《黑龙江流域国家文明的演进历程初探》，《学术交流》2012年第3期。

③ 尹郁山：《友谊凤林、兴隆山、长胜三处汉魏时期遗址足迹考》，载于王学良主编《黑龙江省双鸭山市文物资料汇编·黑龙江历史第一都》，双鸭山市文物考古资料汇编编委会2008年版。

④ 陈景和：《浅识炮台山星祭坛与满族祭祀》，《满族研究》2009年第2期。

⑤ 许永杰、赵永军：《七星河流域汉魏遗址群聚落考古的理论与实践》，《庆祝张忠培先生七十岁论文集》，科学出版社2004年版。

⑥ 张碧波、庄鸿雁：《关于黑龙江流域文明的几个问题的思考——从凤林古城址族属说起》，《北方文物》2010年第1期；张碧波、庄鸿雁：《三江平原古城古国文明探考》，《黑龙江民族丛刊》2009年第1期。

文化年代为魏晋时期，相当于勿吉—靺鞨文化的勿吉早期阶段。[①] 乔梁通过分析滚兔岭、凤林等考古学文化，认为由考古学资料所反映的情况以及历史地理考据的知识来看，将滚兔岭文化视作挹娄的遗存具有一定的合理成分，但就考古学资料所反映的现象来看，凤林文化与滚兔岭文化之间的联系似乎并非前赴后继那样简单或直接的关系，两者尚难以视作同一族群集团先后阶段的物质文化遗存，也就是凤林文化并非挹娄族遗存。[②] 笔者认为滚兔岭文化晚期、凤林文化晚期、炮台山文化晚期均已进入勿吉阶段，应是勿吉人的考古学遗存。[③]

佳木斯地区挹娄筑城的考古调查成果也十分丰富。自 1978 年佳木斯市文物管理站建立以来，截至目前，文物工作者已在佳木斯地区发现汉魏时期文化遗存 509 处，其中筑城址 94 处，主要分布于佳木斯市郊区南部、桦川县西南部和桦南县。高波主编的《东北三江流域古代城址——佳木斯地区汉魏时期城址》一书对佳木斯地区 94 座汉魏挹娄城址的地理分布、形制、结构、城址特征、遗物等均作出概述，学术价值极高，是学术界研究汉魏古城群和古代挹娄文化不可缺少的重要资料。在这 94 座挹娄筑城中，以位于佳木斯市郊区四丰乡前董家子村的前董家子古山寨城址最为重要，该城“是佳木斯地区汉魏时期的核心城址，是目前已知东北地区海拔最高、保存最好、建制齐全的古城址，是研究中国古城建制及古城文化发展的一个重要标志”[④]。佳木斯市博物馆贺春艳将其命名为前董家子古山寨文化，认为该筑城文化的族属应为挹娄。[⑤]

除双鸭山、佳木斯地区外，三江平原其他地区也发现了一些挹娄筑城。2011 年 10 月，文物部门在七台河市金沙新区二队西南约 0.5 公里的山上发掘出挹娄城址，并发掘出陶器、石磨、铁刀、动物骨等大量文物，专家称城址及文物表明，这里是满族祖先挹娄人的肇兴之地，挹娄人此时已形成

① 刘晓东：《挹娄、靺鞨关系的考古学讨论》，《北方文物》2013 年第 1 期。

② 乔梁：《关于靺鞨族源的考古学观察与思考》，《吉林大学社会科学学报》2014 年第 2 期。

③ 王禹浪、刘加明：《三江平原地域族体考古文化研究综述》，《黑龙江民族丛刊》2013 年第 2 期。

④ 高波主编：《东北三江流域古代城址——佳木斯地区汉魏时期城址》，黑龙江教育出版社 2011 年版，第 81—82 页。

⑤ 贺春艳：《对黑龙江省佳木斯市前董家子古山寨文化内涵的初步认识》，《吉林省教育学院学报》2014 年第 3 期。

有组织的农业社会。金沙新区二队西南挹娄城址的发现，为七台河地区古遗址文化聚落分布、区域类型、文化谱系等研究提供了新的资料。由此，七台河的历史或可上溯到2000年前。①

① 解洪旺、文天心：《挹娄城址发现陶器等文物——七台河历史或可上溯到2000年前》，《黑龙江日报》2011年10月26日第9版。

第四章

东北古都朝阳、辽阳历史文化研究

第一节　三燕故都古朝阳的历史、文化与民族融合

朝阳是坐落在中国东北辽西地区的一座古老而悠久的城市；三燕则是东北地区东胡族系慕容鲜卑于公元342—436年之间，在大凌河畔古朝阳城先后建立的前燕、后燕、北燕三个以“燕”为国号的民族政权，历时长达近一个世纪。在公元4—5世纪期间，这里成为北方少数民族与中原汉民族，以及欧亚大陆东西方文化交流最为频繁的地区之一。慕容鲜卑则在这一历史阶段的民族融合中，扮演了非常重要的角色。三燕政权成为中国历史上五胡十六国时期民族大融合的历史前奏。因此，朝阳的古代历史与文化是一个非常值得研究的课题。本节主要是根据近几年来朝阳市出土的重要的历史文物及其三燕时期的历史线索，针对三燕政权与鲜卑族的主要分布和迁徙特点，对朝阳市三燕时期的历史文化进行简要的梳理，以期说明三燕时期以朝阳为中心的民族融合的历史背景。

所谓的三燕文化，就是以朝阳为中心，在公元3—5世纪之间由兴起于草原地区的游牧民族鲜卑慕容氏集团所建立以龙城为中心的地域文化。因为慕容氏集团采用以“燕”为国号，历史学家遂将这三个相互衔接的由慕容鲜卑在不同时期所建立的“燕国政权”称为“前燕”“后燕”“北燕”，历史上简称为“三燕政权”，而由“三燕政权”所衍生出的文化，即所谓的三燕文化。从出土文物和目前发现的许多历史遗迹来看，三燕

文化的最典型特征就是亦牧亦农、亦工亦商、亦渔亦猎的多种民族经济作用下的综合文化。

三燕政权，是慕容鲜卑早于拓跋鲜卑而建立的北方少数民族政权之一，也是中国历史上第一次南北朝大融合的历史前奏，即所谓的“五胡十六国”时期。这是一个特殊的历史时期，对于朝阳的历史发展阶段来说，“三燕”的历史阶段是承前启后的发展时期，前承先秦、两汉，后继隋唐、辽金，并与东部的高句丽人争夺辽东达200余年。尤其是与西部的拓跋鲜卑争夺山西河套地区、与北部的段氏鲜卑争雄于西拉木伦河以北地区的征战始终没有停息过。作为一个民族纷争的时代，天下大乱时期的慕容氏能够先后在朝阳建立国家与四邻争天下，并能立国称帝实为历史之罕见。事实上，这个草原民族在不断改变自己原有生存方式的同时，也在不断接受农耕民族和其他民族的文化，这是一场充满复杂背景的革命性的创新与变革。因此在其民族内部一直没有间断过的是民族内部的变革与保守之间的血腥仇杀。如果从民族融合的角度看待这段历史，这又是汉民族与鲜卑民族之间的一次民族大融合的过程。这种华夷之间的互变过程，首先是从鲜卑贵族内部开始的，而融合的实质不仅仅是风俗习惯方面的潜移默化的渐变，而且是以血缘为基础的民族血统的转型和改变。汉家的大户妇女与鲜卑民族的贵族通婚已经成为普遍现象，血缘和不可抗拒的遗传学上的改变，是一种任何民族都不可抗拒的民族融合的结局。

鲜卑依托大兴安岭山地和蒙古高原东部，以及燕山南麓，活动范围非常广泛的，是古代东胡族系的一支。东胡族系兴起于战国末期，后因燕国的大将秦开和汉初冒顿单于的征伐，其部众向北迁徙。东胡的两支分别逃至乌桓山和鲜卑山，从此便以其所居山名而名其族，故有“乌桓”“鲜卑”之称，东胡之名随之湮没无闻。今内蒙古东部的赤峰市地名的来历，实际上就是乌桓地名的意译。“乌桓”或“乌丸”，在蒙古语中就是红色的山峰之意，又称红山或赤峰。今赤峰地区西拉木伦河流域的南北均有红山或赤峰的称谓，这都是后来以乌桓为民族名称的乌桓族迁徙移动的结果。同一种古老地名的多处留存，当与民族的迁徙和移动有关，而所谓的鲜卑山在大兴安岭山麓的北部地区。由于20世纪80年代初期考古工作者在今嫩江上游地区的甘河流域发现了鲜卑族的祖庙石室，以及北魏太平真君时期刻凿在石室中的北魏时期祝文，鲜卑山的确切地理位置才被固定下来。可知鲜卑族在西汉初年的地理位置当在大兴安岭的北麓无疑。

1980 年 7 月 30 日，原呼伦贝尔盟文物工作者米文平等人在大兴安岭北部的嘎仙洞内发现了北魏太平真君四年（443）石刻祝文，证明嘎仙洞就是中国古代文献所记载的北魏拓跋鲜卑祖先居住的石室旧墟。嘎仙洞位于大兴安岭北段的一条山谷之中，地处呼伦贝尔市鄂伦春自治旗境内。嘎仙洞为天然花岗岩山洞，洞口略呈三角形。洞内宏伟宽阔有如大厅，南北长近百米，东西宽 20—30 米，穹顶高大，面积 2000 多平方米，可容纳数千人。洞内大部分地面较为平坦，可分为前厅、大厅、高厅、后厅 4 个部分。前厅西侧距洞口 15 米处的洞壁上，有一稍经修凿的扇形平面，高 2.3 米，宽约 4 米，石刻祝文即镌刻于此。祝文为汉字隶书，首行有“太平真君四年癸未岁七月二十五日”等字，共 19 行、201 字，字体古朴雄健，大部分清晰可辨。我国历史文献《魏书·礼志》很早就有关于拓跋鲜卑祖先这个“石室”旧墟的记载：“魏先之居幽都也，凿石为祖宗之庙于乌洛国西北。”“乌洛侯国，在地豆于之北……世祖真君四年来朝，称其国西北有国家先帝旧墟，石室南北九十步，东西四十步，高七十尺。”“世祖遣中书侍郎李敞告祭焉，刊祝文于室之壁而还。”嘎仙洞内石刻就是《魏书》记载的拓跋焘派李敞祭祖所刻祝文。证明大兴安岭北部丛山密林地带就是拓跋鲜卑祖先长期居住之地，嘎仙洞鲜卑石室一带，就是拓跋鲜卑的发祥地。

嘎仙洞石室的发现，揭开了鲜卑史上的千古之谜，也为相关诸部族如乌洛侯、地豆于等居地及幽都、大鲜卑山等山川地理位置，提供了客观的准确坐标。这是迄今已知在我国北部边疆少数民族地区有文献确切可考的极为罕见的古代民族遗迹，是国家极其珍贵的历史文物。由此可知，当时的乌桓与鲜卑二山，实际就是大兴安岭的南北山麓，而乌桓、鲜卑两族也因居住在大兴安岭的南北而被载于史册。乌桓族后来被汉武帝内徙到上谷、渔阳、右北平、辽西、辽东等五郡之塞外，并在幽州的治所蓟（今北京）设置了护乌桓校尉以监之。东汉建武二十五年（49），乌桓族迁往辽东、辽西、上谷、渔阳、右北平等郡的障塞以内。

这时期的渤海被称为“乌湖海”，乌湖实际就是乌桓、乌丸的异写。东汉末年，曹操开始征伐辽西、辽东以及渤海沿岸的乌桓族，并利用了在乌桓北部的鲜卑族势力，此时的鲜卑族因征伐乌桓有功曾被曹操所赏识。乌桓被曹操征伐后，部众奔散无闻，而鲜卑族则在东汉时期渐渐兴起。

鲜卑族的称谓，自东汉时始见于文献记载。三国时期的曹魏初年，鲜卑族的慕容氏首领莫护跋率众由北向南，沿着大兴安岭山脉的走向迁入辽西地区。公元238年，鲜卑慕容氏曾随从曹魏大将司马懿和毋丘俭征讨辽东地区的公孙渊，不久辽东公孙氏政权灭亡，鲜卑慕容氏首领因助曹魏征服辽东有功，被拜为率义王。正始年间（244—246），鲜卑慕容氏的首领莫护跋之子木延，又跟随毋丘俭征讨鸭绿江流域的高句丽政权。因木延征伐高句丽立有大功，被赐封为大都督、左贤王之号。西晋太康五年（284）慕容廆为部落首领，太康十年（289），慕容氏举部迁往徒河附近的大青山山谷，今称土河又称吞河或老哈河，即西辽河的一条重要支流。慕容廆开始采取“尊晋勤王、不断汉化”政策，并得到西晋政权的大力扶持。西晋末年，匈奴贵族刘渊在北方建立汉国，建兴四年（316）刘渊之子刘曜攻入长安，西晋灭亡。翌年，司马睿即位于江南，史称东晋。从此中国的北方脱离了西晋的统治，陷入了长达近120年的分裂和混乱的局面。东晋咸和八年（333），慕容廆死，其子慕容皝继立，并于公元337年，在北方诸族的割据和混乱中自称为燕王。燕王、燕国之名号，自先秦以来就一直为北方民族使用。“燕”的称号与战国时期燕国的势力对东北古代民族的影响有着密不可分的关系。如，辽东和辽西两郡就是战国时期燕国所建立的。此外，今日的“阴山”之称谓也与“燕”之国号有关，均为同音异写。

公元342年，慕容皝迁都柳城，即今辽宁省的朝阳市，史称前燕。同时，慕容皝改柳城为龙城，开始大兴土木，修筑城池和大型的宫殿设施，并以天子自居。公元337年，东晋承认慕容皝为“燕王”的地位。古代的朝阳也因为处于前燕国都的位置而得到空前的发展。

公元341年，前燕的东部强邻高句丽的势力不断增强，并威胁到前燕的发展。于是，慕容皝亲率大军东征高句丽，并攻陷高句丽的王都国内城（今吉林省集安），捣毁了鸭绿江畔的丸都山城。从此，高句丽成为慕容鲜卑的部属。345年，慕容皝又率军除掉北部鲜卑宇文氏部落的威胁，解决了后顾之忧，自此宇文氏的大部融入慕容鲜卑。350年，慕容鲜卑不断打击来自西部威胁的段氏鲜卑，其大部也归附于慕容部。352年，慕容皝之子慕容儁灭掉由后赵大将军冉闵篡权而建立的冉魏政权，并将冉闵斩于朝阳的龙城。从此，慕容鲜卑开始进入中原，东征西讨、所向无敌，成为当时北方最强大的割据政权，并形成与江南的东晋和关中的前秦三分天下有其一的鼎立局面。慕容儁雄心勃勃、积极备战，一心想建立一统天下的政权。由于慕容儁率众入主中原，致使朝阳的龙城一带人口锐减、土地荒芜。为了充实龙城的空虚，慕容儁将大量辽东地区的高句丽人迁往龙城，以填补人口的虚空。同时，任命高句丽人王钊为东征大将军兼龙城的营州刺史，统辖朝阳的广大地区。这是历史上大批高句丽人迁往朝阳地区居住的事实，也是鲜卑慕容氏等鲜卑人与高句丽人大规模融合的开始，许多鲜卑人与高句丽人通婚。359 年，慕容儁带着未能统一北方的遗恨而死去，慕容暐则在前燕江河日下的风雨飘摇中即位。370 年，由氐族建立的前秦军队攻陷了南迁后的前燕都城——邺城（今河北临漳西南），并直逼慕容鲜卑的老巢——龙城，俘虏了前燕的末代皇帝慕容暐，将其王公以下 4 万余户迁往长安。前秦暂时接管了前燕在东北的统治，前燕政权仅仅存在 33 年。鲜卑人又一次大批南迁，与中原汉族人在黄河流域的南北加速融合的速度。383 年，淝水之战后，前秦兵败，已经降秦的鲜卑贵族慕容垂乘机于 384 年复国，其子慕容宝率领慕容鲜卑退居东北的大凌河流域，还都龙城，史称后燕。397 年，拓跋鲜卑大举进攻后燕，并攻下后燕的中山王都，后燕从此被分割为南北两部。南部由慕容德率领，于 398 年南下河南的滑台，建立南燕并很快汉化；北部的慕容鲜卑则以朝阳即龙城为基地，全力经营后燕。后燕大兴土木，开始引大凌河水，兴建豪华的皇家御苑——龙腾苑，龙腾苑十分雄阔，广袤达十余里。

据文献记载：苑内建有景云山、逍遥宫、甘露殿等设施。今朝阳市北部的东团山和西团山附近发现三燕时期大型宫殿式和亭台楼阁式的建筑遗址，有宫殿、回廊、台榭等。龙腾苑遗址位于辽宁省朝阳市双塔区他拉皋镇木营子村附近，以东团山、西团山两座大型人工土台为中心，面积约 1.5 平方公里。辽宁省文物工作者在他拉皋镇进行野外普查时发现，遗址不久前刚刚被破坏。一位农民称，西团山土台已成为农田，在这里挖沟是要埋设水管、引水灌溉。而东团山土台底部也发现一处深约 5 米的洞口，推测可能是不法分子盗掘的。尽管朝阳市“三燕政权”的龙腾苑遗址对研究“三燕”历史十分重要，但至今也没有被列入文物保护单位，遗址周边也没有设立显著的文物保护标志。据专家介绍，从公元

335—436 年，入居辽宁西部的鲜卑慕容氏先后建立了前燕、后燕、北燕三个王朝，并以龙城（现辽宁省朝阳市）为国都，史称“三燕”。据《晋书》记载，后燕第四个皇帝慕容熙为讨贵妃欢心而修筑龙腾苑，连房数百，观阁交错，颇为壮观。北燕灭亡后，龙腾苑毁于战火，只留下遗址。

公元 407 年，后燕的中卫将军玛跋与慕容宝的养子高云（又称慕容云），不满慕容熙的暴政，将其谋杀，乘机篡位夺取政权，冯跋推高云即位。高云乃高句丽人的后裔，慕容宝曾以养子待之，并赐姓慕容，封夕阳公。高云登基后，恢复高姓，国号大燕。409 年，高云被近侍所杀，后燕遂亡，共存在 26 年。冯跋得知噩耗，立即率军杀掉谋杀高云的侍卫离班和桃仁，众将领共推冯跋为天王，建都龙城，国号为“燕”，改元“太平”，史称北燕。

冯跋虽为汉人，但长期与鲜卑人生活，习俗和性格早已经鲜卑化。其父冯安曾任慕容鲜卑所建立的西燕将军，并被赐姓名慕容永。西燕被灭亡后，冯跋随鲜卑部众东迁至昌黎。此处的昌黎，并非今日靠近渤海之滨的河北昌黎县，而是后燕所设在朝阳龙城的昌黎郡。1980 年 9 月，辽宁省考古工作者在朝阳市附近发掘了后燕重臣崔遹的墓地，并出土两块墓表，刻有“燕建兴十年昌黎太守清河东武城崔遹”“燕建兴十年昌黎太守清河武城崔遹”字样。冯跋死后，其弟冯弘继位。公元 432 年，北魏拓跋焘亲率大军东征北燕。公元 436 年，拓跋焘的军队攻灭北燕，并火烧朝阳龙城。使龙城自前燕以来修筑的宏伟宫殿尽遭焚毁。冯弘率众弃城逃往高句丽，不久被高句丽王所杀。北燕自此灭亡，共历二帝，存在 28 年。

2006 年 7 月，大连大学中国东北史研究中心对朝阳市区进行了为期三天的学术考察，在朝阳市不仅考察了考古发掘工地，还访问了当地的考古学者。据辽宁省考古研究所专家介绍，近几年来朝阳市区在进行城市改造和开发时有许多重大考古发现，其中最重要的发现就是朝阳市三燕古都的宫城南门遗址。这座遗址位于朝阳市北塔东南 300 米处，恰好处于学者们推测的“三燕”古都宫城宫殿区的正南。这座宫城城门由三个门道组成，包括大型夯土城门墩台、石砌门道、向南北两侧延伸的鹅卵石铺砌的石子大路以及青砖铺就的门道，两侧的城门墙体均用大型青砖砌筑，城门墩台由两个东西对称的大型夯土台基和东西两侧延伸的宫城南部的墙体构成。

从地下发掘出的三门道的巨大建筑证明，这是始建于“三燕”时代的一座都城宫城南门遗址。通过考古发掘所发现的文物和城门的建筑结构等特征上分析，“三燕”时代的“龙城宫城”正门先后经历了前燕、后燕、北魏、唐、辽、金元六个朝代的建设。因此考古工作者把龙城宫城门址的时代划分为六个期段。第一期门址有三个门道，两侧有向东西延伸的城墙，门址和城墙都用黄土夯筑，夯层质地十分坚硬、清晰，夯层厚达 8—10 厘米。按中国古都建筑的等级制度规定，只有都城的城门才允许开设三门道。据此推测，第一期门址当为前燕始建龙城宫城时所筑，是龙城宫城的南门。“三燕”时期宫城南门门道的特殊之处，是在城门基础上用砖铺砌而不是采用石头砌筑。门道的门柱坐立在两个斜放的青砖之间，显然门道柱子上支撑的应该不是沉重的砖瓦结构的城楼。第二期门址在一期门址基础上改建、扩建而成，仍保持三门道的格局。推测第二期门址可能建于后燕，而第三期门址的痕迹说明这座宫城城门毁于北燕灭亡时期，亦即冯弘丢弃龙城逃往高句丽的历史时期，其时间当在 5 世纪中期。证明古代龙城的朝阳古城的确毁于大火。在发掘第三期门址时，考古学者们发现原三门道的宫城南门遗址发生了较大变化，即把东、西两门道的南端用夯土堵死，而专门留有中门道继续使用。两侧门道未堵的空间堆满了积土而不是夯土，并出土有北魏莲花瓦当和隋五铢钱。因此推断第三期门址当为北魏时期所建并一直沿用到隋代。有趣的是东西两侧门道的南端被封堵后，却没有封堵北侧门道，所以东西两侧的门道实际上被继续作为仓储的空间而加以使用。从南面看正门不是三个门道，而只是一个中间门道。第四期门址在北魏建筑的基础之上又进行了大规模的扩建，门墩的南北两端和城墙南端都进行了增补。门墩平面呈长方形，底部东西长 34 米，南北宽 23 米，门墩南北两侧均有包砖，门道长 4 米。城门的北部发现一条南北走向的大型青砖铺砌的门道，残存 25 米。根据夯土外包砖的形制和层位关系判断，第四期门址可能建于唐代，主要在南北两侧增加了很宽的夯土。根据辽代的石块与唐代的石块间有较大的落差，推测唐代时期的城门曾遭到严重的毁坏，可能与李尽忠及靺鞨人叛唐攻陷营州城有关。唐代的门道砖铺得特别平整，门道的剖面呈拱形，中间微拱，两侧平行降低。门道上面铺的都是方砖，门道侧铺有立砖，立砖外面还有牙砖。第五期门址的方向和格局都依唐代之旧，但范围有所缩小。门墩底部东西长约 32 米，南北宽 20.5 米。门墩外围均用砖石包砌。门道宽 5 米，长 20.5 米，地面用大石板铺砌，两壁包镶木板，其下置础石，上承木柱，门道内堆积了大量的被烧成木炭的粗大立柱和红烧土块等痕迹，表明此建筑最终也是毁于一场大火。第五期门址可能扩建于辽代，第六时段金元沿用辽代的门址，自此之后，龙城朝阳的宫殿南门几乎再无变化，此门址很可能废弃于元朝，之后没有重建的遗迹。这座门址从始建于前燕到彻底废弃于元代，共经历前燕、后燕、北燕、北魏、唐、辽和金元六个时期的改建和扩建，历时达 1000 余年。

从整体上观察，“三燕”古都的宫城主要占据了古代朝阳城的西北角部分。宫城的平面呈梯形，由北向南逐渐收缩。宫城的北部东西长约 800 米，南北宽约 500 米，宫城的北门和外城东门已经找到。经过勘探，西城墙的大致走向也基本弄清。怀疑宫城的北门可能与外城的西城墙相连，外城的东墙可以确定就是今天大凌河的大坝，保存基本完好，几乎没有被大凌河水冲毁。距地表 1.3 米处就是城墙的夯土，考古工作者在这里已经发现了城墙的痕迹。东侧的外城墙受大凌河水滚动和冲刷的影响，并非呈正南正北的垂直走向，而是从东北斜向西南的曲折状。西侧城墙北侧情况已经基本弄清，但南侧城墙由于现代朝阳城市建筑比较复杂，一时难以弄清。但是，可以从现有的城墙走向上推测古代朝阳城的形制；是由北向南逐渐收缩，外城与宫城均呈梯形。目前，在外城的北面和西面均发现护城河遗迹，护城河水显然引自大凌河水。龙腾苑遗址在朝阳城的北部，距离朝阳古城约有 3 公里。

在这座城门遗址的附近发现和出土了众多文物，显示出古代朝阳——龙城的繁华景象。在考古发掘工地出土了各种建筑构件，陶瓦当、陶瓦、青砖以及陶器、瓷器、骨器、石佛造像、陶佛造像、石夯锤、玉器、铁器、铜器、铜钱等遗物。由此推测，朝阳古城的历代城门上应当有城门楼的建筑，虽然发现的瓦当数量较少，但发现有直径 0.2 米的三燕时代的大型瓦当，说明城楼的建筑在三燕时代具有一定的规模。

近年来，在朝阳城内还发现多件刻有北燕时期“太平”年款和制作工匠姓名的陶瓮。此外，在朝阳市南塔北侧 50 米处双塔街南口，还发现了一座辽代佛舍利石室，石室平面呈长方形，由大石板砌成，外面包砖。石室内藏一长方形石函，石函内外均施彩绘，函内藏有佛舍利、鎏金佛像、银钵、银菩提树、白瓷净瓶、白瓷香炉等物。石函旁立一长方形石幢，刻《佛舍利铭记》，时为辽圣宗统和二年，即公元 984 年。令人惊奇的是，作为“三燕故都”的宫城门道，修筑已相当讲究。早期的门道地面铺一层黄沙土；中期唐代的门道又发展了一步，在道路中间铺了2米宽的砖路；而晚期的门道更是气势恢宏，不但路宽拓展到5米，还全部以0.2米长、0.8米宽的长方形大石块对缝铺设，排列整齐。当时这座城市的繁华，由此可见一斑。

总之，前燕、后燕、北燕都曾在朝阳以龙城为都，长达94年之久。因此，朝阳素有“三燕故都”之称。20世纪中叶以来，我国的考古工作者在朝阳地区的“三燕故都”之地，发现和出土了大量代表“三燕”文化的历史文物。其中尤以1965年发现的冯素弗墓葬，最为国内外学者所瞩目。其墓葬中出土的马具、金步摇冠饰、玻璃器皿等文物，引起东北亚诸国的广泛关注。由鲜卑族所建立的“三燕”政权所创造出的具有典型代表的“金步摇冠”饰物，最终被朝鲜半岛的高句丽、新罗、百济，以及日本的古坟时代所全面继承和接受。这种代表三燕文化特征的“金步摇冠”饰物的根脉来源于西亚，中经“三燕”文化的吸收和发展，又广泛地传播到朝鲜半岛和日本列岛。2003年，辽宁省考古工作者在配合朝阳市政建设改造南塔北塔之间的街区时，从地下发掘出“三燕”时代的龙城宫城的南门遗址，这是一次非常重要的发现。宫城门的分期状况已如上述，兹不赘述。龙城皇宫南门遗址，由中央正门和东、西侧门组成。门道为券门式，门道长约13米，地铺石板并有明显的车辙印迹，门道两侧则有一排修整的长方形石块，石门枢整齐地排列在门道中。石块之上的墙体为夯土版筑，墙体的外表包括城门的墙体均用青砖砌成。墙体上青砖的规格显然很不一致，说明不是同一时代修筑的，根据发掘者的推测，墙体上的青砖和不同的夯层属于“三燕”以后的北魏、隋唐、辽、金、元时期补修过的痕迹。在宫城南门的左侧门外地方，还发现了巨大的、尚没有完成的石雕龟趺，龟趺为驮负重物的大型石雕饰件，为何在宫城南门处侧被发现，实在是令人不解。从其雕刻的程度上观察，这个巨大的龟趺尚没有完工就被废弃了，其雕刻的形象和文化特征属于辽金时期。宫城南门的北部就是宫廷的大内所在，也是北魏时期重修的“思燕佛陀”塔。近年来，在佛塔的地宫清理中，有许多重大的考古发现。如红舍利子的发现，北魏、隋唐、辽金时期修建佛塔与“三燕”时代的大内宫殿叠压在一起的遗迹和遗物。其中，重要的有辽代重修佛塔时在地宫中埋下的塔铭、“三燕”时代的巨型雕龙覆盆柱础石，以及大量的青砖、瓦砾、木结构的建筑构件等文物。这些都说明慕容鲜卑汉化的过程及其汉化程度。除此之外，就是近年来在朝阳市区还不断出土和发现具有西域波斯特征的鬈发深目碧眼的陶人，以及唐代仕女吹笙陶塑、靺鞨人形象的编发石像，突厥族形象的石人，带有柳城汉字的陶罐，制作金跨带高浮雕式的双鹿陶范，鎏金马鞍、金步摇饰件、双鹿金牌陶范等重要文物。这些文物的出土，都说明古代的朝阳——龙城是一座多民族文化融合的历史文化积淀深厚的名城。

第二节　隋唐时期营州历史与文化研究综述

一　大凌河流域隋唐营州的地理空间与历史背景

在辽宁省西部，燕山北麓与大兴安岭山地南麓交界处的群山环抱中的大凌河谷，有一座古老而悠久的城市——朝阳。古老的朝阳，曾有“柳城”“龙城”“营州”等不同的历史称谓。自三燕、北魏以来朝阳一直是东西方文化、贸易往来的重要都市，同时也是贯通长城南北、连接幽燕文明与东北文明枢纽和交通要道。今天的朝阳市，依然是东北西南部连接京、津、唐地区，以及河北、内蒙古和朝鲜半岛的重要城市。

早在先秦时期，商周及其燕国就是通过陆路上的辽西古道，由朝阳经义县、北镇而入辽东，继而打通了进入朝鲜半岛的通衢。在中国历史上，由中原通往东北和漠北草原的平岗、无终、卢龙、黄龙、营州等古道，都是以古朝阳为中心进行着物资和文化的交流与传递。穿越于崇山峻岭之间的大凌河谷与青龙河谷，实际上就成了由华北通往东北地区天然通道上的咽喉之地。无论是“山戎越燕而伐齐”，还是曹操“道出卢龙、东指柳城而北伐乌桓”，皆经此地而跃进千里之外。历史上生活在黑龙江下游的勿吉人，还专门开辟了从黑龙江下游，经松花江、嫩江、洮儿河，沿着大兴安岭与松嫩平原接合部的丘陵地带南下，并直达古代龙城——营州、朝阳的路线。

朝阳周边的地理环境极其复杂，地处内蒙古高原向环渤海地区及松辽大平原的过渡地带。其地形大势由西北向东南倾斜，犹如一个向东开口的“簸箕形”状。地域内山峦起伏、河道纵横。其中努鲁儿虎山脉呈东北—西南走向；斜卧于建平县东部及凌源县的西北部。大青山脉亦为东北—西南走向，经北票市西北，穿过喀左县和凌源县的中部，在凌源境内与努鲁儿虎山脉合拢；黑山山脉自建昌县黑山一带，由东北—西南走向延伸到建昌县南部；松岭山脉亦以东北—西南方向，经过朝阳县中部、喀左县南部后，入建昌县境与黑山山脉相接。群山万壑连绵不断呈环抱之势，并形成了以喀左县、朝阳县为主体的山间盆地。

朝阳东部的低山丘陵区，由于河流的冲积作用形成几个小型冲积平原。这些小型平原和山间盆地地势较为平坦，是该地主要的农业耕作区。在各山脉之间有五条河流贯穿其中，即大凌河、小凌河、六股河、青龙河、老哈河。这些河流除老哈河的流向向北外，其余四条河流的流向均为由西向东折而东南或径直向南。值得注意的是，大凌河是朝阳市最大的一条河流，它有北、西、南三个源头。西、北两个源头于辛杖子汇流，并在山嘴乡汇入南源。三源汇流后呈西南—东北流向，经朝阳市城区于金沟车站附近东流进入北票市境。大凌河流入北票市境后继续流向东北，在九官台门地方进入锦州市义县境内，再经锦县流入渤海。①

以大凌河谷为中心的附近山地，一直都是古老的华夏族群与东夷族群、东胡族群接触、碰撞、交融的核心地域。距今6000年前后的红山文化、小河沿文化，以及夏家店下层、上层文化等诸多充满活力的族群文化几乎都在这里驻足、生根、繁衍而生生不息。近几年来，大凌河上游地区东杖子大型战国时期的贵族墓群的发现，又为揭示大凌河流域的古国文明提供了具有说服力的直接证据。实际上，以大凌河谷朝阳为中心包括内蒙古东部的赤峰地区，是中华文明早期国家礼制起源的发祥地之一。无论是商周、先秦、两汉、魏晋南北朝、隋唐，还是辽、金、元、明、清，古老的朝阳历史文明的脚步从来就没有间断过。

从先秦时期的辽西郡到柳城、营州和龙城，朝阳都是中国东北地区最早设置郡县的地区。近年来，在朝阳市区内考古发现的波斯人形象的陶塑，以及东罗马的古币、西亚与中亚地区的粟特人物造像等，都越来越证明朝阳不仅是古代沟通中国南北地区交流的中心，同时也是联结和沟通欧亚大陆东西方文化交流的核心地域。

如果从地域文化的特征角度观察，这里既是草原文明、农业文明，

① 参见朝阳市史志办公室编《朝阳市志》第1部，辽宁大学出版社1996年版，第142—149页。

也是森林狩猎、海洋文明、渔捞文明的交会点。应该说，以大凌河谷为中心的文化与文明，是中国东北地区最悠久的古代文明的典型区域。因此，从这个意义上说，我们对朝阳地区的历史与文化的认识尚停留在较为浮浅的基础上。目前学术界通常把朝阳的历史与文化归结为西辽河流域的文化，其实从严格的流域文化的角度上观察，朝阳的古代文化并不属于辽河文化，而是属于大凌河流域的文化。著名的查海文化，以及红山文化的中心地牛河梁遗址、东山嘴遗址都属于大凌河流域。如果从流域概念上看，大凌河流域与西辽河流域属于两个完全不同的流域范围。然而，古代文化的分布往往打破了单纯的现代地理的流域概念的限制，其文化的分布则是以相邻的地域或地区向周围扩散。当然，地域文化的流向则是以沿着河流的流动方向为发展路线。河流的上游、中游、下游分别与高山、森林、峡谷、川地、丘陵、平原、近海之地相伴。因此，西辽河流域文化与大凌河流域的文化，实际上应属于辽西地区的文化。辽西的地域概念作为上述两大流域文化的综合解释，是比较接近历史的真实面貌的。当然，大凌河流域的朝阳市是辽西地区的文化中心和典型的东北地域都市文明的代表。这个文化中心经历了数千年的多种文化的交融和多民族文化的碰撞，才最终形成了以三燕文化为中心的城市文明。从地域上看，其西接蒙古高原，东滨辽海大地，北镇白山黑水，南连幽燕河山，具有文化和民族聚合的地理特征。① 诚如苏秉琦先生指出的那样，这一地区具有同一时代不同文化群体在这里交错的文化特征。②

代人、汉人、契丹、鲜卑、高句丽、靺鞨、粟特、波斯、斯基泰等不同的民族与种族，都曾经在这里聚合、相处、贸易、交换与交流。北齐末年，代人高保（宝）宁为营州刺史，颇受周边少数民族的尊重。时年正遇北周大举攻伐北齐，高氏便联合营州周边契丹、靺鞨等民族来抵抗北周的入侵。《北齐书》卷四一《高保宁传》载“周帝遣使招慰，（高保宁）不受敕书……还据黄龙，竟不臣周”。而《隋书》卷三九《阴寿传》载“及齐灭，周武帝拜（高保宁）为营州刺史，甚得华夷之心”。可知，高保宁在周齐战争之际以营州为依托来抵抗北周，而北齐灭亡后在大势所趋之下，归降北周，并继续任营州刺史一职。所谓其“甚得华

① 参见王禹浪《三燕故都古朝阳的历史、文化与民族融合》，《黑龙江民族丛刊》2007年第3期。

② 参见苏秉琦《中国文明起源新探》，辽宁人民出版社2011年版，第33页。

夷之心”说明高保宁的汉化程度和深得汉人的信任。北周大象二年（580），北周静帝鲜卑人宇文阐继位，外戚杨坚以大丞相身份辅政，营州刺史高保宁又连接契丹、靺鞨举兵反北周。公元581年，北周静帝禅位于杨坚，改国号为隋。时年高保宁引突厥围攻北平，隋文帝杨坚遣大将阴寿率兵万骑平息叛乱。高保宁弃城而逃，营州被隋朝收复，在此基础上建立营州总管府，治所为龙城县［开皇十八年（598）易名为柳城县］，即今朝阳市。隋炀帝大业三年（607）改州为郡，废除营州总管府，取秦汉“辽西郡”名之。大业八年（612）又废除辽西郡之名，改名为柳城郡。隋朝末年，幽州总管罗艺割据柳城郡自立，柳城郡复为营州。

公元618年，唐朝建立，武德元年（618）设置营州总管府领辽、燕二州，领柳城一县。武德七年（624），改为营州都督府，管营、辽二州。武周时期，由于营州都督赵文翙的“骄沓”作风，对契丹等民族“数侵侮其下”并且面对契丹饥荒也“不加赈给”“视（契丹）酋长如奴仆”，使民族矛盾激化，并招致松漠都督府都督李尽忠的不满。于是在万岁通天元年（696）五月，李尽忠与孙万荣共同起兵反唐，诛杀赵文翙，占据营州。李尽忠自封“无上可汗”，任用孙万荣为将，并纵兵四略，进攻唐河北道。这时，武则天派遣左鹰扬卫将军曹仁师、右金吾卫大将军张玄遇、左威卫大将军李多祚、司农少卿麻仁节等二十八将讨灭叛乱。李尽忠等闻大军将至，释放俘虏，并言：“吾辈家属，饥寒不能自存，唯俟官军至即降耳”，武周诸军听闻便“争欲先入”，在黄麞谷李尽忠又让老弱迎降，种种表现目的只在于让武周军放松警惕。于是曹仁师三军放弃步卒，率骑兵先行，在硖石谷遭遇契丹兵的伏击，主帅被擒。《资治通鉴》卷二〇五《唐纪二一》“则天后万岁通天元年八月丁酉条”记载了唐军战败时的惨状“将卒死者填山谷，鲜有脱者”，可谓全军覆没。此后，契丹再次设伏兵击败前来的燕匪石部。同年，契丹又击败龙山军讨击副使许钦寂，并围攻安东城。十月，李尽忠卒，孙万荣代替其位统辖诸部。此时，突厥默啜可汗率兵袭击，并掠走李尽忠、孙万荣的妻儿。孙万荣再次收合余众，并遣兵攻陷冀州，屠吏民数千人，震动河北。第二年，孙万荣率部破唐军，并于柳城西北400里处依险筑新城，以安置老弱妇孺与所获器仗资财。正当孙万荣率精兵攻打幽州之际，孙万荣部的后方却遭到了突厥人的袭击。突厥默啜可汗听闻契丹大势将去，遂发兵围攻新城，持续三日将其攻克。一时之间，众心离散，依附于契丹的奚人倒戈，武周神兵道总管杨玄基击其前，奚族兵众击其后，契丹大军溃败，孙万荣被手下杀死。历时一年多的“李尽忠、孙万荣叛乱”终于平定。值得注意的是，在契丹叛乱之际，营州靺鞨人大祚荣与其父乞乞仲象趁机逃往“故国”东牟山，脱离唐王朝的控制，建立“靺鞨国”，即后来唐朝册封的渤海国。

唐朝虽然剿灭营州叛乱，但是对于东北地区的控制却一度失去有效管辖。唐中宗即位后，将营州都督府内迁幽州之东的渔阳城。开元二年(714)，薛讷奏请“击契丹，复置营州”，由于军事失利，直到开元五年(717)才还治柳城。《旧唐书》卷一〇八五（下）《宋庆礼传》载：“开元五年，奚、契丹各款塞归附，玄宗欲复营州于旧城，侍中宋璟固争以为不可，独庆礼甚陈其利。乃诏庆礼及太子詹事姜师度、左骁卫将军邵宏等充使，更于柳城筑营州城，兴役三旬而毕。俄拜庆礼御史中丞，兼检校营州都督。开屯田八十余所，追拔幽州及渔阳、淄青等户，并招辑商胡，为立店肆，数年间，营州仓廪颇实，居人渐殷。”又《全唐文》卷二七收录唐玄宗在此时期颁布的《柳城复置营州诏》，诏书曰：“朕闻舞干戚者，所以怀荒远；固城池者，所以款戎夷。国家往有营州，兹为虏障，此北狄不敢窥觎东藩，由其辑睦者久矣。自赵文翙失于镇静，部落因此携离，颇见负涂之睽，旋闻改邑之叹。高墉填堑，故里为墟，言念于此，每思开复。奚饶乐郡王李大酺，赐婚来朝，已纳呼韩之拜。契丹松漠郡王李失活，遣子入侍，弥嘉秺侯之节。咸申恳请，朕所难违，宜恢远图，用光旧业，其营州都督府，宜依旧于柳州置。管内州县镇戍等，并准旧额。太子詹事姜师度、贝州刺史宋庆礼、左骁卫大将军兼营田都督邵宏、郑州刺史刘嘉言、屯田员外郎游子骞等，并贞以干事，恪勤在公，爰精众官之遇，任以一方之役。师度可充营田支度及修筑使，游子骞为副。宏可兼充燕郡经略镇副使，仍兼知修筑使事。应须人夫粮等，一物已上，依别敕处分，有司仍速支配。师度等并驰驿发遣。”由此观之，营州对于整个唐朝东北边疆的安定具有非常重要的战略意义。

为了更加有力地控制营州地区，唐开元五年（717），于营州设置平卢军使，开元七年（719）升平卢军使为平卢军节度使，经略河北兼领安东都护及营、辽、燕三州，并兼押两蕃、渤海、黑水经略处置使。由此可见，唐平卢军节度使成为管辖东北最高的军政长官，节度使由唐营州都督所兼任。

天宝十四年（755），安禄山、史思明在河北范阳起兵反唐，这一持续八年的叛乱史称“安史之乱”。安禄山为“营州柳城杂胡”，长期担任营州都督、平卢节度使等职务，因此在营州地域颇有影响力。《旧唐书》卷一〇四五《刘全谅传》称：“天宝末，安禄山反，诏……以平卢军节度副使吕知诲为平卢军节度使……禄山既僭位于东都，遣心腹韩朝阳等招诱知诲，知诲遂受逆命，诱杀安东副都护、保定军使马灵詧，禄山遂署知诲为平卢节度使。”此时，营州地域已陷入安史叛军之手，由此可以看出安禄山在营州的影响力之大。另一方面亦不能忽略唐廷多年经略营州的作用。“（刘）客奴与平卢诸将同议，取知诲杀之；仍遣与安东将王玄志遥相应援，驰以奏闻”，唐朝中央马上授刘克奴为柳城太守。同时，安禄山又派遣徐归道夺回营州，任平卢军节度使。此时，平卢军裨将侯希逸又与安东都护王志玄袭杀刘归道，重新夺回营州最高权力。

由以上诸多事件可以看出，当时安禄山与唐中央政府在营州的势力呈犬牙交错状态，双方竭尽全力想把营州掌控在手。此后王志玄病故，侯希逸任平卢军节度使。此时，奚族势力崛起，在内忧外患之下，侯希逸率军两万人南下到青州一带驻防，从此平卢军再没有能力北返营州。平定安史之乱后，唐政府取消了营州都督府的建置，遣卢龙节度使统辖营州，这也标志着唐朝在内忧外患之下对东北的无力经营，同时也为10世纪契丹的崛起提供了契机。总之，隋唐之际朝阳作为最重要的节制东北及北方古代民族的重镇，其历史与文化的背景具有多重因素。

二　大凌河流域隋唐营州历史与文化研究综述

公元581年，北周重臣杨坚取代宇文氏的北周，建立隋王朝，在平定高保宁营州叛乱之后，在北齐营州基础上置营州总管府。隋炀帝大业三年（607）废营州总管府，置辽西郡。隋大业八年（612），辽西郡改名为柳城郡。公元618年唐王朝建立，营州地区逐步成为中原王朝统治东北地区的军事重镇。唐王朝在此相继设置营州总管府、营州都督府、平卢节度使等，它们作为营州地区的最高军政管理机构以管辖控制东北边疆。隋唐时期营州的地域文化得到空前的发展，一方面，由于“三燕”与北朝时期在此留下的民族迁徙和经营的积淀，经过了隋唐统一后的整合；另一方面，随着隋唐时期丝绸之路的繁盛，以及营州优越的地理位置，朝阳成为来自中亚的粟特商人的聚居地。因此隋唐时期的营州不仅具有重要的战略地位，同时也具有鲜明的民族融合的多元文化特征。目前，学术界对隋唐营州的研究取得丰富的成果。综合梳理朝阳地区的历史与文化的研究成果，对于隋唐时期营州对东北和东北亚历史与文化的影响具有非常重要的学术价值。笔者主要从营州的历史地理、地域的行政建置与职能、民族融合、风俗宗教文化、墓葬形制及墓志、国外研究状况等六个方面加以叙述。

1. 关于隋唐营州历史地理研究

金毓黻在《东北通史》（五十年代出版社1943年）一书，考订了隋唐营州（柳城）的地理位置，纠正了学术界原来认定“柳城”为河北昌黎的错误。辽代的营州，虽袭故名，实为新置，与北魏至隋唐时期的营州并非一地。辽代的兴中府才是隋唐时期的营州，即今天的朝阳。金毓黻先生的这一考证，奠定了确认隋唐营州的学术基础。严耕望在《唐代交通图考》第五卷《河东河北地区》（“中央研究院”历史语言研究所，1986年）中认为，隋唐时期的营州通往东北藩国的道路共有三条：其一，东北至契丹牙帐通往东北诸国道；其二，西北越西陉至奚王牙帐通往北蕃道；其三，东至辽东通往东方诸国道。而隋唐的营州则是这三大通道的起点。王绵厚在《隋唐辽宁建置地理述考》（《东北地方史研究》1986年第1期）主要考证隋唐在营州设置的羁縻州县的地理位置。史念海在《唐代河北道北部农牧地区的分布》（《唐史论丛》第三辑，陕西人民出版社1987年版）认为唐代河北道的北部，燕山以南是农耕地区。燕山以北的桑干河中游和玄水、白狼河流域，就是当时的妫州和营州，属于半农半牧地区，再北就是游牧地区。孙进己、冯永谦主编的《东北历史地理》第二卷《魏晋——隋唐民族与建置的分布》（黑龙江人民出版社1989年版）主要梳理了隋唐在营州的建置，以及所辖的民族分布。王绵厚、李健才的《东北古代交通》（沈阳出版社1990年版）主要考订了隋唐时期营州通往安东都护府的三条重要道路，即南道，由营州东南陆行，经大凌河下游的“燕郡”（今义县附近）、“汝罗城”（大凌河西岸老君堡）去往“安东都护府”（辽阳）；中道，从营州出发经“怀远镇”（北镇一带），向东至“安东都护府”；北道，从营州出发至通定（今新民县高台山），过辽河至（玄菟）新城（今抚顺北高尔山山城），东南沿浑河到“安东都护府”。邵京彩的《三燕至隋唐时期朝阳城市地理初探》（硕士学位论文，东北师范大学，2010年）对三燕至隋唐时期朝阳的地理环境、城市形态进行了论述。

2. 关于隋唐营州地区的建置与职能研究

隋唐时期在营州地区相继设立过营州总管府、营州都督府以及平卢节度使等机构，作为该地区的最高军政管理机构以管辖控制东北边疆。这些机构对于隋唐的东北部边疆的稳定和有效管辖起到了至关重要的作用。孙慧庆在《唐代治理东北边疆的重要机构平卢节度使》（《北方文物》1991 年第 4 期）中；主要以“安史之乱”为背景，论述了营州平卢节度使在东北边疆所起到的作用。王俊在《唐平卢节度使始置年代辨证》（《六安师专学报》1999 年第 1 期）中认为，唐开元七年（719）始置平卢节度使，并非如《资治通鉴》《新唐书·逆臣传》中所言，始置于天宝元年（742）。他认为《唐会要》《新唐书·方镇表》中的说法比较可信。郭继武在《唐代前期营州都督府治所的变迁——兼论唐朝与奚契丹的关系》（硕士学位论文，中央民族大学，2007 年）中认为：营州作为唐代前期东北地区的政治军事重镇，负有统制东北诸蕃的战略重任。营州都督府位置的变动、权力机构的变更，尤其是其两次侨治以及向节度使体制的转变，都受到奚、契丹叛服的深刻影响。许辉在《隋朝幽州军事防御的演变》（《青岛大学师范学院学报》2009 年第 3 期）一文，认为隋朝营州的主要职责是镇抚东北诸族及防范辽东，并相应地担负了幽州东北的防御任务。由此，导致幽州的防御目标和防御地位发生了转变。幽州主要将目标集中于突厥，积极配合北边的军事行动，同时为营州的防御提供支持。岳东在《南下平卢的马匹》（《洛阳师范学院学报》2010 年第 6 期）中认为，平卢军驻扎在营州时利用与畜牧地带相接的条件，获取了北方优良马种、巩固了平卢诸藩镇的军事地位。王义康在《唐代经营东北与突厥》（《陕西师范大学学报》2011 年第 6 期）中认为，后突厥的复兴是促使平卢节度使建立乃至军力加强的直接或间接因素。虽然唐以优势兵力遏止了突厥对东北诸族的进攻，巩固了在东北的统治地位，但军事上也出现了尾大不掉的局面。岳聪的《略论唐代营州都督府》（《枣庄学院学报》2011 年第 3 期）一文，主要探讨“营州之乱”后，唐朝对营州都督府的重建，并以宋庆礼为个案进行研究。他认为：在宋庆礼经营之后，营州都督府逐渐变为唐政府的重要军事基地。值得注意的是，吉林大学的宋卿博士在这一领域发表过数篇论文，并颇有建树，其《唐代营州研究》（博士论文，吉林大学，2008 年）主要从地方建置、民族与人口、官署机构与职官、职能实施等多角度入手，探讨营州在唐王朝东北区域统治中的重要地位和作用；《唐代东北羁縻府州职官考》（《北方文物》2009年第1期），对唐代东北地区设置的各种形式的羁縻府州，既有设置正州即营州内的羁縻州，亦有设少数民族原居地的羁縻府州，诸羁縻府州的职官与正州职官有所不同；《唐代营州政府经济职能初探》（《社会科学辑刊》2009年第3期），对唐代营州政府的经济职能，包括征收赋税与土贡、经营屯田、管理互市等方面进行了探讨；《唐代营州政府行政职能略论》（《东北史地》2009年第5期）分析了唐代营州府行政职能，主要是选拔考课官吏、管理朝贡活动、少数民族诸羁縻府州等问题；《唐代平卢节度使略论》（《中国边疆史地研究》2010年第2期），认为平卢节度使的任命渠道主要有三种：朝廷任命、安禄山任命、先由将士推立后，再由朝廷任命。平卢节度使以汉人为主，并有一定数量的边疆民族将领。其任前多为武将，亦有文官，还有宗室亲王遥领。平卢节度使多在营州地方官或军府官员中提拔任命；《试述唐前期平卢节度使的职官兼任》（《西南大学学报》2011年第1期）中认为：唐代平卢节度使始置于开元七年（719），与营州都督共同负责营州军政事务。在官职任职中，平卢节度使多兼任其他官职，相继以营州都督、柳城郡太守、营州刺史充任。并且兼充支度使、营田使、转运使等职，或摄御史中丞（大夫），亦兼押蕃使以负责监督、掌管边疆少数民族事务；《试论营州在唐代东北边疆的地位与作用》（《东北师范大学学报》2011年第2期）认为营州是唐王朝在东北边疆的军政重镇，在维护唐王朝与东北边疆诸少数部族之间的君臣关系，实现唐王朝在东北边疆地区的行政管理，防范、平定东北边疆叛乱，发展东北边疆经济诸方面，发挥了重要作用。此外，佟冬主编的《中国东北史》（吉林文史出版社2006年版）、李治亭的《东北通史》（中州古籍出版社2003年版）、程妮娜的《东北史》（吉林大学出版社2004年版）、《古代中国东北民族地区建置史》（中华书局出版社2011年版）分别从通史的角度对隋唐时期营州的地方建置进行了论述。

3. 隋唐时期营州地区的民族分布研究

营州是隋唐两朝东北边疆重镇，也是少数民族杂居之地。关于营州地域内的靺鞨人、高句丽人以及契丹人的流动、叛乱以及王朝在处理民族问题方面所作出的反应与措施，也是这一领域学者研究的兴趣所在。杜日新在《隋代“营州靺鞨”琐议》（《社会科学战线》1994年第3期）

中指出，隋朝末年靺鞨人开始移民到营州，在其演化过程中，有两个主要去向：进关，成为中原朝廷州郡属下的臣民，后来成为汉族的一部分；返回靺鞨故地，成为中央唐王朝在东北渤海国的王室和编户。张春海在《试论唐代营州的高句丽武人集团》（《江苏社会科学》2007 年第 2 期）中指出，唐代营州地区的高句丽人，由于原有的组织形式已经遭到破坏，再经过近 300 年的动乱、变迁，组织力更加微弱。因此，平卢军中的高句丽武人被排斥于高级将领队伍之外，对以安禄山为首的胡人军事集团产生较为强烈的抵触情绪，趁安禄山从平卢军抽调大批精兵猛将发动叛乱、对军内未做周密人事安排之际，高句丽武人集团趁势崛起。范恩实在《论隋唐营州的靺鞨人》（《中国边疆史地研究》2011 年第 1 期）中指出，隋唐时期先后有数批靺鞨人流入营州地区，包括隋初内迁的突地稽部粟末靺鞨人、唐初入附的粟末靺鞨乌素固部落，以及唐伐高句丽过程中内附的粟末、白山等部靺鞨人。万岁通天年间营州靺鞨人东走建立渤海国之前，营州地区当有 10 万以上的靺鞨人。此外，隋唐时期营州的“高保宁之乱”与李尽忠主导的“营州之乱”，也备受学界关注。王小甫在《隋初与高句丽及东北诸族关系试探——以高宝（保）宁据营州为中心》（载王小甫主编《盛唐时代与东北亚政局》，上海辞书出版社 2003 年版）中认为，隋初平定营州高保宁的叛乱，在一定程度上遏止了突厥与高句丽对辽西地区的染指，安定了北部边疆。许辉在《隋初幽州防御形势试探》（《晋阳学刊》2005 年第 3 期），隋初平定营州高保宁之乱后，在一定程度上遏止了突厥的进攻。韩昇在《东亚世界形成史论》（复旦大学出版社 2009 年版）一书中认为，营州高保宁之乱主要依托高句丽的支持，背后牵涉到隋朝与高句丽之间对辽西地区的争夺，前者希望占据该地进而断突厥右臂；后者则希望利用此地来屏藩本国。李文才在《论“营州事变”的成因及其影响》（《河北学刊》2002 年第 4 期）中认为，武则天时期在民族政策方面的失误，以及武周统治集团内部的武李之争，是造成“营州事变”发生的深层原因，并对东北各民族产生了深远的影响。李松涛在《论契丹李尽忠、孙万荣之乱》（载王小甫主编《盛唐时代与东北亚政局》，上海辞书出版社 2003 年版）中论述道：唐在“营州之乱”后，为确保东北地区安定，调整了防御体系，形成营州、幽州掎角之势，同时也为安禄山的反叛提供了客观条件。肖爱民、孟庆鑫在《略论契丹“营州之乱”对武周立嗣的影响》（《赤峰学院学报》2005 年第 4 期）中认为，契丹“营州之乱”，不仅让武周政权在军事上付出了惨重代价，而且还引发了一系列边境问题。更为重要的是迫使武则天在立嗣问题上，态度发生了转变，由支持武氏转为支持李氏。都兴智在《略论契丹李尽忠之乱》（《东北史地》2008 年第 2 期）中，对李尽忠发动的营州之乱，使唐王朝在很长时间内失去了对辽西地区的实际控制权进行了论述。蒋戎在《靺鞨参与营州事变的原因及其东奔》（《社会科学战线》2010 年第 10 期）中认为，营州靺鞨参与营州事变的原因，不是反唐而是反对武周政权，其东奔的最初目的也不是为了建立自己的独立政权，而是为了与武周对抗。

4. 隋唐时期营州社会文化的研究

孙慧庆在《唐代平卢节度使南迁之后琐议》（《北方文物》1992 年第 4 期）中认为，驻扎在营州地区的平卢节度使南迁后，使东北地区的汉族人口大量减少，汉族所从事的农业、手工业生产等也随之收缩，并引起边疆某些民族驻地变化的连锁反应。荣新江在《北朝隋唐粟特人之迁徙及其聚落》（收入氏著《中古中国与外来文明》，生活·读书·新知三联书店 2001 年版）中认为，隋唐时期营州具有十分重要的战略地位与商业价值，此地也成为粟特商人的聚集地，或许可以说是距离粟特本土最远的粟特聚落。营州粟特人的来历，很可能是从河东道迁来的，迁徙路线很可能是经代州、蔚州、妫州而到达东北的营州，而后落籍。杨晓燕在《唐代平卢军与环渤海地域》（载王小甫主编《盛唐时代与东北亚政局》，上海辞书出版社 2003 年版）一文，从平卢军入手解释了唐代营州社会的多元文化及其在环渤海地域内的重要作用。徐效慧的《略述唐代营州的经济》（《渤海大学学报》2006 年第 3 期）一文，主要利用考古资料论述唐代营州经济的繁盛，并认为产生这一现象的原因是唐王朝的经济政策以及营州的交通优势造成的。张春海在《唐代平卢军南下后的种族与文化问题》（《史学月刊》2006 年第 10 期）中认为，平卢军是一支胡化程度相当深的队伍，在忠于朝廷的势力中，主要分为胡化汉人军事集团和营州高句丽武人集团两大派别。胡化汉人军事集团的胡化程度要比营州高句丽武人集团更深。在两大派别陆续南下的过程中，他们都把胡族文化的影响输入到中原地区，并使一部分地区（淮西）出现比较严重的胡化倾向。王禹浪的《三燕故都古朝阳的历史、文化与民族融合》（《黑龙江民族丛刊》2007 年第 3 期）一文，主要根据近几年来朝阳市出土的重要的历史文物及其三燕时期的历史线索，针对三燕政权与鲜卑族的主要分布和迁徙特点，对朝阳市三燕时期的历史文化进行简要的梳理，以期说明隋唐以前的三燕时期，以朝阳为中心的民族融合的历史背景。张宜婷在《营州在唐代环渤海地区民族形成过程中的地位与作用》（载李鸿宾主编《隋唐对河北地区的经营与双方的互动》，中央民族大学出版社 2008 年版）认为，唐代营州是介于中原与塞外的“过渡地带”，形成了中原文化与蕃族文化并存的特点，同时也不断对环渤海地区的文化有所辐射。

5. 隋唐营州的墓葬形制、分期以及出土墓志研究

张松柏的《敖汉旗李家营子金银器与唐代营州西域移民》（《北方文物》1993 年第 1 期），以李家营子出土金银器的两座墓葬为例证，对波斯、粟特人移居营州的历史过程和西域移民在这一带的政治、经济活动加以论证，指出由于大食在阿拉伯半岛的兴起，从唐初开始，波斯、粟特商人为躲避战火而大批移居到营州。营州附近北燕冯素弗墓中出土的来自西罗马的玻璃器证明，早在公元 5 世纪初叶，丝绸之路就已经延伸到营州。辛岩的《辽西朝阳唐墓的初步研究》（《辽海文物学刊》1994 年第 2 期）一文，就朝阳唐墓的分布、类型、分期以及类型进行探讨。张洪波的《试述朝阳唐墓形制及其相关问题》（《辽海文物学刊》1996 年第 1 期）中认为，朝阳唐墓形制，大致可分为三期。第一期从唐武德年间至贞观年间，这一期墓葬形状基本上还是沿用隋代风格，以砖筑方形墓、弧方形墓为主，长方形土坑墓次之，砖筑圆形墓出现。第二期自永徽年间至安史之乱以前，本期墓葬以圆形墓为主，梯形、舟形墓占一定比例，方形墓、弧方形墓减少。第三期安史之乱至唐末，本期主要以梯形砖墓为主。齐东方的《中国北方地区唐墓》（载《7—8 世纪东北亚地区历史与考古国际学术讨论会论文集》，科学出版社 2001 年版）一文，主要分析了以朝阳地区为主的北方唐墓的形制和随葬器物表现出的鲜明特征，认为这种特征体现出与中原地区、东北渤海、朝鲜半岛 7—8 世纪文化交流的过渡性。此后，齐东方又在《隋唐环岛文化的形成和展开——以朝阳隋唐墓葬研究为中心》和《隋唐环岛文化の形成と展开》（《东アジアと『半岛空间』》，思文阁出版，2003 年）中提出：隋唐时期环渤海地区考古学文化具有非常浓厚的地域特征，体现出一地区多元文化共存的独自特色，形成特殊的“环岛文化”并由此放射到朝鲜半岛、日本列岛。张晓辉的《北方地区隋唐墓葬的分区与分期》（硕士学位论文，吉林大

学，2004 年）一文，把已发掘的朝阳地区的隋唐墓葬分成三期，即隋至初唐、盛唐早段，盛唐晚段和中晚唐。吴炎亮的《朝阳隋唐墓葬研究》（硕士学位论文，吉林大学，2005 年）一文，对朝阳地区发现的隋唐墓葬进行墓葬形制、随葬品的类型划分。对墓葬进行了分期，分析了在朝阳隋唐墓葬中所见到的多民族文化因素，并比较了朝阳隋唐墓葬和中原隋唐墓葬的区别。姜念思的《辽宁朝阳市黄河路唐墓出土靺鞨石俑考》（《考古》2005 年第 10 期）一文，分析了朝阳黄河路唐墓出土的一对男女石俑的族属问题，指出石俑应该是根据靺鞨人的形象雕刻而成。吕学明、吴炎亮在《辽宁朝阳隋唐时期砖构墓葬形制及演变》（《北方文物》2007 年第 4 期）中认为，朝阳唐墓在早期阶段以弧方形和方形砖室墓为主，但至中期以后则以圆形砖室墓为主，弧方形和方形砖室墓消失。朝阳唐墓中的圆形砖室墓和梯形砖椁墓未见于中原地区，具有鲜明的地方特色。张桂霞的《朝阳地区出土瓷器的初步研究》（硕士学位论文，吉林大学，2007 年）一文，探讨了朝阳地区出土的隋唐瓷器釉色品种、纹饰题材内容，并进行形制分析。郭清章的《辽宁朝阳地区唐墓初探》（《安徽文学》2009 年第 1 期），从墓葬形制、随葬品特征来探讨朝阳唐墓与中原唐墓的区别，以及所体现出的少数民族特征；《北方地区隋唐墓葬研究——以河北地区和辽宁朝阳地区墓葬为中心》（硕士学位论文，郑州大学，2009 年），对朝阳地区唐墓常见的墓龙、仪鱼、观凤鸟、伏听俑，以及圆形墓葬形制进行历史成因及渊源的分析。徐效慧的《朝阳出土的唐代乐舞俑赏介》（《辽宁师专学报》2009 年第 5 期），主要介绍了 1998 年朝阳市西上台唐墓出土了一组唐代陶瓷乐舞俑，认为这些舞俑为人们提供了反映北方大唐乐舞方面非常珍贵、更为直观的资料。田立坤的《朝阳的隋唐纪年墓葬》（载辽宁省文物考古研究所、日本奈良文化财研究所主编《朝阳隋唐墓葬发现与研究》，科学出版社 2012 年版），对已发现的朝阳地区 21 座隋唐墓进行梳理，并结合墓志就营州社会文化作分类研究。郭明的《朝阳地区隋唐墓葬的初步研究》（载《朝阳隋唐墓葬发现与研究》科学出版社 2012 年版），通过对朝阳地区隋唐墓葬及出土遗物的分析，探讨朝阳地区隋唐时期的葬俗及民族、政治关系的变化，指出方形砖室墓墓主可以确定为汉族，而圆形砖室墓墓主的成分则相对较为复杂，既包括本地少数民族，也包括南朝归附的汉人。万欣的《朝阳发现唐代铁器的初步考察》（载《朝阳隋唐墓葬发现与研究》），主要对朝阳唐代铁器的形制特点进行分析，并与其他地区出土的铁器作横向与纵向比较。值得注意的是，朝阳地区已发掘的隋唐墓葬形制中，圆形墓葬占据很大比重。有关圆形墓葬的渊源，学界对此有如下几种观点：信立祥在《定县南关唐墓发掘简报》（《文物资料丛刊》第6辑，1982年）中认为，圆形墓可能为迁徙内地的北方游牧民族摹拟穹庐牧帐而来。方殿春在《论北方圆形墓葬的起源》（《北方文物》1988年第3期）中认为，圆形墓葬是在特定的历史时期、社会基因和地理区域等多方面因素的共同制约下出现的，它与北方少数民族的毡帐毫无牵扯。申秦雁在《论中原地区隋墓的形制》（《文博》1993年第2期）中认为，圆形砖室墓在河北、辽宁等地的隋唐墓中多见，可能是东部地区特有的一种形制，因受北方游牧民族影响而产生的。张洪波在《试述朝阳唐墓形制及其相关问题》（《辽海文物学刊》1996年第1期）中认为，圆形墓源自北方少数民族居住的圆形毡帐环车。张瑞在《唐河北道南部地区隋唐墓葬的发现与研究——以纪年墓葬为中心的考察》（硕士学位论文，吉林大学，2009年）中认为，圆形墓是源于河北道当地的传统，唐朝中央能否有效控制此地，决定了圆形墓葬的兴衰。李梅田的《论南北朝交接地区的墓葬——以陕南、豫南、鄂北、山东地区为中心》（《东南文化》2004年第1期）和郭清章的《北方地区隋唐墓葬研究——以河北地区和辽宁朝阳地区墓葬为中心》（硕士学位论文，郑州大学，2009年）中认为，北方地区圆形墓葬的源流应追溯到六朝时期的椭圆形墓。倪润安在《试论北朝圆形石质墓的渊源与形成》（《北京大学学报》2010年第3期）中认为，圆形墓是以墓葬形制模仿石窟形制，体现的是当时比较常见的将佛教因素引入墓葬的做法，是当时地位较高者的权利。

朱子方、孙国平的《隋〈韩暨墓志〉跋》（《北方文物》1986年第1期），介绍了韩暨墓志的主要内容，指出墓志的内容涉及北魏、北齐和隋朝的历史以及当时东北各族之间的相互关系。王金鑪的《唐左才墓志析》（《北方文物》1992年第2期），结合左才墓志对营州左氏家族的官职、合葬以及迁移进行考释。张建宇的《左才墓志刍议》（《博物馆研究》1992年第2期），结合《唐左才墓志析》对左才祖孙三代的官职以及夫妇合葬问题提出新的看法。田立坤的《唐杨涛墓志考》（《文物》1994年第10期），考证墓志中有关官职和历史地理问题，并对杨涛的死因加以推测。郭明的《墓志所见隋唐时期营州地区军事制度的变迁》（载《朝阳隋唐墓葬发现与研究》)，通过墓志的记载，对隋唐时期营州地区军事制度变化作了相关探讨。认为营州地区作为远离中央的边缘区域，其主要军事制度的变化受到多方面的因素影响。万雄飞、图旭刚的《唐杨和墓志考》（载《朝阳隋唐墓葬发现与研究》)，通过墓志的记载，对杨和世系、生平与子嗣以及家族的迁徙作出考释。田立坤、韩国祥的《蔡泽、蔡须达墓志考》（载《朝阳隋唐墓葬发现与研究》)，对蔡氏家族的迁移、事迹以及营州的佛教发展进行了考释。此外，辽宁省博物馆主编的《辽宁省博物馆藏碑志精粹》（文物出版社 2000 年版）和王晶辰主编的《辽宁碑志》（辽宁人民出版社 2002 年版）均收录和汇编了部分隋唐时期的营州墓志。

6. 隋唐营州的国外研究现状

国外学者关于隋唐时期营州的研究，成果虽不多见，但其研究的角度却有特点。从研究的内容上看，常与"安史之乱"和"营州之乱"后的渤海国兴起联系到一起。如加拿大学者蒲立本（Edwin George Pulleyblank）的《安禄山叛乱的背景》（*The Background of the Rebellion of An Lushan*, *London*, UK: Oxford University Press, 1995）一书，从政治、经济、种族等方面分析了安禄山叛乱的背景，同时考证了安禄山家族的来源，指出安禄山是粟特与突厥混血，并分析了安禄山从粟特经突厥迁到营州的历程。日本学者日野开三郎的《安史の乱による唐の東北政策の後退と渤海の小高句麗国占領》,（《史淵》1964 年第 91 期）认为"安史之乱"使唐朝内外政局发生了根本的变化，也使唐朝东北政策大大后退。从而使唐朝丧失了对东北地区的控制力，而辽东地区存在一个以高丽王系子孙统治为主的"小高句丽国"。森部豊的《唐前半期河北地域における非漢族の分布と安史軍淵源の一形態》（载《唐代史研究》2002 年第 5 期)，认为，安禄山等"营州杂胡"实则多为"突厥化"的粟特人。韩国学者郑炳俊的《"营州城傍高丽人"王思礼》（载《高句丽研究》2005 年第 19 期)，以王思礼为个案来探讨高句丽遗民在营州的地位；他在《营州大祚荣集团的渤海建国》,（*Journal of Northeast Asian History* vol. 4 – 2, 2007）一文中，考察高句丽灭亡之后移居到唐营州地区的大祚荣和其集团的生活形态，并分析了对渤海国的性格形成有何影响。指出大祚荣集团在营州居住时，他们很好地保存了自己的民族属性。因为他们被编制成了由异民族构成的带有半专门性军事集团性格的"城傍"，而大祚荣则是营州高句丽人城傍的首领。此外，日本奈良文化财研究所与辽宁省文物考古研究所在2006—2011年，对尚未发表的朝阳隋唐墓葬资料进行整理，并编写出了考古发掘报告。其中日方的考古学研究文章如下：丰岛直博的《朝阳地区隋唐墓出土带饰金属部件的制作技法》（载《朝阳隋唐墓葬发现与研究》），对出土的带饰金属部件的细部构造进行了梳理。小池伸彦的《朝阳地区铁质环形弹簧剪考》（载《朝阳隋唐墓葬发现与研究》），对出土的唐代弹簧剪进行了分类和编年的研究。高桥照彦的《辽宁省唐墓出土文物的调查与朝阳出土三彩枕的研究》（载《朝阳隋唐墓葬发现与研究》），对三彩枕的纹饰、用途、样式的变化以及年代进行研究。降梵顺子、高妻洋成、肋谷草一郎的《使用携带性荧光X线分析装置对俑的分析调查》（载《朝阳隋唐墓葬发现与研究》），对左才墓、张狼墓、蔡须达墓出土的人物俑、动物俑的颜料进行了分析。和田一之辅的《陶俑研究之一视点——以辽宁省韩相墓出土武官俑为中心》（载《朝阳隋唐墓葬发现与研究》），对于武官俑的制作方法以及痕迹分类作了探讨。金田明大的《辽宁省隋唐时期墓葬出土考古资料的立体测量》（载《朝阳隋唐墓葬发现与研究》）报告了用三维测量技术测量出土文物的结果。

三　大凌河流域隋唐营州研究的回顾与展望

综上所述，目前学术界对于隋唐时期营州历史与考古的关注主要集中在如下几方面：其一，隋唐营州的历史地理方面研究。主要侧重于隋唐营州地域的地理环境、路线交通、城市形态等方向的考证与研究。其中最为主要的收获就是金毓黻先生在《东北通史》一书中纠正了柳城为河北昌黎的错误观点，为之后隋唐营州的地理位置确定了正确的历史坐标。尤其是与之相关的一些重大的历史地理、民族分布、历史事件、古代交通等问题得到了解决。

其二，隋唐营州的建置与职能研究。主要探讨了隋唐在营州地域建立管辖机构的历史沿革，以及这些机构的具体职能，包括政治、军事、民族、经济、贸易、文化、宗教等多方面。这类研究成果与发表的文章，在隋唐营州研究方面的比例较大，可以看出学术界在隋唐营州历史问题研究上一直偏重于中央政权与边疆政权关系的制度史领域。尤其是吉林大学宋卿博士在这一方面的研究成果较多，并提出了许多有建树的学术观点。例如她的《唐代营州研究》《唐代平卢节度使略论》《唐代营州政府经济职能初探》《唐代东北羁縻府州职官考》《唐代营州政府经济职能初探》《唐代营州政府行政职能略论》《唐代平卢节度使略论》《试述唐前期平卢节度使的职官兼任》《试论营州在唐代东北边疆的地位与作用》等，这一系列的文章对唐代营州的管辖机构进行了细致深入的研究和考证，并总结归纳了营州政府的各项职能。可以看出，宋卿博士在该领域的研究具有代表性。

其三，隋唐时期营州的民族问题研究。营州是隋唐两朝东北边疆重镇，也是少数民族杂居之地。关于营州地域内的靺鞨人、高句丽人以及契丹人的流动、迁徙、叛乱、融合，多元文化，以及隋唐王朝在处理民族问题方面所作出的反应与措施，也成为这一学术领域饶有兴趣的话题。在这些研究成果中，学术界对于契丹人李尽忠主导的“营州之乱”的研究尤为关注。因为，营州之乱几乎影响了此后的东北亚政治格局的形成，尤其是唐朝对高句丽故地的控制出现了严重的危机，并且对唐代东北边防的稳定及其原有防御体系产生了重大影响，并使得营州成为幽州东北方向上的从属配合力量。[①] 除此之外，学术界对隋唐时期营州的民族问题讨论，往往把研究焦点投放到契丹人、突厥人、靺鞨人或高句丽人等单一民族问题上，缺乏对多元民族融合与互动现象的深入思考和分析。

其四，隋唐营州的考古发现问题。隋唐营州考古发现，是新中国成立以来该地区学术成果积累最多，发表考古资料最为丰富的历史阶段。隋唐营州考古的主要成果，就是这一时期墓葬的发现与发掘。这些实物资料，从各个方面为揭示隋唐营州的历史、文化、政治、经济、民族、社会、市井生活、都市文明、城市建筑、交通、宗教、艺术、音乐、舞蹈、贸易、货币等，都提供了前所未有的宝贵素材。考古资料的丰富性，为我们原本停留在隋唐营州的民族、历史、制度、历史地理方面的研究得到了摆脱，并把隋唐营州的历史研究推向深入和实际。尤其是对于隋唐营州的社会生活的细节研究有了可能。例如：“1993 年 3 月，辽宁省文物考古研究所和朝阳市博物馆在朝阳市黄河路发掘了一座大型唐墓。墓内甬道壁龛内发现两件辫发石俑。两件石俑原应放置在甬道中部的壁龛

① 详见黄约瑟《武则天与朝鲜半岛》，收入刘健明编《黄约瑟隋唐史论集》，中华书局 1997 年版，第 61—79 页；李松涛《论契丹李尽忠、孙万荣之乱》，收入王小甫主编《盛唐时代与东北亚政局》，上海辞书出版社 2003 年版，第 94—115 页。

内，男东女西。因墓葬曾被盗掘，出土时的男性石俑已不在龛内。两件石俑皆以绿色砂岩雕制，下部雕出方形台座。男俑连座高112厘米，浓眉大眼，高颧骨；头发向后梳拢，至后颈部扎结，然后两股头发梳长辫下垂，辫梢不扎结；身着圆领窄袖长袍，束带穿靴；左手微抬，架一鹰，将系鹰之绳缠于手指之上，右手下垂并执一铁挝。女俑连座高102厘米，浓眉大眼，嘴角微翘，面露微笑；头发向两边梳起，在头顶两边梳成两髻，然后又在颅后结成辫发下垂，辫梢部扎结；身着交领（一侧翻开）窄袖长袍，腰束蹀躞带，袍襟撩起系于带内，露出长内衣，脚穿靴；双手置于胸前，左手握右手拇指作‘叉手’状；在蹀躞带右侧佩香囊和鞶囊，左侧佩一条状物，身后别一把带鞘的刀子。两俑的脸、手部均涂成粉红色，头发涂成黑色，出土时虽已剥蚀，有的地方仍可见到施彩的痕迹。”[①] 这两尊石人俑的发现，为我们了解隋唐时期营州靺鞨人的生活方式、社会地位、服饰装束、编发的形式、身材相貌、身份职务等提供了可能。

其五，隋唐时期营州社会文化研究。这一方面的研究成果较为薄弱，造成学者对此关注不高的主要原因在于文献记载的不足，以及对考古资料的深入分析与横向比较研究得不够。朝阳地区发现的考古资料，无论从墓葬的形制还是器物的质地、造型、制作技术都有着浓郁的地域特色和鲜明的外来移入特征。尤其是朝阳地区共出土了21方《隋唐墓志》；墓主人皆为隋唐营州地区的上层人物。其中透露出来的历史信息不仅包括墓主人的生平，还包括当时营州的政治、军事、社会生活、民族流动，以及宗教习俗等诸多方面。这些考古资料可以让人从更接近历史真实的角度去审视隋唐营州的社会生活。同时笔者认为，隋唐时期营州出土的这些考古资料，说明古代营州地区已经成为民族文化的多元性与共生性。说明民族的融合现象是非常普遍和深刻的，尤其是表现出的中亚与东亚、内陆亚洲与欧洲之间的文化交流和互动值得学术界深思。

其六，在隋唐营州发现的墓葬形制的研究问题，尚停留在的对墓葬形制等各种要素的简单统计和对比上。例如朝阳地区发现的大量隋唐时期的营州墓葬的形制，就存在着对方形墓和圆形墓解释上的争议。有些学者认为方形墓就属于隋唐的汉室墓，圆形墓就是北方民族所特有的葬

---

① 姜念思：《辽宁朝阳市黄河路唐墓出土靺鞨石俑考》，《考古》2005年第10期。

俗形式。由此类推，圆形墓多于方形墓，就说明了隋唐营州地区是以少数民族为主体的结论。其实，这种简单的类比式推断所得出的结论，往往是简单化和片面的。我们认为，应该在考古学的类比研究的方式下，应该考虑到当时的人们之所以采用方形墓葬和圆形墓葬的方式，应该有其特有的深层原因。是否应该从当时人们的信仰、理念、宗教等角度去思考。墓葬实际上是表现人死后的寄托和追思，它是人们社会生活中必须坚守和遵循的一种社会时尚与规则。如果结合隋唐时期佛教盛行的状况，那么这两种墓葬形式产生的历史背景，除了与不同的民族习俗有关外，是否还存在着与宗教、理念、信仰相关联的因素呢？

总之，隋唐时期营州历史文化研究，应该注重内陆亚洲向东亚的临海地带移动的现象，这种东西文化方向上的文明互动与交流曾经成为当时的时尚。中古时期营州地区位于草原丝绸之路的东部，其地理位置优势非常突出。既是东北通往中原地区的重要咽喉要道，也是连接蒙古高原、辽东半岛、山东半岛、草原文明、农业文明、海洋文明的纽带和桥梁。从“三燕”政权建立开始，这里便是中西方文化交融的中心区，由于北朝—隋唐时期民族的大流动、大迁徙，使得当时社会对外来文化具有一种包容与开放的心态，因此中亚商人来到中国本土经商、移民没有任何限制，因此营州就必然成为中亚粟特商人的聚居地。在今天朝阳地区北朝—隋唐墓葬出土文物中，很多具有外来器物的风格，包括与地中海地区流行的鸟形玻璃器极为相似的淡绿色透明鸭形注壶、银制高脚杯、提梁壶瓷器、胡人俑、骑骆驼俑、波斯货币、各种中亚地区的乐器等；包括源自“三燕”的金步摇饰、马镫、车马具、石俑等。值得注意的是，在韩国庆州龙江洞发掘的古坟中出土一组泥俑、陶马和十二生肖等，都具有浓郁的唐代风格。这些文物的出土都与环渤海地区的隋唐营州的唐墓出土遗物非常接近，而唐代从营州到朝鲜半岛平壤城存在着非常重要的交通路线即“营州入安东道”。由此可以看出，隋唐时期营州的地域文化也传播至朝鲜半岛以及日本列岛，这就需要我们重新审视营州地域文化在东北亚区域空间的位置及其意义。此外，利用考古发现的实物资料分析隋唐营州的都市文明及其社会状况，也是今后值得注意和积累的研究方向。王国维曾论述过：“吾辈生于今日，幸于纸上之材料外，更得地下之新材料。由此种材料，我辈固得据以补正纸上之材料，亦得证明古书之某部分全为实录，即百家不雅驯之言，亦不无表示一面之事实。此二重证据法，惟在今日始得为之。”①

进入20世纪之后，中国史学有了很大的突破，其中最为重要的一点就是出土的文物之不仅订正了过去的许多过失和偏误，更加扩展了我们的研究视野。无论是隋唐营州的墓葬，还是营州城址、各种瓷器、玻璃器、金银器、墓志铭等，都提供了更真实、更鲜活的信息，为我们尽可能“还原”隋唐营州的古代社会提供了可能。在朝阳地区隋唐墓中出土的21方墓志中，如《贾善墓志》《韩暨墓志》《蔡泽墓志》《张秀墓志》《蔡须达墓志》《杨和墓志》《孙则墓志》《王君墓志》《勾龙墓志》《左才墓志》《张狼墓志》《王德墓志》《韩相墓志》《鲁善都墓志》《杨律墓志》《孙默墓志》《骆英墓志》《高淑英墓志》《尼大光明墓志》《韩贞墓志》《杨涛墓志》，除了记载墓主人的生平外，还涉及墓主人的家族迁移、源流、动因，以及隋唐时期营州的士风和佛教盛行的情况。

其次，隋唐时期营州地域内民族的互动，也是值得注意的重要课题。隋唐时期对其周边征伐的结果，导致大量的高句丽人、靺鞨人、突厥人，以及契丹等民族被迁移营州地区。这些族众大部分都以族为单位，编制成“羁縻府州”或“城傍”，他们在专有区域内遵循自己的风俗习惯生活，待隋唐用兵之际则被征调充军出征。这时期的“城傍”跟“羁縻府州”有些不同，它是一种亦兵亦民军政合一的民族军事集团。当时“城傍”的人大部分都是游牧民族，平时保持部落组织，过着兵牧合一的生活。② 唐代诗人高适在其作品《营州歌》中这样描绘当时营州的习尚：“营州少年厌原野，狐裘蒙茸猎城下。虏酒千钟不醉人，胡儿十岁能骑马。”从这首诗中可以看出当时营州地区流行这种北方民族的尚武之风。

第三节　东辽河流域的古代都城——辽阳城

东辽河流域的古代历史上的重镇——辽阳古城，就坐落在今天辽阳

① 此论点为王国维在1925年秋在清华讲授《古史新证》中提出，后收入氏著《古史新证》，清华大学出版社1994年版，第2页。

② 参见李锦绣《“城傍”与大唐帝国》，收入氏著《唐代制度史略论稿》，中国政法大学出版社1998年版，第256—281页；［韩］郑炳俊《营州大祚荣集团的渤海建国》，收入*Journal of Northeast Asian History*，vol. 4－2，2007。

市的老城区内。辽阳，古称襄平，又称辽东城、辽州、辽城州、辽东国、东平郡、南京城、东丹国都、东京城、辽阳城等。关于“辽阳”这一地名究竟源于何时，学术界大致有两种观点：其一，源于“渤海国”；其二，始于辽代。但是，一般学者认为：公元938年，辽朝在东京道设置东京辽阳府，是“辽阳”正式被列为行政区名称的开始。古代的辽阳城曾经是东北历史上的政治、经济、文化、军事统治中心。自战国以来，其中心地位就从来没有动摇过，直到后金政权将统治中心从辽阳迁出，并确定在今天的沈阳城后，辽阳城作为东北地区的政治统治中心的地位才逐渐衰弱。其实，长期以来，辽阳城的存在几乎影响了整个中国东北地区的历史发展进程。不仅如此，这座古城还曾深刻地影响着朝鲜半岛，乃至整个东北和东北亚地区。因此，弄清辽阳城古代历史与文化，对于深刻理解辽河流域的文明有着重要的意义。

一 战国至秦汉时期辽阳城

辽阳市，位于东辽河流域的重要支流太子河的下游，属于今辽宁省中部地区。如从城市周边的地缘区划上看，辽阳市北部隔太子河、浑河与沈阳城遥遥相望。其南部则与鞍山市接壤，东部与本溪为邻、西近辽中之地。从地理形势上看，辽阳城东依连绵不断的千山山脉，西临肥沃的辽河平原，南接黄、渤二海与辽东半岛相连，其境内有辽河流域的两大支流，即太子河与浑河水系的分布。这里既有山川形胜，又有丘陵平原；既有古代的舟楫之利，又是靠近海岸线的鱼米之乡。今天的辽阳依然是东北地区南部的交通枢纽和化纤工业的重镇。

太子河战国时称衍水，又称大梁水。汉代称大梁水或梁水。顾祖禹在《读史方舆纪要》中称：“太子河即故衍水，燕太子丹匿于衍水中，后人因名太子河。”① 太子河又名东梁河，明代有“代子河”之称。无论是“梁水”还是“代子河”“太子河”皆为同音异写之地名。清代则把太子河以满语称为“乌勒呼必喇”（乌勒呼为满语，意为芦苇，必喇则是满语，意即为河）。不知何因“乌勒呼必喇”的称谓未能传承久远，当地人应然称之为太子河，并随着辽阳城的称谓沿用至今。太子河有两源，北源于新宾县平顶山乡鸿雁沟；南源于桓仁县东营坊洋湖沟草帽子山麓，

① 顾祖禹：《读史方舆纪要》，中华书局2005年版。

经本溪县马城子村姑子阉（庵）汇合，又经本溪市入辽阳境。[①] 辽阳是一座历史悠久的城市，具有两千多年建置的历史沿革，在辽河流域城市发展史中，其历史编年最为明确和清晰。从某种意义上说，辽阳市的建制沿革史，就是一部辽河流域或东北地区的编年史。早在公元前284年，燕国的大将秦开率领燕军在辽河流域击败东胡人，并向东追击箕氏朝鲜于鸭绿江畔。从此，燕国不仅据有辽东之地，并在“衍河”（今称太子河）东岸设置辽东郡，古称襄平。[②] 燕国的北部疆域已经推进到今天的吉林省四平市一带，而东部的疆域则推进到鸭绿江流域的左岸。《史记·匈奴列传·五十》载：“燕有贤将秦开，为质于胡，胡甚信之。归而袭破走东胡，东胡却千余里。与荆轲刺秦王秦舞阳者，开之孙也。燕亦筑长城，自造阳至襄平。置上谷、渔阳、右北平、辽西、辽东郡以拒胡。”笔者的理解是，《史记》中所谓的辽东郡治就设在“襄平”，这是“襄平”作为地名首次出现在历史文献中，因为“筑长城，自造阳至襄平”，从字面上理解燕国袭破东胡后所筑的长城就是从造阳至襄平。并在造阳与襄平之间“置上谷、渔阳、右北平、辽西、辽东郡以拒胡”。造阳即上谷郡，襄平即辽东郡。有人撰文说“襄平（地名）早于这段长城而存在”，是正确的。

战国时期襄平城的行政建制已经有了正式的称谓——辽东郡。襄平应该是辽阳市最早的地名，有关襄平地名的含义以及初始时间，学术界尚无明确的解释。总之，辽东郡既是辽阳城最早的有明确纪年行政建置，也是辽东郡城代替古襄平城地名的发端。不过，燕国虽然设立了辽东郡，但是却依然保留了辽东郡所在地的古地名，即在辽东郡治下又设置了襄平县。

关于襄平城的选址，是十分考究的。有人在博客上对襄平城的选址有很精到的描述，现转述如下：“襄平城的选址，显然充分考虑了地理、环境及风水因素。风水，本为相地之术，即临场校察地理的方法，也叫地相，故称堪舆术，而比较完善的风水学则起源于战国时代。风水的核

① 见《辽阳市太子河区简介》，百度、百科，太子河地名的由来。

② 裴松之：《三国志》注引鱼豢《魏略》：“昔箕子之后的朝鲜侯，见周朝衰落，燕国尊王（公元前323年），他也即称王，并欲兴兵逆击燕以尊周室。其大夫礼谏阻，乃止。并使礼说服燕，燕止之，不攻。其后，子孙稍骄虐，燕乃遣秦开击之。于是，边境遂安。”中华书局1959年版。

心思想是人与大自然的和谐，早期的风水主要关乎城池、宫殿、住宅、村落、墓地的选址、座向、建设等方法和原则。现在看来，襄平城选址遵循了依山傍水这一风水最基本的原则。山体是大地的骨架，水域是万物生机的源泉，古代城池几乎都出现在河边台地，这与当时的狩猎、捕捞及农耕活动相适应有关。战国时期，七雄争霸，封建割据，各国竞相筑城，掀起了城市建设的高潮，制定和提出了建国（都城）与营国制以及城市的选址理论。襄平城的选址正是适应了这一时期的堪舆思想，即东、北毗邻衍水（太子河），西近小辽水（浑河），西南与首山相望，地势平坦，土地肥沃，纳气迎祥。辽阳先民将千山余脉与衍水、小辽水环抱的平坦之地作为襄平城址，使山、水、城关系处理得和谐统一，相得益彰。”①

公元前226年，秦国举兵攻陷燕国的都城——蓟城，迫使燕王僖及太子丹率领燕国的精兵退守辽东，进驻燕国的襄平城，并建立了以襄平城为中心新的燕国政权。实际上，襄平城已经成为燕王退守辽东后的国都。然而，燕王僖退居辽东后，摄于对秦军的恐惧，为了保全自己的王位和燕国的残存势力，却轻信了代王嘉的计谋：“只要把太子丹的首级献给秦王，就能保全燕国的社稷。”于是，燕王僖派人将藏匿于“衍水”（今称太子河）的太子丹诱杀，并将太子丹的头颅献给了秦王。秦军在得到了太子丹的首级后，不但没有停止进攻燕国在辽东的残余势力，反而加快了进军辽东的军事行动。五年后，秦军彻底消灭了燕国在辽东地区的军事力量，燕王僖也成了秦军的俘虏，辽东地区遂为秦军所占。大批的燕人向东南逃亡到朝鲜半岛、向东北沿太子河逃亡到长白山地。逃亡到朝鲜半岛的燕人的后裔逐渐融入朝鲜半岛上的箕氏朝鲜，而逃亡到长白山地的燕人则大部融入梁、秽及高句丽等族中。辽东地区的燕人为了纪念反抗强秦而死去的太子丹，遂将太子丹的死难地“衍水”改称为太子河。这就是今天太子河地名的由来。秦军占领辽东之后，依燕国旧制，仍在辽东设辽东郡，郡府就设在辽东城亦称襄平县。

---

① 详见“过尽千帆”的博客《考古成果无字“史记”，书写2300年辽阳建城史》，发表于2010年3月。又笔者注：有关襄平城的争议，近年来各地方为了开发旅游文化振兴地方经济的需要，沈阳、铁岭也相继提出当年秦开“却东胡千里”，在古襄平城建立辽东郡的地方不在辽阳，而是在铁岭或沈阳。更有甚者，为了确立古襄平在铁岭的事实，有人在铁岭“大凡河村头赫然立石，高达两米有余”，并镌刻文字：“襄平在此。”笔者认为：此说不可信，此风不可长。

公元前209年，爆发了陈胜、吴广领导的农民大起义，并很快摧毁了秦王朝的统治。从公元前209—前195年的14年间，以襄平为中心的辽东地区，首先为陈胜、吴广起义军的部将武臣，谴派韩广率军北略燕地所占，韩广自立为燕王，辽东地区尽归韩广所有。公元前206年，项羽自立为西楚霸王，把原来归附项羽的燕将臧荼封为燕王，改封韩广为辽东王。因韩广拒不接受项羽的分封，不肯前往辽东，遂被臧荼所杀。从此，辽东被臧荼所据。刘邦统一全国后，臧荼又归附了刘邦，并被封为燕王。汉朝初年，燕国的辖境有渔阳、右北平、辽西、辽东和玄菟郡等地。公元前202年，即汉高祖五年，燕王臧荼起兵反汉，又被刘邦的部将卢绾所灭，刘邦以太尉卢绾居功最多，遂封卢绾为燕王，辽东为卢绾所据。公元前195年，卢绾起兵反汉，又被周勃率军平定。燕王卢绾背叛汉朝，前往匈奴亡命，卫满则带领部分燕军进入朝鲜半岛。不久，卫满在朝鲜半岛召集战国时期齐国、燕国、赵国等亡命者成军，并推翻了箕子朝鲜的俊王（一说哀王），并取得箕子朝鲜的首都王俭城。卫满即位，史称“卫满朝鲜”。公元前179年，汉文帝封刘泽为燕王，公元前128年，又废除燕王之位，改置辽西、辽东二郡。辽东郡郡府设在襄平城。公元9年，王莽篡汉，改襄平为昌平。王莽亡后，襄平又恢复了原名。

西汉末年，地方豪强各霸一方。更始初年，王郎在河北的邯郸称帝，据有邯郸以北、辽东以西之地，襄平城一度归王郎所辖。公元22年，刘秀率军攻灭王郎后，于公元24年派朱浮率军收复了辽西、辽东等地，襄平城又回到汉室之手。公元27年，渔阳太守彭庞拥兵反叛汉朝，自立为燕王。翌年，彭庞的叛乱被平定后，辽东地区属于东汉的管辖范围。公元189年，辽东太守、襄平人公孙度乘中原群雄蜂起之际，在襄平城自立为辽东侯、平州牧，开始了割据辽东的历史，经三世四传，历时50年之久。至公孙渊时，被曹魏政权派遣司马懿、毋丘俭率兵将公孙渊擒杀于太子河畔。曹军攻破襄平城后，曹魏政权在襄平设置东夷校尉管理辽东等地事务，辽东暂时为曹魏所有。今辽阳地区大量出土的秦汉时期的货币、铁制农具、陶器、砖室墓、壁画墓等文物遗迹，都说明了古代辽阳城在秦汉时期的重要位置。辽阳市三道壕西汉村落遗址出土的铁制农耕工具，代表着先进的农业生产技术。尤其是辽阳市附近出土的大批汉代砖室壁画墓，所反映出的两汉时期辽阳城的居民生活场景十分壮观和生动。其中的《饮宴图》《庖厨图》《吹奏图》《出行车马图》（包括鼓车、金征车、黄钺车、帷车、黑盖车）《食鱼图》《杂技图》《楼阁水井图》《门犬图》《对话图》《说唱图》《祭祀图》《耕牛图》《仗马图》等壁画的着色有红、黑、白、蓝等多种颜色，说明古代辽阳城的生活品位已接近帝王和贵族生活的层次。无疑，这些壁画所反映出的历史面貌与当时的历史背景非常吻合。古代辽阳城作为战国时代燕国的最后国都、两汉时期的辽东郡府所在地，其必然有着丰厚的历史文物和遗迹等待着我们去发现和研究。尤其是上述这些汉代壁画的发现，说明当时辽阳城已经成为辽河流域高品质和奢华的文明中心。今天的辽阳市区内不断地出土高品级的汉代墓葬、战国时期的青铜器、陶器、金器、战国货币、文字瓦当、壁画等，都是这一时期都市文化和文明的典型代表。

据东北新闻网2011年1月27日报道："'三普'（全国第三次文物普查）中，在位于辽阳市南郊的苗圃院内，发现了数十座汉魏时期的墓葬，这是辽阳发现的规模较大的汉魏墓群。这片苗圃占地面积约12万平方米，按照城市建设的规划设计，2008年该处准备建设住宅小区。辽阳市文化局对该地区进行了初步考古勘探，从而发现了汉魏墓葬。这些墓葬以石板搭盖的石室墓居多，另外也有砖室墓。墓室均较宽大，看上去很像用大石板砌成的'地下石板房'。墓室有单室、双室和三室之分，其中多数为'工'字形双室墓。墓葬结构复杂，建筑坚固，布局考究。而砖室墓的平面近似梯形，均为单室，用长方形绳纹砖铺砌墓底，立砌墓壁，楔形绳纹砖拱砌墓门门楣和券顶，长方形墓室后有一明器台，墓室结构较为简单。2008年对墓葬的发掘工作主要集中在墓地的西区，一共发掘了20座墓，其中石板搭盖石室墓18座、砖室墓2座。发掘中出土了大量随葬品，包括陶器、青铜器及金银器等600多件。出土的陶器器形比较复杂，有瓮、罐、壶、盘、碗、杯、钵、长颈瓶等；青铜器有铜镜、铜带扣、铜套盒、铜管等；此外还有玛瑙器、金银器和漆器等。"

据文献记载：从战国时期的燕国到东汉末年，襄平城虽几经战乱和兴废，其规模仍十分宏伟，土筑方城、四面有门，城内外居住的人口，最多时达20余万。襄平城，成为当时东流河流域乃至东北亚地区政治、经济、军事和文化的中心。从战国末期到东汉末年，由于中原地区连年战乱等原因，一些中原地区的富豪大族，以及知名学者纷纷进入辽东的襄平城讲学授业、农耕兴商，广泛地向辽河流域及东北地区传布中原地区的先进文化。其中号称辽东"三贤"的邴原、管宁等人，在这里"讲诗书、陈俎豆、饰威仪、明礼让、民化其德”，教化民众。邴原在辽东一年，从中原前来投奔者达数百家，游学之士教授之声不绝。辽东太守陈禅积极倡导礼仪文化，“于学行礼，为道说义，以感化之”。据说辽东太守苏季还有诗赋相传于世。襄平城为汉文化向东北及朝鲜半岛地区的传播，起到了非常重要的作用。

二　魏晋至隋唐时期辽阳城

公元277年，晋帝司马炎立司马蕤为辽东王，辽东郡改为辽东国，襄平城则成为辽东国的王城。公元283年，又迁司马蕤为东莱王，撤辽东国，改为辽东郡。东晋时期，辽东、辽西地区民族之间的战争连绵不断。自公元293年鲜卑慕容氏在辽西建立的前燕、后燕政权与辽东地区的高句丽政权之间，展开了近100多年的数百次厮杀，辽东地区战争迭作，襄平城则成为两军厮杀最为激烈的战场。在此期间，襄平城先后被慕容氏政权和前秦政权所控制。由于战乱的原因襄平城几度遭到毁灭性的破坏，这是辽阳城在古代历史上所处的衰弱阶段。

公元404年，高句丽作为地方王国政权已经存在400多年（高句丽于公元前37年建国），此时的高句丽，在广开土王的率领下，南征北讨，不断扩大自己的版图。乘后燕的内乱之机，攻占了整个辽东，并据有辽东重镇——襄平城，同年改襄平为辽东城。此后，高句丽占领襄平城达240年之久。在恢复襄平城的繁荣和进一步促进东北民族与中原汉族文化融合方面，做出了很大贡献。因此，在今辽阳市附近所发现和出土了大量高句丽时期的文物是不足为奇的。但是，有关东汉、三国、魏晋南北朝时期与高句丽时期的考古文化，还有待于重新识别与区分。实际上，战国以来所形成的辽东文化，对高句丽的文化影响是非常深刻的。尤其是壁画墓、城市的修筑形式、语言文字、风俗习惯、生活方式等方面影响至深。有趣的是1953年，在朝鲜民主主义人民共和国平安南道顺川郡龙凤里附近的一座古墓壁画中，发现了绘有辽东城址的壁画。这幅辽东城的城郭图，是目前为止发现最早和最完整的辽东城区图，其学术研究价值极大。

根据壁画的描绘，我们知道辽东城由内外双重城垣组成，主城区位于辽东城的中央部位，紧邻它的南部和东南部可以看出小外城的形状。西侧有类似城壕或河道的痕迹，城的附近有山脉绵延。与今辽阳城附近的太子河与首山的地形完全相合。在城郭图所绘的城墙上修有女墙和雉堞式建筑，女墙和雉堞酷似砖砌和石块而成，说明当时的辽东城已经使用了专门建城的用砖和石块，城门和城墙四角均修筑有楼阁式的建筑。外城的西门与内城的西门处于一个中轴线上，在内外城的西门之间有楷书“辽东城”三字,[①] 这是确定这座古墓壁画中所绘的城郭图时代的最有力证据，为我们提供了研究辽东城最原始的史料。“辽东城”的墨书，为这座古墓的断代提供了有利依据，因为辽东城是高句丽时代占据襄平城后改称的辽东城，它是高句丽时代辽东地区东部的首府之地，更是沟通东北与中原地区、辽河流域与大同江流域、辽西及蒙古高原的一大都会。高句丽占领襄平城后，将城区的位置向东移动，并将土城改为砖石混筑的城池。

1992 年，在辽阳市区开辟市中心大街时，在税课司小学东侧发现了高句丽时期的石板墓。公元 581 年，隋朝建立后，为了阻止高句丽的不断扩张，曾三次征伐高句丽。隋炀帝杨广曾亲率大军，兵临辽东城下攻打城池，但是均没有成功，说明辽东城的城防设施相当坚固。公元 614 年，杨广三度亲征高句丽，由山东半岛渡海的隋军首先占领了辽东半岛的（今大连）大黑山的卑沙城，并准备沿黄海直逼朝鲜半岛的高句丽王都——平壤城。高句丽国王急派使臣至辽东城下，乞求隋军、上表请降。当杨广得知高句丽乞降的消息后，便撤回了隋朝的军队。

公元 645 年，唐太宗李世民誓师于幽州（今北京），命李勣为辽东道行军大总管，率北路军渡辽水直取辽东城。李世民则亲率中路军与李勣会师于辽东城下，并一举攻克了辽东城，俘获得胜兵万余人，及其男女人口四万。改高句丽的辽东城为辽州，并设辽州都督府。攻下辽东城，时值皓月当空，李世民诗兴大发，于辽东城上吟诵了《辽城望月》[②] 诗一首：

辽城望月

玄兔月初明，澄辉照辽碣。
映云光暂隐，隔树花如缀。
魄满桂枝圆，轮亏镜彩缺。
临城却影散，带晕重围结。

---

① 见《辽阳史志》1985 年。

② 彭定求等编：《全唐诗》，中华书局 2003 年版。

驻跸俯丸都，停观妖氛灭。

公元 646 年，唐太宗废除辽州都督府。668 年，唐军攻克高句丽的都城平壤城，高句丽的割据政权宣告结束，唐朝统一了辽东地区，并改辽州为辽城州都督府，同时在平壤设立安东都护府。值得注意的是，襄平城的地名与平壤地名实为同音同义的前后措置之地名，平壤的地理环境的确与襄平的地理环境雷同。襄平与平壤能否就是同一个地名含义的不同书写方法呢？这两个地名之间是否存在着不被认知的神秘的联系呢？

公元 676 年，唐朝将安东都护府由平壤迁至辽城州（今辽阳），可能在同年撤销了辽城州都督府，自此辽东地区的官吏不再由汉人任职。翌年，唐朝政府命高丽（高句丽）王高藏为辽东州都督，封朝鲜王驻辽东城，将安东都护府由辽城州移至辽阳城的东北，浑河的上游新城（今抚顺市高尔山城）。显然，唐王朝是想利用高句丽的贵族对当地居民的影响，来有效地管理和控制辽东及朝鲜半岛的广大地区。抚顺新城的位置，在辽东城的东北方向，从战略地位上考虑，则可随时监督高丽王高藏的反叛行为，并对大批降唐的高句丽人实行严密的监视，以备应急而动。此时的辽东城应有大批的高句丽人居住，襄平城与平壤城之间已经展开了深刻的交流往来。这对后来的朝鲜半岛与辽东地区的文化与经济交往产生了重大的影响。

8 世纪初，东北地区的靺鞨人崛起于白山黑水之间，由靺鞨人首领大祚荣氏，率众在辽阳东北长白山脉的东牟山上建立了靺鞨国。这种建城于山上的做法与高句丽建国于“城山上”的方式如出一辙。公元 713 年，唐朝册封大祚荣氏为渤海郡王，靺鞨国改称渤海国。为了躲避唐朝的进攻，渤海国的都城又迁往更东北地区的牡丹江流域的镜泊湖畔。但是，渤海国在强大时期，曾经占据了辽东地区部分的临海地域，因为渤海国军队曾经一度浮海进攻过山东半岛的登州唐军。渤海国是否曾经据有过全部辽东地区，还是个很难回答的问题，因为这是关系到渤海国是否真的据有过辽东城的问题，这是东北史学术界尚待研究的重要课题之一。

值得注意的是，近年来在辽阳市区内的原辽东城遗址内出土了数量较多的渤海时期的莲花纹瓦当，瓦当的花纹、制作方式、烧造的色泽、质地、瓦当的厚度和使用的方法，以及莲花纹的花瓣特点等，均与黑龙江流域、图们江流域渤海古城和遗址中出土的莲花纹瓦当有着惊人的相似之处。然而，辽阳市出土的渤海时期莲花纹瓦当，能否就是渤海国时期所烧制的建筑饰件呢？如果从已经在黑龙江流域和图们江流域发现的渤海国时期同类的莲花纹瓦当上分析，显然辽阳市发现的渤海时期的莲花纹瓦当就应该是渤海人在渤海国时期烧造的制品。如果能够确定这一点的话，那么在8—10世纪间渤海国人曾经占有过辽阳这一地区。把辽阳城出土的莲花纹瓦当与上述渤海人曾经于9世纪前后浮海攻打过唐朝的登州文献记载相联系，可以印证和推断出渤海人可能在9世纪前后曾经据有过辽阳及其附近地区。不然，渤海人如何能够浮海袭击唐代设置在山东半岛上的登州呢？

三 辽、金、元、明、清时期辽阳城的建制沿革

天显元元（926），契丹人灭亡渤海国，在辽阳设立东平府。并将原来渤海国的都城——上京龙泉府付之一炬，强迁渤海的皇亲国戚、王公贵族、百工民众于辽阳城。① 辽初封太子耶律倍为东丹国王，东丹国都最初设立在渤海国都城上京龙源府（今黑龙江省牡丹江市东京城渤海镇），改原来的渤海国上京龙泉府为辽代的东京，可能今天这里的“东京城镇”的地名就是来源于此。今渤海国故都之所以被民众称为东京城，当是源于辽代。天显三年（928），辽王朝把东丹国迁往东平府的辽阳城，契丹人将东平府升为南京，渤海国的臣民也随之西迁。后来作为辽国太子的东丹王耶律倍，因不愿忍受失去做辽国皇帝的屈辱，便佯称去海上渔猎，便由辽阳城行至渤海海岸，由水路浮海投奔了后唐。天显十一年（936），耶律倍在石敬瑭灭亡后唐时惨遭杀害。

天显十三年（938），因东丹国王逃往后唐，辽朝将南京的东丹国都改为东京，府曰辽阳。东丹国被废除后，辽阳城被最终确立为辽朝五京之一的东京城，这一名称一直延续到辽朝灭亡。然而，关于辽阳地名出现的时间，尚有许多疑问和争议。如《金史·地理志》东京路辽阳府条记载“辽阳府本渤海辽阳故城”，是所谓“辽阳”之名始于渤海时期。又据《辽史·太祖本纪》载：神册三年（918），“冬十月，幸辽阳故城。翌年（919），修辽阳故城”。又《大金国志·地理》条载：“以渤海辽阳府

① 见魏国忠等《渤海国史》，中国社会科学出版社2006年版。（笔者注：渤海国上京龙泉府故址，即今天的黑龙江省宁安市渤海镇所在地。）

为东京。”上述文献说明，辽阳城早在渤海国时期即以名之，而非为辽朝始称。总之，在辽朝统治的200多年间，作为五京之一的东京辽阳府，其地位十分显赫，辽朝帝王大都亲临此地巡视与狩猎。契丹人为了纪念东丹国王耶律倍的不幸遭遇和谦让之风，国人上下将其称为让国皇帝，辽朝还在东京辽阳府城内专门设置了让国皇帝庙。据文献记载：辽朝初年重修了辽阳城，其规模宏大犹如帝京：“城墙高达三丈，幅员三十里。”城内殿堂楼阁，珠光宝气；太子河畔，河海联运；街衢通畅，寺院、庙堂、官衙、御园、富宅、店铺、客馆、市场、酒家、杂货林立，是东辽河流域最为繁华的都市之一。1994年，笔者在考察辽阳城时，于辽阳市内的制高点所谓“金银库”的地方，原关帝庙山门前看到了出土于关帝庙的辽代花岗岩坐标碑，石碑上刻有“辽宫殿”三字，其下方凿刻有33个汉字：“城高三丈，南为三门，壮以观楼。四隅有角楼，相去各二里，宫墙北有让国皇帝御容殿。”①

据关帝庙的住持介绍，此刻石于1993年8月重修关帝庙时，出土于关帝庙右侧的房基地下。这里原是当年辽阳旧城的制高点，由此可知，今辽阳市的关帝庙附近，当是辽朝东丹国的宫殿所在地，而所谓的“让国皇帝”乃是指东丹国王耶律倍死后的谥号。“城高三丈”的文献记载与出土的石碑坐标完全相合，石碑坐标指明了“让国皇帝”御容殿的位置在辽宫殿的北墙外。辽朝宫殿的城墙规模则是周长4公里，属于辽代东京城的内城；而历史文献则说明了辽代东京城的外城墙周长已达15公里，这与渤海国东京城的规模相当。说明辽代的东京城和辽阳府城基本沿用了高句丽时期的辽东城的建筑方式，把城区划分为内城和外城。不过辽朝的东京城的规模远远超过了高句丽时期的辽东城。仅从上述出土的辽宫殿碑刻上的文字分析，作为内城的辽宫殿的规模已经是周长4000米，四隅角楼，南墙设有三道城门，由此可以推测四面宫城城墙均开设有三座城门，或至少有两座门来计算。辽东京城的宫城至少有九座城门，当具有皇城的气势。我们虽然还不能详细了解辽代东京城的繁华程度，但是辽阳城内大量出土辽金时期的各种文物，包括金银器、瓷器、玉器、水晶、玛瑙、铁器、琉璃、陶器、铜镜、铜钱、碑刻、佛教文物等，都

① 王禹浪、王宏北：《高句丽渤海古城遗址研究汇编·辽阳古城条》，哈尔滨出版社2006年版。

充分说明辽朝时期辽代东京城的繁华程度。《辽史·地理志》东京辽阳府条："天显三年，迁东丹国民居之，升为南京……宫城在东北隅，高三丈，具敌楼南为三门，壮以楼观，四隅有角楼，相去各二里，宫墙北有让国皇帝御容殿，大内建二殿，不置宫嫔，唯以内省使副判官守之，大东丹国新建南京碑鸣，在宫门之南。"又金毓黻引自《辽东志》卷一云："辽宫在辽阳城城都司治东北，今楼殿俱废。"又谓"东丹王宫，在辽阳城内东北隅"。金毓黻考证："今勘以辽阳城内东北隅之地，辽宫遗址尚在，其地基高于他出，布有础石，南一面之城垣，广约二里，与辽志符，其西南角楼之故址，高约三丈，早年于其上建观音寺，而其人称之为金银库，此恐为辽代故名之遗传至今者。"①

至今，在辽阳城内依然保留着一座完整的辽朝建造的白塔，俗称辽阳白塔。此塔高达71米，雄伟壮观，为东北地区最重要的古塔之一。根据"百度·百科"中对辽阳白塔数字的记录：

> 辽阳白塔，坐落在辽阳市中华大街一段北侧白塔公园东南隅，原称广佑寺宝塔，因塔身涂有白垩，俗称"白塔"。塔高70.4米，惯称71米，8角13层为垂幔式密檐砖塔。由上而下可分为台基、须弥座、塔身、塔檐、塔顶、塔刹六部分。台基高6.4米，周长80米，直径35.5米，分2层。
>
> 下层台基高3米，每边宽22米；上层台基高3.4米，每边宽16.6米。须弥座高8.6米，向上渐缩，外面青砖雕有斗拱、俯仰莲，斗拱平座承托塔身。塔身高12.6米，8米柱形，每面置砖雕佛龛，高9.375米，宽7.55米。龛内坐佛高2.55米，其中头部0.5米，身1.15米，莲花座0.9米。两侧砖雕胁侍高3.25米，宽0.97米，足踏莲花，双手捧钵，或持莲合十，神态可掬。龛上宝盖，璎珞四垂，左右上角，飞天一对，长1.6米，飘然平飞。正南斗拱眼壁，横陈木制匾额4方，高0.5米，宽0.4米，上面雕刻"流光璧汉"4个楷书大字。塔身上部为密封塔檐，高26.1米。一层檐下有木质方棱檐椽，椽上斜铺瓦垄。第2层至第13层逐层内收，各层均有涩式出檐，每两层之间置立壁，壁悬铜镜，共镶96面，映日生辉。8角外翘，飞

① 参见金毓黻《东北通史》，五十年代出版社1981年版。

椽远伸，椽头下系风铎，共104个，迎风清响。塔顶为砖砌覆钵及仰莲，高6.8米，上拴8根铁链，每根长14.15米，分别于8角垂脊宝瓶相连。塔刹上竖刹杆，高9.9米，直径0.9米，中穿宝珠5个，火焰环、项轮各1个。宝珠鎏金铜质，周长2.94米，高0.8米。宝珠下系火焰环，周长2.3米，相轮在2至3宝珠之间。刹杆帽为铜铸小塔，巍然云天。

关于辽阳白塔的建筑年代，一直众说纷纭、莫衷一是。一是民国初年的《辽阳县志》说是汉建唐修。二是金毓黻先生的《东北通史》根据《金史·贞懿皇后传》及辽阳出土的金代《英公禅师塔铭》推测该塔是金世宗完颜雍为其母通慧圆明大师（金世宗追封其出家为尼的生母李氏为贞懿皇后）增大的葬身塔。[①] 三是，从辽阳白塔的塔刹中所发现的“重修广佑寺宝塔碑记”上有二说。一说始建于唐。明万历十八（1590）碑载：“辽阳城外西北隅有塔，考诸古传云：‘始建于唐贞观乙巳’，中间历宋辽金元，因环增葺，代不缺人。”四是始建于辽代，明永乐二十一年（1423）七月十五日所立辽阳白塔上的铜碑铭记载：“该塔自辽所建，金及元时皆重修。”1988年，文物工作者在维修辽阳白塔时，在塔顶须弥座下发现了明代维修该塔的五块铜碑，其中四块为维修记，一块为护持圣旨。其中永乐二十一年（1423）《重修辽阳城西广佑寺主塔记》上刻有“兹塔之重修，获睹塔顶宝瓮傍铜葫芦上有镌前元皇庆二年重修记。盖塔自辽所建，金及元时皆重修。迨于皇朝积四百年矣……”永乐二十一年（1423）的碑记，是据元代皇庆二年（1313）维修该塔的铭文而记。[②] 以此为据，辽阳白塔的建筑年代当为辽代无疑。

在辽代东京城东15公里处靠近太子河南岸的地方，发现了辽代江官屯瓷器烧造的窑址。此处窑场面积很大。所烧以白釉粗瓷为主，白釉黑花和黑釉瓷器较少，也烧制少量的三彩器。该窑址初建于辽代，全盛于金代，元代则渐衰而废。该窑是一处烧造时间较长、规模宏大的烧造辽代瓷器的民窑。辽阳江官屯窑址的文化层堆积较厚，瓷片堆积丰富，是当时东京辽阳府唯一的古窑址，对研究辽金时期陶瓷生产工艺、特点以

① 见金毓黻《东北通史》，五十年代出版社1981年版。笔者注：不过金毓黻先生对辽阳白塔建塔的时间并没有确定，而是“姑为假定”。

② 详见《辽阳博物馆·辽代辽阳白塔展厅》。

及当时的社会生产、生活具有重要意义。均施化妆土。有白瓷烧杯、碗、茶盏、盘、瓶、罐、坛、碟、钵、瓷蒺藜、青白瓷碗、莲花盏托葫芦形瓷杈、喇叭口鼓腹小罐、酱釉菊瓣提梁壶等器型，釉色泛白而微黄，白釉黑花器的黑花呈黄黑色。黑釉则烧大器，较好的器物有茶盏、小碗、小瓶、小罐等，还有各种小型的瓷俑人、狗、马、瓷猪埙、狮子、骆驼等小玩具。总之，从目前发现的辽阳江官窑遗址中出土的器物特点上看，主要是供应当时辽金社会市井生活的器物。由此，也可以推断出当时的社会生活和城市风尚、习俗等，呈现出缤纷多彩的社会风貌。辽阳江官窑繁盛的辽、金时代，正是辽阳历史上最为兴隆和繁华的历史时期。辽王朝先后在此设立南京、东京和东丹国都，规模宏大的辽代东京城周长15公里，规划十分规整，外城东、西、南、北各设二门，共八门，纵横成井字大道，并设有南北二市，早南市，晚北市，每天南北客商云集，市声鼎沸。辽朝的东京城除陶瓷业较为发达外，冶铁业也十分繁盛，辽朝在辽阳府设置有户部司，负责管理辽东地区的冶铁业。《辽史·食货志》载：东平县（即今辽阳市）产铁矿，治采炼者300户，随赋贡纳。在今辽阳市附近的首山就发现有辽代的采矿洞，深达18米多。东京辽阳府还是辽朝的纺织业的重要产区，东丹国每年以细布5万匹、精布10万匹向辽朝进贡。此外，辽东京的造船业、建筑业、制瓦业、马具业、兵器业、交通运输业、航运业等都十分发达。

1115年，女真人兴起于白山黑水之间，并很快建立了金王朝。1116年，女真人便以破竹之势攻陷辽朝的东京城。女真人袭辽旧制，依然称为“东京辽阳府”。辽阳府下辖辽阳等四县，金朝的第三个皇帝熙宗完颜亶，曾经在东京督建新宫、寝殿、宴殿等建筑。寝殿名为保宁宫，宴殿名为嘉惠殿，并于东京城内建有宗庙。1144年，熙宗两次来到东京巡视，1147年，又在东京城建御容殿。金熙宗是否有迁都东京的动机，目前尚无任何记载。但是，在东京城内建立新宫和大型建筑的举动，确是非同一般。这些事实至少说明，金熙宗已将东京辽阳府作为陪都看待。金朝的第五位皇帝完颜雍担任东京留守兼辽阳府尹时，更加重视辽阳府的经营和管理。1161年，完颜雍在东京辽阳府宣政殿即皇帝位，并由东京迁都中都（今北京）。完颜雍迁都后，更加重视东京辽阳府的建设，曾几次颁旨修葺东京城。辽阳城内不断发现的金代遗迹和文物，可为佐证。

2008年，在辽阳市文圣区西二大街的永昌雅居建筑施工工地内，考古队员发掘出一个存有大量金代货币的窖藏。这是一处犹如完整的钱币大库遗址。窖藏遗址平面呈圆角长方形，东西长约4米、南北宽约2.6米、深约1.4米；底部用青色大石块简单铺垫，呈不规则状，在窖藏的南壁和北壁上考古发掘者发现了木桩的痕迹。铜钱成串整齐地码放在一起，最外面与土接触的铜钱腐蚀严重，大部分已经锈蚀粘在一起。考古工作者根据钱币的体积估测，这些钱币的总重量应该在1万—2万公斤。因为数量非常巨大，所以到现在为止还未能对所有钱币进行一次细致的整理，初步看，钱币年代上限为汉代，下限是金代，而以北宋钱的种类和数量居多，唐代的开元通宝及金代的正隆元宝数量也较多。这是一处典型的金代窖藏铜钱遗址，在辽阳发现了如此大量的窖藏铜钱，说明金代辽阳地区商品经济和货币经济的发达。众所周知，在东北地区大量发现金代窖藏铜钱，其原因之一是由于金代的禁铜政策及货币制度和通货膨胀造成的。[①] 目前辽阳博物馆一楼展厅仍然陈列着一件特殊文物：永昌雅居金代货币窖藏，辽阳人习惯称其为“金代钱山”。[②]

> 金代辽阳经济的发展，当时有民谣描绘：城东“甲乙”木，城南“丙丁”火，城西“庚辛”金，城北“壬癸”水。“木”指辽阳东部山区的大量木材，多经由太子河水运至城北或转运外地；“火”指城南多窑地，冶铁、制陶，夜晚火光冲天；“金”指城西多手工业作坊，铁制农具、手工业工具、兵器、生活用具等都在这里制造；“水”指城北临太子河，是重要的水运口岸，百姓多以渡船营运为生。古代太子河曾是辽东重要的水运通道。[③]

总之，东京辽阳府作为金朝的政治、文化、经济中心一直延续100多年。金朝末年（1215），辽东宣抚使蒲鲜万奴在东京辽阳府城叛金自立，成立了东夏国，辽阳成为东夏国的第一个首都。1215年，成吉思汗乘金末蒲鲜万奴之乱，派木华黎进攻辽东，占领了金朝辽阳府。忽必烈改称

① 王禹浪等：《金代窖藏货币制度研究》，《学习与探索》1988年第3期。

② 见《辽沈晚报》2012年2月9日《摆渡辽河》专栏。

③ 详见“辽阳市二高中邸宫”的博客《东北古城——辽宁辽阳的历史沿革》，发表时间2009年11月5日。

元朝之后，于1269年先后下令，在辽阳设立东京等路行中书省、东京路总管府、辽阳路等。行省与路的治所均设在辽阳路，辽阳行省再度成为控制东北地区的政治、军事、经济、文化的中心。1368年，朱元璋建立明朝。1370年，元朝在辽阳行省的平章政事刘益，归顺明王朝，并向明朝献呈辽东州郡地图和兵马、钱粮册籍。明军由海路在旅顺登陆后，进驻辽东半岛地区，在今天的大连市瓦房店得利赢山城上设立了辽东卫。得利赢山城为高句丽时代修筑，明朝军队利用原来的旧山城城基加以维修，建立了进军辽东的大本营。这是明朝接替元朝的统治，在辽东地区建制的开始。

明朝为了有效地统治东北地区，在东北北部的黑龙江流域设置了奴儿干都司，而在辽东则设置了辽东都司。辽东都司与奴儿干都司在东北地区形成了北依黑龙江流域、南依辽河流域，一南一北，负责有效管辖和节镇东北。辽东都司作为连接京师通往奴儿干都司的必经之路，成为京师之左臂，而辽阳则成为东北地区的一大都会。明朝洪武五年（1372）开始重新修筑辽阳城，城为砖石结构，城墙高达近10米，城周长近10公里。城设敌楼、雉堞、瓮城、瓮门结构，每边墙设置二门，青砖砌筑，门楼极为壮观，城墙规模宏大，城池坚固的程度为东北第一。近年来，在辽阳市的城市建设施工中不断出土大量的明代墓志碑刻，据不完全统计，明代的碑刻达数百通之多。此外，2008年至2010年之间，辽阳的考古工作者还在辽阳市内发掘出明代的辽东都司东瓮城城门遗址，以及明代厚重而坚固的城墙。据《明史》和《辽东志》载，当时的东城门名曰“平夷门”。辽东都司成为节镇东北、控扼朝鲜的第一重镇。关于辽阳城的记录，在明朝辽东都指挥佥事毕恭修成的《辽东志》，以及后来由巡按使李辅修成的《全辽志》，朝鲜史料《燕行录》中均有翔实的记载，并绘制有辽东都司城图。

1621年，努尔哈赤率领女真军攻克明朝的辽阳城，便将后金的都城从辽宁省新宾县的赫图阿拉城迁到辽阳，又在太子河畔修建了新城——东京城。1625年，努尔哈赤将后金的都城从辽阳北迁到浑河河畔的沈阳城，建立了沈阳故宫。辽阳城的战略地位由此衰落，其中心地位作用逐渐被沈阳城所替代。

辽阳城历经战国到清朝2000多年的历史变迁，一直是东辽河流域的中心，并在东北地区扮演着最重要的多重角色。在后金政权从辽阳迁都沈阳之前，辽阳是名副其实的东北政治、经济、文化和军事中心。纵观古都辽阳城的历史天空，在一座城市的兴衰与演变的规律中，政治中心的确立是至关重要的。今天的辽阳城，曾经是在文化、经济、政治、军事等各个方面引领古代东北的中心城市。从距今2300多年的战国时期燕国后期的陪都——辽东郡的襄平城，到辽东城、辽州、辽城州、辽东国、东平郡、南京城、东丹国都、东京城、辽阳城等历代建制中都说明其政治中心的确立，决定了这座城市的历史变数和重大转折。实际上，辽阳是当年孕育东辽河流域乃至东北地区古代都市化、城市化和城镇化的历史母体。

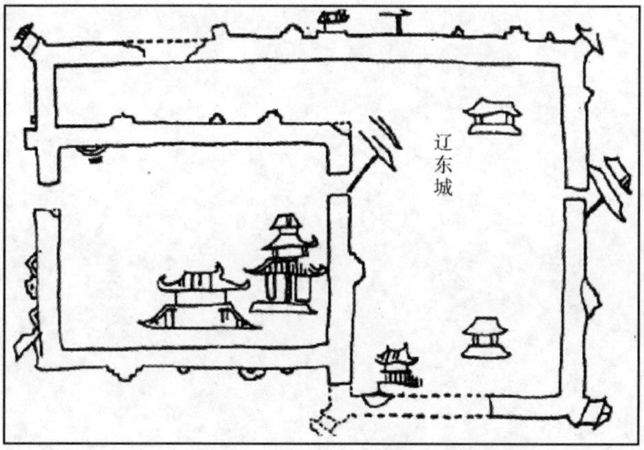

图4－1　辽东城冢壁画中的辽东城郭图①

除此之外，在古代历史上，古代各民族政权，无论是燕国人、秦人、东胡人、鲜卑人、高句丽人、靺鞨人、女真人、汉人、满洲人等都以辽阳城为中心，在太子河畔和浑河流域到渤海沿岸展开无数次的厮杀、征战，攻城略地，修建坚固而庞大的城墙。其主要原因都是因为辽阳所处的战略位置的地缘优势和这一区域储藏并盛产盐、铁、铜、铅、银等古代最重要的战略物资。尤其是“盐铁”和由太子河与浑河水系构成的发达水路交通网，以及由这两条河流冲击而成的平原沃野，使得这里的农业和水道交通特别发达。顺太子河而下可直达大辽河的河口直至入海，沿太子河溯流而上可以隐遁山林躲避战争，沿浑河北上可经过沈阳、开

①　图片源于辽阳市志编纂委员会办公室编《辽阳市志》，辽宁人民出版社1993年版。

原而进入松嫩平原和西北的蒙古游牧地，以及向西直取辽西地区。由辽阳而东南则有水路、陆路均可入朝鲜半岛，向南浮海可抵达山东半岛。以辽阳城为中心的周边地区，之所以发现大批具有丰富内容的战国至秦汉墓葬群和众多的战国至秦汉时期的古城和遗迹，都充分说明早在战国至秦汉时期辽阳丰富的矿藏、优越的地理位置和便利的交通，以及鱼盐五谷之利吸引中原人和周边的各族人民争先恐后地纷至沓来。这里的人口聚集和商品经济的发达，以及早期行政建制和政治中心的确立，是辽阳古代城市繁盛的重要原因。

第五章

高句丽古城的分布与研究*

高句丽政权建立之初，势力限于浑江流域。东汉时期，其政权发展较快。《后汉书·高句丽传》记：“高句丽，在辽东之东千里，南与朝鲜、秽貊，东与沃沮，北与夫余接。地方二千里，多大山深谷，人随而为居。”以桓仁、集安、通化地区为中心，西边占据新宾一带，北到辉发河流域和第二松花江上游与夫余相接，东至延边，南至清川江，与乐浪为邻。公元4世纪初，高句丽占领乐浪、带方，势力向南发展到了大同江、载宁江流域，开始与朝鲜半岛南部的百济、新罗争雄。至5世纪初，高句丽占据辽东之地。410年，其势力到达吉林省夫余故地，与后来从松花江下游南下的勿吉族为邻。此后，高句丽向南发展，公元475年，长寿王率兵攻破百济都城汉城，迫使百济迁都熊津（今韩国公州），高句丽的势力到达汉江流域。至此，高句丽政权的区域范围达到了极限。

在高句丽民族政权疆域内，即鸭绿江两岸广大地区，具体包括西至辽河、北至第二松花江中游地区和今延边地区、东至朝鲜半岛中部的汉江流域、南至黄海沿岸，长白山中部山脉成东北—西南走向，纵横其中，多高山曲谷，河流水系发达，分布着“两江”（鸭绿江、浑江）、“两河”（太子河、苏子河）和朝鲜汉江等几大水系。早在先秦时代，世居“高山曲谷”的“高夷”、秽与貊等土著民族就构筑“围壕”或“石垣”；在高句丽于西汉前期在浑江流域立国前，“箕子朝鲜”和“卫氏朝鲜”政权开始营城筑垒，但尚未形成规模性筑城建筑体系。从高句丽立国建筑五女

---

* 本章第一、二节由王禹浪教授指导，军事科学院夏振泉博士执笔。

山城伊始，伴随着疆域的西进和东扩，在鸭绿江两岸地区大规模构筑以山城为主要特征的古城，形成了都城与邑城、山城与平地城相结合，以护卫都城和抵御中原势力为主的鸭绿江左右两岸筑城防御体系。这种筑城防御体系，以山城为防御要点，边境沿线呈线式分布，纵深沿河谷两侧山脉纵式分布，都城周围呈环形分布，既吸取了中原夯土城池与长城相结合的筑城防御军事思想，又把东北区域性土著民族构筑石城的筑城文明发展到了极致，其疆域内的山城遗迹已被列入世界遗产，成为东北筑城军事文明的亮点。

第一节　高句丽山城的起源

高句丽筑城以山城为主要筑城形式，在鸭绿江两岸的辽东和朝鲜半岛北部地区考古发现了大量筑城遗迹，这是继辽西地区夏家店下层文化早期石城之后，东北地区又一规模庞大、体系完备的区域性民族筑城工程。其山城的起源与高句丽先世民族及东北区域性民族石砌筑城文化传统有着渊源关系，与世居“高山曲谷”的自然地理环境更有直接联系。

一　高句丽石构建筑山城的历史渊源

高句丽民族的先世，即貊族，先秦时期曾活动于辽东“两江”（今鸭绿江、浑江）和“两河”（太子河、苏子河）流域，先秦以来的文献中以“高夷”著称。从历史地理上看，“高夷”所处的“两江”和“两河”流域，属长白山山脉的中部地区，自然地理环境多“高山溪谷”。“高夷”有“山居民族”之意。高句丽立国以前的汉玄菟郡之“高句丽县”，应是指对活动于“两江”和“两河”流域的貊族地区的称谓。即“高句丽”是汉代“北夫余”朱蒙南下沸流水（今浑江和富尔江）建立“卒本夫余”政权，即高句丽政权以前，汉人对世居“高山溪谷”的辽东貊族（高夷）的最早称谓。最新考古发现，在高句丽“立国”之前的中国东北鸭绿江右岸，以“两江”流域和“两河”上游为中心的先秦“高夷”，即貊族分布区有大量积石墓、石盖墓、石棺墓以及“环山围沟”和“石垣聚落”等。经大面积发掘的太子河上游“马城子”等洞穴墓葬普遍存于“两河”流域；在“两江”流域，考古发现了吉林省通化市的“万发拨子”“环山围沟”遗址和集安长川的“石垣聚落”遗址，并有大量以“大石盖墓、石盖积石墓、积石墓、石棺墓等”为代表的石构墓葬。这些遗址考古断代为公元前1000年至西汉前期的辽东貊族（高夷）的青铜文化，从利用“石洞穴”到积石墓、聚落石垣，说明高句丽的先世在这一时期已具备了垒石为封和积石筑城的文化传统及筑城技能。高句丽建国后的一些早期山城，如辽宁桓仁五女山山城，经1996年以后再次发掘证明是高句丽最早修筑的都城，据《魏书》记载，朱蒙“至纥升骨城，遂居焉”，说明早在朱蒙南下貊地建立“卒本夫余”之前已有“纥升骨城”，而且从五女山山城周围的早期积石墓观察，其部族繁衍已有诸多岁月。说明高句丽在浑江流域建都前，这一地区的土著居民，已生活在包括五女山山城及其浑江流域的广阔地区。由此推论，浑江、鸭绿江“两江”的早期貊族，确已具备以石筑墓和以石筑城的文化传统。这一传统甚至远远早于来自松花江流域以秽族为主体的“西团山文化”为代表的“北夫余”，即高句丽的建国者朱蒙部落。“北夫余”曾居于今吉林市地区，考古发现的夫余前期王城即吉林市郊区的南城子古城址为近似圆形夯土古城，其夯土筑城文化受中原及平原多土少山石的影响。因此，高句丽石构建筑山城应直接渊源于辽东“两江”和“两河”流域的土著貊族的石构筑城文化传统，并与世居“高山曲谷”的自然地理环境有直接关系。

二　东北山地和草原民族石构筑城文化传统的历史渊源

由辽东山区的早期“石垣聚落”及高句丽“立国”以后的山城，联系到辽西地区夏家店下层文化时期的早期石城，它们之间是否也有一定的历史渊源关系。从时间上看，夏家店下层文化时期的早期石城要早于高句丽山城千年左右；从民族和地域上看，两个时代的山城分属东北辽西和辽东山区两大区域性民族石城筑城文化。夏家店下层文化的早期石城址，集中分布在燕山北麓，从承德的滦河上游，经赤峰的英金河、老哈河和朝阳的大凌河到敖汉、奈曼的教来河，乃至阜新的牤牛河流域两岸的低山丘陵台地之上。石城往往不是四周都建筑城墙，在陡峭岩壁或临沟壑的一面，都未发现城墙痕迹，只在缓坡和较为平坦的地方才修筑城墙。有的墙体也修筑在高山或台地上建筑有规范的石筑城墙，有的则修筑平台酷似“马面”一类建筑。如赤峰阴河流域的尹家店石城和北票康家屯石城城址，尽管这类石城的绝对年代，尚无法确定，但此类山城至少在青铜时代即已出现，且距辽河以东高句丽先世貊人的“石垣聚落”仅有几百公里之遥。

上述考古资料证明，以居行于山地之地理环境，构筑山城是自先秦以来，中国北方及东北地区山地和草原民族的传统之一。这种青铜时代北方民族的石构聚落，在辽西主要是夏家店下层文化沿河谷台地分布的围壕聚落或小型山城，在辽东则以“两江”和“两河”上游为中心区，主要是以“环山围壕”和“石垣聚落”为主要形式的聚落或村落。这一时期应处于貊族的“氏族聚落”时代，还没有发展到“城市文明”国家阶段。北夫余朱蒙南下浑江流域“立国”之后所建的大大小小山城，不过是对辽西夏家店下层文化时期的民族和辽东山区的貊族以石筑城垣和“石垣聚落”传统的继承和发展。高句丽于浑江流域立国后，开始出现山城与平地城相结合的形式，如五女山山城与下古城子，以及在夯土城墙外包砌石壁中夹筑夯土的筑法，则是在充分吸取汉文化和汉城构筑方法的基础上，结合貊族的自然地理条件而形成的高句丽民族的早期建筑风格。因此，考察高句丽民族的山城起源，不应当仅仅局限于对浑江、鸭绿江流域高句丽民族早期城址的考察，而应当看到高句丽山城起源首先是广泛吸取了北方诸民族的文化传统，如上述辽西地区夏家店下层文化石城，无论就其城址地势的选择，城垣随山临谷的不规则性，城墙充分利用山险修筑方式，以及外壁有“马面”等建筑方法，均为汉以后辽东高句丽山城建筑所吸取。当代考古界认为，辽西地区的夏家店下层文化时期的石城构筑应是高句丽山城起源的“远源”，高句丽山城构筑承继了北方（包括东北）石构建筑山城的筑城文化传统，是北方石构筑城文化的重要组成部分，并以规模庞大的山城体系及遗迹突显于东北辽东广阔地区。

三　战争威胁是高句丽山城起源的历史动因之一

高句丽民族的先世，即貊族以“环山围壕”和“石垣聚落”防御的军事对象究竟是哪一部落或哪一外部势力？从现有考古资料分析，并无明确断定。但这些早期筑城形式的形成时期，氏族部落之间的相互侵扰已不可避免，貊族也可能受到诸如肃慎、秽族等周边民族的侵袭。在朱蒙南下沸流水建立高句丽政权之前，生活在“两江”和“两河”流域的貊族等土著民族已经开始构筑山城，而且从战国至西汉前期，辽东这一地域的貊族始终受到中原势力的军事威胁。战国燕将秦开东却古朝鲜显然也威胁到了貊族的聚居区，秦和西汉时初期承继东北燕地，“两江”和“两河”流域的广大地区受中原王朝的统辖，其地域内的貊族同样受到中原势力的控制或威胁。公元前108年，汉武帝东征古朝鲜灭卫氏政权，置四郡，设高句丽县，貊族开始被纳入汉王朝的统治疆域。到西汉建昭二年（公元前37年），朱蒙南下貊地建立高句丽政权，初期受到汉魏中原势力的强大军事威胁，开始沿都城周围和辽东通往高句丽都城的河谷要道大规模修筑山城，一遇战事，“耕扶释耒，并皆入堡”。这种依托山城抵御战争威胁的作战方式，成为高句丽建国初期及至政权存续700余年间的主要防御方式，山城也成为其主要的筑城形式。

第二节　高句丽古城分布体系与基本类型

一　高句丽古城分布体系的形成

随着高句丽政权的建立，其势力的西进和东扩、疆域的拓展，由以“两江”流域的都城为中心向周边扩张，并在高句丽国势鼎盛时期形成了较完备的分布体系。

（一）高句丽早期古城分布体系

高句丽早期古城，系指从东明圣王元年（公元前37年）至太祖大王四年（56）建筑的都城、山城和平地城。从高句丽社会历史发展看，正值高句丽建国初期和高句丽“五部”民族政权的形成期和奠基期，初步形成了五大民族自治区域及以“国内城”为中心的早期山城分布体系。

北夫余朱蒙南下沸流水，即今浑江和富尔江，于西汉建昭二年（公元前37年）建立“卒本夫余”，立都于纥升骨城（辽宁桓仁五女山城），其地境在汉玄菟郡高句丽县。朱蒙的“卒本夫余”部落与高句丽县的土著貊族结合而形成最早的高句丽王族，其具体活动中心，当限于玄菟郡高句丽县境的浑江和富尔江中、上游，即以汉高句丽县境内为中心形成的部落，是为终两汉时期高句丽“五部”的消奴部的主体，从而形成了高句丽部族政权基础。当时高句丽王族部落，东邻沃沮（今朝鲜咸镜南道的咸兴），西邻梁貊（今太子河上游）和沸流国（今富尔江上游）、北邻盖马国（今朝鲜狼林山脉之西），南邻“大水（鸭绿江）貊”，今集安东部还有荇人国（太白山东南）。据《三国史记》载：高句丽东明王二年（公元前36年），沸流国来降；东明王六年（公元前32年），“王命扶尉（juan）（《高句丽古城研究》146页）伐北夫余（今珲春县沙齐城）”，“王命乌伊、扶芬奴伐太白山东南荇人国，取其地为城邑”；东明王十年（公元前28年），伐北沃沮，取其地为城邑。琉璃明王三十三年（14），又“西伐梁貊，灭其国，进兵袭取汉高句丽县（汉玄菟郡第二次西迁至今苏子河流域的新宾县二道河子古城，即为此时的高句丽县）”；太武神王九年（26），“王亲征盖马国，杀其王，慰安百姓，毋虏掠，但以其地为郡县”；二十年（31），又“袭乐浪郡”。太祖大王四年（56），“代东沃沮，取其地为城邑，拓境东至沧海，南至萨水（清川江）”。至此，经东明圣王、琉璃明王、太武神王、太祖大王四代（公元前36—56年），高句丽东征西讨的结果是，先后统一了沸流国、荇人国、梁貊、盖马国、东沃沮、栅城（今珲春县沙齐城）等地，形成了以鸭绿江两岸为中心，西至富尔江和太子河上游，东至日本海西岸，南至“萨水”（清川江），北至栅城，靠近夫余和肃慎的广大地域；其袭取的各部落在其地境内形成了高句丽建国初期的“五部”。据《后汉书》记载：“凡有五族，有消奴部、绝奴部、顺奴部、灌奴部、桂娄部。本消奴部为王，稍微弱，后桂娄部代之。”“五部”的形成，构成了高句丽多民族政权的基础，并形成了建国初期的疆域基础，也为其政权的中前期西进辽东汉郡奠定了基础。

高句丽早期政权伴随着“五部”的统一，在“两江”及富尔江流域形成了早期古城分布体系。朱蒙南下沸流水，“至纥升骨城，遂居焉”，说明筑有纥升骨城。据《三国遗事》记朱蒙至卒本川“未营作宫室，但结庐于沸流水上居之”。三年后（公元前34年），才“营作城郭宫室”。这是高句丽城池建筑的最早记载。据考古资料推测，朱蒙三年后营作的城郭应是高句丽建国初期的都城，即位于今辽宁省桓仁县城东北8.5公里的五女山山城。山城下还有一平地城，即下古城子古城，与山上城形成了早期山城与平地城相结合的都城建筑格局。琉璃明王二十二年（3），“冬十月，王迁都国内（今集安市区的平原城城址），筑尉那岩城”（《本纪》），即位于吉林省集安市西北2.5公里处的山城子山城，从而又形成了平原城与山城子山城相结合的都城建筑格局，且确立了国内城古城的中心地位。考古证实，在以国内城为中心的鸭绿江两岸地区、浑江和富尔江流域的大部分山城及平地城为高句丽早期古城。沿初期都城五女山山城周围，环形分布有位于桓仁的高俭地山城、城墙砬子山城、瓦房沟山城、马鞍山山城、愁虚山城等；沿浑江河谷两侧山脉分布有吉林集安霸王朝山城、关马山城、大川哨卡以及吉林通化的自安山城与建设山城等；沿富尔江河谷两侧山脉分布有新宾黑沟山城、转水湖山城，吉林通化南台山城、太平沟门古城、英戈布山城等。需要特别指出的是，在这些山城中，个别山城可能形成于高句丽中晚期，但大部分形成于早期，并形成了分布于高句丽沿都城外围和河谷通道的山城体系。有些山城的形成时代还有待于考古发掘进一步证实。

图 5－1　辽宁桓仁五女山山城东墙迹

在鸭绿江南岸，高句丽早期疆域南抵清川江，东至日本海，占据平安北道、慈江道、咸镜南道、江原道和咸镜北道广大地区。目前，朝鲜学者经过考古和发掘确认的 33 座高句丽山城，在平安北道分布 7 座山城，在慈江道、咸镜南道、江原道和咸镜北道地区分布 7 座山城。分布于平安北道的 7 座山城从山城的规模来看，城周长 2000—4000 米的有 4 座；位于宁边郡的铁瓮城周长达 1. 4 万多米。这些山城有石筑，也有土石混筑的；而五女山周围的早期山城周长大都在 1000—2000 米；富尔江和浑江河谷两侧山脉的山城周长大都小于 1000 米，少数山城周长在 1000—3000 米，一般为石筑。考古资料推测，早期山城的规模较小，且这 7 座山城位于由朝鲜义州地区通往平壤的要道上，而这条通道可能形成于高句丽中晚期。据此推测平安北道的7座山城中，有些可能不属早期古城，特别是较大型的山城。

在慈江道、咸镜南道、江原道和咸镜北道地区也分布7座山城，除云头山城之外，大部分山城都是周长2000米或1000米以下的小城，有石筑也有土石混筑现象，且在咸镜南道，北起端川，西到北青沿海岸线分布的3座小型山城形成沿海防御之势。这些山城是否形成于高句丽早期，从山城的规模看，与早期山城有相近之处，但从构筑技术来看又似乎晚于早期，究竟这些山城形成于何时，尚有待进一步考古发掘证明。

综上所述，在高句丽政权早期，以国内城为中心的鸭绿江两岸初步形成了沿都城环形分布和沿河谷要道纵式分布，由都城、山城、平地城构成的分布体系。鸭绿江右岸的古城分布较密，左岸的古城分布较为稀疏，且平安北道的大型山城大多形成于高句丽中晚期，由此可透视出高句丽早期防御的重点应该是西部。

（二）中前期古城分布体系

高句丽中前期古城，系指从太祖大王四年（56）至故国原王十三年（342），高句丽西进拓境至浑河和太子河中上游，东扩至大同江、载宁江流域而建筑的古城。

早在高句丽政权早期，公元14年，琉璃明王就曾“进军袭取高句丽县（治所在今新宾县二道河子古城）”，并随着高句丽“五部”的统一，进入其政权的中前期，高句丽开始向西邻汉郡拓境。太祖大王五十三年（105）春，“王遣将入汉辽东”。然而东汉时期，高句丽虽多次侵犯辽东。但尚没有发展到浑河和太子河中游地区，西境拓至新宾、清原一线。据《后汉书·高句丽传》记：“高句骊，在辽东千里，南与朝鲜、秽貊，东与沃沮，北与扶馀接。地方二千里，多大山深谷，人随而为居。”以桓仁、集安、通化地区为中心，西边占据新宾一带，北到浑发河流域和第二松花江上游与夫余相接，东至延边，南至清川江，与乐浪郡为邻。汉末至三国时，由于公孙氏和毋丘俭先后征讨，高句丽西进受挫。

西晋初期，高句丽西进至浑河中游，建立西北重镇“新城”，即今抚顺高尔山山城。据考古勘察和发掘印证了文献记载，高尔山山城始建年代应在公元266—276年西晋初期的10年。位于浑河右岸与玄菟郡三迁郡治，今抚顺劳动公园内汉城隔浑河相望，地理位置尤为险要。高句丽政权与两晋和“三燕”政权争夺辽东的重要战略枢纽，故称新城为“西陲重镇”。东晋时期，高句丽峰上王二年（293），前燕慕容廆东攻高句丽，烽上王避敌于“新城”。50年后，高句丽故国原王十二年（342），前燕慕容皝再次攻打高句丽“新城”，当时燕将“玄菟太守高诩”据守玄菟城。这时的“玄菟城”，指玄菟郡三迁郡治——今沈阳东20公里上伯官屯古城。这说明4世纪40年代以前的东晋时期高句丽的西部疆界，不超过今沈阳以东数十公里，仍止于西晋初期的浑河中上游。

在高句丽中前期，高句丽与辽、沈汉郡在太子河流域的分界，从考古发现看，亦应限于今太子河中上游。以今本溪为中心的辽东山地与平原接壤地带，向东并没有到达“辽东城”（今辽阳）地区。据《三国史记》记载，高句丽美川王二十年（319），前燕立国者慕容皝“以其子仁镇辽东”。慕容仁不仅在公元320年已据有辽河以东的平郭（今辽宁盖州）等重镇，“尽有辽左之地”，而且直到336年，当慕容垂继位立都辽西“龙城”（今朝阳）后，又遣大军灭慕容仁而据有辽东、平郭诸城。证明在公元4世纪中叶，辽东、平郭等地仍属“前燕”。341年，前燕王慕容皝，率大军15000人，沿太子河和浑河南北两条河谷通道东进，企图收复自西晋以来被高句丽占领的新城等玄菟郡故地。前燕大军长趋新城、木底诸城后，“乘胜遂入丸都……焚其宫室，毁丸都而归”。这是继汉末三国魏公孙氏和毌丘俭攻破高句丽“丸都”后，东晋时期前燕对高句丽最大的一次打击，它在巩固前燕对辽东统治的同时，遏止了高句丽在东晋时期向辽河流域的发展。

4世纪初，高句丽向南发展，占领乐浪、带方，疆域扩至大同江、载宁江流域。至此，高句丽在鸭绿江左右两岸，以浑江、富尔江和鸭绿江中游为中心。其西部拓展当以浑河、太子河中上游为限，南部拓展，当以大同江、载宁江为限。其疆域北部和东部仍承继东汉时期的疆界，北到浑发河流域和第二松花江上游与夫余相接，东到今珲春、延边地区。此时，高句丽山城的分布，与其疆域发展的阶段性和区域性相关联。西部山城集中分布于太子江和浑河中上游，北部集中分布于浑发河流域，南部集中分布至大同江和载宁江流域，东部则集中分布于延吉、图们、珲春一带。山城一般沿河谷两侧山脉分布，主要用于扼控通往以国内城为中心的鸭绿江中游地区的河谷要道。

高句丽中前期是古城分布体系形成的重要时期，初步形成以国内城为中心，沿周边河谷要道两侧山脉分布的都城、山城及平地城体系：

1. 都城与平地城。其建筑年代：据《三国史记·高句丽传》记：198年春二月筑城丸都城，即山城子山城。3世纪中叶，魏将毌丘俭攻陷丸都城，东川王“以丸都城经乱，不可复都，筑平壤城，移民及庙社”，当时高句丽并未攻占乐浪郡，此“平壤”仍是今集安市区所在的国内城。这里需明确的是在公元3年高句丽迁都国内城，当时为西汉土城，并非高句丽所筑，到山上王继位之初，公孙氏出兵“破其国，焚烧邑落”，被毁的即是此西汉土城，于是山上王只好更作新国丸都城。丸都城被魏将毌丘俭毁后，东川王始筑平壤城。341年，前燕王慕容皝率大军入丸都，“毁丸都而归”，据《三国史记·本纪》，故国原王十二年（342），“春二月，修葺丸都城，又筑国内城”，可见，丸都城和国内城数次被毁，又多次修复。

2. 浑河和太子河中上游山城分布。在高句丽中前期，高句丽始终受西部中原势力的强劲军事威胁。2世纪末，公孙氏曾出兵进击高句丽，3世纪中叶，魏将毌丘俭攻陷丸都。4世纪中叶，前燕慕容皝又陷丸都，高句丽为抵御其进攻，沿辽东通往鸭绿江中游的浑河和太子河中上游的两条河谷通道两侧山脉修筑防御性山城、关隘和哨卡。前面已经提到位于浑河中游的抚顺高尔山山城（国北新城）始建于3世纪末，最初成为防御来自辽、沈腹地的魏军来犯的西陲重镇。一直延续到好太王时期高句丽进占辽、沈腹地前，始终为高句丽西部边陲前沿阵地和战略要地。浑河和太子河中游山城，随着高句丽西部疆域的扩展，其大部分始建于这一时期。上游的山城有些始建于这一时期，有些可能始建于高句丽早期。如果要准确定位其始建时期，还有待于考古发掘进一步证实。但有一点确信无疑，即到高句丽中前期，沿“两河”河谷两侧确已形成了山城分布体系。

3. 浑发河流域的山城分布。在高句丽政权早期，北部疆域当限于鸭绿江上游，尚未推进至浑发河流域。但到高句丽中前期，据《后汉书·高句丽传》记，东汉时期，高句丽北部疆域已到达浑发河流域和第二松花江上游与夫余相接。为防御夫余南下，沿浑发河及其上游的柳河、一统河、三统河和辉发河交汇处；通往饮马河上游的通道两侧构筑了一些山城。但从高句丽山城遗迹分布来看，其密度与“两河”中上游比较显得稀疏。据此推断夫余国对高句丽的军事威胁要弱于中原势力，山城主要用于扼控北部夫余与高句丽都城中心区域之间的沿浑发河流域的通道。

4. 大同江和载宁江流域的山城分布。高句丽政权早期，其南部疆域已推进至朝鲜半岛北部的清川江流域。4 世纪初，高句丽势力推进至大同江和载宁江流域，开始与朝鲜半岛的百济和新罗争雄。在大同江和载宁江流域的今平安南道、黄海北道及黄海南道的北部地区修筑一些山城，用于防御百济和新罗的北犯。从考古发现的这一区域的山城遗迹来看，一些大型的山城和具有土石混筑现象的山城多形成于高句丽中后期和晚期，另外一些中小型石城究竟形成于哪个时期，还有待考古发掘证明。可以断定，在高句丽中前期为防御南部新罗和百济的北犯威胁，形成了最初的山城分布，并形成了以山城为要点的防御体系。

（三）高句丽中后期古城分布体系

高句丽中后期古城，系指故国原王十三年（343）至长寿王十三年（427）迁都“平壤”。高句丽广开土境，向西拓境至辽东腹地，向北占据夫余故地，向南拓境至汉江流域而建筑的一系列古城。

高句丽从故国原王时期到长寿王时期，正值辽西辽东历经“三燕”统治时期，中原地区则正值东晋末年和南北朝初期。中原及辽西、辽东地区社会动荡，战争频作。这一时期高句丽国势日盛，为高句丽广开土境提供了良好的机会。《魏书·高句丽传》记载：其最盛时期的疆域：拓地“辽东南一千余里，东至栅城，南至小海，北至旧夫余，民户三倍于前魏时”。这是北魏时高句丽长寿王之父好太王时期的情况，故好太王史称“广开土境好太王”。从文献中考察好太王和长寿王两代高句丽政权活动的轨迹，好太王时代拓境发展的主攻方向有三：一是向西以辽东郡腹地为中心的西南方向；二是向北指向夫余故地；三是向南指向高句丽的宿敌百济；四是向东拓地到正图们江下游地区。

向西发展，以《好太王碑》等记载，已过“襄平道”，夺取了包括辽东城在内的辽东郡腹地，以 404 年以后从后燕手中夺取辽东诸县为标志。向北发展，当以 410 年前后，先破契丹，后破夫余六十余城，进至松花江流域为标志。向南发展则以 396 年，大败百济军队于“坝水”（汉江），夺取五十八城为标志。向东发展“东至栅城”，当在 404 年前后。从好太王时代拓境的主攻方向看，396 年攻百济之战，带有巩固后方的意义。其后 10 年间向辽东和夫余发展，特别是向发达的辽东郡发展，则是其拓境的主要目的。继好太王父位而立的长寿王，对稳定强大的北魏王朝，其战略方针是睦邻北朝而向南统一半岛方向发展，实现了其父巩固占有辽东，而南取大同江、汉江流域的夙愿。并以427年将政治中心从鸭绿江流域的“国内城”迁至大同江流域的“平壤城”为标志，进入高句丽历史上的晚期阶段。

在好太王时代以前，进入两晋之后，高句丽向辽东发展的重要标志；正如《三国史记》所载，美川王三年（302）秋九月，“王率兵三万侵玄菟郡。虏获八千人，移交平壤（国内平地城）”。其后故国原王四年（334），又“增筑国北新城”。至故国壤王二年（385），高句丽首次攻陷后燕辽东、玄菟二郡。《三国史记》记：故国壤王“二年（385）夏六月，王出兵四万袭辽东。……遂陷辽东、玄菟，虏男女一万口而还”。这条记载同见于《梁书·高句丽传》：“孝武太元十年（385）高句丽攻辽东、玄菟郡。”这是高句丽第一次攻下前燕所属之辽东、玄菟二郡。但当年冬十一月后燕王慕容垂遣其弟慕容农将步骑三万人，复进击高句丽。“复辽东、玄菟二郡，还至龙城（今朝阳）。”

高句丽首次进陷三燕之辽东、玄菟郡地但得而复失，自此直到长寿王之父好太王时代以前，高句丽仍未占有辽东和玄菟郡腹地。说明在后燕时，高句丽的势力尚不能稳固占有辽东和玄菟之汉郡地区。其中真正奠定中后期高句丽在辽东疆域基础并逐渐占有辽东汉郡的，是从392—413年“广开土境好太王”执政的20年间。

集安好太王碑载：“永乐五年（395）……（好太王）过襄平道，东来□□力城、北丰。王备猎游观土境，田猎而还。”从魏晋时代至北魏的辽东建置地理和交通地理考察，好太王当年应经由新城、玄菟而进入今辽阳的“襄平道”，然后南下北丰、力城而拓境至辽东半岛腹地。其中“襄平”南之“力城”，应在今辽宁省瓦房店市北之龙潭山山城或岫岩娘娘城山城。而“北丰”依地临海渚，应在今辽宁普兰店之巍霸山城（一称“吴姑城”）。碑文所载证明高句丽好太王时代，高句丽广开土境，始进人辽沈腹地及辽东半岛。可以引为旁证的有，东晋“义熙元年（405）正月，（后燕）王熙伐高句丽，戊申，攻辽东城”。其后，当辽西北燕末帝被北魏进攻时，据《三国史记》记载，“长寿王二十四年……王遣将率众数万至和龙（今朝阳），迎燕王”。足见当时高句丽之强势。后来当宋元嘉十五年（438），北燕末帝冯弘被北魏灭国投奔辽东，高句丽王先处之“平郭”，后“寻徙北丰”。这些都说明，至5世纪初的北燕末世和北魏初期的高句丽好太王、长寿王时代，真正达到了鼎盛时期。而辽东、玄菟、平郭、北丰等汉魏和两晋诸名城，最后没入高句丽之境，成为其“北土”和西陲重镇。这正是好太王时代和长寿王向辽东广开土境的极盛时期。

好太王在向西部汉郡拓土的同时，汉郡以北则主要指向曾经是其始祖之地的“夫余旧地”。据《好太王碑》记载：“永乐二十年（410）庚戌，东夫余旧是邹牟王属民，中叛不贡，王躬率征讨。……凡所破城六十四，村一千四百。”好太王碑中所称的“东夫余”或“北夫余”，其中心就在松花江中游的今吉林市为中心的松花江中、上游的吉林、永吉、榆树、舒兰、双阳、桦甸等地区。以吉林市南山城子、龙潭山山城等为中心的汉魏至高句丽时代的古城及其周围的古墓群，应是从两汉到魏晋时代“北夫余”的活动中心和王城所在地。考古发现，在今吉林舒兰、九台以北，鲜有高句丽遗迹。说明这一线应是高句丽好太王鼎盛时的北界，也是高句丽山城分布的北界。这一时期高句丽山城分布的东北界，应以图们江下游和珲春河为限。从西自和龙县八家子镇开始，经西城、龙门，再经龙井市的细鳞河、桃源、铜佛、朝阳、八道，到达延吉市北部烟集乡，继续向东延伸到图们市长安镇磨盘山对面鸡林北山，总长100多公里”发现的高句丽古长城，是高句丽山城分布的北界标志。

至此，高句丽古城分布达到鼎盛时期，其西界，应以辽河为限；其北界达到松江流域的吉林、蛟河一线；东北界达到长白山东北麓的吉林省延吉市境及图们江、珲春河流域即延吉市境内的“高句丽长城”；其东南界与“百济”为邻抵汉江流域；其西南达到辽东半岛南端。从而高句丽占据辽东、吉林南部和东南部及朝鲜半岛东北部，在辽东半岛南端、辽河以东的西部防线、吉林市至蛟河一线、朝鲜半岛的东北部，整个高句丽疆域周边地区的古城分布体系初始于这一时期，形成于高句丽晚期。

沈阳石台子山城是形成于高句丽中后期和晚期的典型代表。该城位于沈阳市东北约30公里蒲河上游棋盘山水库北岸山上。东距高句丽“新城”（高尔山山城）约30公里，是与“国北新城”相邻的大型山城。经过1990—2000年沈阳市先后多次发掘，石台子山城是构筑结构明确、地层清晰而遗物丰富，文化单纯的典型高句丽中后期和晚期山城。该山城是直接建筑于青铜时代（新乐上层类型）的地层上。山城中既无汉、魏早期遗物，也无唐以后辽金遗物。山城中发现有4世纪后的高句丽绛釉陶器，隋“五铢”、泥质次陶瓮、盆、罐等遗物，均显示出高句丽中后期和晚期的考古学特征。在石筑城墙结构中，该城壁以精琢加工的棋形石，工整错缝叠压砌成的外壁，墙面平齐，无高句丽早期山城的阶梯式建筑。墙面砌筑规整平直而又有10处石砌的高大“马面”建筑。这些均标志进入高句丽石筑山城技术的成熟阶段。而其构筑方法又早于高句丽晚期土石混筑或夯筑等构造形式。这一切都证明石台子山城应是高句丽继浑河上“国北新城”修筑后，在辽河中游修筑的一座中后期至晚期山城。与此山城同类的，文化遗存尚有铁岭催阵堡山城和西丰城子山山城等。在石台子山城修筑稍后，沿辽河中、下游左岸（东岸）诸支流上修筑的大型山城，绝大部分建于好太王占有辽东和长寿王迁都平壤之后，是为进入高句丽古城建置的晚期。

对于朝鲜半岛抵汉江流域的疆界山城的修筑，据《三国史记》记载，自369年，高句丽与百济第一次交战始，直到好太王在位之初，两国对峙局面大体在礼成江两岸地区进行的。但是，由于好太王于396年对百济的征战，使百济受到了巨大的打击，高句丽修筑了“国南七城”及“国东六城”，以防备百济和新罗的进攻。在此基础上高句丽又于427年迁都于大同江流域的平壤城。不言而喻，在高句丽迁都平壤之前，其南部边界已经形成了对百济和新罗的山城防御体系，为迁都做好了军事防御上的准备。同时，平壤城的修筑年代应该在4世纪初高句丽占据乐浪郡之后，427年长寿王迁都平壤之前，但却不见文献记载。据大城山城考古研究报告推定此城系为平壤城，修筑于4世纪末至5世纪初。

另据吉林省考古调查，在今吉林省白山市境内的高句丽山城及其他史迹，只寻迹到长白山东南的鸭绿江上游地区，而在长白山西北坡的松花江上游头道江和二道江一带，高句丽遗迹也并不多见。

（四）高句丽晚期古城分布体系

高句丽晚期古城分布体系，系指从高句丽长寿王十五年（427）迁都大同江流域的“平壤城”以后，到高句丽宝藏王二十七年（668）修筑的古城和辽东“千里长城”。

这一时期，中原王朝进入南北朝时期的北魏和北齐、北周及隋与唐初，高句丽则基本停止向西发展，与北朝基本形成以辽河为堑的天然分界线。同时，北魏和北齐、北周与“三燕”不同，其政治中心已迁往中原黄河流域。由于北朝在东北统治重心的转移，加之好太王、长寿王两代百余年间在稳固地占有辽东汉郡及松花江中、上游以后，将发展的眼光指向大同江以南的汉江流域，所以从5世纪中叶到7世纪中叶前期，辽东高句丽属境与北朝辽西之“营州”（今朝阳）地区，长时间处于相对平衡、稳定的发展时期。特别是在高句丽历史上执政较长的长寿王，享年98岁，在位79年。在其执政时期，几乎年年与北魏贡使往来，是高句丽历史上与中央王朝保持睦邻稳定关系最长的强盛时代。加之这一时期，迁都大同江平壤城以后的高句丽的发展中心，主要转向大同江以南和汉江南北，以牛鸣山、七重河（临津江）、北汉山城、“唐城”一线与百济、新罗交界，进入朝鲜半岛上“三国”鼎足而立，而以高句丽势力最强的“三国时代”。所以从长寿王以后中经230年，高句丽民族政权在鸭绿江以西汉郡地区古城建筑的完成及防御体系的最后形成，当以高句丽荣留王三十四年（唐贞观二年、628），在辽东筑起一条“北起扶余城”“西南至海”的“千里长城”为标志。据《三国史记》记载：荣留王十四年（628）“春二月，王动众筑长城，东北自夫余城、东南至海千有余里，凡一十六年毕功”。高句丽荣留王修筑的辽东长城，是高句丽历史上在辽东修筑规模最大的军事障塞。它的修筑即标志着高句丽在辽河流域军事防御体系的最后完成，也是高句丽灭国前，对辽东地区以山城为核心的综合军事建置体系的终结。

从考古学观察，这一阶段鸭绿江右岸新增筑的高句丽山城的分布特点，集中分布在沿辽河平原东线与辽东山地接壤的南北交通干线的东侧。以东部背依山岭，西部俯视平原为依托，形成南北纵向城轴，屏护以东部山地为中心的高句丽腹地。从而构成了高句丽西界的南北长达千里的山城联防线。这些晚期大型山城，在辽东地区又多与辽东的汉魏之旧城相毗邻或直接借用汉魏旧城之名。其中从北到南最著名的较大型者如：“夫余城”（辽源龙首山山城）、“南苏城”（铁岭催阵堡山城）、“金山城”（沈阳石台子山城）、“盖牟城”（沈阳南塔山山城）、“白岩城”（辽阳市灯塔县岩州城）、“辽东城”（辽阳旧城）、“安市城”（盖县青岭山城）、“建安城”（盖赤城山城）、“平郭城”（盖县县城）、“力城”（岫岩娘娘城或复县龙潭山山城）、“北丰城”（新金县吴姑山城）、“卑沙城”（金州大黑山山城）等。与此同时，在该阶段，高句丽为与“千里长城”配合，在辽河两岸的交通要道或军事重镇，又修筑了若干主要用于戍守的军事城堡“武厉逻”一类小城。这种城堡一般规模较小，实际上具有与大型山城和长城沿线呼应的墩台、哨城性质。最著名的如《唐书》中的辽河中游“通定镇”武厉逻城——今辽河西岸新民县高台山或公主屯后山遗迹等。除此之外，辽河以西再无明确的高句丽古城遗迹。

在鸭绿江左岸，高句丽迁都大同江平壤后，随着统治中心的南移，与中原势力相对较远，与百济、新罗的距离相应地靠近，海岸线也变长了，其四周的地形也与集安大不相同。为适应国都环境的新变化，特别是防备百济势力的最大威胁，其山城分布体系出现了以平壤城为中心，防御西部中原势力和南部百济势力的两个方向的山城分布格局。尤其是黄海南北道的山城分布大为增多，形成了对百济的较为严密的山城分布防御态势。迄今考古确认的鸭绿江以南的40余座高句丽山城中，除了早期属于高句丽“五部”时期的一些早期山城外，绝大多数山城均属于高句丽好太王及其长寿王向南部汉“乐浪郡”故地发展，并占有百济一部分地区以后修筑的。这些古城的年代应属高句丽晚期所修筑，即从5世纪中叶长寿王迁都“平壤”以后发展起来的。尽管目前一些古城的建筑时期尚未确定，其鸭绿江左岸的山城分布体系，应始于高句丽占据乐浪和带方郡之后，形成于高句丽迁都“平壤”之后的高句丽晚期。这种山城分布体系包括以“平壤”都城为中心的都城周边的卫星城体系。

迁都平壤的高句丽都城以“三城一宫”（大城山城、清岩里土城、平壤市区的内城和安鹤宫）为主，在都城周边几公里范围内还分布着一些拱卫山城的小型山城。如位于大城山城东南4公里处的高仿山城等。高句丽迁都“平壤”后的前期都城以大城山城为中心，后期以长安城为中心。据朝鲜学界有关大城山一带的高句丽遗迹研究报告，认为大城山城和安鹤宫皆始建于4世纪末5世纪初，即高句丽中后期所建。而长安城则建于高句丽晚期。据《三国史记·高句丽本纪》记载：阳原王八年（552）筑长安城。平原王二十八年（586）移都长安城。都城的卫星城系分布于都城周边30—50公里范围内。在这些山城中，比较典型的东边有纥骨山城、西边有黄龙山城、南边有黄州城、北边有青龙山城，均处于通往“平壤”的南北交通要道上，是护卫“平壤”都城城系的重要山城。

平壤以北地区的山城，主要分布在鸭绿江南岸的义州地区到平壤地区的通道上及大宁江、清川江和大同江中上游两侧地区。如白马山城、契亡城、龙骨山城、通州城、凌汉山城、龙吾里山城、铁瓮城、安州城、铁原山城等。平壤以南地区的山城，主要分布在黄海南北道地区，如鸺鹠山城、大岘山城、太白山城、长寿山城、首阳山城分布在黄海南北道由开城和海州地区通往平壤的交通要道上。在这些山城中，位于黄海南道新院之载宁江上游右岸的长寿山城，依据考古资料观察，断代为高句丽迁都大同江流域“平壤”的古城，位于平安北道泰川郡的龙吾里山城筑于6世纪中叶。这两座古城均为平壤南北两座拱卫平壤都城的重要山城。

在鸭绿江以南地区的黄海沿岸古城分布，以大同江入海口为中心而分的南北两侧沿海地区。南部地区呈密集分布，如白川山城、凤势山城、首阳山城、瓮津山城、兄妹山城、丰川城、九月山城、杨山古城等；而北部地区则呈分布稀疏，如黄龙山城、凌寒山城等。在日本海沿岸有北青古城、加应山城等。

在迄今考古发现的鸭绿江以南的40余座山城中，其山城的周长大都在2000—6000米之间，有些山城的周长甚至达万米以上，如铁瓮城，周长达1.4万米。城墙的建筑普遍出现土筑、土石混筑现象，并且马面增多。这均显示出高句丽晚期古城建筑规模、建筑技术及城防设施的进步特征，并显示出受中原夯土筑城文化的影响。

二　高句丽古城的基本类型及重要山城举例

（一）从建置上分为都城、邑城和镇城

高句丽古城的建置与其民族政权的建置及发展演变有着渊源关系，从北夫余朱蒙南下立都纥升骨城开始，伴随着高句丽“五部”早期政权的形成，逐渐形成了以高句丽居民的“邑落”分布为核心，以中心城市（大多为山城）为依托的部落居邑为分区的“城邑制度”。这种“城邑制度”，既不完全等同于古代中亚和欧洲的“城邦国家”，又不等同于中国先秦时代的“封邑”制度。前者带有独立行政管理职能的具有“城邦国家”形式的中世纪以前的一种特定的政权组织形式，即古代西方的“城邦国家”。这种城邦国家和城邦联盟，是古代西方“典型奴隶制”的政治实体，也是古代西方以地域为中心的“发达奴隶制”的独特政权结构形式。后者则是在森严的宗法制度下形成的“率土之滨，莫非王臣”的奴隶制国家内，天子对宗族和勋臣颁赐的“采邑”制度。高句丽的“城邑制度”是以地域为中心，每一个中心城邑周边环绕分布多个“小城”形成一个城邑体系，这些城邑体系环都城呈辐射状分布，形成了对都城的多道防御体系。这里的中心城邑就是所谓的邑城，其规模一般较大，其周长在2000—14000米不等，大部分都在4000—7000米；其“小城”就是所谓的镇城，其周长一般在2000米左右，有的甚至在1000米以内。邑

城和镇城一般都沿河谷两侧山脉分布，邑城和镇城之外沿河谷还分布着许多“部落”或“村落”，居住在大小山城中的民户称为“城民”，而散居在高山溪谷中的部民称为“谷民”，从而形成了由都城、邑城、镇城到“部落”或“村落”的政权建置体系，其“城邑”则形成了由都城、邑城到镇城的城邑体系。

高句丽城邑建置体系，从城邑遗迹分布来看，在高句丽早期和中期，以桓仁和集安的高句丽都城为中心，在鸭绿江北部地区形成了以浑江和富尔江城邑体系、太子河城邑体系、浑河城邑体系、大洋河城邑体系、辉发河城邑体系等；在鸭绿江南部地区则在好太王时期形成了“国南七城”“国东六城”，用以防备百济和新罗的城邑体系。到高句丽政权晚期，除进一步完善早期和中期城邑体系外，重点修筑了鸭绿江南部地区的城邑体系和辽东西部防线城邑体系，其鸭绿江南部地区主要形成了平安南北道、黄海南北道城邑体系和沿平壤都城周边分布的城邑体系及黄海和日本海海岸城邑体系。

在上述这些城邑体系中，以太子河和浑河城邑体系为例，来说明其城邑的分布、山城规模等特征。太子河城邑体系，从现今考古发现的古城遗迹来看，沿太子河河谷两侧分布五座山城。尽管其建筑时期不一定相同，但其山城体系的最终形成，构成了以边牛山城为中心邑城，以其余四座“小城”为镇城的城邑体系。边牛山城位于本溪太子河右岸，周长 5500 米；四座镇城的周长都在 2000 米以内，分布太子河两岸地区，位于边牛山城的东部，形成中心城邑的后卫。浑河城邑体系以高尔山城为中心城邑，其余五座镇城则分布于浑河中上游两侧地区。高尔山城位于浑河北岸的高尔山上，分东、西二城，周长约 4000 米，是控扼由辽东和“玄菟”通向高句丽都城的枢纽重镇；马和寺山城位于高尔山城对面、浑河左岸，周长 2600 米，与高尔山城共同控扼浑河南北两侧通道。位于浑河右岸、高尔山城东部的章党山城、城子沟山城、西山城三座小型山城则形成了对高尔山城的拱卫之势。

高句丽古城，从建置上形成了以镇城拱卫邑城，邑城拱卫都城的分布格局，从而形成了高句丽都城、邑城和镇城三种古城基本类型。其各类古城分述如下：

1. 都城

持续 700 年之久的高句丽政权，随着其势力的发展和统治范围的扩大，都城三治两迁，先后坐落于今桓仁、集安和平壤三地，如初期都城桓仁五女山山城与下古城子古城，中期都城集安市区平原城与山城子山城，后期都城今朝鲜平壤的“三城一宫”，即大城山城、清岩里土城、平壤市区内古城和安鹤宫。

(1) 五女山山城与下古城子古城。据有关考古资料推测，五女山山城与下古城子古城为高句丽初期都城。五女山山城位于桓仁东北8.5公里浑江对岸的五女山上。五女山海拔800多米，居四周群山之一，整个山峰自半山腰突兀直上，形成一二百米高的悬崖陡壁，地势十分险要，而山顶之上地势比较平坦。山城占据整个山峰的顶部，南北长约1000米、东西宽约300米。其西、南、北三面以悬崖为壁，只有东侧和东南侧山势稍缓，故在半山腰垒石筑城墙（图5-2）。东墙长约1000米，依山坡修筑，外高内低，内外壁多采用经过修整的楔形石。在东墙的南段、距南墙110米处设有东门。门址以北的城墙接近城门处向外做半圆形弯曲，而后向西折，与门址南侧之南北走向的城墙之间留出4米宽的缺口作为城门。所以，东门的方向不是直接朝东，而是朝南。这种布局结构是高句丽山城中最原始的瓮城形式。南墙位于山城东南侧，自东墙南端向西40米，然后再转向西北70米与悬崖相接。砌法和东墙相同，但坍塌严重。在南墙与东墙相接处有一缺口，被称为南门。山城西侧悬崖有一天然豁口，为山城的西门。山顶接近西侧悬崖的中部有一蓄水池，俗称“天池”，池壁经过人工砌筑。池旁还有一石砌水井。至今水池、水井内仍清水盈盈，常年不枯。山顶的东南角为一天然平台，俗称“点将台”。这里地势高、视野宽，可作瞭望之用。

下古城子古城位于桓仁县城西4公里的浑江对岸，由此溯江而上10公里可达五女山山城。城的平面呈长方形，方向为北稍偏东。东墙已被浑江冲毁，西墙残长162米、北墙残长241.5米、南墙残长188.6米。城墙为土筑，其中北墙和西墙北段保存较好，高处可达2米左右。在北墙东段和西北角还可依稀辨出夯土层。沿西墙北段外侧有一养鱼池，应是原城壕。北墙外地势较低。今城内大部分被民房所覆盖，居民建房或挖菜窖时，常常有遗物发现。

(2) 集安市区平原城与山城子山城。集安市位于鸭绿江右岸、通沟盆地的西部，城东约6公里为龙山，城北1公里为禹山。发源于老岭山脉的通沟河自北蜿蜒而来，经城西、绕城西南角折向东南注入鸭绿江。城

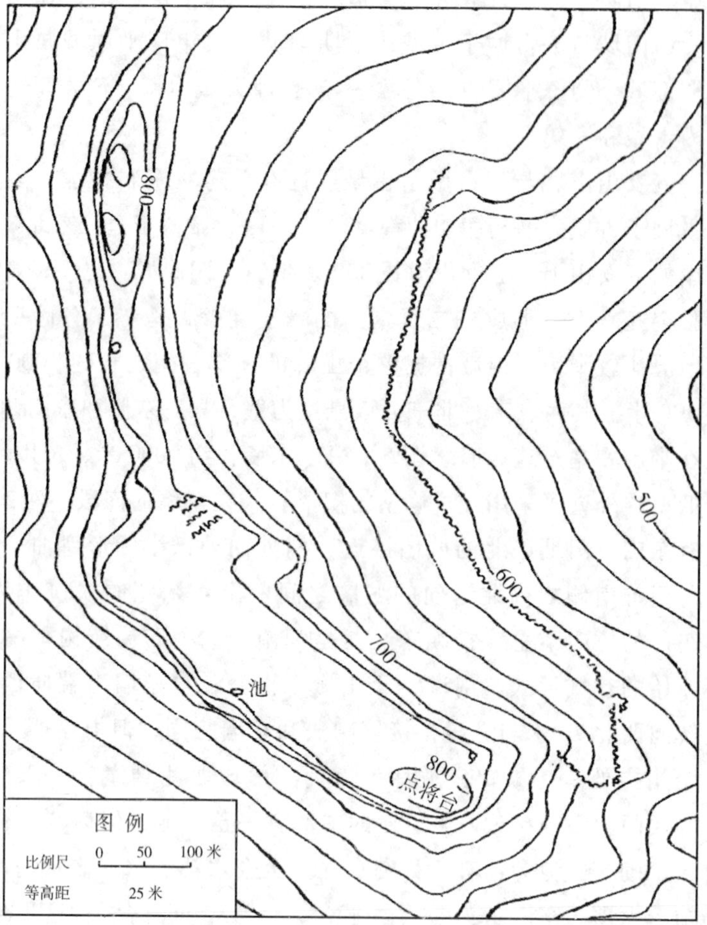

图 5-2 辽宁恒仁五女山山城平面图

西 1.5 公里为七星山。鸭绿江距城南墙 500 米，对岸即是朝鲜。平原城就位于集安市区，史称“国内城”，其平面略呈方形，东墙长 554.7 米、西墙长 664.6 米、南墙长 751.5 米、北墙长 715.2 米、周长 2686 米。其中东墙、北墙、西墙南段筑于高句丽时期，以北墙保存较好。城墙皆以加工规整的方形或长方形石材错缝平砌，墙基部分逐级内收，一般每级内收 10—15 厘米，至今仍可看到的有 11 级之多。墙基之上的墙垣是直砌的。城墙四周修有“马面”，距离不等。城墙西北角、西南角和东南角均有呈直角向外突出的方台，其上原应建有角楼。城墙东北角呈弧形，在弧形转角两端各有一个马面，相距 40 米。该城原有六门，南北各一，东西各二，均建瓮城（图 5－3）。因文献无具体记载，所以这几座城门是否是原高句丽门址，有待进一步调查。城东、城北原有宽约 10 米的护城壕，已被填平。

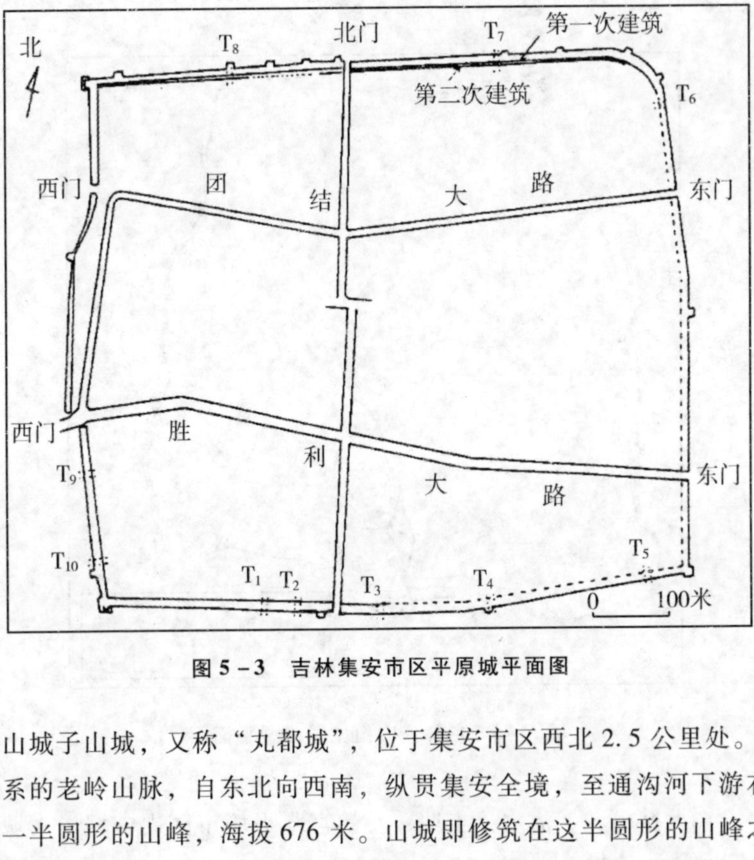

图 5－3　吉林集安市区平原城平面图

山城子山城，又称“丸都城”，位于集安市区西北 2.5 公里处。属长白山系的老岭山脉，自东北向西南，纵贯集安全境，至通沟河下游右岸，形成一半圆形的山峰，海拔 676 米。山城即修筑在这半圆形的山峰之上。山城四周层峦叠嶂，山高谷深。通沟河从山城南侧流过，冲积出狭长的河谷盆地（图 5－4）。山城沿自然山势走向修筑，东墙长 1716 米、西墙长 2440 米、南墙长 1786 米、北墙长 1009 米、周长 6951 米。东、北面山脊略为平坦，故多在脊顶外侧筑石城墙。山城西北角有一峰顶，城墙绕峰顶外侧，呈半圆形，上与峰顶平齐，形成直径 8 米的圆台。站在圆台之上，北眺小板岔岭，西望麻线沟，皆历历在目。西面山脊起伏较大，中间有一高峰，高峰两侧山势险峻，南段之石墙多已塌毁。南墙建筑在临河绝壁之上，也大部分坍塌。从现存情况看，东墙南段、西墙北段和北墙保存较好，其中以北墙为最好，一般高 5 米以上（图 5－4）。城墙顶部外侧皆修有女墙，女墙内侧发现有石砌柱洞。全城共有门址五处，东北两面各有两门，南面一门。南门开于南壁正中的低凹处，并修有瓮城。南门之内200米处的台地上，以石垒筑瞭望高台，俗称“点将台”。在瞭望台的东南侧，有一面积五六十平方米的石砌水池，俗称“饮马池（湾）”或“莲花池”，至今仍水满泉旺，莲长菱生。

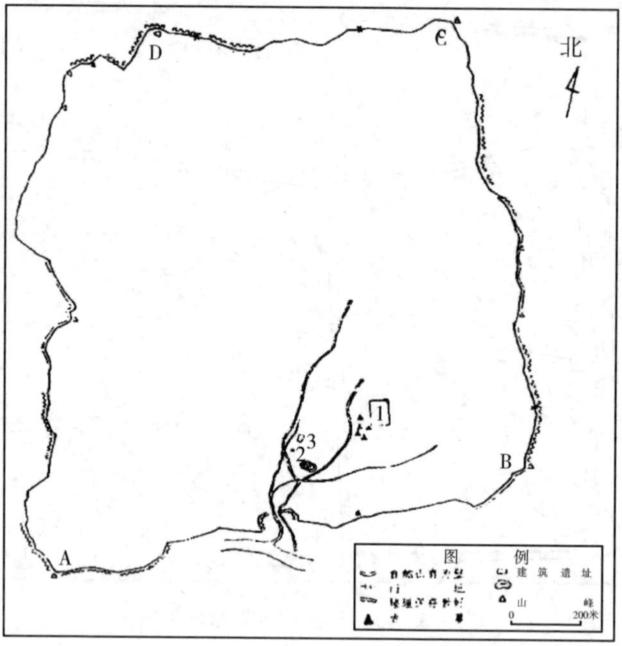

图5－4 吉林集安山城子山城平面图

（3）大城山城、清岩里土城、安鹤宫与平壤市区内古城。大城山城位于今平壤市东北六七千米处、大同江北岸的山地上。该城石墙全长7218米，城内面积约2.7平方千米。整个山城地势呈簸箕状，南门开于西南边的峡谷，筑内外两道城墙。城墙所经过的山峰高处，一般修有角楼之类的建筑或将台。城内分布池塘、水井和仓库遗址。清岩里土城位于今平壤市区东北、大同江北岸的小山坡上，城墙周长2.7千米。安鹤宫位于大城山城南侧山麓，距大城山城700多米。安鹤宫平面略呈方形，南墙、北墙为东西向，东墙、西墙北偏东3.5°。南墙长617米、北墙长618米、东墙长622米、西墙长623米，周长2480米。城墙为土石混筑，基宽9米，内外两侧以石垒筑，并逐层稍向内收，呈阶梯状，中间以黏土夯筑，现存高度4米。其东、西、北三面各开一城门，南面开三座城门。

其中南墙中门为正门，规模最大，原是一座面阔七间、进深两间的木构建筑。城门不设瓮城。城外未挖护城河，但在东西两墙之外有两条水渠被借用。另外，还有一条自北墙东段入城、从南墙东段出城的水渠。因此，形成了两个水门。城内有宽 2 米的环城街。城内主体建筑位于南墙正门之内的中轴线上，分为南宫、中宫、北宫三个院落，皆有廊庑相通。平壤市区内古城，北面靠锦绣山最高峰最胜台和清流壁的绝壁，东、西、南三面由大同江和普通江围绕，周长 23 千米，面积达 185 万平方米。城墙以石砌为主，有的混以少许黏土，并加以夯打，还有的在石头中横垫圆木。因城外有江环绕，所以绝大部分无护城河。已发现城门址四处，除了普通门、正阳门和七星门外，还有一处位于牡丹峰山麓的牡丹峰剧场台阶附近。城内地势北高南低，依次分隔为北城、内城、中城和外城。内城为王室所在，中城为衙署所在，外城为居民区，北城为加强内城防御而建。

上述高句丽初、中、后期都城的城池构成来看，山城与平原城相结合是其都城的突出特点。平时居于平原城，一遇战事，“并皆入堡”。另一个特点是随着高句丽都城的“三治两迁”，不但古城的规模不断扩大，而且古城的马面、角楼、瓮城等城池防御设施进一步完善，并在后期山城城墙出现了土石混筑现象。

2. 邑城

邑城就是所谓的中心城邑，大多为山城，它以军事防卫为主要目的，兼有部落管理职能。其军事防卫功能，决定了其山城建筑中，诸如瓮城、瓮门、角楼、马面，以及女墙、望台等设施较为完备，然而缺少规范里坊、街肆和市井布局，这是高句丽中心城邑——山城有别于中原州、郡等重要城市的重要特征。其邑城也有大小、等级之分，从中心城邑的管理体制来看，如唐《翰苑·高丽记》中记载，诸大城置有“褥萨”，比中原的“都督”，其次诸城置“处闾”，比中原的“刺史”，诸小城置“可逻达”或“娄肖”，比中原“县令”。这里的大城和次诸城应属邑城，而小城则应属镇城。从中心城邑的分布及规模来看，大型邑城的规模，其周长一般在 5000—7000 米范围内，超大型邑城周长有的甚至达 14000—16000 米，如辽宁凤凰山山城周长达 15955 米。有些大型邑城的周围还分布有周长在 2000—5000 米的较之中心邑城较小的邑城，如辽宁抚顺高尔山城为浑河中上游的中心邑城，隔浑河相望的马和寺山城，周长 2600 米，可能也属于次中心邑城的邑城，不一定是所谓的镇城。

高句丽邑城还有一个重要特征是早期和中前期的中心邑城的规模较小，城防设施不完善。如富尔江中上游的中心城邑辽宁新宾黑沟山城周长1493米，太子河中上游的中心城邑辽宁本溪边牛山城周长5500米，浑河中上游的中心城邑城高尔山城主城，即东城周长2800米；其城防设施，像黑沟山城有瓮城、角台或望台等，高尔山城有瓮城、土壕、望台、护卫土墙等，马面并不多见。而中后期和晚期的中心邑城规模较大，辽河以东的西部防线的邑城体系的中心邑城周长一般在4000—5000米，如西丰城子山城、铁岭催阵堡山城、盖州青石岭山城、盖州赤山山城、普兰店吴姑山城、金州大黑山城的周长都在这个范围内。鸭绿江南部地区的中心邑城的规模较之西部防线的邑城规模要大，一般周长都在6000米以上，且城防设施趋于完善。如铁瓮城、慈母山城、大岘山城、长寿山城、云头山城、大鲜山城等中心邑城的周长都在6000米以上。其山城的附属设施在西部防线的中心邑城中，有的在城内沿城墙还出现了马道，如催阵堡山城的城墙内有5—8米的马道环墙环城而行在；而鸭绿江南部地区的慈母山城和大鲜山城均出现了“马面”城防设施，大鲜山城城墙有五个“马面”设施遗迹。

黑沟山城位于辽宁新宾县，浑江支流富尔江西岸，东距自北南流的富尔江3公里，东南距五女山城30公里，是高句丽早期拱卫初期都城的重要邑城。在黑沟山城的北部沿富尔江两岸河谷分布多座小型山城，其周长都在500米以内，在其东部富尔江对岸是转水湖山城，与黑沟山城形成东西拱卫之势。在山城南部更有拱卫五女山山城的桓仁马鞍山山城和愁虑山城。这样在高句丽早期，在五女山山城的北部富尔江中上游地区形成以黑沟山城和转水湖山城为中心的城邑体系。黑沟山城的遗迹，现存城墙之东墙571米，南墙仅存54米，西墙长693米，北墙存175米，周长1493米，环城辟有东、西两门，并有瓮城、角台、望台、将台和房址等遗迹。从构筑特点和遗迹来看，应是高句丽早期护卫都城的一座重要的邑城。

催阵堡山城是辽东西部防线城邑体系中的一座重要邑城，位于辽宁省铁岭市东南20千米的汎河北岸，隔河相望对面有青龙山城，西部50—60千米处为汎河与辽河汇合处。山城位于汎河北岸一东西走向山脉中部的瓮形山谷中，整个山谷由一道南北向的主沟和两侧对称的三道横沟组成。城壁即沿蜿蜒的山谷修筑在海拔260米的四周山脊上，全城地势因山势北高南低，山城坐于向阳的山谷，形如掌，平面呈不规则的长方形（图5－5），东西长而南北较窄，东西残长2000米，南北约1500米，周长为5200米。山城的城壁，充分利用横向山脉的山岩峭壁，沿山势垒筑石墙，或以土石混筑。城壁的修筑依山势走向，低谷处墙壁较高，在山峰附近，城壁筑在山脊外侧地势较低缓处，外高而内低，与辽东地区一般高句丽山城皆同。从现存遗迹看，城墙的西北段保存较好，乃就地取材利用附近的山石修筑而成。墨石大小不等，多自然石块，部分表面经打琢加工。城墙基部最宽15米、存高2米、顶宽4—5米。墙内侧有5—8米的马道随墙环城而行。在城壁的四角各有较高的土堆建筑，当是“望台”（敌台）一类建筑址。山城辟有南、北两门。北门位于北山梁西侧，南门位于谷口西部，面向汎河河谷交通大道，当为正门。

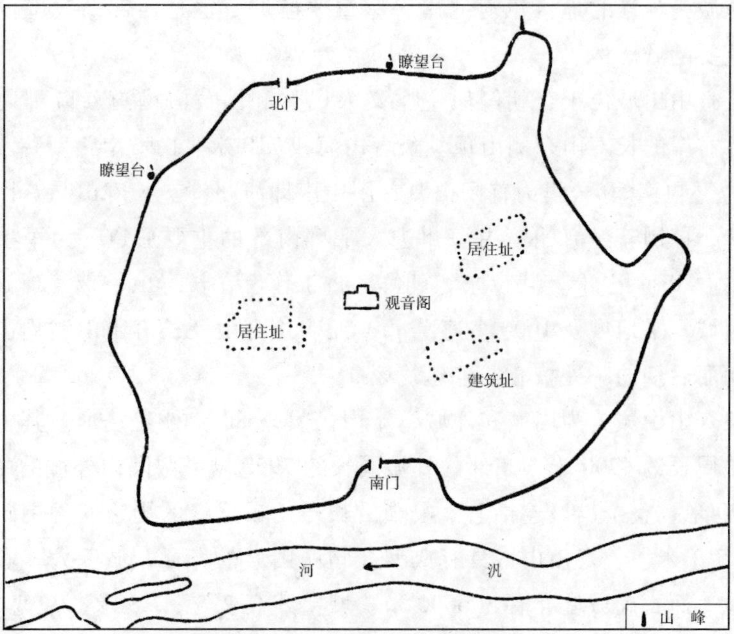

图5－5　铁岭催阵堡山城平面图

山城外的附属建筑，现存最明显的是附近处营盘村东，遗存有被称为“头道墙”“二道墙”和“高墙子”的三道土墙痕迹，间距约200—300米，总计长2000余米。其土墙北端斜对着山城的南门，隔河相距只有数十米，古时很可能跨水相接。这几道土墙从遗存情况看，当是催阵堡山城的外围城中拱卫南门关墙一类建筑。山城内遗迹则以沿墙马道、望台为主，并有拦水坝、蓄水池、角台和建筑址。城内四角有望台。城内还有水源、土坑散布。水源分布于三道山谷间，有山泉多处，集中于北山谷后南流汇于汎河。土坑遗址则分布在头道沟、二道沟的向阳山坡上，多是方形或锅底形，坑的直径5—10余米不等，各深约2米，当地乡民俗称为“高丽坑”，是当时驻戍山城内兵士和一般居民（城民）的半地穴式的居住遗址。在高句丽山城中，除重要官署建筑有方格纹、绳纹瓦覆顶外，大部分“城民”、士兵皆居此类建筑。在高尔山山城、燕州城山城、凤凰山山城、石台子山城和英城子山城等，均有同类遗存。山城内因未经发掘，仅发现地表遗留少许红方格纹、内布纹的筒瓦残片、细泥质红陶片、陶器横耳，以及早年出土的铁链、红褐陶罐等，从遗物上可认定该城当为辽北地区汎河北岸一座重要邑城，也是西部纺线上的一座前沿重要邑城。

长寿山山城位于今朝鲜民主主义人民共和国黄海南道新院郡之载宁江上游右岸的长寿山东侧山顶。长寿山海拔710米。山城南距新院水库约30公里，再南50公里为首阳山，首阳山南即海州湾。长寿山与首阳山南北对峙，控制着经海州湾由海州进入平壤南部的重要通道，为军事与交通重镇。20世纪80年代以来，朝鲜考古工作者在长寿山一带发现许多高句丽山城、平地城及1000多座墓葬，证明长寿山及长寿山山城周围，应是高句丽后期的一处核心城邑建筑区。

长寿山山城分为内城和外城，城内已发现80余处建筑址。其中西部的内城周长约4700米，东部的外城周长约7950米，限隔内外城的中壁长约1070米，整个山城连接七个山峰沿长寿山雷尼峰的周边峡谷围筑，周长10.5千米。长寿山山城具有典型高句丽山城的特征，城壁大多利用绝壁为险。而石砌城墙亦有约6000米。城壁残高2.5—2.8米、基宽3.2—3.5米、顶部宽2.3—2.5米。外城南壁下部筑成阶梯式。

长寿山山城内外城均有城门三处。内城城门设于南、北、西三面，外城城门设于南、北、东三面。其中外城之南门址宽7.2米，在门的内侧有200米左右的二重城墙，形成瓮城。城内东、西、南、北城壁内侧各有将台一处，在内城南壁上残留着女墙的痕迹。长寿山山城外城和内城发现建筑址80余处。其中最重要的遗迹是位于外城中心带夯筑台基的回廊式的一号建筑址。遗址呈长方形，东西 35 米、南北 13 米、高约 3.2 米。现存东西八排、南北五排整齐的柱础石。遗址内有与城壁建筑相同的石块，并散布着高句丽时期的红色绳纹瓦和网格纹瓦，种类分筒瓦、板瓦及瓦当。长寿山山城内部建筑，应属高句丽山城的后期迁都大同江流域“平壤”（5 世纪初）以后的建筑址。其建筑规模和城内建筑址，均处鸭绿江南已发掘的高句丽山城建筑之首，是除平壤“三城一宫”外，鸭绿江左岸最大的高句丽山城。从长寿山山城的建筑规模和其建筑遗迹看，应为高句丽后期“别都”之“汉城”。位于长寿山山城南 20 公里的黄海南道海川市首阳山城又称“雉堞山城”，周长 5200 米，也应是护卫“南平壤城”的重要卫城。围绕长寿山山城的黄海南道平壤门户，除长寿山山城和首阳山城外，石瓮津郡本营里有瓮津山城，周长 4000 余米，在延安郡延安邑有凤势山城，周长 2260 米，都是屏卫平壤和长寿山山城的较大型山城。

3. 镇城

镇城是拱卫中心邑城的小城，也就是上述唐《翰苑》“高句丽”记载的“小城”。这些小城有些沿河谷分布在中心邑城的前沿或后卫或河流对岸，如太子河河谷地带的镇城，窟窿山城与中心邑城边牛山城隔河相望，下堡山城、太子城山城和杉松山城则沿太子河河谷两侧分布，且置于边牛山城的后卫；有些则环中心邑城周围或两侧分布，如位于西部防线上的辽宁盖州城子沟山城南北两侧分布有奋东山城和烟筒山山城等镇城。镇城的规模，一般城周长在 4000 米以内，大部分都在 1000 米左右，特别是高句丽早期和中前期镇城的规模都相对较小，如浑江和富尔江河谷两侧的早期镇城周长大都在 500 米以内，太子河中上游的三座镇城则周长在 1000 米左右；而鸭绿江南部地区的镇城规模较大，其周长大都在 1000—4000 米之间，有些在 500—1000 米之间，很少有小于 500 米的山城，如平安北道的通州城，属黄海沿岸山城的中心邑城，其南侧凌寒山城周长 2800 米，北侧龙骨山城周长 670 米。

太子城山城位于北太河南岸，与对岸的杉松山城共同控扼北太子河河谷通道，并成为太子河中游中心邑城，即边牛山城的后卫。山城坐落在南北走向的一道低凹山梁上，平面近似椭圆形，东西向横置，城内地势为东、西两端高、中间低凹的马鞍形。山城东墙长 395 米、西墙长 490 米、南墙长 260 米、北墙长 280 米，周长 1425 米。城墙为石筑或土石混筑，城内筑有内城，整座城形成“内城”和“外城”形制，内城城门开在内城城墙的中部，为长方形瓮城门。外城附属设施有瓮城、马面等。城内有水井，为山城的重要水源之一。根据太子城山城的内外城的修筑、考古遗物等分析，其构筑年代的下限不应晚于“国北新城”（高尔山城），属高句丽中前期太子河上游地区的一座重要镇城（图 5 - 6）。

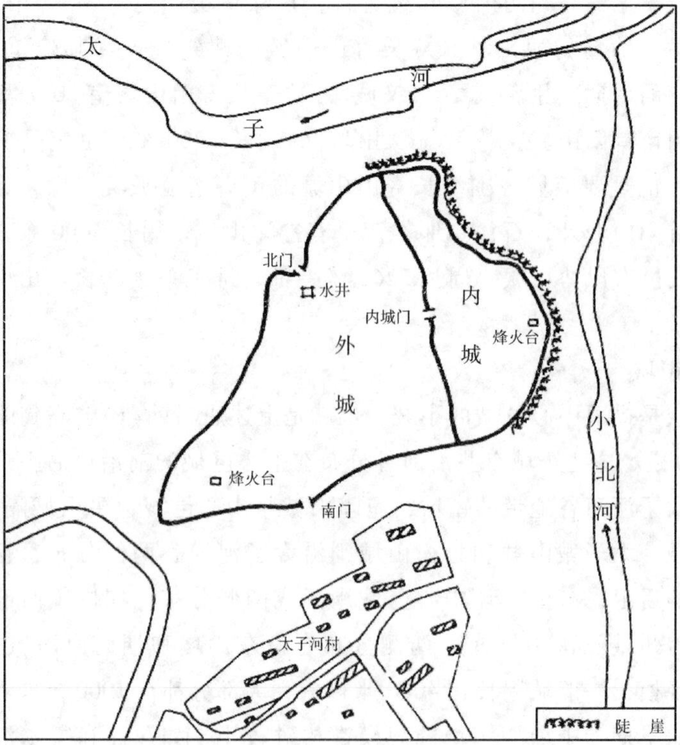

图 5 - 6　太子城山城平面略图

凌寒山城位于平安北道定州郡西南，距西南东林郡的通州城几十公里，是黄海沿岸“平壤南道”上的以通州城为中心邑城的城邑体系中的重要镇城。其城筑于岭罕山上，亦称“岭罕山城”。城周长 2800 米，城墙以石砌筑，城墙石以四角锥形楔形石叠压错缝相咬合筑成。现存 4—6 米，城墙上有女墙痕迹。全城辟有东、西、南三面城门，北门有泄水的“暗门”。东门和西门有瓮城。城内有“将台”址分布于东、西、南、北四面，以北将台地势较高，为全城制高点，从这里可一览城内外并远望西海（黄海西朝鲜湾）。内有兵营址、仓库址、兵器库等，城内水源充足。

（二）从自然地理条件上分为山城和平地城（山城的类型）

世居高山深谷并长于山地战守的高句丽民族，在古城建筑上，以大量构筑山城著称于世，不但重要都城与平原城相拱卫，而且间有少量接川谷平地或军事、交通要隘的重要山城与平地城相拱卫，形成了高句丽古城建筑的两种特殊类型，即山城和平地城。

1. 山城

高句丽在立国于鸭绿江两岸的700多年间，修筑了各类山城。其在政权鼎盛时期的山城分布，南起辽东半岛，西止辽河，北及长白山和图们江南北，东至汉江以北日本海西岸的广阔地域。据考古调查发现，在鸭绿江右岸，主要分布于辽、吉两省东部山地，可认定的山城较大型者有100余座；在鸭绿江左岸，主要分布于汉江、临津江以北，已勘定的山城40余座。这些山城大都依山傍水，城址选择在河谷交通要道之处，或屏卫重要山城及都城，从防御战略上形成山城分布格局；从战术上则充分选择优越的自然地理、地貌、地形，依据山势的自然走向修筑，达到以防御为主、攻守兼备的作用。

高句丽山城"城雉傍水依山"，城墙的走向和城内的布局很难像在平地那样能预先有一个统一的规划，山城的建筑布局多随山就谷，呈"不规则状"，但在山势和地形的选择方面又形成了几种大致相同的类型，即"簸箕形"、山顶形、"筑断为城"形和左右城、内外城形等。

（1）"簸箕形"山城

"簸箕形"，有的又称为抱谷式、包谷式、仰盆式、栲栳峰式。这些山城多修在环形山脊之上，山脊往往是三面高、一面低，山势陡峭之处，有的则以自然悬崖为壁，不筑城墙，而在山势平缓低凹之处修筑城墙。城内有纵深的山谷和开阔的坡地。由于各山城山脊走向不同，所以山城的平面不全像簸箕的形状，但地势的特征是一致的。这类山城便于兵民驻防和储藏器备，在高句丽山城中最为常见。在鸭绿江两岸地区的131座山城中，"簸箕形"山城有58座，这当中也包括同属于左右城和内外城类型的几座山城，如抚顺高尔山城、岫岩娘娘城山城和松树沟山城、平安南道慈母山城。其他还有部分介绍为沿山脊修筑或平面呈环形之类的山城，也应属于此种类型。

从鸭绿江流域58座"簸箕形"山城规模来分析，"簸箕形"山城中只有少数是周长不足1000米的小型规模山城，多数仍存在于大、中型山城中。这是因为选择周长不足1000米的小型山城这样的地形不大容易。另外，小型山城多是关隘哨卡和大、中型重要山城的卫城，驻兵不多，故不采用这种形式也可以。高句丽西部防线南起第一座山城金州大黑山山城，北至辽宁西丰德城子山山城，分布的20座大、中型山城中，就有十余座山城是“簸箕形”；从吉林省吉林市，沿敦化、延吉至珲春一线，即高句丽鼎盛时期的疆域北界，分布八座山城，其中有三座“簸箕形”山城属大中型山城，另外三座“簸箕形”山城的周长不足千米；在鸭绿江南部地区分布的32座山城中至少有10座山城属“簸箕形”，都属于大中型山城。

辽宁海城英城子山城位于辽东高句丽西部防线，是一座典型的“簸箕形”山城，也是辽东半岛中、南部重要高句丽山城之一。山城西临海城河支流，东、北、南三面地势较高，地势雄峻陡峭，西面为低凹沟谷，是典型的“簸箕形”山城。城址略呈不规则方形，城壁沿山脊土筑，周长约2472米，环城辟有东、西两门，山城东南隅有一座小土山，为人工修筑（图5－7）。

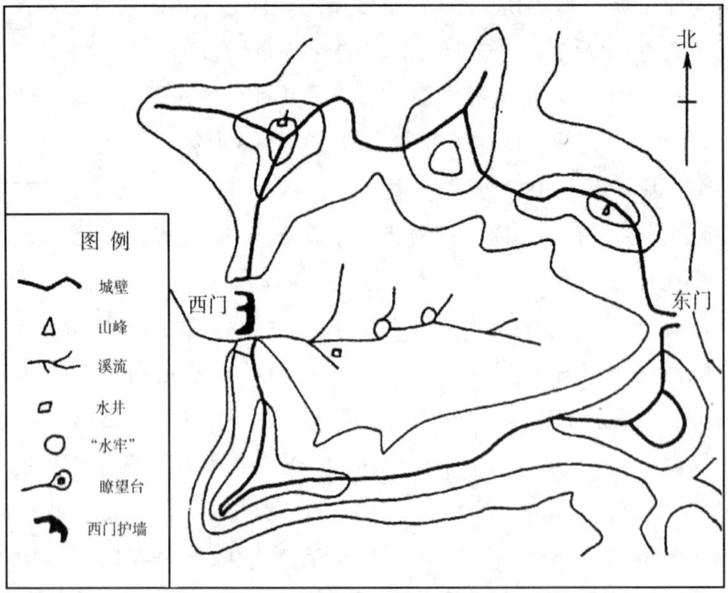

图5－7 海城英城子山城平面示意图

（2）山顶形山城

山顶形山城皆修筑于山顶之上，山城之内地势较高，且较平整，四周多为悬崖陡壁，或一面稍缓，于稍缓之处修筑城墙，其他地方或以悬崖为壁，或再筑城墙。山城脚下多有江河流过。高句丽初期都城桓仁五女山山城就是此种山城的典型。此外，还有宽甸虎山山城、清原南山子山城、通化的建设山城和英戈布山城、柳河钓鱼台古城、辉南的辉发城内城和钓鱼台古城、吉林东团山城、集安大川哨卡、咸镜南道居山城等。在这些山城中，规模较大的是前两座，尤其是近年新发现的虎山山城，位置相当重要。余下的皆是周长不足1000米的小型小城，个别的仅一二百米。因此，山顶形山城绝大部分属关隘哨卡和大、中型山城的卫城。以东团山城为例，该城位于吉林市郊江南乡的一座海拔252米的椭圆形小山上，山的西南脚下是滚滚北流的松花江，北隔嘎呀河与龙潭山山城相望。东团山城又属内外城类型，分内、中、外三城。外城墙东西长230米、南北宽115米、现高10米、顶宽3米。中城东西长170米、南北宽62米、高12米。据山顶平台推测，内城东西长60米、南北宽15米。三城相套，将山头层层围住（图5－8）。

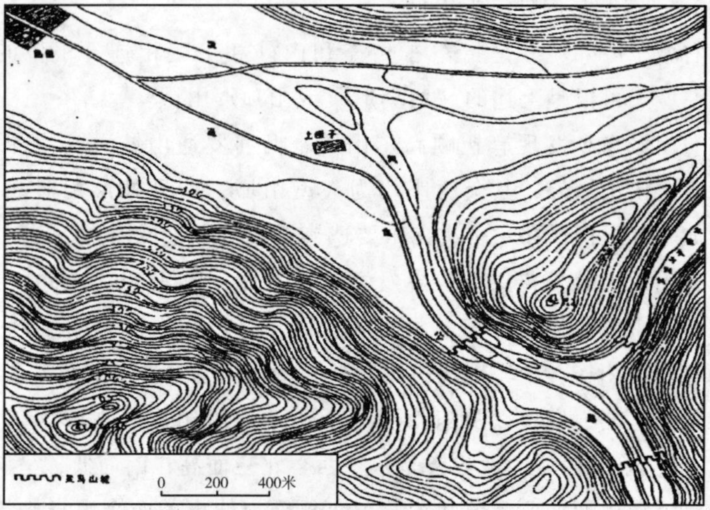

图5－8　吉林集安关马山城平面图

（3）“筑断为城”形山城

“筑断为城”的名称，源于文献对乌骨城（即凤城凤凰山山城）的记载，见于《翰苑》注引《高丽记》。其曰："焉（乌）骨山在国西北，夷言屋山，在平壤西北七百里，东西二岭，壁立千仞，自足至巅，皆是苍石，远望峻岩，状类荆门三峡。其上无草木，惟生青松，擢干云表。"高丽于南北峡口筑断为城，此即夷藩枢要之所也。这里说的"东西二岭，壁立千仞"是指凤凰山和高丽山两侧的悬崖和峭壁，高句丽于两山峡口间"筑断为城"，并沿东西两侧的山脊修筑城墙，其山城周长15955米，其中人工石砌城墙7525米，是鸭绿江北部地区高句丽最大的山城。该城建筑于高句丽中后、晚期，位于辽东至平壤的交通要道处，对高句丽迁都平壤之后的政权安全，起着举足轻重的作用。

其他典型的"筑断为城"形山城，还有集安关马山城、盘石的纸房沟坝城和城子沟坝城。关马山城是在丁字形山谷的三个谷口分别筑墙，与河谷两旁的山峰共同围成的山城。另两座山城皆是在"人"字形山脊的缺口处横筑城墙，形成平面以人工墙为底边、人字形山脊为两腰的等腰三角形山城。人工城墙不长，仅几百米，但加上围城的山脊，山城的规模就不同了。"筑断为城"的地形便于驻兵民、藏器备，但从作用上来看，有的仍属于关隘哨卡。

（4）左右城与内外城形山城

左右城、内外城，是指左右相连和内外相分、相连、相包的两城，而其中一城又可以是上述的"簸箕形"或山顶形山城。

左右山城迄今发现有抚顺高尔山城、柳河罗通山城、铁岭青龙山山城，除青龙山山城外，其余两座均为大型山城，而且外形相似，左右相连，状如肺叶。两城一主一次，重要遗迹皆集中于主城内。

罗通山城地处松花江上游辉发河上源一统河和三统河之间的罗通山主峰北段，由紧密相连的东、西两城组成，整体如人的两个肺叶，中间共用一段城墙相连，全城周长7.5千米（图5-9）。高尔山城由东城、西城、南卫城、北卫城，以及东南角三个小的环城组成。主城为东城，周长2800米。东、西城的地势皆是东、西、北三面高，南面低，呈簸箕状。南卫城是沿着由西城西南角和东城东南角合抱伸出的两个山脊修筑而成，正好将东西两城南侧的谷口包在里边。北卫城和东南角三个小的环城皆修在与东城相连的小山脊上。

内外城发现稍多，有辽宁岫岩娘娘山城、吉林柳河钓鱼台古城、吉林辉南辉发城、吉林东团山城、平安北道白马山城和龙骨山城、平安南

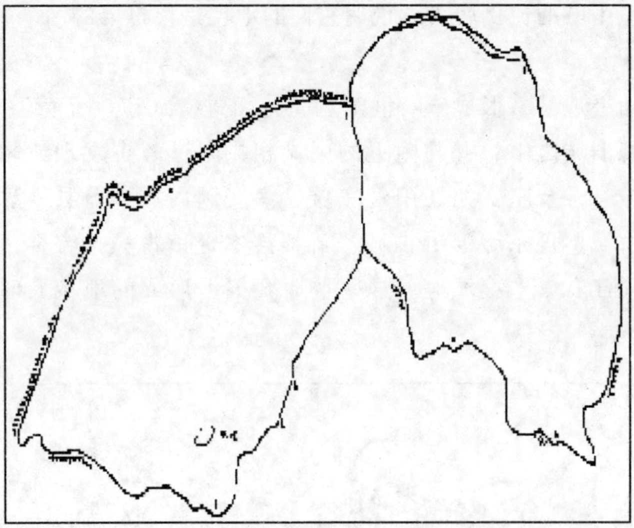

图 5－9　吉林柳河罗通山城平面略图

道安州城和慈母山城、黄沙海南道丰川城、咸镜南道加应山城。这种山城布局上大致分为三种类型：

第一种从外形上看是一座山城，中间有一道城墙将城一分为二，一内一外。目前发现的此类山城有朝鲜黄海南道长寿山城和中国辽宁新宾太于城。长寿山城周长 10500 米，由中间一道长 1070 米的南北墙将山城分为东西两半。西侧为主城，周长 4700 米；东侧为外城，周长 7950 米。新宾太子城山城周长 1425 米，城内东西两端地势高，中间凹，呈马鞍状。在其东部有 280 米长的南北墙垣将山城分为东西两城。东为内城，周长 675 米。内、外城之间有城门相通。

第二种是内城单为一城，而在内城地势低平的一侧另筑外城，与内城相连或半包。岫岩的娘娘城山城和松树沟山城、柳河钓鱼台古城属于此种形式。娘娘城山城内城谷口在东侧，外城筑于内城东侧，平面呈半圆形，将内城的东壁和南壁东段均包围在内，有效地起到了内城外围城的作用。

第三种如吉林东团山城，为内、中、外三城相套。吉林辉南辉发城也是内、中、外三城相套，内城于山顶，周长 706 米；中城于山坡，周长 1313 米；外城于平地，周长 2647 米。

左右城和内外城的规模，大、中、小型皆有，相比之下，周长 3000

米以上大型山城的比例较大，说明它们的地位是很重要的。

2. 平地城

高句丽平地城多形成于4世纪后高句丽进入辽东、玄菟、乐浪郡后，修建在汉魏旧城之上，并与附近的山城相拱卫。考古发现比较重要的高句丽平地城有十余座，如辽阳辽东城、集安国内城、盖县平郭城、抚顺上伯官屯古城、丹东叆河尖古城、新宾县木奇镇古城、吉林市东团山平地城、大同江右岸平壤城等。这些平地城根据形成的地域及时期可分为三类：

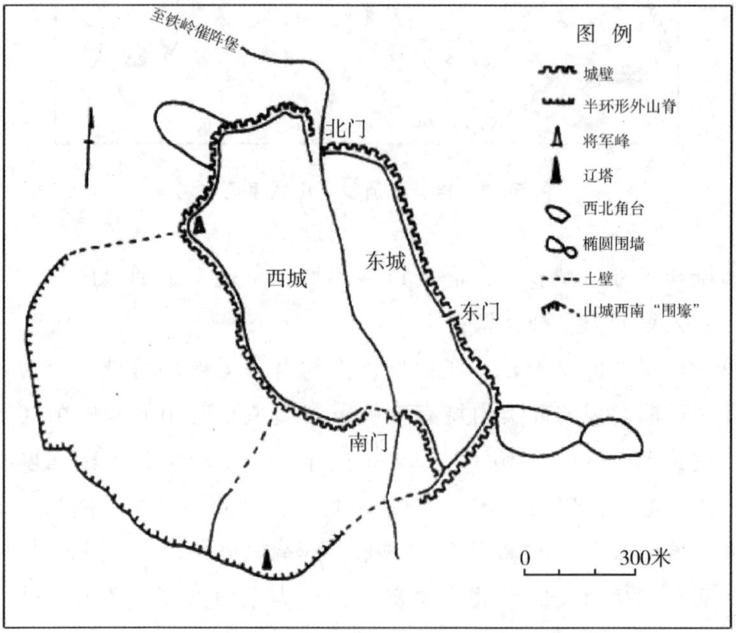

图 5－10　抚顺高尔崇山山城平面示意图

一类是高句丽占据辽东汉郡后，在原汉魏城池基础上改建而成的平地城，如高句丽好太王时期占据辽东汉郡后，将辽东郡城改建为辽东城，将汉代“平郭县”县城改建为平郭城。这类平地城多采取夯土构筑，形制一般呈方形或长方形，具有典型的汉城特点。丹东叆河尖古城，城址略成方形，东西宽约600米，南北长约600米，周长2200米，为典型的汉代夯土城池，考古学界推测为汉辽东郡“西安平县”。城址上层文化层堆积厚约0.8厘米的高句丽文化层。根据城址内的三国以后泥质灰陶的

“安平”刻款的陶罐残片，推测此城应为高句丽在汉“西安平”故县址改建的“安平城”，并与其不远的虎山山城形成平地城与山城相拱卫之势。

一类是高句丽占据汉乐浪郡，在汉郡治城池基础上改建的平地城。大同江右岸之平壤城，原为汉乐浪郡治所。平壤故地为大同江流域从先秦之“箕子朝鲜”，中经汉初之“卫满朝鲜”，到汉武帝以后的“朝鲜四郡”中的“乐浪郡”的中心地区。该地区具有深厚的汉夯土筑城文化，故平壤古城的修筑同样采用汉城的夯土筑城技术和城垣结构，城分为北城、内城、中城和外城，内城为王室所在，中城衙署所在，外城为居民区，北城为加强防御所建，是在朝鲜地区最具汉城特点的平地城，并与大城山山城形成平地城与山城相拱卫之势。

一类是高句丽占据夫余故地，在夫余土城基础上改建的平地城。吉林市东团山平地城，考古认为此城原为“夫余王城”。高句丽占据松花江中游后，古城继续沿用，并留有大量高句丽遗迹和遗物。该城城垣近似“圆栅”，城垣周长1050米，夯土构筑。既有汉代夫余夯土筑城的特点，也有夫余族构筑“圆形”或不规则形城池的特点，且为高句丽所沿用，并与龙潭山城形成平地城与山城相拱卫之势。

三　高句丽古城的构筑特点及特殊规律

（一）山城是高句丽筑城的显著特点

高句丽民族世居“高山曲谷”，在政权存续的700多年中，以构筑山城为主要筑城形式。其山城充分利用自然地理条件，不拘泥于形式规范，随山就曲构筑。从山城的构筑及布局体系上，呈现出如下特点：

1. 山城选择自然地理条件的优势

以构筑山城为特征的高句丽民族，其构筑山城的重要条件，首先是极端重视自然地理条件的选择。这是从其始祖朱蒙结庐于“沸流水”，建都于“卒本川”时就形成的民族筑城文化传统。从历史文化比较学上看，当代考古发现和民族学的资料证明，历史上兴起于中国北方的东胡、肃慎、秽貊等系统的少数民族，在其早期筑城形式中，多有不乏利用山地建筑城寨之例。如辽西的“夏家店下层文化”的“先燕”或“先商”民族，在西辽河和大凌河中、上游建造的诸多沿川谷布列的山上石城，直到“夏家店上层文化”的东胡族建造的各种山上城，至今尚有考古遗存。但上述部族建造的早期山城，大都在进入公元前3—前2世纪战国时燕昭王在辽东设郡和秦汉“辽东故塞”长城修筑之后便不复存在，并迅速融于汉文化中。而如高句丽这样，从公元前1世纪初建立民族政权，直到晋唐的700年间，始终有山城修筑，而且重要的都城和镇城都选择极具地理优势的山城形式，或至少有大型山城与平地城相拱卫的格局，可以说在中国中古以前的民族筑城建筑史上是绝无仅有的。在已勘知的百余座鸭绿江两岸的高句丽古城中，山城或平地城占90%以上。

高句丽山城建筑与其世居“高山曲谷”的特殊地理环境有着直接的历史渊源。正如《三国志》中记载：“高句丽在辽东之东千里，南与朝鲜、秽貊，东与沃沮，北与夫余接。都于九都之下，方可二千里，多大山深谷，无原泽，随山谷以为居。”随山而居正是其独特民俗。透过高句丽充分利用自然地形、地貌构筑的各种山城的遗存表象，这种随山而居，平时散居山谷，战时“并皆入堡”之俗，军事上具有极强的防御功能。在诸多山城中，以“簸箕形”山城居多，这种山城往往四周山脊环绕，或山脊外侧为绝壁，或山脊上筑以石墙，中部有谷口作为出口，军事上易守难攻。

山城的城墙充分利用山险和就地多取自然石材以石垒筑。以山险峭壁为堑、断壁为墙是高句丽城墙构筑的一大特征。如纥升骨城，其西壁和西门充分利用石屏屹立的山峰为墙，门址两侧为峭壁。其南壁下临浑江处，也依险为壁，独峙高耸为天然屏障。取自然石材加工成“楔形石”，砌石为墙是高句丽城墙构筑的又一特征。在没有山险断壁可利用的山脊、谷口处往往砌筑石墙，其城墙的构筑多采取石筑、土石混筑，或土石木混筑等形式。充分表现出充分利用山势地形、就地取材的城墙构筑特点。

2. 山城建筑布局具有“不规则性”

考古调查所知，几乎所有的高句丽山城，都依据山势的自然走向修筑，建筑格局和形式几无定式与高句丽山城选择的优越自然地理、地貌直接有关。从平面布局看，无论是矩形、多边形、椭圆形或“簸箕形”等，多随山就谷呈“不规则状”。其山城门址，也迥异于汉、唐古城，毫无定式，而是随川就谷，数量和方位殊无定制。即使是集安“丸都山城”和平壤“大城山山城”这样的中、晚期重要都城，在建筑布局上也并不规范，而有“随山屈曲”，形成依山势状如“簸箕”的临江山城或若干“盆谷式”的山城结构。

高句丽山城布局的这种“不现则性”首先反映了高句丽民族筑城风格的原始形态。这种不规则形的原始形态，早已存在于战国之前中国北方诸少数民族的山城建筑中。如前述发现于西辽河和老哈河流域的赤峰英金河和阴河流域的“夏家店下层文化”诸山上石城遗址，“城址的形状，一般皆不规整，因山坡的地形变化而不同，城址随山势建造，有略呈方形、椭圆形的，也有略似三角形的”。同时也体现了高句丽民族善于选择山地自然地理条件的优越性和实用性。这种原始性与实用性的统一，构成了高句丽与“城邑”制度相一致的特殊的民族建筑形式及其由此而形成的特殊现津。

高句丽山城布局的不规则性，除反映在山城的平面布局外，还反映在构筑设计中的讲求实效而忽视规范化和礼仪化。诸如绝大部分高句丽山城，选择地势高险而构筑严整，山城内设施齐备，但几乎不注意规范。特别是大、中型山城，在利用山险的同时，无险凭守的地段，多用经过专门加工的“楔”形巨石砌筑。许多较大型山城，均设有瓮门、瓮墙、角楼、望台，甚至还有马面和女墙。如早期大型山城中保存最好的霸王朝山城和黑沟山城等，前者至今可见城之四角尚保存着长方形角楼的高台遗址；后者在黑沟山城的正门内侧，以双重护墙形成瓮门，城墙上又有人工砌筑的角楼或望台遗迹。上述诸如瓮门、角楼、望台、马面、女墙等晋、唐以前中原汉郡城址建造中遗存的大多数配属设施，几乎在高句丽中、晚期山城中可以寻见。这无疑反映了高句丽山城构筑时吸收了汉文化的进步性。但所有的高句丽山城，都极少见到规范的街肆、里坊布局或官署建筑，而多数为军队屯戍一类的半地穴式建筑或石砌的带火炕的简易住宅。其中包括像早期都城“纥升骨城”（五大山山城）和中期都城“丸都城”（山城子山山城），城内均有大量半地穴式的石构建筑遗址，但构筑并不规范。这突出反映了高句丽山城的军事防卫性质和不讲规范只注重实用性。

3. 山城建筑规划中的军事防御体系

高句丽山城的主体功能，除管理“城民”“谷民”外，显而易见其军事防卫意义最为突出。即使如晚期都城之一的平壤“大城山山城”，也是“城内堆积仓储器备，寇贼至日，方人固守。王别为宅于其侧，不常居之，其外复有国内城及汉城，亦别都也，其国中呼为三京”，即非战时、固守时，高句丽王很少居于山城中。普通的高句丽山城，其军事功能显得更突出。因此，高句丽山城的军事防卫性质，应是其首位功能。从古城遗址看，属于军事防御体系的有：城外部分有中心山城与若干周围小山城的拱卫布局；山城外与山谷及交通要隘的关墙或关寨设施，多相连通，如集安关马墙山城外的数道关墙遗址；山城内往往有山泉，并以石砌底、以石砌壁，构筑方形或长方形蓄水池，还修筑储藏粮食的仓储设施，以备战时坚守山城；环山城内外多有环城马道，如桓仁五女山山城、太子城等门外的马道遗址；城内部分有众多瓮墙和瓮门建筑；城内的“望台”或“将台”是必备设施；山城上往往有树立滚木檑石的立柱柱洞，及城墙多砌筑女墙和马面等，如沈阳石台子山城，即发现有10处石砌长8—10米、与墙平齐的高大马面，构筑严整与城墙紧密相接，左右可以呼应，具有很好的防卫功能。“国内城”和“丸都城”的马面，更具有代表性。而众多高句丽山城内带有取暖烟道的半地穴式或石筑简易住宅和诸多窑址、灰坑等，除了供一般“城民”平时居住外，显然与屯营戍守的军事营垒及储备有关。

4. 山城多雄踞山水之险和水陆要冲

高句丽山城建筑外部条件的另一个重要特征是山城位置的选择，大都踞有山水之险或水陆要冲。从鸭绿江两岸百余座山城分布来看，绝大部分山城都修筑在盘跨山脊的环形山凹或在周围山谷环抱中。山城一般至少有一面向着缓坡山谷或川谷平原，并多数为山城正门方向。这除了出于军事上进攻和退守的考虑外，也与山城与外界联系的河谷交通所必需。因为山城多围筑于山谷间，所以正门以外的其他门址或水门，均选择设立在最便捷的自然峡谷，无一定规律。除此以外，凡独立的较大型山城，几乎都面临一条河道，兼山水之险而有之。鸭绿江两岸的山城，坐落于鸭绿江右岸及其支流浑江、富尔江、叆河沿岸的有十余座；坐落于太子河、汤河及其支流的有五座；坐落于浑河、苏子河流域的有近十座；坐落于辽河支流大小清河、流河、蒲河、沙河流域的有十余座；坐落于松花江中、上游及其支流的有八座；坐落于图们江、珲春河、海兰河及其支流的有十余座；坐落于鸭绿江左岸、大宁江、清川江、大同江、载宁江及汉江以北的有二十余座。而远离上述大川，分布于辽东半岛上的几十座较晚期山城，也多数分布于碧流河、大洋河、海城河、复州河、熊岳河、大清河、沙河等直接入海的沿海河流沿岸。在这些背山近水的山城中，为了战时据守和在川谷间能指臂相通，在穿山越谷中，均有盘曲或沿河便道相通，而且各山城都有可以自固待援的自然形成的山泉或人工构筑的蓄水池等，大、中、小山城概莫能外。

综观高句丽山城构筑的地理选择，在兼有山水之险外，大部分中心城邑都设在水陆要冲的交通孔道上。独立的重要镇城，则选择背依山险，侧内有水源而面向交通孔道。其中见于文献记载的，如著名的卒本城、纥升骨城、丸都城、平壤城、关马山城及辽东的新城（抚顺高尔山山城）、南苏（铁岭催阵堡山城）、木底（新宾五龙山城）、苍岩、夫余（吉林柳河罗通山城）、盖牟（沈阳塔山山城）、乌骨（凤城凤凰山山城）、金山（沈阳石台子山城）、安平（丹东叆河尖古城）、白沟、建安（盖州青石岭山城）、安市（海城英城子山城）、卑沙（金州大黑山城）、积利（岫岩娘娘山城）、石城（岫岩清凉山山城）、白岩（灯塔石城山山城）等，都同时为交通重镇。因此晋、唐以来的辽东古道，许多都以高句丽山城命名。诸如丸都道、沃沮道、平壤道、安平道、石城道、新城道、南苏道、木底道、苍岩道、金山道、南陕道、夫余道、建安道等。应当指出，上述各条陆路交通道的开拓，并不开始于高句丽时代，而大多数在西汉初期甚至燕秦时代已经开辟拓行。高句丽占据辽东和鸭绿江两岸腹地后，后代史书中以高句丽各名城命名的交通道，既反映了高句丽部族充分利用汉郡地名和汉魏古道，并在其认为枢要处围筑山城这一历史事实，也反映了高句丽山城的构筑，极其重视交通地理因素，由此形成了在鸭绿江两岸，以山地与川谷平原交错接壤的要镇处，傍名山大川和陆路谷道组成互为经纬的高句丽山城布局。这是考察高句丽山城的筑城建筑布局，不可忽视的又一个重要方面。

5. 中心城邑与卫城和“当道小城”的连属与拱卫

高句丽山城在建筑布局上的另一个重要特点，是中心城邑与其相邻的卫城和交通道上“当道小城”的相互属连与拱卫。《旧唐书·薛仁贵传》记载，唐乾封年间，大将薛仁贵收复辽东故城，率两千人进攻夫余城，杀获万余人，拔夫余城后，“夫余川四十余城乘风震摺，一时送款”。证明与“夫余城”连属的小城，当有数十个。从考古调查发现的高句丽山城的分布，证明文献中与中心城邑属连的若干卫城和“当道小城”的普遍性。中心城市与卫城的拱卫，在高句丽大型山城中具有普遍性。其中除早、中、晚都城外，以辽东盖州青石岭山城与烟筒山山城等和鸭绿江左岸以月堂里山城为中心的诸多山城为代表。而“当道小城”，其中可举典型的从新城到“木底”间的镇城与当道小城。众所周知“新城”即今抚顺北高尔山山城，而“新城道”应指从高尔山山城东去，溯浑河、苏子河去往“国内城”的大道。在这条干道上，“新城”和“木底”是干线上的重镇。经历年考古发现，已有几处山城址可资比定，但其定位众说纷纭。计主要发现有：抚顺高尔山山城以东、浑河北岸抚顺县大柳乡太平沟山城，周长1200米；抚顺县南小东乡浑河南岸马和寺山城，周长2600米；抚顺县五龙乡章党山城；新宾县上夹河乡苏子河与浑河汇合后的右岸五龙村下葳子屯南的五龙山城，周长2000余米；新宾县上夹河乡得胜堡山城等。

在上述由“新城道”东行的诸沿线山城中，我认为最典型的当为新宾县五龙山城与其东南仅10公里之遥的木奇镇平地城的拱卫：新宾县五龙山城，地处险要，城内建筑遗物丰富并有炼铁遗址，为高句丽中期典型的守备山城，其位置又与历史上高句丽“新城——木底”道上的“本底城”相合。而与其属连位于其西南10千米的木奇镇平地小城，既不具备高句丽著名的“木底城”的雄险山城的地理优势，也不具备大城的规模，只能说是当地的一处高句丽小城。从其平地城内发现的少量高句丽遗物及笔者1986年实际踏察看，该城充其量也只能是与当时“木底城”连属的“当道小城”或是一处窑址。新宾县五龙山城与木奇镇平地城的关系，是从考古学上印证高句丽大型山城与其卫城和交通路线上“当道小城”的实例，也是考察高句丽较大型山城与其相邻平地城互相拱卫的特殊形式的重要一例。

（二）重要山城与平地城相结合

重要山城与平地城或平山城的拱卫，是世居高山深谷并长于山地战守的高句丽民族筑城的特殊形式。在高句丽总体古城建筑上，山城与平地城相结合构筑形式所占比例较少，迄今发现不到10%，主要是都城、交通军事重镇等核心建筑具有这种特殊筑城形式。从调查发现看，真正明确的山城与平地城相结合的形式主要有：桓仁五女山山城与下古城子；集安“丸都”山城与“国内城”；高尔山山城与旧“玄菟城”；虎山山城与叆河尖古城及平壤大城山山城与“平壤城”等，考察这些具有典型意义的山城与平地城相结合的形式，呈现出如下特点：

1. 山城与其拱卫的平地城相毗邻

高句丽早、中、晚三期都城（纥升骨城、丸都、平壤），都有山城与平地城结合形式，可见其为普遍规律。而高尔山山城、虎山山城和五龙山城，无一不是水陆要冲上的军事重镇。上述各山城与相邻的平地城间，最远距离不超过 10 公里。并且多数的配置为山城偏北而平地城偏南。最近的如丸都山城与国内城，虎山山城与叆河尖平地城，南北相距仅隔河数千米。这是二者可以呼应、拱卫的前提条件，也是山城与平地城可以相互拱卫的总体布局中的地理要素之一。

2. 山城所对的平地城均雄踞大川之畔

重要的高句丽山城所对的平地城，都面临一条大水。这既吸收了中原文化“山川者，天之险也；城池者，人之阻也”，要义也是高句丽的平地城为高句丽王或重要“大加”平时居守的自然地理需求所致。如众所周知，下古城子面临浑江，国内城背靠通沟、鸭绿江，平壤城位于大同江北岸，而新城之近浑河和苏子河畔，无一不靠近一条大水。迄今为止，尚没有发现与山城拱卫的平地城在远离巨川的山谷间，这应是高句丽都城和重要镇城选择与山城拱卫的平地城的重要军事和交通地理战略着眼点，也是山城与平地城配属的基本条件之一。除其中的军事意义外，同时也具有便利生活、建筑和交通的社会学意义。

3. 山城与平地城间多面临一条二通干道

如山城与平地城必面临一条大水一样，所有的高句丽大型山城与平地城间都控扼于交通干线，而且与背后的山城可径路通达。诸如下古城子在高句丽的“南道上”，国内城在“鸭绿道”上，平壤城在“平壤道”上，叆河尖古城在“安平道”上，玄菟城在“新城道”上，而木底城，正在南狭之“木底道”上。

这样的平地城均面水而控干道，十分有利于平时休养生息和交通往来。而背后均有便径或山路与山城相通，有些两城之间，如木底镇与五龙山城间，还有盘道和关墙，更有利于战时退守防御。这种构思，反映高句丽民族在重要山城与平地城的结合上，充分利用和选择地形、地貌以及建筑规划中高超的战略意图。

第三节 辽东半岛地区山城的初步研究[①]

一 辽东半岛地区山城研究综述

根据实地调查，目前辽东半岛地区尚存山城 57 座。这些山城虽然大

① 本节由王禹浪教授、王文轶博士共同撰写。

多因风雨的剥蚀而失去了往昔的巍峨雄伟，但对于今天人们了解和研究当时东北古代民族的建筑技术、工艺、风俗习惯以及军事部署等仍有着十分重要的价值。自20世纪20年代，以日本人岛田好对海城英城子山城实地考察作为发端，迄今有关辽东半岛地区山城的研究大致经历了初始阶段、发展阶段和深入阶段三个时期，其研究日臻成熟和完善。

（一）辽东半岛地区山城研究的初始阶段

早在20世纪20年代，日本学者岛田好便对英城子山城做过实地考察，并首次提出英城子山城应为安市城的观点，首开辽东半岛山城研究之先河。在此之后，金毓黻先生在《东北通史》卷四中专列安市城考，并通过分析历史文献方面进一步佐证了岛田氏的观点。这一学术观点影响十分深远，在很长一段时间里基本成为学界有关安市城地望考证的定论，直到20世纪八九十年代，许多研究成果仍然沿袭这一观点。直至21世纪初期，学术界才提出有关安市城地望的不同见解，进而促使学界对岛田氏观点的重新审视。继金毓黻先生的《东北通史》之后到20世纪70年代末，由于特殊历史环境的影响，辽东半岛山城的研究均基本处于停滞状态。

20世纪80年代，随着东北地区历史与考古研究工作全面展开，研究的课题、内容更加广泛深入，研究领域涉及东北民族的源流、军事政治制度、宗教崇拜、文学艺术、遗迹遗物等各个方面。与此同时，有关5—7世纪的东北古城的研究也逐渐受到学术界的关注与重视，但问世成果以都城或吉林、辽宁中东部古城的研究居多，而辽东半岛地区的山城主要在少数论及辽宁地区古城分布概况和分布特点的文章中作为举例论据有所提及，如《辽宁高句丽山城初探》[①] 一文中便多次举例辽东半岛的赤山山城、娘娘城山城、岚崮山城、凤凰山山城和城山山城等，然而缺少对城址具体情况的介绍。该时期辽东半岛地区的山城受到学界关注的主要是凤凰山山城，代表学者主要是辽宁省凤城市文物管理所的崔玉宽先生，先后在《丹东史志》1986年第1期和第4期发表《凤凰古城》与《乌骨城考》两文，尤其是《乌骨城考》对凤凰山山城的形制、主体结构、历史作用等予以比较详尽的介绍和研究。另外，在此期间由我国著名历史地理学家谭其骧先生主编的《〈中国历史地图集〉释文汇编·东北卷》涉

① 陈大为：《辽宁高句丽山城初探》，《中国考古学年会论文集》第五集。

及卑奢城、积利城、石城、大行城等历史地理方面的考证，填补了相关历史地理问题研究的诸多空白之处。

20世纪20—80年代，以英城子山城为契机的山城调研，同时开启了辽东半岛山城研究及其相关历史地理研究的序幕。该阶段虽然有关辽东半岛山城研究的成果十分有限，但其相关研究不失为后续研究的重要基础和有益铺垫。

（二）辽东半岛地区山城研究的发展阶段

20世纪90年代，辽东半岛地区山城研究日益得到学界的关注，相关成果明显增多，一度推动辽东半岛地区山城的研究步入了相对的繁荣期。从研究内容来看，该时期的成果基本分为资料汇编、调查报告和历史地理研究三类。

资料汇编类：代表著作主要王禹浪与王宏北共同编著的《高句丽渤海古城址研究汇编》，以及冯永谦先生编著的《北方史地研究》。这两部著作中均辑录了大量的东北地区山城，其中包括许多辽东半岛地区的山城，其内容主要涉及山城城址的地理位置、形制、结构等基本概况。

《高句丽渤海古城址研究汇编》和《北方史地研究》分别于1994年和1996年先后出版。两书在山城编辑的体例上均采用了分条个案记述的形式，前者相对而言更为翔实具体；后者则囿于辑要的体例而比较简略，但两者不乏互为补充之处。从辑录的山城数量来看，上述两部著作基本收录了80%以上的辽东半岛地区山城，迄今仍然是东北地区山城研究的重要参考资料。除了上述两部扛鼎之作之外，还有个别东北历史研究的工具书中也编辑了部分辽东半岛地区山城的词条，如《关东文化大辞典》[①] 等。

调查报告类：侧重对山城城址基本概况的介绍，其内容虽然与上述资料汇编类著作有所重叠，但是由于是专文介绍，所以在形制、结构和相关数据的记录方面则更加的详细具体。主要论文有《凤凰山山城调查简报》[②]《卑沙城》[③]《丹东地区高句丽山城及其墓葬考察纪要》[④]《丹东

① 李治亭：《关东文化大辞典》，辽宁教育出版社1993年版。

② 崔玉宽：《凤凰山山城调查简报》，《辽海文物学刊》1994年第2期。

③ 孙德连：《卑沙城》，《金州博物馆馆刊》1990年第1期。

④ 崔双来：《丹东地区高句丽山城及其墓葬考察纪要》，《高句丽渤海研究集成》第三卷，哈尔滨出版社1994年版。

虎山高句丽遗址》[①]《岫岩境内五座高句丽山城调查简报》[②]《丹东市区的高句丽山城》[③]《海城英城子高句丽山城调查记》[④] 等。此类论文的研究对象主要是山城的个案调查，虽然有的是对某一地区的多座山城的介绍，但是并没有进行综合研究。

历史地理类：在此时期有关辽东半岛地区山城的历史地理研究主要侧重对泊汋城、大行城、银城和乌骨城的考证。泊汋城的考证主要有《泊汋城方位考述》[⑤] 和《高句丽泊汋城的发现与考证》[⑥] 两篇论文，两文通过考证均认为虎山山城即泊汋城，该观点目前已基本被学术界所认同。大行城和银城的考证主要见于《东北历史地理》[⑦] 第二卷中，分别考证为丹东娘娘庙山城和岫岩县黄花甸子镇关门山村的松树沟山城。乌骨城的考证则见于《高句丽城址辑要》[⑧] 一文，该文结合相关史料的记载将乌骨城的地望推断为凤凰山山城。

除了上述三类主要研究成果之外，在一些有关东北地区山城研究的综合性论文的行文中也介绍了部分辽东半岛地区的山城，如《辽宁的高句丽山城及其意义》[⑨]《辽宁高句丽山城再探》[⑩] 等。此类论文所涉及的内容虽然篇幅有限，但却在一定程度上增补了一些资料汇编类成果所遗漏的山城。例如《辽宁高句丽山城再探》一文中有关二道岭山城、洋河镇老城山山城和刘家堡山城三座山城的介绍，便是在此方面的重要补充。

20 世纪 90 年代，学界在辽东半岛地区山城的资料整理和历史地理考证方面取得了十分显著的成绩，为该研究继续夯实了学术基础，但同时也存在一些不足。其一，研究成果虽有实地调查报告，但数量较少，并且缺少考古发掘报告；其二，山城基本概况的个别信息存在偏差，资料之间存在抵牾现象；其三，研究视角多侧重于山城个案的研究，因此缺少对辽东半岛地区山城的整体宏观研究，尚不能体现出其区域性的特点。

---

① 冯永谦：《丹东虎山高句丽遗址》，《中国考古学年鉴》，文物出版社 1992 年版。
② 杨永芳、杨光：《岫岩境内五座高句丽山城调查简报》，《辽海文物学刊》1994 年第 2 期。
③ 王连春：《丹东市区的高句丽山城》，哈尔滨出版社 1994 年版。
④ 富品莹、吴洪宽：《海城英城子高句丽山城调查记》，《辽海文物学刊》1994 年第 2 期。
⑤ 任鸿魁：《泊汋城方位考述》，《辽海文物学刊》1994 年第 2 期。
⑥ 冯永谦：《高句丽泊汋城的发现与考证》，《北方史地研究》，中州古籍出版社 1994 年版。
⑦ 孙进已、冯永谦等：《东北历史地理》第二卷，黑龙江人民出版社 1989 年版。
⑧ 冯永谦：《高句丽城址辑要》，《北方史地研究》，中州古籍出版社 1994 年版。
⑨ 孙力：《辽宁的高句丽山城及其意义》，辽宁省博物馆出版社 1990 年版。
⑩ 陈大为：《辽宁高句丽山城再探》，《北方文物》1995 年第 3 期。

然而，正是这些成绩和不足的存在，才积极推动了该研究的不断深入。

（三）辽东半岛地区山城研究的深入阶段

20 世纪辽东半岛地区山城研究所取得的成果及其存在的不足为 21 世纪以来的研究提供了完善和深入研究的契机。从 21 世纪初至今，有关辽东半岛地区山城研究的成果数量并不多，但总体体现出系统和综合研究的趋向。

2001 年和 2002 年，由辽宁省地方志编纂委员会办公室主编的《辽宁省志·文物志》[①] 和王绵厚先生编著的《高句丽古城研究》[②] 分别先后出版。这两部著作中辑录了部分辽东半岛地区的山城，从辑录的山城对象来看，仍然没有超过《高句丽渤海古城址研究汇编》的辑录范围，体例上也基本承袭了分条个案记述的形式，但是在具体山城址概况的方面有许多补充、修订和完善。另外，《高句丽古城研究》一书中有关城邑制度等方面的研究，为辽东半岛地区山城的综合研究提供了许多重要的理论依据。此外，吉林大学魏存成教授于 2011 年在《社会科学战线》第 1 期所发表的《中国境内发现的高句丽山城》一文，从山城分布、规模、类型、结构设施等方面对中国境内发现的高句丽山城进行了较为全面、系统的研究，对于辽东半岛地区山城的相关研究同样具有重要的借鉴和参考价值。

该阶段有关辽东半岛地区山城的专题研究成果主要可以分为调查报告和区域综合研究两大类。

调查报告类：主要成果有《大连城山山城 2005 年调查报告》[③]《高句丽巍霸山城初探》[④]《大石桥市海龙川山城考察报告》[⑤]《营口市青石岭镇高句丽山城考察报告》[⑥]《营口地区盖州市万福镇贵子沟村赤山山城考察报告》[⑦] 等。此类成果通过对辽东半岛地区山城的个案调查，详细地记述

① 辽宁省地方志编纂委员会办公室主编：《辽宁省志·文物志》，辽宁人民出版社 2001 年版。

② 王绵厚：《高句丽古城研究》，文物出版社 2002 年版。

③ 张翠敏、王宇：《大连城山山城 2005 年调查报告》，《东北史地》2006 年第 4 期。

④ 王文轶、王秀芳：《高句丽巍霸山城初探》，《哈尔滨学院学报》2008 年第 1 期。

⑤ 王禹浪、刘冠缨：《大石桥市海龙川山城考察报告》，《黑龙江民族丛刊》2009 年第 3 期。

⑥ 王禹浪、王海波：《营口市青石岭镇高句丽山城考察报告》，《黑龙江民族丛刊》2009 年第 5 期。

⑦ 王禹浪、王文轶：《营口地区盖州市万福镇贵子沟村赤山山城考察报告》，《黑龙江民族丛刊》2010 年第 4 期。

了山城的周长、走向、结构基本概况，对相关信息进行了补充和修订。此外，上述调查报告相较于前阶段的调查报告，在内容方面还增加了考察行程、文献记载、历史地理考证和作用功能等方面的研究，不仅具有资料价值，而且具有重要的学术价值。

区域综合研究类：长期以来，辽东半岛地区的山城研究基本处于个案研究的状态，十分缺乏从区域的角度对其进行综合性的研究。在此背景下，大连大学东北史研究中心王禹浪教授及其科研团队以其所承担的2009年度教育部人文社会科学研究规划基金项目“辽东半岛地区的高句丽山城调查与研究”为契机，历时三年时间对辽东半岛地区的山城进行了仔细的调查、走访，搜集整理了大量的文献资料和调研资料，并先后发表了《辽东半岛高句丽山城概述》①《大连地区的高句丽山城》②《营口地区的高句丽山城》③《丹东地区的高句丽山城》④ 和《鞍山地区山城研究》⑤ 等多篇论文，通过对辽东半岛四个行政区划内的山城数量、地理分布和城址概况等方面的统计与研究，为辽东半岛地区山城分布与建筑特点、功能作用、军事防御战略等方面的综合研究性研究进一步奠定了基础。但是由于绝大多数山城址缺乏考古发掘、人为和自然破坏损毁以及考察气候季节等因素的局限和影响，其研究在城址概况记述等方面仍然存在不尽人意的地方，有待于今后的不断修订与完善。

除了上述两类专题研究成果之外，该阶段也有个别成果以辽东半岛地区山城为切入点进行唐朝与东北古代地方政权战争细节的考证，如《贞观十九年唐军攻打高句丽建安城的进军路线考》。⑥ 该文综合文献记载、实地考察和地形地貌等因素，考证了贞观十九年（645）唐军攻打建安城的路线，并推断位于营口盖州市青石岭镇的高丽城村山城就是建安城故址。

总体来看，随着辽东半岛地区山城研究的不断深入，其研究内容日

① 王禹浪、王文轶、王宏北：《辽东半岛高句丽山城概述》，《黑龙江民族丛刊》2010 年第 2 期。

② 王禹浪、王文轶：《大连地区的高句丽山城》，《哈尔滨学院学报》2011 年第 6 期。

③ 王禹浪、王文轶：《营口地区的高句丽山城》，《哈尔滨学院学报》2011 年第 9 期。

④ 王禹浪、王文轶：《丹东地区的高句丽山城》，《哈尔滨学院学报》2012 年第 3 期。

⑤ 王禹浪、王文轶：《鞍山地区山城研究》，《黑龙江民族丛刊》2012 年第 2 期。

⑥ 崔艳茹：《贞观十九年唐军攻打高句丽建安城的进军路线考》，《东北史地》2012 年第 1 期。

趋丰富和完善，研究角度也趋向多元化，然而由于山城遗址缺乏专业的考古发掘，在很大程度上制约了山城全貌的完整呈现，致使相关的历史地理考证缺乏考古依据的进一步佐证。因此，辽东半岛地区山城研究工作下一阶段的重点应当是开展城址考古发掘工作和在此基础上对山城遗址的有效保护。

二　辽东半岛地区山城的类型及建筑特点

（一）辽东半岛地区山城的类型

辽东半岛地区的山城因依山而建，故其形制受山势、地形影响很大，其形制主要可以分为“簸箕形”“筑断为城”形和山顶形三种类型。

1. “簸箕形”山城

“簸箕形”，又称为抱谷式、仰盆式、栲栳峰式。此类山城所依托的山体平面类似簸箕。三面为山脊，形成开阔的山谷和坡地，一面为谷口。这些山城的城墙多修在环形山脊之上，而兵营、住址、蓄水池等主要配套设施则基本修建于山谷内的平地或坡地，谷口处则修建主城门。辽东半岛的“簸箕形”山城数量较多，其周长一般在 2000 米以上，属于中型或大型山城。如巍霸山城、墨盘乡高丽城山城、得利寺龙潭山山城、赤山山城、鹤羊寺山山城、海龙川山城，英城子山城、娘娘城山城、清凉山山城等都属于“簸箕形”山城。

2. “筑断为城”形山城

筑段为城型山城一般依托两三个相对独立的山体，山体之间邻近但不相连。山体呈环抱之势，形成开阔的谷地，其相邻的两座山体形成谷口。在谷口处修建城门，使山体通过城门相连，筑断为城。该类山城的城墙修建于山脊之上，而山体环抱形成的谷地则为山城的主城区。此类山城由于地理条件的特殊性，因此数量较少，但是由于其依托的山体数量较多，形成的谷地较“簸箕形”则更为开阔，所以其山城规模较大，周长往往在 3000 米以上，属于大形山城。辽东半岛地区的筑断形山城主要有凤凰山山城、青石岭山城和城山山城后城三座。

3. 山顶形山城

山顶形山城主要修建于山体的顶部，其顶部一般地势较为平坦，四周多为悬崖陡壁，或一面稍微低缓。低缓之处修筑城墙和城门，其他地方多以悬崖为壁，有的根据地势需要而筑有城墙。此类山城所依托的主要为山体顶部，其空间相对有限，因此一般为中小型山城，如烟筒山山城、田屯村东高力城山山城、田屯村西高丽城山山城、太阳乡高丽城山山城、古城村山城和城顶山山城等，其周长均在2000米以下。个别例外，如卑沙城和城山山城前城所依托的山体顶部相对平坦开阔，其周长则均在3000米以上，属于大型山城。

从辽东半岛地区山城的类型来看，其修建主要因地制宜，并充分借助山体的自然优势作为防御的屏障，这也是辽东半岛地区山城修建的主要特点之一。

（二）辽东半岛地区山城的建筑特点

由于地理环境、建筑年代、城址规模、山体结构、遗址保存状况等因素的影响，导致辽东半岛地区山城的个体之间在建筑技术、结构和配套设施等方面存在一定的异同。然而，由于该地区的山城多数没有进行过考古发掘，所以无法对其建筑结构等进行全面细致的研究。在此，只能重点遴选城墙、城门、蓄水池、烽火台、马面等几种比较常见和具有代表性的山城设施予以介绍，希望能够勾勒出辽东半岛地区山城在建筑方面的一些特点。

1. 城墙

辽东半岛地区山城的城墙大体分为石筑城墙和夯土城墙两种，并以石筑城墙为主，只有英城子山城的城墙均为夯土城墙。在个别山城的城门附近有夯土城墙的遗迹，如海龙川山城西城门和青石岭山城的西南和东城门附近便有明显的土墙，其断层的夯土层十分明显，不过残存的夯土城墙高度不高，其作用可能是谷口处的筑段城墙的墙基，其上面原来可能继续修筑石砌城墙或在外面也可能包筑城墙，由于考察时在夯土城墙附近没有发现石块散落、倒塌的痕迹，因此目前这只能是一种推测。

辽东半岛地区山城石筑城墙多数修建于山脊的外缘，此类城墙有的修建于隆起的山脊之上，其残存城墙遗迹高度一般在1.5米以下，由此推测其原筑城墙并不高大，主要利用山梁的自然高度和陡峭的山势作为天然屏障；有的修建于山脊的坳口处，为筑段式城墙，其残存高度不一，但根据山梁和城墙的整体走势判断，此类城墙的原筑城墙高度应当齐平于紧邻的山脊城墙，墙体应该比较高大。此外，石筑城墙多修建于城门两翼。因为山城的城门多修建于谷口，为了加强防御，所以其城墙往往比较高大。位于大连市普兰店星台镇的巍霸山城，其主城门处城墙保存较好，城墙高达 9 米左右，是辽东半岛地区山城中保存最为完好和最为高大的城门城墙。

就辽东半岛地区山城城墙的用料而言，其夯土城墙一般多为黄黏土混杂少量沙石混筑，其可塑性强，硬度较高，耐雨水冲刷。石筑城墙的石料材质不一。在对辽东半岛一些山城的实地考察过程中，往往会在山城选址的附近山坡看到开采山石所遗留的痕迹，如巍霸山城、白云山山城、青石岭山城、赤山山城等，说明部分山城城墙石来源于就地取材，其石料材质决定于山体的岩体结构。还有很多山城并没有发现就地取材的痕迹，但是其周边的石材资源十分丰富，很多地区至今仍然是重要的采石场。此类山城的城墙石便很可能是来源于周边地区。如普兰店墨盘乡高丽城山城、瓦房店岚崮山山城、盖州烟筒山山城等。另外，辽东半岛地区山城的石筑城墙绝大多数为干打垒方式砌筑，特别是一些中、大型山城，其城墙表面砌筑十分规整。此类城墙一般采用打造比较规整的四棱锥形石头由内向外干打垒式砌筑多层。采用此种方法砌筑的城墙不仅避免了使用黏土加固的麻烦，而且由于中间碎石的填充和石头之间存留的缝隙，十分有利于雨水的渗透和排泄，能够有效避免雨水对墙体的破坏。另外，在一些城墙墙基处会有个别较大的条形石或近似长方形石作为基石使用，此种情况较少，主要起加固墙基的作用。与中、大型山城的城墙相比，小型山城城墙则相对粗糙。其城墙往往采用不规则的石块干打垒砌筑，城墙略显矮小，城墙表面也不是十分平整。

除了上述两种人工修筑的城墙之外，辽东半岛地区的很多山城在悬崖峭壁之处没有修筑城墙，而是充分利用山体的自然优势作为天然的屏障，这也是该地区山城的主要特色之一。

2. 城门

辽东半岛地区的山城由于时间久远，自然和人为因素的破坏严重，致使其很多遗迹已经面目全非。其中城门遗址保存最为完好的主要是盖州市烟筒山山城和金州区大黑山山城。从这两座山城的城门遗址来看，辽东半岛地区的山城城门修建的并不高大，往往只能同时容 1—2 人同时经过，其进深与城墙同宽，高度在 2 米左右，城门上方铺盖较大的条形石，条形石上方仍然砌筑城墙。根据城门大小的推测，辽东半岛地区山城由于山路崎岖的原因，其出入山城的物资可能主要依赖于人力和畜力，而非依靠车辆，所以城门修筑的比较小，利于防守。辽东半岛地区的山城修有瓮门并且遗址结构保存相对完整的，只有丹东凤城市的凤凰山山城。此外，个别山城的城门两翼有向外延伸的山脊，这些外延的山脊上仍然修筑城墙，这种山脊的环抱在防御方面也起到类似瓮城的作用，巍霸山城就十分典型。

3. 蓄水池与水门

山城是“坚壁清野”战术的重要产物。在战事发生时，为了满足退守入山城军民的生存需要，既要有大量的粮食储备，还要有丰富的水资源储备。因此大多数山城中都会有山泉水，而一些中、大型山城，为了便于聚集山泉还会修建规模较大的蓄水池。辽东半岛地区山城蓄水池遗迹保存最为完好的是瓦房店市境内的龙潭山山城和庄河市境内的城山前城，其蓄水池四壁均采用石块垒砌，呈长方形。前者长48米、宽20米、深约5米，后者长60米、宽5米、深6米。类似这种保存完好的大规模蓄水池遗迹，在目前所发现的山城中是比较罕见的。除了配套的蓄水设施，很多山城也修建了专门用于排泄城内积水的泄水口，主要修建在山泉水流出方向的谷口处城墙上，学界习惯称之“水门”。因为谷口处一般是山城的城门，因此水门往往位于城门两翼城墙的某一侧。

4. 烽火台

烽火台是辽东半岛地区山城中比较常见的军事设施之一。巍霸山城、墨盘乡高丽城山城、白云山山城、城山山城前城、烟筒山山城、鹤羊寺山山城等山城均有烽火台遗址。这些烽火台遗址基本为方形，边长一般在1.5—2米，残高在1—1.5米。通常由楔形石或条形石垒砌，个别的中间为夯土，外侧为石块垒砌，如墨盘乡高丽城山城的烽火台，此类比较罕见。烽火台的选址一般位于山城山脊的制高点，便于烽火传递，而且视野开阔，因此也可能兼具瞭望台的作用。烽火台的主要功用一般为向周边城池传递预警和求援信息，而辽东半岛地区山城的烽火台，还兼具向周边平原军民提前预警的功能，从而使其能够及时转移到山城进行防御。

5. 马面

马面实质为凸出于城墙外的墩台，因外观狭长如马面而得名。平原城的马面一般间距几十米便修建一处，通过马面与城墙的互为作用，消除城下死角，并自上而下从三面加强对敌人的攻击，具有较强的防御功能。因此，“马面”是古代平原城经常采用的一种用于加强防御的城墙附属设施。但是，“马面”遗址在辽东半岛地区的山城中并不十分常见，只有巍霸山城、城山前城、城山后城、赤山山城和娘娘城山城5座山城修建有“马面”。其形制一般平面呈长方形或半圆形，残宽4—8米，残长6—9米，残高3—8米。辽东半岛地区的山城一般由于凭借陡峭的山势，有着平原城难以企及的防御优势，所以其“马面”并非必要设施，而且其山城的城墙一般修建于山脊之上，城墙外缘紧邻陡峭的山坡甚至是垂直的峭壁，所以很多地方也无法修建“马面”。这种客观因素导致其“马面”的修建与平原城有所不同，其“马面”一般是根据地势等因素有选择的修建，而并非平原城的“马面”是间隔有序的修建。例如城山后城只修建有5处“马面”，另外5座山城则仅各修建了1处“马面”。其中，巍霸山城的“马面”修建于山城的西南角，因为修建于转角处，所以其平面呈半圆形。另外几座山城的“马面”遗址，一般修建于城门附近或坡度低缓之处，侧重加强薄弱环节的防御，其平面则呈长方形。

三 辽东半岛地区山城的分布特点

辽东半岛地域狭长，面积不到3万平方千米。长白山系——千山山脉及其余脉纵贯半岛的南北，构成了从东北向西南延伸的山脊。其地理环境基本可以概括为：地域狭长、多山地丘陵、少平原低地、海岸曲折、河流纵横五大特征。辽东半岛这种特殊的地理环境在很大程度上影响并形成了辽东半岛山城的分布特点。

（一）山城多选址于低山

辽东半岛整个半岛呈现出北高南低，南窄北宽的地势，多山地丘陵。其中海拔高度在1000米以上的中山多分布在辽东半岛北部的山脉中，如营口市盖州东部的绵羊顶子山、大连市庄河西北部的步云山、老黑山，以及丹东凤城市西部与鞍山市岫岩县东北部交界处的帽盔山等。中山在辽东半岛地区的数量相对较少，但是其周边发育的低山数量较多，尤其是相对高度在500—1000米的中切割低山往往分布于中山附近地区，例如绵羊顶子山附近的新开岭山、海龙川山、赤山，步云山附近的桂云花山，老黑山附近的芙蓉山，帽盔山附近的老平顶山、凤凰山、砬子沟高丽城山（岫岩县朝阳乡大岭村境内）等，另外在南部的丘陵地区也有一定数量的中切割低山，如大连市金州区境内的大黑山、瓦房店境内的龙潭山等。此类低山山势陡峭，山体的构成主要以变质岩、花岗岩和石英岩为主。中山与中切割低山一起构成了千山山脉向辽东半岛延伸的骨架。

辽东半岛的丘陵区主要分布在北部和南部地区，分为高丘陵区和低丘陵区两部分。高丘陵区海拔高度在500米以下，起伏高度在100—200米之间，主要分布在盖州市北部，凤城西南、瓦房店东部，南部主要分布在金州区大黑山附近，以及大连市主城区到旅顺口区之间的低山外围地区。而海拔高度小于500米，起伏高度在100米以下的低丘陵在辽东半岛地区分布同样十分广泛，主要分布在营口盖州市的渤海沿岸和大连市普兰店、金州区的黄海沿岸。尤其是登沙河口至大洋河口之间的地带，分布最为广泛。丘陵地带的土质多为沙质黏土夹杂着碎石等残积物，土壤发育较好，易于耕作。

在辽东半岛的丘陵地带，往往隆起一些相对高度在200—500米的浅切割低山。例如大连市庄河境内的城山、普兰店境内的巍霸山、瓦房店境内的岚崮山、白云山，营口市盖州双台子镇境内的高丽城山、丹东市凤城的铅山等都属于典型的小起伏低山。构成这种山体的岩性状况比较复杂，北部多为花岗岩、片麻岩构成，南部则由石英岩、钙质板岩和石灰岩组成。

从辽东半岛地区现存的57座山城遗址的分布状况来看，城址位于中切割低山的有卑沙城、得利寺龙潭山山城、赤山山城、烟筒山山城、海龙川山城、凤凰山山城6座，另外51座山城则位于浅切割低山，而中山目前还没有发现同历史时期的山城遗址。这种分布状况是由多方面原因造成的：其一，该历史时期修建的山城其主要用途在于战时据守防御，因此其山城内必须储备大量的生活与军事物资。辽东半岛地区的中山数量很少，且海拔和相对高度较高，山势十分陡峭险峻，周边地形复杂，十分不利于物资运输，而且年老妇幼的攀爬和转移也相对困难。因此，中山并不适合山城的修建。其二，辽东半岛的低山分布广泛，低山与周边的丘陵之间往往错落分布着河谷平原或洪积平原，这些肥沃的平原不仅利于耕种，而且使这些低山山城具有相对高度的优势，易守难攻。另外，相对于中山而言，选址低山更有利于战略物资的运输和储备，同时在战事预警时，方便周边居民及时转移入山城避难和防御。至于，中切割低山山城的数量少于浅切割低山山城的原因，主要是由于辽东半岛的中切割低山数量远远少于浅切割低山造成的。但是，从山城的规模来看，修建于中切割低山的山城周长基本在2000米以上，属于中型山城或大型山城。其中凤凰山山城周长7500余米，是辽东地区规模最大的山城。浅切割低山山城的规模大小不一，既有周长在3000米以上的大型山城，也有周长在2000—3000米的中型山城，还有周长在1000—2000米的小型山城和周长在1000米以下的堡垒性山城，其中属于中小型和堡垒性山城所占比例相对较大。由于辽东半岛地区山城的修建往往充分借助山体作为天然屏障，所以其城墙的往往“随山就曲”，因此这些山城的规模一般取决于山体的规模，故而中切割低山多中、大型山城，而浅切割低山多中、小型山城的这种现象就不难理解了。

（二）山城地近外流河

辽东半岛地区地下水充沛，河流发育十分充分，主要河流有大辽河、大清河、熊岳河、复州河、碧流河、英那河、大洋河、哨子河、叆河、浑江、鸭绿江等河流。根据对辽东半岛地区57座山城的分布状况统计，其中有56座山城靠近河流。为了便于呈现这一分布特点，现将山城流域分布情况统计如下：

碧流河流域：大连普兰店市星台镇巍霸山城、大连普兰店市墨盘乡高丽城山城、大连庄河市城山山城前城、大连庄河市城山山城后城、营口盖州市罗屯镇赤山山城、营口盖州市什字街镇东高力城山山城、营口盖州市什字街镇西高力城山山城、营口盖州市万福镇孙家窝堡高力城山山城，共计8座。

复州河流域：大连瓦房店市得利寺镇龙潭山山城、大连瓦房店市得利寺镇马圈子山城、大连瓦房店市李店镇岚崮山山城、大连瓦房店市太阳升太阳乡高丽城山山城，共计4座。

大沙河流域：大连普兰店市元台镇白云山山城，共计1座。

浮渡河（亦称白砂河）流域：大连瓦房店市万家岭镇北瓦房店高丽城山山城，共计1座。

庄河流域：大连庄河市光明山镇旋城村山城、大连市光明山镇小河沿村高力山山城，共计2座。

英那河流域：大连庄河市大营镇老古城山山城、鞍山市岫岩市龙潭镇山城屯山城，共计2座。

大清河流域：营口盖州市青石岭山城、营口大石桥市周家镇海龙川山城、营口盖州市团山镇鹤羊寺山山城、营口盖州市徐屯镇烟筒山山城、营口盖州市白果农场东升山城、营口大石桥市马圈子山山城、营口大石桥市茶叶沟村高丽城山山城，共计7座。

沙河流域：营口盖州市双台子镇城子沟高丽城山山城，共计1座。

熊岳河流域：营口盖州市杨运镇奋英村山城，共计1座。

大洋河流域：鞍山市岫岩县杨家堡镇娘娘城山城、鞍山市岫岩县前营子镇马圈山山城、鞍山市岫岩县前营子镇老城山山城、鞍山市岫岩县哈达碑镇高丽城山山城、鞍山市岫岩县红旗营子镇二道岭山城、鞍山市岫岩县洋河镇老城山山城，共计6座。

哨子河流域（大洋河支流）：鞍山市岫岩县韭菜沟镇土城山山城、鞍山市岫岩县黄花甸子镇松树沟山城、鞍山市岫岩县汤沟镇清凉山山城、鞍山市岫岩县黄花甸子镇老城沟山城、鞍山市岫岩县黄花甸镇南沟山山城、鞍山市岫岩县朝阳乡高丽城山山城、鞍山市岫岩县三家子镇古城村山城、鞍山市岫岩县黄花甸镇闹沟门山城、鞍山市岫岩县朝阳乡小茨山山城、鞍山市岫岩县大营子镇刘家堡山城、鞍山市岫岩县大营子镇石城山城、丹东市凤城市青城子镇铅山山城、鞍山市岫岩县黄花甸子镇石门沟山城，共计13座。

海城河流域：鞍山海城市英城子山城，共计1座。

叆河流域（鸭绿江支流）：丹东凤城市凤凰山山城、丹东凤城市青城子镇铅山山城、丹东凤城市通远堡镇山城沟村山城、丹东市宽甸县灌水镇高台堡山城、丹东市宽甸县灌水镇老孤山山城，共计5座。

鸭绿江干流流域：丹东市虎山镇虎山村山城、丹东市振安区浪头镇娘娘城山城，共计2座。

浑江流域（鸭绿江支流）：丹东市宽甸县牛毛坞镇城顶山山城、丹东市宽甸县太平哨镇东山山城，共计2座。

上述河流均为单独入海或间接入海的外流河，从山城分布的数量来看，碧流河、大清河、大洋河、哨子河、鸭绿江5大流域附近分布的山城均在4座以上，且规模较大的山城也主要分布在这些区域，因此该5大流域应当是5—7世纪占据辽东地区的地方政权在辽东半岛地区的重点防御区域。那么，辽东半岛地区山城的选址对外流河如此重视的原因又是什么呢？

首先，辽东半岛的东、西两翼分别被渤海和黄海所环抱，其地势呈中部高，东、西低和北高南低的走势，因此，辽东半岛的河流多发源于中部和北部地区而直接或间接入海，绝大多数属于外流河。此为客观环境因素。其次，辽东半岛地区的古代民族多以农耕和渔猎为主要生产方式，河流不仅为其提供了生存和从事农耕必备的淡水资源，而且为其提供了丰富的鱼类、河虾等渔猎捕捞资源。另外，从军事防御的角度而言，辽东半岛由于山地和丘陵的阻隔，使半岛上的河流蜿蜒穿梭于群山向峙形成的山谷之中，而这些河流和山谷通常是沟通辽东半岛东西、南北交通的要道。山城选址地近外流河，便可以有效地加强对水陆交通枢纽的控制和防御。

总之，辽东半岛地区的山城遗址众多，类型多样，是5—7世纪占据辽东半岛地区的古代地方政权所遗留下来的代表性物质文化遗产，其所呈现出的建筑特色、分布特点等，对研究该历史时期辽东半岛地区历史文化、政治军事、历史地理等问题而言均有十分重要的学术价值。

四　大连地区高句丽山城

（一）大连地区高句丽山城地理分布概况

大连市的行政区划主要包括西岗区、中山区、沙河口区、甘井子区、金州区、旅顺口区6个市辖区，普兰店市、瓦房店市、庄河市3个县级市，以及长海县1个县。根据我们的实地调查和参考历史文献及其检索前人的研究成果资料的统计，大连地区的高句丽山城遗址有14处。其中，金州区境内1处，普兰店市境内2处，瓦房店市境内6处，庄河市境内5处。这些山城均依托山体作为天然屏障，并在个别山脊修筑城墙。城墙为采用粗略加工的石头干打垒式砌筑。其地理位置多地近河流，并位于水陆交通要道。由于高句丽山城随山就曲而建，所以其形制和规模多有不同。现就大连地区高句丽山城的分布、周长等列表如下：

表5－1　大连地区高句丽山城统计表

序号	山城名称	周长	地近河流	现所属行政区划
1	卑沙城	5000米左右		金州区
2	巍霸山城	5000米左右	碧流河	普兰店市
3	墨盘乡高丽城山城	4000米左右	碧流河	

续表

序号	山城名称	周长	地近河流	现所属行政区划
4	万家岭镇北瓦房店高丽城山山城	2500 米左右	浮渡河	瓦房店市
5	得利寺龙潭山山城	2200 米左右	复州河	
6	马圈子山山城	2000 米左右	复州河	
7	岚崮山山城	2000 米左右	复州河	
8	白云山山城	2000 米左右	清水河、大沙河	
9	太阳乡高丽城山山城	1000 米左右	复州河	
10	城山山城前城	3100 米左右	碧流河	庄河市
11	城山山城后城	4600 米左右	碧流河	
12	旋城村山城	1300 米左右	庄河	
13	光明山镇小河沿村高力山山城	300 米左右	碧流河	
14	老古城山山城	120 米左右	英那河	

从表 5－1 不难看出，高句丽在大连地区修建的高句丽山城重点分布于碧流河与复州河流域。其中碧流河流域 5 座，复州河流域有 4 座，共计 9 座，约占大连地区高句丽山城的总数的 64%。从山城的规模来看，碧流河流域的 5 座山城有 4 座山城周长在 3000—5000 米，为高句丽的大型山城；复州河流域的 4 座山城有 3 座的周长在 2000 米以上，属于高句丽的中型山城。虽然这些山城的规模往往由所在山体大小所决定，但也反映出高句丽对碧流河流域与复州河流域军事防御是格外重视的。

碧流河与复州河均属于外流河。碧流河发源于盖州市棋盘岭山南麓，源头海拔 1047 米。该河在蛤蚂什岭附近进入大连市庄河市境内，流经庄河市横道河、桂云花、荷花山、城山、明阳、尖山和普兰店市俭汤、双塔、墨盘、城子坦和碧流河乡等 11 个乡镇，在碧流河乡谢屯注入黄海。该河流域地处千山山脉余脉东侧，流域面积 2814 平方公里（大连境内 1465 平方公里），分布狭长，上下游流域宽，中间窄，平均宽度 18 公里。其中山地占 63%，丘陵占 24%，平原占 13%。该河干流全长 156 公里，直线长约 140 公里，大连境内干流长 100 公里，是大连地区最大的河流。高句丽占据辽东半岛之后，其面临黄海方向的军事威胁既有来自山东半岛越海征伐的隋唐水军，也有来自朝鲜半岛浮海突袭的新罗宿敌。因此，加强黄海方向水陆交通要冲的军事防御也就成为必然。碧流河一方面河流绵长；另一方面又是注入黄海的外流河，于其入海口溯河而上，就可以便捷地进入辽东半岛的腹地，其战略意义十分显著，所以沿碧流河流域修筑数量较多的大型山城也就不难解释了。此外，庄河流域的旋城村山城、大沙河流域的白云山山城、英那河流域的老古城山山城也是侧重防御黄海方向的城池。

复州河，发源于普兰店市同益乡老帽山南麓。位于东经 121°34′—122°21′，北纬 39°30′—39°59′。河源海拔 817.7 米，河床平均宽 300 米，流经普兰店同益乡、安波镇、瓦房店市松树镇、得利寺镇等，最终经由瓦房店三台满族乡西蓝旗的老羊头注入渤海，全长 136.5 公里，是大连境内第二大河流。从复州河流域高句丽山城的地理位置来看，主要分布于复州河中游和下游的丘陵地区，其战略作用侧重防御浮渤海登陆辽南地区的中原水军。浮渡河流域的万家岭镇北瓦房店高丽城山山城从地理位置来看也应当属于高句丽在辽东半岛南部地区所构筑的渤海沿岸防御体系的组成部分。

在此还要特别一提的是位于大连市金州区大黑山的卑沙城。该山城虽然远离大河，但却地近黄、渤二海，大黑山上到处都是泉水，地下水异常丰富，而且是位于辽东半岛最南端的高句丽山城，其地理位置决定该座山城的桥头堡的地位和作用。

从上述大连地区高句丽山城的流域分布状况，可以大致推断：高句丽时期在辽东半岛南部地区的军事防御体系特点是沿外流河沿岸交通咽喉及险要之地，构筑密集的山城，其作用主要是承担针对黄、渤二海方向的防御。

（二）大连地区高句丽山城遗址的基本状况

1. 卑沙城

卑沙城位于今大连市金州区东 3.5 公里处的大黑山顶端，因此又称大黑山山城。因受大连方言的影响，“黑”音不读“hei”，而是读“he”，所以大黑山又有大赫山或大和尚山之称。大黑山海拔 663 米，是金州区附近最高的山峰。大黑山山城西距金州湾仅 9 公里，南距大连湾仅 6 公里。大黑山山城位在古今交通咽喉要道，是进出旅顺口的必经之路，更是出入渤海与黄海之间最便捷的孔道。大黑山山峦起伏，怪石嶙峋，因其雄、险、奇的特点，使其成为辽南的一座名山。史书记载高句丽据有辽东时期称卑沙城，又写作卑奢城、毕奢城或沙卑城，有关卑沙城或卑奢城的含义，尚不清楚。不过卑沙与卑奢是同音异写。而“沙卑”之称谓则是

“卑沙”之名的反写，这可能与高句丽语及汉语之间的语法不同所致。

卑沙城山城的城墙均就地取材，用石块砌成，蜿蜒起伏于大黑山山脊上，全城共占有16个山头。山城呈不规则的长方形，周长约5公里。卑沙城历来以其地势险要、居山枕海、控水陆要隘、易守难攻而著称。城垣四周峭壁悬崖，难以攀登。山城唯辟南门，并用大石条垒砌得异常坚固。西南门所在的关门寨口，是一段东西走向长约1公里的山谷。谷口西侧为凤凰山，东南0.5公里是卑沙城凤凰口。山谷北侧尚可见到元明时代建筑遗址，俗称“鹞子口”，早年有鹞子常出没于此。顺着山谷向东便是“滴水壶”和“饮马湾”。这两股清泉至今水清如镜，长流不断。“滴水壶”和“饮马湾”北面的峭壁上便是有“一步一层天”之称的“十八盘”，越过“十八盘”即可见到传说中唐王养病点将的“唐王殿”。唐王殿其实是清道光时重修的石鼓寺。古寺始创年代已不可考，唯所遗九尊古佛像雕工古拙，造型衣纹亦非明清以后风格，当为古寺早期的遗物之一。石鼓寺同山城外的胜水寺、朝阳寺、响水观等明清建筑同样是大黑山的名胜古迹。山城内曾发现战国到隋唐时期的货币窖藏和高句丽时代的绳纹、网格纹红瓦及莲花瓣纹瓦当残片等。根据古城的建筑特点及出土文物，可以确认大黑山山城当是高句丽时代修建，以后辽、金、元、明、清时期均曾沿用。

据史料记载，隋唐时期两次攻破此城。《隋书·来护儿传》载：“大业十年（614），来护儿又率渡海，至卑奢城，高句丽举国来战，护儿大破之，斩首千级。”书中的“卑奢城”，指的就是大黑山山城。《资治通鉴》卷一八二也记载了隋炀帝大业十年（614）的这场战争：“秋七月……护儿至毕奢城，高丽举兵逆战，护儿击破之……”唐代贞观十九年（645）李世民亲征高句丽，任命刑部尚书郧国公张亮为平壤道行军大总督理，统帅水军43000人，军舰500余艘，从山东东莱出发，至辽东半岛南端登陆，袭击卑沙城，《资治通鉴》卷一九七载：“张亮率舟师自东莱渡海，袭卑沙城，其城四面悬绝，惟西门可上。程名振引兵夜至，副总管王大度先登，五月己巳拔之，获男女八千口。”

1963年9月30日，卑沙城被国家定为省级重点文物保护单位。1988年和1990年国家文物局先后两次拨款近20万元，对卑沙城损坏地区进行维修，在其旧城垣上沿着原有的走势修筑了新城墙址，并恢复了点将台等遗址。

2. 巍霸山城

巍霸山城亦名吴姑城山城，坐落于今天的普兰店市星台镇郭屯村葡萄沟北面海拔 420 米的巍霸山上，地处碧流河右岸。据《辽东志》载："巍霸山城，复州城东一百八十里。"巍霸山城地处辽东半岛东南，临近黄海。东北距庄河市城山山城后城约 24 公里，东距墨盘乡高丽城山城约 14 公里，东距碧流河约 22 公里，东南距碧流河入海口约 29 公里，西南距白云山山城约 11 公里。

巍霸山城的城墙随山就势，依山起伏，西、南、北三面环山，形如簸箕。在山城的城垣上辟有东、西、南三座城门，其中，东城门（实为东南门）是出入山城的主要通道，宽约 6 米，城墙高达 9 米，是全城保存最好的一段城墙。东城门右侧转角处有一水门，至今仍有清澈的山泉从底部流出。这些长流不息的山泉是当时据守山城的高句丽军民的重要水源。山城西、北两面山势陡峭，其城墙相对于西南和正南两面的城墙保存较好。城内地势西高东低，坡度较缓。山城南北两翼城墙伴随着山脊的走势而延伸至城外，形成了守护山城"城外台"。两个"城外台"好似收缩的瓶颈，敌军来犯时，城门的城墙和两个"城外台"便可三面居高临下予以夹击。因此，山城平面布局犹如"凹"字形。

山城的东南角城墙保存较好，残高约 1.5 米，城墙外侧修葺工整，个别坍塌楔形石的尖端裸露在外。在东南角城墙拐角处的北翼约 5 米处，有一边长约 0.2 米的水门，现今已经没有水流流出。沿东南角城墙拐角的南翼，城墙向西随着山脊的走势延伸。南部城墙长约 1000 米，其东半部分残高 1—2 米，顶宽 1—2 米，城墙外侧倒塌严重，城墙所在的山坡处散落很多城墙石。南墙西部多修筑在山脊的凹陷处，因多为筑断式修筑，城墙残高约 2—3 米。南部城墙的最西段 100 米左右城墙十分高大，高达 5 米，顶宽 2—3 米，并于西南角修建有一宽大的"马面"平台，残高近 6 米，底宽约 4 × 8 米，"马面"的东、南两侧倒塌严重。从南面城墙所处山梁的走势来看，均配设高大宽广的"马面"。"马面"砌筑的石块十分规整，从外部看浑圆犹如城堡。站在"马面"平台顶部可以眺望东南、南、西南 15 公里的开阔平野。对从黄海方向来犯之敌的战役动作和企图一目了然。

山城的东南与西南的"马面"平台，并非山城的南端终止设施。高句丽人还在"马面"平台处继续向山脊修筑了山城防御的外部防线，即狭长的墙体与马道。这种设施主要是为了拱卫西南和东南的城门，使防御的外延扩大，具有能动的防御功能。这种外延和防御性掩体工事与内收的城门之间形成互为应援之势，一旦敌人攻至城门下，便会受到来自外延墙体和城门墙体上士兵的双重夹击，使其腹背受敌。而这种外延墙体与城门两侧的墙体之间均有马道相通，这是战半时士兵灵活运动的通道，便于互为支援。尤其是山城的西南角所修筑的墙体最为复杂。

山城西南角的“马面”除了连接山城的南面城墙外，还有另外两条城墙交汇于此。一条城墙修筑于继续向西南延伸的山梁上，独立于山城之外，城墙遗迹不十分明显，其主要是为防御敌人从该道山梁攻入城内而修建的。这道山梁长约300米。另一道城墙为山城的西面城墙，该段城墙长约500米，高3—4米，倒塌十分严重，在山城西墙的山坡上散落着大量城墙石。由于此段山梁南、北两端高于中部，中部山坡散落的城墙石最多，因此推测原山梁中部修筑的城墙要高于南、北两端。沿着西面城墙的中部向北前行，山势愈加陡峭，其西北角处有一用长条石砌筑的方形平台，平台残高约1.7米，宽约2米，其东南角和西面倒坍较为严重。可能为烽火台或者瞭望台，平台位于全城西北角的制高点上，视野十分开阔。

山城西北角也有一座石砌的平台，并连接三道山梁。第一道向东延伸为山城的北部山梁，上面依然修筑城墙，因为考察时恰逢9月，树木茂盛，城墙遗迹很难看清。在这道山梁的最东端，即山城东门的北侧城墙遗迹十分清晰，倒塌的城墙残高约3米，楔形石的尖头部分裸露在外，干打垒的砌筑方式十分明显。第二道山梁向西延伸，独立于山城之外，因为山梁高度远远低于山城的西侧山梁，因此上面没有修筑城墙。第三道山梁为向北延伸的一条山梁，山梁亦独立于山城之外，略低于山城西、北两侧山梁，上面筑有城墙。其山梁西侧有坍塌的城墙石，东侧坡势略缓，树木较多。该道山梁分别与山城的北部山梁和向西延伸的那道山梁形成两个山谷，山谷深达数十米，树木茂盛，形成了天然的防线。实际上，西北角的平台建筑是全城的制高点，当为观察城内外的最佳瞭望台。台基为石块垒砌，底宽上窄，并逐渐内收，形成梯状。

此外，在巍霸山城靠山城北侧另建一座小城，城墙也为石块垒砌，当地称为“紫禁城”。靠西门内侧有一蓄水池，又称“饮马湾”，由山中清泉汇聚而成。东门内有寺名曰清泉寺。另有“点将台”“梳妆楼”“养鱼池”等建筑遗址，其中，紫禁城、点将台和梳妆楼，应均系当时城内建筑址。在山城内看不出里坊和市井的规整布局，缺少民用建筑设施。据相关材料介绍山城内曾出土过高句丽的红色绳纹、网格纹残片等。我们在山城内考察时，在靠近西城的附近采集到东汉时期的菱形花砖一块，此砖为东汉时期墓葬专用砖，疑其附近有东汉墓群，或由此推测，此山城可能建筑于东汉时期，后被高句丽沿用。此外，在清泉寺的水池旁的耕地里还发现过石臼等建筑材料。如果从地理位置上分析，巍霸山城在拱卫碧流河流域的同时兼顾对赞子河、清水河、沙河流域的沙谷要道的控制。因为上述河流虽流经面积较小，但几乎都是发源于巍霸山城附近的山地，由北向南注入黄海，并在河口处形成天然的浅滩，可轻易登陆。其次，防御的方向则与碧流河下游的城子坦镇方向有关，这一点值得我们注意。

1985 年，巍霸山城被列为大连市级文物保护单位。

3. 墨盘乡高丽城山城①

该城位于普兰店市墨盘乡王山头村梁沟（亦称梁家沟）的高丽城山山上。东北距庄河市城山山城 14.9 公里，东距碧流河 10 公里，西南距小刘屯水库 2.2 公里，西距普兰店市星台镇巍霸山城约 14 公里。

山城依托东、西两侧山梁作为天然屏障，坐北朝南，南高北低。周长约 4 公里，辟有东北门、东南门和西南门三处城门，在山城内有一条常年流淌的泉水，自南向北由东北门流出城外。山城西侧山梁整齐布满天然的巨大山石，形成一道天然的城墙。西侧山梁的北段原来有城墙，但是近年来的开矿工作导致城墙全部被毁，已经没有城墙遗址；山城东侧山梁没有城墙，但是西南山梁有城墙。所谓的西南山梁其实是一座与西侧山梁南北相对的一座山峰，西侧山梁与其交会形成山城西南侧一处谷口，有一条小路从该谷口通往山外的村落，由此推断该谷口应为山城的西南门。而这条小路同样连接山城东南处山峰。在西侧山梁最高峰的南坡坡底立有一块三棱形的界碑，通过界碑指示，山城西侧属于星台镇，南侧属于城子坦镇，东侧属于墨盘乡。

---

① 据冯永谦先生的《高句丽城址辑要》记载，该城位于辽宁省新金县东部墨盘乡马屯西高力城山上。通过实地调查，向村民询问后得知，马屯村已经于王山头村合并，统称王山头村，但仍称为马屯，并且马屯的西山上并没有高句丽城墙，马屯位于西山东侧的山脚下，西山为南北走向的低矮山梁，山上多种植农作物，确实不符合修筑高句丽山城的地理环境条件。该城所在的确切位置位于马屯西南侧的梁沟高丽城山山上。

山城西南山峰的北坡比较平缓，缓坡上被城外的村民开辟成大片梯田，每阶梯田均砌有挡土墙，而这些挡土墙所用的石头均来自山城西南山梁原有的城墙石。因此，在西南山峰的北坡已经了无城墙踪迹，不过现存烽火台遗址一处。该烽火台整体呈正方形，边长约 2 米，东侧和北侧保存相对较好，西侧和南侧倒塌较严重，在烽火台上方立有“高丽城山城”文物保护碑一块。在烽火台南侧仍然有一段东南峰向南延伸的山梁，长约 50 米，上面有与西侧山梁类似的天然山石形成的天然屏障，但在这些山石之间仍然残留两处人工砌筑的城墙遗址，采用不规则形的大石块干打垒式砌筑，个别处依托山梁的自然大型山石交叉垒砌。可惜倒塌比较严重，每段只有约 2 米保留相对完好。

站在西南山峰烽火台上向西南遥望，可以看见小刘屯水库，小刘屯水库自西北向南注入碧流河后入黄海。另据当地村民介绍在该城内曾出土过铁制头盔等遗物。此处山城应为高句丽时期在碧流河下游地区修建的大型山城。

1982 年，该山城被列为县级文物保护单位。

4. 万家岭镇北瓦房店高丽城山山城

北瓦房店高丽城山山城址位于大连瓦房店市正北约 60 公里处万家岭镇北瓦房店村高丽城山山上。山城位置地处瓦房店市辖区北境，并与盖州市和尚帽山（海拔 878.9 米）交界，西距辽东湾约 24 公里，西南距瓦房店市得利寺龙潭山山城约 25 公里，地处浮渡河上游。浮渡河发源于北瓦房店村东北之老帽山北麓，西北流，在营口盖州市归州镇与大连瓦房店市龙王庙村附近注入渤海。

山城城墙沿山脊走向用石块砌筑，平面呈不规则状。周长约 2.5 千米。山城内曾出土铁砚，为东北少数民族于冬季使用的特殊砚台，盛行于五代之时。五代时高句丽已尽占辽东，故此物可能为高句丽之遗物。

此山城的建筑特点与高句丽建城方法相同，故定北瓦房店高丽城山山城为高句丽时期所建。北瓦房店村高句丽山城，地处大沙河北源与浮渡河南源的分水岭——老帽山附近，地势东高西低。山城西北为山谷的最低处，此处辟有西门，门旁辟有水门，城中的山泉水经水门流出注入浮渡河。山城的重点防御方向是渤海沿岸的太平湾。其正西 20 公里处有土城镇地名。沈大铁路与沈大高速分列在山城西侧和 15 公里处，由南向北穿过。

5. 得利寺龙潭山山城

该山城位于瓦房店市北约30公里的龙潭山上，南距得利寺镇约5公里。复州河自山城东侧由北向南蜿蜒流过，由盖州市通往大连的铁路和公路在山城东侧穿过。龙潭山南北长约10公里，海拔为555米，高出地面250米。其南、北、西三面山峰耸立，十分险峻，唯东面有一谷口，现已修成柏油路直达山城和城中庙宇。东北距万家岭镇北瓦房店高句丽山城址约25公里，西南距约瓦房店市太阳乡高丽城山山城约13.8公里，西北距辽东湾约27公里。东与瓦房店市得利寺镇崔屯村马圈子高句丽山城相峙，共同控扼着由此出入东北部山区腹地的山口。

对于得利寺龙潭山山城在高句丽时期的称谓，学术界存在两种观点，一种观点根据“得利”与“积利”音近，可能即唐积利州所在，称其“积利城”。另一种观点称其为“麦田谷城”。在元、明时期该城为辽东军事要地。明初洪武年间置有“辽东卫”城于此，曾称作得利嬴城。后来当地百姓因其山中有一水潭，称此山为龙潭山。山城因此得名。为了区别于吉林市之龙潭山山城而用其所属地得利寺镇为其命名为得利寺龙潭山山城。

山城所在的龙潭山，有南北二峰对峙，成为山城的自然屏障。南峰海拔318米，北峰海拔418米，两峰有大牙、二牙之称，俗称“龙门”。山路崎岖陡峭。其中南峰较矮，山势起伏；北峰较高，形势险要。山城沿南、北、西三面山峰环绕，坡陡壁峭，草木丛生。呈不规则方形，周长为2240米。城墙沿起伏的山脊修筑。因年久失修，城墙全貌已不可见，多数城墙段落已倒塌不完整。东南门向南北两侧延伸的城墙段落保存较好，大部分城墙只存墙基，最高处存高5米，最低处仅存2—3米，城墙基石历历在目，随处可见。城东北为谷口（门址），西面和东南各有一门，东南门（俗称东门）是正门，地势较低，坡度渐缓，似为当年人马出入处，门外筑有瓮城。瓮城左侧是一处山坳，筑有横断的高大墙体。墙体下有山泉涌出，当为水门遗址。西门地处险要，居高临下，是进攻或退守的要路。站在城门之上，居高临下，有“一夫当关，万夫莫开”之势。整个山城地势形如簸箕。

城内山坳处有一座“龙王庙”，后更名为“龙华宫”，相传建于清乾隆年间。

庙内有山、水、鸟、鱼等绘画，虽年久日深，仍清晰可见。寺庙的旧墙和门楼尚在。院内有花岗石建筑的钟楼一座，高 3 米。在老庙宇南坡，新建一座道观。

庙前有龙潭湾，是由山泉聚合而成的水池，四壁以巨石砌成，呈长方形，长 48 米、宽 20 米、深约 5 米。当地居民称之“龙潭”，当是山城中最重要的水源。

1985 年，得利寺山城被列为市级文物保护单位。2007 年，列为辽宁省省级文物保护单位。

6. 马圈子山山城

马圈子山城位于瓦房店市得利寺镇崔屯村下崔屯南马圈子山顶端，山城故而得名。此城与得利寺龙潭山山城隔复州河东西相峙，两城相距约 3.4 公里。山城东北距松树水库约 3.7 公里。这两座山城控扼着由此出入东北部山区腹地的山口。

山城城垣修筑在蜿蜒曲折的山脊之上，平面呈不规则形，城墙均用石块砌筑而成。周长约 2 公里，城门辟在谷口之处。城内有蓄水池及泉井。山城内曾出土过高句丽时期的红色绳纹瓦等文物。此山城为高句丽时期建成。

7. 岚崮山山城

该山城位于瓦房店市岚崮山主峰。岚崮山为瓦房店市炮台镇、李店镇、邓屯乡分界处，最高峰海拔 406.5 米。山城坐南面北，主体由东、西、南三座山峰及其山梁作为天然屏障，周长近 2000 米，平面呈“簸箕形”。在东山山峰的东南坡的山脊处修筑城墙，城墙石为人工加工后的近似长方形石块，此段城墙长 30 米，宽约 3 米，存高不到 1 米，大部分城墙淹没于草丛之中。该段城墙自东向西延伸，在东山的西南坡城墙到了尽头，而与城墙西侧尽头相连的是一险峻的山梁（简称南侧山梁），南侧山梁的山脊上是由若干块天然山石形成的一条长约 30 米，平均宽约 1 米，高约 2 米的天然城墙，可谓鬼斧神工，远远望去还以为就是人工修筑的城墙。这道山梁的两侧可谓壁立千仞，接近 90 度的坡度。通过南侧山梁可以到达山城的西山，西山上砌筑城墙。由西山向西南方向仍然有山梁延伸，在其尽头的山峰上有雷达站，因为是军事禁区，所以状况不明。另据冯永谦先生的《高句丽城址辑要》中介绍，该山城有“点将台”等遗址，不过我们实地考察时没有找到，可能已毁坏。

岚崮山山城东北距复州河支流上游的岚崮水库约 3.2 公里，东距瓦房店白云山山城约30.2公里，北距瓦房店市得利寺镇龙潭山山城约35.2公里，南距普兰店湾最近距离约13公里。从岚崮山山城的地理位置判断，该山城在高句丽时期的主要防御对象应当为来自普兰店湾的敌人。

1985年，岚崮山山城被列为县级文物保护单位。

8. 白云山山城

该山城位于瓦房店市二陶村白云山（当地人俗称老白山）主峰，最高处海拔420.2米。西距沙河上游东方红水库约3.4约公里，北距沙河上游刘大水库约8公里，东南距清水河上游小梁屯水库约6.7公里，东北距S313省道（亦称“城八线”，是连接普兰店市城子坦镇与瓦房店市的最近公路）2.4公里，东距S212省道（亦称“盖亮线”）17.2公里。

白云山山城依山而建，背靠连接白云山东山与西山的北侧山梁，东山、西山为其两翼，平面呈“簸箕形”，坐北朝南，北高南低，周长约2000米。北侧山梁靠近东山西坡的位置有一道南北走向的山梁，长二三十米，方便叙述起见在此简称小山梁。在小山梁上修筑有与该山梁山脊同长同宽的城墙，城墙宽约1.5米，高约2米，保存比较完整，但是该段城墙依托的山梁十分险峻，为近乎90度的峭壁。在该段城墙的尽北端修建有一处烽火台。该烽火台整体呈正方形，边长约2米，高约2米，保存完好。[①] 在东山高塔的北侧，也是东山山峰的北侧边缘同样筑有一段城墙，该段城墙紧邻山峰边缘而建，自东向西，长约20米，宽约3米，存高1—5米。在该段城墙的最东端有倒塌现象，此处倒塌城墙原高应在8米以上。沿着北山梁的一条小路可来到此倒塌处底部。该段城墙的倒塌处与东山山峰东坡的悬崖断壁相连，与崖壁共同构筑了东山东侧方向的防御。从散落在东坡的城墙石可以看出此段城墙十分高大坚固，城墙石多为不规则长方形，许多大型城墙石在滚落过程中将山坡碗口粗的树木贴根砸断。东山此处之所以修筑如此高大的城墙，根据山体结构判断，极有可能是防御东南方向来犯之地。因为东山西、南、东南均为悬崖绝壁，而东山的东南方向有一较为平缓和海拔相对较低的山梁（简称东南城外山梁）与东山相连。在此处修建高大的城墙，其作用极有可能是阻

① 考察时笔者曾怀疑为新修，后来下山时打听白云观的道士得知，此城墙为原有城墙，但稍作修葺。

断从该山梁迂回来犯之敌。在考察东南城外山梁时，没有搜索到城墙遗址，但是在该山梁的西南坡和东南坡均有疑似山城石垒砌的梯田，在西山山峰的西北侧也有类似梯田和一小段残存的城墙遗址。另外，西山山峰有一道向北延伸的山梁，该道山梁与西山山峰相连，但是较西山山峰较低，落差比较大，山梁上树木十分茂盛，上面没有城墙遗迹。在该道山梁与西山山峰北破夹角的山坳里有一座寺庙，当地人俗称“小庙”。在西山山峰顶部有电视转播塔和电视塔工作站。电视塔工作站下方，即白云山西山南坡的山腰处的“白云观”。目前，当地有关部门正在修建从山脚下通往白云道观和电视塔的水泥路。这条水泥路东侧有泉水常年冲淌形成的沟渠，里面仍然有涓涓溪流，而小路两旁是较为平坦的玉米地。

该山城虽然不是大型山城，但是由于地势险峻、易守难攻，当是扼守沙河与清水河上游地区水路要道的重要城池之一。

9. 太阳乡高丽城山山城

山城位于瓦房店市太阳乡（以前称作太阳升乡）那屯村高丽屯高丽城山山上。山城依山而建，坐东朝西，平面略呈“簸箕形”，周长约1000米。高丽城山相对高度较低，约有100米。山脚下有一条小路通往山峰顶部，该山峰也是整座山的东部山梁，上面有今人所立的电视转播塔。东部山梁东侧要么布满许多石林状的天然大石头，要么就是较为陡峭的崖壁，因为地势险要，所以没有修筑城墙。在东侧山梁相连的北侧山峰的东南坡边缘保存一段城墙遗址，为不规则石头干打垒式砌筑。该段城墙目前已经倒塌，经过测量，长约65米，平均宽约2.5米，残高约0.7米。该段城墙位置恰好位于北山与东山相连的凹口处的上方，尽管我们在凹口处并没有发现城墙，但是通过高句丽山城城墙特点判断，凹口处原先应当筑有城墙，而此段存留的城墙则应该为凹口处筑断城墙的一部分。此外，在北山北侧边缘残存一段长约2米、宽约1米、高约0.5米的城墙遗址，在该段城墙下面的山坡坡上散落大量的城墙石，应当就是该处城墙所倒塌的城墙石。北山西侧和西南侧边缘均为90度的崖壁，因此也没有修筑城墙。位于东部山梁南侧的山头为整座高丽城山的制高点。南侧山峰树木十分茂盛，坡度较陡峭，不易攀爬，而在山脊上为天然的巨大山石，是天然的城墙。另据冯永谦先生的《高句丽城址辑要》记载，此城内曾出土过烧土及夹砂红褐陶片。

该山城虽然规模不大，但是凭借山体的陡峭，仍然不失为一座易守难攻的城池。该山城地近复州河上游，东北距复州河上游的另一座山城得利寺镇龙潭山山城约 14 公里。当为高句丽时期扼守复州河上游的前哨性城池。

10. 城山山城前城

该山城位于辽宁省大连市庄河西部城山镇沙河村万德屯西北 1 公里的城山上。当地群众俗称夹河山城，亦称前城或前城山。前城西与碧流河相望，南距黄海约 25 公里。东南距庄河市约 35 公里。后城（亦称马岭村北大城山后石城山城）位于夹河山和红砬子山（又称砾子山），今属于荷花山镇，两城之间有夹河相隔。夹河发源于前城山东北部的腰岭子，自东北向西、向南汇入碧流河，全长 17 公里。前城在后城的东南，两城之间直线距离约 2. 6 公里。有的学者将前城与后城通称为城山山城。为了叙述方便和便于理解，我们分别加以介绍。

前城山的制高点海拔 311 米，西、北、南部山势较东部陡峭，岩石以花岗岩为主，植被以柞树为主。整个山城北高南低，西高东低，北部狭长，南部开阔。全城周长 3112. 5 米，共设 6 个门，有点将台、内城、瞭望台、马面、蓄水池、泄水坝、建筑遗迹等，城内发现了一定数量的高句丽时期的铁器、陶器残片、瓦片，以及辽金时期的铁器、清代铜钱等。城内还有明代万历年间修建的法华寺下院、民国年间修建的法华寺上院和道教建筑五老宫等。2000 年，为了方便旅游，部分城墙和遗迹被修复。未修复的地段主要有西段、南段和东段部分。

现将前城中的部分遗迹简述如下①：

遗迹部分：

（1）城墙

城墙大部分按山脊走向砌筑，但少部分并未完全按山脊走向修筑。主要位于南段和西段部分。墙体外侧的石块垒砌整齐，内侧则与山体接连在一起，根据山体自然的坡度垂直砌墙。城墙内侧很少高出地面，一般与山顶齐平。整个山城的城墙均用当地的花岗岩加工砌成，墙体外面加工成楔形石，立面呈圆角长方形和方形，当地人形容为“苞米粒”状，平面呈三角形，外端宽、内端尖。墙体内侧则用粗加工过的楔形石“干打垒”砌法修筑。

---

① 此部分主要参考了大连市考古研究所对城山山城的实测数据。

(2) 内城

内城，又称禁城，已全部恢复。内城位于山城东北部，呈不规则形，周长120.5米。根据地势分上下两部分，地势较高的地方原为瞭望台，地势较低的地方应为“指挥中心”，中间被挡土墙隔开，现存1—2层石块。东侧城墙保存较好，其走向西北—东南，最多残存23层石块，最高残存4.5米，最低残存2.5米。而西墙最高残存8米，最低残存1米。瞭望台原呈椭圆形，位于北部，只残存西坡部分原始路基，由底向上斜收，下宽上窄，呈阶梯状。最多残存15层石块，瞭望台顶部最长28.9米，最宽20.4米，最窄12.8米。内城曾出土过红色绳纹瓦等建筑材料，说明这里有建筑遗迹。内城设两门。

(3) 城门

山城之正门，通常被称为“南门”，实为东南门，方位角16度，长4.4米，宽6.2—7.5米，恢复后的城门宽4.4米，是用加工规整的花岗岩垒砌而成。此门是前城最大、最宽的门。

东门距南门约240米，方位角109度，门残宽5—5.75米；恢复后的门宽3.75米，长4.2米。此门右侧城地保存较好，残高5米，残留26层石块，门左侧2.3米处城墙开始向北转折。

西门，实为西南门。门基石保存较好，方位角210度，长3.8米，宽2.4米，原始基石左侧残存5层，右侧残存6层，残高1.32—1.34米，门两侧最底层是用加工过的整条花岗岩作为基石，厚达0.45米，门两侧墙垛第4层中间部位留有壁龛，长0.2米、宽0.2米。

城门形制基本一致，门两侧均有整齐的门垛，用加工细致的花岗岩垒砌而成，修筑规整、对称，结实耐用，是比较成熟的城门建筑形式。

(4) 瞭望台

西北瞭望台，位于海拔292米的山顶上。保存状况较好，平面呈方形，底大顶小，由底向上呈阶梯状收分，与马面结构、砌法一致。该瞭望台另有一外墙包围。瞭望台原破坏严重，现已恢复。恢复后的台基形状如西北瞭望台相似。

(5) 点将台

位于山城最北端，地势最高，是前城山的制高点，海拔31米。点将台的山顶较为平缓。地方政府为了开发旅游资源已将点将台恢复，其原始状况不详，只残留部分城墙。

（6）马面

平面呈方形，基座为圆角方形，突出墙体外。此马面已经恢复，但仍保存原始基础。基座立面呈梯形，底大顶小，由底向上呈阶梯状收分，最外端两角分别用大型圆角石叠砌，其他部位地面仍用圆角方形或长方形的楔形石，外侧略呈弧形。基座长8.9—9.2米，宽8米，残高3.8米，残存基石南为16层，北为11层，层高25厘米，然后垂直向上形成长方形台面。现残存台面长6—8米，宽5.7米。也起到瞭望台的作用。

（7）蓄水池和泄水坝

位于山城中部偏南，西与法华寺下院相距约40米，为人工开凿的近长方形的水池，用当地花岗岩稍加工或不加工垒砌而成，“干打垒”砌法。蓄水池东、西壁长，并呈弧形，南壁窄，北面有天然豁口，地势略低，有巨石伏卧，山水自动汇入池中。池底为沙土。蓄水池南北长60米，宽5米，深6米，可容水1800立方米，为山城的主要水源地。现已恢复。

在蓄水池东3米处为南北向的泄水坝，其东为低凹山谷，它是利用山谷自然地势，中间深，两侧高，犹如一堵高墙，略呈弧形，长60米，宽约0.8米，坝顶与蓄水池在同一平面，用花岗岩砌成，“干打垒”砌法。现已恢复。

（8）井

位于内城南墙外3米处，距东城墙约2米。平面呈圆形，口径2米，井内壁直径2.1—2.2米，现水面距井口约0.8米，具体深度不详。井口和井壁是用未加工的碎石砌成，无井台。

（9）建筑遗迹

建筑遗迹是对当时城内的公共建筑、屯兵驻扎的“兵营遗址”和居住遗址等总称。在内城附近，多发现高句丽时期的建筑材料，如红色绳纹瓦和筒瓦等。

（10）钟鼓楼

位于法华寺上院内，左钟楼、右鼓楼，均为花岗岩石质，左右对称，形状、尺寸均一致。钟鼓楼分两层，通高5.2米。该钟鼓楼为民国时期修建法华寺上院时所建，“文革”期间该院被毁，但钟鼓楼得以保存下来。

遗物部分：

（1）铁器、陶器、铜钱

前城出土和采集的文物主要以高句丽时期的铁器为主，大多数锈蚀严重。有镰、刀、矛、锤、车辖、斧、钉、釜、带卡、铲等。其次为陶器，均为残片，泥质灰陶。还有金代的犁镜。另外，还发现少量石器和清代铜钱。

（2）石碑

立于明万历四十二年（1614），花岗岩质，长方形，风化严重，记录法华寺修建过程。

20 世纪 60 年代文物普查时碑额尚存，现已被破坏，只剩下较小的断碴。碑宽 86—87. 5 厘米、高 207 厘米、厚 12 厘米。碑文为楷书体，阴文，碑阳刻字共 9 行，字迹难辨，每行字不太整齐，刻工不十分规整。碑阴风蚀更严重，无法辨别字迹。该碑位于法华寺下院北面高岗上。

根据现存的遗迹和城墙修筑的方式、用料及其石材打制的形制等推测，此城系高句丽建筑无疑。尤其是城中的瞭望台、点将台和出土的红色绳纹瓦、筒瓦等都系高句丽时期的典型特征。遗憾的是山城中很少出土有文字的记录。有人考证此城可能是高句丽时期的“石城”。

11. 城山山城后城

该山城位于庄河市西部山区，西与碧流河相望，南距黄海约 25 公里。东南距庄河市约 35 公里。碧流河自北向南流入黄海，是普兰店市与庄河市的界河，也是大连地区最大的淡水河。

后城呈不规则平行四边形，南、北城墙宽，东、西城墙窄。山城总体方向为西南——东北向。地势西高东低，南高北低，东面的红砬子山，制高点海拔 334 米，山势陡峭，但相对夹河山则低缓一些；西面的夹河山为周围最高的山峰，制高点海拔 481. 9 米，山势陡峭险峻，山上植被稀少。城墙几乎按山脊走向修建，个别地段异常险要而无法砌墙则以天然巨石为墙，凡低凹处均以石块封堵。两山之间为山间盆地和冲沟，地面到处分布着大小不一的花岗岩石。经实测，后城周长约 4650 米。城墙均用当地花岗岩略加工或不加工垒砌，石块大小不一，亦为“干打垒”砌法。后城共设城门 3 个，“马面”5 个，瞭望台 1 个，其中南门和北门均有瓮城。

在城内中部偏北有一条深沟，沟内乱石纵横，沟北面山坡，比较平稳，这个山坡发现俗称“戏台”的遗迹，为人工堆成的圆台建筑，直径 9—9. 5 米，高 1. 5 米，实际上这是城中的一处瞭望台。附近地面和耕土中曾发现一定数量的灰瓦，多素面，内侧为布纹，当为建筑遗迹。另外还发现臼形石，不规则，长50—60厘米，臼窝直径12厘米，深10厘米。通过分析，灰瓦属于辽金时期，说明辽金时期沿用该山城。

总之，后城石城山山城的主要防御重点是与前城及墨盘镇马屯村西山山城互为犄角，相互拱卫，并共同把守进入碧流河上游地区的隘口。因为这一地域一旦失守，敌军就可顺碧流河溯河而上，直捣辽东半岛纵深的建安城、安市城而逼抵辽东城。

12. 旋城村山城

该山城位于庄河市光明山镇旋城村西北的旋城山，处于庄河下游，地近庄河入海口。其地负山面海，山城恰好扼守住庄河的通道。

山城城墙墙沿山脊用石块砌筑，周长为1300米，东西300米，南北350米。现存城墙平均宽3米，存高0.7米。城内有蓄水池及泉井等遗迹，城门开辟在谷口处。山城所在地的山岩陡峭难攀，唯从谷口方能进入城内。山城曾出土夹砂红色划纹陶片等遗物。此山城建系高句丽时期所见。

13. 光明山镇小河沿村高力山山城

该山城位于辽宁省大连庄河市光明山镇小河沿村城沟屯高力山上。山城紧邻庄河上游的主要水库牛家限子水库。其南距庄河至盖州市的305国道仅6公里左右，西距碧流河水库约8公里。全城周长300米，石砌城墙，城中有水井。曾出土有铁镞、带足铁锅等文物。

该城址经考古调查，初步认为是高句丽时期山城。根据山城的规模判断，当属于高句丽时期部署在庄河上游的堡垒或哨所性质山城。

14. 老古城山山城

老古城山山城位于大连庄河市大营镇迟沟屯西老古城山山上，地处英那河中游，东距英那河约5.5公里，东北距英那河水库约5.9公里，东南距庄河约6.8公里。山城西侧有庄河至鞍山市岫岩县的公路经过，南面有丹大（丹东市—大连市）高速公路经过，交通十分便捷，是控扼陆路交通的枢纽之地。山城全城周长约120米，城墙为不规则石砌筑，北峰为烽火台。

五　大连地区高句丽山城保护现状及保护对策

（一）保护现状

经过实地调研，大连地区高句丽山城目前的保护现状大致可以分为如下几类：

1. 旅游开发类

所谓旅游开发类，是指当地政府在山城原有的基础之上进行了重修或维修，并成为当地的旅游景观之一。这一类的山城保护最为完好。虽然重修的山城有很多今人建造的景观，但是均遵循了在原址基础上重建和维修的原则，所以很多维修之处的基础部分仍然可见高句丽时期的原貌，其中一些重复性的遗址遗迹，例如部分城墙址就没有重修，仍然保持自然状态，与重修部分形成了鲜明的对比，这一点对于研究者来说是非常重要的。此类山城主要有卑沙城、城山山城、巍霸山城、得利寺龙潭山山城和白云山山城。对比该类山城，不难寻觅到一些共性：其一，所依托的山体险峻秀美，有良好的自然景观，吸引大批登山爱好者或当地居民前往进行体育锻炼或休闲旅游。其二，山中均有寺庙或道观等宗教场所，是当地传播弘扬宗教文化和民俗文化的重要场所。基于上述两点，当地政府对高句丽山城进行保护性重修或维修，进一步增添了人文历史景观，使三者有机结合，既推动了当地旅游、经济的发展，也有效地保护了历史遗迹。

2. 文物保护类

大连地区的高句丽山城被确立为文物保护单位的有 7 座，分属省级文物保护单位、市级文物保护单位和县级文物保护单位。其中被列为省级文物保护单位有卑沙城和得利寺龙潭山山城 2 座，市级文物保护单位的有巍霸山城、城山山城（包括前城与后城）3 座，县级文物保护单位的有墨盘乡高丽城山城和岚崮山山城 2 座。此类山城因为有政府和文物部门的保护、监督，其保存状况相对较好，尤其属于省级和市级文物保护单位的山城保存状况要优于属于县级文物保护单位的山城。从现场考察的状况来看，省级与市级文物保护单位的高句丽山城，其倒塌与破坏主要由滑坡、风化等自然原因所致。而属于县级文物保护单位的山城一方面有自然原因导致的损坏，还有人为因素的破坏，如墨盘乡高丽城山城城墙的破坏，一方面有当地村民拆城墙石垒砌梯田导致的损毁；另一方面还有开采石矿导致的破坏。

3. 其他类

我们将上述两类山城之外的，既没有进行旅游开发，也没有列入文物保护单位的大连地区高句丽山城归为其他类。这些山城从目前的保存状况来看，尚处于无人管理的状态。虽然有些山城已经被文物部门登记和勘察，但是尚没有具体落实保护范围和保护措施，更没有保护经费的支持。多数城墙因为自然损毁和人为破坏已经难觅踪迹，偶有幸免于难的城墙也是残破不堪、千疮百孔。这类古城亟待文物管理部分列入保护计划，否则就会逐渐消失在全域城市化的开发大潮之中。

（二）保护对策

就大连地区高句丽山城的整体保护工作来看，通过当地政府和文物单位的政策性保护与旅游开发模式的维护，使大多数周长在2000米以上的中型和大型山城得到了比较有效的保护，许多经验和方法值得总结和推广，但是也存在个别问题有待于及时解决和进一步完善。对此我们形成几点思考和建议，希望能够对大连地区高句丽山城的保护工作有所帮助。

其一，组织力量对大连地区所有的高句丽山城进行全面的测绘、拍照，对中型以上山城有计划地进行考古发掘，尽快建档备案。

其二，对符合条件或有较大保护价值却没有纳入文物保护范畴的高句丽山城，及时申报，争取早日列入文物保护对象。

其三，通过与县、乡镇政府和村委会联合，对山城周边的村民开展文物法和文物保护意义、常识的宣传，有条件的可以委托村委会或依靠所在山城的宗教机构人员进行监督，杜绝人为损坏现象的继续发生。

其四，我们在山城调研时，总会遇到当地群众将高句丽与高丽混为一谈，只知高丽而不知高句丽，甚至误认为高丽（其实是高句丽）就是朝鲜和韩国人的祖先。这反映出我们的历史宣传、教育工作的存在漏洞；另外，我们的文物单位在立文物保护碑时，其山城名字往往也命名为“高丽城”或“高力城”字样，这也直接误导了广大群众。针对这些情况，我们认为一方面要及早将文物保护碑“高丽城”和“高丽城”更名为“高句丽山城”；另一方面要广泛开展乡土历史文化的教育工作，通过课堂客观的宣讲高句丽的历史，避免这种误解“传宗接代”延续下去。

其五，选择规模较大、保存状况较好、交通比较便利的高句丽山城，作为大连乡土文化教育基地。让更多的年轻学生能够通过实践、直观的方式了解、学习高句丽的历史。

六　营口地区高句丽山城

（一）营口地区高句丽山城的地理分布

营口市位于辽东半岛西北部，大辽河入海口左岸。西临渤海辽东湾，与锦州、葫芦岛隔海相望；北与盘锦市大洼县、鞍山海城市为邻；东与鞍山岫岩县、大连庄河市接壤；南与大连瓦房店市、普兰店市相连。地理坐标处于东经121°56′—123°02′之间，北纬39°55′—40°56′之间。市域南北最长处111.8公里，东西最宽处50.7公里，总面积5401.8平方公里，海岸线长96公里。营口市地势自东南向西北倾斜，自然形成低山、丘陵、平原三种地貌类型。

营口市行政区划主要包括站前区、西市区、老边区、鲅鱼圈区4个市辖区，以及大石桥市、盖州市2个县级市。具体包括43个建制镇（其中大石桥市15个、盖州市24个、老边区4个），12个乡（盖州市12个），27个街道办事处（站前区7个、西市区7个、老边区2个、鲅鱼圈区4个、盖州市2个、大石桥市5个），924个行政村，247个居民委员会。

营口市境内河流发育十分充沛。主要河流有劳动河、大清河、碧流河、熊岳河、浮渡河和沙河六大河流，均属于外流河。除碧流河东南流经庄河市、普兰店市注入黄海外，其余五条河流均自东向西流入渤海。

目前，根据我们所掌握的资料以及从实地调查结果来看，营口地区能够确认的高句丽山城有13座。这些山城主要分布在营口大石桥市和盖州市境内，其中大石桥市3座、盖州市10座。此外，从营口地区高句丽山城的分布特点来看，仍然遵循了高句丽山城选址的惯例，即濒临河流，扼守交通枢纽。通过统计，大清河流域分布的高句丽山城有7座，碧流河流域4座，沙河流域1座，熊岳河流域1座。（参见表5-2）。

表5-2 营口地区高句丽山城统计表

序号	山城名称	周长	地近河流	现所属行政区划
1	城子沟高丽城山山城	5000米左右	沙河上游	盖州市
2	青石岭山城	5000米左右	大清河中下游	
3	赤山山城	3500米左右	碧流河上游	
4	奋英村山城	2200米左右	熊岳河上游	
5	鹤羊寺山山城	1300米左右	大清河下游	
6	烟筒山山城	300米左右	大清河下游	
7	孙家窝堡高力城山山城	1200米左右	碧流河上游	
8	白果农场东升山城	600米左右	大清河下游	
9	田屯村东高力城山山城	300米左右	碧流河上游	
10	田屯村西高力城山山城	300米左右	碧流河上游	

续表

序号	山城名称	周长	地近河流	现所属行政区划
11	海龙川山城	3000 米左右	大清河上游	大石桥市
12	马圈子山山城	2500 米左右	大清河上游	
13	茶叶沟村高丽城山山城	320 米左右	大清河上游	

大清河，分东西两支：东支发源于大石桥市建一镇境内，西支发源于海城市英落镇境内，两支河流自东向西于盖州市高屯镇境内交汇注入大清河干流。大清河全长 100.7 公里，流域面积 1482 平方公里。其上游主要位于大石桥市境内，中游和下游主要位于盖州市境内。位于大清河流域的高句丽山城有青石岭山城、鹤羊寺山山城、烟筒山山城、白果农场东升山城、海龙川山城、马圈子山山城、茶叶沟村高丽城山山城。

沙河，发源于盖州市徐屯镇土岭，由东向西经芦屯镇注入渤海。全长 27.5 公里，流域面积 189.8 平方公里。沙河流域的高句丽山城主要有城子沟高丽城山山城。

熊岳河，分别发源于盖州市杨运镇的望海顶和城墙砬子，经杨运村汇流，在熊岳注入渤海。全长 42.5 公里，流域面积 353.8 平方公里，熊岳河流域的高句丽山城主要有奋英村山城。

碧流河，上游支流错综复杂，但主要两大源头，一支发源于盖州市卧龙泉镇棋盘岭山南麓；另一支发源于盖州市小石棚乡境内的戴峪岭。两条支流于盖州市万福镇汇合后，并在盖州什字街镇的蛤蚂什岭附近流入大连庄河市境内，最终于大连普兰店市谢屯注入黄海。沿途重峦叠嶂，滩险流急。河流全长 156 公里，流域总面积 2814 平方公里。其中营口市境内流程 92.3 公里，流域面积 1320.5 平方公里。营口市境内的赤山山城、孙家窝堡高力城山山城、田屯村东高力城山山城和田屯村西高力城山山城便位于碧流河的上游地区。

大清河、沙河、熊岳河均为单独注入渤海辽东湾的外流河。显而易见，该三条河流流域附近的高句丽山城其主要防御对象为来自渤海辽东湾的军事威胁，这种军事战略部署与高句丽占领辽东半岛后以主要防御中原的隋唐王朝为对象的基本史实相吻合。特别需要关注的是，大清河流域分布 7 座高句丽山城。无论从数量上，还是从山城的规模上，都明显地反映出高句丽对大清河流域防御的重视。大清河全长 100.7 公里，是营口境内流域最长的河流。如果隋唐水军渡海而来，从大清河位于辽东湾的入海口逆流而上，不仅可以横穿营口的北部地区，而且可以直抵今天鞍山市的海城境内。即便不行水陆，仅沿着大清河流经的平原或山谷行军也可以实现同样的战略意图。而隋唐大军水军一旦进入海城境内，便进入了辽东半岛的腹地，就意味着高句丽的辽东城（位于今辽阳市境内，高句丽辽东地区的核心城池之一）南面的门户被打开了。因此，大清河流域的防御对高句丽而言有着十分重要的战略意义。

此外，从上述统计来看，营口地区碧流河流域的高句丽山城数量仅次于大清河流域，有4座山城，均位于碧流河的上游地区。碧流河的中、下游流域分布在大连庄河市和普兰店市境内。碧流河中、下游流域分布5座高句丽山城，也就是说高句丽沿碧流河流域共修建了9座山城。那么，高句丽为什么要在碧流河流域修建如此众多的高句丽山城呢?

碧流河全长156公里，流域总面积2814平方公里，是今天营口市和大连市境内最大的河流。绵长的河流需要更多的山城予以防御，这只是其中最基本的原因。更重要的原因是由辽东半岛中、南部地区的特殊地理环境所决定的。展开辽宁省的地势图，便可以看到今天营口盖州市、鲅鱼圈区与大连庄河市、普兰店市的接壤地区，恰好是千山余脉向南延伸而形成的辽东半岛中、南部的脊梁，自北向南，崇山峻岭、绵延不断。沿途的绵羊顶子山、步云山等更是海拔在1000米以上。由于千山余脉的南北横亘，致使其在辽东半岛中、南部地区的东部地区与西部地区之间形成天然的阻隔，陆路交通十分不便。碧流河则得益于大自然的鬼斧神工，自西北向东南穿行于群山之中，贯通辽东半岛南部地区的东、西两地，是沟通该地区东、西两地最重要的交通纽带。今天连接庄河市与盖州市的305国道的大部分路段便是沿着碧流河的流经路线修筑的。因此，高句丽沿碧流河流域修建众多的高句丽山城，就是要加强对这一特殊交通要道的管控。

（二）营口地区高句丽山城遗址的基本状况

1. 城子沟高丽城山山城

城子沟山城位于营口盖州市双台子镇破台子村城子沟屯海拔478米的高丽城山上，地处沙河上游，东距沙河入海口约19千米。山城依山而建，东、北、南三面环山，西面为山谷入口，城内地势东高西低。据有关资料记载，在西面的山谷入口处曾筑有夯土城墙，坍塌的土筑城墙宽达20米，西城门宽约5米。令人遗憾的是，该夯土城墙因当地采石场的作业已经完全被破坏，山城南、北两侧山梁的西端也被大面积开采。山城北侧山梁和南侧山梁十分陡峭，没有修筑城墙。东侧山梁城墙存高约3米，宽2米。全城东西长约1.5千米，南北宽约1千米，周长约5千米。城内东北隅有一小山，当地群众称“金銮殿”或“金殿山”。“金殿山”南侧有一条常年流淌的山泉自东向西流出谷口。

在城子沟山城附近，有“台子”地名群的出现，如双台、四方台、破台子、楼台沟等地名。疑为当年高句丽修筑的千里长城之遗迹。据《营口文物志》考证，此处确有高句丽长城遗迹存在。所谓台子即高出地面的山岗，地方俗语台子。但是也有学者认为是明清时期的建筑，明朝经略辽东、清朝开发辽东招垦之时，均修有墩台的历史。总之，有关台子的性质，今后应深入调查。

2. 青石岭山城

青石岭山城又称高丽城山山城或石城山山城，位于盖州市青石岭镇高丽城子村东山上。东山名石城山，又称高丽城山，山和村庄皆因古城而得名。山城东南临大清河和盖平河，西南2.5千米即为明代的盖州市青石关堡遗址，西北不远处为202国道，西北距沈大高速公路6千米。正西距渤海辽东湾12千米，西北距营口辽河河口30千米。山城西门外为高丽城村，东门外为团甸乡，城南山下为郭家屯村。天气晴朗的时候，站在高处的城墙上向西南可望见盖州市区，西面可远眺渤海湾，东南可眺望大清河。

城内地势东南高西北低，实际上古城是处于南北两侧山峰之间的山谷中。古城内现在有十几户居民居住，大部分土地现为村民果树田地。城外的高丽城屯村西1.5千米的泉眼沟村，发现有古墓群。墓葬为土坑墓，出土有红色瓦及绳纹砖，并发现铜护1件，当属高句丽遗物。山城所在地西北距营口市30千米，南距盖州市区7.5千米，正西距辽东湾12千米，西北距辽河口31千米，东南距大清河5千米，东距大石桥市海龙川高句丽山城31千米，南距赤山山城42千米，北距辽阳110千米。

（1）古城形制结构

城墙沿西、南、北山脊修筑，东侧城墙建筑在南北两山向内延伸的山梁上。山城平面呈不规则形，地势东南高，西北低，全城南北长约1300米、东西长约1500米、周长约5000米（岛田好调查记6000米）。

南、北两面山峰较高，城墙用打制的长方形石块砌筑，石块一般为长方形，长、宽、厚度约为60、40、20 厘米，现城东北角保存最好，砌石亦很典型，在城下仰视即可见到。在陡峭山崖处，即利用天然石壁，不筑城墙。东城墙主要是利用南、北两座高山向内延伸的天然山脊，在其上以石块砌筑城墙底部，石块之上采用夯筑法，但土质不纯，以一层黄土一层碎石块或黄土中掺杂碎石块夯筑，夯层 6—7 厘米。西城墙与东城墙略有不同，西墙中部偏南处有一座海拔100 米左右的独立山峰，将西城墙分为两段，此处山峰陡峭，土层较浅，只生野草，并无树木，不易攀登。所说的西墙南段就在此山向南延伸的山脊和南山向北延伸的山脊上修筑。这一段落城墙采用筑断山谷的方法，多用石料垒筑，城墙石块间的缝隙用黄土、碎石填充，城墙整体逐渐内收，所用石块不是花岗岩，而是就地取材，城墙石头微呈红色。而且西墙南段不是位于山脊之上，而是山脊外侧的坡地上。现西南段城墙有两处非常明显的石砌城墙，城墙上宽 3 米左右，残高 2—4 米不等，墙外有大量城墙石滑落。西部小山的南北两侧均利用山峰顶部，修筑环壕，环壕外侧为不加修整的大块山石垒筑，以加强防御。另外，在西南两段石砌城墙上每隔 1. 3—2 米有柱洞，柱洞为 41 ×36 厘米的方形，深约 30—40 厘米，当为绑滚木檑石的柱洞。当遇敌人进攻，可剪断绳索，滚木檑石就顺陡坡而下。两段石城墙之南，山势渐低，则和东城墙一样，采用黄土、碎石混合夯筑于低矮山脊之上。西北段城墙附近地势最低洼，城中河流从此流出，城墙现存不多，残断面最大，村民住宅和田地多分布其间。在高丽城子村中可以见到和北山、西墙孤山相连的高大土堆，高近 10 米，断层处的夯层明显，夯层厚度 10—15 厘米。青石岭山城筑城石料均采于当地山上，现西南门外就有一处采石厂。城墙的四角上皆高出城垣，有的还存有二层弧形石基，当是建有望台（角楼）一类建筑。

全城共有三座城门，东面一门，西面两门。东城门位于东城墙偏北处，城门之外有从南、北两山向内夯筑的黄土、碎石翼墙，两道翼墙呈一前一后交错排列，中间有一宽 5—6 米的缺口，可供出入。翼墙之内又有一道城墙，中间开 5 米左右的小门，是为东门。城墙和翼墙基宽均近10 米，现城门处最低高 3—4 米，向南北两面逐渐增高。翼墙和内城墙形成瓮城式结构，便于阻挡来犯之敌，加强防御。西南门的形制和东门基本相同，也有翼墙、内墙和瓮城结构。西北城门处情况比较复杂，破坏较严重，附近地势最低洼，其靠近南侧有水门，城中河流从此流出，这里也是现今车辆进入城内的唯一道路，其道路宽度一车通行稍有余。城内水源充足，地下水层较浅，由现西南门内苹果园附近有大量水生芦苇生长可知。

（2）古城址内的遗址和遗物

山城内居中处突起一座小山丘，俗称“金殿山”，东西长约200米、南北宽约100米、高约15米。山顶中部偏西一近方形台址，南北长7米、东西宽5米，周围有堆石，当为建筑基址。山之西侧脚下有绳纹红瓦和灰陶片，陶片质地坚硬，并有细绳纹灰砖，其时代当为南北朝或隋唐时期，与海城英城子山城发现者相同。

在金殿山北部有一南北向土坝，其间有一豁口，宽约20米，有山水经北西流。坝存高0.6米。在豁口北断壁可见一段夯土，知是人工修筑的隔墙，南北向形成一块盆地，南北宽约200米、东西长约300米，应是人工修筑的一处储水池。在附近小河岸的滩地，遗有绳纹红瓦和绳纹灰砖等遗物。

在南、北城垣的各高山顶端也散布有红色绳纹、方格纹瓦残片、灰陶片等。城墙的四角上皆高出城垣，有的还存有二层弧形石基，其顶部及四周，常见有灰层、红色绳纹、方格纹板瓦及素面筒瓦片。当是建于城垣四角望台（角楼）一类建筑的遗物。

在城内居中的小山丘与西水门之间有一座水池，水池深约3米。城内水泉计有4处：一在北城墙南坡中段；一在储水池坝东北山坡下；一在城西南角山根下；一在金殿山西北约百米的平地，俗称“蛤蟆塘”。后者泉水清澈，冬夏不竭，应为当时山城的主要水源地之一，现仍为城内居民的饮用水源。

在历次调查中，城内发现红色方格纹、绳纹瓦片等，具有高句丽遗物特征。最密集处在金殿山西北百米的平地和蓄水池附近，另见有石臼等遗物。过去在城内曾出土过铁马镫、铁锹、铁车辖等遗物。1964年，在城内小山岗上出土过铁甲片。在断崖处见文化层，上距地表1.1—表1.2米深，厚约0.6米，上层为石块，下有烧土、木炭，夹少量烧石和烧泥，其中北面多出红色绳纹、方格纹瓦片，南面出铁甲片一堆。铁甲片均为长方形，规格8.8×2.2×0.2厘米，边有透孔。断崖南端出灰色带耳陶器片。此处应为一居住址。城中耕地经常发现汉代灰绳纹砖砌筑的墓葬。1973 年考古调查时，在城内发现过铁釜、铁罐、铁镞等。

3. 赤山山城

赤山山城位于盖州市南部万福镇贵子沟村东赤山上，地处盖州市万福镇与矿洞沟镇交界处。西北距盖州城 40 千米，距营口市 75 千米。赤山占地 20 多平方公里，是辽东名山之一，在清代是辽南道教名山。赤山以峰奇、洞异、泉清、石怪、寺古而著名。赤山有五峰，分别为三清峰、五洞峰、旋门峰、天桥峰、天池峰。其中三清峰最高，海拔 891.1 米。

山城建在赤山的南麓，全城共占 16 座山峰，整体呈不规则的长方形，周长约 3520 米。山城北倚五座山峰为天然屏障，山下就是碧流河支流，在山崖陡峭处没有修筑城墙。墙体主要在东、南、西三面，以楔形石块叠压错缝砌筑城墙，城墙随山就曲，绵延起伏在山脊之上。东面城墙起于赤山第一座高峰三清峰下，长约 500 米。东墙开设一门，位置在偏北的山口处，门宽 3 米，进深 7.5 米。在该门南 23 米处设一“马面”，据《营口文物志》记载，该“马面”存高 4.6 米，外展 9.3 米，宽 8.1 米。根据考察实际测量，目前该“马面”宽约 7 米，外展约 8 米，这种数据的变化也在说明随着岁月的流逝，赤山山城的城墙遭到了一定的损毁。此外由于考察时“马面”周围树木繁茂，根据目测城墙的内侧存高应在 2—3 米，而外侧的城墙高度应在 5—6 米。山城南面墙体长约 1300 米，墙体上开设有一门，位置在西起第五座山峰的隘口处，宽约 7.8 米。西城墙共占有 5 座小山峰，墙体长约 450 米，在西城墙偏北的山谷口处开设一门，宽约 3 米。现存城墙基宽约 2.5—4.5 米，城墙外侧残存最高处达 5.6 米。赤山山城的东北部地势较高且比较平坦，现存一座寺庙。因该寺庙东南方向有一处泉水，四季不枯，名曰“龙潭”。寺庙因此得名亦称“龙潭寺”。

寺院内原有清代石碑 5 通和《明代重修龙潭寺造佛安禅碑》1 通。根据《营口市文物志》记载《明代重修龙潭寺造佛安禅碑》碑铭为：

重修龙潭寺造佛安禅碑记/赏闻山不在高有仙则名/水不在深有龙则灵/陟此山之巅/玩此山之景/其名且灵者靡可殚述/姑举一二以鸣兵盛/城坦屏翰于外/其即曰肢之荣卫矣乎/龙潭停毓于中/其即心渊之活泼矣乎/至若回光返照之志/明示末路之当/有悬并潆回之异/孰非歌器之戒/盈卓哉/佳境不可无禅林/而禅林不可不美大也/忆昔唐贞观十九年/有太宗因盖苏文弑君虐民/又阻新罗入贡不奉诏命/遂

亲征高丽驻跸此山/谓薛仁贵曰/朕不愿得辽东/愿得一卿也/仍望山头石人/视曰/雪耻酬有王/除凶报千古/艳上暴晚/照行幸上/随遣职方郎中陈大德建/因班师而名曰凯捷寺/彼时庵仅三间/草创未备/岁久因循/座生荆棘/迨刘普明诚普欠充拓/思绵力未之何/齐心默祷感动檀那/始也/生员曹公讳中式/肄业于此/率众以建昔阁/继也/致侍严君讳愈庆/新增殿宇/雯诚以造□宝莲佛圣像鳞集规模丕振矣/安禅百日图报神人矣/而又为之感众/以修盘道助工以勤修缮/虽十方响应者不可枚举/而主持引领者□□（下残）/明万历四十四年

此块碑文虽然主要是记述重修赤山龙潭寺的相关信息，但是为我们考证赤山山城提供了一条重要的信息，即唐太宗贞观十九年（645）东征高句丽时曾“驻跸此山”，并下旨修建了凯捷寺。这说明在此次东征高句丽的过程中，唐军与驻守赤山的高句丽军队曾发生过激烈的战斗，并最终取得胜利。

4. 奋英村山城

奋英村山城位于盖州市南部杨运镇奋英村[①]东山顶端。地处熊岳河上游右岸的山地之间，呈负山面海之势，东距歪歪山 8 千米，西距渤海 20 千米。山城与北部双台镇城子沟高句丽山城相距 15 千米，西南距瓦房店市万家岭镇北瓦房店山城 30 千米。

山城城墙以自然石块叠砌而成，现已大部坍塌，但城墙遗存仍很明显。墙宽 2 米，残高 1 米左右，周长 2200 米，平面呈不规则形。城墙上辟有一门在西部谷口处，用夯土建筑成，城门址依然可辨。山城内有山泉水井一口，城内最高处为瞭望台，站在瞭望台上可以眺望渤海。

5. 鹤羊寺山山城

鹤羊寺山山城，因位于盖州市团山镇郑屯村的鹤羊寺山上而得名。山城濒临辽东湾，地近大清河下游，其南侧有一条无名河流自沙岗镇惠屯向北流经山城东南的郑屯、东侧的兴隆屯，经兴隆屯折而西北流，于西张屯附近注入渤海辽东湾。朝阳寺山城距该河入海口直线距离仅 3 千米。

山城坐北面南，依山而建。鹤羊寺山自西向东分别有 4 道南北走向

① 奋英村因早年有座土坟，故名坟茔沟，因此名不雅，取其谐音称奋英沟，后称奋英村。奋英村，曾名奋东村，因此有学者也称该山城为奋东村山城。参见由营口市档案局、营口市档案馆联合主编的《营口村镇》（黑龙江人民出版社 2003 年版）。

的山梁，为了方便叙述我们依次编号为1号、2号、3号、4号山梁，4道山梁北侧相连并形成一道北侧山梁，而彼此相邻的两道山梁又分别形成大小不等的山谷。2号、3号两道居中的山梁高度要高于1号山梁和4号山梁，所形成的山谷也是3个山谷中面积最为开阔的，同时2号、3号两道山梁形成的北部山梁也是北侧山梁的至高段，鹤羊寺山城就坐落于2、3号山梁形成的山谷之中，2、3号山梁与北部山梁呈东、西、北三面环抱山城，是山城所依赖的主要防御屏障，山城内地势北高南低，南部的谷口是出入该山城的主要通道，即山城的南门，目前仍然有一条宽约2米的土路自山下的郑屯蜿蜒而上，通过南门到达位于半山腰的鹤羊寺。2011年5月，在我们对该山城进行实地调查时，在上述四道南北走向的山梁上没有发现城墙遗迹，但在北侧山梁中部的至高段找到了一段残垣，这段残垣位于北侧山梁至高端的东段，呈南北走向，存高约2米、宽约1.5米、长约5米，自该残垣向东，就是连接4号山梁的北侧山梁，高度明显下降，形成近10米的落差。通过这种地势判断，该处残垣为防御来自4号山梁侵犯之敌的重要工事（4号山梁坡度相对平缓，容易攀爬，考察队的多位女队员当时就是通过4号山梁攀至山顶的）。在该段残垣的西侧不远处，也是整个山城的至高点，现存一处瞭望台。该瞭望台边长约3米，高约1.5米。

在课题的调研过程中，营口博物馆的崔艳茹同志为我们提供了许多关于该山城的信息，但由于自然的损毁和人为的破坏，很多遗迹在我们调查时已经找寻不到了。但便于学界参考，现将其所介绍的信息整理如下："该城平面近似方形。东西宽350米，南北长350米。城周长1379米。墙宽1.2—2米，存高1—2米。东城墙长323米，现存城墙残高1米；西面城墙长422米，残存最高处2米；南城墙长270.63米，残存高度1—2米；北城墙长538米，悬崖处城墙不存，余段可见城基残迹。全城开三门，南面一门，西面二门。南门开在南城墙正中山谷处，宽4米，外有瓮城遗迹。西二门分别开于西墙北段，其中一门靠近城西北角，宽2米；另一门开在接近中段城墙处，门宽2米。在城西南角有一瞭望台，台基长、宽各4米，在城的北城墙中段高山顶上也有一个瞭望台，边长约3米。城西北角靠城门内东侧，有一房址的基础，房址南北长9.13米，东西宽7.3米。房前4.5米的西南角可见墙的基础一道，应为当时的院墙基石。另在西城墙中部有一处房址的墙基石，基石南北宽11米，东西长17米。城内北部偏西处有古井一眼。"

6. 烟筒山山城

烟筒山山城位于盖州市徐屯镇卢东沟村（又称卢屯）西南的烟筒山。烟筒山海拔618米，因其东北主峰有一高耸的形似烟筒的巨石山峰，故而得名。烟筒山主要有东、西两道山梁，两道山梁合抱形成一个较大的山谷，山谷坐南面北，地势南高北低，两道山梁南侧相连形成南部山梁，北侧为山谷谷口，谷口处因为修建寺庙而建有山门。经山门有一条小路连接山脚下盖州市通往庄河市的305国道。

实地考察时，烟筒山的西、南山梁均未发现城墙遗迹，但在烟筒山的东北主峰（即烟筒形巨石所在山峰，下文简称烟筒峰）的北坡存有城门、烽火台、城墙等遗迹。从烟筒山的整体地理环境判断，东、南、西三道山梁环抱形成的山谷极有可能是山城的外城，而东北主峰的城墙等遗迹则是山城内城的重要组成部分，当然这一推断还有待于今后考古工作的证明。山城内城修建在烟筒峰所在山峰的顶部，城墙沿山峰崖壁修建，平面呈不规则形，周长约300米。内城设有南、北二门。两城门遗址均为巨石铺顶，保存完好。经实测，南门宽1.2米、高1.95米、进深2.3米，城门处城墙高4米，长10米。北门宽1.2米、高2.3米、进深2.8米，城门处城墙存高3.5米，长4.7米。内城中部的崖壁上方现存烽火台一处，边长约2米、高约1.5米。在烟筒巨石的北侧还有一处高台遗址，该遗址部分利用天然巨石为依托，上部用碎石砌筑平台。该高台遗址高约7米，边长约5米，可能为瞭望台或点将台。高台下方地面散落有布纹板瓦的碎片。

烟筒山山城西距大清河支流直线距离仅1.6千米，西距辽东湾直线距离仅18千米，西北距鹤羊寺山城16.6千米。烟筒山山城与鹤羊寺山城应为高句丽时期扼守大清河下游地区的重要城池。该山城为营口市文物保护单位。

7. 孙家窝堡高力城山山城

高力城山山城，位于营口盖州市南部万福镇孙家窝堡村东北高力城山上。高力城山是连绵山丘中一孤立高丘，山势东低西高，地近碧流河流域。高力城山山城则与罗屯镇的赤山山城和什字街镇田屯村高力城山山城相互拱卫。

高力城山山城城墙从西南山峰沿山岗向两侧山脊砌筑，城墙为自然石块砌成，平面近似亚腰形。山城东西长约400米，南北最宽处约250米，总面积约10万平方米。东城墙稍偏北处开一门，亦是山谷入口处。

石砌城墙基宽 2 米，存高 1.5 米，顶宽 1.8 米。

8. 白果农场东升山城

白果农场东升山城，坐落在盖州市白果农场东升村北的山上。山城在海拔约 100 米的山脊上，城墙石筑。山城平面略呈南北长、东西窄的椭圆形。南北长约 200 米，东西最宽处约 150 米。城门开在东城墙稍偏北的山口处。山城东墙北段城墙保存相对较好，石砌城墙现存基宽 2 米，存高 1 米左右。

9. 田屯村东高力城山山城

田屯村东高力城山山城位于盖州市什字街镇田屯村东侧山峰顶端，海拔约 400 米。当地群众俗称为“高力城山”，故而得名。古城西依千山山脉，东濒碧流河，隔碧流河与赤山山城形成对峙之势。该山城平面呈不规则形，西侧利用自然形成的悬崖绝壁为屏障，不修筑城墙。而在东、北、南三面用石块砌筑城墙，城墙基宽 4 米，残高 3 米。东开一门，门宽 1.7 米，存高 1.6 米。门两侧都立有石柱、石板。在城的东南和西北角，各有瞭望台遗址一座。全城以门为界，又东西砌石墙一道，分成南、北两部。全城周长约 300 米。

10. 田屯村西高丽城山山城

田屯村西高丽城山山城位于盖州市什字街镇田屯村西南的高丽城山上。该山北、东、南三面皆为悬崖，西坡较缓。城门应开在西面，但因城墙坍塌，门址已不清楚。山城平面略呈方形，长、宽各为 80 米，城墙现存高 2 米，墙宽 2 米。该山城与田屯村东高力城山山城应为姊妹城。

11. 海龙川山城

海龙川山城，坐落在营口大石桥市周家镇东金寺村海龙川山上。海龙川山海拔 663.5 米，群峰叠嶂，山势陡峻。旧《海城县志》记海龙川东山为“海城东南群山之首”。海龙川山城位于大清河上游左岸约 2 千米，西距辽东湾约 38 千米，西距汤池镇约 9 千米。城外西南不远处有一高峰，人称西岭。城南还有高山，可谓之南山。山城西门山脚下即周家镇东金寺村，城南山下临大石桥通往岫岩的公路，城北侧有海城至岫岩的公路。

该山城建在海龙川主峰下西南绵延的山脊上，山城平面呈不规则的东西略长的长方形。石筑的城墙沿山势修筑，全城周长 3000 米左右。山城共占 8 个山峰，内抱三岗，三座山岗为南北排列。正中山岗东西向，是全城制高点所在。山城内地势东高西低，鲜有平坦开阔地。山城内水源充足，迄今仍可见到南、北山沟中出自岩缝中的两股清泉。

该山城依据山险加筑石城墙。正西为山谷口，是城内之泉水泄出的水门。全城共辟有东、西、南、北 4 个城门，西部的谷口处即是西门的所在地。西门的北侧逶迤而来的山梁十分陡峭，难以攀登，山梁上修筑有石砌城墙。西门南侧则是一道土石混筑的城墙，将南侧山岭至水门的沟壑处筑断。城墙依山势有北向南逐渐增高，并与南部高耸的山梁相接。在城内的西北隅可见 2 座瞭望台基址（将台）。环山城目前可见到宽 1 米、高 1—3 米不等的残存城墙遗迹。城址内有人工修整的平坦台址 3 处，俗称“演兵场”，应即较重要的建筑址所在。据相关资料记载，曾有考古人员调查时，在山城内的向阳台地上发现高句丽时期的红色泥质厚布纹瓦。

南部城墙建在由东向西延伸的山脊之上，山梁的北侧即城内，南侧为深谷，坡度十分陡峭。在南部山梁与东侧山梁的结合部，辟有一小门并有马道通往山下和东城垣。东墙因修建在南北山峰之间的山梁上，城墙依山势盘旋而上，形成中间低两侧高的墙体。墙体均采用石块垒筑，很少见到规整的石块，多为自然石块的堆砌。我们考察时正值金秋，墙体掩埋在草丛之中。东城门设在东城墙中部，东门狭窄。出东城门有一条陡峭狭窄的山路通往山下沟谷。东城墙外是一条呈西北向东南走向的深谷。山城东北峰十分陡峭，无法攀爬。考察时我们只好放弃对北侧山梁的调查，在东部山梁与东北峰的夹角地带寻找到一条放羊人的小路直接下山返回城内。城内当时正在翻新庙宇，在清理地基时出土了辽金时期的石碑残断和柱础等文物。说明此城虽建于高句丽，但在辽金元明清均被沿用。

有人根据海龙川山城东南似有人工堆砌的山峰而推断此城为安市城。经我们的考察得知，东南处山峰并非人工堆砌，而是自然形成。因此，推断此城为安市城的证据不足，难以置信。

12. 马圈子山山城

马圈子山山城位于营口大石桥市百寨管理区[①]高庄村北 2 千米马圈子山上。当地群众形容山顶上的城垣为马圈子，故称马圈子山。山城所处的位置为大清河上源，地势东高西低。这一带泉眼水异常丰富。城址平

① 1958 年 2 月，营口县撤区建乡，成立百寨乡。1961 年 5 月，成立百寨人民公社。1983 年，又改为百寨乡。1991 年 11 月，撤百寨乡建立百寨镇。1997 年 7 月，百寨镇与南楼镇合并成立百寨管理区。参见由营口市档案局、营口市档案馆联合主编的《营口村镇》（黑龙江人民出版社 2003 年版）。

面略呈椭圆状长方形，呈东北—西南向，城门开在西南面。山城城垣均用石块筑成，沿山脊走势修砌。南墙平直，东西城墙稍微外凸呈弧形，北墙明显外凸呈圆弧形。现存城墙基宽 2 米，上宽 1.6 米，残高 0.9—1.1 米。城址开一南门，在南墙的正中，门宽 1.93 米，进深 4 米，门两侧均筑有长、宽各为 4 米的门垛。在城内靠北墙的中间位置处，有水井一眼，直径 1 米，现存深 0.5 米。城垣周长近 2.5 千米，山城内有泉水及蓄水池等。城内可见红色布纹瓦、残陶器口沿器底等，火候较高。从山城特点看及红色布纹瓦分析，应是高句丽建筑的一座山城。现已列为大石桥市文物保护单位。

此山城与西南 25 千米处的青石岭高句丽山城，形成了控扼辽河河口左岸的重要防线，并与东北近 30 千米的海城市八里镇英城子高句丽山城组成一道阻击辽东湾及辽河左岸的军事防御堡垒。是辽东城南部的主要屯军之所。

13. 茶叶沟村高丽城山山城

茶叶沟村高丽城山山城位于大石桥市黄土岭乡茶叶沟村西北高丽城山上。由于山上有石筑城墙，当地群众据此传说为高句丽所建，故将此山称为“高丽城山”。

该山海拔 400 米，山巅平坦，存有石砌城墙。山城城墙沿山顶悬崖边缘用天然花岗岩石块错缝叠压法砌成，大石块直径达 1—2 米。现存城基宽 1.7—2.5 米，残高 1—1.6 米，最高处可达 3 米以上。城为东西长，南北窄，周长约 320 米，城内面积为 2900 平方米。山城城墙城设一门，在南面城墙中部，门宽 4.5 米。门西侧 3 米远处设有一水门，外低内高，呈向外的斜坡式，残存高 40 厘米，宽 25 厘米。城的西南角有一圆形瞭望台址，直径为 4 米。城内中部近北墙处有水井一眼，直径为 70 厘米，存深 50 厘米，已干涸。

（三）营口地区高句丽山城研究综述

营口地区高句丽山城的研究主要可以归纳为两个方面：一方面是侧重对营口地区现存高句丽山城遗址状况的调研与介绍；另一方面是相关历史地理问题的考证。属于前者的研究成果主要有王禹浪、王宏北编著的《高句丽渤海古城址研究汇编》，[①] 冯永谦先生编著的《北方

① 王禹浪、王宏北：《高句丽渤海古城址研究汇编》，哈尔滨出版社 1994 年版。

史地研究》[1] 和王绵厚先生编著的《高句丽古城研究》[2] 三部著作。《高句丽渤海古城址研究汇编》辑录的营口地区 7 座高句丽山城，分别为青石岭山城、赤山山城、烟筒山山城、城子沟高丽城山山城、田屯村东高力城山山城、奋英村山城、马圈子山山城。《北方史地研究》在此 7 座高句丽山城基础之上增补了孙家窝堡高力城山山城。《高句丽古城研究》则在介绍青石岭山城、赤山山城和烟筒山山城的基础之上，首次增补了海龙川山城。除上述三部著作之外，《辽宁省志·文物志》[3]《关东文化大辞典》[4] 和《辽宁境内高句丽城址的考察》[5] 中也有关于青石岭山城基本形制的介绍。至此，学术界普遍确认的营口地区的高句丽山城共计 9 座。

上述成果对营口地区高句丽山城遗址状况的介绍互有补充，各有所长，为营口地区高句丽山城的普查、保护和研究均提供了重要的参考。我们在对营口地区高句丽山城进行实地考察时，便重点参考了上述成果，起到了事半功倍的效果。此外，我们在对营口地区高句丽山城实地考察的过程中，还专程访问了营口博物馆。营口博物馆研究室的崔艳茹同志给我们提供了许多重要的信息。近几年来，通过营口博物馆的文物普查等工作，还陆续发现了白果农场东升山城、田屯村西高力城山山城、朝阳寺山山城、茶叶沟村高丽城山山城、东双台村高丽城山山城、卧龙泉镇腰堡村兰姑岭山城另外 6 座山城，但相关成果没有公开发表。根据其所提供的信息，我们通过实地考察确认了前 4 座山城。不过朝阳寺山山城所坐落的山，名称为鹤羊寺山，当地方言读作“hao yang si”，与“chao yang si”音近，导致营口博物馆同志误听为“朝阳寺”。所以笔者在本书将其更名为“鹤羊寺山城”。

据崔艳茹同志介绍东双台村高丽城山山城位于盖州市双台子镇东双台村南 500 米的高丽城山上。山城坐落在山顶，全城平面呈不规则的多边形，东西长 30 米，南北宽 20 米，总面积约 600 平方米。2011 年 5 月，我们对此座高丽城山进行了实地考察，并没有发现城墙遗迹。不过当地人确实称该山为高丽城山，但询问多位当地居民也不曾看过山上有城墙石

① 冯永谦：《北方史地研究》，中州古籍出版社 1996 年版。
② 王绵厚：《高句丽古城研究》，文物出版社 2002 年版。
③ 辽宁省地方志编纂委员会办公室：《辽宁省志·文物志》，辽宁人民出版社 2001 年版。
④ 李治亭：《关东文化大辞典》，辽宁教育出版社 1993 年版。
⑤ 辛占山：《辽宁境内高句丽城址的考察》，《辽海文物学刊》1994 年第 2 期。

的痕迹。此外，据其介绍，在盖州市卧龙泉镇腰堡村东北约2.5公里的高丽城山顶，也有一座高句丽山城，而兰姑岭主峰在此高丽城山的东南，故而将其命名为兰姑岭山城。同时，还引证《盖平县志》卷一《城堡》篇“高丽城，在兰姑岭北”的记载，认为文献中记载的山城很可能就是此山城。但我们前往考察，也没有寻找到城墙遗迹。咨询当地多位居民得知该山山脚下曾有高丽人聚集（也可能是朝鲜族居民，民间因为对历史的误解往往称其为高丽人），所以称之高丽城山，但是当地村民也没有见过城墙遗迹。那么，是不是山城遗迹已经毁坏了呢？对此我们尚不能确定。有鉴于此，对于这两座山城是否存在我们在此只好存疑，留待今后进一步调查和考证。这也是本书将营口地区高句丽山城的数量统计为13座而非15座的原因，在此一并说明。

学术界关于营口地区高句丽山城历史地理的研究主要涉及对高句丽“建安城”和“安市城”的考证。建安城，学术界普遍达成的共识即青石岭山城。冯永谦和王绵厚两位先生便持此观点，其考证也最具代表性。冯永谦先生在《北方史地研究》的《高句丽城址辑要》一文中，综合《新唐书·张亮传》：“（张亮）引兵自东莱浮海，袭破卑沙城，进至建安”；《新唐书·地理志》：“故汉襄平城也……西（南）至建安城三百里”；《资治通鉴》卷一九七《唐纪》：“营州都督张俭，将胡兵为前锋，进度辽水，趋建安城”“建安在南，安市在北”四条史料的记载，从其地理位置与距离上推断，青石岭山城即建安城。王绵厚先生在《高句丽古城研究》一书中对此进一步佐证，具体内容如下：“高句丽之‘建安城’，当有山城与平地城之分。所谓平地城，当取源于汉魏时代之辽东郡之‘平郭县’，地应在今辽南古盖州县城。而其山城盖县境内的大型高句丽山城看，应即今盖县东北高丽城山城，一称‘青石岭山城’。应是高句丽借用了汉代古城名称而建的山城，即‘建安城’。”《新唐书·高丽传》贞观十九年（645）唐军攻安市、建安二城。太宗对李勣说：“建安恃险绝，粟多而士少，若出其不意攻之，不相救矣。建安得，则安市在吾腹中。”从《新唐书》看，“‘建安’应在南，括‘安市’于‘腹中’。唐贾耽《道里记》记载，建安在‘辽东城’南三百里。以里距推之，亦在今盖县青石岭。故《翰苑》卷三十引《高丽记》：‘平郭城，今名建安城。’是以今盖县（盖州镇）东北十五里高句丽山城‘建安城’无疑。”两位学者对青石岭山城为高句丽建安城的判断，主要是根据地理位置和相对辽东城的距离进行推断的，具有一定的可能性。但是仍然存在两大疑问值得我们思考。其一，文献明确记载，“建安恃险绝”。而青石岭山城山梁较平缓，根据我们的实地考察和相比营口地区其他高句丽山城来看，青石岭山城绝非“险绝”。其二，唐太宗评价建安城“粟多而士少”。就青石岭山城的规模相比较辽东半岛地区的高句丽山城，属于大型高句丽山城，其规模更是营口地区现存高句丽山城中的佼佼者，也要大于学术界目前所考证的安市城的规模（学术界有关安市城的考证详见后文）。如此规模的山城，被唐太宗评价为“士少”，似乎难以合乎情理。因此，青石岭山城是否就是高句丽的建安城值得商榷。

关于高句丽安市城地望的考证，目前学术界主要存在两种观点。一种观点认为其城址为今天海城市英城子山城，以金毓黻《东北通史》[①]和谭其骧《〈中国历史地图集〉释文汇编·东北卷》[②]中的考证为代表；另一种观点即是以王绵厚先生为代表的海龙川山城说。

海城市英城子山城从山体结构上看，该城西、北山势平缓，整体山势也并非险峻，城墙多为泥土夯筑，周长也仅有2400多米，这样规模的山城如何能掣肘唐军，并且久攻不下呢？另据《新唐书》载：“夫子行师，不徼幸，安市众十万，在吾后，不如先破之。”安市城可能驻有军民共计十万之众，而根据我们对英城子山城的考察，该城的规模绝不足以驻扎和供养十万之众，即便是仅仅驻守三四万的军队也不太可能。因此，将安市城定为海城市英城子山城的依据不足。

王绵厚先生的海龙川山城说主要依据是：“（海龙川山城）其方位北靠近汉代‘安市县’（析木城），南靠近盖州镇东北‘高丽城山城’（建安城），于古今地理相合。”既然青石岭山城为建安城的推断尚待商榷，那么再依据此推断安市城，自然也有待推敲了。

笔者在《大石桥海龙川山城考察报告》[③]中对安市城所应具备的相关特点予以考证：第一，位于驻跸山之西北唐代里数为8里左右；第二，其规模应当能够至少驻守三四万军队，并能够提供十分充沛的水源；第三，其东南可能遗有土山。因为唐军撤退后，安市城高句丽守军是否清除了土山并无文献可考，所以关于其存在只能是一种可能性；第四，唐

---

① 金毓黻：《东北通史》，五十年代出版社1943年版。

② 谭其骧：《〈中国历史地图集〉释文汇编·东北卷》，中央民族学院出版社1988年版。

③ 王禹浪：《大石桥市海龙川山城考察报告》，《黑龙江民族丛刊》2009年第3期。

太宗既然选择从东南和西面两路攻打安市城，说明该城应当西面和东南面最为易攻难守，而城之西面应当有城墙和角楼址；第五，城址位置应当距离辽河下游不远；第六，城址位于汉安市县和近汤池县附近。上述六个特点应当是考证高句丽安市城时应当予以注意的几个问题。我们初步推断，今营口市所辖的青石岭高句丽山城具有上述的六个特点，因此我们认为，营口市青石岭高句丽山城可能就是安市城的的所在地。

从上述营口地区高句丽山城的研究状况来看，高句丽山城的普查工作已经具有良好的基础，并且日趋丰富和完善。相关历史地理的研究也取得了一定的进展，但有待于进一步的论证和研究，特别是有待于考古方面的佐证。

七　丹东地区的高句丽山城

（一）丹东地区高句丽山城的地理分布

丹东市，位于辽东半岛东南部鸭绿江与黄海的汇合处，是连接朝鲜半岛与中国及欧亚大陆的主要陆路通道。东与朝鲜民主主义人民共和国的新义州市隔江相望，南临黄海，西界鞍山市，西南与大连市毗邻，北与本溪市接壤。丹东地区东西最大横距 196 千米，南北最大纵距 160 千米。丹东市辖 3 个市辖区（振安区、元宝区、振兴区）、2 个县级市（凤城市、东港市）和 1 个自治县（宽甸满族自治县，以下简称宽甸县）。

丹东地区是辽东山地丘陵的一部分，属长白山山脉向西南延伸的支脉或余脉。地势由东北向西南逐渐降低。北部为中低山区、南部为丘陵区、南缘沿海为平原区。其中以宽甸县和凤城市北部地势最高，平均海拔 500 米左右，有千米以上山峰 14 座，最高峰花脖山，海拔 1336.1 米；凤城中南部以及东港市北部平均海拔 300—500 米，丹东市市区和东港中南部地势最低，海拔多在 20 米以上，最低处海拔在 2 米以下。

丹东市河流密布，水资源十分充沛，全境有大小河流 900 余条，其中流域面积超 5000 平方公里的有鸭绿江、浑江和叆河，而绝大多数河流为此三大河流的支流。

丹东地区目前能够确认的高句丽山城共计 9 座。其中，凤城市 3 座，宽甸满族自治县 5 座，丹东市振安区 1 座。从地理环境来看，丹东地区的高句丽山城绝大多数分布于丹东北部及中部山区，并分别接近鸭绿江、叆河和浑江三大河流。

表 5-3　　丹东地区高句丽山城统计表

序号	山城名称	周长	地近河流	现所属行政区划
1	凤凰山山城	10000 米左右	叆河	
2	铅山山城	1500 米左右	叆河	凤城市
3	山城沟山城	900 米左右	叆河	
4	高台堡山城	1800 米左右	叆河	
5	老孤山山城	1500 米左右	叆河	
6	城顶山山城	1500 米左右	浑江	宽甸满族自治县
7	东山山城	1500 米左右	浑江	
8	虎山山城	1200 米左右	鸭绿江	
9	娘娘庙山城	1000 米左右	鸭绿江	丹东市振安区

鸭绿江是中国与朝鲜的界河。发源于长白山南麓，沿中朝边界向西南流，沿途汇集浑江、虚川江、秃鲁江等支流，在辽宁省丹东东港市附近向南注入黄海。鸭绿江干流全长 795 千米，流域面积 6.4 万多平方千米。丹东市境内的虎山山城和娘娘庙山城两座高句丽山城均地近鸭绿江干流的下游地区。两座山城规模均在千米左右，属于小型山城，应当为高句丽时期扼守鸭绿江入海口的前哨堡垒。

叆河全长 182 千米，流域面积 6037 平方千米，是丹东内陆地区流域最大的河流。凤凰山山城、铅山山城、山城沟山城、高台堡山城、老孤山山城 5 座高句丽山城位于叆河流域。其中凤凰山山城不仅是丹东地区最大的高句丽山城，也是辽东半岛地区规模最大的高句丽山城。因此，凤凰山山城无疑是丹东地区高句丽山城的核心城市，据此推断，高句丽在丹东地区所筑其他山城的主要作用之一便是拱卫凤凰山山城。

浑江发源于吉林省白山市浑江区龙岗山脉南麓，发源地海拔高度 534 米，西南流经浑江区、通化市、通化县、集安市、桓仁县、宽甸县，于宽甸、集安两县交界处注入鸭绿江，全长 433 千米。丹东境内的城顶山山城和东山山城则位于浑江下游的北股河及半拉江两条支流附近。两座山城规模均在 1500 米左右，属于小型山城。沿浑江溯流而上，便可以进入今天本溪的桓仁县地区，以及吉林省的通化市、集安市（县级市）地区，而上述地区正是高句丽的“龙兴之地”，高句丽早期和中期的都城均在此地区。因此，城顶山山城和东山山城虽然城池规模不大，但是战略意义不容忽视。应当是拱卫高句丽腹地西南方向的重要的前哨堡垒。

在此需要说明的是，叆河与浑江均为鸭绿江的支流，从属于鸭绿江流域。因此，如果严格按照流域的角度划分，叆河流域和浑江流域的高句丽山城亦归属于鸭绿江流域。笔者之所以将两者有别于鸭绿江而单独列出，一方面有鉴于叆河与浑江流域较广，属于辽东半岛地区的大型河流；另一方面则因为地近两条河流域的高句丽山城均离鸭绿江干流较远。

（二）丹东地区高句丽山城遗址的基本状况

1. 凤凰山山城

凤凰山山城，亦称乌骨城，位于丹东凤城市区东北 20 千米的凤凰山上，地处交通要冲之地。山城西侧为 304 国道和丹沈铁路，山城西南脚下有一条与 304 国道交汇并折而向西南的公路，是通向边门镇的省级公路，据当地老乡介绍边门镇在以前名为高丽城。这是元明清以来朝鲜半岛的高丽政权及李氏朝鲜朝贡和商旅往来的古道。边门镇亦为清代之柳条边的东部边门。山城西南距凤凰城市区约 20 千米，其西侧毗邻凤凰山风景区，山城北面、东面的城外高山林立，沟壑纵横，形势十分险峻。

山城由东、西两侧壁立千仞的山岭构筑两道天然屏障，山势险峻陡峭，树木茂密。两侧山岭相对形成近似椭圆形的山城格局。山城城内地势平坦、开阔，略呈北高南低的地势。山城辟有南、北二门。城内中部有一条由北向南流向的山泉溪流，山泉一年四季流水潺潺，由山城北部山峰发源从南门流出城外。据该山城的护城员李炳元介绍，城内共有 3 条泉水，以此条为最长，可见该城水源十分充盈。山城由城门、城墙、天然屏障、附属设施、出土遗物五个部分组成。现将该山城主要遗迹分别介绍如下：

（1）城门

山城主要有南、北两门遥遥相对。南门处现遗留有一人工土山（在此称之为中间土山），土山面向城内一侧有明显的楔形石砌筑的城墙。土山东侧仍有一人工堆筑的土山，上面也残留石筑城墙，但此土山现被某单位仓库占用，并架有铁丝网的高墙围在院内。据李炳元介绍，这两处土山原为一体，其中间豁口为今人辟开（有学者认为此豁口为南门）。在中间土山西侧有泉水流出（前文所提的山泉），其西侧正对着天然的山峰。据李炳元介绍在泉水流出山城的附近有一块很大的门柱石，门柱石上面有三四个门柱卯，证明泉水流出附近（中间土山与其西侧山峰之间的豁口）才是山城真正的南门（一般认为此处亦是水门）。在中间土山外侧有一向南延伸近400米的土墙，残高约3米，底宽约6米，顶宽约3米，有人推断此土墙为南门的瓮城残垣。如果为瓮城城墙，至少应该在其对面也应有城墙的遗迹，但在此墙东、西两侧均无城墙址，所以其修筑年代及用途有待于进一步考证。

北门位于东、西两侧山岭北部交汇的最低处，偏西约45度，北门残宽13.3米，其西侧城墙残高约6米。北门外修有一瓮城，瓮城北墙倒塌严重，瓮城进深约5.5米，东西长约15米，瓮城门宽约2.8米。瓮城外有一平台，平台南北长约5米，平台北面为山谷，目测山谷深约50米。

（2）保存完整的城墙

乌骨城石砌城墙总长为7525米，其中保存比较完整的城墙为235米，共由31段组成。最完整、特点最明显、最能表现乌骨城城墙规模和结构的有5段：

黑沟段，在北门东侧沿山脊筑有绵延近千米的城墙。城墙为干打垒式修筑，墙体保存较好，残高约2—4米，顶宽约1—2米，城墙外侧表面砌筑十分工整。石块长0.5—0.7米，石面宽0.2—0.4米不等。在城墙外侧有文物部门修筑的栈道。

庙沟段，位于西侧山城中部、攒云峰南侧860米处的山峰峰脊上。城墙内侧为红色石砬沟，外侧为庙沟。这段城墙总长为400米。其中最完整部分为100米，偏离山脊，靠悬崖下的缓坡修筑，高6米，基宽3—4米，墙顶与山崖下山坡持平。此处海拔约600米。

凤凰山口段，位于攒云峰直达悬崖东北侧山坡，横跨凤凰山口。此段城墙西接攒云峰，东连东部山区的又一山峰，长约400米。其中凤凰山东山一线城墙不是沿山脊筑断而修，而是沿山脊外侧修筑，其平均宽度为100米的山缓坡上。

匹马沟段，位于乌骨城西北角转折点的匹马沟山口，此山口现存完整城墙60米，城墙均为石块砌筑。

东庙段，位于乌骨城东南角制高点上，北连黑老石山口。此峰地处乌骨城东南端。峰脊转折处尚存40米长的城墙，其中有20米比较完整，高2米，宽3米，选用的城墙石较大，长度均在0.9米左右；石面长0.46米，宽0.36米。

（2）倒塌城墙

倒塌城墙总长度为5170米，由55段组成，大致可分为两种类型：多层石垒型即全部或大部分墙石尚存的城墙。这种类型主要体现在城的北、东、西三条城垣上。这类城墙大都建于山脊上，段落较多，重点介绍如下3段：

北门段，以北门为起点，向西伸展，约有600米长的倒塌城墙。城墙虽然倒塌，城基尚存，人可在城基上行走，墙石塌落于城外山坡。

大芹菜沟段，从北门出发，沿墙基东行，越黑沟，过芹菜沟，直达东大顶子哨所一线，此段残墙长1050米。

凤凰山段，由乌骨城西北角山口开始，进入砬子沟和凤凰山东山区，一直到达攒云峰，倒塌城墙连续不断，总长1000米。墙石堆于城基两侧。此段城墙多建在缓坡上，平均海拔在600米以上。

（3）天然屏障类型

乌骨城是由人工修筑的高大城墙和天然的悬崖峭壁连接组成的。长度在50米以上的屏障，共有34段。其中超过200米的有12段，超过400米的有9段。最长的屏障是庙沟山口大屏障，全长800米。最高的屏障是攒云峰悬壁，全长450米，东大顶子悬壁和匹马沟悬壁海拔高度也都在700米以上。50米以下的巨岩，共有53段。其中20米以下的有44段，10米以下的有18段。这种屏障都是在城墙沿线上连接城墙大小不等的自然岩石，其距地面高度都在10米以上，表面光滑，人难以逾越，故可做天然城墙。

（4）附属设施部分

乌骨城整体结构的附属设施，主要有甬道、瞭望台、旗杆座、点将台、水井、房屋建筑址等。

甬道，在前文所述的泉水溪流东侧有一条宽约4米的甬道。甬道从南门两土山豁口一直通向北门，全长约1500米。因为没有发掘，尚不能断定修于何时，但可以推测高句丽时期沟通山城南北的主要路径应该以此为基础。

点将台，位于南门内200米处的西山根。台高约8米，为一长宽各10米的巨岩，岩上有两段石刻题记：一是明代人龚用卿题“攒云岩”（即攒云峰——笔者注）；二是民国时题“磊落光明”。台面朝向城内为一大片开阔地，台顶较为平坦。

旗杆座，位于北门东侧1000米、黑沟山口西侧100米处巨岩上。两翼城墙汇于两块巨岩中断，两岩之间只有3米宽、4米深的空隙，此处用楔形石垒成一个方形石台，台心留孔，方形，边长25厘米，孔深70厘米。台左台右连着城墙。

房屋建筑址，据李炳元介绍，2007年辽宁省考古所在城内曾进行过发掘，其中对靠近东面山岭脚下的一片耕地发掘时，曾发现有明显的烟道等遗址，说明山城内曾有房屋等建筑址。

瞭望台，在北门西侧有一高约15米的山丘，其东坡山根处有现代修建的一山神庙，山神庙前有一条通向山丘顶部的狭窄土道，拾路而上便可到达山丘顶部。土丘顶部开阔平坦，地势为城内最高点。在居中位置上修有一瞭望台，瞭望台基本为正南正北向，近似方形，东西长9.6米，南北长7.9米，残高约2.7米，每层石阶向上内收约10厘米。瞭望台南侧修有通往瞭望台的台阶，南北残长约2.5米，东西宽约2.1米。在瞭望台的东、西、南三面的地面上散落有大量高句丽时期的板瓦、筒瓦的陶片，证明其上原有建筑物。在瞭望台的东北角堆积大量的石块，据李炳元介绍是发掘瞭望台时从上面拆下来的，没有发现尸骨和随葬品，排除了积石墓的可能。在瞭望台所处山丘的东西两翼为两道山梁，上面修有筑断城墙，城墙现多隐匿在树木草丛之中，不是十分明显。在山丘正南方是一深达数十米的山谷。此瞭望台为城内制高点，视野十分开阔，当为指挥全城和发号施令的主要场所。

水井，据《凤凰山城调查简报》[①] 一文介绍，在乌骨城高山城墙沿线附近有一口较大型的水井，位置在大芹菜沟东侧高山平地处，海拔600—700米。在北距城墙仅20米处有一口水井，用楔形石镶砌，直径约2米，深约4米。另在城内平地发现枯井4眼，均用楔形石镶砌，规模不大，一般直径在1—3米，深3米左右。

（5）山城出土遗物

陶片，在庙沟段城墙内侧山坡等发现有陶片。陶片均泥质夹砂素面陶，红褐和黑褐两种，以红褐为主，手制，含滑石粉。曾有器底和板耳出土。瓦片，本次考察在西北角瞭望台的东、西、南三面的地面发现大量高句丽时期的板瓦、筒瓦的陶片，其中板瓦表面均压印绳纹，背面为

① 崔玉宽：《凤凰山城调查简报》，《辽海文物学刊》1994年第2期。

小布纹；筒瓦以黑褐陶为主。另据崔玉宽《凤凰山城调查简报》一文介绍，他曾在考察中采集到几块莲花纹圆瓦当。瓦当直径 15 厘米、厚 5 厘米，花纹线条规整，烧制火候较高。

铁箭镞，在采访李炳元的过程中，我们看到一支铁箭镞，该箭镞长 17 厘米；箭头长 2 厘米，宽 1 厘米；铁箭杆长 15 厘米，宽 0.5 厘米，为典型高句丽时期铁箭镞造型。另外，据其介绍当地百姓在耕地劳作时还捡到过唐代及辽金时期的铜钱。

石臼，在李炳元家的院子里，笔者在考察时见到了 3 方石臼，其出土地点均在此山城内，具体地点不详。其中最大一方石臼为不规则圆形，臼口直径约 15 厘米，深约 15 厘米。该石臼配套石杵长约 40 厘米，大头直径约 12 厘米。

2. 铅山山城

铅山山城位于今凤城市青城子镇铅山顶端。此山因铅矿蕴藏量极为丰富故而得名，当地群众俗称为高丽城山，今又称铅顶子山。铅山海拔 445 .8 米，位于青城子镇西端，山顶地势平坦。其上有城为石块青砖结构。城墙底部为扁方形不规则的石块砌筑，顶部为青砖铺砌。城垣辟有南门设在缓坡处。城门也为石块与青砖结构。山城西、北两墙利用自然山势的陡峭作为天然墙体。城东南角有一墩台，应当为瞭望台。瞭望台东侧有一道石筑墙体。城内东南角原有一眼泉井，井壁四周为石块垒砌。此城始建于高句丽时代，经明代沿用后改建成长方形。原为沿山脊修筑的石墙，呈不规则形。城墙的基石及周围的矮墙均为石块砌筑。明代利用石墙体的石块作为墙的基石。铅山山城西南距岫岩县黄花甸镇陈家堡村南沟山山城约 30 千米、东南至凤凰城约 50 千米。地处哨子河与叆河的发源地，为两河的分水岭，是一城锁两河的交通要冲之地。其重要的战略意义在于防止来犯之敌通过其中一条河流进入另一条河流。因此，即使在明代这里也同样成了军事要塞。

3. 山城沟山城

山城沟山城，位于丹东凤城市西北部通远堡镇山城沟村北 1500 米的山上。城沿山势修筑，平面略呈三角形，在三个城角均有小台。城周长 900 米。城墙为石块夹土构筑，基宽约 3 米。东西两壁外面利用悬崖，里侧堆起 1. 5 米高土墙。南面是谷口，亦为城门。城内中部有建筑址，并见绳纹瓦片等。

4. 高台堡山城

高台堡山城位于宽甸县灌水镇高台堡村南2500千米的簸箕山顶峰。山城城垣依山脊走势而筑，山城地势十分险要，城垣大部利用天然陡峭的悬崖为屏障，在豁口及低矮处用石块筑起高大石墙。山城南北长500米，东西宽400米，其面积约为20万平方米。城垣所砌的石块，均为人工打制的楔形石。西墙现已坍塌，东墙辟有一门址，亦即谷口及山水泄洪处。门址残存的石墙残高3米，宽约3米，从城门至山下及城内点将台之间马道痕迹依稀可辨。山城中央处有一高大的点将台遗址，山城南侧有山泉井一口。有学者认为，高台堡山城应当为高句丽时期的“安地城”。①

5. 老孤山山城

老孤山山城位于宽甸县灌水镇老孤山顶端。地处叆河上游。西与凤城市爱阳镇相距仅3千米。宽甸至凤城铁路与公路在附近经过，交通十分方便。山城平面呈不规则形，城垣均用石块沿山脊走向砌筑。在山脊的险要处砌成矮墙，并在谷口处辟有城门。山城周长约1.5千米。城内原存有山泉井与蓄水池。

6. 城顶山山城

城顶山山城位于宽甸县牛毛坞镇小城子村城顶山山顶，地处浑江下游，东南距西平哨水库约15千米。山城“四面悬绝，惟南门可上”。周长约1497米，呈“簸箕形”。南城门两侧石岩壁立，进入城内平坦开阔。由西城门向北蜿蜒着一道古城墙，长约数百米，现保存较好。古城墙均为牛角状石块垒筑而成，墙体残破，苔藓斑驳。山城内有营盘遗迹多处，均呈台阶状布局。登城顶山古城从南门进入，即是古营盘中心区，点将台、将军府等均设于此。沿古马道向西而行，二姬墓、孝母房、屯兵营等古遗迹甚多。

7. 东山山城

东山山城位于宽甸县太平哨镇挂房子村东山顶端。南股河与北股河在此地交汇后形成半拉江，继续东北流注入浑江。山城周长约1.5千米，城垣依山脊走向而筑。城垣大部利用陡峭的山脊为屏障，仅在谷口或较低的豁口处筑有1—2道石墙，石墙均用石块砌筑。山城内高句丽遗物很

① 王绵厚：《高句丽古城研究》，文物出版社2002年版。

少见，但在山城外发现了高句丽居住址及遗物。由此山城沿半拉江进入浑河后可直达桓仁市境内。此城与牦坞镇城顶山山城分别控扼浑江下游的两条支流，其战略意义十分重要。

8. 虎山山城

虎山山城位于丹东市宽甸县虎山镇虎山村后的虎山顶端。虎山南濒鸭绿江，西依叆河，北接虎山镇，西距丹东市15千米。它是一座平地突兀而起的孤山，远望虎山形如卧伏在平地上的一只猛虎，故有虎山之称。虎山镇及虎山村也因此而得名。虎山海拔146.3米。虎山四周十分陡峭，顶部较为平坦。出土的青铜时代、汉代、高句丽、辽、金、明代的遗物非常丰富。在虎山上的北面顶部边缘，当揭去茂密草树的土层下部，便会发现用楔形石构筑的石筑城墙，城墙随山势屈曲走向而建，现存墙体虽间有残断，但仍环山半周，长600余米，有的地段残墙还相当完整。据此推算虎山山城周长约1200米，并且根据城墙的内外两面均砌筑加工精细的呈三角状的楔形石，墙体内填砌打凿的自然形石块等特征，可以判断为高句丽山城。目前，学术界已认定其为高句丽之“泊汋城”。

9. 娘娘城山城

娘娘庙山城位于丹东市西南16千米振安区浪头镇鸭绿江口右岸的山岗上。当地群众俗称浪头娘娘城。西距浪头镇仅3.5千米，南距文安村1.5千米，东距鸭绿江畔0.5千米。目前山城破损严重，城垣已大部坍塌，但城垣残存的痕迹清晰可辨。古城为石头与夯土混筑而成。古城规模不大，呈不规则状，紧依鸭绿江，站在山城上可眺望鸭绿江口。有学者认为此城当为高句丽大行城故址。①

（三）丹东地区高句丽山城研究综述

截至目前，学术界有关丹东地区高句丽山城的研究成果，根据其研究内容主要可以分为三大类：山城遗址概况介绍、山城遗址的考古调查报告、山城相关的历史地理考证。

山城遗址概况介绍的成果相对比较丰富。其中著作类的主要有王禹浪、王宏北两位先生编著的《高句丽渤海古城址研究汇编》②，冯永谦先生编著

① 孙进己、冯永谦等：《东北历史地理》第二卷，黑龙江人民出版社1989年版。

② 王禹浪、王宏北：《高句丽渤海古城址研究汇编》，哈尔滨出版社1994年版。

的《北方史地研究》[①] 和王绵厚先生编著的《高句丽古城研究》[②] 三部。《高句丽渤海古城址研究汇编》对丹东地区的凤凰山山城、高台堡山城、东山山城、老孤山山城、铅山山城、虎山山城、娘娘庙山城七座丹东地区的高句丽山城遗址概况予以了介绍，是三部著作中辑录丹东地区高句丽山城址数量最多的。《北方史地研究》中的《高句丽城址辑要》一文仅收录了山城沟山城、凤凰山山城、高台堡山城三座丹东地区高句丽山城，但相对《高句丽渤海古城址研究汇编》则增补了山城沟山城。《高句丽古城研究》收录的丹东地区高句丽山城也仅有三座，分别是凤凰山山城、高台堡山城和虎山山城。三部著作中虽然介绍的山城址有所交叉，但是详略不同，互有补充。此外，李治亭先生主编的《关东文化大辞典》[③]《辽宁省志·文物志》[④] 和《辽宁的高句丽山城及其意义》[⑤] 中也收录了凤凰山山城。

除了上述著作之外，还有一些论文专门或者其内容涉及了对丹东地区高句丽山城遗址概况的介绍。如《丹东市区的高句丽山城》[⑥] 和《丹东地区高句丽山城及其墓葬考察纪要》[⑦] 两篇论文就涉及对凤凰山山城址概况的介绍。《辽宁高句丽山城再探》[⑧] 一文则有关于虎山山城的介绍。

上述成果有关山城遗址基本情况的辑录，一方面为世人保留下了历史文化的重要信息；另一方面也为今后的文物普查、考古发掘和丹东地区高句丽山城的研究等奠定了基础。

丹东地区山城遗址的考古调查报告主要有《凤凰山山城调查简报》[⑨] 和《中国考古学年鉴》中的《丹东虎山高句丽遗址》一文。[⑩] 前者根据实地调查情况，翔实记录了凤凰山山城的城墙、城门、自然形制和山城的哨台、旗杆座、点将台、水井等附属设施的基本信息，以及调查所采

① 冯永谦：《高句丽城址辑要》，《北方史地研究》，中州古籍出版社 1994 年版。
② 王绵厚编著：《高句丽古城研究》，文物出版社 2002 年版。
③ 李治亭：《关东文化大辞典》，辽宁教育出版社 1993 年版。
④ 辽宁省地方志编纂委员会办公室：《辽宁省志·文物志》，辽宁人民出版社 2001 年版。
⑤ 孙力：《辽宁的高句丽山城及其意义》，辽宁省博物馆出版社 1990 年版。
⑥ 王连春：《丹东市区的高句丽山城》，《高句丽渤海研究集成》第三卷，哈尔滨出版社 1994 年版。
⑦ 崔双来：《丹东地区高句丽山城及其墓葬考察纪要》，《高句丽渤海研究集成》第三卷，哈尔滨出版社 1994 年版。
⑧ 陈大为：《辽宁高句丽山城再探》，《北方文物》1995 年第 3 期。
⑨ 崔玉宽：《凤凰山城调查简报》，《辽海文物学刊》1994 年第 2 期。
⑩ 中国考古学会：《中国考古学年鉴》，文物出版社 1993 年版。

集的文物情况。该文是目前有关凤凰山山城基本概况介绍最为全面的成果。后者则简略介绍了1991年对虎山山城遗址的考古发掘情况，通过考古手段对虎山山城进行断代，确认为高句丽时期的山城。

学术界有关丹东地区高句丽山城历史地理考证的成果，主要侧重对高句丽时期的乌骨城、泊汋城的考证。乌骨城的地望，学术界已经达成共识，即凤凰山山城。首先提出此观点的是著名的考古学家李文信先生。[①] 此后，冯永谦先生在《高句丽城址辑要》一文中结合《旧唐书·高丽传》《资治通鉴》卷一九八《唐纪》《高丽记》《辽东志》《凤城琐录》等相关史料的记载，进一步佐证了此观点。王绵厚先生在《高句丽古城研究》一书中，则结合史料从古今交通地理的角度对此进一步论证。关于乌骨城一名的由来，有的学者认为乌骨城可能因傍乌骨江而得名，乌骨江即今叆河。[②] 有的学者则认为山城因山色而得名，"乌者黑也，凤凰山山石多呈黑色，加之遍山青松，更显重了黑的浓度，山又有大地骨骼之说，故名乌骨山。城在山中，曰乌骨城；江在近处，曰乌骨江，皆因山而起名"。

泊汋城，在虎山山城被发现以前，学术界曾有过三种推断：一说在汉西安平县故地；一说在丹东九连城；一说在宽甸大蒲石河口。[③] 20世纪初，虎山山城被发现后，任鸿魁[④]和冯永谦[⑤]先生分别撰文对泊汋城的地理位置予以考证，均认为虎山山城即高句丽的泊汋城。该观点目前已被学术界所广泛认同。此外，冯永谦先生还通过考证认为丹东娘娘城山城即高句丽时期的"大行城"。王绵厚先生则在《高句丽古城研究》一书中，结合史料与地理方位的判断，认为高台堡山城即高句丽时期的"安地城"。虽然这两种观点还没有形成定论，但是为学术界进一步关于高句丽大行城与安地城的考证奠定了一定的基础。

八　鞍山地区的高句丽山城

（一）鞍山地区高句丽山城的地理分布

鞍山市位于辽宁省中部、辽东半岛北部，西连盘锦市，东接丹东市，

① 冯永谦：《高句丽城址辑要》，《北方史地研究》，中州古籍出版社1994年版。
② 谭其骧：《〈中国历史地图集〉释文汇编·东北卷》，中央民族学院出版社1988年版。
③ 任鸿魁：《泊汋城方位考述》，《辽海文物学刊》1994年第2期。
④ 同上。
⑤ 冯永谦：《高句丽泊汋城的发现与考证》，《北方史地研究》，中州古籍出版社1994年版。

南邻营口市和大连市，北界辽阳市与本溪市，是辽宁中部城市群与辽东半岛的重要连接带。鞍山现辖6个主城区（铁东、铁西、立山、千山、鞍山高新区、达道湾），1个县级市（海城市）和2个县（台安县、岫岩满族自治县）。

鞍山地势以千山为界，东南部较高，西北部较低。东南部属于千山山脉延伸部分的山区，海拔300—600米。岫岩县与丹东市交界处的帽盔山海拔1141米，是境内最高峰，海城一棵树岭次之。中部为千山山脉向西部冲积平原过渡地带，属低山坡岗丘陵区，一般海拔100—200米。西部系辽河、浑河、太子河冲积平原，一般海拔5—20米。目前，鞍山市境内发现高句丽山城共计21座，主要集中分布于鞍山东南部山区的岫岩县境内，有20座之多，另外1座位于西部的海城市境内。

鞍山市境内河流众多，大小河流40余条。其中，较大的河流有辽河、浑河、太子河、大洋河、哨子河。前3条为过境河，后两条均发源于岫岩满族自治县境内。辽河是流经鞍山市境内的最大河流。该河从台安县西佛镇达连泡入境，由新华农场的沟哨子镇出境。浑河源于辽宁省抚顺市清原满族自治县的滚马岭，流经抚顺、辽中、辽阳等市、县，于台安县黄沙坨镇朝阳堡村入境，向西南方向流至海城市西四镇三岔河汇入太子河。该河系海城市与台安县的界河。

太子河经辽阳县唐马寨入海城市高坨子镇境内，由东北向西南流至西四镇与浑河汇合，经鞍山市海城三岔河入辽河，由营口入渤海辽东湾。该河是海城市西部平原的大型河流，境内河段长34.7千米，流域面积为3009.8平方千米。源于海城境内的海城河、五道河、三通河以及源于鞍山市区的沙河、南沙河、杨柳河、运粮河均汇入太子河。海城市境内的英城子山城地近太子河支流的海城河上游。因太子河为注入渤海的外流河，所以英城子山城属于太子河下游防御辽东湾方向的重要城池，其主要作用在于通过扼守太子河下游，进而阻止辽东湾方向之敌沿太子河直抵辽东城。

大洋河发源于岫岩县偏岭镇一棵树岭南麓，由西北向东南流，沿途接纳境内的偏岭河、哈达河、汤池河、雅河、牤牛河等，经马岭村王家沟东山头出境，至丹东东港市入黄海。境内流长180.2千米，流域面积1968.4平方千米。岫岩县境内的杨家堡镇娘娘城村的娘娘城山城、前营子镇新屯村的马圈山山城、前营子镇新屯村的老城山山城、岫岩县哈达碑镇高丽城山城、红旗营乡的二道岭山城和洋河镇的老城山山城均位于大洋河流域。其中，娘娘城山城的规模为6座山城之首，地理位置居于6座山城之中心，其他5座山城则规模相对较小，并呈环抱之势分布于娘娘城的四周。由此推断，娘娘城山城应当是据守大洋河上游的军事重镇，其他5座山城地位则次之，尤其是洋河镇老城山山城应当属于娘娘城山城防御大洋河下游的前哨性堡垒，而另外4座山城在负责拱卫娘娘城的同时，兼顾对雅河、汤池河、牤牛河等大洋河支流的防御。此外，于大洋河入海口溯河而上，可经今丹东东港市进入鞍山岫岩县境内，继续沿大洋河上游向西北，溯偏岭河而上，则可进入海城平原并到达辽阳市，这是一条沟通辽东半岛南北的古今交通要道之一。娘娘城等6座山城当属于控制这一孔道的重要山城群。此外，岫岩县龙潭镇的山城屯山城虽然位于英那河上游，但同时地近大洋河的支流，因此也应属于娘娘城山城的外围防御山城之一。

哨子河系发源于岫岩县境内另一主干河流。正源在三家子镇华山村北黑背区岔口侧源在华山村西北胡家岭。两源在王家东山汇合称哨子河，自北向南流，至哨子河乡与大洋河汇合，是大洋河的重要支流。境内河流长171.85千米，流域面积2155.03平方千米。其支流有渭水河、石庙子河、青河、古洞河等河流。哨子河沿途分布的高句丽山城较多，共计13座，由北向南分别为三家子镇的古城村山城、韭菜沟乡的土城山山城、汤沟镇的清凉山山城、黄花甸子镇的松树沟山城、黄花甸子镇的老城沟山城、黄花甸镇的南沟山山城、黄花甸镇的闹沟门山城、黄花甸子镇的石门沟山城、朝阳乡的高丽城山山城、朝阳乡的小茨山山城、大营子镇的刘家堡山城、大营子镇的石城山城和大营子镇的高力城子山山城。从哨子河流域的山城分布状况不难看出，其中、上游的黄花甸子镇和朝阳乡地区山城分布最为密集，其山城规模也相对较大。高句丽之所以沿哨子河流域修建如此众多的山城，其主要目的应当是重点防御自黄海的来犯之敌，阻止其通过大洋河进入哨子河而进逼辽东腹地。

表5-4　　鞍山地区高句丽山城统计表

序号	山城名称	周长	地近河流	现所属行政区划
1	英城子山城	2400余米	海城河	海城市

续表

序号	山城名称	周长	地近河流	现所属行政区划
2	娘娘城山城	3000余米	大洋河	岫岩满族自治县
3	马圈山山城	1300米左右		
4	前营子镇老城山山城	1500米左右		
5	哈达碑镇高丽城山城	1500米左右		
6	二道岭山城	1000米左右		
7	洋河镇老城山山城	450米左右		
8	土城山山城	2000米左右	哨子河	
9	松树沟山城	2000米左右		
10	清凉山山城	2000米左右		
11	老城沟山城	2000米左右		
12	南沟山山城	1500米左右		
13	朝阳乡高丽城山山城	1500米左右		
14	古城村山城	300米左右		
15	闹沟门山城	100米左右		
16	小茨山山城	100米左右		
17	刘家堡山城	800米左右		
18	石城山城	100米左右		
19	大营子镇高力城子山山城	不详		
20	石门沟山城	不详		
21	山城屯山城	300米左右	英那河	

在此，我们不妨再比对一下丹东地区高句丽山城的分布状况便会发现，辽东半岛北部地区的高句丽山城分布最为密集的地区即大洋河流域、哨子河流域和叆河流域，这三大流域大致位于同一纬度范围之内。众所周知，高句丽于5世纪初期占据辽东地区，所以辽东半岛地区的高句丽山城应当建筑于5世纪以后。427年，高句丽迁都朝鲜半岛的平壤城之后，其统治中心随之迁移至朝鲜半岛，从而导致与朝鲜半岛一江之隔的辽东半岛北部地区，便成为朝鲜半岛西部外围的缓冲地带。而上述三大流域附近的高句丽山城正是在这一缓冲地带上所构筑的三道严密防线。

（二）鞍山地区高句丽山城遗址的基本状况

1. 娘娘城山城

娘娘城山城位于岫岩县杨家堡镇娘娘城村后山的山顶上，因山城北部山脚下有清道光十九年（1893）兴建的一座娘娘庙（原名凌云寺），所以当地群众习惯称之娘娘城。此山因山石泛青色，故又有青石关之称。娘娘城山城西、南、北三面负山，东北面向大洋河。娘娘城地处交通要冲之地，其西北距岫岩16千米，西南距杨家堡镇4千米，东南距冰岭镇14千米。山城西侧和南侧的山脚下分别有公路通往岫岩县与冰岭镇。山城正东2千米处横亘一条南北绵延数千米的山岭，山岭向南北延伸并逐渐变低，呈半抱娘娘城山城之势，构筑了防御山城东、南、北三面的一道天然屏障。

娘娘城山城所依托的后山是一独立的高山，此山呈“簸箕形”，西、北两侧山梁较高，南面略低，东面为山口，地势最低。山城分内外二城，内城周长2835米，山城城垣依山脊而筑，城墙高矮不一，城垣材料主要以人工修凿的青石筑成，外侧墙面石料多为长0.5米、宽0.3米、厚0.2米的楔形石，墙体内用楔形石插接和碎石填实。墙基平均宽5米，存高3—5米，顶宽约3米。设有东、南、西、北、西南五个城门。其中以东部谷口为正门，南偏东35度，东门宽约2.6米，进深8.5米，其南侧墙高约8米。东门两侧门基由大长条石砌筑，十分工整，至今保存较好。东门北侧城墙倒塌严重，南北长约50米，顶宽约2米，此道城墙是分隔内外城的主要标志，墙外为一山谷，山谷内树木十分茂盛。东门城墙距谷底目测约15米。

从东门进入内城，进门的右手边有一面积约150平方米的耕地，其余地方则被高耸茂密的树木遮蔽得严严实实。内城南、北、西三面环山，东西狭长，西高东低。内城中部有一条山泉形成的溪流穿过隐没的草丛流出城外。

外城的东南面山势较高，但坡势较缓，上面筑有城墙。城墙为干打垒式砌筑，残高约2米。墙体外侧为楔形石的小头裸露在外，据说是因为1958年修水库到山上取石砌坝和当地百姓拆取城墙石修建学校、商铺所致。该侧山脊的尽头为外城的东南角，上面修有一“马面”。“马面”高8米左右，最宽处6米，最外侧倒塌严重，残宽仅1米左右，“马面”进深约5米。据相关材料介绍，娘娘城山城还有蓄水池、瞭望台、积石墓等遗址，并曾出土较多的红陶绳纹瓦当、莲花纹瓦当和陶罐、铁环、铁车辖和铁镞等。

该山城于1962年被列为安东市市级文物保护单位；1985年被列为丹东市市级文物保护单位；1988年娘娘城被认定为辽宁省省级文物保护单位。

2. 英城子山城

英城子山城又称“营城子山城”，村民俗称“高丽城”，位于海城市八里镇英城子村东面的山上。地理坐标北纬40°46′39″，东经122°41′24″。平均海拔160米。西距海城市区约7.5千米，东南至析木城乡12.5千米，东至牌楼乡5千米。城北临海城河支流炒铁河。炒铁河由东南流向西北注入海城河，海城河西北流注入太子河下游。炒铁河距山城最近处约有350米。

英城子山城坐东面西，其东、北、南三面地势较高，西面较低，形成中间低洼的小沟谷，整体呈不规则的长方形，周长约2472米。山城东、北、南三面的城墙依山势用土夯筑于山脊顶部。有的部分利用山脊的陡坡，不再另建城墙。因年代久远，大部分城墙表面被风雨剥蚀严重，上面已经长满植被，但人工夯筑的痕迹仍十分明显。

环绕城墙共辟有东、西二门，相去约1千米，两门均有内凹式瓮门痕迹。西门既为该城正门，也是城内山水外流的主要水门。西门外壁基部原有石砌墙面，石块多被拆除散布内外，石块一般为方楔形或梯形，规格大体为30×20×50厘米、40×25×60厘米，其外侧原存夯土层高约20米，外包石墙，高约1.6米。目前，已经看不到外包石墙，残存夯土层高仅有5米左右。据说，山城东门址亦有大石条铺筑，但已被当地村民拆毁。连接山城西门的西部城墙长488米，由于地势较低，大部分为人工夯筑而成。

山城北部城墙长693米。城墙西北角至中部长368米，基底宽约4米，顶宽1米；从城墙中部至东北角的瞭望台，长318米。基底宽2—4米，高3米、顶宽1米，此段城墙是该山城保存比较完整的一段，城墙外侧坡度陡峭，海拔130—170米。

东部城墙，长302米。此段城墙辟有东门，门两端现存间距7米。其中，从东门至东北角的瞭望台，长约223米；从东门至南部城墙与东部城墙的结合部，长约79米，人工夯筑城墙高3.3—5米。城墙表面宽1.5米左右，基底宽约5.5米。墙外侧坡度陡峭，海拔160—170米。

南部城墙，长约980米，城墙高1—5米，基底宽约5.5米，顶宽约1米。保存不如北、东部城墙完整。城墙高度起伏较大，最高处人工夯筑达5米，最低处为1米。城外侧坡度较陡，海拔为60—150米。城内侧比较平缓。据相关材料记载，1994年4月调查时还可见一段长约200米的马道。现已被村民开垦为果园的一部分。

东门南侧距城墙约30米处有一高台，高于东部城墙2.65米。高台顶部为一平面，土质为云母岩风化土，夯土密度较小。当地村民称之为点将台。高台外侧基地长约40米。现高台顶部已被人工修成南北向梯田。

据有关资料介绍，该城内共有石筑圆形水池3处。一在西门内左侧；一在城内中央水沟侧，原为石筑，深约3米、直径20余米，现尚存圆形土坑一个；另一处石筑水井，位于城内西门里左侧民宅前，现遗有圆坑井口大小。城内还曾出有多种红色绳纹和方格纹板瓦片、灰陶片以及圆形雷石、柱础等遗物。陶罐分双耳和无耳两种。砖为灰绳纹，宽22厘米、长33厘米、厚5厘米，同时出土有“开元通宝”钱和金环片等饰物。辽代出土文物则以灰色滴水和条纹砖及铁农具、白瓷片、佛像等为代表。

1964年5月，英城子山城被鞍山市人民政府列为市级重点文物保护单位，2007年被列入辽宁省省级文物保护单位。

3. 土城山山城

土城山山城位于岫岩县韭菜沟乡永泉村东南土城山顶端，此山因古城而得名。韭菜沟镇所在地隔哨子河与山城遥遥相望，山城地处哨子河上游左岸，东南距黄花甸镇老城沟山城仅6千米。沿哨子河向北翻过千山山脉便进入辽阳、本溪地区（今有公路相通）。

山城周长近2000米。城墙系用石块沿山脊砌筑而成，城门辟在东南谷口之处。山城内有山泉井，城内高处砌筑有瞭望台。城内曾出土陶片、瓦片、瓷器残片、石臼、铜勺、铜钱、箭镞等遗物。此城原为高句丽始建，后曾被辽、金沿用。

4. 松树沟山城

松树沟山城位于岫岩县黄花甸子镇关门山村小河西屯松树沟的山上。山城地处古洞河与哨子河交汇处，古洞河与哨子河将山城的南、北、东三面环抱起来，形成了一面靠山、三面环水的险要地理形势。山城城墙沿山脊而筑，呈不规则方形，周长约 2000 米。① 山城西高东低，东侧谷口是山城的主城门。山城南、北城墙沿山脊走向在此交汇。门北侧有用楔形石砌筑的排水涵洞，洞高 1 米，宽 1 米。东城门外为平缓的山坡，山坡下为哨子河上游自西北向东南流经，至河边不远处仍筑有一道城墙，城墙沿河流呈南北走向，墙基亦是楔形石垒砌，存高 1—1.5 米不等，当是山城附属的城外防御体系。自东城门北端起为东墙北段，长约 300 米。现存墙基宽窄不一，宽处达 12 米，窄处为 4 米。在东墙外 50 米的山梁上还筑有一道城墙，非常规则平整，现存长 10 米左右，高 1—1.5 米，是东墙外的一道外沿防线。

北城墙外山势较缓，长约 500 米，现存墙基宽 12 米，窄处 5 米，残高 3 米。在城墙内山脊上修筑了东西排列的 3 个瞭望台，最东面的一个台址上布满红色板瓦，瓦的阳面饰凸起的菱形纹。另外两个台址亦有类似遗物，但不如第一台址分布密集。距第一台址沿城墙向西约 100 米处有一隆起的山峰，呈东西走向，比城墙高出约 15 米，是一道天然的屏障。

北城墙和西城墙交汇处近 90 度直角，并折而向西南方向延伸。西城墙的北段有 52 米长的女墙，现存高 1 米，底宽 1.5 米，顶宽 1.3 米。西南 185 米处有一宽 15 米的低矮豁口，当为西门遗址，并与东门相对。自豁口处向南利用山险作为屏障，此段山势陡峭难以攀登。西墙全长约 400 米。

南城墙外山势陡峭，古洞河在山脚下经过，该段城墙修随山势起伏而修筑，中部一段无人工修筑痕迹，而是利用自然山脊与城墙衔接，往东沿山脊自然形成起伏跌宕形势。

该山城内遗址比较丰富，城内南面存有马道，山城内南沟里有古井一眼，城内山脊的坡地有大面积的居住址，地表散布大量的红色板瓦和筒瓦的碎片。另外，山城还曾出土铁刀、铁矛、铁镞、铁车辖、铁铧、铁铲、三足铁釜等遗物。

5. 清凉山山城

清凉山山城位于岫岩县汤沟镇清凉山村清凉山上。山城平面呈“簸箕形”，地势南高北低，周长约 2000 米，山城在北面谷口处设有一门。

---

① 冯永谦《高句丽城址辑要》记载约 1740 米，《丹东地区高句丽山城及其墓葬考察纪要》则记载为 2000 余米。

山城东、西、南三面，皆以山脊悬崖为天然屏障，外面为悬崖峭壁，形势十分险要，因此上面没有修筑墙墙，里面则是较为平缓开阔的坡地。北面山脊略为平坦，地势较低，城墙采用不规则的自然石块砌筑。山城谷口目前残存城墙长约 200 米，存高约 6 米。

6. 老城沟山城

老城沟山城位于岫岩县黄花甸子镇老鹳窝村下河南屯老城沟附近的山顶上，西临哨子河。山城平面近似“簸箕形”，周长 2 千余米。城内北部较高，东、南面为缓山坡。山城西部的谷口为西门，亦是山城的水门。城墙由西门沿两侧沿山坡砌筑南北两道城墙。

南墙随地势逐渐升高，长约 150 米，至山顶折而向东蜿蜒伸展。南城墙中段存留墙体高 0.5 米，底宽 2 米，顶宽 1—1.5 米。

东城墙南端有一段城墙保存较好，其结构为土石相间，现存一条土脊高 0.5 米，宽 0.5—1 米不等，残留石块包砌内夯土填心。东城墙的北部保留一段石块砌筑整齐的墙体，存高 1 米，顶宽 1.5 米。

东城墙与北城墙的交接处，有一石砌小城，呈不规则长方形，东西长 30 米，南北宽 5—10 米不等，存高 2 米，顶宽 1—1.5 米。小城建在制高点上，居高临下，极目远眺可视东、北、南三方。有专家推测其用途可能与防御瞭望有关。

北城墙沿山脊自然走向，墙体系不规则石块、石条砌筑，存高 0.5—1 米不等，北城墙外山势陡峻，易守难攻。山城内南部靠近南城墙的山坡上有积石墓群遗址。山城内曾发现石臼、夹砂红陶片和泥质灰陶片等遗物。

7. 南沟山城

南沟山城位于岫岩县黄花甸镇陈家堡村南沟屯附近的山顶上。地处哨子河上游左岸。负山面河，地势险要。山城周长约 1500 千米。山城多以陡峭的自然山梁为屏障，仅在谷口处用石块砌筑城墙，长约 500 米，基宽约 6 米，存高约 3 米。当地村民俗称为“拦马墙”。山城内曾发现石臼、陶片等遗物。

8. 朝阳乡高丽城山山城

朝阳乡高丽城山山城位于岫岩县朝阳乡大岭村砬子沟高丽城山上。高丽城山海拔为 641 米，山因城而得名。高丽城山山城西北距王泡沟 1500 米，西北距石棚 2700 米，东北距石人沟 1500 米，南距大岭村及哨子河支流约 1000 米。山城规模较小，周长约 1500 米，城垣依山脊走势用石块砌筑而成。山城内有山泉水常年流出。

9. 马圈山山城

马圈山山城位于岫岩县前营子镇新屯村东北马圈子山上。山城依山而筑，坐北朝南，北高南低，平面近椭圆形，周长1314米。墙为自然石块砌筑。墙宽5米，存高3米。城门辟在难免谷口处。城门处城墙宽8米，存高2.5米。城内曾发现有夹砂红陶、夹砂灰陶、泥质灰陶残片与瓦片等。山城比邻大洋河上游之雅河，南距前营子镇新屯村老城山山城约3500米。

10. 前营子镇老城山山城

老城山山城位于岫岩县前营子镇新屯村城山沟屯南侧的老城山顶端。此地属岫岩县西南部，大洋河上游支流雅河右岸。

山城城垣依山脊走势而筑，平面呈不规则形，周长近1500米，城墙用石块砌筑。谷口处辟有城门，山城内有山泉井和蓄水池。城内发现有高句丽的绳纹红瓦及网格纹瓦残片。

11. 哈达碑镇高丽城山山城

哈达碑镇高丽城山山城位于岫岩县哈达碑镇西南30千米处大洋河上游之汤池河中游左岸的山岭之上。此高丽城山地属石灰窑镇与哈达碑镇的交界处，东距西坎村、泉眼村2000米。

山城城垣依山脊走势而筑，均为石块砌成，周长近1500米，谷口处辟有城门，同时筑有泄山洪的洞口。城门下有拦马墙，城内最高处为人工修整的平台，平台之侧有泉眼及人工修凿的泉井。

12. 二道岭山城

二道岭山城位于岫岩县红旗营乡三道干沟村二道岭屯北1000米山岗上，① 地处丘陵地带，其东紧邻哨子河，其西濒临大洋河上游支流牤牛河。山城城墙石筑，平面呈环形，山城西部设有一门，全城周长约1000米，属于高句丽时期的小型山城。

13. 古城村山城

古城村山城位于岫岩市三家子镇古城村附近的山顶上。古城村曾名王家堡子屯。山城地处哨子河上游支流，周围群山环抱，道路崎岖，地

① 陈大为：《辽宁高句丽山城再探》，《北方文物》1995年第3期，将“三道干沟村”笔误为“二道干沟村”。

势险峻。古城村山城就属于小型堡垒性质山城。城址规模较小，周长约300米，城垣为石块砌筑，城内有泉眼。

14. 闹沟门山城

闹沟门山城位于岫岩市黄花甸镇关门山村闹沟门山的山顶上。此处正是哨子河与古洞河的汇合口处，由于哨子河纳古洞河之后水势大增，沿岸形成了青河口、黄花甸、关门山三处冲积性小平原，土质极其肥沃。

山城面积较小，约在600平方米，周长约100米。四周用方块石砌成较矮的石墙。遗物很少，山城内有泉井一口。其西南距关门山村小河西屯松树沟山城约5000米。

15. 小茨山山城

小茨山山城位于岫岩市朝阳乡沟门村小茨山顶端。地处哨子河畔，北与黄花甸子镇关门山村闹沟门山山城隔哨子河遥遥相对，相距约6500米；西距关门山村小河西屯松树沟山城约7000米。山城西侧面向哨子河及哨子河冲积平原，其北、南、东三面环山。山城面积与闹沟门山城基本相当，在600平方米之间，周长约100米。山城城墙为方块石砌成，高不过2米。

16. 刘家堡山城

刘家堡山城位于鞍山市岫岩县大营子镇横山村、刘家堡村北的高山上。山城地近渭水河流域。渭水河于大碾子沟附近注入哨子河，并最终通过哨子河注入大洋河入黄海。因此，该山城也可以归属于哨子河或大洋河流域的山城。山城城墙为石筑，周长816米，城南谷口处设有一门。

17. 石城山城

石城山城位于鞍山市岫岩县大营子镇星星石村石城屯附近的山顶上。因山城均用石块石板砌成，故名石城。山城地处哨子河与渭水河交汇口的西南方。山城规模较小，面积为540平方米，周长近100米。

18. 山城屯山城

山城屯山城位于鞍山市岫岩县龙潭镇大房子村南山城屯附近的山顶上，地处大洋河上游及英那河上游的分水岭。此山城北距前营子镇新屯村老城山山城约2000米。山城规模较小，周长约300米，为石块砌筑而成，城垣沿山脊走势而筑。城门辟在山谷口处，山城内有泉水井。

19. 洋河镇老城山山城

洋河镇老城山山城位于鞍山市岫岩县洋河镇瓦房店村杨家炉屯西南

3000 米山上。山城濒临大洋河，其东面为罗圈背水库，岫岩至丹东东港市的公路在其南面通过。山城城墙为石筑，周长约 450 米。山城三面环山，北为谷口，谷口处为山城城门。

20. 大营子镇高力城子山山城

大营子镇高力城子山山城位于鞍山市岫岩县大营子镇立新村南的高力城子山上。山城地近渭水河流域。城依山势修筑，平面呈不近似椭圆形，城墙保存状况较好。

21. 石门沟山城

石门沟山城位于鞍山市岫岩县黄花甸子镇关门山村石门沟上。山城地处哨子河上游，岫岩至辽阳、岫岩至凤城市的公路均在其附近经过，是控扼水路交通的要冲之地。山城依山势修筑，四周山脊陡绝，为山城天然屏障，不筑石墙，仅在谷口处筑墙。此城墙筑在距谷口 1000 米外，用自然石块砌筑双道城墙，两墙间距 3 米。

（三）鞍山地区高句丽山城研究综述

鞍山境内是辽东半岛地区高句丽山城分布最为密集的地区，同时也是辽东半岛小型山城遗址保存最多的地区。但是由于该地区山城的规模普遍偏小，并缺少考古发掘工作的跟进，以及相关历史文献记载的匮乏，因此其中很多山城的研究尚处于遗址调查阶段，即研究成果以山城遗址保存状况的记述为主。《高句丽渤海古城址研究汇编》① 和《高句丽城址辑要》② 为此类成果的代表，两者共辑录的鞍山地区的高句丽山城有 18 座之多，近乎囊括了鞍山境内现存高句丽山城遗址的全部。此外，如《辽宁省志·文物志》③《高句丽古城研究》④《关东文化大辞典》⑤《岫岩境内五座高句丽山城调查简报》⑥《丹东市区的高句丽山城》⑦《丹东地区高句丽山城及其墓葬考察纪要》⑧ 等成果也涉及相关研究，并在城址的概

① 王禹浪、王宏北：《高句丽渤海古城址研究汇编》，哈尔滨出版社 1994 年版。

② 冯永谦：《高句丽城址辑要》，《北方史地研究》，中州古籍出版社 1994 年版。

③ 辽宁省地方志编纂委员会办公室：《辽宁省志·文物志》，辽宁人民出版社 2001 年版。

④ 王绵厚：《高句丽古城研究》，文物出版社 2002 年版。

⑤ 李治亭：《关东文化大辞典》，辽宁教育出版社 1993 年版。

⑥ 杨永芳、杨光：《岫岩境内五座高句丽山城调查简报》，《辽海文物学刊》1994 年第 2 期。

⑦ 王连春：《丹东市区的高句丽山城》，《高句丽渤海研究集成》第三卷，哈尔滨出版社 1994 年版。

⑧ 崔双来：《丹东地区高句丽山城及其墓葬考察纪要》，《高句丽渤海研究集成》第三卷，哈尔滨出版社 1994 年版。

况和个别数据方面有所订正和补充，但就其辑录鞍山地区山城的对象和数量而言，均未超过《汇编》与《辑要》的范畴。上述成果所未涉及的另外3座鞍山地区的高句丽山城分别是二道岭山城、洋河镇老城山山城和刘家堡山城，有关这3座山城的介绍，目前仅见于《辽宁高句丽山城再探》[①] 一文中。

此外，就山城所受的关注程度而言，海城市英城子山城和岫岩县杨家堡镇娘娘城山城两座山城堪为学术界有关鞍山地区高句丽山城研究中的重点。特别是学界对高句丽安市城的推断，使海城市英城子山城一度成为高句丽历史地理研究中的热点问题之一。

早在20世纪20年代，日本学者岛田好便对英城子山城做过实地调查，并首次提出海城英城子山城应为高句丽安市城的观点。在此之后，金毓黻先生在《东北通史》卷四中专列安市城考，并通过对历史文献方面的分析，进一步佐证了岛田氏的观点。这一学术观点影响十分深远，在很长一段时间里基本成为学界有关安市城地望考证的定论，直到20世纪八九十年代，许多成果中仍沿袭这一观点。而在此期间，由于受这一观点的影响，也引发学界对海城英城子山城的浓厚兴趣和普遍关注。许多从事高句丽历史研究的专家学者相继对该城进行实地考察，并对该城的地理位置、地理环境、山城结构等基本状况予以介绍。其中以《海城英城子高句丽山城调查记》[②] 一文在此方面的记述最为翔实。直至21世纪初期，学术界才提出有关安市城地望的不同见解，进而促使学界对岛田氏观点的重新审视。

岫岩县杨家堡镇娘娘城山城则由于历史传说和文人墨客的足迹，使之成为今鞍山地区的一处具有传奇色彩和文化底蕴的历史遗迹。[③] 同时，

---

① 陈大为：《辽宁高句丽山城再探》，《北方文物》1995年第3期。

② 富品营、吴洪宽：《海城英城子高句丽山城调查记》，《辽海文物学刊》1994年第2期。

③ 相传当年该城为高句丽宰相盖苏文之妹盖苏贞所建。盖苏贞曾在烽火台上点燃狼烟以试其兄是否能够发兵救援，而盖苏文见报警便派援兵，结果是一场虚惊。时隔不久，唐太宗发兵攻城，盖苏贞急忙燃起狼烟，盖苏文认为还是妹妹试探自己，便按兵不动，盖苏贞孤军奋战唐兵，寡不敌众，被斩首而死。兵丁们将其身首葬于城内南隅，后人称娘娘坟。相传清代道光年间在此建一座庙，原称凌云寺，庙内塑盖苏贞像，又称娘娘庙，此后山城因此得名娘娘城。再据《岫岩县志·艺文志》记载，清道光时辽东才子多隆阿，曾写下《游娘娘城》一诗："我来寻古迹，山头见古城。古碑字隐灭，古墙石纵横。野老谈往事，荒地辟榛荆。山坳环石垒，当年空驻兵。土阶杂瓦砾，疑是将台倾。折戟黄沙没，荒烟白草平。古人重扼险，地势宜先明。兴废无定局，今昔感慨生。一一临其境，止止复前行。狂风撼大树，似闻战鼓声。"

因为娘娘城山城规模较大、城址保存状况相对较好，因而所获的关注度颇高。尤其在对其城址概况记述的翔实方面和研究成果的数量方面均仅次于海城英城子山城。

除了上述两座山城之外，鞍山地区还有一座高句丽山城应当引起学术界的重视。这座山城就是位于岫岩县黄花甸子镇关门山村的松树沟山城。据冯永谦先生在《东北历史地理》第二卷中的考证，该山城为高句丽时期的“银城”。由于“银城”难得的在文献中占有“一席之地”，因此“银城”应当是高句丽时期的一个比较重要的山城。松树沟山城地处哨子河上游，周边分布大大小小山城有8座之多。如果其“银城”一说成立，松树沟山城就很可能是高句丽时期哨子河上游的核心城池。然而，松树沟山城是否便是“银城”，从冯永谦先生的考证来看，论据不是十分充足，推断的成分较大，然而仍不失为一种重要的参考和研究方向。因此，高句丽“银城”的考证，也是辽东半岛地区高句丽历史地理研究的重要课题之一，亟待进一步研究和论证。

第四节　高句丽千里长城

一　北部长城

在高句丽“五部”政权形成时期，高句丽东邻沃沮，当时沃沮分为东沃沮和北沃沮，东沃沮在“纥升骨城”和“国内城”之东，即今朝鲜咸镜南道的咸兴一带，北沃沮在东沃沮之北，即今延吉、珲春一带。高句丽政权形成初期向其东北方向拓境，伐北沃沮，取其为城邑，显然高句丽承继了北沃沮之城邑。在延吉和珲春一带不仅发现有高句丽山城和平地城，还发现有“高句丽长城”即长白山东北麓的吉林省延吉市境及图们江、珲春河流域的高句丽长城。这段长城“从西自和龙县八家子镇开始，经西城、龙门，再经龙井市的细鳞河、桃源、铜佛、朝阳、八道，到达延吉市北部烟集乡，继续向东延伸到图们市长安镇磨盘山对面鸡林北山，总长100多公里”。考古学界把这段长城称为高句丽北部长城，以与高句丽西部长城相区别。考古发现在这段长城的北部鲜有高句丽遗迹，证明其应为高句丽东北界的重要标志。对于这段长城的形成时期我们无从遽断，但根据高句丽向其东北部伐北沃沮，据史料记载确信无疑，据此推测高句丽为防御北沃沮的南犯，修筑了这段长城。

高句丽北部长城的最早修筑折射出高句丽以山城沿河谷要道分布的点式防御和以长城线式防御相结合的军事防御思想的最早形成。高句丽政权存续700多年，从军事防御上，其以分布的山城为防御重点，体现了始终坚持重点防御的军事思想。而修筑北部长城，或许是吸取中原长城防御的军事技术及军事防御思想，或许是抵御北沃沮及其北部肃慎民族系统的骑兵部队侵袭的有效方式，或许两者兼而有之，最早筑就了高句丽长城的形成。

二　西部长城

高句丽从中原王朝的两汉时期建立民族政权至南北朝时期之前，一直向西拓境，其占领辽东腹地以公元404年之后从后燕手中夺取辽东诸县为标志。高句丽从长寿王中经230年，在鸭绿江以西汉郡地区建筑完成其山城联防线，并在荣留王十四年（628）至宝藏王五年（646），为抵御唐军的进攻而修筑了辽东长城，从而在高句丽西部边境形成以山城联防线为主体，并与辽东长城相结合的军事长城防御工程体系。

1. 山城联防线

高句丽山城联防线集中在沿辽河平原东缘与辽东山地接壤的南北交通干线的东侧，以东部背依山岭，西部俯视平原为依托，形成南北纵向城轴，凭护以东部山地为中心的高句丽腹地，从而构成高句丽西界的呈东北西南走向长达千里的山城联防线。它东北起于吉林西丰城子山山城，西南至金州大黑山山城，是以大型山城为中心，辅以中型山城、小型山城、平原城而构成的山城组群。从东北至西南较大型山城有西丰张家堡山城、铁岭催阵堡山城、沈阳石台子山城、沈阳南塔山山城、辽阳灯塔石城山山城、辽阳城、海城英城子山城、营口海龙川山城、盖州青石岭山城、平郭城、盖州城子沟山城、瓦房店龙潭山山城、瓦房店岗崮山城、普兰店吴姑山城、金州大黑山山城等。高句丽为与千里山城联防线配合，在辽河两岸的交通要道或军事重镇，还修筑了若干主要用于巡戍的军事城堡“武厉逻”一类小城。这种城堡一般规模较小，实际上具有与山城联防线沿线的山城丰呼应的墩台或哨城性质。最著名的如《唐书》中的辽河中游“通定镇”武厉逻城，即今辽河西岸新民县高台山或公主屯后山遗迹等，除此以外辽河以西再无明确的高句丽古城遗迹。

2. 辽东长城

辽东长城是在高句丽荣留王十四年（631）至宝藏王五年（646）为抵御唐军的进攻而修筑的东北起自“夫余城”“西南至海”的千里土筑或石筑长城。

中原王朝终两汉至隋唐历史时期，中原处于魏晋南北朝的分治状态，东北地区各民族政权，特别是辽西和辽东地区的鲜卑和高句丽政权逐渐崛起，鲜卑族建立的前燕、前秦、北燕、后燕民族政权多次与高句丽发生争夺辽东腹地的战争，最终高句丽从后燕手中夺占了辽东腹地，并在与后来的北朝保持相对平衡、稳定的200多年里，逐渐完成以防御中原势力威胁为主的千里山城联防线大型筑城防御工程体系。待历史发展到隋唐时期，中原开始由长期分裂步入统一。隋朝在统一中原南北地区后，把统一目标开始指向辽东地区。为此隋朝曾四次征高句丽，但在高句丽依托山城进行顽强抵抗下，隋终以失败而告终，并加速了自己灭亡的进程，隋政权（581—618）仅仅持续30多年就垮台夭折，随后是唐朝建立，继续隋朝东征高句丽的战争。

唐朝建立之初，唐高祖李渊父子励精图治、国势日强。这时高句丽正值荣留王建武当国，国势衰微。建武对唐朝怀恐惧之心，采取拒守之策，决定在西部修筑长城，以拒唐军。据《旧唐书》记载：“贞观二年，破突厥颉利可汗，建武遣使奉贺，并上封域图。五年，诏遣广州都督府司马长孙师往收瘗隋时战亡骸骨，毁高丽所立京观。建武惧代其国，乃筑长城，东北向扶余城，西南至海，千有余里。”所谓“上封域图”，就是高句丽向唐朝归还版籍，承认自己所占领的地方是中国领土，不敢再据之以为化外。文中所记“京观”，是高句丽建于隋朝阵亡将士尸骨之旁表示自己胜利的纪念建筑物，这无疑是对中原王朝的示威。唐朝派长孙师毁其所立京观，就是反对高句丽这种示威行为，也是一种要对其惩治的信号。建武害怕是必然的，修筑辽东长城以据唐军。据《三国史记·高句丽本纪》记载：“荣留王十四年……春二月，王动众筑长城，东北自扶余城，西南至海千余里，凡十六年毕功。”

高句丽荣留王修筑的辽东长城呈东北—西南走向，东北走自“夫余城”（今吉林农安），中经怀德、梨树、开原、新民、沈阳、海城，西南到营口地区辽河入海口的渤海海湾东侧入海。对于起点的“夫余城”迄今主要有在吉林“农安说”、吉林市龙潭山山城说和辽宁东北西丰城子山山城说等。据考古推断，高句丽之夫余城为吉林柳河罗通山城，是夫余初居鹿山时之前期王城的卫城，而后期王城在今吉林农安，高句丽千里长城“东北自夫余城”的夫余城，“不是高句丽的夫余城，而是指今农安的夫余后期王城故城”。

据《奉天通志》卷七十四记载，怀德县边岗一带有古塞遗址，南逾东辽河与梨树县境内的老边岗相衔接，斜亘七十余里。《怀德县志》记：“此边在四区戥子街西南入境，至五区大青山南入长春界，斜亘境内七十余里。凡境内诸屯以边岗、小边名者均如此。”在怀德县境内，横跨秦家屯、双榆树、四道岗、育林等四乡，经平安堡、老城堡、榆树堡、东黄花甸子、陈家窝堡、边岗屯、八岔沟子西、梁家炉、姜德屯、边岗四队、幸福村后直入农安县境，全长 25 千米。边岗系夯筑而成，保存较好处，基宽约 6 米、顶宽约 3 米。高约 1 米。据当地老乡讲，1949 年前，边岗上面走大车，从农安可直到营口，是当时运输盐货的主要通道。根据老边岗、边岗、小边、土龙之类地名的分布，推断此边岗的走向是与史料记载的辽东长城的走向基本相符。

从军事地理上分析，这条长城北起松辽分山岭以西，筑于辽河左岸与山地和平原之间，并与诸高句丽山城相属连，是高句丽历史上在辽东修筑规模最大的土筑长城障塞。它的修筑完成，标志着高句丽在辽河流域军事防御体系的最后完成，也是高句丽灭国前，对辽东地区以山城为核心的综合军事防御体系的终结。据有关史料和考古调查分析，唐军两次进攻高句丽，均在这条长城修筑之后，但都未在战争过程中提到过这条长城，两次都是在渡过辽水之后便直接进攻高句丽边境城堡，未曾阻于长城，其作用主要用于阻拦唐军兵马，特别是迟滞骑兵部队的前进，与中原王朝修筑长城阻止北方游牧骑兵部队的军事功能相似，折射出高句丽在以筑城山城以卫御为主，同时又借鉴吸收中原筑城技术和筑城文化，从而在其西部边境形成了长线式大纵深、点线结合的军事筑城防御工程体系。

第五节　鸭绿江以北高句丽筑城防御体系

高句丽从东明圣王至好太王时期以前，不断向西、向东北方向拓境：

向西拓境应以浑江、太子河中上游为限；向东北部拓境至珲春一带，并形成了以国内城为中心的筑城防御体系。在这一时期，高句丽先后遭后汉时期的公孙康、曹魏时期的毋丘俭、两晋时期的慕容皝三次大规模进攻，使其西进受挫。到好太王及其子长寿王时期，高句丽以公元404年从后燕手中夺取辽东诸县为标志，向西占领辽东腹地，向北先破契丹，后破夫余六十城，进至松花江流域，并在高句丽迁都平壤之后，在其辽东西部边境和北部夫余故地建筑完成其以山城为主的筑城防御体系。这样在鸭绿江左岸逐渐形成了西部、北部、东北部分别防御中原、夫余、北沃沮势力的前沿筑城防御体系；在通往国内城的玄菟道和襄平道、鸭绿江水陆沿岸形成了主要控扼河谷通道纵深筑城防御体系；在辽东沿海一线形成了海岸山城防御体系；在以国内城周围形成了都城筑城防御体系。

一 前沿筑城防御体系

（一）西部前沿筑城防御体系

高句丽面对中原势力的强劲威胁，在高句丽晚期逐渐形成以辽东为堑，以辽东平原与辽东山地交汇地带的千里山城联防线为依托、以辽东长城为前沿障塞的长城与山城相结合、线式与纵深梯次布防的西部前沿筑城防御体系。在其前沿筑城防御体系中，辽阳城、沈阳石台子山城、金州卑沙城为三个要点性山城。隋唐征高句丽，一般都从水路和陆路两个方向突破前沿筑城防线。陆路沿辽西通道跨辽河首取辽东城或沈阳石台子山城，突破辽阳城可沿襄平道直取国内城；突破沈阳石台子山城，再取抚顺高尔山城可进入玄菟道，然后进至高句丽南北两道，逼近集安国内城。水陆则从山东半岛渡海到达辽东半岛南端，首取卑沙城，向北可达辽东城下，向东沿黄海沿岸可到达鸭绿江口。

（二）北部前沿筑城防御体系

高句丽在好太王时期，向北占据夫余故地，进至松花江流域。在吉林省吉林市松花江两岸考古发现龙潭山城及其附近卫城，都建筑在地理形势比较险要的水陆通衢之处，龙潭山城位于松花江右岸，处于辽东北部山地与平原接壤处的交通孔道上，附近的三道岭子山城、东团山山城两个卫城共同控扼松花江两岸，与龙潭山成犄角之势，这样既可控制陆上的来犯之敌，又可防御水面上进犯的敌船，防止夫余溯松花江南下。在蛟河上游发现拉法小粒子山城和六家子东山山城两座较大型山城，分布于蛟河两岸，控扼蛟河河谷要道，防止北夫余溯蛟河入松花江河谷，沿浑发河南下。

（三）东北部前沿筑城防御体系

东北部前沿筑城防御体系由吉林省延吉市境及图们江、珲春河流域的高句丽长城和山城组成。较大型山城考古发现有图们城子山山城和珲春萨其城。防御的主要对象是北沃沮及其北部肃慎民族系统的民族政权。

二 纵深防御体系

鸭绿江右岸的纵深防御体系分布在东北—西南走向的长白山脉两侧河谷交通要道上，长白山山脉为辽河水系和鸭绿江水系的分水岭，西麓有浑河、太子河等河系，东麓有浑河、富尔江、碧流河、大清河、叆河等河系。鸭绿江右岸的纵深山城沿这些通往集安国内城的河谷通道分布，古有玄菟道、襄平道、南北二道之说，更有溯鸭绿江北上国内城的水陆通道，高句丽以国内城为中心的纵深山城主要分布在这些河谷通道上。

高句丽南北二道的记载见于《资治通鉴》，是从高句丽都集安通向辽东的两条重要交通道，它是南北两列由西北至东南走向的一系列河谷直接或间接的串联。据有关资料考证，由集安抵桓仁的南北二道：一经麻线沟登板岔岭，而后顺新开河谷逶迤而进，是为南道；一逾老爷岭，沿苇沙河蜿蜒通达，称为北道。由集安分别沿南北二道抵桓仁后，再分南北：北道溯浑河至抚顺，称为玄菟道；南道溯太子河至辽阳，称作襄平道。

玄菟道的防御体系。玄菟道是辽东通往集安的最重要的交通枢纽。高尔山山城位于浑河的中上游的北岸，古今是由辽东和"玄菟"通向集安国内城的西陲重镇。在高句丽与前燕、北魏、隋唐的战争中，毌丘俭、慕容皝、唐将李勣均先取高尔山山城，再兵分两路进入南北二道。高尔山城的卫城，分布在浑河两岸，其河对面的马和寺山城与其相望，位于河北岸的南章党山城、城子沟山城、西山城，这些山城与高尔山山城共同形成犄角之势，控扼浑河沿岸的要冲。浑河上游的苏子河和英额河两大支流以铁背山为分水岭，将其通往国内城的交通通道分为"南北二道"。高尔山山城作为南北二道的总门户，在铁背山西端南北两翼分行，南道险狭，北道平阔，南道由浑河、苏子河、富尔江、浑江、新开河相衔接，北道由浑河、英额河、柳河、浑发河、浑江、苇沙河相交通。南道沿苏子河谷向东南，历新宾县上夹河、木奇、永陵、城郊、新宾城等乡镇，转南下富尔江河谷，历旺清门、响水河二乡及桓仁县东境，进入新开河谷，沿途有王龙山城、木底城、三古城子、转水湖山城、黑沟山城、霸王朝山城和望波岭关隘，形成了南道轴线防御体系。北道循英额河谷东行，历新宾县南杂木镇、清原县苍石、南口前、北三家、斗虎屯、南八家、清原县城等乡镇，再经英额门乡，折转东南进入甘井子、南山城二乡，南上溯柳河源头大北岔村，后东折小北岔村，抵吉林市向阳镇，续行辉发河上源附近红石粒子迤东，南下通化县，跨过浑江接苇沙河河谷，沿途分布有英额门山城、南山子山城、三合堡山城、大川哨卡、关马山城等，形成了北道轴线防御体系。

襄平道的防御体系。在襄平道上，沿太子河河谷分布有灯塔石城子山城、本溪窟窿山城、本溪边牛山城、本溪下堡山城、新宾太子城山城、新宾杉松山城，与桓仁五女山城相衔接。辽东城为襄平道防御体系的门户，5 世纪初高句丽占据襄平城，改为辽东城。辽东城东依太子河，西傍首山，是襄平道的首要重镇。隋唐征高句丽，都把辽东城作为首取重镇。隋炀帝第一次征高句丽，造浮桥渡辽水击败高句丽守军，乘胜进围辽东城，被阻于城下。隋炀帝第二次征高句丽，仍渡辽水，猛攻辽东城，由于洛阳叛军造反，炀帝放弃攻城，还师洛阳平叛。唐太宗亲征高句丽，水陆两军拔玄菟城、高尔山山城、青龙山城、卑沙城等前沿据点后，进围辽东城，唐太宗亲自督战，高句丽守军不能敌，辽东城遂克，遂后又攻取了白岩城，即灯塔县的石城山山城。可见，辽东城系为隋唐征辽东的首取军事重镇。

水路防御体系。水路从山东莱州泛海，一路渡海至辽东半岛，袭取卑沙城，沿黄海海岸，经普兰店、庄河、岫岩、凤城入丹东，袭取泊汋口；一路渡黄海至鸭绿江入海口，溯江至泊汋口。泊汋口是在国内城时代是屏卫鸭绿江水陆防线的总门户，平壤时代是扼鸭绿江至朝鲜义州通往平壤的大陆通道的重要关口。

在辽东半岛南端，沿复州河两岸分布的龙潭山城及其卫城和碧流河下游两岸地区分布的吴姑山城及其卫城与金州卑沙城形成三角防御体系，既控扼辽东至泊汋口的门户，又兼海防功能。唐太宗亲征高句丽，水陆由张亮率舟师渡海到达辽东半岛，袭取卑沙城，跃兵于鸭绿江上。唐第二次征高句丽，牛进达率楼船自莱州渡海至辽东，攻拔石城（庄河城山山城)，又进军积利城下（复县龙潭山城）。至此，唐军水陆渡海到辽东攻拔了辽东半岛的三角防御体系。

从碧流河沿黄海沿岸至泊汋口，沿途分布有碧流河防御体系、大洋河防御体系和叆河防御体系。碧流河源于盖州境内，逶迤至普兰店境内入海，海口沿岸与长山群岛相望，沿岸由西至东呈线式分布有普兰店吴姑山城、普兰店高力城山城、庄河城山山城、庄河旋城山山城，山城线式分布线以南，靠近黄海沿岸如今有旅大至丹东的黄海大道、旅大至庄河的铁路经过。显然这些山城兼有陆防与海防双重功能，陆防主要用于阻防旅大和长山群岛方向登陆的来犯之敌。一旦以吴姑山城为中心邑城的山城体系被突破，可向辽阳和鸭绿江口两个方向实施进攻。如今由庄河至盖州有一条公路途经碧流河左岸，在其上游曲弯处跨河而过，正在曲弯处的河流两侧分布有高力城山城、赤山山城、孙家窝堡山城，并形成犄角之势，显然是用于控扼这一交通孔道。

逶迤岫岩境内的大洋河和哨子河两岸地区，密集分布二十几座高句丽山城，显示出这里军事地位的重要性。岫岩位于辽东半岛腹地北部，大洋河上游。境内峰峦叠嶂、沟壑纵横、河流密布，大洋河、哨子河流经全境。在大洋河和哨子河两岸地区以娘娘山城为大型中心山城，其他如马圈子山城、古城子山城、老城沟山城、松树沟山城、清凉山山城等中小型山城沿河谷两侧呈密集分布。山城的分布密集程度要明显甚于碧流河和叆河，究其原因岫岩这一地区处于辽东腹地北部的中心枢纽位置。北至海城、本溪，南至庄河、大孤山，东至盖州，南至凤城，都有交通，如今有四通八达的公路相通相连，古时又是旅大和盖州两个方向达泊汋口的必经之地，战略地位至关重要。

叆河及其与鸭绿江交汇地域的防御体系，以凤凰山山城和虎山山城与叆河尖古城的军事地位最为突显。凤凰山山城（乌骨城）建于凤凰山与高丽山之间，位处辽东东南部的交通枢纽，东临叆河，如今沈丹铁路从东南通过，城周长 15955 米，是鸭绿江右岸现存规模最大的高句丽山城，也是高句丽统辖区南端著名的城隘。它西南接岫岩，东接鸭绿江水路，可达泊汋城（丹东虎山山城），直通鸭绿江中上游高句丽腹地，战略地位尤为重要。645 年，唐李世勣攻白岩城，“乌骨城遣兵为白岩声援”。648 年，唐薛万彻进兵围泊汋城，高句丽遣乌骨、安地诸城兵来援。668 年为唐军收复，继而摧毁了高句丽势力。由此可见，凤凰山山城是屏卫和应援泊汋口的重要山城，古时是辽东通往泊汋口的重要关隘，是叆河交通防御体系的重要山城。

“泊汋口”位于叆河河口，因“泊汋城”而得名。“泊汋城”即虎山山城，位于鸭绿江与叆河汇合三角地带的虎山上，东临鸭绿江西岸，南临叆河，东距鸭绿江口60多千米。虎山为紧临两江平地突兀而起的孤山，地势十分险要，文献记载“泊汋城”“因山设险，阻鸭绿水以为固”。可见，该城是控扼鸭绿江、叆河汇合口的重要屏障。城南不远为叆河尖平地城，与其形成了山城与平地城相结合的拱卫之势。因此有人把“泊汋城”称为虎山山城与叆河尖平地城的结合形式，《东北古代交通》中就这样推定“泊汋城”，也不无道理。

由上可见，叆河及其与鸭绿江交汇地带，以“乌骨城”与“泊汋城”为两大要点性山城，是屏卫鸭绿江下游防线的极其重要的隘城。由岫岩和沈阳两个方向而来的陆路敌军无不途经凤凰山山城至泊汋口；水路则由黄海至鸭绿江口，舟行百里至泊汋口。648年，唐薛万彻率楼船自莱州泛海入鸭绿江，进破泊汋城师还。

三　都城防御体系

公元前37年，朱蒙建都纥升骨城，公元3年，琉璃明王迁都国内城，国内城即成为高句丽王朝政治、经济、军事中心，历时425年。高句丽王朝为加强政权统治、适应向外扩张和抵抗内外侵略，其都城及其周围建立严密的筑城防御体系，包括都城及其外围防御体系。

都城本身主要采取平原城与山城相结合的防御格局。国内城作为其平原城，城池本身的构筑异常坚固，城垣皆用整石块砌筑，且有角楼、马面、护城河等防御设施，结构合理，守备森严。它构筑在鸭绿江中游通沟平原中部，“以山水深险，地宜五谷，又多麋鹿鱼鳖之产”“唯民利之无穷，又可免兵革之患”作为基本条件，城东6千米为龙山，西隔通沟河为七星山，北1千米为禹山，三山合抱南临鸭绿江。在向北约35千米即是老岭，由东北向西南横亘集安全境，这样由高山大川组成一道天然屏障，高句丽视此山为天然防线，从而使国内城战略位置配置上始终处于一种有利的战略地位。高句丽在建筑国内城的同时，“又筑尉那岩城”，即丸都山城，作为国内城的军事守备城。丸都山城位于国内城北2.5千米的高山上，凭借自然山峰的脊梁建筑城垣，外临陡峭崖壁，内抱开阔坡地，北高南低，状如簸箕。城垣采用方整石块砌筑，城门为内瓮式，城防设女墙中、望台、安放弩机的柱桐等，并有蓄水池、宫殿遗址。209年，山上王一度将其作为都城，从而形成了平原城与山城结合的防卫格局。

高句丽为加强国内城、丸都城外围防御，在通往都城的水陆通道上构筑城堡、关隘、哨卡等，形成严密的外围防御体系。高句丽“南北二道”是通往国内城的主要陆路通道。南道距丸都城17千米设有板岔岭哨卡，登板岔岭经过岘，沿双岔河上溯，距国内城约50千米，筑望波岭关隘，是横阻险窄峡谷的一道石筑城垣。过望波岭关隘，进入新开河谷，沿河谷上行，距国内城约97千米，筑霸王朝山城，城垣系石砌，有角楼、女墙、瓮门、柱桐等防御设施。这样，在南道上形成了由哨卡、关隘到山城的防御体系。

北道，沿通沟河谷上溯，东北距丸都山城3千米，筑有夹皮沟哨卡，哨卡设在夹皮沟门峡谷两边的山崖上，山崖陡峭，峡谷中间是湍流的通沟河，这里是沿通沟河谷通往丸都山城的必经之路。过夹皮沟哨卡，越老岭沿清河至关马山城。关马山城距国内城53千米，凭借西、东南、东北三面高山，石垒三道城墙，连接山崖，巧妙利用自然山势与人工修筑，形成一座三角形山城。从三道城墙的防御能力看，南城构筑简单，背向高句丽都城，是援军、辎重、粮草运入城中的通道。北墙构筑坚固，外有一道壕堑、一道垅堤，防御能力很强，反映了高句丽把主要防御力放置在北墙上。东墙筑于木锨头沟门，主要防御进攻军队从北墙受阻后，翻越山坡进入木掀头沟。过关马山城沿清河北行7.5千米是大川哨卡。哨卡坐落在山崖上，平面呈圆形，是关马山城的前哨。如遇小股敌人，可进行有效阻击，如遇大批军队，可抵挡一阵，同时驰报军情于关马山城。这样在北道形成了夹皮沟哨卡、关马山城、大川哨卡等组成的防御体系。

高句丽不仅注重对南北古道的防御，而且在都城北部、大罗圈河上游，为防御偷袭部队沿大罗圈河南下，构筑一道横断沟谷的关隘，当地人称高丽城子。关隘用石筑，墙垣外筑有马面和壕堑。在关隘北约600米，有一沟岔，可顺沟岔通往关马山城。这处主道外的防御设施，使高句丽都城外围防御更加严密。

水路方面。高句丽为加强鸭绿江的江防、挖扼航道，同样采取横断沟谷的方法设立江防关隘，用以防止溯江而上攻击国内城之敌。据《翰苑》载："鸭绿水……此水最大，波澜清澈，所经津济皆贮大船，其国恃此以为天堑。"可见鸭绿江航运是通向国内城的重要途径。高句丽沿江设防关隘：在距国内城65千米的集安凉水乡"七顶子沟"设有七顶子沟关隘，系为横断沟谷的石垣；距七顶子沟关隘10千米，在凉水乡海关村湾沟设有老边墙关隘，亦为石垣。在这两道关隘驻守军队扼住江道，可有效控制鸭绿江溯流而上进攻国内城的水上通路。加之南北二道的城堡、关卡，构成高句丽都城外围有效的防御体系。

第六节 黑河市瑷珲区西沟古城与室韦地理分布初探[①]

黑河市瑷珲区西沟古城历经多次文物工作者实地调查，积累了一定的成果，但学术界始终未能从黑龙江流域古代筑城与族群关系、历史地理的空间分布、迁徙路线和古代行政建置、道路交通的角度对该古城给予必要的关注和深入研究。本节在梳理地方志文献和历次考古调查收获的基础上，拟对西沟古城与历史文献中古代族群地理分布关系方面进行梳理与研究，进而深刻揭示黑龙江流域上游右岸古代民族筑城史研究的认识。从而深入研究西沟古城会大有裨益。

西沟古城分为南北二城，分别位于黑龙江省黑河市爱辉区西沟村迤西3.5公里，西南7.5公里公必拉河左岸的小兴安岭高山台地上，西沟古城俗称老羌城、老枪城、或西沟古城，依据考古学遗址命名的规律，现统称为西沟古城南北二城。由于西沟古城南城较大周长2.7千米，习惯称之为大西沟古城，而西沟古城北城周长2.1千米故称小西沟古城。（以下均称西沟古城）西沟古城濒临黑龙江中、上游结合部右岸支流公别拉河的中、下游左岸之地，是黑龙江流域右岸中、上游结合部重要的古代民族筑城。西沟古城地势险要，形制复杂，规模宏大，并有由大、小两座山城组成，扼守着公必拉河通往黑龙江右岸的水陆要冲之地。尤其是小西沟古城更是坐落在通往肥沃的瑷珲盆地的隘口，站在小西沟古城的山口可以眺望开阔的瑷珲平原。由大、小西沟古城沿公必拉河上溯，可以

① 本节是黑河市瑷珲区西沟古城系列研究第三篇，前两篇《黑河市西沟古城发现金代经略使司之印研究》《地方志文献所见黑河市西沟古城及其调查经纬》，已经发表在《哈尔滨学院学报》2017年第10、11期。

直达黑河地区的山地最高峰大黑山，并沿着山谷川地直达墨尔根与嫩江上游。应该说这里是我国东北腹地松嫩、松辽大平原通往黑龙江中、上游地区左、右两岸，结雅—布列亚河盆地与黑龙江中、下游地区的交通要道和枢纽。

一 室韦研究概况

黑河市瑷珲区西岗子镇的西沟南北二城，究竟是何年何月何族所建，在浩如烟海的历史文献中我们找不到任何痕迹。实际上，这两座古城属于历史上迷失的城池。我们要想弄清这两座城池的建筑年代，历史背景、民族属性、文化特征，就必须要下工夫从历史文献中寻找蛛丝马迹，并结合田野调查、考古发现与民族学、人类学调查方法进行综合研究。从目前学术界已经取得的成果中，我们可以清晰的看到东北古代民族的分布特点与黑河地区古代民族分布的规律。众所周知；黑河地区正处在嫩江上游、黑龙江中上游、小兴安岭山地地区，是历史上索离族、室韦民族的活动范围，因此要想弄清黑河地区公必拉河流域的西沟古城的建筑年代与族群关系，就必须要深入了解室韦民族的地理分布。实际上黑河地区应该是室韦与靺鞨的重要交汇区域，它的民族文化与考古学文化上所显示的特征应该是具有两种文化的特点。黑河地区的特殊的地理环境，嫩江的发源地大、小兴安岭的结合部与黑龙江流域上、中游的节点，本地区的丰富的水资源与河流纵横交错、多大峡谷的特点都为古代的室韦民族的活动提供了重要的空间。

室韦是北魏至辽金时期分布于黑龙江流域上游及嫩江流域的古老民族。学术界一般认为，室韦在北魏时期主要分布于大兴安岭东麓，小兴安岭西麓的嫩江上、中游流域地区。隋朝时其范围不断扩大并向外拓展至额尔古纳河流域和黑龙江流域上游与中游部分地区，形成了南室韦、北室韦、大室韦、钵室韦和深末怛室韦。《隋书·室韦传》云：南室韦“分二十五部”，北室韦“分为九部落”，钵室韦“人众多北室韦，不知为几部落”，大室韦和深末怛室韦的部落分布情况未见记载。唐朝时，五部室韦进一步分化和扩张，演变为二十余部。唐朝为了有效管辖室韦部落，在嫩江流域专设了羁縻府机构——室韦都督府。晚唐以后，见诸于史籍的室韦部落名称大量减少，文献中多以“室韦”泛称；黑龙江上游一带室韦故地的室韦部族，接受了突厥语族部落对室韦的泛称——达怛。

契丹人则称这一时期西迁入蒙古高原的室韦部落为“阻卜”。黑车子室韦、大黄室韦、小黄室韦、臭泊室韦、兽室韦等为文献中新见之室韦部落名称。辽代为管理室韦各部，也在嫩江流域唐代室韦都督府的基础上专门设了室韦大王府予以统辖。这一时期的室韦分化较为严重，处于族群解体阶段，并与周边其他族群融合，形成了新的族群。靠近蒙古高原地区的室韦部族多融入蒙古，靠近黑水靺鞨的东室韦部落则融入靺鞨族系，而靠近契丹的南室韦多融入契丹，而黑龙江以北地区的外兴安岭一带的室韦部族后来被称为兀惹、兀者，元代则称为森林百姓，又有“林中百姓”之称。从东北地区的嫩江、黑龙江流域的左右两岸直至蒙古高原，均有室韦及其后裔的分布。

自20世纪初至今，我国学者关于室韦的研究取得了一定成果，民国时期的成果如丁谦的《魏书外国传地理考证》[①]、吴廷燮的《室韦考略》[②]、王国维的《鞑靼考》[③] 和《黑车子室韦考》[④]，王静如的《论阻卜与鞑靼》[⑤]、方壮猷的《室韦考》[⑥] 和《鞑靼起源考》[⑦]、冯家昇的《东北史中诸名称之解释》[⑧] 和《述东胡系之民族》[⑨]、冯承钧的《辽金北边部族考》[⑩] 等。方壮猷翻译了日本东洋史学家白鸟库吉的《失韦考》[⑪]，王国维则翻译了津田左右吉的《室韦考》[⑫] 和箭内亘的《鞑靼考》[⑬]。这些著述无疑奠定了室韦研究的基石。中华人民共和国成立后，亦邻真的

① 丁谦：《魏书外国传地理考证》，《浙江图书馆丛书》第一集。

② 吴廷燮：《室韦考略》，《四存月刊》1922年第14期。

③ 王国维：《鞑靼考》，《国学论丛》1928年第1卷第3号。

④ 王国维：《黑车子室韦考》，《国学论丛》1928年第1卷第3号。

⑤ 王静如：《论阻卜与鞑靼》，《中央研究院历史语言研究所集刊》1931年第2卷第3期。

⑥ 方壮猷：《室韦考》，《辅仁学志》1931年第2卷第2期。

⑦ 方壮猷：《鞑靼起源考》，《国立北京大学国学季刊》1932年第3卷第2期。

⑧ 冯家昇：《东北史中诸名称之解释》，《禹贡》1934年第2卷第7期。

⑨ 冯家昇：《述东胡系之民族》，《禹贡》1935年第3卷第8期。

⑩ 冯承钧：《辽金北边部族考》，《辅仁学志》1939年第8卷第1期。

⑪ ［日］白鸟库吉：《室韦考》，《史学杂志》1919年第30编第8号；氏著：《东胡民族考（下）·失韦考》，郑培凯主编《近代海外汉学名著丛刊（中外交通与边疆史）》，山西人民出版社2015年版。

⑫ ［日］津田左右吉：《室韦考》，《满鲜历史地理研究报告》第一册，1915年；又见王国维《观堂译稿》（下），载《王国维遗书》第14册，上海书店出版社1983年版。

⑬ ［日］箭内亘：《鞑靼考》，《蒙古史研究》，刀江书院，1930年。

《中国北方民族与蒙古族族源》[①] 一文掀起了室韦史研究的热潮，相关成果主要出现在 20 世纪 80—90 年代。重要论文有干志耿、孙进己合撰《室韦地理考述》[②]，郑英德的《室韦地理新探》[③]，王德厚的《室韦地理考补》[④]，张久和《室韦地理再考辨》[⑤] 等。张博泉等撰著的《东北历代疆域史》[⑥]、谭其骧主编《〈中国历史地图集〉释文汇编·东北卷》[⑦]（是书第二章“南北朝隋唐时期”之“失韦（室韦）与失韦诸部”由郭毅生撰写）、孙进己和冯永谦主编《东北历史地理》[⑧] 均对不同时期室韦地理分布有所考述。室韦专著类主要有孙秀仁等合著的《室韦史研究》[⑨] 以及张久和的《原蒙古人的历史：室韦—达怛研究》[⑩]。需要特别指出的是，日本学者白鸟库吉和津田左右吉的观点和理论对后世学者影响颇大，如孙秀仁、干志耿、孙进己等合著《室韦史研究》深受白鸟库吉和津田左右吉观点的影响。张久和的《原蒙古人的历史：室韦—达怛研究》代表了目前国内室韦史研究的最高水平，该书博采众家之长，从探索蒙古族族源的角度综合梳理了前人研究成果，并在此基础上提出了一系列新观点。2009 年，由金昭、阿勒得尔图主编的《蒙古民族发祥地考论》将国内外室韦史研究与蒙古起源的研究成果汇集成册，为我们了解室韦史的研究提供了方便。[⑪]

室韦最初以“失韦”一词出现在《魏书》中，隋时演化为五部，至唐进一步壮大，分部二十余。后范围不断扩大，并向西迁徙至蒙古高原，与蒙古族源关系密切，向东则与靺鞨族融合，向南则与松嫩平原南部嫩江下游的索离人后裔融合后融入契丹。北魏至辽金时期，正是东北地区民族大融合时期，无论是东胡、索离、肃慎这三大民族的融合促进了东北古代民族与古代文明的繁荣，尤其是中原先进的文化在北方民族的不

---

① 亦邻真：《中国北方民族与蒙古族族源》，《内蒙古大学学报》1979 年第 3、4 期。

② 干志耿、孙进己：《室韦地理考述》，《社会科学战线》1983 年第 3 期。

③ 郑英德：《室韦地理新探》，《社会科学辑刊》1983 年第 4 期。

④ 王德厚：《室韦地理考补》，《北方文物》1989 年第 1 期。

⑤ 张久和：《室韦地理再考辨》，《中国边疆史地研究》1998 年第 1 期。

⑥ 张博泉、苏金源、董玉瑛：《东北历代疆域史》，吉林人民出版社 1981 年版。

⑦ 谭其骧主编：《〈中国历史地图集〉释文汇编·东北卷》，中央民族学院出版社 1988 年版。

⑧ 孙进己、冯永谦主编：《东北历史地理》，黑龙江人民出版社 2013 年版。

⑨ 孙秀仁、孙进己等：《室韦史研究》，北方文物杂志社 1985 年版。

⑩ 张久和：《原蒙古人的历史：室韦—达怛研究》，高等教育出版社 1998 年版。

⑪ 金昭、阿勒得尔图主编：《蒙古族发祥地考论》，文化艺术出版社 2009 年版。

断南下和北上的融入中，族群的地域特征日益明显。黑河地区则成为这一历史时期中的重要分水岭和接触地，这一地区的民族文化与考古文化的多样性都是值得注意的现象。辽末金初后，室韦族逐渐消失于史书记载中。可见不同历史时期的室韦诸部的地理分布较为复杂，学术界的观点也是众说纷纭，莫衷一是。近年来，在室韦分布区，特别是黑龙江流域上游的呼伦贝尔地区发现了大量与室韦相关的考古学文化遗存，尽管学术界对室韦族及各部的历史脉络与地理分布已经形成了初步认识，但对其各部的地理分布以及唐代室韦都督府、辽黑车子室韦国王府与辽代室韦国王府治所的位置还模糊不清。黑河地区嫩江县发现的伊拉哈古城①为辽金时期古城，两道城垣呈回字型，据王禹浪、孙文正考证，此城当为唐代室韦都督府、辽代室韦国王府、金代乌古敌烈统军司所在地，而黑河地区瑷珲区西岗子镇西沟古城则是隋唐时期北室韦的九部之一。②

二　黑河地区西沟古城与北魏失韦地理分布

室韦在北魏时期又写作“失韦”。关于北魏失韦的地理分布，《魏书·失韦传》记载：“失韦国，在勿吉北千里，去洛六千里。路出和龙北千余里，入契丹国，又北行十日至啜水，又北行三日有盖水，又北行三日有犊了山，其山高大，周回三百余里，又北行三日有大水名屈利，又北行三日有刃水，又北行五日到其国。有大水从北而来，广四里余，名㮈水。”通过上述文献可知，北朝失韦的地理位置应在“勿吉北千里”、距洛阳六千里、和龙（今辽宁朝阳）以北数千里、契丹至失韦国历时27日里程。文献中还出现了啜水、盖水、犊了山、屈利水、刃水、㮈水等众多古地名，但㮈水的地望无疑对判断失韦的地理分布最为关键。

白鸟库吉认为㮈水为黑龙江，他在俱伦泊为今呼伦湖观点的基础上进一步论证：“由此湖水流出之室建河（《新唐书》作望建河）即今Argun河也。又此河注入之那河，即今黑龙江；而《魏书》之㮈水，与《唐书》之那河为同名，亦黑龙江之古称也。《朔方备乘》《黑龙江舆地图》等著者考订此那河为嫩江者，盖徒拘泥于声音上之类似，而未尝深考《唐书》之本文，故有此误也。”“且认为㮈水、那河、难河均为蒙古

① 见孙文政《辽代室韦国王府考》，未刊稿。

② 见王禹浪《金代乌古敌烈统军司新考》，《哈尔滨学院学报》2013年第6期。

语“碧河之义”。故将北魏失韦地望锁定在瑷珲、海兰泡一带。“位于瑷珲东南八日程之屈利大水，必为近嫩江无疑也。”[①] 津田左右吉则依行进里程将失韦考订在今齐齐哈尔附近，并认为：“如是，则其国中自北来之棕水即今之嫩江。嫩江，魏时谓之难河，唐称那河。棕水之名，与之相合也。”[②] 后世学者多从此说，认为棕水即今嫩江，“棕”系“嫩”的同音异写。但失韦分布在嫩江流域的具体河段尚存争议。

张博泉等认为失韦当在今嫩江上游至今黑龙江一带。[③] 谭其骧主编《〈中国历史地图集〉释文汇编》认为在今额尔古纳河流域，绰尔河以北、扎格德山以南的地区，东至黑龙江以东的结雅河流域。[④] 干志耿、孙进己的《室韦地理考述》则认为在今齐齐哈尔附近[⑤]，孙秀仁、干志耿等人合撰《室韦史研究》认为在齐齐哈尔以北[⑥]。

王德厚则考证，“如果以啜河为今霍林河，犊了山为今太平岭，可以将啜河之北三日行的盖水，比定为今洮儿河上游；犊了山北三日行之屈利大水，比定为今绰尔河，右北行三日之刃水，比定为今雅鲁河；再北行五日所到之棕水，当即今嫩江”。“北魏时的失韦当以嫩江中游齐齐哈尔以北的嘎仙洞一带为中心，向其东、南、西、北诸方广为分布较为合适。”[⑦]

张久和通过分析北朝失韦东邻豆莫娄，西毗地豆于，东南与勿吉邻近，北与乌洛侯相连的相对关系，认为其分布在以乌洛侯“石室”即嘎仙洞为坐标的南部地区，沿嫩江中下游及以西各支流居住，中心地域在雅鲁河和阿伦河之间。活动于甘河流域的乌洛侯也应包括在室韦之中。[⑧] 这即是说，今黑河地区嫩江县、五大连池市、北安市等均应是北魏失韦的分布范围。孙进己、冯永谦主编《东北历史地理》以“啜水”为绰尔河则过远，为霍林河则过近，改定其为今洮儿河上游交流河或归流河，“盖水”为绰尔河，犊了山为今大兴安岭东侧的雅克山，屈利水为雅鲁

---

① ［日］白鸟库吉：《室韦考》，《蒙古民族发祥地考论》，文化艺术出版社2009年版。

② ［日］津田左右吉：《室韦考》，《满鲜历史地理研究报告》第一册，1915年；又见王国维《观堂译稿》（下），载《王国维遗书》第14册。

③ 张博泉、苏金源、董玉瑛：《东北历代疆域史》，吉林人民出版社1981年版，第72页。

④ 谭其骧主编：《〈中国历史地图集〉释文汇编·东北卷》，中央民族学院出版社1988年版，第54页。

⑤ 干志耿、孙进己：《室韦地理考述》，《社会科学战线》1983年第3期。

⑥ 孙秀仁、干志耿：《室韦史研究》，北方文物杂志社1985年版，第15页。

⑦ 王德厚：《室韦地理考补》，《北方文物》1989年第1期。

⑧ 张久和：《室韦地理再考辨》，《中国边疆史地研究》1998年第1期。

河，刃水则为阿伦河，栋水为嫩江，故失韦应在嫩江和讷河之间为宜。[①]

《魏书·失韦传》中记载了啜水、盖水、犊了山、屈利水、刃水、栋水等众多古地名，因年代久远，学术界对上述地名的地望争议颇大，众说纷纭。由于文献对各地名仅有日程的记载，没有更多依据，故难以认定。但只有屈利、栋水被称为“大水”，“屈利大水”则必为黑龙江南部的支流嫩江无疑，故北魏失韦地望当在今黑河爱辉区一带。至于今嫩江与栋水的音转关系，可能是古人错误地将嫩江误认为本应为今黑龙江的栋水，致使该名称沿用至今。如若此说不误，今黑河爱辉区一带正是北魏失韦的活动地域。《魏书·失韦传》载失韦“夏则城居，冬逐水草”，其实应为“夏逐水草，冬则城居”的误记，表明失韦人已经筑城居住。西沟古城的南北二城可能正是北魏时期所建 。西沟古城虽尚无法进一步断定其始建与室韦有关史料，但其所处地域及其周邻环境与北魏失韦活动区域却是吻合的。至少我们可以推断，西沟古城所在的地理位置当与北魏时期失韦活动地域相合。

最近，黑河学院西沟古城研究研究课题组会同黑河市自然与文明千里行项目田野科考队在西沟古城进行第 8 次科考工作中，又在原来辽金古城垣的外围又发现了一道叠土筑城的城垣，城垣的沟壑与城墙痕迹非常明显，从辽金时期古城垣的外侧一直伸向两侧的山崖。这充分说明此城的建筑年代并非始于辽金，而是更加早于辽金时期。可能是北魏时期的室韦或隋唐时期的室韦所建。[②]

三　黑河地区西沟古城与隋唐北部室韦地理分布考

北魏失韦在隋代进一步分化为南室韦、北室韦、大室韦、钵室韦、深末怛室韦等五大部。据《隋书·室韦传》记载：“南室韦在契丹北三千里，土地卑湿，至夏则移向西北贷勃、欠对二山，多草木，饶禽兽，又多蚊蚋，人皆巢居，以避其患。渐分为二十五部，每部有余莫弗瞒咄，犹酋长也。死则子弟代立，嗣绝则择贤豪而立之。其俗丈夫皆被发，妇人盘发，衣服与契丹同。乘牛车，籧篨为屋，如突厥毡车之状。渡水则束薪为桃，或以皮为舟者。马则织草为鞯，结绳为辔。寝则屈为屋，以

① 孙进己、冯永谦主编：《东北历史地理》（上），黑龙江人民出版社 2013 年版，第 391—392 页。

② 见王禹浪等《黑河学院西沟古城综合调查报告》，未刊稿，2017 年。

籧篨覆上，移则载行。以猪皮为席，编木为藉。妇女皆抱膝而坐。气候多寒，田收甚薄，无羊，少马，多猪牛。造酒食啖，与靺鞨同俗。婚嫁之法，二家相许，婿辄盗妇将去，然后送牛马为娉，更将归家。待有娠，乃相随还舍。妇人不再嫁，以为死人之妻难以共居。部落共为大棚，人死则置尸其上。居丧三年，年唯四哭。其国无铁，取给于高丽。多貂。”可知南室韦位于契丹以北，地势低洼潮湿。附近有贷勃、欠对二山作为夏季聚居地，说明南室韦有一定的季节性的移动迁徙的习惯。从地域分布上看贷勃、欠对二山的地理位置，当在大兴安岭地域中寻找。南室韦国内缺少铁矿资源，但高句丽控制辽东地区后，实现了对铁矿的资源占有，二者间遂开展了交换、贸易铁矿石或铁制品的活动，这一点至关重要，说明南室韦与高句丽显然相距不会过于遥远。高句丽北境大概在今长春吉林地区，高句丽千里长城的北端起点“扶余城”便在这一带。因此，南室韦应在今长吉地区以西地域活动，可能与阿尔山地区和乌兰浩特地域有关系。“衣服与契丹同”“与靺鞨同俗”说明南室韦可能还同时靠近契丹、靺鞨，“以猪皮为席”表明南室韦有养猪习惯，这与肃慎族系“好养猪，食其肉，衣其皮”有共通之处，这也正是“与靺鞨同俗”的重要表现。这一时期契丹主要活动在和龙（今辽宁朝阳）以北的西拉木伦河和老哈河流域，即以木叶山为核心的区域内。靺鞨的分布区已远远超过其族源肃慎、挹娄的分布地域，这是源于勿吉的强力扩张。勿吉是南北朝时期在我国东北地区强盛一时的重要民族，曾占领北沃沮，袭扰高句丽，驱逐夫余国，地域范围不断扩张，以三江平原为依托，最终南下至第二松花江流域上游，形成了勿吉七部，隋唐时期发展为靺鞨（靺羯）七部。与南室韦相邻之室韦大概是活动地域偏南和偏西的粟末靺鞨、安车骨靺鞨。

通过对与室韦相邻各部族或政权地理分布的阐述，可以大概锁定南室韦活动范围，即今西辽河流域以北，第二松花江以西的区域内，可以推断为阿尔山、乌兰浩特、白城、齐齐哈尔、大庆为中心的嫩江、洮儿河、哈拉哈河流域。干志耿、孙进己等认可了津田左右吉“《隋书》去契丹三千里，失之夸大”的观点，认为：“这三千里很可能是三百里之误，这才与一般部落间的距离相合。”[1] 王德厚在此基础上进一步提出“三千

---

① 干志耿、孙进己：《室韦地理考述》，《社会科学战线》1983年第3期。

里”可能为“千里”之误。笔者赞同此说，这一地区至契丹活动区域正好大约千里。南室韦夏季移居的贷勃、欠对二山则在大兴安岭中段某两座山峰。贷勃、欠对二山的地名表现形式，显然是利用汉文字的书写形式对少数民族地名发音的表音文字。因为只是表音而不是表意，所以造成后事学者们的猜测众多。不过，更重要的是这种地名毕竟用汉字进行了表音的记载，而使得这一历史地名得以流传下来。

北室韦的记载见《隋书·室韦传》：“南室韦北行十一日至北室韦，分为九部落，绕吐纥山而居。……气候最寒，雪深没马。冬则入山，居土穴中，牛畜多冻死。饶獐鹿，射猎为务，食肉衣皮。凿冰，没水中而网射鱼鳖。地多积雪，惧陷坑阱，骑木而行。俗皆捕貂为业，冠以狐貉，衣以鱼皮。”自今齐齐哈尔一带的南室韦故地北行十一日路程，以日行百里计算，合一千余里，（隋唐里数以步为计算单位300步为一里，相当于今天的300米）正好到达今黑河地区一带。今黑河地区的公必拉河、锦河、法必拉河流域当为北室韦的活动范围。可见，北魏时期的失韦后来发展为北室韦，南室韦则是失韦族中南迁的一支。根据上述文献记载可知；北室韦分为九大部落，均环绕吐纥山而居。目前学术界对吐纥山地望亦存在诸多争议；对吐纥山地望的确定无疑最为关键。谭其骧主编《〈中国历史地图集〉释文汇编·东北卷》以《旧唐书》载望建河流经落俎室韦南后东流与那河、忽汗河会，《新唐书》载室建河流经落坦部南后东流与那河、忽汗河会）地望位于嫩江上游为切入点，认为：“由嫩江上游东至黑龙江之间的小兴安岭北端，当即北室韦九部围绕而居的吐纥山；嫩江上游地区至今黑龙江东苏境结雅河下游东岸地区，当即北室韦的分布区。”[①] 王德厚依据《魏书·失韦传》载啜河到失韦国历十七日、《隋书·室韦传》载“南室韦北行十一日至北室韦”，日程的减少表明：“北室韦朝贡路线从西向东移动，避开了难行的西部山区之路，所以日程相对减少。”北室韦可能就是北魏失韦，其地望当为嫩江中游今齐齐哈尔西北之地。因北室韦诸部分布于大兴安岭两侧，故今大兴安岭东侧的古利牙山（大吉鲁契那山）作为吐纥山较为合理。[②] 张久和以北室韦在乌洛侯以北，故吐纥山应为今伊勒呼里山，北室韦即在伊勒呼

① 谭其骧主编：《〈中国历史地图集〉释文汇编·东北卷》，中央民族学院出版社1988年版。

② 王德厚：《室韦地理考补》，《北方文物》1989年第1期。

里山周围。[1] 孙进己等主编《东北历史地理》反驳谭图释文汇编，认为："唐代北室韦九部无分布于小兴安岭以东者。且今结雅河流域于唐代为落坦室韦之所在，此部不属北室韦诸部中。故不取此说。拟吐纥山为今讷河以西的萨起山，北室韦为讷河附近的嫩江流域地。"[2] 综上可知，吐纥山存在小兴安岭说、古利牙山说、伊勒呼里山说、萨起山说等说法。其实，吐纥山即今黑龙江省黑河市辖区的大黑山，"吐纥"即"大黑"的同音异写的关系，二者为不同时代的人对同一处大山的不同表音文字。无独有偶，在今天黑河地区大黑山之南部地区，瑷珲区西南与嫩江县东北的山地结合部位置有一个重要的地名——九水山，九水山海拔在680余米。在大黑山与九水山周围恰好分布着九条水，为流入嫩江与黑龙江水系的一个重要分水岭。大黑山位于黑河市瑷珲区罕达气乡南部的小兴安岭脊上，其海拔为867.4米，是公别拉河、法比拉河、锦河、逊必拉河、卧都河、门鲁河、科洛河、墨尔根河、讷谟尔河的发源地。这两座山距离很近，同属于小兴安岭北麓山脉，可以把九水山与大黑山看做同一区域。特别是九水山这一地名非常值得揣摩，如果从地名语源学角度考察，九水山很可能就是根据北部室韦的九个部落的居住地而起的名字，九部室韦便是环绕此山而居。大黑山则是北室韦所居的山名即吐纥山。从语音学上看，"吐"音如果演变成重音发声，那么吐音就会接近"大"或"多"音，而"纥"音则自然就是脱变成"黑"音，至今为止在山东、辽东半岛及环渤海地区称大黑山，均为"大贺山"或标注为"达赫山""大和尚山"等，这说明东北地区的许多地名是因为民族迁徙和语言的融合而出现了许多同音异写的地名。因此，黑河地区在同一山地内出现了与北室韦相关联的九水山与大黑山地名则不是一种偶然现象，其中必含有重要的历史地名演变的意义。

此外，北室韦所居之地山高、林密、水深，多獐鹿鱼鳖狐貂等野生动物，正与大黑山及其周边包括西沟古城（老羌城）附近的自然地理环境相符。"气候最寒，雪深没马。冬则入山，居土穴中，牛畜多冻死。饶獐鹿，射猎为务，食肉衣皮。凿冰，没水中而网射鱼鳖。地多积雪，惧

① 谭其骧主编：《〈中国历史地图集〉释文汇编·东北卷》，中央民族学院出版社1988年版。

② 孙进己、冯永谦主编：《东北历史地理》，黑龙江人民出版社2013年版。

陷坑阱，骑木而行。俗皆捕貂为业，冠以狐狢，衣以鱼皮。”①

另外，上文我们引用谭其骧先生主编的《〈中国历史地图集〉释文汇编·东北卷》一书，以《旧唐书》载望建河流经落俎室韦南后东流与那河、忽汗河合，“其北大山之北有大室韦部落，其部落傍望建河居。其河源出突厥东北界俱轮泊，屈曲东流，经西室韦界，又东经大室韦界，又东经蒙兀室韦之北，落俎室韦之南，又东流与那河、忽汗河合，又东经南黑水靺鞨之北，北黑水靺鞨之南，东流注于海。乌丸东南三百里，又有东室韦部落，在猺越河之北。其河东南流，与那河合②。”

《新唐书·室韦传》“直北曰讷比支部，北有大山，山外曰大室韦，濒于室建河，河出俱伦，迤而东。河南有蒙瓦部，其北落坦部；水东合那河、忽汗河，又东贯黑水靺鞨，故靺鞨跨水有南北部，而东注于海。猺越河东南亦与那河合，其北有东室韦，盖乌丸东南鄙馀人也”③。

《新唐书》载室建河流经落坦部南后东流与那河、忽汗河合，谭其骧向先生认为：“由嫩江上游东至黑龙江之间的小兴安岭北端，当即北室韦九部围绕而居的吐纥山；嫩江上游地区至今黑龙江东苏境结雅河下游东岸地区，当即北室韦的分布区。”④ 其实，这一观点对于唐代北室韦的历史地理研究具有重大的突破，但是遗憾的是研究者并没有做进一步的研究和论证。尤其是没能做实地调查，这就导致了这一观点的局限性。其实，《旧唐书》与《新唐书》对其中的“望建河”与“室建河”的记载是非常重要的变化，《新唐书》纠正了《旧唐书》的记载，将望建河改为室建河。今黑河地区发源于大黑山东流的一条重要的河流即什锦河，又写成“石金河”“石匠河”，今人讹传转写为锦河。实际上这条河流就是保留了唐代的“室建河”所固有的同音异写的地名，无论是“石匠河”“石金河”“什锦河”“锦河”其实都与室建河为同一条河流。说明唐代人对黑龙江地理的认识与今人有很大的差别，确定了室建河的地理位置，就能够厘定落坦室韦的分布地理位置，从而对室建河“东流入海与那河、忽汗河会”就会有明确的认识。那河即今嫩江，忽汗河即今牡丹江，今

① 见《隋书·室韦传》卷84列传第49，中华书局1973年版。

② 见《旧唐书·室韦传》卷199下列传第149，中华书局1975年版。

③ 见《新唐书·室韦传》卷219列传第144，中华书局1975年版。

④ 谭其骧主编：《〈中国历史地图集〉释文汇编·东北卷》，中央民族学院出版社1988年版。

锦河（石金河）入黑龙江东流与第一松花江在同江地段相汇合，而那河（嫩江）、忽汗河（牡丹江）均为第一松花江的支流，此即唐代的黑龙江与松花江、嫩江的地理概念。

《〈中国历史地图集〉释文汇编·东北卷》一书，推定北部室韦九部地望在嫩江上游东至黑龙江之间的小兴安岭北端是非常正确的。这一推断与今日黑河地区的大黑山（即吐纥山）的地理位置相合，以黑河地区的大黑山与九水山为中心的地域包括公必拉河、法必拉河、锦河、逊必拉河、卧都河（椀都河谋克）、门鲁河（金代谋鲁坚谋克）、科洛河等九条河流，即隋唐北室韦九部的居住区。落坦部室韦即今俄罗斯境内的结雅河地域，今俄罗斯境内的旧瑷珲城当为落坦部室韦的重要城池，旧瑷珲城实际上就是修筑在落坦室韦的城池之上。锦河流经旧瑷珲城后东流与新、旧唐书记载："室建河流经落坦室韦南后东流与那河、忽汗河合"[①]的记载相合。今天黑河地区所保留下来的锦河与石金河的名称，当为唐代对黑龙江的称谓，魏晋称完水，"完"与"乌"相通，即为乌水，亦可解释成为黑水，而《旧唐书·室韦传》中则写成望建河，"望""乌""完"皆为同音异写，均可以解释为黑水，而望建河为什么又在《新唐书》中改写为"室建河"则是颇为有趣的问题。是否就是室韦人居住的金河之意，而被缩写成室建河呢，尚无定论待考。然而，今黑河地区所保留下的石金河、什锦河则与古称的室建河的地名音近；则很可能是保留了唐代对黑龙江的称谓的蛛丝马迹，这一点是值得我们注意的问题。我们从黑河地形图上可以清晰地看到石金河发源于大黑山西侧东流，在黑龙江流域左岸精奇里江入黑龙江口处的东偏北地方注入黑龙江后东流。从地望上观之石金河（什锦河）恰好流经古之旧瑷珲城之南[②]，即落坦室韦之南。根据俄罗斯学者扎比亚卡·安德烈先生[③]提供的资料，我们知道瑷珲旧城的准确的地理位置是，东经 127 度 30 分 32 秒，北纬 50 度 02 分 57 秒，这个数字经过航拍专家刘中堂先生矫正，当为旧瑷珲城的中心坐标。其海拔高度为 125 米，其地理位置在瑷珲区外三道沟东南 1.7 公里黑

① 见《旧唐书·室韦传》卷 199 下列传第 149，中华书局 1975 年版。

② 旧瑷珲城在今俄罗斯境内黑龙江左岸结雅河入黑龙江口之东侧，即今中国瑷珲区二道沟对岸，东经、北纬。

③ 扎比亚克·安德烈是俄罗斯阿穆尔国立大学宗教教研室主任、教授，专门从事黑龙江流域文明研究。

龙江左岸。西距结雅河口22.5公里，南距瑷珲镇7.6公里。今属俄罗斯阿穆尔州布拉戈维申斯克韦肖洛耶风景旅游区，其北有科鲁格洛耶湖和大片湿地。实际上旧瑷珲城与新瑷珲城隔黑龙江在一条南北垂直的直线上。旧瑷珲城周长约3公里，经刘中堂在地图上测距得出的结论是2.6公里，古城为椭圆形，古城中间有两道隔开的城墙。旧城濒临黑龙江左岸，古城右侧的黑龙江水道附近有深入江中的滩头和港湾。瑷珲旧城所在的地理位置当时落坦室韦的南侧，旧瑷珲古城可能是沿用了落坦室韦的旧城。

室韦五大部在唐代进一步分化后，除大室韦因最为遥远仍保留其名称外，其余四部名称皆已消失，取而代之的是新出现的室韦二十余部。《旧唐书》与《新唐书》均对室韦五部分化后的诸部的相对地理方位有较清晰的记载。《新唐书·流鬼传》对达姤部及其与黄头室韦关系的记载尤为重要，使该两部成为唐代室韦中地理位置相对明确者。《通典》所记"北室韦"实为"山北室韦"；"讷婆萵室韦"实为"讷北室韦"和"婆萵室韦"，"北室韦"三字脱漏。《旧唐书》《新唐书》均记载了八部，唯有《通典》记载了缺漏之"达末室韦"，九部室韦始告齐备。干志耿等先生认为所缺一部当为东室韦。[①] 据张久和先生对《通典》《旧唐书》《新唐书》的比定和梳理，室韦部落凡二十部——岭西室韦、山北室韦、黄头室韦、大如者室韦、小如者室韦、讷北室韦、婆萵室韦、达末室韦、骆驼室韦、乌素固、移塞没、塞曷支、和解、乌罗护、那礼、大室韦、西室韦、蒙兀室韦、落俎室韦、东室韦。[②] 郑英德则认为，历史上的乌洛侯、乌丸、达姤、鞠、地豆于—霫、俞折等不同时期的族群部落均应属于室韦。[③] 其中的达末室韦可能就是由达末娄国的后裔之人，后来加入到室韦族群的共同体。讷北室韦应该就是地域概念，居住在讷谟尔河以北的室韦部落。今黑河地区有讷谟尔河发源于五大连池东北部的大黑山与九水山地区小兴安岭山地，入五大连池流出后西流入嫩江。由此可知，古代的讷河那河、棕水、难河的历史地理分布的概念与今人的地理概念是有区别的。

婆萵室韦即隋代钵室韦，位于活动在今黑河的北室韦以北地区。屠

① 干志耿、孙进己：《室韦地理考述》，《社会科学战线》1983年第3期。
② 张久和：《北朝至唐末五代室韦部落的构成和演替》，《内蒙古社会科学》1997年第5期。
③ 郑英德、刘光胜：《室韦部落新探》，《中央民族学院学报》1982年第2期。

寄《蒙兀儿史记》卷一云："伊勒呼里山之阴有苹果河，一作潘家河，北流入黑龙江。苹果即婆莴之异文，古婆莴室韦所属之水。"因此，谭其骧先生主编《中国历史地图集·释文部分·东北卷》将盘古河流域定为婆莴室韦分布区。① 张久和亦将其考订在盘古河流域的大兴安岭北部的额木尔山附近。② 这一说法很有道理，"钵""婆莴""盘古"均系同音异写。《旧唐书·室韦传》记载："又东北有山北室韦，又北有小如者室韦，又北有婆莴室韦，东又有岭西室韦……"可知婆莴室韦以南有小如者室韦，即在今盘古河流域以南，大概在伊勒呼里山东麓的呼玛县至黑河市一带。"如者"即勿吉的同音异写，勿吉在隋唐及其后历代王朝先后被写成靺羯、靺鞨、兀惹、乌惹、兀的改、乌笫、兀者、斡拙、吾者、如者、乌稽、窝集等。可知小如者室韦可能是室韦与靺鞨的混合部落。无独有偶，在西沟古城东南有逊比拉河，其流域所在的逊克县干岔子乡河西村南约5千米，黑河与孙吴交界处的一架山至逊必拉河河口的弯月形山脉中部，有一座规模宏大的河西古城。其实，逊必拉河之"逊"即是黑水靺鞨思慕部之"思慕"的快读，二者实为同音异写。因此，构造复杂、拥有四道城垣的河西古城可能为黑水靺鞨思慕部的核心筑城。《新唐书·靺鞨传》云："初，黑水西北又有思慕部……"河西古城及其所处之逊必拉河流域正位于唐黑水都督府故址萝北江岸古城之西北方位。因此，河西古城很可能为思慕部中心城址，逊必拉河即思慕河。河西古城四道城垣的筑城形制及城内发现的铁箭镞显然与当时的战争形势有关。由此可见，黑河地区正是室韦与靺鞨的交界地带，两大族群可能存在军事冲突，小如者室韦便是二者接触融合的产物。小如者室韦以南为山北室韦，即小兴安岭以北的室韦部。今黑河爱辉区大概处于小如者室韦和山北室韦的杂处地带，从距离来看更加靠近山北室韦的活动地域。

近日，一位笔名为"黑水布衣"的网友在微信公众号中发表了《老羌城（西沟古城）之室韦国王城》一文，将其定性为北魏室韦国王城。认为："老羌城居山邻水，是目前黑龙江中上游右岸发现的年代最久、规模最大的古城遗址之一，从现存的城墙、瓮门、马面、穴居坑等遗址规模可以推断，应该是《魏书》中记载的室韦国王城。此处古城在北魏乃

① 谭其骧主编：《〈中国历史地图集〉释文汇编·东北卷》，中央民族学院出版社1988年版。

② 张久和：《室韦地理再考辨》，《中国边疆史地研究》1998年第1期。

至早以前建立，在随后的历朝历代的发展中，由于室韦族的不断分化融合，古城被多个部族不断修葺和使用后，因各种原因废弃。”笔者认为，黑水布衣将西沟古城推定为北魏时期的室韦人居住之地的论述，是有一定道理的。然而，由于仅仅是推测并无依据支撑，因此其说难以说服读者，其观点有悬空之感。其中的一些观点和结论笔者难以苟同，欲与其商榷如下：从目前所见老羌城即西沟古城的考古调查资料来看，尚无法将其断代为北魏时期。《中国文物地图集·黑龙江分册》中，将西沟古城的年代确定在汉魏时期的依据不足，且将年代漫展数百年，实为一种模糊或难以定论的观点。黑水布衣对西沟古城年代的推测虽有很大进步，但是还是缺乏依据。尤其是大西沟古城现存城垣、瓮门、马面等特征上观察，当为辽金时期所建，北魏时期的古城还很少发现马面痕迹。因为北魏时期乃至唐朝在黑龙江流域的古城中尚没有发现这种马面的结构，马面与瓮门的出现是随着冷兵器的发展和攻城器械的变化与进步，才逐渐出现的。这一点，在北宋人编辑的《营造法式》[①] 一书中，已经有明确的记载。

此外，西沟古城南北二城的穴居坑等遗迹的发现；也并非是西沟古城为北魏绝对年代的充分依据。因为，黑龙江流域的古代民族穴居的习惯完全是因为气候条件而为之的适应生存，躲避严寒而发明的一种特殊的居住形式。在肃慎、挹娄、勿吉、室韦等民族中均有这种居住习俗，因此轻言断定此种习俗为室韦人所独有则是不客观的。黑水布衣所说的该城“被多个部族不断修葺和使用”却有一定的道理。目前为止，我们仅仅能够确定的是黑河市瑷珲区所在的公别拉河流域之西沟古城一带，确系北魏至隋唐以来室韦或失韦人活动的地域，尤其是隋代北室韦九部中某部和唐代小如者室韦、山北室韦在此活动的遗迹的可能性较大，西沟古城的形制则是两座具有强烈的军事防御性质的古城。[②]

总之，西沟古城目前虽然尚无法得出其为北魏室韦“王城”的结论，

---

① 《营造法式》是宋将作监奉敕编修的。北宋建国以后百余年间，大兴土木，宫殿、衙署、庙宇、园囿的建造此起彼伏，造型豪华精美铺张，负责工程的大小官吏贪污成风，致使国库无法应付浩大的开支。因而，建筑的各种设计标准、规范和有关材料、施工定额、指标急待制定，以明确房屋建筑的等级制度、建筑的艺术形式及严格的料例功限以杜防贪污盗窃被提到议事日程。哲宗元祐六年（1091），将作监第一次编成《营造法式》，由皇帝下诏颁行，此书史曰《元祐法式》。

② 详见王禹浪《北室韦吐纥山新考》，未刊稿。

但是其地理位置与古城的特征则是北室韦部落中较为重要的筑城，其下限虽为辽金，但是其建筑的年代可能始于室韦。此外，如果说西沟古城是目前黑龙江上游流域右岸规模较大的古城遗址之一，则是正确的。然而，我们应该更加宏观的看待西沟古城，要从整个黑龙江流域中、上游左、右岸尚存的逊克县河西古城、西石砬子古城、萝北县江岸古城等。更为重要的是我们尚没有全面开展黑龙江流域上、中游右岸的调查工作，也很难断定在这一广大区域内再不会有其他古城的发现。更为重要的是，在历史文献中尚没有发现有关北魏时期的室韦国王城的记载；而只有室韦国。唐设室韦都督府，辽设室韦国王府，显然上述作者所说的西沟古城即老羌城之室韦国王府的推断，虽然证据不足但是其说值得学术界揣摩。

依据上述的考证；西沟古城所在的公必拉河流域在北魏时期，当属室韦部落之一无疑，而在隋唐则属于北部室韦中的九部之一，这九部室韦就是《隋书》《旧唐书》《新唐书》《唐会要》中记载北部室韦。我们还需要进一步分析文献，深入考证公必拉河流域的西沟古城到底是属于室韦的哪一个不落。西沟古城的辽金时期特征，则说明了辽金时期被沿用的可能性。有趣的是，西沟古城的南北二城都修筑在公必拉河的左岸之地，似乎是构成了对右岸的防御态势，这一点是值得考虑的。特别是西沟古城南北二城所发现的大量的穴居坑，既与室韦人冬则入山穴居有关，也与黑水靺鞨人的生活习惯相近，唐朝时期黑水靺鞨人曾经受渤海人的北攻战略，迫使黑水靺鞨的发展空间只能沿着黑龙江向西发展。西沟古城地处东部室韦的地域，距离黑水靺鞨较劲，这些具有大量穴居坑的古城能否就是属于黑水靺鞨西渐东部室韦的一种现象呢？这一点还需要深入研究。

最近，治东北史地大家魏国忠先生和治西北史地学家杨富学先生连续发表了数篇文章，他们在解读外蒙古地区发现的唐代仆固乙突墓志碑中碑文考证中，填补了这一方面的学术空白。并为考证西沟古城的唐代室韦与黑水靺鞨的关系提供了重要的旁证资料。

结语　唐设室韦都督府的历史背景与西沟古城关系

正如魏国忠先生指出：“由于黑水靺鞨人所固有的“恒为邻境之患”的传统，其势力的扩张并不限于牡丹江流域中游一带的拂涅部故地，以及阿什河流域的安居骨部故地和那河流域上游一带和今吉林、黑龙江两省交界地带的拉林河流域的伯咄部故地；也完全可能利用此前东突厥汗国和薛延陀政权相继败亡后、黑龙江流域西部地带一时之间并无新的强大势力出现的机遇，而逐渐地向邻近的达末娄、乌罗护、室韦诸部的地界进行蚕食和扩张，即将其势力范围扩展到了松嫩平原的一些地面；不止于此，似也不能排除其向今大兴安岭地区一带进行扩张的可能性，甚至于岭西一带的霫部或白霫都有可能成为其蚕食和渗透的目标。这都表明，在高丽灭亡后的十来年间，主要是由于黑水靺鞨人的四出扩张活动而使当时的黑龙江地区处于动荡不定的局面，从而给各族人们的社会生产和生活带来不小的冲击和干扰。”于是，唐朝为了阻止黑水靺鞨向西扩张，就组织了东征靺鞨的重大战役。

这种东征靺鞨的事实，虽然在文献中尚没有发现更多的线索。但是在2009年夏季，蒙俄考古队在蒙古地区的中央省发现了一统重要的石碑，其碑文中有“东征靺羯”之语。无疑，这是验证了魏国忠先生的推断是正确的。尤其是对解释黑河市瑷珲区西沟古城的出现的时间与历史背景，有了较为重要的旁证。为了更深入一步了解这统石碑的发现经过，我们根据台湾《中原与域外》杂志上刊登的台北政治大学历史系所撰写的文章中引用了该碑文。

根据台北《中原与域外》杂志，介绍了2009年夏天，蒙俄考古队在蒙古中央省扎马尔县发掘了一座唐代墓葬，出土了一件重要的唐代墓志铭。① 墓志为正方形、石质，边长75×75厘米。志盖篆体文字为“大唐金/微都督/仆固府/君墓志”，墓志首题为“大唐故右骁卫大将军金微州都督上柱国林中县开国公仆固府君墓志铭并序”。墓志共28行，行31字。

① 见台北《中原与域外》，台北政治大学历史系2012年版，无作者名。2009年夏，由蒙古国游牧文化研究国际学院的敖其尔（A. Ochir）教授和俄罗斯考古学家丹尼洛夫（S. V. Danilov）率领的蒙—俄联合考古队，在蒙古国的中央省（Töv Aimag）扎马尔县（Zaamar Süm）的Shoroon Bumbagar地方，发掘了一座大型唐代墓葬，出土各类器物770余件。从所出墓志看，墓主人为仆固乙突。仆固乙突墓的外垣长宽110×90米。墓高5—6米，墓封土堆的直径为30米。墓室底部距地表6米。墓室长宽3.6×3.5米。墓室内的木质棺椁中有男性骨骸一具，棺椁外有陶俑和木俑70余件。陶质骑马俑和站立俑与唐墓通常所见者基本相类，木俑一部分带有麻布衣裙，一部分没有。木质俑中还有相当一部分动物俑，如山羊、马、鹅和鱼等。

公讳乙突，朔野金山人，盖铁勤之别部也。原夫石纽开基，金峰列构，疏枝布叶，拥/□塞而推雄，茂族豪宗，跨龙城而表盛。亦有日磾纯孝，泣画像于汉宫，日逐输忠，/委□□于銮邸。求诸史谍，代有人焉。祖歌滥拔延，皇朝左武卫大将军、金/微州都督。父思匐，继袭金微州都督。并志识开敏，早归皇化，觇风请谒，匪/独美于奇肱，候日虔诚，本自知于稽颡。公幼而骁勇，便习驰射，弯弧挺妙，得自乘/羊之年，矫箭抽奇，见赏射雕之手。及父殁传嗣，遂授本部都督，统率部落，遵奉/声教。回首面内，倾心尽节。俄以贺鲁背诞，方事长羁，爰命熊罴之军，克剿犬羊之/众。公乃先鸣制胜，直践寇庭，无劳拔帜之谋，即取搴旗之效。策勋叙绩，方宠懋官，/诏授右武卫郎将，寻授护军，封林中县开国子，俄除左武卫大将军。至麟德二年，/銮驾将巡岱岳，既言从塞北，非有滞周南，遂以汗马之劳，预奉射牛之礼。服既荣/于饰玉，职且贵于衔珠，厚秩载隆，贞心逾励。及东征靺鞨，西讨吐蕃，并效忠勤，亟/摧凶丑。哀录功绩，前后居多，寻除右骁卫大将军，依旧都督，加上柱国，林中县开/国公，食邑一千户。频加宠授，载践崇班，迈彼毡裘之乡，参兹缨冕之列。光/膺启国，既锡茅土之封，趋步升朝，且曳桃花之绶。方谓高情壮志，媲金石而同坚，/岂图脆质小年，与风露而俱殒。奄辞白日，长归玄夜。以仪凤三年二月廿九日遘/疾，终于部落。春秋卌有四。/天子悼惜久之，敕朝散大夫、守都水使者天山郡开国公麴昭，监护吊祭，/赙物三百段，锦袍金装带弓箭胡禄鞍鞯等各一具。凡厥丧葬，并令官给，并为立/碑。即以其年岁次戊寅八月乙酉朔十八日壬寅，永窆于缬碖原，礼也。生死长乖，/哀荣毕备，深沉苦雾，方结惨于松茔，飚飑悲风，独含凄于薤铎。对祁连而可像，寄□勒而有词，述德表功，乃为铭曰：/西峙葱山，北临蒲海，土风是系，英杰攸在。叶贯箭锋，花分骑彩，孙谋有裕，祖袭无/改。束发来仪，腰鞬入侍，/天德斯溥，人胥以洎。献款毕同，输忠靡异，临危效节，致果为毅。畴庸启邑，疏爵命/官，从军拥旆，拜将登坛。赫弈光显，荣名可观，方奉/明时，遽归幽穸。壮志何在，瓌容共惜，鹤陇俄封，鸡田罢迹。月落无晓，云来自昏，鸟/切响于鸿塞，人衔悲于雁门，庶清尘而不泯，纪玄石而长存。

对于上述碑文的考订，除了台北政治大学历史系的上述文章外，主要是治西域史地研究的著名学者杨富学先生与东北史地大师魏国忠先生，二位先生对该碑文的考订各有侧重，杨富学先生主要针对墓志的主人仆固乙突的家世及其内回鹘九姓进行了认真的梳理和考证。并对铁勒部的分布进行了校雠。[①] 魏国忠先生则从碑文中所见的“东击靺羯”一语，进行了全背景下的历史背景的考证，尤其是对于唐朝派遣仆固乙突率邻近部落，诸如达末娄、乌洛侯、室韦等族；组织了一场阻止黑水靺鞨向西扩张的东征靺羯之役。这里碑文中明确用的是“东征”而不是“东击”，而“靺羯”即所谓靺鞨，更进一步说这个时期的靺鞨在黑龙江流域的就是黑水靺鞨。这就说明了这是一场旷日持久的征伐战或征讨战，乙突是代表唐朝对黑水靺鞨进行征讨，绝不是一次战役所能够解决问题的大型战役。

应该说，这是由许多个小的战役构成的一次远征之役。此时的靺鞨已经不是靺鞨七部时期的靺鞨，而是在靺鞨七部彻底的分化以后形成的南北二大部落，即南部粟末靺鞨建立了渤海国。北部黑水靺鞨强盛时吞并周边诸部，如安车骨、伯咄等部均被黑水靺鞨并合，建立了强大的十六部落联盟。唐朝为了分化黑水靺鞨与渤海的关系，在黑水靺鞨中设立了黑水军、黑水州与黑水都督府。黑水靺鞨向松花江以南发展的势头被渤海国于唐朝所阻。于是，黑水靺鞨则开始沿着黑龙江流域向中上游地区发展。由此，黑水靺鞨就势必与黑龙江流域中、上游地区的室韦、达末娄、乌洛侯等族发生了冲突。在这样的历史背景下，这些居住在黑龙江上、中游地区、包括嫩江上游地区的大、小兴安岭地域的室韦等族；在唐朝的带领下联合多部开始了东击黑水靺鞨的战争。于是，在仆固乙突的墓志铭中所出现的“东征靺羯”实际上就是东征黑水靺鞨。[②] 仆固乙突是铁勒部人，亦即铁丽，又写成丁零，也是辽金时期的敌烈部。仆固乙突死后被埋葬在自己的故乡即唐代的金徽州之地。碑文记载了仆固乙突是死于高宗仪凤三年（678），由此可以推断他所率领的东征靺羯大军的时间只能在此前而不会在其死后，我们推断当在高句丽被灭亡后

① 见杨富学《西与研究》，《唐代仆固部世系考——以蒙古国新出土仆固氏墓志铭为中心》2012 年第 1 期。墓志称仆固乙突死于高宗仪凤三年（678），年四十四，则其生年应是唐太宗贞观九年（635），金微州设立时他已经十三岁。

② 见魏国忠《浅议黑水靺鞨的勃兴》，《渤海大学学报·哲学社会科学版》2016 年第 4 期。

（668）之后。也就是说，仆固乙突率众征伐黑水靺鞨的时间不超出668—678年这十年间。因为，高句丽被灭亡后，东北南部、中部出现短暂的真空。黑水靺鞨人趁机西扩、南扩，并占有了松花江流域中游和下游，以及黑龙江流域的中游地区，甚至包括了嫩江上游地区，而黑河地区所属的西沟古城、四方山古城、河西古城、西石砬子古城、库尔滨河古城等等可能就是黑水靺鞨沿着黑龙江逆流而上时所建立重要军事据点。黑水靺鞨势力的做大不仅使得周边其他部族受到了威胁，更为重要的是对于唐朝在嫩江、松花江、黑龙江流域上游都受到了严重的冲击。

仆固乙突墓志发现的最大意义，就是重新确定了唐代金徽州的所在地的问题，同时也是考证铁勒诸部的分布地域。特别是纠正了由谭其骧先生主编的中国历史地理中将金徽州确认在蒙古东部的肯特山一带，即今鄂嫩河流。“由于仆固乙突墓的发掘和仆固乙突墓志的出土，我们可以肯定地知道，仆固部的中心地区应在今蒙古国中央省与布尔干省交界处的图拉（即土拉）河流域，比过去学者估计的要靠西。以此为基准，铁勒各部的位置都要重新考察。”① 黑河地区的西沟古城很可能就是建于黑水靺鞨西进，唐军东征靺鞨的时间段。因为，西沟古城南北二城的建筑特点，及其选择的地理位置，以及大量发现的穴居坑都说明黑水靺鞨的文化已经在这里出现。

唐朝灭亡高句丽之后，立即在其地分置都督府九、州四十二、县一百，并置安东都护府以统之。将高句丽故地置于唐朝的直接管辖之下，并大有继续向东北发展的趋势。在这样的背景下，唐朝政府利用铁勒部及其周邻地区各部族由西向东沿黑龙江流域上游直捣黑龙江中游地区的靺鞨，此为东征靺羯之役的历史背景。其具体东征靺羯时间可能在673年前后，进军路线是由西向东。乙突实际上是作为这次唐朝政府委派的铁勒等诸部联军的指挥官，他所率领的诸部联军实际上是沿着黑龙江上游沿江而下，水陆并用东征靺羯（黑水靺鞨）。与此同时，唐军可能也在嫩江上游一线布置了由契丹、室韦、乌洛侯等部族的联军，以防黑水靺鞨西串或南下。唐朝在东征靺羯取得战果后看到了居住在嫩江以东，黑龙江以西之地居住的北部室韦的九姓是值得利用的力量，于是加强了唐朝

① 见台北国立政治大学历史系《中原与域外》，《蒙古国出土的唐代仆固乙突墓志》2012年6月。

在北部室韦地区的控制，唐贞观三年（630），设立师州。此后，公元八世纪初，唐朝在东北地区看到了渤海国崛起，要想控制渤海国做大，唐朝又及时调整了方略，即与黑水靺鞨联合控制渤海国，并在黑水靺鞨地设立黑水州、黑水军与黑水都督府，在嫩江流域上游设立室韦都督府，在渤海国设立忽汗州都督府。此并分置于营州、安东都护府管辖，黑水靺鞨西进受挫，便积极加强其沿牡丹江南下和沿松花江南下的意图，很快便占领了大片土地。黑水靺鞨的不断做大导致了唐朝营州方向的注意，并开始阻止其南下。于是，就发生了唐朝与黑水靺鞨在粟末水之战事件发生。①

黑河地区的西沟古城当然受到了室韦都督府的管辖，室韦都督府辖区，包括今石勒喀河、鄂嫩河、黑龙江上游、嫩江流域，北至外兴安岭一带。唐朝末年至五代初，室韦族诸部逐渐被契丹人所吞并或与之融合，室韦都督府也随之解体，前后存约百余年。继唐朝之后的辽朝在吞并了南部室韦之后，为了统治北部室韦等诸部，又设置了辽朝室韦国王府。

第七节　地方志文献所见黑河市西沟古城及其调查经纬

黑河市所发现的西沟古城在历史文献中失载，只有在民国九年（1920）的《瑷珲县志》、1986 年的新编《瑷珲县志》，以及 2015 年，由中国文物出版社出版的《中国文物地图集·黑龙江分册》中；对黑河市西沟古城有所记录和著录。前两部《瑷珲县志》对西沟古城没有进行断代，而后一部《中国文物地图集·黑龙江分册》对西沟古城不仅进行了考古学的描述，而且对其年代进行了模糊推断。长期以来，学术界几乎没有任何人对该城进行过深入研究。本节是西沟古城的系列研究的一部分，主要是梳理地方文献对该城的记述与著录，并对历史上针对该城进行过的实地调查按照年代如实回顾，并提出今后西沟古城研究的主要问题。

西沟古城分为南北二城，分别位于黑龙江省黑河市爱辉区西沟村迤西 3.5 公里，西南 7.5 公里公必拉河左岸的小兴安岭高山台地上，西沟古

① 见魏国忠《唐与黑水靺鞨之战考》，《社会科学战线》1985 年第 3 期。

城俗称老羌城、老枪城、或西沟古城，依据考古学遗址命名的规律，现统称为西沟古城南北二城。由于西沟古城南城较大周长2.7千米，习惯称之为大西沟古城，而西沟古城北城周长2.1千米故称小西沟古城。（以下均称西沟古城）西沟古城濒临黑龙江中、上游结合部右岸支流公别拉河的中、下游左岸之地，是黑龙江流域右岸中、上游结合部重要的古代民族筑城。西沟古城地势险要，形制复杂，规模宏大，并由大、小两座山城组成，扼守着公必拉河通往黑龙江右岸的水陆要冲之地。尤其是小西沟古城更是坐落在通往肥沃的瑷珲盆地的隘口，站在小西沟古城的山口可以眺望开阔的瑷珲平原。由大、小西沟古城沿公必拉河上溯，可以直达黑河地区的山地最高峰大黑山，并沿着山谷川地直达嫩江上游。应该说这里是我国东北腹地松嫩、松辽大平原通往黑龙江中上游地区左右两岸，结雅—布列亚河盆地与黑龙江中下游地区的交通枢纽和战略要地。西沟古城历经多次文物工作者实地调查，积累了一定的成果，但学术界始终未能从黑龙江流域古代筑城与族群关系、历史地理的空间分布、迁徙路线和古代行政建置、道路交通的角度对该古城给予必要的关注和深入研究。本节在梳理地方志文献和历次考古调查收获的基础上，拟对西沟古城及与之相关的一系列学术问题进行综合研究，进而深化学术界对黑龙江流域古代筑城史研究及其对西沟古城的认识。不仅如此，揭示西沟古城历史之谜，还能够对黑河市的城史纪元以及古代民族在黑河地区建城的起源等问题具有十分重要的现实意义。

一 地方志文献所见西沟古城著录与地名疏证

对于西沟古城的记载，最早见于民国九年（1920）《瑷珲县志·卷一》记载："西沟屯迤西，山中有古围一处，四门、周墙土迹确在，四面，均在十余里，地方人民俗称老羌城。想系康熙以前俄人占据之地。"自20世纪70年代以来，经多次考古调查只发现大西沟古城，即老羌城只有北部城墙，其他东、西、南三面均濒临陡峭的山崖或深沟。北部城墙呈东西走向，全长为350余米。城墙的东端与公必拉河左岸的悬崖紧邻，并辟有一门，其余三面均未见城墙与城门。东、西、南三面均依山势濒河流或沟壑凭险而设，民国九年（1920）《瑷珲县志》所说的"四门，周墙土迹确在，四面，均在十余里"目前虽不能确认，但是在我们最近的调查与航拍记录中，可见濒临陡崖处实有人工修筑的痕迹，但城门及所谓土围已经很难辨认。根据卫星定位地图测量，大西沟古城距离西沟村西南5.5公里，此与《瑷珲县志》的上述记载的方位虽有偏差，但是大致不误。最后，民国期间的《瑷珲县志》在叙述了西沟村古城之后，又加注了“想系康熙以前俄人占据之地”的字样，“想系”当然就是一种推测，且无依据，就系何人所筑之城后文将有详细说明。

时隔66年之后，1986年由爱辉县修志办公室编撰的《爱辉县志·文物古迹篇》记载：“1981年文物普查，大西沟古城，西沟大队西南20里，待考。小西沟古城，西沟大队西南16里，待考。”① 这里所谓的“大西沟古城”与“小西沟古城”即老羌城、小羌城。大西沟古城位于黑龙江省黑河市爱辉区西岗镇西沟达斡尔民族村南16里的数字不够准确，编者在新《瑷珲县志》中没有表述清楚。这里指的究竟是公里数还是华里数，尚不清晰。根据刘中堂比对谷歌地图地形图的实际测量，西沟村距离大西沟古城的直线距离为5.5公里。需要说明的是这只是直线距离，而不是绕行大西沟古城的距离。因为，要想从西沟村进入大西沟古城就必须穿过公必拉河，从该河右岸绕行至左岸再沿山中防火通道进入山谷，到达大西沟古城北部城墙的城下，这个距离远不止8公里，且与16公里数也不相合。值得高兴的是在新《瑷珲县志》中纠正了老《瑷珲县志》中大西沟古城在“西沟屯迤西”的方位，确定其位置在西沟村之西南，这是正确的。因为我们根据谷歌地形图的测量结果，大西沟古城处在西沟村偏西50度的位置上。在考证和处理大西沟古城或小西沟古城的断代问题上，新《瑷珲县志》的作者显然持较为谨慎的态度，没有沿用老《瑷珲县志》的“想系康熙以前俄人占据之地”的推测的观点，而只是在大西沟古城与小西沟古城的后面加上了“待考”的字样。此外，1986年出版的新《瑷珲县志》较比民国期间修撰的《瑷珲县志》中最大的功绩在于增加了小西沟古城的记述，这是填补和充实了民国时期只记录大西沟古城的不足及历史空白，说明了编者积极地采用了20世纪70年代末期到80年代，第一次全国文物普查的成果，这是非常值得后人学习的地方。

值得注意的是；如果我们仔细分析民国时期编撰的《瑷珲县志》中队西沟古城的记载，似乎并非是对大西沟古城的描述。从方位上看；民国《瑷珲县志》所记述的“西沟屯迤西，山中有古围一处，四门、周墙

① 爱辉县修志办公室：《爱辉县志》，北方文物杂志社1986年版。

土迹确在，四面，均在十余里，地方人民俗称老羌城”并非是大西沟古城。例如：“西沟屯迤西”说明了在西沟村偏西处，今小西沟古城的确在西沟村的偏西处，据刘中堂测量当“偏西79度”，基本就是偏西而非西南。“山中有土围一处，四门、周墙土迹确在，四面。”如果我们打破老羌城即大西沟古城，小羌城即小西沟古城的传统观念的话，正确的去理解民国《瑷珲县志》中的记载，其实根本不是今日人们所指的大西沟古城。因为，今人所知的大西沟古城只有一门一墙，而非四门、四墙，山中有一古围，周墙土迹确在；所指的就是今日小西沟古城无疑，因为编者所用“确在”之语是非常肯定用语。因此，我们认为大、小西沟古城或称老、小羌城在历史与现实的称谓与定位过程中出现了很大偏差，这是值得厘清的问题。因为民国《瑷珲县志》强调了“西沟屯迤西，山中有古围一处，四门、周墙土迹确在，四面，均在十余里，”经过我们的勘察，只有今日人们称为小西沟古城的遗址方符合上述民国期间《瑷珲县志》的记载。大西沟古城则只有北墙，东、西、南三面则均为陡崖与沟壑，根本无城墙的痕迹。因此，所称的“山中古围、四墙、四门，周墙土迹确在”实与大西沟古城的遗迹不符。

关于“老羌城”的“老羌”一词含义较为复杂，归纳起来大致有如下几种解释：

其一，对入侵黑龙江的俄罗斯哥萨克人的称谓。因哥萨克凶残狡猾，清初之际的文献及其民间常称其为罗刹、逻车、罗禅、罗察、老羌、老枪等，即将其视为中国佛教中食人肉的恶鬼。清初编纂的《平定罗刹方略》记载：“罗刹者，鄂罗斯国人也，鄂罗斯僻处西北绝域，自古不通中国。其人则犷悍贪鄙，冥顽无知。所属有居界上者，与黑龙江诸处密迩。我达斡尔、索伦之人，因呼之为罗刹。”“老羌”可能就是“罗刹”的音转。

其二，因俄罗斯人善用枪炮而得名。清初宁古塔流人吴兆骞的《秋茄集》载：“逻车国人，深眼高鼻、绿眼红发，其猛如虎，善放鸟枪。”“逻车一种，近为边患，其国与西洋相邻，碧眼黄发，善用火枪，酣战不用衣甲，此去二三万里。”“逻车”即“罗刹”的音转。来自西方的火枪技术通过黑龙江流域传入清朝，也使黑龙江流域的土著民族首次获得了这种在当时较为先进的火器认识。当地居民便称呼俄罗斯人为“老枪”，后衍化为“老羌”。

其三，清人徐宗亮等撰《黑龙江述略》载：“中俄在大黑河屯通商，多以俄帖交易，谓之羌帖，以银易帖，与中国帖价略同，冰合则贱，冰泮则昂，以行销畅滞之故，而中帖则不行也。俄本羌种之遗，各城有老羌瓜、老羌菜、老羌斗诸名，皆自俄境来者，讹羌为枪，不知何时。羌帖上具俄文，纸亦坚韧耐久，无作伪者，黑龙江城境悉通用之。”

其四，可能与原活动于此的古代民族有关。中国古代多用“蛮夷戎狄羌”等泛指华夏文明周边的四夷族群，“羌”主要用于泛指中原以西或西北的游牧族群，故有“西羌牧羊人”之说。以炎帝为首领的炎族集团是中国历史上较早出现的羌人部落，但不排除在历史演变过程中，有西部羌人族群通过中国“边地半月形传播地带”进入黑龙江流域。也存在以“羌”泛指黑龙江流域土著族群的可能性，但目前这种推论尚未找到实质性证据。

其五，清初评定三藩之乱后，吴三桂所属的云贵地区的部众被强迁至黑龙江流域，专门从事管理驿站的站丁，被俗称为站人。黑龙江的地方称这些这些云贵迁来的部众为站丁或羌人。

笔者认为“老羌（枪）”与俄罗斯人有关的可能性较大，即与“罗刹”系同音异写的关系。“老羌”与“罗刹”的确存在音同字不同的关系。清代将许多与俄罗斯有关的事物均冠以“老羌”或“老枪”，如清代道光年间流人英和在《龙沙物产十六咏》中有《老羌瓜》一篇，《龙沙纪略》中还有老枪菜、老枪谷、老枪雀的记载等。但是大西沟古城的老羌城之地名的来历当与大、小西沟古城建筑年代有着截然不同的关系，大、小西沟古城的建筑年代显然远远早于明清之际俄罗斯人进入黑龙江流域的时间，“老羌”一词可能也与黑龙江流域古代民族的活动有关，抑或清代黑龙江流域尤其是黑河地区专门称呼罗刹人所使用的物品为“老羌”的流行语。大小西沟古城之所以被称之为“老羌城”则是来之于民国年间编撰的《瑷珲县志》，“地方人民俗称老羌城”之语，则是民国年间编撰者在《瑷珲县志》编写过程中对西沟古城做了详实的调查，因为编者搞不懂这老羌城为何年何月，故有“想系康熙以前俄人占据之地”的推测。为了疏证老羌城的真实地名，我们将目前的老羌城按照临近的村庄地名命名为大、小西沟古城。有关大、小西沟古城的的历史地名尚需进一步研究。

比较遗憾的是，郝思德与已故张鹏先生在 1991 年发表在《北方文物》上的《黑龙江省黑河地区发现的古城址》一文，根本没有把大、小西沟古城列入其中。说明了他们还不了解西沟古城的重要性。更没有注意到民国《瑷珲县志》与1986年编辑的《瑷珲县志》中对老羌城或西沟古城的记载。是因为他们没有查阅瑷珲县志，抑或忽视了瑷珲县志的古迹条对西沟古城的著录。[①]

2015年，由中国文物出版社出版的《中国文物地图集·黑龙江分册》正式出版，在该书中的黑河地区文物地图中，明确标注了西沟大古城和西沟小古城的位置。说明在编撰过程中瑷珲区西岗子镇大、小西沟古城的位置及其信息已经由地方文物部门准确的提供给地图编撰者。特别值得一提的是，本书已经将原有的老羌城和小羌城的地名修改为西沟大古城和西沟小古城。在该书的第590页黑河市区文物的文字著录部分，还附有详细的说明。[②] 显然《中国文物地图集·黑龙江分册》一书，对西沟古城的著录较之民国《瑷珲县志》、新中国编辑的《瑷珲县志》都甚为详实准确。说明编著者针对西沟古城进行了认真的测量与记录。当然，对于西沟古城的记录还存在着漏记细节部分；如对大西沟古城的瓮门、马面没有记录，这是非常遗憾的。其次，对于西沟小古城的特殊的地理形势如该城坐落在青春河与公必拉河交汇处的夹角高台地上缺少描述，古城所在位置的整个山脊台地上到处分布着穴居，以及靠近公必拉河的三级台地上的平台遗址、靠近青春河附近的圆形平台都没有详细的记载。古城址外侧的大量穴居坑表明了该城的实际面积不应该只算作城墙内，而是应该包括了古城外部的山脊与平台上的大量穴居坑。更为重要的是，该书对大、小西沟古城的断代为汉—南北朝时期。这种断代实际上是采用了模糊概念，如果从西汉初年到魏晋南北朝结束，期间是500多年的历史，西沟古城在漫长的五百多年间究竟怎样的变化都是很难说清楚的事。西汉初年，黑河地区曾经是北夷索离国的居地，魏晋南北朝时期黑河地区则属于室韦地。此外，根据大西沟古城存在马面、瓮门的特点已经表明为辽金代古城的形制，但是小西沟古城则不存在马面的特点说明了二

① 见郝思德、张鹏《黑龙江省黑河地区发现的古城》，《北方文物》1991年第1期。

② “西沟大古城（西岗子镇西沟村西南7.5公里·汉—南北朝）平面呈不规则型，东、西、南三面为峭壁，西北面为缓坡，呈东北—西南方向筑有一道城墙，长约390米，残高2—3米，基宽13米。墙外有壕，深约0.5米。城内分布有圆形地表坑多处，直径为5—8米。”

“西沟小古城”（西岗子镇西沟村南5公里，汉—南北朝）城址平面呈正方形，边长200米，城墙堆土筑成，基宽约8米，残高约1米，城内分布有地表坑多处。见《中国文物地图集·黑龙江分册》，中国文物出版社2015年版，第590页。

城的建筑时间上可能有很大的差异性。然而，大、小西沟古城的城垣都是堆土筑成和均具有穴居坑的特点又表明了他们之间的文化共同性问题。

二　中华人民共和国成立后对大、小西沟古城的调查经纬

对于西沟古城的发现与调查，始于20世纪70年代中期，诚然调查的线索就是依据民国时期所编撰的《瑷珲县志·卷一》对老羌城的著录。根据吴边疆同志所提供的有关西沟古城的调查资料可知，[①] 第一次实地考察西沟古城是在1976年6月13日，当时正值全国第一次文物普查，由原瑷珲县文化馆馆长白长祥与方伦荣（上海知青），及林业站检查员勾成海（当年58岁）为向导组成了瑷珲考察分队，针对西沟古城即老羌城进行了最初调查。下面是吴边疆提供的当年白长祥先生所撰写的调查笔录（笔者按：为了保证对白长祥先生当年的记录西沟古城的原始性真实性，以下笔录没有进行任何加工整理）：

大羌城位于西沟大队（村）西南的三十余华里的大老羌城山顶上。东端是陡峭的山崖，崖下是公别拉河，西端是小窟窿沟，古城东西二侧均有河水环绕。城墙东西长约550米，城墙底宽6米，顶端2—3米，高2—2.5米，有大小城门四个，城楼三个都已经塌陷，在东端城墙头上向南眺望，可隐约看到陡沟子村，在距城墙内侧2米处有每30—40米，有一个土包，共计4个，直径5.5米，其中第三个为炮台遗址。在离城墙内侧3米处有一条约200米长的壕沟，城内有9个土坑。我们在老羌城遗址拍了五张照片，在大城门和城堡已塌陷的土坑中，我们试掘了几处红烧土，尚未发现其他的遗物。随后我们又步行15里到小羌城遗址进行调查。

小老羌城位于西沟大队西南，东南山下是公别拉河，此处，地势险要，居高临下，难攻易守，在小羌城里有一道壕沟，约200余米，还发现两山头各有壕沟一条，大小土坑20余个，似是炮台遗址，在这里拍了照片。

在西沟大队，我们走访了几位老人询问这一遗址有关问题，看法不一，众说纷纭。

---

① 见吴边疆《西沟古城历次调查报告》，未刊稿，2016年12月。

一说，光绪二十六年（1900年）跑反（海兰泡惨案），老毛子（俄国人）从齐齐哈尔回来建的。

又说，清康熙以前，大岭这一带都是俄罗斯人的地方，康熙皇帝派兵把俄罗斯人赶走了。

从我们实地调查来看，两处城堡虽位于山顶，但是，从大老羌城至小老羌城之间有约15里长的小岗，地势平坦，适于农耕，山林茂密，野兽踪迹很多，又适合狩猎，其次山下是公别拉河，至今尚有人在这里捕鱼，适于人类居住，难怪现在有人曾计划在此开辟村落。

由于时间仓促，准备工作不充分，没有进行深入细致的发掘，没有发现文物，因此，这一遗址是何人、何时所建，目前尚难以断定。建议对这古城遗址作进一步的踏查和细致发掘。（爱辉分队1976年6月19日）

第二次调查西沟古城

时隔五年后，即1981年秋，第二次全国文物普查开始，吴边疆与黑河地区文管站负责人张鹏、杨军、黑河地区文工团朱东利、爱辉县图书馆王春复、西岗子文化站站长刘复成等人，继续对西沟古城进行了实地踏查。据吴边疆回忆：“当时上山只有荒草丛生的山道，如无人带领，你是没法找到上山的路的。当时村里派了一位姓勾的老人，耳朵背，当地人称其为‘勾聋子’，即白长祥说的勾成海。他带着猎枪和一条狼狗上了山，率领我们走了两三个小时，穿越了荆棘遍地的野地和耕地羊肠小道，才来到古城。当时古城与现在的情形无异，只是现在修了上山的防火路。开越野车能直接开到古城墙边。古城东北是悬崖峭壁，东北方向就是陡峭的夹皮墙。山下公别拉河水从东边转北环绕，淙淙流淌。极目远眺，群峰巍峨，山峦起伏，时值仲秋，山上山下郁郁葱葱。

城墙东北角有一朝北城门，城墙高约两米多，周围树木丛生，荒草杂芜。我们量了一下，没有发现什么东西，就下山来，一晃，这是三十四前的事情了，同去的张鹏、西岗子文化站长刘复成、勾老汉都已经作古了！”

当时先后去了大、小羌城。

第三次调查西沟古城

1999年黑河市文物管理站张鹏、于东声、瑷珲区文管所何晓光三人对西沟古城进行第三次踏查。此次踏查因为在山上发现了热乎的熊粪，知道黑熊就在附近，就匆匆下山了。遗憾的是没有对西沟古城进行实质性调查。（根据吴边疆先生的回忆）

第四次调查西沟古城

2009 年夏天，吴边疆先生与黑河市户外徒步爱好者一起考察了西沟古城，这次考察完全是在吴边疆先生策划下进行的一次户外活动的非专业考察西沟古城。这有个古城，他们从西沟电站处向南，走了约三十多公里山路，并从公必拉河左岸沿山脚东南坡登上了西沟古城。

据吴边疆回忆："大西沟古城城墙东面临公别拉河，盘旋环绕，城墙东北处有一夹皮墙，还有像石人一样的石头，伫立古城之东北角的山上，这里风光秀丽。城之北河道边有一参天古枫树，树大两人合抱才能合上，河谷植物众多，是黑河户外人近些年发现的一个好景点。此后，为了拍摄风光，我又来到大西沟古城数次，并结识了西沟村党支书姬贵纯。由他带领，又登上了这座古城，姬书记说，在上山的公路岔道大约 5、6 公里处还有一座小羌城，因为当地农民种地，原貌已经不太好找了。"

第五次调查西沟古城

2016 年夏天，时隔四十年，白长祥（原爱辉区宣传部副部长）又登上了老羌城即大西沟古城。2016 年秋，曹明龙（省侨联副主席）、刘克东（爱辉区政协副主席）又对白长祥、吴边疆进行了解，并去老羌城实地踏查。在曹明龙、刘克东等人考察了老羌城之后，瑷珲区领导通过曹明龙、刘克东等汇报考察情况和他们的意见，为老羌城命名为"金代千年老枪城"，并开始在瑷珲区展开宣传。

第六次调查西沟古城

2016 年 9 月，大连大学东北史研究中心主任，东北史地筑城史专家王禹浪教授，在黑河学院参加《首届黑龙江流域与俄罗斯远东学术研讨会》期间，多次听到谢春河教授与吴边疆同志介绍西沟古城即老羌城之事。由于笔者长期从事东北古代筑城研究，而对黑河市瑷珲区西沟村的老羌城却不知情，这是非常遗憾的事情。于是，在会议之后我决定和我的同事大连大学东北亚研究院院长张晓刚教授、王文轶讲师，在黑河地方史学者吴边疆、刘东龙、盖玉玲、西沟古城所在地的西岗子镇镇长赵久，西沟村党支部书记姬贵存的陪同下考察了西沟古城。

我们在赵镇长的带领下，从高速公路来到西岗镇换乘防火越野专用车，向大西沟古城进发。考察队沿途路经梁集屯、西沟村，西沟村亦称老羌屯，从公必拉河右岸穿越大桥来到左岸，西南行数里至护林防火站值班室，东南折入山，进入防火通道，道路崎岖不平，行约数公里到达大西沟古城北部的城墙脚下。从早晨9点一直到下午1点多，我们围绕着大西沟古城北部城墙和周边断崖行走了四个多小时，详细考察了大西沟古城的城墙走向与古城形制及其特点。本次考察主要有如下几点重要收获：

其一，大西沟古城是借助公必拉河左岸的陡峭的山崖与河流的走向而修筑的，古城的东、南均由公必拉河及西部的深沟断裂带环绕，利用自然走势构成不规则防御体系。

其二，在大西沟古城的北部较为平缓的山坡之地人工修筑了一道城垣，城垣的东端起始于公必拉河左岸的临河峭壁，在城垣与峭壁之间的结合部位修筑了较为复杂的瓮门结构，这是进入古城的唯一通道。城垣的西段则是消失在西部的断裂带的沟壑里。人工修筑的城垣结构由瓮门、马面、城垣构成。也是整座大西沟古城唯一发现的长达380余米人工修筑的城墙，从暴露出的城垣断面上观察，此城垣为堆土筑城，并非夯土版筑。城垣的外部正对着北部的山地，防御方向应该是北部地区，亦是公必拉河流经的下游方向。城垣上由东向西在城墙外侧分布着三个马面，马面的间距在50米左右。马面又称雉堞，主要是起到防御敌人进攻的军事设施，大西沟古城的马面特点较为突出，不同于东北地区辽金古城的马面，也不同于黑龙江流域所发现的其他山城的马面，马面与城垣的结合部是由深沟相隔，马面的周围则有环壕并与城垣外部的护城壕相通。此外，在由东向西的第二个马面比较特别，马面占地面积较大，除与上述马面特点相同外，在马面的中央部位修筑有很大的凹下土坑，可能是马面上的穴居坑，马面就形成了一个较小的城堡形状。这种马面的形制特点在东北地区仅见，究竟起到怎样的功能与作用尚待深入研究。

其三，如从整体上观察，大西沟古城的城垣的性质，是充分利用了此处的山地地形与公必拉河环绕的有利地势修筑了这种阻断式的墙体。即把东部的断崖与西部沟壑用人工修筑的墙体阻断北部较缓的山坡链接起来。这种阻断式的墙体普遍存在于公元5世纪前的高句丽人所修筑的山城之中。说明，当年在修筑此城的选址、功能、结构等方面是颇具匠心的。

其四，大西沟古城的外侧距离城垣20—30米不等的地方有一道明显的人工修筑的堑壕，经过与常年工作在此地的姬贵存书记交流了解到，这道堑壕并非是1949年以后所建，而是与古城墙的修筑年代相关。我们在仔细观察了壕堑周边地形后，发现这一堑壕最终消失在城墙北部偏东出的山坡密林中。堑壕的走势基本上与这道城垣平行，初步判断可能是古城垣外部的一种防御系统的设施，主要是起到缓解城垣的军事防御的压力，如对骑兵的进攻可以减少马队的冲击力等。

其五，大西沟古城西侧的沟壑一直连通着南部的公必拉河，形成天然的古城西部的护城壕。古城的南端则是公必拉河的一个大转弯处，站在古城南端的悬崖峭壁上眺望远方山河壮丽、感慨万千，遥想当年在此处选址建城的决策者真是何等的英明。南部的悬崖距离公必拉河河面足有数十米高，此处少量部署士兵便可以有一夫当关万夫莫开之功效。我们在南端的悬崖峭壁上寻找遗址，终于发现了用石块垒砌的台阶和一处瞭望台遗址。我们沿着古城南端的峭壁向东又折而向北横断古城的中央部，在中心位置偏东处发现了许多穴居坑和用石块垒砌的房屋遗址。在东部的峭壁内侧还发现了人工修筑的隐蔽墙体和城墙内部的马道，马道可以直通古城东北角的城门遗址。

其六，大西沟古城东侧濒临公别拉河，河流由古城南端的峭壁盘旋环绕流经古城东侧后又曲折北流环绕夹皮墙后逶迤东北流去。所谓夹皮墙实际上就是形容此处的悬崖峭壁的陡峭程度如刀削斧劈一般，并与古城的东北角的悬崖仅仅相接，犹如从古城东北角刺出的一柄利刃直刺山间云端。大西沟古城的修建就是在充分考察了这里的险峻的地貌后，根据公必拉河中游的特殊地理环境和小兴安岭的海拔不高，但却十分险要的山城。显然这是控制公必拉河上游与下游的重要通道。下游可直达黑龙江，上游可通往嫩江。公必拉河很早就成为了嫩江水道通往黑龙江的重要孔道。

其七，据向导镇长赵久和西沟村姬贵存书记介绍，在大西沟古城南端的断崖下面有四个较大的墩台，酷似码头的样子。我们推测，可能是当年利用公必拉河河道沟通嫩江与黑龙江干流的孔道而修筑的码头，由于时间关系本次考察未能亲临现场调查码头遗址。

本次考察留下的遗憾有如下几点：

1. 没有测量古城北墙的长度，只是根据赵九镇长的推测大概在350米左右；

2. 没有测量出古城的实际面积；

3. 没有弄清古城的海拔高度；

4. 没有寻找到小西沟古城的位置；

第七次考察西沟古城

2016年10月，黑河学院党委书记曹伯英率领、黑河学院谢春河教授、曹福全教授等人，又一次考察了大西沟古城。对于黑河市郊区所发现的大西沟古城一事，不仅激发了学者们的研究热情，也引起了地方高校领导的高度重视。为了解开这个历史之谜，揭示黑龙江中上游区域古代民族城市文明发展进程，填补黑河上、中游地区古代城史纪元的空白，王禹浪教授首先向黑河学院党委书记曹伯英教授提出了研究计划与方案，黑河学院党委书记曹柏英教授亲自部署，成立了以党委书记曹伯英教授为组长，副校长丛喜权教授为副组长、王禹浪教授为首席专家、谢春河教授为重要成员的“黑河地区古代民族筑城研究”课题项目组，并拨付出专项科研资金30万元开展这一课题项目的研究，此项课题的切入点就选择黑河市郊区的西沟古城。组建了以王禹浪教授为学科带头人的“黑河地区古代民族筑城史系列研究——西沟古城研究”课题攻关小组。10月28日。曹伯英书记率队在黑河市林业局相关人员的陪同下一起考察了西沟古城。主要有如下几点收获和认识：

其一，第一次利用航拍机对大西沟古城进行了航拍，但因航拍机故障而没有拍到城墙，只拍摄了东北角处的夹皮墙。

其二，实地踏查了大西沟古城的北部城墙。

其三，从大西沟古城城墙特点观察，该古城历史悠久，地理位独特，风景秀美。百年来，虽然有一些文献记载和较多的文字报道，但并未开展有效的学术研究。因此，值得进行课题立项，对黑河历史文化发掘、旅游资源开发具有重要价值。

其四，对于大西沟古城的研究应该是有序、有计划、分阶段地进行，可以先从各类历史文献和已有的研究成果（包括考古成果）入手，进行前期理论研究，把老羌城建造和发展可能出现的时间节点、民族归属等历史背景搞清楚。

其五，以大西沟古城研究为突破点，对黑河地区、乃至黑龙江中、上游地区古城进行系统研究，进行历史的整体复原工作，填补该区域古代历史发展的空白，丰富该区域的历史文化底蕴，为黑河城市古代文明与龙江丝路带建设寻找历史依据。

其六，大西沟古城濒临公别拉河中游的大峡谷之侧，原生态保持完好，历史古迹与自然景观有机结合，极具旅游资源开发价值。在学术研究成果的支撑下，可先作为潜在的、可持续开发的旅游资源积极保护，适当宣传、渐进开发。以绿色发展理念，环保先行，进行有限的探幽、度假、养生等特色旅游产品开发。但要把握节奏，切忌过度开发。

本次考察的遗憾之处如下：

1. 航拍大西沟古城墙因航拍机故障失败；

2. 依然没有弄清古城确切面积；

3. 因为积雪覆盖而没有展开对古城全面普查工作；

4. 小西沟古城仍然成谜没有找到小西沟古城的线索；

第八次考察西沟古城

2017 年 2 月 18 日，大西沟古城附近的山川依然白雪皑皑，户外运动爱好者刘忠堂负重航拍无人机，对西沟古城进行了成功的航拍，所拍摄的大西沟古城的城墙、周边山地、河流走向十分清晰，并成为了解大西沟古城最重要的航拍资料之一。这是一次对大西沟古城采用新技术进行深入了解的开始，我们可以从空中俯瞰古城全貌。

第九次考察西沟古城

2017 年 3 月 18 日，在西岗镇组织召开的“首届西沟古城开发与利用学术研讨会”的基础上，黑河学院特聘教授王禹浪先生做了重要的主旨发言，并明确了大西沟古城的年代为金代所建，下一步的工作重点是要找到小西沟古城。3 月 20 日，黑河学院远东研究院王禹浪、谢春河教授撰写的《决策参考》递送给黑河市谢宝禄市长，并说明了研究大小西沟古城的重要意义和价值，并很快得到市长的肯定性批示。于是，3 月 23 日户外运动爱好者刘忠堂、吴边疆，与西岗镇镇长赵久等人一起又一次在公必拉河附近的崇山峻岭中寻找小西沟古城，经过他们的艰辛努力终于在大西沟古城北偏西 3.5 公里处，公必拉河左岸的山地中发现了“失联”近四十年的小西沟古城，这是一次重大的野外调查的再发现。继 1976 年、1981 年之后，白长祥、张鹏、吴边疆等人寻找到小西沟古城之后；再没有人明确找到小西沟古城，即使在黑河市的全国第三次文物普查登记中也没有见到西沟古城的目录。小西沟古城的再发现，标志着我们对西沟古城的全貌进入一种重新认识的开始，西沟古城的概念是由大、小西沟古城组成的一个整体。在公必拉河中游左岸地区的小兴安岭的山地之间，坐落着两座年代逾千年的古代民族筑城，二者之间的直线距离仅有 3.5 公里，小西沟古城的再发现把我们的研究视野引入到一个新的历史阶段。

第十次考察西沟古城

2017 年 4 月 2 日，吴边疆、刘忠堂得知西沟村发现了出土文物，村支部书记姬贵存的引领下，考察了出土文物的现场，并访问了文物收藏的村民。获得了一些重要的文物标本信息，有明清时期与北宋时期的一些铜钱，特别是有日本铸钱“宽永通宝”在此地出土是一个重要的信号，说明日本的宽永通宝已经沿着黑龙江溯流而上进入黑河地区流通的事实。铜镜与铜手镯、银簪、北宋铜钱、清代铜钱、元代铁箭镞等出土，在出土地点还发现了二十多块残碎的各色陶片，更说明了西沟古城附近的西沟村附近是一处重要的贸易交换的场所，很可能是古代的榷场所在地。这里地势平坦、交通方便可能成为历代的常住居民和贸易的场所。同时说明了公别拉河流域对连接黑龙江与嫩江之间的交通贸易商旅、军事文化之间的交流曾经起到过重要作用，这些文物标本的出土最重要的证明了西沟古城周边地带应该是文物出土的重要地区，应该引起我们的高度重视。

第十一次考察西沟古城

2017 年 4 月 3 日，吴边疆、刘忠堂、程刚、姬贵存等人又考察了大西沟古城，发现了十余个穴居坑，并对穴居坑进行了航拍记录。同时，再次考察了小西沟古城并补拍了古城残垣和部分穴居坑。尤其是对大、小西沟古城的面积、地理坐标、海拔、周边地理环境进行了补充调查，为了解大、小西沟古城的细节作出了重要贡献。

第十二次考察西沟古城

4 月 28 日至 29 日，由黑河学院远东研究院主办的“黑龙江流域古代民族筑城文化”学术研讨会在我校顺利召开，副校长丛喜权，国务院历史学科评议组专家、内蒙古大学历史文化旅游学院院长、博士生导师张久和教授，大连民族大学东北少数民族研究院博士生导师黑龙教授，俄罗斯阿穆尔国立大学宗教学与历史教研室主任、博士生导师安德烈·帕夫洛维奇·扎比雅科教授，阿穆尔国立大学世界艺术文学教研室主任、博士生导师安娜·阿纳托利耶夫娜·扎比雅科教授，我校远东研究院名誉院长、博士生导师王禹浪教授及远东研究院和黑河市相关研究人员二十余人参会。会议由远东研究院院长谢春河教授主持。本次研讨会将学术研讨与实地考察相结合，彻底揭示沉睡千年的西沟古城的奥秘，寻找失落的文明，弘扬黑河市的乡邦文化成为研讨会的亮点。与会学者围绕黑龙江流域古代民族筑城分布状况、特点、规律及黑龙江流域筑城史研究的现状、特别是中俄左右两岸黑龙江流域古代筑城文化等展开热烈讨论，并公布了许多新成果和新观点。王禹浪教授针对西沟古城的调查与发现做了阶段性成果的报告。会后与会人员一起考察了大、小西沟古城。内蒙古大学著名蒙古源流研究专家张久和先生认为；西沟古城的发现将会对黑龙江流域中上游地区的古代民族文化的研究有重大推动作用，尤其是在探讨室韦与黑水靺鞨的关系，以及后来女真辽金文化的研究都有重要意义。俄罗斯阿穆尔国立大学扎比亚卡·安德烈认为，西沟古城的发现无疑是对中俄两国黑龙江流域筑城史研究具有十分重大意义，特别是对于黑龙江流域与结雅河（精奇里江）流域所发现的数座古城的比较研究有着特别的学术价值。研讨会后，与会学者在瑷珲区孟副区长的率领下，西岗子镇党委书记武超、镇长赵久、西沟村党支部书记姬贵存等人一起考察了西沟古城的南北二城。并进一步确认西沟古城是黑龙江中上游地区结合部右岸的最重要的筑城之一，他的发现证明了公别拉河流域曾经作为链接黑龙江与嫩江、精奇里江流域的重要重要枢纽，他的历史地理位置不容忽视。本次考察，最重要的发现就是对西沟古城的北城做了认真的踏查，古城内的高耸台电到处分布有大量的穴居坑与人工修筑的平台。尤其是在青春河与公别拉河交汇的山脊上到处都是穴居坑和居住址。很明显古城内分布的穴居坑的数量已经远远超出了西沟古城的南城分布的数量。说明西沟古城北城的居民人口数量多于南城，而南城所表现出的城池结构的性质与北城有着本质的不同，南城更像是官衙和军事机构的设置，北城则是军民共住的生活区或戍守之地。

第十三次考察西沟古城

2017 年 8 月 1 日，应西岗子镇武超书记之邀，专程为黑河市电视台新闻中心做一期采访节目，第七次来到西沟古城调研。我们经过了艰难的一段山路，汽车多次陷入泥潭之中，最终爬上了西沟南城的所在地，公别拉河左岸的一处山脊的尽头。这里正是西沟古城南城，亦即俗称为大羌城或老羌城的城墙的起点处，也是古城瓮门的所在地。在悬崖处大家合影留念，记者们在拍照摄像后，开始从瓮门进入古城。我们漫步在古老的城垣，我边走边向记者们讲述什么叫瓮门，以及马面的作用。在拍摄的间隙我和姬贵存书记、村长一起测量了城墙上的马面间距是 30 米，这个距离应该属于元代的马面的距离。在测量中我们发现了城墙不是直线，而是弯曲的弧形，说明在修筑城墙时的设计不是取直的。马面距离城墙有三米宽的人工壕堑，壕堑沿着马面的弧形弯曲环绕着，并与护城壕相通，每一座马面都形成了一个堡垒的形状。每个马面的中央部分是凹陷的穴居坑，说明了这座古城的马面结构是比较奇特的。城墙东北起于悬崖边缘，可以看得见东北的特殊山地“夹壁墙”，城墙西至小窟窿沟至。所谓的小窟窿沟是由几条天然冲沟和人工挖掘的壕堑结合而成，城墙到此消失，全长 356 米。

在城墙上过了 1 个多小时后，新闻中心的记者们进行了现场采访，回程的路上不到二十分钟直接到达姬贵存书记家里午餐。席间我简单介绍了西沟古城的研究进展，大家都很兴奋。我表示会尽快把西沟古城的研究成果贡献给西沟人民，3 点吃完饭后，我又与武超、李师傅开车直奔老站。西沟村到老站之间都是公别拉河的冲击性平原。这是一条放荡不羁的河流，属于季节性河流，每到雨季河流水流不止，到处滚动使得小兴安岭之间的山间盆地逐渐开阔形成了瑷珲盆地的西原。西沟村、老站、托力木、坤站、老达屯就坐落在这个盆地之间。由此向东公别拉河一直流入黑龙江的路段，古代的驿站的老道就一直伸展到公别拉河左岸。西沟古城、西沟村遗址、卡伦山古墓、金代遗址、瑷珲古城、老站村、萨哈连站等等应该属于公别拉河的一个文化区域。

坤站坐落在公别拉河左岸的二阶台地上，此处以西以东之地，当必有历史遗迹，远处看断崖处土质裸露，应该进行必要的调查。

与本次的考察主要收获是查验了登临西沟古城南城的必经之路是越过公别拉河后，沿着东北及北侧方向的山坡行进，这是唯一进出此山城的所在。公别拉河及小窟窿沟将此山脊三面环绕，此处的河道共有22道湾，周围群山叠嶂，呈陡崖状态，一改兴安岭的缓坡之性格，越临近黑龙江越益变的陡峭难攀。公别拉河犹如九曲回肠一般穿越于山谷之间，成为西沟古城天然的护城河。

席间我提出了公别拉河流域是通往嫩江和联通黑龙江的重要朝贡道和交通要道，更是明清之际的海与内陆帝国之间联系和贸易的重要孔道之一，以白银世界为连接的14世纪以后的世界格局的变化，在这里显得尤为特殊。“宽永通宝”的发现不可小视，具有银质的手镯与银簪银器的发现，以及铜镜的出土都证明了西沟村实为一种重要的贸易榷场。黑龙江水道与海洋链接着欧亚北东亚的社会秩序。明朝在黑龙江流域的卫所的布局不仅仅是为了军事目的，也不仅仅是为了交通，最重要的是控制朝贡贸易之路。从日本海进入黑龙江水道的山丹贸易之路，是个没有揭示的历史之谜。此外，就是这条通道很可能就是北魏、隋唐时期室韦人的朝贡道，辽金时期的鹰路与站铺。

三 西沟古城研究课题项目的设立及其今后研究方向

综上所述，自从2016年9月，由黑河学院专门组织西沟古城研究课题项目组，并由黑河学院远东研究院有计划、有组织的调查西沟古城以来，社会各界对西沟古城的关注程度日渐提高，人们期待着西沟古城的系列研究成果的出现。一些关心西沟古城的人们都纷至沓来考察西沟古城。根据我们初步调查的结果，西沟古城的修建年代至晚应在辽金时期。由于目前缺乏能够进一步断代的考古学材料，故尚难以准确判断其始建年代和行政建置沿革的过程，但根据古城的形制、结构等特征其下限当在辽金时期。截至目前为止，对于西沟古城的研究尚处于起步期，其背后隐藏的历史还远远没有被揭开。我们应该从古代族群活动的地理分布的角度，重新梳理这一地区古代族群谱系，并从宏观视野中对西沟古城进行比较研究和断代分析，进而为其定性提供重要旁证。

值得注意的问题是，大西沟古城的马面与小西沟古城的形制特征来看，其建筑年代应该早于辽金时期。可能建于隋唐或更早，辽、金、元沿用的可能性较大。由于西沟古城独特的地理位置和大、小西沟古城互为犄角之势，又都是处在公别拉河中游的左岸之地都是值得我们从军事防御学的角度要加以重视的问题。另外，如果从民族学角度考察西沟古城所反映出的族群文化特征，则给我们的启发更加复杂。小西沟古城的穴居坑分布的特点与大型台阶遗址群与三江平原地区发现的聚落族群的筑城方式较为相近，说明了大、小西沟古城的文化性质中已经含有黑水靺鞨文化的因素。大西沟古城的城墙上的马面结构的特殊性既说明了马面的出现时间与冷兵器发展之间的联系，同时也说明了与东北地区其他辽金时期古城马面的截然不同的性格，这一点是值得我们认真思考的问题。从历史的背景上分析，黑河地区或者说公别拉河流域的早期族群应该是室韦人居住的范围，至少应该属于北部室韦或东部室韦的分布范围。由此出发，我们可以推测公别拉河流域是否具有黑水靺鞨与东部室韦的交叉与融合的现象呢？这一点，由于在黑龙江上游蒙古地区发现的唐碑记载了“东击靺羯（作者注：即黑水靺鞨）”而使黑河地区发现的大、小西沟古城显得尤为重要。①

根据刘忠堂先生的测量，大西沟古城的东、西、南三面被公别拉河及其深沟所环抱，西沟古城距黑龙江直线距离为24.7公里，古城内海拔有三个高点，东北角海拔为251米，北部中间高点海拔为353.5米，西南角海拔为368.8米。北墙开一城门，紧邻城门是一条弧形城墙，呈东西向长约356米。《中国文物地图集·黑龙江分册》590页，标注此段城墙为390米，② 经过刘中堂利用专业谷歌卫星地图与航天飞机测量矫正结果，大西沟古城的城墙的实际长度当为356米，《中国文物图集·黑龙江分册》所采用的数据不够准确，应该予以纠正。在大西沟古城北部城墙的外侧有长约140米的外城壕，起于东部悬崖处，终于西部深沟边缘。城墙

① 详见王禹浪《西沟古城的研究》，《哈尔滨学院学报》，未刊稿。

② 见国家文物局主编《中国文物地图集·黑龙江分册》，国家文物出版社2015年版，第590页。

残高 2—3 米之间，城墙基宽约 12 米，顶部宽约 1.5 米左右。城墙每隔 40—50 米之间有一马面。城墙为堆土筑成，墙外有护城壕。城内东侧峭壁内侧有十几个穴居坑，大西沟古城呈不规则型，如果把东、西、南三面悬崖峭壁的边缘计算在内，古城周长为 2.7 千米，面积为 36.66 公顷，是一座中等规模的辽金时期古城。

小西沟古城位于大西沟古城北偏西 5°、二城南北相距约 3.5 公里，地处青春河与公别拉河交汇的高台地上。青春河由西向东注入公别必拉河，公别拉河由南向北流经古城的南侧绕经东侧，纳入青春河后继续向北曲折流入瑷珲盆地，并与另一条发源于大黑山的锦河并行注入黑龙江。古城平面呈不规则圆形，如果按照实测的山脊线进行测量的话，小西沟古城的周长为2.1 千米，这主要是考虑到小西沟古城的穴居坑和大型台阶式建筑一直沿着山脊伸向东北，这条山脊线是由于青春河与公别拉河之间的夹角地势的山脊线。因此，小西沟古城的周长与面积不成比例。实际上小西沟古城的城墙是阻断了西部与西南部平缓的山坡，亦即把青春河与公别拉河之间用城墙阻断后，把整个山脊封闭在城墙里面，导致小西沟古城的面积不能仅以城垣的长度来计算，而应该包括整个山脊的面积，由于山脊逐渐变窄，导致周长与面积的比例与正常的古城周长与面积有很大区别。

小西沟古城的城垣的南墙、西南墙保存较好，站在南墙上可以眺望公别拉河从南部逶迤而来，流经南城墙下后折而东流又北流，西南侧城墙保存也较完整城墙外侧有护城壕，城墙残高约 3 米，城垣为堆土筑城。西墙破坏严重，被乡村公路拦腰截断是目前进入古城的一条通道。古城东侧悬崖下面就是水电站，截断公别拉河形成水电站。沿着山脊向东北的尽头均分布着密集的穴居坑，东侧则是大型台阶共有四层台阶，每个台阶都有大型穴居坑建筑。山脊的终点就是公别拉河流域小兴安岭的尽头，可以极目远眺西沟村与远处的瑷珲盆地尽收眼底。据不完全统计；小西沟古城内分布着大、小不等的穴居坑，达上百处之多。小西沟古城与大西沟古城的特点有一定的区别，小西沟古城的城墙上没有发现马面的建筑，穴居坑的遍布又说明了较之大西沟古城的居住人口更加密集，而无马面的特点则说明此城要比大西沟古城的年代要早。但是，从大、小西沟古城均分布在公别拉河左岸，直线距离不到 4 千米的距离上看，这两座古城是相互拱卫、互为犄角，在军事防御上当属一个体系。

我们认为，西沟附近的两座古城可以将其概念修改为西沟南、北古城更为贴切。

第八节　黑河市西沟古城发现金代经略使司之印研究

2016年9月，黑河学院远东研究院成立了黑龙江流域古代民族筑城课题组，2017年5月，黑河学院与黑河市政府成立了“黑河地区自然与文明千里行”项目科考组。2016年9月开始，黑河学院针对黑河市近郊区的西沟古城进行了多次考察，并对西沟古城进行了首次航拍，摸清了西沟古城是由南、北二城组成。2017年5月，考察队在参观瑷珲历史陈列馆时发现展馆中展出了采自于西沟古城的金代经略使司之印。这一重大发现，使多年来西沟古城一直成谜的历史成为关注的焦点。黑河地区千里行活动仪式发布会上公布了这一重大消息，随即引发了国内各大媒体的关注，在黑河地方史研究者的队伍中也引发了强烈的反响。这是在靠近中俄黑龙江流域中游边境地区所发现的最高等级的金代官印，它将会对中俄两国的文化交流与学术研究起到推波助澜的作用，意义极其深远。本节通过客观审慎的研究，得出了较为科学的结论，谨供学术界参考。

一

黑河市爱辉区西沟古城分为南、北二城，分别位于黑龙江省黑河市爱辉区西沟村迤西3.5公里，西南7.5公里公别拉河左岸的小兴安岭高山台地上。西沟古城俗称老羌城、老枪城、或西沟古城，依据历史地理学地理位置命名的规律，现统称为西沟古城南北二城。由于西沟古城南城较大，周长2.7千米，习惯称为大西沟古城，而西沟古城北城周长2.1千米故称小西沟古城。（以下均称西沟古城）[①] 西沟古城濒临黑龙江中、上游右岸支流公别拉河的中、下游左岸之地，是黑龙江流域右岸中、上游结合部重要的古代民族筑城。西沟古城地势险要，形制复杂，规模宏大，

① 见王禹浪等《黑河市爱辉区西沟古城研究》，未刊稿。

并由大、小两座山城组成，扼守着公别拉河通往黑龙江右岸的水陆要冲之地，尤其是小西沟古城更是坐落在通往肥沃的爱辉盆地的隘口，站在小西沟古城的山口可以眺望开阔的爱辉平原。由大、小西沟古城沿公别拉河上溯，可以直达黑河地区的山地最高峰大黑山，并沿着山谷川地直达嫩江上游。应该说这里是我国东北腹地松嫩、松辽大平原通往黑龙江中上游地区左右两岸，结雅—布列亚河盆地与黑龙江中下游地区的交通枢纽和战略要地。文物工作者曾多次对西沟古城进行实地调查，因此积累了一定的研究成果，但学术界始终未能从黑龙江流域古代筑城与族群关系、历史地理的空间分布、迁徙路线和古代行政建置、道路交通等角度对该古城给予必要的关注和深入研究。最近，由黑河市政府与黑河学院联合设立的“黑河市自然与文明千里行”课题项目组在黑河市爱辉区西岗子镇进行了一系列实地考察并取得重大突破。项目组在认真考察了爱辉区西岗子镇大、小西沟古城的基础上，经过数次对古城的反复调查、校雠文献、核对记录、订证错误，尤其是对现收藏于瑷珲历史陈列馆的金代“经略使司之印”,[①] 即在西沟古城出土（采集）[②] 到的一颗金代官印，进行了深入的比较研究。初步确认，西沟古城内出土（采集）的这颗金代经略使司之印，是一颗非常重要的金代官印，为揭开西沟古城历史之谜提供了一把钥匙。

在黑河市瑷珲历史陈列馆的展厅内，陈列着一颗古朴的金代官印，我们透过陈列展柜的玻璃罩可以清楚的看到，这方金代官印旁边的说明牌上清晰地写着“爱辉区西岗子乡西沟古城采集”的字样，（作者注：实际上瑷珲区西岗子镇从来没有称呼为“乡”，而一直为“镇级行政机构”）同时标注有“金·经略使司之印”。众所周知，爱辉区历史陈列馆是我国中俄界江黑龙江流域上、中游地区的一座最具规模的瑷珲历史博物馆。近年来，这座陈列馆在陈会学馆长的努力下，成为一坐标准化、规范化、专业化很强的中俄边境线上的重要博物馆之一。在百度公

① 见瑷珲历史陈列馆，第一展厅。

② 笔者注：以下均称为出土，因为出土的概念并非某一领域的专用术语，而是在中国古代或民间亦多有用“出土”一词替代采集或征集或发现者，因此“出土”的概念与范畴是较为深广的。如：（清）叶廷琯《吹网录·张伯颜圹志》：“此石不知何时出土。”（清）平步青《霞外攟屑·斠书·叙》：“其时出土之物尚少。因此，“出土”一词与考古学专用名词的“发掘出土”是有一定区别的，一般来说“出土”一词更加广泛和适用于考古学之外的对发现文物的一种常见的概念。

开的瑷珲博物馆网页上赫然写到："瑷珲历史陈列馆坐落于祖国东北边陲黑龙江中游右岸、全国重点文物保护单位——瑷珲新城遗址内，是全国唯一一处以全面反映中俄东部关系史为基本陈列内容的专题性遗址博物馆。现为全国首批爱国主义教育示范基地、首批国家一级博物馆、首批国家级国防教育示范基地、国家 AAAA 级旅游景区（点），基本陈列《瑷珲历史陈列》荣获第五届全国十大陈列展览精品奖。"[①] 无疑，这是一所属于国家一级博物馆、首批国家级国防教育示范基地，并荣获全国十大陈列展览精品奖的全国重点文物保护单位。因此，陈列在这一重要的国家级历史陈列馆中的文物及其文物标牌说明，必然是经过严格的鉴定和专业审查，以及科学认定的过程。因此，我们是在充分相信瑷珲历史陈列馆中这颗金代官印不会是造假之物或复印之物。因为按照惯例，博物馆陈列中的实物如果需要作复制品的话，就必须在标牌上加以说明"复制品"的字样。陈列馆中的每一件文物都是经过精心筛选的，并且有着严密的文物档案管理系统，所陈列的文物必须经得起推敲和质疑。尤其是古代官方的印鉴更是代表着国家在历史层面上的行政管辖权与建置沿革、和历史疆域的铁证，特别是处于中俄边疆地区的发现和出土的具有明确的文字印鉴更具有深远而特殊的意义。因此，我们可以认定这是一颗以采集的形式出土于西沟古城的一方金代官印是毋庸置疑的。瑷珲历史陈列馆的展览或称陈列标牌上关于其出土或称采集地点的说明绝不是胡编乱造，而是根据馆藏档案的原始记录进行的科学的标注。因此，我们有理由相信这方金代经略使司之印，有着清晰的来龙去脉，黑河地区的治史者应该以此印发现或出土（采集）于西沟古城为荣，而不应该人为的主观加以限制和横加阻挠，或轻易的否定这方金代官印出土于西沟古城的事实及其重要的多重价值。事实证明，这方金代经略使司之印的官方印鉴早已经过专家的认定，确实是一方金代的官印，[②] 其出土（采集）地点即黑河市爱辉区西岗子乡（镇）西沟古城。虽然此印出土经年，且当事者张鹏先生已经故去[③]，目前有多种关于此印来源

① 见瑷珲历史陈列馆百度网页，瑷珲历史陈列馆简介。

② 见祁学俊先生经历史学会会长刘东龙转发在千里行微信群中所发表的短文中，对逊克县原文物管理所所长于生的采访记录"于生还说：这方印，经过北京文物专家鉴定确实是真的，就是来历不明，准确的说是一件征集到的文物。"

③ 张鹏，原黑河市考古研究所所长，于 2003 年病故。

的传闻，[1] 但是这些传闻都不足为据。特别是黑河地方史研究者所说的“在我的记忆里没有听说黑河出土过金代官印……有没有金代官印？到瑷珲历史陈列馆一看便知。我来到了瑷珲历史陈列馆，确实有，但是标识不清”之语，实在是有些令人惊讶！因为黑河不仅出土过金代官印，而且不止一方，如果算上西沟古城采集或征集到的金代经略使司之印的话，在黑河地区最少已经发现了三方金代官印。如：1987 年于北安市南城郊乡长青村南山湾古城遗址出土的金代“葛苏昆山谋克之印”、逊克县 1953 年发现的“谋鲁坚谋克之印”[2] 这两方官印都是属于黑河地区出土，但不是爱辉区出土，所以当年祁学俊先生在编辑新《瑷珲县志》时当然不能把这两方属于黑河地区，但不属于黑河市所辖的瑷珲县的官印编入新《爱辉县志》中，这是完全能够理解的。但是祁先生所说的“在我的记忆里没有

① 一说为当年（1983 年至 1985 年）西沟古城的一位农民赶马车的老板子送到黑河市文物管理站，接收者是已故的张鹏先生，并给了 50 元人民币作为酬劳；另一说，则是黑河市瑷珲区采集，留存黑河市考古所，1990 年逊克县成立鄂伦春民族历史文化陈列馆，委派于生同志前往黑河市向张鹏老师索要原逊克征集的萨满服，当时这件萨满服已经被评为一级文物，因此张鹏同志就以对换的方式，将金代经略使司之印交给了于生，后来作为一种文物交换的“经略使司之印”就辗转到逊克县文物管理所，经手人是于生。1995 年，于生曾经将“经略使司之印”拿到省里进行过专家鉴定，一位北京来的专家将其定为一级文物，但是至今未见鉴定证书与签字。2002 年瑷珲历史陈列馆在全区进行借调文物展览，这方官印就接到瑷珲历史陈列馆进行陈列至今。其次，据黑河地方史研究者祁学俊先生在 2017 年 6 月 8 日发给黑河历史群，又经黑河历史学会会长刘东龙于 2017 年 6 月 10 日转发至“黑河千里行微信群“千里之行始于足下”的微信中：“《我了解到的瑷珲历史陈列馆所藏金代官印情况》：看到《黑河发现金代官印城史提前五百年》的文章感到震惊，在我的记忆里没有听说黑河出土过金代官印。在我主编的《爱辉县志》文物遗址一节中，根据文物部门提供的报告记载了在县内泡子沿、卡伦山、长发屯出土了一些金代文物，如铁犁铧、锹头、铁锅、崇宁通宝、铁刀、陶罐、石网坠、骨器。除此之外，没有金代官印，县志出版后也没再听说出土金代官印。该节还记载了大、小西沟古城，括弧标明待考。所以说无论是大西沟古城还是小西沟古城都不是近年发现。有没有金代官印？到瑷珲历史陈列馆一看便知。我来到了瑷珲历史陈列馆，确实有，但是标识不清。在这里我巧遇了逊克县文物站站长于生，他说：“这方印是黑河考古所张鹏所长从一位老者手中花人民币买来的，因来历不明，文物价值不高，经于生之手于（笔者注；应为与）逊克县文物站换取了萨满服，该服后被定为国家一级文物。后来这方官印在瑷珲历史陈列建立时因缺少文物被市政府统一调拨回瑷珲历史陈列馆。于生还说：这方印，经过北京文物专家鉴定确实是真的，就是来历不明，准确的说是一件征集到的文物……。”

② 见景爱、孙文政、王永成编著《金代官印 · 卷五》，中国书店出版社 2007 年版，第 211、217 页，谋鲁坚谋克印：1953 年发现于黑龙江省逊克县。边长 6.0 × 6.0 厘米，原印已佚，印样存黑龙江省文物考古研究所。又见林秀贞等人撰《黑龙江古代官印集》，黑龙江古代官印统计表中，“谋鲁坚谋克印”6.6 × 6.6 厘米，1976 年版，第 206 页，逊克县逊河公社（乡，杨树沟大队（村）征集），印文样本藏黑龙江省文物考古工作队（文物考古研究所）。此处记录到底是谋鲁坚谋克之印的印模样本还是官印实物不详，且与此前记载的 1953 年发现的谋鲁坚谋克之印印模有很大出入，虽系同样官印，但书中记述显然前后矛盾，当有待印证和研究。葛稣昆山谋克之印：1987 年 6 月 29 日出土于黑龙江省北安市城郊乡长青村，边长 6.1 × 6.2 厘米，背刻大定十年七月、少府监造，侧刻“葛苏昆山谋克之印”“系蒲与猛安下”，现藏黑龙江省北安市博物馆。

听说黑河出土过金代官印……”之语未免过于草率。此外，在瑷珲历史陈列馆中所陈列的金代“经略使司之印”的标识标注得非常清楚，并不像祁学俊先生所说的“标识不清”等语。在金代经略使司之印旁边的说名牌赫然写着金代·爱辉区西岗子乡西沟古城采集，这里的西岗子乡显然是西岗子镇之误。因此，我们依据的属于国家一级博物馆的瑷珲历史陈列馆的陈列说明是有充分根据的，也是最具说服力和科学的，这是目前对出土（采集）于西沟古城金代经略使司之印最明确的出土地点的唯一具有法律效力的解释。如果瑷珲国家一级博物馆的金代经略使司之印的陈列说明是假的话，那么这种虚假造假的陈列就是犯罪，甚至具有重大造假嫌疑，那就会产生一系列的问责事件的发生。因此，我们完全有理由相信瑷珲历史陈列馆中对金代经略使司之印的说明标识是认真而清楚无误的事实。

二

这方极为重要的金代官印，出土（采集）于黑河市近郊的爱辉区西岗子镇西沟村附近的西沟古城附近，西沟古城由南、北二城组成。金代经略使司之印究竟出土于哪座古城尚不可知。瑷珲陈列馆中所陈列展出的“金代经略使司之印”为正方形，边长为 7.9 ×7.9 厘米，印文为九叠篆书，是典型的金代官印的书写形式。虽然出土经年，甚至在瑷珲历史陈列馆陈列了多年，但是其自身所承载的学术价值、历史价值，以及确定我国金代东北边疆历史疆域及行政建置与沿革重要信息的作用，却始终没有得到应有的重视。说明在我们的脚下或我们的身边，或者就在我们的文物库房中依然存在着没有被人们认知或重视不够的历史宝藏。因此，利用我们的馆藏资源深入研究，不断发现我们手中昔日之物的价值，则是我们今后地方史及文物工作者唤醒沉睡之物，转换工作作风的重要任务之一。所以，转换观念、转变视角、抛弃固有的陈旧观念，则是我们今后适应新的形势，完成创新工作的重要一环。

黑河市瑷珲区西岗子镇西沟古城所出土（采集）到的金代“经略使司之印”，是一方金朝末年在此地设置的一种边镇军政合一的机构印鉴。经略使司这一机构最初设置于唐朝，[①] 宋、辽、金依唐制，在边地设置有

① 笔者注：唐朝为了控制东北黑龙江流域，曾经在黑水靺鞨设置过黑水经略使、黑水军、黑水都督府等。

经略使司、经略使或经略副使、经略安抚司等。[①] 金朝末年，金都南迁，[②] 金朝的北方受到北方乌古、敌烈及蒙古等部族的袭扰，边事吃紧，在嫩江右岸修筑了一道万里边墙来阻挡北方游牧民族。在嫩江左岸则依托小兴安岭的山地与河流纵横的特点，依唐辽之制，在边镇设置了经略使司一职，来镇抚管理黑龙江流域中、下游左右两岸的兀者、野人女真各部。目前，根据景爱、孙文政、王永成先生编著的《金代官印》[③] 一书辑录的金代官印可知，在全国范围内出土的金代经略使司、经略使、经略副使之印共有五方。其中经略使司之印共计三方，而黑河市爱辉区西岗子镇西沟古城出土的金代经略使司之印则是第四方金代经略使司之印。《金代官印》一书并没有辑录其中，这无疑是填补金代经略使司之印最具权威性的《金代官印》一书，所没有辑录到的空白之笔。这方官印的发现使金代东北地区尤其是黑龙江流域金末军政建置和管辖区域研究增添了新的课题。西沟古城发现的这方金代官印的重要性和学术价值是十分特殊的，有趣的是这四方金代经略使司之印有三方都是出土于黑龙江省境内，另一方则是出土于大连地区。

其一，经略使司之印。1973 年 5 月出土于黑龙江省宾县常安乡土顶子村常安古城（有时写成长安古城）。印文汉字阳文九叠篆书，“经略使司之印”，印背阴刻楷书“经略使司之印”，1981 年由黑龙江文物考古工作队编著的《黑龙江古代官印集》一书记录的边长为 7.5 ×7.5 厘米，而景爱、孙文政等编著的《金代官印》一书辑录的同一方金代官印则记为 6.2 ×6.2 厘米。又《黑龙江省志 · 文物志》载：“印为同质，正方形。通高 5 厘米、边长 7.7 厘米、厚 1.8 厘米，梯形板柱钮，钮高 3.2 厘米……此印无年款，根据有关文献资料推断，此印应该铸于 1213 年（金贞佑元年）以后。”[④] 笔者采用前书所记录的 7.5 ×7.5 边长，此印，现藏于黑龙江省博物馆。[⑤] 同一方官印的尺寸，却被三种书籍记录成三个不同的数据的现

① 见邓中力、张政烺主编《中国历代官制大辞典》，北京出版社 1994 年版。

② 笔者注：金朝末年的都城从金中都（今北京）迁往汴梁（今河南开封）。

③ 见景爱、孙文政、王永成编著《金代官印 · 卷五》，中国书店出版社 2007 年版，第 118—121 页。

④ 见黑龙江省地方志编撰委员会编撰《黑龙江省志 · 第五十三卷 · 文物志》，黑龙江人民出版社 1994 年版，第 311、312 页。

⑤ 见黑龙江省文物考古工作队《黑龙江古代官印集》，黑龙江人民出版社 1981 年版，第 87 页。

象，在古代官印研究中是非常少见。笔者因没有条件去核实此印的尺寸，只能根据金代经略使司之印出土的一般规律进行推断，故采用 1994 年由黑龙江人民出版社出版的《黑龙江省志·文物志》的官修志书的边长 7.7 厘米的数据。而上述由景爱、孙文政等人编著的《金代官印》一书对该印的边长描述为 6.2×6.2 厘米，其数据则是值得怀疑的。

其二，经略使司之印。出土时间、地点不详。边长 7.0×7.0 厘米，印文为汉字九叠篆书，经略使司之印，现藏于黑龙江省博物馆。[①] 疑为黑龙江省地域内出土。

其三，经略使司之印。大连市出土。出土时间不详，印文为汉字九叠篆书，经略使司之印，边长 7.1×7.12 厘米。藏辽宁省博物馆。

其四，经略使司之印。大约出土于 20 世纪 80 年代中期，出土（采集）地点黑河市爱辉区西沟古城，边长 7.5×7.5 厘米，通高 5.25 厘米，重 0.730 千克。印文为汉字阳文九叠篆书，经略使司之印，在官印的印钮上方刻有一"上"字，印背无字款，印钮为扁状方形，是金代较为流行的官方印鉴形式。此印，现藏于黑龙江省黑河市瑷珲历史陈列馆。

其五，经略使印：出土时间、地点不详，边长 7.0×7.0 厘米，印背刻有"经略使"三字，印文为汉字九叠篆书，左刻"正大三年九月□日""恒山公府造"，藏山西博物馆。[②]

其六，经略副使之印：出土时间、地点不详。边长 7.2×7.1 厘米，现藏辽宁省博物馆。

综上所述；金代经略使司之印或经略使印、经略副使印的边长均在 7.0 厘米至 7.5 厘米之间，黑河市瑷珲区西岗子镇西沟古城出土的金代经略使司之印的边长在 7.5×7.5 厘米，属于非常规制的一方金代官方颁发的官印。从西沟古城出土（采集）的金代经略使司之印的保存现状上看，这是最为规整、包浆浑厚，印文字肉十分规整的一方金代官印。如果按照历史计量学的角度分析，金代经略使司之印以东北地区出土较多，说明金末的东北远离金朝统治中心，故金代中央政府设置了许多临时的经略使司机构，以挽救和应对金末黑龙江流域及其金上京地区的颓废衰败的状态。

---

① 见景爱、孙文政、王永成编著《金代官印》，中国书店出版社 2007 年版，第 118、119、120 编号。

② 见景爱、孙文政、王永成编著《金代官印·卷五》，中国书店出版社 2007 年版，第 121 序号。

金朝末年，蒙古木华黎率领蒙古军南下，金宣宗的朝臣献策，招纳各地地主武装去收复或保聚山西、河北州郡。当时河北一带，势力最大的地主武装是占据真定的威州人武仙。早在1214年，蒙古军侵掠河北时，武仙的地主武装即聚保威州西山。宣宗诏授武仙权威州刺史。1217年，真定石海叛金，武仙领兵斩石海，据真定，宣宗又授武仙权知真定府事。武仙原已升任知真定府事，兼经略使，权元帅右都监，又封为恒山公，管领中山、真定府、沃州、冀州、威州、镇宁、平定州、抱犊寨、栾城、南宫县等地。此官印上的“恒山公府造”，则是武仙的恒山公府所造。可见，金末的官职、官制、官印已经出现乱殇之状。经略使印与经略使司一样都是金末为了应付蒙古南下而设置的权益之计的临时机构和官职。

由此可以推断，黑河地区西沟古城出土的金代经略使司之印，很可能也是金朝末年为了阻挡蒙古军沿着黑龙江南下的步伐，而专门招募黑龙江流域的兀者、野人女真诸部中较为强悍的部落首领封为经略使，掌管经略使司之印，管理黑龙江流域中游地区的各民族的部落。1219年正月，金宣宗召集百官商议形势变化后的对策。翰林学士承旨，徒单镐等人说：“制兵有三策，一是战，二是和，三是守。现在要战，兵力不足，要和，敌人不准，只有守。河朔州郡残破，不能一律都守。应将愿意迁徙的人迁到河南、陕西。不愿迁的，许自推首领，保聚险阻。”① 黑河市西沟古城的形势险要，地理环境复杂，非常符合金宣宗这种“许自推首领，保聚险阻”的形势。黑龙江流域不同于河北，利用地主武装是不可能的，因为此地主要是女真之外的其他少数民族分散在大、小兴安岭与外兴安岭一带。黑龙江流域中游的左右两岸，本来就是这些森林民族部落的分布区。

这说明金朝末年，其政治统治中心南移至黄河流域后，黑龙江流域的金上京地区无疑已经成为蒙古军队囊中之物的边镇之地。特别是黑河地区远离金朝的政治统治中心，在宣宗“许自推首领，保聚险阻”的诏令下，自设经略使司之机构，自推经略使之职，则是完全可能的。此外还有一种可能，这种经略使司的官职正常情况下是由节度使担任，属于省级或准省级机构。黑河地区的西沟古城在金代原归属于金上京，蒲与路节度使管辖，金代蒲与路的路治设在今克东县金城乡的金城古城。距

① 见（元）脱脱撰《金史·宣宗传·下》，中华书局1975年版，第351—371页。

离黑河地区的北安市仅一水之隔，乌裕尔河流域虽然是受到今天行政区划的限制，但是在金代嫩江以东乌裕尔河流域及其黑龙江中游左、右两岸地区，均属于金代蒲与路辖境。乌裕尔河的名称与金代蒲与路的称谓，均属于同音异写的地名。为了有效的管辖黑龙江中游流域，金朝很可能开始使用了由中央政府任命的边防军政长官，即由蒲与路节度使兼任经略使。有趣的是这方金代经略使司之印的出土地点是黑河市西沟古城而不是金代蒲峪路故城。这就说明了金代蒲与路路治与西沟古城的金代经略使司设置在不同的地方，二者相距近三百公里。

黑河市爱辉区西沟古城发现的金代经略使司之印表明，金朝末年为了有效管辖黑龙江流域中、上游地区左右两岸的边镇，特设置了经略使司一职。由此我们可以清楚地看到，黑河市所属的爱辉区西沟古城很可能就是金代末期的经略使司所在地。西沟古城由大、小两座山城组成，古城修建在注入黑龙江的公必拉河的下游左岸陡峭的山崖之上，形势险要、易守难攻。显然，这是一座具有典型军事防御意义的古城，在保留较好的古城垣上的马面、城壕、瓮门依稀可辨，金代经略使司之印可能就出土于此。由此证明，黑河市的省级或准省级建置，在历史上并不是自清朝黑龙江将军衙门开始，而是早在金朝末年就由中央政府准许在靠近黑龙江口的公别拉河畔设置了省级的行政机构。

三

根据金宣宗1219年（金宣宗兴定三年）正月，所颁布的谕令“许自推首领，保聚险阻”，说明西沟古城很可能在金末就进行过重修，其重修时间可能在1219—1229年之间。这一期间，金朝修建在东起嫩江，西至阴山阻挡蒙古铁骑的万里长城防线；已经被逐段攻破。与此同时，蒙古军队沿着黑龙江上游顺流而下之势业已形成，金朝的政治统治中心距离黑河地区数千里之遥，所以金朝末期在黑龙江流域不得不实行这种权宜之计，利用边地在少数民族地区设立具有一种羁縻性统治的经略使司机构。迄今为止，黑河市西沟村发现的大、小西沟古城应该属于金代末期在黑龙江流域干流的中、上游左右两岸地区，所设置的最高级别的军政机构的所在地。①

① 详见王禹浪《黑河地区瑷珲区西沟古城研究》，未刊稿，第15页。

如果从黑河市城史纪元的角度去看待西沟古城，黑河市的城史纪元不仅被提前了近500年，而且具有了确定黑河市城史纪元的直接证据，并且为黑龙江流域中游地区的金代行政建置与管辖区又填补了历史空白。不仅如此，黑河市的古代城市文明的进程也将被重新得到认识，同时爱辉区的历史也将会得到提升与延伸。这方金代经略使司之印的发现，将会对黑龙江省乃至整个黑龙江流域的历史研究填补重要的历史缺环。尤其是证明黑龙江流域的左、右两岸及其向北延伸的外兴安岭山脉，都属于金朝的有效管辖区是毋庸置疑的。

西沟古城所发现的金代经略使司之印，已经成为辽金时期西沟古城建置沿革的重要旁证。古城与古代官印互为印证，无疑是黑河地区历史沿革、城史纪元、金朝的有效管辖权等研究的重大发现，因为这一互相印证的结果标志着西沟古城历史迷茫期的结束。自民国以来《爱辉县志》对西沟古城有所著录，至20世纪80年代新《爱辉县志》的诞生，直到2015年《中国文物地图集·黑龙江分册》的出版都从不同的角度著录、辑录、标录了西沟古城。但是，这些著录与记录都没能够说清楚西沟古城的性质和建筑年代，以及古城的名称。[①] 金代经略使司之印的发现，不仅确定了西沟古城的金代性质和建置，更为重要的是西沟古城所处的地理位置已经充分说明了黑龙江流域乃至黑河所处的历史地理枢纽的作用早在金代即已形成。特别是对于探讨黑龙江流域中游地区左右两岸的金代建置、疆域、民族分布、历史沿革、城市特点等都有着极为深远的历史意义和现实价值。过去，我们曾经因为在克东县金城古城内发现和出土的金代蒲与路印，而认定了金代蒲与路的地理位置。遗憾的是，后来蒲与路的金代官印丢失，现今只留下了印模。今天我们就是依赖这方金代官印的印模而确定了金代北部边疆重镇蒲与路的位置。结合《金史·地理志》记载，了解到金代蒲与路以北三千里至火鲁火疃谋克为边的行政管辖权。[②] 这是明确记录金代北部边疆的重要文献，而蒲与路印模的存在则是对《金史·地理志》最有利的实物印证。然而，遗憾的是因为只有印模而没有实物官印的存在，金代蒲与路的地理位置永远成为一种孤证，这种因为缺乏实物证据的说服力已经大打折扣。黑河地区北安市城郊区

① 见详见王禹浪《黑河地区瑷珲区西沟古城研究》，未刊稿，第1页。
② 见（元）脱脱撰《金史·地理志》，中华书局1975年版。

南湾古城发现的金代“葛苏昆山谋克之印”侧刻的“系蒲与猛安下”的发现，才能够成为又一个重要旁证；“蒲与猛安”是金代隶属于蒲与路所管辖的猛安谋克军政组织之一，葛苏昆山谋克就是受蒲与猛安所管辖的谋克之一。[①] 此印的发现使得金代蒲与路地理位置最终确认得到补充和印证。因此，西沟古城所发现的这方金代经略使司之印是解释西沟古城最重要的旁证之一。也是黑龙江流域上千座古城中最难得的只有百分之几的“印从城出”的机率。

西沟古城金代经略使司之印的重大发现，对于我们深入发掘黑河地区人文旅游资源，了解17世纪以前的黑河地区的历史，以及建设龙江陆海丝路带，具有重要的历史价值与现实意义。这说明，无论从欧亚大陆的东方，还是内陆亚洲的东端，亦或黑龙江流域及俄罗斯远东地域观察，黑河地区都是非常重要的历史地理枢纽。无论是唐朝通往北室韦之路，还是辽代鹰路、金代经略使司、元代站赤、明代卫所、乃至清代黄金之路还是黑貂之路、移民之路，直至今日的远东之路，黑河都是过去与当下的必经之路。

遗憾的是西沟古城至今还没有成为黑河市的市级文物保护单位，所出土（采集）于西沟古城的金代经略使司之印，虽已经在瑷珲陈列馆中保存了十几年，但是并没有得到应有的重视，而且其价值与应有作用依然没有很好的发挥出来。因此，建议黑河市文物保护管理部门应尽快落实大、小西沟古城的文物保护的问题。

另外，建议黑河市委市政府应抓住机遇，对金代经略使司之印的发现给予充分重视，并以此为突破点设立以黑河地区为中心的中、俄两国“黑龙江流域上、中游地区左右两岸古代文明的探源工程”，以此增强中俄两国的文化学术交流，加深友好往来的学术基础。目前，据我们掌握的俄罗斯远东地区黑龙江流域左岸大量辽金时期的古城资料显示，这些古城与我国境内尤其是黑河境内发现的西沟古城有着千丝万缕的联系。因此两国的专家携手建立相应的学术组织，进行调查研究，并开展经常性的互访与学术会议是十分必要的。

黑河学院早在2014年就与俄罗斯阿穆尔国立大学共同建立了“黑龙

① 作者注：猛安谋克组织是金代女真人所特有的军政合一的组织，一猛安等于一千户，所谓千户长也；一谋克等于三百户，所谓百户长也；一猛安下辖三谋克。

江流域古代文明研究中心”，我们已经与俄罗斯阿穆尔国立大学，以及黑河市政府积极的开展了黑河地区自然与文明千里行活动，且卓有成效。建议在黑河学院建立中俄黑龙江流域古代文明研究基地，每年划拨专项资金进行有计划、有目的的对中俄两国黑龙江流域古代文明的调查与研究，并将其项目纳入到每年的文化大集中，实现常态化研究项目。以文化促发展，以学术研究增进了解，以学术成果搭建友好往来的桥梁，为建立中、俄、蒙陆海丝路经济带做出新的贡献。总之，利用学术和文化交流进行的中俄交往具有深远的战略意义和重要的现实价值。

为了深入开展黑龙江流域文明的研究，对接中俄界江文化的交融与合作，由黑河学院远东智库所倡导，在黑河市委市政府与黑河学院党政领导下，黑河地区有史以来的“黑河自然与文明千里行活动”已于2017年5月正式启动。应该说这是黑河人在追求崇高、憧憬美好、热爱历史、弘扬文化的道路上创新观念，转换视角的一次探寻文明的活动。

黑河有文明，幽居在空谷，“黑河自然与文明千里行活动”，实际上就是黑河地区自然与文明的探源工程。这一工程的实施，不仅能够使我们提升城市文化的品味，更重要的是探寻黑河地区曾经存在过的古族、古国与古代文明的线索，继而澄清黑河并非塞北寒山，而是具有数千年，乃至上万年人类历史印迹，以及千年筑城史的城市，这是一座使我们黑河人充满骄傲、自信与自尊的悠久文明区域。瑷珲古城的存在，让我们懂得了什么是永恒的不可忘却的记忆；新旧石器时代遗迹遗物的发现，让我们知道了黑河人曾经拥有过的通往美洲大陆的路桥与我们有着千丝万缕的联系。黑河地区大、小西沟古城、河西古城、伊拉哈古城等一系列筑城群的存在，让我们醒悟到黑河千年筑城文化与城市文明隐藏在空谷幽兰与旷野之中的分量有多么的重要，嫩水之源、黑水之滨与巍巍兴安正等待我们去关注与发现。由黑河市政府与黑河学院所开创的“黑河自然与文明千里行活动”不仅要穿越于幽谷山川之中，更要学会在历史时空中采撷记忆的碎片，拼接失落的文明。千里行活动必将成为弘扬黑河地区古代文明的宣传队、播种机、探路者，其意义之深远，价值之重要都是无法估量的。

本节在撰写过程中得到了黑龙江省社会科学院历史研究所研究员魏国忠先生的高度首肯，并得到黑河学院党委书记曹伯英博士、黑河学院校长贯昌福博士，黑河学院副校长丛喜权同志的大力支持，黑河地方史学者白长祥、谢春河、陈会学、时耀光、吴边疆、刘东龙、盖玉玲，以及钟爱于黑河地方史的刘忠堂、姬贵存等同志的鼎力相助，金代经略使司之印照片，为刘中堂先生提供。在此谨表感谢！

附　黑河市瑷珲区西岗子镇西沟古城
采集的金代“经略使司之印”印鉴，现藏瑷珲历史陈列馆

第六章

渤海古城的分布与研究*

渤海国是东北古代历史上以粟末靺鞨族为主体在中国东北地区、朝鲜半岛东北（咸镜南北道一带）及俄罗斯远东滨海地区建立的地方民族政权。698 年，粟末靺鞨首领大祚荣在东牟山（今吉林敦化）建立政权，自称“震国”。713 年，唐玄宗册封大祚荣为渤海郡王并加授忽汗州都督，始称“渤海”。强盛时辖境有五京、十五府、六十二州，享有“海东盛国”美誉。926 年被契丹国（辽国）所灭，历 229 年，是继高句丽之后东北地区兴起的又一强大地方民族政权。①

渤海国在存续的 200 多年中，延续东北古代民族构筑山城的筑城传统，吸取隋唐等中原地区土筑筑城文化，在与唐朝及周边民族政权的争霸、抗衡、征战过程中，始终把筑城作为重要的战略防御手段，在今北至黑龙江省松花江地区，西至辽宁省的开原、双辽至吉林省的乾安、大赉一线，南至朝鲜咸镜的龙兴江（古称泥河）地区，西南至辽宁省丹东市九连城（古称泊汋城）地区，东至俄罗斯滨海地区的广阔地区，② 构筑了以京都为核心、沿河谷和边境线分布的大量山城、平原城、城堡和边墙，形成了北拒黑水靺鞨，南拒朝鲜新罗，西防后东突厥和契丹以及唐朝营州（今辽宁省朝阳市），东以日本海为屏障的筑城防御体系，为其政权巩固和战争防御发挥了重要作用。

---

* 本章第一、二节由王禹浪教授指导，军事科学院夏振泉博士执笔。

① 王禹浪、王宏北：《高句丽渤海古城址研究汇编》，哈尔滨出版社 1994 年版，第 6 页。

② 谭其骧：《〈中国历史地图集〉释文汇编·东北卷》，中央民族学院出版社 1988 年版，第 83—89 页。

第一节　渤海国疆域与筑城范围

渤海国是以靺鞨人为主体建立的国家。靺鞨族是东北古老民族——肃慎族的后裔，汉魏时称“勿吉”，到隋唐时称“靺鞨”。隋末唐初，靺鞨族分为白山、粟末、拂涅、伯咄、安车骨、号室、黑水七大部落，① 其中，最为强大的是黑水部和粟末部，黑水部因黑水即黑龙江而得名，生活在黑龙江流域；粟末部生活在吉林第二松花江（古称粟末水）流域。② 粟末部南部与高句丽相接，据《隋书》记载：粟末部“胜兵数千，多骁勇，每冠高丽中”，与高句丽冲突不可避免，在高句丽强盛时期曾臣属于高句丽。③ 唐朝灭高句丽后，粟末靺鞨人及高句丽遗民被强制迁移至营州（今辽宁朝阳）地区，与原本生活在这一地区的契丹族共同内附于唐朝。到唐朝武则天时期，696 年，营州（今辽宁朝阳）契丹人发起背叛唐廷之乱，靺鞨人也卷入叛乱，在唐军的强大进攻之下，契丹大败，而与契丹并肩作战的靺鞨人，在靺鞨首领乞乞仲象和酋长乞四比羽率领下，选择东奔肃慎故地，在唐军的跟踪追击下，乞四比羽阵亡，乞乞仲象途中病逝，乞乞仲象之子大祚荣带领部族继续东奔，在天门岭（吉林哈达岭）大败唐军，摆脱追兵。698 年，大祚荣率众东进至长白山东北坡，在奥娄河（今牡丹江上游）地区落脚，占据东牟山（今吉林敦化城山子一带）筑城郭以为居。据《旧唐书·渤海靺鞨传》载：“……祚荣遂率其众，东保桂娄之故地（即肃慎故地）。据东牟山，筑城以居之。”这里山峦叠嶂，荒远险阻，去营州二千里，道路梗阻，且唐军平乱，无暇东顾。大祚荣得以东牟山为基地，营筑城郭，开始建筑政权。④ 考其疆域乃逐步扩展而得，筑城也随着疆域的逐步扩展而扩展。

1. 渤海国早期疆域及筑城范围

渤海国早期特指大祚荣统治时期至大武艺统治初期。渤海国早期，

① 魏国忠、朱国忱、郝庆云：《渤海国史》，中国社会科学出版社 2006 年版，第 2 页。

② 马一虹：《靺鞨、渤海与周边国家、部落关系史研究》，中国社会科学出版社 2011 年版，第 69—70 页。

③ 同上书，第 87 页。

④ 朱国忱、朱威：《渤海遗迹》，文物出版社 2002 年版，第 3 页。

介于渤海国与唐朝之间的北方民族势力，契丹势力遭到削弱，突厥势力强大起来，698年，突厥驱兵南下占据唐朝的妫州、檀州、定州、赵州等地，折断了唐军向东北的进路，唐王朝与渤海的交通受阻，大祚荣得以东奔“树壁自固”以自保。[①] 渤海建国初期，实施通于突厥，结好契丹，交好新罗策略，[②] 兼并高句丽故地的伯咄、安车骨、号室部落，[③] 与东北部正处于全盛时期的黑水靺鞨保持相安状态，在唐王朝、突厥和黑水靺鞨等势力之间的夹缝中得以生存、站稳脚跟，初定国家及疆域。据《册府元龟》卷九五《九土风》记载：“其地在营州之东二千里，南与新罗相接，西接越喜靺鞨，东北至黑水靺鞨，地方二千里。”[④] 考查渤海国初期周边其他部落地域分布：西部地区生活着越熹靺鞨部落，即今吉林梨树、怀德地区；[⑤] 西北部地区生活着铁利靺鞨部落，即今黑龙江阿城以东，方正县及通河县以西地区；[⑥] 北部地区生活着拂涅靺鞨和虞娄靺鞨部落，拂涅部落即在今兴凯湖以西、绥芬河以北地区，虞娄部落生活在绥芬河流域以西地区；东北部地区是黑水靺鞨部落，黑水靺鞨在691年与唐军爆发军事冲突后，从今拉林河一线退至黑龙江、松花江和牡丹江三江汇合地区的三江平原地区，渤海国早期与黑水靺鞨的疆界大概在三江平原南部一带；[⑦] 南部地区是新罗，早期具体疆界难以考定。因此，渤海国早期疆界以吉林敦化为中心，东或不逾今牡丹江与拂涅相接，西止于永

① 马一虹：《靺鞨、渤海与周边国家、部落关系史研究》，中国社会科学出版社2011年版，第257—262页。

② 同上书，第355页。大祚荣初建政权时，势单力孤，曾经与新罗交邻，并得到新罗国王所赠五品大阿飡之官职，这种关系维持到公元713年唐朝成功招安大祚荣，之后，伴随渤海与唐朝关系好转，渤海与新罗开始交恶，因此，大祚荣时期，渤海确立了与新罗的同盟关系并接受新罗王的封官。

③ 同上书，第69—73页。《隋书》卷八十一《靺鞨传》载靺鞨凡有七种：其一号粟末部，与高句丽相接……其二曰伯咄部，在粟末之北，胜兵七千。其三曰安车骨部，在伯咄东北。其四曰拂涅部，在伯咄东。其五曰号室部，在拂涅东。其六曰黑水部，在安车骨西北。其七曰白山部，在粟末东南。伯咄、安车骨、号室部离高句丽较近，伯咄部在今吉林榆树、夫余和黑龙江双城、五常境内，安车骨部在今黑龙江阿什河流域，号室部在今绥芬河流域，高句丽灭亡后，三部四分五裂，始大祚荣东奔故地得以兼并。

④ 谭其骧：《〈中国历史地图集〉释文汇编·东北卷》，中央民族学院出版社1988年版，第88页。

⑤ 同上书，第87页。

⑥ 马一虹：《靺鞨、渤海与周边国家、部落关系史研究》，中国社会科学出版社2011年版，第76页。

⑦ 同上书，第88—92页。

吉、长春间，西北止于方正县及通河县地区与越熹相接，北与铁利、虞娄相邻，今阿勒楚克河与牡丹江下游犹在域外，南与新罗相接，确址犹待详考。①

从渤海国早期的疆域范围来看，这一地区原本是靺鞨人及高句丽的辖域，原本就有大量的高句丽筑城及靺鞨人的早期筑城，大祚荣“东奔”重新占据故地，“树壁自固”“筑城郭以居”，即在原有筑城基础上构建新的筑城防御。大祚荣来到敦化地区据东弁山，即吉林敦化城山子山城，后来又在吉林敦化牡丹江左岸修筑了敖东城，形成了山城与平原城的都城筑城格局，延续了东北古代民族都城构筑的传统，史称“旧国”即渤海国早期的都城。其北部构成新的筑城防线，据考古断定，坐落在镜泊湖周围山上的城子后山城、重唇河山城、城墙砬子山城均为渤海国早期山城，在今牡丹镜泊乡分布镜泊湖江段长城，其防护方向显然在北方，可能用于防御北方强大的黑水靺鞨；西部地区从今吉林、蛟河、桦甸、磐石至辉南一线东西地区分布有大量渤海筑城，这些筑城有渤海国沿用高句丽筑城，也有渤海国后建筑城，但很难断代是渤海早期或晚期筑城，不过，从大祚荣率众度天门岭（吉林哈达岭）来分析，渤海早期应该占据这一地区并构筑城池；东部及南部地区包括安图、汪清、延吉、龙井、珲春都密集分布有渤海筑城，据史料记载，唐中宗（705—710 年）时，正值大祚荣统治时期，渤海已“尽得夫余、沃沮、弁韩、朝鲜海北诸国”。② 渤海国早期已经占据今朝鲜咸镜道一带，也一定筑城以防御南方的新罗。所以，渤海国早期，应该形成以今吉林敦化“旧国”为中心，北至牡丹江镜泊湖地区，南至吉林哈达岭，东至长白山，南至朝鲜咸镜道，形成了早期筑城范围。

二　渤海国全盛时期疆域及筑城范围

渤海国从 8 世纪初至 9 世纪初，经过多代王北征南讨、拓境辟地，南定新罗，北略诸部，西却契丹，东达海③北，其疆域范围从建国初期的

---

① 谭其骧：《〈中国历史地图集〉释文汇编 · 东北卷》，中央民族学院出版社 1988 年版，第 88 页。

② 同上。

③ 魏国忠、朱国忱、郝庆云：《渤海国史》，中国社会科学出版社 2006 年版，第 138 页。《新唐书 · 渤海传》载：“仁秀颇能讨伐海北诸部。开大境宇，有功”，这里的“海”指今中俄交界地带的兴凯湖。

"地方二千里"扩展到"地方五千里"。[①] 这一拓疆过程主要经过大武艺统治时期和大仁秀统治时期两个阶段，据《新唐书·渤海传》载："子武艺立，斥大土宇，东北诸夷畏臣之"，疆域较大祚荣时期拓地日广，后经数世传至大仁秀之世，"仁秀颇能讨伐海北诸部，开大境宇"，疆域较大武艺时更为广阔，至此渤海疆域达到极盛。

北部疆域及其筑城范围：渤海国的北部主要有铁利、越熹、拂涅、虞娄、黑水靺鞨诸部落，其中，最为强大的是黑水靺鞨，据《旧唐书·靺鞨传》载："黑水靺鞨最处北方，尤称劲健，每恃其勇，恒为邻境之患。"在渤海国建国之前，691 年唐军征讨黑水靺鞨，迫其由今拉林河一带（今吉林与黑龙江交界一线）退至今黑龙江中游的三江平原一带。而到渤海国建国初期，渤海国和黑水靺鞨都臣属于强大起来的突厥，双方尚未发生实际利益冲突。到第二代王大武艺时期，唐王朝对日益强大起来的渤海国开始警觉，运用"以夷制夷"的策略，在黑水设黑水都督府，建立与黑水靺鞨的同盟关系，用以牵制渤海国。渤海与黑水的敌对关系由此逐渐明朗化，并相互争夺处于两者中间地带的铁利、越熹、拂涅、虞娄等靺鞨部落。据《新唐书·渤海传》载：大武艺"斥大土宇，东北诸夷畏臣之"。大武艺发兵攻击黑水部，处于中间地带的靺鞨诸部落纷纷以臣属关系臣服，即铁利、越熹、拂涅、虞娄作为独立部落臣属，亦即仍在渤海疆域之外，[②] 而黑水靺鞨受渤海的武力打击，由黑龙江中游退至下游地区。[③] 到第三代王大钦茂时期，渤海东徙北部诸部，占据拂涅和铁利部地区，在拂涅地（今牡丹江中游及兴凯湖地区）置东平府，在铁利部地（今黑龙江阿城以东，方正县及通河县以西地区）置铁利府。[④] 到大仁秀时期，渤海北略至松花江下游，将越熹（今吉林西北）和虞娄（牡丹江下游）并入渤海，在三江平原地区置怀远府，在伊曼河及比金河流域置安远府。而黑水部始终劲健未隶渤海，渤海全盛时期的北部疆域最远达今混同江南北地区。尽管渤海全盛时期疆域远达黑龙江北部地区，

---

① 谭其骧：《〈中国历史地图集〉释文汇编·东北卷》，中央民族学院出版社 1988 年版，第 87 页。《新唐书·渤海传》载："地方五千里，户十余万，胜兵数万。"

② 同上。

③ 马一虹：《靺鞨、渤海与周边国家、部落关系史研究》，中国社会科学出版社 2011 年版，第 88—93 页。

④ 谭其骧：《〈中国历史地图集〉释文汇编·东北卷》，中央民族学院出版社 1988 年版，第 87 页。

但是，考古发现的渤海筑城北不过牡丹江地区，西北不过吉林北界，东北不过黑龙江鸡西地区，并没有越过东流松花江北岸，从吉林榆树至黑龙江勃利、虎林一线，渤海筑城零星分布，而在牡丹江市近效及周边东西两侧地区，渤海筑城密集分布。特别是在牡丹江市区北 25 公里的边墙岭发现有牡丹江边墙，蜿蜒于海拔五六百米的岭谷之间，这是迄今为止发现的处于渤海北境的最远长城，形成构筑于牡丹江左岸的军事防线，用以封锁牡丹江左岸交通，防御黑水靺鞨入侵。

南部疆域及其筑城范围：据《新唐书》记载，渤海“南比新罗，以泥河为境”，泥河即朝鲜今龙兴江。[①] 这种疆界的形成过程大概经过了三个时期：一是大祚荣时期，渤海已“尽得夫余、沃沮、弁韩、朝鲜海北诸国”，已经占据了今朝鲜咸镜道一带。二是大武艺“斥大土宇”时期，南邻新罗也成为被进攻的对象，据《三国史记·新罗纪》卷八载：721 年，新罗王廷“征何瑟罗道丁夫二千，筑长城于北境”，这是为防御渤海人南下而采取的防御措施，说明渤海人已占据今图们江一线并向南推进。732 年，因“大门艺事件”，[②] 大武艺经今鸭绿江南下偷袭唐朝登州，唐朝调遣新罗北攻渤海，据《旧唐书·渤海靺鞨传》记载，“属山阻寒冻，雪深丈余，兵士死者过半，（新罗军队）况无功而还”，当时新罗所到的山区在今朝鲜半岛东北部的山区一带，说明渤海南境已越过土门水一带南移。三是到大仁秀时期，即 8 世纪初期，大仁秀“南定新罗”，《三国史记·新罗纪》卷十记载，新罗人 826 年秋 7 月，新罗王“命牛岑太守永征汉山北诸州郡人一万，筑江长城三百里”，新罗遭受渤海进攻被迫加强北境防御，当时渤海攻势逼近浿江一带，最后将其边界推进至泥河（今朝鲜金野江）一线。[③] 据《三国史记·地理志》记载，新罗后期的西北界为土山县（今祥原郡）、唐岳县（今中和县）、松岘县（今中和郡）等大同江南的一些郡县；东北界为井泉郡（今元山、德源）及其所属的蒜山

① 谭其骧：《〈中国历史地图集〉释文汇编·东北卷》，中央民族学院出版社 1988 年版，第 84—88 页。

② 魏国忠、朱国忱、郝庆云：《渤海国史》，中国社会科学出版社 2006 年版，第 83—90 页。726 年，因唐朝在黑水部建置黑水州都督府，大武艺认为，黑水部与唐朝通谋，腹北攻我，因而浮出“遣母弟大门艺及其舅任雅发兵以击黑水”，大门艺谏阻进攻黑水而解除兵权，欲杀之，大门艺遂逃往唐朝，大武艺要求唐朝归还大门艺而遭拒绝，从而与唐朝失和，大武艺遂发兵偷袭登州，渤海国与唐朝发生军事冲突。

③ 同上书，第 174—181 页。

县、松山县等。由此清楚表明，渤海南界与新罗北界，西为今大同江，东为泥河（今朝鲜金野江），具体由西向东，从朝鲜半岛的西海岸的大同江以南的祥和、中和到东海岸的元山、德源一线。[①] 考古发现，在朝鲜咸镜南北道分布有大量渤海古城，特别是从龙兴江，经咸兴、新浦、北青、金策至渔郎郡的东朝鲜湾沿岸，以南京南海府筑城的故址——北青古城为核心，古城分布居多，在北青古城周边有居山城、安谷山城、龙田里山城三座山城本相护卫，构成南京南海府的筑城体系，而在咸镜南北道的一带，分布有大量江岸堡垒和堵堆城，江岸堡垒多构筑在江岸要冲地点，而堵堆城多构成在大路左右或山谷之间，用于控扼交通要冲，显示出南京南海府地区筑城构筑可能继承了东沃沮筑城传统。

渤海国的西南疆界，一是鸭绿江右岸南部疆界，据《新唐书·地理志二》记载："自鸭绿江口舟行百余里，乃小舫溯流东北三十里至泊汋城(在今浦石河口附近的九连城)，得渤海之境。"说明泊汋水一线为渤海西南疆界。另从732年登州之战中渤海水师行经路线来看，即从鸭绿江江口傍黄海北岸，经今长山海峡进入渤海海峡及庙岛列岛水域，直扑登州，渤海的西南境已达泊汋水一带。[②] 二是渤海国西南部疆界，据《辽史·地理志二》记载，南京鸭绿府的正州，"本沸流王故地，国为公孙康所并。渤海置沸流郡，有沸流水……在京西北三百八十里"，"沸流水"即今富尔江，所以，正州治所当在富尔江流域，考古证实治所在今辽宁省新宾县旺清门转水湖山城旧址。而鸭绿府之西的渤海长岭府，其所辖河州治所在今梅河口市的山城镇，山城镇紧邻辽宁的清原县，清原县很可能也是渤海长岭府所辖地区。[③] 另据贾耽《道里记》记载，"自（安东）都护府东北经盖牟、新城，又经渤海长岭府千五百至渤海王城"，新城即今抚顺高尔山山城，似渤海之境在新城之东。[④] 还有，《〈中国历史地图集〉释文汇编·东北卷》中认为，渤海西界是起自今辽宁开原县至内蒙古双辽市。由此可以推判，渤海国的西南界大概的疆界是从丹东的大蒲石河口，经抚顺新宾县至铁岭开原一线，包括本溪市部分地区。但是，考古

① 王禹浪、王宏北：《高句丽渤海古城址研究汇编》，哈尔滨出版社1994年版，第911—912页。

② 魏国忠、朱国忱、郝庆云：《渤海国史》，中国社会科学出版社2006年版，第178页。

③ 同上书，第186页。

④ 谭其骧：《〈中国历史地图集〉释文汇编·东北卷》，中央民族学院出版社1988年版，第88页。

发现在辽宁地区少有渤海古城，从吉林长白市，经白山市、东辽至双辽市，零星分布有渤海古城，再往北特别是敦化周边地区则成密集分布。

渤海国东部和西部疆界及筑城范围：东部和西部疆界的拓展，从大武艺时期一直延续至大仁秀时期。大武艺“斥大土宇”，拓境辟地，北讨黑水靺鞨，西却契丹，有可能这一时期占据了夫余故地，置夫余府和鄚颉府。[①] 西境之南半部分抵辽水（今辽河），与唐朝营州（今辽宁省朝阳市）相接，《旧唐书》和《新唐书》都说渤海在营州之东，即从今开原至双辽市迤西，当即渤海与契丹相接之区。[②] 大钦茂时期，吞并虞娄后于其地置定理府、安边府，兼并率宾之地于其地置率宾府，东境推进至今俄罗斯滨海地区。大仁秀时期“开大境宇”“北略诸部”，打败强悍的黑水靺鞨，吞并越熹部于其地置怀远府和安远府，西境北半部分抵今北经黑龙江省乾安至大赉一线，与契丹相接。至此，西境从开原、双辽、乾安至大赉一线，东境从俄罗斯哈巴罗夫斯克边疆区、滨海边疆区至朝鲜咸镜南北道濒海地区，在大仁秀时期疆域达到全盛，设置五京十五府六十二州一百三十余县，史称“海东盛国”。

从渤海西部疆域看，夫余、鄚颉、铁利、安远四府皆渤海西境边境之府，夫余府治所在吉林省农安县一带，鄚颉府治所在黑龙江省阿城一带，铁利府治所大体在黑龙江省依兰县一带，怀远府治所大体在黑龙江省三江平原地区。但从目前考古发现来看，从黑龙江省阿城、依兰到三江平原地区，鲜有发现渤海筑城，而吉林省的松源、长岭、怀德、德惠、农安等地区，也就是夫余府辖区发现不少渤海筑城。契丹占据西拉木伦河、老哈河流域，随着背后的突厥、回鹘势力的消长，时常阻塞渤海通唐的营州道。[③] 且与渤海因营州叛乱结下世仇，对渤海构成巨大威胁。据史料记载，夫余府为渤海西部边地重镇，通往契丹的咽喉要地，常驻重兵以防备契丹。所以在夫余故地构筑有较多筑城。

从渤海东部疆域看，安远府、安边府、定理府、率宾府、龙原府、

① 魏国忠、朱国忱、郝庆云：《渤海国史》，中国社会科学出版社 2006 年版，第 187 页。5 世纪，勿吉灭夫余，占据扶余故地。

② 同上书，第 186 页。

③ 王禹浪、王宏北：《高句丽渤海古城址研究汇编》，哈尔滨出版社 1994 年版，第 989 页。据《道里记》记载，营州道指“自都护府东北经古盖牟、新城，又经渤海长岭府千百里至渤海王城”，即从营州（今朝阳）东进，渡辽河，经现在的沈阳、抚顺，逆浑河而上，越过分水岭，出松花江上游的辉发河流域，至渤海上京，这个道上有渤海十五府之一的长岭府。

南海府皆为渤海东境之府，安远府治所一说在乌苏里江东岸，安边府治所在今俄罗斯滨海边疆区奥尔加，定理府治所一说在俄罗斯滨海边疆区的游击队城，率宾府所辖的盐州是古代设防海港，盐州治所为绥芬河入海口右岸的克拉斯基诺古城，龙原府的治所在吉林珲春八连城，南海府的治所在朝鲜咸镜南道的北青古城。从目前考古发现来看，渤海筑城在东境的分布态势，从俄罗斯滨海边疆区的南部地区至朝鲜咸镜南北道地区呈密集分布态势，而在俄罗斯滨海边疆区的北部地区至哈巴罗夫斯克边疆区则较少发现，特别是安远府的治所古城址迄今都未能找到。在东境古城分布，朝鲜咸镜南北道地区的古城分布前面讲过，不再赘述。而在俄罗斯滨海边疆区古城分布，以锡霍特山脉为分水岭，西部多平原城、山城和城堡，而东部主要以山城作为防御设施。迄今发现的平原城主要有尼古拉耶夫斯克1号城、尼古拉耶夫斯克2号、位于伊利斯塔亚河谷的维索卡耶城、位于拉兹多利纳亚河河谷的斯塔罗列契斯克城、位于楚卡诺夫卡河河口的克拉斯基诺城、位于拉兹多利纳亚河河谷的南乌苏里城、位于什科夫卡河河谷的斯捷克良努欣斯克城、位于帕尔委赞斯克耶河河谷的尼古拉耶夫斯克城、位于伊利斯塔亚河河谷的戈尔巴斯克城、位于乌苏里河河谷的丘克耶夫斯克城、科克沙罗夫卡Ⅰ号城、科克萨洛夫卡Ⅱ号城、马里亚诺夫斯克城等，这些平原城多沿河谷分布，有些可能是州县治所所在。在滨海地区发现的山城如戈尔杰耶夫斯克山城、奥特拉德年斯科耶山城、奥尔罗夫斯科山城、莫纳玛霍夫斯克山城，多占据山岬或山岗，沿河谷或海岸分布有小型山地城堡，作为军事警戒点。而且考古发现，滨海地区的筑城防御体系的防御方向可能在北向，主要防御对手可能黑水靺鞨。①

综上所述，渤海国疆域，北抵东流松花江，东北抵今同江、伯力及迤东的俄罗斯哈巴罗夫斯克边疆地区，“南镜接新罗，以泥河为镜”“东穷海西契丹”“地方五千里”。但是，迄今为止考古发现的筑城范围比其疆域范围要小，北方筑城分布远不过牡丹江地区，西北不过吉林北界，东北不过黑龙江鸡西地区，并没有越过东流松花江北岸；南方筑城范围在朝鲜咸镜南北道呈密集分布，西南筑城分布达吉林南界，而辽宁地区

① 王禹浪、王宏北：《高句丽渤海古城址研究汇编》，哈尔滨出版社1994年版，第879—884页。

较少分布；西界筑城分布达吉林的松源、长岭、怀德、德惠、农安等地区；东界筑城分布达俄罗斯滨海边疆区和朝鲜咸镜南北道的东部沿海地区。其筑城分布呈现出西御契丹，东御海防，北防黑水靺鞨南下，南防新罗北进的筑城防御态势。

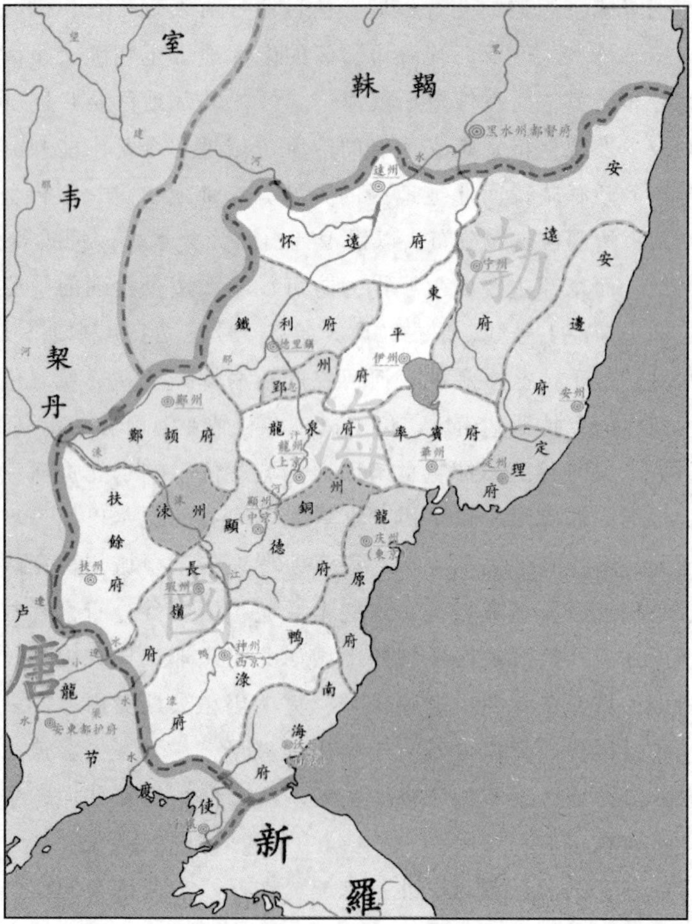

图 6－1　渤海国疆域略图

第二节　渤海国的筑城

渤海国在全盛时期达到了五京、十五府、六十二州，其中，上京龙泉府治所为黑龙江省宁安市渤海镇的忽汗城，建于肃慎故地，领龙、湖、渤三州及州所辖10县；中京显德府治所为吉林省和龙市的西古城，领卢、显、铁、汤、荣、兴等六州及州所辖24县；东京龙原府治所为吉林省珲春市的八连城，领盐、庆、盐、穆、贺等四州及州所辖18县；南京南海府治所为朝鲜咸镜南道的北青古城，建于沃沮故地，领沃、晴、椒三州及州所辖16县；西京鸭绿府治所在吉林省临江市一带，建于高句丽故地，领神、桓、丰、正四州及州所辖10多个县。其他10府包括建于高句丽故地的长岭府，建于夫余故地的夫余府、鄚颉府，建于挹娄故地的定理府、安边府，建于率宾故地的率宾府，建于拂涅故地的东平府，建于铁利故地的铁利府、建于越熹故地的安远府、怀远府，另有直隶于王廷的郢州、铜州、涑州三个独奏州。全盛时期的领县至少达200个以上，目前考证有130个县。[①] 其城池筑城主要有京城、府城、州城和县城。

一　渤海国的京城

渤海国初建时期，大祚荣率众据东牟山筑城以为居，即京都“旧国”，今吉林敦化的敖东城和城山子山城。立国229年间，经过4次迁都城：734年，大武艺将京都从“旧国”迁至中京显德府（吉林省和龙县西古城）；755年前后，大钦茂将京都迁至上京龙原府（黑龙江省宁安市渤海镇），据《新唐书·渤海传》记载：“天宝末，钦茂徙上京，直旧国三百里，忽汗河之东”；785年，大钦茂又将京都迁至东京龙原府（吉林省珲春市八连城）；794年，由大华玙将京都复迁至上京龙泉府，此后一直以此为都。形成了旧国、中京、上京、东京及其西京、南京共6座京都城池。

（一）渤海旧国筑城

渤海“旧国”的地望位置一直颇有争议，一直以来，多数学者确定为吉林省敦化市的敖东城和贤儒镇城山子山城，但最新研究成果认为渤海旧国是吉林省延吉市东南布尔哈通河与海兰江交汇处的城子山山城（亦称磨盘山山城）。据《旧唐书·渤海靺鞨传》：“祚荣遂率其众东保桂娄之故地，据东牟山，筑城以居之……其地在营州之东二千里……保太

---

① 郑永振、李东辉、尹铉哲等：《渤海史论》，吉林文史出版社2011年版，第244—247页。62州中至少有28个州领县失载，渤海全盛时期领县至少200个以上。

白山之东北，阻奥娄河，树壁自固。”桂娄是高句丽本部的部族名称，故地在今布尔哈通河、海兰江流域及图们江下游地区，粟末靺鞨在内迁营州之前，原本生活在与高句丽相邻之北，并依附于高句丽，所以称“祚荣率其众东保桂娄之故地”。而东牟山最新认为是延吉市东南约10公里的城子山山城，此地正好位于长白山主峰白头山之东北，在营州以东大约2000里范围内，城子山山城脚下的海兰江即史书中所称的奥娄河，布尔哈通河就是渤海迁都上京之前的忽汗河。由于唐朝册封大祚荣为忽汗州都督，大钦茂迁都上京之后，忽汗之地名也随之侨置于上京之地，镜泊湖与牡丹江自大钦茂迁都上京之后始称忽汗海和忽汗水。所以，我们认为渤海“旧国”应为位于吉林省延吉市城子山山城。①

城子山山城位于延吉市东南约10公里，延吉市与龙井市交界处。山城为马蹄形，城垣依山势以石材修筑，呈不规则椭圆形，城墙用石块覆土砌筑，基宽5—7米，高1—34米，周长4454米。城内地势开阔，山城的东、北、西及东南各开设一门。东南门修在山岗上，较窄，无瓮城，门外陡坡上有一“之”字形古道，门内侧近处，有一组建筑遗迹。东北、北门分别修在沟口处，较宽，有瓮城，是出入城内外的主要通道。西门位于西山之上的城垣中部，门外有一“八”字形防御设施。于城中央的缓坡上有阶梯式宫殿址，共9阶，每阶约宽10米，长约17米，其上排列有础石。础石排列平面呈长方形，加工比较粗糙。殿址上散布着青灰色布纹瓦和泥质灰陶瓦片。城内尚存多处居住址。有很多褐色或红褐色板瓦，其凸面上饰有绳纹、网格纹、席纹等。城中还出土铜镜、铜印、铜钱、各种佩饰件和串珠等。具有北沃沮文化、高句丽文化和渤海国文化遗存和金代东夏国遗存特征。

山城坐落于布尔哈通河与海兰江相汇之处的高巅之上，周边地势险要，易守难攻。海兰江由南向北直冲山城南侧的峭壁，与布尔哈通河汇合后滚滚东去，在山城东、南、北三面形成天然护城河，而山城西侧则是一条大峡谷。这与史书记载的“阻奥娄河”之势相合。

山城所在的延吉地区，位于长白山北麓，东、南、北三面环山，西面开阔，中间平坦，呈马蹄形状盆地。源于哈尔巴岭的布尔哈通河从安图县境内流入，源于北部老爷岭的朝阳河、烟集河从汪清县境内流入，

① 王禹浪、都永浩：《渤海东牟山考辨》，《黑龙江民族丛刊》2000年第2期。

源于长白山北麓的海兰江途径和龙市和龙井市在延吉地区与布尔哈通河汇合，东流注入图们江，在延吉地区形成高纬度地带的山林盆地，平均海拔150米。

延吉地区东与图们市的长安镇相邻，西接安图县，南与龙井市东盛涌镇接壤，北与敦化市、汪清县毗邻，直距日本海80公里，具有坐拥盆地、背依长白山、面朝大海的四塞为固、易守难攻的天然地理优势。通往这里主要有4条沟谷要道：西部通道是沿布尔哈通河河谷，从敦化市经安图县进入延吉盆地，在敦化市、安图县境内，特别是河谷地带分布有大量渤海古城，如安图县长兴乡的五峰山城、石门镇的城门山山城和榆树川古城等13座渤海筑城，控制着河谷交通要道。南部通道是沿海兰江河谷，从和龙市经龙井市进入延吉盆地，在和龙市境内分布有里古城、大方顶子山城、三层岭山城等11座古城，在龙井市境内的海兰江沿岸分布有英城古城、长东古城、河龙古城等多座渤海筑城，控制着通往城子山山城的河谷要道。北部通道是沿烟集河河谷北行至烟集乡，北行可达汪清县，西行可达安图县，沿烟集河两岸分布有台岩古城、北大城古城等，在汪清县境内分布有18座渤海筑城之多。东部通道是通往图们市及日本海的交通要道。从延吉市沿烟集河河谷北行至烟集乡东行，经依兰镇、图们市的长安镇至图们市，再东行沿图们江进入日本海，沿线在图们市、珲春市及朝鲜境内分布有大量渤海古城。以延吉市为中心的由敦化、和龙、汪清、珲春、俄罗斯滨海地区、朝鲜咸镜南北道构建的环形区域内，渤海筑城呈最密集分布。这在一定程度上说明大祚荣立国之初，既利用天然有利地形，也利用原有北沃沮筑城、高句丽筑城，并构筑新城，形成“树壁自固”之势。

（二）中京显德府筑城

734年，大武艺将京都从“旧国”迁至中京显德府（吉林省和龙市西古城）。至于为什么迁都，可根据史实进行推测：渤海国建国初期，选择吉林敦化地区建都，这里四周皆山，地形狭窄，可暂作栖身之地。随着势力逐渐增强，感到旧国地区不能适应发展需要，开始寻求新的王都之地。鉴于当时渤海国向东南扩展势力的基本国策，由当时的旧国地区迁至海兰江流域的西古城。这里地处长白山东麓，北部为海兰江流域，南部为图们江流域，西部为高山峻岭，东部隔朝鲜与日本海相望，距东部海岸100公里，南岗山脉横亘中部，中北部为河谷盆地，西古城就坐落在河谷盆地的今和龙市西城镇。

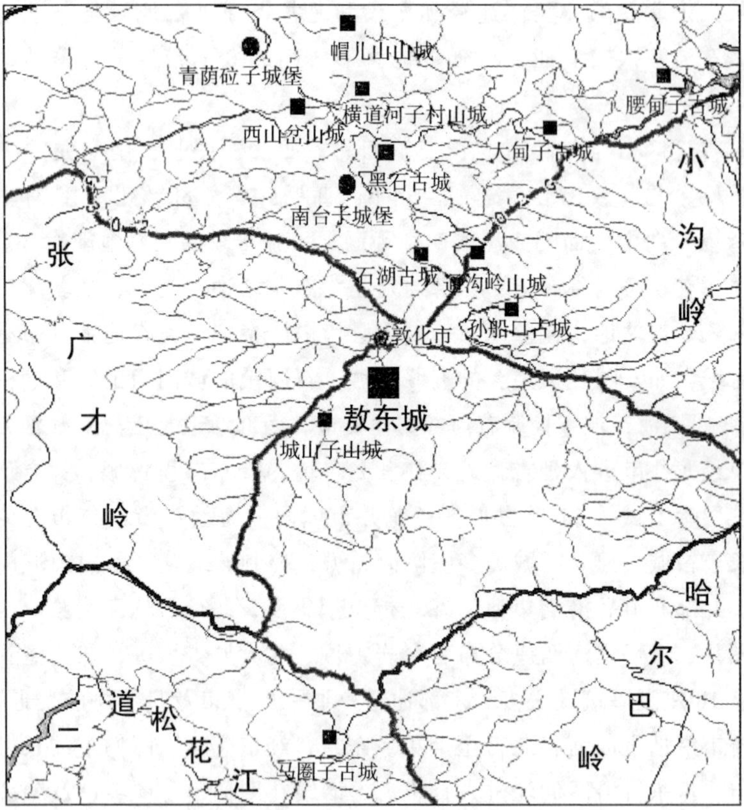

图 6－2 旧国周边地区筑城分布

西古城坐落在今和龙市西城镇古城村，北部和西部依英额岭山脉的起伏山岭，南面海兰江，东面长仁河，古城正好位于长仁河与海兰江交汇处的夹角地带，背山面河，易守难攻。

西古城是仿效唐朝都城建造的第一座京城，由内城和外城组成，形制似长安城，但规模相对较小。外城呈长方形，夯土筑城。南北长 720 米，东西宽 630 米，周长 2700 米，城基底宽 13—17 米，顶宽 1.5—4 米，残高 1.5—4.5 米不等。南墙和北墙各开一门。城外有护城壕，城内有土台、水池、水井遗迹。内城坐落于外城的中央偏北处，呈长方形，南北长 370 米，东西宽 190 米，周长 1000 米，城内有宫殿址。①

① 王禹浪、王宏北：《高句丽渤海古城址研究汇编》，哈尔滨出版社 1994 年版，第 739—741 页。

西古城为渤海国中京显德府的旧址。据《新唐书·渤海传》记载：“南为中京，曰显德府，领卢、显、铁、汤、荣、兴六州。”古城位于上京龙泉府正南，处于渤海五京的中部，在渤海都城中具有重要地位。

从西古城周边地形看，古城坐落于海兰江流域，海兰江的左岸是英额岭和甑峰岭山脉，右岸是南岗山脉，隔南岗山脉是图们江流域，通往古城的河谷要道主要是海兰江河谷，从图们江通往海兰江的要道，一条是沿红旗河进入海兰江河谷，一条是从图们江岸的德化镇至今天的和龙市。在这几条河谷要道上分布有许多城址。沿海兰江两岸，从西到东分布有松月山山城、獐项村古城、八家子山城、杨水顶子山城、河南屯古城、圣教古城，构成对西古城的前后环卫，南北两侧为高山峻岭，易守难攻。在海兰江的侧部，即图们江沿岸，分布有三层岭山城、王城里山城和古城里山城，防止沿红旗河和德化镇至和龙市的交通要道进入西古城地区，形成京都城池的侧卫。

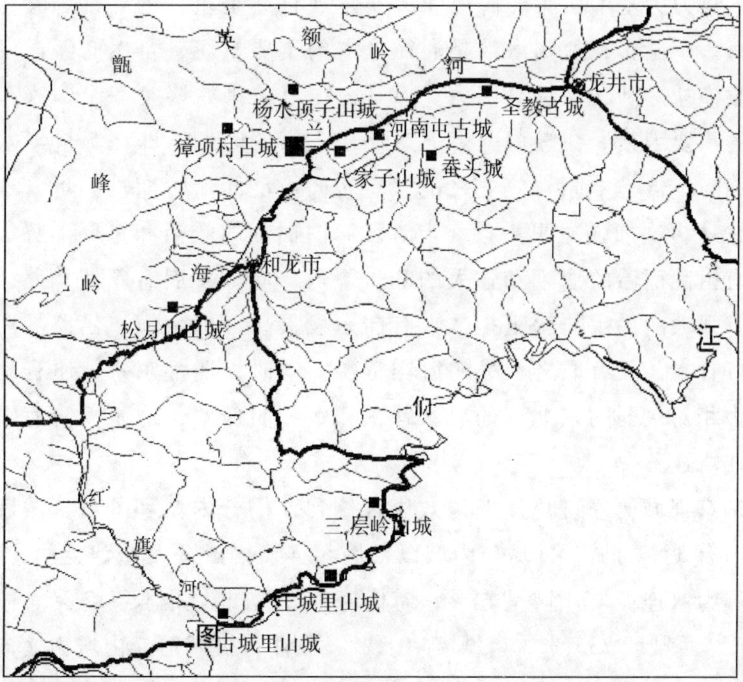

图6-3　中京显德府周边地区筑城分布

（三）东京龙原府筑城

755年，渤海国第三代王大钦茂将都城由中京迁至上京（今牡丹江地区），785年由上京迁至东京龙原府，794年复迁至上京，在东京立都历时9年。据《新唐书·渤海传》记载："靺鞨故地为东京，曰龙原府，亦曰栅城府，领庆、盐、穆、贺四州。""天宝末，钦茂徙上京……贞元时，东南徙东京。"东京龙原府坐落于吉林省珲春市八连城，地处珲春河与图们江交汇处，东距珲春市6公里，西距图们江2.5公里。这里位于珲春盆地，背依老爷岭山脉，面朝图们江流域，距日本海50—60公里，东京龙原府所辖盐州的治所——克拉斯基诺城，就坐落在俄罗斯滨海边疆区的楚卡诺夫卡河口，距八连城约60公里。

渤海国起初立都吉林敖东城，后来迁都于中京，由牡丹江上源地区迁至海兰江流域，然后迁到牡丹江流域的上京，缘何又由上京迁至珲春河与图们江下游地区。可以推测，渤海国自立国以来，一直以向东南方向扩展势力为基本国策。向海洋方向发展自然是重要的经济因素，相传日本海盛产昆布，盐州海港是通往日本的重要枢纽，自然向海洋发展可以尽收渔盐之利，以提高国力。但是，军事防御始终是一个国家首先要考虑的重要因素。在渤海国由上京迁往东京的时期，即在7世纪八九十年代期间，恰是中原"安史之乱"后转向由乱而治时期，营州（辽宁朝阳）地区再次加强军事力量。当时渤海国面临的政治和军事形势，向西发展有由乱而治的唐朝和强大的契丹掣肘，向南发展有新罗挡路，向北发展有强大的黑水靺鞨阻拒，唯有向东发展，面向大海，出路无阻，可以通好日本，又有取之不尽的海洋资源。同时，迁都东京，还有利于对付势力相对较弱的东北部的黑水靺鞨和南方向新罗，这是面向海洋的大棋局战略迁移。

东京都城的修筑总体上仿效唐都修建，仍分内城和外城，城墙为土筑。但有3个内城，外城与内城以横墙相连，构成8个城池空间，所以，后人称为八连城。外城呈方形，周长2894米，北城墙长712米，东城墙746米，西城墙735米，南城墙701米，城外有护城河。内城由南向北在同一轴线上，依次有南城、中城和北城（宫城）。北城周长1072米，中城周长723米，南城周长504米，可以说由南向北，内城分布由小到大，这种城池布局无疑仿效唐朝所建。由外城与多座内城构成层层拱卫防御布局，易于防守。

从东京都城的周围城池布局来看，北部是连绵的老爷岭山脉，较少有城池分布，而在东北部的春化镇方向，则有大北城屯古城、草帽顶子古城、营城子古城、沙河子山城、大六道古城等五座城池。春化镇方向是珲春河上游两条支流的交汇处，是由绥芬河方向通往珲春方向的重要交通要道，河谷两侧多高山，在此设防易于阻止东北部的黑水靺鞨。在西部的图们江两岸，分布有项安城、裴优城、温特赫部古城等，构成拱卫八连城的侧卫。在南部通往图们江的河谷两岸，有小城子古城、孟岭河口城堡、水流峰山城等，显然具有防卫由海上来犯之敌之势。在俄罗斯滨海边疆区有盐州所在治所克拉斯基诺城，在沿海地区分布有大量具有海防性质的古城，这些古城一般沿河谷分布，以防敌沿河谷要道进入内地。在南流的图们江西部地区为渤海国的南京南海府，更有多座沿海岸线分布的筑城构筑。上述这些筑城，在东北部、西部和南部海濒地区构成了筑城防御态势，拱卫着东京京都。

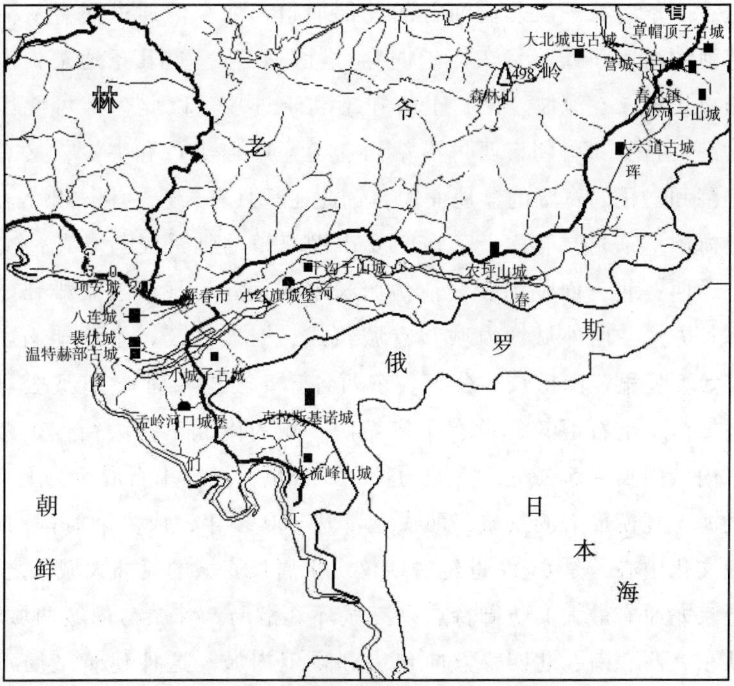

图 6－4　东京龙原府周边地区筑城分布

（四）上京龙泉府筑城

755年，渤海国大钦茂将都城由中京迁至上京龙原府（黑龙江省宁安县渤海镇）；785年由上京迁至东京龙原府；794年由大华玙又将都城由东京复迁至上京，直至926年渤海国被契丹所灭，终以上京为都。渤海国复迁至上京当时的政治形势，渤海势力已远向北部和东部疆域扩展，东抵大海已无可抗衡的政治势力，北部黑水靺鞨受到渤海的沉重打击，势力向北回缩，东南部的新罗不能造成太大的威胁，只有西部和南部的契丹、突厥和唐朝是其最大威胁。选择宁安盆地立都，东侧是老爷岭，西侧是张广才岭，两岭像两扇巨大的屏风拱卫着宁安的两翼。宁安盆地南北长约30公里，东西长约50公里，牡丹江从镜泊湖流出，蜿蜒穿过盆地。周边如唐朝、突厥、契丹、新罗等国家，要想进入宁安盆地，古代主要有四条道路：一条走敦化盆地经牡丹江河谷的西南通道，一条走敦化盆地经阿布河子谷地的南偏西通道，一条走吉林珲春经马莲河谷的东南通道，一条沿牡丹江北流河谷的北部通道。如今的通道还有从满洲里至绥芬河的高速和铁路呈东西走向穿过牡丹江市。这几条通道，山路崎岖，隘口较多，谷深坡险，利于防守不利于进攻。以此为都可北出黑水靺鞨，南出新罗和唐朝，西可沿偏西通道迂回出契丹和突厥，又有可供发展经济和文化的宽阔的盆地面积，选此建都具有天造地利之势。

渤海国上京龙原府，坐落在宁安市渤海镇的牡丹江与马莲河交汇地带，东、西、北三面临河。城池仿唐长安城而建，规模宏大雄伟。整个城池呈长方形，由外城、内城和宫城组成，三城环套，坐北朝南。外城北垣长5.5公里，南垣长5公里，东西各3.5公里，周长18.5公里，城垣残高2米，土石混筑，设有十座城门，城内南北三条大街，东西两条大街；内城周长4.5公里；宫城周长2.5公里，城墙土石混筑。上京龙泉府是渤海国规模最大的京城，两次立都达160多年，成为渤海国的政治、经济和文化中心，是8、9世纪时期仅次于唐长安城的亚洲大城市之一。[①]

上京龙原府最大的防御特点是三城环套格局。外城与内城两城环套，外城从东、西、南、北四个方向包围和拱卫内城。这种建筑格局不同于唐都长安从东、南、西三个方向拱卫皇城，而与渤海国初期都城敖东城

① 王禹浪、王宏北：《高句丽渤海古城址研究汇编》，哈尔滨出版社1994年版，第593—638页。

建筑平面呈“回”字形相似，创造了北方筑城的特点。内城从东、南、西三个方向拱卫宫城，进一步加强了宫城的防护和安全。与上京龙原府相拱卫的还有三座王城：

第一座是城子后山城，位于镜泊湖与牡丹江接合部的山顶上，牡丹江水绕山而过。城墙沿山脊而筑，山城东、北、西三面悬崖峭壁，城址呈不规则形，周长3900米，临江陡立，构成山城的天然屏障。城内有一腰墙，将山城分为北南两城，腰墙中部辟有瓮门，东侧距腰墙200米有一谷口，是进出山城的交通要道。在山城腰墙瓮门的西侧南部有一座方形土城，周长100米。临江还发现9座石堆，据推测是守城用的雷石。此城是渤海国早期山城，后来演变成三大王城之一。山城控扼镜泊湖与牡丹江的接合部，居高临下，占据水陆交通的要冲。

第二座是重唇河山城，位于镜泊湖北端西岸的重唇河畔的山项上。山城坐落在两山之间，依山势而筑，城墙修筑在山脊上，平面呈不规则形，周长3000米。城墙为土石混筑或合筑。城墙上辟有三座城门，其中西南门设有三道重墙，以增强防御能力而设。山城内大量排列整齐的石块，可能是守城用的雷石。

第三座是城墙砬子山城，位于镜泊湖中部西岸的高山上，因山名而得名。山城坐落在两座高耸的山峰之间，城墙砬子山突兀挺拔，悬崖峭壁非常险峻。山城东、南、北三面被湖水环绕。山城呈不规则形，周长3100米。

这三座山城具有共同的筑城特点：周长都在3000米以上，依山傍湖，土石混筑，筑墙为障，雷石共用，据险防御。据《宁安县志》记载，城墙砬子山城内曾出土过一块铜印，刻有“勿汗州兼三王大都督”。这三座山城正是三大都督所居之地，是拱卫上京龙原府、构成山城与平原城相结合的另一种都城筑城形式，也就是说区别于高句丽“一山城一平原城”都城构筑形式，而一平原城与多座王城相结合，既适应地形条件，更有利于拱卫京都。一旦平原城失守，还可坚守多座山城，确保防御的安全。

从上京龙原府的周围筑城布局来看，东侧是连绵的老爷岭山脉，西侧是起伏的张广才岭。通往宁安盆地主要有三条河谷，一条是牡丹江河谷，一条是经汪清县溯嘎呀河谷经天桥岭、老松岭至宁安盆地，另一条是海浪河谷。据考古发现，在牡丹江上游，即镜泊湖地区，除城子后山城、重唇河山城和城墙砬子山城三座王城外，还有南湖头山城及镜泊湖段边墙[1]等筑城设施，无论是通往旧都，还是通往上京，都构成道道筑城防线，控扼牡丹江上游地区水陆交通线。在牡丹江下游地区，在宁安市周边分布有江东段边墙和大牡丹古城，在牡丹江市周边地区分布有龙头山古城、南城子古城和牡丹江段边墙，控制牡丹江下游水陆交通要道。在由汪清县通往上京的要道上，沿嘎呀河谷密集分布有幸福古城、石城古城、中大川古城、天桥岭古城和红云古城等；在海浪河谷及通往上京的要道上，分布有九公里山城、石场山城等。而在上京古城周边分布有东崴子古城、东沟古城、土城子古城及城堡，拱卫京都城池。

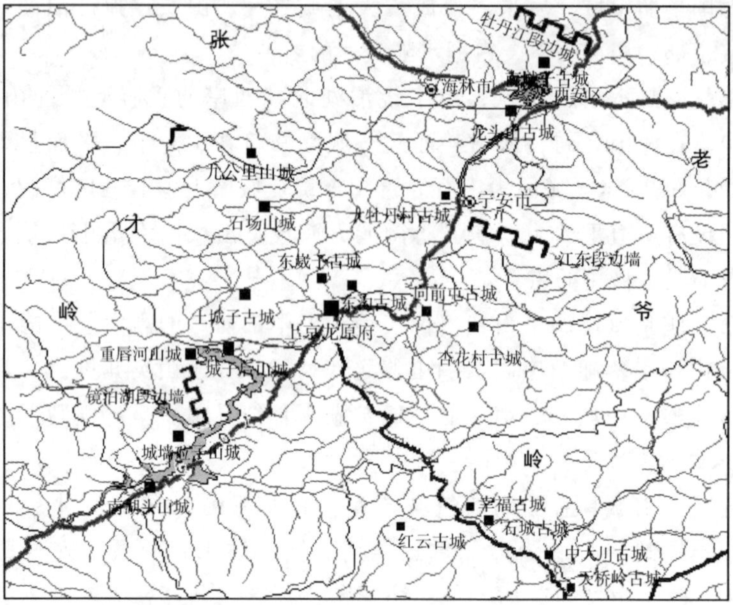

图 6-5 上京龙泉府周边地区筑城分布

（五）南京南海府筑城

渤海国的南京南海府，地处沃沮故地，今朝鲜咸镜南北道一带。北青古城是南京南海府的所在地，位于咸镜南道北青郡土城里。这里濒临南海（渤海人把咸镜南北道一带的海称为南海，即今东朝鲜海），吐号浦港位于北青郡的东部海岸，渤海人由南京南海府从吐号浦港乘船通往日

① 边墙为一种利用山石筑砌的石筑长城。

本，也可从南京南海府出发，过泥河（今朝鲜的金野江）通往新罗。[1]

北青古城坐落在北青郡东南 14 公里的南大川江左岸平地上。古城北面是大德山山脉，古城北侧与东侧是起伏的山岗，西侧有南大川江流入渤海人称的南海（即今东朝鲜海），南临南海。古城的东、南、北三面地势低洼，古代可能被水围成一个天然要塞。古城的结构与规模与敖东城、八连城、西古城相似，平面呈长方形，周长 2132 米。城墙上有马面，四角有角楼址，四面城墙各自中心部位有城门址，南门址有瓮城。

在北青古城周边地区，分布有多座城池。在北青郡南大川隔河相对分布有两座山城，右岸是龙田里山城，左岸是安谷山城，依山势修筑在悬崖绝壁上，控制着南大川南北两岸。在北青郡还分布有坪里山城、居山山城、龙井山城、青海土城及其江岸堡垒、堵截墙，其中居山山城用石块沿山脊及峡谷砌筑而成，东侧为悬崖绝壁，东南为峡谷，周长 600 米。这些山城与北青古城构成平地城和山城的防御体系，特别是沿河谷要道分布的山城，控制水陆交通要道，拱卫京城的防御。

（六）西京鸭绿府筑城

西京鸭绿府建于高句丽故地，今鸭绿江东西两侧地区，包括吉林省的白山市、通化市，辽宁省的丹东市、抚顺市、本溪市部分地区，以及靠近鸭绿江的朝鲜的西北部地区。治所据考古推测在吉林省的临江市。下辖神、桓、丰、正四州。其中神州与京府同治，桓州治所在高句丽故都丸都城旧址（今吉林省集安市），丰州治所在今吉林省靖宇县东偏南 33 公里处的榆树川古城，正州在今富尔江流域一带，治所在今辽宁省新宾县旺清门转水湖山城旧址。[2] 至于朝鲜境内所辖故城目前无考。

临江市地处渤海国时期的朝贡道上。据《道里记》记载："自鸭绿江口舟行百余里乃小舫溯流东北三十里至泊汋口，得渤海之境。又溯流五百里至丸都城，故高丽王都，又东北溯流二百里至神州。又陆行四百里至显州。天宝中王所都。又正北如东六百里至渤海王城。"泊汋口即位于今辽宁省丹东市的蒲石河口，从这里乘船沿鸭绿江溯流而上至神州（今吉林省临江市），然后改为陆路。这证明临江是水路和陆路的转换地。据考证鸭绿江古代水上交通条件，处上游的二十四道沟至临江市水势水量

① 渤海国全盛时期，西以今朝鲜的大同江，东以今朝鲜的金野江为界，即从朝鲜的西海岸的大同江以南（祥原、中和）到东海岸的元山、德源一带，其以南便是新罗的北界。

② 魏国忠、朱国忱、郝庆云：《渤海国史》，中国社会科学出版社 2006 年版，第 185—186 页。

较小，不便行船，而从临江市到浑江口水势增加、坡度变缓，便于行船。所以渤海国时期的朝贡道，船行鸭绿江至中上游的临界点——临江，只能由水陆改为陆路。因而，临江当为渤海与唐朝往来的重要交通据点。并沿鸭绿江设有丸都城（今吉林省集安市）、泊汋城（今辽宁省丹东市九连城），控制着江上通道。

二 渤海国的府城和州城及县城

（一）渤海府城

在渤海国的十五府当中，除京都五府之外，还有长岭府、夫余府、鄚颉府、定理府、安边府、率宾府、东平府、铁利府、怀远府、安远府等十府。十府中有七府治所尚无考定：一是鄚颉府，为夫余故地，与长岭府相邻之北，治所可能在黑龙江省阿城一带；二是定理府，为挹娄故地，当今俄罗斯滨海地区；三是安边府，亦为挹娄故地；四是东平府，为拂涅故地，大体在兴凯湖以西以北地区；五是铁利府，为铁利故地，府治可能在今黑龙江省依兰县一带；六是怀远府和安远府，建于越熹故地，大体在三江平原及以东地区，府治不祥。[①] 目前，初步考定的典型府城：

1. 长岭府——苏密城

长岭府地处通往营州的交通要道。境域范围大致在今吉林省桦甸市和梅河口市地区，东临西京鸭绿府，西临夫余府，北临中京显德府，南临唐朝安东都护府。治所在吉林省桦甸市的苏密城，领瑕、河二州，瑕州治所与府同地，河州治所可能在今吉林省梅河口市的山城镇。[②]

苏密城城址位于桦甸市区东北约 4 公里的辉发河南岸，隶属桦甸镇永吉街道大城子村，南距烟白铁路 300 米。城址东南约 2.5 公里的苏密河东西两岸有两座小城遗址（周长 1—2 公里），城东耕地中有一条小河由南向北流入辉发河，古城四周远处群山环绕。清末这里曾以苏密河命名草甸子——苏密甸子古城因而得名。

苏密城城址以苏密城内外城组成，全仿唐式的城郭建筑布局。内城基本为正方形。东城墙长 337 米，南城墙长 334 米，西城墙长 369 米，北

① 郑永振、李东辉、尹铉哲等：《渤海史论》，吉林出版集团、吉林文史出版社 2011 年版，第 225—247 页。

② 同上书，第 186 页。

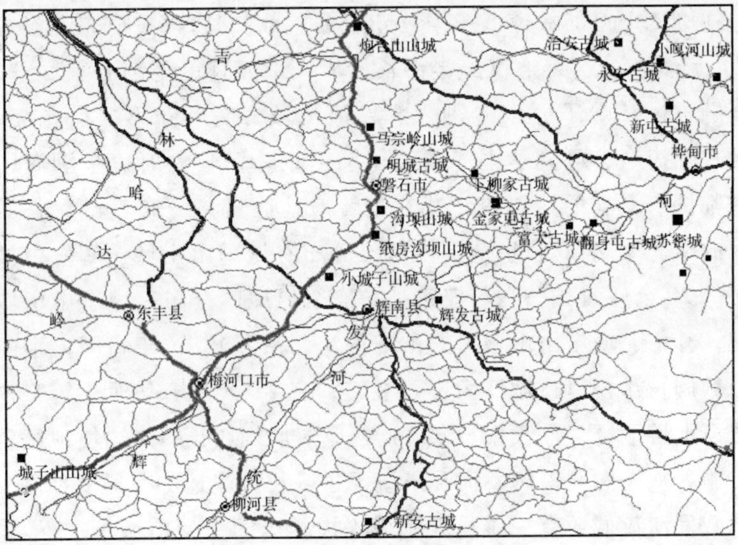

图 6－6　苏密城周边地区筑城分布

城墙长 341 米，周长 1381 米。外城大致呈长方形，东城墙长 697 米，南城墙长 535 米，西城墙长 747 米，北城墙长 611 米，周长 2590 米。城址四周依山傍水，土地肥沃，为辉发河冲击盆地。由内外两城重壕，内城坐落在外城中央呈“回”字形，内外城有可耕种土地 42 公顷。城墙为土筑夯实，夯层厚 0.1—0.15 米，内城城墙高 2.6 米，顶宽 0.6 米，基宽 7 米左右，内城四角高出城墙，特别是四周较为明显，呈四角楼遗迹。内城东西两门，位于东墙和西墙中段内城四周也有较明显的护城壕遗迹。外城城墙残高 3—4 米，顶宽 0.5—1 米，底宽 13 米左右，四角有角楼，现仅存东南和西南角楼遗迹，高出城墙约 1 米，东南角楼向东突出 1 米。东、西、南三面城墙保存较好，外城墙四门皆位于各墙中段，并筑有方形瓮城。东瓮城城门和北瓮城城门已遭破坏，西瓮城和南瓮城保存较好，突出城墙 18 米左右，开口向左。内城西门南部城基可以看到河卵石，可以看到一层层夯层窝。因而推断，城基是先铺石块和河卵石，然后每隔 10—20 厘米为一个垒垛夯层直至城顶。西面护城壕较为明显，现宽 13 米，深 2 米左右。①

长岭府是渤海国与唐王朝之间陆路交通枢纽，而苏密城则位于古代

① http：//www.114chn.com/Webpub/220284/080919000006/ConTP100916000037.shtml.

辽东通往渤海上京的故道上。据《新唐书》载:“自都护府东北经古盖牟(辽阳)、新城(抚顺),又经渤海长岭府,千五百里至渤海王城。”从辽阳经抚顺,过长岭子分水岭进入辉发河流域,然后溯第二松花江上行,进入牡丹江流域,可到达渤海的旧国和上京。而长岭府正是渤海国与唐朝安东都护府交界的边境重镇。在长岭府地区密集分布着渤海古城,沿辉发河的南北两侧50公里范围内密集分布有城子山山城、辉发古城、富太古城等20余座筑城。在与安东都护府交界地区分布有城子山山城和新安古城。其中,城子山山城(长岭府的河州治所),位于梅河口市的山城镇,山城周长4公里,城墙为土石混筑,有25个城墙马面;新安古城位于三统河上游地区,周长455米。这两座筑城构成长岭府边境地区重要关隘,控制着从南向北沿辉发河和三统河进入长岭腹地的交通要冲。

在辉发河流域还有一座与苏密城规模相当的大型山城——辉发古城。辉发古城位于辉南县辉发城镇,建在辉发河东岸挺拔险峻的辉发山。这里地处统河、三统河与辉发河交汇地区的下游,东北距苏密城约50公里,西南距河州治所城子山山城约100公里,南距新安古城约80公里,正好处于从多道河进入辉发河河谷平原的重要交通要冲,而且,辉发山挺拔险峻,海拔256米,古城依山势而筑,三面临水,一面临阔的河谷平原。整座古城由内、中、外三道城墙所组成。内城依山势用黄土和河卵石夯筑修筑城墙,周长706米;中城是内城的外围墙,沿山势土石混合夯筑城墙,周长1313米;外城平面呈椭圆形,周长2647米,城墙用黄土沙石夯筑。三道城墙由内而外、由上而下,层层环卫,易守难攻,控制辉发河故道。而辉发古城的北部和东北部地区分布有纸房沟坝山城、沟坝山城、富太古城、金家屯古城、明城古城等多座筑城,形成拱卫苏密城的第二道重要筑城防线。

2. 率宾府——大城子古城

率宾府为率宾故地,地处绥芬河流域,领华、建、益三州。绥芬河唐称“率宾水”,辽继续沿用,金称“恤品水”“恤品河”“苏滨水”,明称“速频江”,清称“绥芬河”。绥芬,为“率宾”“恤品”“苏滨”之音转,系满语“锥子”之意。绥芬河由瑚布图河河口往东流入俄罗斯境内,流经双城子(大城子东距双城子约130公里)又折向东南,至海参崴附近注入阿穆尔海。清代学者考证,率宾故址为率宾府,治所在今黑龙江省东宁县大城子古城。大城子古城位于今东宁县城东4公里处的绥芬河南岸的大城子村，处于开阔的冲积盆地内。古城西、西北与西南为老爷岭余脉，西北 25 公里处为通沟岭，北临绥芬河（绥芬河北岸为一突兀挺拔的高山），东部为瑚布图河，距三岔口镇 10 公里，由东宁县城至三岔口镇（三岔口镇地处中俄界河瑚布图河下游左岸，正当注入绥芬河之地）有公路相通。西、北、南三面由高山和河流围成天然屏障，只有东部面向海参崴，通往大海。而且城南 10 公里附近有渤海山城遗址，具有平原城与山城城防构筑体系。

大城子古城形制略与渤海国上京城相似，平面呈长方形，周长 3575 米，南墙长 1290 米，北墙长 1365 米，东墙和西墙各 460 米，城墙残高 2—5 米，夯土版筑，夯层厚度 3—7 厘米。东墙的东北角被破坏，南墙、西墙保存较好，北墙中段略向外突出，城四隅各设角楼。门址唯西墙北段留存 1 座瓮门，其余均很难辨认。城外尚有护城壕旧迹，深 2—3 米，已变成一条小河。古城南面紧临东宁至三岔口公路，再向南为一逐渐升高的山岗。城北距绥芬河 2 公里，河北岸有一突兀挺拔的高山，形成天然屏障。出土的铜佛、莲花瓦当等亦与渤海国上京龙泉府遗址中出土的相同。

率宾府西临上京龙泉府，东临定理府，北临东平府、安远府和安边府，南临龙原府，地接彼得大帝海湾。从俄罗斯海参崴，沿绥芬河河谷，经俄罗斯乌苏里斯克（双城子）、黑龙江省东宁县，至绥芬河上游支流汇合处的东宁县道河镇，溯绥芬河右侧支流而上至吉林省汪清县罗子沟镇，由此往西可越山岭至吉林省汪清县（今有从罗子沟镇至汪清县的公路）通往上京忽汗城，往南可溯流而上，经今珲春市的春化镇，去往东京龙原府。在绥芬河河谷沿线上分布有：位于东宁县道河镇的轴水砬子山城、红石砬子山城和五排山山城，位于东宁县城周边的大城子古城和城子沟山城，位于乌苏里斯克的双城子古城，控制着通往今俄罗斯彼得大海的流通沿线。

轴水砬子山城位于东宁县道河镇绥芬河右岸的山顶上，山城周长 1500 米，城墙依山山筑，土石混筑，南距红石砬子山城 10 公里。红石砬子山城位于东宁县道河镇绥芬河上游右岸的山崖上，绥芬河从山城下绕流而过，城垣周长 2000 米，南距五排山山城 13 公里。五排山山城位于东宁县道河镇五排村的山巅上，绥芬河环绕山城脚下南、东、北三面，周围群山环抱，城垣依山势而筑，周长 1900 米。这三座山城据势险要，易守难攻，有人推测是古代沃沮人构筑的城寨，后来渤海人沿用，是控制绥芬河河谷要道的军事城堡。

城子沟山城位于东宁县西南的老城子沟村的山顶上，北距绥芬河6公里，东北距大城子古城约18公里，城墙依山势土石混筑，周长800米，是率宾府——大城子古城周边的一座重要城堡。

双城子位于俄罗斯乌苏里斯克绥芬河、拉科夫加河、苏普提加河的交汇处，地处锡霍特山脉、长白山脉兴凯湖之间，西邻黑龙江省的东宁县，南距俄罗斯海参崴100公里。由东西两城构成，东城叫“富尔丹”，西城叫“朱尔根”，相距约2公里，是渤海时期的大型古城，是分布在由大城子古城通往彼得大帝海湾沿线的重要军事城堡。如今双城子是连接俄罗斯伯力和海参崴两处战略要地的枢纽。

3. 夫余府——农安古城

夫余府地处通往契丹的交通要道，因夫余国故地得名，治所为吉林省农安县的农安古城，下辖扶州、仙州。辖境大约在今吉林农安县、长春市、辽源市、四平市，辽宁省西丰县、昌图县等地区。

农安古城平面呈方形，周长3840米，东墙936米，南墙984米，西墙937米，北墙983米。城垣四周正中处各辟有一门。城墙夯土版筑，城垣四隅设有角楼。古城始筑于夫余国时期，为夫余国后期的王城所在地，渤海时期沿用，作为夫余府所在地，也是西拒契丹的军事重镇。

据《新唐书·渤海传》记载“扶余，契丹道也”，即从渤海王城忽汗城（黑龙江省宁安市渤海镇“上京龙泉府遗址”），经由西北边境夫余府（吉林省农安县老城），通向契丹国（内蒙古赤峰市西拉沐沦河、老哈河流域）的交通道路。渤海和契丹同为唐朝藩属，“西界契丹”相距1000公里。

在扶余地区分布有大量夫余古城、高句丽古城和渤海古城。这些古城当中有些考古证实为渤海时期沿用古城，有些则难以判定，但从古城的密集分布来看，这一地区曾是渤海防御契丹的重要防线。这一防线大致分为三道：

第一道是位于吉林省长岭县至辽宁省昌图市的边境城堡。如长岭县十家户乡十三号村的十三号城址，平面呈方形，无马面有角楼，周长746米，城内有一土台；位于长岭县八十乡十八号村的东五十九号屯古城，周长542米，有角楼及耳城，无马面及瓮城；位于长岭县新安镇的乌树台古城，平面呈长方形，周长152米，无瓮城及马面。这些小城有可能夫余时构筑，也可能高句丽时期修筑，还有可能渤海时期修筑，但作为渤海与契丹交界地区，渤海可沿用并重新修筑，作为防御契丹的西部防线。

第二道防线，从吉林省的东丰县、辽宁省的西丰县向北，经吉林省的东辽县、怀德至农安一线，分布有大量渤海筑城，如分布在东辽县的城子山山城、小城沟山城、北城子古城、城子沟古城、北城子古城、苏家街南城子古城、小城沟古城等，分布在怀德的有城子上古城、黄花城古城、五家子古城，分布在东丰县的城子山山城等，这些筑城规模从200米至2500米规模不等，有山城和夯土筑城，无角楼和马面设施，考古证实大部分始筑于渤海时期，靠近西部边境线，姑且作为渤海西境的第二道防线。

第三道防线是从吉林省的辽源市、伊通市（今伊通县）至九台地区，分布有大量渤海筑城，如分布在伊通的小上沟古城，依山土石混筑，周长200米，属于一座小城；分布在九台市的有松江山城、怀德堂山后山山城、桦树咀子西山山城、石羊岭山城、东山山城、南山山城、广东山山城、城子山山城、后山山城。这一地区地处第二松花江左岸，吉林哈达岭南麓，是防御契丹越过吉林哈达岭突袭上京忽汗城的重要防线。金毓黻先生认为："据契丹道，其道路之所经，大抵由渤海上京，经今之篙岭（即张广才岭）西至扶余府。再由今怀德、梨树、双辽、通辽等地以达于契丹之临潢（今林东县）。"吉林省九台地区和扶余府府治农安古城正处在契丹道上的交通要冲。

据《辽史》记载：契丹阿保机于天赞四年（925）十二月乙亥，诏讨渤海，举兵亲征，庚申，拔夫余城，诛其守将，继而东进夜围忽汗城，丁丑，契丹攻其城，破之，平其国，掳其主。渤海国亡，辛未，諲譔素服，缟索牵羊，率僚属三百余人出降，场面极其惨烈。契丹大军围攻忽汗城，正是沿契丹道长驱直入。辽灭渤海后将夫余府改称"黄龙府"。

（二）渤海州城及县城

在渤海国所辖的六十二州当中，目前考古能证实治所在地的有：中京显德府的卢州治所在今吉林省龙井市东盛涌乡周长2500米的英城古城、汤州治所在今吉林省龙井市八道镇周长1880米的土城屯古城、荣州治所在今吉林省延吉市兴安乡北大村周长2000米的北大古城、东京龙原府的盐州治所在今俄罗斯滨海地区的克拉斯基诺古城、南京南海府的椒州治所在今朝鲜咸镜南道荣光郡凤兴里的白云山山城、长岭府的河州治所在今吉林省梅河口市山城镇、率宾府的建州治所在今俄罗斯滨海地区的乌苏里斯克（中文名为双城子）、西京鸭绿府的桓州治所在今吉林省集安市的丸都城、丰州治所在今吉林省靖宇县的榆树川古城、正州治所在辽宁省新宾县的旺清门转水湖山城，东京龙原府的庆州治所在今吉林省珲春市八连城南 2.5 公里的温特赫部城，等等。①

1. 中京显德府的卢州治所英城古城。位于吉林省龙井市东盛涌镇英城村的海兰江北岸，古城呈方形，东城墙长 624 米，西墙与南墙长 644 米，北墙长 640 米，周长 2496 米，城墙为土筑，东城墙中段有瓮门遗址。古城中央有高台并排列有建筑柱础石群，应是城内的主体建筑。古城之北是流经延吉市的布尔哈通河，之南是流经龙井市的海兰江，布尔哈通河与海兰江在延吉市的北郊汇合后东流而去，古城位于两河之间的近海兰江，城北不远处有突出的山岗，城东有一座海拔 300 米左右的高山，形成古城防御的天然屏障。卢州下辖山阳、杉卢、汉阳、白岩、霜岩五县，龙井市东盛涌镇英城古城的周边地区，有一座位于龙井市德新镇周长 1415 米的金谷山城，可能是某县县城遗址。

2. 中京显德府的汤州治所土城屯古城。位于吉林省龙井市八道镇西山村土城屯，坐落在布尔哈通河的支流朝阳河右岸的台地上。古城平面呈长方形，东墙长 440 米，西墙长 420 米，南墙长 500 米，北墙长 520 米，周长 1880 米，城墙为土石混筑。城有东西向和南北向两道墙基，将古城分成南部 1 个区和北部 2 个区，布局与珲春市八城城相似，具有明显渤海筑城特点。汤州下辖灵丰、常丰、白石、均谷、加利等 5 个县，具体县址无考。

3. 中京显德府的荣州治所北大古城。位于延吉市市郊北安乡北大村的烟集河谷的平原上。城垣现已无存，从城墙遗址看，古城平原呈方形，周长 2000 米左右，城内偏南有一土台，可能是一处规模较大的建筑台基。荣州下辖崇山、伪水、绿城三县，位于延吉市东郊长白乡河龙村有一座周长 984 米的河龙古城，有可能是一县城遗址。

4. 东京龙原府的盐州治所克拉斯基诺古城。位于俄罗斯滨海地区的

---

① 魏国忠、朱国忱、郝庆云：《渤海国史》，中国社会科学出版社 2006 年版，第 182—189 页。

埃克斯佩季齐亚湾楚卡诺夫卡河入海口处，为渤海“日本道”的出海港口。古城址形制略呈正方形，周长1400米左右，面积约为13万平方米。古城南、东、西三面均设有城门，城门修建在南墙、东墙和西墙的中部。南门与北门之间有宽达30米的古道相连，并把古城分为东、西两部分。城址西墙上修筑有4个接近长方形的土台，应为马面的建筑。这种建筑在营造法式上被称为雉堞，主要是起防御功能和作用。古城内地势西北高而东南低，西北部地势高出地面2—3米。盐州下辖海阳、接海、格川、龙河4县，其中海阳县治所据朝鲜学者考证在今朝鲜境内咸镜北道金策市城上里土城址。

5. 率宾府的建州治所乌苏里斯克（中文名为双城子）。位于俄罗斯滨海地区乌苏里斯克绥芬河下游左岸。双城子以其东、西两城并存而得名，东城叫“富尔丹”，西城叫“朱尔根”，两城相距2公里，原为北沃沮所筑，后渤海沿用，是一座千年古城，也是一座边境要塞筑城。从绥芬河市经双城子至海参崴是中俄传统的陆路通道，如今是俄罗斯西伯利亚大铁路的重要枢纽，也是俄罗斯远东滨海地区陆路交通主干线的枢纽，连接俄罗斯、中国和朝鲜，并且与日本隔海相望。与俄罗斯远东最大的天然不冻港港口海参崴仅距100公里，周边连接俄罗斯的哈巴罗夫斯克城市，中国的珲春、图们和牡丹江等城市以及朝鲜的清津市，具有极其重要的军事战略地位。

6. 西京鸭绿府的丰州治所榆树川古城。位于今吉林省靖宇县榆树川村头道松花江南岸的高山平地上，北隔头道松花江与抚松县新安村的新安渤海古城遥遥相对，两城最短距离约500米。古城所处地势险要，东、西、北三面为绝崖陡壁，高度近百米，唯有南面平坦，山岗如臂膀向南伸展数里，形成一高山顶部平坦的漫岗。在此漫岗西侧山麓有三道花园河自南往北流经古城之西注入头道松花江。古城充分利用自然山势，沿东、西、北三面悬崖绝壁边缘以石块和土混筑矮墙，唯南墙高大雄伟，多为夯土构筑，且南墙外侧有宽6米、深2米左右的护城壕。古城平面呈长方形，周长1455米，南墙设有一瓮门。古城与抚松县的新安古城，一居高处，一居低处，高处地势险要，易守难攻，低处易于居住，或许在新安古城发生水患或战事时能够及时转移到山上城，二城或为姊妹城，同时为丰州治所。丰州下辖安丰、渤恪、隰壤、硖石四县。目前，在以榆树川古城为中心的周边地区发现有位于抚松县松郊乡新安村的东台子山城、位于靖宇县榆树川江沿村周长约200米的江沿城堡，但具体县城址无考。

7. 东京龙原府的庆州治所温特赫部城。位于今吉林省珲春市八连城南2.5公里处的三家子乡古城村。此城与斐优城仅一墙之隔，故有姊妹城之称。古城周长2269米，东西城墙长710米，南墙长381米，北墙（同时也是斐优城的南墙）长468米，不见角楼、马面、瓮城等设施。考古证实，温特赫城部城筑于高句丽时期，渤海时期沿用，为东京龙原府的首州——庆州所在地。庆州下辖龙原、永安、乌山、壁谷、熊山、白扬六县，其地理位置大体为今珲春平原全部，北至图们江冲积平原的盘岭沟口，南至石头河子城和孟岭河口中，西至图们江，东至小城子古城，东北至杨木林子遗址。其中五县初步探明其地理位置：一是永安县址在珲春市英安镇的英义城，北距珲春市八连城2.5公里，周长1135米，无角楼、马面、瓮城等设施。二是乌山县址在珲春市板石乡太阳村潘家沟屯东1.5公里河谷平地的石头河子古城，古城呈长方形，四角均有角楼，不见马面、瓮城、护城河遗迹。三是壁谷县址在珲春市大盘岭沟口发现有房址遗迹。从大盘岭沟口的地理位置上看，这里是图们江冲积平原的北端，地势险要，两壁夹一川（图们江），此处是东京龙原府和上京龙泉府之间的必经之地，据考古判断是壁谷县遗址所在地。四是熊山县址在珲春市马川子乡红星村的小城子古城，城址只遗留有西北及北部城墙遗迹。五是白杨县址在珲春市杨泡乡的杨木林子遗址。

第三节　渤海边墙及滨海地区筑城

一　牡丹江边墙

牡丹江边墙分布在牡丹江市和宁安市辖区内，蜿蜒于牡丹江中游长白山余脉的崇山峻岭之中，总长60余公里，共分为三段，分别是牡丹江段、镜泊湖段和江东段。牡丹江边墙防御的主方向在北面，即牡丹江下游及其东北和西北地区，受其保护的政治中心在南，即牡丹江中上游及其以南地区。渤海国自第三代王文王大钦茂虽然开始“文治”时代，但北部的黑水靺鞨、南部的新罗始终是其最主要的威胁。819—820年之间，大仁秀曾发动对新罗的进攻，牡丹江边墙即为防黑水靺鞨入侵而沿江修筑的军事防御工程，是目前发现并认定的全国唯一的渤海国时期的长城。

1. 牡丹江段边墙。分布在牡丹江市爱民区北部山地的山顶和山岗上，具体位于牡丹江市城区北25公里的边墙岭，整体呈东南—西北走向，东端起自牡丹江左岸牡丹江市北安乡江西村东北1.5公里的浅山区山脊上，西端消失在北安乡半拉窝集村（现三道关五村）西南3.4公里的中山区山坡上。牡丹江段边墙全长38余公里，历经爱民区北安乡江西村、新丰村、三岔河六村、三岔河五村、三岔河四村、三岔河二村、三道关一村、三道关旅游区、三道关二村、三道关三村、三道关五村，调查段落总计169段。该段墙体没有附属单体建筑，没有相关遗存，没有相关的关堡。从北向南地理位置上看，牡丹江段边墙构成了第一道古代军事防御线，用以封锁牡丹江左岸交通。

2. 江东段边墙。分布在宁安市江南乡江东林场南部山地的山顶和山岗上，整体呈东南—西北走向，东端起自宁安市江南乡永泉村东南6.8公里中山区的山顶上，西端止于江南乡缸窑村西南1.8公里牡丹江右岸的江边台地上。江东段边墙全长22余公里，历经宁安市江南乡永泉村、四方村、永乐村、斗沟子村、江东林场、缸窑村，调查段落总计35段。该段墙体没有附属单体建筑，没有相关遗存，有相关城堡岱王山山城，位于缸窑段墙体北约3.1公里的岱王山山顶上。从北向南地理位置上看，岱王山山城和江东段边墙构成第二道古代军事防御线，用以封锁牡丹江右岸的交通。

3. 镜泊湖段边墙。分布在宁安市镜泊乡江山娇林场北部山地的山顶和山岗上，整体呈东南—西北走向，东端起自宁安市江山娇林场东北4.6公里大青沟北侧的山坡上，西端止于江山娇林场东北4.75公里镜泊湖右岸的湖边。镜泊湖段边墙全长近5公里，此段墙体蜿蜒穿梭于宁安市镜泊乡江山娇林场东北的山顶或沟谷中，没有穿越别的村屯，调查段落总计10段。该段墙体依附有38座马面，没有相关遗存，有相关城堡两座，分别为城墙砬子山城和重唇河山城。城墙砬子山城东南1.38公里处是镜泊湖段边墙的止点，北13公里处是重唇河山城。从北向南地理位置上看，镜泊湖段边墙、城墙砬子山城和重唇河山城构成了第三道古代军事防御封锁线，镜泊湖段边墙封锁镜泊湖东岸的陆路交通，城墙砬子山城和重唇河山城封锁镜泊湖和牡丹江的水路交通。

牡丹江边墙是在山顶、山坡或谷底自然原生地面上顺山势就地取土堆筑和就地取石垒筑的，土质为黄褐色夹砂土，墙体断面处未见夯层。所属的三段墙体均修筑在低山区和中山区群山的山顶上，部分地段的墙体横截山谷，跨越谷底山溪，一路随山势蜿蜒曲折向西北延伸。牡丹江段边墙和江东段边墙墙体多有相近之处。根据墙体材质的不同，分为土墙、石墙、山险墙和山险 4 种类型，谷底、谷底两侧的山坡、较平缓的山顶多是堆筑的土墙；石砬子的两端和石砬子顶部的豁口多是用石块垒砌的石墙。石墙多利用自然山体岩石做基础，毛石干垒；部分地段在山脊东侧或北侧削土为墙；部分地段串接石砬子或山脊为墙。山坡、谷底多处修筑朝北或东北防御方向凸出的圆弧形土墙，部分山顶土墙遇浑圆山丘而后绕丘修建，墙体也呈圆弧状，起到马面的作用。镜泊湖段边墙只有土墙和石墙两种类型，墙体没有牡丹江段边墙和江东段边墙那种朝北或东北防御方向凸出的和绕浑圆山丘的圆弧形墙体，只有骑墙上的 38 个马面。

从这些修筑特点看，边墙的防御方向均在北或东北方向，主要为防御北部黑水靺鞨逆牡丹江而上向牡丹江中上游进攻路线而修建的。其中，牡丹江段边墙作为第一道古代军事防御线，用以封锁牡丹江左岸交通。岱王山山城和江东段边墙构成第二道古代军事防御线，用以封锁牡丹江右岸的交通。镜泊湖段边墙、城墙砬子山城和重唇河山城形成第三道古代军事防御封锁线。这三道军事防御线在牡丹江市东北郊至镜泊湖段边墙的这近百公里的地域上，形成立体式纵深防御体系，对渤海国稳定北部疆域起到了至关重要的作用。

二　滨海地区的筑城

（一）俄罗斯滨海地区的筑城

俄罗斯滨海地区以锡霍特山脉为分水岭形成两侧山脉河谷。锡霍特山脉呈东北西南走向，发源于西北侧的河流注入乌苏里江，发源于东南侧的河流注入日本海。渤海国边境地区的防御设施主要分布在锡霍特山脉东南侧，以山城作为国境线上的主要防御设施。这些山城及小型城堡多处于临近分水岭的山区，位于汇入日本海的河谷地带，或凭借山岬而修建，或修筑在山岗的顶端，地理位置易于防守，难于发现。大致可分为两类：

一是占据山岬的山城。城址伸向谷地并与山岬融为一体。其选择带有陡崖的山岬，借地貌构成敌人难于逾越的障碍，在防御最薄弱的地方，即山岬与山体相接的鞍部，构筑石墙等防御设施，如位于伊利斯塔亚河河谷的戈尔巴斯克城，在城的西部边缘地带修建有木骨泥墙，城内修筑有三道防御城墙；奥德年斯科耶城、奥尔罗夫斯科城、莫纳玛霍夫斯克城在防御薄弱地均构筑有一两道城墙，而在岬处或陡崖处则未见防御性设施。城墙一般为土石混筑或大石块垒砌而成。整个防御体系有1—3个出口，城门建于缓坡一面，多数山城建有三重防御墙。另有沿河谷分布的小型独立城堡，面积通常在2000—5000平方米，主要分布在滨海地区的东部地区一些汇入日本海的小河河谷地带，用于布置防御部队和守卫山口，如位于伊里斯塔亚河上游的奥特拉德年斯科耶城、位于穆拉韦伊卡河河谷的奥尔罗夫斯克城、位于鲁德纳亚河河谷的莫纳玛霍夫斯克城、位于阿瓦库莫夫卡河谷的来哈依洛夫斯克城堡、位于泽尔卡利纳亚河的戈尔诺列契斯克2号城堡。这些城堡有的构筑有几道防御性城墙，墙外挖有壕沟等防御设施。从整个防御布局来看，大的大河谷地带通常分布有占据山岬的山城，并以小型城堡相拱卫，小的河谷地带通常分布有单独的小型城堡，构成滨海地区的防御体系。

二是占据山岗的山城。多选择在难以攻打的高达40—100米的山岗上。这些山岗在河流谷地中的地理位置非常重要。目前在滨海地区发现这样的遗迹有多处，如鲁达诺夫斯克城，其防御设施修建于平整的台地上，整个城池围绕有三周城墙及壕沟。城门较为独特，东南部的两道城墙高门，在外墙和中墙的掩护下，一条通道可以通向北面防御墙外的山岭。在比较缓的北、东南坡自下而上修筑有护墙，由山下通往山上有盘山道。另有占据高原、山岗顶端或陡崖边缘的小型山地城堡，面积通常在760—1200平方米，形状通常呈椭圆形，具有悬于谷地之上，居高临下，视野开阔特点，多分布在滨海地区的东部地区，发挥军事警戒或观察哨作用。如位于拉兹多利纳亚河河谷的塔诺夫斯克城堡和康斯坦丁诺夫斯克城堡，位于科托夫亚河与斯捷克良努哈河交汇处的斯捷克良努希斯克城堡、位于泽尔卡利纳亚河与维索卡尔戈片纳亚河交汇处的戈尔片诺列契斯科耶1号城堡等，修筑有城墙和壕沟等防御设施。

从俄罗斯滨海地区整个边境防御布局来看，基本上不见平原城，在整个国境线地带以山城作为主要防御设施。大的河谷地带通常分布有占据山岬或山岗的山城，并以小型城堡相拱卫；小的河谷地带通常分布有单独的小型城堡，构成滨海地区的防御体系。[①]

俄罗斯滨海地区及黑龙江流域下游渤海古城如下：

1. 俄罗斯滨海地区尼古拉耶夫斯克渤海1号城址

尼古拉耶夫斯克渤海1号城址，位于俄罗斯滨海边疆区伊利斯塔亚河谷地。古城形制略呈正方形。南部城墙濒临沼泽地，形成天然防御地带。此处保留的城墙残高仅有0.5米，可以推测这道城墙在修筑时加固得并不高。在古城东南部城墙外侧，修砌有土筑的辅助城墙设施，可能也是起防御作用的建筑。城址外侧环绕有城壕的痕迹，壕深不超过1米，宽约2—3米。城址四面皆有城门。考古工作者对城址南门进行发掘，结果表明该城址存在着两种文化堆积，主要是渤海文化堆积，叠压在早于渤海遗迹的克罗乌诺夫卡文化居址的残迹之上，文化层厚达1.5米。在东北部发掘区的生土面上有克罗乌诺夫卡文化的房址。该房址揭露了两处窑洞址和一些灰坑，出土了骨器、金属器、陶器、动物骨骸、鱼骨、贝壳等。

2. 俄罗斯滨海地区尼古拉耶夫斯克渤海2号城址

尼古拉耶夫斯克渤海2号城址，位于俄罗斯滨海地区的伊利斯塔亚河谷地。古城的形制略呈正方形。古城南、西两面有城门，城门设在南墙和西墙的中部，结构比较简单，为券门结构，遗址目前现状是在墙体上留下了豁口。城墙周围环绕有壕堑，深不超过1米，宽2—3米。在古城墙体外东北方向附近，修筑有附加的墙体与城壕，显然是为增强古城的军事防御功能而专门修筑的。耐人寻味的是，这样的防御设施只修在城墙东北方向，在其他墙体方向上没有。残留的渤海古城遗迹充分显示，当时渤海人在远东滨海边疆区的主要防御方向——东北黑水靺鞨人的事实。考古工作者对这座古城进行发掘，揭露面积1511平方米，约占城址面积的3.7%。发掘成果显示，这座城址的文化层属于单层堆积，分为两个建筑时期。下层文化建筑属于8—9世纪上半期，上层文化层建筑则被确定为9世纪下半期至10世纪。也就是说，这座古城下层文化的年代属于渤海国时期，上层文化则属于女真时期。说明这座古城的文化年代具

① 王禹浪、王宏北：《高句丽渤海古城址研究汇编》，哈尔滨出版社1994年版，第879—894页。

有明显的承继关系。在揭露的遗址中有些地方的文化层厚度可达2—3米，表明该城址延续时间较长。在城址中清理出半地穴式房址、生活垃圾性质的灰坑以及冶炼坑等遗址。属于生产设施的遗迹大多位于城址东北部，其中包括冶炼作坊遗址、冶铁窑和锻铁炉。

3. 俄罗斯滨海地区伊利斯泰河河谷维索卡耶渤海城址

维索卡耶渤海城址，位于俄罗斯滨海地区的伊利斯塔亚河谷地。古城平面呈正方形，东北角外侧修筑有土筑的辅助城墙，显然是增强古城东北部防御的军事设施。此外，东墙濒临湖泊西岸，湖泊则成为古城东部的天然屏障。古城城门设在南墙中部，从南城门到北城墙内侧，有一条宽30米的古道把古城分为东、西两部分。古城内地势西北高、东南低，西北高出地面2—3米。城墙南门为券门结构，在城墙中部有一豁口，当为券门的痕迹。

该城址的年代被断定为8—10世纪。在古城发掘中发现有文化层的堆积，其中有许多动物骨骸、鱼骨、贝壳等遗物。值得注意的是，在靠近古城的湖岸附近，还发现与古城同为一个年代性质的遗迹，并在遗迹的文化层中采集到大量带有冶炼痕迹的矿渣伴随着陶器的出土。

4. 俄罗斯滨海地区拉兹多利纳亚河河谷斯塔罗列契斯克渤海城址

斯塔罗列契斯克渤海城址，位于俄罗斯滨海地区的拉兹多利纳亚河谷地，古城平面呈正方形。城址的大部分已被拉兹多利纳亚河河水所剥蚀，古城东北部还保留干涸的河床，古城墙的南墙与东墙的北部有城门遗迹。可以推断，在遥远的年代，古城曾利用东北部宽阔的旧河床作为天然防御屏障。古城东北部的城墙内外都筑有墙体，显然，建筑者对古城东北方向的防御体系十分重视。古城南门的防御系统具有独到之处，尤其是古城门的入口处，设置有一道长45米的墙体，这一墙体与古城的墙体截然分开。在城址北部靠近河岸地段，发现有12级台阶，可能是古代渤海人修筑的河岸码头的遗迹。此外，城址内东南角有一处高出地面1米、规模为15×30米椭圆形平台建筑。城址北部修有一段从古城通往河岸的筑堤，其宽度为15米，长度为75米。古城西部靠近河岸地段，以及南部城墙和东城墙北部城门附近，清理出具有不同年代属性的两层建筑文化遗存：在上层建筑遗址中，发现带有暖炕以及石块砌筑的台阶地面式房址；在下层建筑遗址的灰坑中，发现动物骨骸和轮制陶器。古城址的年代被断定为9—10世纪，亦即渤海国末期。

5. 俄罗斯滨海地区楚卡诺夫卡河口克拉斯基诺渤海城址

克拉斯基诺渤海城址，位于俄罗斯滨海地区的埃克斯佩季齐亚湾楚卡诺夫卡河入海口处。古城址形制略呈正方形，面积约 13 万平方米。古城南、东、西三面均设有城门，城门修建在南墙、东墙和西墙的中部。南门与北门之间有宽达 30 米的古道相连，并把古城分为东、西两部分。城址西墙上修筑有四个接近长方形的土台，应为马面的建筑。这种建筑在营造法式上被称为雉堞，主要是起防御功能和作用。古城内地势西北高而东南低，西北部地势高出地面 2—3 米。考古工作者在该城址西北部发掘到渤海寺庙遗址一处，寺庙的修筑特点及文化因素具有佛教的典型特征，说明渤海时期的佛教文化一直影响到俄罗斯的滨海地区；另外，在距离寺庙遗址不远处，发掘出烧制陶器和砖瓦的窑址，推测这可能是为修建古城而特设的陶制品手工作坊。

6. 俄罗斯滨海地区拉兹多利纳亚河河谷南乌苏里渤海城址

南乌苏里渤海城址，位于俄罗斯滨海地区的拉兹多利纳河谷地，面积约为 68 万平方米。在古城墙的剖面处，能够清楚辨认出城墙墙体，分别为两个不同修筑年代的痕迹，推测该城址曾进行过两次修筑。较早时期的古城墙体高度约为 4 米，是用黑色岩层土修筑而成。较晚时期的城墙则为女真时期修筑的，是用黄黏土作为夯层版筑而成，显然女真人修筑的城墙比渤海时期的更为坚固，说明女真人修筑城墙的技术有了很大进步。女真人所修筑的墙体叠压在渤海古城墙体之上，显示出二者之间的叠压关系。女真人在渤海城址的基础上对墙体增高和加宽，在墙体上、下两层之间发现一些碎瓦和残砖，说明渤海时期古城亦有砖瓦结构的建筑。此外，古城内发现穴居坑等居住址遗迹，并保存有用青砖垒砌而成的牢固的建筑址基座，可能是房屋居住遗址。尤其是这些房基址内散落着许多碎瓦残片，这是房屋顶盖建筑应有瓦檐建筑。古城内每个房址的基础规格都有所不同，其中最大的基础建筑面积为 350 平方米，最小的不足 2 平方米。

7. 俄罗斯滨海地区什科托夫卡河河谷斯捷克良努欣斯克渤海城址

斯捷克良努欣斯克渤海城址，位于俄罗斯滨海地区的什科托夫卡河谷地，面积约 9 万平方米。这座城址的年代被断定为 8—10 世纪，存在着两种不同文化堆积：下层文化堆积的年代属于渤海国时期，上层文化则属于女真时期。说明该古城的文化年代具有明显的接续关系。在古城内所揭露的遗址面积中，文化层的厚度达1米余。遗址中出土有陶器、动物骨骸、鱼骨、贝壳等，从文化层厚度推测，该城址延续时间较长。值得注意的是，古城址内保留有两处带有火炕的房址，附近还有一些具有生活垃圾性质的灰坑。除此之外，古城址内的耕土层中还清理出女真人于12世纪制作的铜钱和陶器，古城址地表上还清理出扬科夫斯基文化陶器，由此可以证明，女真人在渤海古城的废墟上建立了自己的生活园地。

8. 俄罗斯滨海地区帕尔季赞斯克耶河河谷尼克拉耶夫斯克渤海城址

尼古拉耶夫斯克渤海城址，位于俄罗斯滨海地区的帕尔季赞斯克耶河谷地，面积约为68万平方米。古城址的西墙和北墙濒临帕尔季赞斯卡亚河岸，古城外侧西北部则是由河流汇聚成的一个湖泊，成为古城西部、北部和西北部的天然屏障。渤海人利用这一有利地形，故没有在北部、西部修筑高大的城墙。不过，由于城址濒临河岸地界的中部地段地势较低，因此在这一地区仅修筑一段3.25米高的夯土版筑的墙体。古城的南部、东部均修筑有城壕，并与北部和西部、西北部的湖泊、河道相通，形成了天然和人工相结合地环绕在古城周围的壕堑。人工修筑的城壕宽度为20—25米，深度为3—4米，修筑如此宽阔的城壕，显然是为了增强古城的军事防御能力。在古城内东部，保留有一个面积约785平方米的内城遗址。内城墙是夯土版筑，墙体高度约为1米，不像外城墙修筑的那么高大和坚固。从平面上看，内城形状呈长方形，方向略偏东。在古城址中发掘出内城的拱形正门，它位于内城的南墙中部。内城保存有完整的土台建筑物基址，它们按照南北轴线分成两排，地面上还散落大量的残砖碎瓦。发掘结果表明，内城存在于12世纪末13世纪初的女真时期，属于佛教寺庙的建筑。值得注意的是，古城内具有多种文化的堆积，其上层的文化堆积较薄，下层的渤海文化堆积很厚。说明此城在渤海时期是一座非常重要的中心城市。到目前为止，在俄罗斯滨海地区所发现较大的渤海古城中是非常罕见的。可以推断，这座古城可能是渤海时期设立在滨海沿岸的一座州一级性质的古城建制。

9. 俄罗斯滨海地区伊利斯塔亚河谷戈尔巴斯克渤海城址[①]

戈尔巴斯克渤海城址，位于俄罗斯滨海地区的伊利斯塔亚河谷地。

① 有关该古城的情况，尚没有更为详细的资料发表，此处暂作古城所在地理位置的介绍。

10. 俄罗斯滨海地区乌苏里河谷丘古耶夫斯克渤海城址

丘古耶夫斯克渤海城址，位于俄罗斯滨海地区的乌苏里江河流谷地，面积约9万平方米。古城墙体分为两个建筑时期：女真时期和渤海时期。在古城内的西北角处，有一眼古井遗迹，古井井壁均由石块垒砌而成，具有渤海人修筑古井的特征。古城址上部耕土层厚度为30厘米，包含有12世纪女真时期的遗物。其中有卷沿敞口的大型轮制陶器、青砖、布纹瓦、北宋铜钱等。古城址下部的耕土层保留有一层5—10厘米厚的文化层，文化层下部叠压着较厚的渤海时期文化层，厚度可达60厘米。考古工作者在古城的渤海文化堆积层中发掘出半地穴式的房址，在房址的回填土中常见有红烧土、动物骨骸以及陶器等文物。

11. 俄罗斯滨海地区科克沙罗夫卡Ⅰ号渤海城址

科克沙罗夫卡Ⅰ号渤海城址，位于俄罗斯滨海地区的乌苏里江河谷盆地中，面积约为68万平方米。古城的东、北两面修筑有城门，城门均设在东墙和北墙的中部。东墙城门结构比较简单，为券门结构，遗迹保存的现状是在墙体上留下了豁口。在距离古城北门大约100米处，有一处规模为50×70米，隆起于地面的长方形平台建筑，在平台建筑的周围，环绕有隐约可见的墙体，可能是一座独立于较大古城之外的卫城。

在科克沙罗夫卡Ⅰ号渤海城址内保留有5段不高的横向城墙墙体，根据这些残断的墙体分布的范围推测，可能是一座内城的墙体。说明了这座古城的结构是由内、外城组合而成。在古城外修筑有环绕城墙的壕堑，其深度约为1—2米，宽度为5—7米，这显然是为加强古城军事防御能力而修筑的。总之，这座古城是俄罗斯滨海地区一座结构较为特殊的古城遗址。古城不仅由内、外城组成，而且在古城外还另外筑有卫城，说明这座古城的重要地位和特殊的防御体系，恐怕这是俄罗斯滨海地区所发现的渤海古城中最为典型的遗址。

12. 俄罗斯滨海地区科克萨罗夫卡Ⅱ号渤海城址

科克萨洛夫卡Ⅱ号渤海城址，位于俄罗斯滨海地区的乌苏里江谷地，面积约为9万平方米。这座古城与科克萨洛夫卡Ⅰ号渤海城址遥遥相对，可能是属于渤海在这一地区所修建的防御体系之一。由于古城面积较小，当为科克萨洛夫卡Ⅰ号渤海城址的另一座拱卫性质的古城。这座古城址濒临干涸的河床和沼泽地带，可以推断，古城在遥远的年代曾经利用宽阔的旧河床作为防御的天然屏障。

13. 俄罗斯滨海地区马里亚诺夫斯克渤海城址

马里亚诺夫斯克渤海城址，位于俄罗斯滨海地区的乌苏里江谷地，面积约 9 万平方米。城址南面濒临干涸的河床，可推断，古城在遥远的年代曾利用宽阔、纵深的旧河床作为天然的防御屏障。此处保留的墙体残高仅有 0.5—1 米，可以推测，这道城墙在修筑时不会加固得太高大。在古城南部城墙外侧，修筑有土筑的辅助城墙设施，可能是具有防御性质的建筑。此外，城址外侧环绕有城壕的痕迹，可能是为了提高古城防御的能力。

古城的城墙曾进行过两次修筑，初期修筑的城墙高度为 2.4 米，后期修筑的城墙高度增加到 4 米。城墙是用黄土掺杂碎石子和小石块夯筑而成，墙体表面用大石块垒砌饰面。古城底部的墙体是用浅灰黏土夹杂砂土修筑而成，墙体中保留有渤海时期的陶片。值得注意的是，在城址中保存有内部壕沟的遗迹。

考古工作者对城址南门进行发掘，发现该城址存在着两种文化堆积：上层文化堆积被确定为 11—12 世纪的女真时期，文化层厚度为 0.2—0.3 米；下层文化堆积被确定为 8—10 世纪的渤海时期，文化层厚度为 1 米，是古城址的主要文化堆积。渤海文化层为腐质土质，有些地方耕土层下有砂土层夹层。在腐质土层中，保留有涂料晶状体、草木灰、木炭。在生土面上保留有三座半地穴式房址的地基面，呈南北向成排分布。在渤海文化层的上半部，保留有一些规模较大的草木灰圈和烧炼过的涂料。草木灰圈的附近有坩埚残片、熔渣、造渣容器的器片，这是渤海古城中常见的冶炼铁矿或铸造铁器的手工作坊遗址。渤海时期的文化层堆积，主要有两种文化遗存：其一为半地穴式房址，其二为具有生活垃圾性质的灰坑。

这座古城的下层文化年代属于渤海国时期，上层文化则属于女真时期，说明这座古城的文化年代具有明显的接续关系。在揭露的遗址面积中，有些地方的文化层厚度可达 1.3 米，足以证明该城址的延续时间较长。

14. 俄罗斯滨海地区戈尔杰耶夫斯克渤海山城址①

15. 俄罗斯滨海地区伊利斯塔亚河上游奥特拉德年斯克耶渤海山城址

奥特拉德年斯克耶渤海城址，位于俄罗斯滨海地区的伊利斯塔亚河

---

① 关于俄罗斯滨海地区的渤海古城址的情况，目前国内还未见更为详细的译文发表。笔者仅根据《东北的历史与考古信息》1933 年第 1、2 期合刊上发表的译文及林树山先生所译的《渤海国及其文化遗存》中的简单描述整理成目录形式以供研究者参考。

上游谷地。古城的南墙与西墙均开设有城门，城门设在南墙和西墙的中部，在城址的西门和南门均设置有复杂的防御体系，酷似瓮门的设施结构。在城墙外侧的主要防御体系上修建有土筑的堡垒，也就是马面设施。这种马面设施出现在五代十国的后期，辽金时期则成为古城中常见的防御设施。马面的出现与冷兵器的不断进步和发展有关，到目前为止，在渤海时期的古城中尤其是平原城，很少发现有马面的设施。但在渤海时期的山城中则常见修筑有类似高句丽时期的大型平台建筑，实际上那就是一种类似马面的建筑。

这显然是为提高古城军事防御能力而修筑的。古城外的山岬坡地也有人工修整平台状建筑，这是利用山岬的坡度和地势修成的防御设施。考古工作者在此处清理出大量的建筑遗迹。此外，在城门外侧还发现一些较大的石头垒砌的墩台，这种墩台建筑可能是起到瞭望或烽火台的作用。

16. 俄罗斯滨海地区穆拉韦伊卡河谷奥尔罗夫斯科渤海山城址①

17. 俄罗斯滨海地区鲁德纳亚河谷莫纳玛霍夫斯克渤海山城址

莫纳玛霍夫斯克渤海城址，位于俄罗斯滨海地区的鲁德纳亚河谷。古城址的东、南两面均有城门，城门设在东墙和南墙的中部。古城设有主要的军事防御体系，在通往南城门的古道缓坡上，保留有0.5米高的墙体，它可能是一种防御设施。古城址修建在难以逾越的显要位置，城门结构简单，修筑于防御城墙之上。

18. 俄罗斯滨海地区菇拉夫廖夫卡河与乌苏里河交汇处萨拉托夫斯克渤海山城址

萨拉托夫斯克渤海城址，位于俄罗斯滨海地区的茹拉夫廖夫卡河与乌苏里江交汇处。古城内的特点是，保留有许多直径为3米的穴居坑。

19. 俄罗斯滨海地区泽尔卡利纳亚河戈尔片诺列契斯克耶2号渤海城堡址

戈尔片诺列契斯克耶2号渤海城堡址，位于俄罗斯滨海地区的泽尔卡利纳亚河谷地。1968年，考古工作者曾对戈尔诺列契斯克1号城堡进行部分考察。古城址略呈长方形，修筑有一周的城墙，墙体用石块装饰墙面。城墙周围环绕有壕堑，显然有助于增强古城的军事防御能力。

---

① 有关这座古城的其他情况，尚没有更为详细的资料发表，此处暂作古城所在地理位置的介绍。

20. 俄罗斯滨海地区伊兹韦斯特科瓦渤海城堡址[①]

21. 俄罗斯滨海地区新戈尔杰耶夫斯克渤海城堡址

新戈尔杰耶夫斯克渤海城址，位于俄罗斯滨海地区的阿尔谢尼耶夫卡河右岸、阿努钦诺区新戈尔杰耶夫卡镇东北 5 公里处一座海拔 78 米的小孤山上，面积为 3.25 万平方米。古城周围环绕有围墙，在防守较薄弱的北部，墙体内部高达 2 米，外部则同小山斜坡连在一起，墙体高达 13—16 米。利用这种山体的斜坡修筑的城墙，都是外侧表现出高大雄伟，而内侧则与古城地面保持基本水平状态。这种古城具有高句丽和渤海时期的典型特征。

古城墙还利用山体的陡峭部分，依山势分布而不断延伸。在这些地方，虽然也修筑有城墙，但城墙高度不超过 0.5 米，显然这是利用山体外侧的陡峭程度而修筑的。在古城址东北部城墙外侧的山坡上，考古工作者还发现能够进入古城的两条古道：两条古道均起始于山脚，一条延伸到达北部城墙与东部城墙结合处；另一条则沿着山坡而上，在山坡处又分成两条小路，其中一条通往城墙东北，另一条小路则沿着斜坡继续向上，一直通向距离山顶不远处的一处古城的要塞。古城的东北和西北角处均修筑有角楼，这是古城墙体上重要的防御设施。

此外，考古工作者还考察了古城墙的北部的另外两处城墙的豁口，但没有发现附加的防御体系和通向豁口的道路。可以推测，这两处豁口很可能是专门为城内排水而修筑的水门遗址。从平面上看，古城址呈五角形，从东到西被 24 块修整过的台地所切割。这些台地呈阶梯式的分布直到山顶，放眼望去犹如梯田。平台宽度为 5—15 米。在古城遗址的中心地段，分布着两个宽度超过 25 米的台地。古城高处和低处落差达 65 米。古城从北到南的距离最长为 230 米，从东到西最长为 190 米。在古城的西南部有一座用矮土墙（高 1 米）围砌的堡垒，在平面图上呈四方形，规模为 20×20 米。古城内沿着防卫墙可以探查出古道的痕迹，该遗址与 12—13 世纪滨海地区的山城相类似，更与分布在中国吉林省延边地区的早期渤海山城的建筑结构和形式接近。

对城址进行发掘后发现，该城址存在着两种文化堆积：上层文化堆

① 有关这座古城的其他情况，尚没有更为详细的资料发表，此处暂作古城所在地理位置的介绍。

积被确定为11—12世纪的女真时期；下层文化堆积被确定为8—10世纪的渤海时期。根据地层及古城墙设施的遗迹，渤海文化堆积分为两个建筑平面。在下层建筑平面中，发掘有直角形和“T”形的火炕，火炕都带有2—3条烟道。在北部城墙的剖面上，清楚地划分出两层建筑平面：上层建筑剖面高度在2米以下，属于渤海时期；下层建筑属于女真时期。

22. 俄罗斯滨海地区泽尔卡利纳亚河与索卡尔戈片纳亚河交汇处戈尔片诺列契斯克耶1号渤海城堡址

戈尔片诺列契斯克耶1号渤海城堡址，位于俄罗斯滨海地区的泽尔卡利纳亚河与索卡尔戈片纳亚河交汇处。

23. 俄罗斯滨海地区拉兹多利纳亚河谷塔诺夫斯克渤海城堡址

塔诺夫斯克渤海城堡址，位于俄罗斯滨海地区的拉兹多利纳亚河谷。该城址发现于1986—1987年，考古工作者只进行过调查钻探。钻探结果表明：此处出土了与古城址同一年代性质的铁镞、陶片等遗物，因此，这座古城被初步认定为渤海时期。

24. 俄罗斯滨海地区什科托夫亚河与斯捷克良努哈河交汇处斯捷克良努希斯克渤海城堡址①

斯捷克良努希斯克渤海城堡址，位于俄罗斯滨海地区的什科托夫卡河谷地和斯捷克良努哈河交汇处。古城址外修筑有一周的城墙，这将增强古城的军事防御功能。1985年，A. B. 亚历山大罗夫对斯捷克良努斯克城堡址进行过部分发掘。

25. 俄罗斯滨海地区姆拉莫尔那亚河右岸达利涅戈尔斯克（原野猪河码头镇）渤海古城址②

达利涅戈尔斯克渤海古城址，位于俄罗斯滨海地区的姆拉莫尔那亚河右岸。

26. 俄罗斯滨海地区阿努奇诺区刀毕河上游团山渤海古城址

团山渤海古城址，位于俄罗斯滨海地区的阿努奇诺区刀毕河上游。

27. 俄罗斯滨海地区阿瓦库莫夫卡河谷米哈依诺夫斯克渤海城堡址③

米哈伊诺夫斯克城址，位于俄罗斯滨海地区的阿瓦库莫夫卡河谷地。考古工作者对古城址并未发掘。在该城址中未发现任何建筑遗址，但在

① 有关该古城的情况，尚没有更为详细的资料发表，此处暂作古城所在地理位置的介绍。

② 同上。

③ 同上。

古城内的陡坡上能够观察到保存较好的古代道路遗迹，这条古道一直延伸至河谷。

28. 维特卡城址[①]

维特卡城址，位于俄罗斯滨海地区的阿瓦库莫夫卡河谷地。由于古城址被破坏得比较严重，所以该城址中未发现任何遗迹。

29. 戈尔诺列契斯克 2 号城址

戈尔诺列契斯克 2 号城址，位于俄罗斯滨海地区的泽尔卡利纳亚河谷地。考古工作者并未对古城址进行发掘，只是对戈尔诺列契斯克 2 号城址的四个地点进行了钻探。钻探结果表明，此处出土了与古城址同一年代性质的残瓦碎片、轮制灰陶及轮制褐陶的遗物。在古城区内能够观察到一些不大的穴居址，它们是具有不规则形状的建筑遗迹。

30. 戈尔诺列契斯克 I 号渤海城堡址[②]

戈尔诺列契斯克 I 号渤海城址，位于俄罗斯滨海地区的泽尔卡利纳亚河谷地。1968 年，考古工作者曾对戈尔诺列契斯克 I 号城堡进行部分田野考察。古城堡接近于长方形，修筑有一周的城墙，墙体由石块堆砌而成，同时城外修有壕堑。修筑有附加的墙体与和城壕，显然是为增强古城的军事防御功能而专门修筑的。

31. 俄罗斯滨海地区鲁达诺夫斯克渤海城堡址

鲁达诺夫斯克渤海城堡址，位于俄罗斯滨海地区的泽尔卡利纳亚河谷地。其上层堆积断代为渤海时期。城址的筑城工事设施修建于平坦的岗顶，城址环绕着三道“半环形”城墙和壕堑，城门辟于城址东南向两道城墙之上，为此，道路在外墙、中墙的掩护下通向防御墙北界山脊。在丘岗地势最平缓的北部、东南部坡地上平整出许多修建房屋用的平台。城址的这部分地段的地界自下而上用城墙隔断，古代的道路蜿蜒地通向城内居住区。

32. 康士坦丁诺夫斯克城堡址[③]

康士坦丁诺夫斯克城堡址，位于俄罗斯滨海地区的拉兹多利纳河谷地。古城修筑有一周的城墙，这将增强古城的军事防御功能。

---

① 有关该古城的情况，尚没有更为详细的资料发表，此处暂作古城所在地理位置的介绍。
② 同上。
③ 同上。

33. 西尼洛夫斯克城堡址[①]

西尼洛夫斯克城堡址，位于俄罗斯滨海地区的拉兹多利纳河谷地。古城址修筑有土筑的城墙，高达1.5—2米，这显然是为了增强古城的军事防御能力，保证在抵御攻击的同时掩护古城守军的攻击。

34. 新盖奥尔戈耶夫斯克城堡址[②]

新盖奥尔戈耶夫斯克城堡址，位于俄罗斯滨海地区的拉兹多利纳河谷地。古城址的城墙周围环绕有壕堑，显然是为增强古城的军事防御功能而专门修筑的。

三　俄罗斯滨海地区及黑龙江流域的渤海古城分布的特征

到目前为止，我们掌握的俄罗斯远东滨海地区及黑龙江流域的渤海古城大约34座。关于俄罗斯境内渤海古城资料的翻译工作及成果，尚没有较全面的论著发表，因此，我们收集的上述滨海地区渤海古城的数据和年代以及数量均有不准确之处。根据目前所见这一地区的渤海古城的分布地域，可以明显看出俄罗斯境内渤海古城的基本特征，即山城与平原城（或称河谷平原城）两种类型。古城的分布特也十分明显，大致具有如下特征：

其一，山城与平原城往往地处较相近的地域，形成两城相对遥相呼应之势。一般来说，山城较小而平原城规模较大，山城与平原城均临近水源地或在河谷之中，山城上均具有丰富的地下水资源，一般都有几处泉眼构成的小型池塘，所选择的地形往往是易守难攻的形胜之地。可以看出，当时的渤海人在古城选址时充分考虑了军事防御功能，并且把这种山城与平原城之间相互依存的作用考虑得十分周全。从地理位置和防御重点上观察，山城是作为战争时期临时避难的场所。可能当时的渤海人经常会遭遇来自黑龙江下游或东北部黑水靺鞨人的攻击，无战事时渤海人主要在平原城的河谷之地进行正常的生活和农耕劳作，而一旦战争爆发，生活在河谷平原的平民百姓或达官贵族就要躲避到山城自保并御敌。

其二，在俄罗斯滨海地区及黑龙江流域的渤海古城，均具有统一的

---

① 有关该古城的情况，尚没有更为详细的资料发表，此处暂作古城所在地理位置的介绍。
② 同上。

防御东北方向的特点。这些古城几乎都在城址的东北方向上修筑坚固墙体和城墙外部的防御掩体。可以推断，这种防御东北方向的特点是本地区古城的一个主要特征，可能与当时渤海国军事防御的主要方向有关，即防御黑龙江下游方向的黑水靺鞨人的侵扰而特制修筑的防御工事。

其三，在俄罗斯滨海地区及黑龙江流域的渤海古城，其平原城的平面形式多为正方形或长方形，而山城的特点则呈不规则的形状。平原城的城门在券门的基础之上又出现具有向瓮门结构过渡形式的“阻断式”墙体，这种墙体一般设在城门口的外侧，酷似高句丽山城中常见的“阻断式”墙体，主要目的是增强城门的防御能力。因为城门往往是古城防御最为薄弱的环节。

其四，在俄罗斯滨海地区及黑龙江流域的渤海古城，除修筑在河谷平原和丘陵以及山丘顶部之外，在河口处常常修建较大的古城。这种河口处的古城又往往建在两河汇合处的河口。这种古城的地理位置十分重要，一般都是控扼两河交汇的河口处，既守护河口，也控制交通的枢纽。因为古代交通线，主要是以河流的流向为主。

其五，俄罗斯滨海地区的渤海古城的考古文化表现特征，主要是两种考古文化：一是渤海的文化属性，二是女真文化的属性。女真文化往往叠压在渤海文化之上，这两种文化的考古学特征也非常明显地表现出二者的叠压和接续关系。作为渤海与女真之间的关系，虽然历史文献中没有说明这两种文化的直接关系，但考古文化中的叠压关系已经充分说明女真文化传统建立在渤海文化传统之上。当然，二者不能混为一谈，但在远东地区和黑龙江流域的这种古城文化特色中，则表现出一种继承关系，这种继承只是文化的继承而不是朝代的继承。这说明女真文化有许多是深受渤海影响的事实。这种因素导致女真建国之后，在古城的建设中，许多建筑饰件的制作方法和样式都明显带有渤海时期的特征。

其六，在俄罗斯滨海地区较大的渤海山城中，其建筑特点往往与黑龙江流域或牡丹江流域、图们江流域的渤海山城有惊人的相似之处。这就是山城在利用山体斜坡时往往铲除斜坡上的山土，叠压在墙体上，使墙体的外部增高，山城内侧则始终与城内保持着平缓的坡度。这样便于山城内部队的自由调动，在战争发生时能充分而灵活地运用城内的兵力。

其七，俄罗斯滨海地区一些较大的平原城，多呈“回”字形特点。如俄罗斯滨海地区拉兹多利纳亚河谷南乌苏里渤海城址、俄罗斯滨海地区帕尔季赞斯克耶河谷尼克拉耶夫斯克渤海城址，以及俄罗斯滨海地区科克沙罗夫卡Ⅰ号渤海城址。这三座古城一般为比较高级的军政建制，分布在滨海地区，古城的建筑规模较大。推想，可能属于渤海时期边疆地带州府一级的古城，此类古城的特点与图们江流域发现的早期渤海山城和古城特点相类似，我们认为这是今后研究这一地区渤海古城建制方面的重要课题。

其八，俄罗斯滨海地区古城所表现出的主题文化现象，主要是佛教中的寺庙文化。在许多古城中都发现了佛教文化的寺庙遗址，这说明渤海的佛教文化受到唐朝影响后，随着渤海势力的不断东传，一直渗透到俄罗斯的滨海地区甚至远达日本海沿岸。滨海边疆区则成为当时由渤海国统治的中心区，即今天牡丹江流域佛教文化传播到日本海沿岸的过渡带。

总之，俄罗斯滨海边疆区渤海时期古城的客观存在与分布事实，充分说明渤海国在强盛时期所管辖和统领或占有了靠近日本海沿岸的广大领地。渤海人为了打通与日本交往的道路，曾与黑水靺鞨征战了十数年，最终占有了原属黑水靺鞨的滨海地区，并对其进行有效的统治和管理。这些古城实际上已经成为滨海地区最早的古代城市，通过这些城市、城镇、城堡的修建以及开辟连接这些古城的道路和交通，使得这一地区的政治、经济、文化、军事等方面都得到空前的发展。可以说，渤海时期的俄罗斯边疆地区是其古代最发达和繁荣的历史阶段。值得我们深入思考的是，渤海的历史与文化在滨海地区的发展，扩大了汉文化向远东地区的传播，从某种意义上说，汉族的语言文化、佛教文化以及中原内陆成熟的都市文明通过渤海国势力的东扩，得到了前所未有的拓展。其次，渤海国的文化对于这一地区后来形成的女真—金文化的培育、养成起到了十分重要的作用。如果没有渤海文化的先期进入，这一地区何以能够诞生高度发达的女真文明，女真族又何以能够在较短的时间内连续灭亡了称雄于东亚地区的两大帝国王朝（辽、宋王朝）。因此，女真族首领阿骨打，之所以在起兵反辽时打出“渤海、女真本同一家”的政治口号，其含义就在于把自己的文化或者说承认自己的文化与渤海有着密切的接续关系。因此，弄清俄罗斯滨海边疆区的渤海古城的分布状况十分重要。遗憾的是，因本书仅仅能够利用现有发表和翻译的俄罗斯滨海地区的部分研究成果，其中有许多这一地区的古城详细资料尚待今后继续积累，相信在不远的将来如再有新的资料被翻译和发表后，将会改变我们的认识。

四　朝鲜咸镜南北道滨海地区的筑城

朝鲜咸镜南北道地区以咸镜山脉为分水岭，形成朝鲜西北部地区和东部日本海沿海地区。咸镜山脉呈东北—西南走向，发源于西侧的河流注入鸭绿江和图们江，发源于东侧的河流注入日本海。朝鲜沿海地区的渤海筑城呈密集分布，从今朝鲜的罗津至金野江的海岸一线，有青津市的富居里山城、镜城的南山山城、渔郎郡的芝坊里山城、金策市的城山里古城、新浦市的下川山下古城、咸兴市的坪里山城等，以及位于渔郎川、明涧川、南大川等河谷地带的江岸堡垒和堵截墙，大部分筑城沿河谷江岸分布。

南大川流域的筑城。南大川位于咸镜南道的北青郡，发源于朝鲜赵战岭山脉，流经北青郡向东注入日本海。沿南大川两岸地区分布有位于北青郡土城里的北青土城，位于北青土城西北部南大川右岸的龙田里山城、左岸的安谷山城，位于北青郡坪里的居山山城、坪里山城，位于北青郡龙井里的龙井山城，位于北青郡下户里的青海土城。其中，龙田里山城与安谷山城隔河相对，山城修筑在悬崖绝壁上，城墙沿斜坡修筑，周长700米，与安谷山城共同控制南大川江。居山山城以石块沿白鹤山山脉东南部的低山脊及峡谷砌筑而成，古城东侧为悬崖绝壁，东南部为峡谷，周长为600米，古城东部有渤海时期的墓葬群。居山城连接利原与北青之间的道路，地当通往海路的交通要冲，起到保护南京南海府——北青土城的作用。另外在青海土城周围发现有烽火台遗迹，在土城东南4.5公里的海边高耸的莲台峰和东北4.5公里的石鹰峰各发现一个烽火台。这些沿河谷分布的如北青土城周长6公里的大城、周长600—1000米的小城及其烽火台，构成江河大川的筑城防御体系，控制着通往海域或由海上进入内地的水陆交通要道。

渔郎川与明涧川流域的筑城。渔郎川与明涧川位于渔郎郡和渔大津以西地区。发源于咸镜山脉的渔郎川与明涧川从西流向东，在新明里会合后注入日本海。在两川发现有大量江岸堡垒及古城。如渔郎郡的芝坊里山城，坐落在渔郎川的右岸，山城的东部是武溪湖，北面是渔郎川河水，西面是芝坊里溪水，南面是天然地沟，城的东、西、北三面是高50米的绝壁，形成天然要塞。周长6公里，四面有城门，南门和北门设有瓮城，城墙上设置有雉。同时，在渔郎郡还有新德古城、长渊山城、南甑山城等。在渔郎郡与明涧川流域分布有强芋峰堡垒、长丞堡垒、獐项堡垒、夕阳台堡垒、鬼岩台堡垒、八景台堡垒、内效洞堡垒等江岸堡垒。这些江岸堡垒是为阻止敌人渡江或上岸而建，在其要冲地点构筑的小型城堡，通常用石块构筑或土石混筑，有长筑两重或三重城墙，形成堡垒式要点筑城。另外在渔郎郡的芝坊里和新德发现有堵截墙，是为堵截敌人可能通过的山谷或大路而在最为合适的山谷或大路左右构筑的防御设施。从这些规模较大的防御体系来看，芝坊里山城一定是隶属南京南海府的重要的沿海州城，这些山城与堡垒构成道道防线，具有较完备的筑城防御特征。①

从俄罗斯滨海地区和朝鲜咸镜南北道滨海地区的筑城防御设施来看，具有独特特点，既不是沿海岸一线构筑海岸城堡，也不是沿海岸构成长城体系，而是沿大川大江的河谷构成筑城。这些沿大川分布的筑城设施具有共同特点，通常大川内的平原地带有修筑有一座大城，然后有数座控制河谷要地的山城相拱卫，并有沿江沿川分布的小型筑城相配合，另有烽火台等古代战争信息传送设施。从这些特点来看，这些筑城的功能具有控制从陆域通往海域或由海域通往陆域的交通要道，或拱卫大型府城或州城。

第四节　黑龙江流域渤海古城的初步研究

一　黑龙江流域渤海古城分布及其形制

（一）黑龙江流域渤海古城分布及其地理环境之关系

自然地理环境是人类生存的前提和基础，无论何时人的生存和发展都离不开这个自然基础。黑龙江流域幅员辽阔，水源充沛，崇山峻岭矗立其间，茂密的森林、平原沃野、江河湖海为黑龙江流域的渤海人提供了丰富的物产。7—10 世纪的渤海人在这立国筑城、繁衍生息，创造了黑龙江流域最早的都市文明。渤海上京龙泉府成为当时黑龙江流域乃至东

① 王禹浪、王宏北：《高句丽渤海古城址研究汇编》，哈尔滨出版社 1994 年版，第 895—929 页。

北亚地区最大的文明都会。

黑龙江流域的渤海古城主要分布在黑龙江省的东南和东部，以及与其相连的俄罗斯哈巴罗夫斯克和滨海边疆区，即黑龙江主干流的中下游地区（包括穆棱河、绥芬河流域）。另外作为注入黑龙江的重要水系松花江和牡丹江流域，也是黑龙江流域渤海古城的重要分布区域。从今天的行政区域来看，已发现的渤海古城多集中在今牡丹江市、鸡西市、密山市、虎林市、俄罗斯的哈巴罗夫斯克市（伯力）和滨海地区以及吉林省的长春市、吉林市、辽源市、通化市、白山市。从古城的分布区域中我们基本上可以了解渤海国东部、北部和西部的势力范围，印证并补充史料记载的渤海疆域“南比新罗，以泥河为境，东穷海，西契丹”。学者们一般认为，“渤海的强盛时期，西境到达了辽河东岸及昌图、梨树、农安、乾安、哈尔滨一线，与契丹、室韦相邻。北部则控制了黑水靺鞨部，整个黑龙江中下游皆为渤海占有，一直延伸到鄂霍次克海岸。东部，濒临日本海”。这样看来已发现的黑龙江流域的渤海古城的分布区就是渤海在其疆域的北部、西部和东部的势力分布图，处在边缘的古城的连线，基本就是渤海的边境线。

黑龙江流域地形复杂多样，山脉河流湖泊众多。如从地形地貌来看，黑龙江流域的渤海古城主要分布在张广才岭以东的老爷岭山地，乌苏里江以西的完达山山地以及吉林省的吉林哈达岭和牡丹岭等山地。《管子·乘马》中有关于城池地理位置的选择，“凡立国都，非于大山之下，必于广川之上。高勿近旱而水用足，下勿近水而沟防省，因天材，就地利”。渤海古城多分布于山地和江河险要之地，可凭天险地利加强防御能力。而且这一区域内的三江平原、宁安盆地、兴凯湖、镜泊湖和松花湖对渤海国的社会生产有着重大意义。

迄今为止，关于渤海国西境的问题学界存在着争议。史籍中只说西临契丹，没有明确界定疆域。目前，通过考古发掘也没有在张广才岭东麓以西的松嫩平原发现能够被学者们所公认的渤海古城遗址。除考古没有发现外，可能也与契丹、室韦的势力存在有关，契丹等北方民族具有居无定所的特点，抢掠是其生活来源有关。所以即使这一地区曾经属于渤海国的势力范围，松嫩平原适合生活生产，但地域十分广阔，无险可守，在这么广大的区域筑城防御，以渤海数十万之众，去控制这一地区，可能力不从心。这一问题有待今后进行专门研究。

（二）黑龙江流域渤海古城的类型及其形制

1. 平原城和山城

目前黑龙江流域已经发现的渤海古城有100余座，根据所处的自然地理环境我们通常将其分为平原城和山城。分布在土地肥沃、利于农业生产的平原地区的古城，我们称之为平原城，这些古城大都是政治、经济、文化中心，处在交通便利和发达的商业贸易区；分布在具有重要战略意义的山地隘口和山丘之上的古城，我们称之为山城。在山城和平原城周围是作为扼守战略要地的军事要塞和堡垒，为这些中心城市提供安全保障。由于黑龙江流域的东部和南部山地较多，所以渤海的山城居多，而纯粹的平原城则较少。

黑龙江流域渤海的平原城主要是分布在宁安盆地的上京龙泉府古城和绥芬河河谷平原的东宁大城子古城及桦甸盆地中的渤海苏密古城，它们都黑龙江流域所发现的平原城的代表。平原城大多是仿照唐朝的京、府、州建制的古城样式修建，而渤海的山城主要体现了渤海人的筑城特点。位于地势险要的山地隘口、江河交汇处的军事要塞，几乎都是处于高山峻岭或易守难攻之地。山城作为军事要塞和防御工事，是东北民族筑城的重要特征。其一，山城多是在两山之间筑墙或背险峰筑墙，不拘泥形式，所以其形制各异。其二，利用天然条件，山城的修筑是根据自然环境来建造的。如城墙砬子山城南、东、北三面环水，且高出水面100多米，因此只在西面山体上依山筑墙。建筑材料大多就近取材，有石筑、土石混筑、夯土修筑等多种墙体。其三，山城中大多发现有穴居坑。

渤海上京龙泉府古城，地处宁安盆地中部，西面是张广才岭、东面是老爷岭、北面是锅盔山，牡丹江在张广才岭和锅盔山之间的狭长地带中，由北向南穿流而过，在今依兰县汇入松花江。古城的南临镜泊湖，渤海时称为忽汗海。渤海人在通往上京龙泉府的江河两侧的水路要冲之地修筑了几十座山城和要塞。其中主要有林口县境内的乌斯浑河古城、五道河子古城，勃利县的古城村古城，鸡东县的锅盔山山城，穆棱市的小四方山山城和粮台山古城，东宁的城子沟山城和红石砬子山城，环绕在宁安上京城周围的海林市和牡丹江市更是有很多古城。南面的镜泊湖周边，要塞和山城林立。比较典型的是城墙砬子山城，另外在渤海上京城的西北海浪河流域，有一条长近数十公里的土石混筑的长城墙体，在镜泊湖城墙砬子山城的湖之对岸的江山娇林场的东部山坡上，有一条面向北方的防御性墙体。

2. 早期古城和中后期古城

黑龙江流域的渤海古城从其分布、规划和修筑特点上看，大致按照渤海政权在唐玄宗天宝年间从中京显德府迁至上京城为线，可以分为早期和中后期两种类型。敖东的城山子山城、延边城子山山城、马圈子山城、黑石山城、石湖山城等属于渤海早期城址。渤海上京城、东宁大城子等属于中后期古城。

渤海的早期古城具有两大特点：其一，分布集中、规模小，规划布局不统一等特点。渤海建立之初，并未能立即对所占地区实行有效统治，出于巩固政权，确保东牟山城的安全，其早期的城池多集中修筑在牡丹江上游地区。其建筑规模都很小，这一时期修筑的各个城址规划布局也不统一，其平原城就有长方形、正方形和半月形多种。城市的多样性正是这一时期的特点。其二，在修筑城池的过程中，是平原城和山城相结合。可以按照敖东城和城山子山城、黑石古城、石湖古城和通沟岭山城的分布区域划分，平原城修筑于牡丹江冲积平原中，有的选择依山临水之地，面积较大，并建有防御设施，是每一个区域的政治经济活动中心，而与其相近的高山或险要之地另外筑一山城，是为加强这一区域的安全和防卫而筑。除此之外，牡丹江沿岸还建有不少小型堡垒。平原城和山城相结合这一特征，说明渤海建城明显带有高句丽人建城的遗风特点。

中后期古城中有代表性的渤海上京城、大城子古城、东京龙原府古城、和龙西古城等，同早期相比，具有两大特点：其一，分布区域广，城市规模大。经历建国之初至大仁秀时，渤海国疆域广阔，基本确定了五京、十五府、六十二州的行政区划格局，古城建筑与府州建置相对应。城市规模在不断扩大，上京城面积是敖东城的百倍多，连东宁大城子古城也是敖东城面积的七倍多。这些变化体现了渤海国由弱至强，政治经济社会各种制度基本完善。其二，规划布局统一，仿效隋唐长安城的特点尤为明显。上京城外部轮廓基本为长方形，且为南北向。宫城、皇城与城内居民不相混杂，各成一区，城内有若干东西向和南北向的道路，上京城基本呈对称图形，并仿照中原城市建有寺庙，但是上京城内未发现有市。东宁大城子古城、和龙西古城等也基本如此。这反映了渤海国在政治、文化和社会生活上是仿效隋唐的。但是这些中后期城市的修筑依然保留了民族特色，有的平原城仍然带有渤海早期城市的防御性特征。

3. 黑龙江流域渤海古城的形制

为了更好地了解渤海古城的形制特点，便于总结和探索古城的种种特征和背景，现根据渤海古城其不同的形制进行归纳和分类。从一般规律上观察平原城形制比较归整，而渤海山城由于因地势而筑，从形制上看就复杂多样。黑龙江流域的渤海古城大致有以下几种类型：

其一，正方形古城或略呈方形的古城。这是渤海古城比较常见的形制，通常都修筑在平原地区。如苏密城内城、敖东城内城及牡丹江的南城子古城都属于略呈方形的古城。

其二，长方形古城。这是渤海古城很常见的形制，这一类型古城分布的地域与正方古城基本相同，在数量上长方形古城也很多。如敖东城外城等。

其三，回城或套城。指有内城和外城的古城，规模大些的京府一级的渤海古城都属于这一类。

其四，凸形古城。如上京城和东宁大城子古城就是这一形状。

其五，半月形古城。敦化马圈子古城，北墙呈直线，西南东三墙围成一半月形。

其六，圆形或椭圆形。吉林敦化的城山子山城基本呈椭圆形。

其七，不规则形的古城。这类古城因受地势影响较大，一般修筑在丘陵和山地，城垣沿着不规则的地势修筑，所以呈不规则形状。如长春的宽城子，城垣之形，颇不规则。镜泊湖西岸的城墙砬子山城的平面也呈不规则的长方形。

其八，“簸箕形”山城。其主要特征是：山城的城垣沿着近乎环形的山脊合抱。山城的三面为山峰耸立，中部的山峰往往是山城的最高点，两翼的山脊渐低，三峰耸立之地均向最低处的山口倾斜，整个山城形如簸箕状。

其九，筑断山谷式山城。这种山城依托两侧高不可攀的山峰作为屏障，将两山间的山谷两侧用石头砌筑而成。

其十，一面坡式山城。即选择一面坡式的山地形势，利用高山上的陡峭悬崖作为屏障，其余的三面随山坡倾斜之势筑墙相连，山城内地势从陡峭处向三面平缓的方向倾斜，城门设在山坡下的谷口并与泄水洞同置一处。

另外，早年日本学者在发掘八连城时在城外发现木栅痕迹，似绕城而立木栅，形成木栅城垣。八连城因此而有栅城府之名。

在黑龙江流域，这几种类型的山城多分布于宁安盆地以北、以东和东北方向，渤海人在险要山地与河流要冲处修筑了大量的各种类型的山城。

（三）黑龙江流域渤海古城的建筑材料及其城市布局

黑龙江流域渤海古城除了类型众多以外，在古城墙的砌筑方法、城墙材料和古城墙结构方面也是种类繁多，有的方法极具地方特色。

1. 黑龙江流域渤海古城的建筑材料和方法

其一，土筑城墙。夯土堆筑的城墙。往往采用夯筑技术，为了使城墙坚固，在墙体中间的土层中常掺杂有碎石碎瓦。如敦化敖东城的内外城墙均为土筑。夯土版筑城垣。这是一种类似近代当地居民建房采用的板夹泥墙的技术。苏密城的内城墙采用的就是版筑。

其二，以石砌墙。用较大的归整的方形或长方形石块为材料，交错叠压砌筑成横剖面为下宽上窄的梯形，通常这种墙地下筑有地基。渤海上京城的宫城墙就是采用这一方法修筑。这也是渤海山城常用筑墙方法之一。用不规则的石块叠压，往往利用山脊间的缝隙砌筑而成，这类筑墙方法常用于筑断山谷式的山城。

其三，“水旱沙”法，以石块、沙砾和泥土筑成。以石条、石块为基堆筑，用水灌沙砾和泥土，使沙土充实于石块中。渤海上京宫城内的墙址多用此法。

其四，土石混筑。以石为基，其上筑土夯之墙体两侧为石砌，中间附以土筑。包骨墙，即土包石而筑。利用较大的石块砌成单列的石墙后，在其上面再堆土加固。这两种建筑方法，我把它们统称土石混筑。土石混筑这种方法在渤海城墙修筑中很常见，上京城外城墙就是综合使用这几种方法筑成的。

其五，土、石、木混筑结构，用石块砌成墙基后，用圆木横排，其上再用黏土夯实，这样筑起的城墙十分坚固。

总之，渤海的古城无论是平原城还是山城，其城墙的建筑材料和方法的采用，一般都是多种砌筑方式并存，根据古城的级别和城周围可利用的材料，就地取材，体现其灵活的特点。

渤海古城还有许多独具特色的附属建筑。古城脚下多掘有壕沟、护城河或护城壕存在。城墙上或建有角楼或有马面，有的还筑有箭楼，有的墙上还筑有女墙。在城墙开门处多采用瓮门。山城的城体上往往有树立滚木檑石的柱洞。山城的城门多修在谷口处，在城门外侧多筑有几道交错的石砌墙体，又称拦马墙。渤海山城通常在城墙内、外侧铺砌的马道。城门的结构多采用内外不同的瓮门形式，城门处往往是山谷的谷口或地势低洼之处，所以城门又常是山城的泄水口，并修有排水沟。

2. 黑龙江流域渤海古城的布局

其一，渤海平原城和古城大多建在靠近水源之处，渤海上京城临近忽汗河（牡丹江）而建，镜泊湖周边也建有十余座古城和堡垒。靠近水源筑城可以方便城中用水，亦可凭借自然环境“依大河以为固”。渤海古城的城墙多筑女墙，并且一般设有一座或几座角楼。

其二，较大的渤海古城，通常有内城外城之分。外城为居民区或者驻兵防御，内城多是渤海政权的各种衙门，这类古城通常是京府州的治所。

其三，渤海古城中通常有瞭望台，一般都选在城里最高点，通常采用土石堆砌而成，在山城中常在城内选一山峰，铲平山顶，后用土石夯平。在一些大型的渤海古城中还常发现城中靠近城门筑一平台，有人称之为点将台。

其四，渤海古城中常发现较大的凹坑，平面呈圆形或椭圆形，地面部分有墙垣。传说为“水牢”，渤海上京城内城东区就有一直径38—42米、深1—2米的这种遗迹，推测其用途是储藏粮食、水源之用，其用途或许可根据地势高低来区分，高处储粮，低处存水。

其五，渤海古城中常发现有不同数量的水井，除此之外，山城中通常掘有蓄水池，多修筑于山城低洼处，便于积聚高处流下的雨水和地下的泉水。池壁和池底用石块砌成，底部还渗有河沙，可以起到过滤水源保持水源储备的功能。

其六，渤海古城及其周围还分布有寺庙、墓葬等。这些带有宗教性和家族性的建筑，对于巩固统治、控制人民起到不小的作用。

其七，渤海山城和要塞的城墙上或城墙附近地势较高处还常见有大小不同的圆形穴居坑。小的直径约3米，大的直径10余米，且数量一般在十数个或者数十个。

其八，渤海山城门外的缓坡上还常见有石砌的“拦马墙”，这种墙体长短不一，交错分布。渤海山城有的还建有翼墙，即在山城城墙的外侧及两侧山脊上加筑一道城墙并与山城的墙壁相连接。这两种墙体能起到阻碍、延缓敌人进攻的作用。

二 从黑龙江流域渤海古城的分布看渤海国的行政建置与城镇化

（一）渤海国的行政建置

渤海宣王大仁秀即位后，实现了对海北诸部的统治，疆域空前的广大，地方五千里，众数十万，渤海全国范围划分五京、十五府、六十二州，京府州县的行政建置遍及渤海国各地。从已了解的黑龙江流域渤海古城来看，宁安和敦化周边地区古城分布尤为密集，而这两地正是渤海的上京和旧国所在地。放眼整个渤海古城分布，今和龙、珲春和鸭绿江畔的集安以及今朝鲜境内的泥河（今龙兴江），这几个渤海古城分布密集的区域，就是渤海五京以及主要府州的所在地。通过这些京府州县的设置，渤海实现了对全境的有效统治，而今屹立于黑龙江流域以及其他地区的古城，就是渤海国行政辖区的一种象征。

在渤海建国以后，渤海的上京龙泉府作为都城的时间最长。唐天宝末年（755），大钦茂将王都从中京显德府北迁至上京龙泉府，历经30余年，大钦茂又于唐贞元初年（785）迁都东京龙原府。794年，第五代王大华屿将都城迁回上京，直到926年渤海灭亡，上京龙泉府在长达共162年内一直是渤海王国的政治、经济、文化中心，有一定的典型性和代表性。现以黑龙江流域内的渤海古城为例，对渤海国的行政建置进行分析。总体来看，黑龙江流域的渤海国的行政建置有如下几个特点：

第一，京府州县制和首领制并存。这与渤海国社会发展不平衡有关，渤海国统治下的不同的社会集团（族群），具有不同的多种经济结构和生产、生活方式，这一客观存在必然导致相应的行政建置和管理体制与之相适应。有些府州有名无实，渤海国早期的社会组织以氏族部落制度为基础，把奴隶主和贵族冠以都督和刺史之名。“无州县馆驿，处处有村里”“部曲奴婢无姓者，皆从其主”，正是渤海早期实行首领制的真实写照。渤海国古城的分布较为集中，地区分布极不平衡。有的地区基本没有或者很少有古城，可能与上述两种制度同时并存有一定关系。

第二，行政建置和军事管制并存。渤海国除设置京府州县外，在各京府州县之间还专门设有交通驿站及戍边的城堡和村寨，反映出具有浓厚的地方基层组织的特色。在黑龙江流域发现大量军事性山城和面积非常小的城堡要塞，说明军事管制与行政建制并存。

第三，京府制并行。渤海国五京中的上京、中京、东京都曾经作过都城，同时依京置府同郭而治京府之民，如渤海上京既是都城又是龙泉府所在。中京设有显德府，东京设有龙原府等。

根据目前渤海历史研究学者们的认定，渤海国在黑龙江流域内设有：一京，即上京龙泉府；五府，龙泉府、莫颉府、东平府、铁利府、怀远府；十一州，龙州、湖州、渤州、显州、郿州、铁州、汤州、荣州、盐州、丰州、仙州。

（二）黑龙江流域渤海国的城镇化

渤海国建立后，积极向唐朝、高句丽等先进的民族文化学习，并从政治、经济、社会制度、社会生产等多方面进行变革，迅速由边疆原始落后形态向中原封建制形态发展转变。渤海的城镇化就是这些转变的体现，而现存众多的渤海古城则是渤海国城镇化发展的有力依据。

城镇化，是指城镇数量的增加和城镇规模的扩大，导致人口在一定时期内向城镇聚集，并不断将城镇的物质文明和精神文明向周边扩散。城镇化基本可以代表一国的社会和经济发展水平，表现为经济文化的繁荣和交往的频繁。

一般说来渤海国城镇和城镇化的产生有以下两种因素。其一，战争和巩固政权的需要。大祚荣带领族人由营州迁到“东牟山”，为了防御唐朝政权的攻击，保护财产和族人的安全，巩固新的靺鞨政权，在今敦化周边地区修筑了一定数量的城堡，且这些城堡多分布在敦化的西方和西南方向，择山峰与河流之险而筑，防御性较强。在渤海国政权逐渐稳定和封建制经济逐步发展以后，在较大的城镇周围就会有交换和贸易发生，这样才能够真正称其为城市或城镇，而不是单纯意义上的“筑城以卫君”的“城”了。其二，从经济快速发展和商品贸易、交通等需要出发，渤海国的城镇化也在快速增长。在渤海国政权稳固后，领土不断扩展，并先后占有黑龙江、鸭绿江、图们江等流域地区，地域辽阔和多样的地貌以及各种民族的分散都给渤海国统治者带来许多不便之处，因此渤海国的城镇化也是政治上的必然趋势。

渤海立国之初，采取因地制宜的方法和手段，以多种形式治理民众，因此，中原隋唐制度和高句丽王国的管理制度，都成为渤海国对其民实施管理的方法。渤海国将原有的靺鞨社会组织形式——邑落稍稍改变，以大邑落为府，小邑落为州，分别置都督和刺史进行管理。在黑龙江流域发现了属于渤海国的至少140多座古城，但是其中属于渤海早期的古城数量很少。因此，城镇的产生和发展与经济结构和生产方式有着密切关系。渤海早期统治下的人民基本保持原始的家族式的有限生产，并不能真正引发城镇的诞生。渤海上层统治集团深刻了解封建化的过程所带来的社会发展，他们受过大唐文明的洗礼和熏陶，目睹了中原王朝的强大和文明程度。大祚荣率领靺鞨族众从营州迁至靺鞨故地时，必然带来汉族地区先进的生产技术和生产工具，这些都为渤海国能在经济落后的地区，快速地完成封建制变革打下基础。经济结构和社会生产的转变真正引发了城镇出现及发展进程。

随着封建制度的逐步建立、生产技术和劳动工具的改进，渤海国的社会生产力明显提高，生产的发展、人口的增长，使得渤海国的城镇达到空前的繁荣。渤海国城镇化的发展主要表现在如下几个方面：

1. 城镇数量的增加和规模的扩大

渤海国早期，大多地区的生活风貌正如日本史书《类聚国史》中所记载那样："其国延袤二千里，无州县馆驿，处处有村里，皆靺鞨部落。"渤海国的早期城镇只在敦化周边有几座古城，且规模不大，城山子山城周长约2000米，敖东城周长仅1200米。这和目前仅在黑龙江流域就发现的100多座渤海古城形成鲜明的对照。渤海政权中后期，修筑的古城不单数量多，而且规模较大。渤海上京城周长有15公里多，是当时东北亚地区较大的古城之一，和龙西古城、珲春八连城也都具有相当规模。

2. 各具特色的城镇网络的形成

渤海国的社会经济受自然环境的制约，农业、手工业、畜牧业和渔猎业多种经济门类并存，同时存在多种经济成分。《新唐书·渤海传》记载："俗所贵者，曰太白山之菟，南海之昆布，栅城之豉，扶余之鹿，莫颉之豕，率宾之马，显州之布，沃州之绵，龙州之绸（细），位城之铁，卢城之稻，湄沱湖之鲫。果有丸都之李，乐浪之梨。"从史书关于渤海国物产的记载可知，渤海的各个地区的不同城镇有不同的特色产业。

其一，农业。西部和南部的高句丽故地，以及渤海腹地的松花江流域、牡丹江流域和松嫩平原，是主要的农业经济区。铁器在农业生产中得到广泛使用，在吉林敦化敖东城地区、黑龙江宁安渤海上京龙泉府遗址均出土了铁铧、铁镰、铁锸等农业生产工具，说明渤海国农业生产已具相当水平。铁制农具的使用提高了生产力水平，为渤海国的强盛打下了经济基础，也是渤海国城镇兴起的一个重要原因。

其二，手工业。这是渤海社会经济的重要部门之一，不仅满足渤海人的日常消费，而且是渤海国对外贸易的主要物品。上京龙州（宁安一带）以出产绸（䌷）而驰名，显州和沃州的绵麻布也很有名气。这些丝绵织品是朝贡、贸易的物品之一。陶瓷业十分发达，掌握了烧制釉陶的技术并生产出仿唐三彩的陶器，被称为“渤海三彩”。上京附近发现了渤海窑址，并列成排，共20余座，如宁安的下城子古城附近的砖瓦窑遗址。

其三，畜牧业。肃慎族系向来以擅养猪而著称，尤以“夫余之豕”最有名。“率宾之马”是马匹的优良品种，马不仅是军事、生产、交通所需物资，而且是进贡物品，是渤海国向中原和周边各国输出的主要物品。率宾地区大概在今绥芬河下游地区。

其四，渔猎和采集业。在山区和江湖两岸及海边的靺鞨人主要从事渔猎和采集，从渤海遗址出土了多种捕鱼工具和较大的网具。渤海向唐朝奉献的贡品有鲸鱼眼，可以说明渤海渔民已经能够捕鲸。狩猎取得的多种动物，主要为了满足衣食需要、补充农牧的不足。山林居民采集的山珍、药材和蜂蜜，也是交易的主要物品，长白山人参闻名于唐朝和日本。

3. 商业与交通的繁荣和发达

渤海国的多种经济形态并存的结构，客观上促进了商品交换和城市经济的发展和繁荣，渤海王室贵族追求中原封建式宫廷生活，这些因素推动渤海城镇化发展进程。渤海对外贸易空前活跃，与周边国家、民族的贸易往来都是前所没有的。这种交流不仅促进了商品经济的发达，同时也促进了渤海国与周边交往的交通道路的发达。

其一，商业贸易。渤海的京府州县是各地商业活动的主要城镇，其中上京、东京、中京是渤海贸易交换最为发达的商业中心城镇，据学者们考证，在渤海上京龙泉府曾设有商市，30年代末由日本学者出版的《东京城》发掘报告，以及20世纪六七十年代调查上京城时，发现外城区有两处遗物、遗迹比较集中的地方。出土有渤海国的铁权、铜镜、软玉雕件、石砚、陶砚、陶印和各种铜、铁饰件等。近年，在其附近还发现有重数十斤的古代烧酒锅的外圈，这说明附近可能还有酿酒作坊。这两处遗址可能就是渤海上京城内的商贸市场。在渤海上京城内还出土过日本古钱，其他古城内还出土过唐朝的“开元通宝”。据史书记载，渤海朝贡中原的使团达150多次，与此同时与日本的贸易也逐年频繁，据不完全统计，日本与渤海国之间的往来使团次数达 34 次，人数已达数千人之多。

其二，交通路线。城镇的建立促进了交通的发展，而交通的发展也给城市（镇）增添了活力，推动了城镇化的进程。频繁的对外交往和贸易往来，促使渤海的水陆交通迅速发达。其主要交通路线有五条：朝贡道、营州道、契丹道、日本道和新罗道。这五条主要的交通路线都是以渤海上京龙泉府为起点通往各地，在每一条交通路线均上设置驿站，在渤海国区域内发现不少建筑遗址，这些遗址大多分布在古城之间的交通要道上，学者们认为这类遗址应该是渤海国的交通驿站遗址。这五条交通路线成为贯穿渤海国与周边往来的大动脉，而交通沿线的城市（镇）成为渤海国人口密集、经济繁荣的地区，有力地促进了渤海国的城镇化发展。

4. 城镇布局和设施的完善

以上京龙泉府为例，它是当时东北亚地区最大的城市之一。上京城外城周长 15 公里，并且由外城、内城和宫城三城相套构成。内城与宫城坐落在外城居中偏北处，渤海上京城基本仿照唐朝的长安、洛阳城而建，外城存在着明显的坊、市分区，共有主街五条，城门已经发现至少十座。内城是渤海王国百司官衙的所在地，建有官衙、点将台、校场等。内城北侧建有御苑，为人工修筑的回廊、亭台、楼阁和水池、莲花泊、八角琉璃井，这是目前已知的保存较为完好的中世纪皇家园遗址，渤海上京城中修建的人工湖泊和园林，体现了中原传统文化和传统建筑的特点，这种在古城内修建的人文与自然景观，不仅是渤海贵族统治阶级的享乐之处，还标志着最初意义上的军事城堡向城市多功能意义上的转变。此外，上京城还有比较完备的引水、排水系统。城内用水分为两个系统，一是宫廷、官衙生活用水，一般凿渠引水进城；二是居民生活饮用水，上京城内发现不少渤海时期的井，有的井壁全用条石修筑砌成。在黑龙江流域还发现不少渤海寺庙遗址，并出土了舍利和石灯幢。

总之，渤海国的建立，对黑龙江流域产生了极其深远的影响。白山黑水此后相继成为女真和满洲族的兴起之地，上京龙泉府是当时东北亚地域最大的古城之一，渤海政权在黑龙江流域修建了 100 多座古城，促进了这一地区的城镇化和封建化的进程。对辽金两朝的影响甚大，许多渤海国修建的古城相继被辽、金沿用。渤海国时期，黑龙江流域的城镇化对这一地区的农业、手工业、商业以及交通的发展产生了巨大的推动作用。渤海国所采取的封建化措施起到示范作用，借鉴、学习中原的封建制度成为历代东北民族发展兴盛的主要因素之一。历经千年风雨，渤海国政权早已消亡，但渤海国古城的残垣断壁依然存留在白山黑水之间。

第五节 黑龙江中游右岸“江岸古城”发现的价值及萝北文化发展战略转换的意义

一 萝北江岸古城发现的经过及其地理位置与环境

据邓树平先生介绍，在2007年以前，萝北县文物管理所所掌握的萝北县域地区的主要遗址有：“名山镇名山岛遗址、名山镇莲花道班遗址、名山镇油库西遗址、团结镇龙滨遗址、肇兴镇东兴遗址、太平沟乡炭窑遗址、延军遗址、延兴遗址、团结镇前卫遗址、苇场乡东胜遗址、苇场遗址、肇兴镇卫东遗址等12处遗址。”这些遗址的发现与研究大部分都发表在鹤岗市文物管理站原站长邹晗所著的《黑龙江鹤岗地区古代文化遗存》一书中。①

2009年春，萝北县第三次文物普查工作队负责人邓树平率领萝北县第三次文物普查工作队在短短十几天时间里，仅在萝北地区就发现了各类历史遗址多处，采集各种文物标本达1000余件。其中，属于隋唐五代时期黑水靺鞨的遗址多达20余处。考察队在萝北境内还发现了早期古城址五处：“江岸古城遗址、江岸古城西南卫城遗址、共青石场城遗址、七家子古城遗址、名山农场三队东北山堡寨古城遗址。”② 这五处早期古城址的发现，不仅填补了萝北县地域古城遗迹记载的空白，而且为进一步认识和厘清萝北县域古代城市的起源与鹤岗市古代城史纪元，提供了至关重要的第一手资料。濒临黑龙江中游右岸江岸古城的发现，引起了国内外学术界的广泛关注。因为迄今为止，在黑龙江中游右岸地区尚没有发现类似萝北江岸古城如此较大规模和如此文化单一的古城遗迹。萝北县委县政府对这一重大考古发现给予高度的重视，不仅成立了萝北历史

① 邹晗：《黑龙江鹤岗地区古代文化遗存》，黑龙江人民出版社2006年版。

② 此前曾有人在调查材料中将此城命名为“小泥河古城”，本书采用邓树平所发表在《满族研究》2011年第1期的《黑水靺鞨地域范围与黑水府治所初探》的观点，定名为“江岸古城”。

文化开发办公室，而且先后与哈尔滨市社会科学院共同建立了“黑水靺鞨文化研究所”，并与大连大学中国东北史研究中心建立了“研究生实习基地”，同时中国中外文化交流史学会也在此地设立了“黑水靺鞨文化交流中心”，并先后聘请省内外数位知名学者对萝北县的江岸古城进行多次考察，虚心听取专家们的意见。萝北县委县政府在积极发展县域经济与中俄贸易的同时，不失时机地抓住萝北县域内所发现的这一重要的历史文化资源，把这一重要的历史文化资源作为今后萝北县借助文化之手，助推萝北县域经济大发展的一股新动力。自2014年以来，萝北县委县政府组织召开对萝北江岸古城进行的学术考察、实地踏察、专家鉴定会、学术报告会、工作推进会等已达十余次，在国内外引起很大的反响，这不仅提高了萝北县的知名度，而且也引发了人们对于唐靺鞨黑水部中心地理位置的种种疑惑和再认识。

萝北县江岸古城所处的地理位置与地理环境究竟是怎样的情景呢？笔者通过实地踏查与邓树平所提供的具体描述以及公开发表的相关数据，初步对江岸古城的地理位置与地理环境进行了梳理。然而，必须强调说明的是：江岸古城的最初发现者是邓树平，2009年4月，他在鸭蛋河[①]注入黑龙江的河口附近寻找石器标本时，偶然发现了这座隐秘在一片树林中的江岸古城。2009年6月，邓树平率领萝北县文物普查队对江岸古城进行了较为详细的初步调查，第一次获得萝北江岸古城的相关数据和信息。后来在呈报省里的材料中考虑到江岸古城虽濒临黑龙江中游右岸，但是古城的东部、东南、南西南是发源于小兴安岭东麓的小泥河、跃进河、鸭蛋河三水相汇注入黑龙江的河口之地，且小泥河沿着古城的东部、

---

① 鸭蛋河是一条发源于小兴安岭东麓、萝北县境内的由南向北流淌并注入黑龙江右岸的河流。鸭蛋河，黑龙江中游南岸支流。据新编《萝北县志》载，又称“三坦水”“缠坦水”。明代称“集达河”，清初称“鸡坛河”，清末称“获台河”。中华民国初年，更讹为“鸭蛋河”。“人们误认为该河两岸水草丰茂，每年春季野鸭繁殖期，鸭蛋每拾即是，因以为名，乃想当然。”位于萝北县中部，发源于四方山佐武山东侧，南流于地道山折而向东注入黑龙江。全长95公里，河宽5—10米，水深1—5米，流域面积606平方公里。山溪性河流。每年11月上旬至次年4月中旬为结冰期。上游沿岸为林区，产红松、桦木、杨木等木材。中下游为农垦区，建有大型国有农场。考“鸭蛋河”之名与金代完颜娄室神道碑中所记：完颜娄室先祖曾“徙雅挞瀬水”。雅挞瀬水之名与鸭蛋河、三坦水、缠坦水之名谐音，疑为一音之转或同音异写之地名。完颜女真皆出自于黑水靺鞨，而黑水靺鞨的重要居地则是今鹤岗市所辖的黑龙江、松花江二水之间。此间属于鹤岗、绥滨、萝北地域，20世纪70年代以来，此间发现有众多的属于黑水靺鞨文化的古城、遗迹与遗物，当为女真先民之遗迹。《完颜娄室神道碑》出土于长春市石碑岭，清《柳边纪略》《金文最》《全辽金文》《满洲金石志外编》，今人《长春文物志》《金碑汇释》等书皆有收录。

东南、南、西南方向贴近台地曲折绕行，故又将江岸古城改写为“小泥河古城”。笔者认为，这座古城的特殊性就是其地理位置，处在濒临黑龙江中游右岸萝北境内的台地上，其古城的命名应该考虑到这条大江的名字，故采用了邓树平的意见称之“江岸古城”。

邓树平在《黑水靺鞨地域范围与黑水府治所初探》一文中对江岸古城描述如下：

萝北县的江岸古城遗址，该城址位于延军农场5队东南8华里的黑龙江边，GPS测量该遗址的中心区域为，东经130°57′33.9″，北纬44°42′17.5″，海拔高程为76米。该古城周长1200余米，外有三道城垣围护；城内地表遍布长方形、方形建筑遗迹，以及大约300个穴居坑。穴居坑大者8×8米，小者5×5米。城垣为堆土砌筑，无马面。北距黑龙江约140米。西距江岸古城西南卫城遗址约300米。南侧有一条东西向的河流距南侧城垣约10米。该古城遗址内遍布天然柞树和人工栽种的针叶松和冬夏常青松树，除北部城垣因军队整修边防巡逻道人为破坏一些外，其余保存良好。从采集到的陶片分析，大多为盘口罐、盘口翘沿罐、筒形罐，饰纹主要为网格纹、竖线划纹、堆纹，口沿饰有锯齿纹等，这都是学术界公认的典型的“黑水靺鞨”文物标本。不仅如此，在该城址西约300米处，还有一座同时代的小城，周长136米，有椭圆形城垣一道，外侧有一条宽约2米的围沟一条，深约0.6米。城垣宽约1.4米，高约0.8米，其地理位置、自然环境以及内含的文化因素都与江岸古城一样，而相互间的距离又如此之近，故应该是江岸古城的卫城。

从上述邓树平描述的江岸古城的基本特征来看，这是一座迄今为止在黑龙江流域中游右岸发现的规模最大且最具黑水靺鞨文化特征的古城。邓文中虽然对江岸古城的基本数据有了较为详细的描述，但是缺少对江岸古城周边地理环境特征的描述。我们认为江岸古城的地理位置与地理环境十分特殊。从古城所处的地理位置与地理环境的角度观之，江岸古城恰好坐落在黑龙江干流中游右岸河道的折角处，此段黑龙江干流由北向南至江岸古城附近突然折而向东，黑龙江在此处形成了一个向南突出的脊状。江岸古城的西北则是黑龙江切割小兴安岭的山体，江水在群山中奔流，两岸形成了奇特的峡谷地貌，俗称为“黑龙江大峡谷”。小兴安岭的余脉顺着黑龙江的流向，向东部延伸到江岸古城所处的台地后戛然而止，实际上江岸古城所处的地理位置恰好就是小兴安岭东麓余脉的终点。由于古城地处黑龙江右岸的小兴安岭东端终点的台地上，站在江岸古城之上可以环视眺望大江东去的壮观景象，以及江岸古城的东、南、北三面的低地和湿地。江岸古城的东侧有一条已经干涸的宽阔的河床及蔓延向南的大片湿地。从我国台湾地区出版的《中华民国地图集第三册——中国东北吉林、合江、松江省地形图》来看，江岸古城东侧的这条干涸的湿地河床，一直向东南延伸并贯通黑龙江和松花江。这片湿地与嘟噜河、梧桐河、鹤立河下游形成的大片湿地，与松花江连接在一起。可见，江岸古城所处的地理位置在历史上是贯通黑龙江与松花江水道的枢纽。今天的江岸古城东侧的地貌与地理环境已经有了较大的改变，民国年间所出版的地图明确标有鸭蛋河的字样，如今则被标注为小泥河、跃进河与鸭蛋河。这种一河多称或一河多流的现象，完全是由于人为的改变河流的流向与现代人为了寻求扩地增加土地面积而导致的结果。因此，我们应该跳出当下的地貌环境与地理特征，根据历史尽可能地恢复江岸古城的历史原貌，这是非常必要的，也是必须要做的。只有恢复了江岸古城周边的历史地理原貌，我们才能对江岸古城产生更加实际和更加敬畏的意识，并从历史地理枢纽的作用的角度，去深刻理解江岸古城所处的地理位置是何等的重要和不可思议。

二　萝北江岸古城发现的重要学术价值

2014 年 6 月 21 日，为进一步认定和论证黑龙江省萝北县发现江岸古城遗址的价值和重要意义，萝北县委、县政府专门召开了专家论证会。本次论证会邀请王绵厚研究员（辽宁省博物馆原馆长，我国著名东北历史地理、考古学家，国务院特殊津贴获得者）、魏国忠先生（黑龙江省哲学社会科学重大委托项目“肃慎——满族系统研究”课题组组长，黑龙江省社会科学院历史研究所原研究员，国内外著名渤海史专家）、杨雨舒研究员（吉林省社会科学院历史研究所副所长，渤海史专家）和王禹浪教授（中国中外文化交流史学会会长、辽宁省历史学会副会长、大连大学中国东北史研究中心主任、国家二级教授、国务院特殊津贴获得者）等四位专家。这四位专家是东北历史地理、民族史、考古、地域文化、专门史等研究领域的优秀代表。

6 月 21 日上午，萝北县委书记陶信顺，副书记孙宇，县委常委、组织部长李广军，县委常委、宣传部长范永吉以及县历史文化开发办公室邓树平主任、文物管理所等相关单位，与四位专家对萝北县江岸古城进行了实地考察。当天下午，在萝北县界江宾馆三楼会议室召开了专家现场论证会。四位专家分别对萝北江岸古城发现的学术价值和重要意义作出科学严谨的论证。专家们一致认为萝北江岸古城遗址当为隋唐时期黑水靺鞨遗址无疑，其作为黑水靺鞨文化的中心地位是可以确立的，可暂定萝北江岸古城为隋唐时期黑水靺鞨都督府所在地的治所。具体论证和鉴定的意见如下：

1. 经萝北县历史文化开发办公室主任邓树平等同志介绍，在萝北县域内进行历史资源调查中，所发现的地处萝北县境内黑龙江中游右岸的江岸古城，是迄今为止黑龙江干流中游右岸地区濒临黑龙江的一处最重要的黑水靺鞨文化聚落群遗址。这是本次萝北县委县政府所组织的专家论证考察团全体成员的一致意见。仅就发现这处具有黑水靺鞨文化性质的较大的古城而言，在学术上属于黑龙江流域古代文明中黑水靺鞨文化较大古城遗迹的重要发现之一。

2. 萝北县江岸古城遗址聚落群面积较大，据初步测定约为东西1000米，南北约200米。[①] 在如此巨大的聚落群中共发现大型穴居坑30余处，较大型穴居坑百余处。此外，在聚落群区域内还发现一大一小两座古城，大致呈东西走向。在较大的古城遗址上发现有三重城垣和一座城门（ 城门开在古城的西南）。这种穴居遗址，以及古城城垣修筑方法均与《旧唐书·靺鞨传》记载相符。其筑城穴居是指黑水靺鞨人居住址的特点，足见江岸古城的文化特征的表象具有与文献相互印证的依据。

3. 从萝北江岸古城所处的地理位置上看，古代萝北的江岸古城具有交通地理枢纽的地位。古城北部濒临黑龙江右岸，是附近地势较为高耸且具有抵御特大洪水的优势。古城的东侧、东南以及南侧是三条发源于小兴安岭山麓的由南向北流动的河流。即鸭蛋河、跃进河、小泥河，并在江岸古城的东侧归流一处合称鸭蛋河河口与黑龙江汇合。由小泥河在江岸古城及其聚落群的南、西南（在古城南略东和东南并称鸭蛋河）方向形成了宽阔的河口湿地、遍地沼泽，形成了天然的护城河与障碍。古城的西北侧沿着黑龙江中游右岸，受小兴安岭余脉和丘陵地势的影响逐

① 笔者注：此数据来自邓树平先生的推测，故采用约××××米的字样。详细数据正在测绘中，准确数据待由萝北县历史文化开发办公室公布。

渐抬升并延伸到小兴安岭的山地。在小泥河、跃进河、鸭蛋河的西南部分布着由嘟噜河、梧桐河冲刷而成的大片湿地、丘陵与河谷平原，嘟噜河与梧桐河由北向南流入松花江。值得注意的是，江岸古城东、东南侧的鸭蛋河湿地与河床与嘟噜河、梧桐河下游的湿地形成一条沟通黑龙江与松花江的古河道，说明鸭蛋河下游曾借助嘟噜河与梧桐河的下游湿地把黑龙江、松花江连接起来。无疑，江岸古城恰好处在这条沟通黑龙江与松花江南北的交通枢纽的重要位置上，这些河流所构成的水路网络成为江岸古城四通八达的水陆交通中心，江岸古城是古代黑龙江中游右岸地区最重要的历史地理的枢纽。萝北江岸古城所处的地理位置与地理方位与《旧唐书·室韦传》所记载的南黑水靺鞨方位相符，且古城处在黑龙江与松花江两江夹角相距较近的地域。并与隋唐、辽金时期“黑水”的地望相合。无论从文献印证、地理空间位置还是历史地理枢纽等因素的综合辩证考虑，江岸古城遗址当为隋唐时期黑水靺鞨的文化中心无疑。

4. 目前，通过对萝北江岸古城遗址调查所采集的陶片标本的陶器类型、胎质、火候、纹饰、造型等方面观察，其陶器的特征明显具有与萝北县已经进行过的科学考古发掘的团结文化类型遗址中出土的陶器以及绥滨同仁文化遗址出土的盘口翘沿陶罐的制作方法、火候、质地、器物的造型等十分相近，可以进一步确认萝北县所地处的黑龙江中游右岸地区是隋唐时期黑水靺鞨分布的重要区域，而江岸古城所表现出的黑水靺鞨文化遗迹、遗物最为集中，且规模较大。基于此，专家们一致认为萝北县江岸古城可能是唐代黑水都督府旧址。

5. 关于唐代黑水都督府的府治治所，由于历史文献中没有留下明确的记载，所以始终是一个不解之谜。自从清末民初曹廷杰先生在《东三省舆地图说》中，把黑水都督府的府治推定在今俄罗斯哈巴罗夫斯克（历史上的伯力）之后，国内外许多著作一直沿用这一观点，甚至连最权威的、由我国著名历史地理学家谭其骧先生主编的《中国历史地图集》也沿用这一观点。然而，邓树平等同志发现了江岸古城，并在《满族研究》2011 年第 1 期上发文《黑水靺鞨地域范围与黑水府治所初探》，提出唐代黑水靺鞨都督府治所应在黑龙江省鹤岗市萝北县江岸古城的观点，在学术界引起极大反响和震动。如果可以把江岸古城暂定为唐代黑水都督府府治所在地，其意义和价值不仅改变了学术界以往对黑水靺鞨分布以及黑水靺鞨都督府设置的认识，更为重要的是能够确认中原王朝的唐帝国时期已经在黑龙江干流中游右岸地区设置了明确的行政建制。①

6. 萝北江岸古城的发现，对于寻找黑龙江干流中游右岸的古代城市的起源有着不可估量的学术价值。如果从区域史和地方史的角度看，鹤岗市的城史纪元或萝北县的城市纪元都应该从江岸古城出发，去思考其源流与存在的意义和价值。我们可以推测，如此较大规模的古城和如此单一性的文化属性，都说明江岸古城进入了一个古代城市的文明期。它是一座被长期掩埋在地下的一种尚未被人们认知的古代文明城市。

7. 如果从地理位置与地理环境角度观察，萝北县江岸古城处在小兴安岭余脉延续的东缘，恰巧与三江湿地或称三江低地的西缘相接壤，江岸古城的位置处在二者的接合部。黑龙江这条大河的走向由此折而向东，而沟通黑龙江与松花江的古河道也以江岸古城为起点由此向南。这一特殊的地理环境与地貌特征是黑水靺鞨人所选择的最为适宜生存的地理空间，无论是进退攻守、利用这些贯通南北东西的纵横交错的复杂的水道，还是退隐山林、进出平原湿地都可以以江岸古城为核心，自由回旋于小兴安岭与黑龙江的南北两岸。森林、山地、湿地、丘陵、江河都为黑水靺鞨人的狩猎、渔捞、采集、农耕、畜牧经济提供了保障。黑水靺鞨人的筑城文化表明：沿着黑龙江流域的中游右岸的山地森林文化与三江平原地区的文化在长期的相互作用下融为一体，形成了以江岸古城为代表的一种新型的复合型的筑城文化。或许在江岸古城的地下掩埋着我们尚未知晓的这种文化融合的现象与蛛丝马迹，黑水靺鞨人的先民当年同样会看中江岸古城这一特殊的地理空间。

三 萝北江岸古城发现的重要现实意义

江岸古城的发现不仅为萝北的历史与文化的研究和探索提出了新的课题和启示，更重要的是重新唤起人们对萝北城市起源与古代文明视野再认识的热情。因为江岸古城所揭示的绝不仅仅是萝北县域文明的开端，更为值得注意的是，以萝北为中心的黑龙江与松花江的两江并行的夹角地带的城市文明的黎明期的发轫。事实上，在这一地区内的古代遗迹与遗物的出土和发现一直没有间断过，从新中国成立至今已经有众多的考古发现享誉东北亚地域。许多鲜为人知的黑水靺鞨及其先民的墓葬、房

① 参见王禹浪、王绵厚、魏国忠、杨雨舒起草的《萝北江岸古城鉴定意见书》（未刊稿）。

屋遗址被考古工作者从地下挖掘出来。[①] 这些遗迹、遗物的发现与发掘，构成了本地区的黑水靺鞨及其先民的乡土住居和聚落，以及人们不断创造出无数具有魅力的陶器、骨器、石器和江岸古城这种如此具有规模城垣的痕迹，曾经被深深地隐藏在莽莽森林与厚厚土层下的千年城市的再现，得益于那些伟大的发现者。叠土筑墙的痕迹、一片片带有纹饰的陶片、五彩缤纷的细石器石叶与石核，这些文明的碎片为萝北县域文化增添了难以想象的文化活力。我们如何转换观念，对那些我们曾经不屑一顾的文明碎片，将重新作出理智的判断。这不仅需要勇气，还需要努力学习，以增强我们的历史文化知识的储备与对区域文化资源开发利用的辩证思考。如何从发现、整理、思考中运用学以致用的手段，为地方经济振兴和从新的经济增长点的文化模式中找到落脚点。让这些处在静态中的遗迹与遗物述说昔日文明的发生、发展与衰落的历史细节。历史与文化的现实意义，就是现实生活中的问题。过去我们对黑水靺鞨文化只是模糊地感知到它的存在，而今江岸古城的发现则是在深刻认识它曾经拥有过的辉煌。我们要学会与已经消亡的历史展开对话和交流，发挥我们的想象力与历史经验的适应力，尽可能地将过去残存的遗迹还原成历史原貌，使黑水靺鞨文化成为系列的逻辑知识加以阐述，让我们彻底揭开萝北的历史与文化的谜局找到应对的方法。为此，我们认为应从如下几个方面来思考江岸古城的发现对萝北县域历史与文化的冲击力。

其一，以江岸古城的发现为契机，从萝北县的文化理念和历史文明观角度入手，在萝北县进行一场深刻的黑水靺鞨的历史与文化补课。萝北县应抛弃边陲意识，树立中心意识，弘扬乡邦文化，积极开展对外文化交流，使萝北人民在深入理解和了解利用历史文化资源的过程中，体会历史与文化对于民众幸福指数的提升有着重要的作用，同时，人的自尊、自爱、自信心也会得到全面的提高。总之，这是培养地域文明程度、启迪人文心境的重要一环。萝北县相关部门应组织人力编写一些短小精悍的普及读物，利用电视台、广播电台等平台，让黑水靺鞨历史文化的基本知识家喻户晓，广为传播。此外，县领导还应与企业家多沟通、交流，争取他们对黑水靺鞨历史文化研究和品牌打造工作的认识，引导他

① 参见邓树平发表在《满族研究》2011 年第 1 期的《黑水靺鞨地域范围与黑水府治所初探》一文对萝北、绥滨地区考古调查与发掘的梳理。

们理解黑水靺鞨的品牌意识。总之，要在全县形成一种热爱家乡、认识家乡、建设家乡的良好氛围，提升萝北县的文化软实力，促进社会主义文化大发展、大繁荣的新局面，带动全县经济与社会发展，为早日实现“明星县”积累正能量。

其二，让萝北人充分认识到黑水靺鞨部在中国历史上所创造的辉煌和起到的重要作用。长期以来，黑水靺鞨的辉煌一直被掩隐在海东盛国——渤海国的辉煌与女真、满洲族入主中原建立强大帝国的成就中。在人们的意识里只知道黑龙江流域有渤海国、大金国、大清帝国的灿烂历史，却忘记了黑水靺鞨人才是承上启下的肃慎系统中不可估量的历史上的重要节点。黑水靺鞨出自肃慎—挹娄—勿吉，并与渤海国在黑龙江流域的北部分庭抗礼，最强盛时被唐朝册封为黑水靺鞨都督府，以牵制和威胁渤海国的北部。历史事实清楚地告诉我们，黑水靺鞨人才是女真族和满族的正源。《金史》开篇就告诉我们“完颜女真就来自黑水靺鞨”，与萝北毗邻的绥滨县境内的蜿蜒河就是女真完颜部的发祥地。鸭蛋河则是完颜娄室的故乡，即雅达濑水的黑水靺鞨后裔。从某种意义上说，女真建立的大金王朝、满族所建立的大清王朝都是从萝北地域黑水靺鞨人主中原走向世界的，黑水靺鞨人对促进中华民族的融合与中国东北疆域的形成做出了不可磨灭的贡献。

其三，目前，应继续组织人力、物力、财力，对萝北江岸古城进行进一步测绘和深入的调查研究，这是刻不容缓的。只有拿出较为精准翔实的江岸古城的科学测量数据，才能进一步看清江岸古城的历史真实面貌，才能更深入地把江岸古城的科学研究与科学调查相结合；只有了解江岸古城聚落群分布的实际状况，才能进一步科学研究和估量这处遗址的全面价值。因此，尽快组织专业人员对江岸古城的遗址群进行全面的考古测量和专业的地形地貌测绘。建议相关部门除了要继续扎实、高效地做好田野调查和测量工作外，还应努力与上级文物主管部门、考古部门乃至国家文物局相关部门做好沟通、协调、合作等，尽快拿出令人信服的实测数据来，力争取得上级业务主管部门的支持，尽早对江岸古城进行科学的探测与科学发掘。这是萝北县对江岸古城进行全面工作展开的基础和前提。

其四，在开展对萝北江岸古城进行全面深入测绘调查和呈报上级主管部门的同时，还应积极开展学术研究工作。在已经取得的学术研究成果的基础上，向黑龙江流域历史与文化的纵深学术领域延伸。利用社会科研力量解决我们自身学术研究力量不足的困难。在时机成熟时，组织召开“首届黑水靺鞨历史研究与开发利用学术研讨会”，动员地方民营企业的力量参与黑水靺鞨的学术研究与开发利用。还应与俄罗斯学术机构积极磋商，研究调查黑龙江流域中游左岸的黑水靺鞨文化的遗迹分布状况。积累与黑水靺鞨相关的资料和素材，扩大对江岸古城周边毗邻地区的宏观认识。在尚未对江岸古城科学发掘之前，应积极做好学术研究的准备和积累，充分利用好外力，组织国内外专家进行持续不断的学术研究，并及时把这些学术成果转化为学以致用的历史文化旅游产品和地域文化品牌。

其五，利用黑水靺鞨在历史上曾经存在于萝北地区的事实，在经贸、农业产品、林业产品、旅游产品、文化产品等领域内全面开展品牌创新意识，改变惯性思维，转换固有观念，更新我们对外贸易的新思路。还要学会重新包装我们自己、重新认识我们自己、重新为县域经济的发展制定文化战略，把文化纳入县域经济整体发展的大宏观战略中。从文化与经济的辩证关系中看到文化与历史将会对我们产生怎样的影响或带来怎样的变化。在条件成熟时，还应考虑举办“黑水靺鞨文化节”“黑水靺鞨文化产品展销会”等活动。

其六，当下中俄友好关系是最好的机遇期，如何改善萝北地区中俄之间边境贸易现状，是我们思考创新工作的重要一环。利用黑水靺鞨文化属于跨越中俄国境的文化的特点，从这一难得的软环境——历史与文化入手，借助这个无形却具有巨大潜力的文化之手，去开辟和思考中俄经贸的新的切入点，改变我们单一而固有的经贸模式。在注重萝北与俄罗斯经贸交流的同时，还要加强文化与教育的交流，促进高层人士的往来，要让我们的邻居知道中国人的素质和教养程度。而萝北县江岸古城正是开创这种新局面的一把历史文化的钥匙，只有通过历史与文化的交流，才能逐步消解相互的疑虑和隔阂。因为这是一个相互依赖和相互依存的时代，萝北的未来掌握在理解文化和历史的智慧群体中。

总之，萝北江岸古城的发现，揭开了黑水靺鞨文化研究的新篇章。黑水靺鞨文化绝不仅仅是一种单纯的学术名词或时髦的历史词组，江岸古城发现之日，就是要将这一历史文化符号转化为实用价值之时。其历史发现的实际意义，就是要把萝北江岸古城的发现转化为振兴地方经济的助推器，更好地把江岸古城的发现与黑水靺鞨文化的研究融入其中。

第六节 近三十年来渤海上京城研究综述

渤海国上京龙泉府俗称东京城，位于今黑龙江省宁安市渤海镇地处牡丹江中游东京城盆地内的冲积平原，张广才岭和老爷岭怀抱四周。在上京城南约20公里处是著名的镜泊湖，牡丹江经张广才岭和老爷岭向东缓缓流去。这里不仅依山傍水，物产丰饶，而且还居水陆交通要道。755年，渤海国三世王大钦茂自中京迁至上京，在此执政30年后，在785年迁都东京龙原府。到渤海第五世王大华玙时复迁到渤海上京龙泉府，自此直到926年渤海国灭亡为止，渤海上京城一直作为其王都所在。渤海国灭亡之后，渤海上京便逐渐走向了衰落，渐渐从人们的视野中淡出。以至“后人把渤海上京误认为金上京会宁府址，直到曹廷杰调查此城和黑龙江省阿城县金上京古城后明确指出渤海镇之古城为渤海上京遗址”。①

对于渤海上京城的研究主要依靠考古发掘工作，这一工作引起东北亚各国学者的关注并积极参与其中。目前学术界把渤海上京城考古分为四个阶段：第一阶段，日本“东亚考古学会”在1933年5月和1934年5—6月对渤海上京城进行大规模的调查与发掘，并于1939年出版题为《东京城》的报告书。由于调查、发掘是出于政治目的，使学术性大打折扣。特别是在宫殿区发掘过程中不按考古程序，随意动土，对遗址本身造成了永久性的破坏。不能否定的是，《东京城》报告至今仍是研究渤海文化，特别是研究渤海上京城遗址方面不可忽视的重要参考文献。第二阶段，1964年6—10月，中国社会科学院考古研究所与朝鲜社会科学院联合对渤海上京城进行了较大规模的调查、钻探和发掘。这次调查考古发掘，弄清了外郭城和宫城的形制、范围，城内街道坊市以及宫殿、官署、寺庙等建筑物的分布，从而对渤海上京城的整体规划、布局有了比较清楚的认识。其中，中朝联合考古队还选择了各种有代表性的遗迹进行了发掘。特别是在勘探和发掘的基础上，重新实测绘制的上京城全城平面图，不仅为研究渤海都城本身提供了可靠的依据，而且为中国、朝

① 郑永振、李东辉、尹铉哲：《渤海史论》，吉林文史出版社2011年版，第227页。

鲜、韩国和日本等东亚各国古代都城制度的比较研究提供了重要的参考资料。1997 年，中国社会科学院考古研究所出版的《六顶山与渤海镇》一书，是对这次考古工作成果的全面而系统的报告。第三阶段，1981—1984 年，由黑龙江省文物考古工作队、牡丹江地区文物管理站、宁安县文物管理所组成联合考古队，对渤海上京龙泉府的宫城南门址、第一殿址、长廊、墙址等进行了清理发掘。并取得了突破性的进展：第一，发现宫城正门是一座在中部高大台基上置殿，台基下无门道，门道设在台基两侧（1、2 号门）的一种门、殿结合式建筑。第二，发现并发掘了宫城正南门两侧的 3、4 号门址，发现并勘探了上京城宫城的环城沟壕遗址。从而确定了宫城的独立地位。第三，通过发掘，发现第一号宫殿址两侧廊庑遗址的遗迹现象与日本学人的《东京城》报告并非完全一致。第四阶段，为 20 世纪 90 年代后期至今，以黑龙江省文物考古研究所、吉林大学考古学系、牡丹江市文物管理站联合组队，对渤海上京宫城为主的各类遗存进行的系列勘探与发掘为代表。这次考古工作主要是对外城第 11 号门址、内城夹墙址、第 8 号路基址、塔基址、外城北垣中央门址以及宫城 2—5 号宫殿址的发掘。这次发掘，计划性强，设计科学，操作规范，成果尤为显著。①

渤海上京城作为渤海国重要的都城，不仅是渤海国的政治中心，更是文化中心。有学者认为："上京文化作为一种都城文化，是渤海社会文化的重要组成部分，集中反映了渤海国家和民族文化的发展水平。渤海文化的许多内容和形式，诸如渤海的社会制度、政治体制、哲学、伦理和宗教等思想、教育、科技、文学、艺术生活与习俗，文化交流等都可以在上京城找到踪影。"② 此外，渤海国与周边政权交往非常频繁，除政治交涉之外，更多的是文化交流以及商贸往来，在这里东北亚各国文化相互交融，突显出渤海国在中外交流中的"枢纽"作用。所以，对渤海上京城的研究不但是对渤海国自身文化的探讨，更是对古代东北亚各国文化相融状况的整体把握，其重要意义由此可见。另一方面，最近 30 年随着东北亚各国的崛起与发展，对于东北亚问题的研究也备受关注。学者们希望通过对古代东北亚世界的对抗、交流和融合来为当今东北亚各

---

① 详见李陈奇、赵虹光《渤海上京城考古的四个阶段》，《北方文物》2004 年第 2 期；刘晓东《渤海文化研究——以考古学发现为视角》，黑龙江人民出版社 2006 年版，第 58—62 页。

② 刁丽伟：《渤海上京文化研究的回顾与思考》，《满族研究》2010 年第 4 期。

国、各地区间的广泛合作提供历史的借鉴。这就使近30年来渤海国史的研究成为国际型的热点课题，最明显的表现就是对渤海国遗址的考古挖掘，通过这种方式来补充文献的不足与缺失，进而还原历史的本貌。综上所述，本文主要回顾近30年来中国学者对于渤海上京城的研究成果，以兹学界参考。

一 渤海上京城建制、布局研究

李殿福在《渤海上京永兴殿考》（《北方文物》1988年第4期）中认为，渤海上京龙原府的全城建筑，不仅规模宏大，就其宫城、王城、外郭城的设备、街道、坊市的规划都非常讲究；就其形制看，与隋唐两朝都城长安的规划甚为相似。而其中的"永兴殿"就是上京城宫城内的正殿址，是渤海国王"中朝"场所，是处理朝政的地方。

姜华昌在《渤海上京龙泉府与唐长安建筑布局的比较》（《北方文物》1988年第2期）中认为，唐朝长安城与渤海上京城无论在选址、整体布局都有很大的相似性。其原因在于渤海政权是隶属唐朝，同时注重学习唐朝的政治、经济、文化。另一方面，它们的形制、规模以及宫殿群的多少是不同的。这是由于两城所处的地理位置和气候条件以及生产力水平的不同所决定的。

刘晓东、魏存成在《渤海上京城主体格局演变——兼谈主要宫殿建筑的年代》（《北方文物》1991年第1期）中认为，渤海上京城主体格局的演变大体可分三期。第一期，格局与中京相同，即宫城、皇城连为一体，内城之外，设有郭城，整个都城建制可以称两重城制；第二期，把原来南北分设皇城、宫城的整个内城，扩充为宫城；第三期，把郭城扩建为皇城，其都城建制仍为三重城制。

方学凤在《比较：渤海上京城与唐长安城》[①] 中认为，渤海上京城与唐长安城的共同特点包括：1. 渤海上京的外城与唐长安城的外城都呈东西向的长方形；2. 由外郭城、内城、宫城三大部分组成；3. 都以南北朱雀大街为中轴线，把外城分为东西两半区；外郭城北墙中心段都向北突起，形成凸形。而二者的不同之处在于：1. 长安城采用夯土筑城，渤海则是土石混合筑成；2. 上京龙泉府和长安城的内城和宫城的位置及规模

① 方学凤：《比较：渤海上京城与唐长安城》，《延边大学学报》1993年第3期。

不同；3. 外城内的大道与里坊的数量、规模、大小各异；4. 城门的位置与数量不同；5. 宫殿的规模、布局、形制、数字也相异；6. 外郭城北墙中段向北突起部分的形制、规模、布局不相同；7. 御花园的规模、位置、布局也各不相同。

张铁宁的《渤海上京龙泉府宫殿建筑复原》（《文物》1994 年第 6 期）主要根据已发表的考古资料对渤海上京城的宫殿建筑进行复原。作者最后指出，渤海上京主要采用了将主要大殿置于全宫几何中心的设计手法，而这种手法可以追溯到隋唐东都洛阳宫。

井上和人、吴丽丹在《渤海上京龙泉府形制新考》（《边疆考古》2005 年）中主要探讨了渤海上京龙泉府形制，并认为上京龙泉府的形制中蕴含着平城京因素。

刘晓东、李陈奇在《渤海上京城“三朝”制建制的探索》（《北方文物》2006 年第 1 期）中认为，渤海上京城存在“三朝”制建制；渤海的“三朝”制建制仿自唐长安城；渤海上京城宫城正南门、1 号殿、2 号殿这三者构成了渤海上京城“三朝”制建制的主体建筑，这组建筑并非渤海第三代王大钦茂初建上京城时所建，而是渤海第十一代王大彝震“拟建宫阙”时的配套建筑，即出现在渤海上京城的最终完善与定型时期。

刘晓东在《渤海文化研究——以考古学发现为视角》（黑龙江人民出版社 2006 年版）中认为，现存的上京城平面布局，应该从三重城垣层层相环的角度来考察，即郭城呈东西长、南北窄的长方形，它从东、南、西三面环住了皇城；皇城居郭城北部正中，略向北凸出一小部分，呈南北长、东西窄的纵向长方形（其东北角向内略有收入，乃地形所致），它从东、南、西、北四面环住了宫城；宫城居皇城中部略偏北，与皇城形制相同，亦为南北长、东西窄的纵向长方形。这种布局的出现一方面继承了传统都城的特点，另一方面和自身的情况有关。1. 从平面布局上看，渤海上京城采取中原都城的宫城、皇城、郭城三重城垣层层相环方式，宫城居皇城中部偏北，皇城居郭城北部正中。2. 从营建时序上看，上京城宫城基本是中京西古城的照搬，始建于三世王大钦茂世；皇城是东京八连城第二重城规划的进一步实施，始建于六世王大嵩璘世；郭城则是三重城总体布局的最后实现，完成于十一世王大彝震世。3. 从渊源关系上看，渤海上京城有其自身的发展序列，面总体布局仍基本仿照唐长安城，但由于势力强弱、等级高低，以及由此引起的制度等方面的区别，而使上京城的规模和某些设计又不得不受到相应的限制。4. 从上京城始建、扩建、最终完善的整个过程来看，与中原都城的一般发展过程大致相符。

王禹浪、刘述昕在《黑龙江流域渤海古城的初步研究》（《哈尔滨学院学报》2007 年第 12 期）中指出，渤海上京城外城周长约 10 公里，由外城、内城和宫城相套构成。内城与宫城坐落在外城居中偏北处，渤海上京城基本仿照唐朝的长安、洛阳城而建，外城存在着明显的坊、市分区，共有主街五条，城门已经发现了至少 10 座。内城是渤海王国百司官衙的所在地，建有官衙、点将台、校场等。内城北侧建有御苑，为人工修筑的回廊、亭台、楼阁和水池、莲花泊、八角琉璃井，这是目前已知的保存较为完好的中世纪皇家园遗址。渤海上京城中人工湖泊和园林的修建，体现了中原传统文化和传统建筑的特点，这种在古城内修建的人文与自然景观，不仅是渤海贵族统治阶级的享乐之处，而且标志着最初意义上的军事城堡向城市多功能意义的转变。

王禹浪、树林娜的《黑龙江流域渤海国历史遗迹遗物初步研究》（《哈尔滨学院学报》2008 年第 9 期）一文，对渤海国的上京城遗址，包括上京城外城遗址、上京城内城遗址、上京城宫城遗址、边墙遗址、居住遗址以及寺院遗址进行了系统的梳理，并指出上京城的规划布局是以唐长安城为基本模式，其最基本或核心的规划是采取中轴线对称的手法展开的。西面的城墙不是完全取直修筑，北墙则向北突出一部分，平而呈凸字状。其他两面城墙虽无北墙那样的外突或内凹部分，但从整体上看也不是垂直的。南墙虽直，但由西向东略偏南，东墙由北向南则略向西内收，所以两墙交会处不成 90 度。西墙由南向北至西北角前亦略内收（向东偏），加之北墙西端不直，与西墙交会处亦不成直角。上京城最突出的一个特点是北部向外凸出一部分，而这一部分又有南折墙段，因而使上京城形成七个向外的交角，即北部五个、南部两个。上京城北部向外突出一部分，不仅扩大了宫城北侧的苑囿范围，整个向北突出部分东西长近 1000 米、南北宽平均约 200 米，占地约 20 万平方米。它的东西向宽度大体与宫城及其两侧内苑宽度一致，这似乎表明二者是经统一规划后安排确定的。这种规划与设计不仅合理，而且巧妙地利用了自然地势，使城的形制接近于唐长安城。

楚福印的《渤海国之上京城考》（《黑龙江史志》2008 年第 17 期）

就渤海上京城的地理环境、上京城的历史沿革、上京城的发现和认可、上京城的建筑布局进行论述。最后作者认为，渤海国的文化是中华民族文化的重要组成部分，是盛唐文化与东北地区古老民族文化相融合的具有特定时代性、地域性、民族性的历史文化。渤海上京城是这种文化大融合的典型代表，是渤海历史文化精髓的物化载体。它真实地反映了唐代建筑的风格和特点，为研究我国唐代城市规划及都城建筑的形制提供了重要的实物凡例和参考佐证。

李霞的《渤海上京城城门复原研究》（硕士研究生学位论文，哈尔滨工业大学，2008 年）首先从宏观角度分析渤海的城市及其城防，阐明了渤海城市及其城防的地域性特色。在此基础上，将其置于东亚文化圈大范围中，分别从宏观和微观角度审视它与唐长安、新罗、日本、高句丽等国家及地区的城市与城防的异同。在介绍城门遗址遗存状况的基础上，根据城门道个数将上京城城门进行分类，分别探讨各类城门的形制特征，确定其形象的基本轮廓。

赵哲夫在《渤海上京的礼制建筑》（黑龙江省文物博物馆学会第五届年会，2008 年）一文中提出根据唐朝的礼制建筑推断，渤海上京城的“水牢”和“点将台”应为渤海国的“太社”与“太庙”。

徐冉的《渤海上京宫城第三、四宫殿复原研究》（硕士研究生学位论文，哈尔滨工业大学，2009 年）一文首先基于客观自然地理气候条件，引入相关东北民居，结合相应的考古调查结果，分析渤海居住建筑的地域性特色。在此基础上，将渤海最高等级的居住建筑——寝殿建筑置于东亚文化圈大范围内，分别从宏观和微观角度审视渤海寝殿建筑与中、日、韩现存宫殿寝殿建筑的异同，再根据渤海出土的几座寝殿建筑遗址状况，确定渤海寝殿建筑的平面布局与建筑形态的基调。其次，分析研究第三、四宫殿院落布局与建筑形制。在介绍遗址遗存状况的基础上，结合唐代宫城布局的特点，分别从几何、视线设计的角度分析第三、四宫殿殿庭布局和场地铺装。在此基础上，通过对“工”字殿形制的研究，主要探讨了第三宫殿正殿、第四宫殿主殿以及“十”字形廊庑的形制特征，确定其形态的基本轮廓。接着研究第三、四宫殿各建筑单体的尺度构成，从而确定其构架各部分的营造尺复原值和取材等级。最后在前面分析的基础上，以遗址的考古发掘成果为据，参考唐、辽代建筑和韩国相关寝殿建筑的做法，运用历史的观点进行横向、纵向多方位的动态解析，对第三、四宫殿建筑各单体建筑进行具体复原设计，分析其中的地域性特色。

赵虹光在《渤海上京城宫殿建制研究》（《边疆考古研究》2009 年）中认为，宫殿形制方面，渤海上京城由郭城、皇城、宫城三部分组成。宫城位于该城的北中部，在中轴线上自南向北所建的五座宫殿，分别由殿、廊和墙、门等围成各自相对独立的四个宫殿区。在营建时序方面，第一宫殿区的南墙依宫城正南门的门墩而建；第 3 号门的门墩与城墙为一体建筑；该门北侧“内瓮”建筑的南部依城墙而建，其西北角压在第 1 号宫殿西廊西南角的础石上。这些建筑的营建时序为，先建宫城正南门、第 3 号门及城墙；次建第 1 号宫殿和附属的东、西廊；第 4 号门和 3 号门北侧的“内瓮”建筑最晚。宫殿建筑特点方面，渤海上京宫城的建筑理念和宫殿设置，主要源于唐长安城及洛阳城的宫城。从城内宫殿的分布位置上看，第 1 号宫殿相当于唐大明宫含元殿，同是面阔 11 间的建筑。第 2 号宫殿相当于唐大明宫宣政殿，却为面阔“十九间”的宽体建筑，实属高规格。第 1 号宫殿是举行大朝会的地方，要接待唐及各地方藩国的使臣，建得稍有节制免招非议。第 2 号宫殿为宫城内中心的正殿，是渤海国王称尊之处。由于渤海属地方藩国，受国力资源、地理环境、整体布局、自身特点等方面原因所限，故不能将其建得和大明宫内的宫殿那样恢宏大气。另外在建筑技能、工艺水平等方面亦略显差强，因此只能增加宫殿的宽度，显得比唐宫中与其位置、功能相当的宫殿规格要大。在“三朝制”方面，渤海宫城正殿第 2 号宫殿与唐代洛阳宫朝区正殿乾阳殿和大明宫正殿宣政殿在宫城内的位置和布局、形制等方面大同小异。乾阳殿、宣政殿即所谓古之“中朝”或“旧朝”。因而第 2 号宫殿是上京宫城的中朝之地则毋庸置疑。在作为寝区的第 3、4 号宫殿的周边围墙四角画出对角线，第 3 号宫殿恰好位于该区的中心点上，位置亦相当重要，是处理日常政务的地方，其位置、功能与唐大明宫内朝的紫宸殿相同，是渤海上京城的内朝之处。

赵虹光在《渤海上京城建制研究》（《北方文物》2009 年第 4 期）中认为，渤海上京城的规划设计、整体布局、建筑规模、宫殿设置等是由三种因素有机结合构成，缺一不可。一是地理环境。渤海上京城遗址地处平坦开阔的东京城盆地中部，是一座风景秀丽的平原城。上京城四面环山，东有老爷岭，西为张广才岭，南部是由这两处高岭延伸出数条支脉所形成的山地，北部与宁安盆地隔山相邻。城址三面临水，由镜泊湖而出的牡丹江流经上京城南、北部，城东约5公里处有马莲河自南向北汇入牡丹江。老爷岭、张广才岭等山脉环绕该盆地，牡丹江、马莲河绕城流过。上京城有了这些天然屏障，再加之坚固城墙及护城河等，使其城防体系更加完善，易守难攻。二是学习借鉴。这是渤海建筑上京城的基础和重要的范本，可以因地制宜、适当修正。隋唐长安城的布局，区划整齐，平面呈长方形，宫城置于郭城北部正中，北连禁苑，南接皇城。宫城、皇城之外为里坊区，设东、西二市。宫殿布局是中轴线上的建筑高大华丽，中轴线两侧的建筑低矮简单。上京城正是秉承这一原则而建，亦是由郭城和其内中轴线北部的皇城、宫城三重组成。三是民族传统。这是渤海文化在建筑上的传承和基石。渤海城址、都城的形制、规模、布局除具有唐代城址的特征外，其产生、发展、演进还有着可遵循的自身文化发展轨迹。此外，作者还指出上京城以方格网街道系统为主，区划整齐，实行市里制度，采用中轴对称的平面布局。宫殿等重要建筑皆位于中轴线上，空间布局灵活，多层次，均衡对称。承重与围护结构分工明确，单体建筑构件，标准化，模数制。作为承托宫殿建筑的台基，弥补中国古代建筑单体建筑不甚高大雄伟的欠缺。

陈涛、李相海的《渤海上京龙泉府城门建筑初探》（《华中建筑》2009年第7期）一文对渤海上京龙泉府的城门建筑的分布、形制及其特点进行了研究，通过对上京龙泉府城门建筑考古发掘资料的整理与总结，将上京龙泉府城门建筑按照规模和形制进行分类，总结其特点及其分布情况，探讨两种类型城门与古代东亚都城布局及礼仪制度的关系。在文中还对这种两种类型的城门建筑的形制进行了分析，并与唐和高句丽的城门建筑进行了比较研究。

赵虹光的《渤海上京城研究补遗》（《北方文物》2010年第4期）一文主要以考古发现的上京宫城宫殿区所展现的规划布局理念和宫殿之间相互对应的位置关系为依据，结合相关的历史文献为佐证，把宫城内的宫殿建筑分为早、晚两期，由此确定不同时期“三朝”制的宫殿归属；上京城的居住类建筑在位置、类型、功能等方面均有所不同，通过分析研究并参考相关文献，将其区分出殿堂、厅堂、余屋等三类建筑；通过对上京城出土的瓦当进行类型学分析、排序，探索其内在的发生、发展、演变规律，揭示出其文化内涵。

王禹浪、王俊铮于2016年10月下旬考察渤海上京城遗址时发现了宫城三号殿址与四号殿址之间的“王”字构造。“三号殿址与四号殿址之间用廊庑相连，值得注意的是，相连的廊庑中部向东西两侧各扩展出一个区域，类似耳室，俯瞰三号与四号殿址之间的廊庑庭院，俨然一个‘王’字，而这一‘王’字正位于宫城外朝与后宫的接合部。近百年来尚未有人发现这一奇妙的建筑设计。据文献记载可知，762年，唐代宗遣使赴渤海正式承认渤海为国，册封大钦茂为渤海国王，加封正一品检校太尉。自此，渤海王由郡王晋升为国王。‘王’字庭院的建造正是渤海国业已进入王国阶段的重要佐证，反映了渤海政治地位的历史性转变，也体现了渤海国王对唐朝册封的认可和接受。渤海国王通过对王宫建筑的精巧设计和布局，予以彰显其尊贵地位，是一种王权的象征。”①

二 渤海上京城周边历史地理、交通研究

刘晓东在《渤海上京城附郭县再考》（《北方文物》1990年第2期）中认为，渤海上京城附郭二县当为长平、永宁二县且长平当居永宁之前，为左长平、右永宁。

孙秀仁、朱国忱在《渤海国上京京畿南北交通道与德理镇》（《黑龙江民族丛刊》1994年第3期）中认为，渤海上京京畿南线交通道主要有两条。一条是由上京南行，经镜泊湖西岸，循松乙沟西去，越哈尔巴岭，至今春阳乡红云村。并可由此去渤海中京与东京。另一条是由上京南行循镜泊湖岸，经牡丹江上游的几处二十四块石至渤海旧国之地；渤海上京京畿北线交通道主要有两条。主要的一条是先由上京北行，经渤海德理镇（今南城子）出牡丹江口的上京黑水道（亦即渤海黑水道）。辅以往来于海浪河东西向开阔谷地，并可翻越张广才岭西至拉林河源、西北至蚂蜒河源的一条。

杨雨舒在《渤海国上京龙泉府地理环境概述》（《北方文物》1997年第2期）中认为，上京龙泉府地理环境的特点是：地处荒远；地形周围山环水绕、中间平坦开阔；气候冬季寒冷漫长、夏季短促温暖且降水集中；土壤肥沃；野生动植物及水产等资源丰富而矿产资源相对缺乏；交

① 王禹浪、王俊铮：《牡丹江、延边地区渤海历史遗迹考察》，《黑河学院学报》2016年第6期。

通非常便利。上京龙泉府的地理环境尽管存在着一些不利于城市发展的因素，如冬季寒冷、矿产资源缺乏等，但从总体上看，对该城市的建都、发展与繁荣还是十分有利的，其作用具体体现在：第一，在上京龙泉府建都方面的作用；第二，在上京龙泉府政治、经济、文化发展与繁荣方面的作用；第三，在上京龙泉府城市建设方面的作用。

尹铉哲在《渤海国交通运输史研究》（华龄出版社 2006 年版）中认为，渤海上京城是一座规划周密、布局完整的城市，有四通八达的街道 11 条，其中南北向 5 条，东西向 5 条，“环城路” 1 条。这 11 条道路是根据上京城的整体设计和统一规划而修筑的。除了环绕外城城墙内的一条街道以外，其余 10 条均笔直伸展，贯通相对的城门或城墙，以棋盘状把全城分成了几个区域。此外，当时环绕京城不太长的江段上竟有 5 座依次飞架的桥，足以证明渤海国京城居民之稠密，水陆交通之繁盛。

三　渤海上京考古研究

陈显昌的《渤海上京龙泉府遗址》（《文物》1980 年第 9 期）一文，首先介绍了渤海上京龙泉府的兴衰过程，755 年大钦茂迁都于此，经过半个多世纪的建造，发展成为一座繁荣的城市，渤海国灭亡后逐渐变成废墟，直到民国期间才被人发掘，断定为渤海国都城。然后又详细地介绍了上京龙泉府外城址、内城址和宫城，外城址介绍了外城墙、街坊、寺庙、石灯幢和石佛；内城介绍了内城墙和禁苑；宫城介绍了宫墙、宫殿、八角石井，此外还介绍了城郊的古墓和古桥遗址和上京龙泉府发现的历史遗物，有陶器、铁器、铜器、石器品和佛像，其中以建筑材料最丰富。

黑龙江省文物考古工作队《渤海上京宫城第 2、3、4 号门址发掘简报》（《文物》1985 年第 11 期）一文介绍了 1979 年宁安县文物管理所为了加固门壁，清理了午门址，1982—1983 年又发掘、清理了午门址和宫城南墙址（编号为 2—4 号门址）的 3 座门址，2 号门位于午门台址西侧，3 号门位于 2 号门以西 57 米，4 号门址位于午门东侧 70 米，据推测 2 号门为渤海国上层统治者出入所用，3 号门为运输及宫廷其他人员出入所用，4 号门为了与三号门对称，推测为假门。

赵虹光的《渤海上京宫城内房址发掘简报》（《北方文物》1985 年第 1 期）主要汇报了 1981—1984 年发掘的宫城内房址，认为从房内出土的陶器及房址的地层关系，推断该房址应为渤海上京宫城内晚期建筑遗存。

这次出土的器物，如铁器盖、漆器残片等，在一定程度上反映出当时较高的手工业生产水平。从锤、钉、辖及灶内出的坩埚等遗物推测当时的房主人是从事手工业劳动的。另外，从出土的手摇磨、插等，似乎又说明房主在从事手工业劳动的同时，还要进行必要的农业生产及加工。再者，从房子附近发现的大量铠甲片、链，而且房址又建在进出宫城的主要城门旁，并在其内还设置“内重门”可推知，渤海晚期战事较频繁，该门是重点防御的地方。

刘晓东的《渤海上京城第一宫殿东、西廊庑遗址发掘清理简报》（《文物》1985 年第 11 期）一文介绍了在 1981 年发掘了第一宫殿西侧廊庑，1982 年发掘了第一宫殿东侧廊庑，西侧廊庑发掘已经基本结束，该文则详细叙述了西侧廊庑的础石排列、墙与立柱、廊内地面、基础结构，出土遗物多是砖、瓦、铁钉等建筑材料，发掘还发现东西两廊是相对应的。

付彤的《浅议渤海故地出土的开元通宝》（《中国钱币》1991 年第 3 期）一文介绍了在 1981—1984 年在对渤海上京龙泉府发掘时，在宫城南墙西侧房址内出土了一枚“开元通宝”钱，初步断定为旧开元第二期，认为渤海国没有自己的货币，流行的货币主要是高句丽传下来的和同唐王朝贸易获得的。

孙秉根在《渤海上京龙泉府遗址考古主要收获》（建筑历史与理论第六、七合辑）中主要回顾渤海上京城的考古重要发现，包括外郭城南垣东门遗址、宫殿西区寝殿遗址、皇城东区官署遗址、东半城 1 号佛寺遗址、城北 9 号佛寺遗址、出土的主要建筑材料。

朱国忱、金太顺、李砚铁的《渤海故都》（黑龙江人民出版社 1996 年版）一书，以洋洋 50 万字的篇幅，详细介绍了上京龙泉府这座著名古都遗址的概况及重要的遗迹遗物、渤海国自建立到定都上京龙泉府的事迹，重点探讨了上京龙泉府的兴衰历程及遗址状况，是国内学术界第一部以渤海国京城为研究对象的专著，堪称一部集大成之作。

中国社会科学院考古研究所编著的《六顶山与渤海镇》（中国大百科全书出版社 1997 年版）是唐代渤海贵族墓地与都城遗址的田野考察报告集，内容包括 1963—1964 年通过大规模勘探、发掘所获的考古资料，第一篇报道的是吉林省敦化县六顶山 20 座渤海国墓葬的资料，详细介绍墓葬的形制、结构、葬俗、葬具、随葬器物及其出土情况等。编后有简明扼要的结语，对墓葬的时代、墓主人的身份、地位等，作了科学的、实事求是的论述。第二篇主要报道黑龙江省宁安县渤海国上京龙泉府遗址考古调查、发掘的资料，对上京城的建制和布局，各种建筑物的形制、结构和内涵，以及出土的文化遗物作详细的介绍，并附宁安县大朱屯两座渤海国墓葬的考古发掘材料。

刘晓东、赵虹光的《渤海国上京龙泉府外城正北门址发掘简报》（《文物》2000 年第 11 期）主要报告对渤海国上京龙泉府外城正北门址发掘，此次发掘属于渤海国上京宫城遗址发掘规划的一部分，表明正北门的建筑形制既有别于同时代其他都城的城门，又不同于渤海上京已发掘的主要城门。但在城门结构的具体做法上，又与中原有颇多相通之处，反映渤海政权在对唐文化学习借鉴的同时，根据自己的需要有所创新。此次发掘还出土了大量建筑构件和少量生活用品。

徐学毅的《关于渤海历史考古的两个问题》（《北方文物》2001 年第 2 期）一文，首先列举近些年国内一些学者有关渤海国建筑面积和周长，并对其进行了认真分析，在当时，渤海上京城的周长次于长安和洛阳，是当时亚洲的第三大城市。接下来又介绍了吉林省和龙市八家子镇河南屯渤海古墓的墓葬分布及出土的器物，对郭文魁提出的墓葬主人是渤海王世子提大都利行提出了疑问，认为应该是靺鞨大首领多蒙固。

朱国忱、朱威的《渤海遗迹》（文物出版社 2002 年版）一书主要对渤海上京的宫殿和廊庑址、禁苑园林址、上官衙址、佛教建筑址、桥梁址与窑址、居住址等考古发现作了整体介绍。

赵哲夫、李陈奇、赵虹光的《黑龙江宁安市渤海上京龙泉府宫城第三宫殿遗址发掘》（《考古》2003 年第 2 期）一文介绍了 2000 年 7—10 月对渤海上京城第三宫殿遗址进行的全面发掘，共发掘面积 2930 平方米，地表下第二层即为渤海文化层，第三宫殿为一组建筑，由正殿和殿左、右及北中部与第四宫殿相接的廊组成，对正殿、殿北中间与第四宫殿相接的廊作了详细的介绍，通过对第三点遗址的发掘，对渤海上京龙泉府的建筑时序有了进一步的认识，散水有两种类型，推断第三宫殿在始建之后有可能有较大的维修、改建和增筑过程。第三宫殿的整体装饰是上京龙泉府目前已知最为繁缛的。根据出土绿釉瓦和灰瓦的比例，可推定第三宫殿的屋顶为灰芯绿边的“剪边”形制，装饰有三彩的鸱吻和兽头，檐头筒瓦的图案为莲花纹，柱脚装饰绿釉覆盆。殿阶基的前部装饰着雕花阶沿石和三彩的殿阶螭首。

李陈奇、赵虹光的《渤海上京城考古的四个阶段》（《北方文物》2004 年第 2 期）一文主要概括了渤海上京城自 20 世纪 30 年代至 21 世纪初的 70 年考古工作，将其划为四个不同阶段，第一阶段是 1933 年、1934 年日本趁侵略中国东北之机，对渤海国上京龙泉府进行了大规模的调查与发掘，1939 年出版了《东京城》报告书。1964 年中国社会科学院考古研究所与朝鲜社会科学院联合对渤海上京城进行了较大规模的调查和发掘，基本搞清了龙泉府的形制、范围、规划和布局等问题，1966 年，朝鲜出版了《渤海文化》一书。1997 年，中国社会科学院考古研究所出版了《东京城与渤海镇》一书。第三阶段 1981 年至 1984 年，由黑龙江省文物考古工作队、牡丹江地区文物管理站、宁安县文物管理所组成联合考古队，对渤海上京龙泉府的宫城南门址、第一殿址、长廊、墙址等进行了清理发掘。第四阶段是指自 1997 年开始，由黑龙江省文物考古工作队牵头，对渤海上京宫城为主的各类遗存进行了勘探与发掘，其发掘的资料大部分已经发表。

黑龙江文物考古研究所《渤海上京龙泉府出土的几件文物》（《北方文物》2005 年第 3 期）一文介绍了渤海镇现居住村民在生产生活过程中发现的铜佛像、铜鱼、陶砚，铜鱼的形状与渤海上京地区广泛分布的冷水性鱼极为相似，陶砚其造型与唐代的辟雍砚相似。

阴淑梅的《宁安市渤海上京城发现的铜佛像》（《北方文物》2007 年第 2 期）一文介绍了渤海上京渤海遗址发现的铜佛像，选取七件作了描述，主要有立式、坐式、蹲式三种姿势，渤海的佛像与山西大同云岗北魏龛佛和洛阳龙门石窟内壁上的“千佛”有相似之处。

刘欣鑫的《渤海上京发现的童子骑鸟像》（《北方文物》2007 年第 1 期）一文介绍了 1960 年在渤海上京城址内发现一座童子骑鸟铜像，铜像高 3.5 厘米，头部宽 0.8 厘米，底部宽 2.2 厘米，屈双膝骑于鸟背之上，左手抚鸟颈，鸟体形较大，行似天鹅，虽为渤海上京城址出土，但从童子像的风格来看，应为金代文物。

徐秀云《渤海上京城遗址简介》（《博物馆研究》2007 年第 1 期）一文介绍了渤海上京龙泉府是亚洲，也是世界中世纪历史上著名的古代都城遗墟之一。它是我国东北及内蒙古地区历史上“四大古都”之中时代最早、规模最大的古都城址，就其保存之完好也是国内仅见的。位于黑龙江省宁安市境内的上京龙泉府是它的都城，渤海国是唐代东北地区政治、经济、文化中心，具有重要的科学、历史、政治研究价值，1961 年被国务院公布为首批全国重点文物保护单位。

魏存成的《渤海考古》（文物出版社 2008 年版）一书中第一章第三节收集了《东京城》《六顶山与渤海镇》等考古发掘重要资料，对渤海上京成宫城、宫城附属区、皇城、郭城进行了集中的详细介绍，并大量引入绘图，全面系统地整理了这些遗物、遗迹，为了解和研究渤海上京城提供了很大的便利。

王世杰的《渤海上京发现的泥佛像》（《北方文物》2009 年第 2 期）一文介绍了在渤海上京城内发现的两件坐式泥佛像，不同质地的佛像中泥佛像发现较少。

黑龙江省文物考古研究所《渤海上京城》（文物出版社 2009 年版）一书由绪论、正文和结语三部分组成，计 11 章 40 节，附录四、后记与英、俄、日、韩文提要各一，线图 460，彩版 412，洋洋 30 余万言。该书全面系统翔实地研究介绍 1998—2007 年间，渤海上京城宫殿址、门址等遗迹的最新发现、最新成果，有一定意义上的突破性进展。发掘面积近 4.5 万平方米，出土各种文物标本万余件，修复成器的有千余件，大大充实与丰富了渤海文物库存。第一次用考古学手段究明了中国古代宫城建筑的格局。该书是迄今为止有关渤海上京城的内容最为丰富、资料最为翔实的考古学报告，在研究渤海的历史、政治、经济、文化及其与中央政权的关系等方面具有极高的学术价值，对中国古代都城制度的研究亦有着重大意义。

李陈奇、赵哲夫编著的《海曲华风：渤海上京城文物精华》（文物出版社 2010 年版）著录范围为历年渤海上京城及周边征集、采集和发掘出土之文物精品。该书一方面可以弥补《渤海上京城》图片之不足，为专业研究提供更全面而翔实的第一手考古资料；另一方面对一般读者，可通过图片形式初步了解渤海历史，提高文化遗产保护意识。

赵磊的《渤海上京莲花瓦当的修复》（《北方文物》2011 年第 4 期）一文，介绍了两种修复渤海莲花瓦当的方法，一种是对器形整体比较完整、仅有小部分残损而需要修补的采用砂模翻制方法；另一种是对于瓦当残了大部分需要将其恢复原形的，采用蜡模翻制方法。

许鸿雁《渤海上京城外的重要渤海遗址》（《牡丹江大学学报》2011

年第10期）一文介绍了渤海上京城外和干苑、七孔桥、虹鳟鱼场墓地、三陵王陵区，和干苑遗址本是渤海国修筑城墙、宫殿开采这里的玄武岩形成的一个大坑，后作为王族的人工湖，渤海国灭亡后荒废，现今在这里建立了旅游景点。渤海上京龙泉府西、北两面被宽达数百米的牡丹江围绕，为了方便与北部西部的联系，修建了五孔桥和七孔桥，杨宾的《柳边记略》记载是九孔桥，后桥址被破坏，成为现在的七孔桥和五孔桥。在渤海上京城附近的虹鳟鱼场以北，有一处墓葬群，这就是“虹鳟鱼场墓地”。虹鳟鱼场墓地发掘连续进行了四年，共发掘墓葬323座，祭坛7座，揭露面积10000多平方米，出土文物2000多件，被评为1995年中国十大考古新发现之一。渤海三陵王陵区在上京龙泉府遗址以北偏西约5公里的牡丹江北岸，东西长约1000米，南北宽约500米，现已发掘三陵王两座墓葬，三陵王2号墓是渤海大型石室壁画墓，是1991年中国十大考古新发现之一。

宋玉彬、刘玉成《渤海上京瓦当的类型学考察》（《东北史地》2011年第5期）一文，依据渤海上京历次发掘公布的基础性田野材料，借助类型学原理，将渤海上京瓦当纹饰构图分为三个部分，即主题纹饰、间饰和当心纹饰，在开展类型学考察时，以主题纹饰的形制特征作为瓦当冠名的分类标准；在每一类具体命名的瓦当中，以相同主题花纹瓣数、相同间饰形制作为区分“型”的双重标准；以主题纹饰“花肉”、当心纹饰的构图差异作为区分“亚型”的标准依据主题纹饰的不同，将渤海上京的瓦当分为三类加以命名：“倒心形”莲纹瓦当、莲蕾纹瓦当、花草纹瓦当。依据纹饰的细部差异，区分出43种亚型。其中“倒心形”莲纹瓦当40种、莲蕾纹瓦当1种、花草纹瓦当2种。

赵虹光在《渤海上京城考古发掘随笔》（《北方文物》2012年第2期）中主要回顾了十余年来对渤海上京城发掘的经过，并总结在发掘过程中存在的不足，指出城址中所存留的大型遗迹绝大部分是地面建筑，结构较为复杂，在废弃堆积中有些迹象较难辨认，如果处理不当就会对重要遗迹造成不可弥补的损失。

赵湘萍在《渤海上京城发现的鹰纹铜带铐》（《北方文物》2012年第2期）中主要研究渤海上京城发现的鹰纹铜带铐的造型和渊源，并认为这种带铐的发现，为研究渤海的礼制、装饰风格和文化交流，提供了新的资料。

四　其他方面的研究

陈春霞、东青的《清初宁古塔流人对渤海上京城遗址的调查与著录》(《北方文物》1995 年第 4 期) 主要列举了方拱乾、张责、吴兆骞父子及杨宾当年的调查与著录，他们认为清初流人虽对渤海上京城遗址进行过多次实地调查和较为详细的著录，但限于当时的诸多客观条件，未能正确识别出他们所著录的“东京城”或“火茸城”等就是渤海上京城遗址。

王禹浪、孙军在《黑龙江流域渤海墓葬的初步研究》(《哈尔滨学院学报》2007 年第 11 期) 中指出，黑龙江流域渤海墓葬或墓葬群都是围绕着渤海国的五京及其重要城市附近所处的江河流域有规律的分布。从黑龙江流域整体来看，渤海墓葬主要集中在牡丹江流域和绥芬河流域，尤其在牡丹江流域的分布最为密集，说明以渤海上京为中心地域的渤海居民的人口是最多的。

梁启政的《金毓黻之渤海上京研究与东京城访古》(《北方文物》2008 年第 2 期) 介绍了金毓黻对渤海上京研究及同日本东亚考古学会调查与发掘渤海上京遗址的经过，并探讨了他参与同日本东亚考古学会一同对渤海上京遗址所进行的实地考古调查与发掘的背景及其访古所取得的成果和不足。

孙慧的《渤海国诗歌初步研究》(硕士学位论文，大连大学，2009 年) 一文，主要以诗歌为媒介，勾勒出渤海上京城的文化繁盛及其与唐朝、日本的文学往来。

刁丽伟在《渤海上京文化研究的回顾与思考》(《满族研究》2010 年第 4 期) 中认为，渤海上京文化作为一种都城文化，是渤海社会文化的重要组成部分，集中反映了渤海国家和民族文化的发展水平。渤海文化的许多内容和形式，诸如渤海的社会制度、政治体制、哲学、伦理和宗教等思想、教育、科技、文学、艺术生活与习俗，文化交流等都可以在上京城找到踪影；渤海国以上京城为中心，开辟了对外交通的朝贡道、营州道、契丹道、新罗道、日本道等，成为东北亚地区唐文化传播的重要桥梁和纽带。7—10 世纪，唐代中原地区的先进文化对上京文化、渤海文化乃至东北亚区域文化的形成和发展，都产生了深远的影响。而上京文化、渤海文化，也进一步丰富了唐代中原文化和以中国北方民族文化、朝鲜文化、日本文化等为中心的东北亚文化。此外，对渤海上京文化研究中的研究对象定位问题、研究范畴问题、民族属性问题以及挖掘渤海上京文化中民族精神等提出思考。

五 渤海上京城的重要学术会议及其余论

2012年7月21—22日由牡丹江师范学院举办历史学院承办的“中国·首届渤海上京文化研究及遗产保护管理学术研讨会”在黑龙江省牡丹江师范学院学术报告厅召开。来自黑龙江、吉林、辽宁、北京等地数十名渤海历史与考古的专家学者参加了本次研讨会。

开幕式由牡丹江师范学院副校长刘小辉主持。张金学校长致开幕词，主要介绍牡丹江师范学院的历史沿革以及近几年来该校在渤海上京文化研究中的努力与成果，以及成立渤海上京文化研究中心暨首届学术研讨会的意义。国家文物局培训处王大民处长代表国家文物局作了重要的发言，并对“首届渤海上京文化研究及遗产保护管理学术研讨会”召开的价值和意义给予充分的肯定与鼓励。

开幕式结束后进入学术研讨期间，上半场会议由吉林大学东北历史与疆域研究中心主任魏存成教授主持。魏存成教授在发言中，主要分析韩国学者在渤海史研究上的特点，并且倡议国内渤海史研究需要有一种国际视野，高校、文博系统、研究机构应当各自发挥优势，形成基本的学术格局。北京大学考古专家文博学院齐东方教授对近几年来渤海考古工作取得的成果给予充分肯定，认为今后的渤海考古以及渤海史研究须具有一种“中心意识”与“国际视野”，只有这样才能把这个学科推向一个新的高度。渤海考古学作为一门“乡土”科学，地缘因素起了很大的作用，位于渤海上京城遗址的牡丹江师范学院应当充分利用这一优势，把渤海史研究作为重点课题加以研究是十分必要的。延边大学渤海史研究所所长郑永振教授向与会的专家学者展示了最近在朝鲜民主主义人民共和国会宁一带的渤海考古的新发现和主要收获。众所周知，在朝鲜半岛的北部留存有大量的高句丽、渤海时期的遗迹，由于政治原因中国国内考古工作者鲜有机会到现场发掘和调查。而近几年来，延边大学利用自身的优势实现了在朝鲜与考古界同行合作，进行了有关渤海历史与文化的考古调查和发掘，并取得非常重要的第一手考古资料。吉林省考古所所长宋玉彬研究员介绍了中国、俄罗斯、日本、朝鲜、韩国关于渤海史研究的信息与动态，尤其是客观地分析了近几年来中国、日本、朝鲜、韩国、俄罗斯在渤海史研究方面的学术分歧。中、朝、俄三国在渤海史研究上拥有得天独厚的地域优势；日本拥有厚重的历史积淀；朝鲜与韩国拥有浓厚的民族主义“寻根”情节。目前韩国对于渤海史研究具有较高素质的团队，并逐渐加大对俄罗斯滨海地区的研究力度，在东北亚历史财团的支持下，涉足领域已从渤海城址扩展到渤海寺庙址、墓地、村落址。中、俄、日、朝、韩关于渤海研究的分歧主要有：高句丽和渤海的政权归属—地方政权与独立国家之争；高句丽与渤海之间的文化承续关系；中日学者关于渤海都城营建时序之分歧。中国学者应加强使命感与责任感，正确地应对国际学术分歧。黑龙江省考古研究所渤海上京工作站站长赵哲夫研究员，介绍了渤海上京 1998 年到 2011 年的考古新发现，主要包括渤海 2 号宫殿基址，第 3、4 号宫殿基址群，第 5 号宫殿基址，外郭城正南门、正北门基址，皇城南门基址，第一号街基址，城墙建筑结构等，利用 PPT 展示了渤海上京城郭城正南门详细的绘测图，及皇城正南门和廊庑发掘时的图片，图片还展示了一件西廊庑出土非常珍贵的玉摆件以及印有花纹纹饰和文字砖等许多珍贵的图片。黑龙江省博物馆副馆长刘晓东对渤海王陵及一些相关的问题进行了解释与说明。目前发现的渤海王陵主要有渤海早期都城附近的六顶山墓地，渤海中晚期都城上京城城附近的三陵坟墓地，渤海中期都城中京西古城附近的河南屯墓地和最新发现的龙头山墓地渤海人的墓区，这一发现促使渤海王陵的探讨再次成为学术界关注的焦点，刘晓东教授认为现在对于渤海王陵的探索不在于确定哪座墓葬是王陵或某王之陵，现阶段的探索不可能超越现阶段现有的材料，目前在没有更多新材料出土的情况下，如果一定要确认也是不现实的。刘晓东寄希望于学术界的严谨讨论，更寄希望于田野工作的不断扩展以及文字资料的进一步出土，从而把渤海王陵问题研究进一步深入。东北师范大学傅佳欣教授根据近些年的考古新发现、新证据，列出了一些有关于渤海新的研究或能进一步深入研究的问题，如贞惠公主陪葬之“珍陵”与“珍陵台”的关系；渤海疆域内民族多样性；渤海遗物所见文化交流；渤海上京城布局、营建顺序、改扩建、浓缩等制度；渤海中京、东京、西京的地位；并寄希望加强渤海的考古学与历史地理相结合的研究方法，注重城址与城市考古的研究，考古痕迹的研究，靺鞨考古各部文化的特点研究，靺鞨文化源流研究等。

下半场的会议由原黑龙江省社会科学院魏国忠研究员主持：首先发

言的是大连大学中国东北史研究中心主任王禹浪教授。王禹浪教授的发言题目颇为引人注目，即《宏观视野下的渤海上京城的历史与文化》，他提出应把渤海上京城的历史与文化置于三个层面加以重新审视和定位，以使渤海上京城的历史与文化研究获得新的突破。我们不能仅仅停留在渤海上京城的文化属性、分类、政权性质、民族族属等方面的形而上的思索中，而应该更全面地细致地从宏观到微观对渤海上京城所留下的文化遗产进行认真梳理和考证。不仅知道渤海上京城的历史与文化是什么，更要了解渤海上京城的历史与文化为什么是什么的问题。其实，这是个历史哲学的思考方法。具体的思路就是从三个层面对渤海上京城加以认识，所谓的三个层面实际上就是三个角度、三种视野。即首先要把渤海上京城的历史与文化纳入东北亚区域国际环境变迁的大背景之下加以研究和思考，也就是说，对于渤海国上京城历史与文化的认识，绝不能脱离当时东亚秩序中东北亚区域的国际环境变迁的历史背景。如何正确分析和处理好以唐朝为中心所控制的东亚秩序与日本、朝鲜半岛，乃至东北亚地域的关系则显得十分重要。如果我们把渤海上京城纳入东北亚区域的都市文明角度去考虑的话，渤海上京城的历史价值和重要意义就会有一种别样的风采。其次，如果把渤海上京城的历史与文化纳入整个黑龙江流域这个历史空间加以研究，则会使我们看到渤海上京城的历史与文化属于偌大的地球寒带的大河文明中——黑龙江流域文明最辉煌、最灿烂的古代都市文明的标志。最后，就是从渤海上京城所处的地理位置的角度——牡丹江这个地域来看待这一都市文明诞生、发展、消亡的过程及其意义和作用。概括起来，就是区域、流域、地域三个层面。这样避免了我们对渤海上京研究的思路过于狭窄，开阔了我们的空间视野，使我们研究得出的结论更具深远的意义。接下来发言的是通化师范学院高句丽研究所所长耿铁华先生，把高句丽研究和渤海研究作了简单的比较，指出二者在建筑和墓葬方面有许多相似之处，这就使得要想做好渤海或高句丽某一方面的研究就必须也要了解另一领域研究情况，这样才能把高句丽和渤海的研究做好。吉林省社会科学院历史研究所研究员杨雨舒对加强渤海上京文化研究提出了几点思考，首先明确渤海上京文化研究的重大意义，渤海上京文化是整个渤海国文化的核心和代表，要认识、了解、解读渤海文化就必须加强对渤海上京文化的研究，然后建议应该对渤海上京文化研究作出科学的规划，重视信息、资料及出版工作，在研究方法上要综合运用文献学、民族学、人类学、地理学等方面的知识，在研究角度上要宏观和微观相结合，做好渤海上京文化与渤海文化、唐朝文化和高句丽文化的比较研究。黑龙江满族语言文化研究中心赵阿平介教授绍了渤海国与民族文化关系，指出中华民族是东亚诸多族群以华夏思想理念为共识的一个融合过程，也是其在各历史时期融合的结果，肃慎族系各族逐渐进入中原与各族融合，为多元一体的中华民族的构成，做出了贡献。在中国辽阔版图的确定过程中，东北地区作为肃慎族系各族的世代繁衍生息地成为中国统一多民族国家疆域的重要组成部分。吉林大学边疆考古研究中心彭善国教授举例介绍了渤海故地辽金文化遗存，发现二者有许多相同之处，从通辽、赤峰北部、呼伦贝尔早期契丹墓葬说起，经历了10世纪契丹文化的突变（主要受中原内部和渤海的影响），分别列举了每一时期辽、金的标准器物与渤海主要是出土的陶和瓷器作了对比，以便于对不同文化的区分。东北师范大学古籍研究所李德山教授总结了近年来渤海的大致研究成果，认为在历史文献记载相对较少的情况下，考古发掘对渤海史研究起了重大的作用。而后又对渤海史研究提出了几点建议，将来应把渤海史研究纳入整个东北亚体系中，使我们的研究能得出一些高屋建瓴的结论。此外提出我们现在应重视年轻一代渤海研究型人才的培养，目前这一领域已经逐渐出现学术研究人才的断层现象，我们应认识到这一问题的严重性。

下午，参会人员在渤海上京工作站站长赵哲夫的引导下首先到达渤海上京城内的兴隆寺，在那里参观了渤海国标志性建筑物——石灯幢。接下来参观了渤海上京博物馆，在博物馆内有幸目睹了舍利函，有石函、漆函、铜函、鎏金铜函、银函、金函，由外到里一层比一层小，金函内有玻璃瓶但已经破碎，玻璃瓶内部则是舍利子。博物馆内还展出殿阶螭首、泥佛像、铜佛像、鎏金铜佛像、瓦当等一批珍贵的文物。之后又实地考察了渤海上京城的宫城，依次登上了渤海上京宫城的5座殿址，宫殿的殿基保存较好，内部有排列整齐的柱石，专家们在考察渤海上京遗址交换着关于殿址建筑结构的看法。次日，在大会安排下参会专家又实地踏察了位于镜泊湖中部的城墙砬子山城，此山城地势显要，三面临湖，虽已有千年历史，但城墙大部分仍保存较好，山城依山势走向用石块筑成，在攀登山城的路上看见城墙外部遗留下来的马面，有学者提出此山城为渤海上京路湖州故城，但要断定此山城具体年代和性质，还有待于更多的实地考古发现。

此次大会为国内渤海史研究专家提供了一次难得的学术交流的机会，专家们各自带来了关于渤海史研究和考古发掘发现的最新成果，以及对于如何深入研究渤海上京城的历史与文化的理论思考和具体的建议。从区域、流域、地域这三个不同的层面对渤海上京城的历史与文化进行深入研究，预示着渤海史研究将来的发展方向。把渤海史与渤海上京城研究置于整个东北亚视角下的“国际视野”，成为本次大会学者们的共识。实际上，这次会议已经成为渤海上京城历史与文化研究的里程碑式的学术成果。

渤海上京城作为古代东亚世界的重要都城之一，具有非常重要的历史价值。目前，关于渤海上京的专门研究主要涉及城市建制和布局、周边历史地理研究及考古研究，由于有关渤海国历史文献记载较少，现有大部分研究成果都以考古资料为基础，特别是渤海上京城大规模发掘之后，基本上弄清了渤海上京城的建制，学界在布局演变、形制渊源上作了深入探讨。

近些年来，随着“新史学”的兴起，越来越多的学者把目光投入传统“政治史”以外的领域，其中以社会生活的视角去重新梳理历史，更是成为热门话题。不能忽视的是，人们社会生活的一系列的活动都离不开“空间”的范围，而“空间”所涵盖的框架主要是以聚落为主体。因此，城市这一聚落的高级形态在人们的日常生活中扮演着重要的角色，已经受到了学者们的关注。目前国内唐史学界提出的“长安学”，正是建立在这个事实之上，展开对唐朝长安城之内的政治人物的住宅和宫殿的变迁、居民生活以及社会流动进行全方位的探索。① 另一方面，同一时期的渤海上京城的研究与“长安学”相比要逊色很多。分析其中的因素，除了在文献资料方面渤海上京城的历史记载略显单薄外，新理论、新方法的引进，也影响着研究趋势与研究热潮。目前渤海上京城留下的丰厚的考古资料为我们的研究提供了“硬件”的保障；“软件”方面，我们应该用什么角度去解读它，在剖析资料的过程中该如何引进新的理论与方法，这是亟待解决的问题。“长安学”的研究给我们提供了很好的范式，

① 参考荣新江《关于隋唐长安研究的几点思考》，载荣新江主编《唐研究·第九卷——长安：社会生活空间与制度运作舞台》，北京大学出版社 2003 年版。

如何借鉴他们的方法并结合渤海上京城研究趋势与资料的实际情况，还需脚踏实地地探索。笔者在此对于未来渤海上京城研究的新视角有如下几点看法，以求方家指正。

首先，比较研究。渤海上京城和日本平城京是同一历史时期的古代东亚世界重要的都城，而且二者深受唐朝长安城的影响。对比三者之间的关系，除了整体形制比较相似外，细节的地方必因地域因素不同而表现各异。其中有关唐渤、唐日的都城比较研究，不少先贤时彦已作了深厚的积累，而渤、日之间的共同性与差异性比较研究尚且不足。随着研究的深入，这一学术命题必将引起关注。另外，虽然北魏洛阳城与渤海上京城相去甚远，但是前者在中国都城发展史上具有一种上承秦汉下启隋唐作用。这也意味着，它与渤海上京城有着千丝万缕的联系。要想厘清渤海上京城的形制渊源，北魏洛阳城想必也是不可忽略的方面。

其次，把渤海上京城的研究放到一个多边的国际环境下去考察。日本学者妹尾达彦曾指出："由于7世纪至8世纪东亚各地相继建立国家和都城，而产生了可被称作'都城时代'的同时代现象。因此，此时间、空间成为研究东亚都城史时的一个关键。"[①] 毋庸置疑，渤海上京城也是这个时代的代表性都城，我们在研究过程中不仅仅从单方面因素去考虑，更应该把它放到东亚的"都城时代"的角度去思考，以及周边因素所发挥的影响。以此，揭示出渤海上京城在8世纪东亚多边关系中所扮演的角色。

最后，以"新史学"方法为纽带，把考古学资料与历史学资料有机结合起来。"新史学并不仅仅关注那些具有王宫王陵的重大遗址、遗迹和遗物，而更加关注那些十分普通的涉及大众日常生活的遗址、遗迹和遗物，如普通房屋和居住场所及其内部的布置、古代城市区域的组织、古代的商道、各种各样大大小小的文物，甚至通过航空材料技术获得的中世纪农业和城市史的数据资料，等等。这些资料已经被新史学家们广泛运用到物质文明和精神文明的研究当中。"[②] 如何更合理地解读考古学资料，还原渤海上京城的都市文明，"新史学"的方法将会为我们的研究提

---

① 妹尾达彦：《东亚都城时代的诞生》，载杜文玉主编《唐史论丛》第14辑，陕西师范大学出版社2012年版。

② 徐善伟：《当代西方新史学与"史料之革命"——兼论中国新史学史料体系的重构》，《史学理论研究》2010年第2期。

供更广阔的视角与思维。

第七节 近十年来渤海国五京的考古发现与研究综述

渤海国的五京在《新唐书·渤海传》中已有明确的记载：渤海国“地有五京十五府六十二州。以肃慎故地为上京，曰龙泉府，领龙、湖、渤三州。其南为中京，曰显德府，领卢、显、铁、汤、荣、兴六州。秽貊故地为东京，曰龙原府，亦曰栅城府，领庆、盐、穆、贺四州。沃沮故地为南京，曰南海府，领沃、睛、椒三州。高丽故地为西京，曰鸭绿府，领神、桓、丰、正四州”。渤海国五京是其辖境内重要的地理枢纽和行政统治中心。从流域的角度观察，渤海上京龙泉府地处牡丹江流域，中京显德府地处图们江中游左岸，东京龙原府则坐落在图们江下游流域的左岸，西京鸭绿府坐落在鸭绿江流域上游的右岸，南京南海府坐落在靠近朝鲜东海的沿海盆地中。这些地域分别是古代东北的肃慎、秽貊、沃沮、高句丽等民族的活动中心。渤海国的五京之设对东北地区乃至东北亚区域的各个民族政权的五京制度的影响是极为深刻的。近 10 年来，有关渤海国的考古与历史学研究的成果十分丰富，我们择其要点对这些浩如烟海的学术成果进行了扼要的梳理，并就如下三个方面的问题进行综述。

一 渤海国五京的地理位置及地理环境

（一）渤海国五京之地理位置

渤海国五京包括上京龙泉府、中京显德府、东京龙原府、西京鸭渌府和南京南海府，是渤海国的统治中心。最早对渤海国五京作记载的历史文献是《新唐书·渤海传》。《新唐书·渤海传》记载：“地有五京十五府六十二州。以肃慎故地为上京，曰龙泉府，领龙、湖、渤三州。其南为中京，曰显德府，领卢、显、铁、汤、荣、兴六州。秽貊故地为东京，曰龙原府，亦曰栅城府，领庆、盐、穆、贺四州。沃沮故地为南京，曰南海府，领沃、睛、椒三州。高丽故地为西京，曰鸭渌府，领神、桓、丰、正四州。”《新唐书·渤海传》只是介绍了渤海五京的大致地理位置。经过近 100 多年的研究，我们对渤海五京的地理位置已经有了更清晰的认识。其中较早对渤海上京龙泉府进行实地考察的是清初被流放至宁古塔的流人。他们的流放地靠近渤海上京龙泉府遗址，著作中保留了许多记录渤海上京龙泉府的考察成果。但是，当时他们错误地认为渤海上京龙泉府可能是“女真人建立的金上京会宁府遗址”。对这一错误认识提出质疑的则是清乾隆年间的大学士阿桂。阿桂是乾隆在位时期的重臣，曾两次充任伊犁将军，军功显赫，累官至武英殿大学士兼首席军机大臣。乾隆四十二年（1777）阿桂等人奉敕编撰《满洲源流考》。据《满洲源流考》载：“考龙泉府即渤海之上京忽汗州也。”阿桂等人经过实地考察得出此结论。此后，曹廷杰等人经过实地考察又提出“东京城”即渤海之上京龙泉府遗址的观点。曹廷杰是清朝末年研究东北地理的专家，他撰写的《东北边防辑要》《西伯利亚东偏纪要》和《东三省舆地图说》对于东北史地的研究意义重大。

较早对中京显德府故址——西古城城址进行著录的是吴禄贞的《延吉边务报告》。吴禄贞是近代资产阶级革命者，与蔡锷齐名，有“北吴南蔡”之称。1907 年 7 月，徐世昌任东三省总督，吴禄贞随行任军事参议。此时，日本制造舆论，企图吞并中国的间岛地区。吴禄贞随即编写《延吉边务报告》，成为中日就间岛问题谈判的重要依据。关于渤海国五京的地理位置，目前学术界公认：“上京龙泉府位于现今黑龙江省宁安市渤海镇的上京城，中京显德府位于现今吉林省和龙市头道镇的西古城，东京龙原府位于现今吉林省珲春市三家子满族乡的八连城，南京南海府位于现今朝鲜咸镜南道北青郡的青海土城，西京鸭渌府推断位于现今吉林省临江市市区。”[①] 五京中唯有上京龙泉府的地理位置没有争议，其他四京都存在着或大或小的分歧。朝鲜学者金宗赫认为朝鲜境内咸镜北道清津市富居里城址为东京龙原府故址，咸境南道北青郡的青海城址为南京南海府故址。[②] 学术界对于“青海城址为南京南海府”这一观点基本认可。日本学者田村晃一认为：“从现在发现的瓦当来说，西古城决不能说是迁都上京以前的显州。”[③] 有学者从流域的角度对渤海国五京的分布状况作

① 郑永振、李东辉、尹铉哲：《渤海史论》，吉林文史出版社 2011 年版。

② 金宗赫：《我国东海岸一带调查发掘的渤海遗迹与遗物》，李云铎译，《历史与考古信息·东北亚》2003 年第 1 期。

③ 田村晃一：《关于渤海瓦当花纹的若干考察》，《历史与考古信息·东北亚》2003 年第 1 期。

了概括。王禹浪等人在《图们江流域的历史与文化——兼考靺鞨族源、渤海旧国、东牟山及相关历史地理问题》一文中指出："保留在图们江中游流域的城子山山城、和龙市西古城，以及珲春市的八连城都是渤海国都市文明的标志。王禹浪先生认为：中京显德府与延吉市郊区的城子山山城等图们江海兰江合流附近的渤海国遗址构成了渤海'旧国的范围'。"① 郐艳丽的《东北地区古代城市空间形态发展背景与进程》一文指出："五京中的二京中京显德府（吉林省和龙县西古城）和东京龙源府（吉林省珲春市）在图们江流域，其余城址大部分集中于牡丹江上游一带。"②

然而，渤海国的五京分布则并非仅仅分布在图们江和牡丹江流域，南京南海府是分布在朝鲜半岛北部靠近朝鲜东海的沿海地区，而西京鸭绿府则显然是分布在鸭绿江流域。鸭绿江、图们江、牡丹江都发源于长白山的天池，唯独南京南海府是临近朝鲜的东海。这一空间分布的规律，向我们昭示了渤海国的疆域其实没有离开长白山的山麓，基本上是依据长白山山脉的走向而沿着主要河流的走向和靠近沿海的地方。围绕着五京的分布，渤海的其他古城、村镇也大致围绕着这五个中心而广泛分布着，当然连接这五京的就是渤海国的主要交通线。宋玉彬在《渤海中京显德府故址——西古城城址研究简史》一文中对西古城城址的地理位置作了详细介绍，指出："西古城城址位于吉林省延边朝鲜族自治州和龙市西城镇城南村，西南距和龙市约25公里，东北距延吉市约55公里。城址地处海兰江流域最大的平原——头道平原的西北部，其南约2公里处为东西向流淌的海兰江，其北约0.25公里处为低矮的山冈。"③ 宋玉彬主编的《西古城——2000—2005年度渤海国中京显德府故址田野考古报告》中介绍："城址地处长白山北坡余脉丘陵河谷地带，平均海拔320米，其南约1.5公里处为图们江最大支流海兰江的中游区段，海兰江自西向东横贯头道平原，城址就坐落在头道平原的西北部，城址所在区域地势北高南低，其北0.2公里处丘陵区，其南为头道平原开阔区域。"④

---

① 王天姿、王禹浪、孙慧：《图们江流域的历史与文化——兼考靺鞨族源、渤海旧国、东牟山及相关历史地理问题》，《黑龙江民族丛刊》2008年第5期。

② 郐艳丽：《东北地区古代城市空间形态发展背景与进程》，《地理科学》2010年第1期。

③ 宋玉彬、王志刚、全仁学：《渤海中京显德府故址——西古城城址研究简史》，《边疆考古研究》2004年。

④ 宋玉彬主编：《西古城——2000—2005年度渤海国中京显德府故址田野考古报告》，文物出版社2007年版。

关于上京龙泉府下辖的州的地理位置，学者们也作了论述。苏亮的《牡丹江地区古代遗迹述略》一文指出："上京龙泉府当时辖三州：龙州、湖州和渤州。龙州即今渤海镇忽汗城。湖州即今镜泊湖城墙砬子古城。渤州即今牡丹江市郊桦林南城子古城。"[①]

王培新等人于2004年对珲春八连城进行考古调查，在《吉林省珲春八连城遗址2004年调查测绘报告》中对八连城的地理位置作了描述："八连城遗址地处珲春平原的西北部，近处地势平坦河渠密布，远处群山环抱。城址西2.1千米图们江自西北向东南流淌，东7千米珲春河自东北流向西南，于城址南方汇入图们江。"[②]

（二）渤海国五京之地理环境

杨雨舒、蒋戎的《唐代渤海国五京研究》一书对五京的气候、土壤、河川、地形地貌、动植物、矿产等方面作了研究。[③] 杨雨舒的《简论唐代渤海国五京》认为五京的地理环境存在着共同性，"五京中的上京、中京和东京均位于渤海国境内地势相对平坦宽阔的江河冲积平原上或盆地中，适合于城市的建设和扩大；周围环抱的群山构成了天然的屏障，有利于军事防御；由于那里的土地比较肥沃、水资源比较丰富、小气候条件较好，所以适合于农业生产的发展。渤海国的交通线大都是沿着河流、山谷或山间盆地等地势比较平坦之处延伸，从而巧妙地避开了崇山峻岭的阻隔。而五京几乎都设置于这些交通线上的水路交通要冲"[④]。

孙倩在其《试论唐代渤海国的疆域、自然地理环境以及经济布局》中指出："上京龙泉府位于距今黑龙江省宁安县城30公里处的渤海镇内，属中温带大陆性季风气候，该地区原始森林密布，生态环境良好。"她还进一步指出："无论是上京、东京、中京，还是西京，地理环境良好，水源丰富，气候宜人，适合农作物的生长。"[⑤] 楚福印在《渤海国之上京城考》中称："上京城遗址所处平坦开阔、土地肥沃、江河纵横，有船运鱼樵之利，适合农牧渔业的发展，四周山高林密，既提供了丰富的野生动

① 苏亮：《牡丹江地区古代遗迹述略》，《文学界》（理论版）2011年第12期。

② 王培新、梁会丽、王昭、李金锡：《吉林省珲春八连城遗址2004年调查测绘报告》，《边疆考古研究》2008年。

③ 杨雨舒、蒋戎：《唐代渤海国五京研究》，香港亚洲出版社2008年版。

④ 杨雨舒：《简论唐代渤海国五京》，《东北史地》2009年第3期。

⑤ 孙倩：《试论唐代渤海国的疆域、自然地理环境以及经济布局》，《长春师范学院学报》（人文社会科学版）2009年第1期。

植物特产，又恰似一道屏障保卫着上京城的安全。”①

渤海国的第二个都城——中京显德府，在显州，“显州地处图们江与海兰江之间的冲积平原之中，经济基础雄厚。渤海政权把国都迁于此，有利于组织经济生产，推动域内经济的全面发展，增强国家综合实力”②。晓晨在《谈渤海文王大钦茂时期的都城建制》中对中京西古城的地理环境作了描述：“和龙西古城位于和龙头道平原的西北部。东南距西城乡北古城村半华里，其南3公里处有海兰江自西南向东北流去。城址南有开阔的海兰江冲积平原，北有连绵起伏的丘陵地带，正处渤海腹心地区，故后世厘定五京而将其命名为中京。”她还指出：“珲春八连城位于珲春河冲积平原的西端，东距珲春县城约6公里。图们江在城西约2.5公里处由北向南流过，地势平坦开阔，周围有群山环抱，城址所处渤海领地偏东，东南濒临日本海，故后世厘定五京而将其命名为东京。”③

崔顺子、孙学宝对东京龙原府所处的地理环境作了总结，在《渤海“日本道”和珲春地区的开发》一文中指出：“珲春图们江下游一带是辽阔的河谷盆地，土地肥沃，水源充足，中温带湿润季候，物产丰富，又东濒大海，十分有利于农业、手工业、畜牧业、渔猎业和水产业的发展。”④ 王培新、梁会丽、王昭、李金锡等人在《吉林省珲春八连城遗址2004年调查测绘报告》中指出：“八连城遗址地处珲春平原的西北部，近处地势平坦河渠密布，远处群山环抱。城址西2.1千米图们江自西北向东南流淌，东7千米珲春河自东北流向西南，于城址南方汇入图们江。”⑤

总之，我们从地理空间上可以明显看出渤海国的五京分布的地理位置，基本上都是渤海国境内的地理要冲。五京虽然并不都属于都城性质，但是其中的上京龙泉府、东京龙源府、中京显德府却在渤海国历史上都曾起到过都城的作用。然而，南京南海府与西京鸭绿府虽然没有做过都城，但其所在的地缘位置却十分重要。它们的共同特征就是都具有地理枢纽的作用。

---

① 楚福印：《渤海国之上京城考》，《黑龙江史志》2008年第17期。

② 桑秋杰、高福顺：《渤海政权迁都考述》，《东北史地》2009年第2期。

③ 晓晨：《谈渤海文王大钦茂时期的都城建制》，《北方文物》2004年第2期。

④ 崔顺子、孙学宝：《渤海“日本道”和珲春地区的开发》，《东北史地》2004年第11期。

⑤ 王培新、梁会丽、王昭、李金锡：《吉林省珲春八连城遗址2004年调查测绘报告》，《边疆考古研究》2008年。

二　渤海国五京的建筑形制与五京制度

（一）渤海国五京之建筑形制

关于渤海国五京的形制。晓晨在《谈渤海文王大钦茂时期的都城建制》一文中论述："现存西古城遗址、特别是八连城遗址的基本布局和主体建筑应完成于渤海三世王文王大钦茂之世。即文王大钦茂世的都城建制应以现存西古城遗址和八连城遗址为代表，为内、外两重城制，内城居外城北部正中。文王大钦茂都上京时的上京城建制亦当与此相同。现存渤海上京城遗址应是渤海大仁秀、大彝震以后的都城形制，而不是文王时期的都城形制。"① 宋玉彬将西古城与八连城作比较，指出在城址形制方面，西古城与八连城均为两重城制，主体建筑坐落在中轴线上；还将西古城城址与东京城城址在城市规划方面作比较。② 宋玉彬、曲铁莉在《渤海国的五京制度与都城》中指出："渤海上京城址、西古城城址、八连城城址发掘，明确了界定渤海都城的三个标尺：城市设施的中轴线布局、大型宫殿建筑、釉陶建筑构件。"③ 王培新等人通过调查发现八连城城址与西古城城址既存在较多的相似性，又存在部分差别。王培新、梁会丽、王昭、李金锡的《吉林省珲春八连城遗址2004年调查测绘报告》指出："八连城外城城垣接近方形，西古城外城城垣为南北向稍长的长方形。八连城内城位于外城中央略偏北，西古城内城位于外城中央北部。八连城中轴线上最南面建筑址位于内城中央，西古城中轴线上最南面建筑址位于内城南部。八连城在外城北部及南部建多条隔墙形成若干封闭区域，西古城则在内城北部设一条东西向隔墙将内城分为南北两区。"④

五京作为渤海国的统治中心，其城制建设也为统治者所重视。李爽的《渤海国城市职能的转变——以渤海国五京为中心》指出："以上京为例，其上京的建设，经历了成康时期的增修，乃至大彝震时期'拟建宫阙'等大规模扩建而最终定型。"⑤ 楚福印在《渤海国之上京城考》指

① 晓晨：《谈渤海文王大钦茂时期的都城建制》，《北方文物》2004年第2期。

② 宋玉彬：《渤海都城故址研究》，《考古》2009年第6期。

③ 宋玉彬、曲铁莉：《渤海国的五京制度与都城》，《东北史地》2008年第6期。

④ 王培新、梁会丽、王昭、李金锡：《吉林省珲春八连城遗址2004年调查测绘报告》，《边疆考古研究》2008年。

⑤ 李爽：《渤海国城市职能的转变——以渤海国五京为中心》，《社会科学战线》2011年第11期。

出："渤海上京城的营造既依照唐都长安城，同时又具有鲜明的地方特色。其设计严谨、规模宏大、布局整齐、结构对称，宫廷、寺榭浑然一体。整个都城平面呈长方形，占地面积16.4平方公里，周长16.56公里，分山外城、内城、宫城三部分组成。"① 魏存成也认为渤海上京城的形制深受唐长安城的影响，在中京西古城和东京八连城的建筑中也均有体现。他在《渤海都城的布局发展及其与隋唐长安城的关系》对上京城的布局作了概括，"上京城址的整体布局分为宫城、皇城和郭城三部分，郭城呈东西横长方形，宫城和皇城位于郭城北部稍偏西处，皇城在前，宫城在后，宫城左右和北面又各有一个附属区②。"赵虹光在《渤海上京城宫殿建制研究》中指出："渤海上京城由郭城、皇城、宫城三部分组成。宫城位于该城的北中部，在中轴线上自南向北所建的五座宫殿，分别由殿、廊和墙、门等围成各自相对独立的宫殿区。"③ 赵虹光在《渤海上京城考古发掘随笔》中指出："上京城整体建筑的设计布局恪守中轴线对称原则，这条中轴线犹如无形的律典制约着上京城主体规划设计和建筑布局的外延，而且只能遵循但不能逾越也不可解构。"④ 李陈奇等人对上京城址考察后发现"渤海上京城的郭城、皇城和宫城，应用了不同的建筑方法，各自构成了不同的建筑单元，应是分别修建的。"⑤ 栗红在《唐代渤海上京龙泉府城址综述》对上京城的建筑形制也有阐述。⑥ 董志、赵忠对上京龙泉府的建筑形制有所阐释，在《浅谈唐代渤海国上京龙泉府都城》中指出："建筑所用材料为木材，建筑是木构，做法应与中原一致，不然，浩大的工程无法顺利完成。"⑦ 《西古城——2000—2005年度渤海国中京显德府故址田野考古报告》一书指出："由于在营建时间方面两者之间存在早晚时差，因此某种程度上，甚至可以说渤海上京宫城的规划是对西古城内城格局的翻版，或者说上京宫城是依照西古城内城建筑模式

① 楚福印：《渤海国之上京城考》，《黑龙江史志》2008年第17期。

② 魏存成：《渤海都城的布局发展及其与隋唐长安城的关系》，《边疆考古研究》2003年。

③ 赵虹光：《渤海上京城宫殿建制研究》，《边疆考古研究》2009年。

④ 赵虹光：《渤海上京城考古发掘随笔》，《北方文物》2012年第2期。

⑤ 黑龙江省文物考古研究所：《渤海上京城第四阶段考古发掘主要收获》，《文物》2009年第6期。

⑥ 栗红：《唐代渤海上京龙泉府城址综述》，《黑龙江史志》2012年第5期。

⑦ 董志、赵忠：《浅谈唐代渤海国上京龙泉府都城》，《建筑与文化》2009年第10期。

而进行的拓展、扩建。”①

关于西古城的建筑形制，魏存成的《渤海都城的布局发展及其与隋唐长安城的关系》一文指出：“城墙夯筑。在中轴线两端的南、北墙中间，各有一个门址缺口。”② 宋玉彬等人的《渤海中京显德府故址——西古城城址研究简史》一文指出：“西古城城址由内城、外城两部分组成，内城、外城平面均呈南北向纵向长方形，内城处于外城的北半部居中位置。”③吉林省文物考古研究所在对西古城进行考古发掘后，在《西古城——2000—2005 年度渤海国中京显德府故址田野考古报告》中指出：“渤海人营建西古城时已经形成了成熟的都城营建理念。”该书进一步指出：“该城址的都城营建理念，大量吸纳、汲取了中原汉文化都城营建理念的先进经验与营养成分。”④

关于八连城的建筑形制，崔顺子、孙学宝在《渤海“日本道”和珲春地区的开发》一文中指出：“八连城以我国传统的四方说建城思想为基础，吸收中原唐城制的精华，仿效渤海中京和上京内城的建筑布局而精密设计，是一座封闭式城市……城呈方形，以土夯筑，周长 2894 米，四面墙上各有一城门，城外围有护城河。”⑤

1944 年，鸟山喜一首先提出了西古城城址为中京显德府的观点。⑥ 驹井和爱认为中京显德府初置显州，后迁至卢州。⑦ 斋藤优等人通过调查、发掘，认为珲春八连城即中京显德府故址。⑧

进入 21 世纪以来，吉林省文物考古研究所、延边朝鲜族自治州文化局、延边朝鲜族自治州博物馆、和龙市博物馆对渤海中京显德府——西古城城址、东京龙源府——珲春八连城遗址都进行了大规模的发掘，并于 2007 年整理出版了《西古城——2000—2005 年度渤海国中京显德府故址

---

① 宋玉彬主编：《西古城——2000—2005 年度渤海国中京显德府故址田野考古报告》，文物出版社 2007 年版。

② 魏存成：《渤海都城的布局发展及其与隋唐长安城的关系》，《边疆考古研究》2003 年。

③ 宋玉彬、王志刚、全仁学：《渤海中京显德府故址——西古城城址研究简史》，《边疆考古研究》2004 年。

④ 宋玉彬主编：《西古城——2000—2005 年度渤海国中京显德府故址田野考古报告》，文物出版社 2007 年版。

⑤ 崔顺子、孙学宝：《渤海“日本道”和珲春地区的开发》，《东北史地》2004 年第 11 期。

⑥ 鸟山喜一：《渤海中京考》，张生镇译，《历史与考古信息·东北亚》2004 年第 1 期。

⑦ 驹井和爱：《渤海文化史上的两个问题》，《黑龙江文物丛刊》1983 年第 3 期。

⑧ 斋藤优：《半拉城と他の史跡》，半拉城史刊行会，昭和五十三年（1978）一月。

田野报告》。该书总结了上述四个单位对西古城为期五年的考古发掘成果。书中主要分为五大部分：西古城城址研究简史、西古城外城、西古城内城、西古城内城的建筑布局及西古城出土的瓦件。并附有西古城的遗迹、遗物图片等。此外，《珲春八连城考古发掘报告书》在 2014 年 5 月由文物出版社正式出版。

渤海上京龙泉府古城研究的最主要成果有：赵虹光撰写的《渤海上京城考古》一书，已于 2012 年 12 月由科学出版社出版。这是一部记录黑龙江省考古研究所 1981—2008 年渤海上京城的考古发掘成果的书。作者以 20 多年亲身经历的渤海上京考古发掘为基础，在连续发表的考古发掘报告和论文的基础上对其研究成果进行了重新编辑和梳理，具有重要的参考价值。2009 年 9 月由文物出版社出版，黑龙江省考古研究所编辑的《渤海上京城——考古发掘报告书》，是一部近 70 年以来渤海上京城考古发掘与研究的最重要的资料。刘晓东的《渤海的历史与文化》《渤海文化研究——以考古发现为视角》两部著作由黑龙江人民出版社于 2003 年先后出版。书中有着丰富的关于渤海早期都城以及渤海上京城、珲春八连城等渤海历史遗迹与遗物的资料。此前，20 世纪三四十年代，日本学者对渤海国五京进行了掠夺式的考古调查。1939 年，日本东亚考古学会出版了《东京城——渤海国上京龙泉府址的发掘报告》，对渤海上京龙泉府的遗迹、遗物进行了考古发掘和研究。1963—1964 年，中朝联合考古队对上京宫城西区、外城区街坊址、三灵坟和大朱屯渤海墓葬进行了发掘。① 朝鲜考古队于 20 世纪 70 年代出版了《渤海文化》，中国考古队于 90 年代出版了《六顶山与渤海镇——唐代渤海国贵族墓地与都城遗址》。1975 年渤海上京城遗址舍利函首次出土。② 上述这些资料是研究渤海五京的重要参考资料。

（二）渤海国五京制度

渤海国五京制度是渤海国封建化进程的标志，同时也体现了渤海国中央集权的行政体制。宋玉彬在《渤海国的五京制度与都城》中对渤海国五京制度问题进行了分析，他指出："由于文献史籍中缺乏渤海国五京制度初置时间的明确记载，在审视史料文献中能够捕捉到的相关信息时，

① 裴红善：《浅谈渤海考古研究的几个阶段》，《黑龙江史志》2009 年第 21 期。

② 同上。

面对相同的线索，史学界形成了两种学术意见：1. 渤海国的五京制度为渤海第三代王大钦茂创建。2. 渤海国的五京制度为大钦茂后世的渤海王所为。随着研究的深入，围绕渤海五京初置时间而形成的学术分歧，进一步引发了有关五京制度原创性问题的讨论。在五京制度的原创性问题上，同样产生了两种意见：1. 渤海的五京制度源于唐王朝的影响。2. 渤海的五京制度继承于高句丽的五部制。"①

关于五京制度设置的时间，中外学者观点相左，刘晓东在《关于渤海五京制起始年代的说明——兼谈渤海王孝廉访日诗中"上京"一词之所指》一文中指出："似乎中国学者有意无意在把渤海五京制的起始年代拖后，以此来证明渤海的五京制与唐王朝的五京制有关；国外学者有意无意在把渤海五京制的起始年代提前，以此来证明渤海的五京制与唐王朝的五京制无关。"② 宋玉彬、曲轶莉的《渤海五京制度与都城》一文认为："依据宋基豪的论证，其始创年代应以大钦茂执政的8世纪60年代中叶为宜。"③ 宋玉彬的《渤海都城故址研究》一文断定："五京制度实施的上限到不了显州为都之时。"④

关于五京制度的渊源。杨雨舒在《简论唐代渤海国五京》一文中认为"渤海国仿照唐制先后建立了五京"，并进一步指出："以五京制度为核心的渤海国城市体系并不是独立于唐朝之外的。"⑤ 刘晓东在《渤海文化研究——以考古发现为视角》一书中认为渤海"五京仿制中原唐朝"是在渤海第十代王大仁秀之世"厘定"。⑥ 还有学者对五京制度的来源另辟蹊径，赵伟的《论五京制与北斗崇拜》一文中指出："北斗崇拜在通古斯语系的东北民族多有体现"，得出结论："五京制的产生与相继，无论从思想基础上、布局上都符合北斗崇拜。"⑦

关于五京制度的性质。宋玉彬在《考古学视角下的西古城城址》中指出："关于五京，通常的理解是，作为一种政治制度，五京体现的是行

---

① 宋玉彬、曲轶莉：《渤海国的五京制度与都城》，《东北史地》2008年第6期。

② 刘晓东：《关于渤海五京制起始年代的说明——兼谈渤海王孝廉访日诗中"上京"一词之所指》，《东北史地》2009年第3期。

③ 宋玉彬、曲轶莉：《渤海国的五京制度与都城》，《东北史地》2008年第6期。

④ 宋玉彬：《渤海都城故址研究》，《考古》2009年第6期。

⑤ 杨雨舒：《简论唐代渤海国五京》，《东北史地》2009年第3期。

⑥ 刘晓东：《渤海文化研究——以考古发现为视角》，黑龙江人民出版社2006年版。

⑦ 赵伟：《论五京制与北斗崇拜》，《长春教育学院学报》2010年第4期。

政管理体制，其意义首先在于它们所拥有的特殊的行政级别。文献中不见有关中京、西京、南京曾经为都的具体记载，表明五京的‘京’，并不完全等同于都城，其具体治所不一定均需要具备都城的规模与设施。”①

三　渤海国五京的交通及历史地位与作用

（一）渤海国五京之交通

渤海国之所以有“海东盛国”美誉，与其发达的交通网密不可分。《新唐书·渤海传》记载：“龙原东南濒海，日本道也。南海，新罗道也。鸭绿，朝贡道也。长岭，营州道也。扶余，契丹道也。”渤海国五京作为其统治中心，是渤海国的重要交通枢纽。渤海国有五条重要的对外交通干道，其中有三条道路的枢纽位于五京。这三条道路分别为鸭绿朝贡道（渤海国通往唐朝的水路交通道）、龙原日本道（从渤海国通往日本的陆路和海陆交通道）和南海新罗道（从渤海国通往新罗的陆路交通道）。②这些交通通道的特点为陆路和水路紧密结合；运输手段多样，航海技术发达；水路交通网均匀地分布在各地；上京龙泉府成为连接东西方的交通枢纽之一。③

关于龙原日本道。崔顺子在《渤海“日本道”和珲春地区的开发》一文中介绍了大武艺开辟的日本道路线及其子大钦茂开辟的日本道路线，并指出：“八连城不仅是渤海五京之一，又是日本道的枢纽和出访日本的重要基地。”④ 桑秋杰、高福顺在《渤海政权迁都考述》指出：“东京龙原府是渤海通日本道的起点，足见东京龙原府地理位置之重要。”⑤ 关于中京显德府的交通，桑秋杰、高福顺在《渤海政权迁都考述》指出：“显州是南海新罗道的中继站。”⑥ 显州是渤海国的重要交通枢纽，同时，也是重要的贸易口岸。

2004年，由朝鲜社会科学出版社出版了朝鲜学者张国忠所著的《渤

---

① 宋玉彬、王志刚：《考古学视角下的西古城城址》，《新果集——庆祝林沄先生七十华诞论文集》，科学出版社2008年版。

② 金石柱、李东辉：《地理学视角下的渤海史研究》，《延边大学学报》（社会科学版）2013年第4期。

③ 张国钟：《渤海交通运输史》，中国社会科学出版社2004年版。

④ 崔顺子、孙学宝：《渤海“日本道”和珲春地区的开发》，《东北史地》2004年第11期。

⑤ 桑秋杰、高福顺：《渤海政权迁都考述》，《东北史地》2009年第2期。

⑥ 同上。

海交通运输史》一书。2006年由华龄出版社出版的延边大学尹铉哲先生所著的《渤海国交通运输史研究》。这两部著作都是专门研究渤海国交通史的重要专著。书中把渤海国交通的历史上溯到古朝鲜的交通和高句丽交通运输史的做法，显然具有较强的渤海国的历史源于古朝鲜和高句丽历史的认识。这一观点虽然值得商榷，但是其专著填补了渤海学中渤海交通史的空白。尤其是作者利用了大量的中、朝、日三国的考古、文献资料和研究成果，针对渤海国的陆路交通与海上、水路的交通所作的深入的研究和探讨值得肯定。

（二）渤海国五京的历史地位与作用

渤海国五京作为渤海国的中心城市，在渤海国发展史上具有举足轻重的地位。李爽在《渤海国城市职能的转变——以渤海国五京为中心》中指出："五京加快了渤海经济封建化的进程""五京也加强了渤海的封建专制统治""五京也成为渤海文化中心""五京制加强了渤海在中国东北的历史地位"。[①] 杨雨舒的《简论唐代渤海国五京》一文指出："五京的设置，促进了渤海国的封建化，对渤海国政局的稳定、经济的发展和文化的进步都起到了积极的推动作用……对唐代东北地区城市的建设、发展和分布格局都产生了重大影响……对辽金两朝的城市布局也产生了深远的影响。"[②] 宋玉彬、曲轶莉的《渤海国的五京制度与都城》一文指出："五京制度的确立意味着渤海国中央集权的行政体制的完备，是渤海国政治制度封建化进程的时段性标志。"[③]

渤海的五京之制，虽然是承继唐朝或效仿唐制而设，然而，这一五京制度的确立和完备对10世纪以后东北地区古代各族政权的影响极其深远。无论是契丹人建立的大辽帝国，还是女真人建立的大金帝国，都是直接延续和运用了渤海国政权在白山黑水的地域内所确立的五京制度。这种以五京之制而确立起来的多中心地缘关系与中央政府和地方政府相互作用的体制，是少数民族在东北建立政权后赖以生存和发展的基础。此外，对于东北亚地域各族的政治体制的确立、巩固与发展也起到了极为重要的作用。

---

① 李爽：《渤海国城市职能的转变——以渤海国五京为中心》，《社会科学战线》2011年第11期。

② 杨雨舒：《简论唐代渤海国五京》，《东北史地》2009年第3期。

③ 宋玉彬、曲轶莉：《渤海国的五京制度与都城》，《东北史地》2008年第6期。

综上所述近10年关于渤海国五京的研究状况，我们可以从中发现如下两个特点：其一，对于渤海国五京中的上京龙泉府、中京显德府、东京龙源府的研究成果尤为突出，而对于西京鸭绿府和南京南海府的研究成果则十分匮乏。这一局面与渤海国五京的考古调查与发掘状况密切相关。20世纪以来，有关渤海上京龙泉府、中京显德府、东京龙源府的考古调查与发掘工作和研究成果异常丰富，而有关渤海西京鸭绿府和南京南海府的考古资料及其研究成果则微乎其微，这是客观造成的结果。因此，渤海南京南海府、西京鸭绿府是今后需要特别注意和深入研究的领域。我们期待着渤海国的南京南海府与西京鸭绿府的考古工作的成果尽快公之于世。其二，以往学术界对于渤海五京的研究多侧重于渤海国五京的设置时间、地理位置、地理环境、建筑形制、宗教传播、出土文物、历史地理、考古调查与发掘等方面的研究，而对于渤海国的五京的制度对后世的影响，以及政治地位、都城与京城的相互作用、文化的传播与交流及其历史作用等方面的研究则相对薄弱。尤其是对渤海国五京之下设的府、州、县的地理位置与考古调查所发现的渤海古城的比较研究还很不够，有待于学术界今后继续关注。

第八节　近三十年渤海历史地理研究综述

渤海国是由粟末靺鞨人建立的少数民族政权，在历史上被誉为“海东盛国”。渤海国的疆域随着其国力的强盛而不断扩大，由最初的“地方二千里”扩展到“地方五千里”“其辖地西北至室韦，东北至黑水靺鞨，西接契丹，东迄日本海，南与新罗以泥河（今朝鲜龙兴江）为界，包括现在我国东北大部，朝鲜半岛北部和苏联沿海州等广袤地区。”

一　渤海国五京及其下辖的州、县的地理位置

（一）渤海旧都的地理位置

关于渤海旧都的地理位置。《新唐书·渤海传》记载：“渤海，本粟末靺鞨附高丽者，姓大氏。高丽灭，率众保挹娄之东牟山，地直营州东二千里，南比新罗，以泥河为境，东穷海，西契丹。筑城郭以居，高丽逋残稍归之。”最早提出渤海旧都为敦化敖东城一说的是曹廷杰，他依据

《新唐书·渤海传》:“天宝末，钦茂徙上京，直旧国三百里忽汗河之东。”考察距离上京龙泉府址东300里的只有敖东城，便将旧都认定为敖东城。其后，中外学者基本认可此说。李强对敖东城为渤海旧都说提出质疑，他在《渤海旧都即敖东城置疑——兼对敖东城周长的考订》一文中指出:“不论是从敖东城的形制上，还是从城内采集的文物上，或是城墙夯土中包含的遗存上看，都不能证明该城是渤海早期所建，既然不是渤海早期所建，那当然也就不是渤海的旧都。”侯莉闽、李强在《渤海初期通往日本陆路部分的研讨》一文中从敖东城的形制、出土的遗物、文物、所在的地理位置、风水等方面进一步论证了敖东城不是渤海的旧都，认为永胜遗址最符合渤海旧都的条件。刘忠义在《渤海旧国都城位置新探》一文中从永胜遗址出土的遗物、地理位置、陵墓、“二十四块石”等方面论证永胜遗址应为渤海旧都。20世纪90年代末，韩国学者宋基豪提出渤海旧都应在永胜遗址和城山子山城，李健才支持此观点，并在《渤海初期都城考》一文中予以论证。似乎学界一致认为渤海旧都位于敦化境内，笔者经过实地考察并结合考古学、历史地理学、文献学等多学科领域，形成了《渤海东牟山考辨》一文，文中指出:“渤海的东牟山就是今延吉市东约10公里处的城子山山城，亦即大祚荣建立的震国所在地。”

（二）上京龙泉府及其下辖的州、县的地理位置

《新唐书·渤海传》记载:“以肃慎故地为上京，曰龙泉府，领龙、湖、渤三州。”对渤海古城地理位置进行实地考察并作描述的是清初被流放至宁古塔的流人。这些流人包括方拱乾、张缙彦、张贲、吴兆骞、吴桭辰、杨宾。他们的考察对象为渤海上京城。在他们的著作中都有对渤海上京龙泉府地理位置的描述。方拱乾的《绝域纪略》载:“有东京者，在沙岭北十五里。”张缙彦的《宁古塔山水记·东京》载:“由沙岭而东十数里，有古城石垒。”张贲的《白云集》载:“宁公台西南六十里曰沙领，领东十余里，有古城焉，土人相传曰东京，盖金祖故都是也。”吴兆骞的《秋笳集》载:“城临马耳河，在宁古塔镇西南七十里。”吴桭辰的《宁古塔纪略》载:“石壁之上，别有一朗岗，即宁古镇城进京大路。一百里至沙岭，第一站，有金之上京城，临马耳河，宫殿基址尚存。”杨宾的《柳边纪略》载:“宁古塔西南六十里沙阑，南有旧城，大与今京城等。”然而，由于客观条件的限制，他们并没有意识到自己的考察对象即为渤海上京龙泉府。首先将东京城确定为渤海上京龙泉府城址的是清乾

隆年间的大学士阿桂。阿桂奉敕编撰的《满洲源流考》中记载："天宝末，渤海大钦茂徙上京，直旧国三百里忽汗河之东。按渤海旧国在长白山东北，今又东徙三百里，在忽汗河之东，实与今宁古塔城相近。呼尔哈河源出吉林界色齐窝集中，诸河汇为一大河，东注镜泊，又东绕宁古塔城旁古大城及觉罗城之南，复东北折入混同江。唐贾耽所云渤海王城临忽汗海者，盖即镜泊。盛京通志云宁古塔城旁古大城，或即上京旧址。"其后，曹廷杰、景方昶等人也对上京龙泉府作了考证。

关于上京龙泉府下辖的龙州的地理位置。关金泉、魏学臣在《渤海上京龙泉府地区古城考》一文中谓："龙州为上京龙泉府首州，位于上京城周围附近，居三州之中，沿所为大牡丹古城。"关于上京龙泉府下辖的湖州的地理位置。金毓黻认为镜泊湖附近的城墙砬子古城可能是湖州。孙进己在《东北民族史稿》中也认同城墙砬子山城为湖州故址。朱国忱、刘晓东、傅尚霖在《忽汗河、奥娄河、湄沱湖与湖州——兼论忽汗海为忽汗河、湄沱湖非兴凯湖》一文中认为："就其所在的地理位置和环境条件而言，南湖头古城可能是湖州。"关金泉、魏学臣也认为湖州位于南湖头古城。

关于上京龙泉府下辖的渤州的地理位置。金毓黻认为在牡丹江与海浪河汇流处的龙头山古城。关金泉、魏学臣也认为渤州位于龙头山古城。陶刚等人对位于牡丹江市桦林镇南城子村、牡丹江右岸的南城子古城进行考察，并形成《牡丹江市郊南城子调查记》一文，文中指出："南城子古城可能是渤海上京龙泉府所辖的勃州。"刘晓东、罗葆森、陶刚在《渤海国渤州考》一文中从南城子附近的山川旧称、上京城的形制规模、出土遗物与遗迹三个方面对南城子古城为渤州说进行论证。孙秀仁、朱国忱不认同渤州位于南城子一说，他们在《渤海国上京京畿南北交通道与德里镇》一文中称："南城子不是渤海渤州，渤海渤州当于海浪河流域求之。"

关于龙州下辖的县的地理位置。《辽史·地理志》记载："龙州下辖八县，永宁、丰水、扶罗、长平、富利、佐慕、肃慎、永平。"朱国忱在《渤海龙州三县考》一文中认为位于今宁安县城东乡土城子村的土城子古城为长平县。陈青柏、黄井林、张庆国在《渤海龙州下辖的肃慎、永宁、富利三县的古城址考》一文中认为肃慎县位于黑龙江省宁安县杏山乡上屯村的上屯古城址，永宁县位于黑龙江省宁安县城东乡土城子村的土城子古城址，富利县位于黑龙江省宁安县宁西乡大牡丹村的大牡丹古城址。郑英德、云樵在《渤海诸城考》一文中指出永宁县当在上京龙泉府附近，肃慎县在上京龙泉府西南15公里处，富利县在宁安县城东北10公里的古城。

（三）中京显德府及其下辖的州、县的地理位置

《新唐书·渤海传》记载："其南为中京，曰显德府，领卢、显、铁、汤、荣、兴六州。"中京显德府故址位于吉林省延边朝鲜族自治州和龙市西古城已被学术界公认。最早记录西古城城址的是延吉边务帮办吴禄贞的《延吉边务报告》，然而，吴禄贞并没有意识到西古城为中京显德府故址，而是误认为其是金代城址。其后，鸟山喜一等人对西古城城址进行考察，于1944年在其《渤海中京考》一文中首次公开提出西古城城址为渤海中京显德府故址说。其后，斋藤优在其《间岛省海兰平原的渤海遗迹》一文中也公开提出西古城城址为渤海中京显德府故址说。随着学术界对于西古城的中京显德府身份认可之后，新的问题又出现了，即中京显德府是否与显州同治。较早提出渤海中京显德府与显州同治的是李健才、陈相伟，他们依据《新唐书·地理志》和《辽史·地理志》中的记载，在《渤海的中京和朝贡道》一文中指出："这两条史料明确指出，显州是天宝中的王都所在，也就是中京显德府的府治所在。"宋玉彬等人在《渤海中京显德府——西古城城址研究简史》一文中也主张显州与中京同治。郑英德、云樵在《渤海诸城考》一文中认为显州在西古城附近的河南屯古城。

关于中京显德府下辖的卢州的地理位置，主要有西古城说、延吉县龙井说、海兰江流域说、吉林安图说、船口山城说。和田清、王承礼等人认为卢州在今龙井市附近。孙进已在《唐代渤海之五京》一文中认为卢州位于今和龙西古城。郑英德、云樵在《渤海诸城考》一文中称："此城恰在西古城子东边一百三十里处，因此，船口山城可能是卢州治所。"陈相伟在《吉林省十座渤海、辽代州城的考证》（提纲）一文中指出："卢州当为今开山屯之船口山城。"李正风在《龙井英城古城——渤海卢州考》一文中认为位于吉林省龙江县东盛涌乡英城村的英城古城为卢州故址。

关于中京显德府下辖的显州的地理位置，主要有苏密城说、敖东城说、西古城说、大城子古城说、马圈子古城说。孙进已在《唐代渤海之

五京》一文中认为马圈子古城为显州治所。关于中京显德府下辖的铁州的地理位置，主要有和龙县城说、獐项古城说、仰脸山城说。郑英德、云樵在《渤海诸城考》一文中认为铁州在今和龙县城，汤州。陈相伟在《吉林省十座渤海、辽代州城的考证》一文中指出：“獐项古城在西古城西南约20余华里，虽与距京六十华里有出入，但其方位和特产出铁以及众多的渤海遗迹、遗物分析，当是渤海铁州故址所在。”孙进已在《唐代渤海之五京》一文中认为安图县仰脸山城为铁州故址。关于中京显德府下辖的汤州的地理位置。郑英德、云樵在《渤海诸城考》一文中指出：“今延吉县桃源公社太阳大队屯东一里有一座古城……该城恰在西古城子西北一百里，所以可能是汤州治所。”

关于中京显德府下辖的荣州的地理位置。郑英德、云樵在《渤海诸城考》一文中指出：“延吉县长安公社河龙大队屯内有一座古城……该城距西古城子东北一百五十里，故也许是荣州治所。”孙进已在《唐代渤海之五京》一文中认为荣州位于今延吉敦化城子山山城，敖东城应为荣州三属县之一。

关于中京显德府下辖的兴州的地理位置。郑英德、云樵在《渤海诸城考》一文中指出：“在安图县二道白河公社西北十二里宝（报）马屯有一座古城……该城恰在西古城子西南三百里，故可能是兴州治所。”孙进已在《唐代渤海之五京》一文中认为兴州在今白山市境内。

关于卢州下辖的县的地理位置。《辽史》卷三十八《地理志二》记载：“卢州，玄德军，刺史。本渤海杉卢郡，故县五：山阳、杉卢、汉阳、白岩、霜岩，皆废。户三百。在东京一百三十里。”孙进已在《唐代渤海之五京》一文中认为山阳为卢州的首县，位于西古城子；杉卢县位于河南屯古城。郑英德、云樵在《渤海诸城考》中指出山阳、杉卢、汉阳、白岩、霜岩五县在今延吉市、延吉县和朝鲜咸境北道境内。关于显州下辖的县的地理位置。《辽史》卷三十八《地理志二》记载显州有“常乐、永丰、鸡山、长宁”四县。郑英德、云樵在《渤海诸城考》中谓：“常乐或许是首县，在西古城子和河南屯古城附近，其余三县当在今和龙县境内。”

关于铁州下辖的县的地理位置。《辽史》卷三十八《地理志二》记载铁州有“位城、河瑞、苍山、龙珍”四县。郑英德、云樵在《渤海诸城考》一文中认为位于西古城西南的獐项古城可能是铁州四县之一。

关于汤州下辖的县的地理位置。《辽史》卷三十八《地理志二》记载汤州有“灵峰、常丰、白石、均谷、嘉利”五县。郑英德、云樵在《渤海诸城考》一文中认为汤州下辖的五县应在今延吉县和安图县境内。

关于荣州下辖的县的地理位置。《辽史》卷三十八《地理志二》记载荣州有“崇山、沩水、绿城”三县。郑英德、云樵在《渤海诸城考》一文中认为荣州下辖的三县应在今延吉县和汪清县境内。

关于兴州下辖的县的地理位置。《辽史》卷三十八《地理志二》记载兴州有“盛吉、蒜山、铁山”三县。郑英德、云樵在《渤海诸城考》一文中指出兴州下辖的三县应位于安图县和朝鲜两江道境内。

（四）东京龙原府及其下辖的州、县的地理位置

《新唐书·渤海传》记载：“秽貊故地为东京，曰龙原府，亦曰栅城府，领庆、盐、穆、贺四州。”东京龙原府位于今吉林省珲春市三家子满族乡的八连城已为学术界公认。金毓黻最早提出东京龙原府位于珲春八连城说，他指出：“今珲春八连城（一作八叠城），其内有子城，附近更有诸小城，故有八连城之名，是应渤海东京龙原府之所在。”后经斋藤优等人考察，将八连城定为东京龙原府所在地。李健才在《珲春渤海古城考》一文中指出：“以八连城为渤海东京龙原府遗址可谓无疑。”孙进己在《唐代渤海之五京》一文中认为渤海早期东京龙原府建于城墙砬子山城，渤海后期东京龙原府建于珲春八连城。

关于东京龙原府下辖的庆州的地理位置。郑英德、云樵在《渤海诸城考》一文中认为庆州位于吉林省珲春县境内。李健才在《珲春渤海古城考》一文中认为：“温特赫部城是渤海庆州及其所领龙原县的所在地。”温特赫部城位于八连城东南五六里处。孙进己在《唐代渤海之五京》一文中指出：“定庆州及渤海后期东京龙原府于今珲春县城西十余里的三家子乡八连城。”

关于东京龙原府下辖的盐州的地理位置。郑英德、云樵在《渤海诸城考》一文中指出：“盐州治在珲春县以南一百四十里的地方，当在波谢特湾畔。”奥克拉德尼科夫在《苏联远东考古学新发现》一文中指出：“渤海时代的沿海州。曾在哈桑湖地区岩杵河口、现今克拉斯基诺村附近，有过大的行政和经济中心。那里有称为盐州的州中心和海港。”《中国历史地图集》指出盐州位于今俄罗斯波谢特湾北岸克拉斯基诺附近的下岩杵河即颜楚。

关于东京龙原府下辖的穆州和贺州的地理位置。郑英德、云樵在《渤海诸城考》一文中指出穆州在今朝鲜会宁；贺州在今汪清县境内。李健才在《珲春渤海古城考》一文中指出："沙齐城当为渤海东京龙原府所辖穆州或贺州州治的所在地。"沙齐城在八连城东北20公里。孙进己在《唐代渤海之五京》一文中认为船口古城应为穆州所在，城墙砬子山城应为贺州所在。

关于庆州下辖的县的地理位置。《辽史》卷三十八《地理志二》记载庆州有"龙原、永安、乌山、壁谷、熊山、白杨"六县。郑英德、云樵在《渤海诸城考》一文中认为庆州下辖的六县在吉林省珲春县境内。

关于盐州下辖的县的地理位置。《辽史》卷三十八《地理志二》记载盐州有"海阳、接海、格川、龙河"四县。郑英德、云樵在《渤海诸城考》一文中指出海阳县和接海县在波谢特湾附近；格川县在八连城以南，盐州治以北；龙河县为盐州首县，在盐州治附近。

关于穆州下辖的县的地理位置。《辽史》卷三十八《地理志二》记载穆州有"会宁、永岐、顺化、美县"四县。郑英德、云樵在《渤海诸城考》一文中指出会宁、永岐、顺化等都在今朝鲜咸镜北道。

关于贺州下辖的县的地理位置。《辽史》卷三十八《地理志二》记载贺州有"洪贺、送诚、吉理、石山"四县。郑英德、云樵在《渤海诸城考》一文中指出贺州下辖的四县应在汪清县境内，吉理是贺州首县。孙进已认为洪贺、送诚、吉理、石山四县应位于城墙砬子山城附近的通肯山城、营城子古城、沙河子山城。

（五）南京南海府和西京鸭渌府及其下辖的州、县的地理位置

《新唐书·渤海传》记载："沃沮故地为南京，曰南海府，领沃、晴、椒三州。高丽故地为西京，曰鸭渌府，领神、桓、丰、正四州。"南京南海府和西京鸭渌府的地理位置存在着争议。关于南京南海府的地理位置，有"咸兴说""镜城说""白云山城说""北青说"。金毓黻指出："今朝鲜咸镜道北青郡附近有渤海古城，其地南濒海，疑为南京南海府之所在。"朝鲜学者李俊杰在《关于咸境南北道一带渤海遗物的调查报告》一文中指出，咸境南北道一带为南京南海府。朝鲜学者金宗赫进一步指出，咸镜南道北青郡的青海城址为南京南海府故址。现今学术界基本认同朝鲜咸镜南道北青郡的青海土城为南京南海府故址。关于西京鸭渌府的地理位置，多数学者认为西京鸭渌府位于白山市临江镇一带，也有人指出

西京鸭渌府位于集安市。关于西京鸭绿府所在地学术界观点尚无共识。

关于南京南海府下辖的沃州的地理位置，沃州是南京南海府的首州，郑英德、云樵在《渤海诸城考》一文中认为沃州在朝鲜新昌附近。

关于南京南海府下辖的晴州的地理位置，郑英德、云樵在《渤海诸城考》一文中认为晴州在新昌西北 60 公里处。《中国历史地图集东北地区资料汇编》定晴州在朝鲜咸兴西北的旧津里关于南京南海府下辖的椒州的地理位置，郑英德、云樵在《渤海诸城考》一文中认为椒州在朝鲜咸兴。孙进已的《唐代渤海之五京》认为："椒州当在泥河（今龙兴江）西北地。"

关于西京鸭渌府下辖的神州的地理位置，郑英德、云樵在《渤海诸城考》一文中认为神州在临江附近地区。关于西京鸭渌府下辖的桓州的地理位置，郑英德、云樵在《渤海诸城考》一文中认为桓州在集安县城。

关于西京鸭渌府下辖的丰州的地理位置，主要有长白镇说、仰脸山城说、南惠山镇说和抚松县说、榆树川古城说。文星、晨旭、玉华在《抚松县发现唐代渤海国丰州城遗址》一文中指出："而今考古结果已经证明今浑江市临江区的临江古城是渤海国的神州城，那么抚松县松郊乡的新安古城，作为渤海国的丰州城也是完全可信的。"孙进已在《唐代渤海之五京》一文认为位于靖宇县东南榆树村西南的榆树川古城为丰州故址。关于西京鸭渌府下辖的正州的地理位置。郑英德、云樵在《渤海诸城考》一文中认为正州在富尔江流域，桓仁、新宾一带。

关于沃州下辖的县的地理位置。《辽史》卷三十八《地理志二》记载沃州有"沃沮、鹫岩、龙山、滨海、升平、灵泉"六县。郑英德、云樵在《渤海诸城考》中谓："沃沮县治当在新昌附近，其余五县治当在新昌周围地区。"

关于晴州下辖的县的地理位置。《辽史》卷三十八《地理志二》记载晴州有"天晴、神伤、莲池、狼山、仙岩"五县。郑英德、云樵在《渤海诸城考》中谓："天晴县治在新昌附近，狼山、仙岩二县当在今狼林山脉地区，其余二县治当在周围地区。"《〈中国历史地图集〉释文汇编·东北卷》定天晴县于朝鲜咸兴西北之旧津里，莲池县于莲花山，狼山县于狼林山附近。关于椒州下辖的县的地理位置。《辽史》卷三十八《地理志二》记载椒州有"椒山、貂岭、澌泉、尖山、岩渊"五县。郑英德、云樵在《渤海诸城考》中谓："椒山县治在咸兴附近。岩渊县治在新昌西南一百二十里，在泥河即今龙兴江北岸。其余三县治在咸兴周围地区。”

关于神州下辖的县的地理位置。《辽史》卷三十八《地理志二》记载神州下辖“神鹿、神化、剑门”三县。郑英德、云樵在《渤海诸城考》中谓：“首县神鹿治所当在临江附近地区，神化、剑门二县当在临江周围地区。”孙进己在《唐代渤海之五京》一文中称：“唯一可能为渤海神州属县的是河南屯遗址。该遗址位于临江东南十里，遗址内发现城址，城墙残长五十米。”

关于桓州下辖的县的地理位置。《辽史》卷三十八《地理志二》记载桓州有“桓都、神乡、淇水”三县。郑英德、云樵在《渤海诸城考》中认为桓都县治在集安城附近，淇水在今朝鲜大同江流域，神乡县在桓都县与淇水县之间。

关于丰州下辖的县的地理位置。《辽史》卷三十八《地理志二》记载丰州有“安丰、渤恪、隰壤、硖石”四县。郑英德、云樵在《渤海诸城考》中认为丰州下辖的四县应位于仰脸山城附近。

关于正州下辖的县的地理位置。《辽史》卷三十八《地理志二》记载：“统县一：东那县，本汉东耐县地，在州西七十里。”郑英德、云樵在《渤海诸城考》一文中认为东那县在富尔江流域，桓仁、新宾一带。

二　渤海国十府及其下辖的府、州、县的地理位置

（一）长岭府及其下辖的州的地理位置

《新唐书·渤海传》记载：“曰长岭府，领瑕、河二州。”关于渤海长岭府的地理位置，有额城、北山城子、英额门以北、海龙附近等说法。池内宏等人认为长岭府位于梅河口市山城镇的山城子。孙进己也支持梅河口说。李健才等人考证后，认为渤海长岭府应位于苏密城，他在《桦甸苏密城考》一文中指出：“苏密城是辉发河流域最大的渤海古城……苏密城不是渤海中京显德府的遗址，而应是唐代营州道上的重镇——长岭府的遗址。”

关于渤海长岭府下辖的瑕州的地理位置。孙进己在《唐代渤海国的十府》一文中指出：“瑕州为长岭府首州，应为府治所在，当亦在东丰县山城子。”

关于渤海长岭府下辖的河州的地理位置。《满洲源流考》载：“又相《一统志》，开元东北五百里有稳图河，源出坊州北山，北流入松花江。

所谓坊州疑即河州矣。”孙进已在《东北民族史稿》一书中也定河州于坊州。坊州在何地？孙进已的《明坊州考》认为坊州在今海龙城。

（二）夫余府及其下辖的州的地理位置

《新唐书·渤海传》记载：“扶余故地为扶余府，常屯劲兵捍契丹，领扶、仙二州。”关于夫余府的地理位置，有通州说、宽城子说、农安说。金毓黻在《渤海国志长编》中认定辽代的通州为夫余府故地，他指出通州“当在今农安城西南百里之外求之，则长春县之西南隅，怀德、梨树等县地，应有当耳”。郭毅生在《辽代东京道的通州与安州城址的考察》一文中认为通州位于吉林省四平市的一面城。董玉瑛认为夫余府在宽城子（今吉林省长春），他在《宽城子初探》一文中指出：“笔者疑宽城子就是渤海的夫余府城，它的存续时间，从唐代渤海到辽的前期，自保宁七年（975）后就荒废了。”孙进已在《唐代渤海国的十府》一文中认为夫余府在今吉林省农安县。

关于夫余府下辖的扶州、仙州的地理位置。孙进已在《唐代渤海国的十府》一文中认为扶州与夫余府同地，在农安县城；仙州位于长春宽城子。

（三）鄚颉府及其下辖的州的地理位置

《新唐书·渤海传》记载：“以扶余故地为鄚颉府，领鄚、高二州。”关于鄚颉府的地理位置。金毓黻认为在长春、农安及夫余府之北。津田左右吉等人认为鄚颉府在哈尔滨一带。沙尔库诺夫等人认为鄚颉府在黑龙江下游。郑英德认为鄚颉府在吉林昌图北面的八面城，鄚颉府下辖的高州在怀德、梨树县一带。孙进已在《唐代渤海国的十府》一文中指出鄚颉府在吉林省梨树县城楞子北城。

关于鄚颉府下辖的鄚、高二州的地理位置。孙进已在《唐代渤海国的十府》一文中指出鄚州与鄚颉府同治，应在今吉林省梨树县城楞子北城；高州应位于今长春。

（四）定理府及其下辖的州、县的地理位置

《新唐书·渤海传》记载：“挹娄故地为定理府，领定、潘二州。”关于定理府的地理位置，主要有乌苏里江下游说、苏昌说、土城子。金毓黻在《渤海国志长编》中谓：“定理府应在龙泉府之东，黑水部之东南，近人以乌苏里江下游当之，差为得实。”郑英德认为定理府俄罗斯滨海地区的苏昌，他在《唐代渤海定理府考》一文中指出：“定理府在安远府

（兴凯湖东岸）以南，直至日本海治所在今苏昌。”关于定州及其下辖的定理县的地理位置，郑英德指出：“定州治和定理县治当在苏昌。”孙进己在《唐代渤海国的十府》一文中称：“如土城子非渤海城则此城当为渤海定理府址。如土城子为渤海城址，疑此为定理府址潘州。”关于定州的所在地，孙进己又谓：“当与府在同地，今依兰县境。”关于潘州的所在地，孙进己认为在牡丹江下游。

（五）安边府及其下辖的州的地理位置

《新唐书·渤海传》记载：“安边府辖安、琼二州。”关于安边府的地理位置，有奥耳加说和宝清说。谭其骧、田汝康在《“新土地的开发者”，还是入侵中国的强盗?》一文中认为安边府位于俄罗斯滨海地区的奥耳加。郑英德在《唐代渤海安边府考》一文中认为安边府与安州同在俄罗斯滨海地区的奥耳加。孙进己依据《吉林汇征》和《“文化大革命”期间出土文物》的记载，推定安边府与其下辖的安州同在今宝清县挠力河下游古城。

（六）率宾府及其下辖的州的地理位置

《新唐书·渤海传》记载：“以率宾故地为率宾府，领华、益、建三州。”关于渤海率宾府的地理位置。曹廷杰认为渤海和辽代的率宾府都位于双城子（乌苏里斯克），他在《东三省舆地图说》中谓：“率宾、苏滨、恤品即今绥芬河也，其府路故基即今双城子地方无疑。”以后的学者大都认同其说。张泰湘反对曹廷杰的观点，于1972年对绥芬河上游进行考古调查后认为东宁大城子古城为率宾府所在地，他在《唐代渤海率宾府辨》一文中指出：“综观前人诸说，定双城子古城为唐渤海率宾府故址均无确凿证据；从古城形制，出土文物多属金代文物、遗迹，若定为金代恤品路路治尚有可能。那么，唐渤海率宾府故址应在什么地方呢？笔者1972年在绥芬河上游进行考古调查时，在东宁县城东八里发现一座规模颇大的古城，当地群众称之为大城子。”郭毅生与张泰湘的观点相悖，他在《率宾府、恤品路和开元城》一文中主张大城子古城不是渤海的率宾府，位于俄罗斯双城子（今乌苏里斯克）的克拉斯诺雅古城应为渤海率宾府所在地。后经考古调查，学术界大多认同张泰湘的观点。

孙进己在《唐代渤海国的十府》一文中指出华州与率宾府同治，应位于东宁大城子古城；益州应位于东宁县土城子，建州应位于双城子（俄罗斯乌苏里斯克）。

（七）东平府的地理位置

《新唐书·渤海传》记载："拂涅故地为东平府，领伊、蒙、沱、黑、比五州。"关于东平府的地理位置。金毓黻认为东平府在黑龙江省密山市，他在《渤海国志长编》卷十四谓："拂涅为勿吉七部之一，在安居骨部之益东。或谓安居骨即按出虎水，为金代发祥之地，其益东则应在今宁安迤东，黑水部之南；或谓宁安东京城一名佛讷和城，佛讷即拂涅之对音，古拂涅部当在此。然渤海已于此地置上京，且唐称为肃慎故地矣，则东平府必不在此。以余度之，当在龙泉府之东北，其今密山县兴凯湖西岸一带之地乎？"郑英德也认为东平府位于兴凯湖西岸一带。丹化沙在《渤海历史地理研究情况述略》一文中称："东平府似在率宾府以北今兴凯湖南岸迤东地区，所领沱州与湖有关。"孙进己在《唐代渤海国的十府》一文中称："东平府绝不能在兴凯湖之地，而应在今拉林河为是。"

（八）铁利府及其下辖的府的地理位置

《新唐书·渤海传》记载："铁利故地为铁利府，领广、汾、蒲、海、义、归六州。"关于铁利府的地理位置。郑英德在《渤海国部分府州新考》中谓："铁利府即铁利故地应在今黑龙江下游流域以南、今兴凯湖以北的地区，东面直至今日本海。"孙进己在《唐代渤海国的十府》中谓："应位于今嫩江以东、呼兰河以西、松花江以北之地。"关于铁利府下辖的州的地理位置，孙进己在《唐代渤海国的十府》一文中指出："大约均在今嫩江以西至呼兰河流域等地。"

（九）怀远府及其下辖的州的地理位置

《新唐书·渤海传》记载："越熹故地为怀远府，领达、越、怀、纪、富、美、福、邪、芝九州。"郑英德在《渤海国部分府州新考》一文中认为："怀远府必定是在安远府即今兴凯湖东岸以东一带，直至日本海。"孙进己在《唐代渤海国的十府》一文中认为怀远府及其首州达州位于吉林省怀德县秦家屯古城附近；怀远府下辖的越州在辽宁昌图县八面城附近；富州和美州在辽宁昌图县境内。

（十）安远府及其下辖的州的地理位置

《新唐书·渤海传》记载："安远府，领宁、郿、慕、常四州。"郑英德在《渤海国部分府州新考》一文中谓："可以断定安远府在今兴凯湖东岸一带。"孙进己在《唐代渤海国的十府》中认为安远府及其首州宁州应位于今吉林省长岭县；郿州应位于宁州之北。

由以上综述，我们发现两点问题。第一，关于渤海国五京十五府的地理位置的研究的不平衡性，五京十五府中，学术界侧重于对五京地理位置的研究；五京中，学术界更侧重于对上京、中京、东京地理位置的研究。第二，关于渤海国五京十五府的地理位置基本明晰，然而，五京十五府下辖的州、县的地理位置的研究还不够深入，有待学术界进一步研究。

第七章

东北地区辽金古城分布与研究

第一节　辽宁地区辽金古城的分布概要

10—13 世纪前期，契丹和女真相继建立了辽和金政权，辽、金两朝在中国历史乃至世界历史方面都曾起到过重要作用，而辽宁省又是辽、金两朝潜心经营的关键区域。辽、金两朝的东京均设于此，辽朝中京道、上京道的东南部、东京道南部所辖区域以及金朝的东京路、北京路、咸平路、曷苏馆路的辖区也大多位于今日辽宁省境内。从 20 世纪初至今，考古工作者在辽宁省境内不断地发现大量的辽金时期古城遗址。这些古城遗址充分说明辽宁省在辽、金两朝时期的古代城市和交通驿道、商品贸易和货币经济的发达繁荣景象。正如元代诗人刘静修云："万里河山有燕赵，一代风俗自辽金。"辽金王朝政权建立后，积极向宋朝等先进的民族文化学习，并从政治、经济、社会制度、社会生产等多方面进行变革，逐渐由边疆原始形态向中原封建形态发展转变。辽金时期的城镇化就是这些转变的体现，而现存众多的辽金古城则是辽金时期城镇化发展的有力依据。辽金政权的相继建立，并修建了为数众多的城池，对辽宁地区以及整个中国东北乃至东北亚区域的古代历史进程中都有着极其重要的意义，它不仅继承了渤海国的城市文明以及在其统治区域内所进行的封建化改革成果，并且将城市文明和封建化进程推广到更加广阔的地域。

辽宁省是辽金两朝古城遗址分布最为密集和规模最大的区域之一，

对于辽宁省的辽金古城进行研究，可以掌握其分布规律、建筑特点，并在此基础上可以进一步深入对辽金时期的行政建置、道路交通、城市规划、防御工事等问题的研究。辽宁省辽金古城的研究不仅会加深我们对辽金史的整体了解和把握，更为重要的是会对辽宁省中世纪的古代城市繁荣的过程和原因有一个充分的理解。

关于辽宁省辽金时期古城的研究大体上经历了两个时期。

一 明清以来至1949年新中国成立以前

辽宁省辽金古城的研究应开始于明清时期，其中主要成果是大量的地方文献和地方史志对中国东北地区，尤其是辽东、辽西地区的行政建置的考证、调查以及对文献的校雠。其中比较重要的文献有明代所编修的《辽东志》、清代编修的《畿辅通志》《奉天通志》《盛京通志》《承德府志》以及金毓黻先生编辑的《辽海丛书》等。这一时期的地方志书主要是对一些古城遗址的线索进行一般的著录，对个别的古城略有考证。但是由于研究方法和条件所限，没有对辽宁地区的辽金古城进行过系统的调查和研究，尤其是缺少对辽宁省辽金古城的确切地理位置以及古城详细数据的记录。

20世纪初至第二次世界大战前，日本侵占中国东北包括内蒙古东部地区以及朝鲜半岛，为了实现永远占领这一地区的企图，当时的日本军部以南满铁道调查部的名义，组织一大批学者对中国东北及上述地区进行了长达数10年的社会、人文、历史、考古、民族学等方面的综合调查与研究，并完成两部重要的调查报告书：《满蒙历史地理调查报告书》《满鲜历史地理调查报告书》。这两部历史地理调查报告书成为新中国成立前最为系统的对中国东北地区，包括朝鲜半岛和内蒙古东部地区的综合历史地理研究报告，其中对今天辽宁省行政区划所属的地域几乎包括在内，而辽金历史地理部分则是这两部报告书中较为重要的内容之一。在完成这两部调查报告书的基础之上，许多日本学者还将部分内容分别发表在当时的《满洲历史文化学刊》《东蒙古事情》等刊物上。然而，日本方面的成果虽然比较多，但对辽金古城的专门调查和研究尚缺乏系统和详细的考古材料佐证，尤其是在运用史料方面主要是依据中国明清以来的各种地方志书所记录的古迹部分进行重点线索调查，并将重点放在东北地区几个主要的京城和都城方面，如渤海的上京城、金上京城、辽中京城、辽金两朝的东京城等。

此外，19 世纪末至 20 世纪初，法国传教士闵宣化撰写《东蒙古辽代旧城探访记》一书，书中对辽代东蒙古及辽宁西部地区的辽代古城进行初步调查与考证。尽管所记的辽代古城数量极少，但对当时国外了解辽代古城起到了启蒙作用，因此在国外影响较大。

总之，这一阶段对于辽金古城的研究是以中国地方志书的记录和日本的调查为主。

二　1949 年中华人民共和国成立后

中华人民共和国成立后东北地区进入政治、经济、文化的恢复和大发展时期。东北地区的考古、民族、历史、城市的研究也随之进入最繁荣的历史时段。根据辽金古城研究在不同时代的特点和发展的成果显示，这一历史时期可划分为三个不同的发展阶段。

第一阶段：1949—1966 年，这一历史阶段中央人民政府相继完善了对东北地区的行政区划的划分和管理，并逐步完善了政府对民族、历史文化事业的规范化管理体系，初步在各省建立了博物馆，成立了考古、博物馆和地方历史研究的专门机构，并抽调一大批专业人才开始对中国东北各省开展考古学和民族学的地域调查。辽宁省是东北三省中最为重要的调查和研究省份，以辽宁为中心成立了东北博物馆。李文信、阎万章、朱子方等专家对辽宁省的辽金古城做了大量的调查和初步研究工作。在他们的带领下不仅取得了丰硕的研究成果，更为重要的是培养了郭大顺、孙守道、徐秉坤、王绵厚、冯永谦等一批以考古见长的辽金史学家队伍。为了配合各地的基本建设，考古工作者不断地奔赴田野对在建设中发现的历史遗迹进行调查和记录，其中有很大一批属于辽金时期的古城。由此，辽宁省辽金古城及其相关的考古资料，开始进入了调查和积累的时期。

第二阶段：1966—1976 年，这是我国极为特殊的历史发展阶段。“文化大革命”的 10 年所有的基础研究工作几乎都停止了，这一时期的工作主要是配合政治任务进行一些整理工作。因此，有关辽金历史和辽金古城的研究成果几乎一片空白。

第三阶段：1976—2006 年，这是我国各项基础研究工作恢复、发展和繁荣飞跃的阶段，也是辽宁省辽金历史研究、辽金古城研究得到空前发展的时期。这期间东北三省相继成立了省级社会科学院历史研究所、考古研究所、各个地方史志办公室，各大专院校也相继成立东北地方历史研究机构。这些机构卓有成效地开展了大规模的考古调查和发掘工作，并在此基础上编修史志，极大地推动了辽金史研究的发展。在此期间，《辽金史研究动态》《社会科学辑刊》《社会科学战线》《东北史地》《学习与探索》《黑龙江史志》《吉林史志》《辽宁史志》《辽海文物》《北方文物》《博物馆研究》《黑龙江民族丛刊》《北方民族》等学术刊物如雨后春笋相继诞生，这些刊物不断地介绍辽金古城的考古新发现，还出现大量关于辽金古城、辽金行政建制的研究文章。除了散见于各种学术刊物的研究成果外，各种辽金史研究书籍也大量出版。如《中国考古集成——东北卷》《东北历史地理》《中国东北史》《续辽海丛书》《长白丛书》《东北史研究资料丛书》等。辽金史、辽金古城的研究成果呈现出空前繁荣丰富的局面。这些研究成果是我们对辽宁省辽金时期的古城进行综合研究的基础和前提。

在辽宁省辽金古城的研究历程中已经收获累累硕果，但是正如著名东北历史地理研究专家李健才先生在哈尔滨举行的金史国际学术研讨会上提到东北地区辽金古城研究时所说，有材料记载的辽宁省辽金古城的具体数量和分布还没有明确做过统计。随着研究成果的逐步积累，辽宁省辽金古城需要进行综合性研究，以明确其数量、掌握其分布。辽宁省辽金时期古城的初步研究就是在这一基础上顺应研究需要而兴起的。

辽宁省辽金古城的分布与辽宁省的地理环境有着极其重要的联系。辽宁省地势自东、西、北三面向中、南和渤海湾倾斜。中部是平原区域，属于松辽平原的南部，地势相对较为平坦，土壤肥沃，水源充足，是辽宁省的主要农业区。东西两边是山地丘陵区。东部地势稍高，为长白山余脉。西部丘陵区，地势由西北向东南倾斜，是内蒙古高原向辽河平原过渡的地带，在这一区域由西向东分布着奴鲁儿虎山、黑山、松岭、医巫闾山，该地区依山傍水，地势险要，是沟通东北与中原、京畿地区的交通要道。辽金古城主要就是沿着辽宁省的西部、西北部、东北部、东部的奴鲁儿虎山、黑山、松岭、医巫闾山和长白山余脉的千山山脉分布的，形成了环抱辽河平原之势。

如果把辽宁省按照营口市的辽河口、辽阳市、沈阳市、铁岭市这一界线一分为二，那么只有10座左右的辽金古城位于辽宁省东南部，其余的基本都位于辽宁省西北部。这种分布规律是有其地理和历史根源的，由于自然地理环境的束缚，古代的交通线基本都是沿着山间平地或河谷延伸的。

自青铜时代以来直至辽、金时期，位于今日辽西地区的大凌河狭长的河谷地带是东北地区与中原文化区开展政治、经济、文化交流和民族迁徙的重要交通线。经过大凌河河谷，人们可以穿越高耸林立的辽西诸山脉，向北可达今内蒙古东部地区，向东可达沈阳以及辽北地区，向东南及南行，可达辽金之东京辽阳以及今辽东半岛地区，向西可通向辽南京、金北京。可以想象，在如此重要的交通线上建立数目众多的古代城池是十分合理和必要的，这些古城不仅可以控扼交通、抵御进攻，而且还可以为往来行人提供必要的补给。大凌河河谷地区既是辽朝建立者契丹人的主要活动区域，又具有悠久的历史基础和深厚的文明积淀。这一地区早在6000多年前就已经形成了“红山文化区”，在青铜时代有“夏家店下层文化”聚落存在，而且其分布密度甚至不亚于当代的村落点。这一地区的古代文明从春秋时期至隋唐时期没有发生过断裂和缺失，各种古代城址、建筑、遗物大量存在。正因如此，契丹人利用种种便利条件修建了这些古城。

辽宁省的辽金古城，应当与辽朝在地方所实行的部族制和州县制以及金朝的路府州县制和猛安谋克制并行的地方行政体制有着密切关系。辽金两朝统治建立以后，根据所统治区域的不同特点结合本民族固有制度，在地方上推行了中原封建式的行政区划和本民族固有统治方式相结合的制度。在汉人和渤海人聚居区沿用汉族统治方式，筑城设州县，并辅以部族制或猛安谋克驻防。另外，辽代还有一种“投下军州”制的存在，辽宁省沈阳市石佛寺城址就被认为是太宗时期俘掠镇、定二州民众所建的双州。

辽宁省的辽金古城大多数修建于山脉的丘陵地带或河谷、平原的平缓而地势较高处。古城类型以平原城居多，也有一定数量的山城。辽金时期的古城形制较为工整，多数为正方形或长方形，也有少量不规则形或圆形。平原城城墙的修筑方式基本上是采用夯土筑成，一般都设有马面、角楼等设施，有的古城为了加强防御还挖有护城壕或利用天然河道引水修筑有护城河。山城城墙的修筑方式有石头垒砌、土筑以及土石混筑三种。另外，辽金古城的规模大小也有明确的区分，学界一般认为，可以按照古城周长将古城与其行政级别进行初步的比对。周长4000—5000米应属节度州一级，周长3000米左右应属观察州，周长2000米左右应属刺史州。也可以按照4000—5000米为大城，2000—3000米为中等城，1500米以下为小城划分。

根据对现有考古资料和文献资料的整理、统计，已经可以确定并有明文记载的辽宁省境内辽金时期古城共计130座，其中周长，5000米以上的古城2座，周长在4000—5000米之间的古城4座，周长在3000—4000米之间的古城4座，周长在2000—3000米之间的古城14座，周长在1000—2000米之间的古城37座，周长在1000米以下的古城38座。另外，还有31座古城的周长因为古城的保存较差、测量存在的困难以及资料记载缺失等原因，无法获得比较确定的数据。可以看出辽宁省辽金时期的大型古城数量不多，而且除了金州的苏州城外，全部都分布在辽西或辽北地区。另外，需要注意的是周长5000米以上的古城，铁岭西丰城子山山城虽然周长在5000米以上，但不代表其行政级别的高低，这应该是对高句丽山城进行沿用的军事性质城堡。

本书按照今日辽宁省的行政区划来分类，为了便于学术界同仁考察或核对地图，目录的编写以辽宁省所辖市县为名，共收录辽宁省境内辽金时期古城共130座。我们所运用的资料主要是已经发表的学术研究成果以及辽宁省内的一些文物志，并在编辑、整理古城条目时候，对一些数据进行了核查、校对，对于数据记载存在不同之处，我们基本上采用学术界普遍认可的观点，并尽可能通过对文献的校雠或考察的方式予以验证。为了使古城条目的编辑工作严谨、可靠并便于使用者查阅原文，在每条古城资料之后都注明数据和文献的来源。

总之，本课题的初衷就是要为学术界研究辽宁省辽金古城提供数据和资料上的便利。值得说明的是由于辽金文献的匮乏和散佚，关于每座古城在辽金时期的称谓，我们无力逐一考证。所以对于存在争议的古城，在每条古城资料结尾，都对各家观点和看法作了比较全面的介绍。我想这无疑对以后辽宁省辽金古城的深入研究具有一定的启示作用。另外，本书所介绍的辽金古城一定存在着数量上的不足，因为我们所掌握和利用的资料难免存在一些遗漏。这些问题将随着考古工作的深入开展而不断完善。

三　辽宁地区辽金古城址周长分类

（一）周长未定的辽金古城（共31座）

1. 辽宁省沈阳市老城区辽代沈州城址
2. 辽宁省沈阳市古城子城址
3. 辽宁省沈阳市下柏官屯古城
4. 辽宁省法库县北城子山山城址
5. 辽宁省法库县南城子山山城址
6. 辽宁省瓦房店市西阳台古城
7. 辽宁省抚顺市高尔山前城址
8. 辽宁省东港市金代大宁镇城址
9. 辽宁省丹东市凤城县大堡古城
10. 辽宁省丹东市凤城县辽代开州古城址
11. 辽宁省北镇市土堡子城址
12. 辽宁省北镇市高力板城址
13. 辽宁省锦州市义县辽、金弘政县城址
14. 辽宁省锦州市辽、金永乐县城址
15. 辽宁省葫芦岛市绥中县前卫古城
16. 辽宁省兴城市白塔峪乡兴水县村古城
17. 辽宁省盖州市五美房城址
18. 辽宁省盖州市盖州镇辽（辰州）城址
19. 辽宁省大石桥市青城村城址
20. 辽宁省盖州市刚屯城址
21. 辽宁省阜新市助力嘎尺古城址
22. 辽宁省阜新市高家古城址
23. 辽宁省阜新市梨树营子古城址
24. 辽宁省辽阳市辽、金东京城址
25. 辽宁省辽阳市辽阳县唐马寨古城
26. 辽宁省铁岭市懿路村古城
27. 辽宁省开原市老城镇咸州城
28. 辽宁省铁岭市昌图县小坊城古城址
29. 辽宁省铁岭市昌图县马仲河古城

30. 辽宁省朝阳市建平县榆树林子城址
31. 辽宁省北票市黑城子城址

（二）周长小于1000米的辽金古城址（共38座）

1. 辽宁省沈阳市魏家楼子城址
2. 辽宁省法库县小古城子山山城址
3. 辽宁省法库县大古城子山山城址
4. 辽宁省法库县平顶山山城址
5. 辽宁省法库县马鞍山城址
6. 辽宁省法库县三合城（辽福州）城址
7. 辽宁省法库县北土城子城址
8. 辽宁省法库县五城店城址
9. 辽宁省法库县古城子城址
10. 辽宁省法库县朱千堡子城址
11. 辽宁省法库县祝家堡子城址
12. 辽宁省法库县冯贝堡城址
13. 辽宁省法库县四家子城址
14. 辽宁省法库县和平城址
15. 辽宁省鞍山市台安孙城子城址
16. 辽宁省本溪市桓仁县下古城子城址
17. 辽宁省北镇市闾阳乡古城子城址
18. 辽宁省葫芦岛市邰集屯小荒地方城
19. 辽宁省葫芦岛市暖池塘乡安昌岘城址
20. 辽宁省葫芦岛市建昌县城子上城址
21. 辽宁省葫芦岛市绥中县崔家河岸古城
22. 辽宁省盖州市归南村辽（归州）城址
23. 辽宁省盖州市熊岳镇辽（卢州）城址
24. 辽宁省营口市下土台城址
25. 辽宁省盘锦市盘山县沙岭村城址
26. 辽宁省阜新市西大巴古城址
27. 辽宁省阜新市塔子山古城址
28. 辽宁省阜新市勿可湾子古城址
29. 辽宁省阜新市上押京古城址

30. 辽宁省阜新市六家子古城址
31. 辽宁省阜新市卡拉房子古城址
32. 辽宁省阜新市城子村古城址
33. 辽宁省阜新市哈尔堖古城址
34. 辽宁省阜新市半截塔村城址
35. 辽宁省阜新市八家子城子洼城址
36. 辽宁省阜新市彰武县小五喇叭城址
37. 辽宁省阜新市彰武县金家屯城址
38. 辽宁省开原市贾家屯古城址

（三）周长大于等于1000米的辽金古城址（共37座）

1. 辽宁省沈阳市石佛寺城址
2. 辽宁省沈阳市辽滨塔城址
3. 辽宁省沈阳市彰驿城址
4. 辽宁省法库县西二台子（辽渭州）城址
5. 辽宁省法库县南土城子（辽原州）城址
6. 辽宁省法库县古城子（辽安定县）城址
7. 辽宁省法库县拉马桥子城址
8. 辽宁省法库县古城堡城址
9. 辽宁省法库县徐三家子城址
10. 辽宁省大连市西马圈子土城址
11. 辽宁省鞍山市官墙子城址
12. 辽宁省海城市析木城城址
13. 辽宁省东港市西土城城址
14. 辽宁省北镇市嘉州（二十里堡）城址
15. 辽宁省北镇市开州村城址
16. 辽宁省锦州市黑山县芳山镇乡公敖村古城址
17. 辽宁省锦州市义县辽、金开义县城址
18. 辽宁省葫芦岛市邰集屯英房村城址
19. 辽宁省大石桥市北汤池村辽（铁州）城址
20. 辽宁省大石桥市岳州村辽（耀州）城址
21. 辽宁省阜新市半截塔村古城址（辽欢州州治）
22. 辽宁省阜新市五家子古城址

23. 辽宁省阜新市烧锅屯古城址
24. 辽宁省阜新市土城子古城址
25. 辽宁省阜新市细河堡古城址
26. 辽宁省阜新市彰武县土城子城址
27. 辽宁省阜新市彰武县沙力沟城子地城址
28. 辽宁省阜新市彰武县陈家窝堡城址
29. 辽宁省阜新市彰武县程沟城子地城址
30. 辽宁省阜新市彰武县大伙房土城子城址
31. 辽宁省辽阳市燕州城址
32. 辽宁省铁岭市康平小塔子城址
33. 辽宁省铁岭市昌图县四面城城址
34. 辽宁省铁岭市昌图县东双城古城址
35. 辽宁省朝阳市建平县八家子城址
36. 辽宁省喀左县土城子城址
37. 辽宁省喀左县白塔子城址

（四）周长大于等于 2000 米的辽金古城址（共 14 座）

1. 辽宁省沈阳市高花城址
2. 辽宁省沈阳市奉集堡城址
3. 辽宁省瓦房店市复州城址
4. 辽宁省丹东市叆河尖城址
5. 辽宁省锦州市义县永宁铺古城
6. 辽宁省营口市土城子村城址
7. 辽宁省阜新市四家子古城址
8. 辽宁省阜新市他不郎村城址
9. 辽宁省铁岭市昌图县八面城城址
10. 辽宁省铁岭市昌图县黑城子古城址
11. 辽宁省北票市四角板城址
12. 辽宁省朝阳市五十家子城址
13. 辽宁省凌源市十八里堡城址
14. 辽宁省喀左县大城子城址

（五）周长大于等于 3000 米的辽金古城址（共 4 座）

1. 辽宁省法库县八虎山山城址

2. 辽宁省葫芦岛市部集屯小荒地山城

3. 辽宁省阜新市红帽子城址

4. 辽宁省朝阳市黄花滩城址

（六）周长大于等于4000米的辽金古城址（共4座）

1. 辽宁省大连市金州区辽代苏州城址

2. 辽宁省北镇市乾州（小常屯）城址

3. 辽宁省阜新市塔营子古城址

4. 辽宁省阜新市彰武县小南洼城址

（七）周长大于等于5000米的辽金古城址（共2座）

1. 辽宁省铁岭市西丰县城子山城址

2. 辽宁省北镇市广宁（显州）城址

四　辽宁地区辽金古城址的分布述略

1. 辽宁省沈阳市魏家楼子城址

城址位于沈阳市苏家屯区沙河乡魏家楼子村西北角，城址周围丘陵起伏。城址建在沙河南岸的山岗上，相对高度约4米，东邻坡地，西为乡道，北有沙河自东向西流过。该遗址发现较早，分别于1973年、1982年进行过考古调查。

城呈方形，南有一门，南北长105米，东西宽101米，总面积10605平方米。城址最高处距地面7米，城垣为夯土建造，东、西、北三面保存较好，一般高3米。夯层厚0.1米。

城内地势平坦，西北角有日俄奉天会战的沙俄纪念碑，城内地表可见大量的灰陶绳纹瓦、灰陶器残片等遗物，文化层厚达1.8米，最下面有战国和西汉早期的绳纹灰陶片，1米以下是西汉时期的绳纹板瓦和筒瓦，从1米深往上至地表，有汉代的绳纹砖、席纹砖、绳纹瓦、灰陶器片及辽金时期的板瓦、筒瓦、梳齿纹陶片、白瓷片、酱釉瓷瓶、瓷罐残片。在这一地层中还有烧土、炼渣和多种兽骨、兽牙等。采集标本有“千秋万岁”圆形瓦当、灰陶绳纹筒瓦残片、灰陶弦纹绳纹陶片及2枚古印章等。

城址的地层、叠压关系和出土遗物均证明这座古城建于两汉，辽金时期曾沿用。①

① 参见沈阳市文物管理办公室《沈阳市文物志》，沈阳出版社1993年版。

2. 辽宁省沈阳市石佛寺城址

城址位于沈阳市北35公里的新城子区（今沈北新区）石佛寺乡石佛寺村，建在一片东西狭长的高坡地的中部。沈阳通往法库的公路穿过村落而过。北有辽河自东向西流过。这片高地的西偏北部为一突兀小山，称为七星山，也有称其为尖山或者塔山的。该山傍河陡起，山分南北二峰，北峰较南峰高出约一倍，标高106米。在七星山顶峰有1座辽塔，现只存塔基部分。高坡向东偏南延伸，又有一段南北狭长的高台地，约高10余米，古城遗址就坐落于此，城址规模不大，但遗存较完整，墙基四壁尚存。

城址呈长方形，结构规整。无砖木结构痕迹和建筑遗物，仅存城墙。城墙东西长370米，南北宽190米，除有5处被人工破坏形成缺口外，绝大部分高低连续，保存较好。城墙系夯土筑成，夯层为0.22—0.25米不等，现存墙基厚度为6米左右，最高墙残存高度为4米，最低处在2米以上，用生土夯成。许多墙段有后世补夯加厚的痕迹。城墙西南角等少量夹砂红褐陶片和磨制石器等新石器时代晚期遗物。东墙中部辟有一门，宽15米，无结构痕迹。南墙中部利用门壁向外延伸的坡地修起一段弧形土墙，当为瓮城残迹。西墙接近南角处辟有一门，宽14米，自北墙壁向外筑起半圆形的瓮城。西墙中段墙外有残存台址，城墙上开有4米宽小门，现有一条农村车道由此小门穿过通向东门。城址四角有台址，旧垒无存，上有民国时期修建的水泥碉堡各一座，北城中段墙外陡坡上有一较大高台，城墙亦开4米小门可通台上，上有近代所修水泥碉堡立于台上。南城墙中段外侧也有台、门和碉堡，与北台相对。城内地势较平，西高东低，城内中部偏南有块明显高出原地表的台地，或许是建筑遗址，有待发掘证实。东门和西南门地势略低，被河水冲蚀流陷为数条大沟，土墙也有残缺。

城内遗物甚少，仅发现乳白釉、酱色釉瓷片以及沟纹、绳纹砖等辽金遗物和少量红褐夹砂素面陶片、三足器足等新石器晚期遗物。当地群众和《东三省古迹遗闻（续编）》中皆称此城为高丽城，并称原来城址中遗物甚多，残砖断瓦、破碎瓷片遍地皆是，经过多年耕种，特别是解放后的精耕细作，捡除殆尽，现在已经很难找到了。据群众反映：1954年，修辽河大堤时，曾在城内东南隅挖掘出两缸古代铜钱。据老人说，原在城的东北角有一口古井，已经湮实，无迹可寻。城址西北500米左右就是七星山，有一座辽代古塔耸立山头，塔现已颓残，据现存残余部分和暴露的塔基测定，塔为六角多层密檐式实心砖塔。现仅存整个东南面塔基、塔身的外壁，东面、南面也各有一小段连接部分残存。塔檐、塔刹全部颓毁不存。残高约 8 米，塔基高 2.2 米，面宽 4.3 米。古塔地宫出土石碑，由刘伟等清理，函、碑现已移至沈阳市文物管理办公室保存。根据碑上铭文记载，此塔为双州双城县时家寨净居院舍利塔。

双州，《辽史·地理志》记载："双州，保安军，下，节度。本挹娄故地。渤海置安定郡，久废。沤里僧王从太宗南征，以俘镇定二州之民建城置州。察割弑逆诛，没入焉。故隶延昌宫，后属崇德宫，兵事隶北女真兵马司。统县一：双城县，本渤海安夷县地。"

李文信、李仲元先生依据在七星山辽塔地宫出土的塔铭，把这座古城确定为辽代双州城址，金代沿用。1985 年被列为市级文物保护单位。①

3. 辽宁省沈阳市辽滨塔城址

辽滨塔城址位于沈阳市新民县公主屯乡辽滨塔村内，西南距新民县 29 公里，处于辽河右（北）岸与秀水河左（东）岸之间。辽滨塔村附近，属于辽河流域冲积平原，地势低洼，唯有城址所在的村庄一带地势较高。

辽滨塔城址平面基本呈方形，用土夯筑，城址南北长 320 米，东西宽 315 米，方向南偏西 30 度。城墙虽多坍毁，但还留有夯土墙基和南、北两个城门遗址，城墙以北壁和西壁保存较好。整个古城应该有 4 个门，现在形成城址内居住群众的街道。现在城址内外皆为农家宅院和园田，已侵占城墙，使有的城墙段遭到比较严重的破坏。西墙外侧无农家宅院，是空旷的场地，当中是一条南北通行的车道；北墙内外两侧虽有农家，但房舍距城墙较远，其两侧是房前屋后的农田，因此还较好地保存着。现在这两面城墙虽已大部颓坍，呈土垄状，还很明显，墙体坍宽达 28 米，存高 1.5 米。尤其西北角城墙，保存最好，存高 9 米。墙体用黄土筑成，土质纯净，不含其他文化遗物，夯层清楚。南城墙在农家宅院门前车道边缘，城墙基本可以分辨，东城墙仅存部分遗迹，其他大部分段落都被农民宅院占用平毁。由于城址内已经住满农户，因此城内建筑遗迹

① 参见沈阳市文物管理办公室《沈阳市文物志》，沈阳出版社 1993 年版；李仲元辽双州遗址遗物考：1983 年 10 月 20 日，《中国考古集成》（东北卷），北京出版社 1996 年版。

已不存在，无法得知其结构和布局原貌。但是经常可以发现灰褐色的沟纹砖、布纹瓦及辽金时期的白釉、褐釉瓷器残片。据当地群众介绍，1958 年翻地时，挖出 800 多公斤铜钱，都卖给了供销社。1986 年调查时，当地群众提供了当时发现的文物，有铜发簪 1 件，碑首顶，簪体扁平，上宽下略窄，身披绿锈，尖部残断，存长 11 厘米、宽 1 厘米、厚 0.15 厘米。银耳勺 1 件，勺圆形，竹节颈，扁平体，底面平而上作圆弧状，并錾毛羽状纹饰，长 12.9 厘米、宽 0.5 厘米、厚 0.1 厘米。铜钱 2 枚，一枚“熙宁元宝”，篆体折二钱；另外一枚为“崇宁通宝”，瘦金体当十钱。在城址西南面平岗上，有一座高约 45 米，八角十三层的实心密檐砖塔，塔身每面建筑佛龛，雕有坐佛、胁侍和飞天。此塔虽久经风雨，保存还较完好，至今仍巍然屹立，是省级重点文物保护单位。从塔的建筑特点和风格看，与辽宁地区辽代砖塔一致，因此该塔应为辽代佛教遗存。塔下原建有寺庙，已毁。

经考古学家认定，这座古城址和古塔，都是辽代遗迹，古城就是辽代的辽州州治。《辽史·地理志》载：“辽州统辽滨、安定二县，辽滨为倚郭县。”由此可知，这座古城就是辽滨县的县城。当时，这里的居民除原有“土著”外，也有从今河北地区迁徙过来的。《辽史·太祖纪》天赞三年五月下记“是月徙蓟州民实辽州地”，就是一个证明。隋唐时期，据《北史》和《隋书·高句丽传》记载：大业八年（612），“于辽水西拔贼（高丽）武历逻，置辽东郡及通定镇而还”。隋唐之际，辽阳地区仍为高句丽所侵据。从《北史》和《隋书》中，可知隋炀帝大业八年于辽水以西所置的辽东郡，与战国至汉魏时期在辽河以东右襄平所设的辽东郡，显然不是一地。对隋初辽水以西所置的“辽东郡”和通定镇，古今未有定论。元代胡三省注《通鉴》，只载通定镇在辽水西，《奉天通志》和金毓黼的《东北通史》《中国历史地图集》都把“辽东郡”与“通定镇”，同置于辽滨塔古城。此观点可作一说。①

4. 辽宁省沈阳市高花城址

城址位于沈阳市于洪区高花乡高花堡村西约 300 米处，东北距沈阳市 30 公里，潘建台至杨士岗子公路由古城横越，西南与辽中县相接，北与

① 参见沈阳市文物管理办公室《沈阳市文物志》，沈阳出版社 1993 年版；冯永谦《沈阳地区辽代城址调查》，《沈阳文物》1993 年第 2 期。

新民县毗连，南临运河，与彰驿古城隔河相望，东与大潘镇相连。高花堡附近地势平衍，城址所在之地，皆为农田。虽然城垣早已坍颓，城池湮灭，四周遗迹尚清晰可辨。

古城为辽金时期的城址，明清沿用。该古城为长方形，南北长620米，东西宽550米。方向为南偏西15度。墙为土夯筑，有明显的辽代建筑形式，外围有沟堑。城墙最高处约3米，颓坍处宽达25米，形成巨大土垄形状。其中以北城墙和西城墙保存最好，除有两处缺口外，城壁连续不断，并且墙体较高，还较陡立，最高者将及3米，墙体暴露出的夯层清楚，厚度以8—10厘米居多。南城墙和东城墙保存稍差，颓坍的城墙高度较低，南墙东端与东墙南段墙体低平，毁坏较严重。现在只有北墙中部外面还保存瓮城门城墙，由北向西直角曲折，东面近城壁处因风沙堆积，形成一个小土岗。城墙四角有角台，现以西北角保存最好，残存部分突出墙面外6米。城墙外侧均有马面，现北墙存2个、东墙存1个、西墙存有6个，南墙均已残坏不存。城墙外侧护城河，因多年耕种，现已不明显。

城址内存有颓坍的建筑基址。在城址的中心部分，即今乡路两侧，地表隆起很高，面积很大，残碎遗物较多，这里原来应该有较大的建筑址，当其废弃后，形成这种情况。另外，在东城墙内侧乡路的北面，存有一座较高台址，长、宽均为20米，高2米，此处也应该是一处建筑基址。

调查时，在城址中见到很多残碎的青灰色布纹瓦片与陶瓷片。陶片有篦齿纹和灰色胎稍厚而面光素无纹饰者两种。瓷片以白釉器残片为最多，白瓷片中，有较精细的，其数量较少，而以瓷胎稍粗、挂白陶衣、釉色白并略呈黄色的居多。以调查所见遗物分析，古城时代为辽金时期。

高花古城与沈州城（沈阳城）同时出现在史册上，古城建于辽天显三年（928）。辽太祖于天显元年从征渤海国改渤海国为东丹后，在天显三年将渤海民大部南迁。原渤海铁利府领广、汾、蒲、海、义、归六州，其中广州黎民被迁到此地。建城后初称铁利州，辽统和八年（990）改称广州，辽开泰七年（1018）又将汉族迁到此处，在广州城内出现县的建制——昌义县。1116年金灭辽，该城被金军占领，仍称昌义。金皇统三年（1143）废州。明代人户增多，这里称为“庄光堡”。清代在此设有战略意义的基层军事组织，具有政治、生产、军事三方面职能的“高花牛录”。因此，此地又称高花牛录堡。

此城址在沈阳市西南60公里处，与宋人洪皓所记“沈州六十里至广州”相符。此外，高花堡城经历年考古调查，城址具有辽代特点，所见遗物均为辽、金时期，而又以辽代遗物较多，不见其他时代遗存，应于辽代开始修建而金代曾有一个时期沿用该城。再者高花堡城和彰驿站城址比较，前者较后者规模为大，高花堡城应该为州城。根据上述分析，冯永谦先生《奉天通志》认为彰驿站古城址为辽代广州是不正确的，高花堡古城才是辽代广州及其倚郭昌义县故址。①

5. 辽宁省沈阳市彰驿城址

彰驿城址原名为章义城，位于沈阳市于洪区西南端，西与辽中县为邻，南与灯塔县沈旦乡和苏家屯区王纲乡隔浑河相望，距沈阳33.5公里，沈盘公路由村中横穿，今为彰驿站乡人民政府驻地。

辽代建的章义古城周长共2000米，有4处门址；金代另建的古城周长1000多米，有东门和南门2处门址。章义城建于金皇统三年（1143）。据文献记载，金灭辽后，1116年占领广州城，沿袭辽旧制，仍称昌义县。皇统三年（1143）州废，另筑新城改称章义县。《沈阳县志》载：“章义古城在城西南七十里，有二旧城，周四里共四门，辽时筑，置广州治昌义县。金改章义别筑城，周二里一百七十二步，东南二门”。《读史方舆纪要》载：“金皇统三年州废，改县曰章义，属沈州，元废，今为章义站。”这里就明确指出，旧城四里四门为高花古城（辽广州城），新城指的是今彰驿站。元代在此设驿站为“彰义站”。明代为沈阳中卫辖境。明正统七年（1442）修辽东边墙时，在此设长勇堡。后金天命六年（1621）该地被清太祖努尔哈赤征服。

彰驿站地处要冲，是沈阳西部的门户，也是通往关内的交通要塞。②

6. 辽宁省沈阳市奉集堡城址

城址位于沈阳市苏家屯区陈相屯乡奉集堡村西北角，西北距沈阳市22公里。陈相屯一带虽略见丘陵山地，但奉集堡村附近地势较为平坦。现在城址为奉集堡村所占据，城内为农民宅院。城址内主要由东西和南北两条街道组成的十字形街道，以东西街道为主，通向村外。现存有土墙残迹，夯土城基明显，虽建有村庄，但城墙墙体还都保存，农家宅院

① 参见沈阳市文物管理办公室《沈阳市文物志》，沈阳出版社1993年版；冯永谦《沈阳地区辽代城址调查》，《沈阳文物》1993年第2期。

② 参见沈阳市文物管理办公室《沈阳市文物志》，沈阳出版社1993年版。

基本没有占用城墙。城墙现已颓毁，仅有较小部分陡直壁立，如东门南侧，同时在这里还可以见到大型青灰色长方砖，可知是后世（明代）沿用时维修的残遗。此城址的东墙北段、北墙与西墙，由于城墙外侧没有农家居住，因而保存完好，结构十分清楚。

城址为正方形，边长各500米，四角有角台，城墙外侧有马面，土筑。四壁中间皆有城门，已毁。城址为南偏西10°。墙外有与城墙平行的护城河，其东面即东城门北段、北面和西面，均保存完好，河宽水深，现在东面北段与北面护城河已辟为养鱼池。西面护城河，岸边垂柳依依，城墙西门处河上架起了一座桥梁。护城河的四角处，现在都比较圆钝。城墙距护城河岸边35米，护城河宽14米。

古城围墙里砌有许多大块青砖，经调查，土墙为辽金时期修筑，青砖是明代的。城址内地表散布有辽代灰色布纹瓦与粗白瓷碗、盘口沿器底残片等，瓷片胎多灰白，质稍粗，挂白陶衣，釉色白而稍黄，光泽不强。另外可见明代民窑的青花瓷片等。

《辽史·地理志》："集州，怀众军，下，刺史。……高丽为霜岩县，渤海置州，统县一，奉集县，渤海置。"《金史·地理志》，贵德州统县二，其一为"奉集，辽集州怀远军。奉集县本渤海旧县，有浑河"。明代，毕恭所修《辽东志》载："奉集废县，在辽阳城东北八十里……今为堡。"顾祖禹《读史方舆纪要》说："奉集城，在（沈阳中）卫东南。……金废州，以奉集县属贵德州，元废县，今为奉集堡。"康熙时成书的《盛京通志》载："古奉集县今城东南四十五里，有土城周围四里，名奉集堡即其地也。"金毓黻《渤海国志长编》认为："辽志东京道集州怀众军下云，渤海置，所统奉集县下也云，渤海置。此集州，为渤海故州之明证也。惟其故地已不详。辽时移置于今沈阳东南有曰奉集堡者，即其地也。"

可见，奉集堡城为辽代集州奉集县，金代改属贵德州奉集县，元代废，明代置奉集堡。1621年被清太祖努尔哈赤征降。根据古城所处地理位置结合文献，冯永谦先生考定该城为辽代集州并倚郭奉集县。①

7. 辽宁省沈阳市老城区辽沈州城址

辽代沈州及附郭乐郊县在今辽宁省沈阳市老城区。《辽史·地理志》：

---

① 参见沈阳市文物管理办公室《沈阳市文物志》，沈阳出版社1993年版；冯永谦《沈阳地区辽代城址调查》，《沈阳文物》1993年第2期；谭其骧《〈中国历史地图集〉释文汇编·东北卷》，中央民族学院出版社1988年版。

“沈州，昭德军，中，节度。本挹娄国地，渤海建沈州，故县九，皆废。太宗置兴辽军，后更名。统州一，县二。”同书卷二纪太祖神册六年十二月，“诏徙檀、顺民于东平、沈州”。《金史·地理志》：“沈州，昭德军刺史，中。……辽太宗时置军曰兴辽，后为昭德军，置节度，明昌四年改为刺史，与通、贵德、澄三州皆隶东京。”《武经总要》前集卷二二：“沈州，德光所建，仍曰昭德军，契丹旧地也。东至大辽水（此为小辽水之讹），水东即女真界。西南至东京百三十里，北至双州八十里。”《辽东志》卷一地理志山川门沈阳中卫下：“浑河，城南十里，又名小辽水。……即古沈水，郡以此名。”又有：“小沈水，东自浑河分流，至城东，折流而南，傍城西流，复入浑河。”按辽沈州在今沈阳市，沈州一名不知起于何时，或谓唐代已置，或谓渤海于挹娄故地置定理府，统定、潘二州，辽徙潘州于今沈阳之地，潘、沈二字，因形似而致误。或谓沈州系渤海所置，或谓初置于辽太祖时，神册六年已见沈州一名。《奉天通志》卷五四断言今沈阳决非挹娄故地，沈州也决非渤海所置。元改金之沈州为沈阳路，因城在沈水（浑河）之北，故称沈阳。

乐郊县为沈州附郭县。《辽东志》卷一地理志古迹门：“乐郊县，在沈阳城东北隅，今为军营。”又《读史方舆纪要》卷三七，沈阳中卫下谓：“乐郊城，今卫治。辽……初置三河县于此，后更为乐郊县，沈州治焉。金因之，元废。”①

8. 辽宁省沈阳市古城子城址

古城子城址，位于沈阳市于洪区马三家子乡古城子村，距沈阳市区25公里。这座城址，此前从未见过报道，因此无人知晓，近年来也未见他人去调查过。故古城子城址，一直湮没无闻。现在因农村发展迅速，人口激增，村庄变大，已不是当年面貌，许多当年可见的遗迹、遗物，今天已经无法辨别。原来城址在村中，根据所见遗物，应是一座辽代建的古城址。这座城址为何级建置，过去未见有人论及。冯永谦先生根据其所处地理位置，认为它是沈州除倚郭乐郊县外的灵源县城故址。

关于灵源县，《辽史》卷三十八《地理志二》载“灵源县，太祖俘蓟州吏民，建渔阳县，后更名”为灵源县。据此，沈州所辖之灵源县，建城较早，是在太祖时期，初名渔阳，后改称为灵源县。何时改名，史

---

① 谭其骧：《〈中国历史地图集〉释文汇编·东北卷》，中央民族学院出版社1988年版。

文失载，不得而知。据1953年发现于沈阳市苏家屯区陈相屯村北塔山上辽代塔基地宫中出土的“卓望山无垢净光塔”石函，题名中有“维那徽事郎试太子正字守沈州渔阳县主簿兼知县尉飞骑尉王运机”的记载，卓望山无垢净光塔系建于重熙十四年（1045），则知渔阳县此时已到兴宗时期仍未改名，其改名为灵源县应在重熙十四年以后。改名原因也不清楚，但称“灵源”，可能因为近水，不敢妄断。将古城子村古城址比定为灵源县，有如下几个理由：一是灵源县为沈州属县，距沈州（今沈阳市）不会太远，应在沈阳附近求之。古城子城址，在沈阳市西北郊，距市区25公里，此地若为属县，合乎常理。二是在今沈阳地区所发现的辽代古城址，均已明确其建置，唯有古城子城址尚未知其为何名，并且在沈阳地区再未发现其他辽代城址，而灵源县至今尚未确定，故定其为灵源县无抵牾不合之处。三是古城子城址，地近蒲河，位于中上游的右岸，渔阳改名“灵源”，可能与此有关。冯永谦先生根据以上分析，考定沈阳市于洪区马三家子西北古城子村古城址，为辽代沈州所属之灵源县故址。

灵源县，入金后废，因其地无建置，后世未再利用，逐渐荒芜，致使无人可知。①

9. 沈阳下柏官屯古城

此城为辽代古城，位于沈阳市东陵区汪家乡下柏官屯。该城是在汉城旧城城址上建起来的，其地西南距辽阳70公里，与辽志所记里数相合。据冯永谦考证，此城为辽代崇州。②

10. 辽宁省法库县小古城子山山城址

小古城子山山城，位于法库县城南22.5公里大孤家子镇方石砬子村南1.5公里的一座孤立的小山顶上。此山西面是县水泥厂，南面横亘五龙山，此山实际上是五龙山向北延伸的余脉，至此突然陡起，成为一座孤立的圆形小山。山顶面积不大，较为平坦，整个山顶为城址所占用。

城墙随山势修筑，平面不方不圆，但总体可称椭圆形。墙围石砌，俱沿山顶边缘。在城墙的南部墙壁留有城门。城墙外面有一周深沟，其位置已处于墙下的山坡上，沟外有壕，即为挖沟返出的土，沟现宽4米，深仍存有3米。城周长470米，南北直径为150米，东西直径为70米。

① 冯永谦：《沈阳地区辽代城址调查》，《沈阳文物》1992年创刊号。

② 冯永谦：《辽宁地区辽代建置考述》，《东北地方史研究》1986年第2期。

城内现存3处建筑台基址。

1983年和1984年，省、地区和县的文物考古工作者曾多次到此调查。城内遗物很少，地面仅见七八块灰色布纹瓦片，时代为辽金时期；另外城内土层中找到几块夹砂红陶片，属青铜时代。由于整个城址遗物较少，仅凭这两种数量不多而又时代不同的陶、瓦片，尤其是城内未经发掘，地表又有覆土，来判定城址年代，有一定的困难。但此城是很有特点的，即城墙为石筑，这不能不引起注意，而至今仍保存如此深大的沟壕，也能说明一定问题。根据城墙用石块修筑，城又较小，并且采集到夹砂红陶片，说明从青铜时代起已有人居住，并可能建城；辽代在此山也有人居住，并曾利用该山城，城外保存至今仍高大宽深的沟、壕与城内建筑台基址，即为此时期遗留下来的建筑遗存。①

11. 辽宁省法库县大古城子山山城址

大古城子山山城址，位于小古城子山山城的南面，两者相距约1.5公里。城建筑在山的顶部。此山较小古城子山更陡更高，攀登较为困难。此山南面经过一个低平山梁和南面的五龙山相连。山顶较为平坦，城址位于此处。

城墙为石砌，沿山顶周围修筑一周，平面略呈长方形。墙宽1.5米，存高1米。城墙周长300米。城门在东墙近北部三分之二处，门向北开口。

此城址内俱为树木和蒿草所覆盖，不露地面。因此几次调查都未采集到文物，其时代可能与小城子山山城相同。不过如能对两座山城进行适当发掘，应能得到正确说明。②

12. 辽宁省法库县北城子山山城址

北城子山山城，位于法库县城南15公里十间房乡马家沟村东南。这里是法库县东部较高的山，名为北城子山。在此山有两座山城。一在北部，即此山城。在此城所在山的东面3公里，为铁法市（今调兵41市）调兵山镇前峪村。

山上城墙保存完好，略呈不规则长方形。城墙转折处、墙角均稍高，当是角台遗存。在山城外东面有两道城壕，由城墙往外距5米为第一道壕，第二道壕在第一道壕之外8米。南、北面各有一道城壕，西面未见

① 冯永谦、温丽和：《法库县文物志》，辽宁民族出版社1996年版。

② 同上。

城壕，城壕围成近方圆形。另外，在城北 350 米处有一口井，井口直径 2.5 米。

城址内未见遗物，其年代尚难明确断定。不过根据此城址较小，又筑在山顶之险处，可知是一座军事用城，并初步推测为一座辽代城址。①

13. 辽宁省法库县南城子山山城址

南城子山山城址，位于法库县城南 24 公里冯贝堡乡周家沟村东南，其北 3 公里是铁法市调兵山镇泉眼沟村。南城子山山城与北城子山山城相距 3 公里，一南一北，因此称为南城子山山城、北城子山山城。

南城子山山城修筑在山顶上，山势较高，坡度很大，与东南面的山头相接。山城南侧是陡坡。城址所在的山头较平。城墙随山势形成大半个圆形，西壁较直，长为 111 米，东、南、北三壁外突成弧形。城外东侧下修有三道城壕，间距 15 米。北侧由南向北延伸有一道土壕，长 200 米，壕存深 0.5—1 米。

城内遗物很少，仅采集石锛、夹砂红陶鬲残片，还有粗白瓷碗底残片等。城址的年代，当与北城子山山城相同。②

14. 辽宁省法库县八虎山山城址

八虎山城址，位于法库县城西 17.5 公里四家子乡红砂地村北 1.5 公里北八虎山上。其地东经 123°，北纬 42°30′。山势巍峨，主峰海拔 442 米，是法库县境内较高的山峰。城墙修筑在近山顶部，土筑，也有用石垒筑，凡是能借助地势处则傍峭壁修筑；城墙用料皆为就地取材，并不统一。现在保存下来的城墙最高处仍有 3 米左右。根据山形，城墙蜿蜒，绕主次两山峰环为一周，全长 3430 米。在城址内采到红色夹砂陶片、鬲足等青铜时代遗物；但主要是辽金时期的粗白瓷片、器底及六耳铁锅、铁箭镞和宋代铜钱等。又据了解，当地农民在八虎山经常挖出类似的辽金时期遗物。

八虎山山城，当是建于辽代的城址。③

15. 辽宁省法库县平顶山山城址

平顶山城址，位于法库县城南 30 公里三面船镇李家房申村东 1.5 公里的平顶山上。这里属于丘陵岗地，城址所在的山岗，海拔高度 192.5

---

① 冯永谦、温丽和：《法库县文物志》，辽宁民族出版社 1996 年版。

② 同上。

③ 同上。

米。山岗由于在其四周修筑城墙，曾人工凿削，从外面望去山顶甚平，因此名为平顶山。

城墙为土筑，平面呈方形，每边长均为150米。城墙已颓塌，城内地面基本与城墙相平，城墙高出外面地面则可达2米，尚可较清楚地看出城址的形制。

城内遗物很多，有大量灰色布纹瓦、泥质灰陶器物残片，皆为辽金时期遗物，由此可知此城当是建于辽代。①

16. 辽宁省法库县马鞍山城址

马鞍山城址，位于法库县城西南45公里叶茂台镇石桩子村北2公里马鞍山主峰南方山谷的谷口。这里是法库县西南部较高的山，马鞍山主峰海拔高度为320米。主峰下有一条东西走向的山谷，其东是一条较宽的南北向山谷，谷中有一条小河，南流入獾子洞水库。城址位于这两条山谷相会的东西向谷口处，地理位置十分重要。

城为土筑，方形，每边长100米。四角城墙高大，当是角台。在南壁正中有一门，现宽5米，其他三壁无门。城墙保存较好，虽已坍塌，但城墙存高仍高于外面地面5—6米，城内地面较高，墙仅较地面高出2—3米。城内中部近北墙处，地面隆起，高出地面1.5米，其上散布着大量碎瓦与砖石等，当是城中建筑台基址。

城内遗物很多，俯拾皆是。主要为残砖、瓦和陶瓷残片。采集有灰色沟纹长方砖。陶片均为灰色，器形为盆、罐、坦三种。瓷片挂白釉，大部较粗，也有黑釉粗瓷片、白釉铁锈花瓷片等。1973年10月6日，还在城内发现兽面纹瓦当3件、滴水板瓦2件，均较完整。

马鞍山城址的时代，从城的结构和遗物分析，是一座辽代城址。②

17. 辽宁省法库县西二台子（辽渭州）城址

西二台子城址位于法库县西南62.5公里的叶茂台镇西二台子村东北0.5公里处。二台子一带是沙地，植被不多，并有风成沙丘。现在年降雨量较少，常见干旱。

城为土筑，平面呈方形，南北长315米、东西宽300米，墙坍宽10米、方向南偏东25°。城壁外侧有角台和马面，现西北角台与北墙西段马

① 冯永谦、温丽和：《法库县文物志》，辽宁民族出版社1996年版。

② 同上。

面保存还较好。城址原当有南北二门，由于乡道贯穿城内在南北二墙中部通过，门址被破坏，现在瓮城门结构情况已经看不清楚。城址东北角为新栽的杨树林，西南角是果园，城墙被毁去一部。目前西墙和北墙的西段保存较好，其余均颓坍。当地群众称此城时说："它是马圈，过去墙很高，是古人养马的地方。"这说明以前四面城墙是很完整的，只是现在城内外都已经开垦为农田，多年耕种和平整土地，城墙才遭到严重破坏。

城内出土遗物较多，现在村中群众家中多有保存。城址内曾出土1个酱黑釉大缸，内盛有铁马镫、铁马衔，重达50余公斤。出土石臼7个，现在两个在村中农家宅院门外的街道边放置。另在村中农家院里见到1件方形石制品，四角雕力士，中间雕狮首，颇似辽代砖塔塔座的雕饰，其上面凿成方窠，下部收为圆窝。城址内出土有铁铡刀等生产工具。城内地面散布有灰陶片、布纹瓦片、白釉粗瓷片与铁镞等。出土的完整器物有白釉大碗、酱釉大口罐、茶末绿釉双系小罐。城址结构与出土遗物具有明显的辽代特点，因此推断这是一座辽代城址。

《辽史·地理志》载："谓州，高阳军，节度。驸马都尉萧昌裔建。尚秦国王隆庆女韩国长公主。以所赐媵臣建州城。显州东北二百五十里。……户一千。"冯永谦先生将此城考为辽代头下州之渭州。[①]

18. 辽宁省法库县南土城子（辽原州）城址

城址位于法库县城西50公里包家屯乡南土城子村。北距乡政府所在地包家屯7.5公里。因最初居住着姓马，南土城子原称"马家土城子"；后因其北也有一土城子，就习惯地将此城称为南土城子。村庄附近地势略有起伏，属于丘陵地带。村西有马鞍山东来的余脉，在距村1公里处折而北去；村东是一座拔地而起的石质圆形小山，山势突兀，当地称之为"孤山"，山前近年来发展起来一个村落，现即将与南土城子相连；村北因有两侧山脉延展，地势较高，村南有一小土山，东南稍远处亦有一山岗。南土城子村所处地势，北略高而南较低，由于雨水冲刷，村中形成多道水沟，尤其在村西，冲出的水沟更宽，已经成为时令河，地面破坏较为严重，过去人户不多时，城址保存还较好，但由于近30多年人口剧增，现除东城墙外，古城址全部为村庄所占用，城址受到极大破坏。

---

① 冯永谦、温丽和：《法库县文物志》，辽宁民族出版社1996年版。冯永谦：《辽志十六头下州地理考》，《辽海文物学刊》1988年第1期。

城址位于村庄东半部，较为接近孤山，地势宽敞，北部略较南部为高。据当地群众反映：20世纪40年代，此城址还异常完整，城墙存高3米多，只是这30多年，住户增多，城内才盖满房子，将整个城址占用。经过实地调查，现在只有东城墙还明显可以看出形状，其他三面城墙只有经过当地了解情况的群众指点，才可看出城墙的迹象。城址平面呈方形，每边长250米，方向为南偏东15°。现仅知在南壁中间辟有一门，其他各门因城墙毁坏，已看不清。据当地群众说，最早在城的四角和每墙的外面都有“炮台”，这应是角台或马面式建筑，只是关于各墙中部是否有瓮城门已经分辨不清了。

城址内地面上发现有灰陶盆口沿、陶罐口沿和白瓷小罐底、白釉黑花器底以及大石臼等。村民建房时，还曾出土了1件黑釉大缸。大缸口较小，鼓腹，平底。另据群众介绍，在城外东面孤山脚下，因取土发现过7座砖墓，里边有人骨、瓷碗和罐等，拆出十余大车完好的大青砖。砖长52厘米、宽25厘米、厚7厘米，青灰色，素面无纹。根据城址所处地理位置、城址结构特点及所见遗物特征，应是一座建于辽代的城址。

《辽史·地理志》载：“原州本辽东北安平县地。显州东北三百里。国舅金德俘掠汉民建城。西北至上京八百里。户五百。”冯永谦先生考证其为辽代头下州中的原州。①

19. 辽宁省法库县三合城（辽福州）城址

城址位于法库县城西47.5公里包家屯乡三合城村，南距南土城子村9公里。村东北为三合城水库，水库两侧皆有山，在村后形成屏障，村南比较平坦，村东有包家屯河，向东南方向流去，注入秀水河。这里地势北高南低，三合城村处于丘陵山岗中间的平地上，地理环境甚为优越。三合城村就建在这座古城址之上，因当年形成村落时，东面城墙已颓毁，城址只有其他三面城墙，故得名“三合城”村。

三合城古城址为土筑，平面呈长方形，南北长260米，东西宽200米，方向正南北向。现在城址四壁墙基仍保存，由于城内为居民区，因此有的城墙遭到破坏。东墙外有较大空地，无房屋，但城墙保存较差，仅能辨认形迹；西墙外面，即是村中南北向的车道，墙基隆起仍很明显；

① 冯永谦：《辽志十六头下州地理考》，《辽海文物学刊》1988年第1期。冯永谦、温丽和：《法库县文物志》，辽宁民族出版社1996年版。辽宁省地方志编纂委员会办公室：《辽宁省志》，辽宁人民出版社2001年版。

南、北城墙，处于农民宅院内的园田中，虽已颓坍，却仍比东西两壁保存得好。

城址内地面上可见到青灰色长方砖、布纹瓦、灰陶盆、罐与辽地烧造的白釉瓷器残片等。此外，城外北部曾有一座辽代石棺墓，内有一瓷罐，罐内盛骨灰。城外北部小山岗上，有辽代建筑遗址一处。根据城的形制、结构及遗物，确定该城是一座辽代的古城址。

冯永谦先生考证其为辽代头下州之福州。《辽史·地理志》载："福州，萧宁建。南征俘掠汉民，居北安平县故地。在原州北二十里，西北至上京七百八十里。户三百。"①②

20. 辽宁省法库县古城子（辽安定县）城址

城址位于法库县城西南42.5公里登士堡子镇石砬子村古城子屯。村庄即建在城中，因此村亦以城址得名。现城址内外星罗棋布着农民院宅。古城子村附近略见丘陵，村北有一道山岗，村东有小河南流注入辽河。

城墙为土筑，平面略呈长方形，东西宽274米，南北长298米。方向南偏西20°。南墙西段保存最好，城墙很高，最高处存3.2米，夯层清楚，每层厚5—10厘米不等，而以9厘米左右为一层最多；东段仅存墙基部分，从断面仍可看见夯层。北壁现仅可见墙基痕迹，但从断面观察，犹存夯土城墙。东壁的位置已为农家院所占用，大体削平，尤其中北段，墙基已不明显。西壁大部颓坍，坍宽达10余米。由于民房占用，城墙四壁中间部分保存不好，城门结构不清楚，但西墙中间门址较明显，现有一条东西向街道横贯城址。其余三壁根据城内道路推断都存在过城门。城墙四角除东北角保存较差外，其余墙角尤其西南角较城墙为高，原当有角台。调查时，在南城墙东段的土层里，发现有白瓷片和瓦片，这说明城墙后来曾经重修过。

城址内遗物很多，南城中部发现一灰坑，文化层厚1.5米。城内地面散布大量陶瓷片和灰色布纹瓦片。城内常有遗物出土，有六耳铁锅、石臼、石磨、铜钱、白瓷小罐等。1974年于城墙南壁外50米处，发现一个石棺，随葬品有铁马镫1副、铁矛1件。南城墙东段土层里，发现白瓷片和瓦片。

① 冯永谦、温丽和：《法库县文物志》，辽宁民族出版社1996年版。

② 冯永谦：《辽志十六头下州地理考》，《辽海文物学刊》1988年第1期。

这座城址从形制及出土遗物分析，当是辽代城址。辽州辖二县，辽滨县，倚郭，另一即为安定县。古城子城址南距辽河仅7.5公里，西南距辽州（今新民县辽滨塔村古城）25公里，从地望上看，非常接近，又辽州所辖的另一郡为祺州，在今康平县小塔子村，在此地东北60公里，此城址处于两州中间，冯永谦先生将其定为辽代辽州属县安定县。[①][②]

21. 辽宁省法库县北土城子城址

城址位于法库县城西47.5公里包家屯乡北土城子村。村庄就建在城址中，因此村庄即由城址得名，最初称“桑家土城子”，至今已有100余年。后因其南还有一村即马家土城子村（今名南土城子），习惯上就以南、北二字分别区分两城。北土城子村东、西、北三面皆为山岗，村南现为拉马章水库，又有从西北向东南流来的一条小河，贯穿城址，注入村南水库中。此城址南9公里为南土城子村，即原州；其西5公里为三合城村，即福州。

城为夯土筑，保存很差，仅可辨认城基遗址。城址平面呈长方形，东西宽250米，南北长190米，方向南偏西16°。南壁城墙基部比较明显，尤其中段部分，存高0.5米。南墙现距水库边仅50米。北壁比南墙为好，现存高0.9米。东壁位于居民宅院中，仅北端还存墙基，高0.3米。西墙与东墙相似，仅两端城基稍好，存高0.4米。由于城墙坍毁严重，门址情况不清。但从遗迹情况推测，当存在一处南门。城内西南部有古井一口，一直保存较好。

城内遗物很多，地面散布大量陶、瓷片和青灰色布纹瓦片。调查时，于城址内采集到大量遗物，其中有：红灰两色沟纹长方砖，瓷片均为白釉，陶片全部为灰色，厚重的灰色布纹瓦。另外，村民家中保存有大量遗物，其中有：1件淡红色花岗岩的石幢顶，1件黑釉敛口大缸，7件白瓷碗，1件黑色兔毫斑纹大碗，1件白釉铁锈花双耳罐，1件六矩铁车辖，1件酱釉色小缸，1件芦荷鸿雁，以及十二生肖压胜钱与“大泉五十”斗剑钱。群众反映，历年来在城内外多处出土过大量铜钱、铁铧、铁锄钩、铁甲片，还曾出土过数口大缸及石臼等遗物。

这座城址遗物十分丰富，文化层厚达1.5米，说明使用时间较长，遗

① 冯永谦、温丽和：《法库县文物志》，辽宁民族出版社1996年版。

② 辽宁省地方志编纂委员会办公室：《辽宁省志》，辽宁人民出版社2001年版。

物特点显著，应是一座辽代的城址。①

22. 辽宁省法库县五城店城址

城址位于法库县城西35公里卧牛石乡刘丙堡村五城店屯西南。经调查了解，村即因城得名，早年当地并无人居住，最初为入清以后丁姓来此，曾开设一店，其时尚未形成村落，待人户渐多形成村庄，看到村旁有一高大城址，四角有四个高大的角台，误认为是“四个挂角小城”，总计有五城，遂命名“五城店”。五城店村附近为丘陵地势，城位于岗地的南坡，东有秀水河，从北向南流去。现在村庄占据城址外面东部和北部，城内无房舍，全部辟为农田，多年耕种使城址遭到一定破坏。

城为夯土筑成，平面呈方形，每边长240米，南面城墙中间有一门，两侧有瓮城残墙。方向南偏西20°。城址北半部地势略高，北城墙现已颓坍，坍宽达20米，城墙顶部较城中心地面高出15米。北墙马面基本被挖毁。南墙保存较好，尤其西段，存高1米，中部辟有一门，门有瓮城，门西与角台之间有一马面，门东墙体颓毁较甚，存高0.5米。东墙已被利用改为车道，虽然高出地面，但已面目全非，现仅可借南、北城墙与之相接，犹可辨为城墙。西墙保存仍很完整，存高3米，全墙没有任何残断处，可见此墙并无城门，墙外是南北通行的车道，因此对马面有所损毁，现仅可看出马面痕迹，知有3个马面，每马面间距为50余米。四角有角台，近年来被村民取土，遭到破坏。

城内遗物散布较多，有白釉略黄的瓷片、黑釉与酱釉的粗瓷片、灰陶片、灰色布纹瓦片与残砖块。城址内，过去还曾挖出大缸等遗物。

此城址是一座建于辽代的古城。②

23. 辽宁省法库县古城子城址

城址位于法库县城西南32.5公里丁家房乡古城子村。村以城得名。古城子村一带为丘陵地，附近并有小河源于此，东流入牛其堡子水库。城址位于村庄东部，城内西部现为部分村民和小学校的房舍。

城为土筑，平面呈长方形，东西宽230米，南北长165米。城墙因现住居民增多，逐渐遭到破坏，虽然仍有城墙保存，但不完整。有的墙体仅为残段。一般存高1米，从残存的城墙看，夯土层十分明显，为8—12

① 冯永谦、温丽和：《法库县文物志》，辽宁民族出版社1996年版。
② 同上。

厘米厚。城墙土质较红或灰褐色，土内不夹杂文化遗物。

城内发现有白釉黄色瓷片、白釉黑花瓷片、灰陶大卷唇陶罐片、唇作印小圆形梅花饰的板瓦滴水和砖瓦残片。据当地群众介绍，历年来城内出土不少完整器物，有黑釉大缸、白瓷大碗和各种铜钱等。还出土一件双耳酱釉小罐，现藏于县文物管理所。

根据城内文物推断，此城为辽代的古城。[①]

24. 辽宁省法库县朱千堡子城址

城址位于法库县城南30公里三面船镇朱千堡子村西1公里处，其北1.5公里为土井子村。这一带是低矮的丘陵，城址建在“营盘山”的丘陵东坡上，营盘山因当地近代在南城墙上修有砖窑，故又称西窑山，山岗不高，坡较缓。城墙西部略高，东部较低。山坡下有一条小溪，侵及城址东南角。城内现已开垦为农田，但无人居住。

城址为方形，每边长245米。方向南偏西30°。西壁保存最好，墙体完整，坍宽达12米，墙顶宽1.5米，存高3米；墙外侧有马面2个，马面宽8米，侧出墙外6米。东壁墙较低，中间有一门，现已不见瓮城，门南部墙外侧有一马面，最南部接近角台处由于溪水冲刷，墙体有一豁口。南壁中间辟一门，门两侧存有瓮城墙，现门西部墙体完好，有一马面，马面宽8米，侧出墙外6米，门址东面墙体毁坏不存。北壁墙体完整，仅东段有小部分墙较低矮，此墙无城门。城址四角有角台，现仅东北墙角角台遭破坏，不存，其余三座角台完好，宽10米，存高3.8米。城址内地面不平，有数处隆起，当是建筑基址，因多年耕种铲削，痕迹犹存。

城内遗物散布地面之上，以城址中后部偏多，有白瓷片、灰陶片和布纹瓦片，瓦片较厚重，厚度为2.5厘米。白瓷片中，有一件内底刮去一周呈玉璧状无釉的碗底，其他白瓷片釉色均微黄，光泽不强，是辽地窑场的产品，另外还采集到一件黑釉小瓷人马玩具。

这座城址从形制和遗物特点分析，是一座辽代的城址。[②]

25. 辽宁省法库县拉马桥子城址

城址位于法库县城南26.5公里大孤家子镇拉马桥子村。这里地势较平，有一条小河自西流来，经村北，折而南流过村东，注入拉马河，东

① 冯永谦、温丽和：《法库县文物志》，辽宁民族出版社1996年版。

② 同上。

南流入辽河。城址在拉马桥子村之中部，现在城内外布满农家宅院。

城为土筑，平面略呈长方形，南北长295米，东西宽250米。方向南偏西30°。城址由于内外皆有人居住，受到破坏。西墙保存较好，坍宽7.5米，存高2.2米，墙外侧是村中街道，开辟的道路紧邻城墙，故墙外马面被毁；城墙中部略偏北处，有一豁口，为今日村中东西走向街道，此处原可能是城门。北墙保存较好，残高达3米，城墙中间有南北向车道通向城内，估计原为城门；在门西与西北角台之间墙体外侧有一马面，宽6.5米，侧出墙体4米；北墙只有东端60米长一段城墙损坏不存。南墙西半部分保存状况与西墙相同，但中部与东段城墙已遭破坏，估计原来应有一城门。东墙现已辟为村中一条南北向街道。城四角原皆有角台，现只有西北角角台保存较好，台存宽9米，西南角台犹可辨出；另两处角台无存。城墙土质不含文化物，有的为灰黄色腐殖土，有的为含砂红土，夯土层厚度一般为10厘米左右。

城内由于全部为农家宅院占据，调查时在街道和庭院中仍见不少遗物，主要是灰陶片、粗白瓷片和布纹瓦等。

根据遗物，此城应是一座建于辽代的城址。①

26. 辽宁省法库县祝家堡子城址

城址位于法库县城南40公里依牛堡子乡祝家堡子村。此地南距辽河2.5公里，附近地势为丘陵岗地，祝家堡子村就位于岗顶上，岗上较为宽阔平坦。城建在靠近岗顶的东部，城外西面、南面和东北面皆有农民宅院，城内已辟为农田。村南有一条东西走向的辽河防护堤，堤下是农田。城址西侧外面有土崖和雨水沟，沟西为车道。城址北面也有一条东西向车道。

城为土筑，平面略呈长方形，东西宽165米，南北长130米。方向南偏西5°。四壁城墙保存基本完整，东墙近南端有两处残断；北墙中部有残缺，可能原或有门。南墙中部有一门，并有瓮城残存。其他东西两壁中间无间断，可知原来并未设门。城墙存高一般为1米，较高处为1.5米。城内中部有土台，是建筑基址遗存。

城址内遗物丰富，有大量的陶、瓷片和瓦片，并有相当数量的沟纹砖，瓷片以粗白瓷片为最多，瓦片中还有兽面瓦当和板瓦滴水。调查时，

---

① 冯永谦、温丽和：《法库县文物志》，辽宁民族出版社1996年版。

在城内北部偏东处发现一处灰层，灰层内夹杂各种陶瓷器物残片。1970年，城内曾发现一枚篆字铜印，后来卖给废品收购站。1975年10月，城址附近发现一处遗存，出土六耳大铜锅、六耳小铜锅、铜瓶、铜熨斗、铜玉壶春瓶等5件铜器，应该是元代遗物。

该城址，根据遗物看，应是一座建于辽代的城址，元代可能也利用过。①

27. 辽宁省法库县冯贝堡城址

城址位于法库县城南11公里冯贝堡乡驻地冯贝堡村东0.5公里的山岗西坡上。东1公里为英盘山。城内平坦，城外四周较低。

城址中现已辟为农田，当地人称“城里地”。城为土筑，方形，每边长200米。现城墙西壁存高2米，北壁存高3米，是全城保存最好的部分，东壁只存北段，南壁仅可辨认地面略有隆起的土岗。西壁中间辟有一城门。在城墙外侧，相距30米处有护城壕，东西两面城壕现较为清楚。

城中遗物较多，有粗瓷白釉碗片、灰陶片以及灰色布纹瓦片等，还出土多件瓷器，较为重要的有白瓷盖罐、酱釉小罐、黑釉灯盏等，都是辽金时期的遗物。当地群众在城址内田地耕作时曾发现一座小铜人立像，高5.7厘米，头顶处有一穿鼻，也是辽代常见的遗物。

据遗物推断该城为辽金时期城址。②

28. 辽宁省法库县古城堡城址

城址位于法库县城西南10公里五台子乡古井子村古城堡屯。古城堡屯处在丘陵之中，四周漫岗起伏，沟壑纵横，城西有小河东南流入尚屯水库。城址位于一个当地人称为“北山”的小山岗南面缓平的坡地上，现东墙外侧是一条南北向宽达30余米的山水沟，沟崖很深，已危及城址东墙。南、北城墙外侧的东半部也是深沟。城墙外南面、西面、北面为农家宅院，城内西北角建起住房，城内其他处均为农田。

城为夯土筑，平面呈长方形，东西宽230米，南北长280米。方向南偏西30°。南墙基本不存，其西段因有农民住宅已辟为车道，东段开垦为农田，经过询问当地群众，得知建房前城墙仍较高，并有一门，后逐渐

① 冯永谦、温丽和：《法库县文物志》，辽宁民族出版社1996年版。
② 同上。

被铲平。北墙保存较好，坍宽 10 米，存高 1.5 米，西段因近年建房，城墙为宅院占用，已不完整。西墙南段还有保存，北段成为村中街道。东墙临近山水沟，被冲毁去一小部分，但由沟坎断崖处，观察城墙剖面，存宽 4 米，存高 1 米，夯层分别为 6 厘米、8 厘米、10 厘米，以 10 厘米一层为最多。城内近南门处有一口水井，现在居民仍然使用。城内北部有土堆隆起，当为建筑台基址。

城内遗物很多，地面散布大量陶、瓷、瓦片。陶片有大型宽边折沿刺点纹陶盆口沿，瓷片都是白瓷，瓦片均为灰色布纹瓦。并发现石夯头。城内还出土有大缸、铜钱、铁锄钩、铁锄板、石臼，另有一件塔式石雕件，颇为少见。据当地群众反映，1960 年，城址外西北部，发现一座圆形砖墓，内有灰陶罐等遗物。

此城址应建于辽代。①

29. 辽宁省法库县四家子城址

城址位于法库县城西 22.5 公里四家子乡驻地四家子村。此处是八虎山西面丘陵地带，四周皆有山岗。四家子一带山岗基本为东西走向，中间形成狭长山谷，其地是交通必经之路。村南面有一条源于八虎山的小河，西流入秀水河。城址在村中部的北面山岗南坡，城外东侧有一条山水沟，冲毁部分城墙。

城为夯土筑，平面略呈长方形，南北长 230 米，东西宽 190 米。方向南偏西 30°。北墙无门，保存完整，无残断，坍宽 8.5 米，存高 3 米；墙外侧有 3 个马面，马面间距 40 米。西墙保存较好，存高 2.3 米，仅南端有公路通过，毁去 54 米；北段因村去山上的车道，挖开城墙 9 米宽；城墙外面仅存马面一座。南墙已毁坏不存，余西南角一小部分。东墙南段因山水冲刷已塌落沟中。城址四角均有角台，现西北角台完整保存，宽 10 米，存高 3.6 米。城墙夯层明显，实测西墙中段，知夯层厚度为 8—10 厘米。城内中部偏西处有小土岗，东西宽 26 米，南北长 31 米，其上灰色布纹瓦甚多；在后部近北墙处，有 3 个土台，当是城中建筑台基址。

城址内遗物丰富，城址后半部地表遍地是灰色布纹瓦片，城内东南部主要是灰陶片、白瓷片，也有酱色釉瓷片、白釉铁锈花瓷片及灰色沟纹长方砖。城内出土近千斤宋代铜钱，以城东墙附近为多，出土时一般

---

① 冯永谦、温丽和：《法库县文物志》，辽宁民族出版社 1996 年版。

盛装在缸里或六耳铁锅中。出土铜镜十余面；铜印 1 枚，印文为“宣差都提控印”；铜碗 1 件。出土铁器如马镫、马衔、六耳锅、铧、锄、锹、镐、斧、镣铐等多件。出土篦齿纹陶罐 1 件，大缸数件，石磨 1 盘，石碾砣 1 件，石臼 2 件。城内东南角还出土大量人头骨。

从出土遗物分析，城址当建于辽代，金代沿用。①

30. 辽宁省法库县徐三家子城址

城址位于法库县城西北 6 公里孟家乡徐三家子村小徐三家子屯西北 0.5 公里处。这里地势较平，城址位于农田中，四周无房舍。其东北 0.5 公里是四家子村。城西 0.5 公里是乡路，北墙外有一条小路，东墙外是徐三家子与四家子间的村路。

城墙为土筑，由于城址内外常年耕种保存较差，墙体颓宽达 30 米。城为方形，每边长 300 米，城墙现存高 1—1.5 米。城址方向南偏西 25°。南墙中间有一门址，外有瓮城，门两侧各有 2 个马面，马面间距约 50 米。西墙外侧有 4 个马面，间距 50 米。东墙保存最好，北墙西段较好，东段现较低平，东、北两墙体由于地近道路，马面遭毁坏，已无存。城墙四角均有角台，现已颓毁。城内地势较高，城外低洼。

城内发现柱础石、石磨、石锤、陶器残片和白瓷碗底、口沿、平底碟片、盆底、缸片及砖、布纹瓦与兽骨，皆辽代遗物。

这座城址应为辽代古城。②

31. 辽宁省法库县和平城址

和平城址位于法库县城东北 24 公里和平乡驻地和平村。和平村原称“公主屯”，近年才改此名称。这里是磨盘山北麓，附近山岗纵横，沟谷交错，村庄所在属丘陵地带。城建在村北 0.7 公里的低矮山岗缓平坡地上，即河边台地顶部，因此西高东低。辽河从城外东侧自北向南流过，距城 0.5 公里；西面 2 公里处有一道南北向山岭，称“帽山”；北距康平县小塔子村辽代祺州城址 2.5 公里。

城为土石混合夯筑，夯层 8—12 厘米，附近无人居住，仅城内外辟为耕地，故保存较好。平面呈方形，边长 160 米。有南北二门，方向南偏西 18°。现南墙略有残坏，但结构明晰，中部开有一门，瓮城不存。北城保

---

① 冯永谦、温丽和：《法库县文物志》，辽宁民族出版社 1996 年版。辽宁省地方志编纂委员会办公室：《辽宁省志》，辽宁人民出版社 2001 年版。

② 冯永谦、温丽和：《法库县文物志》，辽宁民族出版社 1996 年版。

存完整，门址处略有扩大。东墙完整，坍塌较甚，存高0.5米，城墙建在高地边缘，山坡下降，使墙体受到一定影响。西墙存高2.3米。城址四角有角台，但外侧未见马面痕迹。城内南北向有一条纵贯城内的南通和平村、北至小塔子村的乡道。

城内遗物一种为青铜时代的夹砂粗红陶片，火候较低，采集有残陶片和短身圆鬲足；另一种为辽代器物，有火候较高的灰色压印篦齿纹陶片、白釉微闪黄色的瓷片与灰色布纹瓦片。

这座城址应该是建在青铜时代遗址上，其建城时间，从城址有角台和所见遗物篦齿纹陶片和辽地窑场烧造的白瓷片等分析，可以较为明确地判定为辽代所建。①

32. 辽宁省大连市西马圈子土城址

辽代城址，位于辽宁省大连市金州区北18公里西马圈子村边西北甸子。土城西依三十堡河（俗称西河套），东南距东马圈子魏晋城址0.5公里，四面环绕老虎山、鞍子山、西台山、龙凤山，西北距文家限子海口3公里。

城址呈长方形，系以夯土筑成且二城相连的平原城。东及南为现代房屋侵毁，西及北多夷为耕地，现仅剩东南筑土和西北稍微隆起地面的土脊。全城南北长320米、东西宽250米，中间以隔墙分出南北城，当中有南北向门址，门道铺长条石，门宽约3米，城周长1140米，面积8万平方米。

城内曾出土大量陶瓷片及矩形槽圆础石等遗物，城外沿河东岸及其附近一带，可见鱼、龟、人面等纹饰魏晋墓砖，并有辽金时期火葬墓群。②③

33. 辽宁省瓦房店市西阳台古城

此城为辽代古城，位于辽宁省瓦房店市北部土城乡西阳台村，古城为方形，其下层文化遗物为辽金，上层文化层属于明代。这座古城址即辽之宁州。④

34. 辽宁省大连市金州区辽代苏州土城址

古城址位于辽宁省大连市金州区，在金州的砖城的外围。此城地处

---

① 冯永谦、温丽和：《法库县文物志》，辽宁民族出版社1996年版。

② 李治亭：《关东文化大辞典》，辽宁教育出版社1993年版。

③ 陈钟远：《辽代苏州城址初探》，《大连文物》1996年第2期。

④ 冯永谦：《辽宁地区辽代建置考述》，《东北地方史研究》1986年第2期。

平坦冲积地，东倚大黑山，西接沙岗旷野，南沿金（州）大（连）公路旁南河废道（也称于家洼河，其下游称胭脂河），西南屹立南山（或称扇子山），北隔北河故道（旧称金沙河、沙河），背负虎头山（也称烈士山），西北距龙王庙西海口2公里。

城系土筑，分内外两城，外城呈不规则梯形。此城长期以来虽屡遭破坏，但到1949年前后，仍可见砖城西门外、北门外、东南魁星楼下等几处残垣断壁。近年来，因多次拓展公路和平整土地，现在仅剩外城东墙一段残基。外城范围较大，周长约4050米，面积约1004850平方米。外城的东墙北起北门外东北菜地，南至金州—普兰店公路转盘附近（原来魁星楼下丛葬土崖处），南北长约1280米。今北门外菜地东边，残存一段东墙基，长175米、高不及1米，墙外有段壕堑。西墙的南段外突于西门外窑场岗地，中经玉皇庙（友谊乡政府）乡道西，北延伸至砖城西北角菜地，长约1030米。南墙由南门外客运站东延向西北第一中学路西菜地，东西长约900米，距南河50—70米。北墙自东向西南穿过两条乡道（过北河故道，通三里庄或崔家屯），经天齐庙、永庆寺（今仪表厂）后方，西逾金州—龙王庙公路，东西长约840米、距北河故道30—50米。今居民指南河岸去三里庄路面为“土门子”。城墙经此处不远的北面有段墙址，可能属城门外一道瓮墙。内城墙址沿着砖城北墙东段护城河外，从外城东墙内侧延伸有土墙基，现存东西长80米，依地面情况分析，应是内城的北墙。

内、外城址之内，陆续发现辽、金、元时期居住址的石墙和废井，先后出土梵文石经幢、各种样式石佛座、《张成墓碑》、“辽东路建安县（今盖州）”刻款铜镜、六耳铜锅、货币、卷沿陶瓮、缸胎褐釉器口、白釉褐花纹瓷片以及石础、石磨、石碾、石臼等遗物。城外于家洼曾出土金代铁镰、铁刀、铁叉等生产工具。城东南公路南侧有明代以前墓葬群。

金州土城所在位置属于历史文献记载中的辽代苏州地望。李息慎《辽史地理考》云：苏州，“今为奉天府金州厅台”。从该城形制、结构和遗物来看，属于辽、金时期城址。其规模可以和瓦房店市复州城土城、庄河县城土城子等相同年代的较大城址相比，应该是州治一类的城址。《辽史·地理志》记载：“苏州安复军节度，本高丽南苏，兴宗置。”《元一统志》说：“辽之复本扶州，又更仙州为苏州，皆迁于南部滨海之地。”金代以后，仍以金州区土城称苏州为州治。《大金国志·本纪》谈到，天眷二年（1139），苏州一度被山东张清以宋师名义渡海所破；另外从《金史·地理志》可知，皇统三年（1143）降为化成县隶属复州；兴定二年（1218）升置金州，并设治于此，为金州命名之始。据《元史》《辽东志》《张成墓碑》等记载：金州区土城在元代仍称金州。至元二十一年（1284）于城内置金复州万户府；至顺元年（1330）改作金、复州总管府；至正十七年（1357）曾被红巾军北伐中路军占领。明初洪武四年（1371）重新筑城，此土城废弃。①

35. 辽宁省瓦房店市复州城址

城址位于瓦房店市西北百余里的复州镇中。城为长方形，东墙720米、西墙740米、南墙722米、北墙765米，周长2947米。城墙高8.3米、厚5.4米、垛口墙存高1.2米。角楼已不存。城有三门，东为明通门，南为迎恩门，北为镇海门，每门前各有一瓮城，呈半圆形，直径约50米，周长约150米，瓮城城门侧开，门宽4.15米。仅南门上存石额，“□（迎）恩门”三字，城门均为拱式门券。城墙结构，底部为大块基石，在地表以上中间填黄土，表面敷砖，砖长0.38米、宽0.19米、厚0.1米。城墙大部已颓毁。

复州城始建于辽代，金代为永康县城，现存的古城是明初在辽金土城址上重建的。明洪武七年（1374）开始修筑。洪武十四年（1381），明政府在此设复州卫。原为土城，永乐四年（1406）改用砖石砌筑。清代也历经修缮。

辽代复州城的范围较大，在明代砖城之外，现南、北两面尚有土城遗迹，明清砖城的占地面积仅为辽代土城的2/3。城外东南部土丘上的永丰寺塔，原就是建造在辽代土城内的。

金代沿用。1979年被列为大连市级文物保护单位。②③

36. 辽宁省鞍山市官墙子城址

官墙子城址位于鞍山市的东鞍山与西鞍山之间的平川谷地之上，是古今南北交通必经之地。城址的东北端与鞍山城毗邻。

城址平面呈方形，方向为坐西偏南60°。“文化大革命”前，官墙子西侧城墙尚存，残高3米多，城壁宽约8米。东北西南走向长约500米。

① 陈钟远：《辽代苏州城址初探》，《大连文物》1996年第2期。
② 李治亭：《关东文化大辞典》，辽宁教育出版社1993年版。
③ 辽宁省地方志编纂委员会办公室：《辽宁省志》，辽宁人民出版社2001年版。

东北端起自鞍山城西南角，西南至今旧堡制瓦厂（原砖窑地）；至此东抹角至老车道，边长约500米，是为南墙，推测东墙起自老车道，今旧堡轧钢厂南约200米处，北至鞍山城东南角台处，北墙据说与鞍山城南墙叠压，无法辨别痕迹。现官墙子城址内均被住宅、公路、农田和工厂占用。官墙子西侧城墙，在“文化大革命”期间平整土地时被夷为农田。至今，官墙子西侧墙址内外农田仍称之“官墙里”“官墙外”。官墙子西南端早年被窑场占用，因烧砖取土，挖掉一个角，形成大面积城址剖面，清晰可见。“官墙子”南墙外50米处，有土台子之称，可能是早年的烽火台址，现已夷为平地，被旧堡钢材改制磅房占用。整个“官墙子”城址遗迹轮廓比鞍山城面积大，是一处规模可观的城址。

从实地考察和文献资料得知，“官墙子”城址及其周围有着丰富的辽代文物。20世纪20年代日本学者鸟居龙藏、梅本俊次在鞍山苗圃、台町、八卦沟、西鞍山东麓、中所屯信号灯北段等地，发现辽代画像石墓并出土二十多块画像石（今画像石照片仍存旅顺博物馆）。新中国成立后，辽宁省、鞍山市博物馆先后在鞍山市东郊、东南郊的汪家峪、羊耳峪发掘两座辽代画像石墓。1992年，刘景玉先生调查的时候，在官墙子两侧遗址和西南端窖地取土的城址剖面以及哈大公路东侧的遗址地面上采集了两件辽代白瓷器底残片。在遗址的农田里，辽白瓷、缸胎酱釉粗瓷等碎片仍零星可见。据张喜荣的《从鞍山地区出土的古代铁器和历代有关冶铁资料看鞍山冶铁业的发展》以及冯永谦的《鞍山陶官屯金代农家遗址初步研究》，得知鞍山官墙子城址内及附近地区出土许多辽金时期的文物，有铁剑、石臼、炮石、砖瓦碎片、白瓷片、铁窝子（圆形如锅，是古代的冶炼炉）。西鞍山上有不少矿洞，凿痕明显，洞中发现有早年的铁锹杆。1980年，考古工作者李嵩岩等在西鞍山矿洞里发现一个砌筑的石桌，石桌上留有铁制油灯，桌下有一件残破的粗瓷白釉碗以及鸡腿罐口沿残片等典型辽代遗物。

《辽史》卷三十三《营卫志·部族》记载：曷苏部初取诸宫及横帐大族（横帐三父房族）奴隶，置曷术石烈，曷术，铁也，圣宗以户口藩息置部，属东京都部署司。《辽志》卷八载：东平县产铁，聚户三百采炼，随征输赋。今各州县皆有之。《东北通史》载：辽代上京、东京、中京三道户丁数目其中，东京道辽阳府鹤野县，户一千二百，丁二千四百。由此可见，辽代将“诸宫及横帐大族奴隶”与女真豪右数千户迁于辽南之首山—鞍山一带而著籍，开采这一带的铁矿是极为可信的。

从地理位置、遗址特点、文化内涵等方面的情况，结合历史文献加以分析，可以得知官墙子在辽代属于东京道辽阳府鹤野县、长宜镇，曷苏馆在其地，金代更名为新昌镇。学术界多倾向该城址为辽代铁州。①

37. 辽宁省鞍山市台安孙城子城址

城址位于鞍山市台安县新开河乡孙城子村东的台地上，东距辽河 4 公里，西距柳河 1 公里。城址建在村东“城子岗”的岗上，地势西高东低。

城址平面近方形，边长 200 余米，面积约 4.2 万平方米。城为夯土筑壁，现隆起地面高约 0.5—1 米，宽 8—10 米。南壁为耕地所破坏，门址不详。1980 年文物普查时，于城内先后发现西汉“半两”与“五铢”钱，还有铁铧、铁镢、铁刀、铁镞和瓦片、陶器残片等。在附近的沙岗、王家坟、东砣子等地，曾发现过汉墓和绳纹砖。在地面上还散布有辽金时代的砖瓦、白瓷片与铁器等。

从城址和其附近所发现的遗物分析，从汉魏至辽金时期，均有人居住。②

38. 辽宁省海城市析木城城址

城址为辽代城址，位于辽宁省海城市东南 20 公里的析木城镇。辽代置铜州析木县于此，金代属澄州，析木城一名沿用至今。城址为土筑方形，周长 1 公里，有东西两个门。城南有山，金代称鸡山。城内西北有六角七级砖塔一座。③

39. 辽宁省抚顺市高尔山前城址

该城为辽代城址，位于辽宁省抚顺市火车站与高尔山前平地上，地处浑河北岸，城为土筑方形，现已夷平。城内曾出土有兽面瓦当、布纹瓦和辽代瓷片。城址北部高尔山上，至今保存一座八角十三级密檐式辽代砖塔，学术界认为该城是辽代贵德州。

《辽史·地理志》：“贵德州，宁远军，下，节度。……太宗时察割以所俘汉民置，后以弑逆诛，没入焉。圣宗建贵德军，后更名。有陀河、大宝山，隶崇德宫，兵事属东京都部署司，统县二，贵德县……奉

① 辽宁省地方志编纂委员会办公室：《辽宁省志》，辽宁人民出版社 2001 年版。李治亭：《关东文化大辞典》，辽宁教育出版社 1993 年版。刘景玉：《辽代“官墙子”鹤野县址考》，《鞍山社会科学》1992 年第 1 期。

② 辽宁省地方志编纂委员会办公室：《辽宁省志》，辽宁人民出版社 2001 年版。

③ 李治亭：《关东文化大辞典》，辽宁教育出版社 1993 年版。

德县……”《武经总要》前集卷二二：“贵州（贵德州）古城方二十里，东、南、北皆生女真界，西至沈州八十里。”《辽东志》卷一地理志沿革门，“（沈阳卫）本朝洪武二十年设卫治，领五千户所，又以城东北八十里古贵德州地设抚顺千户所”。同卷山川门，铁岭卫：“小清河，城南六十里，源出归德州南山，西流经懿路城。南流入辽河。”又同卷古迹门：“贵德县，沈阳城东南三十里，浑河口西，今为屯营。”《读史方舆纪要》《奉天通志》《辽宁史迹资料》都有关于该城的记载。①②

40. 辽宁省本溪市桓仁县下古城子城址

该城为一座平原城，始建于高句丽早期。位于辽宁桓仁县西 4 公里的浑江岸边，城垣夯土筑。北墙残长 241.5 米，西墙残长 162 米，南墙残长 188.6 米。

遗迹多集中于西北和东南角。出土有高句丽的红灰色桥状横器耳、口沿、兽面瓦当和石矛、石斧、石镞、石网坠等，以及辽金时期的灰色布纹瓦、砖、白瓷片等。

根据出土遗物，该城为高句丽所建，辽金沿用。③

41. 辽宁省丹东市叆河尖城址

城址位于丹东市振安区九连城镇上尖村，坐落在鸭绿江与叆河交汇所形成的大沙州上。北靠叆河，东临鸭绿江与朝鲜相望，城址于 1961 年发现。城址呈方形，石基土筑，方位南偏西 20°，南北长 600 米，东西宽 500 米，总面积 30 万平方米。城垣多已夷平，仅东北、西南两角尚较明显，高度不足 1 米，石砌城脚埋入地下深约 1 米。城门址不清。城内西北角有高出地面 1.5 米的土台，呈方形，长宽均为 100 米，面积约为 1 万平方米。地面上布满汉、高句丽、辽金时期瓦砾和陶器碎片。城外南部和东部是汉代墓葬群，城南是石板墓，城东多为积石墓。

根据古城形制和出土遗物分析，叆河尖古城始筑于西汉，后为高句丽和辽金沿用。1963 年 9 月将其列为辽宁省级文物保护单位。④

42. 辽宁省东港市西土城（辽穆州城）城址

西土城城址位于辽宁省东港市西土城张家沟屯南 30 米处，遗址位于

---

① 李治亭：《关东文化大辞典》，辽宁教育出版社 1993 年版。

② 谭其骧：《〈中国历史地图集〉释文汇编·东北卷》，中央民族学院出版社 1988 年版。

③ 李治亭：《关东文化大辞典》，辽宁教育出版社 1993 年版。

④ 辽宁省地方志编纂委员会办公室：《辽宁省志》，辽宁人民出版社 2001 年版。

由北向南流去的小洋河的东西两岸，主要分布在河的西岸，河西遗址南北长750米，东西宽200米，遗址越往西越狭窄，呈三角形，面积7500平方米，小洋河流过遗址一段的东西两岸现在筑有防洪堤，两堤间的距离近百米，常年流水的河道宽约40米，河道两侧的河床各宽30米左右，在河床上和东河堤外50米左右的范围内均发现许多遗物。遗址的北侧3公里处，有一座东西走向的朝阳山，东2.5公里与东土城（丘陵地）相邻，西侧紧邻山地，哑巴沟河由西北向东南在遗址旁流过，注入小洋河，南侧是一片开阔平坦的稻田地。1981年文物普查时发现，1990年10月再次进行调查。

调查时候，打了三十多个探孔，发现土层堆积共四层，第一层耕土层中发现含有古代的砖瓦瓷片，第二层沙层成分比较纯净，第三层黑土层（文化层）中含有辽代和明代的陶、瓷器残片以及布纹灰瓦。在调查中采集大量文物，主要有板瓦、脊瓦、小筒瓦、檐瓦、滴水瓦、青砖、铁铧、陶罐、酿造器、泥盆、瓷碗、瓷碟、瓷罐、发卡、唐宋时期的货币等。

遗址所在地称为西土城，所以该遗址应该是一处古代城址。辽代统治时期，在辽东设东京辽阳府，其统辖下的丹东地区设置有宣州、穆州、开州、蒲州和来元城……

王传璞、祝延学、李华东通过调查，发现西土城遗址内除明代遗物外，还有许多辽代遗物，如生产工具、建筑材料和生活用具等，据此推断为辽代的城址，明代沿用。另外，就其遗址的规模看，若计算小洋河流过的部分，遗址面积应在十多万平方米，可见不是一般的居住址，在西土城遗址周围地区还没有发现其他辽代城址，故暂时推断西土城遗址是辽代的穆州城址。

《辽史·地理志》："穆州保和军，刺史。本渤海会农郡……户三百，隶开州，东北至开州一百二十里，统县一，会农县。"杨守敬《辽地理志图》北一卷东二下置穆州于今小洋河西岸，《〈中国历史地图集〉释文汇编·东北卷》据此将穆州标记在今东港市小洋河附近，具体位置不确定。①②

---

① 王传璞、祝延学、李华东：《东沟县新立西土城遗址调查简报》，《中国考古集成》（东北卷），北京出版社1996年版。

② 谭其骧：《〈中国历史地图集〉释文汇编·东北卷》，中央民族学院出版社1988年版。

43. 辽宁省东港市金代大宁镇城址

1986年丹东市文物复查，在东港市小甸子乡牌楼村下王屯调查古铁铧出土地点时，当地农民介绍前几年在挖沟塘时发现了古地垅，古地垅在铁铧出土地点西北方向150米处。在古地垅地层中，第一层为近现代文物，第二层稍晚一些，第三层为明代文物，第四层为辽、金时期遗物也有少量明代文物。通过对古地垅的探查及分析古洋河河道的变迁，大致可以了解金代大宁镇的地理位置。

据《岫岩志略》城池部分引用《盛京通志》记载以下两座古城：一为“盖平城东二百四十里有新岫岩城，周围一百步一门惟余土基”。二为“今盖平城东二百五十里有旧岫岩城周围二里三百零四步西南二门，按金志升盖州大宁镇为岫岩县即此”。据此记载，1949年后史学部门为寻找古代大宁镇的确切位置做了很多工作，但至今无确切定论，依今天的大洋河流经县城区域已无法与史料所载地理位置相吻合。通过对城内的考古发掘和勘探，对地下出土遗物与地层关系的分析所得，古洋河流经线路的两种推论对我们寻找金代大宁镇的具体方位提出了可研究的实物证据。按第一种推论，大宁镇位置应在岫岩镇的东北部，中国历史地图集把岫岩古城大宁镇标注在河东北。咸丰七年（1857）编修的《岫岩志略》记载，有旧土城在今城之北，周围八里四面四门，其东、西、南三面已无迹可寻，唯北一面在今公和店胡同之西一带。当时提到的今城是指济尔哈朗所建但又经过扩建的砖城，今砖城北墙在电影院和粮油加工厂一带，前几年城建局挖下水道时发现古城砖和城基大块条石，按此证明“城之北”与“洋河东北”是相吻合的。第二种推论与第一种推论有相似之处，即洋河以东或洋河东北这一大片土地，古大宁镇的遗存在此是不可置疑的。①

44. 辽宁省凤城县大堡古城

凤城县东北20公里大堡村辽代城址，是辽代延州、穆州之外唯一的一座较大的辽代古城址。据冯永谦考证，凤城大堡古城为辽代贺州。②

45. 辽宁省凤城县辽代开州古城址

《辽史·地理志》：“开州镇国军，节度。本秽貊地，高丽为庆州，渤

① 崔双来：《从东沟岫岩发现古地垅谈河流变迁、沉积及金代大宁镇地理位置》，《中国考古集成》（东北卷），北京出版社1996年版。

② 冯永谦：《辽宁地区辽代建置考述》，《东北地方史研究》1986年第2期。

海为东京龙原府，有宫殿，都督庆、盐、穆、贺四州事。……叠石为城，周围二十里。……太祖平渤海，徙其民于大部落，城遂废。圣宗伐高丽还，周览城基，复加完葺。开泰三年，迁双、韩二州千余户实之，号开封府开远军节度，更名镇国军，隶东京留守，兵事属东京统军司，统州三，县一。”

金毓黻《东北通史》卷五谓：“辽之开州，本为渤海庆州所徙置，《志》云，高丽为庆州，殊误，东京龙原府凡领四州，而庆为首州。……《辽史》之例，凡诸京府之首州，每遗其州，而专标京府。”同书同卷称：“辽灭渤海之后，改建东丹国，迁于辽阳。东丹国都既徙，而渤海诸府州亦随之俱迁。上京、中京之民多迁辽阳，东京之民迁于开州，即今凤城；南京之民迁于海州，即今海城。其所领诸州之名或仍其旧，如开州所统之盐、穆、贺三州是也。”金毓黻先生所言甚是。渤海东京龙原府在上京龙泉府东南，今地为吉林省珲春市境内之半拉城子。东丹国迁都时，龙泉府首州庆州迁至今辽宁省凤城县，称开州。辽圣宗统和末伐高丽还，曾对开州城加以完葺，开泰三年（1014）又迁户实之，号开封府，开远军，节度，旋更名镇国军。

《辽东志》卷一地理志古迹项下：“开州城，辽阳城东二百六十里，即今凤凰山堡。”《读史方舆纪要》卷三七：“凤凰城，（辽东都指挥使）司东南三百五十里，其相近有凤凰山，山上有垒石古城，可屯十万众。”凤凰山在今凤城县治东南十里，上有山城，可能是高句丽乌骨城遗址。清乾隆四十四年（1779）重修《盛京通志》卷一〇〇：“开州即今凤凰城。”据此，辽代开州故址应为今凤城县治。《辽东志》谓开州城即今凤凰山堡，有误。①

46. 辽宁省北镇市广宁（显州）城址

显州城，位于广宁（今北宁市唐代称为广宁）城内鼓楼以北。城为夯土筑城，呈长方形，南北长1000米，东西宽1500米，总面积150万平方米。城墙的南墙中部辟有一门，今鼓楼所在地即为原显州城之南门。现城址被明代广宁城墙垣所取代。城内出土大量辽代遗物。城内东北隅的崇兴寺前矗立有辽代所建八角十三层密檐式双塔。

《辽史·地理志》：“显州，奉先军，上，节度。本渤海显德府地，世

① 谭其骧：《〈中国历史地图集〉释文汇编·东北卷》，中央民族学院出版社1988年版。

宗置以奉显陵。……州在（医巫闾）山东南，有十三山，有沙河。统州三，县三。”辽显州治奉先县，金太宗天会八年改为钟秀县，隶广宁府，今地在辽宁省北镇市西南 2.5 公里北镇庙。李慎儒《辽史地理志考》卷二：“辽之奉先县故城，在今广宁城西南三里，周二里有奇，当即辽代之显州治，金改为钟秀县，故今谓为钟秀故城。”《北镇县志》卷二地理志古迹下（1933 年印行）：“钟秀县本辽奉先县，金改钟秀城，属广宁府。……在今县城西南五里许。清光绪壬辰年（1892）重修北镇庙，工人于庙前掘土，得石额一方，上刻有‘钟秀城’三字。”《奉天通志》卷五五载：“按近年北镇庙前出土石额曰钟秀城，是显州所治之奉先县后改钟秀者，即在今北镇城附近。”①②

47. 辽宁省北镇市嘉州（二十里堡）城址

城址位于窟窿台乡二十里堡村东 50 米处。东北距窟窿台乡政府 2.5 公里，东南距五台子村 1.5 公里，西南距三台子村 1.8 公里，西北距关山村 1.3 公里。

这座城址平面略呈长方形，现保存完好。南北长 350 米，东西宽 320 米，周长 1340 米，城内面积 11.2 万平方米。城墙存高 2—3 米不等，夯层明显，厚 10 厘米左右。下部保留有两层石条砌筑的墙基。城墙中不见其他夹杂物，但在城墙 1.8 米处，普遍有一层厚 30 厘米的杂土层，层中夹杂有辽代的碎砖瓦、陶瓷片等，因此可知这当为金元时期修补城墙时造成的现象。墙外有护城河槽遗迹。城内平坦，高于四周耕地 30 厘米，文化层很厚，有的地方可达 2.5 米。遗物有砖瓦和陶瓷器片，还出土石臼、柱础石等。

从该城的规模布局及所发现的遗物，冯永谦先生将其考证为辽嘉州城址。③

48. 辽宁省北镇市乾州（小常屯）城址

城址位于广宁城西南的北镇庙前。东北距北镇县城 3.5 公里，东南距小常屯村 150 米，西距医巫闾山 4.5 公里，北距北镇庙 200 米。

乾州城平面呈长方形，全部为夯土版筑，南北长 1500 米，东西宽 625 米，周长 4250 米，城内占地面积为 937500 平方米。现城墙虽颓坍，

① 赵杰、周洪山：《北宁市文物志》，辽宁民族出版社 1996 年版。

② 谭其骧：《〈中国历史地图集〉释文汇编·东北卷》，中央民族学院出版社 1988 年版。

③ 赵杰、周洪山：《北宁市文物志》，辽宁民族出版社 1996 年版。

但仍清晰可辨。城东北部仍遗留有一段东西长 60 米、存高 1.5 米的墙基址。1986 年经北镇县文物保管所勘探，得知该城土墙底部宽为 3.5 米，夯层明显，厚 11 厘米左右。城内地势平坦，表面散布有大量沟纹砖、琉璃瓦和陶瓷片等，尤其以南半部最为丰富。在城址的西南部有大面积灰陶瓮、罐及陶器残片堆积。在城外南部 200 米处发现窑址两座。窑址附近堆积有大量琉璃瓦、筒瓦及吻兽等半成品建筑饰件，其板瓦的火候高、硬度高，叩之有声。大板瓦长 35 ×30 ×6 厘米。同时还曾出土过大石臼、三彩器残片及铜钱等。

1983 年，北镇县人民政府公布该城址为县级文物保护单位。

《辽史·地理志》："乾州，广德军，上，节度。本汉无虑县地，圣宗统和三年置，以奉景宗乾陵。统州一、县四。"《武经总要》前集卷二二："乾州在医巫闾山之南，古辽泽之地。虏主景宗陵寝在焉。今置广德军节度，兼山陵都部署。东至显州八里，西南至银治砦二十五里，西至辽州六十里，北至兔儿桥四十里。"许亢宗《奉使行程录》第二十二程载："契丹兀欲葬于此山（医巫闾山），离州（显州）七里，别建乾州，以奉陵寝，今尽为金人毁掘"。王寂《辽东行部志》："闾阳，辽时乾州也。承天皇太后葬景宗于先茔陵之东南，建城曰乾州，取其陵在西北隅，故以名焉。本朝以其县去广宁府五里，改州为县"。另外，《满洲源流考》《奉天通志》《宋会要稿·蕃夷二》《续资治通鉴长编》等书对乾州都有记载或考证。①

49. 辽宁省北镇市土堡子城址

城址位于高丽板乡土堡子村，东距西沙河 2.3 公里，西南距佟屯村 2.2 公里，西距焦家窝棚村 5 公里，北距张三家子村 2.5 公里。

城址平面略呈长方形，为夯土筑城，因年代久远，地面已夷为平地，城址被居民房宅占用，四至及规模已无法勘定。据《北镇县志》载："土堡子城，在城东三十里，周围一里，今废。"可知在民国年间城址犹能辨识。经调查城址内地势平坦，仍残存有大量辽代遗物，且文化层较厚，发现有沟纹砖、陶瓷器残片等。根据城内现存遗物考察，当为辽代城址。②

---

① 赵杰、周洪山：《北宁市文物志》，辽宁民族出版社 1996 年版。谭其骧：《〈中国历史地图集〉释文汇编·东北卷》，中央民族学院出版社 1988 年版。

② 赵杰、周洪山：《北宁市文物志》，辽宁民族出版社 1996 年版。

50. 辽宁省北镇市高力板城址

城址位于高力板乡高力板村。东距石桥子村 2 公里，南距土城子村 1.5 公里，西距西沙河 2 公里，北距南窑村 2.2 公里。

据《北镇县志》和《广宁县志》等载："高力板城，城东三十三里，周围一里，今城无存。"据调查，今城址地面夷为平地，城址无存，多被居民房宅占用。城内散布大量辽代遗物。主要有沟纹砖、布纹瓦、陶罐、盆、瓷器残片等。根据所发现的遗物，高力板城当为辽代城址。[①]

51. 辽宁省北镇市开州村城址

开州村城址，位于锦州市北 25 公里，义县南 25 公里，医巫闾山西部、大凌河西岸的义县七里河乡开州村。古城上层为明代开州铺驿城址，下层才是辽金时代的城址，城为方形，残存长度约 250 米，文化层很厚，最厚达 180 厘米，出土的遗物有辽金时期的瓷器和金代的黑彩花纹瓷州窑瓷器废片，以及铁器，特别多的是辽金时期的建筑材料。在古城中，还发现了金泰和元年"维大金国开义县净利夺志钟之碑"一甬。

按《金史·地理志》记载："义州开义县，辽海北州广化军故名，熙宗皇统三年废州来属，镇一，饶庆。"《辽史·地理志》海北条记载："海北州，广化军刺史，世宗以所俘汉户置，地在闾山之西，南海之北，初隶宜州后属乾州，统县一，开义县。"说明开义县为辽金时期的县城，也说明开义县城的位置在辽宁省北镇县的医巫闾山之西，渤海（辽东湾）的北都。金泰和元年"维大金国开义县净利夺志钟之碑"更进一步证实开州古城为金代开义县城址，亦即辽海北州开义县城址。[②③]

52. 辽宁省北镇市间阳乡古城子城址

间阳乡古城子城址位于今北镇市西南约 30 公里的间阳驿乡，即金大定十四年（1174）王寂所去的间阳新县。这是间阳的新县，其地方经考察，在今北镇县西南 30 公里间阳乡的古城子，也叫后城，城址犹存，近方形，南部土墙残长约 200 米，西部残长约 120 米，基宽约 3 米，系土造，采用"夹棍筑法"筑城。在城址中尚出土有金代铜钱及瓷器残片等。证明属金代城址，也就是间阳新县城址。因与王寂所去的间阳新

---

① 赵杰、周洪山：《北宁市文物志》，辽宁民族出版社 1996 年版。

② 同上。

③ 刘谦：《金代行政建置——义州、锦州、广宁府等县城址考》，《辽金契丹女真史研究》1984 年第 3、4 期。

县基本一致，所以确定为金代闾阳新县。金闾阳县，《辽史·地理志》不见记碑，但在《金史·地理志》广宁府闾阳条下有记载："闾阳，辽乾州广德军，以奉乾陵，故名奉陵县。天会八年废州更名来属，有凌河。有景宗乾陵。镇二，闾阳、衡家。"就奉陵县来说，在《辽史·地理志》乾州条中记载是："乾州广德军……奉陵县。"据此，可能是金占据辽奉陵所更名。其地点按《辽东志》记载在北镇县西七里地地方。"乾州城，在广宁（今北镇县）城西南七里，本汉无虑县地，辽置乾州广德军，今废。"经考察乾州城即奉陵县城，确在今北镇县西 2.5 公里的古城子地方，城址尚存。今闾阳乡古城子城址是闾阳新县，即金代新建的闾阳县。同时此城也是明代的闾阳城，城为砖造，建筑在金城之上，现在砖已拆除，只存土基。《锦州府志》卷三有记载："明闾阳驿城，城西五十里，周二里五十步西、北二门。"所以说金代的闾阳新县也是明代的闾阳驿。①

53. 辽宁省黑山县芳山镇乡公敖村古城址

古城址在北镇市（辽时显州）东 75 公里，属今辽宁省黑山县芳山镇乡公敖村。

城为方形，每边长 400 米，墙基厚 4 米，高约 10 米，南一门，土造，系采用"夹棍筑城注"筑造而成。在城址上，尚保存有用夹棍筑法筑城时留下的"柱洞"。在城北还发现金代瓷器片等遗物。因此，证明该城为金代建筑。还在城西 2.5 公里发现一座塔的遗址，此塔及城，在明代尚保留着，称为"望平县塔和望平县城"。

《辽史·地理志》显州条中有山东县，其下注文说："本汉望平县，穆宗割渤海永丰县民为陵户，隶积庆宫。"《金史·地理志》广宁府条记载："广宁旧名山东县，大定二十九年更名，有辽世宗显按。寨二：闾城，兔儿窝；望平，大定二十九年升梁渔务置。镇二：梁渔务，山西店。"

刘谦根据以上记载，认为该城是金代的望平县，不是因袭辽代的山东县，而是由梁渔务镇上升为县的。其地点，按宋许亢宗《奉使行程录》记载，在显州东一百五十里地方，"显州（今北镇县）九十里至兔儿窝，六十里至梁渔务"。又《辽东志·古迹》条中记载："望平废县，在广宁

① 刘谦：《金代行政建置——义州、锦州、广宁府等县城址考》，《辽金契丹女真史研究》1984 年第 3、4 期。

（今北镇县）东北一百五十华里，汉置又废，辽置山东县（这一记载，与《金史·地理志》记载有差异），金复故名，元省入钟秀，后复置，本朝省”。这里记载的里程、方位与发现的公敖古城位置完全一致。因之推论该地为金代望平县城。

金大定十七年（1177）王寂治狱时也曾经过其处，也与上述所在的塔和城址相一致，又可为证也。①

54. 辽宁省锦州市义县永宁铺古城

该城为辽代古城，位于今辽宁省义县东北28公里永宁铺城下，义县九道岭乡白旗堡村（冯永谦的《辽宁地区辽代建置考述》中写作永宁铺村），大凌河与细河汇流处。城分上下两层，上层是明代永宁铺城，原为砖造，现在砖已拆除，只存土基；其下就是辽金时代的弘政县城址。这座城址为方形，每边各长500米，墙高3.15米，土造，系采用“夹棍筑法”而筑城。在城墙的立面仍保留有在建筑时用作连结内外夹棍的横木遗孔，孔径一般为10厘米，都是一排排地存放着，每排洞孔，上下相距50厘米，孔距20—40厘米不等。遗址中出土有辽代绳状沟纹砖、布纹瓦与白瓷、白釉黑花瓷片等。此城在辽代以纺织著名，《辽史·地理志》记载“民工织紝多技巧”。

据冯永谦先生考证，此城址为辽代之黔州，兴中府辖郡。刘谦先生则推断明永宁铺城下的古城为辽金时期的弘政县城。依据如下：

“宜州，辽置，金改义州即今义州城”也。按《金史·地理志》记载：“义州下崇义军节度使，辽宜州，天德三年更名，县三，镇一，弘政，开义、同昌，镇一，饶庆。”因“金袭辽制”，所以说金代的弘政县就是辽代的弘政县。

据《广宁县志》卷一记载：“弘政县，义州东北三十五里，辽置，东宜州，金因之。”同书卷二记载：“永宁铺城，义州东北二十五里，周围二里一百八十步，南门。”据明《辽东志》卷一记载：“弘政废县在义州城东北十五里。”

所以推论此为辽金时代的弘政县城。无论在方向、里程和出土遗物等各方面印证，都说明明永宁铺城下的古城为辽金时期的弘政

---

① 刘谦：《金代行政建置——义州、锦州、广宁府等县城址考》，《辽金契丹女真史研究》1984年第3、4期。

县城。[1]

55. 辽宁省锦州市义县辽金开义县城址

开义县城址位于辽宁省锦州市义县七里河镇开州村西高东低的坡地上，北距县城25公里。

此城址发现于20世纪50年代，据当时调查人刘谦著《锦州名寺考》记载："根据1955年8月的考察，其城址的地点在今锦州北五十华里，义县南五十华里，医巫闾山西南部，大凌河西岸的义县七里河开州村……古城上层为明代开州铺驿城址，下层才是辽金时代的城址。城为方形，残长约250米，文化层很厚，最厚处达1.80米。出土遗物有辽金时期的瓷器和金代的黑彩花纹磁州窑瓷器残片，以及铁器，特别多的是辽金时期的建筑上用过的残砖碎瓦。这个城中出土的遗物……证明开州是金代古城址。在调查古城时，还发现了金泰和元年'维大金国开义县净胜寺志钟之碑'一座。更进一步证实开州古城为金代开义县城址，也即辽海北州开义县城址。"

1973年，古城址出土一件具有明显辽代陶器特征的陶壶，高21厘米、口径7厘米、底径8厘米，折沿小口，鼓腹平底，现藏义县文管所。1981年4月文物普查时，残存的夯土城垣仅剩下长约6米的一段，残高1.5米、宽2米。城址小河边还堆积着古陶瓷残片和砖瓦碎块。上述"维大金国开义县净胜寺志钟之碑"已经毁坏无存，碑文现收录于《义县志·艺文志》。

关于开义县，史志记载颇多。《辽史·地理志》海北条下："海北州，广化军刺史，世宗以所俘汉户置。地在闾山之西，南海之北。初隶宜州后属乾州，统县一：开义县。"宜州条下："宜州，崇义军，上，节度。统县二：弘政县。开义县。初隶海北州，后来属……"《金史·地理志(上)》："义州，下，崇义军节度使。辽宜州，天德三年更州名。县三镇一：弘政、开义……"《盛京通志》："锦州府所属义州，金置崇义军，统弘政、开义、同昌三县。"《义县志》："开州城，在城南四十里，周一里，城毁。辽置开义县，金因之，元废，今为开州屯。"

结合文献和考察资料，开州村古城遗址是辽金时期的开义县城址无

---

① 冯永谦：《辽宁地区辽代建置考述》。刘谦：《金代行政建置——义州、锦州、广宁府等县城址考》，《辽金契丹女真史研究》1984年第3、4期。

疑。1973年8月20日，该城址被公布为县级文物保护单位。①

56. 辽宁省锦州市义县辽、金弘政县城址

弘政县城址位于辽宁省锦州市义县九道岭镇复兴堡村东侧细河西岸，西南距大凌河约1公里，西距义县城12.5公里。

此城址也是发现于20世纪50年代，当时有残高1.5米的夯土城垣90米。城址地势平坦，沙淤土质，地表暴露遗物有辽金时期陶瓷器皿残片等。近年来，在城址附近还多次出土古钱币，有辽金时期的铜钱、汉代五铢钱和战国刀币等。古钱币出土可以证实自战国时期始，这里就有人居住生活。

根据《辽史·地理志》："宜州，崇义军，上，节度。统县二：弘政县。开义县。"和《金史·地理志（上）》："义州，下，崇义军节度使。辽宜州，天德三年更州名。县三镇一：弘政，有凌河"的记载可知，弘政县历史上曾隶属辽宜州和金义州。从"弘政，有凌河"的记叙看，其故城当在大凌河附近，而今发现夯土城垣的地方，有大凌河在其西南侧蜿蜒向东南流去。

从夯土城垣所处的地理位置、出土遗物和辽金史书记载看，此地为辽、金两朝的弘政县城址，已确认无疑。1973年8月20日，该遗址被公布为县级文物保护单位。②

57. 辽宁省锦州市辽金时期永乐县城址

永乐县城是辽西地区的一个辽代重要县城，长期没有发现，一直到1982年4月19日，刘谦在锦州节西关外才发现它，因为它全部被压在明代广宁中卫城之下，因建筑关系拆除明城，才把这个辽金时期重要的古城暴露出来。城墙残高2.2米，基残宽4米，土造，系采用唐宋以来的"夹棍筑法"筑成。在城墙的立面上，现在仍然保留着一排排筑城时用作连系内外夹棍的横木孔洞，洞孔为10厘米，每排洞孔间距40—50厘米，上下排间距60厘米。在城墙址内，还发现辽代布纹瓦，证明此城为辽代城，也应是金代城，金袭辽制，也就是辽金时期的永乐县城。金锦州永乐县即是辽代的永乐县。《金史·地理志》锦州条记载："锦州下临海军节度使，旧隶兴中府，后来属……县三，永乐、安昌、神水。"永乐县是

① 义县文化志编写领导小组编：《义县文化志》，1987年印刷，内部资料。

② 同上。

锦州的一县，也是辽代的永乐县。《辽史·地理志》记载：“锦州临海军中节度，本汉辽东无虑县。慕容皝置西乐县。太祖以汉俘建州。统州一，县二，永乐县、安真县。”《读史方舆纪要》永乐条记载：“永乐废县，今之卫治（广宁中屯卫治），辽置锦州治，金因之，元省州入县，明朝改州置卫，因旧城修筑，周五里有奇，”可以为证。在城中尚保存有辽清宁三年（1057）修建的广济寺及舍利塔等遗构。金大定十五年（1175）审理冤狱的王寂曾到过锦州广济寺。

五代时，晋出帝石重贵，被契丹太宗耶律德光所俘，贬为负义侯，遣送黄龙府流放，也路过锦州。就此辽代的永乐县城，也是后来金代因袭的永乐县城。①

58. 辽宁省葫芦岛市郜集屯小荒地山城

锦州市小荒地山城位于郜集屯乡小荒地村北，以东西流向的女儿河干流为坐标，位于河之北面，该城南部的西段紧靠小荒地方城。该城依山势起伏，沿山脊而筑，当地群众称为外城。山城北高南低，呈东西向横长的袋状，内长约 1300 米。北、东、西三面城垣清晰可辨，均为土石混筑，城墙残高 2—5 米，其中以北墙和东墙保存较好。谷底城墙即为北门，口宽 6 米。东侧和西侧城墙，利用自然隆起的丘梁，稍加筑起。两翼城墙环成弓形合拢，沿山梁的自然走向，由北向南延伸。城的东北角是制高点，至小荒地方城北墙一线的断崖处终止，内外高差约 3 米。南墙不明显，已垦为满坡状的耕地。小荒地山城是春秋、战国、汉代连续衔接的古城，根据城内遗物，辽金时期也曾沿用。②

59. 辽宁省葫芦岛市郜集屯小荒地方城

小荒地方城位于郜集屯乡小荒地山城西南，南距女儿河 2 公里，在虹螺山北 4 公里。原属锦西县辖地，东距锦州市区 30 多公里，以东西流向的女儿河干流为坐标，位于河之北面，现为小荒地村小学校所在地，校舍建在古城中央，围绕学校周围的城基遗址犹在。

城址近似正方形，每边长 200 余米，夯土筑墙，南有一门。以北墙保存最为完整，最高处有 4 米多，夯层清晰，夯墙的中部有成排的圆洞形的拉棍木柱洞。东西两侧城基存高 1—3 米，南墙毁坍较甚。对面是东西

① 刘谦：《金代行政建置——义州、锦州、广宁府等县城址考》，《辽金契丹女真史研究》1984 年第 3、4 期。

② 辽宁省地方志编纂委员会办公室：《辽宁省志》，辽宁人民出版社 2001 年版。

向的车马大道，有一城门。墙多半为后期修补。

城内遗物有大量汉代绳纹砖和零星的辽金时期的布纹瓦、沟纹砖、白瓷片等。小荒地方城是春秋、战国、汉代连续衔接的古城，根据城内遗物，辽金时期也曾沿用。

刘谦先生认为：这个城发现在锦州西32.5公里的台集屯荒地村，南距女儿河（即本文所说的“女河川”）2公里，4公里为虹螺山（辽时称胡僧山，元时有此名），40公里至朝阳（即兴中府地），西至金安昌县25公里，在西至建昌县60公里。金神水是承袭辽制的。《金史·地理志》锦州下神水注中说：“辽开泰二年置，皇统三年为镇，大定二十九年复升为县，有土河。”说明神水县乃锦州中的一县。然而在《辽史·地理志》锦州条下，并无神水县记载，只在《辽史·圣宗本纪》中有记载：“开泰二年二月丙子，沼以麦务川为象雷县，女河川为神水县”，并且列入大定府的辖县。这个记载可能有出入，因为“女河川”的位置在锦州辖境，清初时称为“女河”，省去了“川”字，现在称为“女儿河”，又在“女”字后面加上了一个“儿”字助词。就名称的变化来看，都是对“女河川”的称呼，只不过在名称上有的简称，有的添上了助词罢了。所以说因“女河川”而设立的神水县应在女河川，女河川在锦州，神水县也应在锦州境内。在金大定二十九年（1189）立的神水县，已明确列为锦州属县，可以为证。墙址中发现辽代砖瓦，遗址中出土了辽金时期的瓷器残片，说明此城为辽金时代的古城。同时也推定其为金代的神水县城址。①

60. 辽宁省葫芦岛市邰集屯英房村城址

英房村城址在女儿河北岸，原属锦西县辖地，现在的葫芦岛市邰集屯火车站西南农药厂所在地的临河台地上，北距小荒地方城1公里，当地群众称城子地。女儿河由西北来，绕经城址西、南而东流。城为土筑方形，东西宽280米，南北长230米。城墙已无存。农药厂的西墙打破了古城址的东部城墙，部分城址即在农药厂院内。在农药厂西侧围墙外的临河台地的断崖处，保留着一段明显的夯筑城基，城基高出河面2—3米，夯层厚约10厘米。城西南角被女儿河冲毁，夯土墙残高2.2米，

① 辽宁省地方志编纂委员会办公室：《辽宁省志》，辽宁人民出版社2001年版。刘谦：《金代行政建置——义州、锦州、广宁府等县城址考》，《辽金契丹女真史研究》1984年第3、4期。

每层厚约 10 厘米。北墙东端大部分被取土挖掉，残存部分露出成排的穿棍洞。

英房城址分别是春秋、战国、汉代连续衔接的古城，根据城内遗物，辽金时期也曾沿用。[①]

61. 辽宁省葫芦岛市暖池塘乡安昌岘城址

安昌岘城址位于今葫芦岛市暖池塘乡安昌岘村，南临女儿河。根据 1954 年 10 月 7 日刘谦先生的考察，城址已成为村民居住地，城址只存遗迹，南北残长 180 米，东西长约 200 米。城东有一小山，群众称之为东山，山上建有七级砖塔一座，塔南侧立有金天德四年“锦州安昌县永和村东讲院重修舍利塔碑铭”，碑一座，碑中第九行记有：“锦州西百里，旧有县曰永和县，先隶榆州……废县为村，今拨安昌县所管。”证明该城址为金安昌县城。

金安昌县也是辽代的安昌县。《金史·地理志》记载：“锦州下临海军节度使，旧隶兴中府，后来属……县三，永乐、安昌、神水。”《辽史·地理志》记载：“锦州临海军中节度……统州一，县二，永乐县、安昌县。”其地点按《盛京通志》记载：“在今锦州西九五里，周围二里，一百九十步门四。”[②]

62. 辽宁省葫芦岛市建昌县城子上城址

辽代城址，位于辽宁省葫芦岛市建昌县药王庙乡城子上村西南，城址保存较好。土筑方形，东西 160 米，南北 150 米。城墙存高 5 米，南面辟有一门，外筑瓮城，南北长 25 米，东西宽 15 米，方向为南偏西 10°。城内散布着陶片和白瓷片。曾出土过契丹文铜印，今已遗失。[③]

63. 辽宁省绥中县前卫古城（辽来州）

城址位于绥中县沙河站乡驻地沙河站村。在前卫屯明城的东门外城墙下，清理出大量辽代建筑用材，有沟纹砖、布纹瓦，同北镇辽陵址发现的基本一致，特别是发现辽兴宗耶律宗真“重熙”铜钱，进一步证明其为辽代遗址。该城址下部文化层为辽金时期，上层为明代。城址南部

① 辽宁省地方志编纂委员会办公室：《辽宁省志》，辽宁人民出版社 2001 年版。刘谦：《金代行政建置——义州、锦州、广宁府等县城址考》，《辽金契丹女真史研究》1984 年第 3、4 期。

② 刘谦：《金代行政建置——义州、锦州、广宁府等县城址考》，《辽金契丹女真史研究》1984 年第 3、4 期。

③ 李治亭：《关东文化大辞典》，辽宁教育出版社 1993 年版。

保存一座八角七层实心密檐式辽代砖塔，由于塔身倾斜，俗称“歪塔”。一般辽代塔建筑的存在，往往表示至少是属于节度使级的州城。冯永谦、刘谦考证此城为辽代的来州。此城后为金、明等朝沿用。①

64. 辽宁省绥中县崔家河岸古城（辽隰州）

崔家河岸古城位于绥中县北6公里、崔家河沿村的后部、六股河西岸。城址为方形，东部被河水冲毁一部分，东西线长260米、南北长210米，有土筑城墙，残高约半米，在土筑城墙中和城址中均发现大量辽代常见的建筑用材，如布纹瓦、沟纹砖，生活用器有牙白色瓷片等遗物，因此推定其为辽代古城址。

辽来州和辽隰州的推定，除文献资料外，主要依靠一块碑碣。1956年，考古调查时，在绥中县西20公里的沙河站公社附近的沈山公路北侧，发现一座辽代“来宾县里堠”碣、作笏头碣式，高0.90米、宽0.57米。碣头由右向左横镌刻“来宾县里堠”五个字，下面由右向左竖镌五行字，字体为真楷：第一行，东至海滨界首刘阑；第二行，头庄□堠廿五里（第三个字不清）；第三行，南至海二十四里；第四行，西至州西单堠三十五里；第五行，北至阜伙县黄家寨一百卅里。碣阴无字。碣出土位置的四至：东至崔家河沿村辽代城址20公里，南至海10公里，西至前卫明城址约17.5公里，北至朝阳界约50公里。位置正是明沙河驿、清沙河站，也是洪皓《松漠纪闻》所记的来州与隰州二城之间馆驿“石家店”位置。

刘谦把崔家河岸古城推定为辽代隰州。②

65. 辽宁省兴城市白塔峪乡兴水县村古城址

古城位于辽宁省兴城市白塔峪乡兴水县村（白塔乡清水村），东南距今兴城市区约17公里。

古城址位于村中，靠宁远河的东岸，原来是砖石筑造，但砖石已被拆除，只剩黄土夯筑土墙，根据残存长7.8米的一段城墙进行测量，可知城墙残高4.1米、基宽4.2米、顶宽2.5米，在此墙的上部建有上帝庙，实际上这是明代边城堡，叫作“兴水县堡”，城下有辽、金、元时期的遗址，出土有辽金时期建筑用的砖瓦、生活用的碗、罐等残碎瓷片，还发

① 冯永谦：《辽宁地区辽代建置考述》。刘谦：《辽隰州来州城考》，《辽宁省考古、博物馆学会成立大会会刊》1981年。

② 刘谦：《辽隰州来州城考》，《辽宁省考古、博物馆学会成立大会会刊》1981年。

现生产所用的铁镰等。

该遗址下层是辽、金、元时期的城池遗址无疑，明代在其上修筑边城。根据兴水县村东约 8 公里的塔沟村发现的元代大德六年（1302）地产记碑记载："买到兴城东北冶家□、兼东部落处地土，东至分水岭，南及山嘴交手古道，西彻亭子岭、古道，北至张监生地。"这个地理形势的四至与今天塔沟村的沟口西侧的地理形势相一致，西边有一条通"和州"道（安昌岘的道路），南有一条通向今兴城海去的道路。东是塔沟"九龙山"山嘴，北为空地。说明元大德六年翠峰寺地产记碑中所记当时买的土地，就在今发现碑之西去约 1.5 公里的一块土地。当时此地为兴城县冶家□所管辖。碑中说：冶家□在兴城县东北方。现在所推论的"兴水县"正好在冶家□西南方（约八九公里的地方），从方向看完全一致。

据此，刘谦先生推断该城址为辽代的兴城县、明代的兴水县治所。①

66. 辽宁省盖州市五美房城址

五美房城址，1980 年秋季文物普查时发现，该城址位于盖州市九寨乡五美房村东南 200 米复渡河北岸的台地上。城址面积约 1 平方公里，每边长为 1000 米。北、西两边已夷为平地，无迹可辨。东边有一高大土岗，为坍塌土城墙墙基。南边被复渡河水长年冲刷，城墙已被冲毁。现在河岸断崖上看到 1—2 米厚的文化层，文化层内含有灰坑、烧土、沟纹砖、滴水瓦、厚布纹瓦、陶器多种口沿、瓷器口沿和残片等。在城址范围内的耕地中，辽金时期生活用具陶器和瓷器以及建筑材料砖瓦等残片较为丰富。近年来又有辽金时期六耳铜釜在此出土。②

67. 辽宁省营口市土城子村城址

土城子村古城，在营口市东南 15 公里，位于营口市老边区二道沟乡二道沟村东约 5 公里的原土城子村旧址的西北隅。原土城子村因近年来发展盐业、修筑盐池，已将该村全部迁到其西面的二道沟村，当地已被海水淹没。该古城是目前所知营口地区距海最近的古城址之一。

土城子村古城址，是 1981 年春市文物普查队到此普查时发现的。该城址坐落在高出现地平面 3 米的一台地上，现为营口盐场盐池包围之中。

---

① 刘谦：《辽严州兴城考》，《中国考古集成》（东北卷），北京出版社 1996 年版。

② 崔艳茹、冯永谦、崔德文：《营口市文物志》，辽宁民族出版社 1996 年版。

城址南北长800米，东西宽450多米，1958年前地上仍存夯土城墙3—4米高，在1958年修盐池时用拖拉机蹚平。1981年时可见城基宽6米，断崖上可见厚1米多的文化层。遗物非常丰富，在4平方公里的范围内，均可捡到大量的瓷器口沿多种、瓷碗瓷盘圈足及白釉、印花、细腻优质的瓷片。陶器的大卷口沿遍地皆是。货币可见北宋“皇宋通宝”“熙宁通宝”“元丰通宝”“大观通宝”等。最近几年在城内多有金饰件出土。另在城的内外有高大土台的遗址7处，我们在此处均发现有滴水瓦、布纹瓦等大量建筑材料遗存。据此推断，此城为辽代所建。现该城址为营口市文物保护单位。

《辽史·地理志》记载：“海州南海军，本沃沮国地，渤海号南京南海府，都督沃、晴、椒三州。”金史曰：“海州，即今海城。海城所统之耀、嫔二州，为椒、晴二州之易名。”《海城县志》记载：“嫔州城，辽史地理志在海州西南一百二十里，即渤海晴州，辽置嫔州，属海州南海军，金废。见盛京通志，今故城无考。”从上述文献记载看，渤海椒州即为辽置耀州，在今天大石桥市岳州村。渤海晴州即是辽代所置的嫔州。《海城县志》言嫔州故城无考，主要是当时缺乏考古资料，尚未发现而已。崔德文先生认为营口市郊区二道沟乡原土城子村辽城址，就是辽置嫔州城故址。根据有以下四点：第一，从里数上看是相等的，海城青城子（辽时岩渊县城）距海城40公里，青城子距原土城子村20公里，合计为60余公里，这与辽史地理志记载的嫔州距海州的里数是一致的；第二，从地理方位上看是正确的，距海城60公里的土城子村辽城址，在地理位置上正在海州的西南，合乎《辽史》所载；第三，在海州南60公里，是辽代的辰州，即现在的盖州，文献记载不会错误，在海州西南60公里的范围内，东至淤泥河，西到辽河入海口的30公里地域内，再无辽代城址发现，再远三四公里就是大海，辽代辽东湾海岸与现在没有大的变化，不可能有辽城陷入海中；第四，从土城子村辽代城址的规模上看，是一般州、县城所不及的，从遗物上看优质品较多，这也是营口地区所发现的、其他辽代古城所没有的特征。所以，崔德文先生认为土城子村古城址是辽代的嫔州城址。①②

① 崔艳茹、冯永谦、崔德文：《营口市文物志》，辽宁民族出版社1996年版。

② 崔德文：《试论土城子村古城址》，《中国考古集成》（东北卷），北京出版社1996年版。

68. 辽宁省大石桥市北汤池村辽（铁州）城址

城址位于大石桥市汤池乡北汤池村内。坐落在大清河上游右岸一较高的台地上，现为北汤池村居民区。城墙残存部分在居民郭清山家院内，可见长30米、宽4米、高3.5米的城墙一段。城墙夯土筑造，每层夯土一般厚10厘米，夯土层内含有陶、瓷器残片。城址中遗物有陶器大卷口沿、桥式耳、无釉瓷器底等生活物品。这些遗物均属辽代日常生活中所用的陶瓷器的特征。群众反映该城内曾挖出带“铁州”二字的石刻1方，这应是当时的门额遗存。调查得知，该城原为周长1公里的方城，每边长约250米，设有东、西二门。调查时，在北汤池村辽城旧址之东约5公里多的大石桥市周家乡于家堡村打铁炉沟屯发现炼铁遗址1处。调查时在村西发现铁矿渣堆3个，直径5米，高约1米；铁渣坑1个，直径3米，深1米；在沟崖上发现灰烬层3处，长约5米，厚0.8米。还发现陶片、瓦片、残砖堆1处，其中有细泥质灰色绳纹砖、陶瓮、大板瓦和瓷器等。这些遗物分别为汉代和辽代的物品。另外在打铁炉沟屯周围的山上，发现长40米，宽5米，现存深3米的古采矿道4条。在打铁炉沟屯东有一座山，名为裂缝山，因山在采矿时挖开1道深沟得名。

根据调查，推断此城址为辽代铁州城。该城址现为大石桥市文物保护单位。

《辽史·地理志》：“铁州建武军，刺史……渤海置州……在京西南六十里，统县一，汤池县。”《鸭江行部志》载：“汤池，本辽时铁州，以其东有铁岭，故名之矣。隶耀州，今神乡镇也。”《辽东志》卷一谓：“汤池县，盖州城东北七十里，辽置，属铁州建武军，今为汤池堡。”①

69. 辽宁省大石桥市岳州村辽（耀州）城址

城址位于营口市东北25公里的大石桥市大石桥乡岳州村内，城址形成一高台地。在村东北隅有一长70米的土岗，为城墙坍塌所形成。经后世维修的耀州城城墙为砖石结构，该城东、西两城墙长0.5公里，南、北两边城墙稍短于东、西城墙，古城址略呈南北长东西稍窄的长方形。

1973年8月，考古调查时，当地老人介绍，他们小时候见此城尚存，遗迹清楚，呈长方形，北半部保存较好，南部毁坏，城分四门六

① 崔艳茹、冯永谦、崔德文：《营口市文物志》，辽宁民族出版社1996年版。崔德文：《辽代铁州故址新探》，《北方文物》1992年第2期。谭其骧：《〈中国历史地图集〉释文汇编·东北卷》，中央民族学院出版社1988年版。

关，即东西南北各一门，北墙和西墙开两关，上设炮台，构成六关。根据资料，清初以来的耀州城城墙基宽10米，高7米，墙上宽8米，墙呈上敛式。下为石砌墙基，石基外砌青砖，内为夯土墙身。古城破坏严重，近年来城东河里经常捡到被水冲出的辽金时期的铜镜等遗物。

《辽史·地理志》："耀州，刺史。本渤海椒州，故县五……皆废……隶海州。东北至海州二百里。统县一，岩渊县……东北至海州一百二十里。"曾公亮《武经总要》前集卷二二谓："耀州，地控新罗界，胡中要害之地。东鸭绿江女真界，西大辽南石城，北至东京一百五十里。"康熙《盛京通志》卷二二："今海城县西南六十里有耀州城。"《奉天通志》卷五四："渤海椒州以南徙而改称耀州，其故城为今海城西南六十里之耀州城。《武经总要》所记至东京之里到尚合。而《明一统志》《读史方舆纪要》俱谓废耀州在海州卫西南二百里，则因《辽志》而误，应从《盛京通志》。"

岳州村古城址，原系辽代所建，金沿用；清初、民国期间修缮和沿用。现为营口市文物保护单位。①

70. 辽宁省盖州市盖州镇辽（辰州）城址

城址位于盖州市盖州镇内。西至盖州火车站4公里，南0.5公里是大清河。盖州镇四周群山环绕，城址坐落于低矮的一处平坦土丘之上。

《辽史·地理志》："辰州，奉国军，节度。本高丽盖牟城。唐太宗会李世勣攻破盖牟城，即此。渤海改为盖州，又改辰州，以辰韩得名……隶东京留守司，统县一，建安县。"《金史·地理志》："盖州，奉国军，节度使，下。本高丽盖牟城，辽辰州。明昌四年罢曷苏馆，建辰州辽海军节度使，六年以与陈同音，更取盖葛牟为名……县四，汤池、建安、秀岩、熊岳。"《辽东志》卷一地理志古迹项："建安县，盖州城西南隅，辽置，今为营舍。"

据《盖平县志》《奉天通志》《辽宁史迹资料》《辽东志》《鸭江行部志》等书，盖州市盖州镇内确有古城址存在过，并且将其推断为辽辰州古城。②

---

① 崔艳茹、冯永谦、崔德文：《营口市文物志》，辽宁民族出版社1996年版。谭其骧：《〈中国历史地图集〉释文汇编·东北卷》，中央民族学院出版社1988年版。

② 同上。

71. 辽宁省盖州市归南村辽（归州）城址

城址位于盖州市归州乡归南村西南350米的苹果园中，村民称其处为“城里地”。此地西0.5公里是东来北折流入辽东湾的复渡河，北1.5公里是渤海辽东湾，南1.5公里是仰山。城址坐落在复渡河东岸的一块台地上，台地高出周围地表1.5米，西侧边缘有南北长148米的土岗，经勘探得知是一夯土城墙基，夯土褐色，夯土层分别3厘米、7厘米、10厘米不等。城基宽约8米，被掩埋地下，依西墙残存遗迹考察，此城为南北方向。经调查，城基本为方形，周长800米，面积为4万平方米。门址不清楚。城内遗物有辽代的瓷器残片，建筑材料有灰色厚布纹瓦等。城四周地表15厘米厚是黄沙耕土层，下为15厘米的黄色硬沙层，再下为褐色夯土层，夯土层下是黄沙生土层，30厘米厚的黄沙土中有辽代瓷片、汉代砖瓦和夹砂红陶片等。

据考古调查及《辽东志》《读史方舆纪要》《奉天通志》等书，可知该城址为辽代归州。该城址为营口市文物保护单位。[①②]

72. 辽宁省盖州市熊岳镇辽（卢州）城址

城址位于盖州市南30公里熊岳河北岸，即今盖州市熊岳镇老城区。明代在此城基础上建砖城，开南、北二门。现存北门及部分城墙残段。

刚屯城址位于盖州市什字街乡什字街村刚屯西南，当地称为“城里地”中。城址南临碧流河，北面是山，东为居民区。总面积约1万平方米。当地群众耕地时发现过灰坑、水井等遗迹，水井直径为0.5米。城外有窑址。城设东、南二门。现在地表仍有花纹砖和大布纹瓦等遗物。从遗物特征分析，此城为辽代所建。

《辽史·地理志》：“卢州玄德军，刺史。本渤海杉卢郡，故县五：山阳、杉卢、汉阳、白岩、霜岩皆废。卢三百，在京东一百三十里，兵事属南女直汤河司。统县一，熊岳县，西至海一十五里，傍海有熊岳山。”金毓黻《渤海国志长编》卷一四：“卢州本渤海所置，而《辽志》云本渤海杉卢郡，似杉卢为正名者，实则语有未晰。或初名杉卢郡，后改卢州，或为一地之二名，要之，其为卢州，无疑也。领县之中有杉卢，则杉卢之得名可知。余意杉卢为附郭县，而（在故县中）原列第二，不

① 崔艳茹、冯永谦、崔德文：《营口市文物志》，辽宁民族出版社1996年版。

② 谭其骧：《〈中国历史地图集〉释文汇编·东北卷》，中央民族学院出版社1988年版。

可晓。”又云：“《辽志》于卢、铁、汤、兴、荣五州之下，皆系至京方隅里到。以今熊岳按之，应在东京辽阳南三百里……方隅里到皆不合，他州亦然。《吉林通志》云，此渤海各州至中京之里到，非辽时（移置）各州至东京之里到也。此论极谛。显州为（显德府）附郭州，故无里到。”《辽东志》卷一地理志古迹项称：“熊岳废县，在盖州城南六十里，本渤海杉卢郡，辽置此县为卢州玄德军治所。金属盖州，元省。”按金废卢州，仅有熊岳县，改属盖州，见《金史·地理志》。元省熊岳入建安，至元三年（1266）又并建安入盖州。明称熊岳堡，今称熊岳城，在盖县西南30公里，距海7.5公里。①②

73. 辽宁省营口市下土台城址

下土台城址位于营口市高坎乡下土台村后面一处较高的田地中，面积约1.4万平方米。文化层厚0.3米。20世纪70年代初期在此地修水渠时，挖到长100米、宽2米以石为基的城墙。城内到处可见残砖、厚布纹瓦等遗物。从遗物特点来看，此城当为辽代所建。此城址不见史料记载，可能是一座失载的头下州城。③

74. 辽宁省大石桥市青城村城址

青城村城址，在大石桥市沟沿乡青城村中，现仅存一段城墙，长20米，存宽1米，存高2米。群众介绍此段城墙原长40余米，宽10米，高2米。后当地群众取土，逐渐蚕食，城墙缩小。城墙为人工夯筑，城内有残瓦、砖头、陶器口沿、铁釜、瓷片等遗物。布纹瓦厚1厘米，内印绳纹，砖宽15厘米，长30厘米，火候较高。瓷片施铁锈花，圈足矮平，外腹半釉。依据遗物特点，推断此城为辽代所建。④

75. 辽宁省盖州市刚屯城址

刚屯城址，在盖州市什字街乡什字街村刚屯西南当地称为“城里地”中。城址南临碧流河，北面是山，东为居民区。总面积约1万平方米。当地群众耕地时发现过灰坑、水井等遗迹，水井直径为0.5米。城外有窑址。城设有东、南二门。现在地表仍有花纹砖和大布纹瓦等遗物。从遗

---

① 崔艳茹、冯永谦、崔德文：《营口市文物志》，辽宁民族出版社1996年版。

② 谭其骧：《〈中国历史地图集〉释文汇编·东北卷》，中央民族学院出版社1988年版。

③ 崔艳茹、冯永谦、崔德文：《营口市文物志》，辽宁民族出版社1996年版。

④ 同上。

物特征分析，此城为辽代所建。[①]

76. 辽宁省盘锦市盘山县沙岭村城址

城址位于盘山县沙岭乡沙岭村辽河西岸的平川地上。城为土筑，平面略呈方形，边长500米，文化层厚1—3米。城址西墙外200米处有古井一眼。城址东面有明代长城在此通过，明代又在其上建筑堡城。城址内曾出土石臼、铁刀、铁剑等。

学术界有人认定该城为辽代嫔州城。[②]

77. 辽宁省阜新市四家子古城址

辽代的城址，位于阜新县城北45公里的旧庙乡四家子村西1.5公里，在辽宜州北104公里，西北至辽上京256公里。四家子古城北高南低，东城墙已被阿哈来河冲毁。城内由于多年耕种，城墙只存坍高0.5—0.6米，坍宽6—7米，只存北、西墙部分，北墙有瓮门，这个瓮门是阿哈来河未冲毁的幸存的遗迹。南城墙处于西北—东南向的季节沟，南墙下过沟南岸有许多辽代砖瓦。西墙南北465米，北墙由西北角到瓮门口为341米，自然东西墙宽是682米。城内地表搜集有绿琉璃瓦、深浅绿釉间饰绳纹瓮片、白瓷釉圈足碗底、青砖、布纹板瓦等。未见金、元遗物。[③]

78. 辽宁省阜新市半截塔村古城址（辽欢州州治）

古城位于阜新县城东北19.5公里的大巴乡半截塔村塔北屯中，在辽显州北59公里，西北至辽上京296公里。塔北屯中古城，土筑长方形，其南北长300米，东西宽400米。南城垣被民宅占用，东、西、北三面城墙清晰可辨，平均坍高50厘米，地表有乳白釉瓷片、灰陶罐口沿、器底、沟纹砖等。1967年，城西300米西山上的半截塔崩毁，出土题为“大辽国欢州西会龙山碑铭”的塔碑。[④]

79. 辽宁省阜新市塔营子古城址

辽代所建的古城，金、元沿用，又名土城子城，位于阜新市东北54公里的绕阳河西岸的塔营子乡塔营子村。在辽显州东北96公里，西北至辽上京280公里。多年来学者认为古城是长方形，1991年孙杰经考察实

---

① 崔艳茹、冯永谦、崔德文：《营口市文物志》，辽宁民族出版社1996年版。

② 辽宁省地方志编纂委员会办公室：《辽宁省志》，辽宁人民出版社2001年版。

③ 孙杰、高庆升：《阜新地区辽城考记》，《阜新师专学报》1992年第2期。

④ 同上。

测，认为古城为桃形。城墙周长4632米，城墙只有西墙北端571米，北墙1323米，东墙的东北角转角处100米清晰可见，从断壁测坍高2.6米，塌宽13米，其余部分为民宅、京沈公路占用，断续为0.5—1米的高度。城内东北部为民宅和乡政府驻地占用，其余部分为耕田。北城门向南85米为东西排列的两个土台子，俗称“点将台”；台子向南100米为辽砖塔。该城曾出土金代造像碑和元代懿州城南学田碑，地表散布着乳白釉（粗、细瓷胎）瓷片，绿釉瓦，钧窑釉瓷片和铜钱。

塔营子古城址，在20世纪50年代曾引起一次学术界的讨论。对该城是金、元两代的懿州说，意见趋于一致，但是否为辽代懿州州治，认识不同。在塔营子金、元两代懿州城西北约10公里的平安地乡东“土城子村”，发现一座辽代城址，即《阜新县志》中的“土城子古城”。从现存情况来看，此城墙虽已颓坍，但轮廓清晰，地表散布辽代陶瓷残片砖瓦等十分密集。平安地“土城子”，与《明一统志》等记载辽故懿州“宁昌废县”在金代“废懿州”以北10公里的方位、里程完全吻合，认定平安地东“土城子”是辽代懿州及其倚郭宁昌县所在；而塔营子城址应是辽懿州后来所辖的顺安县。还有一种说法认为：塔营子城址有一座辽代密檐式砖塔尚存，城址本身具有州治一级的规模，塔营子城址即懿州，在辽道宗时始置宁昌、顺安二县，平安地“土城子”是宁昌。原塔营子懿州即为顺安县，州治迁至宁昌。懿州，辽太平三年（1023）是辽圣宗耶律隆绪的女儿用陪嫁奴隶户设置的。金、元沿用。1963年塔营子城址列为辽宁省级文物保护单位。①

80. 辽宁省阜新市五家子古城址

古城位于阜新市东24.5公里的大巴（过去也称作大坝）乡杜代营子村五家子屯南300米，沈阳至赤峰铁路大巴车站东，在辽显州北61公里，西北至辽上京301公里。1982年文物普查时发现。城址为土筑长方形，方向南偏东20°，其南北长290米，东西长210米，今已为耕田。除东北角被铁路路基占用外，其他三面各辟有一门，其构造为城墙外接筑瓮城。墙残高1.5米。瓮城宽36米，由城壁向外突出28米。城上还有角台和马面结构，现保存较好的是城址东南角，马面距角台65米。

---

① 孙杰、高庆升：《阜新地区辽城考记》，《阜新师专学报》1992年第2期。辽宁省地方志编纂委员会办公室：《辽宁省志》，辽宁人民出版社2001年版。

城内地表遗存乳白釉瓷、酱釉缸片、灰陶布纹瓦、沟纹砖等。辽代顺州诸家考定不一，冯永谦先生考定为辽代头下顺州州治。[①]

81. 辽宁省阜新市助力嘎尺古城址

辽代所建的古城，位于阜新县城北 32.5 公里的大巴乡助力嘎尺村西 300 米，在辽显州北 70.5 公里，西北至辽上京 315 公里。城址位于阳坡，石筑，呈长方形，东西长 96 米，南北长 72 米；残高 2 米，残宽 8 米；东、西城墙保存较好，南、北城墙局部坍毁。城内地表散布乳白釉瓷器口沿、器底、布纹瓦、沟纹砖等辽代遗物。[②]

82. 辽宁省阜新市烧锅屯古城址

辽代所建的古城，位于阜新县城东 88 公里的十家子乡烧锅屯西 1 公里，在辽显州北 73.5 公里，西北至辽上京 317 公里。

城为夯土所筑，呈长方形，东西长 350 米，南北长 300 米。北、东墙保存清楚，残高 1 米，西、南城墙被水冲毁，断续隆起地表不到 0.5 米。城内中部有条东西向山水沟。地表遗存有釉瓷器口沿、器底、布纹板瓦等辽代遗物。城址北 1 公里为塔山，山上保存八角九层密檐式实心砖塔一座，附近有辽代墓群。

顺州，按《辽史·地理志》记载："顺州，本辽队县地。横帐南王府俘掠燕、蓟、顺州之民，建城居之。在显州东北一百二十里。西北至上京九百里。户一千。"关于顺州的地望现存两说：一是冯永谦的《辽代懽州、顺州考》定为大巴古城，二是张博泉等的《东北历代疆域史》所定的十家子乡烧锅屯古城。

烧锅屯古城，冯永谦考定为辽头下间州。李宇峰考定为辽代顺州。[③]

83. 辽宁省阜新市高家古城址

辽金时期的古城，位于阜新县东北 51 公里塔营子乡高家窝堡屯东北 0.5 公里，在辽显州北 97.5 公里，西北至辽上京 280 公里。古城北连绕阳河，西 1 公里就是塔营子乡驻地（辽懿州）。为土筑，呈长方形，因城北是绕阳河，城郭北部被河水冲毁，东、西墙只保存南部一段，南墙

① 冯永谦：《辽志十六头下州地理考》，《辽海文物学刊》1988 年第 1 期。孙杰、高庆升：《阜新地区辽城考记》，《阜新师专学报》1992 年第 2 期。辽宁省地方志编纂委员会办公室：《辽宁省志》，辽宁人民出版社 2001 年版。

② 孙杰、高庆升：《阜新地区辽城考记》，《阜新师专学报》1992 年第 2 期。

③ 孙杰、高庆升：《阜新地区辽城考记》，《阜新师专学报》1992 年第 2 期。李宇峰：《阜新地区的辽代古城址》，《辽金契丹女真史研究》1987 年第 1 期。

中部有门和瓮门。城内保存乳白釉瓷片、绳纹青砖、梳齿纹陶片等。1958年深翻时，由塔营子中间该城址的地道沟内，捡到一方铜质官印，现藏于辽宁省博物馆。该城还曾出土半截石碑和石虎，今保存在阜新市文管办。①

84. 辽宁省阜新市西大巴古城址

古城位于阜新县城东北47公里的塔营子乡西大巴村驻地。在辽显州北96公里，西北至辽上京270公里。城为土筑，长方形，东西长56米，南北长59米，俗称“小城子”。城墙四周清晰可见，平均坍高1米，塌宽5米，四角各有一角台。城内地表散布乳白釉粗、细瓷片、梳齿纹灰陶器口沿、器底等。该城东6公里是辽懿州故地。西大巴、塔营子和高家古城址基本处于一个轴线上。②

85. 辽宁省阜新市塔子山古城址

辽代所建的古城，位于阜新县城东北23.5公里的勿欢池镇广民村塔营子屯西南700米塔子山平台上。在辽显州北73.5公里，西北至辽上京278.5公里。古城因地处塔山脊部平台上，城墙随山势石筑，呈椭圆形，周长560米，平均坍高50厘米，塌宽4米。只见有一西门。城内布纹板瓦、筒瓦、瓦当、绳纹砖、乳白釉瓷片、墨釉缸片随手可得。南城墙外原有八角九级砖塔一座，“文化大革命”时期砖塔崩毁后，在地宫中出土一方砖雕塔牌，其碑文：“……寿昌元年岁次己亥三月丙申朔十一日辛时葬舍利讫。”碑背文并记有契丹阿里木、撒巴里等28名捐款筑塔人员名单。辽朝州城，从阜新地区验证，一般存在筑城修庙、建庙修塔的规律。从塔碑得知，寿昌元年，即辽道宗耶律洪基时，1095年，以契丹贵族为主筑此山城和砖塔。该城址，据村民李福等见证，村民取砖扒塔时，从修塔雕佛中的每一块砖内均取出10枚货币。塔砖心放大钱，这可能与契丹族信仰佛教风俗有关。塔碑原文载于孙杰的《古城址和辽塔》，刊登于《阜新日报》（周末版）1985年8月17日。③

86. 辽宁省阜新市勿可湾子古城址

辽金时期古城，位于阜新县城东北46公里平安地乡勿力可湾子村勿可湾子屯南400米的小山平台上，辽显州北99公里，西北至辽上京267

① 孙杰、高庆升：《阜新地区辽城考记》，《阜新师专学报》1992年第2期。

② 同上。

③ 同上。

公里。城墙为石砌，呈长方形，南北长 64 米，东西长 60 米，西、北城墙隆起地表约 0.5 米，东、南城墙因处漫坡耕田，遗迹无存。城内散布乳白釉瓷器口沿、器底、布纹板瓦、滴水、沟纹砖等。该城往北 6.5 公里是本乡的土城子城址，往东 3.5 公里是西大巴古城。城北周边就有 7 座辽代城址。①

87. 辽宁省阜新市土城子古城址

古城位于阜新县城东北 52 公里的平安地乡土城子村驻地，在辽显州正北 104 公里，西北至辽上京 264 公里。城为土筑，长方形，其南北约 400 米，东西 312 米。因城被住宅和耕田占用，仅北城墙明显，坍高 0.5 米，塌宽 5 米许。地表散布乳白釉瓷片、布纹半瓦等，并曾出土三足铁锅、货币等，现藏于县文物管理所。

据《辽史·地理志》载："懿州，广顺军，节度。圣宗女燕国长公主以上赐媵臣户置。在显州东北二百里。因建州城，西北至上京八百里。户四千。"关于懿州的地望存在很大争议，现存三种说法：一是 20 世纪 60 年代辽宁省博物馆编著的《辽宁史迹资料》考定辽、金、元三代懿州治所均为阜新市塔营子古城；二是王建群所撰《库伦旗二号辽墓发掘散记》中考定彰武县四堡子乡西南城址为懿州；三是王绵厚的《辽、金、元懿州豪州建置考》将懿州地望定为阜新市平安地乡土城子古城，冯永谦、李宇峰等也持这种观点。因为从遗存情况看，这座城址正是早年著录于《阜新县志》中的"土城子古城"。据县志记载，土城子"距东北九十里，该村因有废城故名"。其建置年代，县志无考。从地望看，平安地东"土城子"正位于塔营子西北十余公里，与《明一统志》等记载辽故懿州"宁昌废县"在金代之"废懿州"以北 10 公里的方位、距离完全符合。②

88. 辽宁省阜新市上押京古城址

古城位于阜新县城东北 44 公里的平安地乡上押京村北 1 公里小山平台上。在辽显州正北 96 公里，西北至辽上京 261 公里。这是座土筑小山城，平面长方形，南北长 71 米，东西长 68 米。城墙坍高 4 米，塌宽 13 米。只有墙中偏东辟有一门，其三面各有一马面。城内地表有琉璃瓦、

① 孙杰、高庆升：《阜新地区辽城考记》，《阜新师专学报》1992 年第 2 期。

② 孙杰、高庆升：《阜新地区辽城考记》，《阜新师专学报》1992 年第 2 期。李宇峰：《阜新地区的辽代古城址》，《辽金契丹女真史研究》1987 年第 1 期。

兽面瓦当、滴水、铜饰件和乳白釉瓷片等。[①]

89. 辽宁省阜新市六家子古城址

古城位于阜新县城东北 17 公里沙拉乡六家子村东 500 米，在辽显州北 62.5 公里，西北至辽上京 293 公里。城为土筑，长方形，南北长 55 米，东西长 125 米，因城在小山平台上，墙垣断续隆起地表 0.5 米左右。城内地表有乳白釉瓷器口沿、器底和布纹半瓦等辽代遗物。[②]

90. 辽宁省阜新市梨树营子古城址

古城在阜新县城东南 29 公里的国华乡梨树营子村东 100 米，在辽显州北 24 公里，西北至辽上京 312 公里。城为石砌，正方形，边长百米。墙体平均坍高 2—3 米，塌宽 5 米左右。在近万平方米的耕地中散布有白釉瓷片、布纹板瓦、沟纹砖等辽代遗物。[③]

91. 辽宁省阜新市卡拉房子古城址

辽金时期的古城，位于阜新县城正南 28.5 公里的新民乡卡拉房子（下营子）村南 300 米，在辽显州北 24 公里，西北至辽上京 307.5 公里。城址为土筑，长方形，南北长 105 米，东西长 110 米。城垣的东、西、南城墙尚存，坍高 3—4 米，塌宽 8 米左右。城郭被该村小学占用，地表有白釉瓷、白底黑花瓷、茶末釉瓷片和布纹半瓦等辽金的遗物。现为县级文物保护单位。[④]

92. 辽宁省阜新市城子村古城址

古城位于阜新县西南 30 公里的伊马图乡土城子村南城子地中，在辽显州西北 37 公里，西北至辽上京 293 公里。城为土筑，长方形，南北长 120 米，东西长 140 米。城郭因多年耕种，墙垣不清，隆起地表 0.2—0.3 米，无城门等遗迹，地表存有白釉瓷大碗口沿、底、布纹板瓦、沟绳纹砖等辽代遗物。[⑤]

93. 辽宁省阜新市哈尔垴古城址

古城位于阜新县城正西 56.5 公里的化石戈乡哈尔垴村五家子屯西 1.5 公里，在辽宜州（今辽宁省义县）西北 61 公里，西北至辽上京 253

① 孙杰、高庆升:《阜新地区辽城考记》,《阜新师专学报》1992 年第 2 期。

② 同上。

③ 同上。

④ 同上。

⑤ 同上。

公里。1982 年阜新市文物普查时发现。城为土筑，方形，边长 400 米。因城郭紧邻牤牛河，原在老河身建城，加之多年耕种，现已基本无存，只局部隆起 1—1.5 米，塌宽 3 米左右。城内东北部尚存古井一眼。地表有乳白釉瓷器口沿、器底、墨绿釉瓷片和大量的布纹板瓦等。

这应是属于辽代上京道管辖的一座头下州。其建置情况、相邻州县名称、地望以及距上京、显州等里程均未见提及，仅《大金国志·太祖武元皇帝上》中有："金元辅元年。是春，辽将燕王淳将讨怨军。于是金人大掠。经新、成、懿、濠、卫五州，皆降之。"因为与成、懿、濠等各州共见，推测其地望应在成州以西与北票市相邻地域。因此，李宇峰将该城定为辽头下新州。①

94. 辽宁省阜新市细河堡古城址

古城位于阜新市区西南 36 公里的清河门区细河堡乡驻地。在辽宜州东北 29 公里，西北至辽上京 301 公里。城为砖砌，长方形，南北长 400 米，东西长 314 米，城垣坍高 2—4 米，塌宽 4 米，城郭被民宅和道路占用，门址不清。地表有布纹板瓦、具有辽代特点的沟绳纹大青砖遍布城内，墙基部分用青砖白灰抹口砌筑仍清晰可见。城内曾出土六耳铜锅、货币等。②

95. 辽宁省阜新市红帽子城址

城址位于阜新县城西北红帽子乡西红帽子村。1961 年文物普查时发现。城为夯土筑成，平面呈长方形，南北长 750 米，东西宽 950 米，城周长 3400 米。整个城墙保存基本完好。城墙四角建有角台，南墙及北墙中段各有一个瓮门，遗迹清晰可辨，墙存高约 1 米；东墙保存较好，墙长 750 米，存高 2—5 米，宽 15 米，墙外部筑有 6 个马面，马面突出城墙顶部高 1—1.5 米，在东南与东北的角台高 6 米；南墙长 950 米，坍宽 14 米，存高 3—5 米，瓮城墙存高 0.5—1 米，夯层厚 15—18 厘米，门东西两侧至角台间，各筑有 2 个马面；西墙长 750 米，存高 5—8 米，坍宽 15 米，从南向北共 6 个马面，马面高出墙顶 0.8—1.2 米，西南、西北角台存高 8 米；北墙长 950 米，存高 4—6 米，坍宽 12 米，城墙中部辟有城门，外筑瓮墙，瓮城墙存高 8 米，瓮城突出城墙向北延长 40 米，有弧度

① 孙杰、高庆升：《阜新地区辽城考记》，《阜新师专学报》1992 年第 2 期。李宇峰：《阜新地区的辽代古城址》，《辽金契丹女真史研究》1987 年第 1 期。

② 孙杰、高庆升：《阜新地区辽城考记》，《阜新师专学报》1992 年第 2 期。

又向东延长 90 米，瓮城围墙长 120—150 米。城内中心偏西北处有一土台遗址，土台高出地表 5.5 米，台面略平，台东南 60 米及南 80 米处，有两口古井，系用长条石砌成。

城址西北约 3.5 公里的腰塔子山两峰中间，有一座八角九级密檐式砖塔，高 30 余米；与此塔南北相对峙，城址外 500 米塔子山上，还有一塔，已塌毁。1967 年夏，当地村民掘毁塔基，地宫中出土金塔、银塔、金链竹节形玉盒、云龙纹大铜镜、白玉杯等珍贵文物。并出土银片制成的《吕舟大师行记》横卷，錾字 800 余，详细记述了吕舟大师皈依佛门后的佛事，对研究辽代皇室与佛教的关系提供了新资料。

红帽子城址是辽圣宗时以从嫁户所建置的头下州，是晋国长公主所建的成州。1963 年列为辽宁省级文物保护单位。[①]

96. 辽宁省阜新市他不郎村城址（辽头下徽州州治）

城址位于阜新县旧庙乡他不郎村北 500 米，他不郎河北约 700 米，当地称为“城子地”的平川地上。1982 年文物普查时发现。城为土筑，平面呈长方形，东西长 600 米，南北宽 450 米，方向南偏东 15°。东墙已被河水冲毁。北墙保存较好，存高近 1 米，坍宽 10 余米。中间辟有瓮门，并有马面和角台等附属建筑。

城址内辽代文化层厚 10—20 厘米。地表散布有辽代陶瓷残片，采集有灰陶甑、罐，粗白瓷碗，仿定窑乳白釉瓷片，绿釉鸡腿坛残片等。

据《辽史・地理志》记载：“徽州，宣德军，节度。景宗女秦晋大长公主所建。媵臣万户。在宜州之北二百里，因建州城，北至上京七百里。节度以下，皆公主府署。户一万。”此城址与《辽史・地理志》记载头下州徽州的地理方位相合，学术界有人将该城定为辽代头下州徽州。[②]

97. 辽宁省阜新市半截塔村城址

城址位于阜新县大巴乡半截塔村北。城址南半部为民宅。城为土筑，城墙早已颓坍。北壁存长 400 米，东壁存长 136 米，西壁存长 112 米，方向为南偏东 10°。以北墙西段保存最好，宽达 20 米，存高 2 米，夯层厚 8—12 厘米不等。西北城角所存土壁最高，似为角台建筑遗址，在其东 60 米处

① 辽宁省地方志编纂委员会办公室：《辽宁省志》，辽宁人民出版社 2001 年版。

② 辽宁省地方志编纂委员会办公室：《辽宁省志》，辽宁人民出版社 2001 年版。李宇峰：《阜新地区的辽代古城址》，《辽金契丹女真史研究》1987 年第 1 期。

有一马面残迹。在城内中部偏东地表，有一处较高土堆。

城址地表散布布纹瓦，粗白瓷碗、盘，黑釉罐，白釉黑花罐瓷片及北宋铜钱等。

半截塔村城址应是辽代头下州懽州。[①]

98. 辽宁省阜新市八家子城子洼古城址

城子洼古城址位于辽宁省阜新蒙古族自治县八家子乡城子洼村，古城东 1700 米处小漫山的东坡下是一条由西向东流的季节河发源地，即羊肠河发源地之一。古城北 2500 米是海拔 831.4 米的阜新第一高峰，是乌兰木图山风景区制高点。古城北靠高大山峰，左右有山为翼，南为宽敞的山口，东有小河环绕，古城处于一块北高南低的缓坡地之上。

城子洼古城城墙经多年取土和修筑梯田及山水冲击，东、西、北三面城墙原貌皆非，南城墙残存一段长 300 余米。从城址中尚存的辽代文物分布情况，可测出古城面积至少为 40 余万平方米，属于阜新地区最大的辽城遗址。据当地老人陶永春（已故）说："早年土筑城墙有五六尺高，近几十年来村民用土致使破坏，现残存南城墙一段长 300 多米，城址内辽代各种规格的青砖断瓦、灰色布纹板瓦、筒瓦、脊瓦、滴水、瓦当残片及陶瓷残片到处可见。"尤其是古城址的西北部、北部和东北部的辽代文化层相当丰富。还发现寺庙建筑残件多块。建筑残件在古城内西部（梯子庙屯东南）几户居民庭院和园田中遍布。城子洼古城东北 1500 米处的山脚下就是已经发掘的辽代宁远军节度使萧仪墓，东北 1000 米处是辽代萧旻墓，西北 700 多米有一、二、三号辽墓，还有已查明包括有石像生的辽王墓园在内的十余座辽墓，均埋葬在城子洼附近。

罗显明认为城子洼古城是辽代的徽州，根据有以下几点：第一，古城面积属于阜新地区辽城中面积最大的；第二，城子洼古城位于成州正北 5°，位于懿州西偏南 15°，符合历史资料关于徽州为成州之北和废徽州为懿州之西的记载；第三，"城子洼古城南距成州 39.2 里，距宜州 199.2 里"，符合《辽史·地理志》关于"徽州南距宜州 200 里"的记载；第四，城子洼古城东 1.7 公里处小漫山的东坡下是一条由西向东流的季节河（羊肠河）发源地，此河经过三家子、新邱、丫头营子和阿哈来等村屯注入北大河，河水东进经"懿州四十里"，通过柳河（羊肠河）入辽河，符

① 辽宁省地方志编纂委员会办公室：《辽宁省志》，辽宁人民出版社 2001 年版。

合《元一统志》关于“羊肠河，在辽阳路，源出州（懿州）西之废徽州境，经四十里，下流合入辽河”的记载；第五，古城附近辽代贵族墓葬众多，历史上城子洼古城也是这些辽代贵族的生活之所，其行政建置较高；第六，古城内外辽代遗物丰富，充分说明城子洼遗址是一座较大辽城；第七，古城地理位置重要，土地肥沃，又是重要的麦饭石矿产区，符合古代人民建筑城郭的选址。①

99. 辽宁省彰武县小五喇叭城址

城址位于彰武县城西南21.5公里的两家子乡小五喇叭村。城址南距小五喇叭村约0.5公里，西距绕阳河约0.5公里，城址东北方向约1公里是小五喇叭山。

城为夯土筑，平面呈正方形，边长250米，城址方向为北偏东20°，四面城墙保存较完好，城墙存高4.4—5.7米不等。城四角有角台，东南角台向东坍宽21米、向南坍宽27米，台面东西存长14米、南北存长12米、存高6.6米。东西城墙中部各有一马面，东墙存高5.1米、顶部存宽1.8米、坍宽37米，东城墙的马面至东南角台124米，至东北角台126米。南北城门处城墙夯土层厚度为13—15厘米，并各有一瓮城，瓮城门口均向东开，北城门东侧城墙见夯土层21层，夯土层厚11—16厘米。北门瓮门宽3.6米，今已辟为车道，北通城外，南通南城门和小五喇叭村，瓮城两道墙呈直角，瓮城出北墙20米，宽23米，存高5米。门与瓮城砖砌，白灰浆砌缝筑成，因此过去称此城址为“白城子”。城外有两道护城河，城墙坍塌的边缘到第一道护城河的距离12米左右，护城河用条石砌成梯形，上宽下窄，现在条石已无，河边坍塌。护城河现存最深处为1.4米，宽11.5米。第一道护城河的外沿距第二道护城河的内沿约为68米；第二道护城河宽12米，河床绝大部分已经淤平，只有城东边的部分尚能看出痕迹。城内两处民宅已被拆毁，现无人居住，其余已开垦为耕地。现城墙上栽种很多树木。

城内遗物较少，地面发现有白瓷片、灰陶片和一些青砖。据群众介绍，在小五喇叭城外西南角曾出土“大辽国□□城”碑，还出土过头冠、铁流星、铁箭镞、石臼、石杵、铜钱等。城的西南方向有一“点将台”，现已被绕阳河水冲毁。

---

① 罗显明：《辽代徽州城址考》，《阜新辽金史研究》第5辑，中国社会出版社2002年版。

小五喇叭城址为辽代城址，1960 年被阜新市人民政府公布为市级文物保护单位。①

100. 辽宁省彰武县土城子城址

土城子城址，位于彰武县城东北公里的苇子沟乡土城子村。城址南城墙外侧即土城子。城址被八山环绕，西北 1 公里是石头窖山，北 1 公里是代岭山，东北 1.5 公里是红石砬山，东南 1 公里是关山，南 1.5 公里是莲花山和一棵树山，西 1 公里是炮台山和西山。

城址平面呈现不规则四边形，东墙长 400 米，北墙长 360 米，西墙长 345 米，南墙长 260 米。城址方向为北偏东 20°。城墙用土夯筑，夯土层厚 10—15 厘米。城墙现存高 2—3 米，塌宽 15 米。城址四角各置一角台，西北角台存高 7 米、台面存宽 10 米，东北角台存高 4 米。城墙外侧每边各设置马面 2 个，西北角台至西墙北数第一个马面 92 米。北墙保存较好，坍宽 15 米，存高 3 米，北墙经实测东北角台至东数第二个马面 50 米。东、西、南、北四城墙中部均设置一门。北墙中间瓮城保存较好，瓮城长 16 米，坍宽 25 米，瓮城出北墙 6 米。现城址东南角被季节性水沟冲毁 60 米。西城南段有 60 米城墙已被村民当做取土场，西南角已被挖去 30 余米，南墙内侧也被村民取土，东、北城墙保存较好，墙体坍于城外的较低处均已被村民耕种，城内已全部开垦为耕地。

城内遗物很多，地面散布大量的陶、瓷、瓦片。采集的遗物有乳白釉瓷碗底、口沿、白釉黑花瓷片、布纹板瓦、灰陶饰件等。1995 年村民在北城墙外 30 米处打石头，发现一金代货币窖藏，重 5 公斤，最晚货币年号是金“正隆元宝”，此城址金代也当沿用。1958 年深翻土地时，发现有完整的石虎、石狮子，并出土铜佛、大瓮、带字的大青砖等。

《辽史·地理志》记载：“渭州，高阳军，节度。驸马都尉肖吕裔建。尚秦国隆庆女韩国长公主，以所赐媵臣建州城。显州东北二百五十里。辽制，皇子嫡生者，其女与帝女同。户一千。”

土城子城址建置的考证有两种说法：冯永谦考证为辽代头下州之横州，李宇峰考证为辽代头下州之渭州。1985 年，土城子城址被阜新市人

① 张春宇、刘俊玉、孙杰：《彰武县文物志》，辽宁民族出版社 1996 年版。孙杰、高庆升：《阜新地区辽城考记》，《阜新师专学报》1992 年第 2 期。

民政府公布为市级文物保护单位。①

101. 辽宁省彰武县小南洼城址（西南城子）

城址位于彰武县城西北 65 公里的四堡子乡兴隆村小南洼屯，城址因在小南洼屯的西南而被当地群众称为“西南城子”。城东南 6 公里是乡政府驻地，城西濒临辽宁省与内蒙古自治区的界河新开河，东北 1.5 公里为小南洼屯，城南 2 公里为兴隆沟河。新开河是柳河上源的主要支流，这一带为河谷平原，地势开阔平坦，土地肥沃，草木茂盛，适宜农耕或游牧。

城为土筑，平面呈长方形，南北长 950 米，东西宽 1100 米，城南偏西 5°。因城紧邻新开河，城址西北角被河水冲掉约 2/5 的面积，西城墙南段仅存 395 米，北城墙东段仅存 300 米。现城内地表高出河床约 7—8 米。南、东墙保存较好，由于当地尽沙地，城墙被沙土掩埋，南墙较好，虽因风沙覆土，仍有 200 余米城墙最为明显，高 1—1.5 米，坍宽 15 米。城址东南角存高 2 米，坍宽 15—30 米，此处为角台。东墙隐约可见时断时隆起的土脊，高出地表 0.5—1 米不等。西墙高低不一，其墙基高 1—1.5 米。现存城墙未见城门遗迹。

现在城内满是低矮的灌木丛和防风林，地表凹凸不平，沙丘起伏。城内建筑址较多，尤其在东北部。在现存的西北部，距新开河 20 余米处有一周长 30—40 米、高约 0.4 米的圆丘，瓦片十分密集。在临近东墙中部内侧 150 余米处，南、北并列有两处建筑址，间距 40 余米，现呈圆土丘状，坍宽 10—15 米，附近陶螭首、滴水板瓦、砖、瓦等建筑构件分布非常密集，瓦砾堆积层厚约 0.5 米。

城内的遗物丰富，遍布于地表和地层中。建筑材料有瓦、滴水板瓦、兽面纹瓦当、人面纹瓦当、莲瓣纹瓦当、菊纹瓦当、陶螭首、铁铸龙首等。生活用具有石杵、铁刀、铁车辖、铜镜、双鱼铜饰件、陶壶、陶罐、陶纺轮、茶绿釉鸡腿坛、酱釉瓮、莲瓣纹石雕座、花式陶构件等。瓷器有辽地窑场粗白瓷片和少量定窑瓷片，器型有罐盖、盘、碗等。货币除

① 李宇峰：《阜新地区的辽代古城址》，《辽金契丹女真史研究》1987 年第 1 期。冯永谦：《辽志十六头下州地理考》，《辽海文物学刊》1988 年第 1 期。张春宇、刘俊玉、孙杰：《彰武县文物志》，辽宁民族出版社 1996 年版。孙杰、高庆升：《阜新地区辽城考记》，《阜新师专学报》1992 年第 2 期。李宇峰：《建国以来辽宁地区辽代城址的考古发现与研究》，《阜新辽金史研究》第 5 辑，中国社会出版社 2002 年版。

唐“开元通宝”外，都为北宋货币。宗教遗品有白瓷佛像3尊、石经幢1件。城址内还出土有石雕童头像1件、石函1件、梵文铜押、玉饰件、玉猴等。

《辽史·地理志》记载：“壕州，国舅宰相南征，俘掠汉民，居辽东西安平县故地。在显州东北二百二十里，西北至上京七百二十里。户六千。”据《契丹国志》和《亡辽录》所列头下州名的顺序，徽、成、懿、渭、壕州等排列来看，这个排列顺序说明上述各州相距较近，应在一个较小的范围内寻找，而且应该在成、懿二州附近。彰武县小南洼城址是该县境内最大的辽代古城，而且位置也与已经基本确定的成、懿二州所在古城距离相近。另外，如果以显州（北镇市）为地理坐标，小南洼城址正好距北镇东北150余公里，与平安地乡东土城子南北相距10余公里，方位、里程都相吻合。

小南洼城址（西南城子），从其结构和出土的大量辽代遗物分析，是彰武县境内发现面积最大、堆积最厚、出土文物最多的辽代城址。有人认为该城为辽代懿州所辖属县顺安县；还有认为是辽代遂州；王绵厚、冯永谦、李宇峰、孙杰等都将小南洼城址考定为辽代豪州。①②③④⑤⑥

102. 辽宁省彰武县沙力沟城子地城址

城址位于彰武县城西北48公里的四堡子乡韩家杖子村（驻东水泉屯）1.3公里，沙力沟屯。城址西南距韩家杖子村1.3公里，沙力沟屯中，南30米濒临一条由西向东转向北流的季节沟，季节沟紧邻西城墙，一条乡道通到城中。城址西南15公里是小南洼屯西南城子城址。

城为土筑，平面呈长方形，南北长200米，东西宽300米。北城墙比较清晰，高出地表0.5—1米，西、东、南三面城墙还能看出墙基轮廓，高约0.5米。城内地表为沙土质，东部平坦，西部凸凹不平，发现遗物残片较多。现在城西北角被民宅占用，其余部分被开垦为耕地。

城内采集到乳白釉粗白瓷片、黑釉瓷片、布纹板瓦、沟纹砖等。城南季节沟断壁处发现一处窑址，附近有烧灰土堆积，周边发现有布纹板

① 冯永谦：《辽志十六头下州地理考》，《辽海文物学刊》1988年第1期。
② 张春宇、刘俊玉、孙杰：《彰武县文物志》，辽宁民族出版社1996年版。
③ 李宇峰：《阜新地区的辽代古城址》，《辽金契丹女真史研究》1987年第1期。
④ 孙杰、高庆升：《阜新地区辽城考记》，《阜新师专学报》1992年第2期。
⑤ 孙杰：《彰武小南洼辽代城址调查记》，《辽金契丹女真史研究》1987年第1期。
⑥ 李宇峰、孙杰：《辽宁彰武县西南城子城址调查》，《辽海文物学刊》1990年第1期。

瓦、沟纹砖等。城址西北角民宅处存一口古井址。

从形制和出土遗物看，沙力沟城子地城址应是辽代城址。①

103. 辽宁省彰武县陈家窝堡城址

城址位于彰武县城西北39公里的满堂红乡沙家村陈家窝堡屯。城址东北距陈家窝堡1公里，西靠一条南北向沙石路，南30米临一条由西向东的季节沟注入大板水库，城址因位于屯西南，当地俗称“西南城子”。

城址土筑，平面呈长方形，南北长250米，东西宽300米。城址东城墙隆起地表1—1.5米，坍宽6米，其他三面城墙保存较差，断续高出地表0.2—0.5米不等。城内有烧灰土，地势北高南低，现在城内被村民开垦为耕地。

城址内遗物丰富，采集到乳白釉四垫痕瓷碗底、口沿、布纹板瓦、绳纹砖、铁刀、铁镞、彩绘石雕构件等，并在村民家征集1件于1975年10月城址内出土的黑釉大瓮。

陈家窝堡城应是建于辽代的城址。②

104. 辽宁省彰武县程沟城子地城址

城址位于彰武县城西北28公里的大冷乡程沟村。城址在程沟村驻地蒙古城沟屯西南角；南50米为海拔百米的小南山；西50米为柳河；东2.5公里是小清沟水库。

城为土筑，平面呈长方形，南北长400米，东西宽340米，隆起周围地面3米，地形较为平坦，但附近冲出的沟壑较多。

城址地表遗物丰富，采集有：白瓷花式口沿、仿定白瓷敛口沿、乳白釉瓷碗底、折沿、圆唇开片口沿、黄釉碗底、白陶衣器底、布纹板瓦、筒瓦、黑釉瓮口沿、沟绳纹青砖、灰陶器双链柄等。另外从村民家中征集到城内出土的完整器物有茶绿釉鸡腿坛、灰陶盖罐。在城址北部出土5个仰莲纹石柱础。调查时还在村民家看到城内出土的石臼和石杵。

从城址结构和出土的遗物分析，程沟城子地城址应为辽代城址。③

105. 辽宁省彰武县金家屯城址

城址位于彰武县城西北28公里的大冷蒙古族乡曹家村金家屯。城址

---

① 张春宇、刘俊玉、孙杰：《彰武县文物志》，辽宁民族出版社1996年版。

② 张春宇、刘俊玉、孙杰：《彰武县文物志》，辽宁民族出版社1996年版。孙杰、高庆升：《阜新地区辽城考记》，《阜新师专学报》1992年第2期。

③ 张春宇、刘俊玉、孙杰：《彰武县文物志》，辽宁民族出版社1996年版。

西1.5公里为金家屯，屯向西通一公路，西100米为金家河，北1.5公里是侯头满汉屯，“侯头满汉”为蒙语，意思是“有城的坨子”。

城为土筑，平面呈长方形，南北长256米，东西宽200米，现在城内全部栽树，南、北、东三面城墙较明显，墙高0.5—1.5米不等，坍宽24米，西墙保存较差，仅可见痕迹。在城内由北墙向南100米筑一道东西向的内城墙，将城分为南城与北城，南城南北长160米，东西宽200米，北城南北长96米，东西宽200米。

城内遗物分布较稀疏，采集到粗白瓷片、白瓷片、布纹板瓦等。

金家屯城址从规模和遗物分析，应为辽代城址。[①]

106. 辽宁省彰武县四合城乡大伙房土城子城址

城址位于彰武县城东北38.5公里四合城乡大伙房村土城子屯。城址东北距乡政府驻地四合城村约5公里，西北距土城子屯200米，在土城子屯与城址之间隔一座水库，水库为李家沟源头，城址西南有一面积很大的沙坨子。

城为土筑，平面呈长方形，南北残长420米，东西残宽210米，城址南偏西5°。北城墙保存最好，存长420米，墙基宽约8米，最高处存1.8米，东城墙也可看出痕迹，存长210米，西城墙和南城墙无迹可寻。北墙西端和东墙南端被水库破坏，西墙和南墙被水沟和沙坨子破坏。

城内因风沙覆盖地面，遗物不多，北城墙外较多，有陶瓷片、砖瓦等。采集到粗白瓷片、缸胎黑釉瓷片、莲花纹瓦当、螭吻残块等。在城内外曾出土过瓷缸、碗、陶罐、铁刀、铜钱、石磨、马镫等。在村民家现保存一件城内出土的石夯头。从出土遗物看，大伙房土城子城址应为辽代城址。

《辽史·地理志》记载：“遂州，本高州地，南王府五帐放牧于此，在檀州西二百里，西北至上京一千里。户五百。”有关遂州的地望，学术界多倾向于今库伦旗境内。因为上述“高州”应指渤海国的高州。但是李宇峰怀疑这可能是泛指，渤海高州治所或渤海的疆域不包括今彰武县，但渤海国的实际管辖范围及影响所及可能达到彰武县北境与库伦交界地区。基于这种认识，笔者倾向于认为彰武县四合城乡大伙房土城子可能

① 张春宇、刘俊玉、孙杰：《彰武县文物志》，辽宁民族出版社1996年版。孙杰、高庆升：《阜新地区辽城考记》，《阜新师专学报》1992年第2期。

是遂州治所。另外，冯永谦先生也认为该古城址是辽代的遂州。①

107. 辽宁省辽阳市辽、金东京城址

辽金时期分别设有五京，五京之中只有东京辽阳府都设在辽宁省境内，即今天的辽阳旧城，据多年考古调查得知，辽代城址系建在燕国辽东郡首府古襄平故址之上，现城垣虽已颓毁，无遗迹可寻，但自中华人民共和国成立以来在今辽阳旧城四周多次发现辽代墓葬，其中最重要的是1955年在辽阳市北郊大林子村发现的寿昌二年（1096）王翦妻高氏石棺铭，首题王翦为“大辽国东京府内省府官文林郎”等字。其妻死后葬于今辽阳旧城之外，可以证明东京辽阳府就是今辽阳旧城。在今天的辽阳白塔公园内耸立一座高70.04米的八角十三级实心密檐式辽代砖塔即著名的辽阳白塔，是迄今为止辽宁省及东北地区现存最高的古代建筑，属于京塔一级，是辽代东京辽阳府的醒目标志和象征。辽代辽阳县址就设在此，因辽阳县是首县，乃东京辽阳府治，故与府同城。

神册三年（918）太祖耶律阿保机到“辽阳故城”（即辽东城，今辽阳）。翌年二月，阿保机命修“辽阳故城”，名铁凤城，以汉人、渤海民户居住城中。建东平郡为防御州，设防御使。天显三年（928），升东平郡为南京，改城名为天福城。城高3丈，城头筑有防御高台，幅员30里。城分8门：东门名迎阳，东南门名韶阳，南门名龙原，西南门名显德，西门名大顺，西北门名大辽，北门名怀远，东北门名安远。会同元年（938）十一月，将南京改为东京。《辽史·地理志》记载：“东京道设东京辽阳府，辖州府军城八十七，统县九。”今辽阳市的“辽阳”自此成为地方政区的名称。辽天庆六年（金收国二年，1116）正月，东京裨将、渤海人高永昌举兵复国占据东京。杀留守肖保先，称大渤海国皇帝，国号大元，建元隆基，占据辽东50余州。五月，金太祖完颜阿骨打遣金军攻取辽州、沈州，陷东京城。高永昌逃跑，后被擒杀。东京辽阳府等54州及辽籍女真人余部投降金军，东京辽阳府遂纳入金国版图。天会十年（1132），金太宗下令将辽代东京道改为南京路都统司。天德二年（1150），改为东京路都统司，改东京兵马都部署司为东京辽阳都总管府，后改置东京留守司。辽阳府辖四县一镇：辽阳县、鹤野县、宜丰县、石

① 张春宇、刘俊玉、孙杰：《彰武县文物志》，辽宁民族出版社1996年版。孙杰、高庆升：《阜新地区辽城考记》，《阜新师专学报》1992年第2期。李宇峰：《阜新地区的辽代古城址》，《辽金契丹女真史研究》1987年第1期。

城县、长宜镇（鹤野县所辖）等，均在今辽阳境内。皇统四年（1144）二月，熙宗完颜亶至东京督建新宫。七月，于东京建宗庙，有孝宁宫。九月、十二月，熙宗先后两次至东京巡视。皇统七年（1147），在东京建御容殿。贞元三年（1155），完颜雍任东京留守兼辽阳府尹。为母李洪愿建清安寺为尼院。大定元年（1161）十月，东京留守完颜雍于辽阳宣政殿即皇帝位，改元大定。十二月，完颜雍率兵自东京进发中都（北京），夺取金国中央政权。大安三年（1211），蒙古围攻金国中都的军队北退后，由哲别统率的蒙古前锋军转攻辽东，东京失守，蒙军大掠而去。贞祐二年（1214），金国北边千户耶律留哥在今吉林农安叛金自立。十一月，宣宗完颜昫命辽东宣抚使蒲鲜万奴率兵40万征讨。两军战于归仁县北细河，蒲鲜万奴战败逃回东京。贞祐三年（1215）十月，辽东宣抚使蒲鲜万奴在东京叛金自立，自称天王，国号大真，改元天泰。其时蒙古将领木华黎趁乱占领东京。1217年年初，蒲鲜万奴乘木华黎东征高丽之机出东京，背叛蒙古自立；同年，率数十万女真人北上至上京，改国号为东夏（真）。[①②]

108. 辽宁省辽阳市燕州城址

始建于高句丽时期，又称“白岩城”，位于辽宁省辽阳市灯塔县门口村海拔约200米的后山坡地上。地势东高西低，平面呈不规整的圆角方形，城壁随山势用石块筑成。全城南北直径480米，东西宽440米，西一门，也是山水下泄的出口。城壁的最高点在东南角，登此高处环望四周，东南西三面皆历历在目。分内、外城。外城东、西、北三面顺山势起伏砌筑。北墙外砌有马面及护城短墙。南面利用悬崖作墙，下即太子河。外城周长2500米。内城筑于外城东南角，长45米，宽35米。城内有蓄水池。山顶有明代所建的瞭望台，是全城的制高点。唐代改为岩州，辽代隶属沈州，金代属东京石城县，元明仍沿用。

调查时城内发现的遗物有：夹沙红陶片、陶网坠、红色方格纹瓦、金元时期的布纹瓦片、白釉褐花瓷片以及圆柱形陶窑具等。在城内西侧一块较平坦的荒地上，还有一件半圆形石碑首，上雕双龙戏珠花纹，碑额双勾线刻“石城凤安保国寺碑”八个大字。

---

① 李宇峰：《建国以来辽宁地区辽代城址的考古发现与研究》，《阜新辽金史研究》第5辑，中国社会出版社2002年版。

② 辽阳市志编纂委员会：《辽阳市志》，辽宁人民出版社1993年版。

《辽史·地理志》："沈州统州一，岩州，白岩军，下，刺史。本渤海白岩城，太宗拨属沈州。统县一，白岩县，渤海置。"金毓黻《渤海国志长编》卷14第7页："《辽志》东京道沈州所统有岩州白岩军，本渤海白岩城，此盖（渤海）卢州白岩县民移置于此者也。《辽志》语欠分晓，故曰本渤海白岩城。"《武经总要》前集卷二二谓："岩州本高丽所据之地。唐太宗伐辽，师次白岩城下，因之建为岩州，今契丹置兵屯守，州名不改。东至女真界百九十里，东南至东京五十里。"文中谓岩州东南至东京，东南当系西南之讹。李慎儒《辽史地理志考》卷二："白岩县即岩州治，在今奉天府辽阳州东北五十七里石城山上。故城周四里，一门，本高丽之白崖城，唐太宗征高丽，拔之，改置岩州，后废，辽复置。"辽宁省博物馆编《辽宁史迹资料》页7，谓辽代岩州遗址在今辽阳市东燕州城，燕州即岩州之音转。①

109. 辽宁省辽阳市辽阳县唐马寨古城

此城为辽代古城，位于辽阳县唐马寨乡驻地唐马寨村，这座古城为辽代衍州。另外，还有一种观点，认为该城是辽代鹤野县治所。

《辽史·地理志》载，辽阳府统县九，其一为鹤野县，本汉居就县地，渤海为鸡山县。王寂《鸭江行部志》记明昌二年二月，"戊戌，宿析木之法云寺，道出鸡山。己亥，宿汤池县护国寺"。《辽东志》卷一地理志古迹项下："鹤野废县，辽阳城西八十里，汉为居就县地，渤海为鸡山县，辽改曰鹤野，金属辽阳府，元省入辽阳县。"《奉天通志》为辽鹤野县定位，先后自相矛盾。此书卷五四称："《明一统志》，鹤野废县在都司城西八十里，不知所据。若为汉居就县故地，则应在今辽阳南。"卷五五又称："《金志》辽时鹤野县下长宜镇即为曷苏馆之所在。《明一统志》谓鹤野县在辽阳西北八十里，诸书多因之，惟《辽志》谓鹤野本汉居就县地，渤海为鸡山县。《鸭江行部志》谓析木县附近鸡山，则鹤野实在今辽阳之南、海城之东，而长宜镇即在其地，亦即曷苏馆初置之地也。"但同书卷七〇则称："（太子河）又西南迳唐巴寨村西，村距辽阳县治八十里，有古城，为辽鹤野县故址。"同是《奉天通志》，于辽鹤野县遗址所在乃有三种推定。按王寂所经得鸡山，系山名，未可因山名鸡山即推

① 李治亭：《关东文化大辞典》，辽宁教育出版社1993年版。陈大为：《辽阳岩州城山城》，《辽海文物学刊》1995年第1期。谭其骧：《〈中国历史地图集〉释文汇编·东北卷》，中央民族学院出版社1988年版。

断渤海之鸡山县与辽之鹤野县亦在此地。据《明一统志》和《奉天通志》卷七〇所记暂定辽代鹤野县故址在今辽阳市西南42.5公里的唐马寨古城。①

110. 辽宁省铁岭市康平小塔子城址

城址位于康平县东南部郝官屯乡小塔子村。夯土筑成，南北向，平面略呈长方形，南北长340米，东西宽260米，周长约1200米。有东、南、西三门，东、西门以南及整个南墙保存较好，城垣存高2—3米，宽约12米。门外均建有瓮城，城外有护城壕。东、西城角及城壁间的角台、马面都清晰可辨。东西门间横贯一条大道，是原来城内主要街道所在，是由西向东至辽河渡口的通道。

城址内地面残砖碎瓦分布十分密集，文化层厚1—2米。地表散布有大量辽金时期的灰陶片、粗胎白釉或黄釉瓷片；城址内出土过铁铡刀、铁镰刀、石臼、石磨等生活用具；出土较多的是铜钱，有唐朝“开元通宝”，北宋“皇宋通宝”“景德通宝”“太平通宝”“崇宁通宝”，金朝“大定通宝”等。

城址西门外路北，是一处清代寺院的废墟，寺前石狮、山门、石雕旗杆和碑座尚存。在寺院废墟有辽代砖塔一座。小塔子村因此得名。

根据考古发现和文献考证，学术界一致认为小塔子城址是辽代东京道所属祺州及其倚郭庆云县。1984年列为铁岭市级文物保护单位。②

111. 辽宁省铁岭市昌图县四面城城址

城址位于昌图县二十家子乡四面城村北。城墙为夯土版筑，平面呈不规则梯形，除南墙遭受破坏外，其余三面保存尚好。南墙314米、北墙400米、东墙548米、西墙510米。城墙现宽6米，存高约3米，夯层厚10厘米。城墙四角均建有角台。四面城墙中辟有南、西、北三个城门。北门开在北墙偏西部分，南门开在南墙中部，西门开在西墙的近南端。其中北门与南门都筑有瓮城，瓮城为圆形，土筑。北门宽12米，瓮城直径为22米，门外古道痕迹尚存。古道下有护城河遗迹。南门宽8米，瓮城已破坏。西门宽8米，无瓮城建筑。

城址内遗存的辽金陶、瓷片丰富。有卷沿细泥灰褐陶器片，釉陶和

---

① 冯永谦：《辽宁地区辽代建置考述》，《东北地方史研究》1986年第2期。谭其骧：《〈中国历史地图集〉释文汇编·东北卷》，中央民族学院出版社1988年版。

② 辽宁省地方志编纂委员会办公室：《辽宁省志》，辽宁人民出版社2001年版。

三彩釉陶片。采集的瓷片中，有仿定窑白瓷片，尤以白釉显黄的粗瓷片较多，可辨认器形有盘、杯、碗、碟、壶、罐、瓶等。还采集到缸、鸡腿坛残片。建筑材料有兽面瓦当、瓦当、布纹瓦、滴水、鸱吻和卷云纹或龙珠纹等建筑构件。还出土北宋“皇宋通宝”“政和通宝”等铜钱。

关于昌图四面城的建置，有两说，一说为《奉天通志》记载四面城为辽代通州；另一说为《中国历史地图集》《松漠纪闻》《金虏图经》与《元一统志》、（明）《辽东志》等文献记载考证四面城城址为辽代安州。安州是辽东京道下一个重要州城，是辽金以来贯通辽宁腹部地区陆路交通干线上的一个重镇。金代废州置归仁县，隶咸平府。元代这里成为以开原为中心向北去的一个驿站。明朝“靖难之役”后，划归兀良哈三卫中的福余卫，成为蒙古游牧之地，城址逐渐荒废。1984 年列为铁岭市级文物保护单位。①

112. 辽宁省铁岭市昌图县八面城城址

八面城城址位于昌图县八面城镇东南，坐落在条子河南岸的台地上。城墙已遭毁坏，但遗迹尚存。清道光年间曾在城内出土一通八面体的石经幢，当地遂称此城为“八面城”。

城址南北向，平面呈方形。墙为夯土版筑，边长约 650 米，周长 2600 米。城墙现存高 2—4 米。城址每面各辟有一门，墙外原有护城河，河身遗迹尚依稀可辨。城内由于多年堆积，现高出城外地面 2—6 米，府衙、庙宇、民宅、作坊遗址清晰可辨，残砖碎瓦俯拾皆是。

城址内辽金时期的陶瓷片很多，陶片为灰色胎，瓷片为白瓷碗、壶及粗胎酱色釉片等。建筑材料有布纹瓦、沟纹砖、兽面瓦当、龙凤纹带汉字“徐”的圆瓦当、鸱吻等。出土还有铁铡刀、铁矛、铁铧、铁马镫；铜洗、铜镜、铜佛像、铜印、铜铧范、铜蹚头范与外铸“王中”“十日山”等字的铜铧范和内铸“□得山”等字的铜犁镜范。

八面城城址是辽代东京道所辖一座重要城址，是当时南北交通线上的重镇。因在城内曾出土过“韩州刺史”铜镜和“柳河县印”铜印，故推测该城为辽韩州与金柳河县治。1984 年列为铁岭市级文物保护单位。②

---

① 辽宁省地方志编纂委员会办公室：《辽宁省志》，辽宁人民出版社 2001 年版。

② 同上。

113. 辽宁省铁岭市懿路村古城

位于辽宁省铁岭市南30公里懿路村，故挹娄国地。城址为辽代定理府地，辽太宗时置。金朝时更名为沈州。辽尝置定理府刺史于兴州，并移置于沈阳、铁岭地区。金章宗改兴州常安县为邑娄县。辽兴州、金邑娄即今铁岭县南30公里的懿路村古城。①

114. 辽宁省开原市老城镇咸州城

辽代城址，位于辽宁省开原市老城镇，开原建城始于辽代的土城。辽咸州、金咸平府平郭县、元咸平府的治所都在这里。今开原城内西南隅有崇寿寺塔。明代在此设三万卫，又迁辽海卫于此，在土城上复修砖城，周长6公里，辟四门，城垣四角有角楼。

《辽史·地理志》："咸州，安东军，下，节度。本高丽铜山县地，渤海置铜山郡。……地多山险，寇盗以为渊薮，乃招平、营等州客户数百建城居之，初号郝里太保城，开泰八年置州，兵事属北女直兵马司，统县一，咸平县。"同书卷四八《百官志》节度使职名总目东京道下有咸州安东军节度使司。《金史·地理志》："咸平府，下，总管府，安东军节度使。本高丽铜山地，辽为咸州，国初为咸州路，置都统司，天德二年八月升为咸平府，后为总管府。……县八，平郭，倚，旧名咸平，大定七年更。"同书卷四四《兵志》："收国元年十二月，始置咸州军帅司以经略辽地，讨高永昌。"同书卷二《太祖纪》太祖收国二年四月，"以斡鲁统内外诸军，与蒲察迪古乃会咸州路都统斡鲁古讨高永昌"。《松漠纪闻》："宿州北铺四十里至咸州南铺，四十里至铜州南铺，四十里至银州南铺。"《御寨行程》："兴州兴平馆五十里至银铜馆，九十里至咸州咸平馆，三十里至宿州宿宁馆。"按宿州为今昌图，铜州为今中固，银州为今铁岭，咸州介于宿、铜二州之间，依里至求之，当在今开原老城镇。《辽东志》卷一地理志古迹门："咸平县，开原城东北隅，今废。"②③

115. 辽宁省开原市贾家屯古城址

该城址为辽代城址，位于辽宁省开原市西境古城堡乡贾家屯村南1公里。呈南北正方形，土筑城墙，边长500米，残高1—2米，基宽约10米。城内地势平坦，地表遗物有辽白釉粗瓷片、酱红釉不落底钵片、黑

① 谭其骧：《辽东道黄龙府》。

② 李治亭：《关东文化辞典》，辽宁教育出版社1993年版。

③ 谭其骧：《〈中国历史地图集〉释文汇编·东北卷》，中央民族学院出版社1988年版。

釉卷唇口沿、褐色粗瓷缸片等。学术界主张该城应是辽东京道所辖麓州治所所在。①

116. 辽宁省铁岭市西丰县城子山城址

城址始建于高句丽时期，位于辽宁省铁岭市西丰县凉泉镇南7.5公里的城子山上，周长约5公里。城垣建筑在山谷四周山脊上，用长方形石块垒砌，高约5米，有3个城门。山城居高临下，气势雄伟，最高峰749米。城内有建筑遗址多处，曾出土铁镞，绳纹、方格纹红瓦和八瓣莲花纹红瓦当，专家推测可能是高句丽的扶余城，辽金时期沿用。②

117. 辽宁省昌图县小坊城古城址

小坊城古城址位于辽宁省昌图县境内，在东双城古城之西约1.5公里处。这里将《昌图县文物档案》中1982年孟庆忠年调查记录，转述如下："小坊城遗址，位于昌图县曲家店公社小坊大队，三门李村东约50米处，东距双城约3华里，此城面积为320×300平方米。城址已遭全部破坏，城墙荡然无存，只在城南有一高台，高7—8尺，群众称之为点将台。"又记"1978年在此城内出土一枚双鱼纹铜镜，镜面直径为19公分，边款为'都右院官正'五字，镜重量为3市斤"。实物现存昌图县文化馆。③

118. 辽宁省昌图县马仲河古城

此城为辽代古城，位于昌图县马仲河村，辽兴宗重熙十年置。城为土筑，城壁犹存，城内出土辽金时期陶瓷与残瓦片等遗物很多。1964年在城址中发现一处窖藏，出土铜钱达400余斤。马仲河古城址，南距开原县老城镇（辽咸州）18.5公里，是辽金时期规模较小的城。这座城为辽代素州。④

119. 辽宁省昌图县东双城古城址

东双城古城址位于昌图县境内，曲家店乡双城村西约60米处。此处地势较高，古城位于东西向的一条漫岗上。在此古城向西约1.5公里处，还有一座小城，当地称为小坊城。因两城相距较近，故名之为双城，此城在东，故名之东双城古城。此城东距八面城仅5公里，西距黑城子古

① 李治亭：《关东文化大辞典》，辽宁教育出版社1993年版。

② 同上。

③ 段一平：《辽宁昌图古遗址和古城址调查记》，《北方文物》1986年第1期。

④ 冯永谦：《辽宁地区辽代建置考述》，《东北地方史研究》1986年第2期。

城 10 公里。这三座古城基本上在东西向的一条直线上，相距较近。

东双城古城平面基本呈长方形，方向为北偏东 15°，东西两墙各长 380 米，南北两墙各长 350 米，全城周长为 1460 米。四面城墙均遭到严重破坏，东墙最为严重，南墙与西墙尚存墙基，残高 1—1.5 米，南墙正中有一豁口，宽约 10 米，当为南门所在地。在此门外尚有一个半圆形的土坡，估计是瓮城的残留痕迹，范围约 10×15 米。在南门的东西两侧，距离均为 100 米处，各有一个向外突出的土坡，当是马面的残迹，其他三面墙因破坏严重，门址及其他建筑遗迹已经无法判断查明。城内现已全部辟为耕地，在地面上辽金时代的残砖碎瓦、白色瓷片俯首可拾。1980 年在此城内出土一罐铜钱，重达 26 斤，大部分是北宋年号的铜钱。

东双城古城应该是辽金时期的城址。[①]

120. 辽宁省昌图县黑城子古城

黑城子古城址位于昌图县境内，曲家店乡黑城子大队城里村南。该处地势平坦，城西 300 米处，招苏台河从北向南流过。城正东为八面城，两者相距约 15 公里，该城内因全部是黝黑的腐殖土，故称之为“黑城”。

城里村有 12 户居民，修筑房屋约 50 间，全部建在北城墙的墙基上，总长度约 250 米，约占城墙长度的一半。东墙已开辟为车路，路面仍高出地平面约 1 米。西墙与南墙均已辟为耕地，不过仍可看出城墙的残迹，比两侧的耕地高出 1—1.5 米，形似一条漫圆的土岗。据当地居民介绍，1958 年以前，城墙尚高 2 米，上窄下宽，不能通车。后来辟为耕地，墙的高度就逐年下降。目前仍可看出城墙基宽约 6 米，高 1—1.5 米，上宽 2 米左右，已呈现漫圆状。四周高度大致相差无几，难以判断城门的具体位置。但北墙的西段，靠近西北角有一宽约 3 米的豁口，可能是一处门址。此城为正方形，北偏东 12 度。每边均长 600 米，周长 2400 米。除北墙外，其他三墙上都有两处向外突出的部分，高度与墙体相同，长宽各约 8 米，此处当是马面的残迹。

城内地面上散落着许多辽金时代的布纹灰瓦、青色残砖和大量的粗细白瓷片。据群众介绍，1958 年在此深翻时，尚发现一罐古代铜钱，有太平等年号，估计多为宋钱。

根据《昌图县志》记载：“黑城年代久远，已不可考。”推断是辽金

---

① 段一平、孟庆忠：《辽宁昌图古遗址和古城址调查记》，《北方文物》1986 年第 1 期。

时期的一座古城址。①

121. 辽宁省北票市四角板城

城址位于北票市南八家子乡四角板村。城为土筑，平面呈长方形，南向，东西长约700米，南北宽约500米，依山傍水，城北约500米处是东西走向的双羊山，城南约1500米是大凌河，自西向东流去。大凌河南是骆驼山，亦为东西走向。该城址位于大片台地上，1949年大凌河水泛滥，城址西南隅被冲毁。经实地调查，遗址地表发现有布纹瓦、沟纹砖、辽金陶瓷片及砖瓦片等。曾在城内出土辽开泰二年《佛顶尊胜陀罗尼石幢记》。据有关史料记载："四角板有废城，中有辽开泰二年石幢，为白川州官吏所建，知即辽川州故城。"据出土文物并结合文献记载考证，确定四角板城址当是辽白川州及倚郭而建的咸康县治所。②③

122. 辽宁省建平县榆树林子城址

城址位于朝阳市建平县榆树林子乡炮手营子村赵家店屯西台地上，当地人称"城子坡"。1961年文物普查时发现。

城墙由夯土筑成，仅存城墙东北角部分，北墙残存50余米。城墙坍宽15米，顶宽1—1.5米，存高1—2米。从北墙东端断层观察，夯层厚为9—16厘米，从上至下共20余层，系由黄褐色黏土夯成，中间尚有三排夹板夯筑的圆窝痕迹。其余城墙现已夷为平地。

从城内出土、采集的遗物和文化堆积看，该城址经历三个历史时期：一为夏家店上层文化；一为汉代城址及砖瓦残块；地表残留较多的是辽代的布纹板瓦、筒瓦等。

此城位置重要，处于汉代长城八家子农场小五家子至孤家子乡桃吐村段的转角处。1985年列为朝阳市级文物保护单位。④

123. 辽宁省建平县八家子城址

城址位于建平县八家子乡政府北墙外。1961年文物普查时发现。城为夯土筑墙，平面呈长方形。东北角被河水冲毁。南墙长638米，西墙长592米，北墙存长150米，东墙存长390米。城墙存高2—4米，底部坍宽12米。城的四角筑有角台，东北角台被河冲毁，保存3个，以西南角

① 段一平、孟庆忠：《辽宁昌图古遗址和古城址调查记》，《北方文物》1986年第1期。

② 辽宁省地方志编纂委员会办公室：《辽宁省志》，辽宁人民出版社2001年版。

③ 白广瑞：《白川州与川州初释》，《辽海文物学刊》1991年第1期。

④ 辽宁省地方志编纂委员会办公室：《辽宁省志》，辽宁人民出版社2001年版。

台保存最好，高6米，底径18米。城墙外每间隔70—100米筑有一马面，马面呈半圆形，与城墙相连。城址东、南、西三面城门外筑有瓮城，东西两城门相对，门阔30米，进深20米。城内许多建筑基础犹存。城中部有一处较高的大土丘，周围分布有七八个大小不等的土丘，城内中部发现古井一眼，用大石板覆盖，城外8米有护城河，宽20米，存深1—1.5米，城内东南角筑有一内城，方形，边长85米，四角筑角台，西墙中间辟一门，城外有护城河与大护城河相通。

距城北约500米的山坡上有一座小城址。东西长235米，南北宽200米，墙存高2米，底宽8米。四角筑角台，城墙外每间隔40—60米筑一马面，南墙中间辟有一门，宽20米，进深14米。城内片北部有一较高建筑址，现尚存大石臼。小城址北约2.5公里即塔子山，山上有一砖塔基，它们与大城址处于同一中轴线上，应与大城有密切关系。

城址内遗物丰富，散布有布纹瓦、兽面瓦当、滴水、沟纹砖残段等，地表瓷片分布密集，主要有定窑白瓷片，胎白质精，釉色晶莹，上刻有印花或划花纹饰，器型有碗、盘、罐、盒、瓶等。青白瓷片，白中闪青，胎质釉色均细腻，器型有碗、碟等。仿定窑白瓷片，数量较多，胎质较粗，厚重，白釉泛黄，上有开片，以碗为多，内底并有渣垫痕，还有少量的白釉黑花瓷片和北宋铜钱等。

这是朝阳地区一座保存较好的辽金城址。据城址特点、遗物和地理位置分析，考证其大城为辽中京道所属的惠州，小城为惠和县。1983年列为朝阳市级文物保护单位。①

124. 辽宁省朝阳市五十家子城址

五十家子城址，俗称“汉儿城”，位于朝阳市南35公里的西营子乡五十家子村。地处于小凌河支流“双龙河”西岸台地上。北距柏木山沟灵岩寺遗址约2500米，东隔河1500米为河东村，南城墙外为南关村，西接丘陵，五十家子村位于城内北部。城东北有一条小河发源于柏木山沟，向南流至二十家子注入小凌河。朝阳至二十家子公路在城内中部南北通过。

城址的平面呈长方形，南北长800米，东西宽600米。夯土筑成，夯层清晰，城址东北角存高2米左右。城门位置不明显，公路通过的南北

① 辽宁省地方志编纂委员会办公室：《辽宁省志》，辽宁人民出版社2001年版。

二豁口当即南北二门。城内除了北部为五十家子村落外均为耕田。城内中部公路东侧有《佛顶尊圣陀罗尼石经幢》一座，下筑八角石雕基座，俗称“灯台塔”。城址东侧约20米处，有圆形砖窑址3座。窑室直径3米，南北排列，间距10米。窑内尚存残沟纹砖，另在城址西山岗顶部，耸立着一座辽代方形十三级密檐式空心砖塔，当地俗称“青峰塔”，亦称五十家子塔，辽代此城有一处寺院，寺毁，唯塔独存。

城内地表散布大量的陶、瓷器残片和砖、瓦、瓦当、鸱吻等建筑构件。陶器多为缸胎瓮、罐和泥质灰陶瓮、罐残片；瓷器多为粗白釉瓷碗、盘和酱釉碗等残片；还曾出土过铁鼎、刀、六耳铜锅、陶瓮等。

根据考古发现与文献记载，此城学术界多倾向为辽中京辖下的安德州治所，1983年列为朝阳县级文物保护单位。[①②]

125. 辽宁省朝阳市黄花滩城址

城址位于朝阳市大平房镇黄花滩村南侧的大凌河冲积平原上，南约300米处大凌河由西向东穿过，北侧山顶有一座辽代八角十三级密檐式砖塔。城址平面呈长方形，南北长1000米，东西宽800米，方向南偏西20°。城墙大部颓坍，北墙和西墙保存较好，西北角一段长约200米城墙，墙基宽8米，顶宽2米，存高8米。夯层清晰可辨。

此城有东、南、北三门，仅南门保存较好，位于南墙中部，有瓮城，长宽均为45米。城内中部，有土筑台基一处，长15米、宽12米、高3米，存有四级台阶，在台基上散布大量的绿釉琉璃瓦残段、砖及其建筑饰件残片，是城内一处重要建筑遗存。

城址内散布大量的辽金瓷片。有辽粗白瓷碗、盘、罐残片，定窑细白瓷碟、盘、碗残片，黑釉碗、罐残片，酱釉罐、瓮残片及宋代铜钱等。还出土一面金代双鱼纹铜镜，边款有“建州官”等字验记。

经历史地理学者考证，此城址是辽中京道所辖的建州二迁治所——建州永霸县故址。辽代建州原址在大凌河南的木头城子城址，后因屡遭大凌河水患，于辽圣宗年间迁到黄花滩城。1972年在黄花滩村南约5公里的台子乡牟杖子村山嘴子屯白道子山下辽赵匡禹墓，出土一方墓志，上面记载：赵匡禹“葬于州之南白杨口”。由此印证黄花滩城址正是迁徙后

① 辽宁省地方志编纂委员会办公室：《辽宁省志》，辽宁人民出版社2001年版。

② 金殿士：《辽代安德州今地考》，《社会科学辑刊》1982年第12期。

的建州永霸县故址。1983 年列为朝阳市列为朝阳市级文物保护单位。[①]

126. 辽宁省凌源市十八里堡城址

城址位于凌源市凌源镇西十八里堡村南大河（古名榆河）北岸，附近地势平坦。

榆州城建于辽代至明代废，清乾隆年间修《塔子沟纪略》时，记录此城就已“城垣坍塌不整”。1962 年调查时，城址为夯土版筑，平面略呈长方形，南北长 535 米，东西宽 496 米，仅西、北两面保存较好，城墙存高 3—5 米不等，基宽约 12 米。东墙有明显的敌楼址，高宽均约 5 米。北墙中间有一门址。城内的砖瓦堆积层厚约 1 米。在城址西墙外约 250 米处有一砖砌八角十三级实心密檐式砖塔。城址内散布的灰陶片、白瓷片和布纹瓦、滴水等建筑构件，另外还出土有铁锄、马镫、长达 2 米的铁柄战刀、刑具残片等，这些遗物多为辽代，也有少数为金元时期。

《辽史·地理志》称榆州“本汉临渝县地，后属右北平骊城县……”查《汉书·地理志》之临渝，称“渝水首受白狼，东入塞外，又有侯水，北入渝……”白狼就是白狼水，今天的大凌河。渝水为今天凌源县南大河，源出河北省平泉县郑杖子经过三家入陵源县宋杖子乡侯杖子并沿锦承铁路北入陵源南大河的无名季节河，应是“北入渝”的侯水。《辽史·地理志》又载“唐载初二年，折慎州置黎州，处靺鞨部落，后为奚人所据，太宗南征，横帐解里以所俘镇州民置州，开泰中设入，属中京……”从上述文字可知榆州是辽太宗耶律德光南征后以所俘镇州之民建置的。太宗南征在历史上共有两次。《辽史·太宗纪》称“太宗讳德光，太祖第二子，唐天复二年生，及长，貌严重而性宽仁，军国之务多所取决。天赞元年，授兵马大元帅，寻诏统六军南徇地。明年，下平州，获赵思温、张崇。回破箭苛山胡逊奚，诸部悉降。复以兵掠镇、定，所至皆坚壁不敢战……”第二次南征在会同九年（946），但无掠镇州之事。据此，榆州当在耶律德光还没有继位时候，第一次南征之后所置。1983 年在距榆州城故址西北约 10 公里的宋杖子乡二十里堡村北山发现一盒《墓志》，志文称墓主张建立曾任“榆州刺史兼西南路藩汉都提辖使”“天显五年十月十六日染疾卒于公府春秋四十有七，权葬于宅外西地……”张建立为辽代人，并任榆州刺史，可见张建立在世时榆州已经建立，而张氏故去

① 辽宁省地方志编纂委员会办公室：《辽宁省志》，辽宁人民出版社 2001 年版。

时候为天显五年（930），张建立墓志的发现，也证明榆州是耶律德光第一次南征、俘镇州民所置，即天赞二年（923），至迟不会晚于天赞三年（924）。

十八里堡城址被认定是辽代榆州及其倚郭和众县城址。1983 年列为凌源县级文物保护单位。①

127. 辽宁省北票市黑城子城址

城址位于北票市黑城子乡东北 40 公里处的一处宽阔的河谷地带。辽初曾在此设宜民县，辽后期将原来设在南八家乡四角板村（原咸康县境）的川州治所迁至这里。金初仍袭之，辖宜民、同昌二县，大定六年（1166）降为宜民县，隶懿州。承安二年（1197）复置川州。元代仍沿用川州之名，明废，整个川州境内遂变为牧场。至清代因其“瓦砾成堆，墙垣尽废，该城内因全都是黝黑的腐殖土，遥望一片黑影”，故呼为“黑城子”。

城址平面为方形，北偏东 12 度。每面长约 1 公里，城墙用夯土构筑。城四壁各有一门，四角设有角台，台址已颓毁。现西、北二墙尚完好，西墙存高 3—4 米，北墙存高 4—5 米，城墙厚 10 米。门址已毁。城内文化层厚 0.5—1 米。城内曾出土石磨、铜盆、大缸、铜锅、瓷碗、铜钱、砖瓦、滴水及铁制农业生产工具等，其中有大量辽金时期文物：辽代黑陶长颈壶、酱釉小口长腹瓶；金代白釉瓷碟、白釉铁锈黑花罐、白釉黑花罐、人物飞鸟纹铜镜、元帅府合札都提控印等。城址内出土辽开泰二年（1013）《佛顶尊胜陀罗尼石幢记》和元至正五年（1345）《重修川州东岳庙碑》。元代《重修川州东岳庙碑》碑文有“白川岳祠，奠于坤隅”，碑阴有川州达鲁花赤题名，是黑城子古城为元代白川州所在的物证。

元代白川州的四至，据《元一统志》记载：“东至懿州（今阜新市塔营乡塔营子村），东南至义州（今义县），西至武平（今敖汉旗白塔子乡）一百五十里，南至兴中州（今朝阳市）一百八十里。”黑城子古城址四至与史料所载相邻各地的距离、方位均符合，也是元代白川州在黑城子古城的佐证。另外，城内曾出土的辽开泰二年（1013）《佛顶尊胜陀罗

① 辽宁省地方志编纂委员会办公室：《辽宁省志》，辽宁人民出版社 2001 年版。李治亭：《关东文化大辞典》，辽宁教育出版社 1993 年版。李国学、冯文学：《辽榆州城建置年代考》，《朝阳市社会科学论丛》1991 年第 2 期。

尼石幢记》，幢尾结衔有“金紫崇禄大夫检校太傅使持节白川州诸军事白川州刺史”及“白川州咸康县令”等文字。史籍中对位于金代北京路辖境内的川州城即今之北票黑城子城址的记载虽不多，但该城址出土的各类文物足可说明其在北方女真族与中原汉族文化交流史上所占的重要地位。

黑城子古城，本为辽代川州宜民县，后将州治从咸康迁至于此。金代沿用。1983 年列为朝阳市级文物保护单位。①

128. 辽宁省喀左县土城子城址

城址位于喀左县公营子镇土城子村东。1961 年文物普查时发现。城址平面呈方形，边长约 400 米。除北墙无存外，其他三面墙尚存，东北隅保存较好，墙高约 3 米。整个城墙夯土筑成，夯土层厚 7—9 厘米不等，城墙截面呈梯形。城墙外围护城河因农田建设大部分已被填平或修为水渠，但南墙外尚存宽约 20 米遗迹。西墙中部，有瓮城、城门及车道遗迹。遗址的断层处的文化堆积厚约 1—1.5 米，城内地表散布有数量较多的布纹板瓦、筒瓦、瓦当、沟纹砖及陶、瓷器等生活器皿残片。此外还有金质象棋子“卒”1 枚，北宋汝窑青瓷钵及“惠州监支纳”铜印等遗物。出土 1 方铜印，其文为“富庶县”，该印现存于辽宁省博物馆。

此城址似辽金所置大定府所辖的富庶县，元时为大宁路属县。②

129. 辽宁省喀左县白塔子城址

城址位于喀左县白塔子乡白塔子村南平原上。平面呈方形，边长 380 米，夯土版筑城墙，大部已坍塌。墙基宽约 4 米，东墙存高约 0.8 米，南墙存高 0.3 米，西墙约 0.6 米，北墙约 0.3 米，四面城墙中部各有一门，宽约 5 米，门外还有夯筑瓮城。护城河环绕城外四周，宽约 17 米。

城内文化层堆积厚约 1—1.5 米，并暴露有房屋、灰坑等遗迹。城内中部发现一眼砖筑古井，附近出土一残断的石碑首。城址堆积中，出土青灰色雕狮方砖、板瓦、瓦当、白瓷碗、黑釉瓷碗、钧窑瓷碗残片及数十枚宋代铜钱等遗物。

---

① 辽宁省地方志编纂委员会办公室：《辽宁省志》，辽宁人民出版社 2001 年版。辽宁省文物考古研究所：《辽宁北票黑城子城址及出土的部分文物》，《北方文物》2005 年第 2 期。

② 辽宁省地方志编纂委员会办公室：《辽宁省志》，辽宁人民出版社 2001 年版。冯永谦：《辽宁地区辽代建置考述》，《东北历史地理》，黑龙江人民出版社 2013 年版。

史料记载辽、金、元均置龙山县。据凌源县天盛号乡的金代石拱桥桥志记载，该桥位于“龙山县西五十里”，与《大元一统志》记载龙山县地望完全一致。白塔子城址应为辽代潭州及其倚郭龙山县城址，1983 年列为喀左县级文物保护单位。①

130. 辽宁省喀左县大城子城址

城址位于喀喇沁左翼蒙古族自治县大城子镇东部，镇因城而得名。该地区在辽、金、元三代均为利州。这是大凌河主河道与大凌河西支流交汇处，古城建在大凌河流域冲积平川地上。城址平面呈正方形，边长约 500 米。方向为南偏西 25°。1961 年曾对该城址做过调查。其南、西、北三面有护城河，宽约 20 米、深 2 米。城内四角有土台，当是角楼残迹，高近 4 米，呈圆形。城四面中部各有一处城门址，宽约 7 米，外设有瓮墙。南墙和北墙外壁各有 12 个马面。因大规模的城市建设，城墙破坏殆尽。城内堆积较厚，高出地面约 1 米。

城内陆续出土有辽、金、元三代的文物，完整的 39 件，有辽代铁锅、铁剪、牡丹纹铜镜、童子四亭纹铜镜、陶壶、白瓷碗、盘；金代葵花形铜镜、蓝釉碗、三系瓷瓶；元代龙凤纹瓷罐、牡丹缠枝纹瓷罐、黑釉罐等。1958 年在喀左县县西 15 公里的双尖山，出土辽统和二十三年（1005）王悦墓志，据墓志可知，该城即辽代中京道下辖的利州城址。

大城子古城始建于辽代，应是中京道所辖的利州城，金代沿用。②

第二节　嫩江流域及其辽金古城初步研究

嫩江流域有着悠久的历史与文化。在嫩江流域的嫩江县域境内和齐齐哈尔的昂昂溪地区曾发现多处新石器时代遗址，并且形成具有显著地域特点的区域性文化。其早期遗址主要以渔捞和狩猎经济为主，晚期则出现较为发达的原始农业经济。青铜时代的嫩江流域则以嫩江下游肇源县的白金宝文化最具代表性，当时人们的生产生活仍以渔猎为主，但已

① 辽宁省地方志编纂委员会办公室：《辽宁省志》，辽宁人民出版社 2001 年版。

② 辽宁省地方志编纂委员会办公室：《辽宁省志》，辽宁人民出版社 2001 年版。李治亭：《关东文化大辞典》，辽宁教育出版社 1993 年版。乌凤丽：《辽、金、元时期的利州》，《黑龙江民族丛刊》2004 年第 2 期。

普遍开始定居生活，并具有较为发达的制陶业和青铜铸造技术。

嫩江流域成为东胡族系、夫余族、肃慎族系相互融合碰撞的主要区域，东胡族越过大兴安岭山脉向嫩江流域迁徙，肃慎族越过小兴安岭沿着平缓的山地和松花江水系向西迁徙，而作为嫩江流域的原始土族的夫余族系则在不同的时间与不同的地域与东西两翼迁徙而来的不同民族在嫩江流域聚合融合。辽金时期，嫩江流域的民族成分更加复杂，因此辽金两朝为控制北部疆域上的这些古代民族，在此地设置大量的军镇和路、府、州、县、猛安、谋克、交通驿站等机构组织。近些年来，地方考古工作者与地方史学者在嫩江流域调查发现大批辽金时期古城。这些古城为我们研究嫩江流域的古代城镇化及其建制沿革等历史问题，提供了不可多得的宝贵资料。目前学术界有关嫩江流域辽金时期古城的综合性研究相对薄弱；其实这里曾是辽金时期的军事重地。辽代曾在此屯兵控制丁零等蒙古高原地区的古代民族，金代则专门为安抚乌古部和敌烈部设置了乌古迪烈统军司，《金史·地理志》载："乌古迪烈统军司后改招讨司，与蒲与路近。"金代将领婆卢火在此开始修建金代长城，金朝在嫩江流域的黑龙江地区推行猛安谋克制，不同的民族和文化在此交流融合。但以上诸多问题由于历史资料的缺乏很难作深入的研究。

一　嫩江地名的历史称谓及其名称的演变

嫩江，作为河流名称在不同的历史阶段见之于史书的名称不尽相同。嫩江最早的称谓是"弱水"，出自《后汉书》和《三国志》，在这两部书中的《夫余传》中出现了"弱水"这一神秘的地名。"夫余在长城之北，去玄菟千里。南与高句丽，东与挹娄，西与鲜卑接，北有弱水，方可二千里……"今天学术界普遍认为：夫余北界的弱水，即今天之嫩江与东流段松花江直到黑龙江的下游。这一观点最早由东北史地的学者李健才先生（已故）在其所著《东北史地考略》中提出。此后的"弱水"在《魏书》中称为"难河"或"捺河"；其实"弱、难、捺"均为同音异写。《北史》中也将嫩江记载为"难河"；《新唐书·室韦列传》则写成"那河"或"他漏河"。其实《新唐书》所记载的"他漏河"实际上并非指今天的嫩江，而是把嫩江下游与洮尔河合流处相混淆后误将"那河"记为"他漏河"。《新唐书》之所以把嫩江称"那河"，则源自《魏书》

或《北史》中将嫩江记述为“难河”或“捺河”，因为“难”“捺”“那”古音皆通。金代则称之为“恼温必拉”，即“恼温河”，意即碧绿之水。1983年8月，黑龙江省桦川县悦兴乡马库力村出土了一枚金代官印，印文为“恼温必罕合札谋克印”，其中“必罕”实为“必拉”的转写，“合札”为亲军（近卫军）之意。此印之所以远在嫩江以东数百公里之外出土，说明官印为可携带移动之物，或许因战乱等特殊原因恼温必罕合札谋克携带此印自嫩江下游，顺松花江逃亡至此。

除此之外，在《辽史》《金史》中经常把嫩江下游、松花江东流段、洮尔河下游称之鸭子河。因为这一带的三水汇聚地区，是野鸭、大雁、天鹅等迁徙的飞禽于春天驻足的地方，辽金两朝皇帝把这一地区作为自己的“春水捺钵”之地，即春季猎捕野鸭和大雁、天鹅及摆设头鱼宴的地方，《金史·地理志上》对此地专称为“兖剌春水之地”。

《元史》称嫩江为“纳兀河”“恼木连”“讷吾江”。“恼木连”中的“木连”实际就是蒙古语“木沦”的转写，其意为“河”。而“纳兀”“讷吾”就是“恼温”的同音异写。今天的黑龙江省境内嫩江侧畔仍然有讷河县之地名，以及嫩江上游之左岸支流依然有讷谟尔河的地名。从语音学上观察，“讷兀河、讷河、讷谟尔”的地名语音皆为一音之转，且地名出现的语区又相邻。较为有趣的是《大明一统志》所称嫩江与女真语中嫩江的称谓相合，即称嫩江为“脑温江”，“脑温江”实际上就是“恼温江”。明朝之所以运用蒙古语借用女真语的汉字音译写法，说明嫩江流域在长期的民族融合中，蒙古语与女真语有深刻的相互借鉴和融入的现象。尤其在地名语言中，多采用女真语音译和意译，即把嫩江表音为脑温江；而译意则为碧绿之江或碧绿之河。

清朝对嫩江的称谓主要依据成书于康熙，历经雍正、乾隆、嘉庆年间重修的《嘉庆重修大清一统志》。据《大清一统志·嫩江》条载：“嫩江，在齐齐哈尔城西五里，古名难水，亦曰那河。明时曰脑温江，又名呼喇温江。源出伊拉古尔山，南流汇诸小水。绕墨尔根城西，又南经齐齐哈尔城西。凡西来之诺敏、绰尔、雅尔诸河皆汇入焉。”《大清一统志》云嫩江“又名呼喇温江”，此言有误，可能把今日之呼兰河的古称张冠李戴于嫩江了。此外，清朝康熙年间安徽桐城人方式济被贬谪黑龙江卜魁城（即今齐齐哈尔）后，与其父一起精研经学，并对黑龙江流域和嫩江流域作了大量实地考察，详细记述了边陲的山川、民族分布、物产、资源和历史沿革等，最后撰成《龙沙纪略》一书。该书称嫩江为“诺尼江”。清朝乾隆时期钦定，并由阿桂等人主编的《满洲源流考》一书，正式将“嫩江”之名称列出。清朝嘉庆年间，西清来到黑龙江边地，寄寓齐齐哈尔城南万寿寺内。他在为吏和教书的五年过程中，广泛收集有关地方山川掌故，将其一一记述，后撰成《黑龙江外记》。在此书中对嫩江也有记述：“嫩江古名难水，亦曰难河，见《北史》；又名那河，见《唐书》。《明史》谓之脑温江。然《新唐书》有那河，或曰他漏河之语。考他漏河一作洮儿河，即今之拖尔河，其源流千里，并在蒙古境内，至齐齐哈尔西南，始与嫩江合，则《新唐书》误也。”显然西清对嫩江名称的记述参照了《嘉庆重修大清一统志》观点，其中对他漏河并非嫩江的辨误，也是对《嘉庆重修大清一统志》的重复。所不同的是，他利用当时地方表音的形式，即洮儿河与拖尔河，就是今天的洮尔河。还需提及的就是清朝末年屠寄在测绘《黑龙江舆地图》时，对嫩江流域的地名，尤其是嫩江地名的由来，也根据《嘉庆重修大清一统志》对嫩江的记载，把历代嫩江的称谓标注在《黑龙江舆地图》的嫩江条下。屠寄把辽、元、明三朝对嫩江的称谓作了必要的补充。

对于“嫩江”究竟是满语还是蒙古语的含义问题，学术界有不同观点。众所周知，无论嫩江在古代有多少种汉字的表音形式，其实都是对东北少数民族历史地名的注音，就汉字本身来说毫无意义。目前学术界对于“嫩江”的“嫩”字的原义，有两种解释：一是具有“碧、绿”之含义；二是具有“妹妹”之含义。日本著名汉学者白鸟库吉在其著作《东胡民族考》[①] 中指出“蒙古语谓脑温为碧，诺尼音同，今呼嫩江，嫩江或脑温江乃碧河之义也”。白鸟库吉认为“嫩”即为“碧”“绿”的意思。夏家骏先生在其《“松花江”释名》[②] 一文中赞成白氏说法，认为“松花江”“嫩江”“呼兰河”均以水色成分命名。“松花江”为“白江”，“呼兰河”为“赤河”，“嫩江”为“碧绿的江”。清人曹廷杰撰写的《东三省舆地图说》[③]，在《嫩江、陀喇河、喀鲁伦河、黑龙江考》一文中载：“嫩江一作妹妹江又名诺尼江，古名难水亦曰那河。”曹廷杰认为嫩江为“妹妹”江。季永海先生曾发表《松花江、嫩江、呼兰河考释——与夏家

① 白鸟库吉：《东胡民族考》，方壮猷译，商务印书馆 1934 年版。

② 夏家骏：《“松花江”释名》，《地名知识》1981 年第 4—5 期。

③ 曹廷杰：《东三省舆地图说》，出自金毓黻《辽海丛书》，辽沈书社 1985 年版。

骏同志商榷》[1]一文，综合整理了历史上有关“嫩江”各个不同历史时期的沿革，运用满语语言学发音深入地分析了“嫩江”的含义，认为“嫩江”应为“妹妹江”。

综上所述，我们已知嫩江的古代称谓，在时间上远远超出我们现在已知的民族语言地名的范围。嫩江，早在两汉时期即已出现，在《三国志》《后汉书》中写成“弱水”，以后又出现多种不同的表音文字。如难水、那水、那河、捺水、掩虒水、讷河、讷吾水、讷兀河、讷谟尔河、脑温江、脑温必拉、恼温必罕、恼温水、诺尼江等。这些对嫩江古称的标音文字，充分说明嫩江地名在历史上各个古代民族运用汉字对其表音的不同。至于对嫩江古代称谓含义的上述两种解释，我们赞成白鸟库吉和夏家骏先生的解释，即嫩江一词本意为“碧绿之江”，是以水色而命名。

二 嫩江流域的地理位置、范围及其主要支流

嫩江发源于黑龙江省境内的大兴安岭支脉伊勒呼里山，清代写成伊拉古尔山。嫩江的水流方向大致为由北向南流经黑龙江、吉林、内蒙古三省，其干流全长1490公里，流域面积达28.3万平方公里。如果把乌裕尔河流域所造成的松嫩平原北部广袤的湿地，以及洮尔河流域下游泡泽湿地面积都计算在嫩江流域面积之内的话，嫩江流域的面积远不只如此。

实际上，嫩江发源地的左右两岸支流，分别源于小兴安岭和大兴安岭，大兴安岭平均海拔在1200米左右，多高山峡谷。小兴安岭平均海拔为800米，其地形相对平缓。大、小兴安岭的两大山系被嫩江水源的伊勒呼里山所连接，因此伊勒呼里山实际上是大、小兴安岭的接合部或可称之大、小兴安岭的桥梁山脊。伊勒呼里山是非常重要的山脉，它不仅是连接大、小兴安岭的山岭，更为重要的它又是黑龙江与嫩江、海拉尔河水系的分水岭。其山脉全长约300公里，平均海拔在1000米以上。山脉的最高峰为大白山，海拔达1528.7米，是大兴安岭与小兴安岭山地中海拔最高的山峰。

自嫩江的发源地开始，到今天嫩江县所在地的嫩江段止，为嫩江干

---

① 季永海：《松花江、嫩江、呼兰河——与夏家骏同志商榷》，《中央民族学院学报》1987年第6期。

流的上游地区。在嫩江发源地的左右两岸，均是大兴安岭北端主脉的伊勒呼里山脉。在众多的高耸的山峰之间，向东南倾斜的河谷中流淌着嫩江的水源地大小河流。由于这里处于大、小兴安岭山脉接合部的兴安岭山地的茂密森林区，水源充沛、河床狭窄，河体的坡度较大，水流湍急。当进入嫩江县城附近的嫩江河床，受到甘河下游流域与嫩江左岸较为平缓的丘陵地带的影响，嫩江在这里开始较为平缓而曲折地向南流淌。嫩江县城的嫩江对岸就是甘河注入嫩江的河口，甘河是嫩江上游流域右岸的最大支流，发源于大兴安岭山脉东侧沃其山麓，主要支流有克一河、吉文河、阿里河、奎勒河等。其中阿里河发源于伊勒呼里山南侧。甘河流域大部分处于山地之中，原始森林密布，草木茂盛。甘河在阿里河河口以上的河段，两岸高山耸峙，山高谷深，河谷狭窄。自柳家屯河段以下，河水进入冲积平原，河道渐宽，流速减缓，直至汇入嫩江。在阿里河发源地附近的嘎仙洞内，保存有北魏时期鲜卑人凿刻的纪念鲜卑祖先的祭文。甘河也是古代民族从呼伦贝尔草原通往嫩江上游的重要通道，同时甘河也是划分嫩江上游与中游地区的分界河流。

由嫩江县城到内蒙古莫力达瓦达斡尔族自治旗的尼尔基镇，是嫩江的中游段。两岸整体地貌为从山地到平原的过渡地带。两岸多低山丘陵，地势较上游段平坦。两岸不对称，特别是左岸，河谷很宽。中游段支流较少，除右岸有较大支流甘河汇入干流外，其余均为一些小支流或小山溪。

从尼尔基镇到三岔河口之地为嫩江的下游段，江道长587公里。此江段进入广阔的松嫩平原地带，江道蜿蜒曲折，沙滩、沙洲、江道多呈网状，两岸滩地延展宽阔，最宽处可达十余公里，滩地上广泛分布着泡沼、湿地。嫩江下游河网密度大，右岸有诺敏河、雅鲁河、绰尔河、洮儿河等大支流汇入嫩江；左岸有乌裕尔河，其广大地区基本属于内陆闭流区，有大片沼泽、连环湖和湿洼地、盐碱地等。

嫩江左岸地形相对较为平坦，门鲁河、科洛河等发源于小兴安岭西坡，缓缓流入嫩江。其地势起伏，相对右岸而言则为平坦，属于嫩江上游左岸的丘陵与平原的过渡带。

嫩江右岸支流众多，河网密布，水能资源丰富。嫩江左岸支流主要有门鲁河、科洛河，讷木尔河、乌裕尔河；嫩江右岸支流主要有那都里河、古里河、多布库尔河、欧肯河、甘河、诺敏河、阿伦河、雅鲁河、绰尔河、洮儿河、霍林河。

门鲁河发源于小兴安岭北段西麓，至门鲁河种畜场附近注入嫩江，全长142千米。科洛河源自小兴安岭北段西麓，向西流横贯嫩江县南部，西流汇入嫩江，全长342千米。科洛河上游流经山地丘陵，下游河谷宽阔，河道弯曲，流经火山台地，有火山，形成火山群。下游土地肥沃，易于农耕。

讷谟尔河是嫩江左岸的较大支流，发源于小兴安岭西麓北安市双龙泉附近。自发源地从东南向西北穿过讷谟尔山口后转而向南，流经五大连池市，在讷河市西南约40公里处注入嫩江。讷谟尔河，简称讷河，河流全长588千米。讷谟尔河，属山区半山区性长流河，流域地形多变，河道复杂，两岸除茂密的河柳、沼泽地，便是一望无际的松嫩大平原。

乌裕尔河位于黑龙江省西部，发源于小兴安岭西侧，流经北安、克东、克山、拜泉、依安、富裕等地，昂昂溪、林甸、杜尔伯特、大庆北部地区，属于内陆河，全长587千米，上、中游有明显的河床，下游河水排泄不畅，河水四溢，形成广阔无垠的湿地和沼泽——“扎龙湿地”。金代在乌裕尔河流域设置蒲峪路。

嫩江右岸的诺敏河，发于大兴安岭支脉的伊勒呼里山南麓，全长467千米。在呼伦贝尔市莫力达瓦达斡尔族自治旗尼尔基镇附近注入嫩江。流域面积2.6万平方公里，主要支流有毕拉河和格尼河，形成了松嫩平原诺敏河河套湿地。

嫩江右岸的阿伦河，发源于大兴安岭的博克图腰梁子附近，河长318千米，流域面积6757平方公里。主要流经呼伦贝尔市阿荣旗境内和黑龙江省甘南县，以及齐齐哈尔市郊西北部，在齐齐哈尔市额尔门沁村附近注入嫩江。

右岸的雅鲁河，发源于大兴安岭博克图附近，河长398千米，主要流经呼伦贝尔市下辖牙克石市和扎兰屯市、齐齐哈尔市碾子山区，在黑龙江省龙江县东注入嫩江。支流有济沁河、罕达罕河、阿木牛河、卧牛河等。雅鲁河下游经常移动改道，形成许多旧河道、牛轭湖和沼泽地，并有沙砾层分布，河漫滩广阔。

右岸的绰尔河，位于黑龙江省西南部，发源于大兴安岭顶部石门子附近。河流东南流至内蒙古自治区扎赉特旗进入松嫩平原区，河道阔展，水流缓慢，至泰来县境内注入嫩江。河口区曲流发育，水道多乱流，沿河两岸广布沼泽。

洮儿河是嫩江右岸最大的支流。古称他漏水、太鲁河、淘儿河等，源出内蒙古大兴安岭阿尔山东南麓高岳山。东南流经科右前旗、乌兰浩特市、洮南市、镇赉县，在大安市北部注入月亮泡后流出汇入嫩江，河长553千米。洮南以下为洮尔河的下游段，多为沙丘与沙岗、低洼地和沼泽地。两岸多河柳灌丛，涨洪时，河水出槽，汪洋一片，并与月亮泡水面连成一片。月亮泡是辽金两代皇帝捺钵的重要去处。

右岸的霍林河，位于吉林省西北部、内蒙古自治区东部，发源于内蒙古自治区扎鲁特旗北部的大兴安岭后福特勒罕山北麓。流经内蒙古科右中旗和吉林省通榆县、大安市，前郭尔罗斯蒙古族自治县等地，并在前郭尔罗斯库里泡附近注入嫩江，全长590千米。

据笔者初步统计，目前在嫩江流域共发现辽金时期古城址100余座。其中黑龙江省所辖地区近30座，包括泰来县1座，肇源县8座，克东县1座，讷河市2座，甘南县3座，齐齐哈尔市4座，克山县3座，龙江县3座，北安市1座，嫩江县4座。吉林省所辖地区共有11座，包括洮安县5座，镇赉县4座，白城市1座，前郭尔罗斯县1座。内蒙古所辖地区共43座，包括科尔沁右翼前旗35座，突泉县8座。上述这些辽金时期古城，主要分布在嫩江流域左右两岸的支流隘口之地。其特点是滨水据险，交通便利，扼控高阜，便于机动和瞭望。

三　嫩江流域辽、金古城研究综述

嫩江流域在辽金时期曾是防御其北部疆域的战略要地。因此，辽金时期在此地不仅兴建许多城池和军事重镇，而且还修筑了抵御北方游牧民族袭扰的辽、金边墙或称之长城。在边墙内侧按照兵力配备和防御需要，修筑了等距离的堡垒，人们称之“边堡”。

我国学者对于嫩江流域辽、金古城的调查和研究起步于清朝。早在清朝康、雍、乾、嘉官修《大清一统志》时，便已开展嫩江流域辽、金古城的调查和考证。因为我们在《嘉庆重修大清一统志》中已发现对嫩江地名的由来、民族的分布，以及嫩江流域一些重要的辽金时期的行政建制。如金代蒲裕路的认定，乌骨敌烈部统军司的推定；墨尔根城附近的辽金古城的标注、起源于嫩江右岸莫力达瓦的金代边墙等。嘉庆年间，西清在《黑龙江外记》一书中，对嫩江右岸的布特哈金代长城起点的古城址有简单描述："布特哈有土城因山起伏，西区数千里，直达木兰。"

清代学者张穆（1808—1849），山西平定人，近代爱国思想家、地理学家。鸦片战争中，他曾抱着爱国热情，上书言事，他本着张扬国威、抵御沙俄侵略的目的，致力于西北边疆地理和蒙古史的研究。《蒙古游牧记》[①] 是他的代表作。该书16卷，详细记载了蒙古各部落的四至、历史沿革，以及历代北方各民族间的交往关系。史料丰富，考证精当，不仅具有补正历史之缺的价值，而且是中外研究蒙古史的权威性著作，填补了洮尔河流域、嫩江流域辽、金、元历史遗迹的空白。张穆生前未能完成这部著作，在他去世后由其友人何秋涛整理校订，并对后4卷加以补充，历经10年成稿，于咸丰九年（1859）付刊。《蒙古游牧记》一书，对洮尔河流域及嫩江流域的蒙古游牧地区的辽、金、元古迹、山川地名的演变等进行了翔实的考证和研究。

清末学者屠寄（1856—1921），光绪十八年（1892）中进士。光绪二十一年（1895）应钦差大臣延茂之邀赴黑龙江，于同年十月抵达齐齐哈尔。光绪二十二年（1896），延茂返京前夕，清政府会典馆咨文要求测绘黑龙江地图，而黑龙江缺乏这方面的人才。时任黑龙江将军的恩泽，奏请朝廷允准，留下屠寄担任《黑龙江舆图》总纂，主持测绘和纂修事宜。不久改舆图总局为通志局，并预聘屠寄为通志局总纂。同年十月，成立黑龙江舆图局兼通志局，历时两年，于光绪二十四年（1898）将黑龙江六城的草图全部绘制完毕。第二年完成了黑龙江舆地图的审修及《黑龙江图说》的撰写。但纂修《黑龙江通志》的工作因种种原因未能完成。屠寄于1900年离开黑龙江。在屠寄主修的《黑龙江舆地图》中我们可以清晰地看到，当年他在编修《黑龙江舆地图》时，对嫩江流域许多辽金时期的古城均一一标注清楚，并在标注的基础上详细对照和校雠了《嘉庆重修大清一统志》的记述。《黑龙江舆地图》成为清末学者研究黑龙江流域历史民族与文化的最重要的参考资料，尤其对于掌握嫩江流域辽金古城的历史坐标和山川地貌，更是不可多得的珍贵史料。屠寄在参考《嘉庆大清一统志》中黑龙江条目的基础上，又大量丰富和补充黑龙江流域辽、金、元、明时期的重要驿站、军镇、路、府、州、县。尤其对金代界壕边堡的绘制，以及辽金城址的标注，都为后人的研究提供了科学而精当的依据。

---

① （清）张穆：《蒙古游牧记》，台北南天书局有限公司1981年版。

此外，屠寄在其所撰写的《蒙兀儿史记》[①] 中，对嫩江流域的金代界壕边堡专门进行了考证，并对西清在《黑龙江外记》众所记述的布特哈土城进行确认和考证，认为布特哈衙门的土城就是金代界壕的起点。

另一位清末重要的学者就是曹廷杰。清道光三十年（1850）生，民国十五年（1926）卒。光绪九年（1883）离开国史馆，由吉林将军派往三姓靖边军后路营，办理边务文案。光绪十年（1884），他广泛收集东北史地资料，着手撰写《东北边防辑要》[②] 一书。光绪十二年（1886）六月，曹廷杰升为知县。《东北边防辑要》写成，并增加《征索伦》《平罗刹》二篇，总辑为19篇。光绪十三年（1887）二月任边务文案总理。夏，撰《东三省舆地图说》，并将《古迹考》收入此书。曹廷杰在《东北边防辑要》《东三省舆地图说》中对嫩江地名的演变，以及那河、难水、弱水与今天松花江、黑龙江的关系作出详细的说明。并确认古代称谓中经常把今天的嫩江、洮尔河（他漏水）、东流段松花江和黑龙江下游看作同一条水。这一观点对于区别今天和古代历史上对这几条江河的认识是至关重要的。曹廷杰对于嫩江流域的重要形胜如墨尔根、齐齐哈尔、布特哈、爱辉等都有较为深刻的论述。他对清代地理学家何秋涛《黑龙江省形胜论》一书的观点大加赞赏。

何秋涛为福建人。道光二十四年（1844）进士，他长期研究北疆形势，始著《北徼汇编》六卷，后附详订图说，鸠集蒙古、新疆、东北及早期中俄关系史料，起汉晋，迄道光，增为80卷，咸丰帝阅后赐名《朔方备乘》，[③] 此书学术价值甚高，是研究嫩江流域和黑龙江流域历史地理的重要著作。

在嫩江流域辽金历史遗迹的研究方面，清末学者王国维也是功绩卓著。王国维（1877—1927）我国近现代在文学、美学、史学、哲学、古文字学、考古学等各方面成就卓著的学术巨子、国学大师。王国维的《观堂集林》中收录了他的《金界壕考》，这是最早较为系统地考证起源于嫩江流域金代界壕（边墙、长城）的文章。王国维引经据典，运用历史文献翔实考证修筑金代界壕的历史背景，以及与之相关的辽、金两朝在西北疆域上的民族分布、建置沿革、历史地理诸问题。如金代蒲裕路

① （清）屠寄：《蒙兀儿史记》，中国书店1984年版。

② 曹廷杰：《东北边防辑要》，出自金毓黻《辽海丛书》（二），辽沈书社1985年版。

③ 何秋涛：《朔方备乘札记》，施世杰辑，光绪二十三年会稽施氏刊本。

问题、东北路招讨司与统军司问题、泰州问题、乌骨部与敌烈部，乌骨敌烈招讨司与统军司、辽代长春州、鸭子河、达鲁骨、长春州等一系列问题。《金界壕考》一文对后世的影响甚大，许多学者研究嫩江流域的辽金历史问题，无不从《金界壕考》入手。

早期接触嫩江流域辽金历史遗迹的国外学者主要有苏联学者包诺索夫，他在20世纪30年代曾经调查金代界壕边堡的嫩江流域的内蒙古段，并撰写《成吉思汗边墙的初步调查》一文，发表在当时的《大陆科学院杂志》第五卷第一期，1942年。此后，包诺索夫又发表了《北部乌尔科古代边墙》《兴安岭的索伦族》《北满考古学史》等文章和著作。苏联其他学者热列兹雅科夫发表了《兴安省的考古资料》，马科罗夫发表了《北满古城遗址出土的钱币》，还有兰德格林的《西北满洲和使鹿通古斯》、巴依科夫的《满洲北部的狩猎部落》、东省文物研究会的考察报告《通古斯与涅吉达尔部落的过去与未来》等。1937年卢卡什金考察嫩江流域的乌裕尔河附近的五大连池，并发表了《1937年夏季科学研究院五大连池地区探险队副队长简报和日记》，鲍罗巴发表了《清末齐齐哈尔城六十家大商号》等，都从不同角度调查和研究了嫩江流域的一些重要历史遗迹。

日本学者在对嫩江流域辽金古城和辽金时期的古代民族分布研究方面也取得了一些重大成果。例如前述的白鸟库吉在《东胡民族考》中对嫩江含义的考证，以及对乌骨、敌烈部的分布等都具有很高的学术价值。尤其是在白鸟库吉的帮助下，满铁在1908年（明治四十一年），设立了满洲地理历史调查室，重点研究朝鲜与满洲（中国东北）历史地理。先后刊行《满洲历史地理》（二卷）、《朝鲜历史地理》（二卷）。东京大学接管该调查室后，出版了《满鲜地理历史研究报告》14册，为日本研究满族及其发祥地的历史奠定了基础。日本在侵占东北期间还编辑出版了《5万分之一的满洲地图》，其中对辽金在东北的历史遗迹、古城、古塔、庙宇等都有清晰的标注。这些资料目前依然具有重要的学术参考价值。

此外，法国学者闵宣化在20世纪20年代考察东蒙古地区，并对嫩江部分地区和金代边墙也有详细记录，他在书中称呼金代边墙为“金源边堡”。闵宣化著有《东蒙古辽代旧城探考记》（中华书局2004年版）一书，书中对东部蒙古地区，尤其是嫩江下游的洮尔河流域的辽代古城有许多记载。

全面开展嫩江流域辽、金古城的调查工作，实际上是从新中国成立之后开始的。20 世纪五六十年代，吉林省博物馆、黑龙江省博物馆就分别开展了对嫩江流域沿岸的考察。吉林省博物馆对嫩江流域辽金古城的调查成果，主要集中在吉林省各市县出版的《文物志》及《吉林省文物图集》中。黑龙江省、内蒙古地区对嫩江流域辽金古城调查的资料主要集中在干志耿、孙秀仁合著《黑龙江古代民族史纲》[①]，孙秀仁等著《黑龙江区域考古学》[②]，孙进己等著《室韦史研究》[③]，吴文衔、魏国忠、张泰相合著《黑龙江古代简史》[④]，王禹浪著《黑龙江金代述略》[⑤]，王禹浪等主编《东北辽代古城研究汇编》[⑥]，孙文政与王永成主编《金长城研究论集》[⑦]，以及王砚编的《讷河县文物志》[⑧] 等书中。此外，黑龙江省地方志系列（各市县地方志）也都在编修地方志工作中，充分吸纳了从 20 世纪 70 年代开始的第一、二、三次全国文物普查的新资料。可以说，这三次全国性的文物普查工作，对于全面了解嫩江流域的辽金古城分布起到了重要的作用。此外，张博泉先生著《金史简编》[⑨] 《东北历代疆域史》[⑩]，张博泉、魏存成主编《东北古代民族考古与疆域》[⑪]，李健才先生著《东北史地考略》（一、二、三集）[⑫]，佟冬主编《中国东北史》[⑬]，杨树森著《辽史简编》[⑭] 等书都有对嫩江流域辽金古城的考证与研究。

总之，近百年以来，国内外学者对辽金时期嫩江流域古城的分布、金代边墙、山川历史地名、民族分布、历史地理等诸多问题进行了卓有成效的工作，在调查、梳理、绘图、考证、修志、编辑、研究等方面都为掌握嫩江流域的辽金古城提供了最宝贵的资料。

---

① 干志耿、孙秀仁：《黑龙江古代民族史纲》，黑龙江人民出版社 1986 年版。
② 孙秀仁等：《黑龙江区域考古学》，中国社会科学出版社 1991 年版。
③ 孙进己等：《室韦史研究》，北方文物杂志社 1985 年版。
④ 吴文衔、魏国忠、张泰相：《黑龙江古代简史》，北方文物出版社 1987 年版。
⑤ 王禹浪：《黑龙江金代述略》，哈尔滨出版社 1993 年版。
⑥ 王禹浪等：《东北辽代古城研究汇编》，哈尔滨出版社 2007 年版。
⑦ 孙文政、王永成主编：《金长城研究论集》，吉林文史出版社 2009 年版。
⑧ 王砚：《讷河县文物志》，北方文物杂志社 1986 年版。
⑨ 张博泉：《金史简编》，辽宁人民出版社 1984 年版。
⑩ 张博泉：《东北历代疆域史》，吉林人民出版社 1981 年版。
⑪ 张博泉、魏存成主编：《东北古代民族考古与疆域》，吉林大学出版社 1997 年版。
⑫ 李健才：《东北史地考略》，吉林文史出版社 1986 年版。
⑬ 佟冬主编：《中国东北史》，吉林文史出版社 2006 年版。
⑭ 杨树森：《辽史简编》，辽宁人民出版社 1984 年版。

（一）嫩江流域辽金古城的分布状况的研究

主要有王禹浪主编的《东北辽代古城研究汇编》一书，其中收录了黑龙江、吉林、辽宁及内蒙古东部地区关于辽代古城研究的文章，有5篇专门介绍嫩江流域辽金古城分布的文章：洮安县（今天的洮南市）吉林省文物志编委员会编撰的《吉林洮安县辽金古城址》介绍了洮安县内发现的城四家子古城址、蒙古屯古城址、土城子古城址、小城子古城址和海城子古城址共5座古城。前郭尔罗斯蒙古族自治县文物志编撰委员会编撰的《前郭尔罗斯辽金城址》一文，共记载9座古城，但属于嫩江流域水系的仅有塔虎城一座。镇赉县文物志编撰委员会编撰的《吉林镇赉县辽金古城址》一文，介绍了镇赉县辽金时期的4座古城址，即好斯台古城、大乌兰吐古城、十家子古城、后少力古城。刘景文的《科右前旗前公主岭一、二号古城调查》详细介绍了科尔沁右前旗公主岭的一、二号古城。吉林省文物考古研究所发表的《内蒙古科右前旗、突泉县辽金城址调查》，文章指出洮儿河上游流经科右前旗和突泉县，其中洮儿河和洮儿河支流归流河主要流经的地区为科尔沁右前旗，共发现辽金时期古城30座，包括平原城24座、山城6座，还有两座上文提到的科右前旗公主岭一、二号古城，而突泉县境内则为另一洮儿河支流蛟流河所流过，突泉县境内发现平原城7座。

在近年全国第三次文物普查中，嫩江县文物管理所的赵起超、姜文波等人在2009年下半年对嫩江县的4座古城做了重新调查，并整理出了最新的古城档案，这4座古城分别为小石砬子城址、门鲁河城址、繁荣城址、伊拉哈古城。王禹浪《金代黑龙江述略》一书，在上编的第八章对金代黑龙江地区的古城作了详细介绍，共统计出金代黑龙江省地区古城157座，其中嫩江流域23座。

黑龙江省地方志编撰委员会编撰的《黑龙江省志》，[①] 其中第五十三卷《文物志》中的第三章，是关于黑龙江古城分布的记载。嫩江流域辽金时期的古城有塔子城、蒲裕路城、查哈阳古城，在金朝的东北路界壕内侧有诺敏河古城、阿伦河古城、齐沁河和雅鲁河交汇处的沙家街古城。吉林省地方志编撰委员会编撰的《吉林省志》，[②] 卷四十三《文物志》的

① 黑龙江省地方志编撰委员会：《黑龙江省志》，黑龙江人民出版社1994年版。

② 吉林省地方志编撰委员会：《吉林省志》，吉林人民出版社1991年版。

第二章是吉林省关于古城的记载，其中位于嫩江流域辽金古城有城四家子古城、塔虎城两座城址。王永祥、王宏北《黑龙江金代古城述略》一文，[①] 以当时的行政区划为线索，将黑龙江地区金代古城划为松花江流域地区、哈尔滨地区、合江地区、牡丹江地区、嫩江、绥化地区，其中收录嫩江地区古城15座。

此外，一些市、县地方志中也有少量关于嫩江流域辽金古城的记载：如《北安县志》[②] 记载了胜利公社南山湾古城址；《克东县志》[③] 记载了蒲裕路古城；《黑河地区志》[④] 记载了伊拉哈古城址；《嫩江县志》[⑤] 记载了门鲁河古城址；《克山县志》[⑥] 记载了古城镇古城址和北兴古城址。

（二）嫩江流域辽金时期古城与交通驿站

主要有王禹浪《金代黑龙江述略》一书中的第四章“金代黑龙江地区的交通驿站”，以辽金古城为线索，将金代黑龙江地区划分出16条交通路线。其中关于嫩江流域的交通路线：上京会宁府至长春州和泰州的交通路线；上京会宁府通往蒲裕路至火鲁火曈谋克城的路线；肇州至蒲裕路的路线；蒲裕路通往胡里改路的路线。崔广斌的《金代交通》一文[⑦] 从邮驿、交通工具和运输方式三方面对金代交通作了初步论述。邮驿是国家政治统治的辅助手段，是军事、行政和社会经济发展的要求和保证，用来传递国家政令，在地方还设置驿馆、急递铺等。金代的交通工具主要有车、船、马、牛、驴、骆驼等，车的使用有严格的等级限制，此外，漕运和海运在金代交通中也占重要位置。金代的交通归兵部和工部掌管。交通的建设与管理情况也可从侧面反映一个政权的兴衰。

王绵厚、李健才《东北古代交通》[⑧] 一书，论述了中国东北从先秦时期直到辽金时期的交通状况。其中第五章和第六章为辽金时期的交通路线，主要论述辽代四时捺钵的地址和路线，其中嫩江流域的辽代长春州是著名的春水捺钵之地。这一观点与李健才先生的《东北亚史地论

① 王永祥、王宏北：《黑龙江金代古城述略》，《辽海文物学刊》1988年第1期。

② 北安地方志编撰委员会：《北安县志》，北安市志办出版社1994年版。

③ 克东地方志编撰委员会：《克东县志》，黑龙江人民出版社1987年版。

④ 黑河地区志编纂委员会：《黑河地区志》，生活·读书·新知三联书店1996年版。

⑤ 嫩江地方志编撰委员会：《嫩江县志》，黑龙江人民出版社2006年版。

⑥ 克山地方志编撰委员会：《克山县志》，中国经济出版社1991年版。

⑦ 崔广斌：《金代交通》，《学术交流》1996年第6期。

⑧ 王绵厚、李健才：《东北古代交通》，沈阳出版社1996年版。

文集》[①] 所论述一致。庞志国、刘宏宇《金代东北主要交通路线研究》[②] 一文在研读和总结前人成果的基础上，利用历史文献和考古资料全面展示了金代东北主要交通路线。

有关于嫩江流域辽金时期的古代交通还没有文章专门论述，有关辽金时期嫩江流域的古代交通尚缺乏深入研究。

（三）嫩江流域辽金时期古城出土的文物

谔士的《跋黑龙江泰来县塔子城出土辽大安七年残刻》[③] 是现存所见最早关于塔子城辽大安石刻记载的文章，文章将所拓文字同时发表。碑文中有“大安七年”“泰州河堤”“同建办事塔”等字样，作者认为此残刻应是辽道宗大安七年泰州修河堤之时所立的一块碑记。孙秀仁的《塔子城古城和辽代大安七年刻石》[④] 一文介绍了塔子城出土的一些重要文物，通过出土文物简单地分析了当时人们的生活情况。重点论述了“大安七年刻石”，认为泰州河堤就是指塔子城附近的绰尔河河堤，刻石记载与现存历史遗迹相符，因此认为刻石所记载的泰州即塔子城。王峰庆的《关于塔子城塔倒始末及大安七年残刻的补充》[⑤] 详细描述了塔子城西南方向的古塔；在“九一八”事变后遭到日本人的破坏，并介绍了大安石刻出土的经过。

刘丽萍的《黑龙江辽金考古发现与研究》[⑥] 一文，谈及泰来塔子城、肇东八里古城、克东蒲与路古城及东北路界壕边堡和北段遗址，又简要介绍了黑龙江地区的重要的辽金墓葬。文章的第三部分重点论述了辽金时期的文物，辽代的铁器大多来源于墓葬，而金代的铁器发现则较为普遍，铜器的数量仅次于铁器。此外，辽代和金代都有官印出土，在泰来塔子城出土属于辽代的“匡义军节度使印”。20 世纪 70 年代，在乌裕尔河左岸克东县城附近的金代蒲裕路故址，曾经出土金代“蒲裕路印”，遗憾的是这方官印出土不久便下落不明。20 世纪 80 年代在北安市乌裕尔右

① 李健才：《金代东北路的交通路线》，出自《东北亚史地论文集》，兰州大学出版社 2010 年版。

② 庞志国、刘宏宇：《金代东北主要交通路线研究》，《北方文物》1994 年第 4 期。

③ 谔士：《跋黑龙江泰来县塔子城出土辽大安七年残刻》，《考古》1960 年第 8 期。

④ 孙秀仁：《塔子城古城和辽代大安七年刻石》，《黑龙江古代文物》1979 年。

⑤ 王峰庆：《关于塔子城塔倒始末及大安七年残刻的补充》，《辽金契丹女真史研究动态》1984 年第 3、4 期。

⑥ 刘丽萍：《黑龙江辽金考古发现与研究》，《内蒙古社科》（文史哲版）1996 年第 2 期。

岸出土了“曷苏昆山谋克之印”。这是嫩江流域金代蒲裕路故址最重要的实物证据。此外，在嫩江流域还出土了为数可观的金代官印。何明的《记塔虎城出土辽金文物》① 详细列出了现今吉林省前郭尔罗斯自治县所辖的塔虎城出土的辽金文物，主要有瓷器、陶器、铁器、铜器、建筑材料等。塔虎城出土的器物辽代的较少，绝大部分属于金代，元代遗物未见，说明此城在元代已经废弃。王峰庆的《黑龙江泰来出土“大辽行省委差句当印”》② 介绍了1984年文物普查时偶得此印的经过。黑龙江文物考古工作队编《黑龙江古代官印集》③ 中收录了嫩江流域出土的几方金代官印。1977年甘南县嫩江支流中兴乡绿色农场的金代古城出土了一方金代官印，印文为“拜因阿邻谋克之印”。1963年，龙江县龙兴镇西山村金代古城出土“勾当公事月子号印”。1977年，龙江县出土了金代官印“勾当公事之印”。

金代“安抚司经历印”：20世纪80年代出土于吉林省姚南县。印通高5厘米。背刻“正隆二年　月　少府监”“乃古忒枝浦姑刻特土里记”。正隆为海陵王年号，正隆二年即公元1157年。金代早期官印，多由少府监铸制。此印尾字作“记”，刻文风格近似宋印。

“曷苏昆山谋克之印”：1987年6月，黑龙江省黑河地区北安市东郊约5公里处芝城郊乡长青村乌裕尔河畔，出土了一方铜质金代官印，官印为黄铜质，印面近正方形，边长6.1—6.2厘米，厚1.7厘米。背面饰一长方形柱状钮，高3.4厘米。印通高5.1厘米。正面印文铸有九叠篆体“曷苏昆山谋克之印”八个汉字，为阳文。印上部侧边阴刻楷书汉字“曷苏昆山谋克之印”，左侧边款刻有“系蒲与猛安下”六字，印背款为右侧阴刻“大定十年七月”、左侧阴刻“少府监造”等10个汉字。印钮顶部刻一“上”字。九叠篆文笔画曲折繁缛，布满整个印面，显得规整平直。印的形制符合金代官印特点。

1995年，黑龙江省克山县古城镇均乐村村民杨立武在修建养鱼池时发现一方金代官印。印文为“椀都河谋克印”，此印为铜质，方形，边长6厘米，厚1.5厘米。扁方形柱状钮，钮端阴刻“上”字。印背阴刻汉字楷书“大定十年五月 少府监造”，印侧阴刻汉字楷书“椀都河谋克印 系

① 何明：《记塔虎城出土的辽金文物》，《文物》1982年第7期。

② 王峰庆：《黑龙江泰来出土“大辽行省委差句当印”》，《北方文物》1986年第1期。

③ 黑龙江文物考古工作队编：《黑龙江古代官印集》，黑龙江人民出版社1981年版。

木吉猛安下”。“椀都河谋克印”为乌裕尔河流域出土的地方官印，是金朝猛安谋克印之一。

金代“汉军万户之印”：2002年，肇东市博物馆在清理馆藏文物时发现，是1985年在肇东市先进乡征集的。印面为正方形，边长5.4厘米，厚1.3厘米，重440克，背有一长方形柱状钮，钮长、高均为2.6厘米，钮端刻一“上”字，通高为3.9厘米。印体正面为阳文汉字九叠篆书“汉军万户之印”，字形结构严谨，笔画匀称。在印左侧壁刻有阴文楷书“汉军万户之印”，但“之印”二字模糊不清。

“大辽行省委差句当印”：1984年7月，在文物普查中征集。此印出土于黑龙江省泰来县塔子城（辽泰州）正东42公里，嫩江支流绰尔河流域右岸土阜上。印文为九叠篆书，三行九字，铜质，重530克，正方形，边长5.5厘米，通高4.8厘米，边厚1.8厘米，钮高3厘米，长2.7厘米、宽1.4厘米，钮上镌一楷字“上”，印背右侧镌三个楷字“委差印”。

（四）嫩江流域辽金时期古城与历史地理问题

在嫩江流域的众多辽金古城中，泰来塔子城、前郭尔罗斯塔虎城、洮南市城四家子古城、克东县蒲裕路古城，是嫩江流域目前发现的辽金时期四座周长和占地面积较大的古城。多年来，学术界对这四座古城进行较多的研究和考证。

1. 关于泰来塔子城的问题

王峰庆的《塔子城古城考略》[①]一文认为，泰来塔子城始建于辽代，辽朝为防御贝加尔湖以东、额尔古纳河上游的黑车子室韦族侵扰，移部东南300公里建立泰州。金代重修泰州城城池并且继续沿用，金初名将婆卢火长期在此屯田镇守，一直沿用到1185年。泰州的治所南迁，塔子城就此降为金安县，归新泰州管辖，之后一直荒废。朱国忱《塔子城调查纪略》[②]一文认为塔子城应属辽泰州辖境，并非辽代泰州，应为泰州的金山县，而金代沿用，元灭金后继续沿用。孙秀仁在其《再论绰尔城（塔子城）历史地理诸问题》[③]一文中，首先，明确了《辽史·地理志》《金史·地理志》中关于泰州的记载；其次，从史书中大致分析出辽金时期

① 王峰庆：《塔子城古城考略》，出自王禹浪《东北辽代古城研究汇编》（下册），哈尔滨出版社2007年版。

② 朱国忱：《塔子城调查纪略》，《辽海文物学刊》1987年第2期。

③ 孙秀仁：《再论绰尔城（塔子城）历史地理诸问题》，《求是学刊》1980年第4期。

泰州建制的变革，即辽代设置泰州，兵事属于东北统军司。金朝大定二十五年（1185）罢泰州，承安三年（1198）又将泰州复置于长春县（辽长春州），即为新泰州，而旧泰州则为金安县。他认为“大安石刻”的出土证明了塔子城或绰尔城即辽泰州。另外，该文认为乌古迪烈统军司（后改为东北路招讨司）前期驻地为辽泰州。辽长春州、金新泰州即今吉林省洮南市城四家子古城。景爱《黑龙江省泰来塔子城考察记》[①] 一文则重复介绍了作者 1984 年到塔子城的调查情况，以及大安残刻出土对塔子城的叙述和考证。

2. 关于前郭尔罗斯塔虎城问题

李健才的《吉林塔虎城调查简记》[②] 一文，详细地介绍了塔虎城的地理位置、周边环境及古城的构造、城址的遗迹，以及在调查中采集的犁、镞、铜钱、砖瓦、陶瓷器等文物，并根据古城的角楼、马面、瓮城的形制和出土文物，断定此城为辽金时期的古城。李健才在《关于金代肇州和泰州的地理位置再探讨》[③] 一文中，通过对学术界有关金代肇州和泰州地望考证的不同观点进行了辨析。并对辽金时期的新旧泰州和金代肇州的地理位置作了充分探讨，他认为城四家子古城即辽代旧泰州，塔虎城则为辽代长春州，后为金代新泰州。郭珉曾有三篇文章对长春州建立的时间进行了探讨，其中《辽长春州建于何时》[④] 认为《辽史·地理志》《辽史·兴宗本纪》有关长春州建立的时间存在矛盾，关于这段记载，此前的学者也作了有益的探讨，他认为应取《辽史·地理志》兴宗重熙八年即 1039 年为准。同时列举三条理由，认为《辽史·兴宗本纪》误把长春写成长春州，否定了 1022 年建立长春州的可能性。李健才在《关于辽代长春州置于何时的问题的商讨》[⑤] 认为，辽代长春州建于太平二年（1022）或是更早，文章主要针对郭珉提出的理由进行逐一辨析，认为筑城和置州的时间不同。在辽圣宗到鸭子河之地前，本没有长春宫。长春宫应是建于长春宫里的皇宫，而并不是建置于州县境内的行宫。

---

① 景爱：《黑龙江省泰来塔子城考察记》，《博物馆研究》1985 年第 9 期。

② 李健才：《吉林塔虎城调查简记》，《考古》1964 年第 1 期。

③ 李健才：《关于金代肇州和泰州的地理位置再探讨》，《北方文物》1996 年第 1 期。

④ 郭珉：《辽长春州建于何时》，《博物馆研究》1997 年第 2 期。

⑤ 李健才：《关于辽代长春州置于何时的问题的商讨》，《博物馆研究》1998 年第 1 期。

张殿祥在《辽代长春州遗址——塔虎城》[1] 中，简要介绍了塔虎城的地理位置、古城的规模和形制。认为塔虎城是辽代的长春州，但是作者并没有说明理由和依据。郭珉《塔虎城为辽代长春州、金代新泰州故址考》[2] 一文，对塔虎城即为辽代长春州的论据作了进一步补充。《契丹国志》载："长春路镇抚女真、室韦。置黄龙府兵都部署司，咸州兵马祥稳司，东北路都统军。"说明长春州一定扼守要害之地，塔虎城不失为一处咽喉要隘。认为塔虎城东墙外不远处有四个相连的大坑，坑内有大量砖瓦遗物，有酒糟味，其实是贮藏粮食的窖穴。如果推测不错，这与《辽史·食货志》中长春州内有粮仓的史载相合。那海洲、胡玉龙《塔虎城为金代肇州旧址考》[3] 一文，通过史书关于金肇州的记载，列出了 12 条作为金肇州的考证条件，认为塔虎城能够满足这些条件，因此认为塔虎城即金肇州。

3. 洮南市城四家子古城

张柏忠的《金代肇州、泰州考》[4] 认为洮南县城四家子古城为辽代长春州、金代新泰州，前郭尔罗斯县塔虎城是辽代的出河店、金代的肇州。而后在其另文《辽代泰州考》[5] 中，认为城四家子古城为辽泰州与史料多不相符，辽代泰州应为泰来塔子城较为合理。郭珉、董玉芬《辽泰州始建年代析略》[6] 一文，认为泰州城建于辽太宗晚期。根据元好问所著《遗山文集》"石晋末，有……从少帝北行者，又自辽阳迁泰州"，其中有泰州字样的记载，而石晋末的年代正当辽太宗的晚期（927—947 年），因此辽泰州城建立最晚不过公元 947 年。郭珉根据《辽史·地理志》的记载，认为辽泰州的建立主要是因为"黑鼠族累犯通化州"，而泰州建立时也就应该是黑鼠族即黑车子室韦来犯的时间。辽讨伐黑车子室韦应在辽太祖时期，《辽史·太祖本纪》：904 年讨"黑车子室韦"，因此泰州建立的时间也应该定在 904 年。宋德辉《城四家子古城为辽代长春州金代新泰

---

① 张殿祥：《辽代长春州遗址——塔虎城》，出自孙进己主编《东北考古集成·东北卷·辽》，北京出版社 1997 年版，第 585 页。

② 郭珉：《塔虎城为辽代长春州、金代新泰州故址考》，《博物馆研究》2001 年第 1 期。

③ 那海洲、胡玉龙：《塔虎城为金代肇州旧址考》，《北方文物》1998 年第 2 期。

④ 张柏忠：《金代肇州、泰州考》，《社会科学战线》1987 年第 4 期。

⑤ 张柏忠：《辽代泰州考》，《北方文物》1988 年第 1 期。

⑥ 郭珉、董玉芬：《辽泰州始建年代析略》，《北方文物》2001 年第 1 期。

州》[1] 一文，根据城四家子古城出土发现一块带有字迹的青砖，进一步断定城四家子古城即辽代长春州、金代新泰州。出土青砖上文字第二行刻有“泰州长春县百户姓刘玮泰”。此砖的发现也是断定城四家子古城的最新佐证。李健才《吉黑两省西部地区四座古城考》[2] 一文，认为塔虎城是辽代长春州、金代新泰州的故址。其依据是塔虎城附近的河流、湖泊与文献记载的辽代长春州境内的河流湖泊相符。塔虎城距八里城的距离与金泰州距金肇州的方向和距离相一致。此外，肇东八里城已经确信无疑为金、元肇州城。肇东八里城是金元时代的肇州城，城四家子古城是辽代泰州（金代金安县，旧泰州）遗址，其主要依据是城四家子古城距离金代边墙的遗址符合“泰州去边三百里的记载”。李健才认为塔子城为辽代镇北州、金代乌古迪烈招讨司所在地。

4. 关于克东县乌裕尔河畔金代蒲裕路古城问题

张湘泰的《金代北方重镇蒲裕路城》[3]，认为克东县金城公社古城大队的古城就是金代蒲裕路故城。其一，《金史·地理志》记载蒲裕路的地理位置是“南至上京六百七十里”，金上京故址即今哈尔滨市阿城区无疑，而金代蒲裕路的发现地恰与上述金上京城的距离大致相同。其二，“蒲裕”与“乌裕尔”的发音和含义相合，属同音异写，即涝洼地的意思。今蒲裕路故址恰好位于乌欲尔河上游的左岸。其三，在金代蒲裕路古城内曾出土金代“蒲裕路印”官印。

黑龙江省文物考古研究所的《黑龙江克东县金代蒲裕路故城发掘报告》[4]，介绍早在20世纪30年代日本福岛一郎、泷川正次郎等考察过此城，并由日本学者三上次男发表文章。黑龙江省文物考古研究所从1975年开始，先后对金代蒲裕路古城进行两次科学的考古发掘，清理了古城的南墙中部、南门瓮城、古城内东北角的官衙址。当时出土了大量陶器、铁器、瓷器、石器、骨器等。在古城内还征集到一些金代文物。如：蒲裕路印模、金代带柄人物故事镜、铜带铐、铁马镫、宋辽金时期的货币、铁锁等。通过考古发掘了解到，城墙外表用青砖砌筑，这是金代建筑技

---

① 宋德辉：《城四家子古城为辽代长春州金代新泰州》，《北方文物》2009年第2期。

② 李健才：《吉黑两省西部地区四座古城考》，《历史地理》1982年第2期。

③ 张湘泰：《金代北方重镇蒲裕路城》，出自黑龙江省文物考古工作队《黑龙江省古代文物》，黑龙江人民出版社1979年版，第86—89页。

④ 黑龙江省文物考古研究所：《黑龙江克东县金代蒲裕路故城发掘》，《考古》1987年第2期。

术的重大进步。蒲裕路的官衙区与手工业区是严格分开的，古城的南部为官署，北城为商业居民区。

目前，学术界关于泰来县的塔子城、洮南市的城四家子古城和前郭尔罗斯塔虎城等三座古城的行政建制存在极大争议。李健才认为塔子城为辽代乌古迪烈统军司所在地，属于辽代泰州所辖地区，但不是辽泰州。孙秀仁则认为，塔子城至少在辽金前期为乌古迪烈统军司所在地，并断定塔子城就是辽代泰州治所所在地。张柏忠曾经认为洮南市城四家子古城即辽泰州，而后又改变了原来坚持的观点，认为塔子城更有可能是辽代泰州城。王峰庆也认为泰来塔子城即辽代泰州城所在地。国学大师王国维在其《金界壕考》中认为，城四家子古城即辽泰州，李健才同样认为辽泰州即城四家子古城。其他还有金毓黻、张博泉、佟冬，日本学者津田左右吉等学者均同意此看法。景爱、干志耿、孙秀仁、冯永谦、那海洲则认为城四家子古城为辽代长春州亦即金代新泰州。

关于塔虎城，相比较塔子城和城四家子古城而言，其争论较少，李健才、郭珉、张殿祥均认为塔虎城为辽代长春州、金代新泰州，而李健才、郭珉在辽代长春州建城时间上存在争议。此外，那海洲、胡玉龙认为塔虎城为金代肇州。值得注意的是，关于金代蒲裕路的位置争议较少，学术界普遍认为《重修嘉庆大清一统志》将金代蒲裕路故址，确定在克东县乌裕尔河畔的金城古城是正确的。

5. 嫩江流域辽金时期古城建置与沿革

王禹浪《金代黑龙江述略》一书中专门设一章“金代黑龙江地区的行政建置”，对金代会宁府、肇州、胡里改路、蒲裕路、会宁县、曲江县、宜春县、始兴县及乌古迪烈统军司，以及涉及的部分金代猛安谋克的地望进行了考证。

程妮娜《古代中国东北民族地区建置史》[①] 一书，论述了辽金时期东北民族的地区建置，尤其是对辽金西北部的乌古、敌烈、阻卜的地望都有论述。李薇《关于金代猛安谋克的分布和名称问题——对三上次男先生考证的补订》[②] 一文，结合历史文献和近些年的考古资料，对日本学者三上次男考证的猛安谋克作了补充。三上次男共考证 138 个猛安、40 个

① 程妮娜：《古代中国东北民族地区建置史》，中华书局 2011 年版。

② 李薇：《关于金代猛安谋克的分布和名称问题——对三上次男先生考证的补订》，《黑龙江文物丛刊》1984 年第 2 期。

谋克的名称。李薇又补充26个猛安和1个谋克，但当时谋克的数量多达1786个，对于这些剩余尚未考证的猛安、谋克的名称和分布，有待于深入研究。

刘丽萍的《金代猛安谋克在黑龙江地区的主要分布》① 一文，介绍了上京路及下辖的蒲与路、胡里改路、恤品路。其中上京路目前所知的十二猛安、五谋克。蒲裕路已知二猛安、四谋克，胡里改路已知有二猛安、一谋克，恤品路已知有七猛安、一谋克。其中大部分猛安和谋克的名称及分布地区，都是根据这些年发现大量的猛安、谋克官印而确定的。此外，该文还对黑龙江地区金代的猛安谋克作出列表。

综上所述，目前有关辽金时期嫩江流域古城研究的成果主要集中在历史地理、行政建制、建城时间、古城名称的问题上。20世纪八九十年代，学术界曾针对嫩江流域辽金古城的历史地理问题展开激烈争论，并取得一些重要成果。然而，近年来学术界很少对嫩江流域辽金代古城作深入系统的研究。尤其是对嫩江流域辽金古城作全面系统的梳理。从古城分布、古代交通、古代城镇化、民族融合、宗教文化、行政建制等视角出发，研究这一地域辽金时期的城市经济与社会发展，则是今后的学术方向和主要任务。

第三节　牡丹江流域辽金时期女真筑城分布研究

一　牡丹江流域辽金时期女真筑城研究综述

（一）历史文献中关于牡丹江流域女真筑城述略

牡丹江流域辽金时期的女真筑城，在历史文献中记录最多的当属五国城。如《宋史》《辽史》《金史》《契丹国志》《大金国志》均有辽金时期“五国城”的记载。其中，《大金国志》卷二十二载：“宋二帝自韩州如五国城。”《宋史·徽宗本纪》载：“靖康二年二月丁卯，金人胁帝北行。绍兴五年四月甲子，崩于五国城。”② 《宋史·高宗本纪》载：“夏四月甲子朔，遣孟忠厚为迎护梓宫礼仪使，王次翁为奉迎两宫礼仪

---

① 刘丽萍：《金代猛安谋克在黑龙江地区的主要分布》，《农垦师专学报》1996年第3期。

② （元）脱脱：《宋史》，中华书局2000年版。

使。丁卯，皇太后偕梓宫发五国城，金遣完颜宗贤、刘裪护送梓宫，高居安护送皇太后。”《金史·太宗本纪》记载：“徙昏德公、重昏侯于鹘里改路。”① 鹘里改路即胡里改路，治所地近五国城。以上文献中关于五国城的记载都与徽、钦二帝被囚禁在五国城这一历史事件密不可分。

上述历史文献所载与宋徽宗相关的五国城即五国头城，已成为学界共识。洪皓《松漠纪闻》载：“后悟室得南人，始造船如中国运粮者，多自国都往五国头城载鱼。”②《元一统志》卷二载：“混同江发源长白山，北流经渤海建州西五十里，会诸水东北流，经上京，下达五国头城北，又东北注于海。”③《辽东志》卷一古迹条载：“五国头城，在开原北一千里，自此而东分为五国，故名。旧传宋徽宗葬于此。”④《明一统志》卷八十载：“五国头城，在三万卫北一千里，自此而东分为五国，旧传宋徽宗葬于此。”⑤

民国时期，杨步墀纂修的《依兰县志》载：“查依兰境内有古城七处。在治城之北江沿俗名曰旧城，相传为五国城之一。在乌斯护（浑）河口之南岸，距县城百里。在东南长青山之南麓，即老秃顶、八尔浪之间，距县城百五十里。在寡拉之北江沿，距县城百里。在九里六屯之正南、倭肯河北，距县城一百九十里。在小碾子沟之正西牡丹江东岸，俗名土城子，距县城九十里。在山嘴子屯北三家子，距县城三十二里。”⑥《依兰县志》记载两处牡丹江流域辽金时期古城的地理位置，即五国城和土城子。可知所谓的五国头城当在今依兰县城内，而牡丹江下游右岸的土城子古城可能为金代胡里改路治所。

民国时期的《宁安县志》对牡丹江流域辽金时期的古城也多有记载，包括城墙砬子山城、龙头山古城、萨尔浒古城、镜泊湖边墙等遗址。《宁安县志》古城条记载：“南面为陡岸，俗云城墙砬子。”《宁安县志》古城条记载：“登此古城，瞻望湖之南岸，有边墙一道，高约五尺余，直达延吉，不详其里数，盖辽金防戍之具。”《宁安县志》对龙头山古城的地理位置也有记载：“城在拉古屯东七里，距县城正北六十五里，土堆高三

① （元）脱脱：《宋史》，中华书局 2000 年版。
② （宋）洪皓：《松漠纪闻》，吉林文史出版社 1986 年版。
③ （元）李兰肹：《元一统志》，中华书局 1966 年版。
④ （明）任洛：《辽东志》，辽海书社 1934 年版。
⑤ （明）李贤：《明一统志》，（台湾）商务印书馆 1977 年版。
⑥ （民国）杨步墀：《依兰县志》，成文出版社 1921 年版。

四尺不等，长五百弓。”《宁安县志》对萨尔浒城的地理位置也有记载：“城北距宁安城六十里，近萨尔虎屯。明永乐四年，置卫在海林站东南五里。清太祖癸未秋八月，诛萨尔浒诺达鼐喀达，即此地也。城现高丈余，南门有瓮城，周围有土垒十八座，遗迹具在外，有护城壕。内住张姓一家。详察此城形势，以军略论之，洵为用武要隘。”①

（二）新中国成立后对牡丹江流域的考古调查

新中国成立后，牡丹江流域的考古调查活动可划分为三个阶段：第一阶段为20世纪50年代末，黑龙江省博物馆对牡丹江中下游地区展开的考古调查活动；第二阶段为20世纪80年代，黑龙江省开展的大规模文物普查活动；第三阶段为20世纪90年代以来，牡丹江市文物管理站、吉林大学边疆考古研究中心和吉林省文物考古研究所进行的考古调查活动。新中国成立以来的考古调查活动，为研究牡丹江流域辽金时期女真筑城的分布与断代打下了坚实基础，同时，为研究牡丹江流域辽金时期女真筑城提供了宝贵资料。这些考古调查报告多涉及古城的地理位置、形制、规模及出土遗物等内容。

黑龙江省博物馆于1958年考察了牡丹江流域的三处金代城址，即位于黑龙江省林口县三道通乡的三道通古城、黑龙江省林口县的乌斯浑河古城和黑龙经省依兰县土城子乡的土城子古城。这次考察结果发表在《牡丹江中下游考古调查简报》② 中。该文对三处古城址的地理位置、规模、形制及出土遗物等都有详细阐述并绘制平面图。王承礼先生的《吉林敦化牡丹江上游渤海遗址调查记》③ 一文，认定位于吉林省敦化市敖东城及黑石古城始建于渤海，辽金时期沿用。吕遵禄、孙秀仁在《镜泊湖附近莺歌岭等地考古调查报告》中认为：镜泊湖“南湖头土城子中散布着大量辽金时期布纹瓦片，该城具有常见金代城的共同性和特点，当是一座金代古城”④。

1981年黑龙江省文物考古工作队考察了牡丹江中游的两处辽金古城，即营城子古城及杏花古城。考察结果被记录在《宁安县镜泊湖地区文物普查》一文中。该文对两处城址的地理位置、规模、形制及出

① （民国）王世选、梅文昭：《宁安县志》，成文出版社1974年版。
② 黑龙江省博物馆：《牡丹江中下游考古调查简报》，《考古》1960年第4期。
③ 王承礼：《吉林敦化牡丹江上游渤海遗址调查记》，《考古》1962年第11期。
④ 吕遵禄、孙秀仁：《镜泊湖附近莺歌岭等地考古调查报告》，《北方文物》1991年第3期。

土遗物等进行了阐述。[①] 吕遵禄先生的《镜泊湖周围山城遗址的调查》一文对镜泊湖城墙砬子山城、城子后山城及镜泊湖边墙的地理位置、规模、形制及出土遗物进行了详细的阐述。该文认为："东夏国为巩固其统治中心'南京'（今吉林延吉附近的城子山山城）的安全，在北部镜泊湖周围又修筑了城子后山城，城墙（小长城），同时沿用了城墙砬子山城。"[②]

敖东城一直被学术界认为是渤海时期古城，甚至有学者认为是渤海旧国所在地。近年来，吉林大学边疆考古研究中心和吉林省文物考古研究所通过对敖东城遗址进行考古调查，得出新的结论。他们在《吉林敦化市敖东城遗址发掘简报》一文中称："通过以上出土器物及遗迹形态的对比，可以认为敖东城遗址 2002 年发掘区遗存年代为金代晚期。"[③]

（三）牡丹江流域辽金时期女真筑城的研究状况

1. 关于牡丹江流域辽代五国部五国城的研究

牡丹江流域在辽代隶属五国部。《契丹国志》记载："女真北与五国为邻，五国之东接大海。"《辽史·营卫志》记载："五国部，剖阿里国、盆奴里国、奥里米国、越里笃国、越里吉国，圣宗时来附，命居本土，以镇东北境，属黄龙府都部署司。"[④] 于庆东认为越里吉国的都邑为五国头城。五国头城位于依兰县已成学术界共识，但也有学者提出不同观点。陈继礼在《五国城故址刍议》一文中认为五国城位于宁安县。[⑤] 有的学者就五国城名称进行分析，如刘文生、张泰湘的《五国城与五国国名的破译》[⑥] 一文，对五国头城越里吉一词的含义进行了破译。还有学者就五国城的价值进行探讨。李英魁在《辽金五国城丛谈——省级文物保护单位之一》中说："在我省的辽金古城中，五国城建筑较早、规模较大、地理位置重要；在辽、金、元三个历史时期中，都于此设置较高级的行政机构，更因宋徽、钦二帝流放于此而闻名遐迩。因此，它对于研究辽、金、元时期这一地区的政治、经济和文化等情况，对于研究金、宋关系具有

① 程松、金太顺：《宁安县镜泊湖地区文物普查》，《黑龙江文物丛刊》1983 年第 2 期。

② 吕遵禄：《镜泊湖周围山城遗址的调查》，《北方文物》1989 年第 1 期。

③ 王培新、傅佳欣、彭善国、王晓明：《吉林敦化市敖东城遗址发掘简报》，《考古》2006 年第 9 期。

④ （元）脱脱：《辽史》，中华书局 2000 年版。

⑤ 陈继礼：《五国城故址刍议》，《学术论坛》1980 年第 3 期。

⑥ 刘文生、张泰湘：《五国城与五国国名的破译》，《东北史地》2006 年第 1 期。

重要价值；同时也是研究辽初城堡的宝贵资料。"[①]

2. 关于金代胡里改路治所的研究

《金史·地理志》记载金代"建五京，置十四总管府，是为十九路"。上京路是十九路之一。上京路下辖一府、三州、五路、六县和一统军司。胡里改路为上京路下辖的六路之一。《金史·地理志》记载："胡里改路，国初置万户，海陵例罢万户，乃改置节度使。承安三年，置节度副使。西至上京六百三十里，北至边界合里宾忒千户一千五百里。"[②] 胡里改路的范围包括牡丹江流域、松花江下游乌苏里江中下游及黑龙江下游流域。多数学者认为胡里改路的路治所在依兰县土城子古城，如张晖宇、王禹浪的《金代黑龙江地区的行政建制述略》[③]、李英魁的《金代胡里改路》[④]都持这种观点。孙秀仁在《黑龙江历史考古述论》中认为："牡丹江下游沿岸有三座较大金代古城，以依兰'土城子'古城较为宏阔……我以为金代胡里改路治所很有可能就是这座'土城子'古城。"[⑤] 也有少数学者认为胡里改路治所位于五国头城。孙长庆、孙秀仁等人在《黑龙江地区的古族、方国与古城文化》中认为："如五国头城在金朝为胡里改路治所。"[⑥] 殷德明在《黑龙江文物古迹与历史沿革概述》中谓："依兰县五国城是胡里改路治所故城，辖境东北到鄂霍次克海。"[⑦] 笔者支持胡里改路治所在依兰县土城子古城这一观点。

3. 牡丹江流域辽金时期女真筑城的综合研究

申佐军的《牡丹江地区金代古城述略》一文对牡丹江地区的南湖头古城、城子后山城、西营城子古城、东营城子古城、满城古城、九公里山城、沙虎古城、三道通古城、白虎哨古城、乌斯浑河古城和湖水古城的地理位置、规模、形制及出土遗物等方面进行了阐述。该文认为："牡丹江流

① 李英魁：《辽金五国城丛谈——省级文物保护单位之一》，《黑龙江文物丛刊》1982 年第 3 期。

② （元）脱脱：《金史》，中华书局 2000 年版。

③ 张晖宇、王禹浪：《金代黑龙江地区的行政建制述略》，《哈尔滨师专学报》2000 年第 4 期。

④ 李英魁：《金代胡里改路》，《北方文物》1994 年第 3 期。

⑤ 孙秀仁：《黑龙江历史考古述论》，《社会科学战线》1979 年第 1、2 期。

⑥ 孙长庆、孙秀仁：《黑龙江地区的古族、方国与古城文化》，《中国考古集成·东北卷·综述》（二），北京出版社 1997 年版，第 1742 页。

⑦ 殷德明：《黑龙江文物古迹与历史沿革概述》，《黑龙江文物丛刊》1981 年第 1 期。

域分布大量的金代古城，与金交通路线有较大的联系。”[1]

王禹浪、刘冠缨的《黑龙江地区金代古城分布述略》一文，介绍了牡丹江流域的十余座金代古城。该文认为：“金代黑龙江地区是依靠江河的水运和沿江的陆路为主要交通干线来沟通平原与山区，以及路、府、州、县与村镇之间的贸易往来和军事联系，并形成了以大江大河为主干线的交通大动脉网络。”[2]

王禹浪在《金代黑龙江述略》一书中认为：“随着金都的营建，在围绕着上京周围的拉林河流域、呼兰河流域，以及胡里改江（今牡丹江）流域和整个松花江流域，都修建起许多城堡和城市。”[3] 该书还指出，围绕牡丹江和镜泊湖一带的河谷平原区是金代黑龙江人口分布较为集中的地区之一。

王禹浪、都永浩主编的《文明碎片——中国东北地区辽、金、契丹、女真历史遗迹与遗物考》一书，[4] 收录了牡丹江流域辽金时期古城28座，包括敦化市马圈子古城、敦化市横道河子古城、敦化市通沟岭山城、敦化市孙船口古城、敦化市黑石古城、林口县三道通古城、宁安市南湖头古城、依兰县五国头城、海林市萨尔浒古城、海林市满城古城、林口县乌斯浑河古城、林口县古城子古城、林口县新城古城、林口县白虎哨古城、林口县建堂乡古城、林口县大山头古城、牡丹江市龙头山古城、牡丹江市长路山古城、宁安市城子后山城、宁安市西营城子古城、宁安市杏花古城、宁安市营城子古城、依兰县土城子古城、依兰县城古城、敦化市背荫砬子城址、敦化市帽儿山山城、敦化市西北岔山城、宁安市东营城子古城。该书对牡丹江流域辽金时期古城的地理位置、形制、周长及出土文物进行了详细阐述，是研究牡丹江流域辽金古城的重要资料。

二　牡丹江流域辽金时期女真筑城的分布

牡丹江流域辽金时期女真筑城从建城时间上可以划分为两大类：第一，建于渤海时期，辽金沿用渤海的女真古城；第二，建于辽金时期的

---

① 申佐军：《牡丹江地区金代古城述略》，《北方文物》2006 年第 2 期。

② 王禹浪、刘冠缨：《黑龙江地区金代古城分布述略》，《哈尔滨学院学报》2009 年第 10 期。

③ 王禹浪：《金代黑龙江述略》，哈尔滨出版社 1993 年版，第 23 页。

④ 王禹浪、都永浩主编：《文明碎片——中国东北地区辽、金、契丹、女真历史遗迹与遗物考》，黑龙江教育出版社 2013 年版。

女真筑城。建于渤海时期、辽金沿用的牡丹江流域的古城有横道河子古城、孙船口古城、黑石古城、通沟岭山城、南湖头古城、城子后山城、城墙砬子山城、龙头山古城。建于辽金时期的牡丹江流域的古城有背荫砬子城址、帽儿山山城、西北岔山城、西营城子古城、营城子古城、东营城子古城、杏花古城、长路山古城、萨尔浒古城、满城古城、沙虎古城、乌斯浑河古城、古城子古城、新城古城、三道通古城、白虎哨古城、建堂乡古城、大山头古城、湖水古城、土城子古城、依兰县城古城、五国头城。

（一）牡丹江流域建于渤海时期、辽金沿用的女真筑城

1. 横道河子古城。位于吉林省延边朝鲜族自治州敦化市秋梨沟镇横道河子村2.5千米处。平面呈不规则方形，周长1.62千米，土筑。西墙中设有一门，有瓮城。西墙外又设3道护墙，现高2—4米、宽3—5米，另有宽2米的城壕。东筑长70米石墙一道，城内遗物较少。保存较好。①

2. 孙船口古城。位于吉林省延边朝鲜族自治州敦化市沙河沿镇船口村北。1957年调查时发现。城墙系土筑，现仅存城的南墙和西墙部分残基，东、北两面墙被河水冲毁，南墙长120米，西墙长170米，城墙系土筑，残高0.5—0.7米。采集有泥质灰陶片、瓦砾等。破坏严重。②

3. 黑石古城。位于吉林省延边朝鲜族自治州敦化市黑石乡北侧。平面呈长方形，周长1.32千米，南北长360米，东西宽300米。城墙系土筑，残高约3米。南设一门并有瓮城，马面13个，有角楼。地表上散布瓦片、青砖、铜钱、瓷片等遗物。破坏较重。③

4. 通沟岭山城。位于吉林省延边朝鲜族自治州敦化市官地镇老虎洞村东山。平面呈不规则形，周长2千米，城墙依山势以土石混筑，东、西、北开三门，北有瓮城，有马面九个、角楼三处，城内有水池等遗迹。发现有铜钱、泥质灰陶片、铁镞等。现保存较好。④

5. 南湖头古城。位于今牡丹江市镜泊湖风景区南部、南湖头经营所东侧的城子村附近的山顶上。西、东、北三面濒临镜泊湖湖区。山城墙

① 王禹浪、都永浩主编：《文明碎片——中国东北地区辽、金、契丹、女真历史遗迹与遗物考》，黑龙江教育出版社2013年版，第83页。

② 同上书，第84页。

③ 同上。

④ 同上书，第83页。

体依山势修筑在山脊上。临湖之侧为陡峭的悬崖，城垣周长432米，墙体为石块及土石混筑而成。平面呈不规则长方形。古城内有灰色布纹瓦等遗物。该城为渤海时期所筑，辽金沿用。①

6. 城子后山城。位于宁安市镜泊湖发电厂西2公里处、牡丹江右岸高出水面50余米的山顶上，西南距镜泊湖瀑布3公里。当地居民称此城所在地为“城子后”。山城的东、西、北三面为陡坡和峭壁，地势险峻，山下被牡丹江环绕，形成一道天然屏障。南面为深谷和起伏的山峦。该城地势复杂，居高临下，易守难攻，可遏制附近的水陆交通要冲。城墙依山势走向修筑，城内地面北高南低，城墙沿着山脊、临江断崖及深谷峭壁的边缘，用土石混筑而成。城筑3道土墙，其中有两道墙是自西而东将整个山城分割为北、中、南3个城区。设门址3处、马面15个，中墙外（南侧）挖护城壕1道。城呈不规则的多边形，周长约3590米。在山城的东、西、北三面均借助深谷与峭壁之险势，不全筑墙，仅在缓坡处有选择的筑些短墙。城内地表分布有土丘（古代居住址）、石堆、古井等遗迹；遗物有石臼、石球（多以鹅卵石或玄武岩石制成）、馒首状石器、灰布纹瓦片、青砖块、鲤鱼形铁铡刀等。城中曾出土过三足四扳耳铁锅、箭头、铁刀等。据《宁安县志》记载：“曾有人在该城中获得一方古铜印，印背所刻年款为‘天泰十八年造’字样。”天泰是蒲鲜万奴叛金自立后所建东夏国的年号。铜印当为东夏国遗物。②

7. 城墙砬子山城。位于宁安县城西南30公里、镜泊湖中部西岸高山之巅。山城东北距湖中的小孤山1公里，南面毗邻湖中的珍珠门，相距0.5公里。1958年、1959年、1964年和1981年，黑龙江省博物馆、省考古队等单位曾多次进行调查。山城坐落在两山之间，墙依山势走向而筑。东、南、北三面被湖水环绕，西侧为悬崖峭壁，西南面为陡坡，亦是东、西两条山脊的合拢处。北面为缓坡，地势平坦开阔，与湖湾紧紧相连。在山城的东南隔湖对岸是古长城（小长城）址的起点，与山城遥相呼应。山城东北至西南为长，东南至西北为宽，呈不规则的长方形，周长约为3100米。城内地势南高北低，东西两侧为坡地，中间凹陷，形成了南北

① 王禹浪：《高句丽渤海古城址研究汇编》（渤海卷）（下编），哈尔滨出版社1994年版，第112页。

② 黑龙江省地方志编纂委员会：《黑龙江省志·文物志》，黑龙江人民出版社1994年版，第129页。

向的似簸箕状的地势。在城内东北侧发现一座土筑方城，周长 95 米、墙高 1—1.5 米，无门址，相传为土牢。其用途尚待考证。在北门内左侧有一圆坑，坑内堆有乱石，有人认为是一处建筑址。城南门址东端，发现一处面积较大的建筑群址基石，排列整齐。城中尚有近现代房屋废墟。城内外已被参天树木遮盖，地表上难以寻找到任何古代遗物。该处山城的年代，应为渤海国时期所建，其后为东夏国（又称东真国）所沿用。①

8. 龙头山古城。位于今牡丹江市西南郊区沿江乡小莫村正北，海浪河与牡丹江交汇口处的三角地带的高地上。当地群众俗称此高地为龙头山，古城即因此而得名。龙头山古城的南、北、东三面临水，被海浪河与牡丹江环绕，由于江水与河水的冲刷而形成了陡峭的断崖，高出水面为 10 余米。龙头山的西侧与西南侧为渐次升高的山丘相接。古城北面隔海浪河与对面山岭上的山城遥遥相对。古城周长 1680 米，南北两侧无城墙，各以江河断崖为屏障，西南部城垣依山势构筑而成。从残存的城墙上看，古城平面呈椭圆形。在龙头山高地上有两条土筑弧形的城垣，城垣外侧均有护城壕，将台地顶端分割成一大一小两座城池。城垣为土石混筑而成，平面呈扇形。古城控扼着海浪河与牡丹江水面，断崖处亦发现有人工用石头堆筑的遗址，可能是古码头遗址。在古城濒临江河的断崖处，裸露出丰富的文化层堆积，显然这是由于江河水流长年冲刷和切割所致。古城内的地表上散布有许多布纹瓦残片及灰色轮制陶罐残片等遗物。在龙头山古城附近发现许多渤海时期的墓葬及遗址。从古城的建筑形制及其特点分析，该城当建于渤海时期，而后曾被女真人沿用。②

（二）牡丹江流域建于辽金时期的女真筑城

1. 背荫砬子城址。位于吉林省延边朝鲜族自治州敦化市额穆镇桦树林子村西 1.5 公里处。1983 年调查时发现，城堡坐落于山顶，平面呈圆形，周长 286 米，北临悬崖，土筑城垣，西北设一门，东南有马面一个。城内曾出土铁矛、铁镞、铭文铜板等文物，破坏较重。③

---

① 黑龙江省地方志编纂委员会：《黑龙江省志 · 文物志》，黑龙江人民出版社 1994 年版，第 125 页。

② 王禹浪：《高句丽渤海古城址研究汇编》（渤海卷）（下编），哈尔滨出版社 1994 年版，第 58 页。

③ 王禹浪、都永浩主编：《文明碎片——中国东北地区辽、金、契丹、女真历史遗迹与遗物考》，黑龙江教育出版社 2013 年版，第 126 页。

2. 帽儿山山城。位于吉林省延边朝鲜族自治州敦化市额穆镇西北岔村东北1公里处。平面略呈方形，周长约700米，土筑城垣，东、西各有一门，西门外有平行的三道墙垣，长达500米，中各有门，最外一道有瓮门。城周有马面三个，城内曾发现过铁刀、铁镞等。旧址记载明代佛多和寨或即此城。破坏较重。①

3. 西北岔山城。位于吉林省延边朝鲜族自治州敦化市额穆镇西北岔村东南800米处。平面呈不规则非闭合式城隘，周长1.185千米，城垣依山势土筑，基宽约10米、残高2米，转折处设马面，东有一门。曾发现过铁镞、铁刀等。破坏较重。②

4. 西营城子古城。位于黑龙江省宁安市沙兰镇西营城子村南偏东15°约500米处，沙兰河右岸。古城修筑在平缓山丘的南端，地势北高南低。古城平面近似梯形，城墙为夯土版筑，周长611米（又说631米）。东墙长154米、南墙长171米、西墙长134米、北墙长152米。城墙顶宽1米，底宽4—5米，残高1.5— 2.5米。全城仅南垣东部有一门址，外有瓮城。南城墙中部有一直径约10米的马面。城墙四角均有高大的角楼向外突出。城墙外有双重护城壕，中间设土堤相隔。古城保存完整，现城内全部为耕地，曾发现有成排柱础的建筑址。城内采集到兽面瓦当、布纹瓦片、石臼、轮值灰陶片等遗物。③

5. 营城子古城。位于沙兰公社营城子村南偏东15°约500米处，地处一平坦丘陵的南坡，城南约700米是较平缓的山嘴，地势较为险要。城址呈梯形，为夯筑土城，周长近531米。东垣长150米，现高1.5—2米；南垣长211米，高2米；西垣长140米，高25米；北垣长130米，高2—25米。城垣现顶宽1米、底宽4—5米。整个古城址保存尚好，仅北城门因取土而遭部分破坏。南城门有一瓮城，周长约70米，瓮城门在东墙中部，现城门及瓮城门仅存缺口，故上部结构不祥。北城门遭破坏，现存缺口宽8米。南城墙西段（距西南堞楼约16米）与北城墙西段各存有2—3米宽的小缺口，可能为小型城门址。城墙四角置有堞楼台基，东、西墙中部及南城墙距西南角堞楼60米处各有1座马面。据北城门破坏处

---

① 王禹浪、都永浩主编：《文明碎片——中国东北地区辽、金、契丹、女真历史遗迹与遗物考》，黑龙江教育出版社2013年版，第126页。

② 同上书，第127页。

③ 王禹浪、刘冠缨：《黑龙江地区金代古城分布述略》，《哈尔滨学院学报》2009年第10期。

的城垣断面来看，夯层厚约 5—10 厘米。[①]

6. 东营城子古城。位于黑龙江省宁安市沙兰镇跃进村北约 1 公里处，沙兰河左岸。古城修筑在浅山地前的山坡上，地势平缓，西高东低。古城平面近似梯形，城墙为夯土版筑，周长 672 米（又有说 710 米）。东墙长 223 米、南墙长 138 米、西墙长 163 米、北墙长 148 米。墙高 2.5—4 米、墙基宽 4.5 米。全城只有东垣中部有一门址，门宽 5.2 米，门外有保存完好的半圆形瓮城，直径 30 米。全城设马面 3 个，南、西、北城墙中部各设 1 个，一般长 6 米、宽 4 米。西南角和西北角均有角楼外凸。城外四周有护城壕。城内仍可见当时建筑物所存留的很多凸起的土堆。此城属目前牡丹江流域已知金代城址保存最完整的一处，城内全部为耕地。城内地表散落许多残瓦。1976 年在城内出土过一方“勾当公事之印”。[②]

7. 杏花古城。位于宁安市卧龙乡杏花村东蛤蟆河右岸的山丘顶上。蛤蟆河发源于杏花村东部及东南部的老爷岭，在杏花村南由东向西北流过宁安市注入牡丹江。古城周长 1200 米，呈正方形，土筑。城垣南北两墙辟有城门，城内出土过灰色布纹瓦及灰色陶片。该城建于渤海时期，沿用至辽金时代。[③]

8. 长路山古城。位于牡丹江市郊长路山的顶端，周长 800 米，呈不规则形状。[④]

9. 萨尔浒古城。位于海林市海林镇东南海浪河下游右岸，周长 800 米，呈正方形。[⑤]

10. 满城古城。位于黑龙江省海林市旧街乡满城村，海浪河中游右岸，海拔 292 米。古城平面为正方形，边长 225 米，周长 900 米。城墙为夯土版筑，夯土层次清楚，附有马面。由于满城村坐落于古城之上，城墙损毁严重。现仅存东墙中段 70 米，北墙东段 14 米，西墙无存，南墙西段 100 米，残高 1.5—3.5 米。城中有隔墙，把城分为东、西两部

① 王禹浪、都永浩主编：《文明碎片——中国东北地区辽、金、契丹、女真历史遗迹与遗物考》，黑龙江教育出版社 2013 年版，第 113 页。

② 同上书，第 127 页。

③ 王禹浪：《高句丽渤海古城址研究汇编》（渤海卷）（下编），哈尔滨出版社 1994 年版，第 113 页。

④ 同上书，第 112 页。

⑤ 王禹浪、都永浩主编：《文明碎片——中国东北地区辽、金、契丹、女真历史遗迹与遗物考》，黑龙江教育出版社 2013 年版，第 107 页。

分。城内曾出土过金代铜钱和“军马都提控印”“怀火罗合达谋克印”等文物。[①]

11. 沙虎古城。位于黑龙江省海林市海南朝鲜族乡沙虎村，海浪河下游南岸，海拔251米。古城平面呈不规则形，除北城墙为弧形外均为直墙，城墙为黄土夯筑，周长971米。北城墙外尚存马面痕迹，南城墙设有双重城墙，南门设有瓮城。现在由于城内为现代村落，城墙破坏严重，仅残存数段，残高1—3.5米。东墙南端存30米左右，北端约20米，南墙东端存50米，西墙北端存30米。城内曾出土金代“合重浑谋克印”、铜锅、灰色布纹瓦残片、轮制泥质陶片及唐、宋、金代铜钱等文物。[②]

12. 乌斯浑河古城。位于林口县乌斯浑河入牡丹江汇流处，周长约2700米。古城呈不规则形，有马面、角楼、瓮门设施。墙体为夯土版筑与堆土混筑而成。[③]

13. 古城子古城。位于林口县建堂乡乌斯浑河左岸的台地上，周长400米，呈长方形。[④]

14. 新城古城。位于黑龙江省林口县新城镇南村屯所在地，周长2000米，呈正方形，出土有布纹瓦、铜钱、瓷片与辽金遗物。墙体有马面、角楼、瓮门设施。[⑤]

15. 三道通古城。位于林口县三道通乡所在地。古城坐落在牡丹江左岸阶地上，城东隔江与江东屯相望，江水由南向北绕城东侧流过。1958年4月，黑龙江省博物馆调查牡丹江中下游时发现。古城平面呈多边形状，当地群众称“靴子城”。城依地势而筑，东和南面被牡丹江环绕，西部为山地，西北是开阔的江岸平原。城周长2.9千米。墙由夯土与泥坯垒砌，夯层厚10—13厘米。城东南和西南各有一门址。在门外缘设有瓮城，遗迹犹存。墙设马面，现存25个。城各角筑敌楼。墙残高3.9—9.2米、基底宽4.5—11米。在北、东北、西、西南各面墙外掘护城壕一道，宽

---

① 王禹浪、刘冠缨：《黑龙江地区金代古城分布述略》，《哈尔滨学院学报》2009年第10期。

② 同上。

③ 同上。

④ 王禹浪、都永浩主编：《文明碎片——中国东北地区辽、金、契丹、女真历史遗迹与遗物考》，黑龙江教育出版社2013年版，第111页。

⑤ 王禹浪、刘冠缨：《黑龙江地区金代古城分布述略》，《哈尔滨学院学报》2009年第10期。

18 米。东和东面依江险为堑，不设壕。城内突出于地面的建筑遗址清晰可见。城中地表散布有较多的泥质灰陶残片及板瓦、筒瓦片、印纹硬质黑陶片和饰有不规则闪纹的硬质光面陶片。并出土过完整的陶罐、铜锅、铜佛和铁箭头、铁铧等遗物。城址形制及出土遗物具有辽金时期的特征。①

16. 白虎哨古城。位于黑龙江省林口县三道通镇五连山村北 2 公里（又有说三道通乡曙光村西 2 公里处），牡丹江左岸的二级台地上，古城分大、小两部分，呈长方形。大城东西长 200 米，南北宽 30 米，周长 460 米。城墙残高 1.5 米，夯土版筑，夯土层 7—13 厘米不等。小城东距大城 12 米，南北长 30 米、东西宽 25 米、城墙残高 2 米，墙体为夯土版筑，外侧有 3 米宽的护城壕。城内采集有夹沙黑陶、夹沙黄褐陶、泥质灰陶及锯齿状花边口沿陶片和酱釉器底瓷片。②

17. 建堂乡古城。位于林口县建堂乡土城子处，周长 800 米，呈正方形。③

18. 大山头古城。位于林口县新城乡玉林河附近，周长 600 米，呈不规则形状。④

19. 湖水古城。位于黑龙江省林口县湖水村北端，乌斯浑河左岸。古城呈方形，周长 700 米。城墙夯土版筑，掘壕起墙，夯层厚 8—10 厘米。由于城内被村落所占，破坏严重，现存东墙北段、北墙西段。东北角有向外突出半圆形角楼遗迹。城内地表采集有布纹瓦残片，出土有宋代铜钱。⑤

20. 土城子古城。位于依兰县城南 30 余公里处土城子乡所在地东侧。城坐落在牡丹江右岸的高地上，三面环山，一面濒水，距江岸 1.5 公里。1958 年 4 月，黑龙江省博物馆在牡丹江中下游进行考古调查时发现。该城是牡丹江下游沿岸地区规模较大的一座古城。城平面呈不规则形状，

---

① 王禹浪、都永浩主编：《文明碎片——中国东北地区辽、金、契丹、女真历史遗迹与遗物考》，黑龙江教育出版社 2013 年版，第 96 页。

② 王禹浪、刘冠缨：《黑龙江地区金代古城分布述略》，《哈尔滨学院学报》2009 年第 10 期。

③ 王禹浪、都永浩主编：《文明碎片——中国东北地区辽、金、契丹、女真历史遗迹与遗物考》，黑龙江教育出版社 2013 年版，第 111 页。

④ 同上。

⑤ 王禹浪、刘冠缨：《黑龙江地区金代古城分布述略》，《哈尔滨学院学报》2009 年第 10 期。

周长3345米。城墙为内外两重，沿两墙外缘各有一道壕。唯北墙西端因靠近牡丹江支流，不设壕堑。内外两壕中间隆起的土墙，便是外墙。内墙高3米，基底宽9.7米，外墙高2.5米，低于内墙。内壕底宽3.5米，外壕底宽4.6米。内墙全部采用统一规格的大块泥坯筑就，是夯土堆筑而成。马面筑于内墙外侧，其间距为26米、85米、140米不等，土墩高于墙0.2—0.4米，临近墙角的马面间距较小。城门设在西墙和东南墙，每门有里外两道隘口，隘口之间有折曲的露天甬道，甬道两垣的高度不低于内墙。当地人称此类城门为“转角门”“三环套月门”，实即瓮门，是加固城防的一种设施。古城内地表及城垣断层中有各种碎瓦和陶片，间有印纹硬质黑陶，并出土过六扳耳铁锅和铜钱等文物。土城子古城修筑坚固，防御设施完备，是金代屯戍重兵的城镇之一。有人认为该城可能是金代胡里改路路治所故城址。①

21. 依兰县城古城。位于依兰县所在地，周长2210米，呈长方形。②

22. 五国头城。位于依兰县城北门外，松花江右岸。西濒牡丹江，东临倭肯河，以倭肯河哈达山（俗称东山）和拉哈福山（俗称西山）为东西屏障。南面为牡丹江、倭肯河冲积平原，为水陆交通要冲。五国头城，已面目全非，仅存部分残垣断壁。城平面呈长方形，为南北向，东西长，南北窄，周长约2.6千米。东西墙长约850米、南北墙长约450米。现存城墙高为1—4米，墙基底宽8米，顶宽1.5米。墙垣以土堆筑，不见马面痕迹，门址已荡然无存。城内已垦为耕田，地表散布有残砖、断瓦及陶瓷片，俯拾皆是。城中出土文物除砖、瓦、础石等建筑材料外，有“青盖盘龙”镜、“双鲤鱼”纹镜、带柄镜及铜印，铜钱有宋“崇宁通宝”和金“大定通宝”，还有铁镢、鱼形铡刀、镰、斧、矛、镞和车马具等，以及陶瓷器。此城中出土“监造提控所印”印，系东夏国时期官印。③

（三）牡丹江流域辽金女真筑城分布的主要规律

从上述牡丹江流域辽金时期女真筑城的分布状况，我们不难发现，牡丹江流域始建于辽金时期的女真筑城在数量上要多于建于渤海时期、辽金沿用的女真筑城。牡丹江流域建于渤海时期、辽金沿用的女真筑城

---

① 王禹浪、都永浩主编：《文明碎片——中国东北地区辽、金、契丹、女真历史遗迹与遗物考》，黑龙江教育出版社2013年版，第123页。

② 同上书，第124页。

③ 同上书，第101页。

仅为8座，位于牡丹江上游4座，牡丹江中游4座。位于牡丹江上游沿用渤海时期的女真筑城有横道河子古城、孙船口古城、黑石古城、通沟岭山城；位于牡丹江中游沿用渤海时期的女真筑城有南湖头古城、城子后山城、城墙砬子山城、龙头山古城。牡丹江流域建于辽金时期的古城数量较多，共计22座。其中位于牡丹江上游的有3座，位于牡丹江中游的有8座，位于牡丹江下游的有11座。位于牡丹江上游始建于辽金时期的女真筑城有背荫砬子城址、帽儿山山城、西北岔山城；位于牡丹江中游始建于辽金时期的女真筑城有西营城子古城、营城子古城、东营城子古城、杏花古城、长路山古城、萨尔浒古城、满城古城、沙虎古城；位于牡丹江下游始建于辽金时期的女真筑城有乌斯浑河古城、古城子古城、新城古城、三道通古城、白虎哨古城、建堂乡古城、大山头古城、湖水古城、土城子古城、依兰县城古城、五国头城。

从牡丹江流域辽金古城的规模上来看，最大的周长为3590米。古城周长在2000—4000米的有9座，包括通沟岭山城、城子后山城、城墙砬子山城、乌斯浑河古城、新城古城、三道通古城、土城子古城、依兰县城古城及五国头城。值得注意的是，位于依兰县的古城有3座，土城子古城、依兰县城古城、五国头城，周长都在2000米以上。周长在1000—2000米的古城有6座，包括横道河子古城、黑石古城、西北岔山城、营城子古城、杏花古城、龙头山古城。周长在1000米以下的古城有15座，包括孙船口古城、南湖头古城、背荫砬子城址、帽儿山山城、西营城子古城、东营城子古城、长路山古城、萨尔浒古城、满城古城、沙虎古城、古城子古城、白虎哨古城、建堂乡古城、大山头古城、湖水古城。古城周长的大小，决定着古城行政建置等级的差别。

周长在3000—5000米的古城多为州或路级的行政治所；周长在2000—2500米的古城多为县或猛安一级的行政治所；周长在1000—1500米的古城多为谋克一级的行政治所；周长在400—500米的古城可能为戍守边堡或交通驿站。根据现有研究成果，牡丹江流域属于路一级的古城治所仅有一座，即依兰县土城子古城。

牡丹江流域辽金古城中平原城的数量多于山城。平原城多建在水陆交通便利的江河沿岸的台地上。山城依山势而筑，利用悬崖峭壁作为天然屏障。牡丹江流域辽金时期的平原城有横道河子古城、孙船口古城、黑石古城、西营城子古城、营城子古城、东营城子古城、杏花古城、长路山古城、萨尔浒古城、满城古城、沙虎古城、乌斯浑河古城、古城子古城、新城古城、三道通古城、白虎哨古城、建堂乡古城、大山头古城、湖水古城、土城子古城、依兰县城古城、五国头城。牡丹江流域辽金时期的山城有通沟岭山城、南湖头古城、城子后山城、城墙砬子山城、龙头山古城、背荫砬子城址、帽儿山山城、西北岔山城。

总之，牡丹江流域的辽金古城的数量已经远远超过了渤海时期所建的古城，虽然牡丹江流域辽金古城的规模没有渤海时期的上京龙泉府遗址的规模大，但是其数量和城址的密集程度已经说明牡丹江流域是辽金时期重要的人口聚集区。其筑城依靠牡丹江水路而发展，这些古城不仅具有连接松花江下游与图们江流域交通运输的功能，更为重要的是对于金上京城的东方起到拱卫和防御的作用。

第四节　黑龙江流域金源地区金代女真人的筑城与分布

自20世纪90年代以来，在以哈尔滨市阿城区为中心的金史研究者们的大力宣传和积极推动下，“金源文化”一词已为广大民众及社会各界所接受。其应用范围之广，应用速度之快，应用的效益之大都是前所未有的。在20多年的时间里，黑龙江省、哈尔滨市、阿城区三级政府在下发的文件中，提到“金源文化”的就不下数百份之多。金源文化概念不仅深入人心，并已以立法形式被省、市、区三级人代会确定下来。20年前，“金源”一词只是作为历史的名词概念深深地被掩埋在多达100余卷的《金史》文献中，只有少数几位学者知道“金源”一词的用意及其历史的语言产生背景。“金源”一词从《金史》中解放出来，并得以复合为“金源文化”一词而得到广泛传播，发生在1992年的春季。当时，哈尔滨市社会科学院为准备与阿城市政府（今阿城区）、黑龙江省农垦师专（现阿城学院）联合召开“首届国际金史学术研讨会”，由哈尔滨市社会科学院地方史研究所王禹浪研究员首次正式提出“金源文化”概念。这一倡议很快就被阿城市政府及阿城金史研究者们所接受。此后，哈尔滨市与阿城市的金史研究者们，从地域角度论金史，必欲从金源文化谈起。金源文化不仅代表着有金一代的黑龙江地方史，更代表着黑龙江人的一种文化理念。尤其阿城人把金源文化当作一种“地母文化”来看待、欣赏和研究，并尽可能把自己的思想和情感以及少有的那种历史情缘与800年前的“金源文化”相联系，以其超乎寻常的激情与热情来关注金史中的“金源文化”。哈尔滨人与阿城人从一开始就没有把自己束缚在所谓纯粹的学术研究中，而是一直抱着“学以致用”原则，努力将金史研究及“金源文化”研究与振兴乡邦文化、启迪地方人文心境、思考经济腾飞之路相贯通。因此，金源文化才得以被各级政府和社会各界所接纳和认可。

我们从“金源文化”一词的诞生过程中，可以深刻感悟到一个概念和一个名词出现的背景既是历史的积淀，更是时代召唤的产物，这就是“应运而生”的道理。然而，金源文化绝不仅仅是一种学术名词或时髦的词组，它从诞生之日起就已经转化为具有实用价值的地域文化符号。也就是说“金源文化”这一特殊的具有历史意义的地域文化符号，已经转化为振兴地方经济的助推器。阿城区政府一直把“金源文化”作为一个最重要的环节加以利用，是这种将历史转化为现实的最有力的证明。也就是说，阿城人民已经把自己最盛大、最隆重的节日定位于“金源文化节”，这对致力于金源文化研究的学者们来说的确是一件幸事。金源文化节的定位，可以说是哈尔滨人与阿城人长期以来对金源文化研究、宣传的结果。这也充分显示了金源文化的研究方向必须走“学以致用”的道路。无疑，这也是使我们的地方史研究和断代史、区域史研究走出困惑、大胆创新、勇于实践之路。如今，金源文化已成为一种家喻户晓的哈尔滨地区古代文化概念的标志。因为阿城已经不属于单列的县级市，而是哈尔滨市所辖的一个区。此外，金源文化是满洲族先民女真人创造的一种具有地域文化特征的区域文化。何谓金源文化？“金源”的含义是什么？金源文化的内涵、性质、范畴究竟应如何解释？等等，诸如这些学术问题，都有待于我们冷静思考和不断深入研究。

一 金朝的国号与“金源文化”的概念

12世纪初，崛起于白山黑水间的女真完颜部，在其首领完颜阿骨打的率领下，于1115年正月在今哈尔滨市东南阿城区南郊的阿什河畔称帝建国，并确立大金国号。阿骨打之所以采用汉语译名，以“金”为国号，是具有特殊的缘由和意义的。许多文献都说明了阿骨打选定“金”国这一名号的政治目的。

众所周知，辽国以镔铁为号，镔铁虽坚，终有销坏之时，唯金一色最为珍宝，不变不坏，故而取国号“大金”。然而，这仅仅是“金”国号的政治目的，并非“金国”号的本义。北宋人徐梦莘在其编著的《三朝北盟汇编》一书中曾有如下记载：“女真人取金为国号的献议者，是出自于辽国的旧臣，即投降阿骨打的渤海人杨朴。他向阿骨打等人献议时说，‘女真人完颜部的发祥地有水，名阿禄祖（阿勒楚的同音异写），其本义为金，以水产金而得名，故当以此为国号’。”①

金朝国号起源于女真本土有水产金之说，这符合“人杰地灵、地育圣祖”的心理背景，“金”作为一种神圣的象征，这是一个激励民族之心的名号象征。“金”在“金、银、铜、铁、锡”这五种金属中居首位，“金”能克铁，而“辽”之国号乃镔铁之意，因此，女真人取“金”为国号当有必取代辽国，或克灭辽朝之深刻的含义。这是按照传统的中华故土上的阴阳五行德运图说的相生相克原理所得出的结论。

阿禄祖水就是清代的阿勒楚喀河，亦即金代的按春水，这条水由于汉语译音的不同曾被同音异写成“按出虎、安出浒、按春水、按车骨、阿术浒、阿禄阻、阿勒楚”等，现写作“阿什河”。今阿城这一地名就是根据阿什河而得名，所以阿城的本义应译作“金城”，因为“按春、按出、阿术、阿什”均为女真语，译成汉语为“金”的意思。按春水、阿什河的直译即为“金河”或“金水”之意。今北京市天安门前有金水河，金王朝曾在北京市建都。有人考证此金水河可能是女真人在当年由阿什河畔迁都北京后，地名随之侨置于此，以后又经元、明、清沿用至今。因为在金王朝以前历代王朝宫城之南很少有金水河之称，所以，今北京天安门的金水河之称可能源自金代。

女真人根据水名而将国号名金。不仅如此，还把整个阿什河流域看作金国的肇兴之地，故有“金源”之称。《金史·地理志》载：“上京路即海古之地，金之旧土也，国言金曰按出虎，以按出虎水源于此，故曰金源，建国之号盖取诸此。”② 女真人入主中原建都燕京之后，遂将今阿什河流域称为“金源内地”。所谓“金源内地”，概指金朝发源于此，而“内地”即为故地，是指金朝南迁后将政治中心确立于燕京之后，反思故里、回溯历史的一种怀旧心境的表露。因此，金王朝还相继册封了一些

① （宋）徐梦莘：《三朝北盟会》，上海古籍出版社1987年版。
② （元）脱脱等：《金史·地理志》，中华书局1975年版。

出身于金源内地的女真贵族，如金源郡王、金源郡国夫人等。又如金源郡王完颜娄室、金源郡王完颜忠、金源郡王完颜希尹等，都被冠以金源名号。此外，生活在金上京周边的人，还常自喻为“金源×××”，在阿城金上京故址出土的“宝严大师塔墓志铭”就有“金源荣昌”字样，而在阿城区东北松峰山金代道教遗址中出土的曹道士碑中则有“金源杨士才刊”的字样，说明金源一词已被广泛应用。在今黑龙江省、吉林省，以及俄罗斯滨海边疆区所辖的地域内，保留有大量的女真贵族金源郡王墓葬。1986年前后，在今哈尔滨市与阿城区、宾县的三角地带，发现一座巨大的女真贵族金源郡王的夫妇合葬墓，墓葬中出土大量金银器、丝织品及玉器等代表墓主生前奢华生活的物品，其中最为引人注目的是在巨大的石棺上面摆放的银质鎏金，上面嵌刻着“金源郡王完颜晏”字样。此外，在今阿什河流域还出土大量刻有“金源”字样的铜镜与碑刻。由此可见“金源”一词早在金代即成为官方对今阿什河流域和拉林河流域的定称。所谓金源文化，不过是今人从历史与文化地理的角度对今天上述地区内金代文化的总称。金源文化无疑也是作为以阿什河流域、拉林河流域为中心地区曾经辉煌过的金代文明的代表，应该说这是哈尔滨人或阿城人的骄傲。更为确切地说，它是一种流域文明，是与江河之水域密切相关的一种文化。当代人将这种历史上的文明统称为文化，并附加在金源一词之后，就有了“金源文化”一词。目前，金源文化已成为众人熟知的词汇。岂不知，这一词汇是古人与今人的复合之作。那么，什么是金源文化呢？金源文化的物质基础究竟是什么呢？这是我们必须回答的问题。

我们认为，要想弄懂什么是金源文化，首先要弄清金源文化的内涵。根据金源文化的内涵才能准确科学地为其定义。有些人喜欢从地理区位的角度为其定义，有些人则从流域文化的角度或历史地名角度为其定位，更有学者从历史行政区划和民族文化特征的角度为其定位。由于众多学者从不同角度理解金源文化的内涵与实质，于是就产生了各自不同的为金源文化定位和界定的理论与观点。迄今为止，有关金源文化的内涵、性质、范畴与概念的界定与定位十分繁杂、混乱。现将其中有代表性的观点兹列如下：

金源文化学者李建勋先生认为：“金源文化，是指11世纪至12世纪中期以金上京为中心地域的女真民族文化。金源文化保持着女真本族的文化特质，同时又先后吸收契丹、渤海、汉族文化而形成的具有统一的、多元的、过渡的特色文化。与当时的女真族在政治上、军事上的崛起相适应，文化上也呈现出急剧整合的状态。以海陵贞元迁都为界限，前者为金源文化时期，后者则为金代文化时期。金源文化的地域代表类型是金上京会宁府文化；金文化代表类型是金中都及河东南路平阳府地区的文化。”①

我们认为，李建勋先生的上述金源文化观的地域定位，具有一定的道理，但是他将金源文化界定在海陵迁都前后的观点，值得商榷。他认为金源文化是指11世纪到12世纪中叶，也就是说他把金源文化的出始时间确定在女真族建国前夕的一个世纪。我们认为金源文化应该从金朝确立国号开始直到金朝灭亡。更明确地说，在有金一代的历史上，作为金源故地的一方水土，围绕着金上京为中心的城市文明和文化就是属于金源文化。金源文化不是金代文化，他是金代文化中以金上京为中心的一种极为特殊的区域文化。这种区域文化，必定要有一个文明中心作为其文化代表，那就是金上京的都市文明。实际上金上京文明，就文化而言是一种复合文化现象，毋庸置疑是多民族文化的复合体。从这个意义上说，它也不是仅仅具有女真民族文化特性的一种文化。

其次，李成先生则认为，所谓金源文化：“即指以今阿什河畔的金上京会宁府遗址为中心的黑龙江区域内，以女真族为主体兼融周边北方渤海、契丹等族和汉族文化形成的金朝的区域文化，亦即以金源为中心的金初文化向中国北方辐射，对中国南方乃至东北亚产生较大影响的文化。”②

我们认为，金源文化是指金源故地以金上京为中心的一种区域文化的复合体，不应包括整个黑龙江区域。必须指出的是，所谓黑龙江区域，究竟是指当代黑龙江省的行政区域呢，还是指整个黑龙江流域而言呢？无论怎么说金源文化并不包括整个黑龙江流域和当代黑龙江省的行政区域。因为黑龙江流域的概念非常广泛，包括的地域十分辽阔，今天的松花江、嫩江、牡丹江、乌苏里江、精奇里江、石勒喀河、哈尔哈河、克鲁伦河、额尔古纳河等流域均属于黑龙江流域的范畴。而若以黑龙江流域为范围来确定金源文化，是一种夸大的说法。此外，若指黑龙江省而

① 参见王禹浪《论金源文化》，《金史论丛》，哈尔滨出版社2000年版。

② 鲍海春主编：《金史论丛》，哈尔滨出版社2000年版。

言似乎又有些偏狭，因为金源文化的范围还包括拉林河与伊通河流域。因此，说“金源文化是指以今阿什河畔的金上京会宁府遗址为中心的黑龙江区域内”的观点似有不妥。

李秀莲则认为：“金源文化是人类文化的组成粒子，它具有一般文化的共性，其构成宽泛而复杂，囊括了以女真民族为核心的诸多民族所创造的物质文化、精神文化并把创造文化行为包括在内。金源文化作为具体的、客观的文化存在深受自然环境影响。”“金源文化首先是因地而定名的，金源文化的原生地就是金代发源地的文化。”“金源与封号连带昭示着荣誉与尊崇，这是‘金源’超出地名的又一层含义……把爵位与‘金源’列齐已表明女真人追思文化源头的意蕴。”①

李秀莲对金源文化原生地含义上的界定，无疑是有积极意义的。

靳庶田先生认为：“金源文化，是满族先世女真人在其发祥地按出虎水所产生的以游牧渔猎和征战为主要特征，后来又融汇了汉文化的多民族多元文化。小而言之，包括以按出虎水（今阿城地区）为核心的‘白山黑水’间的那种以女真完颜部为主体的北方少数民族文化；大而言之，则包括秦岭、淮河以北金朝统治区内以汉文化为主体又独具女真特色的多民族文化。”② 靳庶田先生还进一步说明：“狭义地讲，金源文化是以按出虎水（今阿什河）流域为核心，广泛吸纳白山黑水间各民族文明成果又独具女真完颜部特色的北方游牧渔猎征战文化；广义地讲，金源文化是金朝统治区内各民族大融合的中华共同文化。前者指以女真本土特色为主流的地域文化，后者指不断被汉化了的渐失女真本色的南北合璧文化。金源文化主要包括基础文化、民俗文化、宗教文化、经贸文化、历史文化和军政文化等。”③

我们认为靳庶田先生的狭义和广义说的金源文化都有些过于宽泛，无论就地域和内容而言，都显得空阔，给人一种金源文化有空中楼阁之感。明显看得出来，靳庶田先生是想把所有的中世纪发生在中国东北和华北地区的文化全部涵盖在内，并从无限时空中寻找尽可能不遗失的金源文化因素，结果恰恰相反，这种金源文化观越发令人大惑不解。

关伯阳先生认为：“金源文化是以女真族传统文化的底蕴，广泛吸纳

① 鲍海春主编：《金史论丛》，哈尔滨出版社 2000 年版。
② 同上。
③ 同上。

和融汇了中原文化及其他民族、部族文化中的优秀部分，而形成了自己独具时代和地域特点的新北方文化。它是以金上京所在地的阿什河流域为中心形成的，其影响涉及东北乃至中原，但主要影响仍在黑龙江南部和吉林北部。从时间上说，是指完颜部定居安出虎水流域至海陵迁都，近百余年所形成的统一多元的过渡型文化。”

关伯阳先生所界定和理解的金源文化具有一定的说服力，尤其是他把金源文化的地域概念界定在黑龙江南部和吉林北部的做法令人信服，因为这一地域概念大体与金上京会宁府所辖的地域相同。然而，关伯阳先生所提到的“新北方文化”及金源文化的出始时间则是值得深入推敲的。

总之，有关金源文化概念的界定无论在时空上，还是地域的狭义和广义方面都存在差异和不同的解释。我们认为，关于金源文化的概念，如果从狭义地理范畴方面去理解的话，金源文化的地域界定应是以阿什河流域为中心，并以金上京城的都市文明为核心，包括今拉林河流域、呼兰河流域、松花江中游左右两岸。其范围大致是：东至牡丹江，西至第二松花江右岸，北至呼兰河上游，南至吉林市地区。这一地域正与当时金代上京会宁府行政区划所辖的地域大体相当，这是狭义金源文化的空间概念。而广义的金源文化的空间概念，则是以金上京路所辖的区域为范畴，包括今乌苏里江以东的滨海边疆区，松花江下游左右两岸的流域以及嫩江流域，甚至可以包括黑龙江下游地区，这一广大区域也是金代金源郡王的分布区。关于金源文化的时间概念，我们认为它既不等同于女真族文化也不能等同于金代文化。从时间上看，金源文化应起于金朝建国初期，并一直延续到金朝的灭亡，在金源地域内所发生、发展的金代文化，以及与之相关的人物和历史事件等都属金源文化的范畴，这就是金源文化的时间概念。

我们认为，金源文化的时空概念依如上述，只有在明确金源文化的时空概念后，方能不断研究和发现它的内涵与文化性质。从金源这一地域所发现和出土的大量文物及文字记录中，不难看出：金源文化总体特征是一种多元多流文化的复合体。说明以女真族为统治民族的金王朝在致力于自己的政治统治的同时，对各种先进文化都表现出无限崇拜和渴求、占有的欲望。致使在金朝初期的短时间内，女真人能够将原来荒凉的阿什河流域迅速转变成为高度发达的文明区域。无论这种转变是以什么方式来完成的，但它毕竟是一种把荒凉改变成为文明的一种转换，并且使这种文明一直在这里延续了一个多世纪。今天在金上京周边出土和遗留的众多的金代文化遗存，都是金源文化的代表。我们从中不难发现，从1115年女真在此地建立大金国开始，距今已有800多年。在800年前这一地区的文化成就是令人瞩目的，无论是宗教、音乐、诗歌、文字、艺术、雕塑、碑刻、铸造、建筑都显示了古代社会的都市文明空前繁荣的程度。而承载着金源文化的“历史列车”，其实就是那些沉睡在金源大地上的女真人的筑城。因此，考察金源文化一定要从认识这些筑城的历史文化遗迹开始。

二　黑龙江流域金源地区金代女真人的筑城分布

金王朝建立后，以今阿什河（古称按出虎水）流域为中心的金源地区的政治、经济、文化都得到迅猛发展，尤其是阿什河流域的中下游地区的城市发展达到空前繁荣的阶段，并形成以金上京城都市文明为核心的金源文化。遗憾的是历史上有关金源文化的文献记载寥若晨星。然而，在金上京地区内，其地下与地上的遗存遗物却异常丰富，这些丰富的考古文化遗存证明金代“金源内地”文化曾经的辉煌和灿烂。根据考古调查所知，仅在今阿城区即金上京城的周边地域，包括今五常、双城、宾县、尚志、呼兰、肇州、肇源、肇东、方正、木兰、巴彦、通河、依兰，佳木斯、七台河、牡丹江，以及吉林省的夫余、榆树、九台、舒兰、长春、敦化、延吉等县市共发现金代古城300余座，其数量之多、规模之大、出土文物之丰富，都是令人难以置信的，足见当时女真人在金源地区所创造的城市文化的繁荣程度。

目前为止，仅以阿什河流域及哈尔滨地区的周边已发现和认定的女真人筑城就已达170余座，这些古城以今哈尔滨市阿城区南郊的金上京城为中心。以松花江干流为主线，其左、右两岸的大、小支流，如呼兰河、木兰河、阿什河、枷板河、蚂蜒河、拉林河、运粮河、马家沟河、何家沟河均分布着大量金代古城，并形成星罗棋布的城镇文化网络。金上京城平面呈南北横竖对接的形状，周长近11千米。这是目前在金源地区内所发现女真人筑城中最大的古城遗址，皇城坐落在南城西北角处。其中有大型宫殿建筑遗址5处，专家们考证其中的第五大殿遗址为女真人所建的大型群宴之所的五云楼遗址。女真人曾以此为都达38年之久，历经

4 个皇帝，现存有高大的城垣痕迹和都城城墙上的许多附属设施。除此之外，在金上京城周边还分布着众多的女真人筑城，其周长在 1.5—4 公里的筑城至少 100 余座。这些筑城内外出土和发现了大量女真人及金代文物，以及大量代表着金代早期都城文化特点的建筑饰件，如玻璃瓦、瓷砖、布纹瓦片等。走进这些筑城，你就会深刻地感受到女真人所留下的文明碎片可谓遍地皆是、俯拾可得。从金源地区所发现的这些女真人筑城的规模和城的布局来看，这些古城，构筑有高大的城墙，城垣是严格按照宋代流行的标准营造法式修筑而成。不同的等级修筑有不同规模的城墙，城墙修筑的结构与建筑材料均按照等级而划分出夯土版筑、壁成砌成（土墙外面用青砖铺砌）、石块垒砌等多种方法。在较大的筑城周边地域，还广泛地分布着大片的大型街区和宫殿式遗址，显示出金源地区筑城文化的分布不仅局限于城墙内部，而且在城区外部也发现大量的文化遗存，说明女真人的筑城规模随着人口的增加和城市经济的繁荣，其城区的概念已经打破城垣的界限。金源地区女真筑城的分布具有鲜明的地域特征，并与地理环境和地貌特征相适应。

影响黑龙江流域金源地区女真筑城分布的主要因素，就是自然地理环境下的地貌特征与政治统治中心的作用。自然地理环境的地区性差异、自然条件的优劣以及自然资源的多寡，会影响到金源地区的筑城分布。一般来说，人们总是选择那些气候优良、水源充沛、土地肥沃、交通便利、宜于贸易的地区来筑城。因为，在这里人们用同样的劳动可以创造出更多的财富，同时也更易于人们的繁衍生息和商品交换和贸易。金源地区属于黑龙江流域松花江水系范畴，这一水系流经的地区，地形复杂多变，既有巍峨的高山和连绵起伏的丘陵，又有一望无际的平原。各种复杂地形的自然面貌和地理景观，构成了金源地域特殊的风貌。同时，这种复杂的地理环境，也影响了金代女真人的筑城与分布。从地理环境上看，黑龙江流域金源地区金代女真筑城分布大致有如下三个特征：

其一，山地森林地带的筑城分布显得稀少而又分散。在小兴安岭山地的南部与东南部的张广才岭、老爷岭、完达山等地森林区，包括阿什河上游地区的森林地带，都零散地分布着一些女真人修筑的山城。这些山城规模很小，相互之间距离较远。女真人把要修筑的山城大都选择在山川隘口或水陆交通要道。显然，这些山城不是作为商业性城镇而修筑的。从山城筑有严密的军事设施上看，这些山城均具有军事要塞性质。

这些山城之所以分布在地旷人稀之处，主要是控制隘口之要冲而设置的。尽管如此，在今天上述的深山密林中女真人修筑的山城，足以充分证明女真人曾对这些山地森林进行过经济开发和军事利用，并非自古以来就是人迹罕至地区。

其二，平原、丘陵与江河湖泊的沿岸筑城分布稠密而又相对集中。在广大黑龙江流域的金源地区，有两大平原、三大湖泊和五大河流。即松嫩平原、三江平原（又称三江湿地）；兴凯湖、镜泊湖、五大连池；黑龙江、松花江、嫩江、乌苏里江和牡丹江，这五大河流均属于黑龙江流域。上述地区土质肥沃，水草资源丰富，气候温和，交通方便，是发展农业、畜牧业、商业的重要地区。女真人在这一地区营建了数百座古城，其分布密度远远超过了森林地带。约占金代金源文化筑城的百分之九十以上。这一地区的农业耕种面积和牧场面积，以及狩猎面积占黑龙江流域金源地区的百分之八十多。金代女真人充分利用这些有利的自然条件，广泛种植稻、黍、麦、粟、麻、瓜、果等多种农作物及果蔬，并利用地势平坦、江河纵横的特点，大力发展水陆交通事业和商品贸易。许多筑城就建在这些平原及靠近河流湖泊的沿岸，不仅是交通方便之地，更是商品经济和文化发达的重要地区。女真人在这一地区的筑城密度，同时也反映了该地区人口分布密度。从这些筑城中出土的大量铜钱、瓷器、铜器、铁器、陶器、石器、骨器、玉器、金银器、青铜器等丰富的文物上看，这里不仅是金初女真人的生活区，也是金代其他各民族相对比较集中的聚居区。

其三，由于政治统治中心的作用，导致女真人的筑城以围绕着金上京为核心。从目前金源地区的阿什河流域分布的女真人筑城最为密集的现象上看，这主要是因为金上京城是女真人最初建立的大金统治王朝的所在地而导致的结果。作为金源内地最重要最发达的都城，无论是在军事上、文化上、经济上，还是在政治上，金上京城都处于统治全国的地位。因此，以金上京城为中心所形成的一系列城市交通网，诸如驿站、接待各国往来人员的客栈、各级行政机关驻地、政令往来与传送的通道、商品经济的物资的聚散地，以及女真贵族的封地、皇家狩猎场、佛教圣地、山陵、祖庙、太庙，还有猛安、谋克户、军事堡垒、商业重镇和榷场等，都处在金上京城的控制之下。

总之，黑龙江流域金源地区女真人的筑城分布，受地理环境和政治统治中心的影响较大。政治中心、地形、气候、水源等都是影响女真人筑城分布的重要因素。其中尤以水源和政治中心最为重要，金源地区的女真人筑城无论是山城，还是平原城，其大部分建筑在靠近江、河、湖泊的侧畔。女真人在这一地区所建立的山城虽然距离水源较远，但在选择建造山城时，其首要的条件就是在森林、山地找到不枯竭的泉眼。可以看出，女真人依赖江、河、湖泊、清泉等天然水资源，为人们的日常生产和生活提供优越条件，自古以来这一客观规律就影响着黑龙江流域的筑城分布。此外，政治统治中心的确立，也是影响筑城的密度和筑城分布的重要原因。

金源地区金代古城的类型及分布特征：根据目前掌握的黑龙江流域金源地区女真人筑城特点与分布，我们把不同形制的筑城进行梳理和分类，并从中找出这些筑城的基本模式，探讨它们各自的特点与相互的区别。

归纳起来黑龙江流域金源地区的女真筑城的类型大致有如下几种：

其一，正方形筑城或近似正方形的筑城。这是金源地区女真人筑城中最为常见的一种形制，一般都修建在平原、丘陵或靠近江、河、湖畔的平坦地带。其筑城性质属于京、路、府、州县或猛安、谋克的筑城，也是女真人严格按照宋代的营造法式进行的筑城。

其二，长方形筑城。这也是一种较为常见的女真人筑城的形制。在数量上仅次于正方形古城，分布的地域与正方形筑城大致相同。其性质多属于交通驿站或具有军事戍守性质的筑城。

其三，不规则形的筑城。这类古城因受地势影响较大，一般都修建在丘陵或森林山地之处。城垣沿着不规则的山势走向修筑，故形成不规则的筑城形制。不规则筑城的性质属于军事堡垒。

其四，梯形筑城。造成梯形筑城的主要原因，是因为筑城时四边城垣中有一面城垣与其他三面城垣不相等，迫使两侧（左右）城垣向内收敛，所以导致筑城的形制成为梯形。此类筑城一般都修建在靠近江、河、湖畔的斜坡上。

其五，山地森林筑城。顾名思义，这类筑城是修建在山地顶端的城堡。这种筑城一般都选择在山川隘口之地，山城没有固定的形制，城垣均依山势而修，多分布在金源地区的东部山区和小兴安岭与张广才岭的山地。此类是女真人控制东部地区的胡里改人等其他部族的军事防御或戍守性质的筑城。

其六，带腰垣的筑城。这类筑城在黑龙江流域的金源地区并不多见，目前仅见金上京城和呼兰河流域的孟家乡团山子城址。筑城特点是正中往往再复设一道城垣，所以称为腰垣城。

其七，靴状筑城。因此类筑城的形状为靴型，故有靴状城之称，这类古城极为少见。

其八，圆形或椭圆形筑城。这类筑城较为常见，一般修筑在靠近湿地和平坦地区或接近山地的丘陵地带，筑城的城垣上没有直角，很少修筑有马面或角楼。这类圆形筑城主要分布在金上京地区东部的丘陵地带和嫩江流域。

归纳起来，在上述八种类型的女真人筑城中，有三种类型的筑城最为普遍。即方形筑城、圆形筑城和山城。我们把这三种最常见的古城形制确定为金源地区金代古城的基本模式。

第一类，方形筑城，包括所有带四个直角边的筑城，无论是长方形还是梯形筑城或带腰垣筑城都包括其中。这类女真人筑城在金源地区的筑城中占多数，并且多分布在平原或较为平整的土地上。方形筑城属于金源地区最基本的筑城模式，其建筑形式主要是来自宋代的营造法式，是女真人学习得中原传统的建筑形式。众所周知，中国古代城郭的形态，绝大多数为方形，在平原地带，特别是较小的城，形状常呈正方形。这也是黑龙江流域金源地区女真人筑城的基本形制（模式），这类方城的模式充分说明中原地区的筑城文化对金源地区产生的巨大影响。

第二类，圆形或椭圆形筑城，包括所有不带直角略呈圆形或近似圆形的筑城，这样的筑城并不多见。在黑龙江流域金源地区发现共有十余处，即伊春市大丰林场圆形筑城，周长 1500 米，位于山顶上；肇源县富兴乡梅信屯城址，周长 750 米；齐齐哈尔碾子山附近沙家子城址，周长 1360 米；克东县金城屯蒲与路城址，周长 2800 米；① 吉林磐石县（今磐石市）小梨河乡西梨河村双龙泉屯后虎嘴子山城，周长 300 米，位于虎嘴子山上，屯西侧有饮马河；吉林磐石县烟筒山镇余富村西的炮台山山城，周长 125 米，位于炮台山上。② 此外，在金源地区核心地域的山地也分布着一些较小的圆形山城。从这些古城的分布来看，其大部属于山城，

---

① 王禹浪：《金代黑龙江述略》，哈尔滨出版社 1993 年版。

② 吉林省文物志编修委员会：《吉林省志·文物志》，吉林人民出版社 1991 年版。

且规模较小，可以推测它们都应属于军事防御作用的山城。

第三类，山城。无论是不规则的还是其他类型的，凡修建在山上的筑城均属这一类。在边远地区，或在依山傍水易于防守的地方修筑的山城，是金源地区山城的一种类型。山城择地而建，一般选在山的顶部，山下临河或江，江河水位与山城高度位差较大，形成山城的天然防御线。双城子山城（又称克拉斯诺雅尔山城），位于今俄罗斯乌苏里斯克，周长8000米，面积200公顷以上，修建在绥芬河右岸的一个山岗上，山城恰好位于绥芬河转弯处，形成抱月之势。筑城建有内城，并有较大的建筑基址和蓄水池。宁安县城子后山城，位于黑龙江宁安县镜泊湖大瀑布（俗称吊水楼）东北约3公里。山城修建在牡丹江沿岸高出水面50米的山顶平地上，平面呈大半圆形。牡丹江依山城转折呈半环状，形成该城的天然屏障。城垣用土筑并夹有石块。城墙因山势修筑，故墙之高矮不等，在城之东段陡崖处并未发现墙的痕迹。据《宁安县志》记载，城内曾出土一方金代官印，印文汉书九叠篆："不匐古阿邻谋克之印。"

从金源地区女真人筑城多建在靠近江、河、湖、泊之侧的特点上看，这对发展经济和沟通金上京城的对外交流是非常有利的，女真人充分地利用金源地区江河纵横的水资源优势，畅通并发展了这些江河之间的水上运输，方便了沟通金上京城与边陲重镇的联系。在繁荣经济方面起到集散转运的作用，同时也便于政令的传输和交通驿站间的传递。

三 黑龙江流域金源地区女真筑城出土的文物及其文化特征

在黑龙江流域金源地区的女真人筑城中的路、府、州、县，以及猛安、谋克城址内出土了大量文物，这是揭示金源地区女真人筑城文化的重要实物资料，也是了解黑龙江流域金源地区女真社会、经济、文化发展的物证。

1. 铁制生产工具及生活用具的广泛使用

在金源地区女真人的筑城中出土了众多的铁制生产工具与生活用具，以金代肇东八里城、金上京城、五常市金代筑城、双城市金代筑城、呼兰河流域的金代筑城出土的铁器最为丰富。铁制生产工具有犁铧、犁镜、镗头、镰刀、垛叉、铁斧、铁锄、铡刀、铁锹等。生活用具有六耳铁锅、铁熨头、铁锁、铁剪刀、铁镬等。其中除铁铧、铁铡刀、铁锹、六耳铁锅等具有女真文化特点外，其他生产生活工具与辽、宋、元三朝基本相似。此外，吉林前郭尔罗斯塔虎城古城也有大量铁制生产工具的出土，如铁铧、犁镜、镗头、斧、铡刀等。这些出土金代铁器较多的筑城地区，大都处于地势平坦的松嫩平原，是宜于农耕和大面积的农作物种植区，也是当时女真人在灭辽和北宋战争中俘获的大批汉族农业人口的安置区。

在金源地区金代古城遗址中出土的大量铁制生产工具与生活用具，不仅说明金源地区与中原地区的商品流通与交流的频繁，而且也证明金代金源地区冶铁业的迅猛发展。从20世纪60年代开始，考古工作者就在属于金源地区中心位置的阿什河流域五道岭一带发现大量金代冶铁遗址，在这里共发现矿洞100余处，冶铁遗址数十处，并发现了铁矿灯、铁矿石，开矿用的生产工具等。由于金代冶铁业的发展和铁器的广泛使用，金代社会经济得到迅速的发展。金代是金源地区历史上最为辉煌的时期，冶铁业的发展及铁器工具的广泛使用，促进了经济的发展与城市的繁荣，并使金代走上了区域文明的巅峰。

2. 金源地区女真筑城中出土的兵器

在金源地区肇东市八里城、克东县蒲与路古城址、金代东北路界壕边堡、苏联远东滨海沙伊金古城址，以及黑龙江省阿城、五常、兰西，吉林省的白城、塔虎城、长春等地区均有大量金代兵器被发现。根据这些兵器的性能，可归类为远射程兵器、长短砍劈性兵器、抛射性兵器和防御性兵器。

远射程兵器主要指铁镞。铁镞是冷兵器时代的产物，也是目前考古发现和筑城中出土数量最多的一种兵器。几乎每座金代古城址都有铁镞出土。克东县蒲与路古城址一次就出土数百件铁镞。阿城市双城村辽金墓葬曾出土了数十件铁镞；滨海沙伊金古城址曾出土过两三千件铁镞。[①] 长短砍劈性兵器主要有铁矛、骨朵、流星锤、铁钺、铁斧、铁刀、铁剑等。抛射性兵器主要指金代抛石机上使用的石弹，这种兵器是一种利用杠杆原理制造的兵器，主要用于战争中攻城或守城。防御性兵器主要有铁蒺藜、铁甲片、面具等。总之，金源地区女真筑城中大量铁兵器的发现，说明女真人已经掌握铁兵器的生产和使用技术，更为重要的是在攻城略地时灵活使用铁制兵器，在灭辽、灭宋的战争中，都为女真人赢得战争发挥了重要的作用。

---

① 鲍海春、王禹浪：《金源文物图集》，哈尔滨出版社2001年版。

3. 金源地区筑城中出土的瓷器

女真立国前后，饮食用具一般使用陶器或木制容器，而宫廷女真贵族有的以金银玉器作为容器，使用瓷器的则很少。女真进入辽、宋地区以后，制造和使用瓷器才逐渐多起来，在金源地区女真人筑城内的地表上都散布着大量瓷器残片。这些瓷器残片，除女真人自己烧制的，还有大量中原五大名窑和龙泉窑、江西景德镇窑、建窑（福建省建阳）、耀州窑、磁州窑的瓷器。吉林前郭尔罗斯塔虎城古城就曾出土定州白瓷、龙泉青瓷、磁州窑瓷片以及钧窑“蚯蚓走泥”纹瓷器和瓷片等，另外还有当地烧造的仿定白瓷、牙黄釉、三彩、白釉铁花、黑釉缸胎等辽金时期的瓷片。①

金源地区的瓷器发展大体可以从海陵王迁都起分为前后两个历史阶段。金源地区的前期瓷器主要有以下特点：（1）釉色单调，造型朴拙，缺少装饰并讲求实用。（2）制瓷原料淘洗较差，胎厚色杂，缺乏润泽感。（3）器形较规整，无定式。从整体上看，金代前期瓷器生产水平不高，但也有比较优秀的作品。双城出土的白釉铁花四系瓶，小口细颈圈足，器身施弦纹和草叶纹，用笔自由奔放，显示出金代女真工匠的艺术造诣和金代瓷器的特殊风貌。此外，在瓶、壶或罐上附有双、三、四系耳，也是金代瓷器造型的突出特点。这种便于悬挂的造型特征与女真族早期的游牧渔猎生活密切相关。

金源地区的瓷器发展后期，主要指海陵王迁都燕京以后的时期，此时金源地区所发现的瓷器制造有了长足的进步。吉林省怀德县秦家屯古城（辽金时代的信州）、前郭尔罗斯塔虎城古城出土的碗、盘、壶、瓶、注等定窑瓷器，以及黑龙江省绥滨县中兴金代古城，奥里米金代古城出土的定窑白瓷片，胎质细白，釉质润泽多呈乳白色，制作规整精巧。② 比较流行的纹饰为萱草纹和荷花纹。这一时期的瓷器从器形上看多碗、盘、罐、壶等生活用具，讲求实用的特点比较突出。

4. 金源地区筑城中发现的铜钱

女真建国初始的金源内地，“无市井，买卖不用钱，惟以物相贸易”。女真进入辽、宋地区以后，随着社会经济的发展，货币贸易也逐渐发展

---

① 吉林省文物志编修委员会：《吉林省志·文物志》，吉林人民出版社 1991 年版。

② 同上。

起来。金代主要使用宋代铜钱，也有少量的辽金时期的铜钱同时并用。在金源地区的女真筑城发现的窖藏铜钱中以宋代为最多。几乎在金源地区筑城中都发现了大量的窖藏铜钱，多者十数吨，少者上千斤或数百斤。在清同治七年（1868），吉林省农安县农安古城发现了一处窑藏铜钱，共2万枚。1966年，出土唐宋铜钱40万枚，此后陆续还有不同时期的铜钱被发现。吉林长岭县城郭三队金代遗址发现一处金代窖藏铜钱盛在大型陶瓮里，共2.4万枚。这些铜钱自汉五铢、新莽货币，到唐、宋、辽、金时期各朝代铜币都有，其中以北宋铜钱为最多。[1] 1983年，在哈尔滨市平房区东方红新胜大队第二生产队高家窝堡挖出一个大陶罐，内有铜钱600多斤。[2] 这些铜钱的出土，不仅说明金源内地商品经济和货币经济的发达，同时还表明金源地区与中原地区的经济贸易交流的密切关系。

5. 金源地区女真筑城出土的金代铜镜

金源地区的筑城中出土了大量的金代铜镜，这些铜镜从形制上分为圆形、葵花形、菱花形、桃形、方形、亚字形及带柄式铜镜。从纹饰上看，有鱼纹镜、双凤镜、龙纹镜、花草纹镜、禽兽镜、铭文镜、童子镜和人物故事镜等。也有一些仿古纹饰的铜镜，如神兽镜、葡萄镜、飞鸟瑞云镜等。金代铜镜也有素面的，如金上京历史博物馆就藏有一面制作精美，既可以照人又可在日光下聚光取火的阳燧镜。但多数都带有各种花纹，最流行的是双鱼纹铜镜。黑龙江流域金源地区金女真筑城出土的铜镜，以金上京城和吉林省前郭尔罗斯塔虎城古城出土的铜镜最为丰富，有双龙镜、双鱼镜、童子戏花镜、昭明镜、“青盖作”镜、瑞兽镜、十二生肖带柄镜、朱雀牡丹镜、湖州镜以及素面镜等多种。金代铜镜还有一些仿唐、宋形制的铜镜。由于金代对铜的使用控制较严，所以金代铜镜统一由官府铸造，并且铜镜的边缘多刻有铸造地点或官府署名，以证明此镜是官造而非私造。就是前代铸造的铜镜，也要经过官衙的检验，在铜镜的边缘上刻以签押才能使用。金代铜镜特点是在铜镜的边缘上阴刻有某地某官签押字样。如在金源地区的阿城、哈尔滨、五常、巴彦、呼兰、双城、宾县、榆树、九台、泰来、长春等地出土了大量的代刻款铜

① 吉林省文物志编修委员会：《吉林省志·文物志》，吉林人民出版社1991年版。
② 鲍海春、王禹浪：《金源文物图集》，哈尔滨出版社2001年版。

镜。说明在金源地区内流通和使用的铜镜是比较严格的，在金源地区的女真筑城中还出土一些中原各地铸造的铜镜。如吉林省农安县榛柴岗乡东好来宝屯出土一面葵花形铜镜，铸有“湖州仪凤桥真正石家一色青铜镜”14个字。在农安县好来宝乡上台子屯古城出土一面边刻“两京巡院官”几个字（官字后为押记）。在吉林省临江镇出土一面葵花形神仙楼阁铜镜，边刻“平州录事司”。吉林省辽源市梨树乡城仁大队征集到一面辽代铸造、金代沿用的铜镜。[①] 背面钮右侧铸有反书汉字“天庆十年五月记”，左侧铸有“高还”二字。镜钮左上角宽边上刻有“朔州马邑县验记官”字样。这些从中原和南宋地区输入的铜镜，是宋、金之间、女真与中原汉族人民之间进行频繁交流的物证和战争的掠夺品。

6. 金源地区女真筑城中出土的金代官印

黑龙江流域金源内地的女真筑城中还出土了大量金代官印，这些官印既有表明皇权及各级政府衙门机构、军镇统帅、猛安谋克等官印，也有榷酤官、仓储官、印钞官、驿站官、宗教管理、道观等官印。除此之外，就是大量的私人押记等印章。这些官印的出土为研究这些筑城的等级、性质、社会结构、管理机关等都有重要的意义。

总而言之，金源地域内的女真筑城文化是一个新的研究课题。这是满族的先民女真人早在满洲族建立大清王朝的数百年前，就已经进入一个成熟的封建王朝国家的行列。金源文化的概念，以及金源文化在历史上对后女真时期所产生的重大影响是无法估量的。金源文化中的女真筑城分布是关于金源文化系列研究的第一篇，我们将不断地梳理这一地区筑城内出土的具有代表性的民族文物特征。尤其是那些铜镜镜背所铸就的各种纹饰、人物故事，以及官印等内容，都是今后研究的重要话题。本文只是揭示了金源地区女真筑城的概貌，这两百多座筑城已经充分说明女真人在这一地区曾经创造的辉煌与繁荣。

表7-1　　金源地区古城分布列表

序号	古城名称	所在地点	周长	形制	地理概貌
1	金上京古城	哈尔滨市阿城区白城村	11000米	长方形	张广才岭西麓大青山脚下，阿什河左岸

① 吉林省文物志编修委员会：《吉林省志·文物志》，吉林人民出版社1991年版。

续表

序号	古城名称	所在地点	周长	形制	地理概貌
2	前对面古城	双城市宏光乡红星村南300米处	1640米	长方形	南距拉林河250米
3	后对面古城	双城市宏光乡红星村第五小队西侧高台子之西北50米处	720米	正方形	西南距拉林河600米
4	汤家窝铺古城	双城市韩甸乡宏城村第六小队之西南250米处	1366米	略呈正方形	西北距拉林河右岸300米
5	小半拉子古城	双城市韩甸乡宏城村南500米处	约1000米		拉林河右岸，两侧是悬崖
6	车家城子古城	双城市兰陵公社靠山大队第六小队西北	740米	近正方形	拉林河右岸
7	石家崴子古城	双城市兰陵公社新农大队南600米处	约1500米		拉林河右岸
8	花园古城	双城市韩城公社花园大队南1公里处			拉林河右岸
9	万解古城	双城市青岭公社万解大队村东500米处	1330米	近正方形	拉林河右岸
10	杏山古城	双城市杏山乡双合村东北1公里处	1280米	正方形	拉林河右岸
11	胜勤古城	双城市前进公社胜勤大队东100米处	680米	近正方形	距拉林河6.5公里
12	金钱屯古城	双城市前进公社胜钱大队第四小队南20米处	约1300米	梯形	南北高中间低洼
13	正永古城	双城市单城公社正永大队正北处	1300米	长方形	松花江右岸
14	元宝古城	双城市公正公社民旺大西南200米处	1480米	元宝形	东200米有一水沟，上通运粮河，下通拉林河
15	永胜古城	双城市永胜公社永胜大队	1360米	正方形	东部有一水沟
16	跃进古城	双城市跃进公社良种大队村西北处	1000米	正方形	有一水沟
17	唐家崴子古城	双城市十一区公社唐家崴子村西北200米			拉林河右岸

续表

序号	古城名称	所在地点	周长	形制	地理概貌
18	北土城子古城	五常市双桥公社东北50米处	1200米	正方形	
19	西城子古城	五常市红旗公社东城村第八小队西侧	约1000米		拉林河右岸
20	东城子古城	五常市红旗乡东城子村西侧	1200米	长方形	拉林河右岸
21	冲河北城子古城	五常市冲河乡北城子村	2680米	长方形	四面环山，北临冲河，西距牤牛河
22	冲河南城子古城	五常市冲河公社南城子村		长方形	北临小石河，东侧紧邻沼泽
23	营城子金代古城	五常市营城公社营城子大队北侧	1430米	梯形	拉林河右岸
24	南上古城	五常市营城子乡南土大队二小队处	1440米	近正方形	拉林河右岸
25	半里城古城	五常市西北1.5公里处	1000米	正方形	
26	仁和古城	宾县新甸公社仁和大队枷板河左岸城子屯北750米处	1220米	长方形	枷板河左岸
27	常安古城	宾县常安公社古城大队古城小队西侧	860米		南距枷板河
28	启新城子古城	宾县民和公社启新大队临江屯西1500米处的城子山顶端		梯形	松花江右岸
29	红石砬子古城	宾县乌河公社红石大队东北2公里处、红石砬子山顶端	650米	月牙形	海拔150米，北距松花江
30	民和城子屯古城	宾县民和公社华英大队东1.5公里处	1040米	近正方形	南距城子河
31	韩城古城	宾县满井公社先锋大队	700米	不规则梯形	海拔175米，北距松花江1.2公里
32	大城子山古城	宾县民和乡北山屯南1.5公里处	400米	正方形	松花江右岸
33	永宁古城	宾县满井乡永宁大队	300米	近正方形	松花江右岸
34	下甸子古城	哈尔滨市呼兰区石人公社下甸子大队西南1公里处	980米	正方形	东距漂河2公里

续表

序号	古城名称	所在地点	周长	形制	地理概貌
35	团山子古城	哈尔滨市呼兰区孟家公社团山子大队西北300米处			团子山顶端，西濒呼兰河
36	新农古城	哈尔滨市呼兰区康金乡新农村北1公里处古河道西侧的斜坡上	510米	近正方形	古河道西侧，上通泥河，下达松花江
37	石人城古城	哈尔滨市呼兰区石人公社古城大队村北50米处土岗上		正方形	
38	裕丰古城	哈尔滨市呼兰区乐业公社裕丰大队	1122米	梯形	
39	腰堡古城	哈尔滨市呼兰区腰堡乡南500米处			松花江左岸
40	太平屯古城	通河县太平屯南	约1400米	近正方形	松花江左岸
41	城子山古城	木兰县白杨木河口右岸	1000米	不规则形	
42	蒙古尔山古城	木兰县蒙古尔山上	2500米	不规则形	
43	少陵河古城	巴彦县西30公里的城子沟屯	1400米	长方形	
44	城子沟古城	巴彦县西30公里的城子沟屯	1400米	长方形	
45	小城子古城	巴彦县东南15公里的五岳河畔	1400米	正方形	五岳河畔
46	万宝古城	哈尔滨市道外区万宝乡后城子大队附近	1500米	长方形	
47	平乐古城	哈尔滨市平房区东方红乡平乐大队西	1350米	略呈方形	
48	松山古城	哈尔滨市道里区太平乡松山大队西250米处	1000米	略呈方形	松花江右岸
49	莫里街古城	哈尔滨市香坊区幸福乡莫里街屯	1120米	长方形	
50	郎家津西古城	汤原县振兴乡古城岗南	1370米	略呈正方形	
51	郎家津东古城	汤原县振兴乡古城村西北	700米	长方形	
52	万里河通古城	桦川县东北20公里的松花江南岸	3400米	不规则形	松花江南岸
53	希尔哈古城	桦川县东北57.5公里	3200米	靴状	

续表

序号	古城名称	所在地点	周长	形制	地理概貌
54	奥里米古城	绥滨县西9公里处的松花江右岸	3224米	略呈方形	松花江右岸
55	中兴古城	绥滨县东北30公里黑龙江江岔南	1400米	略呈方形	
56	霍咨吉里古城	富锦城西75公里处	2750米	长方形	
57	老城子古城	饶河县小佳河乡正北500米处	1200米	正方形	
58	团结小城子古城	同江市乐业乡西南7公里处	1447米	长方形	
59	勤得利古城	勤得利西山的西南坡上	1928米	不规则形	
60	固木纳古城	汤原县西郊杨旺河畔	2500米	长方形	汤旺河畔
61	依兰县城古城	依兰县	2210米	长方形	
62	依兰县迎兰古城	依兰县	1200米	不规则形	
63	土城子古城	依兰县南45公里处	3345米	不规则形	牡丹江右岸
64	城子山古城	抚远县城西10公里处	约1000米	不规则形	
65	小城子古城	吉林农安县万金塔乡小城子屯东	1314米	近正方形	
66	三道通古城	林口县三道通乡牡丹江畔	2900米	不规则形	牡丹江畔
67	乌斯浑河古城	林口县乌斯浑河入牡丹江汇流处	约2700米		
68	城子后山城	牡丹江镜泊湖瀑布偏北3公里处山头上	3000米	不规则形	
69	临河古城	穆棱河左岸密山县三棱通乡临河大队村	800米	长方形	穆棱河左岸
70	半拉城子古城	密山柳毛乡半拉坡子村	800米	不规则形	
71	安兴古城	庑林县安兴农场渔业一连	410米	梯形	
72	轴水砬子山城	东宁县河西屯对面绥芬河畔山顶	约1500米	不规则形	绥芬河畔山顶上
73	古城子古城	林口县建堂乡乌斯浑河左岸的台地上	400米	长方形	乌斯浑河左岸
74	新城古城	林口县新城乡南村庄	2000米	正方形	

续表

序号	古城名称	所在地点	周长	形制	地理概貌
75	白虎哨古城	林口县三道通乡曙光村西2公里处	460米	长方形	
76	西营城子古城	宁安市沙兰乡营坡子村南	631米	梯形	
77	杏花古城	宁安市兴隆乡杏光村东	1200米	正方形	
78	车营城子古城	宁安市沙兰乡北10公里处	710米	梯形	
79	南湖头山城	宁安市镜泊湖南端	432米	长方形	镜泊湖南端
80	萨尔浒古城	海林县海林镇东南海浪河下游右岸	800米	正方形	海浪河下游
81	满城古城	梅林县旧街满城屯	1000米	正方形	
82	郝家城子古城	兰西县长江乡双城大队泥河畔	3940米	近正方形	泥河畔
83	下城子古城	兰西县榆林镇林城村下城子屯	1332米	长方形	
84	小城子古城	兰西县远大乡民主村	1000米	长方形	
85	锄刀城子古城	兰西县城郊乡发展村黑哈公路西500米处	1545米	长方形	
86	簸拉火烧古城	兰西县北安乡朝阳村	2800米	近正方形	
87	女儿城古城	兰西县东风乡呼兰河左岸台地上	1000米	近正方形	呼兰河左岸
88	半拉城子古城	绥化市兴福多万合大队	约1000米	长方形	
89	小城子古城	绥化市连岗乡新发大队附近	约1000米	长方形	
90	临安古城	兰西县太阳升乡临安村附近	3000米	长方形	
91	水头古城	望奎县卫星乡水头村	1400米	近正方形	
92	通江古城	望奎县通江乡通乡村	1000米	方形	
93	八里城百城	肇东市四站乡西南4公里处松花江左岸	4000米	正方形	松花江左岸
94	土城子古城	肇源县头台乡仁堡村	760米	方形	
95	仁和堡古城	肇源县头台乡仁堡村	760米	方形	
96	梅信屯古城	肇源县富兴乡又兴村	750米	圆形	
97	他代海古城	肇源县民意乡健民村	1240米	方形	
98	西南得根古城	肇源县古龙乡永胜村	984米	近正方形	
99	二站古城	肇源县二站裕民乡土城子村	1200米	方形	
100	新站古城	肇源县新站乡古城村	946米	长方形	
101	富强古城	肇源县富强乡附近	700米	近正方形	

续表

序号	古城名称	所在地点	周长	形制	地理概貌
102	大青山古城	肇源县古龙乡德胜村	800 米	正方形	
103	望海屯古城	肇源县三站乡西南 4 公里松花江左岸台地上	约 3000 米	正方形	松花江左岸
104	查哈阳古城	甘南县平阳乡查哈阳村北 1 公里处	1216 米	长方形	
105	阿伦河古城	甘的县城北 10 公里处	1310 米	长方形	
106	沙家子古城	齐齐哈尔碾子山附近	1360 米	椭圆形	
107	蒲与路古城	克东县金城屯	2800 多米	椭圆形	
108	金东北路界壕与边堡	黑龙江省讷河、甘南、龙江、嫩江以西	400—500 米	正方形	
109	五常县背荫河蛤蟆塘山城		1300 米	不规则形	
110	方正县黑河口古城	方正县天门乡东侧黑河口村北侧紧邻松花江右岸的二阶台地上	800 米	正方形	松花江右岸
111	巨源乡城子村古城	哈尔滨市阿城区巨源乡城子村西侧 200 米处	1200 米	长方形	
112	杨树村古城	哈尔滨市阿城区杨树镇杨树村东南	1600 米	略呈正方形	
113	永和乡城子村古城	宾县永和乡城子村附近	1200 米	略呈正方形	
114	半拉城子古城	哈尔滨市道里区群力乡半拉城子村	800 米	略呈正方形	
115	磨盘山古城	五常沙河子乡磨盘山顶端	约 1400 米	不规则形	磨盘山顶
116	双山农场古城	双鸭山市七星河与扁石河交汇处农场房舍附近	1600 米	元宝形	七星河与扁石河交汇处
117	永安乡南城子古城	佳木斯市郊区桦川县永安乡南城子村	1300 米	正方形	
118	永安乡北城子古城	佳木斯市郊区桦川县永安乡北城子村	800 米	正方形	
119	勃利大四站乡古城	勃利县大四站乡古坡村	1400 米	长方形	

续表

序号	古城名称	所在地点	周长	形制	地理概貌
120	北山乡古城	绥滨县北山乡古城村	1200 米	正方形	
121	小城子乡古城	宝城县小城子乡	1400 米	略呈正方形	
122	七星河畔古城村古城	友谊县七星河畔左岸古城村	1000 米	正方形	七星河畔
123	龙头山古城	牡丹江与海浪河交汇处的龙头山丘上	1100 米	几何形	牡丹江与海浪河交汇处的龙头山
124	城子沟古城	东宁县城子沟山顶上	800 米	不规则形	城子沟山顶
125	桦林乡南城子古城	牡丹江市桦林乡南	1400 米	长方形	
126	小城子山古城	东宁县附近的小城子村	800 米	正方形	
127	长路山古城	牡丹江市郊长路山的顶端	800 米	不规则形	
128	迎兰古城	依兰县松花江对岸的迎兰乡敬老院	1200 米	不规则形	松花江对岸
129	伊春大丰古城	伊春市大丰林场附近山顶	1500 米	椭圆形	山顶处
130	黑河卡伦山古城	黑河市部区卡伦山上	1400 米	长方形	卡伦山上
131	穆棱市下城子古城	穆棱市下城子村附近	1000 米	不规则形	
132	建营乡古城	林口县建堂乡土城子处	800 米	正方形	
133	大山头古城	林口县新城乡玉林河附近	600 米	不规则形	玉林河附近
134	城子河古城	鸡西市城郊子河镇城子河畔的二阶台地	800 米	正方形	城子河畔
135	永安乡古城	鸡东县永安乡附近	1200 米	长方形	
136	红卫古城	鸡东县向阳乡红卫村处	1600 米	长方形	
137	柳毛矿山城	鸡西市柳毛矿山顶端	1000 米	不规则形	柳毛矿山顶
138	金城古城	鸡西县金城乡附近	1200 米	正方形	
139	三棱通古城	密山三棱通临河乡附近	1400 米	不规则形	
140	十二连山城	密山完达山农场 12 连的山顶端	2000 米	不规则形	山顶端

续表

序号	古城名称	所在地点	周长	形制	地理概貌
141	朝阳农场古城	密山柳毛河乡朝阳农场1连居住地	2000米	不规则形	
142	二十六连古城	密山承紫河乡朝阳农场26连居住地附近	2000米	不规则形	
143	营城子古城	宁安沙兰乡营城子村东500米处	1650米	长方形	
144	杏花古城	兴隆乡吉花村乐蛤蟆河畔	1200米	正方形	蛤蟆河畔
145	龙河古城	讷河县龙河村附近	2300米	正方形	
146	恒地营古城	讷河县恒地营火车站南500米处	800米	正方形	
147	西城乡古城	克山县西城乡附近	1200米	正方形	
148	古城乡古城	克山县古城乡附近	1500米	长方形	
149	沿江乡古城	孙吴县沿江乡西北1.5公里处	640米	不规则形	
150	通泉古城	青冈县兴华乡通泉大队处	5000米	不规则形	东濒通肯河
151	洪河古城	齐齐哈尔富拉尔基南洪河屯1公里处	750米	长方形	
152	罕伯岱古城	齐齐哈尔富拉尔基南库勒河左岸	800米	长方形	库勒河左岸
153	大顶山古城	七台河市东方红乡大顶山	1200米	不规则形	大顶山上
154	马鞍山古城	七台河市勃利县长兴乡马鞍山村马鞍山	800米	不规则形	马鞍山上
155	小城子古城	哈尔滨市阿城区东北30公里	约1534米	近长方形	
156	驸马城古城	哈尔滨市阿城区西南杨树乡新强村	1678米	长方形	
157	小城子古城	哈尔滨市阿城区东南6公里		不规则形	
158	城四家子古城	吉林洮安县城东北行9公里	5748米	正方形	洮儿河北岸
159	蒙古屯古城	洮安县金祥公社跃进大队蒙古屯西南	900米	长方形	洮儿河左岸
160	土城子古城	吉林洮安县洮儿河左岸的永胜公社长胜大队黄家堡屯	1640米	长方形	西临洮儿河，周围是平原耕地

续表

序号	古城名称	所在地点	周长	形制	地理概貌
161	小城子古城	吉林洮安县岭下公社岭下大队两家子屯西南750米的地方	523米	近长方形	西临洮儿河，周围皆平原
162	海城子古城	吉林洮安县兴业公社兴业大队海城子屯西北1000米许		近长方形	蛟流河东岸
163	梨树园子古城	吉林德惠县大房身乡梨树园子村城子下屯后漫岗南坡上	1464米	长方形	西有小溪
164	丹城子古城	吉林德惠县边岗乡丹城子村	400余米	正方形	东2.5公里为饮马河
165	后城子古城	吉林德惠县布海乡驻地北偏西2公里处的后城子屯西北角	956米	方形	雾开河自南向北环西墙流过
166	朝阳双城子古城	吉林德惠县朝阳乡向西北行2.5公里	4000米	正方形	在第二松花江两岸冲积的平原上
167	杨家大桥古城	吉林德惠县大青咀乡太平村驻地500米处的沐石河西岸杨家大桥屯西南角	1672米	正方形	饮马河支流环城东墙流过
168	马家古城	吉林德惠县边岗乡	1600米	正方形	
169	边岗双城子古城	吉林德惠县边岗乡丹城子村搅头窝堡北600米	1600米	方形	东1公里处有饮马河汇入松花江
170	鲍家古城	吉林德惠县松花江乡鲍家村与兴隆泉村交界处	400米	长方形	东南地势低洼，有一条小河沟
171	榆树林古城	吉林德惠县郭家乡宋家村，德农公路旁	1200米	正方形	
172	城岗子古城	吉林德惠县菜园子乡新立村任家坨屯之南1.5公里处	1000米	不规则长方形	西北是通向松花江边的大片平川
173	杏山堡古城	吉林德惠县达家沟乡北2公里的杏山村后个圆顶形小山的顶峰	200米	正方形	城的西南面是辽阔的平原
174	高家古城	吉林德惠县松花江乡榆树村与高家城子村交界处	约2000米		漫岗较多
175	卧虎古城	吉林德惠县边岗乡卧虎村	800米	方形	下为河滩地，西南为伊通河

续表

序号	古城名称	所在地点	周长	形制	地理概貌
176	向阳古城	吉林德惠县郭家乡向阳村的向阳屯南	1400 米	长方形	台地上
177	黄花城子古城	吉林德惠县和平乡福来村黄花城子屯	1200 米	正方形	西北为饮马河支流三道沟
178	孟家古城	吉林德惠县郭家乡孟家村孟家屯内			坐落在漫岗地，南坡下有一条小河
179	塔虎城古城	吉林前郭尔罗斯蒙古族自治县前郭镇 50 公里，巴郎乡北上台子屯北	5213 米	正方形	西、南、北是平原，东北临嫩江
180	哈朋店古城	吉林前郭尔罗斯蒙古族自治县哈拉毛都乡所在地王府屯上约 12 公里的哈朋店屯北	2040 米	正方形	坐落在江、岗之间的平原上
181	土城子古城	吉林前郭尔罗斯蒙古族自治县大山乡屯东南约 250 米处	2140 米	长方形	
182	那拉街古城	吉林前郭尔罗斯蒙古族自治县王府站乡东那拉街屯东北	1400 米	长方形	东距第二松花江约 5 公里
183	罕扎布拉格古城	吉拉前郭尔罗斯蒙古族自治县吐乡扎罕布拉格屯东南约 30 米山岗的凹处	1060 米	正方形	北是平原，东临第二松花江
184	偏脸子古城	吉林前郭尔罗斯蒙古族自治县新丰乡偏脸子屯西南约 250 米的平原上	978 米	正方形	南为“引松”水渠，西北是新庙泡
185	大喇嘛坨子古城	吉林前郭尔罗斯蒙古族自治县乌兰图嘎乡好老宝村大喇嘛坨子屯东约 300 米处	900 米	长方形	
186	小城子古城	前郭尔罗斯蒙古族自治县查干花乡白音花村小城子屯南约 50 米处	740 米	正方形	东、西、南三面为草原，北面为漫岗
187	旱龙坑南、北古城	吉林前郭尔罗斯蒙古族自治县深井子乡旱龙坑屯南和屯北各有一座古城	700 米和 600 米	正方形	
188	西哈什坨子古城	吉林前郭尔罗斯蒙古族自治县乌兰塔拉乡西哈什坨子屯东约 200 米处	400 米	正方形	西、南均为平坦的良田沃野

续表

序号	古城名称	所在地点	周长	形制	地理概貌
189	大坡古城	吉林榆树县大坡乡所在地东南2公里	3150米	不规则长方形	西南6公里处为第二松花江
190	山泉城古城	吉林榆树县恩育乡新胜村山泉城屯北侧的平岗上	1580米	正方形	东、西、北三面地势低洼，有水渠
191	哈拉海古城	吉林榆树县先锋乡城子村后城子屯西北	1570米	长方形	松花江沿岸平原
192	榆树城子古城	吉林榆树县武龙乡武龙村前榆树城子屯西30米处	1466米	平行四边形	灰塘沟支流由城西绕过城南
193	前城子古城	吉林榆树县城东北约12.5公里，城发乡双合村前城子屯北侧的平岗上	1367米	不规则四边形	西去1公里是卡岔河
194	泗河城古城	吉林榆树县泗河乡政府所在地居民区东北角	1335米	正方形	东是四道河子，西是三道河子
195	新城村城子古城	吉林榆树县新庄乡政府所在地西南约4公里新城村城子屯屯内	1200余米	正方形	地势较高，其西是卡岔河
196	城子村城子屯古城	吉林榆树县城西北部7.5公里，双井乡城子村城子屯西北隅	1174米	正方形	南、西侧临卡岔河支流的沟谷
197	闵家乡古城	吉林榆树县南闽家乡古城村城子屯里	1020米	近正方形	四周地势平坦
198	新立古城	吉林榆树县新立乡政府所在地偏西南约上5公里新立村西城子屯西北	约1000米	长方形	周围地势平坦
199	合心村南城子古城	吉林榆树县刘家乡合心村南城子屯西700米处	900米	长方形	地势平坦，西为第二松花江
200	长发古城	吉林通榆县兴隆山公社东长发屯西北1.5公里处		长方形	四周环山，南有牤牛河
201	拉户嘎古城	吉林通榆县边昭公社腰围子大队拉户嘎屯东南1公里处的漫岗上		长方形	依山面水，地理形势较为险要
202	西学堂古城	吉林通榆县龙山公社长青大队西学堂村西北2公里处的敖包山上		略呈长方形	敖包山上

续表

序号	古城名称	所在地点	周长	形制	地理概貌
203	好斯台古城	吉林镇赉县坦途乡向阳村好斯台屯东北		长方形	南是开阔的草原和沼泽地
204	大乌兰吐古城	吉林镇赉县丹雄乡大乌兰吐屯西南300米处的一条东西走向的沙岗东		不规则梯形	南是开阔的耕地、草原和沼泽
205	十家子古城	吉林镇赉县丹岱乡十家子村（屯）内	240米	长方形	无角楼、马面、护城河等防御设施
206	后少力古城	吉林镇赉县沿江乡后少力村（屯）西北约250米大土岗上	700米	长方形	东距嫩江5公里，南距月亮泡2公里许
207	为字井古城	吉林乾安县余家乡为字村霜字井屯北200米处	841米	梯形	西南两侧为沼泽地，西有水泡
208	有字井古城	吉林乾安县让子乡有字村有字井屯东南约500米处	560米	梯形	有一面积约30平方公里的水泡，南北为草原
209	羔字井古城	吉林乾安县赞字村羔字井屯东北1.5公里处	510米	梯形	东依沙岗，北临水泡，有草原和沼泽
210	莫字井古城	吉林乾安县兰字乡莫字井屯西南约2.5公里处的沙岗上	1190米	梯形	西南为沼泽地，有水塘和树林
211	道字井古城	吉林乾安县道字乡道字村道字井屯东300米处的土岗上	377米	长方形	西有水泡，东有榆树林，四周是耕地
212	前进古城	吉林蛟河县东北前进乡张广才岭东庙岭上	600米	不规则长方形	树木丛生，地势险要
213	三合屯古城	吉林省蛟河县拉法乡大甸子村西北漫岗上	380米	正方形	南200米处有一泉眼，终年流水
214	春光北山城	吉林蛟河县乌林乡春光村北1公里处的北山东端山顶上	112米	长方形	南约1.5公里处有嘎呀河
215	上参营古城	吉林蛟河县新农乡红光村上参营		长方形	坐落在松花湖畔
216	下参营古城	吉林蛟河县新农乡南荒地村下参营	400米	正方形	坐落在松花湖畔，南有小河

续表

序号	古城名称	所在地点	周长	形制	地理概貌
217	和气古城	吉林九台县卡伦镇和气村西北300米处	1714米		平岗之上
218	靰鞡草城子古城	吉林九台县龙家堡镇长岭村靰鞡草城子屯北	1200米	正方形	南有饮马河，周围是平原和耕地
219	宝山屯古城	吉林九台县胡家乡宝山村宝山屯西500米处	1520米	长方形	南有河，南岸是平原耕地，北是丘陵直抵五顶山
220	北城子古城	吉林九台县河湾镇四合台村北栈房屯	2000米	正方形	坐落在丘陵之上，西侧为上河湾大河，东是沼泽地
221	吴家城子古城	吉林九台县春阳乡吴家城子屯东	1320米	正方形	坐落在平原之中，南有一条小河
222	赵家沟古城	吉林九台县上河湾镇北4公里处赵家沟屯东岭之上	876米	正方形	地理形势是西高东低
223	大营城子古城	吉林九台县加工河乡大营城子村大营城子山顶	140米	正方形	北2公里为波泥河套，四周丘陵起伏
224	大城子古城	吉林九台县饮马河镇大城子村大城子屯北200米处	1597米	正方形	东为一望无际的水田
225	太和古城	吉林九台县城子街镇正南2.5公里沐石河西岸的第一阶地上	1600米	正方形	城下原有两个泉眼，现为池塘
226	三台古城	吉林九台县三台乡三台村500米处的一条西高东低的漫岗上	420米	近正方形	
227	小城子古城	吉林九台县饮马河镇小城子村小城子屯北250米处的漫岗地带	860米	长方形	坐落于饮马河西岸的冲积平原
228	东尤屯古城	吉林九台县莽卡乡张庄子村东尤屯北400米处的开阔地上	1200米	长方形	西部略高于东部，四周均为耕地
229	城子山古城	吉林九台县莽卡乡七家子村西南城子山山顶	340米	长方形	东有一条小河环山脚下，西为丘陵

续表

序号	古城名称	所在地点	周长	形制	地理概貌
230	榆树岗子古城	吉林九台县西营城子镇榆树岗子村榆树岗子屯东开阔的平原地带	1260 米	长方形	南有小河，西侧紧贴清代柳条边壕
231	八家子古城	吉林九台县其塔木镇八家子村小学校西 200 米处一条东西走向的漫岗上	1280 米	正方形	一条小河绕经城址东北向西流去
232	偏脸城古城	吉林九台县庆阳乡庆阳村正北 300 米处的漫岗上	1520 米	正方形	坐落于饮马河东岸的冲积平原上
233	江西古城	吉林九台县莽卡乡江西村南部开阔地带			坐落于第二松花江西岸冲积平原
234	邱家沟古城址	吉林九台县莽卡乡邱家村西 100 米处的山坡上	108.5 米	长方形	西距第二松花江 6 公里
235	满台城山城	吉林图们市石岘镇永昌村北 5 公里处的山岭上	2755 米	略呈长方形	小溪在山城的南、西两面流过，汇入嘎呀河
236	南城子古城	吉林长岭县前进乡政府所在地福庆长屯南 5 公里、在东尹家屯西南 1 公里处	1167 米	梯形	南有沼泽地，东南是八宝湖
237	十三号古城	吉林长岭县十家户乡十三号村（屯）北约 800 米处	746 米	略呈方形	有沙岗，岗上植被林木，四周为低洼地
238	东五十九号屯古城	吉林长岭县八十八乡八十八号村的东五十九号屯西北 500 米处的耕地中	542 米	长方形	北侧为大漫沙岗、岗上为林带，东、西、南均为耕地
239	乌树台古城	吉林长岭县新安镇乌树台村（屯）正西	152 米	长方形	有湖泊和林带
240	明城古城	吉林磐石县明城镇东北部	1470 米	长方形	周围地势平坦，东为一条小河
241	富太古城	吉林磐石县黑石乡富太村南约 1 公里处	168 米	正方形	三面临水
242	金家屯古城	吉林磐石县细林乡金家屯正南上 5 公里处的馒头山南端的漫岗上	160 米	正方形	南有辉发河，并有断崖

续表

序号	古城名称	所在地点	周长	形制	地理概貌
243	翻身屯古城	吉林磐石县黑石乡翻身屯西北约500米处	108米	正方形	位于辉发河南岸
244	后虎嘴子山城	吉林磐石县小梨河乡西梨河村双龙泉屯	300米	椭圆形	虎嘴子山上，屯西侧有饮马河
245	炮台山山城	吉林磐石县烟筒山镇余富村西的炮台山	125米	近似圆形	位于炮台山上，小北河绕山南坡向西流入饮马河
246	农安古城	吉林农安县，南距长春市70公里	3840米	正方形	位于松辽平原，城东是伊通河
247	万金塔古城	吉林农安县城东北50公里处的万金塔乡政府所在地	3222米	近正方形	坐落在漫岗上，东南是伊通河
248	广元店古城	吉林农安县靠山镇新城村广元店屯东南50米处	1810米	近长方形	松花江与饮马河汇流处西南临江高崖上，地势险要
249	小城子乡古城	吉林农安县小城子乡小城子村委会西侧200米处	1600米	正方形	南、东、西三面是平原，北是松花江冲刷成的河谷
250	三宝乡小城子古城	吉林农安县三宝乡宝城村小城子屯东南100米处的耕地中	1011米	近正方形	北靠耕田，西接砂矿
251	西好来宝古城	吉林农安县西好来宝屯西北，农安至靠山公路从城西北角穿过	1223米	近长方形	坐落于陡崖高坎之上
252	靠山古城	吉林农安县韩山镇镇山村境内，距农安县城东北60公里	1453米	近长方形	东依靠山镇，南临伊通河
253	二泡子古城	吉林农安县青山口乡青山口村二泡子屯	847米	长方形	西临松花江
254	南台子古城	吉林农安县青山口乡南台子村南台子屯正南1公里的一处高台地上	935米	近正方形	北8000米为第二松花江
255	岳王城古城	吉林农安县黄鱼圈乡八里营子村东山上	1543米	不规则四边形	松花江南岸，北为悬崖峭壁

续表

序号	古城名称	所在地点	周长	形制	地理概貌
256	城子里古城	吉林农安县青山口乡江东王村东北2公里处临江地带	510米	近圆角三角形	上靠松花江，东北为数丈高的断崖
257	瓦盆城古城	吉林农安县黄鱼圈乡八里营子村西北200米处的耕地中	1712米	近似平行四边形	北距松花江，南200米是一条河
258	顺山古城	吉林农安县新阳乡顺山村西段家沟北500米处的山地上	1460米	正方形	南侧是顺山山岭，左右为自然深沟，还有一条小河
259	温道沟古城	吉林农安县伏龙泉乡下甸子村温道沟屯东北100米处的漫岗上	1400米	正方形	东距波罗泡子2000米
260	马家城子古城	吉林农安县三盛玉乡三盛玉村马家城子屯后东西走向的岗地上	1320米	平行四边形	位居宽阔的沼泽
261	上台子古城	吉林农安县榛柴乡上台子村	1040米	近正方形	南临伊通河
262	库金堆古城	位于吉林农安县开安乡库金堆村委会西南2.5公里处	1345米	不规则正方形	东距伊通河
263	土城子古城	吉林农安县万顺乡土城子村小城子屯南	1560米	近正方形	地势险要，四周平坦开阔
264	双马架古城	吉林农安县鲍家乡双马村双马架屯北	1200米	正方形	
265	盛家窝堡古城	吉林农安县三岗乡盛家村盛家窝堡屯北	280米	长方形	耕地中
266	永安古城	吉林桦甸县横道河子乡永安村永安屯东南500米处的岗上	195米	近正方形	北有金沙河，南为丘陵，北地势开阔
267	治安古城	吉林桦甸县横道河子乡文华村治安屯西北一个东西走向的漫岗上	182米	近正方形	南临金沙河，并为群山环抱
268	高古村古城	吉林辽源市北部西安区灯塔乡高古村三队	1200余米	近正方形	东南有河，城西南1公里为封堆顶山
269	牛城子古城	吉林四平市平西乡新发村牛城子屯	1030米	不规则长方形	南为一河流，东为一壕沟

续表

序号	古城名称	所在地点	周长	形制	地理概貌
270	富尔哈古城	吉林永吉县乌拉街镇南 5 公里处，万家与富尔哈两屯之间	2412 米	正方形	西为松花江，北为前富尔通河；南为后富尔通河
271	大常古城	吉林永吉县乌拉街镇西北 7.5 公里处	1061.5 米	正方形	位于第二松花江东岸平原上，东北为张老河
272	三家子古城	吉林永吉县乌拉街镇三家子屯西南	160 米	圆角方形	西北距松花江
273	韩城子古城	吉林永吉县乌拉街镇高屯村后岗屯西北	140 米	长方形	北临水泡，水泡东通松花江支流
274	杨木古城	吉林永吉县杨木乡杨木屯北约百余米处	230 米	长方形	北为亮子河；东、北两侧是群山
275	吴城子古城	吉林永吉县一拉溪乡北约 4.5 公里处	1620 米	正方形	东南有一小河，注入鳌龙河
276	骆起古城	吉林永吉县两家子乡骆起屯西 500 米处	1600 米	正方形	北距鳌龙河，东距松花江
277	闹宝古城址	吉林白城市林海乡的闹宝村（屯）内	1200 米	近正方形	南是洮儿河故道
278	秦家屯古城	吉林怀德县（今公主岭）西北部	3380 米	长方形	西南为东辽河
279	偏脸城	吉林省四平市西北梨树县	4000 米	近正方形	坐落在丘陵的小山岗，前有昭苏河
280	花园古城	吉林农安县小城子乡花园村花园屯南	2200 米	正方形	第二松花江南岸

第五节　嫩江县伊拉哈古城与金初乌古敌烈统军司新考

在《辽史》《金史》等历史文献中，“乌古敌烈”又常写作“乌古迪烈”“乌虎里”“乌古里”“石垒”“敌烈底”等。① 乌古敌烈，实为两个

① 本书除引文外，采用“乌古敌烈”一称。

部族。史籍中有时将乌古、敌烈分别记述，有时又将乌古敌烈合二为一。乌古、敌烈二部一直处在辽、金的北方，且时叛时服。因其剽悍、骁勇善战，时常造成辽、金北部边疆的边患不断。因此，辽、金两朝专设统军司或招讨司对其以招抚和征讨并举的方式加以管控。关于乌古敌烈部原居住地和民族的族源问题，学术界已经没有太多争议。然而，有关金初乌古敌烈统军司，后改为招讨司的地望及其确切的地理位置，则存在着较大的分歧。从清末王国维先生的《金界壕考》一文，锁定了金代乌古敌烈统军司的地望后，几乎国内外的史学界都把金代乌古敌烈统军司的地望，确定在大兴安岭之东、泰州之北、金代蒲裕路之西这一范围内。本书在充分研究和吸纳自王国维先生以来，有关金代乌古敌烈统军司研究与考证的成果基础上，提出了金初乌古敌烈统军司地望的新证。其一，王国维先生锁定的金代乌古敌烈统军司的地望过于宽泛，其锁定的范围几乎囊括了嫩江左、右两岸的全流域；其二，继王国维先生之后的诸位学者所提出的金代乌古敌烈统军司的地望和位置过于拘谨，其考证与推断的金代乌古敌烈统军司的位置都在金长城内侧，嫩江之右岸的中、下游范围内，且所推断的地理位置距离金代蒲裕路过于遥远。

一　金初乌古敌烈统军司的地望所在及其争议

乌古敌烈，实为两个部族，即乌古部与敌烈部的合称。辽金时期将其合称的用意主要基于两个原因：其一，乌古、敌烈同源，均属于塔塔尔的族众属部，塔塔尔后来又称为“鞑靼”，归属于蒙古谱系。辽金的界壕或称边堡、长城，实际上是为防御乌古迪烈、塔塔尔等部族不断侵扰而修筑的。其二，辽金两朝在控扼其北部疆域时，其军镇管辖机构的名称时常将乌骨敌烈合并称谓。例如辽朝曾经设置乌古敌烈统军司、招讨司，金承辽治，初设统军司后改招讨司，均将乌古敌烈两部归一管控。因此，从某种意义上说“乌古敌烈”既不是部族的自称，也不是同一个部族，而是辽金统治者从政治管控和治理的角度看的合并称谓。目前，有关辽代乌骨敌烈统军司的地望和迁徙地点等问题，学术界已经基本定论。关于金初的乌骨敌烈统军司的地望，及其地理位置和相关的历史地理问题则争议较大。尤其值得注意的是，学术界在考证金初乌骨敌烈统军司的地望设置时，无不受到王国维先生《金界壕考》一文的影响：“金时乌古迪烈部地，在兴安岭之东、蒲裕路之西、泰州之北，可断言也。”[1] 这一断言，在金代乌骨敌烈统军司的地望考证问题上，几乎影响了我国学术界近一个世纪。因为王国维之后的学者们，在考证金初乌骨敌烈统军司的地望时，无不在“兴安岭之东、蒲裕路之西、泰州之北”这一范围内求证。所不同的，只是诸家在求证中所认定的辽金古城的大小、规模、地点、环境等方面，并将这一范围内所发现的辽金古城规模，作为确定金初乌骨敌烈统军司所在地的主要依据。而事实上，王国维先生只是指出金初乌骨敌烈统军司的地望所在，而并非确切的地理位置。于是，中华人民共和国成立之后，我国治东北历史地理学者们经过研究和实地考察，在金初乌古敌烈统军司的地理位置的考证上，可谓众说纷纭，莫衷一是。归纳起来大致有如下几种观点：

1. 泰来县塔子城说。此说见贾洲杰《金代长城初议》[2] 一文，其主要观点是依据金太祖时期，命婆卢火屯田泰州，金熙宗时期婆卢火死于乌古敌烈地。金海陵年间，将乌古敌烈统军司改为招讨司，大定年间又将乌骨敌烈招讨司迁往泰州的事实。因此，贾洲杰先生认为金初乌古敌烈统军司当必是在金泰州。“金泰州名、地沿辽之旧，是设乌古迪烈统军司和东北路招讨司的地方，也是婆卢火屯田和规划修筑长城戍堡的驻地。”由此，他确信今天齐齐哈尔市管辖的嫩江下游右岸的泰来县塔子城古城，为金泰州无疑。然而，这里面有两个问题值得重新思考：其一，婆卢火在泰州屯田是不可争议的事实，但是婆卢火的死亡地点则是在乌骨敌烈地。这就说明泰州与金初乌古敌烈统军司并非一地。其二，在《金史·地理志·泰州条》中没有记载“金初乌古敌烈统军司”与泰州同置的内容。其三，金大定年间，金乌古敌烈招讨司改称为东北路招讨司，并从乌骨敌烈招讨司之地迁往泰州。此时的金泰州已经不是金初的泰州古城，而是南迁后的金泰州。由此可见，将金初乌古敌烈统军司和改称后的金代乌骨敌烈招讨司，确定在泰来县塔子城古城是缺乏说服力的。

2. 雅鲁河古城说。此说见孙进己先生《乌骨敌烈部的分布及乌骨敌烈部统军司的所在》。[3] 雅鲁河是嫩江下游右岸的支流，发源于大兴安岭博克图附近，主要流经呼伦贝尔市下辖牙克石市和扎兰屯市，在黑龙江

---

① （清）王国维：《金界壕考》，《观堂集林》，中华书局 2006 年版，第 260 页。

② 贾洲杰：《金代长城初议》，孙文政等主编《金长城研究文集》（上），吉林文史出版社 2009 年版，第 272 页。

③ 孙进己：《乌古敌烈部的分布及乌古敌烈部统军司的所在》，《鹤城政协》2005 年第 6 期。

省龙江县东注入嫩江。雅鲁河古城的周长为1360米，这是孙进己先生依据1961年黑龙江省博物馆发表在《考古》杂志上的《金东北路界壕边堡调查》提供的数据，确定此城当为金代乌古敌烈统军司或招讨司之所在地。不过，孙进己先生在最后的结论中，对雅鲁河古城为金代乌古敌烈统军司故址又产生了疑虑。“过去我曾疑此城即乌古敌烈统军司所在。……但1991年，张泰湘著文，认为乌骨敌烈统军司为齐齐哈尔市郊区的哈拉城，在齐齐哈尔西北四十里，分南北二城，整个周长1960米，比雅鲁河城更大。且发现了大量的辽金时代文物。看来定此城为乌骨敌烈统军司比雅鲁河古城更合适。”有关哈拉古城的周长，张德臣《齐齐哈尔境内金长城防御体系的建立——兼论庞葛城和乌古迪烈统军司治所》中描述的规模周长是1660米，与孙进己先生上文引述的古城周长有很大差距。辽金古城的周长是考证和推测、确定古城规模、性质、行政建制级别、称谓等最基本、最重要的参考资料。由于，孙文所引述的哈拉古城周长出现不确定的数据，故推定哈拉古城为金代乌古敌烈统军司的依据不足。孙进己先生在结论中所描述的雅鲁河古城的周长是1360米，如此规模的古城与金代统军司或招讨司级别的古城规模不符，所以雅鲁河古城为金代乌骨敌烈统军司之说很难成立。

3. 庞葛城说。张泰湘、崔福来先生《庞葛城考》[①] 首提齐齐哈尔哈拉古城即金代庞葛城和金初乌古敌烈统军司所在地之说，之后冯永谦先生在《金代庞葛城——齐齐哈尔城始源之丛说》一文中力挺此说，并提出哈拉古城是齐齐哈尔地区规模较大、时代较早的古城。而孙文政先生撰文对上述推定齐齐哈尔哈拉古城为金代庞葛城、金初乌古敌烈统军司的观点依据逐条分析，并依据考古调查资料和文献史料的结合进行较为充分的辩驳，最终否定了这一说法。[②]

4. 龙江县发达古城说。见孙文政《哈拉古城址为金代庞葛城说质疑》。此说是孙文政先生在质疑哈拉古城为金代庞葛城、金初乌古敌烈统军司的过程中提出来的。他认为：“乌骨敌烈统军司，后升为招讨司，不只是军事组织，还具有地方行政功能，其治所要比一般的军城大一些。目前嫩江西岸的一些古城，除泰来塔子城之外，只有龙江县发达古城大

---

① 张泰湘、崔福来：《庞葛城考》，《东北亚历史与文化》，辽沈书社1992年版。

② 孙文政：《哈拉古城址为金代庞葛城说质疑》，《黑龙江社会科学》2008年第2期。

于其他几座古城。……从其形制来看，与克东蒲裕路故城形制基本一样，都是椭圆形，大小相当。笔者疑此城可能是庞葛城，此城正是在泰州之北。"[①] 孙文政先生在"泰州之北"的字里行间，已经蕴含王国维先生对金代乌骨敌烈统军司地望考证的"泰州之北"的含义。但是，孙文政为何没有继续明确断定龙江县的发达古城就是金初乌骨敌烈统军司所在地呢？恐怕他还保留了一些余地。因此，他在文中的最后谨慎地谈道："对庞葛城这样的历史地理现象应允许存疑，至于庞葛城是乌骨敌烈部区域内的那座古城，只能通过考古发掘和开展深入研究，才能得出科学的结论。"据初步调查得知，龙江县七棵树镇发达村土城子屯古城，周长 2100 米左右，平面近似椭圆形。赞同发达村土城子古城为金代庞葛城、金初乌骨敌烈统军司观点的还有张德臣先生，他在《金乌古敌烈统军司考》中列举 5 座嫩江下游右岸的辽金时期古城。其一，甘南县查哈阳村古城，临诺敏河，周长 1210 米。其二，甘南县音河乡阿伦河古城，临近阿伦河支流，周长 1310 米。其三，龙江县济沁河乡东北沟村古城，临近乌尔其根河，周长 1543 米。其四，龙江县龙兴镇雅鲁河与济沁河汇合处的沙家街古城，周长 1451 米。其五，齐齐哈尔市龙江县七棵树镇发达村土城子古城，临近发达水库及小河，周长 2100 米。[②] 张德臣的最终结论是，发达村的土城子古城是金初乌古敌烈统军司所在地，而后期则迁移到沙家街古城。由于这一推论缺乏历史文献作为依据，且发达村古城距离沙家街古城很近，金朝无论如何不会在如此较短的距离内，将乌骨敌烈统军司从发达村古城折腾到沙家街古城。

5. 沙家街古城说。此说见张德臣《金乌古迪烈统军司考》。"乌骨敌烈统军司的治所，开始在龙江县发达村土城子，在升为招讨司以后，迁移到龙江县龙兴镇新功村的沙家街古城遗址所在地。"较早提出沙家街古城为金乌骨敌烈统军司所在地的观点，可见于孙秀仁、孙进己合著的《室韦史研究》一书中。沙家街古城"位于交通要隘，附近麒麟河至济沁河间南段有墙壕又与其他各段不同……故此城疑即乌古迪烈统军司所在"。

---

① 孙文政：《哈拉古城址为金代庞葛城说质疑》，《黑龙江社会科学》2008 年第 2 期。

② 张德臣：《齐齐哈尔境内金长城防御体系的建立》，收入孙文政等主编《金长城研究文集》（下册），吉林文史出版社 2009 年版，第 493 页，又孙秀仁、孙进己《室韦史研究》，张德臣《金乌古敌烈统军司考》，北方文物杂志社 1985 年版，第 134 页。

总之，发达村古城说与沙家街古城说，所列举的上述5座辽金时期古城，均分布在龙江县、甘南县境内，且靠近金代的界壕边堡内侧。如此密集的古城分布，说明此地在辽金时期的人口密度很高，加之邻近金界壕边堡，古城周边的大片湿地、沼泽、河流，不仅不利于农耕，也不利于游牧。其地域狭窄不符合《金史·习古乃传》中所说的“以庞葛城地分授所徙乌虎里、敌烈底二部及契丹人，其未垦者听任力占射”。“任力占射”之语，实际上说明了分授乌骨敌烈部的庞葛城之地，应该是较为辽阔且有着荒芜待垦的广袤土地。如此稠密的城镇、边堡、界壕、居民点，岂能“任力占射”。毫无疑问，发达村古城与沙家街古城的确是两座非常重要的辽金城址，但就其城制规模、性质、功能、名称等问题尚有待继续考证。

6. 济沁河乡东北沟村古城说。此说见杜春鹏、李丕华《辽代庞葛城遗址考》①。此说把金代的庞葛城的初始时间推定在辽代。作者在文中为我们提供了他们调查该城的数据：“该城周长1547米……乌尔根河在其西南静静流淌。”最终，他们确定这座古城是辽朝始筑、金代沿用的庞葛城，还进一步推定东北沟村古城，曾经是从海拉尔河流域迁往嫩江流域的辽代通化州的新迁址。

7. 雅鲁河与绰尔河流域说。见谭其骧主编的《〈中国历史地图集〉释文汇编·东北卷》乌古迪烈统军司条：编撰此条目者据《金史·地理志》《金史·兵志》《食货志》《完颜宗尹传》等文献记载，又据王国维先生的《金界壕考》中对金初乌骨敌烈地望的考证，将金初乌骨敌烈统军司的所在地，暂定在嫩江下游右岸的雅鲁河与淖尔河流域，“乌古迪烈统军司当在今洮安县之北或西北，约为今淖尔河与雅鲁河流域，治所疑即今塔子城。”② 编撰者在考证中，再三强调《金史·海陵纪》与《金史·世宗纪》中对乌骨敌烈统军司地近蒲裕路的记载。似乎是觉察到寻求金乌骨敌烈统军司的所在地，当与文献所记述的“近蒲裕路”的条件相符合。然而，编者仅仅停留在这一求证的正确思路上，而没能继续引申探究下去。实际上，今雅鲁河与淖尔河流域，以及塔子城古城距离金代蒲裕路的治所（今克东县金城古城）至少都在250公里以上，与《金史》

① 杜春鹏、李丕华：《辽代庞葛城遗址考》，载《黑龙江史志》2004年第4期。

② 谭其骧：《〈中国历史地图集〉释文汇编·东北卷》，《乌古敌烈统军司条》，中央民族学院出版社1988年版，第169页。

中“乌骨敌烈统军司地近蒲裕路”的记载不符。此说，从地望上看依然没有摆脱王国维在《金界壕考》的影响，其地理位置与蒲裕路位置偏远。

8. 乌骨敌烈统军司、东北路招讨司驻地为同地说：见孙秀仁撰《关于金长城（界壕边堡）的研究与相关问题》，[①] 作者以自己的亲身经历，回顾了自20世纪50年代以来，我国学者对金界壕边堡的调查、研究、考证的过程。孙秀仁先生修订了自己曾在20世纪80年代考证金乌骨敌烈统军司为龙江县沙家街古城的观点。在这篇回顾文章里，孙秀仁先生把与金代界壕相关的历史地理问题进行重新梳理和分析，其中创新观点就是把金代乌骨敌烈统军司、乌古敌烈招讨司，以及金代东北路招讨司均考证为同一地点，即泰来县塔子城古城。然而，孙秀仁先生却忽略了金初乌骨敌烈统军司、招讨司与金东北路招讨司的设置虽然一脉相承，但是《金史·海陵纪》与《金史·世宗纪》都明确指出金初乌骨敌烈统军司、招讨司与东北路招讨司并非同一地点的事实。

9. 科右中旗吐列毛杜古城说。见张柏忠《吐列毛杜古城调查试掘报告——兼论金代东北路界壕》。[②] 截至目前，这是唯一一篇在求证金初乌古敌烈统军司所在地时，摆脱王国维先生旧说的束缚，并提出今天坐落在内蒙古通辽市科尔沁右翼中旗西北部临近霍林河的吐列毛杜古城，可能是金代乌古敌烈统军司的治所。张忠柏先生之所以把金代乌古敌烈统军司治所推定在霍林河畔的吐列毛杜古城，其主要依据就是他否定泰来县塔子城古城为金泰州的观点，而把前郭尔罗斯蒙古族自治县的他虎城古城推定为金泰州。其次，张柏忠先生把《金史·地理志》记载的金界壕边堡的鹤五河，比定为吐列毛杜古城附近的霍林河，这一比定是有道理的。由此看来，如果他虎城是金泰州，霍林河畔的吐列毛杜古城则在金泰州的西方。且距离金代蒲裕路治所（黑龙江省克东县金城古城）甚远，其直线距离可达数百公里以上。此说不可取。

吐列毛杜古城分为东西两座城池，西城被编为一号古城，东城则编为二号古城。一号古城较大，周长为2382米，平面呈长方形。古城中出土大量兵器、农业生产工具、生活用具，以铁器为主，以及数量较多的金代使用的各种货币。二号古城较小，周长为1410米，出土文物很少，

① 孙秀仁：《关于金长城（界壕边堡）的研究与相关问题》，《北方文物》2007年第2期。

② 张柏忠：《吐列毛杜古城调查试掘报告——兼论金代东北路界壕》，《文物》1982年第7期。

城内较平坦，城内东北寓有一小城。小城的东墙和北墙均是利用大城的东、北二墙的墙体，东南角开设一门与大城相通。从古城的规模、形制、出土文物均为金代，以及地望上看，这的确是属于州一级的古城。然而，吐列毛杜一号古城并不是金初乌骨敌烈统军司治所，而是辽代从呼伦贝尔地区迁移来的新置通化州，金代则属于州一级的规模建制，应在州或招讨副使的级别中寻求。

10. 金代乌骨敌烈招讨司五地说。此说见于吉林大学硕士研究生王尚的硕士论文《金代招讨司研究》。她根据《金史·地理志》《金史·兵志》《大金国志》等文献记载，提出金代乌骨敌烈统军司或招讨司应该是四迁五地说。即庞葛城、旧泰州、金山、新泰州、肇州。这是考证和推断金代乌古敌烈招讨司治所的一种全新的观点，其重要的学术价值就是依据史料，把金代乌骨敌烈招讨司梳理成五个阶段和五个不同的地点。这对于进一步考证金代乌骨敌烈招讨司的初治之地有着十分重要的意义。但是，王尚的论文中在确定金代乌骨敌烈招讨司初治之地时，依然没有脱离以往的乌骨敌烈招讨司的初治治所在金代长城内侧，即今齐齐哈尔市的庞葛城的观点。

总之，上述10种观点基本都是在金代长城内侧寻求金代乌骨敌烈统军司或招讨司的位置，几乎都忽略了金初乌骨敌烈统军司或招讨司邻近金代蒲裕路治所的事实。虽然，偶有提及金代蒲裕路，但是由于缺乏实地调查而把嫩江右岸、金代长城内侧的狭窄之地当作求证的地望所在，难免陷入相互抵牾或矛盾的困惑之中。

二　关于金初乌古敌烈统军司地望的再讨论

王国维在《金界壕考》一文中认为："金之界壕，起于东北路招讨司境，而东北路招讨司，金初为乌古迪烈统军司，海陵时改乌古迪烈招讨司。世宗初，乃改东北路招讨司，又招讨司初治乌骨敌烈部，后治泰州，故欲考东北路界壕之所在，不能不先考乌骨敌烈部及泰州之所在也。"①反观王国维先生上述所论，欲考金乌古敌烈统军司所在地，不仅要弄清楚金之东北路界壕和金泰州，还要确定金代蒲裕路的治所所在地，这是求证金初乌古敌烈统军司或招讨司治所不能绕过的前提条件。经过60多

① 王国维：《金界壕考》，《观堂集林》，中华书局2006年版，第260页。

年的考古调查，金代东北路界壕的走向、分布、结构、军事设施、修筑特点，以及金界壕的内侧与外侧的辽金城堡的分布已经基本清楚，故无须再考。金东北路界壕或金代长城的起始地，自内蒙古莫力达瓦旗嫩江中游右岸的七家子村。这里原来紧邻嫩江，现在已经被尼尔基水库扩容后变成了一片汪洋的湖泊景象。金长城的大体走向是由东北向西南倾斜，长城基本是沿着大兴安岭的浅山区与嫩江右岸的河谷平原，顺着大兴安岭的走势而不断向西南延伸。

从金长城的起点向北则是嫩江的上游，左、右两岸分布着广袤的丘陵、浅山区、山地及沼泽、河流等复杂地貌，其地势较为平坦且交通方便，具有宜农、宜牧、宜渔捞、宜游猎的特点。嫩江上游右岸的最大支流——甘河，是连接大兴安岭山地与呼伦贝尔高原的又一条重要通道。甘河汇入嫩江的地点在今黑龙江省嫩江县城所在地的嫩江对岸。也就是说，嫩江右岸金长城之北的地区实际上成为金代长城外部的空闲之地，也是大兴安岭岭西的内蒙古高原各族沿甘河迁入嫩江流域上游的重要通衢。嫩江上游的左岸之地邻近金代的蒲裕路治所。值得注意的是，在嫩江上游左岸的台地上由北向南排列着具有防御和控制功能的金代古城。这些古城在地理空间上具有防御嫩江右岸，金代长城以北广袤地域的古代游牧民族侵扰的军事作用或功能。在辽金时期，这一地域很可能就是金初乌骨敌烈部的游牧地。因为乌古迪烈部是一个经常迁徙的具有游牧特征的古代民族，它不可能被金代的长城圈在长城内侧的狭窄空间内。金代在嫩江中游右岸的七家子村修筑长城，其目的就是把乌古敌烈部的游牧地控制在长城以外，并设置统军司后改为招讨司对其实施管理、控制和招抚。金长城的内侧则主要是由女真人的猛安谋克对契丹人进行有效和严格的管理。《金史·习古乃传》记载："以庞葛城地分赐乌虎里、迪烈底二部及契丹人，其未垦者听任力占射。"这段史料非常重要，明确说明金代的庞葛城是划分契丹人与乌古、迪烈部地域分布的重要标志。然而，许多学者都把庞葛城推定在齐齐哈尔市附近的辽金古城，齐齐哈尔附近地域的辽金古城甚多，且地域狭窄、城池之间几乎没有可能"听任力占射"的空间。金朝的统治者，为了让乌古迪烈部的族众分得土地将其游牧的习性变为具有宜农宜牧的特点，而允许他们在嫩江上游地区的左右两岸实行任其臂力之功，以箭射之地为界。显然，这种臂力箭射之地当在广袤的地域方可实行。笔者认为金代的庞葛城的地望应该在金长城起点以北的嫩江上游地域的左岸求证，因为左岸之地近金代蒲裕路，又是管控长城以北地域乌古敌烈部的重地，也是分隔契丹人与乌古迪烈部的军事重镇。当然，在上述学者考证金初乌古迪烈统军司或招讨司的观点中，已经有人把金代庞葛城作为金代最初设置的乌古迪烈统军司的所在地，这一推断无疑具有一定的道理。

王国维先生在《金界壕考》一文中依据《金史·地理志》认为："金代招讨司初治乌骨敌烈部，后治泰州"，说明金代乌骨敌烈部治所与金代泰州治所并非一地。所以他用了"初治"与"后治"的不同概念。为了说明乌古迪烈部与金代东北路界壕的关系，通过对《辽史·营卫志》《道宗纪》《部族表》《圣宗纪》《百官志》《于厥部志》的考察得出结论："辽时乌古、迪烈，各有国外国内二种。国外者，其本部；国内诸部，则契丹所俘本部之户口别编置或部族则也。其部族各有节度使及详隐，其上又有乌古迪烈都详隐及乌古迪烈统军司；二官颇有重复之嫌疑。都详隐统国外诸部，统军司则统国内诸部也。"[①] 王国维把所谓国外二部的乌古敌烈部的活动范围，确定在今兴安岭之西，并赞同日本津田左右吉博士的观点。乌古部游牧于喀尔喀河流域（即今中蒙边境的哈勒哈河）；敌烈部游牧于乌尔顺河流域。即今日从贝尔湖流出并注入达赉湖又称呼伦池的乌尔逊河。同时他又把所谓的国内乌古、敌烈二部的位置推定在兴安岭之东。"寿隆二年九月，徙乌古迪烈部于乌纳水，以当北边之冲。"[②] 关于"乌纳水"，王国维认为即"桂勒尔"河，有人则解释为海拉尔河。其实海拉尔河并不在兴安岭之东，而是在兴安岭之西靠近达赉湖附近，乌纳水的地望应该在兴安岭之东求之才是正确的。今黑龙江省嫩江中上游左岸，内蒙古莫力达瓦所在地的对岸有讷河市，"讷河"之地名即因讷谟尔河流入嫩江而得名。讷谟尔河从嫩江左岸注入嫩江，其河口之对岸则是嫩江右岸的诺敏河口，"诺敏""讷谟尔"与"难河""那水""捺水""乌纳水"实为音转关系，"乌纳水"的快读与重音发生率的变化，导致"乌"音脱落，而演化成"那水、讷河、难水、捺水、讷水"等。讷谟尔河发源小兴安岭西麓五大连池的自然保护区，由东向西流、在莫力达瓦旗南部注入嫩江。诺敏河发源于大兴安岭东麓，由西向东流，在

① 王国维：《金界壕考》，《观堂集林》，中华书局2006年版，第260页。

② （元）脱脱等：《辽史·道宗纪》，中华书局1974年版。

莫旗南部讷谟尔河入嫩江处下方注入嫩江。王国维先生所推定的所谓辽代国内乌古敌烈部的迁徙地，当在今讷谟尔河，或诺敏河之北，而金初乌古敌烈部的居地则应在金代长城之北求之。因为，这一推论符合《金史》记载：“徙乌古迪烈部于乌纳水，以当北边之冲。”今嫩江县境内有科洛河，发源于小兴安岭西麓；由东向西流经嫩江县，并在嫩江县海江镇附近注入嫩江。“科洛河”地名与王国维先生推定的“桂勒尔河”地名相近，因此，我认为王先生所推定的“桂勒尔河”很可能是指今天嫩江县的“科洛尔河”。“科洛河”，清代又称“和罗尔河”“加罗尔河”“科洛尔河”等。[①] 值得注意的是，科洛尔河南距嫩江县伊拉哈金代古城较近，伊拉哈古城是嫩江上游地区唯一较大的古城，其周长近 2000 米。从古城规模上观察，伊拉哈古城具有金初乌古迪烈统军司治所之可能。

在考证金初乌古敌烈统军司的过程中，王国维还征引《金史·海陵纪》一条史料：“天德四年十一月，买珠于乌古敌烈部及蒲裕路。”《金史·地理志》：“乌古迪烈统军司后改为招讨司，与蒲裕路近。”[②] 当时王国维先生尚不知金代蒲裕路治所的确切地点，而是误将金代蒲裕路治所推定在今呼兰河一带。并依据松花江、嫩江、爱辉各江均产珠的特点，认为“金代乌古敌烈部的地望应在兴安岭以东，嫩江流域南，与泰州为邻。故其各分部亦各与泰州近”。他在查阅《金史·兵志》《金史·宗尹传》《金史·宗叙传》中发现：“从乌古石垒临潢泰州连言，以及大定二十四年，世宗将幸上京，曰：‘临潢乌古里石垒，岁皆不登，朕欲自南道往。’”乌古石垒替代“泰州”字样及乌古石垒与临潢泰州连言的文字记录，是因为乌古敌烈部逼近泰州故也。由此，他又进一步认定：“金时乌古敌烈部地在兴安岭之东，蒲裕路西，泰州之北。”无疑，将金初乌古敌烈部及乌古敌烈统军司确定在上述三个方位之间是十分正确的。值得注意的是，王国维先生在考证金初乌古敌烈统军司治所时，只推测了三个方位而独留下北部的一个方位，给人们留下了思考和继续考证的空间。然而，由于这一地望范围过于辽阔，且最终也未能确定金初乌古敌烈统军司的确切位置。以后的学者则多从王国维先生之说，在齐齐哈尔附近开始寻求金初乌古敌烈统军司的治所，却忽略了齐齐哈尔之地距离金代蒲裕路治所——克东县金城乡古城

① 天龙长城文化艺术公司编：《大清一统舆图》，清乾隆二十五年铜版印行，全国图书馆文献缩微复制中心 2003 年版，第 83 页，齐齐哈尔和屯，海拉尔必拉条。

② （元）脱脱等：《金史·海陵纪》，中华书局 1975 年版。

村古城较远，并距离金代早期泰州（泰来县塔子城）和金长城内侧，以及戍守金长城的猛安谋克城堡较近。更何况金代初置乌古迪烈统军司的治所，根本不在泰州。长期以来，学术界在理解王国维《金界壕考》一文所提出的乌古敌烈统军司治所的地望方面，忽视了“兴安之东、蒲裕路之西、泰州之北”几乎包括了广袤的嫩江流域的左右两岸。尤其是对《金史·地理志》乌古迪烈统军司条的理解上，对于“乌古迪烈统军司后升为招讨司，与蒲裕路近”的事实没有给予足够的重视。这条史料充分说明金初乌古敌烈统军司的治所距离金代蒲裕路治所较近，而《金史·海陵纪》载：“天德四年，十一月戊戌，以咸平尹李德固为平章政事。辛丑，买珠于乌古迪烈及蒲裕路，禁百姓私相贸易，仍调两路民夫，采珠一年。”[①] 在上述史料中，乌古迪烈部与蒲裕路的地理环境具有相同的条件，买珠和采珠的事实说明了这一点。孙进已先生在《乌古敌烈部的分布及乌古迪烈统军司的所在》一文中，不仅丰富了王国维先生的学术观点，而且还征引了许多重要的史料。尤其是引证《金史·食货志》卷四十九中所记述的“辽金故地滨海多产盐，上京、东北二路食肇州盐，临潢之北有大盐泊，乌古里石垒部有盐池，皆足以食境内之民，尝征其税”[②]。孙进已先生虽然引证了《金史·食货志》卷四十九的上述记载，但是并没有引申说明金代乌古敌烈部地究竟是否有盐池。实际上，金代的东北路就是指与金界壕紧密相联系的东北路，亦即后来金代将乌古迪烈统军司改为东北路招讨司的路一级建制。《金史》明确说明金上京与东北路主要食肇州盐，金代肇州即今天的肇东县八里城所在地。金代东北路则主要包括金长城内侧的齐齐哈尔、泰来、肇州、肇东、大庆等地。在上述《金史》中所说的“乌古里石垒部有盐池，皆足以食境内之民，尝征其税”。则是专指乌古敌烈部的居地而言。今天的嫩江上、中、下游两岸均分布着大量的盐碱地，金长城内侧的嫩江流域主要是指中、下游地区，这里的盐池主要是指今天泰来县、齐齐哈尔市的扎龙自然保护区、大庆市、肇州、肇东、杜尔伯特附近地区，均有大片的盐碱地，仅泰来县境内就有盐碱地 60 万亩。《金史》所说的乌古里石垒部的盐池应在嫩江中、下游地区以外或金长城外侧求之。今嫩江上游地区的嫩江县城的对岸，是甘河注入嫩江的

① （元）脱脱：《金史·海陵纪》，中华书局 1975 年版。

② （元）脱脱：《金史·食货志》，中华书局 1975 年版，第 1095 页。

大片盐碱滩地和湿地，历史上这里曾经盛产土盐，很可能就是《金史·食货志》中所说的“乌古里石垒部盐池”。按《金史·食货志》卷四十九又载：“金世宗大定三年四月，以乌古里石垒民饥，罢其盐池税。”“大定十三年三月……复免乌古里石垒部盐池之税。”[①] 说明乌古里石垒部（即乌古敌烈部）人，食用自产的土盐，并能够达到自给自足的程度，金政府还经常向乌古里石垒部人征收盐税。由于嫩江上游地区乌古里石垒部人的盐池多靠近嫩江支流的下游和地处低洼之地，一旦遇到洪涝灾害，大片盐池被淹，食盐产量就会大幅度下降。因此，金大定年间金政府根据受灾的情况，连续两次减免了乌古里石垒部人的食盐税。

此外，王国维先生及以往的学术界在考证金初乌古敌烈部的地望时，几乎都忽略了《金史·兵志》另外一段重要的记载：大定十七年（1177），金世宗在与丞相良弼讨论西南、西北路招讨司所辖边地恐契丹人生乱时，提出将契丹人安置于乌古里石垒部及上京之地的计划。“大定十七年，又以西南、西北招讨司契丹余党心素狠戾，复恐生事，他时或有边隙，不为我用，令迁之于乌古里石垒部及上京之地。”同时，金世宗为稳定北边还告诫宰臣：“宜以两路招讨司及乌古里石垒部族、临潢府、泰州等路分定保戍。”[②] 可以看出金大定年间，为了防备契丹人在金朝的北边生变，将金界壕除东北路之外的二路，即西南、西北两路管控的契丹人迁往乌古里石垒部与金上京之间的地域加以控制。并部署西南、西北两路招讨司及临潢、泰州控其西缘，乌古里石垒部控其北缘，金上京控制其南缘，蒲裕路则控制其东缘，即所谓“泰州等路分定保戍”合围管控契丹之势。以今天的地望珍之，大定年间契丹人被迁徙、安置在嫩江下游左岸，北不过讷谟尔河、东不越呼兰河、西不过嫩江、南不越松花江这一地域内。目前，围绕着这一地区的周边分布着众多的金代古城，其中很可能就是金大定年间为了控制从西南、西北两路迁来的契丹人而修筑的。由此可以推测，金代的庞葛城很可能也是这一时期为区分乌古敌烈部与契丹人而修建的，“以庞葛城地分赐乌虎里、迪烈底二部及契丹人”与上述契丹人被迁徙到嫩江流域的历史背景有着十分重要的关系。

---

① （元）脱脱：《金史·食货志》，中华书局1975年版，第1095页。

② （元）脱脱：《金史·兵志》，中华书局1975年版，第994页。

金大定二十三年（1183），为更有效管理金代东北路部族和利用这些部族管控金朝的北边，将不同的部族分别编为乣军。其中就有“乌鲁古部族、石垒部族、萌骨部族等”[1]。金天德二年（1150）九月，即海陵王时期对金代的北边部族的管理进行了重新编制，“改乌古敌烈路统军司为招讨司。”金大定五年（1165），又进行了调整，“复罢府，降为统军司。寻又设两招讨司，与前凡三，以镇边陲。东北路者，初置乌古敌烈部，后置于泰州。泰和间，以去边尚三百里，宗浩乃命分司于金山。西北路者置于应州，西南路者置于桓州，以重臣知兵者为使，列城堡濠墙，戍守永为制”。[2] 由此可知，乌古迪烈统军司是金初设置的专门从事乌古敌烈部的军镇。金天德二年，改为招讨司，并从军镇性质转变为包括军事、招抚、管控、纳税、诉讼等在内的地方行政一级政府。金大定五年，将乌古迪烈统军司改为东北路招讨司，并与西南、西北两路并称边镇三路，设立三个招讨司。东北路招讨司初置乌古敌烈部，后又移置泰州，说明金初的乌古迪烈统军司、天德二年改为乌古迪烈招讨司，以及金大定五年，最初设置的东北路招讨司治所与金泰州不是同一地点。金代东北路招讨司所管辖的金界壕段，“东北自达里带石堡子至鹤五河地分”，所谓的达里带石堡子即今天嫩江中游右岸，内蒙古莫力达瓦旗尼尔基镇北 8 公里七家子附近的金代长城起点的城堡，而“鹤五河”地则是今天坐落在内蒙古哲里木盟科尔沁右翼中旗西北部，邻近霍林河的吐列毛杜古城。在东北路管辖的金界壕的段落中，属于泰州境内的城堡就有 19 座之多。

此外，考察金初乌古敌烈部统军司的治所和乌古敌烈部的游牧地，应认真考虑金初宗室的开国名将婆卢火与乌古敌烈部的关系。《金史·婆卢火传》载：金“天辅五年，摘取诸路猛安中万余家，屯田于泰州，婆卢火为都统，赐耕牛五十。婆卢火旧居按出虎水，自是徙居泰州……泰州婆卢火守边屡有功，太宗赐衣一袭。……天眷元年，驻乌古迪烈地，薨。赠开府仪同三司，谥刚毅”[3]。又《金史·太祖纪》载：“天辅五年二月，遣昊及宗雄分诸路猛安谋克之民万户屯泰州，以婆卢火统之，赐耕牛五

① （元）脱脱：《金史·兵志》，中华书局 1975 年版，第 996 页。
② 同上书，第 1003 页。
③ （元）脱脱：《金史·婆卢火传》，中华书局 1975 年版，第 1638 页。

十。”①《金史·地理志》载：“金之壤地封疆……北自蒲裕路之北三千里，火鲁火疃谋克地为边，右旋入泰州婆卢火所浚界壕而西，经临潢、金山。”② 上述史料，均以金初宗室名将婆卢火为中心，记述了婆卢火与乌古敌烈部、泰州、蒲裕路、金界壕的关系。婆卢火原为按出虎水人（即今哈尔滨阿城区阿什河人），天辅五年（1121），受太祖阿骨打之命率诸路猛安万余户屯田于金初泰州（今黑龙江省泰来县塔子城古城），开始修筑金界壕而西，经临潢、金山。天眷元年（1138），即金熙宗时期婆卢火突发疾病死于乌古迪烈地。值得注意的是：《金史》中对于婆卢火的死，是用了“薨”字，这是不同寻常的。因为“薨”是专指王侯一级的贵族之死。《礼记·曲礼》：“天子死曰崩，诸侯曰薨，大夫曰卒，士曰不禄，庶人曰死。”“薨”《说文》“公侯卒也”。“薨”是中国古代专门针对地位高的人士所用，一般是皇帝的高等级妃嫔和所生育的皇子公主，或者封王的贵族。《唐书·百官制》：“凡丧，二品以上称薨。”无疑，婆卢火是金初的宗室名将，其死当必享受王侯一级的礼遇。婆卢火的死亡地——乌古迪烈地与屯田泰州之所并非一地，说明婆卢火是死在巡边或乌古迪烈统军司的任上。正如孙文政先生所推测的那样：“婆卢火虽是泰州都统，但他在天眷元年（1138）死于乌古迪烈地这段时间里，几乎没有驻泰州，而是率军出征。”③ 婆卢火死于乌古迪烈地与泰州屯田治所并非一地的细节，是由孙文政先生首次提出的观点，这是考证金初乌古敌烈部统军司治所的重要线索之一。由于婆卢火死于乌古迪烈统军司的任上，死后被金王朝“赠开府仪同三司，谥刚毅”，给予其宗室王侯一级的很高礼遇，因此，婆卢火的葬地应该具有较高等级。从目前发现的金代贵族墓葬的规律上看，金代王侯一级的贵族墓葬的地表上，都有建筑并在墓前雕刻有石人、石羊、石虎等大型石像。如果能够在嫩江上游流域寻找到金代大型贵族王侯级墓葬，并将其分布的地理位置与金初乌古迪烈统军司的地望进行认真的比对，或许可以揭示出金初乌古迪烈统军司的治所之谜。

---

① （元）脱脱：《金史·太祖纪》，中华书局1975年版，第19页。

② （元）脱脱：《金史·地理志》，中华书局1975年版，第549页。

③ 孙文政：《金东北路界壕边堡建筑时间考》，《金代长城研究论集》，吉林文史出版社2009年版，第458页。

三 嫩江县伊拉哈古城当为金代初期乌古敌烈统军司的治所

综上所述，金代早期的乌古敌烈统军司治所的故址，当为嫩江县伊拉哈古城。伊拉哈古城位于嫩江县伊拉哈镇红嫩村东北隅，坐落在老莱河右岸的二阶台地上。清代乾隆年间编撰的《大清一统舆图》标记为伊拉喀站，[①] 清末屠寄绘制的《黑龙江舆图》则标注为“依喇哈”。老莱河古称罗喇喀、鲁哩河，今人讹称为老莱河。[②] 伊拉哈古城西距嫩江约30公里，老莱河南流在讷河市附近注入讷谟尔河，讷谟尔河又写成讷默尔、纳谟尔、那穆里、捏灭尔，与嫩江右岸的诺敏河相错分别注入嫩江。据《嫩江县志》载：伊拉哈古城“分为内外二城，均呈正方形，占地面积367.5亩，朝向近似正南正北；内城实为外城的东南部，内城的东、南墙分别与外城的东墙南段、南墙的东段相重合。外城每边墙长495米，周长1980米，内城每边墙长330米，周长1320米，四角均设角楼，每边墙有3个马面突出墙外，南墙中部有一瓮门。古城遗址现已变成农田，内城墙残高1—2米不等，顶宽2—6米不等；外城门址不清，余皆为遗迹。城中发现舂米石臼1个，出土有淳化、祥符、元祐、崇宁等北宋铜钱9000余枚。平头式、分叉式、三棱式铁镞20余件，地面可见大量陶器碎片”[③]。2012年8月，笔者在嫩江县委宣传部、文化局的陪同下考察了这座古城。并对古城墙的周边进行了实地勘察，古城的北墙保存基本完好，马面、角楼、城垣均依稀可辨。东墙和西墙墙体尚有残存的墙体，南城墙墙体因乡村土路修筑在城垣上，并成为通往红嫩村的必经之路，所以城墙破坏严重，几乎寻觅不到墙体的痕迹。站在城垣上可以眺望老莱河逶迤曲折由东北向西南流淌的河床，老莱河盛产白色的细面沙，临河处可见储存着堆砌起来的沙包。古城内经常出土北宋使用的铜钱，村民还在城内发现有灰陶罐和装满铜钱的木箱等。从伊拉哈古城的平面呈“回”字形形制上看，这是一座具有重要的军事防御能力的古城，“回”字形

① 中国边疆史志集成，《大清一统舆图》，清乾隆二十五年绘成，由法国人入华耶稣会士蒋友仁指导中国工匠镌制成铜版104块，刷印100部，原名《皇舆全图》，又名《大清一统舆图》，外间称《乾隆内府舆图》，俗名《乾隆十三排图》。《大清一统舆图》，集康熙《皇舆全览图》和雍正《皇舆十排图》之大成，又补充了新疆等地区新测绘的地图，并几经修正改版，至为精详完备。全国图书馆文献缩微复制中心2003年版，第84页。

② （清）屠寄绘制：《黑龙江舆图》，辽海丛书附册，辽沈书社1985年版，第25页。

③ 嫩江县地方志编纂委员会：《嫩江县志》，中国三环出版社1992年版，第550页。

古城与开设临河的南城墙瓮门的特点上观察，古城的防御方向主要是针对西、西北、北及东北方向。如果从古城规模上推测，此城则具有统军司或招讨司一级规模的古城。遗憾的是伊拉哈古城的城垣已经被铁路和乡村公路由东向西横断切开，加之古城邻近城墙的大部分已经遭到严重破坏，因此，对其原貌的观察只能停留在现状上。

伊拉哈古城东南距金代蒲裕路故址的直线距离约100公里，东南距克山县新发金代贵族墓葬约80公里。墓葬位于克山县河北乡兴发村（新发）河北林场的东北隅，属于乌裕尔河右岸支流鳌龙沟子河的上游山地，南距乌裕尔河约5公里，东南距金代蒲裕路古城约15公里。墓地坐北朝南为“簸箕形”，墓葬坐落在山阳处。在墓葬附近发现有石羊、石虎等石像，石羊现存放在克山县文物管理所。有人认为这座金代墓葬是金代仆散浑坦及其家族墓地。① 其实仆散浑坦既不是女真贵族宗室出身也不属于王侯，而是一员能征善战的勇猛将军。《金史·仆散浑坦传》载：“仆散浑坦，蒲裕路挟懑人也。身长七尺，勇健有力，善骑射。年六十，从其父胡没速征伐。初授修武校尉，为宗弼扎也。天眷二年，与宋岳飞相拒。浑坦领六十骑，深入觇伺，至鄢陵，败宋护粮饷军七百余人，多所俘获。

---

① 鸿鸣：《新发古墓主人是谁——克山县考古系列之五》，百度搜索，鸿鸣于2004年4月21日发表的散文。在克山县河北乡新发村北300米处的三级台地上，有一个古墓群。据当地群众讲，古墓前有石桌一面，石人、石马、石猪、石猴、石羊各两尊和半截石碑等遗物，至今仍存残损石人、石羊、石猴各一尊，笔者曾亲眼所见，石人是佩剑将军像，头与下身已经残缺。此墓群当年被推土机推平，作为河北林场的存放木材的楞场，后来，有一个墓被挖开，是双人合葬，因墓里有头钗等女人饰物，断定是男女合葬墓。从古墓前石人等饰物看，此古墓应是金代王侯之墓。金代王侯去世后，一般都回原籍安葬，如金朝初期丞相完延希尹死后就回老家冷山安葬。由此可见，新发古墓，也应是原籍在此、又有一定级别的金代王侯之墓。查《金史》等文献资料，具备古墓主人条件的，是金代初、中期著名将帅仆散浑坦。仆散浑坦（约1101—1173年），女真族，仆散部人，以部为氏，本名浑坦，金代最北部的蒲裕路的挟懑河（乌裕尔河支流）人。他16岁即从军参加阿骨打领导的反辽斗争，以“勇健有力，善骑射”。在军中著称，并屡建功勋，初被“授修武校尉”（从八品上）、后加入宗弼军中，参加对宋战争。仆散浑坦在作战中，曾与“宋岳飞拒”。皇统九年（1149）被任命为兹州刺史（正五品），不久又升迁为利涉军节度使（从三品），授世袭济州和术海鸾猛安涉里斡设谋克。海陵贞元元年（1153），以忧去官，后起复为旧职，历泰宁军和永定军节度使，治得体，升迁为咸平尹（正三品），金世宗时期，被任命为临潢地区的临潢尹（正二品）后又改“懒路兵马都总管”。在其晚年，金世宗念他旧功及身体精力还很旺盛，又起用他“为利涉军节度使，复以金紫光禄大夫致仕”。新发村位于乌裕尔河右岸三级台地上，在发现古墓的同时，在其南500米左右，同时发现有一处古代居民遗址，东西长500米，南北宽100米，地表遍布布纹瓦等遗物，是典型的金代居民遗址。很可能是墓群主人的居住地。同此处相对，乌裕尔河左岸即是金代蒲裕路遗址，因地理环境与《金史》等文献资料中记载的仆散浑坦出生地极为相似，那么此处的金代王侯之墓群，很可能就是仆散浑坦及其家族墓地。

皇统九年，除慈州刺史，再迁利涉军节度使，授世袭济州和术海鸾猛安涉里斡设谋克。贞元初，以忧去官。起复旧职，历泰宁、永定军，改咸平尹。海陵杀浑坦弟枢密使忽土，召浑坦至南京。既见，沈思久之，谓之曰：'汝有功旧，不因忽土得官，以此致罪，甚可矜悯。'遂释之。改兴平军节度使。世宗即位，以为广宁尹。窝斡反，为行军都统，与曷懒路总管徒单克宁俱在左翼，败窝斡于长泺。改临潢尹。贼平，赐金帛。改曷懒路兵马都总管。徙显德军、庆阳尹。致仕。大定十二年，上思旧功，起为利涉军节度使，复以金紫光禄大夫致仕。卒，年七十二。仆散浑坦历一十七官，未尝为佐贰。性沈厚有识，虽未尝学问，明于听断，所至有治声云。"[①] 仆散浑坦为蒲裕路挟懑人，"挟懑"究竟为蒲裕路何地，尚不可知。更何况《金史》中既没有说是挟懑河，也没说挟懑山，因此我们很难确定挟懑这个地名究竟是山川还是村落，有人认为挟懑就是挟懑河则是缺乏根据的推测。其实"挟懑"与"萨满"音近，女真人与黑龙江流域的古代民族均崇信萨满教，这是存留在北亚及东北亚地域最长久的原始宗教。"萨满"直译为巫，是通天地之神，"挟懑"地名很可能与"萨满"的含义有关。我们从《金史·仆散浑坦传》中了解到，仆散浑坦生前被褒赠为金紫光禄大夫，这是个加官褒赠之官，并非属于王侯或女真宗室的贵族。因此，仆散浑坦的品级与克山金代具有石人、石羊等石像的大型贵族宗室的王侯墓葬的等级极不相符。克山县河北乡兴发（疑为新发）村河北林场东北隅的大型金代贵族墓地，绝非是仆散浑坦的家族墓地，而应该属于更高品级地位的宗室贵族或王侯一级的金代大墓。那么，金代乌裕尔河流域究竟有没有属于女真贵族或王侯一级的人物墓地呢？以《金史》查考的结果是，在女真贵族中只有婆卢火于金天眷元年（1138）薨于乌古敌烈地。乌古敌烈部的居住地就在乌裕尔河流域之北的嫩江上游，金初管辖乌古敌烈部的统军司治所，也应该在今嫩江上游区域求之。我们知道，今天的嫩江上游地区较大规模的金代古城就是嫩江县伊拉哈古城，暂定伊拉哈古城为金初乌古迪烈统军司治所是有依据的。《金史·婆卢火传》中对其死亡，采用"薨"字，这是非常符合王侯一级死去的专用名词。说明婆卢火的品级已经达到宗室贵族及王侯的等级。此外，婆卢火死后被封赠为"开府仪同三司"。所谓"开

① （元）脱脱：《金史·仆散浑坦传》，中华书局1975年版，第1844页。

府”是指开设府第，设置官吏。“仪同三司”则是说仪仗等同于三司，而三司则是指太尉、司空、司徒，亦称三公。金代的三司则称劝农、盐铁、度支户部三科为三司。婆卢火所统辖的乌古迪烈统军司的性质，具有劝农、盐税、度支金界壕所需的戍守费用等。如果，今嫩江县伊拉哈古城的确是金代乌古迪烈统军司治所的话，那么，婆卢火的葬地被选择在治所东南80多公里的风水宝地，也是符合王侯贵族墓葬所需条件的。另外，《金史》中所说的“乌古敌烈部统军司后升招讨司，与蒲裕路近”的记载，也从克山县河北乡新发村的这座金代大型贵族墓地的角度得到了旁证。今克山县河北乡新发村的金代大型墓葬，东南距离克东县金城乡金代蒲裕路故址仅有十余公里，而嫩江县伊拉哈古城则距离克东县金代蒲裕路故址不足100公里。

因此，确定金初乌古敌烈统军司的治所所在地，以及寻求金初乌古敌烈部游牧地的地望所在，当符合如下几个条件：

其一，金初乌古敌烈统军司的治所所在地，当必然距离金代蒲裕路故址较近。因为，这是《金史·地理志》中反复说明的重要前提。以往的学术界所笼统推断的齐齐哈尔附近，或泰来县附近的金代古城为早期金代乌古敌烈统军司治所的观点，主要是忽视了《金史》中所强调的“乌古迪烈统军司与金代蒲裕路近”的事实。其次，是没有考虑到齐齐哈尔附近与泰来县的地理位置距离金代蒲裕路较远，约在260公里以上。因此，与蒲裕路近的事实极不相符。

其二，金代早期乌古迪烈部的游牧地的地望，应在金长城外侧之北的嫩江流域求之。因为，若确定乌古敌烈部在金长城内侧，则使乌古敌烈部与女真的猛安谋克户，戍守金界壕的金兵，以及从西南、西北迁徙来的契丹人和其他部族的居地出现重叠的现象。金初的乌古迪烈统军司是专事管控乌古敌烈部的重要军镇，当距离金界壕外侧的乌古敌烈部较近。从金代界壕的起点向北即进入嫩江县界、内蒙古莫力达瓦旗界、鄂伦春自治旗界。这里属于嫩江上游地区和上游与中游的接合部。广袤的嫩江上游地区接纳了左、右两岸的无数条支流，由这些支流冲刷而形成的大片湿地与丘陵、浅山区形成了易于游牧和农耕、采集、狩猎多种经营的自然生态。嫩江的左岸由于小兴安岭向西延伸，造成地势略高于右岸。因此，在嫩江上游的左岸沿线金朝修筑了一条用城堡连接起来的防御型城池。这些城堡以嫩江县伊拉哈古城为中心，形成了对嫩江右岸乌古敌烈部的管控、招抚之势。因此，金初的乌古敌烈部游牧地的地望则在大兴安岭之东、嫩江之西、金界壕之北。这种推测与王国维先生的“兴安岭之东、蒲裕路之西、泰州之北”的地望是吻合的。

其三，金代大定年间，从西南、西北两路迁往东北路的契丹人，被安置在乌古敌烈部与金上京之间。这就为确定金代庞葛城的位置和乌古敌烈部的治所提供了重要线索。尤其是金朝大定年间，为加强对契丹人的控制，在其周围设置重重围堵的屏障，并以天然的江河围绕在契丹人的居地周边。其地域范围大致是北至乌裕尔河、讷谟尔河流域，南至松花江，东至呼兰河，西至嫩江。乌裕尔河以北过讷谟尔河即乌古迪烈统军司治所及乌古迪烈部的游牧地。这也是为什么在大定年间将乌古敌烈部、萌骨部族等变为乣军的主要目的之一，很可能就是利用这些部族来防范契丹人，以补充金军北边的不足。当然，乌古敌烈部的乣军很可能就成了契丹人在东北路北边的一道重要防线。

其四，《金史·习古乃传》：“以庞葛城地分赐乌虎里、迪烈底二部及契丹人，其未垦者听任力占射。”这里既说明乌古敌烈部的居地与契丹人的居地是以庞葛城为分界，同时也证明乌古迪烈部的地望具有“任力占射”的广阔地域。齐齐哈尔、泰来县境内都属于金界壕的内侧，其地域狭窄，不足以容纳乌古敌烈部的“任力占射”。庞葛城既是乌古迪烈与契丹的分界，也很可能是金初乌古迪烈统军司的治所。因此，确定金代庞葛城的位置，对于弄清金初乌古迪烈统军司的治所具有积极的意义。

其五，以《金史·食货志》诊之，金初的乌古敌烈部盛产食盐，不仅可以供本部族食用，而且还经常与周围部族进行交易。为此，金政府常征其盐税。众所周知，嫩江的中下游地区两岸有着大片的盐碱地，历史上曾经产可食用的土盐。然而，嫩江下游的产盐区并不属于金初乌古迪烈统军司或乌古敌烈部所拥有，而是属于金肇州、泰州、东北路、上京的食盐专属区。在《金史》中明确记载了乌古迪烈部有自己的产盐专属区。如果排除泰州、肇州境内的嫩江流域的产盐区，那么乌古迪烈部的产盐区就不在嫩江的中、下游两岸，而应在嫩江上游与中游结合部的位置去寻找。今嫩江县城的对岸就是嫩江上游右岸的甘河流域的下游，这一带现在依然呈现出大片的盐碱地，很可能就是金代乌古敌烈部的产盐区。

其六，考察金代早期乌古敌烈部统军司的治所及乌古敌烈部的游牧地，应认真考虑金初宗室开国名将婆卢火其人与乌古敌烈部的关系。尤其是要认真分析婆卢火的死亡地，以及婆卢火的埋葬地，这对于考证金初乌古迪烈统军司的治所至关重要。婆卢火虽是泰州的都统，但是他却死于巡查或驻守乌古敌烈部统军司的任上。当时金初的乌古迪烈统军司尚没有搬迁到旧泰州，而是在距离金代蒲裕路较近的地域内。今乌裕尔河之北的嫩江上游地区的左、右两岸，唯有嫩江县伊拉哈古城规模较大，且有两道城垣呈“回”字形。疑此城当是金代早期乌古迪烈统军司的治所。查伊拉哈古城的周围嫩江上游及乌裕尔河流域地区仅发现一处具有金代王侯贵族一级的大型墓葬。这座墓葬坐落在距离伊拉哈古城东南80公里，风景秀丽的小兴安岭西麓的山脉中，即克山县河北乡新发村附近，墓地有石人、石羊、石虎等石像。如果把婆卢火的死亡地和埋葬地与伊拉哈古城、克山县河北乡金代大型墓葬相联系，那么我们就可以看出伊拉哈古城是婆卢火的死亡地，就是金代的庞葛城，亦即金初乌古迪烈统军司的治所。当然，克山县河北乡的金代大型墓葬，还有待今后科学的考古发掘，方能最终确定其墓葬主人的身份。

其七，从地域出产珍珠的特点上观察，金初乌古迪烈统军司治所之地，亦即伊拉哈古城无疑。《金史·地理志》《金史·海陵纪》均记载，乌古迪烈统军司地与金代蒲裕路均盛产珍珠，金朝经常指派官员监督乌古迪烈部与蒲裕路的采珠事宜。今嫩江上游的支流、乌裕尔河流域、讷谟尔河流域、科洛河流域、老莱河流域在历史上均为出产珍珠的河流。今伊拉哈古城恰好位于讷谟尔河流域支流的老莱河附近，与《金史》记载的地方特产珍珠相合。

总之，符合上述七个综合条件的嫩江上游流域的金代古城，唯有嫩江县伊拉哈金代古城。故推断伊拉哈金代古城，当为金初乌古迪烈统军司的治所，而金代乌古敌烈部的游牧地就是金界壕外侧，伊拉哈古城以北、以西，今嫩江上游的左、右两岸之地。

需要说明的是，笔者主要是考证和确定金初乌古迪烈统军司的治所，厘清金代乌古敌烈部与金界壕的关系，梳理自王国维先生以来对金代乌古迪烈统军司及乌古敌烈部的学术推测与考证。因此，对于金代乌古迪烈统军司的多次迁徙的历史沿革和过程，将有另文发表。由于金代的乌古迪烈统军司治所，在金朝屡有变化。从金初到金末，有人把乌古迪烈统军司治所的迁徙变化，分为“四迁五地”。即庞葛城、旧泰州、金山、新泰州、肇州。其中庞葛城与金初乌古迪烈统军司治所的地望所在的认定，则是较为模糊和困难重重。因此，选择了《金初乌古迪烈统军司治所新考》这个选题。

从确定选题到研究过程，笔者进行长达近两年的时间。在研究过程中，得到了嫩江县委、县政府、宣传部、文广新局的大力支持。尤其是嫩江县委书记张世华、文广新局局长郝冰都在百忙的工作中，给予笔者无私帮助，致使笔者得以顺利完成这一课题。特别是齐齐哈尔市社会科学院地方史研究所所长孙文政研究员，毫无保留地为我提供了他积累十余年的嫩江流域金代古城、墓葬分布的宝贵资料。这是对我进行这一课题研究的重要补充和保障。在此深表谢意！

第六节　辽上京与辽中京

一　辽上京临潢府

在今内蒙古东部靠近大兴安岭南麓，巴林左旗林东镇南，有一座用夯土版筑而成的偌大古代都市的废墟。这就是公元9—11世纪，称雄于中国北方与五代十国、北宋并存的大辽帝国的都城——上京临潢府故址。

辽上京城的故地，原称为“大部落之地”，又称为“林胡故地”，本名“林荒”，今称“林东”镇。此外，还有“苇甸”“龙眉宫”“西楼”“明王楼”等称谓。辽神册元年（916），契丹族首领耶律阿保机统一契丹各部后，在龙化州之地（今通辽市库伦旗扣河子镇酒局子村西北古城）建国称帝，国号以族称名之，曰契丹国。两年后，即公元918年，阿保机命礼部尚书康默记，在“西楼”的基础之上修建皇都，这是辽上京城正式营建的开始。然而，辽上京的称谓则是始于辽太祖阿保机死后，公元938年辽太宗耶律德光改皇都之名为“上京”，此时正处在辽朝的鼎盛时期，燕云十六州之地已为辽朝所有。辽王朝建立的五京之制已经完备，原辽之南京辽阳府改为东京辽阳府，燕京改为南京，同时又以云州（今山西大同）为西京，今内蒙古的宁城为中京大定府。

众所周知，建立辽朝的契丹族属于东胡鲜卑的后裔。契丹人一直以车帐为家，过着逐水草而居的游牧和迁徙生活。契丹人素无邑室，居无常处。后来，契丹人在不断与汉人接触中，深受汉文化影响，经燕京的汉人指教，契丹人才始有城郭宫室之制。辽王朝于公元907年建国与我国历史上的“五代”相始，1125年，被女真人灭亡，几乎与北宋相终，这个北方帝国共存在218年。

辽上京临潢府始建于918年，而女真人于1120年攻占这座都城，并一度改称辽上京为金朝的北京，1150年又改称临潢府路。金朝灭亡后，这座昔日繁华的故都便成为废墟，被人们淡忘近五个世纪。直到清道光二十六年（1846），蒙古史学家张穆到巴林左旗调查辽代历史遗迹时，在其所著的《蒙古游牧记》一书中正式提出辽上京城临潢府的位置：“今巴林左旗大板镇东北140里处，有波罗城址，周长20里，疑为古之临潢。”所谓的“波罗城”，即蒙古语“紫城”之意。此后，1910年，法国传教士闵宣化来中国实地考察并撰写《东蒙古辽代旧城探考记》一书，将今巴林左旗林东镇东南的波罗城址，也推定为古之临潢。这是欧洲人第一次对辽朝历史遗迹进行实地考察。

除此之外，早在张穆与闵宣化成书之前，嘉庆年间成书的《大清一统志》就有详细的考证：“今巴林东北，当乌尔图绰农河汇合戈尔绰农河处，有波罗城址，旧有三塔久毁，当即古之临潢。”此乌尔图绰农河汇合戈尔绰农河，即今天辽上京城东南的白音高洛河与乌尔吉木伦河的汇合处。“旧有三塔久毁”，指辽上京城南城（汉城）中的三座佛塔。

我们从辽上京临潢府故城遗址地表残存的痕迹上观察，可以清晰分辨出古城的形制与城垣分布的范围。这座由南、北二城组合而成的古代都市，曾向人们昭示昔日的繁华景象。经过考古学者们的反复实测，南、北两城的周长为8916.9米，约合唐代里数为17里（9792米）。[①] 在两城的外部还有一道郛郭城垣，周长大致27唐里（15552米），这一里数恰与《辽史》中记载的辽上京实际里数基本相合。目前，保存较好的是皇城亦称“北城”，城墙高大雄伟，个别城垣部分高达10余米，墙基底宽12—16米，而南城保存较差，城垣大部荡然无存。在南北两城之间，有白音高洛河由西向东穿过，形成一道天然的屏障，将这座古代帝国之都一分为二。这种以天然河流将整座城市分割成二元体系的做法，对后世的都城建筑影响很大。从城市的整体布局上观察，辽上京南、北两城二元体

① 唐里1里等于今576米，此据杨生民《中国里的长度演变考》，《中国经济史研究》2005年第1期。

系的形成，具有深刻的政治、经济、文化和军事等方面的内涵。北城为皇城，南城为汉城，其基本特征是“北朝南市”。

尤其是皇城的形制（即北城）十分特殊，城垣的东、南、北三面均是垂直，城墙相交处都成为直角。唯独西城墙的南、北两端的城垣切折成平角，这样便使皇城的平面形成六角。有趣的是西墙南、北两端的平角基本上是相等的，这说明设计者对于这种城垣的形制具有独到的理念。为什么要把皇城设计成这种形制呢？要想回答这个问题，就必须从辽上京城所处的地理位置，以及中国古代传统文化和帝王之尊的思想方面入手，进行深入探讨。

辽上京城所处的地理位置和地理形势很有特色，其西北横亘着由东北伸向西南的大兴安岭南部的山脉。发源于辽上京城西北的山地的诸水，是构成契丹人的母亲河——西拉木伦河（译成汉语为潢水）的主要水系。其中乌尔吉木伦河与白音高洛河二水，在辽上京城的东南隅相汇合后流向东南，并注入西拉木伦河。辽上京城的正南方向，则是连绵起伏的丘陵，一直连接着自西向东，汇合老哈河后继续向东流经通辽市，在今辽宁省的双辽县与东辽河相会形成辽河的干流后南流入渤海。西拉木伦河实际上构成了防御辽上京城正南方向的天然防线。上京城的正东，则是一望无际的沙坨和湿地，经阿鲁科尔沁旗直达吉林省的通榆、洮安、白城一带，并与松辽大平原相接。总之，辽上京城的正东与东南方向是地域开阔的沙丘、湿地、草原、平原、河谷和海湾。如从辽上京城周边地理环境的整体上看，上京城的位置是坐镇西北的大兴安岭山地，面向东南的辽海大地。这一地理环境与《辽史》形容的上京地势完全相合：上京之地“天梯、蒙国、别鲁三山环峙，负山抱海，天险足以为固”。所谓的“三山环峙”，说明“天梯、蒙国、别鲁”分别是三山环峙的地名，其三山当在辽上京周围的北、西北、西三个方向。“负山抱海”一词，则是从辽上京周围的大地理观角度去理解，抱海的方向当为上京的东南辽海之地。

辽上京临潢府古城所处的地理位置和地理形势极具地域特色，其西北横亘着由东北伸向西南的大兴安岭南部的乌兰达坝岭。乌兰达坝，为蒙古语，意即“赤山”，其中有紫色之意，古称“紫山”或“赤山”，又称“乌兰岭”。《辽史》中的所谓的“别鲁”之山的名称，亦即“波罗”之名称的同音异写，其本义即“紫山”，而“波罗城”译成汉语有“紫城”之意。今乌兰达坝岭就是《辽史》中记载的辽上京三山之一的“别鲁”山。辽上京周围的地势，由西北向东南逐渐降低，呈不规则的缓坡型。

发源于辽上京城西北和东北大兴安岭山地的诸水，是构成契丹人的母亲河——西拉木伦河（译成汉语为潢水）的主要水系。临潢府的本义，实际上就是临近潢水之意。学术界曾经对潢水究竟是哪一条河的问题，进行过广泛的讨论。有人认为，今流经辽上京南北二城的白音高洛河即辽之“潢水”，而有人则认为，今西拉木伦河才是“潢水”。其实，我们只要认真审视白音高洛河所流经的地域，就不难理解辽代的潢水地望。白音高洛河与乌尔吉木伦河二水，在辽上京城的东南隅汇合后流向东南，经阿鲁科尔沁旗，又入通辽市，注入新开河。根据目前乌尔吉木伦河下游延伸的古河道表明，乌尔吉木伦河原为西拉木伦河的支流。依据地质变迁所提供的数据说明，由于历史上松辽分水岭的抬升及西辽河北部沙丘的发育，使乌尔吉木伦河逐渐改变了方向，从而形成了现在的乌尔吉木伦河蜕变成内流河的形态。这就是从地图上所看到的乌尔吉木伦河流经到梅林庙附近后，就消失于沙丘和湿地的主要原因。由此可见，乌尔吉木伦河实属西拉木伦河（潢水）的支流。从这个意义上说，今白音高洛河与乌尔吉木伦河均属于辽代的潢水水系。辽代的临潢府之名称，则与此二水有关。

辽上京城的正南方向，是连绵起伏的丘陵地带和片片沙带，一直连接着自西向东流淌的西拉木伦河。西拉木伦河流经龙化（辽之龙化洲附近）北部后与发源于燕山北麓的老哈河相会继续东流，经科尔沁沙地北部的通辽市，北纳新开河、南接敖来河，在今辽宁省的双辽市与东辽河相会，并形成辽河的干流南流直入渤海。西拉木伦河实际上，构成了防御辽上京城正南方向的一道天堑。

辽上京城的正东，是一望无际的沙坨和湿地，经阿鲁科尔沁旗直达吉林省的通榆、洮安、白城一带，并与松辽大平原相接。由乌尔吉木伦河冲刷而成的几条较大的横川并列，构成了辽上京东部的重要产粮区和宜农宜牧的经济区。总之，辽上京城的正东与东南方向是地域开阔的沙丘、川地、湿地、草原、平原、河谷，并可直通渤海湾。如从辽上京城周边地理环境上看，辽上京城的位置是坐镇西北的大兴安岭山地，面向东南的辽海大地。这一地理环境与《辽史》形容的上京地势完全相合：

辽上京之地有“天梯、蒙国、别鲁三山环峙，负山抱海，天险足以为固”。所谓的“三山环峙”，说明“天梯、蒙国、别鲁”分别是环峙辽上京的三山地名。其东北当为“别鲁山”，已如前述，而蒙国山可能就是辽上京西北的海拔最高峰的白音汉山，“白音”即富饶之意。“天梯山”则可能在今乌尔吉木伦河与查干木伦河二水的相交处附近，即近阿鲁克尔沁旗的天山镇。天山之地名，可能为天梯山之名讹传而来。今天山镇附近有平顶山之地名，附近有一山，山形似梯，犹如天梯一般，疑此山当为辽之“天梯山”。可见，辽上京周围的“天梯、别鲁、蒙国”三山当在其东北、西北和正东的三个方向。辽上京城的西南是纵贯蒙古高原南北数百里的“平地松林”，这是自古以来天然形成的一条松树林带，南部直达承德北部的“坝上”——清朝皇帝狩猎的木兰围场。过平地松林向西可直抵云州（今山西大同）境内。《辽史》中所谓“负山抱海”之句，则是从辽上京周围的大地理观角度去理解，“抱海”则是专指辽上京东南方向的辽海大地。

综上所述，辽上京周围的自然地理环境的特色决定了其政治、经济、军事和文化的地位与角色的重要意义。其西、西北与东北构成了契丹人的狩猎区，而东部与东南则构成了牧业以及兼容农业的农牧区，辽上京的南部则是与中原往来的商业贸易、交通、朝贡、使聘，以及文化交往的特殊区域。过潢水后则又进入老哈河流域的发达农业区。广袤的大兴安岭为其提供了用之不尽的狩猎资源，辽阔的草原与湿地为其牧业的发展提供了天然的牧场，肥沃的河谷川地为其农业生产提供了最优越的条件。这些，都是形成辽上京文化特色的经济基础。

二　辽中京大定府

辽中京大定府，为辽朝的第六位皇帝耶律隆绪（谥号圣宗）所建，是老哈河流域上最为壮观的一座古代都市。它坐落在今内蒙古自治区赤峰市东南宁城县的大明镇。这里原为奚族故地，辽圣宗统和二十年（1002），由辽朝的五帐院向圣宗进献奚王之地。统和二十二年（1004），辽、宋之间达成了“澶渊之盟”。统和二十三年（1005），辽圣宗便在此地修建了辽朝的国都，并于统和二十五年（1007）完成了新都的修建，“号曰中京，府曰大定”。从此，这里便成为辽朝中后期政治、经济、军事、文化的中心。当时的北宋皇帝曾经派遣使臣路振，于辽统和二十八年（1010）贺辽中京建成之礼。路振回归北宋后撰写了《乘轺录》，书中对辽中京进行了详细的描述。实际上，从统和二十五年（1007）始，辽中京大定府就成为辽王朝新的都城，开始了辽王朝新的历史进程。

（一）老哈河与辽中京的地理环境

老哈河始称于清朝，此前曾被称为土河、涂河、屠何、吞河、老河、老花母林、老哈母林河。（1）《嘉庆重修大清一统志》喀喇沁词条曰："老河，在右翼南一百九十里，蒙古名'老哈'，源出明安山，东北流会诸小水，经敖汉北，翁牛特左翼南，又经奈曼喀尔喀二部之北，流五百里许，与潢河合。明，米万春《蓟门考》：'大宁城北，有老花母林'，番云，即大河也。自青山西北流来，绕过大宁城南，往东北与捨喇母林合，共入辽东三岔河。按老花，即老哈，母林，即木伦。捨喇母林，即西拉木伦。"其实，"老花母林河""老哈母林河"的"母林"，就是"木伦"的同音异写的名词，蒙古语译作汉语就是"河"的意思。由"老哈母林河"最后蜕变成"老哈河"则是顺理成章的。如果按照《嘉庆重修大清一统志》的理解，"老哈"一词实为蒙古语，即有"大河"之意。有人考证老哈河古代称为"乌侯秦水、托纥臣水、土护真河"之说则不可信。（2）老哈河发源于河北省平泉县西北山区的柳溪满族乡，从宁城县甸子乡入内蒙古赤峰市境内，流经赤峰市东南部的喀喇沁旗、元宝山区、松山区、敖汉旗后，在翁牛特旗大兴乡以东与奈曼旗交界处，汇入西拉木伦河，成为西辽河的南源。老哈河全长400多公里，流域面积达33076平方公里。全水系共有大小河流165条汇入老哈河，其主要支流有八里罕河、坤都冷河、英金河、羊肠子河等10条，均系长年流水河。

在今内蒙古赤峰市东南的宁城县，邻近辽宁省建平县的地方，有一座古镇叫"大明镇"。在大明镇南铁匠营子乡偏北处，至今还保留着一座古代都市的废墟，几座巍峨挺拔的古塔和绵延的断壁残垣，透视着昔日的辉煌，散落在古城周边的现代村落和民居则表现出一种延古的情怀。

大明镇隶属内蒙古赤峰市宁城县管辖。1956年建乡，1969年乡政府（时称公社）从大明城故址迁往今地，并沿用大明乡称谓。1984年改为大明镇。"大明"之称谓来源于明朝洪武年间，朱元璋封其第十七子朱权为宁王，建番大宁，始称大明新城，又称大宁卫。铁匠营子乡是1962年从当时大明乡政府分离出来的大明良种场，1983年撤场建乡，为了与原有的大明镇（乡）相区别，遂更名为铁匠营子乡。辽中京与大明城故址就坐落在铁匠营子乡政府所在地。然而，今宁城县的大明镇虽然继续沿用明朝的大明城称谓，但是镇政府的所在地已经不是原来辽中京和大明城的位置。

依据《辽史·地理志》所知，辽朝的第六位皇帝耶律隆绪，“尝至七金山的土河之滨（今大明镇南的老哈河），南望此地云气中有郛郭楼阁之状，因议建都。择良工于燕蓟，董役二岁，郛郭、宫掖、楼阁、府库、市肆、廊庑，拟神都之制”。辽朝的七金山就是今天的七老图山脉的九头山，位于辽中京故城遗址北约 7 公里。“土河”，即今老哈河，发源于燕山南麓。老哈河流域一直属于奚族的居住地，被契丹族征服后臣属于契丹，并设有奚王牙帐。辽圣宗统和二十年（1002），“五帐院进奚王牙帐地，二十五年成之，实以汉户，号约中京，府曰大定”。

《辽史·圣宗纪》又载，北宋于“统和二十六年五月己巳（1008），遣使贺中京成”。从此，今铁匠营子的大明城之地，便成为辽朝五京之一的中京大定府。辽中京大定府，原为奚族的居地。契丹族强大后，沿西拉木伦河南下，进入老哈河流域，奚族举部臣属于辽朝。统和二十年，奚族将奚王府，又称奚王牙帐地，包括七金山、土河川等肥沃的土地都献给了契丹，并由契丹的五帐院管辖。辽统和二十四年（1006），五帐院又将奚族王的牙帐之地全部进献给辽圣宗。于是，辽圣宗开始在奚族王府之地营建中京大定府。从此，辽中京大定府逐渐成为辽朝中、晚期新的都城。

其实，辽统和二十二年（1004）是辽王朝与北宋关系发生重大转折的年份，即辽、宋缔结了“澶渊之盟”，从此结束了辽宋之间无休止的征战。辽王朝之所以在今大明镇修建辽中京城，主要是出于对这一政治大背景的考虑。辽圣宗耶律隆绪是一位很有作为的皇帝，他为了求得长久的和平与稳定，在缔结“澶渊之盟”后，决意将辽朝的政治统治中心由辽上京（今内蒙古巴林左旗）南徙近燕，接近中原内陆，修建了中京大定府。最终，辽、宋双方均赢得了长达 100 多年的和平局面。

辽中京大定府城，修建在发源于燕山南麓七老图山脉的老哈河上游流域，这里有肥沃的河谷平原。北临七金山（今称九头山），西近马盂山（今称七老图山），南濒土河（今称老哈河），东接努鲁儿虎山。四面环山之势，犹如屏障环绕，造就了这一地区气候温和、水草丰美、土地肥沃、宜耕宜牧的地域特色。由中京大定府向南，翻越燕山山脉，便是辽朝的南京（又称燕京，今北京），而北渡西拉木伦河便是辽上京临潢府之地，西北与蒙古高原相接，东南濒临渤海，地近辽朝的东京辽阳府。由此可见，辽中京是介于中国燕山南北以及中国东北地区南部经济、文化的交会点上，可谓咽喉要道的形胜之地。辽中京的修建与辽、宋间缔结的“澶渊之盟”密切相关，并成为辽王朝发展鼎盛时期的标志。

关于辽中京的历史文献记载，较为详细的当属北宋路振于辽统和二十八年（1010）作为贺辽中京建成的使臣，出使辽朝时所撰写的《乘轺录》一书。路振在辽中京觐见了辽圣宗和圣宗的母亲萧太后。《乘轺录》中对辽上京的描述，属于可信的第一手资料，因此被史学家频繁使用。1959 年，内蒙古文物考古工作队在辽中京城遗址进行了大规模的考古发掘，进一步证实了北宋使臣路振在《乘轺录》中记述的辽中京的真实性。

（二）辽中京的城制结构与主要遗迹

辽中京城在模仿北宋都城汴梁府的基础上有所创新。中京城由 3 座近乎方形的城池套筑而成。今天依然可以辨认出辽朝所修建的三重城墙的痕迹。按照考古工作者的划分标准，辽中京分外城、内城和皇城。其中外城的规模最大，东西城垣长 4200 米，南北城垣宽 3500 米，周长近 15.5 千米，是辽朝五京中规模最大的城市。外城墙高达 6 米，皆为夯土版筑，顶宽 15 米，城墙外壁每隔 90 米修筑一个马面，突出了军事防御功能。在辽上京外城的南垣共开设 3 座城门，东门为长乐门，西门为景昌门，正中为朱夏门，其上建有楼阁。入门后是一条宽 64 米、长 1400 米的中央大街，向北直达内城的南门叫阳德门。中央大街的路面略呈弧形，上面铺有大量的河卵石。大街两侧建有用石块砌成的排水沟，其上覆盖木板，排水沟一直连通城内的污水，经城墙下的涵洞排放入城南的老哈河。中央大街的两侧为市坊建筑的区域，东、西各有 4 坊，坊与坊之间修有坊墙和坊门。东北隅为丰实坊、贵德坊；东南隅为虎臣坊、致用坊；西南隅为货迁坊、利通坊；西北隅为世恩坊、迁善坊。在坊区内建有 4 座市楼，为天方、大衢、通圜、望阙，居高临下监视坊内的居民。外城内主要有商贾贸易的行市，衙署有大定县、长兴县等，有专门负责接待来访的高丽、西夏、北宋和西域使节的大同馆、来宾馆、通天馆等客馆。城内还建有许多寺院、庙宇、各种手工作坊和居住区。在中央大街的两翼还修建有南北向大街 3 条，宽 8—12 米，东西向大街 5 条，宽达 15 米，街道交错，布局有序。在街道两侧，每隔百米建有小巷。外城的总体布局，形成街、道、坊、市与衙署、客馆、市楼、小巷相互映衬的格局。

辽中京城的内城位于外城的中部。内外两城的平面略呈“回”字形。内城东西长2000米，南北宽1500米，周长7000米。内城的城垣上也设有马面和角楼，城墙的防御措施明显增强。内城的南城墙中央开设一门，为阳德门。从阳德门到皇城南门的阊阖门之间，有一条宽达40米的大街，在大街两侧筑有墙体，使内城与皇城之间的防御体系连成一体，既填补了内城与皇城之间的防御空白，也解决了两城距离间的美观问题。在墙体两侧广泛栽种树木与花藤类植物。内城的南部为毡帐区；北部则为官邸、衙署、贵族的居住区，有宰相府、文宗王府、国子监、文思院、警巡院、中京学府、总管府、处置司等。内城主要居住着皇家的禁卫军和皇城的守卫部队，其居住的建筑多采用契丹族传统习俗，利用毛毡、皮帐，设置军官和兵士们使用的穹庐。内城驻扎军队的主要任务是平时守卫皇宫和衙署、官邸等，战时则出征杀敌。

辽中京城的皇城，位于内城正中的偏北处，其平面呈正方形。皇城各边墙长1000米，周长4000米。内城的北墙与皇城的北墙，为同一道城墙。这种利用内城北墙作为皇城北墙的做法，与渤海上京龙泉府的修筑方法一致。皇城的东南、西南城墙的转角处修筑有坚固的角楼。皇城南墙的正中开设一门，名阊阖门，其建筑完全模仿北宋皇都的宫门，共设有5个门洞，其上建有雄伟的楼阁，名五凤楼。值得注意的是，辽中京皇城南门的五凤楼与渤海上京皇城南门的五凤楼的称谓和建筑特点，有着惊人的相似之处。联系到辽中京分外城、内城、皇城三城环套的布局，以及皇城居于“回”字形城的北侧，并利用内城北墙与皇城北墙相合的特点，或许辽中京城的修建具有渤海国匠人的设计思想，辽中京城是否受到渤海国的影响呢？尚有待于深入调查和研究。辽中京皇城五凤楼的东、西两侧设有东、西掖门，从东掖门进入皇城后，经武功门可直达武功殿，这是辽圣宗的居住之所。从西掖门进入皇城，经文华门直达文华殿，这是辽圣宗的母亲萧太后的居所。围绕着武功殿和文华殿，分布着太祖庙、景宗庙、御容殿、观德殿、延庆殿、永安殿、会安殿、永昌宫等建筑。皇城内还设有祖庙，以及辽朝历代皇帝的石像，中京建成后其宫殿的建筑不断增加，辽开泰八年（1019）新建了延庆殿和永安殿。开泰九年（1020）、开泰十年（1021），又先后在皇城内修建了太祖庙和景宗庙。此外，还建有承天皇后的御容殿、皇家内库、飞龙院（御马院）等大型建筑。据《契丹国志》载：“天庆八年，天祚在中京，闻燕王兵败，女真入新州，昼夜忧惧，潜令内库三局官打包珠玉珍玩五百余囊，骏马二千，夜入飞龙院喂养为备。”辽中京在统和二十七年（999）建成之后，又不断得到辽王朝的重视，并于开泰七年（1018）、八年（1019）、九年（1020），以及重熙二十三年（1054）得到了续建和扩建。

除此之外，辽朝笃信佛教和道教。所以，辽中京城内遍布寺庙与道观。如玉清观、园宗寺、咸圣寺、华阳宫、静安寺、镇国寺、感恩寺、报圣寺、三学寺等数十个寺庙与道观。现今在辽中京城的遗址上，依然保留着3座辽代古塔。俗称大塔、小塔、半截塔。大塔是建在中京外城丰实坊内感恩寺的释迦牟尼舍利塔，此塔始建于辽寿昌四年（1098），为八角实心密檐式砖塔，高80.32米，周长113米，是目前我国保留的古塔中体积最大的一座。辽中京作为辽朝中晚期的都城，共存在近116年。在辽中京外城朱夏门南侧的土河上，原存有辽代修建的千秋桥遗址，如今“河水滔滔依旧，无处寻觅彩虹”。千秋桥遗迹虽然难以寻觅，但是金代诗人赵秉文所题写的《土河千秋桥》一诗却幸运地保留下来。我们可以凭借“华表狻猊势自雄，栏杆十二玉玲珑。势吞晓岸横苍兽，影落寒江浸彩虹”的诗句，对当年千秋桥的壮观产生无限的遐想。

（三）

1115年，兴起于松花江流域的女真族建立大金王朝，辽中京于1122年被金军攻占。辽朝的末代皇帝——天祚帝打点500包珍贵的珠宝玉器，挑选飞龙院2000匹御马，匆忙逃离中京。不久，辽王朝在金军铁骑的追击下走向灭亡。

金王朝占领辽朝的中京后，立即将这里作为女真人剿灭辽朝残余势力的指挥中心而加以利用。不仅如此，女真人还将自己的太庙迁到辽朝的中京。并在辽中京外城的“八坊”之内，又兴建和修复了一批寺庙，如感圣寺、崇定寺、太子寺、楞严寺、大觉寺禅寺、护国寺、兴圣寺、静安寺、传教寺和白莲寺。金天德五年（1153），金朝的第四位皇帝海陵王完颜亮，将金朝的首都从今天哈尔滨市的阿城区迁至燕京（今北京），改辽、金两朝的南京（燕京）为中都，辽朝中京大定府则被改称为金朝北京大定府。至此，金朝在承袭辽朝的五京之制的基础上，演变为“六京”制。即上京会宁府（今哈尔滨市阿城区）、东京辽阳府（今辽宁省辽阳市)、西京大同府(今山西大同市)、北京大定府(今宁城大明镇)、中京(都)大兴府(今北京市)、南京开封府(今开封市)。至于金朝为何要变“五京”之制而改为“六京”治理天下,则不可思议的。需要说明的是,金朝的上京曾经在海陵王搬迁燕京时,被削去上京号,而金世宗登基后又恢复了上京之号。是否在这一过程中,出现了六京的事实呢,还是另有原因,实在是个难解之谜。

1211年,成吉思汗建立蒙古国的第六年,木华黎率领蒙古军围攻金朝的北京大定府,城中粮绝,金朝镇守北京大定府的女真统帅寅答虎举城投降了蒙古。金朝的北京(辽中京)遂被元朝所沿用,初为大元北京路总管府,后改北京路为大宁路。至元二十五年(1288)又改称武平路,二十九年(1292),复为大宁路,路址仍设在辽中京的位置,并置兴中府。元初的北京路与大宁路的位置十分重要,是元大都连接漠北、漠南,通往东北地区的交通枢纽。由大都出发,共有三条重要的交通驿路经由此地。元朝的北京路在辽中京城和金北京城的基础上,曾进行过较大的改造和增筑,并成为元朝东北地区最繁华的城市之一。

明朝初年,朱元璋派大将军冯胜驻守该城,洪武年间设立大宁都指挥使司。1387年,设大宁卫。1391年,朱元璋封朱权于大宁城后,建有宁王府,又名紫金城。1399年,朱氏家族为争夺皇位,发生了内乱。燕王朱棣挟持宁王朱权南归,并将大宁城(大明城)焚毁。1403年,燕王朱棣继皇帝位,全力兴建燕京的大明都城,而辽中京城故址则因多年战乱和年久失修,已经赤地千里,满目疮痍,呈现出一派荒凉的景象。永乐初年(1403),明朝皇帝将大宁之地赐予朵颜(又称诺颜)、泰宁、福余三卫,大宁城从此衰落。这座古城由兴建到废弛(1005—1399年),共经历了394个春秋的洗礼,作为塞外的政治、经济、文化、军事中心的地位,辽中京城历经辽、金、元、明四个朝代。“遥想当年辽日月,荒碑无语阅山川。”今日的宁城县就是取自元朝大宁路的“宁”字,而大明镇则延续了明朝“大明城”的称谓。

值得注意的是,把辽中京大定府作为辽朝圣宗时期所建新都的提法,最早是由顾祖禹在《读史方舆纪要》中的《历代州域形势》中考证出来的。“契丹以临潢为皇都,亦曰上京……辽西曰中京。注:宋景德四年,隆绪城辽西为中京,府曰大定,自上都迁都焉。”然而,顾祖禹这条重要的考释,却在100多年来的中外辽史研究领域无人提及,甚至一直把辽朝都城从上京迁往中京这样重大的历史事实，完全忽略了。直到20世纪70年代，我国著名历史地理学家谭其骧先生在编辑《中国历史地图集》时发现这个问题，并撰文专门考证辽中京从辽圣宗开始作为辽朝中、后期的都城而存在过，并把自己的10条考证依据和顾祖禹在《读史方舆纪要》中的考证，一并公之于众。

第七节　金上京研究综述

金上京会宁府先后历太祖、太宗、熙宗、海陵王四帝，共38年，是金朝发展的重要阶段。在此期间，女真人摧枯拉朽般地瓦解了比自身强大数倍的百年辽帝国，并直捣汴京，形成了与南宋划江而治的又一“南北朝”局面，金上京作为大金帝国的肇兴之地，为金朝的迅速崛起奠定了基础。

源远流长的阿什河发源于大青山南麓，自南向北注入松花江，这里是金朝诞生的摇篮。金上京区坐落于今哈尔滨市阿城城南2公里的阿什河西畔，东靠绵延逶迤的张广才岭，北抵松花江，南望拉林河，西连沃野千里的松嫩平原，区域内水源丰沛，气候适宜，土地肥沃。种种优越的条件，使得上京会宁府迅速发展成为当时黑龙江地区乃至东北亚地区的政治、经济、文化中心，屹立于广袤的金源大地之上，迸发出耀眼的光芒。随着金帝国的兴衰荣辱，金上京也历经重重坎坷，最终沉寂于阿什河畔。

一　金上京城考古发现与研究

历经800年风雨剥蚀和战争破坏，金上京那壮丽辉煌的皇宫殿宇早已湮灭于历史滚滚洪流之中，留下来的除了历史的记忆之外，只剩下宁静地躺在阿什河畔的古城遗址。而今无数学者皓首穷经，通过毕生努力研究先人遗留的古城，追溯大金帝国当日雄浑壮丽的景象，揭开尘封千年古城的面纱。

金上京遗址及其周边墓葬、城址的考古工作是研究金上京的基础，至今，考古工作仍一如既往地进行，黑龙江考古文物考古研究所等机构发表了数篇考古报告，这些考古报告成为研究金上京重要的资料。黑龙江省文物考古研究所所作《黑龙江阿城巨源金代齐国王墓发掘简报》[①] 和《“金源故地”发现金齐国王墓》[②] 两篇考古简报，介绍了1988年黑龙江文物考古工作者在阿城市（今阿城区）巨源乡城子村发掘的齐国王墓，墓中出土大量丝织品，以及“太尉仪同三司事齐国王”木牌一块。它以保存完好、出土文物丰富珍贵、墓主人身份的显赫，为我国金代考古所罕见，是我国考古工作中的又一次重大发现。阎景全的《黑龙江省阿城市双城村金墓群出土文物整理报告》[③] 报告了1980年阿城区金上京东1.5公里处所发现的一处墓群的文物整理情况。王春雷、杨力的《金上京遗址西侧发现的金代墓葬群》[④] 介绍了1998年在金上京遗址以西，发现一座古墓及发掘的过程，为研究金代前期女真族在上京地区的生活习俗、丧葬制度提供了有价值的资料。这些考古报告均为上京地区墓葬研究提供详细的第一手资料。

为配合绥满公路扩建，黑龙江文物考古研究所对阿城区至尚志市沿线展开考古调查，在亚沟刘秀屯发现一处大型建筑基址。遗址发现后，立即引起各界的高度重视。《中国文物报》于2012年12月27日刊登李陈奇《黑龙江亚沟刘秀屯发现宋金时宫殿基址》[⑤] 一文，详细介绍刘秀屯建筑基址的发掘情况。从建筑基址特点、地理位置、周围重要遗迹以及结合有关古文献进行综合考察，这应是一处金代皇家宫殿建筑，其建筑和使用年代均在金朝前期。关于其功能，有的学者认为是当时皇帝百官祭祀太阳之“朝日”殿。刘秀屯金代皇家建筑基址是我国传统礼制建筑的罕见实例，它的发现与发掘，对研究宋金时期政治体制、宗教信仰、风俗习惯以及建筑风格等，提供了翔实而不可多得的第一手资料，在中国建筑史上占有十分重要的地位。国家文物局派出专家组两次抵现场考察论证，认为：“该基址是迄今考古发掘所见的宋金时期规模最大、等级最高的宫殿建筑基址，无论对黑龙江考古，还是全国宋金时期考古，都

① 黑龙江省文物考古研究所：《黑龙江阿城巨源金代齐国王墓发掘简报》，《文物》1989年第10期。

② 黑龙江省文物考古研究所：《“金源故地”发现金齐国王墓》，《北方文物》1989年第1期。

③ 阎景全：《黑龙江省阿城市双城村金墓群出土文物整理报告》，《北方文物》1990年第2期。

④ 王春雷、杨力：《金上京遗址西侧发现的金代墓葬群》，《金史研究论丛》，哈尔滨出版社1995年版，第343—345页。

⑤ 李陈奇：《黑龙江亚沟刘秀屯发现宋金时宫殿基址》，《中国文物报》2012年12月27日。

是极为重要的发现。”赵永军与刘阳的《金上京考古取得新成果——发掘揭露南城南墙西门址》① 介绍了2014年6月至10月，黑龙江省文物考古研究所对金上京南城南墙西门址考古发掘的情况。此次考古发掘面积1100余平方米，取得了重要的学术成果：“本次考古发掘是第一次对金代都城门址进行的科学发掘，了解了金代都城门址的基本形制结构。南城南墙西门址由城门和瓮城两部分组成，门址为单门道，两侧有地栿石与排叉柱等构造。该门址的基本形制特征具有显著的唐宋时期门址的特点，其门道两侧对称竖立大圆木柱支撑顶部过梁结构的做法，墩台及相接城墙内外两侧砌筑包砖的现象，与克东蒲裕路城址的南门址结构相一致，体现了金代城门建筑的新规制。门址门道及瓮城内有多层路面的使用情况，瓮城墙经过两次补筑修复，均反映了上京城址的修筑过程和使用情况。瓮城内东北角发现有带火炕的房屋，具有特殊的居住使用功能。瓮城墙内侧筑有砖砌的一类用于排水的特别设施，为了解金代城墙结构特征提供了新材料。”

除此之外，全面介绍考古发现进展与情况的考古综述类文章，也有很高的学术价值。孙秀仁在《黑龙江地区辽金考古与历史研究的主要收获》② 一文中，系统梳理了众多金上京地区的遗址与文物，如阿城五道岭地区古代冶铁遗址、上京会宁府故城、金代铜钱和银锭、金代铜镜、金银器与瓷器、金代墓葬，简要总结了金代官印的汇集与整理情况。使人们对金代上京地区出土文物种类与数量有了一个大致的认识。李冬楠的《金上京研究综述》③ 回顾了金上京的研究历程，从宋金时代的著作如《宣和己巳奉使行程录》《松漠纪闻》《金虏图经》对金上京地理位置的描述到近代中日俄学者对金上京遗址的测量，细数了有关金上京的研究成果，对城周长测量、城门、瓮门数量以及城市整体布局等问题进行更进一步的探讨。赵永军与李陈奇的《黑龙江金代考古述论》④ 把黑龙江地区金代考古的历程共分为两个时期，其中新中国成立后又分为了两个阶段。之后又对重要考古发现与研究现状作一宏观的回顾与总结。概括性

① 赵永军、刘阳：《金上京考古取得新成果——发掘揭露南城南墙西门址》，《中国文物报》2015年1月30日。

② 孙秀仁：《黑龙江地区辽金考古与历史研究的主要收获》，《黑龙江民族丛刊》1983年第1期。

③ 李冬楠：《金上京研究综述》，《黑龙江社会科学》2009年第5期。

④ 赵永军、李陈奇：《黑龙江金代考古述论》，《北方文物》2011年第3期。

地总结了上京会宁府等七座城址、墓葬、聚落址、建筑址、界壕、矿冶遗迹、碑刻，以及铜镜、铜印、金银器、玉器、瓷器等出土文物。作者认为黑龙江地区的金代考古起步虽早，但是进展缓慢，缺乏宏观的整体设计和系统性的课题式的工作安排。一些重要的成果更是没有及时报道公布，阻滞了一些重要课题的深化研究。在步入新的历史发展的关键时期，笔者也提出加强基础田野考古资料整理研究、加强区域合作和学术交流等思考与建议。

城市布局是一座城市给人留下的第一印象，有关金上京整体规划布局问题，目前主要有三种观点：第一种观点认为金上京形制受辽上京的影响。笔者认为："金上京城修建时的整体布局，已经脱离了汉唐以来的皇城的宫殿区往往位于城区的偏北，且坐落在两翼对称的中轴线上的传统筑法。并与渤海国上京龙泉府城池的整体布局，有着浑然不同的风格。金上京城南北二城的布局，以及中间的隔断式的城垣结构，自西向东流淌的河流方位，都呈现出辽上京城的风格特征，透视出金上京城的修建可能深受辽上京城的影响。"[①] 韩锋认为南北二城外郭形制在太宗时期已经定型，因而上京城的规划设计是受辽上京临潢府影响。[②] 第二种观点认为金上京受北宋都城汴京影响，李士良《金源故都——上京会宁府》和孙秀仁的《金代上京城》认为金上京是仿照北宋汴京建成的，布局与汴京基本相同。李建勋的《金上京史话两题》[③] 认为金上京南皇城北汉城的布局是因袭中原王朝前朝后市的规划。第三种观点认为金上京的布局同时受辽上京和宋汴京的影响，景爱在《金上京的规划及其他》以及其后的《金中都与金上京比较研究》[④] 的文章中认为，金上京形成的工商业区、官署区、宫殿区，模仿了北宋汴京城，但南北城的布局，则取法于辽上京，是辽朝南、北分治的两重政治体制的延续。郭长海《金上京都城建筑考》[⑤] 一文认为，上京城的规划设计者是久居于辽的汉人卢彦伦，他比较熟悉辽朝的京都建制，尤其了解辽上京临潢府及辽帝"捺钵"行宫，他被委任知会宁府新城事，规划和设计金上京会宁府，在接受辽上

① 王禹浪、王宏北：《女真族所建立的金上京会宁府》，《黑龙江民族丛刊》2006 年第 2 期。
② 韩锋：《金上京城市建设》，《黑龙江史志》2010 年第 15 期。
③ 李建勋：《金上京史话两题》，《黑龙江农垦师专学报》2000 年第 4 期。
④ 景爱：《金中都与金上京比较研究》，《中国历史地理论丛》1991 年第 2 期。
⑤ 郭长海：《金上京都城建筑考》，《哈尔滨市经济管理干部学院学报》2000 年第 1 期。

京临潢府模式影响的同时，也受到中原地区城市，特别是北宋都城规划和设计思想的影响，是模仿宋、辽京城形制而筑的。

有关金上京城址的研究成果较为丰富，主要有秦佩珩的《金都上京故城遗址沿革考略》① 对上京城所处的位置、规模形制、宫殿面积，以及出土文物所在进行详细介绍，描绘了当时上京城的经济、政治条件以及优越的交通优势，并绘制了金代上京城郊规划中的宫殿寺观一览表，对宫殿名称以及兴建时间作了系统的梳理与统计。许子荣的《金上京会宁府遗址》② 一文先回顾了女真部落发展壮大的历史、上京城发展的历史，而后又对金上京形制、出土文物均进行了详细的介绍。景爱的《关于金上京城的周长》③ 分别介绍了鸟居龙藏在《满蒙的探查》中所载的金上京周长、俄国考古学家托尔马乔夫所测、1936 年阿城师范的测绘，以及 1963 年阿城县博物馆进行的实测，为便于比较而列表展示。作者认为 1963 年阿城县博物馆所测数据虽被一些书刊引用，但测量结果在统计上出现了错误。景爱《金上京的行政建置与历史沿革》④ 一文叙述了金上京从黄帝寨到会宁州与会宁府，到金上京定号，再到金上京荒废的百年沧桑。郭长海的《金上京都城建筑考》⑤ 介绍了金上京城廊、宏伟华丽的皇城宫殿、繁荣的街市，作者又对比宋辽时期，总结出金上京由粗犷向柔和绚丽的方向转变的皇城内建筑格局及风格。赵永军的《金上京城址发现与研究》⑥ 从梳理文献史料出发，将金上京城的历史分为初建、扩建、毁弃、重建、废弃 5 个阶段。对金上京城址发现与研究的历史与现状进行总结，指出对金上京城址加强田野考古工作、深入进行考古学研究的必要性和紧迫性。王旭东的《中国境内金代上京路古城分布研究》⑦ 一文系统整理了金代上京路内古城，统计上京路各个行政区金代古城 563 座，并总结金代上京路古城数量多、地域分布不均衡的特点。作者认为，分布不均是由自然环境、辽代已有建城、金代行政建置、经济、交通及军事等多因素影响而造成的。王禹浪与王宏北的《女真族所建立的金上京

① 秦佩珩：《金都上京故城遗址沿革考略》，《史学月刊》1980 年第 2 期。
② 许子荣：《金上京会宁府遗址》，《黑龙江民族丛刊》1982 年第 1 期。
③ 景爱：《关于金上京城的周长》，《学习与探索》1985 年第 3 期。
④ 景爱：《金上京的行政建置与历史沿革》，《求是学刊》1986 年第 5 期。
⑤ 郭长海：《金上京都城建筑考》，《哈尔滨市经济管理干部学院学报》2000 年第 1 期。
⑥ 赵永军：《金上京城址发现与研究》，《北方文物》2001 年第 1 期。
⑦ 王旭东：《中国境内金代上京路古城分布研究》，硕士毕业论文，吉林大学，2005 年。

会宁府》[①]深入探讨了金上京的地理位置、皇宫布局、“白城”称谓、建制沿革以及金上京城的修建过程及其主要建筑等重要问题。伊葆力在实地考察了金上京故址周边的金代遗迹后，发表《金上京周边部分建筑址及陵墓址概述》[②]对祭天坛址、社稷坛址、皇武殿址、宝胜寺故址、护国林与嘉荫侯庙址、老营寺院址、松峰山道教遗址、金太祖完颜阿骨打陵址、胡凯山和陵遗址、桦皮陵墓址、石人沟陵墓址、吉兴陵墓址、上擂木陵墓址、响水陵墓址、西山陵墓址、长胜陵墓址、保安陵墓址等十余处遗址作了详细的调查记录，并进行了初步考证。段光达的《金上京遗址》[③]介绍了金朝各个时期对上京城的营建，以文学笔法叙述了上京城的兴衰始末。

二 金上京地区出土文物研究

金代上京地区出土大量的铜镜、钱币、金银器、官印、铁器、青铜器、碑刻等丰富文物，充分反映了金代上京地区社会经济文化的繁荣发展，体现了金代上京地区社会生活的层层面面，一件件珍贵的文物也凝聚了女真民族先进的文化与过人的智慧。

（一）铜镜

金上京铜镜出土较多，仅在金上京历史博物馆就集中收藏金上京出土的数百面铜镜。铜镜的装饰题材更是琳琅满目，有龙、凤、蟠璃等虚构的动物，也有花鸟鱼虫、山水、人物等现实景物，这些栩栩如生的刻画题材实为女真人生活场景在艺术造型上的映射，是不可多得的艺术瑰宝。与此同时，金上京出土铜镜多带有汉字铭文和刻记，是研究金代经济生活与社会生活的宝贵材料。20世纪70年代，阿城文物管理所编著的《阿城县出土铜镜》[④]将所出土的铜镜汇编成册，由此激发了广大学者对金代上京地区出土铜镜的兴趣。随后，金代铜镜研究如同雨后春笋，层出不穷。景爱的《金上京出土铜镜研究》[⑤]对金上京出土的铜镜作了大致介绍，如多带有汉字铭文的仿汉内向连弧百乳镜、带而字昭明镜、锯齿纹花边鸟兽镜、仿唐禽兽葡萄镜、北宋花草镜和缠枝花鸟镜，以及众多

---

① 王禹浪、王宏北：《女真族所建立的金上京会宁府》，《黑龙江民族丛刊》2006年第2期。
② 伊葆力：《金上京周边部分建筑址及陵墓址概述》，《哈尔滨学院学报》2006年第3期。
③ 段光达：《金上京遗址》，《文史知识》2007年第2期。
④ 阿城文物管理所：《阿城县出土铜镜》，内部出版，阿城文管所编，1974年。
⑤ 景爱：《金上京出土铜镜研究》，《社会科学战线》1980年第2期。

金代童子缠枝镜、双鱼镜、双龙镜、双凤镜、双兽连珠镜、人物故事镜、有柄仙人镜、有柄阳燧镜等，通过铜镜纹饰反映了时代气息与民族特色。作者简要说明了铜镜的使用方法与铜镜制造工序、金代铜镜管理制度，并对铜镜的历史作用与艺术价值作了高度评价。阎景全的《金上京出土的铜镜》① 刊布，描绘了1964年出土的大双鱼纹镜、1969年出土的刻有“上京巡警院”字样的童子缠枝纹镜，以及1977年出土的刻有“上京会宁”“上京巡警院”等检验刻记的带柄蛟龙仙鹤纹镜。王禹浪的《海马葡萄镜》② 一文刊布与考证了双城县出土的两面铸造风格一致的铜镜，镜背分内外两区：内区由海马葡萄纹组成，宋《博古图录》称它为海马葡萄镜；外区铸有一圈汉字铭文，为“青盖作镜自有纪，辟去不羊宜古市，长保二亲利孙子，为吏高官寿命久”，共计28个字。内外两区之间用高线圈相隔，铜镜边缘均有刻款和神记。从铜镜加刻的边款、押记，并结合《金史·地理志》，作者断定这两面铜镜为金代仿制品。王禹浪随后又相继发表了《飞鹊镜》③《金代双鱼镜》④《“大吉官”及“永安三年”镜辩误》⑤ 等数篇高水平的金代铜镜论文，奠定了作者在金代铜镜研究领域的学术地位。王禹浪、李陈奇较早对金代铜镜作出综合研究，分别对金代铜镜的类型、铭文以及所绘图案反映的艺术特征和社会生活等内涵进行了探讨。⑥ 随后，王禹浪、那国安编著了《金上京百面铜镜图录》，⑦ 为深入研究铜镜提供便利条件。张占东的《浅谈上京会宁府出土的金代铜镜》⑧ 论述了铜镜产生的条件，并以双鲤鱼镜、童子玩莲镜、迷戏镜等三种铜镜纹饰为例，深入分析铜镜背后折射出的汉文化对女真文化产生潜移默化影响的现象。作者认为，双鲤鱼图案造型是女真人借用鱼的生殖繁盛的特性，表达了“多子多福”的美好意愿，又借用鲤鱼跳龙门表达了祈求升官登仕的愿望。还指出，“迷戏镜”作为特殊镜类，在历代社

---

① 阎景全：《金上京出土的铜镜》，《学习与探索》1980年第2期。

② 王禹浪：《海马葡萄镜》，《求是学刊》1981年第4期。

③ 王禹浪：《飞鹊镜》，《黑龙江民族丛刊》1982年第2期。

④ 王禹浪：《金代双鱼镜》，《求是学刊》1982年第6期。

⑤ 王禹浪：《“大吉官”及“永安三年”镜辩误》，《四川文物》1986年第2期。

⑥ 王禹浪、李陈奇：《金代铜镜初步研究》，《辽金史论集》第三辑，书目文献出版社1987年版。

⑦ 王禹浪、那国安编著：《金上京百面铜镜图录》，哈尔滨出版社1994年版。

⑧ 张占东：《浅谈上京会宁府出土的金代铜镜》，《北方文物》1995年第1期。

会中都是极为罕见的，它反映了金代宫廷生活的一个侧面。田华的《金代铜镜的刻款及相关问题》[①] 以及后续发表的《再论金代铜镜刻款及相关问题》[②] 对金代铜镜的刻款进行了分析，并就刻款反映的相关问题提出一些看法。21 世纪初王宇撰文《金代铜镜研究述评》[③] 对近百年来金代铜镜的研究状况概述为三个阶段，并提出了有待进一步解决的若干问题。彭芊芊的《金上京会宁府出土铜镜考证》[④] 与《金上京会宁府出土铜镜浅谈》[⑤] 对龙纹镜、双鱼纹镜、海东青鸾兽镜、花卉纹镜、童子攀枝镜、人物故事镜这六种纹饰作了解释说明。张杰、李秀莲的《金源铜镜的宗教文化意蕴初探》[⑥] 从宗教文化角度分析金上京地区铜镜数量之多、质量参差、纹饰与形制的变化与宗教文化的关系，作者认为出土与传世铜镜数量之多，主要是女真人的原始宗教信仰使然；金上京历史博物馆中许多不满 10 厘米的铜镜，推测为萨满神衣上的装饰物。在女真人的头脑中，一直保留着镜光吉祥的遗痕，人们都渴望跳萨满舞的妇人把镜光投到自己身上，镜光象征吉祥是被群体公认的，镜光也能代表天意是女真人对太阳和月亮崇拜的结果。因此作者进一步推断，在女真人的宗教信仰中，铜镜具有超万物的神力，是光明和正义的象征。金源铜镜形制的变化表现在带耳铜镜的大量出现。对带耳铜镜，作者认为是萨满求子仪式中裆下常常挂着象征生育的铜人，宗教上的特殊用途推动了日常生活中带耳铜镜的出现。作者还推测，双鱼大铜镜同样具有宗教意义。杨昔慷的《海兽葡萄镜的初步研究》（硕士毕业论文，西北大学，2010 年）、徐涛的《金代仿古铜镜》（硕士毕业论文，陕西师范大学，2013 年）与朱长余的《金东北三路出土铜镜研究》（硕士毕业论文，中央民族大学，2013 年）均以金代铜镜为题撰写毕业论文，梳理汇总了金代铜镜的研究成果。

（二）铜器、金银器

魏国忠的《黑龙江阿城县半拉城子出土的铜火铳》[⑦] 介绍了 1970 年

① 田华：《金代铜镜的刻款及相关问题》，《北方文物》1995 年第 3 期。

② 田华：《再论金代铜镜刻款及相关问题》，《求是学刊》1996 年第 6 期。

③ 王宇：《金代铜镜研究述评》，《中原文物》2000 年第 3 期。

④ 彭芊芊：《金上京会宁府出土铜镜考证》，《黑龙江档案》2009 年第 2 期。

⑤ 彭芊芊：《金上京会宁府出土铜镜浅谈》，《黑龙江史志》2013 年第 11 期。

⑥ 张杰、李秀莲：《金源铜镜的宗教文化意蕴初探》，《佳木斯大学社会科学学报》2012 年第 2 期。

⑦ 魏国忠：《黑龙江阿城县半拉城子出土的铜火铳》，《文物》1973 年第 11 期。

出土于阿什河畔半拉城子的一批铜器，有铜火铳、三足小铜锅、铜瓶嘴、铃铛、铜镜和五铢钱各一件，铜质军马配饰物三件。其中铜火铳一件，保存最为完好。从这批同时出土的器物看来，几乎都与军事攻战有关，有些器物的形制和纹饰具有金元时代的风格。作者由此推断，阿城火铳也有可能系金元时代所遗留。但从其形制比较原始、制作较为粗糙来推断，其铸造年代似应在至顺铜火铳和至正铜火铳之前。作者在文中进一步指出，过去文物考古工作者对金代上京地区出土的文物多笼统地认为是金代的作品，从这次出土的铜火铳等器物看来，其中不少应是元代遗物，这就促使我们必须深入调查研究，对于具体文物进行具体分析，才能弄清其本来面目。

阎景全的《金上京故城内发现窖藏银器》[①] 刊布 1978 年秋在金上京城北城南偏东处出土的一批银器。这批银器包括：银锭一、银锭切块四、撮形银器两件、六曲葵瓣式银杯一件、银酒盏一件、如意纹银盘一件、龙头衔香炉一件、八曲葵瓣式龙纹器盖一件、圆形浅盘一件，以及大量银器残片，这些银器的出土充分反映了金上京工商业的繁荣与发展。随后又于《北方文物》1992 年第 3 期发表《黑龙江省阿城市出土青铜短剑》,[②] 刊布了 1991 年出土的青铜短剑，据专家鉴定，该剑为西汉初年夫余文物。

1956 年金上京遗址西垣南段墙角下出土了一座铜坐龙，经多方考证，该文物应为御辇上的装饰物，铜坐龙的出土也为研究金代舆服制度、铸造工艺以及金代上京地区的文化，提供了宝贵的资料。这件铸造精细、构思巧妙、形象生动，又蕴含文化内涵的青铜座龙，遂引起学术界的广泛关注。许子荣撰文《金上京出土铜坐龙》,[③] 详细介绍了铜坐龙的造型，并推测它应是天眷三年（1140）金熙宗初备法驾卤簿，至大定二十五年（1185）金世宗远巡上京结束之前这段时间内留下的作品。陈雷的《黑龙江出土金代铜坐龙的雕塑艺术特色》[④] 和《试论金代铜坐龙的雕塑造型及饰纹特色》[⑤] 简要介绍了铜坐龙的出土及其功能、历史文化背景，并对金

① 阎景全：《金上京故城内发现窖藏银器》，《黑龙江民族丛刊》1981 年第 1 期。
② 阎景全：《黑龙江省阿城市出土青铜短剑》，《北方文物》1992 年第 3 期。
③ 许子荣：《金上京出土铜坐龙》，《文物》1982 年第 6 期。
④ 陈雷：《黑龙江出土金代铜坐龙的雕塑艺术特色》，《北方文物》2002 年第 4 期。
⑤ 陈雷：《试论金代铜坐龙的雕塑造型及饰纹特色》，《中华文化论坛》2003 年第 1 期。

代铜坐龙的雕塑造型和祥云饰纹特色及其历史文化意义作了探讨。姚玉成的《金代铜坐龙鉴识》[①] 对一般学者认为铜坐龙属于金代皇帝车舆上的饰物提出质疑，作者列出学者常引《金史·舆服志》来证明铜坐龙为金代皇帝御辇上饰物的两处记载，指出两处无一明确说明这个“坐龙”为铜质，也未指明其为立体铸龙，作者根据文物出土地点，并结合所出土的其他金代房屋装饰物，推测铜坐龙应为金代皇室建筑房脊上的装饰物。但作者也指出，目前这只是一种推测，在没有更多资料证明的情况下，作出结论还为时过早。孙丽萍的《黑龙江省博物馆藏金代铜坐龙》[②] 简要地介绍了金上京出土铜坐龙的情况，以及简要分析铜坐龙的艺术造型。杨海鹏的《从建筑构件角度谈金代铜坐龙的功用》[③] 从建筑构件的角度入手，结合《营造法式》中具体建筑构件的解读及式样图例，分析金代铜坐龙、石坐龙的形制特点，探讨金代铜坐龙的具体功用，是利用《营造法式》解读出土文物的一次探索性尝试。王久宇的《阿城出土金代铜坐龙的历史渊源》[④] 深入讨论金代仪制与上京地区汉化的过程，作者认为，铜坐龙饰物充分体现了金代舆服、车辇制度与宋代制度的渊源，铜坐龙为金人沿袭宋代仪制的物品，虽然所体现的是中原汉文化的审美观点和价值取向，但铜坐龙为金人所用，仍然是金源文化的象征。人像类铜挂饰在金上京地区出土较多，形象一般为儿童形象，反映了金初女真人祈求多子多孙的愿望。

阴淑梅在《黑龙江省阿城市金上京城址出土的武士像铜挂饰》[⑤] 刊布了1998年阿城市白城三队出土的一件武士像铜挂饰，此挂饰上的武士像服饰与《金史·舆服志》记载不吻合，所着幞头、所着明光铠均有宋代风格。作者认为，武士坐姿与亚沟石刻男坐像的姿态极为类似，是典型的金代风格，故可断定为金代遗物。武士形象的挂饰较为罕见，表现出的刚毅之态，应为女真人尚武精神的一种体现。作者另一篇文章《黑龙江省阿城市金上京出土的青铜童子佩饰》[⑥] 介绍了20世纪70年代搜集于

---

① 姚玉成：《金代铜坐龙鉴识》，《中国文物报》2008年6月11日。

② 孙丽萍：《黑龙江省博物馆藏金代铜坐龙》，《收藏家》2008年第9期。

③ 杨海鹏：《从建筑构件角度谈金代铜坐龙的功用》，《东北史地》2013年第4期。

④ 王久宇：《阿城出土金代铜坐龙的历史渊源》，《边疆经济与文化》2014年第3期。

⑤ 阴淑梅：《黑龙江省阿城市金上京城址出土的武士像铜挂饰》，《北方文物》2006年第3期。

⑥ 阴淑梅：《黑龙江省阿城市金上京出土的青铜童子佩饰》，《博物馆研究》2007年第4期。

金上京的6件小铜人，6件铜人姿态多样、造型生动，代表着金代上京地区雕塑、铸铜业的工艺水平。同时期，宋金两地均有童子纹式样的文物，因而作者认为这也是中原传统文化在金上京产生影响所致。

A. B. 沙弗库诺夫著，孙危译《金上京城址出土的铜鱼和铜鹿角的用途》，[①] 根据渤海人官员等级划分的第六和第七等级的官员所佩戴的鱼形垂饰、女真文官佩戴的鱼形垂饰、唐代使臣标明身份的铜鱼，以及契丹鱼形兵符，推论金上京以及东北地区各地出土的铜鱼是皇权的象征。

郭长海的《金上京发现开国庆典所献礼器——人面犁头》[②] 介绍了20世纪末出土于金上京地区的铁铸犁头，犁面铸造出犹如人面的双眼和嘴巴，故称“人面犁头”。据考证，此“人面犁头”当是大金开国时阿离合懑、宗翰向金太祖完颜阿骨打所献礼器“耕具九”之首。是金上京发现的孤品礼器，更进一步印证金朝以农为本的基本国策。

金代官印是金代上京地区出土较多的珍贵文物，其印面文字、刻款、书法字体、形制、纽式均是金代民族融合发展的象征，为研究金代的官制、兵制、印制以及金代上京地区地方史沿革、建制，提供了大量的宝贵实物。林秀贞的《黑龙江出土的金代官印》[③] 分析，“窝谋海”与“窝母艾”当为同一女真语的汉字异写，可知，窝谋海村应是窝母艾谋克所辖的一个重要的村寨，其与谋克同名，或为谋克驻地。此印文前冠名“恤品河”三字，因而便推翻了先前学者对史籍中“窝谋海村”的历史地理考证。此外林秀贞在该文中还详细介绍了金代官印制度的建立过程，以及猛安谋克印及制度的演变、武官和军事机构官印及其制度，总结了金代官印在中国古代印制的地位。才大泉的《金上京博物馆馆藏的金代官印》[④] 简要介绍了金上京博物馆内馆藏的上京路总押荒字号印、上京路勾当公事裳字号印、都弹压所之印，这几方印均为贞祐年间铸造。

20世纪80年代以来，金上京故址周边地区，不断出土金代窖藏铜钱，初步统计已达数万斤以上。窖藏铜钱数量惊人，虽对此进行研究的学者寥寥无几，却有丰硕的研究成果。王禹浪的《浅谈金代窖藏铜钱及货币制

① 沙弗库诺夫：《金上京城址出土的铜鱼和铜鹿角的用途》，孙危译，《东方考古》2001年，原载《苏联考古》1973年第1期。

② 郭长海：《金上京发现开国庆典所献礼器——人面犁头》，《北方文物》2006年第4期。

③ 林秀贞：《黑龙江出土的金代官印》，《学习与探究》1980年第1期。

④ 才大泉：《金上京博物馆馆藏的金代官印》，《黑龙江史志》2006年第11期。

度》[1] 总结了上京地区出土窖藏铜钱种类及窖藏特点，并结合金代铜钱短缺情况以及禁铜政策等政治学、经济学知识，深入分析金代窖藏铜钱的原因，为金代窖藏铜钱研究奠定了坚实的基础。

（三）石刻

亚沟石刻位于阿城区亚沟南麓崖壁上，是驰名中外的金代女真人形象的珍贵艺术遗存。有关亚沟石刻的年代，多数学者认为是金代早期石雕艺术遗存，如宋德金的《金代的社会生活》[2]、王可宾的《女真国俗》[3]、赵虹光的《黑龙江区域考古学》[4]、朱瑞熙等编著的《辽宋西夏金社会生活史》[5]。对图像的内涵也众说纷纭，有人认为，石刻图像是金太祖及其皇后的形象，此地即是胡凯山合陵；有人认为，石刻图像与金代陵墓有关；有人认为石刻图像是护墓的，等等。苏联学者 B. H. 热尔那阔夫的《黑龙江省阿城县亚沟车站采石地区发现石刻画像》[6] 一文最早对该画像作了文字记录，由于该地周围曾出土大量金代文物，因而作者推断石刻画像为金代遗物。在距画像 5 公里的地方，有金代王公墓葬，因此推论石刻画像是用来护卫墓葬的。张连峰《亚沟石刻图像》[7] 一文中认为，亚沟图像应为女真王公崖墓的标志，石刻图像即墓主夫妻形象。迄今民间尚传说，崖下曾有岩洞，并有石桌、石香炉之类的祭器，仍可参证，可能是金太祖时，有人为追思其某先考先妣业绩，仿辽代习俗、葬制在陵地凿刻的纪念性作品。李秀莲《亚沟摩崖石刻族属考释》[8] 一文却认为亚沟石刻不属于女真人，而属于蒙古人。作者从石刻图像中的男性“八”字形面容特征，头戴卷檐圆帽，身穿圆领长袍，刻像的袍服是由右向左撩起，说明是右衽，还有披肩，右手握剑柄的形象，以及介于蹲坐和盘坐之间的坐姿，均反映出图像所刻应为蒙古人。作者又根据《阿城县志》等文献记载此地为元代治所和该地曾有元代“镇宁州诸军奥鲁之

---

① 王禹浪：《浅谈金代窖藏铜钱及货币制度》，《求是学刊》1984 年第 6 期。

② 宋德金：《金代的社会生活》，陕西人民出版社 1988 年版，第 59 页。

③ 王可宾：《女真国俗》，吉林大学出版社 1988 年版，第 267 页。

④ 赵虹光：《黑龙江区域考古学》，中国社会科学出版社 1991 年版，第 148 页。

⑤ 朱瑞熙等编著：《辽宋西夏金社会生活史》，中国社会科学出版社 1998 年版，第 55 页。

⑥ B. H. 热尔那阔夫：《黑龙江省阿城县亚沟车站采石地区发现石刻画像》，《文物参考资料》1956 年第 6 期。

⑦ 张连峰：《亚沟石刻图像》，《学习与探索》1981 年第 3 期，该文章又见《黑龙江民族丛刊》1983 年第 4 期。

⑧ 李秀莲：《亚沟摩崖石刻族属考释》，《北方文物》2010 年第 4 期。

印”出土两则证据，加以辅证。

景爱的《金代石刻概述》① 全面系统地论述了金代石刻文字的发现、著录、学术价值和研究现状。列举了《日下旧闻考》《光绪顺天府志》《畿辅通志》《山左金石志》《金文最》等十余种辑录金代石刻的历史文献及方志，并指出金代石刻对女真文字研究、补全猛安谋克名称、补《金史》记事之缺漏、金代佛教的流传状况等方面具有重要意义。

乌拉熙春与金适的《金上京“文字之道，夙夜匪懈”女真大字石碑考释》② 对1994年于哈尔滨市道外区巨源镇城子村出土的刻有11个字的女真大字石碑进行解读，按照女真大字的字面直译则是“文字之道，夜朝不懈”。又因《诗经·大雅·烝民》与《诗经·大雅·韩奕》两篇中皆有“夙夜匪解”，因此典雅些的译文就是“文字之道，夙夜匪解”。文章又进一步讨论了大字石碑的时代背景与历史意义。

2000年，阿城区出土了一石尊，王禹浪与王宏北撰文《金代“建元收国”石尊考略》③ 对该石尊进行探讨。认为石尊当为渤海靺鞨人的遗物，经女真人之手，作为金朝开国典祀，建元“收国”的重器。作者又进一步指出石尊上四象、四灵、四神图案不仅说明了中原文化对金源文化的深刻影响，而且表达了金源文化在全面接受中原文化的基础上，吸收靺鞨、渤海、契丹等多民族文化加以创新与嬗变。这件代表着女真人高超技艺的金源文化的瑰宝和圣物，正是金源文化的精神文化与物质文化的具体体现。

（四）玉器及其他文物

刘俊勇的《金代玉器研究》④ 罗列了黑龙江阿城巨源金代齐国王完颜晏夫妇墓等七处金代玉器出土地点，针对出土玉器进行分类，共分“春水”“秋山”玉、佩玉、肖生玉及其他玉器四类，深刻总结了金代玉器的造型和艺术特点，并根据“春水”玉所反映的海东青题材，概括女真民族精神和民族性格。曲石的《两宋辽金玉器》⑤ 综述了宋辽金考古发掘、传世玉器，并根据玉器的类型与用途进行分类，作者共分装饰用品、容

① 景爱：《金代石刻概述》，《北方文物》2009年第4期。

② 乌拉熙春、金适：《金上京“文字之道，夙夜匪懈”女真大字石碑考释》，《沈阳故宫博物院院刊》2009年第7辑。

③ 王禹浪、王宏北：《金代“建元收国”石尊考略》，《黑龙江民族丛刊》2009年第6期。

④ 刘俊勇：《金代玉器研究》，《北方文物》1996年第3期。

⑤ 曲石：《两宋辽金玉器》，《中原文物》2001年第6期。

器、文房用具、艺术品、仿古器物和杂器六大类，分别论述并总结宋辽金玉器特点。吴敬的《金代玉器发现与研究述评》[①] 通过总结阿城、双城等地墓葬、城址、塔基中出土的玉器，探讨金代玉器研究方法，并提出研究广度——泛论、专论相辅相成、研究深度——深论、简论相互侧重、研究角度——功能、工艺相得益彰三个研究方法。

张连峰的《金“上京鞋火千户”铜牌》[②] 考证了1976年上京城内出土的一面铜牌，该牌呈圆形，直径7厘米，厚0.2厘米，牌面中央錾刻“上京鞋火千户”汉字，背面饰行龙、云朵、火珠纹等。作者断定此物应为上京官衙颁制的腰牌，是金朝时隶属于上京路管辖、位于乌苏里江流域锡霍特山一带的鞋火千户官通行于上京路的凭信。伊葆力则提出不同观点，并于《“上京鞋火千户铜牌”质疑》[③] 一文中加以阐述。伊葆力列举文献记载，见于宋人记述中的这些金国牌符，质地、形状与所谓上京鞋火千户铜牌相异，并从“铜牌”的形制、纹饰及刻款押记等特征来看，推断此器应为金代中期的一面小型龙纹铜镜，“上京鞋火千户”是检验铜镜的刻记。

孙新章的《金上京遗址出土“云子”雏考》[④] 以及《金上京遗址出土围棋棋子简报》[⑤] 介绍金上京遗址周边发现大量宋、金时期的围棋棋子，材质种类多达几十种，如玛瑙、青铜、螺钿、绿松石、木质、水晶、玄武岩、汉白玉、瓷片、琉璃等。在金上京遗址发现这些围棋棋子，数量众多，其种类之多在其他遗址也不多见，上至达官显贵的玛瑙、宝石围棋棋子，下至平民百姓的土陶烧制围棋棋子、瓷片打磨围棋棋子、石子制作围棋棋子，其中还有佛教道教所用围棋盘及围棋棋子，均证明了金上京围棋文化的快速发展及普及。这也让我们对金代上京地区的高度繁荣的文化有了更新的认识。

---

① 吴敬：《金代玉器发现与研究述评》，《宋史研究论丛》2013年第3期。

② 张连峰：《金“上京鞋火千户”铜牌》，《黑龙江民族丛刊》1982年第1期。

③ 伊葆力：《“上京鞋火千户铜牌”质疑》，《北方文物》2003年第1期。

④ 孙新章：《金上京遗址出土“云子”雏考》，《金上京文史论丛》第四辑，黑龙江人民出版社2007年版。

⑤ 孙新章：《金上京遗址出土围棋棋子简报》，《2014年第二届海峡两岸体育运动史学术研讨会论文集》，2014年。

三　金上京的称谓与历史地理研究

金代上京之号定于熙宗天眷元年，是属于京府之制的上京的称号。此外，“白城”一称在民间广为流传，引起学者的广泛关注，其中有周家璧的北城说、曹廷杰的土城色灰白说、日本学者鸟居龙藏、俄国学者托尔马乔夫的“北城曰败城说”、金尚白为白城说。“白城”争论由来已久，目前学术界仍未达成一致。朱国忱在《金源故都》中分析各种说法，并最终认为上京会宁府初并无白城一名，为后世所赐，且指其故城。景爱的《金上京》一书否认了土城涂白垩、金尚白一说，也否认了鸟居龙藏与托马尔乔夫的“北城曰败城”说，认为“白城”一说虽源于“败城”，但败城不仅仅指北城，也应包括南城在内，是对整个上京故城的称呼。王禹浪的《女真族所建立的金上京会宁府》[①] 一文，对白城各说，均有详细阐述与介绍。还有一种观点却认为“上京”一词非汉语，张甫白在《关于按出虎、会宁和上京几个名称之我见》[②] 一文中指出，“上京”一词可能是女真称谓，疑是女真语“上江”的译音，“上江”即“白”，女真语的“上江”，以“上京”的汉语音附之而音译为“上京”。

许子荣的《〈金史〉天眷元年以前所称“上京”考辨》[③] 一文针对国内有的学者认为“在金熙宗天眷元年以前，《金史》所称为上京，均指辽上京”的观点，提出质疑，并进行探讨与考证，对《金史》中记载的天眷元年以前的“上京”究竟是指辽上京还是金上京，加以逐条辨析。同时对出现这种混称现象的原因作了初步探讨。刘长海《金代上古城非上京城辨析》[④] 一文，引起了学术界的广泛关注，作者在对照与分析金代文献和相关资料时，发现《金史·纥石烈桓端传》（中华书局点校本 1975 年版），记载东真国[⑤]蒲鲜万奴于贞祐三年（1215）“四月复掠上京城”与史实有误。《桓传·校勘记》仅以《金史·温迪罕老儿传》“蒲鲜万奴攻上京”、《金史·纥石烈德传》“蒲鲜万奴逼上京”为据，而将“上古城”改为“上京城”，与实际不合。遂对这种错误进行了分析与考证，推

---

① 王禹浪：《女真族所建立的金上京会宁府》，《黑龙江民族丛刊》2006 年第 2 期。
② 张甫白：《关于按出虎、会宁和上京几个名称之我见》，《北方文物》1993 年第 3 期。
③ 许子荣：《〈金史〉天眷元年以前所称“上京”考辨》，《学习与探索》1989 年第 2 期。
④ 刘长海：《金代上古城非上京城辨析》，《北方文物》1993 年第 4 期。
⑤ 东真国后改称东夏国。

定蒲鲜万奴于贞祐三年“四月复掠上古城”与兴定元年“攻上京城”是发生在不同时间、不同地域里的两件事，两者没有必然联系。而后，张博泉撰文《金“上古城”非“上京城”考》[①]对刘长海的观点表示赞同，并考证蒲鲜万奴入侵路径与时间，认为上古城应在今桓仁县六道河子乡上古城村。王可宾的《金上京新证》[②]对“海古之地”、国初“内地”、金建国后至天眷元年间上京称谓问题、建城的时间与顺次、卢彦伦与金上京城、金上京繁荣的内因、海陵与金上京、白城名称等八个问题进行了详细的论述。那国安在《金上京会宁府与紫禁城遗址辨析》[③]一文中对“金上京会宁府遗址”和“金上京紫禁城遗址”两者作了严谨的辨析，认为“金上京会宁府遗址”应指金上京城池遗址，而“金上京紫禁城遗址”应指皇城。两者不能混为一体、合二为一。

关于金上京地区的历史地理研究成果较多，仅笔者一人便发表了众多的学术价值颇高的学术著作及论文。如《金代冷山考》[④]针对洪皓的流放地冷山进行了详细的考证。之前研究者推断冷山具体位置的依据主要是冷山距上京、宁江州两地的里数和完颜希尹家族墓地，而对冷山地名的由来以及适于流放的地形特点等方面并没有给予应有的注意。笔者对吉、黑两省交界的山地进行了考古、气象、水文、地理、口碑资料的综合调查，并结合历史文献对冷山的位置进行了认真的研究，最终确认冷山为现今的黑龙江省五常市冲河镇大秃顶子山。笔者的《哈尔滨地名含义揭秘》[⑤]一书列举了哈尔滨蒙语“平地”说，满语“晒网场”说、“扁”说、“锁骨”说，俄语“大坟墓”说、人名说，汉语“好滨”说等说法，指出这些说法只是从哈尔滨地名发音的角度去寻找与之相似的少数民族语言进行释义，缺乏深入的研究。笔者在书中论述了哈尔滨地名的称谓从金代的“阿勒锦”到元代的“哈剌场”、明代的“海西哈尔分”，直到清代的“哈尔滨”的发展历程，充分肯定了哈尔滨地方史研究所所长关成和先生首先提出的“阿勒锦”说（即女真语“荣誉”之意）在哈尔滨地名研究领域的贡献。笔者立足于关成和先生的研究之上，集

---

① 张博泉：《金“上古城”非“上京城”考》，《黑龙江社会科学》1998年第6期。

② 王可宾：《金上京新证》，《北方文物》2000年第2期。

③ 那国安：《金上京会宁府与紫禁城遗址辨析》，《黑龙江农垦师专学报》2001年第1期。

④ 王禹浪：《金代冷山考》，《大连大学学报》2003年第5期。

⑤ 王禹浪：《哈尔滨地名含义揭秘》，哈尔滨出版社2000年版。

10 年潜心研究成果，提出“天鹅论”，得到了社会各界的广泛认同。主张哈尔滨的原始语音是“galouwen”，即“哈尔温”，本意是“天鹅”之意。女真语中天鹅一词是摹声词，天鹅叫起来的声音“嘎鲁—嘎鲁”即“kaloun—kaloun”，而黑龙江流域、松花江流域的广阔湿地与河流两侧，正是天鹅迁徙的必经之地。笔者采用多学科综合研究手段，由语言学切入，上溯历史语源，又从地理学、文献学、地名学、考古学、民俗学、民族学等方面深入考证，以大量历史文献和文物为依据，从而提出“哈尔滨”——女真语“天鹅”说。许多女真语言学家、历史学家、考古学家都对这一成果深表赞同，认定其为目前哈尔滨地名由来的“通说”。张晖宇与王禹浪的《金代黑龙江地区的行政建制述略》[①] 通过对金上京会宁府及蒲裕路、胡里改路地区的治所的考证，以及根据近年来上述两个地区出土的猛安谋克官印的情况，认为金上京会宁府附近地区多以设置府州县的建置为主，而蒲裕路与胡里改路则以猛安谋克建置为主。笔者《金源地区历史地理考证四则》[②]，对金源地区的曲江县、宜春县、把剌海山谋克城、寥晦城进行了科学的历史地理考证。辽金史专家傅乐焕先生在《辽史丛考》中对“纳钵”一词作了十分准确的解答，“冒离纳钵”是金朝初年皇帝的春猎之所，在《金史》和《许亢宗奉使行程录》等文献中均有记载，然而这个重要的地理名词却被研究者们所忽略。笔者撰文《金朝初期春水纳钵之地的考察——兼考“冒离纳钵”与“莫力街古城”之谜》[③] 从实地调查的角度，结合《许亢宗奉使行程录》与《松漠纪闻》等历史文献，对“冒离纳钵”地理位置进行详细考证，并认为“冒离纳钵”并非金代初期的都城，且“冒离纳钵”应在金上京城西方偏北或正西偏南 25—30 公里范围内，最终敲定金代“冒离纳钵”之地，即今哈尔滨市香坊区幸福乡的“莫力街”古城。王禹浪与刘冠缨的《黑龙江地区金代古城分布述略》[④] 介绍了黑龙江地区金代古城坐落的位置，古城的规模、周长、形状，以及古城所在地的地理环境、城墙附属设施、出土文物，诸如铜钱、铁器、瓷器、金银器、铜镜、官印等。通过对这

① 张晖宇、王禹浪：《金代黑龙江地区的行政建制述略》，《哈尔滨师专学报》2000 年第 4 期。

② 王禹浪：《金源地区历史地理考证四则》，《黑龙江民族丛刊》2004 年第 4 期。

③ 王禹浪：《金朝初期春水纳钵之地的考察——兼考“冒离纳钵”与“莫力街古城”之谜》，《黑龙江民族丛刊》2004 年第 2 期。

④ 王禹浪、刘冠缨：《黑龙江地区金代古城分布述略》，《哈尔滨学院学报》2009 年第 10 期。

些出土文物的了解，可以看出金代古城的不同等级和存在的性质，并以此为基础深入了解和掌握金代在黑龙江地区的军镇、行政建制、猛安谋克等相关的布局特点。除此之外，还有王可宾的《女真地理风情——松漠纪闻札记》[①]，作者对《松漠纪闻》中记载的女真地理和风俗，以及黑水、西楼等金上京地区的历史地理问题进行了考证。景爱的《金上京城的水陆交通》[②]一文，以文献和考古发现为基础，对上京南行驿路、松花江和呼兰河的水路交通、金兀术运粮河等主要交通干道进行了详细的考证。

四 金源文化研究

金朝建立之初，在女真肇兴之地白山黑水之间的按出虎水形成了辽、汉、女真文化碰撞、相融的极具民族特色的文化区域，《金史》将其称之为“金源地区”。对该地区文化所展现的内涵，王禹浪最早提出“金源文化”一词予以概括，而今“金源文化”一词已广为社会各界所接受，有关金源文化的书籍与论文就有上百种之多。王禹浪、李建勋、黄澄、李成等大批金源文化学者对金源文化的内涵、定义进行探讨，研究成果斐然，著作颇丰。如《金源文物图集》《金代黑龙江述略》《哈尔滨地名揭秘》《金上京文史论丛》《金源文化辞典》《金源名人名将传》《金源儒教研究》等，此外笔者与黑龙江省社科联、省图书馆联合举办“龙江讲坛”讲座活动，向大众传播金源文化。金源文化影响深远，李成在《论“金源文化”的影响》[③]一文中认为金代文化以女真族文化为根脉和主体，兼容渤海、契丹及中原汉文化而形成的金源文化，它以自身的文化精华和积极因素反哺中华民族文化，并在音乐舞蹈、文学、古典戏曲等方面，以及政治、军事文化、城建等方面，都对汉族文化产生了深远的影响。王禹浪的《论金源文化》[④]一文更是总结评述了李建勋、李秀莲等金源文化学者的观点，为进一步确定与探究金源文化内涵奠定了基础。文章写道：“金源文化的空间概念是以阿什河流域为中心、金上京城的都市文明为核心，包括今嫩江、牡丹江、乌苏里江流域、拉林河流域、

① 王可宾：《女真地理风情——松漠纪闻札记》，《北方文物》1988 年第 1 期。
② 景爱：《金上京城的水陆交通》，《北方文物》1988 年第 4 期。
③ 李成：《论“金源文化”的影响》，《辽宁大学学报》1999 年第 6 期。
④ 王禹浪：《论金源文化》，《黑龙江民族丛刊》2003 年第 3 期。

呼兰河流域、松花江流域，其范围与当时金上京路行政区划所辖的地域大体相当。从金国建国开始算起，直到终金之世，在金源这一地域内所发生和产生的金代文化，以及与人文相关的所有活动行为及人物事件就是金源文化的时空概念。金代金源地区的文人及其作品中反映的文化现象便是金源文化的地域概念。”金源文化这一名词不仅仅成为极具价值的文化符号，亦成为振兴地方经济的助推器。自王禹浪的《金源文化与金源旅游文化的开发》[①] 一文发表之后，有关金源文化旅游开发问题成为金源文化的热点问题之一，如李振江等《论阿城“金源文化”和旅游经济的开发》[②]、哈尔滨师范大学研究生詹利的硕士学位论文《金源文化旅游产品深度开发策略研究》、蔡慧茹的《浅谈金源文化中的旅游价值》[③] 等。王禹浪的《金源文化研究》[④] 一书，既总结了过去 20 年来金源学者的研究概况，又进一步充实金源文化内涵，高度概括了金源地区的文学、铜镜故事、戏剧艺术、历史地理、地质学、鸟类迁徙、考古学、民族学、货币经济、商品流通等多方面，为金上京研究增添了浓墨重彩的一笔。2015 年郭长海主编的《金源文化大辞典》[⑤] 出版，这是迄今为止公开出版的第一部以金源文化为中心的专门工具书，内容丰富、信息量大，收编词汇、术语 6000 余条，文物照片、地图百余幅，约 230 万字。囊括女真族史、金史为主体的金源文化基本内容。梳理、总结、收录了多年来金上京研究的丰硕成果，但是该书在条目编撰和文字解读方面还有所缺陷。

金上京地区由于民族构成、文化传承等多因素，因而文化也呈现出多元色彩，形成了独具特色的文化区域。景爱的《金上京女真贵族的社会生活》[⑥] 根据历史文献，还原了女真贵族的狩猎活动、寝居与饮食、文学创作、娱乐方式、宗教信仰等文化活动，既看到女真人的固有生活特点，又能见到汉族文化深深的烙印。世宗时期，从女真文化的整体发展来说，是女真文化充分吸收汉族文化的时期。王禹浪的《黑龙江地区金

---

① 王禹浪：《金源文化与金源旅游文化的开发》，《黑龙江民族丛刊》1996 年第 4 期。

② 李振江等：《论阿城“金源文化”和旅游经济的开发》，《黑龙江农垦师专学报》1999 年第 2 期。

③ 蔡慧茹：《浅谈金源文化中的旅游价值》，《黑龙江史志》2014 年第 12 期。

④ 王禹浪：《金源文化研究》，黑龙江人民出版社 2014 年版。

⑤ 郭长海：《金源文化大辞典》，黑龙江人民出版社 2015 年版。

⑥ 景爱：《金上京女真贵族的社会生活》，《学习与探索》1986 年第 3 期。

代女真人及其先民的饮食与居住风俗》[1] 根据历史文献与出土文物梳理了肃慎、挹娄、勿吉、靺鞨以及辽金时期女真人的饮食与居住习惯。李建勋的《“大定”以后金上京文化面面观》[2] 根据出土的齐国王完颜晏夫妇墓所穿戴服饰，以及上京地区出土的金上京宝胜寺宝严大师塔铭志、金上京乳峰古洞道士曹道清碑、金上京释迎院尼僧法性葬记等文物，参以史书记载，着重描写了金朝大定以后上京地区文化的变迁。丁柏峰的《文明的冲突——从会宁府的历史变迁看金的汉化过程》[3] 一文，以上京的兴废为视角来审视女真汉化过程，作者认为，上京的兴废，与女真族改变旧俗、接受汉文化的程度存在直接的对应关系。宗庙制度是国家礼制的重要组成部分，徐洁的《金上京太庙考述》[4] 针对目前学术界尚无人系统研究的金上京太庙，对金熙宗创建太庙及皇家宗庙制度的史实进行梳理、考论，提出金初实行的是“七世之庙”制度。黄澄的《金上京迁都后金朝在哈尔滨的持续及影响》[5] 一文简述了金上京的形成和发展，通过出土文物证明金上京迁都后，金朝在哈尔滨的持续和影响，并对如何保护、利用金代历史文化资源提出了建议。谢恩禄的《金上京区域文化研究》[6] 一文认为，随着金朝的历史发展，上京地区文化也随着上京地位的变化而升降，作者试图以上京兴衰的历程为视角，考察其对上京地区文化的影响。

金源文学艺术方面，金源地区留下的文学作品也越来越受到重视，唐圭璋所编的《全金元词》[7] 一书共收录金代词人 70 人，作品 3572 首，详加考订，是研究金源地区诗词文化的重要参考书籍。此后还有薛瑞兆、郭明志编辑的《全金诗》[8] 对金源地区文化的诗文重新进行编辑、整理汇编。周惠泉的《金代文学研究的历史回顾》[9] 认为，金代文学既与宋代文

① 王禹浪：《黑龙江地区金代女真人及其先民的饮食与居住风俗》，《求是学刊》1987 年第 5 期。

② 李建勋：《“大定”以后金上京文化面面观》，《黑龙江农垦师专学报》2000 年第 2 期。

③ 丁柏峰：《文明的冲突——从会宁府的历史变迁看金的汉化过程》，《青海社会科学》2005 年第 4 期。

④ 徐洁：《金上京太庙考述》，《北方文物》2011 年第 1 期。

⑤ 黄澄：《金上京迁都后金朝在哈尔滨的持续及影响》，《学理论》2012 年第 7 期。

⑥ 谢恩禄：《金上京区域文化研究》，硕士学位论文，吉林大学，2012 年。

⑦ 唐圭璋：《全金元词》，中华书局 1979 年版。

⑧ 薛瑞兆、郭明志：《全金诗》，南开大学出版社 1995 年版。

⑨ 周惠泉：《金代文学研究的历史回顾》，《社会科学战线》1993 年第 2 期。

学有联系，又有区别，民族之前的文化融合不仅是高层向低层扩散的单向传播，还是一种相互影响的双向交流。此外，周惠泉还著有《金代文学论》[①] 一书，该书对金代各种体例文学的发展历程作了准确客观的描述，并对金源地区文人事迹进行考证。王永的《女真民族性格与金代散文风格关系管见》[②] 一文通过对《金文最》《金文雅》中散文的研究，总结出女真人勇猛剽悍与强劲刚健的个性与气骨，纯朴直言、纵酒聚谈等特殊性格，这些性格特点极大地影响了金源地区散文发展风格。魏崇武在《金代理学发展初探》[③] 一文中强调了金初儒士在国家建设之初的特殊贡献，并认为金源地区的仕金汉人是金初儒学的最早传播者。霍明琨的《洪皓流放东北时期的诗词作品》[④] 对洪皓的作品进行了研究，并从诗文中提炼出了洪皓忠义之情、仁爱之心与思乡之痛。王禹浪的《金代金源地区形成的历史背景及其文人与作品》[⑤] 一文，从形成金源地区的历史背景和金源地区女真人和汉族文人留下的文学作品中，探讨金源文化形成的特点，"以诗证史"。众所周知元杂剧的繁荣盛况，而金代戏曲却鲜为人知，王禹浪在《金代戏剧研究》[⑥] 一文中指出："元杂剧的繁荣绝不是凭空产生的，正如没有汉魏雄放绮丽的诗风，便没有唐诗鼎盛一样，如果不是金代杂居的成熟，便不可能有元代杂剧的空前繁盛。"作者结合山西晋南地区与金上京地区出土的大量有关金代戏剧的考古资料，对元《元曲选》中的元杂剧进行了认真的研究与鉴别，从中发现了金代的许多作品。此外，该文还对金代上京地区戏剧的发展状况及应有的历史地位进行专门的探讨。

文献和出土文物显示，上京地区的佛教、道教活动一度昌盛。金宝丽的《金代上京地区佛教发展情况考证》[⑦] 总结了前辈学者对上京地区佛教发展原因的研究，并论述了金朝各个时期佛教发展状况，认为佛教的

---

① 周惠泉：《金代文学论》，东北师范大学出版社 1997 年版。

② 王永：《女真民族性格与金代散文风格关系管见》，《中央民族大学学报》2006 年第 3 期。

③ 魏崇武：《金代理学发展初探》，《中国陵川郝经暨金元文化学术研讨会论文集》，2007 年。

④ 霍明琨：《洪皓流放东北时期的诗词作品》，《北方文物》2009 年第 7 期。

⑤ 王禹浪：《金代金源地区形成的历史背景及其文人与作品》，《黑龙江民族丛刊》2012 年第 3 期。

⑥ 王禹浪：《金代戏剧研究》，《辽宁师范大学学报》2003 年第 6 期。

⑦ 金宝丽：《金代上京地区佛教发展情况考证》，《黑龙江史志》2007 年第 5 期。

传播与发展与金政权的兴衰息息相关。韩锋的《由佛教遗存看佛教文化在金上京的传播》[①] 利用史料与古代遗存加以分析，认为上京地区佛教繁荣与皇室有着密切的关系，正是由于皇室的支持，并建立完备的管理机构，佛教才能迅速发展。矫石的《浅析金代佛教在上京地区的传播及发展》[②] 简要阐述了金初上京地区佛教的传入及发展状况。

五　金上京地区经济、政治与人物研究

社会经济生活是城市的重要组成部分，金上京兴建之初，商业并不发达，正如宋使许亢宗所记："买卖不用钱，惟以物相贸易。"但随着城市发展，货币成为主要的交换媒介，从大量出土的窖藏铜钱可以看出金代经济的繁荣盛况。黑龙江省文物考古工作队的《从出土文物看黑龙江地区的金代社会》[③] 通过阿城地区发现的铁矿井遗址、炼铁炉遗址、铁器、金银器、铜钱反映了当时手工业繁荣、农业先进、贸易频繁的女真社会，又通过详细描述恤品河窝母艾谋克印、汉军万户之印、上京路军马提控盈字号之印、上京路安抚副使印等官印，还原上京地区女真社会的政治、军事组织。官印是政权的象征和凭信物，从官印铸造机构的变迁，也可看出金末政治制度的变乱和中央统治权力的衰微，这是金政权走向没落的一种表现。王禹浪的《金代黑龙江省酒类专卖》[④] 就近年来出土文物与历史文献相结合，对金代黑龙江地区的榷酤作初步探讨。王禹浪而后又发表了《金代货币制度初探》[⑤] 一文在先前对窖藏铜钱的研究基础之上，分五个阶段探索金代货币制度，分析通货膨胀原因与金代货币理论及存在问题，为现代经济发展提供了经验与教训。朱国忱的《略论金代黑龙江地区的农业发展》[⑥] 详细论述各个时期，黑龙江地区的农业发展状况，并根据出土农业用具，以及相关历史文献，着重描绘了金代栽培作物与饲养家畜、衣着与饮食的场景，又根据重农增口与禁地弛禁现象，分析金代上京诸路农业生产之发展和土地开发利用情况。最后，依

---

① 韩锋：《由佛教遗存看佛教文化在金上京的传播》，《边疆经济与文化》2012 年第 1 期。

② 矫石：《浅析金代佛教在上京地区的传播及发展》，《黑龙江史志》2014 年第 13 期。

③ 黑龙江省文物考古工作队：《从出土文物看黑龙江地区的金代社会》，《文物》1977 年第 4 期。

④ 王禹浪：《金代黑龙江省酒类专卖》，《商业研究》1986 年第 3 期。

⑤ 王禹浪：《金代货币制度初探》，《学习与探索》1988 年第 3 期。

⑥ 朱国忱：《略论金代黑龙江地区的农业发展》，《中国农史》1987 年第 1 期。

据《金史》所提供的猛安谋克户，对垦田数量、岁税粟与产量进行初步估算。文章翔实可靠，是论述金上京地区农业不可多得的力作。李宾泓在研究金代经济史的同时，收集上京地区女真人饮食文化的资料，撰文《金代上京地区女真人的饮食文化》①，简要介绍了上京地区女真人的食制、饮食方式、饮食结构、调制法及其演进和主要食物源流，还原独具特色的女真风俗习惯。裘石的《金代黑龙江地区城市经济刍议》② 主要根据出土文物，叙述金代铁器制造业、有色金属制品加工业、陶器制作业、制革业、纺织业、木作业、玉石加工业以及农业建筑业、酒醋酿造业、家畜饲养业及饮食服务业等，并探讨商业繁荣的原因，初步对金代黑龙江城市的经济结构勾画出一个大体的轮廓。王德厚的《金上京城市经济初探》③ 通过分析上京城内商贾的同业组织——行和掌香、茶、盐的专卖机构"榷货务"，以及设立的"都曲酒使司""流泉务"等组织机构，试图还原金代上京城繁荣的商业景象，并分析上京城经济迅速发展的原因。王禹浪与崔广彬的《金代黑龙江流域的农业与手工业》④ 对金代金源地区的农业、冶铁业、制陶业、金银手工业、制盐业、酒类专卖等经济生活进行详细的论述与分析，把金上京地区的经济研究推向另一个高潮。韩锋的《从金上京出土的金银器看金代都城的商业经济》⑤ 从金上京及其周边城址出土的金银器分析金代都城的商业经济概况。赵鸣岐的《金代上京路地区的土地开发与农业技术水平的提高》⑥ 对上京路地区的土地开发和农业技术水平提高的情况作初步考察，借以说明当时上京地区农业的繁荣与发展程度。在海陵王完颜亮迁都燕京前，上京是黑龙江地区最大的城市，是金朝的政治经济重心。皇室、官府和居民的粮食、食盐等生活物资，主要靠外地供应。皇帝的诏令、官府的公文，要及时送达各地。这都要求上京城有良好的交通条件。金上京的对外交通，有陆路和水路。陆路用以传递公文和使节往来，水路则是漕运的渠道。裘真的《塞外重

① 李宾泓：《金代上京地区女真人的饮食文化》，《北方文物》1991 年第 1 期。

② 裘石：《金代黑龙江地区城市经济刍议》，《北方文物》1992 年第 1 期。

③ 王德厚：《金上京城市经济初探》，《北方文物》1993 年第 4 期。

④ 王禹浪、崔广彬：《金代黑龙江流域的农业与手工业》，《黑龙江民族丛刊》2005 年第 3 期。

⑤ 韩锋：《从金上京出土的金银器看金代都城的商业经济》，《东南文化》2006 年第 3 期。

⑥ 赵鸣岐：《金代上京路地区的土地开发与农业技术水平的提高》，《北方文物》1995 年第 1 期。

镇的勃兴与湮灭——金上京会宁府的昔日辉煌》[①] 从农业、手工业、商业、交通、文化艺术、宗教礼仪、典章制度等多个侧面描述了金上京昔日的辉煌。

刘肃勇的《论金世宗出巡上京》[②] 一文详细论述了金世宗出巡上京时期的政治文化活动，并分析其原因与影响，而在其另一篇文章《金世宗对金源故地的经略》[③] 中，又结合史籍，着重叙述金世宗对金源内地女真习俗的倡导，以及对黑龙江下游地区的乌底改族的征服过程与影响。景爱的《金上京的政治风云》[④] 回忆了诸如阿骨打之死、许亢宗奉使上京、“二帝蒙尘”于上京、女真贵族内部的斗争等发生于金上京的种种政治事件。王禹浪的《哈尔滨城史纪元的初步研究》[⑤] 针对当时人们对哈尔滨城史纪元的疑惑之感而撰写此文。作者认为无论从当时哈尔滨地区的人口观摩、古城性质、形态，还是城市手工业和商品经济的角度上看，这一切都说明金代的哈尔滨已踏上最初的城市历程，使哈尔滨地区的古代城市文明在金代开创了城史纪元。作为城市形态的代表，莫力街古城和小城子古城，它们的建置年代就是哈尔滨古代城史纪元的标志。如今，这一观点得到社会各界的广泛认同。李建勋的《金上京史话两题》[⑥] 简要描写金上京城的兴废的过程与金末蒲鲜万奴叛金与上京城保卫战。李秀莲的《漫话金朝第一都》[⑦] 用散文般的语言，在讲述金上京从零星落寨到巍巍皇都，再到断壁残垣的过程中，又简要介绍了金上京出土的主要文物。

金上京地区的著名历史人物及其生平，可以说是金上京地区治乱兴衰的缩影，金北人通过《金史》及其他相关历史文献与考古文物资料，共考索出上京会宁府首脑27位，并撰文《金上京二十七任首脑考述》,[⑧] 全方位、多层面地研究金上京会宁府历任首脑人物的前后发展变化。方衍的《曹廷杰与金上京》一文[⑨]对曹廷杰生平及其对金上京城精确定位的

① 裘真:《塞外重镇的勃兴与湮灭——金上京会宁府的昔日辉煌》,《学理论》2008年第9期。
② 刘肃勇:《论金世宗出巡上京》,《北方文物》1986年第3期。
③ 刘肃勇:《金世宗对金源故地的经略》,《黑龙江民族丛刊》1991年第1期。
④ 景爱:《金上京的政治风云》,《黑龙江民族丛刊》1988年第3期。
⑤ 王禹浪:《哈尔滨城史纪元的初步研究》,《北方文物》1993年第3期。
⑥ 李建勋:《金上京史话两题》,《黑龙江农垦师专学报》2000年第4期。
⑦ 李秀莲:《漫话金朝第一都》,《紫禁城》2008年第10期。
⑧ 金北人:《金上京二十七任首脑考述》,《蒲裕学刊》1994年第2期。
⑨ 方衍:《曹廷杰与金上京》,《求是学刊》1994年第4期。

历史贡献作了评述。王禹浪的《关于金代完颜宗翰家族墓地的研究报告》①，以及《论完颜宗翰——兼谈金朝初年的金、宋关系》② 均以金朝开国名将完颜宗翰为主线，讲述完颜宗翰跌宕起伏的经历，肯定完颜宗翰的历史贡献，并对完颜宗翰家族墓地作出详细的历史地理考证。

金代京、都制度五京的建置，上承辽、宋，下启元、明、清，具有鲜明的时代特征和民族特色。程妮娜的《金代京、都制度探析》③ 论述了金代京、都制度的演变和发展，以及金代五京的历史地位及作用，认为五京制度在女真统治集团对国内各地各民族统治过程中，发挥了极其重要的作用。

六　金上京研究现状与今后的课题

由上可知，金上京研究百年来历经起步期、停滞期以及迅速发展期三个阶段，目前金上京的研究成果在数量和质量上都有较大的突破，有关金上京的研究成果日益丰富。截至目前，共出版学术专著 30 余部，发表学术论文百余篇，国际金史研讨会、国际辽金契丹女真史学术研讨会、阿城金上京文史研究会等学术研讨活动以及众多研究机构如同雨后春笋相继开办与成立。《辽金史论集》《辽金史论文集》《金史研究论丛》《金上京文史论丛》《金上京历史文物研究文集》等文集的出版，极大促进了金上京研究的进程，再加上 20 世纪 90 年代初金源文化的提出，为金上京研究注入了更为强劲的活力。

面对如此丰硕学术成果的同时，还应看到金上京研究与其他都城研究相比，发展进度还是略显缓慢，许多领域与学术问题还需更深一步的探讨。第一，有关金上京建筑时间还存在不少争议，《三朝北盟会编》《金史》等史料记载不清，相互龃龉，给研究带来了诸多不便之处。第二，金上京的皇城的地理位置位于南城靠西，建筑布局结构具有独特性，然而为何产生这种独特的布局结构，史学界尚无定论，其中的内涵、原因与历史背景不详。第三，金上京几次兴衰史的线索尚不清晰，对海陵王与金末蒙古对金上京的破坏，以及元、明、清时期对金上京的改造过

① 王禹浪：《关于金代完颜宗翰家族墓地的研究报告》，《满族研究》2003 年第 1 期。

② 王禹浪：《论完颜宗翰——兼谈金朝初年的金、宋关系》，《哈尔滨学院学报》2005 年第 1 期。

③ 程妮娜：《金代京、都制度探析》，《社会科学辑刊》2000 年第 3 期。

程研究不完善，未能形成完整系统的研究。第四，金上京遗址周边的遗迹、遗物解读尚不清。如金上京遗址东侧 1 公里处的小城子古城的功能与作用是什么，是否为太庙，是否为皇帝寨，小城子古城与半拉城子哪个为皇帝寨，附近阿什河畔出土的建元收国石尊与小城子古城有什么关系？出土文物反映出的文化或历史背景解读也远远不够。第五，许多历史地理问题尚未解决，如哈尔滨各县区分布着100多座辽金古城，但其中80%—90%没有具体称谓，古城名城与作用无法探知。金源郡王分布，以及郡国夫人与郡王墓地分布也不清楚。第六，研究内容方面，受金上京地区出土文物丰富，但历史资料贫乏等客观因素影响，金上京研究成果多集中于考古发现、出土文物以及上京城布局等研究，研究领域相对狭窄，相关政治、经济、文化、交通研究相对较少。民族融合方面涉及不多，宗教问题也没有综合研究。忽视金上京地区历史人物研究、人物心理研究、文学艺术诗歌等研究。第七，金上京地区出土大量与戏剧相关的文物以及惊人数量的窖藏铜钱，然而对戏剧研究以及窖藏铜钱研究却更为罕见，仅见王禹浪的几项研究成果，其余学者少有涉及。金代上京路出土多方猛安谋克官印，但对官印的解读、上京地区猛安谋克分布状况及分布地理特征等问题缺乏深入研究。第八，金上京地域内涵与范围未能辨析清楚，尚未厘清金上京与金上京路的关系。

针对上述情况，金上京研究应从如下几个方面着手。

第一，及时对出土文物进行分类、梳理。按照时间、地点脉络，对文化、艺术、宗教等文物进行科学系统的分类整理。加强遗迹与遗物的相互关联性，加强出土文物与历史文献记载的关联性。

第二，在积极开展田野考古工作的同时，加强考古资料的汇编与整理。加大考古工作力度的同时，要做到及时公布与公开考古信息。长期以来，关于金上京研究的考古报告与资料，发布得相对滞后。由于缺乏翔实的考古资料，限制了金上京研究的发展进程，是难以深入研究的瓶颈。

第三，扩展研究范围。研究对象不仅仅局限于金上京遗址，应扩展到周边地区墓葬、碑帖石刻等其他历史遗存；研究空间范围也不仅仅局限于阿城金上京，应扩展到金代上京路，乃至整个东北地区；研究时间段上应贯穿金上京城发展始末，即从金初建城至今的整个城市的兴衰史。

第四，加强各地的学术交流与合作。由于金王朝幅员万里、疆域辽阔，在东北地区乃至全国北方各省均有金代考古发现。这些考古发现对金上京的研究同样具有重要意义，如铜镜、官印等文物，不仅能够反映某种制度由初期至中后期发展变化的轨迹，还能探寻金上京地区的文化发展脉络。同各地研究学者进行交流，亦可吸收好的研究方法与经验，拓展研究视野，做到横向研究同纵向研究相交叉，更清晰地看到金上京城市建置思路的来源与金上京地区文化传播的来龙去脉，因此有必要同其他地区的学者进行广泛的学术交流与合作。

第五，加强人才培养、完备机构建设。现阶段金上京研究成果的丰富，是建立在前辈学者研究基础之上的爆发，金上京的研究更需要良好的传承。但长期以来，从事金上京研究的专家学者却寥寥无几，这也是造成金上京研究的主要瓶颈之一。东北地区各大高等院校历史、文博专业应结合地域特色，广泛设置金史课程，培养后备人才，推进金上京研究的持续性发展。尤其是哈尔滨地区，更应加大力度传播地母文化，宣传城市历史，确立城史纪元。

第六，金上京研究同金源文化研究相结合，创新视角，扩展研究领域，从文化角度等多方面，重新审视金上京研究。将金源文化的强劲动力注入金上京研究活动之中。

第七，利用历史人文景观，完善金上京景区的配套设施，推动文化产业发展，走“经世致用”道路，发展旅游文化事业，让广大市民接触、熟知金上京，更有利于金上京研究的传播与开展。

黑龙江流域的封建化进程始于渤海国时期，渤海国的历史与文化奠定了中国东北地区辽、金两朝都市文明的基础。对于金源文化的内涵诸方家都有不同见解，我们认为金源文化的概念，从地理位置方面去理解，金源文化应是以阿什河流域为中心、金上京城的都市文明为核心，包括今拉林河流域、呼兰河流域、松花江中游左右两岸广大地区；从时间上看，金源文化应起于金朝建国初期，并一直延续到金朝的灭亡，在金源地域内所发生和产生的金代文化，以及与之相关的人物和历史事件等都属于金源文化的范畴。

金初“无城郭，星散而居”，金灭辽后始建宫室。在金源地区内设有京、路、府、州、县、城寨，以及猛安谋克军镇等行政建制。目前在金源地区内发现大量金代古城，其数量之多、规模之大、密度之繁都是黑龙江流域历代所不可比拟的，说明金源地区城镇化进程异常迅猛，为我们深入研究和探讨黑龙江流域的封建化进程提供了非常重要的实物资料。

第八章

东北地区古城部分考察报告

第一节　营口市青石岭镇高丽城子村山城考察报告

2007 年 10 月，大连大学中国东北史研究中心专门组织东北史研究方向的在读研究生对辽东半岛地域的部分高句丽山城进行实地调查。这些山城规模较大，且地处辽东半岛的临海山地之上。山城以就地取材的石块为主，多依山势筑成高大而坚实的墙体。位于营口市青石岭镇的高句丽山城，是一座较大型的山城，其山城的砌筑方法与规模及所在位置都十分重要，尤其是地处辽河河口东南不到 10 公里的范围内。考古工作者把此城确定为高句丽的建安城有误，我们认为其当为安市城。为了便于学术界对此城的现状有个全面的了解，现将我们的调查结果报告如下。

一　考察对象

营口市青石岭镇高丽城子村山城

二　考察时间

2007 年 10 月 23 日早 7 时 45 分，天气：晴。

三　考察的意义和目的

5 世纪，广开土境平安好太王谈德攻略辽东之后，依托辽东半岛的地势先后修筑数十座规模较大的山城，这些大型山城的位置基本上保持着南北走向的东西两线排列。大体上东线临黄海及鸭绿江右岸，西线濒渤海及辽河左岸。特别是西线数城，始终为中原政权以及北方其他少数民族兵锋所指。这些大型山城及其周围的卫星城，就是高句丽政权的军事前沿和战略要地。同时，这些大型山城周边地区应该是当时高句丽统治下的民众聚居地。这些山城遗址能够为我们探究高句丽政权的疆域、行政建制、军事提供相关线索和重要依据。

今辽宁省营口市青石岭镇高丽城子村的高句丽山城是辽东半岛为数不多的周长 5 千米以上的大型山城。其地理位置处于辽东半岛南北交通要道，其重要性已为东北史学界所认同。为了弄清该城的地理位置、周边环境以及山城的结构、形制等问题，大连大学中国东北史研究中心主任王禹浪教授带领研究生再次对该城进行了实地考察，以求运用“二重证据法”，利用文献资料结合考古踏察材料，对该城作进一步深入探讨。

四 考察纪行

2007 年 10 月 23 日早 7 时 45 分，从营口市裕隆阁酒店出发，沿着金牛山大街向东，大街两侧多炼钢厂，营口地区的东部山地多产铁矿，故此地炼钢厂颇多。经柳树镇，折而向南，其中香炉庄（8 时 04 分）、后岗子（8 时 08 分）路段由于当年沈大高速公路修建时，过往车辆很多，而且多为载重货车，至今仍有很多车辆为逃避收取过路费而从此通过，以致路面破坏严重，凹凸不平，极其难行。而后又途经西岗子、东岗子、前岗子、太平山等村落，所谓岗子，实为古代之长城的建筑，何年修建尚不清楚，有学者认为是高句丽长城之辽河段。在太平山前路经一座石桥后，折而东南，8 时 23 分，进入博洛卜镇（又称博洛堡子、博洛铺），镇内有一岔路口，东南方向通往汤池，此处距汤池 13 公里，距盖州 17 公里，距青石岭 9.5 公里。我们在此路口折而西南，奔青石岭方向。由于首次造访，不熟悉道路，故将车开过了高丽城子村 3 公里多，司机向当地群众询问，方知已经越过了目的地，便返程行驰 3 公里多。本来以为我们已经在出发前打听过道路，所以没有随时随地询问当地群众，才费了一些周折。可见田野考古和踏察中除了充分准备资料外，勤问、多搜集相关信息是十分必要的。在路边一座石桥的右手侧有一碑，上面写着“高丽城子村”。我们按碑指引的方向沿着村路直行，过一小石桥右转，对面有从高丽城至盖县的小型公交汽车驶过。8 时 42 分，进入高丽城子村。在山城西北门有一省级文物保护单位石碑，正面书写“唐建安城址1963年立”。碑的后面写有“高丽城山城，周长10余华里，南北2面城墙，用长方石块砌成，南北陡峭处以山崖为屏障，东南两面城墙用夯土筑成，东墙一门，西墙二门，此城为唐朝对高句丽战争中之建安城”。

为了能够找到最明显的城墙遗址和节省时间，以及吸取刚刚错过了高丽城子村的经验教训，我们询问城门附近居住的老乡，得知此处为山城的西北门，从此处上山难以找到保存较好的城墙遗迹，应折回至村中的一石桥处的岔路口左转，沿那条通往山城西城墙的小路行至山脚下，从那里上山便可以找到保存较好的城墙址。

按村民的指引，我们驱车行至山城西部山梁脚下的空地处。山城内是平坦开阔的谷地，其间沟壑纵横，水源除山泉外，当为季节性山水。山城内种植大量的果树，多为梨、苹果、山楂、枣树等。高丽城子村就坐落在这块谷地之上，9时10分进入山城中心，村民黄永财向我们介绍山城的一些基本情况。9时15分，从西城墙处开始登山。可清晰看见山城的全貌，金殿位于城正中，从西墙向正东望去，金殿后方是山坳，两道山梁分别向南北两翼延伸，实际上山坳东侧的山谷也是东城门，向南、东南延伸的山岭较高，为天然屏障，向西北、北延伸，逐渐减低一直到西北城门处有一道夯土城墙，堵住了山口。整个山城东南高、西北低。

金殿实际上是这座城中山丘，略有人工痕迹，呈锥状体。据黄永财讲，山丘顶部有人工石块垒砌的痕迹，可能是瞭望台或点将台，与高句丽时期的丸都山城类似，为城内制高点。上面出土灰色布纹瓦、青砖等文物。城中地势平坦、容纳量大。城内有两条小溪，一从西南绕过城中金殿前向西北流，一从东南向西北流，在西门处汇合。据黄永财讲，原城内有三口井，找到两口。早年调查知，原城中有蓄水池，现遗址尚存。从西墙东望，金殿山背后是山坳。

西城墙坐落在山城西部山岭西坡山腰处，主要为了阻断各个山口。在山口处筑有高大城墙，城墙石就地取材，石质为一种疏脆的风化石，不是巍霸山城那种的花岗岩。石头因为富含铁矿，呈红色。城墙石缝用黄土、碎石填充，逐渐内收。城墙走向在山脊外坡，而不是山脊上。

在山城正西门，为山城南部谷口的西门与谷口东部的山城东门遥遥相对，谷口呈东西走向，东高西低。从西门角度看，山城地势如盆地，地势较其他山城均平缓，城内宜于居住，适宜耕作，据此山城面积推测，居住 10 万人以上毫无问题。由西门处眺望金殿遗址，为锥体形。站在西墙上瞭望，能见度好的时候，可以眺望到渤海。

捆绑滚木櫑石的柱洞，41×36 厘米大小。西门夯土版筑，西城门分内外城墙，形成瓮门缺口，外城墙沿着山脊处是一条狭窄马道，外城墙版筑非常明显。外城墙 20—22 米。夯土一层黄土、一层红土，黄土层 6 厘米、红土层 5 厘米，夯窝深度 1—2 厘米。

西门北侧山岭是采石场。从正西门入城之后，整个沟谷正对东门，南侧辽阔缓坡，怀疑是高句丽人居住址，现为苹果园。南坡靠近西门约 100 米的果树林里有大片芦苇，地下水层较浅，城中沟壑明显。

东、西二门左右的城墙均采用天然的山脊，在其上以一层石块覆一层黄土及碎石块交替夯筑。门址两侧城墙，相互错开，在城门处一前一后，形成瓮门，并在每侧城墙近门处加筑夯土台，以加强防御。

12 时到达东门，站在东门向东眺望，群山叠翠，临近山城处是一块山间盆地，地域十分辽阔，土质肥沃，宜于农耕。由许多村庄星罗棋布分布在盆地周围。东城与西城类似，修筑在山岭的陡峭山坡上。与西门相对。这是一条东西走向的城中山谷，东门修在东部的山谷谷口处。东城墙用黄土掺碎石所筑，人工扰动痕迹明显。

在东门东南隅城墙上，有一人工堆积土丘，通过对土丘地层土质的观察，似为人工堆砌。在土台下方另有一座类似台地的土山，可推测为当时堆土山时修筑的台地。

下午 1 时 10 分出发。出山城，经过高丽城子村，过一水泥小桥右拐，奔团甸，再左拐奔盖县。13 时 20 分，距盖州 5 千米；13 时 22 分到达盖县城，距营口 20 公里、鲅鱼圈 30 公里、赤山 52 公里。13 时 30 分到达大清河，距庄河 120 千米。13 时 47 分路过石城加油站，由此进入千山山脉，附近可能有高句丽山城，产花岗岩石，公路两侧都是石材加工厂。13 时 50 分进入山区，道路增高，两侧山峰高耸陡峭，庄河通往盖州、北京、东北内地主要交通要道，翻越山岭，山岭两侧农作物主要是玉米。公路右侧山谷有一条清澈河水，由北向南奔流。

14 时 10 分到达小石棚乡。附近可能有小石棚遗址。杨树屯左侧悬崖峭壁，路过大石棚桥，过大石棚村前行 1 公里，开始爬岭。山势渐缓，过了黄土岭，进入一个谷地，距万福 9 公里。左侧是凉屯，沿黄土岭山角逐渐向南，山势渐缓，山谷平阔，宜于农耕，种植葡萄、玉米。14 时

30分到万福，进入碧流河流域。到苇塘河桥后，发现已驶过头，又掉转回行，到达苇塘河西桥，然后左拐，路边竖有赤山旅游区的旗帜。这是一条柏油路，村民把秋收的农作物谷子、大豆、玉米、高粱等摊放在马路中央，任凭过往车辆碾压。远处的赤山在夕阳照耀下，映衬出火红的山体。至此，恍然明白了赤山的含义，原来就是火红的夕阳照耀下山体的颜色。赤山风景区正在进行旅游开发，无法住宿，只好返回到万福镇，入住万佳福旅店，坐落在客运站旁边，刚装修好，比较干净。

五 古城的地理位置

青石岭镇高丽城子村高句丽山城，又称青石岭山城、高丽城山山城或石城山山城，位于辽宁省营口市所辖盖州市东北7.5公里的青石岭镇青石关堡镇高丽城子村东山上。东山名石城山，又称高丽城山，山和村庄皆因古城而得名。此山山势十分陡峭，西南山峰海拔300米，城址周围山岭起伏。青石岭山城所在的群山属于千山山脉西部的余脉，山城东南临大清河和盖平河，西南2.5公里即明代的盖县青石关堡遗址，西北不远处为202国道，西北距沈大高速公路6公里。山城西门外为高丽城村，东门外为团甸乡，山城距村约3公里，城南山下为郭家屯村。天气晴朗的时候，站在高处的城墙上向西南可望见盖州市区，西面可远眺渤海湾，东南可眺望大清河，西北可望见辽河河口营口市。城内地势东南高西北低，实际上古城是处于南北两侧山峰之间的山谷中。古城内现居住十几户居民，大部分土地现为村民果树园地。城外的高丽城屯村西1.5公里的泉眼沟村，发现有古墓群。墓葬为土坑墓，出土有红色瓦及绳纹砖，并发现铜护1件，当属高句丽遗物。（根据辽宁省实用地图册标示，山城所在地西北距营口30公里，南距盖州市区7.5公里，正西距辽东湾12公里，西北距辽河口31公里，东南距大清河5公里，东距大石桥市海龙川高句丽山城31公里，南距赤山山城42公里，北距辽阳110公里。以上均为直线距离）

高句丽在中国东北境内修筑170余座山城，这些山城集中在辽宁省的东南部，以及吉林省南部，即长白山山脉两侧。山城所处的位置基本上呈现南北走向的东、西二线，东线自北向南大致有集安丸都山山城、新宾黑沟山城、桓仁五女山山城、凤城凤凰山山城和岫岩娘娘庙山城；西线自北向南分别有西丰城子山山城，开原威远堡山城，铁岭催阵堡山城、抚顺高尔山山城、沈阳陈相屯塔山山城、辽阳灯塔区岩州城、海城英城子山城、盖州高丽城山山城和复县龙潭山山城等。东、西二线的山城南北排列有序，大体上东线临鸭绿江右岸，西线濒辽河左岸。盖州市青石岭镇高丽城子村高句丽山城是其中分布在营口地区的山城中较大的一座。对这座山城的考察和研究，有助于我们了解高句丽在营口地区的行政建制和军事。

六　古城形制结构

城墙沿西、南、北山脊修筑，东侧城墙建筑在南北两山向内延伸的山梁上。山城平面呈不规则形，地势东南高，西北低，全城南北长约1300米、东西长约1500米、周长5000余米（日本学者岛田好调查记录为6000米）。

南、北两面山峰较高，城墙用经过打制的长方形石块砌筑，石块一般为长方形，长、宽、厚度约为60厘米、40厘米、20厘米，现城东北角保存最好，砌石亦很典型。在陡峭山崖处，即利用天然石壁，不筑城墙。东城墙主要是利用南、北两座高山向内延伸的天然山脊，在其上以石块砌筑城墙底部，石块之上采用夯筑法，但土质不纯，以一层黄土一层碎石块或黄土中掺杂碎石块夯筑，夯层6—7厘米。西城墙与东城墙略有不同，西墙中部偏南处有一座海拔100米左右的独立山峰，将西城墙分为两段，此处山峰陡峭，土层较浅，只生野草，并无树木，不易攀登。所说的西墙南段就在此山向南延伸的山脊和南山向北延伸的山脊上修筑。这段城墙采用筑断山谷的方法，多用石料垒筑，城墙石块间的缝隙用黄土、碎石填充，城墙整体逐渐内收，所用石块不是花岗岩，而是就地取材，城墙石头微呈红色。而且西墙南段不是位于山脊之上，而是山脊外侧的坡地上。现西南段城墙有两处非常明显的石砌城墙，城墙上宽3米左右，残高2—4米不等，墙外有大量城墙石滑落。西部小山的南北两侧均利用山峰顶部修筑环壕，环壕外侧为不加修整的大块山石垒筑，以加强防御。另外，在西南两段石砌城墙上每隔1.3—2米有柱洞，柱洞为41×36厘米的方形，深约30—40厘米，当为绑滚木檑石的柱洞。当遇敌人进攻，可斩断绳索，滚木檑石就顺陡坡而下。在两段石垒城墙南侧，山势渐低，与东城墙一样，采用黄土、碎石混合夯筑于低矮山脊之上。城墙现存虽不多，但从残断处观察，原城墙夯土层壮观高大。村民住宅和耕田多分布在城墙两侧之间。在高丽城子村中可以见到和北山、西墙孤山相连的高大土堆，高达近10米，断层处的夯层明显，夯层厚度10—15厘米。青石岭山城筑城石料均采于当地山上，现西南门外就有一处采石厂。城墙的四角皆高出城垣，有的还存有二层弧形石基，当是建有望台（角楼）一类建筑。

全城共有三座城门，东面1门，西面2门。东城门位于东城墙偏北处，城门之外有从南、北两山向内夯筑的黄土、碎石翼墙，两道翼墙呈一前一后交错排列，中间有一宽5—6米的缺口，可供出入。翼墙之内又有一道城墙，中间开5米左右小门，是为东门。城墙和翼墙基宽均近10米，现城门最低处高3—4米，向南北两面逐渐增高。翼墙和内城墙形成瓮城式结构，便于阻挡来犯之敌，加强东门的防御。西南门的形制和东门基本相同，也有翼墙、内墙和瓮城结构。西北城门处情况比较复杂，破坏较严重，附近地势最低洼，其靠近南侧有水门，城中河流从此流出，当为山城的水门处。这里也是现今车辆进入城内的唯一道路，其道路宽度一车通行稍有余。城内水源充足，地下水层较浅，由现西南门内苹果园附近有大量水生芦苇生长可知。

七　古城址内的遗址和遗物

1. 山城内居中处突起一座小山丘，俗称“金殿山”，东西长约200米、南北宽约100米、高约15米。山顶中部偏西处有一近方形台址，南北长7米、东西宽5米，周围有堆石，当为建筑基址。金殿山之西侧脚下有绳纹红瓦和灰陶片，陶片质地坚硬，并有细绳纹灰砖，其时代当为南北朝或隋唐时期的高句丽遗物，与海城英城子山城发现的相同。

2. 在金殿山北部有一南北向土坝，其间有一豁口，宽约20米，有山水经北西流。坝存高0.6米。在豁口北断壁可见一段夯土，知是人工修筑的隔墙，南北向形成一块盆地，南北宽约200米、东西长约300米，应是人工修筑的一处储水池。在附近小河岸的滩地，有绳纹红瓦和绳纹灰砖等遗物。

3. 在南、北城垣的各高山顶端也散布有红色绳纹、方格纹瓦残片、灰陶片等。城墙的四角皆高出城垣，有的还存有二层弧形石基，其顶部及四周，常见有灰层、红色绳纹、方格纹板瓦及素面筒瓦片。当是建于城垣四角望台（角楼）一类建筑的遗物。

4. 在城内居中的小山丘与西水门之间有一座水池，水池深约 3 米。城内水泉计有 4 处：一在北城墙南坡中段，一在储水池坝东北山坡下，一在城西南角山根下，一在金殿山西北约百米的平地，俗称“蛤蟆塘”。上述最后一处泉水清澈，冬夏不竭，应为当时山城的主要水源地之一，现仍为城内居民的饮用水源。

5. 在历次调查中，城内发现红色方格纹、绳纹瓦片等，具有高句丽遗物特征。最密集处在金殿山西北百米的平地和蓄水池附近，另见有石臼等遗物。过去在城内曾出土过铁马镫、铁锹、铁车辖等遗物。1964 年，在城内小山岗上出土过铁甲片。在断崖处见文化层，上距地表 1.1—1.2 米深，厚约 0.6 米，上层为石块，下有烧土、木炭，夹少量烧石和烧泥，其中北面多出红色绳纹、方格纹瓦片，南面出铁甲片一堆。铁甲片均为长方形，规格 8.8 ×2.2 ×0.2 厘米，边有透孔。断崖南端出灰色带耳陶器片。此处应为一居住址。城中耕地经常发现汉代灰绳纹砖砌筑的墓葬。1973 年考古调查时，发现铁釜，铁罐、铁镞等。

6. 山城的东部城墙的南端与山城南部的山脉相接，在其接合部有一高大的土质山丘，由东城墙顶部从北向南望去，此山丘已经高大伸入城中，并有向城内倾斜之状。山丘十分巨大，均为黏黄土，在断层处可见层层叠压的痕迹。此山丘现已为东墙南端的制高点，其位置恰在山城的东南隅。站在土丘之上，山城东部的山间盆地山川广阔，呈南北狭长的开阔地势，远处的山峦层峦叠翠。这片山间盆地被称为“团甸子”，故又有团甸子镇之称，属于营口市管辖。这一山间盆地甚为辽阔，也是古代居民农耕的沃野之地。

八　历史文献

1.《新唐书·张亮传》载：张亮“引兵自东莱浮海，袭破卑沙城，进至建安”。同书《地理志》载：安东都护府“故汉襄平城也……西（南）至建安城三百里”。

2.《资治通鉴》卷一九七《唐纪》载：贞观十九年“营州都督张俭，将胡兵为前锋，进渡辽水，趋建安城，破高丽兵，斩首数千级。秋七月，张亮军过建安城下，壁垒未固，士卒多出樵牧。高丽兵奄至，军中骇扰。亮素怯，踞胡床，直视不言。将士见之，更以为勇，总管张金树等，鸣鼓勒兵击高丽，破之”。又说“建安在南，安市在北”。

3.《新唐书·高丽传》贞观十九年唐军攻安市、建安二城。太宗对李勣说："建安恃险绝，粟多而士少，若出其不意攻之，不相救矣。建安得，则安市在吾腹中。"

4. 唐贾耽《道里记》记载，建安在"辽东城"南300里。

5.《翰苑》卷三十引《高丽记》："平郭城，今名建安城。"

由上述文献可知，确定建安城的依据：汉襄平城西南300里；建安在南，安市在北。汉襄平城即今辽阳市古城，隋唐称辽东城、辽州，战国至秦则称辽东郡。

九　疑问和探讨

1. 山城内水源分别有2、4、5处的说法。

2. 山城的门址分别有2、3、4处的说法。

3. 该城是否为高句丽的建安城，尚待研究。

4. 我们认为此城可能是高句丽的安市城，其主要原因就是临近辽河河口，是当年阻隔唐军南部的水军和渡过辽河的陆军的重要战略据点。

5. 据《新唐书·张亮传》载"故汉襄平城也……西（南）至建安城三百里"。古之襄平城，即今辽阳市，由辽阳城址至今青石岭古城不到100公里，此城当非高句丽之建安城。

第二节　鞍山海城市英城子山城考察报告

一　考察对象

鞍山海城市八里镇英城子村高句丽山城

二　考察时间

2007年6月17日，天气：晴。

三　考察目的

海城市八里镇英城子村旧名高丽营城子，后称营城子，英城子山城因坐落在该村东面山上而得名。学术界一般认为该城即高句丽的安市城，但对此城究竟是否为安市城，我们一直存有疑虑。2007 年 6 月 17 日，我们专程实地考察了海城市的英城子山城，寄望于通过实地考察判断英城子山城，能够对进一步了解高句丽安市城的地望所在有所启发。

四　考察路线

8 时 30 分在辽阳市汽车站乘坐辽阳市至庄河市的空调大客车——10 时于海城市后力村下车——10 时 05 分乘坐后力—杨家的 23 路环路公交车（途经海城市区）——10 时 30 分在杨家村终点站下车——乘一辆摩托车于 10 时 40 分到达了山城的西门。

五　山城地理位置

英城子山城又称“营城子山城”，村民俗称“高丽城”，位于海城市八里镇英城子村东面的山上。地理坐标北纬 40°46′39″，东经 122°41′24″。平均海拔 160 米。西距海城市区约 7.5 公里，东南至析木城 12.5 公里，东至牌楼乡 5 公里。城北临海城河支流炒铁河。炒铁河由东南流向西北注入海城河，距山城最近处约有 350 米。该山城于 1964 年 5 月被鞍山市人民政府公布为市级重点文物保护单位，2007 年公布为辽宁省级文物保护单位。

六　山城形制结构

该山城坐东面西，东、北、南三面地势较高，西面较低，形成中间低洼的小沟谷，整体呈不规则长方形，周长约 2472 米。山城东、北、南三面的城墙依山势夯筑于山脊顶部。有的部分利用山脊的陡坡，不再另建城墙。因年代久远，大部分城墙表面被风雨侵蚀严重，上面已长满植被，但人工夯筑的痕迹仍十分明显。

环城辟有东、西二门，相去约 1 公里，两门均有内凹式瓮门痕迹。西门既为该城正门，也是城内山水外流的主要出口。据相关材料介绍西门外壁基部原有石砌墙面，石块多被拆除散布内外，石块一般为楔形或梯形，规格大体为 30×20×50 厘米、40×25×60 厘米，其外右侧原存夯土层高约 20 米，外包石墙，高约 1.6 米。目前，已经看不到外包石墙，残存夯土层高仅有 5 米左右。山城东门址原亦有大石条铺筑，据说也多被村民拆毁。连接山城西门的西部城墙由于地势较低，大部分为人工夯筑而成，长488米。

北部城墙长693米。城墙外侧坡度陡峭，海拔130—170米。城墙西北角至中部长368米，基底宽约4米，顶宽1米；从城墙中部至东北角的瞭望台，长318米。基底宽2—4米，高3米、顶宽1米，此段城墙是该山城保存比较完整的一段，城墙外侧坡度陡峭，海拔130—170米。

东部城墙，长302米。此段城墙辟有东门，门两端现存间距7米。其中，从东门至东北角的瞭望台，长约223米；从东门至南部城墙与东部城墙的接合部，长约79米，人工夯筑城墙高3.3—5米。城墙表面宽1.5米左右，基底宽约5.5米。墙外侧坡度陡峭，海拔160—170米。

南部城墙，长约980米，城墙高1—5米，基底宽约5.5米，顶宽约1米。保存不如北、东部城墙完整。城墙高度起伏较大，最高处人工夯筑达5米，最低处为1米。城外侧坡度较陡，海拔60—150米。城内侧比较平缓。1994年4月调查时还可见一段长约200米的马道，现都已被垦为果园。

七　山城内的遗迹与遗物

东南高台：位于东门南侧距城墙约30米处，高于东部城墙2.65米。高台顶部为一平面，土质为云母岩风化土，夯土密度较小。当地村民称之为点将台。高台外侧地基长约40米。现高台顶部已被人工修成南北向七层梯田。

石筑圆形水池：据王绵厚所著《高句丽古城研究》介绍，城内共有石筑圆形水池三处。一在西门内左侧；一在城内中央水沟侧，原为石筑，深约3米、直径20余米，现尚存圆形土坑一个；另一处石筑水井，位于城内西门里左侧民宅前，现遗有圆坑井口大小。

城内出土遗物现已很难寻觅。据王绵厚所著《高句丽古城研究》中介绍城内曾出有多种红色绳纹和方格纹板瓦片、灰陶片以及圆形槽石、柱础等遗物。陶罐分双耳和无耳两种。砖为灰绳纹，宽22厘米、长33厘米、厚5厘米，同时出土有“开元通宝”和金环片等饰物。辽代出土文物则以灰色滴水檐和条纹砖及铁农具、白瓷片、佛像等为代表。

八　存疑与探讨

据《新唐书》载：（长孙无忌）“夫子行师，不徼幸，安市众十万，在吾后，不如先破之”。安市城可能驻有十万之众，而根据我们对英城子山城的考察，该城的规模不足以驻扎和供养十万之众，至多不超过三万人。另外，该城西、北山势平缓，整体山势也并非险峻，城墙多为泥土夯筑，难以抵抗唐军的进攻。这些都是判断英城子山城是否为安市城所应该考虑的重要问题。至于“在吾后”之语，是值得深思的问题，当时的长孙无忌与唐太宗李世民议论安市城时，应在辽东城或白岩城附近。“在吾后”是否就是指在上述两城的辽河下游的南部求之。

第三节 营口盖州市万福镇贵子沟村赤山山城考察报告

一 考察对象

营口盖州市万福镇贵子沟村赤山山城

二 考察时间

2007 年 10 月 24 日，天气：晴。

三 考察的意义和目的

在辽宁省营口市境内，考古工作者先后发现了十余座高句丽山城，盖州市万福镇贵子沟村赤山山城便是这十余座高句丽山城中最具特点的山城。然而，有关赤山山城的详细情况的报道和介绍文章都显得十分单薄，尤其是在《营口文物志》和一些已经发表过的文章中对赤山山城的介绍和描述，都出现了相互抵牾和过于简略的现象，更缺乏翔实的研究和考证。从 2007 年开始，我们就开始策划辽东半岛高句丽山城的系统考察计划，2009 年 6 月，为了完成国家教育部人文社会科学项目课题的申报任务，我们又对赤山山城进行一次较为系统的前期复查工作。此次复查就是要进一步弄清赤山山城的地理位置、考察路线、山城的形制和结构，以及地理环境，结合文献对赤山山城的有关信息进行梳理和考证，并对 2007 年的考察进行核对。经复查证明我们在 2007 年进行的实地考察记录是可信的，也是目前学术界对于了解赤山山城较为翔实的田野调查记录。

四 考察纪行的路线

2007年10月24日清晨，我们租用营口市盖州万福镇的夏利牌灰色出租车，从营口盖州市万福镇的万佳福旅店出发，沿盖州至庄河的公路南行，出万福镇南途经碧流河大桥。由于这是深秋季节，早已过了汛期，因此碧流河的水量很少。但根据河床的宽度判断，如果在雨季时，该河段水量应是非常丰沛。过碧流河大桥后，出租车左拐驶上通往新开岭、岫岩、凤城的北土线公路，车至苇塘西桥后右拐，进入了一条直接通往赤山山城的乡村公路，道路两侧就是贵子沟村的村民住宅。10月的金秋，正是辽东半岛的农村收获的季节，村民们把收割的谷子、高粱、大豆等秸秆作物铺在公路中间，利用往来车辆的碾压，来完成脱壳作业。据司机王志刚介绍，在20世纪三四十年代，赤山山城上曾经有过以宋大干为首的土匪盘踞于此，后来被中国人民解放军消灭了。近年来，当地政府为繁荣地方经济文化，开始利用赤山山城的历史文化和自然资源，进行有效的开发。在赤山山城的西侧入山口处，当地政府已经修筑起坚固的山门，并对进入山城的游人售票，票价为每人10元。车辆有专用的停车场，停车费小车10元、面包车20元。

8时08分，我们到达赤山山城的脚下。但见赤山地势险要，嶙峋挺拔，深秋的红叶为整个赤山披上一层火红的外衣，赤山名不虚传。清晨的薄雾弥漫在山体周围，使这座巍峨挺拔的大山增添了几分雄险和神秘的色彩。车停在山门外的停车场，有十几位工人正在修建山门，我们买门票后，从旁边的月牙门检票鱼贯而入。进入山门后，手机信号就消失了。我们沿着在山岬中间铺就的弯弯曲曲的水泥路开始步行登山，当行至一处缓坡地带，眼前被高山挡住了去路，眼前的水泥小路也到达了终点。正当我们不知所措的时候，遇到正在修筑山中水库的一批民工。在他们的指点下才知道，我们要想找到高句丽山城城墙遗址就必须朝着山上龙潭寺的方向攀登，从这里到龙潭古寺是没有路的，只有沿着山谷中溪水冲刷出的布满鹅卵石的河床向前攀登，直到大山挡住你的去路后再攀登山岩才能到达龙潭古寺。以我们的体力和行军速度来看，至少还要一个半小时才能到达龙潭寺。听了民工们的这些话，让我们不免有些担心，这种担心不是因为害怕路途的遥远和艰辛，而是担心如果不能及时下山就会耽误与出租车师傅预约中午接我们下山的时间。为争取时间，尽快找到高句丽山城城墙，我们决定加快脚步用最快的速度攀登上龙潭古寺。热情的民工还告诉我们，龙潭寺是一个制高点，到了那里手机就会有信号了。这句话又坚定了我们一定要找到龙潭寺的决心。看看手表，已经9点多钟了，时间非常紧迫。我们不禁加快了脚步，沿着崎岖而湿滑的河床边沿向上攀登，越向前走溪水在我们身边越是跳跃着，杂乱的树枝和枯萎的荆棘一直伴随着我们。溯流而上约1300米，路过一个天然形成的漆黑宽大的山洞，此处称作将军洞。山势从这里开始变得更加陡峭，两侧的山峰犹如刀削斧劈、悬崖峭立，两侧山峰之间的距离变得越来越窄。我们急切地希望尽快看到高句丽城墙，无心顾及这越来越险的山路，在遮天蔽日的山间峡谷中穿行，脚下是山泉冲刷过的鹅卵石。在山涧溪流两侧的树干上，发现了善男信女所系的寄托他们希望和信念的红布条，由此认定这些红布条应当是通往龙潭寺最好的路标。我们继续前行，山路突然陡升，一堵立陡的山崖横亘前方，仰望山崖之上似乎山路踪迹了无（后来得知这确实是通往龙潭寺的主要道路，但前不久因降雨出现了滑坡，堵塞了道路）。我们怀疑是否走错了路，只好改变路线，沿着山涧溪水冲刷出的鹅卵石路前行，可是河床越走越窄，走了约15分钟，似乎走进一条死胡同，两侧和前方都是立陡的岩石，岩石下是一潭清澈的山泉，我们前行的路似乎彻底被拦住了。

出于时间和安全的考虑我们打算返回，而就在我们感到“山穷水尽”之时，从山下的树林中走出四五个人，他们是当地村民，秋收后趁着农闲进山捕捉“娃娃鱼”。我们赶紧上前询问，希望能够有“峰回路转”的机会。在得知我们此行的考察目的后，他们热情地给我们指明了登山的路线。我们学着他们的样子，攀越了本以为无法穿越的峭壁深潭。原以为过了刚才的峭壁深潭后路一定会好走一些，不曾想呈现在眼前的是更为陡峭的崖壁，走回头路似乎已经没有可能了。在看到我们进退两难时，其中一位叫吴向阳的老乡毅然放弃捕鱼，主动为我们带路。在他的帮助和带领下我们又连续攀爬了两处立陡的山崖，来到一处天然的洞穴前，洞穴下面就是万丈深渊，临近悬崖处有用树干和树枝构筑的简易护栏。吴向阳告诉我们这里是穿心洞，曾有游人在此坠崖身亡，要我们多加小心。我们来到洞口，山洞有五六米长，考察队员们相继安全地穿过了穿心洞。过了穿心洞，路况明显好转，大家加快了行进的速度。在一处岔路口，吴向阳指着其中折而向上的小路，告诉我们返回时走那条小路就可以顺利下山了。为了不至于“迷途”，我们在那里放了两根大树枝，作为回来的标记。吴师傅又继续为我们带了一段路后，告诉我们前面不远处就是龙潭寺了，他要返回找他捕鱼的同伴去了，我们非常感激吴向阳的帮助，但因为是考察也没有带任何值得纪念的东西，王禹浪教授便给了吴向阳老乡一张名片，希望他有机会到大连，那时我们一定为他做一次导游。

大约10点半，我们到达龙潭寺。龙潭寺四面环山，坐落在一块面积较大的高台之上。寺庙正在修缮中，庙宇坐西朝东，现存正殿一间、配殿两间、四间厢房，寺内立有清朝光绪四年（1878）的“重修赤山龙潭寺三清殿碑”，显然这是一座与道教有关的寺院，院落里散布着一些残碑和石臼等遗物。此处手机依然没有信号，我们只好“兵分两路”，王禹浪教授和刘述昕同学为一组，沿路先行返回原路的山城城门，以免失信于出租车师傅；王文轶和孙军为另一组，继续攀登寻找高句丽山城城墙。

10时40分，王禹浪教授和刘述昕沿着来时所作标记下山，途中遇到多处岔路，其中一处岔路比较难辨，经过排查，确定了正确的方向，并在路口处为王文轶和孙军留下标记，指示方向。11时40左右，王禹浪教授和刘述昕同学返回山门处，在仔细分析山城分布图后，确定山城西门处应有城墙遗址。城门下面是一条不知名的小河，河流位于两山之间，现已干涸。沿着河流向西，距城门大约50米处，有大量的青色、灰色碎石块存在，石质为河卵石和片状石，排列成带状，位于城门西侧两山之间，残宽3米许，靠近南端的山脚下还有一块用碎石块堆砌的台地，台地前面种有几排小树苗。在河流正中间，现有一处村民用天然大石块叠筑的场院，面积较大，用石很多，其中种植农作物。筑墙所用的石块与城墙的石块相同，似乎是使用原有的城墙石。可以看出以前这条河谷处应建有较长的一段城墙，筑墙材料是就地取材，充分利用了河中的卵石和两翼山上的片状岩石。据《营口市文物志》记载西城墙占有5个小山峰，墙长450米，在西城墙偏北的山谷处开设一门，宽约3米。现存城墙基宽约2.5—4.5米，残存最高处达4.6米，可供参考。

10时40分，王文轶和孙军从龙潭寺东侧一条宽约1米的小路继续攀登，山势逐渐增高，沿小路上行约200米，在小路左侧有塔林，继续前行10分钟约300多米的路程后，便登上了山城的东城墙。此时接近11时。山城依山势修建，站在城墙上，可看见山城外群山环绕而形成的玉石水库，非常壮观。在山口处，有一马面，宽约7米，外展约8米。站在马面上，向南望去，城墙依山势向南延伸，城墙保存比较完好，墙石多为青石所筑，墙宽约3米，高2—3米。在城墙脚下，散布着城墙倒塌的城墙石。马面北侧为一险峻山峰，高耸于整个山城，为山城北部天然屏障。在马面南侧附近，有一段倒塌了的城墙，外侧墙石散落在山坡上，内侧的楔形石的尖端错落地显露在外，根据这种城墙砌筑方法判断，赤山山城的古城墙为高句丽山城城墙无疑。

据《营口市文物志》记载，我们所处的赤山东面城墙位于第一高峰下，长500余米。东墙开设一门，位置在偏北的山口处，门宽3米，进深7.5米。在该门南23.4米处设一马面，存高4.6米，外展9.3米，宽8.1米。《营口市文物志》有关东墙马面的数据与我们调研测量的数据有所差异，其原因应是由于城墙后期倒塌所致，这也从一个侧面反映出高句丽山城应该得到及时的保护和维修。11时50分，王文轶和孙军开始下山，下山速度比较快，12时48分便到山下，与王禹浪教授会合，考察顺利结束。

五　山城的地理位置

赤山山城位于盖州市南部万福镇贵子沟村东赤山上，在盖州市万福镇与矿洞沟镇交界处，万福镇贵子沟村坐落在山的西沟口处。西北距盖州城40公里，距营口市75公里。赤山占地20多平方公里，是辽东名山之一，清代时是辽南道教名山。赤山以峰奇、洞异、泉清、石怪、寺古而著名。赤山有五峰，分别为三清峰、五洞峰、旋门峰、天桥峰、天池峰。其中三清峰最高，海拔891.1米。

赤山属盖州市东南部的千山山麓的余脉，属于盖州市境内的低山区，其东侧是连绵不断的群山，平均海拔约为200米。东南与海拔1130米素有辽南第一峰的步云山遥遥相望，北濒碧流河上游的支流，西距碧流河上游干流约10公里。由赤山向西属于营口盖州市境内，其地貌依次为低山区、丘陵地区（平均海拔48米）、平原地区（平均海拔19米）和沿海地区山地（平均海拔5米），呈阶梯式特征，自东向西侧的渤海方向倾斜。而赤山东侧的大连庄河市境内，地貌特征与此大致相似，但自西向东侧的黄海方向倾斜。这种“中间高，东西低”的地貌也是辽东半岛地区的主要地貌特征，其主要原因就是由于辽东半岛地区的中部基本是千山山脉自东北向西南的延伸余脉，形成了辽东半岛地区中间高而逐渐向东西两侧分别倾斜并濒临黄、渤二海造成的。因此导致辽东半岛的主要河流往往发源于中部山区，向东入黄海、向西则流入渤海。因为河流多是在山谷或平原地区穿流，所以无论是古代还是当代，人们的交通路线也多靠近河流，从而躲避山梁和山峰的阻隔，这一特点只要翻阅今天的交通地图就一目了然。古代的高句丽在选择修筑山城城址的时候就充分考虑和利用了这一特点。

据统计，辽东半岛地区现已发现的高句丽山城有 58 座，其中分布于外流河（入海河流）流域的有 55 座之多，其主要战略意图就是通过扼守水陆交通咽喉之地，阻击从山东半岛浮海而来的古代中原王朝的进攻。赤山山城就是这 50 余座山城中规模较大、地理环境险要，而且战略位置十分突出的山城之一。

赤山山城地近碧流河上游地区。碧流河原名苾里海，因水清澈碧绿，改称碧流河。“苾里”，实为满语或女真语的发音，译成汉语就是“河”的意思，满语的译音经常写作“必拉”，或“毕拉”，而“海”则是“河”音的同音异写。苾里海实际上意译就是“河河”，造成这种河河重叠的原因，是因为满语地方语音和汉族语音的复合型的地名语词现象。碧流河的名字则是人们依据语音和河流的颜色特征改写汉字而成。碧流河发源于盖州市的棋盘山南麓，其位置在北纬 39°24′—40°20′，东经 122°10′—122°31′之间，河源的海拔 1047 米，向南流经大连庄河、普兰店境内，于普兰店市城子坦镇谢家屯附近注入黄海。碧流河的干流全长 156 公里，是大连市境内最大的一条河流。沿碧流河流域还同时分布有大连普兰店市星台镇巍霸山城、大连普兰店市墨盘镇马屯村西山山城、大连庄河市荷花山镇马岭村北大城山后石城山城、大连庄河市城山镇沙河村万德屯城山山城、大连普兰店市双塔镇大城子村山城、营口盖州市什字街镇田屯村高力城山山城、营口盖州市万福镇孙家窝堡高力城山山城 7 座高句丽山城，这 7 座山城与赤山山城共同构筑了碧流河流域的纵深防御体系。

在这 7 座山城中，有赤山山城、巍霸山城、西山山城、后石城山城、城山山城 5 座山城的周长超过了 3000 米，属于辽东半岛地区的大型高句丽山城，而辽东半岛地区周长超过 3000 米的高句丽山城只有 11 座，仅碧流河流域就部署了 5 座大型山城，显而易见高句丽对碧流河流域防线的重视程度。根据笔者实地调查，上述 5 座山城，又以赤山山城的地势最为险峻，易守难攻，而且处于名副其实的地处水陆交通咽喉之地。

在赤山山城的西侧，紧邻碧流河左岸有一条305 国道，南起大连庄河市，北抵营口市。是营口市与大连市南来北往、东西交流的主干道。尤其是这条主干道的盖州市万福镇到庄河市桂云花镇段，其西侧紧邻碧流河，东侧紧靠群山，形成一条由万福镇南下进入大连境内和由桂云花北上进入营口市境内咽喉要道。赤山山城的位置恰好地近这段咽喉要道，无疑是高句丽时期控制该地区一座重要的防御性城池。依据碧流河的走向判断，赤山山城与上述另外 7 座山城的主要防御方向应为来自黄海方向的军事威胁，并与北部的地近辽河河口较大的高句丽青石岭山城形成了由南到北一条较为垂直的南北呼应的黄海—渤海的防御体系。

六　山城的形制与结构

山城建在赤山的南麓，全城共占十六座山峰，整体呈不规则的长方形，周长约 3520 米。山城北倚 5 座山峰为天然屏障，山下就是碧流河支流，在山崖陡峭处没有修筑城墙。墙体主要在东、南、西三面，以楔形石块叠压错缝砌筑城墙，城墙随山就曲，绵延起伏在山脊之上。东面城墙起于赤山第一座高峰三清峰下，长 500 余米。东墙开设一门，位置在偏北的山口处，门宽 3 米，进深 7.5 米。在该门南 23.4 米处设一马面，据《营口文物志》记载，该马面存高 4.6 米，外展 9.3 米，宽 8.1 米。根据此次考察实际测量，目前该马面宽约 7 米，外展约 8 米，这种数据的变化也在说明随着岁月的流逝，赤山山城的城墙遭到了一定的损坏。此外由于考察时马面周围树木繁茂，根据目测城墙的内侧存高应在 2—3 米，而外侧的城墙高度应在 5—6 米。山城南面墙体长约 1300 米，墙体上开设有一门，位置在西起第五座山峰的隘口处，宽约 7.8 米。西城墙共占 5 座小山峰，墙体长约 450 米，在西城墙偏北的山谷口处开设一门，宽约 3 米。现存城墙基宽 2.5—4.5 米，城墙外侧残存最高处达 5.6 米。赤山山城的东北部地势较高且比较平坦，现存一座寺庙。因该寺庙东南方向有一处泉水，四季不枯，名曰“龙潭”。寺庙因此得名亦称“龙潭寺”。寺院内原有清代石碑 5 通和 1 通《明代重修龙潭寺造佛安禅碑》。根据《营口市文物志》记载：重修龙潭寺造佛安禅碑铭如下：“重修龙潭寺造佛安禅碑记/赏闻山不在高有仙则名/水不在深有龙则灵/陟此山之巅/玩此山之景/

其名且灵者靡可殚述/姑举一二以鸣兵盛/城坦屏翰于外/其即曰肢之荣卫矣乎/龙潭停毓于中/其即心渊之活泼矣乎/至若回光返照之志/明示末路之当/有悬并潆回之异/熟非歌器之戒/盈卓哉/佳境不可无禅林/而禅林不可不美大也/忆昔唐贞观十九年/有太宗因盖苏文弑君虐民/又阻新罗入贡不奉诏命/遂亲征高丽驻跸此山/谓薛仁贵曰/朕不愿得辽东/愿得一卿也/仍望山头石人/视曰/雪耻酬有王/除凶报千古/艳上暴晚/照行幸上/随遣职方郎中陈大德/建因班师而名曰凯捷寺/彼时庵仅三间草创/未备岁久/因循座生荆棘/迨刘普明诚普欠□充拓思绵力未之何/齐心默祷感动檀那始也/生员曹公讳中式肄业于此/率众以建昔阁/继也致侍严君讳愈庆/新增殿宇/雯诚以造□宝莲佛圣像鳞集规模丕振矣/安禅百日图报神人矣/而又为之感众/以修盘道助工以勤修缮/虽十方响应者不可枚举/而主持引领者□□（下残）/明万历四十四年”。此块碑文虽然主要是记述重修赤山龙潭寺的相关信息，但也为我们考证赤山山城提供了一条重要的信息，即唐太宗贞观十九年（636）东征高句丽时曾“驻跸此山”，并下旨修建了凯捷寺。这说明在此次东征高句丽的过程中，唐军与驻守赤山的高句丽军队曾发生过战斗，并最终获胜。

第四节　营口大石桥市海龙川山城考察报告

2007年10月，大连大学中国东北史研究中心，专门组织了东北史研究方向的在读研究生对辽东半岛地域的部分高句丽山城进行了实地调查。这些山城规模较大，且地处在辽东半岛的临海山地之上。山城以就地取材的石块为主，多依山势筑成高大而坚实的墙体。位于营口大石桥市周家镇东金寺村海龙川山城，是一座中等规模的山城。山城三面环山，山城内有丰富的泉水并汇聚成溪，由东北流向西南，最后在山城地势最低处流出。海龙川山为东高西低之势，呈簸箕形，主要建筑集中在山城底部的山坳处。古城内除了具有高句丽文化特征外，还发现和出土了辽金时期的历史遗物。说明此山城虽然建于高句丽时期，但曾被辽金沿用的事实十分明显。此山城距海较远，且地处辽东半岛通往辽东腹地的重要隘口的山地之间。对于海龙川山城的考证，已有考古工作者把此城确定为高句丽的安市城。实际上，经过我们的实地调查和考证，此城并非高句丽的安市城。现将我们的调查报告叙述如下。

一　考察对象

营口大石桥市周家镇东金寺村海龙川山城

二　考察时间

2007 年 10 月 22 日，天气：晴。

三　考察目的

高句丽安市城究竟位于何处？学术界目前存在两种观点，一种观点认为高句丽的安市城为海城市八里镇营城子村的英城子山城，另一种观点认为应当是大石桥县级市周家镇东金寺村的海龙川山城。本次考察主要是通过实地踏察的第一手资料与文献记载的相关内容相互校雠，判断海龙川山城是否就是高句丽的安市城。

四　考察纪行

为了客观记录我们的考察情况和出于方便各位方家同仁今后对海龙川山城的实际状况的了解，现将我们此次考察具体细节和过程介绍如下：

10 月 22 日上午 7 时 30 分，我们乘坐前一天下午预订好的夏利出租车，从营口市天辅兴酒店出发。因司机是营口市区人，对路况比较熟悉，不到 10 分钟我们便驶离市区，驶上了通往柳树镇的省级公路。7 时 50 分到达柳树镇，司机为了取近路而拐向一条乡村公路，途经后拉山、夏家屯、娘娘庙等村庄，于 8 时 20 分进入大石桥市。从大石桥市往汤池镇方向为宽阔平坦的国道，仅 6 分钟就进入了汤池镇地界，其后便开始出现连绵起伏的丘陵，山势逐渐变高，进入半山区。8 时 31 分进入汤池镇区。汽车继续前行遇一岔路口。根据路标指示左转路为汤池通往周家的省级公路，约有 9 公里；右转路（东南向）为汤池到岫岩（新开岭）的国道，约有 74 公里。我们按照地图所示遂取左路前行。8 时 40 分路过青石岭村，8 时 46 分到达周家水库，这是半山区与山区的交接处。又向东行驶 2 公里左右，进入东金寺村第六队居民组。我们让汽车一直行驶到村庄尽头下车。下车后派考察队员刘述昕到老乡家中打听山上是否有古城墙。经刘述昕向当地一位名叫张殿堂老人打听得知，山上确有古城墙，但保存并不完好，而且山上草木丛生，需要仔细寻找才会找到古城墙址。

在确定山上存有古城墙后，综合在考察之前所收集的材料可以判定，坐落在我们面前的这座由东、北、南三面群山环绕而成的山坳，就是我们要考察的海龙川山城。我们下车的位置正处于山城的西面入口，脚下宽三四米的土路即是通往山坳深处的路径。与这条土路相伴，在其右侧有一潺潺小溪曲折而下，依据高句丽选择山城址的特点，可以推断这条小溪是高句丽时期此座山城的重要水源之一。位于西门入口处环顾山城地貌，我们左侧为山城所倚的北面山峰，山势险峻，树木繁盛，难以攀爬；右手边小溪的右侧有一缓坡蜿蜒向南与山城所倚的南面山峰相接，虽灌木丛生，但较之北峰更易于攀爬。考虑到高句丽山城的城墙多修筑在山梁之上并兼顾安全，我们决定放弃脚下这条通往城内的山路而取右侧缓坡到达南面的山梁去寻找古城墙。幸运的是，在右侧缓坡齐腿深的草丛之中隐匿着一条羊肠小路，拾路而上 8 米许，在小路的右侧（西侧）有一块 20 多平方米的玉米耕地，在耕地的西南角存有一土丘，上面立有一水泥电线杆。在这一土丘的断层处显露出明显的夯土层迹象。而土丘向北延伸的方向恰好是我们刚刚进入山城的入口处。因此，当时推断我们正在攀爬的这一缓坡实际就是海龙川山城的西城墙。我们的推断很快便得到证实。在我们回到那条羊肠小路继续向上攀爬五六米后，在小路的尽头连接的竟然就是用石头垒砌的城墙表面。城墙表面宽约 3 米，底宽 5—8 米。可以断定此为山城的西墙，由西墙可以清晰地看到山城的北侧山梁之上的城墙和坐落在簸箕形的山谷中间的东金寺。西城墙外侧有一条天然冲沟。从西城墙高处向城内（东、北）瞭望，城为三山环抱，东侧为高耸的山峰，南北两侧 6 道山梁构成三山环抱之势。

沿着西城墙顶部向南前行 50 余米处，即冲沟顶部，又折而向西 3 米左右；城墙便没了踪迹。此处残长 3 米左右的城墙，高 1.1 米，均为青石砌筑，此段城墙也是南北走向的西城墙与山城东西走向的南面山梁的接合部。其位置位于南部山梁西端的一个圆锥形山丘北坡的半山坡处。由此再无上山的路径，我们只好“披荆斩棘”，在北坡的灌木丛中“开辟”了一条通往南部山梁的路径。在攀爬这座圆锥形的山丘时，有几处现象引起我们的注意：其一，此山丘位于整座山城的西南角，呈圆锥形，鲜见山石，土壤松软，与南部山梁多裸露岩石的特征截然不同；其二，此山丘上植被多为次生林，灌木中 90% 为柞树。这些现象是否说明此山丘为人工堆垒而成，还有待相关专家进一步核证。

站在南面山梁向城内观望，可以清楚地看到城内地势东高西低，东部山梁和北部山梁的最高峰分别有一山坡向城内延伸下来，由此使整体呈“簸箕形”的海龙川山城的城内形成了三个小“簸箕形”山坳。东金寺就位于两个山峰环抱而成的中间的“簸箕形”山坳里，其地势略为平坦，但面积也最为狭小。北部山梁与北侧山峰所形成的山坳，坡势较陡，面积也略显狭小，而且其中密布林木，难以提供耕作居住的场地。南面山梁与东面山峰所形成的山坳里有村民开垦耕种的土地，坡度缓和，面积也比另外两处山坳更为宽阔。从城内整体环境来看，可能为高句丽时期屯兵修养的场所。另外，在南城墙中段有一小路从山梁通往城内，可能是当时高句丽时期的军民戍守城墙的重要道路之一（有的专家定此处为山城南门，我们认为值得商榷，因为南城墙外侧是一条深长的沟谷，地势非常险要，也没有明显的城门痕迹）。在南城墙外侧是一条深长的沟谷，地势非常险要。南城墙终端与东部南北走向山梁相连，其接合部即山城的东南隅，其城墙外侧有一略高于城墙的山峰，此山峰实质是东部山梁的最南峰（非人工），因其突出于南面山梁的东南面（外侧），并与南面山梁天然形成沟壑，故而东部山梁上的城墙没有延续其上，而是就近与南城墙连接，并在其城墙之外和该山峰之间挖一壕沟，形成防御南墙外侧沟壑的障塞。

东城墙沿山脊向北延伸，其墙表面平均宽2.5米左右，墙外侧有一条西北至东南走向的山谷，山谷深且狭长，易守难攻，经考察在东墙外侧只有几条小的冲沟，并无城门。

站在东墙上往城里观看，可见城最南部沟谷的东部有一蓄水池，谷中溪水由东向西流，出西门流出沟谷。

13时，因为时间的原因我们没有考察北部山梁，而是从山城东部山梁和北部山梁的两处最高峰所形成的山坳处，顺一条羊肠小路下山。近一个小时后，我们终于走到了谷底。谷底昔日的东金寺正在大兴土木，并改名为“宝林寺”（其实应当称谓庵，出家于此均为尼姑）。寺坐北朝南，寺墙外摆放着一些出土的柱础和一通碑身、碑额等，碑身的大部分汉字漫漶，隐约可见“东金寺碑记”字样，石碑的风格多为辽、金、元时期。

14时10分，我们离开海龙川山城，并于15时30分返回到营口市，筹备下一天的考察计划。

六　山城地理位置

海龙川山城，坐落营口市大石桥县级市周家镇东金寺村海龙川山上。海龙川山海拔663.5米，群峰叠嶂，山势陡峻。旧《海城县志》记海龙川东山为“海城东南群山之首”。海龙川山城位于大清河左岸约2公里，西距辽东湾约38公里，西距汤池镇约9公里。城外西南不远处有一高峰，人称西岭。城南还有高山，可谓之南山。山城西门山脚下即周家镇东金寺村，城南山下面临大石桥通往岫岩的公路，城北侧有海城至岫岩的公路，可谓一城锁双路的交通重镇，军事和交通地理均为要冲。

七　山城形制结构

该山城建在海龙川主峰下西南绵延的山脊上，山城平面呈不规则的东西略长的长方形。石筑的城墙沿山势连续不断，全城周长3000米左右。山城共占八个山峰，内抱三岗，三座山岗为南北排列。正中山岗东西向，是全城制高点所在。山城内地势东高西低，鲜有平坦开阔地。山城内水源充足，迄今仍可见到南、北山沟中出自岩缝的两股清澈的泉水。

该山城依据山险加筑石城墙。西为山口，是城内之水泄出之处，夯土筑城墙也是山城的西门（正门）。全城共辟有东、西、南、北四个城门。在城内的西北隅可见两座瞭望台基址（将台）。环山城目前可见到宽1米、高1—3米不等的残存城墙遗迹。城址内有人工修整的平坦台址三处，俗称“演兵场”，应即较重要的建筑址所在。据相关资料记载，曾有考古人员调查时，在山城内的向阳台地上发现高句丽时期的红色泥质厚布纹瓦。

八　研究综述

（一）目前有关海龙川山城研究介绍

海龙川山城是近年来营口市考古工作者发现的一座山城。令人遗憾的是，至今尚无一篇公开发表的关于海龙川山城的详细调研报告，仅仅引起了个别从事东北地方史研究的学者的关注和重视。我国著名的高句丽研究专家王绵厚先生在其《高句丽古城研究》一书中对海龙川山城的描述主要侧重于对其形制的介绍。营口市博物馆的崔艳茹、孙璇两位同志在《营口地区发现的高句丽时期所建山城的基本概况与初探》一文中对海龙川山城的形制也作了介绍，并在此基础上结合《新唐书·高丽传》《旧唐书·高丽传》《资治通鉴》等文献中部分有关“安市城”的记载，对海龙川山城的建置年代和地名进行了考证，指出海龙川山城即高句丽时期的“安市城”。

就海龙川山城的形制而言，上述两项成果的研究大致相同：

1. 全城周长 3000 米左右；

2. 山城平面呈不规则形；

3. 山城共占八个山峰，内抱三岗，三座山岗为南北排列；

4. 山城内地势开阔，为大量聚兵屯粮创造了良好条件；

5. 山城内水源充足，迄今仍可见到南、北山沟中出自岩缝中的两股清澈的泉水；

6. 全城共辟有东、西、南、北四个城门；

7. 在城内的西北隅可见两座瞭望台基址（将台）。环山城目前可见到宽 1 米、高 1—3 米不等的残存城墙遗迹；

8. 城址内有人工修整的平坦台址三处，俗称“演兵场”，应即较重要的建筑址所在；

9. 考古人员调查时，在山城内的向阳台地上，均发现高句丽时期的红色泥质厚布纹瓦。

10. 均提出在海龙川山城的东南隅有一人工土山。

（二）文献中的高句丽安市城

关于高句丽安市城位置的考证，目前学术界主要存在两种观点。一种观点认为其城址为今天海城市英城子山城，以金毓黻《东北通史》和谭其骧《〈中国历史地图集〉释文汇编·东北卷》中的考证为代表。另一种观点即是以王绵厚、崔艳茹等为代表的海龙川山城说。在我们亲自考察了上述两座山城后，又认真查阅了《旧唐书》《新唐书》和《资治通鉴》等文献中有关安市城的记载，冀望于从中获取一些关于高句丽安市城的特征。为了不致读者受断章取义之苦，我们所引文献均尽量完整，并简略注释其下。

1.《旧唐书卷三·本纪第三·太宗下》

夏四月癸卯，誓师于幽州城南，因大飨六军以遣之。丁未，中书令岑文本卒于师。癸亥，辽东道行军大总管、英国公李勣攻盖牟城，破之。

五月丁丑，车驾渡辽。甲申，上亲率铁骑与李勣会围辽东城，因烈风发火弩，斯须城上屋及楼皆尽，麾战士令登，乃拔之。

六月丙辰，师至安市城。丁巳，高丽别将高延寿、高惠真帅兵十五万来援安市，以拒王师。李勣率兵奋击，上自高峰引军临之，高丽大溃，杀获不可胜纪。延寿等以其众降，因名所幸山为驻跸山，刻石纪功焉。赐天下大酺二日。秋七月，李勣进军攻安市城，至九月不克，乃班师。

注释：

辽东城即今辽阳市。李勣拒高延寿、高惠真之战为驻跸山之战，可谓“围点打援”的范例，而并非安市城之战，此战场当在安市城之周边某一地域。

2.《旧唐书卷六十四·列传第十·宗室》

及大军讨高丽，令道宗与李靖为前锋，济辽水，克盖牟城。逢贼兵大至，军中佥欲深沟保险，待太宗至徐进，道宗曰：“不可。贼赴急远来，兵实疲顿，恃众轻我，一战必摧。昔耿弇不以贼遗君父，我既职在前军，当须清道以待舆驾。”李靖然之。乃与壮士数十骑直冲贼阵，左右出入，靖因合击，大破之。太宗至，深加赏劳，赐奴婢四十人。又筑土山攻安市城，土山崩，道宗失于部署，为贼所据。归罪于果毅傅伏爱，斩之。道宗跣行诣旗下请罪，太宗曰：“汉武杀王恢，不如秦穆赦孟明，土山之失，且非其罪。”舍而不问。道宗在阵损足，太宗亲为其针，赐以御膳。

注释：

①此处先渡辽水后至“盖牟”城，与《旧唐书·太宗本纪》记载的先攻盖牟城后渡辽水的记载截然不同。说明盖牟城当在辽河以东之地求之。

②道宗攻打安市城时，在安市城外筑土山。土山崩塌后，由于道宗部署失误，土山反为守安市城的高句丽军所据。

3.《旧唐书卷二百一十一·列传第一百四十九·东夷》

（李勣）车驾进次安市城北，列营进兵以攻之。高丽北部傉萨高延寿、南部耨萨高惠贞率高丽、靺鞨之众十五万来援安市城。贼中有对卢，年老习事，谓延寿曰：“吾闻中国大乱，英雄并起。秦王神武，所向无敌，遂平天下，南面为帝，北夷请服，西戎献款。今者倾国而至，猛将锐卒，悉萃于此，其锋不可当也。今为计者，莫若顿兵不战，旷日持久，分遣骁雄，断其馈运，不过旬日，军粮必尽，求战不得，欲归无路，此不战而取胜也。”延寿不从，引军直进。太宗夜召诸将，躬自指麾。遣李勣率步骑一万五千于城西岭为阵；长孙无忌率牛进达等精兵一万一千以为奇兵，自山北于狭谷出，以冲其后；太宗自将步骑四千，潜鼓角，偃旌帜，趋贼营北高峰之上；令诸军闻鼓角声而齐纵。因令所司张受降幕于朝堂之侧，曰：“明日午时，纳降虏于此矣！”遂率军而进。

明日，延寿独见李勣兵，欲与战。太宗遥望无忌军尘起，令鼓角并作，旗帜齐举。贼众大惧，将分兵御之，而其阵已乱。李勣以步卒长枪一万击之，延寿众败。无忌纵兵乘其后，太宗又自山而下，引军临之，贼因大溃，斩首万余级。延寿等率其余寇，依山自保。于是命无忌、勣等引兵围之，撤东川梁以断归路。太宗按辔徐行，观贼营垒，谓侍臣曰：“高丽倾国而来，存亡所系，一麾而败，天佑我也！”因下马再拜以谢天。延寿等膝行而前，拜手请命。太宗简傉萨以下酋长三千五百人，授以戎秩，迁之内地。收靺鞨三千三百，尽坑之，余众放还平壤。获马三万疋、牛五万头、明光甲五千领，他器械称是。高丽国震骇，后黄城及银城并自拔，数百里无复人烟。因名所幸山为驻跸山，令将作造《破阵图》，命中书侍郎许敬宗为文勒石以纪其功。授高延寿鸿胪卿，高惠真司农卿。张亮又与高丽再战于建安城下，皆破之，于是列长围以攻焉。

八月，移营安市城东，李勣遂攻安市，拥延寿等降众营其城下以招之。城中人坚守不动，每见太宗旄麾，必乘城鼓噪以拒焉。帝甚怒。李勣曰：“请破之日，男子尽诛。”城中闻之，人皆死战。乃令江夏王道宗筑土山，攻其城东南隅；高丽亦埤城增雉以相抗。李勣攻其西面，令抛石撞车坏其楼雉；城中随其崩坏，即立木为栅。道宗以树条苞壤为土，囤积以为山，其中间五道加木，被土于其上，不舍昼夜，渐以逼城。道宗遣果毅都尉傅伏爱领队兵于山顶以防敌，土山自高而陟，排其城，城崩。会伏爱私离所部，高丽百人自颓城而战，遂据有土山而堑断之，积火萦盾以自固。太宗大怒，斩伏爱以徇。命诸将击之，三日不能克。

太宗以辽东仓储无几，士卒寒冻，乃诏班师。历其城，城中皆屏声偃帜，城主登城拜手奉辞。太宗嘉其坚守，赐绢百匹，以励事君之节。

注释：

“车驾进次安市城北，列营进兵以攻之。”是李勣大军至安市城后发起的进攻。而唐太宗等拒高延寿、高惠真等15万援军的战役主战场在驻跸山附近。“太宗夜召诸将，躬自指麾。遣李勣率步骑一万五千于城西岭为阵；长孙无忌率牛进达等精兵一万一千以为奇兵，自山北于狭谷出，以冲其后；太宗自将步骑四千，潜鼓角，偃旌帜，趋贼营北高峰之上；令诸军闻鼓角声而齐纵。”则是唐太宗对驻跸山之战的战术部署而非攻安市城之策略。驻跸山一战唐军以少胜多，3 万精锐完胜高丽军 15 万援军，切断了安市城来自平壤方向援军的路径。稍其后，水路大军在张亮的带领下攻克建安城，使安市城陷入孤立无援的境地。张亮等人从山东半岛浮海而来，当必在辽东半岛之南端向北攻之，在夺下大黑山高句丽卑沙城后，继续北进夺得安市城南部的建安城。此城应在今庄河普兰店盖州南部境内求之，拟定为赤山山城为建安城。在此情况下，唐太宗才于“八月，移营安市城东”，从安市城东南和西面对其发起攻坚战，并命江夏王道宗筑土山攻其城东南隅。土山渐以逼城，自高而陟，其巨大的压力使东南隅的城墙崩塌。但因土山唐军守将伏爱擅自离开所部，致使土山的唐军群龙无首，城内高句丽百人自颓城而战，乘机据有土山并构筑堑壕阻断唐军的进攻。之后，太宗虽令诸军强攻三日仍不能克。

4.《资治通鉴·一百九十八卷》

丁未，车驾发辽东，丙辰，至安市城，进兵攻之。丁巳，高丽北部耨萨延寿、惠真帅高丽、靺鞨兵十五万救安市。上谓侍臣曰：“今为延寿策有三：引兵直前，连安市城为垒，据高山之险，食城中之粟，纵靺鞨掠吾牛马，攻之不可猝下，欲归则泥潦为阻，坐困吾军，上策也；拔城中之众，与之宵遁，中策也；不度智能，来与吾战，下策也。卿曹观之，彼必出下策，成擒在吾目中矣。”

高丽有对卢，年老习事，谓延寿曰：“秦王内芟群雄，外服戎狄，独立为帝，此命世之材，今举海内之众而来，不可敌也。为吾计者，莫若顿兵不战，旷日持久，分遣奇兵断其运道；粮食既尽，求战不得，欲归无路，乃可胜也。”延寿不从，引军直进，去安市城四十里。上犹恐其低徊不至，命左卫大将军阿史那社尔将突厥千骑以诱之，兵始交而伪走。高丽相谓曰：“易与耳！”竞进乘之，至安市城东南八里，依山而陈。

上悉召诸将问计，长孙无忌对曰：“臣闻临敌将战，必先观士卒之情。臣适行经诸营，见士卒闻高丽至，皆拔刀结旆，喜形于色，此必胜之兵也。陛下未冠，身亲行陈，凡出奇制胜，皆上禀圣谋，诸将奉成算而已。今日之事，乞陛下指踪。”上笑曰：“诸公以此见让，朕当为诸公商度。”乃与无忌等从数百骑乘高望之，观山川形势，可以伏兵及出入之所。高丽、靺鞨合兵为陈，长四十里。江夏王道宗曰：“高丽倾国以拒王师，平壤之守必弱，愿假臣精卒五千，覆其本根，则数十万之众可不战而降。”

上不应，遣使给延寿曰："我以尔国强臣弑其主，故来问罪；至于交战，非吾本心。入尔境，刍粟不给，故取尔数城，俟尔国修臣礼，则所失必复矣。"延寿信之，不复设备。

上夜召文武计事，命李世勣将步骑万五千陈于西岭；长孙无忌将精兵万一千为奇兵，自山北出于狭谷以冲其后。上自将步骑四千，挟鼓角，偃旗帜，登北山上，敕诸军闻鼓角齐出奋击。因命有司张受降幕于朝堂之侧。戊午，延寿等独见李世勣布陈，勒兵欲战。上望见无忌军尘起，命作鼓角，举旗帜，诸军鼓噪并进，延寿等大惧，欲分兵御之，而其陈已乱。会有雷电，龙门人薛仁贵著奇服，大呼陷陈，所向无敌；高丽兵披靡，大军乘之，高丽兵大溃，斩首二万馀级。

注释：

此段文献记载是对驻跸山之战的重要补充。李勣兵发安市后，高丽北部耨萨（耨萨为高句丽将军之类官名）高延寿、高惠真率领高丽、靺鞨兵15万救援安市城。唐太宗为了引其与之交战而于安市城40里外设下诱兵，诱使延寿、惠真所率大军于安市城东南八里处，依山结营。根据唐太宗"悉召诸将问计"和其后的战略部署判断，唐太宗诱使延寿、惠真依山结营之所乃其早有之预谋。同时，根据唐太宗对高句丽军的伏击部署来看，延寿、惠真屯营所依之山当在其军营之东，其军营所正对为绵延的西部山岭（即李世勣陈步骑万五千之所），其军营之北仍有一高耸山峰（即唐太宗"与无忌等从数百骑乘高望之，观山川形势"和伏步骑四千之山峰，亦即后来唐太宗刻石纪功，并因其所幸而更名的驻跸山），而北峰与东山所夹一山谷（即长孙无忌将精兵万一千为奇兵）。正是由于这种三面绝路的地理环境和唐太宗的精心部署，致使高句丽15万大军身陷重围，同时又因"高丽、靺鞨合兵为陈，长四十里"，导致其在此群山环抱的战场上根本无法集中优势力量、兵合一家，将打一处。因此，驻跸山一战高丽军的惨败正如唐太宗所预料的"成擒在吾目中矣"。此段记载也给我们考证高句丽安市城提供了一个非常重要的地理坐标，即安市城当位于驻跸山西北4公里左右。

5.《新唐书·卷二百三十六·列传第一百四十五·东夷》

帝与勣议所攻，帝曰："吾闻安市地险而众悍，莫离支击不能下，因与之。建安恃险绝，粟多而士少，若出其不意攻之，不相救矣。建安得，则安市在吾腹中。"勣曰："不然。积粮辽东，而西击建安，贼将梗我归路，不如先攻安市。"帝曰："善。"遂攻之，未能下。延寿、惠真谋曰："乌骨城傉萨已耄，朝攻而夕可下。乌骨拔，则平壤举矣。"群臣亦以张亮军在沙城，召之一昔至，若取乌骨，度鸭渌，迫其腹心，计之善者。

无忌曰："天子行师不徼幸。安市众十万在吾后，不如先破之，乃驱而南，万全势也。"乃止。

6.《资治通鉴·一百九十八卷》

上之克白岩也，谓李世勣曰："吾闻安市城险而兵精，其城主材勇，莫离支之乱，城守不服，莫离支击之不能下，因而与之。建安兵弱而粮少，若出其不意，攻之必克。公可先攻建安，建安下，则安市在吾腹中，此兵法所谓'城有所不攻'者也。"对曰："建安在南，安市在北，吾军粮皆在辽东；今逾安市而攻建安，若贼断吾运道，将若之何？不如先攻安市，安市下，则鼓行而取建安耳。"上曰："以公为将，安得不用公策。勿误吾事！"世勣遂攻安市。

注释：

综合上述《新唐书卷·二百三十六》和《资治通鉴·一百九十八卷》两段的记载，可以确定安市城位于辽东城和建安城之间，安市城和建安城位于辽东城西南，安市城位于建安城北。另外，安市城所谓十万之众应为军民共计之数。根据有二：其一，据《资治通鉴·卷第一百九十七》载："李世勣攻辽东城，昼夜不息，旬有二日，上引精兵会之，围其城数百重，鼓噪声震天地。甲申，南风急，上遣锐卒登冲竿之末，爇其西南楼，火延烧城中，因麾将士登城，高丽力战不能敌，遂克之，所杀万馀人，得胜兵万余人，男女四万口，以其城为辽州。"安市城的级别和建置规模应与辽东城大致相当，辽东城守军只不过二三万人，军民共计六七万人。安市城驻军不可能有十万之众；其二，《资治通鉴·一百九十八卷》："江夏王道宗曰：高丽倾国以拒王师，平壤之守必弱，愿假臣精卒五千，覆其根本，则数十万之众可不战而降。"高句丽倾国之师（延寿、惠真所率之军）才胜兵15万，安市城驻军如果有10万岂不强可敌国了吗？因此，依照辽东城军民比例推算，安市城的驻军应该三四万人左右，民众六七万人左右。

7.《辽史·第三十八卷·志第八·地理志二》

高丽，本扶余别种也。地东跨海距新罗，南亦跨海距百济，西北度辽水与营州接，北靺鞨。……水有大辽、少辽：大辽出靺鞨西南山，南历安市城；少辽出辽山西，亦南流，有梁水出塞外，西行与之合。

注释：

说明大辽水即辽河自靺鞨西南山南流，经过安市城。而"少辽"即小辽水，为今太子河；"梁水"则为今浑河。太子河与浑河汇合后注入辽河，即古之大辽水也。

8.《辽史·第三十八卷·志第八·地理志二》

铁州，建武军，刺史。本汉安市县，高丽为安市城。唐太宗攻之不下，薛仁贵白衣登城，即此。渤海置州，故县四：位城、河端、苍山、龙珍，皆废。户一千。在京西南六十里。统县一：汤池县。

注释：

说明高句丽安市城当在汉安市县故址附近，并在渤海与辽朝的铁州管辖内。

综合上述文献材料可以推断高句丽安市城城址应当具有以下几个特点：

其一，位于驻跸山之西北 4 公里左右；其二，其规模应当能够至少驻守三四万军队，并能够提供十分充沛的水源；其三，其东南可能遗有土山。因为唐军撤退后，安市城高句丽守军是否清除了土山并无文献可考，所以关于其存在只能是一种可能性；其四，唐太宗既然选择从东南和西面两路攻打安市城，说明该城应当西面和东南面最为易攻难守，而城之西面应当有城墙和角楼址；其五，城址位置应当距离辽河下游不远；其六，城址位于汉安市县和近汤池县附近。

九　存疑与结论

根据以上六个特征，我们认为海龙川山城在一定程度上虽具有高句丽安市城的可能性。但根据并不充分，其位置不符合上述特征。另外，根据我们对海龙川山城的考察，在其城东南隅确实有一座高于东南城墙的山峰，但其山峰为天然形成而并非人工土筑。而山城西南隅存在一山丘，山丘有向城内倾斜的山坡并覆盖于西城墙南端的一部分，其山丘少石土壤非常松软，其上植被多为灌木植被，与紧邻其左的南城墙所依附的山岭山石裸露，植被多树木的特点形成鲜明对比。另外，根据山城整体东高西低的走势，西南隅筑土山显然要优于东南隅筑土山。因此，如果证实海龙川山城为安市城的话，那么海龙川山城西南隅山丘则与《新唐书》等记载的“东南隅土山”的位置记载不合。故我们认为海龙川山城为高句丽安市城之说不可取。

第五节　哈尔滨市阿城区、五常市古城调查简报

一　阿城小城子遗址

1. 调查时间：2002年8月25日下午14时，天气：晴。

2. 调查人员：王禹浪、许子荣、李彦君、司机四人。

3. 调查经过：我们一行四人，乘阿城金上京博物馆馆长那国安的小车从阿城博物馆出发，驱车至阿城区小城子村，在古城的西北角停下来，笔者查看了城墙及内外，又驱车至东门处查看了东城门，采集了部分标本才离去。

4. 古城位置：阿城东南3公里，双城村、小城子屯外。

5. 形制结构：古城呈长方形东北西南走向，周长1200米，城门一个，开在东城墙中部，并有半圆形瓮城，城墙为夯筑，现残高1—3米，底宽5—8米。夯层内有青砖、布纹瓦残块，可能重修过。

6. 城址遗物：城内外可采集到布纹瓦、青砖及灰陶残片，陶器皆为圈唇大器型，泥质轮制，在城东门瓮城内，耕地散布有大量砖瓦残块，并采集有绿釉瓦、龙纹瓦当等遗物。现城内外已辟为旱田耕地。

7. 周围环境：此城距上京城东北角1000米，东北紧依乡村公路。

8. 结语：依古城形制及遗物推断，当筑于辽金时期。

二　阿城半拉城子遗址

1. 调查时间：2002年8月25日下午15时，天气：晴。

2. 调查人员：王禹浪、许子荣、李彦君、司机。

3. 调查经过：我们一行四人，乘阿城金上京博物馆馆长那国安的小车从博物馆出发，在14时50分调查完小城子遗址后来到半拉城子，我们乘车行至该城北部后停下来，调查了位于阿什河二级台地点的半拉城子，因古阿什河河道侵蚀，古城仅剩一半，故名。现城墙多半被长年耕地而毁，面貌不清。

4. 古城位置：位于阿城东南6公里的半拉城子村。尚志公路紧依城北自西北向东南走过。西南部紧依阿什河，城址就坐落在二级台地的边缘地带，台地地势平坦，城内外已辟为耕地。

5. 形制结构：古城略呈长方形，南北向，南北长 800 米，东西宽 600 米，原有马面等，现古城墙已毁于长年耕种，面貌已不太清晰，仅北城墙可依稀辨出墙基。

6. 城内遗物：在城地表可采集到青砖、布纹瓦残块、泥质轮制灰陶片，可辨器形多为大型卷唇盆、罐等。据附近群众反映：古城内曾出土金银器、银马镫、金带铐等物。

7. 结语：依古城形制及遗物推断，此城为金代所建。

三　五常南土城子遗址

1. 调查时间：2002 年 8 月 26 日上午 8 时，天气：阴。

2. 调查人员：王禹浪、许子荣、李彦君、司机孙波。

3. 调查经过：我们上午在拉林镇政府食堂吃完早饭，乡党委书记石国章派车，从 202 国道自北向南行驶，途经明代驿站多欢遗址。车转行乡村公路在南土城子村西约 1200 米处停了下来，此处正好是古城东北角，并立有市级文保单位说明碑，城墙由于植被茂盛，保存非常完好。我们沿城墙南行，从村中穿过至南城门处折回。

4. 古城位置：位于五常市营城子满族乡南土城子村西 1200 米，城内有“城里”屯。西南距拉林河 2.5 千米，河对岸为吉林省榆树市境内牛头山。城北紧依乡村公路。古城即坐落在拉林河二级台地边缘地带。

5. 形制结构：古城略呈长方形，南北长 380 米，东西宽 340 米，周长为 1440 米。城墙为夯土版筑，有角楼未见马面，城门两个，分别开在正南、正东，现城墙残高 2—4 米。

6. 城址遗物：据城内群众反映：城内曾出土铁锅、铜镜、铜钱等物。现城内为耕地，地表散布有布纹瓦、青砖残块、泥质灰陶片，器型多为大型卷唇盆、罐等。

7. 古城西南陡崖处曾出土石棺与青铜短剑等，推动古城始筑年代当早于辽金，后被金代沿用。

四　五常营城子古城

1. 调查日期：2002 年 8 月 26 日上午 10 时，天气：阴。

2. 调查人员：王禹浪、许子荣、李彦君、司机孙波。

3. 调查经过：我们一行四人驱车从靠河寨墓地调查回来，车到营城子乡所在地的营城子古城南门停下来。我们沿城南门处穿过城内中学，沿东城墙上向北，再从北城墙、西城墙绕行一周。城内外为耕地，城墙上有树木、杂草，城墙保存较好，现残高2—5米。

4. 古城位置：位于五常市营城子乡所在地的东北角，营城子中学坐落城内，城南墙外为东西走向的乡村公路，古城就坐落于拉林河的二级台地上，南距拉林河2公里。台地地势北高南低。

5. 形制结构：古城呈正方形，南北向，周长1300米，城门一个开在正南中部，城有瓮城（已毁）、马面、角楼等，现遗迹可辨，城墙为夯筑，保存较好，残高2—5米，城墙外有壕，宽约3米。

6. 城址遗物：城内出土遗物较多，耕地表面散布有大量布纹瓦、青砖、灰陶片。曾出土10件一组龙纹定白瓷盘、玉带銙、铁马镫等物。

7. 小结：此城地理位置良好，处于拉林河右岸弯曲部，地势较平坦，距山区也较近，地处南北交通要冲，地理位置十分重要。

五　五常兴隆乡古城址

1. 调查时间：2002年8月26日13时，天气：阴。

2. 调查人员：王禹浪、许子荣、李彦君、司机孙波。

3. 调查经过：中午，我们四人在镇书记石国章、镇长等人陪同吃完午饭后于13时起程，沿公路北行，至兴隆乡古城村停了下来，从当地群众费占龙口中得知古城基本情况后，在城址内做了简要察看后拍照片离开。

4. 古城位置：位于五常市兴隆乡古城村北。这里地势起伏较大，东部不远处为半山区，是拉林地区与阿城区南北通道。古城即坐落在村后的岗地上。

5. 形制结构：因地形坡度较大，长年耕种及水土流失，原城墙已无存，现城址处有果园。

6. 城址遗物：据群众反映：原城内有大量砖瓦遗物。城南有上马台、上马石等遗迹。

7. 小结：从该城所处位置看，此城属小城址，该城址正处在明清阿拉楚喀南行与中原旧路上，地理位置比较重要。

六　五常拉林北土城城址

1. 调查时间：2002年8月28日下午，天气：晴。

2. 调查人员：王禹浪、许子荣、李彦君。

3. 调查经过：我们与五常市委宣传部司机初春等人前往沙河镇调查西山墓葬事宜。上午 9 时 50 分到达沙河镇，镇长、文化站站长谈了西山墓葬情况，说西山石棺已毁。我们返回原址处进行了察看并拍照，又去沙河子上游——景点棺材砬子，拍照后又折回沙河镇，在镇长等人陪同下吃完午饭，看了关于凤凰山景点的录像，然后回到五常县。又乘座拉林镇前来接应的汽车返回哈尔滨。16 时 50 分中途调查了北土城子，走上古城的西南角，拍照后离去。17 时 50 分回到哈尔滨市。

4. 古城位置：位于五常市拉林镇北土城子村东北 80 米处的拉林河二级台地上，距五常市约 60 公里，距拉林镇 8 公里。

5. 古城结构：古城呈正方形、南北向，周长 1500 米，城门两个，分别开在正东和正南，城墙为夯土版筑，现残高 1—2 米。城址地势平坦，现已成为耕地。城有瓮城、马面、护城壕等，现城墙底宽 4—6 米。城壕已平整成耕地。

6. 城址遗物：遗物较多，据群众反映：城内曾出土过铜镜、铁锅、铜钱、定白瓷碗等物。现城址内地表可见布纹瓦、青砖残块、灰陶片等。

七　五常冲河南北古城考察

1. 调查时间：2002 年 8 月 27 日上午，天气：雨。

2. 调查人员：王禹浪、许子荣、李彦君、司机初春。

3. 调查经过：我们一行四人，早 8 时从五常宾馆出发，乘五常市委宣传部长丁顺派车，从五常东行至小山子镇，又折而南行，路已伸至山区，在丛林穿行一个小时后到达冲河镇。这里群山环抱，中部是一个由牤牛河、冲河等河流冲积成的盆地式平原。先到镇里说明情况，镇党委书记派向导与我们同行，车到南城子村，村委会主任王国君找来几位老人，有吕丞明、江德贵等，在村委会办公室谈了一些古城址的情况。据几位老者反映：南北二城大小形制相同，原来保存较好，20 世纪 60 年代时可看清角楼、瓮城等，墙高达 3 米。每个古城各有四个城门，城内出土铜钱较多，计有 4 个陶罐铜钱，交给了生产队，并奖给当事人江德贵 2 套衣服。另有北城子出土铜钱 2 麻袋半，卖到冲河供销社，1.6 元钱一斤。当年哈市文物管理站的王禹浪站长于 1981 年调查该城时已经说明。吕启明说：六七十年代，城内布纹瓦、大陶盆、箭头出土较多。南北二城各有一个方形土墩式点将台，其中北城子点将台70年代遭到盗掘，是在晚上进行的。我们上午还发现了群众保留的南城子内出土的石雕猴子像，还有一块不规则的砾石块上刻了条状、叶状花纹。另外冲河农机局周某反映南城子挖渠时有铁锅、马镫出土。据当地人讲：冲河东南的老秃顶子山上积雪时间长，只有7月雪才融化，这里5月下种，9月来霜，比较寒冷。我们16时返回五常县。

4. 古城位置：位于五常市冲河镇南北二城子村，距五常75公里，南北二城子相距2.5公里左右。冲河、牤牛河从两城中间流过，并绕城而行。

5. 形制结构：南北二城形制、结构相同，同为长方形，南北长600米，东西长500米，周长2200米南北向，城墙为夯筑，但夯层不明显，有角楼、瓮城，南城子北墙保存较好，残高1—2米，墙底宽5—6米。北城墙残高1—2米，东城墙保存较好。南北二城皆有护城壕，壕为改道而行的冲河、牤牛河河流。另外，南北二城城西均各有一个方形土墩，农民俗称“点将台”，现已无存。

6. 城址遗物：据群众反映，过去南北二城内曾有出土大量铜钱、布纹瓦、砖块等，并出土有铁马镫、大陶盆、箭头、铁锅等。现城内可采集到布纹瓦、砖块等物。布纹瓦有手指按压的花边纹，瓦胎质坚实、颜色深灰、内含细沙，较重，似渤海布纹板瓦。我们又发现群众保存城内出土的花纹石块，石块为天然灰色砾石，重约2.5千克，上刻条形、叶形花纹，另出土一石猴，重约7.5千克，石猴作捧桃状，石质为花岗岩。据群众反映，在北城子瓮城门两侧各有一块上马石。此外，城内还发现有石臼等遗物。古城年代有待确认。

第九章

东北古代民族筑城目录概述

关于东北古代民族筑城目录的编成，一直是学术界急需的重要索引目录。因为，自新中国成立以来，无论是白山黑水之间还是在辽海大地古代民族筑城的发现一直层出不穷。随着这些客观存在的古代筑城历史逐渐浮出水面，人们对东北的古代历史的那种荒漠与边缘的认识逐渐在改变着。许多学术界前辈、同仁或地方史爱好者们都开始注意探索这些筑城的来龙去脉，于是与古代筑城相关的历史地理问题、筑城年代问题、筑城的来源、筑城的族属与文化，特别是各个时代的筑城空间分布等问题，也渐渐成为学术界的关注点。

笔者对东北古代筑城的关注始于20世纪80年代，当时因为笔者的工作便利对黑龙江省所属的松花江、牡丹江、拉林河、嫩江、阿什河、呼兰河等流域进行了考古调查，在李健才、张泰湘、魏国忠、王承礼、孙进己先生的指导下，对辽金历史地理问题产生了浓厚的兴趣，并开始接触和实地踏查这一区域的辽金时期古城。20世纪80年代初，我有幸参加了由谭其骧、李健才先生总纂，孙进己、冯永谦先生主编的国家社科基金重大委托项目“东北历史地理”的编撰工作，并担任了辽金历史地理的副主编，当时我是课题项目组中最年轻的成员。由此，我走上了专门从事东北古代民族筑城与历史地理的研究工作。随着年龄的增长，工作范围的扩大，我所接触到的东北古代民族筑城的机会越来越多，慢慢从辽金扩大到高句丽渤海的古代筑城，又从高句丽渤海筑城扩展到三江平原的汉魏时期筑城，乃至辽西、辽东地区的早期筑城。尤其是西辽河流域的石城带的分布线与吉林市附近的夫余古城的发现，都为我对东北古代民族筑城的历史认识越来越清晰和系统。在此期间，我和我的妻子王宏北教授首先编著了《高句丽渤海古城研究汇编》①，在国内外的学术界引起了强烈反响。2002 年，我和妻子调入大连大学后又开始编著《东北辽代古城研究汇编》（上、下册）②，2013 年，我和都永浩先生一起编著了《东北辽金契丹女真历史遗迹遗物考》（上、下册）③，2016 年，笔者与夏振泉先生合作出版了《东北古代筑城分布与研究》一书④。1987 年开始，我与妻子王宏北教授开始注意编辑积累“东北古代民族筑城研究目录”，时至今日已经整整三十年。本书的《东北古代民族筑城研究目录》浸透了我们的汗水，见证了我们相濡以沫的历史。本章奉献给学术界同仁的“东北古代民族筑城目录”，实际上是东北古代民族筑城线索的重要索引。上限起始于夏家店下层文化，下限至辽金时期，几乎涵盖了东北地区古代民族的中世纪以前的历史时期。

需要说明的是，“东北古代民族筑城目录”中的每一座古城条目，主要是由我国的省、市、县、镇（乡）、村、屯各级行政区划的名称而定位的。由于我国自 20 世纪 80 年代以来行政区划和地名都有较大的历史变迁，因此早期的古代筑城所存在的行政区划和地名有了较大幅度的变化，特别是地名的演变对古城所在行政区划的地理位置的确定恐怕有些出入，这就需要读者按照现在的东北地区行政区划与地名的演变而参考使用。此外，本目录的东北概念并不是现行的东北三省行政区划的概念，而是按照文化区域的分类将我国内蒙古地区，以及与我国周边相邻地区的朝鲜民主主义共和国、蒙古、俄罗斯远东地区的部分古代民族筑城也收入了该目录中。当然，对于蒙古人民共和国境内的古代筑城尚缺少资料补充，对于俄罗斯远东地区的古代筑城资料也收集不全，这些都有待今后的补充。

一　夏家店下层城址目录⑤

1. 中国内蒙古赤峰市阴河中下游西山头 001 号遗址（北纬 42°19′127″，东

---

① 王禹浪、王宏北编著：《高句丽渤海古城研究汇编》，哈尔滨出版社 1994 年版。

② 王禹浪、薛志强、王宏北、王文轶等编：《东北辽代古城研究汇编》，哈尔滨出版社 2007 年版。

③ 王禹浪、都永浩：《文明碎片——中国东北辽金契丹女真历史遗迹与遗物考》，黑龙江教育出版社 2013 年版。

④ 王禹浪、夏振泉：《东北古代筑城分布与研究》，黑龙江人民出版社 2016 年版。

⑤ 王惠德：《夏家店下层文化石城研究》，国际华文出版社 2001 年版。

经 118°38′772″)。

2. 中国内蒙古赤峰市阴河中下游 002 号遗址（北纬 42°19′124″，东经 118°39′215″)。
3. 中国内蒙古赤峰市阴河中下游三座店 003 号遗址（北纬 42°21′811″，东经 118°36′777″)。
4. 中国内蒙古赤峰市阴河中下游三座店东梁顶端南坡 007 号遗址（北纬 42°21′462″，东经 118°37′535″)。
5. 中国内蒙古赤峰市阴河中下游 008 号遗址（北纬 42°21′382″，东经 118°37′554″)。
6. 中国内蒙古赤峰市阴河中下游 014 号遗址（北纬 42°21′327″，东经 118°37′918″)。
7. 中国内蒙古赤峰市阴河中下游 016 号遗址（北纬 42°21′345″，东经 118°37′708″)。
8. 中国内蒙古赤峰市阴河中下游 021 号遗址（北纬 42°21′122″，东经 118°38′157″)。
9. 中国内蒙古赤峰市阴河中下游 024 号遗址（北纬 42°21′311″，东经 118°38′143″)。
10. 中国内蒙古赤峰市阴河中下游大河东村南 016 号遗址（北纬 42°21′345″，东经 118°37′708″)。
11. 中国内蒙古赤峰市阴河中下游福山庄村西山根石遗址（北纬 42°21′126″，东经 118°36′560″)。
12. 中国内蒙古赤峰市阴河中下游西山根城东北 035 号遗址（北纬 42°21′203″，东经 118°36′916″)。
13. 中国内蒙古赤峰市阴河中下游 041 号遗址（北纬 42°22′330″，东经 118°36′208″)。
14. 中国内蒙古赤峰市阴河中下游北机房营子村 042 号遗址（北纬 42°21′345″，东经 118°37′708″)。
15. 中国内蒙古赤峰市阴河中下游 044 号遗址（北纬 42°22′497″，东经 118°35′993″)。
16. 中国内蒙古赤峰市阴河中下游 047 号遗址（北纬 42°22′627″，东经 118°35′915″)。
17. 中国内蒙古赤峰市阴河中下游 048 号遗址（北纬 42°22′671″，东经

118°35′525″)。

18. 中国内蒙古赤峰市阴河中下游050号遗址（北纬42°22′710″，东经118°35′477″)。

19. 中国内蒙古赤峰市阴河中下游康家湾村西北048号遗址（北纬42°22′495″，东经118°34′865″)。

20. 中国内蒙古赤峰市阴河中下游康家湾村南056号遗址（北纬42°22′208″，东经118°34′736″)。

21. 中国内蒙古赤峰市阴河中下游056号遗址（北纬42°22′220″，东经118°34′517″)。

22. 中国内蒙古赤峰市阴河中下游猍歹沟遗址（北纬42°22′565″，东经118°33′795″)。

23. 中国内蒙古赤峰市阴河中下游猍歹沟遗址西062号遗址（北纬42°22′661″，东经118°35′795″)。

24. 中国内蒙古赤峰市阴河中下邹家营遗址（北纬42°22′892″，东经118°35′575″)。

25. 中国内蒙古赤峰市阴河中下游迟家营遗址（北纬42°23′663″，东经118°32′658″)。

26. 中国内蒙古赤峰市阴河中下游迟家营城西北066号遗址（北纬42°23′734″，东经118°33′158″)。

27. 中国内蒙古赤峰市阴河中下游迟家营城东北067号遗址（北纬42°23′705″，东经118°32′846″)。

28. 中国内蒙古赤峰市阴河中下游迟家营城附近070号遗址（北纬42°23′638″，东经118°32′243″)。

29. 中国内蒙古赤峰市阴河中下游073号遗址（北纬42°22′964″，东经118°31′680″)。

30. 中国内蒙古赤峰市阴河中下游平房村东北076号遗址（北纬42°22′771″，东经118°30′898″)。

31. 中国内蒙古赤峰市阴河中下游红土沟西侧080号遗址（北纬42°23′533″，东经118°30′120″)。

32. 中国内蒙古赤峰市阴河中下游榆树底遗址（北纬42°22′889″，东经118°30′155″)。

33. 中国内蒙古赤峰市阴河中下游083号遗址（北纬42°22′882″，东经

118°29′974″）。

34. 中国内蒙古赤峰市阴河中下游北山根西南坡 084 号遗址（北纬 42°22′981″，东经 118°29′556″）。

35. 中国内蒙古赤峰市阴河中下游 088 号遗址（北纬 42°23′384″，东经 118°28′695″）。

36. 中国内蒙古赤峰市阴河中下游铁匠营沟西侧 092 号遗址（北纬 42°23′247″，东经 118°28′350″）。

37. 中国内蒙古赤峰市阴河中下游铁匠营沟西岸 093 号遗址（北纬 42°24′022″，东经 118°27′972″）。

38. 中国内蒙古赤峰市阴河中下游铁匠营沟西 60 米 094 号遗址（北纬 42°24′283″，东经 118°28′007″）。

39. 中国内蒙古赤峰市阴河中下游铁匠营沟与阴河交汇处孤子山石遗址（北纬 42°22′538″，东经 118°27′917″）。

40. 中国内蒙古赤峰市阴河中下游尹家店村城子山遗址（北纬 42°22′353″，东经 118°26′602″）。

41. 中国内蒙古赤峰市阴河中下游断崖东侧 100 号遗址（北纬 42°22′831″，东经 118°26′487″）。

42. 中国内蒙古赤峰市阴河中下游西山根遗址东南老头子沟遗址（北纬 42°20′991″，东经 118°36′763″）。

43. 中国内蒙古赤峰市阴河中下游福山庄村西山 109 号遗址（北纬 42°21′068″，东经 118°37′002″）。

44. 中国内蒙古赤峰市阴河中下游铜匠沟与老头子沟交汇处东侧遗址（北纬 42°20′883″，东经 118°36′058″）。

45. 中国内蒙古赤峰市阴河中下游大拐弯处砚台山遗址（北纬 42°22′024″，东经 118°35′385″）。

46. 中国内蒙古赤峰市阴河中下游下机房营子村 188 号遗址（北纬 42°21′758″，东经 118°36′001″）。

47. 中国内蒙古赤峰市阴河中下游半支箭村西南 100 号遗址（北纬 42°21′585″，东经 118°34′669″）。

48. 中国内蒙古赤峰市阴河中下游下半支箭村西南小敖包遗址（北纬 42°21′701″，东经 118°34′484″）。

49. 中国内蒙古赤峰市阴河中下游马架子村东侧 128 号遗址（北纬 42°22′

264″，东经 118°31′579″）。

50. 中国内蒙古赤峰市阴河中下游下半支箭村 131 号遗址（北纬 42°22′429″，东经 118°26′947″）。

51. 中国内蒙古赤峰市阴河中下游 133 号遗址（北纬 42°22′565″，东经 118°32′417″）。

52. 中国内蒙古赤峰市阴河中下游下半支箭村 134 号遗址（北纬 42°22′752″，东经 118°32′497″）。

53. 中国内蒙古赤峰市阴河中下游迟家营城西南 137 号遗址（北纬 42°22′459″，东经 118°32′187″）。

54. 中国内蒙古赤峰市阴河中下游温家地后山山顶西北坡 138 号遗址（北纬 42°21′473″，东经 118°30′638″）。

55. 中国内蒙古赤峰市阴河中下游南岸 143 号遗址（北纬 42°22′268″，东经 118°29′852″）。

56. 中国内蒙古赤峰市阴河中下游温家地沟温家地遗址（北纬 42°20′527″，东经 118°30′299″）。

57. 中国内蒙古赤峰市阴河中下游温家地沟 147 号遗址（北纬 42°20′704″，东经 118°29′656″）。

58. 中国内蒙古赤峰市阴河中下游南岸山北坡 149 号遗址（北纬 42°20′435″，东经 118°27′761″）。

59. 中国内蒙古赤峰市阴河中下游下广府营子西南 151 号遗址（北纬 42°21′919″，东经 118°28′159″）。

60. 中国内蒙古赤峰市阴河中下游圪塔山遗址（北纬 42°20′769″，东经 118°27′374″）。

61. 中国内蒙古赤峰市阴河中下游圪塔山城南 156 号遗址（北纬 42°20′647″，东经 118°27′257″）。

62. 中国内蒙古赤峰市阴河中下游圪塔山城南 157 号遗址（北纬 42°20′647″，东经 118°27′374″）。

63. 中国内蒙古赤峰市阴河中下游圪塔山城南 160 号遗址（北纬 42°20′028″，东经 118°27′657″）。

64. 中国内蒙古赤峰市阴河中下游薛家地村 167 号遗址（北纬 42°21′926″，东经 118°25′827″）。

65. 中国内蒙古赤峰市阴河中下游薛家地村南 168 号遗址（北纬 42°21′

828″，东经 118°26′079″）。

66. 中国内蒙古赤峰市阴河中下游薛家地村附近 171 号遗址（北纬 42°21′723″，东经 118°24′848″）。

67. 中国内蒙古赤峰市阴河中下游干沟子 174 号遗址（北纬 42°22′191″，东经 118°24′018″）。

68. 中国内蒙古赤峰市阴河中下游肖家地沟 187 号遗址（北纬 42°24′039″，东经 118°34′926″）。

二　秦汉时期古城址目录

1. 中国辽宁省辽阳市老城区辽东郡故址。
2. 中国辽宁省普兰店市花儿山乡张店城址。
3. 中国辽宁省铁岭县城南新台子镇窑厂城址。
4. 中国辽宁省朝阳市十二台子乡袁台子村遗址。
5. 中国辽宁省建昌县巴什罕乡土城子村城址。
6. 中国辽宁省葫芦岛市邰集屯乡小荒地村城址。
7. 中国辽宁省葫芦岛市邰集屯城址。
8. 中国内蒙古自治区哲里木盟（今通辽市）奈曼旗南湾子乡沙巴营子村城址。
9. 中国内蒙古自治区哲里木盟（今通辽市）奈曼旗土城子乡土城子村西城址。
10. 中国内蒙古自治区赤峰市宁城县甸子乡黑城村城址。
11. 中国内蒙古自治区赤峰市南郊四十里三眼井村城址。
12. 中国辽宁省建平县老官地乡达拉甲村西南城址。
13. 中国辽宁省建平县黑水乡巴达营子村城址。
14. 中国辽宁省喀左县山嘴子乡土城子村城址。
15. 中国辽宁省喀左县平房子乡黄道营子村城址。
16. 中国吉林省集安县集安镇城址。
17. 中国吉林省梨树县石岭乡二龙湖城址。
18. 中国辽宁省新宾县永陵镇南城址。
19. 中国辽宁省海城市东北向阳寨遗址。
20. 中国辽宁省鞍山市南旧堡村遗址。
21. 中国辽宁省北镇市东南廖屯大亮甲村城址。

22. 中国辽宁省盘锦市大洼县小盐滩村遗址。
23. 中国辽宁省沈阳市东南古城子村遗址。
24. 中国辽宁省沈阳市中街宫后里城址。
25. 中国辽宁省凤城市凤山乡刘家堡子城址。
26. 中国辽宁省辽中县茨榆坨乡偏堡子城址。
27. 中国辽宁省沈阳市苏家屯区魏家楼子城址。
28. 中国辽宁省抚顺市劳动公园城址。
29. 中国辽宁省海城市西方台村遗址。
30. 中国辽宁省台安县东南孙城子村城址。
31. 中国辽宁省辽阳市东南亮甲山村城址。
32. 中国辽宁省大石桥市东南汤池堡英守沟村城址。
33. 中国辽宁省盖州市城关汉城址。
34. 中国辽宁省丹东市振安区九连城镇叆河尖城址。
35. 中国辽宁省海城市东南析木城村城址。
36. 中国辽宁省大连市旅顺口区铁山街道刁家村牧羊城。
37. 中国辽宁省大连市经济技术开发区董家沟街道大岭屯城址。
38. 中国辽宁省大连市金州区马圈子城址。
39. 中国辽宁省朝阳市大庙乡土城子村城址。
40. 中国辽宁省朝阳市召都巴乡召都巴村城址。
41. 中国辽宁省朝阳市南十二台营子乡袁台子村城址。
42. 中国辽宁省锦县（今凌海市）娘娘宫乡高山子村城址。
43. 中国辽宁省锦县（今凌海市）大堡遗址。
44. 中国辽宁省朝阳县瓦房子乡马家台遗址。
45. 中国辽宁省朝阳县黑牛营子乡黑牛营子村遗址。
46. 中国辽宁省朝阳县羊山乡五佛洞村城址。
47. 中国辽宁省朝阳县东大屯乡松树嘴子城址。
48. 中国辽宁省建昌县二道湾子乡后城子村城址。
49. 中国辽宁省义县九道岭子乡复兴堡城址。
50. 中国辽宁省凌源市安杖子村城址。
51. 中国辽宁省建平县三家子乡西胡素台村城址。
52. 中国吉林省通化县快大茂子镇西南赤松柏村城址。
53. 中国内蒙古自治区哲里木盟（今通辽市）善宝营子城址。

54. 中国辽宁省沈阳市东陵区上伯官城址。
55. 中国辽宁省抚顺市东洲区小甲帮遗址。
56. 朝鲜博川城南博陵城。
57. 朝鲜平壤市西南土城洞城址。
58. 朝鲜龙岗郡午乙洞城址。
59. 朝鲜安边郡卫益面细浦洞城址。
60. 中国辽宁省大连市甘井子区营城子镇文家屯城址。
61. 中国辽宁省大连市甘井子区营城子镇牧城驿城址。
62. 中国辽宁省大连市旅顺口区江西镇大潘家村城址。
63. 中国辽宁省大连市经济技术开发区董家沟镇小董家沟屯城址。
64. 中国辽宁省大连市长海县广鹿岛东南部朱家村城址。
65. 中国辽宁省大连市金州区华家屯镇杨家店村城址。
66. 中国辽宁省大连市金州区杏树街道猴儿石村单家沟城址。
67. 中国辽宁省大连市普兰店杨树房镇战家村黄家亮子屯城址。
68. 中国辽宁省大连市普兰店城子坦镇金山村严屯大城山城址。
69. 中国辽宁省大连市普兰店星台镇郭屯村葡萄沟巍霸山城。
70. 中国辽宁省大连市瓦房店太阳升乡王家村陈屯城址。
71. 中国辽宁省大连市瓦房店长兴岛北海村土城子城址。
72. 中国辽宁省大连市瓦房店李官镇李官村城址。
73. 中国辽宁省营口市盖州熊岳镇九垅地乡姜家岗城址。
74. 中国辽宁省营口市盖州熊岳镇温泉村城址。
75. 中国辽宁省营口市大石桥永安乡进步村城址。
76. 中国辽宁省丹东市凤城凤山区利民村刘家堡城址。

三　三江平原汉魏古城遗址目录

1. 中国黑龙江省双鸭山市宝山区七星镇仁合村东南龙头山城址。
2. 中国黑龙江省双鸭山市宝山区七星镇园林队东孤山城址。
3. 中国黑龙江省双鸭山市宝山区七星镇园林队东南狼洞沟城址。
4. 中国黑龙江省双鸭山市宝山区七星镇仁合村西南仁合西山城址。
5. 中国黑龙江省双鸭山市宝山区七星镇园林队南仁合南山城址。
6. 中国黑龙江省双鸭山市宝山区七星镇哈建村南腰山东城址。
7. 中国黑龙江省双鸭山市宝山区七星镇哈建村南奄拉腰山城址。

8. 中国黑龙江省双鸭山市宝山区七星镇哈建村南奋拉腰山北城址。
9. 中国黑龙江省双鸭山市宝山区七星镇仁合村七星矿北馒头山城址。
10. 中国黑龙江省双鸭山市宝山区七星镇七星村南下七星城址。
11. 中国黑龙江省双鸭山市宝山区七星镇保安村东北保安东城址（原畜牧队城址）。
12. 中国黑龙江省双鸭山市宝山区七星镇保安村保安东北城址。
13. 中国黑龙江省双鸭山市宝山区七星镇仁合村东南龙头山遗址。
14. 中国黑龙江省双鸭山市宝山区七星镇园林队东北园林队东遗址。
15. 中国黑龙江省双鸭山市宝山区七星镇仁合村南仁合东南山遗址。
16. 中国黑龙江省双鸭山市宝山区七星镇仁合村南仁合南山遗址。
17. 中国黑龙江省双鸭山市宝山区七星镇仁合村南孤坟山遗址。
18. 中国黑龙江省双鸭山市宝山区七星镇园林队北滨南遗址。
19. 中国黑龙江省双鸭山市宝山区七星镇仁合村东南龙头山西遗址。
20. 中国黑龙江省双鸭山市宝山区七星镇仁合村东南龙头山西南遗址。
21. 中国黑龙江省双鸭山市宝山区七星镇园林队西南园林队西遗址。
22. 中国黑龙江省双鸭山市宝山区七星煤矿东七星矿东遗址。
23. 中国黑龙江省双鸭山市宝山区七星煤矿东七星矿水塔遗址。
24. 中国黑龙江省双鸭山市宝山区七星镇园林队西南狼洞沟西遗址。
25. 中国黑龙江省双鸭山市四方台区太保镇七一村东七一城址。
26. 中国黑龙江省双鸭山市宝山区七星镇保安南屯老方山城址。
27. 中国黑龙江省宝清县七星泡镇平安村东北炮台山城址。
28. 中国黑龙江省宝清县七星泡镇民富村畜牧场南遗址。
29. 中国黑龙江省宝清县永安村南永安南山遗址。
30. 中国黑龙江省宝清县永安村东南永安东南山遗址。
31. 中国黑龙江省宝清县永安村东南永安东平山遗址。
32. 中国黑龙江省宝清县永利村东永利东南山祭坛（遗址）。
33. 中国黑龙江省宝清县永利村西南永利西南山遗址。
34. 中国黑龙江省宝清县永利村西南永利西南坡遗址。
35. 中国黑龙江省宝清县永利村东永利东坡遗址。
36. 中国黑龙江省宝清县永利村北永利北山遗址。
37. 中国黑龙江省宝清县中国黑龙江省双鸭山农场 14 队南城址。
38. 中国黑龙江省宝清县民富村南民富南城址。

39. 中国黑龙江省宝清县民富村南民富南山岗遗址。
40. 中国黑龙江省宝清县民富村南民富南遗址。
41. 中国黑龙江省宝清县民富村南民富南山包遗址。
42. 中国黑龙江省宝清县民富村东民富东遗址。
43. 中国黑龙江省宝清县民富村东民富长条山遗址。
44. 中国黑龙江省宝清县民富村东民富东条山城址。
45. 中国黑龙江省宝清县民富村东北民富东城址。
46. 中国黑龙江省宝清县民富村东南民富东南山遗址。
47. 中国黑龙江省宝清县民富村东南民富东平山遗址。
48. 中国黑龙江省宝清县民富村畜牧场西遗址。
49. 中国黑龙江省宝清县民富村南民富南坡遗址。
50. 中国黑龙江省宝清县七星泡镇永泉村南永泉南遗址。
51. 中国黑龙江省宝清县七星泡镇永泉村南永泉炮台山遗址。
52. 中国黑龙江省宝清县七星泡镇永泉村西南永泉西南遗址。
53. 中国黑龙江省宝清县七星泡镇畜牧场村北山城址。
54. 中国黑龙江省宝清县七星泡镇畜牧场村北山遗址。
55. 中国黑龙江省宝清县七星泡镇畜牧场东遗址。
56. 中国黑龙江省宝清县七星泡镇永利村北永利北坡遗址。
57. 中国黑龙江省宝清县七星泡镇永利村北永利北山遗址。
58. 中国黑龙江省宝清县小城子乡青龙山村南青龙山城址。
59. 中国黑龙江省宝清县夹信子乡四新村东四新遗址。
60. 中国黑龙江省宝清县七星泡镇永发村大脑袋山城址。
61. 中国黑龙江省宝清县七星泡镇永发村大脑袋山南城址。
62. 中国黑龙江省宝清县七星泡镇永发村七星泡西城址。
63. 中国黑龙江省宝清县七星泡镇永发村大脑袋山东城址。
64. 中国黑龙江省宝清县七星泡镇永发村大脑袋山北城址。
65. 中国黑龙江省宝清县七星泡镇永发村七星泡西南城址。
66. 中国黑龙江省宝清县八五二农场蛤蟆通遗址。
67. 中国黑龙江省宝清县七星泡镇金沙岗村西金沙岗城址。
68. 中国黑龙江省宝清县七星泡镇兰凤村西兰凤山城址。
69. 中国黑龙江省宝清县七星泡镇兰凤村南兰凤南城址。
70. 中国黑龙江省宝清县凉水乡 12 队西杨树林城址。

71. 中国黑龙江省宝清县凉水乡新丰村五队北新丰城址。
72. 中国黑龙江省宝清县凉水乡新丰村西南李二虎沟城址。
73. 中国黑龙江省宝清县凉水乡新丰村五队西山新丰西城址。
74. 中国黑龙江省宝清县凉水乡西南老道沟城址。
75. 中国黑龙江省宝清县凉水乡东太村西南缸窑沟城址。
76. 中国黑龙江省宝清县凉水乡凉水泉子东北凉水泉城址。
77. 中国黑龙江省宝清县凉水乡巨宝村东南古城山城址。
78. 中国黑龙江省宝清县凉水乡凉水泉子西南泉眼西城址。
79. 中国黑龙江省宝清县凉水乡政府所在地北大杨树城址。
80. 中国黑龙江省宝清县凉水乡新丰村东任家沟城址。
81. 中国黑龙江省宝清县凉水乡东太村西南石头沟城址。
82. 中国黑龙江省宝清县凉水乡凉水村西凉水西城址。
83. 中国黑龙江省宝清县凉水乡东太村南东太城址。
84. 中国黑龙江省宝清县凉水乡政府所在地南白家店城址。
85. 中国黑龙江省宝清县凉水乡良种村西良种城址。
86. 中国黑龙江省宝清县凉水乡东太河村西南尖山子城址。
87. 中国黑龙江省宝清县凉水乡巨宝村西北石牛山遗址。
88. 中国黑龙江省宝清县凉水乡西南老道沟遗址。
89. 中国黑龙江省宝清县凉水乡西太沟东南西太沟遗址。
90. 中国黑龙江省宝清县凉水乡西太村东南石山西遗址。
91. 中国黑龙江省宝清县凉水乡西太村东南东南岗遗址。
92. 中国黑龙江省宝清县凉水乡西太村南西太南遗址。
93. 中国黑龙江省宝清县凉水乡西太村东南西太东遗址。
94. 中国黑龙江省宝清县凉水乡东太村南偏东东太东遗址。
95. 中国黑龙江省宝清县凉水乡东太村南东太南遗址。
96. 中国黑龙江省宝清县凉水乡胜利村南胜利南遗址。
97. 中国黑龙江省宝清县凉水乡巨宝村西南古城山遗址。
98. 中国黑龙江省宝清县凉水乡新丰五队南南平山遗址。
99. 中国黑龙江省宝清县凉水乡西太村石山城址。
100. 中国黑龙江省宝清县凉水乡西太村南西太东城址。
101. 中国黑龙江省宝清县凉水乡西太村五九六农场 28 连东北城址。
102. 中国黑龙江省宝清县凉水乡巨宝村北巨宝遗址。

103. 中国黑龙江省宝清县凉水乡巨宝村西南冯麻子沟城址。
104. 中国黑龙江省宝清县凉水乡巨宝村西南老仁城址。
105. 中国黑龙江省宝清县凉水乡西太村南西太南城址。
106. 中国黑龙江省宝清县凉水乡胜利村东南孙文庙城址。
107. 中国黑龙江省宝清县凉水乡巨宝村13队西南巨宝西遗址。
108. 中国黑龙江省友谊县成富乡凤林村西南凤林城址。
109. 中国黑龙江省友谊县兴隆镇长胜村东南平台遗址。
110. 中国黑龙江省友谊县兴隆镇长胜村东南干滴溜山遗址。
111. 中国黑龙江省友谊县兴隆镇猴石村西南猴石西遗址。
112. 中国黑龙江省友谊县兴隆镇猴石村西南库北遗址。
113. 中国黑龙江省友谊县兴隆镇和平村西北和平城址。
114. 中国黑龙江省友谊县兴隆镇长胜村西长胜西山城址。
115. 中国黑龙江省友谊县兴隆镇长胜村东长胜城址。
116. 中国黑龙江省友谊县兴隆镇长胜村东南老牛圈山城址。
117. 中国黑龙江省友谊县兴隆镇兴胜村西兴胜西山城址。
118. 中国黑龙江省友谊县兴隆镇兴胜村西南坡南城址。
119. 中国黑龙江省友谊县兴隆镇猴石村西北北沟遗址。
120. 中国黑龙江省友谊县兴隆镇兴胜村西北兴胜西北山遗址。
121. 中国黑龙江省友谊县兴隆镇新民村西新民西山城址。
122. 中国黑龙江省友谊县兴隆镇新民村东南挂画山遗址。
123. 中国黑龙江省友谊县兴隆镇长胜村东长胜东山遗址。
124. 中国黑龙江省友谊县兴隆镇青年庄东南长条山遗址。
125. 中国黑龙江省友谊县兴隆镇兴胜村南葡萄园城址。
126. 中国黑龙江省友谊县兴隆镇兴胜村偏西北坡北城址。
127. 中国黑龙江省友谊县兴隆镇长胜村西西坡遗址。
128. 中国黑龙江省友谊县兴隆镇新民村南二道岗遗址。
129. 中国黑龙江省友谊县兴隆镇长胜村西南长胜西南山遗址。
130. 中国黑龙江省友谊县兴隆镇猴石村东猴石山城址。
131. 中国黑龙江省友谊县兴隆镇猴石村东北猴石山北城址。
132. 中国黑龙江省友谊县兴隆镇中兴村北中兴城址。
133. 中国黑龙江省友谊县兴隆镇长胜村西南上九家遗址。
134. 中国黑龙江省友谊县兴隆镇长胜村西南下九家遗址。

135. 中国黑龙江省友谊县兴隆镇兴胜村西南园西遗址。
136. 中国黑龙江省友谊县兴隆镇猴石村北偏西苍蝇山遗址。
137. 中国黑龙江省友谊县兴隆镇猴石村西北猴石北遗址。
138. 中国黑龙江省友谊县兴隆镇长胜村与爱林村之间长爱遗址。
139. 中国黑龙江省友谊县兴隆镇长胜村东北长胜北山遗址。
140. 中国黑龙江省友谊县兴隆镇新民村东南大架山遗址。
141. 中国黑龙江省友谊县兴隆镇猴石村猴石山北段猴石山遗址。
142. 中国黑龙江省友谊县兴隆镇新民村东南道边遗址。
143. 中国黑龙江省友谊县兴隆镇新民村东南东坡遗址。
144. 中国黑龙江省友谊县兴隆镇新民村东南平岗遗址。
145. 中国黑龙江省友谊县兴隆镇新民村东南新民东山遗址。
146. 中国黑龙江省友谊县兴隆镇新民村东南秃包遗址。
147. 中国黑龙江省友谊县兴隆镇长胜村南偏东东沟遗址。
148. 中国黑龙江省友谊县兴隆镇长胜村西北长胜西北山遗址。
149. 中国黑龙江省友谊县兴隆镇长胜村南长条山东北遗址。
150. 中国黑龙江省友谊县兴隆镇长胜村东南长胜东南山遗址。
151. 中国黑龙江省友谊县兴隆镇和发村幺岗遗址。
152. 中国黑龙江省友谊县凤岗镇兴隆山村西尖山顶部尖山城址。
153. 中国黑龙江省友谊县凤岗镇兴隆山村南阎四地城址。
154. 中国黑龙江省友谊县凤岗镇兴隆山村南西架子山城址。
155. 中国黑龙江省友谊县凤岗镇兴隆山村南偏东东架子山城址。
156. 中国黑龙江省友谊县凤岗镇春胜村西南王勃脊 1 号城址。
157. 中国黑龙江省友谊县凤岗镇春胜村西南王勃脊 2 号城址。
158. 中国黑龙江省友谊县凤岗镇春胜村西王勃脊遗址。
159. 中国黑龙江省友谊县凤岗镇兴隆山村南张凤岭遗址。
160. 中国黑龙江省友谊县凤岗镇德胜村西石头山城址。
161. 中国黑龙江省友谊县凤岗镇幸福村西北石头山遗址。
162. 中国黑龙江省友谊县凤岗镇幸福村东北幸福东山城址。
163. 中国黑龙江省友谊县凤岗镇园林队西南幸福遗址。
164. 中国黑龙江省友谊县凤岗镇幸福村西幸福西城址。
165. 中国黑龙江省友谊县兴盛乡 13 队牧羊场东遗址。
166. 中国黑龙江省友谊县兴盛乡 13 队牧羊场西遗址。

167. 中国黑龙江省友谊县青峰（林场 2 队）东南山城址。
168. 中国黑龙江省友谊县林场 4 队东南朝阳（林场 4 队）东南山城址。
169. 中国黑龙江省友谊县友谊林场南王凤仪城址。
170. 中国黑龙江省友谊县兴盛乡向阳村西北向阳西山城址。
171. 中国黑龙江省友谊县凤岗镇有利村南有利南山城址。
172. 中国黑龙江省集贤县丰乐镇太城村西南太城城址。
173. 中国黑龙江省集贤县丰乐镇新立村西北新立城址。
174. 中国黑龙江省集贤县丰乐镇新立村北新立北城址。
175. 中国黑龙江省集贤县丰乐镇太华村东四方顶山城址。
176. 中国黑龙江省集贤县丰乐镇太塬村西太源城址。
177. 中国黑龙江省集贤县太平镇太阳村东北山顶太阳北城址。
178. 中国黑龙江省集贤县丰乐镇太城村南太城南坡遗址。
179. 中国黑龙江省集贤县丰乐镇太城村西南太城西南遗址。
180. 中国黑龙江省集贤县丰乐镇太城村西太城西遗址。
181. 中国黑龙江省集贤县丰乐镇新立村北北丘遗址。
182. 中国黑龙江省集贤县丰乐镇太城村南靶场遗址。
183. 中国黑龙江省集贤县丰乐镇太城村南西南太城南遗址。
184. 中国黑龙江省集贤县丰乐镇太城村南山顶太城西南城址。
185. 中国黑龙江省集贤县太平镇太林村东太林东遗址。
186. 中国黑龙江省集贤县太平镇太林村南太林遗址。
187. 中国黑龙江省集贤县太平镇太林村南太林西南遗址。
188. 中国黑龙江省集贤县太平镇太林村南太林南遗址。
189. 中国黑龙江省集贤县丰乐镇新立村西北新立遗址。
190. 中国黑龙江省集贤县丰乐镇新立村西北新立西山遗址。
191. 中国黑龙江省集贤县丰乐镇新立村西新立西遗址。
192. 中国黑龙江省集贤县丰乐镇太城村西南水拨拉山遗址。
193. 中国黑龙江省集贤县丰乐镇太华村东太华东遗址。
194. 中国黑龙江省集贤县丰乐镇太阳村东太阳东遗址。
195. 中国黑龙江省集贤县丰乐镇太阳村东太阳东山遗址。
196. 中国黑龙江省集贤县丰乐镇太源村西太源西山遗址。
197. 中国黑龙江省集贤县丰乐镇太源村西太源遗址。
198. 中国黑龙江省集贤县丰乐镇太源村南太源南山遗址。

199. 中国黑龙江省集贤镇丰乐镇胜利村南胜利南城址。
200. 中国黑龙江省集贤县丰乐镇太源村南偏西太源南山城址。
201. 中国黑龙江省集贤县繁荣村东南繁荣遗址。
202. 中国黑龙江省集贤县腰屯乡古城村东古城东遗址。
203. 中国黑龙江省集贤县腰屯乡古城村东南古城东南遗址。
204. 中国黑龙江省集贤县腰屯乡古城村西北古城西北城址。
205. 中国黑龙江省集贤县腰屯乡兴久村北山顶兴久北遗址。
206. 中国黑龙江省集贤县腰屯乡兴久村西北兴久西北遗址。
207. 中国黑龙江省集贤县腰屯乡兴久村北兴久北山遗址。
208. 中国黑龙江省集贤县黎明乡山河村东北山河东北城址。
209. 中国黑龙江省集贤县黎明乡山河村北山河北城址。
210. 中国黑龙江省集贤县黎明乡山河村东北山河东城址。
211. 中国黑龙江省集贤县黎明乡山河村东北山河东遗址。
212. 中国黑龙江省集贤县腰屯乡永红村西永红西丘城址。
213. 中国黑龙江省集贤县腰屯乡永红村西永红西遗址。
214. 中国黑龙江省集贤县腰屯乡永红村西南永红城址。
215. 中国黑龙江省集贤县腰屯乡永红村南永红南遗址。
216. 中国黑龙江省集贤县腰屯乡永红村西永红西城址。
217. 中国黑龙江省集贤县腰屯乡永红村西南索伦岗城址。
218. 中国黑龙江省集贤县腰屯乡永红村西南永红西山城址。
219. 中国黑龙江省集贤镇升昌镇治安村西北治安遗址。
220. 中国黑龙江省集贤镇升昌镇治安村西北治安北遗址。
221. 中国黑龙江省集贤镇升昌镇治安村西南治安西南遗址。
222. 中国黑龙江省集贤镇升昌镇德兴村东北德兴城址。
223. 中国黑龙江省集贤镇升昌镇振太村东北振太东遗址。
224. 中国黑龙江省集贤镇升昌镇振太村东北振太北遗址。
225. 中国黑龙江省集贤镇升昌镇振太村东北振太城址。
226. 中国黑龙江省集贤镇升昌镇华山村西北华山遗址。
227. 中国黑龙江省集贤镇升昌镇华山村西北华山西遗址。
228. 中国黑龙江省集贤镇升昌镇华山村华山北遗址。
229. 中国黑龙江省集贤县福利镇福新村东南滚兔岭遗址。
230. 中国黑龙江省集贤县福利镇东辉村五队西北东辉城址。

231. 中国黑龙江省集贤县丰乐镇太华村东四方顶城址。
232. 中国黑龙江省集贤县丰乐镇庆丰村南岗城址。
233. 中国黑龙江省集贤县沙岗乡东兴村南东兴南城址。
234. 中国黑龙江省饶河县山里乡山里村北宝顶山城址。
235. 中国黑龙江省饶河县山里乡山里村西山里西山遗址。
236. 中国黑龙江省饶河县山里乡山里村东山里乡遗址。
237. 中国黑龙江省饶河县山里乡光明村西北光明西北遗址。
238. 中国黑龙江省饶河县西丰林场北后山城址。
239. 中国黑龙江省饶河县西丰镇渔丰村南渔丰城址。
240. 中国黑龙江省饶河县西丰镇联合村西北联合城址。
241. 中国黑龙江省饶河县西丰镇苇子沟村西苇子沟西山遗址。
242. 中国黑龙江省饶河县胜利农场 32 队遗址。
243. 中国黑龙江省饶河县西丰镇幸福村北幸福北遗址。
244. 中国黑龙江省饶河县山里乡菜嘴子渔业点西菜嘴子遗址。
245. 中国黑龙江省饶河县山里乡二道岗东北遗址。
246. 中国黑龙江省饶河县饶河农场 24 连西南山遗址。
247. 中国黑龙江省饶河县西丰镇偏南西丰西山遗址。
248. 中国黑龙江省饶河县西丰镇林场西南西山遗址。
249. 中国黑龙江省饶河县西丰镇乐山村东乐山东山遗址。
250. 中国黑龙江省饶河县西丰镇西丰西遗址。
251. 中国黑龙江省饶河县胜利农场 16 队西李小山遗址。
252. 中国黑龙江省饶河县西丰镇西丰林场北后山遗址。
253. 中国黑龙江省饶河县西丰镇胜利农场 17 队西遗址。
254. 中国黑龙江省饶河县山里乡光明村东南光明东南遗址。
255. 中国黑龙江省佳木斯市大来镇山音村西北二龙山西端山峰山音村城址。
256. 中国黑龙江省佳木斯市郊区沿江乡民兴村西城址。
257. 中国黑龙江省佳木斯市郊区沿江乡三连村城址。
258. 中国黑龙江省佳木斯市四丰乡四合山村城址。
259. 中国黑龙江省佳木斯市农校农场西城址。
260. 中国黑龙江省佳木斯市郊区长发镇长虹 2 队村城址。
261. 中国黑龙江省佳木斯市郊区长发镇正兴村城址。

262. 中国黑龙江省佳木斯市郊区四丰乡前董家子村东南古城山顶前董家子1号古山寨。
263. 中国黑龙江省佳木斯市郊区四丰乡前董家子村东南董家子2号古山寨。
264. 中国黑龙江省佳木斯市郊区四丰乡前董家子村南城址。
265. 中国黑龙江省佳木斯市郊区四丰乡后董家子村城址。
266. 中国黑龙江省佳木斯市郊区四丰乡四丰林场西南城址。
267. 中国黑龙江省佳木斯市郊区大来镇中丰村北山上中丰村北城址。
268. 中国黑龙江省佳木斯市桦南县土龙山镇临山村西临山村横岱山城址。
269. 中国黑龙江省佳木斯市桦南县明义乡小油坊村7号城址。
270. 中国黑龙江省佳木斯市桦南县明义乡小油坊村6号城址。
271. 中国黑龙江省佳木斯市桦南县明义乡小油坊村5号城址。
272. 中国黑龙江省佳木斯市桦南县梨树乡永远村南偏东东山城址。
273. 中国黑龙江省佳木斯市桦南县桦南镇腰营子村西南西山城址。
274. 中国黑龙江省佳木斯市桦南县桦南镇腰营子村南城址。
275. 中国黑龙江省佳木斯市桦南县桦南镇腰营子村东南城址。
276. 中国黑龙江省佳木斯市桦南县桦南镇宏昌村北岗东城址。
277. 中国黑龙江省佳木斯市桦南县桦南镇宏昌村南城址。
278. 中国黑龙江省佳木斯市桦南县桦南镇宏泰村沟口城址。
279. 中国黑龙江省佳木斯市桦南县桦南镇宏庆村东北城址。
280. 中国黑龙江省佳木斯市桦南县桦南镇宏庆村南城址。
281. 中国黑龙江省佳木斯市桦南县桦南镇宏庆村西北城址。
282. 中国黑龙江省佳木斯市桦南县桦南镇宏庆村北城址。
283. 中国黑龙江省佳木斯市桦南县桦南镇宏庆村西南城址。
284. 中国黑龙江省佳木斯市桦南县石头河镇北核心村（小六道沟村）北山城址。
285. 中国黑龙江省佳木斯市桦南县桦南镇宏昌村北山城址。
286. 中国黑龙江省佳木斯市桦南县桦南镇宏昌村东南城址。
287. 中国黑龙江省佳木斯市桦南县桦南镇宏元村东城址。
288. 中国黑龙江省佳木斯市桦南县阎家镇小八浪村西沙包城址。
289. 中国黑龙江省佳木斯市桦南县阎家镇小八浪村西北城址。
290. 中国黑龙江省佳木斯市桦南县阎家镇城子岭村东大架山蚕山城址。

291. 中国黑龙江省佳木斯市桦南县阎家镇城子岭村东大架山城址。
292. 中国黑龙江省佳木斯市桦南县阎家镇城子岭村北城址。
293. 中国黑龙江省佳木斯市桦南县阎家镇城子岭村南城址。
294. 中国黑龙江省佳木斯市桦南县阎家镇丰基村西城址。
295. 中国黑龙江省佳木斯市桦南县阎家镇阎家村粮库东院墙东城址。
296. 中国黑龙江省佳木斯市桦南县阎家镇阎家村粮库东北城址。
297. 中国黑龙江省佳木斯市桦南县大八浪乡双鸭子村东城址。
298. 中国黑龙江省佳木斯市桦南县石头河镇马家村西南城址。
299. 中国黑龙江省佳木斯市桦南县石头河镇马家村西城址。
300. 中国黑龙江省佳木斯市桦南县阎家镇公平村西南 1 号城址。
301. 中国黑龙江省佳木斯市桦南县阎家镇公平村西南 2 号城址。
302. 中国黑龙江省佳木斯市桦南县阎家镇红旗村西城址。
303. 中国黑龙江省佳木斯市桦南县阎家镇红旗村南城址。
304. 中国黑龙江省佳木斯市桦南县阎家镇红旗村东南 1 号城址。
305. 中国黑龙江省佳木斯市桦南县阎家镇红旗村东南 2 号城址。
306. 中国黑龙江省佳木斯市桦南县阎家镇红旗村南蚕山北城址。
307. 中国黑龙江省佳木斯市桦南县大八浪乡九里六村东城址。
308. 中国黑龙江省佳木斯市桦南县梨树乡永远村东南山 1 号城址。
309. 中国黑龙江省佳木斯市桦南县梨树乡永远村东山城址。
310. 中国黑龙江省佳木斯市桦南县梨树乡永远村东南山 2 号城址。
311. 中国黑龙江省佳木斯市桦南县梨树乡永远村东南山 3 号城址。
312. 中国黑龙江省佳木斯市桦南县梨树乡福兴村一中农场东山城址。
313. 中国黑龙江省佳木斯市桦南县大八浪乡新富村北城址。
314. 中国黑龙江省佳木斯市桦南县大八浪乡新富村驿马山城址。
315. 中国黑龙江省佳木斯市桦南县桦南镇民富村北城址。
316. 中国黑龙江省佳木斯市桦南县桦南镇幸福村鹿场东城址。
317. 中国黑龙江省佳木斯市桦南县桦南镇幸福村鹿场东北城址。
318. 中国黑龙江省佳木斯市桦南县桦南镇幸福村鹿场南城址。
319. 中国黑龙江省佳木斯市桦南县明义乡小油坊村北山城址。
320. 中国黑龙江省佳木斯市桦南县石头河镇春富村西北城址。
321. 中国黑龙江省佳木斯市桦南县石头河镇向阳村西城址。
322. 中国黑龙江省佳木斯市桦南县石头河镇向阳村东南 1 号城址。

323. 中国黑龙江省佳木斯市桦南县石头河镇向阳村东南 2 号城址。
324. 中国黑龙江省佳木斯市桦南县阎家镇小八浪村东北后山城址。
325. 中国黑龙江省佳木斯市桦南县阎家镇小八浪村东山城址。
326. 中国黑龙江省佳木斯市桦南县阎家镇小八浪村东北城址。
327. 中国黑龙江省佳木斯市桦南县阎家镇小八浪村蛇山南城址。
328. 中国黑龙江省佳木斯市桦南县阎家镇公平村西南 4 号城址。
329. 中国黑龙江省佳木斯市桦南县阎家镇公平村西南 5 号城址。
330. 中国黑龙江省佳木斯市桦南县梨树乡福兴村北城址。
331. 中国黑龙江省佳木斯市桦川县四马架乡振兴村东南中央山城址。
332. 中国黑龙江省佳木斯市桦川县四马架乡红星村 2 号城址。
333. 中国黑龙江省佳木斯市桦川县四马架乡东华村西北大架子山城址。
334. 中国黑龙江省佳木斯市桦川县悦来镇万里河村东南马鞍山城址。
335. 中国黑龙江省佳木斯市桦川县四马架乡德庆村城址。
336. 中国黑龙江省佳木斯市桦川县四马架乡振兴村南王中山城址。
337. 中国黑龙江省佳木斯市桦川县四马架乡聚宝村北山城址。
338. 中国黑龙江省佳木斯市桦川县四马架乡会龙村城址。
339. 中国黑龙江省佳木斯市桦川县四马架乡振兴村南王麻子山城址。
340. 中国黑龙江省佳木斯市桦川县横头山镇向阳堡村东南向阳堡城址。
341. 中国黑龙江省佳木斯市桦川县四马架乡红星村城址。
342. 中国黑龙江省佳木斯市桦川县四马架乡道德村城址。
343. 中国黑龙江省佳木斯市桦川县苏家店镇北山村城址。
344. 中国黑龙江省佳木斯市同江市勤得利农场一分厂西南勤得利城址。
345. 中国黑龙江省佳木斯市同江市勤得利农场渔业一队城址。
346. 中国黑龙江省佳木斯市同江市勤得利农场水产公司渔业四队城址。
347. 中国黑龙江省佳木斯市抚远县抚远镇亮子村北城址。
348. 中国黑龙江省佳木斯市抚远县通江乡小河子村西城子山顶莽吉塔故城。

四　高句丽古城目录

1. 中国吉林省安图市高句丽城门山山城址。
2. 中国吉林省安图市高句丽大砬子山城址。
3. 中国吉林省安图市高句丽丽江源古城堡。

4. 中国吉林省安图市高句丽三道白河古城址。
5. 中国吉林省安图市高句丽三道古城堡。
6. 中国吉林省安图市高句丽万宝新兴古城堡。
7. 中国吉林省安图市高句丽五峰山城址。
8. 中国吉林省安图市高句丽五虎山山城址。
9. 中国吉林省安图市高句丽仰脸山城址。
10. 中国吉林省安图市高句丽榆树川古城址。
11. 中国吉林省东丰县高句丽城子山山城址。
12. 中国吉林省东辽县高句丽高丽山城址。
13. 中国吉林省东辽县高句丽老道炉山城址。
14. 中国吉林省东辽县高句丽周家大山山城址。
15. 中国吉林省东辽县汉、高句丽时代康宁后山山城址。
16. 中国吉林省东辽县汉、高句丽时代马家沟城子山山城址。
17. 中国吉林省敦化市大甸子村高句丽古城址。
18. 中国吉林省敦化市高句丽城子山山城址。
19. 中国吉林省敦化市横道河子村高句丽古城址。
20. 中国吉林省抚松县高句丽大方顶子古城。
21. 中国吉林省海龙县高句丽小城子古城堡。
22. 中国吉林省海龙县高句丽小城子山城址。
23. 中国吉林省和龙县崇善乡古城里村高句丽古城址。
24. 中国吉林省和龙县高句丽八家子山城址。
25. 中国吉林省和龙县高句丽三层岭山城址。
26. 中国吉林省和龙县高句丽松月山城址。
27. 中国吉林省和龙县高句丽杨木顶子山城址。
28. 中国吉林省和龙县芦果乡土城里高句丽古城址。
29. 中国吉林省珲春市高句丽城墙砬子山山城址。
30. 中国吉林省珲春市高句丽干沟子山城址。
31. 中国吉林省珲春市高句丽古长城遗址。
32. 中国吉林省珲春市高句丽孟岭河口古城址。
33. 中国吉林省珲春市高句丽裴优城古城址。
34. 中国吉林省珲春市高句丽萨其城山城址。
35. 中国吉林省珲春市高句丽石头河子古城址。

36. 中国吉林省珲春市高句丽水流峰山城址。
37. 中国吉林省珲春市高句丽亭岩山山城址。
38. 中国吉林省珲春市高句丽通肯山山城址。
39. 中国吉林省珲春市高句丽温特赫部古城址。
40. 中国吉林省珲春市高句丽小城子古城址。
41. 中国吉林省珲春市高句丽英义城古城址。
42. 中国吉林省珲春市高句丽营城子古城址。
43. 中国吉林省珲春市南山城高句丽山城址。
44. 中国吉林省辉南县高句丽钓鱼台山城址。
45. 中国吉林省辉南县高句丽辉发古城址。
46. 中国吉林省辉南县高句丽小城子古城址。
47. 中国吉林省浑江市（今白山市）高句丽东马鹿古城址。
48. 中国吉林省浑江市（今白山市）高句丽桦皮甸子古城址。
49. 中国吉林省浑江市（今白山市）高句丽夹皮沟古城址。
50. 中国吉林省浑江市（今白山市）高句丽临城古城址。
51. 中国吉林省吉林市高句丽东团山平地城址。
52. 中国吉林省吉林市高句丽东团山山城址。
53. 中国吉林省吉林市高句丽架子山山城址。
54. 中国吉林省吉林市高句丽龙潭山古城址。
55. 中国吉林省吉林市高句丽三道岭子山城址。
56. 中国吉林省吉林市高句丽三家子古城址。
57. 中国吉林省吉林市高句丽天太古城址。
58. 中国吉林省吉林市官地高句丽古城址。
59. 中国吉林省吉林市龙潭山高句丽山城址。
60. 中国吉林省集安市东台子高句丽黄城址。
61. 中国吉林省集安市高句丽霸王山城址。
62. 中国吉林省集安市高句丽关马墙山城址。
63. 中国吉林省集安市高句丽国内城址。
64. 中国吉林省集安市高句丽山城子山城址。
65. 中国吉林省集安市高句丽丸都山城址。
66. 中国吉林省集安市黄柏乡长川村高句丽古城址。
67. 中国吉林省集安市清河镇大川村高句丽古城址。

68. 中国吉林省集安市望波岭高句丽关隘。
69. 中国吉林省蛟河市池水镇夫余、高句丽新街古城址。
70. 中国吉林省蛟河市高句丽横道河子南山城址。
71. 中国吉林省蛟河市高句丽拉法山小砬子山城址。
72. 中国吉林省蛟河市高句丽六家子东山城址。
73. 中国吉林省蛟河市松江镇福来东夫余、高句丽古城址。
74. 中国吉林省辽源省高句丽工农山古城址。
75. 中国吉林省辽源市高句丽城子山古城址。
76. 中国吉林省辽源市高句丽龙首山古城址。
77. 中国吉林省临江市临城八队高句丽古城址。
78. 中国吉林省临江市市内高句丽古城址。
79. 中国吉林省柳河县高句丽钓鱼台古城址。
80. 中国吉林省柳河县高句丽罗通山城址。
81. 中国吉林省龙井市朝阳镇高句丽三山洞山城址。
82. 中国吉林省龙井市富裕镇高句丽朝东山山城址。
83. 中国吉林省龙井市开屯镇船口村高句丽山城址。
84. 中国吉林省龙井市三合镇高句丽清水山城址。
85. 中国吉林省龙井市桃源镇白石砬子高句丽古城址。
86. 中国吉林省龙井市桃源镇城子沟高句丽古城址。
87. 中国吉林省龙井市铜佛镇高句丽偏脸山山城址。
88. 中国吉林省龙井市智新镇高句丽养参峰山城址。
89. 中国吉林省龙井市高句丽白石砬子山城址。
90. 中国吉林省龙井市高句丽朝东山城址。
91. 中国吉林省龙井市高句丽城子沟山城址。
92. 中国吉林省龙井市高句丽船口山城址。
93. 中国吉林省龙井市高句丽金谷山城址。
94. 中国吉林省龙井市高句丽磨盘村古城址。
95. 中国吉林省龙井市龙井镇光新乡东兴古城。
96. 中国吉林省龙井市高句丽土城屯古城址。
97. 中国吉林省龙井市高句丽土城屯土城址。
98. 中国吉林省龙井市高句丽养参峰山城址。
99. 中国吉林省磐石市高句丽城子沟坝古城址。

100. 中国吉林省磐石市高句丽大马宗岭山城址。
101. 中国吉林省磐石市高句丽富太古城址。
102. 中国吉林省磐石市高句丽后虎嘴子山城址。
103. 中国吉林省磐石市高句丽金家屯古城堡。
104. 中国吉林省磐石市高句丽炮台山山城址。
105. 中国吉林省磐石市高句丽下柳家城堡。
106. 中国吉林省磐石市高句丽纸房沟坝古城址。
107. 中国吉林省磐石市宝山乡高句丽锅盔山山城。
108. 中国吉林省通化市二道沟门高句丽关隘。
109. 中国吉林省通化市高句丽赤柏松古城址。
110. 中国吉林省通化市高句丽大川乡建设山城址。
111. 中国吉林省通化市高句丽南台古城址。
112. 中国吉林省通化市高句丽太平沟门古城址。
113. 中国吉林省通化市高句丽依木树古城址。
114. 中国吉林省通化市高句丽英戈布山城址。
115. 中国吉林省通化市高句丽自安山城址。
116. 中国吉林省图们市高句丽满城山城址。
117. 中国吉林省延吉市高句丽城子山山城址。
118. 中国吉林省延吉市高句丽古长城遗址。
119. 中国吉林省延吉市高句丽兴安古城址。
120. 中国吉林省延吉市高句丽仲坪古城址。
121. 中国吉林省长白县八道沟高句丽古城址。
122. 中国吉林省长白县高句丽十二道湾关隘。
123. 中国吉林省长白县高句丽十四道沟关隘。
124. 中国吉林省长白县长白镇高句丽古城址。
125. 中国辽宁省本溪市边牛村高句丽山城址。
126. 中国辽宁省本溪市草河口镇李家堡高句丽山城址。
127. 中国辽宁省本溪市草河口镇茫草村马圈沟李家高句丽堡山城址。
128. 中国辽宁省本溪市城北太子河北岸下堡村东山高句丽山城址。
129. 中国辽宁省本溪市郊西北部石桥子乡边牛村东山高句丽城址。
130. 中国辽宁省本溪市牛心台乡上牛村老官砬子官城山高句丽山城址。
131. 中国辽宁省本溪县小市镇下堡村高句丽山城址。

132. 中国辽宁省大连市旅顺口区铁山镇高句丽牧羊城山城址。
133. 中国辽宁省大石桥市城西百寨子乡高庄村北圈子山高句丽城址。
134. 中国辽宁省丹东市东郊振安区九连城乡瑷河上尖村高句丽古城址。
135. 中国辽宁省丹东市虎山村高句丽泊汋城故址。
136. 中国辽宁省丹东市振安区高句丽娘娘庙山城址。
137. 中国辽宁省灯塔市高句丽石城山山城址。
138. 中国辽宁省灯塔市高句丽岩州山城址（白岩城故址）。
139. 中国辽宁省灯塔市西大窑乡城门口村东山高句丽石城山城址。
140. 中国辽宁省凤城市城东凤凰山高句丽乌骨城故址。
141. 中国辽宁省凤城市青城子镇高句丽铅山山城址。
142. 中国辽宁省凤城市西北部通远堡镇山城沟村北高句丽山城址。
143. 中国辽宁省抚顺市高句丽高尔山城址。
144. 中国辽宁省抚顺市劳动公园高句丽古城址。
145. 中国辽宁省抚顺市铁背山高句丽山城址。
146. 中国辽宁省抚顺县大柳乡太平沟村北山高句丽山城址。
147. 中国辽宁省抚顺县大柳乡高句丽城子沟山城。
148. 中国辽宁省抚顺县李家乡高句丽萨尔浒山城址。
149. 中国辽宁省抚顺县南部小东乡马和寺村东山高句丽山城址。
150. 中国辽宁省盖州市城东北青市岭乡高句丽城村高句丽东山山城址。
151. 中国辽宁省盖州市城东南徐屯乡卢东沟村高句丽烟筒山山城址。
152. 中国辽宁省盖州市城南双台子村南城子沟屯东高力城山上高句丽山城址。
153. 中国辽宁省盖州市城内高句丽下古城城址。
154. 中国辽宁省盖州市高句丽青石岭山城址（故建安城址）。
155. 中国辽宁省盖州市南部罗屯乡贵子沟村东高句丽赤山山城址。
156. 中国辽宁省盖州市南部什字街乡田屯村东高句丽高力城山子山城址。
157. 中国辽宁省盖州市南部杨运乡奋东山高句丽山城址。
158. 中国辽宁省盖州市青石岭乡石城山高句丽山城址。
159. 中国辽宁省盖州市闸河山高句丽山城址。
160. 中国辽宁省海城市高句丽英城子山城址（安市城故址）。
161. 中国辽宁省桓仁县城东北浑江右岸五女山高句丽山城址。
162. 中国辽宁省桓仁县城西北六道河子乡下古城子村高句丽平地城址。

163. 中国辽宁省桓仁县东南沙尖子乡下甸子村西南城墙砬子高句丽山城址。
164. 中国辽宁省桓仁县高句丽北沟关隘。
165. 中国辽宁省桓仁县高句丽剌哈古城址。
166. 中国辽宁省桓仁县高句丽马鞍山山城址。
167. 中国辽宁省桓仁县高句丽爬宝山山城址。
168. 中国辽宁省桓仁县高句丽三道河子山城址。
169. 中国辽宁省桓仁县高句丽瓦房沟山城址。
170. 中国辽宁省桓仁县西北部木盂子乡高俭地村北山高句丽山城址。
171. 中国辽宁省金县友谊乡高句丽大黑山城址（原卑奢城）。
172. 中国辽宁省金州市大黑山高句丽山城址。
173. 中国辽宁省开原市柴河堡镇高句丽马家寨山城址。
174. 中国辽宁省开原市东北部威远堡乡咸达堡村高句丽龙潭山山城址。
175. 中国辽宁省开原市东部八棵树乡古城子村高句丽东山山城址。
176. 中国辽宁省宽甸县灌水高召堡村东高力城山上高句丽山城址。
177. 中国辽宁省宽甸县灌水镇高句丽高台堡山城址。
178. 中国辽宁省宽甸县灌水镇高句丽老孤山山城址。
179. 中国辽宁省宽甸县虎山乡高句丽虎山村山城址。
180. 中国辽宁省宽甸县太平哨镇高句丽挂房子村东山山城址。
181. 中国辽宁省辽阳市安平镇对河高句丽石城子古城址。
182. 中国辽宁省辽阳市安平镇姑嫂城村高句丽山城址。
183. 中国辽宁省辽阳市高句丽辽东城故址。
184. 中国辽宁省普兰店市磨盘乡马屯村高句丽山城址。
185. 中国辽宁省普兰店市双塔乡大城子村高句丽山城址。
186. 中国辽宁省普兰店市星台乡郭屯高句丽魏霸山（现名吴姑城山）城址。
187. 中国辽宁省普兰店市元台乡二陶村高句丽东老白山上山城址。
188. 中国辽宁省清源县南山城村东山高句丽南山城古城址。
189. 中国辽宁省清源县英额门高句丽山城址。
190. 中国辽宁省清源县英额门乡长春屯村山上高句丽英额门山城址。
191. 中国辽宁省清源县南山城南山村高句丽南山城山城。
192. 中国辽宁省沈阳市高句丽石台子山城址。
193. 中国辽宁省沈阳市高句丽塔山盖牟城故址。

194. 中国辽宁省铁岭市城东南催阵堡乡泛河北岸高句丽催阵堡观音阁山城址。
195. 中国辽宁省铁岭市城东南催阵堡乡泛河南岸高句丽青龙山山城址。
196. 中国辽宁省瓦房店市得利寺高句丽山城址。
197. 中国辽宁省瓦房店市得利寺乡崔屯村下崔村南高句丽马圈子山山城址。
198. 中国辽宁省瓦房店市高句丽龙潭山城址。
199. 中国辽宁省瓦房店市李店乡岚崮店村西高句丽岚崮山山城。
200. 中国辽宁省瓦房店市太阳升乡那屯村高句丽城村南高句丽山城址。
201. 中国辽宁省瓦房店万家岭镇北瓦房店高句丽山城址。
202. 中国辽宁省西丰县南部凉泉镇高句丽城子山城址。
203. 中国辽宁省西丰县南和隆乡城山村张家堡北山高句丽山城址。
204. 中国辽宁省新宾县阿伙洛村高句丽城址。
205. 中国辽宁省新宾县东部响水河子乡转湖村北高句丽转水湖山城址。
206. 中国辽宁省新宾县东南部红庙子乡黑沟村北山高句丽山城址。
207. 中国辽宁省新宾县高句丽孤城子山城址。
208. 中国辽宁省新宾县高句丽永陵镇西古城子古城址。
209. 中国辽宁省新宾县罗家堡子高句丽城址。
210. 中国辽宁省新宾县三道堡高句丽东山城址。
211. 中国辽宁省新宾县温家窑高句丽西山山城址。
212. 中国辽宁省新宾县西北部上夹河乡五龙村下崴子屯南山高句丽五龙山山城址。
213. 中国辽宁省新宾县西部木奇镇西侧高句丽木底城故址。
214. 中国辽宁省新宾县西南部苇子峪乡杉松村东山高句丽山城址。
215. 中国辽宁省新宾县西南部下夹河乡太子城村北山高句丽山城址。
216. 中国辽宁省新宾县响水盒子乡双砬子村四道沟高句丽山城址。
217. 中国辽宁省新宾县永陵镇头道砬子高句丽山城址。
218. 中国辽宁省新宾县沙尖子镇高句丽城墙砬子山城。
219. 中国辽宁省新宾县五里甸子镇道河子村瓦房沟山城。
220. 中国辽宁省新民县高台山高句丽山城址。
221. 中国辽宁省岫岩县朝阳乡沟门村高句丽小茨山山城址。
222. 中国辽宁省岫岩县朝阳镇玉泡沟村高丽城山高句丽山城址。

223. 中国辽宁省岫岩县城南杨家堡乡娘娘城村高句丽娘娘山城址。
224. 中国辽宁省岫岩县城前营乡新屯村马圈子山上高句丽山城址。
225. 中国辽宁省岫岩县大营子镇星星石村石城高句丽山城址。
226. 中国辽宁省岫岩县哈达碑镇高丽城山高句丽山城址。
227. 中国辽宁省岫岩县黄花甸乡陈家堡村南沟屯东山高句丽山城址。
228. 中国辽宁省岫岩县黄花甸乡郭家岭村河西屯高句丽松树沟山城址。
229. 中国辽宁省岫岩县黄花甸乡老窝村下河南屯东南沟山高句丽山城址。
230. 中国辽宁省岫岩县黄花甸镇关门山村高句丽闹沟门山城址。
231. 中国辽宁省岫岩县黄花甸镇关门山村高句丽松树沟山城。
232. 中国辽宁省岫岩县黄花甸镇河南老城沟山高句丽老城沟山城。
233. 中国辽宁省岫岩县黄花甸子镇关门山村松树沟高句丽山城址。
234. 中国辽宁省岫岩县韭菜沟乡水录村东古城山上高句丽山城址。
235. 中国辽宁省岫岩县韭菜沟乡永泉村永泉土城高句丽山城址。
236. 中国辽宁省岫岩县龙潭乡大房子村山城屯高句丽山城址。
237. 中国辽宁省岫岩县前营镇新屯村南高句丽城山老城沟山山城。
238. 中国辽宁省岫岩县三家子镇古城村高句丽山城址。
239. 中国辽宁省岫岩县汤沟乡清凉山村高句丽清凉山山城。
240. 中国辽宁省阳东里高句丽横山姑嫂城址。
241. 中国辽宁省营口市百寨子镇高壮村马圈子山高句丽山城址。
242. 中国辽宁省庄河市城山乡高句丽沙河村万德屯西北山城址。
243. 中国辽宁省庄河市城西平山乡旋城村东北高句丽山城址。
244. 中国辽宁省庄河市高句丽红赤山石城址。
245. 中国辽宁省庄河市西北 25 公里高句丽城山子山城址。
246. 朝鲜黄海南道新院郡大同江支流载宁江上游峨洋里和月堂里高句丽山城址。
247. 朝鲜黄海南道新院郡月堂里高句丽山城址。
248. 朝鲜黄海南道长寿山箎宁江流域长寿山高句丽山城址。
249. 朝鲜黄海南道长寿山宁江流城高句丽平原城址。
250. 朝鲜龙岗山高句丽黄龙山城城止。
251. 朝鲜平安北道博川郡高句丽博陵山城址。
252. 朝鲜平安北道博川郡元南里高句丽博德岭山城址。
253. 朝鲜平安北道博川郡元南里高句丽老妪城址。

254. 朝鲜平安北道东仓郡鹤松里高句丽堂阿山山城址。
255. 朝鲜平安北道泰川郡高句丽丰林里山城址。
256. 朝鲜平安北道泰川郡鹤塘里高句丽延上里山城址。
257. 朝鲜平安北道泰川郡龙兴里高句丽擔武山城址。
258. 朝鲜平安北道泰州龙吾里高句丽山城址。
259. 朝鲜平安南道龙岗市高句丽黄龙山山城址。
260. 朝鲜平安南道顺川市高句丽慈母山山城址。
261. 朝鲜平壤地区青岩里土城址。
262. 朝鲜平壤市大城山山城址。
263. 朝鲜平壤市东北6—7公里大同江北岸大圣山高句丽山城址。
264. 朝鲜平壤市郊区大城山山城南部高句丽安鹤宫城址。
265. 朝鲜平壤市市区内高句丽都城长安城址。
266. 朝鲜顺州慈母山高句丽山城址。
267. 朝鲜泰川笼吾里高句丽山城址。
268. 朝鲜咸镜南道北青郡龙田里高句丽山城址。
269. 朝鲜咸镜南道北青郡南大川左岸高句丽安谷山城址。
270. 朝鲜咸镜南道北青郡坪里安谷高句丽山城址。
271. 朝鲜咸镜南道北青郡坪里居高句丽山城址。
272. 朝鲜咸镜南道北青郡青海高句丽古城址。
273. 朝鲜义州高句丽白马山城址。
274. 中国吉林省汪清县汪清镇河北村河北古城址。
275. 中国辽宁省盖州市高丽城村青石关山城。
276. 中国辽宁省普兰店市西磨盘乡马屯西山高丽城山城。
277. 中国吉林省靖宇县榆树川乡高句丽榆树川山城。
278. 中国吉林省图们市永昌村满台城屯高句丽满台城山城。
279. 中国吉林省汪清县东阳村高句丽东四方台山城。

五 渤海古城目录

1. 中国黑龙江省勃利县大四站镇古城村渤海古城址。
2. 中国黑龙江省东宁县城子沟村城子沟山城。
3. 中国黑龙江省东宁县大城子村渤海率宾府故址。
4. 中国黑龙江省东宁县大城子村大城子古城。

5. 中国黑龙江省东宁县道河镇红石砬子村红石砬子山城。
6. 中国黑龙江省东宁县道河镇五排村五排山城。
7. 中国黑龙江省东宁县道河镇轴水砬子渤海山城。
8. 中国黑龙江省东宁县东京城镇胜利村渤海城堡址。
9. 中国黑龙江省东宁县红石砬子渤海山城址。
10. 中国黑龙江省东宁县五排渤海古城址。
11. 中国黑龙江省东宁县小城子村小城子山古城。
12. 中国黑龙江省海林市朝鲜族乡福兴村福兴古城。
13. 中国黑龙江省海林市海南朝鲜族乡前拉古村土城子渤海古城址。
14. 中国黑龙江省海林市九公里渤海山城址。
15. 中国黑龙江省海林市旧街渤海古城址。
16. 中国黑龙江省海林市旧街乡龙头村渤海宁谷台山城址。
17. 中国黑龙江省海林市密东山城址。
18. 中国黑龙江省海林市三道河子镇兴农村兴农古城。
19. 中国黑龙江省海林市三道河子镇鹰嘴砬子小城。
20. 中国黑龙江省海林市三道河子镇迎门石村迎石门小城。
21. 中国黑龙江省海林市三道乡村兴农村渤海古城址。
22. 中国黑龙江省海林市石河采石场渤海山城址。
23. 中国黑龙江省海林市石河乡石场山城。
24. 中国黑龙江省海林市于新安白石砬子渤海山城址。
25. 中国黑龙江省海林市于新安镇渤海古城址。
26. 中国黑龙江省海林市于新安镇满城渤海城址。
27. 中国黑龙江省海林市长汀镇九公里山城。
28. 中国黑龙江省虎林市安兴农场渔业 1 连渤海古城址。
29. 中国黑龙江省虎林市南街基渤海古城址。
30. 中国黑龙江省鸡东县锅盔山渤海山城址。
31. 中国黑龙江省林口县刁翎镇乌斯浑河渤海古城址。
32. 中国黑龙江省林口县古城镇古城。
33. 中国黑龙江省林口县建堂乡土城子村渤海古城址。
34. 中国黑龙江省林口县莲花镇莲花村沿江古城。
35. 中国黑龙江省林口县三道通渤海三道通古城址。
36. 中国黑龙江省林口县三道通乡曙光村白虎古城址。

37. 中国黑龙江省林口县五道河子牡丹江左岸渤海古城址。
38. 中国黑龙江省林口县五林镇五林河大山头渤海古城址。
39. 中国黑龙江省林口县兴农村渤海古城址。
40. 中国黑龙江省密山市承紫河乡八五七农场 26 队渤海古城址。
41. 中国黑龙江省密山市柳毛乡渤海古城址。
42. 中国黑龙江省密山市柳毛乡朝阳农场 1 连渤海古城址。
43. 中国黑龙江省密山市三棱通乡临河村渤海古城址。
44. 中国黑龙江省密山市完达山农场 12 连渤海山城址。
45. 中国黑龙江省牡丹江市北桦林渤海南城子山城址。
46. 中国黑龙江省牡丹江市东村林场夹芯子古城。
47. 中国黑龙江省牡丹江市桦林镇南城子古城。
48. 中国黑龙江省牡丹江市郊牡丹江与海浪河交汇口处龙头山渤海古城址。
49. 中国黑龙江省牡丹江市四道林场四平山古城。
50. 中国黑龙江省牡丹江市沿江乡海浪村海浪古城。
51. 中国黑龙江省牡丹江市沿江乡卡路村卡路山山城。
52. 中国黑龙江省牡丹江市沿江乡小莫村龙头山古城。
53. 中国黑龙江省穆棱县福录乡高峰村东南小四方山渤海山城址。
54. 中国黑龙江省穆棱县兴源镇渤海粮台山古城址。
55. 中国黑龙江省宁安市渤海镇渤海上京龙票庙故址。
56. 中国黑龙江省宁安市渤海镇城东乡土城子村渤海古城址。
57. 中国黑龙江省宁安市渤海镇东崴子渤海古城址（三灵屯西侧）。
58. 中国黑龙江省宁安市渤海镇拐弯村江边圆城。
59. 中国黑龙江省宁安市渤海镇上官村上官古城。
60. 中国黑龙江省宁安市渤海镇上京龙泉府古城址。
61. 中国黑龙江省宁安市渤海镇西岩乡向前屯渤海古城址。
62. 中国黑龙江省宁安市城东乡牛场村渤海山城址。
63. 中国黑龙江省宁安市城东乡土城子村渤海古城址。
64. 中国黑龙江省宁安市东京城镇胜利村城堡。
65. 中国黑龙江省宁安市东京城镇土城子村土城子古城。
66. 中国黑龙江省宁安市镜泊湖渤海城墙砬子山城址。
67. 中国黑龙江省宁安市镜泊湖风景区城墙砬子山城。
68. 中国黑龙江省宁安市镜泊湖风景区城子后山城。

69. 中国黑龙江省宁安市镜泊湖风景区南湖头古城址。
70. 中国黑龙江省宁安市镜泊湖风景区重唇河山城。
71. 中国黑龙江省宁安市镜泊湖南湖头渤海古城址。
72. 中国黑龙江省宁安市镜泊湖瀑布城子后渤海山城址。
73. 中国黑龙江省宁安市镜泊湖山庄南重唇河渤海山城址。
74. 中国黑龙江省宁安市镜泊乡褚家村褚家古城。
75. 中国黑龙江省宁安市镜泊乡后渔村西湖袖子古城。
76. 中国黑龙江省宁安市镜泊乡南湖头古城。
77. 中国黑龙江省宁安市镜泊乡湾沟村湾沟古城。
78. 中国黑龙江省宁安市镜泊乡五峰村五峰古城。
79. 中国黑龙江省宁安市宁安镇大王山古城。
80. 中国黑龙江省宁安市宁西乡大牡丹村渤海古城址。
81. 中国黑龙江省宁安市宁西乡大牡丹村大牡丹古城。
82. 中国黑龙江省宁安市牛场古城。
83. 中国黑龙江省宁安市三陵乡东沟村渤海古城。
84. 中国黑龙江省宁安市三陵乡东崴子村东崴子古城。
85. 中国黑龙江省宁安市沙兰镇北营城子渤海古城址。
86. 中国黑龙江省宁安市沙兰镇古井城村渤海古城址。
87. 中国黑龙江省宁安市沙兰镇西营子渤海古城址。
88. 中国黑龙江省宁安市石岩镇向前村向前屯古城。
89. 中国黑龙江省宁安市卧龙乡杏花村杏花村古城。
90. 中国黑龙江省宁安市杏山乡上屯村上城子渤海古城址。
91. 中国黑龙江省宁安市杏山乡上屯村上屯古城。
92. 中国黑龙江省饶河县小佳河畔渤海古城址。
93. 中国黑龙江省绥芬河市道河乡红石砬子村渤海山城址。
94. 中国黑龙江省绥芬河市道河乡五排新村五排山城址。
95. 中国黑龙江省绥芬河市轴水砬子渤海山城址。
96. 中国黑龙江省绥林口县五道河子屯渤海古城址。
97. 中国黑龙江省绥林口县新城乡湖水南村古城址。
98. 中国吉林省安图县渤海宝马城址。
99. 中国吉林省安图县渤海城门山山城址。
100. 中国吉林省安图县渤海大砬子山城址。

101. 中国吉林省安图县渤海三道白河古城堡。
102. 中国吉林省安图县渤海万宝新兴古城堡。
103. 中国吉林省安图县渤海五峰山城址。
104. 中国吉林省安图县渤海五虎山山城址。
105. 中国吉林省安图县渤海仰脸山城址。
106. 中国吉林省安图县渤海榆树川古城址。
107. 中国吉林省安图县三道乡三道村渤海古城址。
108. 中国吉林省安图县松江镇小营子屯渤海仰脸山山城。
109. 中国吉林省安图县万宝乡江源村渤海古城址。
110. 中国吉林省白山市渤海临城古城址。
111. 中国吉林省德惠市达家沟乡杏山堡渤海山城址。
112. 中国吉林省东丰县横道河镇渤海城子山山城。
113. 中国吉林省东辽县安恕镇小城沟渤海古城址。
114. 中国吉林省东辽县白泉镇于家烟房北城子渤海古城址。
115. 中国吉林省东辽县甲山乡渤海北城子古城址。
116. 中国吉林省东辽县甲山乡大台村靠山屯渤海古城址。
117. 中国吉林省东辽县金岗乡渤海城子沟古城址。
118. 中国吉林省东辽县金岗乡苏家街南城子渤海古城址。
119. 中国吉林省东辽县辽河源镇渤海小城沟山城址。
120. 中国吉林省敦化市敖东城。
121. 中国吉林省敦化市渤海敖东古城址。
122. 中国吉林省敦化市渤海城山子山城址。
123. 中国吉林省敦化市渤海大甸子古城址。
124. 中国吉林省敦化市渤海横道河子古城址。
125. 中国吉林省敦化市渤海马圈子古城址。
126. 中国吉林省敦化市渤海石湖古城址。
127. 中国吉林省敦化市渤海孙船口古城址。
128. 中国吉林省敦化市渤海通沟岭山城址。
129. 中国吉林省敦化市额穆镇背荫砬子渤海古城堡。
130. 中国吉林省敦化市额穆镇帽儿山渤海山城址。
131. 中国吉林省敦化市官地镇八棵树村石湖古城。
132. 中国吉林省敦化市官地镇老虎洞村通沟岭山城。

133. 中国吉林省敦化市黑石古城址。
134. 中国吉林省敦化市黑石乡黑石古城。
135. 中国吉林省敦化市黑石乡南台村南台子古城堡。
136. 中国吉林省敦化市林胜镇大甸子村大甸子古城堡。
137. 中国吉林省敦化市南台子城堡。
138. 中国吉林省敦化市秋梨沟镇横道河子村横道河子古城。
139. 中国吉林省敦化市沙河桥乡岭底村通沟岭要塞。
140. 中国吉林省敦化市沙河沿镇孙船口古城堡。
141. 中国吉林省敦化市通沟岭山城址。
142. 中国吉林省敦化市西北岔山城址。
143. 中国吉林省敦化市贤儒镇城山子山城。
144. 中国吉林省敦化市雁鸣湖镇腰甸村腰甸子古城。
145. 中国吉林省敦化市腰甸子城堡。
146. 中国吉林省抚松县渤海东台子城址。
147. 中国吉林省抚松县渤海新安城址。
148. 中国吉林省抚松县大方顶子山渤海古城址。
149. 中国吉林省抚松县新安村渤海新安古城址。
150. 中国吉林省抚松县新安村东台子渤海古城址。
151. 中国吉林省海龙县城南乡正义村渤海小城子山城址。
152. 中国吉林省和龙县渤海八家子山城址。
153. 中国吉林省和龙县渤海蚕头城址。
154. 中国吉林省和龙县渤海古城里古城址。
155. 中国吉林省和龙县渤海河南屯古城址。
156. 中国吉林省和龙县渤海三层岭山城址。
157. 中国吉林省和龙县渤海圣教古城址。
158. 中国吉林省和龙县渤海松月山城址。
159. 中国吉林省和龙县渤海土城里古城址。
160. 中国吉林省和龙县渤海西古城中京显德府故址。
161. 中国吉林省和龙县渤海杨木顶子山城址。
162. 中国吉林省和龙县渤海獐顶子古城址。
163. 中国吉林省桦甸市渤海北土城子古城址。
164. 中国吉林省桦甸市渤海苏密城址。

165. 中国吉林省桦甸市横道河子乡文华村治安屯渤海治安古城址。
166. 中国吉林省桦甸市横道河子乡永安村渤海古城址。
167. 中国吉林省桦甸市桦树乡嘎河村渤海小嘎河山城址。
168. 中国吉林省桦甸市金沙乡复兴村新屯渤海古城址。
169. 中国吉林省怀德县八屋乡五家子渤海古城址。
170. 中国吉林省怀德县朝阳坡乡城子上渤海古城址。
171. 中国吉林省怀德县双城堡乡黄花城村渤海古城址。
172. 中国吉林省珲春市八连城渤海东京龙原府故址。
173. 中国吉林省珲春市板石乡渤海孟岭河口古城堡址。
174. 中国吉林省珲春市渤海城墙砬子山城址。
175. 中国吉林省珲春市渤海大六道沟古城堡。
176. 中国吉林省珲春市渤海孟岭河口古城堡。
177. 中国吉林省珲春市渤海农坪山城址。
178. 中国吉林省珲春市渤海裴优城址。
179. 中国吉林省珲春市渤海萨其城古城址。
180. 中国吉林省珲春市渤海石头河子古城址。
181. 中国吉林省珲春市渤海水流峰古城址。
182. 中国吉林省珲春市渤海桃源洞山城址。
183. 中国吉林省珲春市渤海亭岩山城址。
184. 中国吉林省珲春市渤海通肯山山城址。
185. 中国吉林省珲春市渤海温特赫古城址。
186. 中国吉林省珲春市渤海小城子古城址。
187. 中国吉林省珲春市渤海英义城古城址。
188. 中国吉林省珲春市渤海营城子古城址。
189. 中国吉林省珲春市春化乡渤海大北城屯山城址。
190. 中国吉林省珲春市春化乡草坪村渤海城墙砬子山城址。
191. 中国吉林省珲春市春化乡桦树村草帽顶子古城堡址。
192. 中国吉林省珲春市春化乡梨树村沟屯渤海沙河子山城址。
193. 中国吉林省珲春市哈达门乡渤海干沟子山城址。
194. 中国吉林省珲春市杨泡乡渤海小红旗河古城堡址。
195. 中国吉林省辉南县朝阳镇小城子村渤海古城址。
196. 中国吉林省辉南县辉发城乡辉发山渤海古城址。

197. 中国吉林省浑江市（今白山市）临江镇渤海神州古城址。
198. 中国吉林省浑江市（今白山市）六道沟乡桦皮甸子村渤海古城址。
199. 中国吉林省浑江市（今白山市）六道沟乡夹皮沟村渤海古城址。
200. 中国吉林省浑江市（今白山市）六道沟乡马鹿村渤海古城址。
201. 中国吉林省吉林市北余里西兰城渤海涞州故址。
202. 中国吉林省吉林市渤海官城古城址。
203. 中国吉林省吉林市官地渤海古城址。
204. 中国吉林省吉林市郊区渤海龙潭山山城址。
205. 中国吉林省吉林市郊区渤海之东团山平地城址。
206. 中国吉林省吉林市郊区东团山渤海山城址。
207. 中国吉林省吉林市郊区东团山平地城渤海古城址。
208. 中国吉林省吉林市沙河子乡三道岭渤海大砬子山城址。
209. 中国吉林省蛟河市拉法镇三合屯渤海古城址。
210. 中国吉林省蛟河市乌林镇北山渤海古城址。
211. 中国吉林省蛟河市新农镇渤海上参营屯古城址。
212. 中国吉林省蛟河市新农镇南荒地村下参营屯渤海古城址。
213. 中国吉林省靖宇县渤海榆树川城址。
214. 中国吉林省靖宇县榆树川渤海古城址。
215. 中国吉林省九台市河湾镇桦树嘴子西山渤海山城址。
216. 中国吉林省九台市六台乡黄土埃子东山渤海山城址。
217. 中国吉林省九台市六台乡黄土埃子后山渤海山城址。
218. 中国吉林省九台市莽卡镇渤海松江山城址。
219. 中国吉林省九台市三台乡城子山渤海山城址。
220. 中国吉林省九台市三台乡广东山渤海山城址。
221. 中国吉林省九台市上河湾镇董家屯东山渤海山城址。
222. 中国吉林省九台市上河湾镇高丽房南山渤海山城址。
223. 中国吉林省九台市上河湾镇怀德堂山后山渤海山城址。
224. 中国吉林省九台市上河湾镇石羊岭渤海山城址。
225. 中国吉林省梨树县渤海城楞子古城北城址。
226. 中国吉林省梨树县渤海城楞子古城南城址。
227. 中国吉林省梨树县渤海石岭子城子山古城址。
228. 中国吉林省辽源市城子山渤海山城址。

229. 中国吉林省辽源市龙山区渤海工农山山城址。

230. 中国吉林省辽源市龙首山渤海古城址。

231. 中国吉林省临江市东三道沟河临城八队渤海古城址。

232. 中国吉林省临江市市内渤海古城址。

233. 中国吉林省龙井市渤海大灰屯古城址。

234. 中国吉林省龙井市渤海古城村古城址。

235. 中国吉林省龙井市渤海金谷山古城址。

236. 中国吉林省龙井市渤海太阳古城址。

237. 中国吉林省龙井市渤海土城屯古城址。

238. 中国吉林省龙井市渤海英城古城址。

239. 中国吉林省龙井市朝阳镇三峰村渤海三山洞山城址。

240. 中国吉林省龙井市富裕镇朝东村渤海朝东山山城址。

241. 中国吉林省龙井市开山屯镇船口村渤海山城址。

242. 中国吉林省龙井市三合镇清水村渤海山城址。

243. 中国吉林省龙井市桃源镇太阳村白石砬子渤海山城址。

244. 中国吉林省龙井市桃源镇太阳村城子沟渤海古城址。

245. 中国吉林省龙井市铜佛镇永胜村渤海偏脸山山城址。

246. 中国吉林省龙井市长安镇磨盘村山城里屯渤海城子山山城。

247. 中国吉林省龙井市智新镇城南村养参峰山渤海山城址。

248. 中国吉林省农安县渤海夫余府古城址。

249. 中国吉林省磐石市安乐乡渤海大马宗岭山城址。

250. 中国吉林省磐石市宝山乡渤海纸房沟坝山城址。

251. 中国吉林省磐石市黑石乡渤海翻身屯古城址。

252. 中国吉林省磐石市黑石乡渤海富太古城址。

253. 中国吉林省磐石市明城镇渤海明城古城址。

254. 中国吉林省磐石市细林乡渤海下柳家屯古城址。

255. 中国吉林省磐石市细林乡金家屯渤海古城址。

256. 中国吉林省磐石市小梨河乡双龙泉屯渤海后虎嘴子山城址。

257. 中国吉林省磐石市烟筒山镇渤海炮台山山城址。

258. 中国吉林省舒兰市溪河乡渤海双印通古城址。

259. 中国吉林省松原市夫余区渤海伯都讷城址。

260. 中国吉林省松原市夫余区渤海石头城子古城址。

261. 中国吉林省松原市夫余区下班德村渤海古城址。
262. 中国吉林省图们市石砚镇永昌村满台山渤海古城址。
263. 中国吉林省图们市月晴乡岐新村渤海古城址。
264. 中国吉林省汪清县百草沟乡安田村渤海古城址。
265. 中国吉林省汪清县百草沟乡安田村新华间屯渤海古城址。
266. 中国吉林省汪清县渤海高城古城址。
267. 中国吉林省汪清县渤海河北村古城址。
268. 中国吉林省汪清县渤海鸡冠乡古城址。
269. 中国吉林省汪清县渤海龙泉坪古城址。
270. 中国吉林省汪清县渤海牡丹川古城址。
271. 中国吉林省汪清县渤海石城古城址。
272. 中国吉林省汪清县春阳乡红云村渤海古城址。
273. 中国吉林省汪清县春阳乡幸福村渤海古城址。
274. 中国吉林省汪清县春阳乡中大川村渤海古城址。
275. 中国吉林省汪清县东新乡新华村北城子屯渤海山城址。
276. 中国吉林省汪清县东新乡转角楼村渤海古城址。
277. 中国吉林省汪清县蛤蟆塘乡东四方台山渤海山城址。
278. 中国吉林省汪清县蛤蟆塘乡东阳村渤海古城址。
279. 中国吉林省汪清县蛤蟆塘乡广兴屯渤海山城址。
280. 中国吉林省汪清县鸡冠乡影壁村渤海古城址。
281. 中国吉林省汪清县天桥岭镇渤海古城址。
282. 中国吉林省汪清县新兴乡龙泉坪小学渤海古城址。
283. 中国吉林省汪清县仲安乡兴隆村渤海古城址。
284. 中国吉林省延吉市渤海北大古城址。
285. 中国吉林省延吉市渤海河龙古城址。
286. 中国吉林省延吉市渤海台岩古城址。
287. 中国吉林省延吉市兴安镇渤海兴安古城。
288. 中国吉林省延吉市长白乡东山屯渤海古城址。
289. 中国吉林省伊通县二道乡黑顶子村裴家小上沟屯渤海古城址。
290. 中国吉林省永吉县乌拉街乡三家子渤海古城址。
291. 中国吉林省榆树市刘家乡合心村渤海南城子古城址。
292. 中国吉林省榆树市新立乡新立村渤海新立古城址。

293. 中国吉林省长白县八道沟镇渤海山城址。
294. 中国吉林省长白县渤海长白古城址。
295. 中国吉林省长白县十二道沟乡十二道沟湾渤海关隘遗址。
296. 中国吉林省长白县十四道沟镇渤海村邑与关隘遗址。
297. 中国吉林省长白县长白镇内渤海古城址。
298. 中国辽宁省海城市东南析木城渤海铜州故址。
299. 中国辽宁省沈阳市郊上柏官屯古城渤海玄菟州故址。
300. 中国辽宁省苏子河流域木奇城渤海木底州故址。
301. 朝鲜平安南道宁远郡宁远城。
302. 朝鲜平安南道宁远邑马山里养马城。
303. 朝鲜咸镜北道会宁郡城北里渤海云头山山城址。
304. 朝鲜咸镜北道会宁郡仁溪里渤海土城址。
305. 朝鲜咸镜北道金策市城上里渤海土城址。
306. 朝鲜咸镜北道镜城南山渤海城址。
307. 朝鲜咸镜北道青津市富居里渤海古城址。
308. 朝鲜咸镜北道渔郎郡新德渤海古城址。
309. 朝鲜咸镜北道渔郎郡渔郎川与明涧川流域八景台堡垒遗址。
310. 朝鲜咸镜北道渔郎郡渔郎川与明涧川流域渤海强芋峰堡垒遗址。
311. 朝鲜咸镜北道渔郎郡渔郎川与明涧川流域鬼岩台堡垒遗址。
312. 朝鲜咸镜北道渔郎郡渔郎川与明涧川流域内郊堡垒遗址。
313. 朝鲜咸镜北道渔郎郡渔郎川与明涧川流域夕阳台堡垒遗址。
314. 朝鲜咸镜北道渔郎郡渔郎川与明涧川流域獐项堡垒遗址。
315. 朝鲜咸镜北道渔郎郡渔郎川与明涧川流域长丞项堡垒遗址。
316. 朝鲜咸镜北道渔郎郡芝坊里渤海古城址。
317. 朝鲜咸镜北道渔郎郡芝坊里渤海南甑山城址。
318. 朝鲜咸镜北道渔郎郡芝坊里渤海土筑山城址。
319. 朝鲜咸镜北道渔郎郡芝坊里渤海长渊山城址。
320. 朝鲜咸镜南道北青都护府宝清寺城渤海南京府故址。
321. 朝鲜咸镜南道北青郡东南公里南大川左岸青海渤海古城址。
322. 朝鲜咸镜南道北青郡荷湖里大户里青海渤海土城址。
323. 朝鲜咸镜南道北青郡龙井里渤海龙井山城址。
324. 朝鲜咸镜南道北青郡坪里安谷山城渤海城址。

325. 朝鲜咸镜南道北青郡坪里渤海山城址。
326. 朝鲜咸镜南道北青郡坪里龙田里渤海山城址。
327. 朝鲜咸镜南道北青郡土城里渤海古城（平原城）址。
328. 朝鲜咸镜南道北青郡下户里青海土城渤海城址。
329. 朝鲜咸镜南道北青郡兴德洞白云山渤海山城址。
330. 朝鲜咸镜南道居山城渤海城址。
331. 朝鲜咸镜南道咸兴市会上区德山洞渤海坪山城址。
332. 朝鲜咸镜南道新蒲市中兴里下川山下渤海古城址。
333. 朝鲜咸镜南道新蒲市中兴里下天山渤海城堡址遗址。
334. 俄罗斯滨海边疆区阿努奇诺区奥尔洛夫卡渤海古城址（滨海边疆区最大的一座古城址）。
335. 俄罗斯滨海边疆区阿努奇诺区刀毕河上游团山渤海古城址。
336. 俄罗斯滨海边疆区阿努钦诺区新沃戈尔杰耶夫卡村渤海古城址。
337. 俄罗斯滨海边疆区奥利加区阿弗瓦库莫夫卡河谷地维持卡村渤海古城址。
338. 俄罗斯滨海边疆区波谢特湾古海港区渤海古城址。
339. 俄罗斯滨海边疆区戈尔杰耶夫斯克渤海山城址。
340. 俄罗斯滨海边疆区戈尔诺列钦斯科耶号渤海古城址（石筑）。
341. 俄罗斯滨海边疆区菇拉夫廖夫卡河与乌苏里江交汇处萨拉托夫斯克渤海山城址。
342. 俄罗斯滨海边疆区哈桑区克拉斯基诺渤海古城址。
343. 俄罗斯滨海边疆区科克沙罗夫卡 1 号渤海城址。
344. 俄罗斯滨海边疆区科克沙罗夫卡 2 号渤海城址。
345. 俄罗斯滨海边疆区克拉斯基诺渤海古城址。
346. 俄罗斯滨海边疆区刻克沙罗夫斯克城址。
347. 俄罗斯滨海边疆区拉兹多利纳亚河河谷南乌苏里渤海城址。
348. 俄罗斯滨海边疆区拉兹多利纳亚河河谷斯塔罗列契斯克渤海城址。
349. 俄罗斯滨海边疆区拉兹多利纳亚河河谷塔塔夫斯克渤海城堡址。
350. 俄罗斯滨海边疆区鲁达诺夫斯克渤海城堡址。
351. 俄罗斯滨海边疆区鲁德纳亚河河谷莫纳玛霍夫斯克渤海山城址。
352. 俄罗斯滨海边疆区马里亚诺夫斯克渤海城址。
353. 俄罗斯滨海边疆区姆拉莫尔讷亚河畔石头山上捷丘赫—码头镇渤海

古城址。

354. 俄罗斯滨海边疆区穆拉韦伊卡河河谷奥尔洛夫斯克渤海山城址。

355. 俄罗斯滨海边疆区南乌苏里斯克渤海古城址。

356. 俄罗斯滨海边疆区尼古拉耶夫斯克渤海 1 号城址。

357. 俄罗斯滨海边疆区尼古拉耶夫斯克渤海 2 号城址。

358. 俄罗斯滨海边疆区尼古里斯克双城子渤海古城址。

359. 俄罗斯滨海边疆区帕尔季赞斯克耶河河谷尼克拉耶夫斯克渤海城址。

360. 俄罗斯滨海边疆区丘古耶夫斯克渤海古城址。

361. 俄罗斯滨海边疆区萨拉托夫卡渤海古城址。

362. 俄罗斯滨海边疆区什科托夫亚河河谷斯捷克努欣斯克渤海城址。

363. 俄罗斯滨海边疆区什科托夫亚河与斯捷克良努哈河交汇处斯捷克良努斯克渤海古城址。

364. 俄罗斯滨海边疆区斯莫利亚尼诺沃镇北峡岩内渤海古城址。

365. 俄罗斯滨海边疆区新戈尔杰耶夫斯克渤海城堡址。

366. 俄罗斯滨海边疆区野猪河码头镇渤海古城址。

367. 俄罗斯滨海边疆区伊里斯塔亚河河谷戈尔巴斯克渤海城址。

368. 俄罗斯滨海边疆区伊里斯塔亚河上游奥特拉德年斯科耶渤海山城址。

369. 俄罗斯滨海边疆区伊里斯泰河河谷维索卡耶渤海城址。

370. 俄罗斯滨海边疆区伊兹韦斯特科瓦渤海城堡址。

371. 俄罗斯滨海边疆区泽尔卡利纳亚河戈尔片诺列契斯克耶 2 号渤海城堡址。

372. 俄罗斯滨海边疆区泽尔卡利纳亚河与索卡尔戈片纳河交汇处戈尔片诺列契斯克耶 1 号渤海城堡址。

373. 俄罗斯滨海边疆区兹多利纳亚河河谷康斯坦丁诺夫斯克渤海城堡址。

374. 俄罗斯乌苏里斯克市南乌苏里斯克 1 号古城。

375. 俄罗斯乌苏里斯克市南乌苏里斯克 2 号古城。

376. 俄罗斯远东达利涅戈尔斯克渤海古城址。

377. 俄罗斯远东戈尔诺列契斯克 1 号城址。

378. 俄罗斯远东戈尔诺列契斯克 2 号城址。

379. 俄罗斯远东卡尔诺列斯克 1 号渤海城堡址。

380. 俄罗斯远东康斯坦丁诺夫斯克城堡址。

381. 俄罗斯远东鲁达诺夫斯克渤海城堡址。

382. 俄罗斯远东米哈伊诺夫斯克城址。
383. 俄罗斯远东莫诺马霍夫斯克城址。
384. 俄罗斯远东斯捷克良努希斯克城堡。
385. 俄罗斯远东塔诺夫斯克渤海城堡址。
386. 俄罗斯远东维持卡城址。
387. 俄罗斯远东乌苏里斯克双城子渤海古城址。
388. 俄罗斯远东西尼洛夫斯克城堡。
389. 俄罗斯远东新盖奥尔戈耶夫斯克城堡。

六 辽金古城目录

1. 朝鲜平安北道义州城辽代宜州故址。
2. 俄罗斯阿穆尔河沿岸比詹镇内辽金古城址。
3. 俄罗斯阿穆尔州比拉河右岸乌利杜尔岭上辽金古城址。
4. 俄罗斯阿穆尔州波克罗夫卡村辽金古城址。
5. 俄罗斯阿穆尔州波雅尔科沃村附近黑龙江上游左岸帽子山上辽金古城址。
6. 俄罗斯阿穆尔州博雅尔科沃和因诺肯季耶夫卡之间的三座辽金古城址。
7. 俄罗斯阿穆尔州黑龙江沿岸波雅尔科沃林附近的辽金古城址。
8. 俄罗斯阿穆尔州黑龙江沿岸诺沃比洛夫卡附近的辽金古城址。
9. 俄罗斯阿穆尔州黑龙江沿岸诺沃彼得罗夫卡10公里的悬崖上辽金古城址。
10. 俄罗斯阿穆尔州黑龙江中游米哈伊洛夫卡区阿尔先季耶夫卡辽金古城址。
11. 俄罗斯阿穆尔州霍穆特湖畔辽金古城址。
12. 俄罗斯阿穆尔州结雅河口辽金时代古城址。
13. 俄罗斯阿穆尔州结雅河右岸的比比克沃辽金古城址。
14. 俄罗斯阿穆尔州结雅河右岸的马尔科沃辽金古城址。
15. 俄罗斯阿穆尔州结雅河右岸的莫斯科维季诺辽金古城址。
16. 俄罗斯阿穆尔州米海洛夫卡村辽金古城址。
17. 俄罗斯阿穆尔州瑟切瓦亚河口布拉戈维申斯克1俄里处辽金古城址。
18. 俄罗斯阿穆尔州瑟切瓦亚河口黑龙江沿岸库普里亚诺夫卡辽金古城址。
19. 俄罗斯阿穆尔州斯捷帕尼哈谷伊格那季耶沃村辽金古城址。
20. 俄罗斯阿穆尔州乌苏里霍尔镇以西偏南5公里辽金古城址。

21. 俄罗斯阿穆尔州谢列姆扎河口古城址。
22. 俄罗斯滨海边疆区阿努奇诺村西山上坐落着阿努奇诺古城（辽金时代）。
23. 俄罗斯滨海边疆区阿努奇诺区奥尔洛夫卡辽金古城址。
24. 俄罗斯滨海边疆区阿努钦诺区新沃戈尔杰耶夫卡村附近阿尔谢尼耶夫卡右岸谷地山包上渤海辽金时代古城址。
25. 俄罗斯滨海边疆区奥利加区阿弗瓦库莫夫卡河谷地维特卡村辽金古城址。
26. 俄罗斯滨海边疆区奥利加区斯卡利斯托耶辽金古城址。
27. 俄罗斯滨海边疆区符拉迪沃斯托克莫莫克恰河上游石头砌成的古城渤海辽金沿用古城址。
28. 俄罗斯滨海边疆区哥尔诺列钦斯科耶号辽金古城址。
29. 俄罗斯滨海边疆区基诺洛维伊河右岸的桦林河支流汇合处辽金古城址。
30. 俄罗斯滨海边疆区拉佐区拉佐镇北辽金古城址。
31. 俄罗斯滨海边疆区拉佐镇巴立基辽金古城址。
32. 俄罗斯滨海边疆区拉佐镇沙隘辽金古城址。
33. 俄罗斯滨海边疆区纳杰日斯基区阿纳尼耶夫卡镇西南公里阿纳尼耶夫卡河右岸辽金古城址。
34. 俄罗斯滨海边疆区南部发现凤丹城辽金古城址。
35. 俄罗斯滨海边疆区南部那霍德卡湾著名的苏昌城渤海辽金古城址。
36. 俄罗斯滨海边疆区帕尔季赞区西赫特阿林山脉南沙伊金斯克耶辽金古城址。
37. 俄罗斯滨海边疆区萨拉托夫卡村辽金古城。
38. 俄罗斯滨海边疆区石砬子辽金古城址。
39. 俄罗斯滨海边疆区斯莫利亚民诺沃镇北侧峡谷内辽金古城址。
40. 俄罗斯滨海边疆区绥芬河流域乌苏里斯克红石砬子辽金古城址。
41. 俄罗斯滨海边疆区叶卡捷里诺夫斯克耶辽金古城址。
42. 俄罗斯滨海边疆区游击队区锡霍特阿林山脉南部辽金古城址。
43. 俄罗斯滨海边疆区最南部阿纳尼耶夫卡河畔维涅维季诺沃火车站纳查日金斯科耶区西南辽金山城址。
44. 俄罗斯滨海边疆区克拉斯诺亚尔山城。
45. 俄罗斯弗拉迪沃斯托克附近的车毂湾渤海辽金古城址。
46. 俄罗斯哈巴罗夫斯克边疆区霍尔河左岸霍尔村辽金古城址。

47. 俄罗斯哈巴罗夫斯克边疆区拉佐区康德拉季耶夫卡村辽金古城址。
48. 俄罗斯哈巴罗夫斯克边疆区那乃区贾里村辽金古城址。
49. 俄罗斯哈巴罗夫斯克边疆区维亚泽姆斯基区科德洛沃村辽金古城址。
50. 俄罗斯哈巴罗夫斯克以下黑龙江省左岸俄里处的陡崖上辽金古城址。
51. 俄罗斯黑龙江沿岸康斯坦丁诺夫卡区诺沃彼得阿穆尔省罗夫卡辽金古城。
52. 俄罗斯结雅河口黑龙江下行半日辽金古城址。
53. 俄罗斯绥芬河左岸博尔丹地方辽金古城址。
54. 俄罗斯乌苏里边疆区的多处辽金古城址。
55. 俄罗斯乌苏里江畔尼科尔斯克辽金古城址。
56. 俄罗斯乌苏里斯克市南乌苏里斯克 1 号古城。
57. 俄罗斯乌苏里斯克市南乌苏里斯克 2 号古城。
58. 中国河北省承德市丰宁县草原乡东一里辽金古城址。
59. 中国河北省承德市丰宁县后窝铺东北辽金古城址。
60. 中国河北省承德市丰宁县土城沟永增厚辽金古城址。
61. 中国河北省承德市隆化县城子乡城子村辽金古城址。
62. 中国河北省承德市隆化县碱房乡黑水南城子北城子辽金古城址。
63. 中国河北省承德市隆化县苗子沟南城子北城子辽金古城址。
64. 中国河北省承德市滦平县古城川辽金古城址。
65. 中国河北省承德市滦平县土城子辽金古城址。
66. 中国河北省承德市滦平县兴州乡小城子村辽金古城址。
67. 中国河北省承德市滦平县阎庄东牛角地辽金古城址。
68. 中国河北省承德市围场县岱伊城辽金古城址。
69. 中国河北省承德市围场县金子村金千莫力辽金古城址。
70. 中国河北省隆化县城北下洼子村土城子辽金古城址。
71. 中国河北省滦平县西北里小城子辽金古城址（辽白檀镇，今宜兴县）。
72. 中国河北省平泉县南里辽金古城址（金元惠州城）。
73. 中国河北省秦皇岛市山海关区西海洋镇辽金古城址。
74. 中国河北省张北县炮台营子辽金古城址。
75. 中国黑龙江省哈尔滨市阿城区东北 25 公里蜚克图乡胜利村境内东城子辽金古城址。
76. 中国黑龙江省哈尔滨市阿城区东南 6 公里处小城子辽金古城址。

77. 中国黑龙江省哈尔滨市阿城区巨源乡城子村辽金古城址。
78. 中国黑龙江省哈尔滨市阿城区南白城村金上京城故址。
79. 中国黑龙江省哈尔滨市阿城区西南 10 公里处今杨树乡新强村境内驸马城古城址。
80. 中国黑龙江省哈尔滨市阿城区杨树镇杨树村东南辽金古城址。
81. 中国黑龙江省巴彦县东南 15 公里的五月河畔小城子辽金古城址。
82. 中国黑龙江省巴彦县西 30 公里城子沟屯城子沟辽金古城址。
83. 中国黑龙江省巴彦县西 30 公里城子沟屯少陵河畔辽金古城址。
84. 中国黑龙江省宝清县小城子乡辽金古城址。
85. 中国黑龙江省宾县常安乡西南 5 公里处辽金古城址。
86. 中国黑龙江省宾县满井乡先锋村西 120 米的高坡上韩城辽金古城址。
87. 中国黑龙江省宾县满井乡永宁村所在地辽金古城址。
88. 中国黑龙江省宾县民和乡北山屯南 1.5 公里处大城子山辽金古城址。
89. 中国黑龙江省宾县民和乡华英村东 1.5 公里处民和城子屯辽金古城址。
90. 中国黑龙江省宾县民和乡临江屯西米处的城子山顶端启新城子山辽金古城址。
91. 中国黑龙江省宾县鸟河乡红石村东北 2 公里处红石砬子辽金古城址。
92. 中国黑龙江省宾县新甸乡枷板河左岸城子屯北仁和辽金古城址。
93. 中国黑龙江省宾县永和乡城子村辽金古城址。
94. 中国黑龙江省勃利县大四站乡古城村辽金古城址。
95. 中国黑龙江省勃利县长兴乡马鞍村辽金山城。
96. 中国黑龙江省东宁县城附近的小城子村辽金山城址。
97. 中国黑龙江省东宁县城子沟村城子沟辽金山城址山城。
98. 中国黑龙江省东宁县大城子村大城子辽金古城址古城。
99. 中国黑龙江省东宁县河西屯对面绥芬河畔的轴水砬子辽金山城址。
100. 中国黑龙江省抚远县城西 10 公里处城子山辽金古城址。
101. 中国黑龙江省富锦市城西 7.5 公里处松花江右岸二阶台上的霍吞吉里辽金古城址。
102. 中国黑龙江省富裕市繁荣乡祥发村辽金古城址。
103. 中国黑龙江省甘南市城北 10 公里处阿伦河辽金古城址。
104. 中国黑龙江省甘南县平阳乡查哈村北 1 公里处查哈阳辽金古城址。
105. 中国黑龙江省哈尔滨市道里区群力乡半拉城子村半拉城子辽金古

城址。

106. 中国黑龙江省哈尔滨市道里区太平乡松山村辽金古城址。

107. 中国黑龙江省哈尔滨市道外区万宝乡后城子村辽金古城址。

108. 中国黑龙江省哈尔滨市方正县黑河口辽今古城。

109. 中国黑龙江省哈尔滨市平房区东方红乡平乐村辽金古城址。

110. 中国黑龙江省哈尔滨市香坊区幸福乡莫里街辽金古城址。

111. 中国黑龙江省海林市海南朝鲜族乡沙虎村沙虎辽金古城址。

112. 中国黑龙江省海林市海林镇东南海浪河下游右岸萨尔浒辽金古城址。

113. 中国黑龙江省海林市旧街满城屯辽金古城址。

114. 中国黑龙江省鹤岗市双益林杨邵家店辽金山城址。

115. 中国黑龙江省黑河市爱辉区卡伦山上辽金古城址。

116. 中国黑龙江省哈尔滨市呼兰区康金乡新农村北1公里处的古河道之西侧的斜坡上新农辽金古城址。

117. 中国黑龙江省哈尔滨市呼兰区乐业乡裕丰村所在地裕丰辽金古城址。

118. 中国黑龙江省哈尔滨市呼兰区孟家乡团山子村西北300米处团山子辽金古城址。

119. 中国黑龙江省哈尔滨市呼兰区石人乡古城村北50米处石人城辽金古城址。

120. 中国黑龙江省哈尔滨市呼兰区石人乡下甸子村西南1米处辽金古城址。

121. 中国黑龙江省哈尔滨市呼兰区腰堡乡南0.5公里处腰堡辽今古城遗址。

122. 中国黑龙江省虎林市安兴农场渔业1连所在地安兴辽金古城址。

123. 中国黑龙江省桦川县城东北华里松花江南岸万里河同僚金古城址。

124. 中国黑龙江省桦川县城东北华里希尔哈辽金古城址。

125. 中国黑龙江省鸡东县金城乡辽金古城址。

126. 中国黑龙江省鸡东县向阳乡红卫村辽金古城址。

127. 中国黑龙江省鸡东县永安乡辽金古城址。

128. 中国黑龙江省鸡西市城郊城子河镇城子河畔的二阶台地辽金古城址。

129. 中国黑龙江省鸡西市柳毛矿山顶端柳毛矿辽金古城址。

130. 中国黑龙江省佳木斯市郊区桦川县永安乡北城子村辽金古城址。

131. 中国黑龙江省佳木斯市郊区桦川县永安乡南城子村辽金古城址。

132. 中国黑龙江省金代东北路界壕与边堡（在今黑龙江讷河、甘南、龙江、嫩江以西之地)。
133. 中国黑龙江省克东县金城屯辽金古城址（金代蒲裕路故城)。
134. 中国黑龙江省克山县古城乡辽金古城址。
135. 中国黑龙江省克山县西城乡辽金古城址。
136. 中国黑龙江省兰西县北安乡朝阳村簸拉火烧辽金古城址。
137. 中国黑龙江省兰西县城郊乡发展村黑哈公路西 500 米处铆刀城子辽金古城址。
138. 中国黑龙江省兰西县东风乡呼兰河左岸台地上女儿城辽金古城址。
139. 中国黑龙江省兰西县太阳升乡临安村辽金古城址。
140. 中国黑龙江省兰西县榆林镇林城村下城子屯辽金古城址。
141. 中国黑龙江省兰西县远大乡民主村小城子辽金古城址。
142. 中国黑龙江省兰西县长江乡双城大队泥河河畔郝家城子辽金古城址。
143. 中国黑龙江省林口县湖水村湖水辽金古城址。
144. 中国黑龙江省林口县建党乡乌斯浑河左岸的台地上古城子辽金古城址。
145. 中国黑龙江省林口县建堂乡辽金古城址。
146. 中国黑龙江省林口县建堂乡土城子村辽金古城址。
147. 中国黑龙江省林口县三道通乡的牡丹江畔三道通辽金古城址。
148. 中国黑龙江省林口县三道通乡曙光村西 2 公里处白虎哨辽金古城址。
149. 中国黑龙江省林口县三道通镇白虎哨辽金古城址。
150. 中国黑龙江省林口县乌斯浑河入牡丹江汇流处乌斯浑河口辽金古城址。
151. 中国黑龙江省林口县新城乡辽金古城址。
152. 中国黑龙江省林口县新城乡玉林河附近大山头辽金古城址。
153. 中国黑龙江省林口县新城镇新城辽金古城址。
154. 中国黑龙江省龙江县龙兴镇沙家街金代城址。
155. 中国黑龙江省密山市承紫河乡朝阳农场 1 连辽金古城址。
156. 中国黑龙江省密山市柳毛河乡朝阳农场 26 连辽金古城址。
157. 中国黑龙江省密山市柳毛乡半拉城子村辽金古城址。
158. 中国黑龙江省密山市完达山农场 12 连处的山顶 12 连辽金山城址。
159. 中国黑龙江省牡丹江镜泊湖大瀑布东偏北约 3 公里处的城子后辽金古城址。
160. 中国黑龙江省牡丹江市桦林乡南辽金古城址。
161. 中国黑龙江省牡丹江市郊牡丹江与海浪河交汇口处的龙头山丘之上

辽金古城址。
162. 中国黑龙江省牡丹江市郊长路山的顶端长路山辽金古城址。
163. 中国黑龙江省牡丹江市沿江乡小莫村龙头山古城。
164. 中国黑龙江省木兰县白杨木河口右岸城子山辽金古城址。
165. 中国黑龙江省木兰县蒙古山长城子山辽金古城址。
166. 中国黑龙江省木棱县下城子村辽金古城址。
167. 中国黑龙江省穆梭河左岸密山市三梭通乡临河村辽金古城址。
168. 中国黑龙江省讷河市恒地营火车站南米处辽金古城址。
169. 中国黑龙江省讷河市龙河村附近龙河辽金古城址。
170. 中国黑龙江省宁安市镜泊湖风景区城墙砬子山城。
171. 中国黑龙江省宁安市镜泊湖风景区城子后山城。
172. 中国黑龙江省宁安市镜泊乡南湖头辽金古城址。
173. 中国黑龙江省宁安市沙兰镇西营城子村西营城子辽金古城址。
174. 中国黑龙江省宁安市沙兰镇营城子村营城子辽金古城址。
175. 中国黑龙江省宁安市沙兰镇跃进村东营城子辽金古城址。
176. 中国黑龙江省宁安市卧龙乡杏花村杏花辽金古城址。
177. 中国黑龙江省宁安市镜泊湖南端南湖头辽金山城址。
178. 中国黑龙江省宁安市沙兰乡北 10 公里处东营城子辽金古城址。
179. 中国黑龙江省宁安市沙兰乡营城子村东 500 米处辽金古城址。
180. 中国黑龙江省宁安市沙兰乡营城子村南西营城子辽金古城址。
181. 中国黑龙江省宁安市兴隆乡杏花村东蛤蟆河畔辽金古城址。
182. 中国黑龙江省七台河市勃利县长兴乡马鞍山村辽金古城址。
183. 中国黑龙江省七台河市东方红乡大顶山上辽金古城址。
184. 中国黑龙江省齐齐哈尔市富拉尔基南洪河屯南 1 公里处辽金古城址。
185. 中国黑龙江省齐齐哈尔市富拉尔基南库勒河左岸罕伯岱辽金古城址。
186. 中国黑龙江省齐齐哈尔市碾子山沙家子村辽金古城址。
187. 中国黑龙江省勤得利西山西南坡上勤得利辽金古城址。
188. 中国黑龙江省青冈县兴华乡通泉村辽金古城址。
189. 中国黑龙江省饶河县小佳河乡北老城子辽金古城址。
190. 中国黑龙江省哈尔滨市双城区单城乡正永村正北处正永辽金古城址。
191. 中国黑龙江省哈尔滨市双城区公正乡民旺村元宝屯西南 200 米处元宝辽金古城址。

192. 中国黑龙江省哈尔滨市双城区韩城乡花园村南1公里处花园辽金城址。
193. 中国黑龙江省哈尔滨市双城区韩甸乡宏城村第六屯之西南250米处汤家窝铺辽金古城址。
194. 中国黑龙江省哈尔滨市双城区韩甸乡宏城村南0.5公里处小半拉城子辽金古城址。
195. 中国黑龙江省哈尔滨市双城区红光乡红星村第五屯西侧高台子之西北50米处后对面辽金古城址。
196. 中国黑龙江省哈尔滨市双城区红光乡红星村西南300米处前对面辽金古城址。
197. 中国黑龙江省哈尔滨市双城区兰陵乡靠山村第六小队西北处车家城子辽金古城址。
198. 中国黑龙江省哈尔滨市双城区兰陵乡新农村南（俗名石家崴子）100米处石家崴辽金古城址。
199. 中国黑龙江省哈尔滨市双城区前进乡胜勒村东100米处胜勤辽金城址。
200. 中国黑龙江省哈尔滨市双城区前进乡胜钱村南20米处金钱屯辽金城址。
201. 中国黑龙江省哈尔滨市双城区青岭乡万解村东辽金古城址。
202. 中国黑龙江省哈尔滨市双城区十一区乡唐家崴子村北200米处辽金古城址。
203. 中国黑龙江省哈尔滨市双城区杏山乡双合村东北1公里处杏山辽金古城址。
204. 中国黑龙江省哈尔滨市双城区永胜乡永胜村辽金古城址。
205. 中国黑龙江省哈尔滨市双城区跃进乡良种村西北辽金古城址。
206. 中国黑龙江省双鸭山市七星河与扁石河交汇处的农场房舍附近双山农场辽金古城址。
207. 中国黑龙江省绥滨县北山乡古城村辽金古城址。
208. 中国黑龙江省绥滨县城东北9公里黑龙江江叉南中兴辽金古城址。
209. 中国黑龙江省绥滨县城西9公里处的松花江右岸奥里米辽金古城址。
210. 中国黑龙江省绥化市连岗乡临安村辽金古城址。
211. 中国黑龙江省绥化市兴福乡万合村半拉城子辽金古城址。
212. 中国黑龙江省孙吴县沿江乡西北1.5公里处辽金古城址。
213. 中国黑龙江省汤原县西郊汤旺河畔固木纳辽金古城址。

214. 中国黑龙江省汤原县振兴乡古城村西北郎家津辽金东古城址。
215. 中国黑龙江省汤原县振兴乡古城岗南缘郎家津村西辽金东古城址。
216. 中国黑龙江省通河县太平屯南辽金古城址。
217. 中国黑龙江省同江县乐业乡西南 7 公里处团结小城子辽金古城址。
218. 中国黑龙江省望奎县通江乡同江村辽金古城址。
219. 中国黑龙江省望奎县卫星乡水头村辽金古城址。
220. 中国黑龙江省五常市冲河乡北城子村北城子辽金古城址。
221. 中国黑龙江省五常市冲河乡南城子村辽金古城址。
222. 中国黑龙江省五常市红旗乡东城村西侧西城子辽金古城址。
223. 中国黑龙江省五常市红旗乡东城子村西侧东城子辽金古城址。
224. 中国黑龙江省五常市双桥乡东北米处北土城子辽金古城址。
225. 中国黑龙江省五常市背荫河东侧蛤蟆塘辽金山城址。
226. 中国黑龙江省五常市沙河子乡磨盘山顶端磨盘山辽金古城址。
227. 中国黑龙江省五常市西北 1.5 公里处半里城辽金古城址。
228. 中国黑龙江省五常市营城乡营城子辽金金代古城址。
229. 中国黑龙江省五常市营城子乡南土辽金古城址。
230. 中国黑龙江省伊春市大丰林场辽金古城址。
231. 中国黑龙江省依兰县城隔江相望迎兰辽金古城址。
232. 中国黑龙江省依兰县南 45 公里处的牡丹江右岸土城子辽金古城址。
233. 中国黑龙江省依兰县所在地依兰县城辽金古城址。
234. 中国黑龙江省依兰县土城子乡土城子辽金古城址。
235. 中国黑龙江省依兰县五国头城辽金古城址。
236. 中国黑龙江省依兰县依兰县城辽金古城。
237. 中国黑龙江省友谊县七星河畔左岸古城村辽金古城址。
238. 中国黑龙江省肇东县四站乡西南 4 公里处松花江左岸台地上八里城辽金古城址。
239. 中国黑龙江省肇源县二站裕民乡土城子村辽金古城址。
240. 中国黑龙江省肇源县富兴乡义兴村梅信屯辽金古城址。
241. 中国黑龙江省肇源县古龙乡德胜村大青山辽金古城址。
242. 中国黑龙江省肇源县古龙乡永胜村西南得根辽金古城址。
243. 中国黑龙江省肇源县民意乡健民村他代海辽金古城址。
244. 中国黑龙江省肇源县民意乡莽海村辽金古城址。

245. 中国黑龙江省肇源县三站乡西南 4 公里的松花江左岸台地上望海屯辽金古城址。
246. 中国黑龙江省肇源县头台乡仁堡村仁和堡辽金古城址。
247. 中国黑龙江省肇源县头台乡仁堡村土城子辽金古城址。
248. 中国黑龙江省肇源县头台镇仁合堡辽金古城址。
249. 中国黑龙江省肇源县乌拉尔基辽金古城。
250. 中国黑龙江省肇源县西南勒勒营子辽金古城址（又称昂拉勒城）。
251. 中国黑龙江省肇源县新站乡古城村辽金古城址。
252. 中国黑龙江肇源县富强乡辽金古城址。
253. 中国吉林省安图县宝马辽金古城址。
254. 中国吉林省安图县茶条沟车站五虎山辽金古城址。
255. 中国吉林省安图县大砬子辽金山城址。
256. 中国吉林省安图县江源辽金古城址。
257. 中国吉林省安图县明月镇长兴河谷大砬子辽金古城址。
258. 中国吉林省安图县三道村辽金古城址。
259. 中国吉林省安图县三道乡三道村辽金古城址。
260. 中国吉林省安图县石门镇城门山辽金古城址。
261. 中国吉林省安图县石门镇榆树山辽金古城址。
262. 中国吉林省安图县万宝辽金古城址。
263. 中国吉林省安图县万宝乡江源辽金古城址。
264. 中国吉林省安图县万宝乡万宝辽金古城址。
265. 中国吉林省安图县五峰辽金山城址。
266. 中国吉林省安图县五虎山辽金山城址。
267. 中国吉林省安图县榆树川辽金古城址。
268. 中国吉林省安图县长兴乡五峰林辽金古城址。
269. 中国吉林省大安市新荒乡腰新荒屯辽金古城址（又称萨伦城）。
270. 中国吉林省大安县两家乡金善辽金古城址。
271. 中国吉林省大安县辽金古城乡古城屯城址。
272. 中国吉林省大安县辽金联合乡前二龙山古城址。
273. 中国吉林省大安县辽金新荒乡新荒古城址。
274. 中国吉林省德惠市边岗乡丹城子辽金古城址。
275. 中国吉林省德惠市边岗乡马家村辽金古城址。

276. 中国吉林省德惠市边岗乡双城子辽金古城址。
277. 中国吉林省德惠市边岗乡卧龙村辽金古城址。
278. 中国吉林省德惠市布海乡后城子辽金古城址。
279. 中国吉林省德惠市菜园子乡城岗子辽金古城址。
280. 中国吉林省德惠市朝阳分双城子辽金古城址。
281. 中国吉林省德惠市达家沟乡杏山堡辽金古城址。
282. 中国吉林省德惠市大房身乡梨树园子辽金古城址。
283. 中国吉林省德惠市大青嘴乡沐石河辽金古城址。
284. 中国吉林省德惠市郭家乡孟家村辽金古城址。
285. 中国吉林省德惠市郭家乡向阳村辽金古城址。
286. 中国吉林省德惠市郭家乡榆树村辽金古城址。
287. 中国吉林省德惠市和平乡黄花城子辽金古城址。
288. 中国吉林省德惠市松花江乡鲵家村辽金古城址。
289. 中国吉林省德惠市松花江乡高家辽金古城址。
290. 中国吉林省德惠市五台乡梁家屯辽金古城址。
291. 中国吉林省德惠市杨家大桥辽金古城址。
292. 中国吉林省德惠市辽金卧虎古城址。
293. 中国吉林省德惠市辽金刘家古城址。
294. 中国吉林省德惠市前城子辽金古城址。
295. 中国吉林省德惠市孙家糖坊辽金古城址。
296. 中国吉林省德惠市姜家辽金古城址。
297. 中国吉林省德惠市庙下沟辽金古城址。
298. 中国吉林省德惠市朱家辽金古城址。
299. 中国吉林省德惠市小城子古城址。
300. 中国吉林省东丰县横道河镇城址山辽金古城址。
301. 中国吉林省东辽县安恕镇（旧名梨树）城仁屯小城子沟辽金城址。
302. 中国吉林省东辽县白泉镇于家烟房屯北城子辽金古城址。
303. 中国吉林省东辽县甲山乡大台村靠山屯城子山辽金山城址。
304. 中国吉林省东辽县甲山乡山西村北城辽金古城址。
305. 中国吉林省东辽县金岗山西柳村苏家街南城子辽金古城址。
306. 中国吉林省东辽县金岗乡光明村城子沟辽金古城址。
307. 中国吉林省东辽县热闹乡境内寿山辽金山城址。

308. 中国吉林省敦化市背荫砬子辽金古城址。
309. 中国吉林省敦化市大蒲柴河镇马圈子辽金古城址。
310. 中国吉林省敦化市大山嘴子乡腰甸子辽金古城址。
311. 中国吉林省敦化市额穆镇背荫砬子辽金古城址。
312. 中国吉林省敦化市额穆镇桦树林子村背荫砬子城址。
313. 中国吉林省敦化市额穆镇帽儿山辽金古城址。
314. 中国吉林省敦化市额穆镇西北岔村帽儿山山城。
315. 中国吉林省敦化市额穆镇西北岔村西北岔山城。
316. 中国吉林省敦化市额穆镇西北岔山辽金古城址。
317. 中国吉林省敦化市官地镇老虎洞村通沟岭山城。
318. 中国吉林省敦化市管地镇石湖辽金古城。
319. 中国吉林省敦化市管地镇通沟岭辽金古城址。
320. 中国吉林省敦化市黑石辽金古城址。
321. 中国吉林省敦化市黑石乡黑石古城。
322. 中国吉林省敦化市黑石乡黑石辽金古城址。
323. 中国吉林省敦化市横道河子辽金古城址。
324. 中国吉林省敦化市马圈子辽金古城址。
325. 中国吉林省敦化市帽儿山辽金山城址。
326. 中国吉林省敦化市秋梨沟镇横道河子村横道河子古城。
327. 中国吉林省敦化市沙河沿镇孙船口古城堡。
328. 中国吉林省敦化市孙船口辽金古城址。
329. 中国吉林省敦化市通沟岭辽金山城址。
330. 中国吉林省敦化市乌林乡春光北山辽金古城址。
331. 中国吉林省敦化市西北岔辽金山城址。
332. 中国吉林省敦化市新农乡红光村上参营辽金古城址。
333. 中国吉林省敦化市新农乡南荒地村下参营辽金古城址。
334. 中国吉林省海龙县城南乡正义村辽金小城子辽金山城址。
335. 中国吉林省海龙县山城镇古城村方家街辽金古城址。
336. 中国吉林省海龙县杏岭乡小城村辽金古城址。
337. 中国吉林省和龙市古城里辽金古城址。
338. 中国吉林省和龙市海兰辽金古城址。
339. 中国吉林省和龙市山城岭辽金山城址。

340. 中国吉林省和龙市松月辽金山城址。
341. 中国吉林省和龙市土城村辽金古城址。
342. 中国吉林省和龙市杨木顶子辽金山城址。
343. 中国吉林省和龙市州东古城辽金古城址。
344. 中国吉林省和龙县东城乡东辽金古城址。
345. 中国吉林省和龙县东城乡海兰辽金古城址。
346. 中国吉林省桦甸市横道河子乡永安辽金古城址。
347. 中国吉林省桦甸市横道河子乡治安辽金古城址。
348. 中国吉林省桦甸市金沙乡新屯辽金古城址。
349. 中国吉林省怀德县八屋乡五家子辽金古城址。
350. 中国吉林省怀德县朝阳坡乡城子上村辽金古城址。
351. 中国吉林省怀德县城郊乡土城子辽金古城址。
352. 中国吉林省怀德县广宁村前城子辽金古城址。
353. 中国吉林省怀德县黑林子乡伊字屯辽金古城址。
354. 中国吉林省怀德县黄花城村辽金古城址。
355. 中国吉林省怀德县建设村顾家屯辽金古城址。
356. 中国吉林省怀德县毛城子村辽金古城址。
357. 中国吉林省怀德县偏脸城辽金古城址。
358. 中国吉林省怀德县十屋乡十屋村辽金古城址。
359. 中国吉林省怀德县陶家屯乡小城子村辽金古城址。
360. 中国吉林省怀德县五星乡胜利村辽金古城址。
361. 中国吉林省怀德县信州秦家屯辽金古城址。
362. 中国吉林省怀德县兴城村辽金古城址。
363. 中国吉林省珲春市草帽顶子辽金古城址。
364. 中国吉林省珲春市城墙砬子辽金山城址。
365. 中国吉林省珲春市春化乡城墙砬子辽金古城址。
366. 中国吉林省珲春市春化乡大六道沟辽金古城址。
367. 中国吉林省珲春市春化乡帽顶子辽金古城址。
368. 中国吉林省珲春市春化乡沙河子辽金古城址。
369. 中国吉林省珲春市春化乡营城子辽金古城址。
370. 中国吉林省珲春市大北城辽金山城址。
371. 中国吉林省珲春市大六道沟辽金古城址。

372. 中国吉林省珲春市东红屯干沟子辽金古城址。
373. 中国吉林省珲春市干沟子辽金山城址。
374. 中国吉林省珲春市河口辽金古城址。
375. 中国吉林省珲春市敬信乡水流峰辽金古城址。
376. 中国吉林省珲春市马滴达乡农坪辽金古城址。
377. 中国吉林省珲春市裴优辽金古城址。
378. 中国吉林省珲春市三家子乡古城村辽金古城址。
379. 中国吉林省珲春市三家子乡裴优辽金古城址。
380. 中国吉林省珲春市沙河子辽金山城址。
381. 中国吉林省珲春市水流峰辽金山城址。
382. 中国吉林省珲春市亭岩辽金山城址。
383. 中国吉林省珲春市通肯辽金山城址。
384. 中国吉林省珲春市温特赫部辽金古城址。
385. 中国吉林省珲春市小红旗河辽金古城址。
386. 中国吉林省珲春市杨泡乡小红旗河辽金古城址。
387. 中国吉林省珲春市英安乡英安河畔辽金古城址。
388. 中国吉林省珲春市英义辽金古城址。
389. 中国吉林省珲春市营城子辽金古城址。
390. 中国吉林省辉南县朝阳镇小城子辽金古城址。
391. 中国吉林省辉南县辉发乡辉发山辽金古城址。
392. 中国吉林省吉林市龙潭区湘潭街土城子辽金古城址。
393. 中国吉林省吉林市龙潭山火车站西侧官地辽金古城址。
394. 中国吉林省吉林市龙潭山辽金山城址（高句丽、渤海、辽、金沿用）。
395. 中国吉林省蛟河市拉法乡三河屯辽金古城址。
396. 中国吉林省蛟河市前进乡前进辽金古城址。
397. 中国吉林省蛟河市乌林乡春光北山辽金古城址。
398. 中国吉林省蛟河市新农乡上参营辽金古城址（旧名杜家街）。
399. 中国吉林省蛟河市新农乡下参营辽金古城址。
400. 中国吉林省靖宇县榆树川乡江沿城辽金城堡。
401. 中国吉林省九台市城子街镇太和辽金古城址。
402. 中国吉林省九台市春阳乡吴家城子辽金古城址。
403. 中国吉林省九台市河湾镇北城子辽金古城址。

404. 中国吉林省九台市胡家乡宝山屯辽金古城址。
405. 中国吉林省九台市加工河乡大营城子辽金古城址。
406. 中国吉林省九台市龙家堡镇乌拉草城子村辽金古城址。
407. 中国吉林省九台市莽卡乡城子山辽金古城址。
408. 中国吉林省九台市莽卡乡东尤屯辽金古城址。
409. 中国吉林省九台市莽卡乡江西村辽金古城址。
410. 中国吉林省九台市莽卡乡邱家沟辽金古城址。
411. 中国吉林省九台市其塔木镇八家子辽金古城址。
412. 中国吉林省九台市庆阳乡庆阳村辽金古城址（俗称偏脸子）。
413. 中国吉林省九台市三台乡三台村辽金古城址。
414. 中国吉林省九台市上河湾镇赵家沟辽金古城址。
415. 中国吉林省九台市西营城子镇榆树岗子辽金古城址。
416. 中国吉林省九台市饮马河镇大城子村辽金古城址。
417. 中国吉林省九台市饮马河镇小城子村辽金古城址。
418. 中国吉林省九台市长伦镇和气村辽金古城址。
419. 中国吉林省九台市锣鼓屯辽金古城址。
420. 中国吉林省九台市岭上辽金古城址。
421. 中国吉林省九台市富家坟辽金古城址。
422. 中国吉林省九台市后苇子沟辽金古城址。
423. 中国吉林省九台市东龙山辽金古城址。
424. 中国吉林省梨树县白山乡岫岩村偏脸辽金古城址。
425. 中国吉林省梨树县蔡家乡姚家村辽金古城址。
426. 中国吉林省梨树县大房身乡小城子屯辽金古城址。
427. 中国吉林省梨树县东河乡城楞子屯北辽金古城址。
428. 中国吉林省梨树县东河乡城楞子屯南辽金古城址（辽、金两朝之韩州）。
429. 中国吉林省梨树县郭家店乡花城子辽金古城址。
430. 中国吉林省梨树县郭家店乡小城子辽金古城址。
431. 中国吉林省梨树县金山乡南窑屯辽金古城址。
432. 中国吉林省梨树县孟家岭乡城子山辽金古城址。
433. 中国吉林省梨树县泉眼岭乡玻璃城子辽金古城址。
434. 中国吉林省梨树县三家子乡杨家屯小城子山辽金古城址。

435. 中国吉林省梨树县胜利乡小城子屯辽金古城址。
436. 中国吉林省梨树县十家堡乡靠山村小城子辽金古城址。
437. 中国吉林省梨树县十家堡乡三面城辽金古城址。
438. 中国吉林省梨树县榆树台镇董家窝堡小城子辽金古城址。
439. 中国吉林省辽源市龙山区山湾乡城子山辽金古城。
440. 中国吉林省辽源市西安区灯塔乡高古村辽金古城。
441. 中国吉林省柳河县钓鱼台村辽金古城址。
442. 中国吉林省柳河县孤山子镇新安辽金古城址。
443. 中国吉林省龙井市白石砬子辽金山城址。
444. 中国吉林省龙井市城子沟辽金山城址。
445. 中国吉林省龙井市船口辽金山城址。
446. 中国吉林省龙井市偏脸辽金山城址。
447. 中国吉林省龙井市清水辽金山城址。
448. 中国吉林省龙井市三山洞辽金山城址。
449. 中国吉林省龙井市太阳辽金古城址。
450. 中国吉林省龙井市养参峰辽金山城址。
451. 中国吉林省龙井市朝阳乡三峰村三山洞辽金山城址。
452. 中国吉林省龙井市开山屯镇船口村辽金山城址。
453. 中国吉林省龙井市三合镇清水村清水洞屯清水辽金山城址。
454. 中国吉林省龙井市桃源乡太阳村白砬子辽金山城址。
455. 中国吉林省龙井市桃源乡太阳村城子沟辽金山城址。
456. 中国吉林省龙井市铜佛像永胜村辽金偏脸山城址。
457. 中国吉林省龙井市长安镇磨盘存辽金城子山山城址。
458. 中国吉林省龙井市智新乡城南村辽金养参蜂山城址。
459. 中国吉林省农安县鲍家乡双马架屯辽金古城址。
460. 中国吉林省农安县伏龙泉乡下甸子村温道沟辽金古城址。
461. 中国吉林省农安县黄鱼圈乡八里营子村瓦盆城辽金古城址。
462. 中国吉林省农安县黄鱼圈乡岳王城辽金古城址。
463. 中国吉林省农安县开安乡库金堆村辽金古城址。
464. 中国吉林省农安县靠山镇靠山村辽金古城址。
465. 中国吉林省农安县靠山镇新城村广元店辽金古城址。
466. 中国吉林省农安县青山口乡江东村城子里屯辽金古城址。

467. 中国吉林省农安县青山口乡南台子镇南台子辽金古城址。
468. 中国吉林省农安县青山口乡青山口村辽金古城址。
469. 中国吉林省农安县区内辽金古城址（黄龙府古城）。
470. 中国吉林省农安县三宝乡宝成村小城子辽金古城址。
471. 中国吉林省农安县三岗乡盛家窝堡屯辽金古城址。
472. 中国吉林省农安县三盛玉乡马家城子屯辽金古城址。
473. 中国吉林省农安县万金塔乡万金塔辽金古城址。
474. 中国吉林省农安县万金塔乡小城子屯辽金古城址。
475. 中国吉林省农安县万顺乡土城子村辽金古城址。
476. 中国吉林省农安县小城子乡花园村花园屯辽金古城址。
477. 中国吉林省农安县小城子乡小城子村辽金古城址。
478. 中国吉林省农安县新阳乡顺山村顺山辽金古城址。
479. 中国吉林省农安县榛柴乡上台子村辽金古城址。
480. 中国吉林省农安县榛柴乡西好来宝村辽金古城址。
481. 中国吉林省磐石市黑石乡翻身屯辽金古城址。
482. 中国吉林省磐石市黑市乡富太村辽金古城址。
483. 中国吉林省磐石市明城镇辽金古城址。
484. 中国吉林省磐石市细林乡金家屯辽金古城址。
485. 中国吉林省磐石市细林乡新益村下柳家辽金古城址。
486. 中国吉林省磐石市小犁河乡双龙泉屯后虎嘴子辽金山城址。
487. 中国吉林省磐石市烟筒山镇炮台山辽金山城址。
488. 中国吉林省前郭尔罗斯蒙古族自治县八郎乡塔虎城辽金古城址。
489. 中国吉林省前郭尔罗斯蒙古族自治县小城子辽金古城址。
490. 中国吉林省乾安县道子乡道子井屯辽金古城址。
491. 中国吉林省乾安县兰子乡莫子井辽金古城址。
492. 中国吉林省乾安县让子乡有字井辽金古城址。
493. 中国吉林省乾安县余子乡为字村霸子井辽金古城址。
494. 中国吉林省乾安县赞子乡羔子井辽金古城址。
495. 中国吉林省舒兰市白棋乡嘎呀河辽金古城址。
496. 中国吉林省舒兰市溪河乡双印通辽金古城址。
497. 中国吉林省舒兰市溪河乡小城子山辽金堡塞。
498. 中国吉林省双辽市卧龙镇山东屯古辽金古城址。

499. 中国吉林省双辽市新力乡大金山古辽金古城址。
500. 中国吉林省双辽市秀水乡中德古城址。
501. 中国吉林省双阳区经家乡隆兴村辽金古城址。
502. 中国吉林省双阳区双阳河乡栗家屯辽金古城址。
503. 中国吉林省双阳区四家子乡房城子辽金古城址。
504. 中国吉林省双阳区太平乡南城子辽金古城址。
505. 中国吉林省双阳区佟家乡庄家屯辽金古城址。
506. 中国吉林省双阳区于奢岭乡姚家城子辽金古城址。
507. 中国吉林省四平市平西乡牛城子辽金古城址。
508. 中国吉林省四平市铁车河山门镇城子山辽金古城。
509. 中国吉林省松原市夫余区伯都乡伯都讷辽金古城址。
510. 中国吉林省松原市夫余区伯都乡联合村土城子辽金古城址。
511. 中国吉林省松原市夫余区伯都乡新安村辽金古城址。
512. 中国吉林省松原市夫余区伯都乡杨家村辽金古城址。
513. 中国吉林省松原市夫余区伯都乡伯都辽金古城。
514. 中国吉林省松原市夫余区大林子乡隆科村辽金古城址。
515. 中国吉林省松原市夫余区大三家子乡半拉城子村辽金古城址。
516. 中国吉林省松原市夫余区大三家子乡五家屯辽金古城址。
517. 中国吉林省松原市夫余区风华乡下班德村辽金古城址。
518. 中国吉林省松原市夫余区三井子乡永庆村四道门辽金古城址。
519. 中国吉林省松原市夫余区石桥乡欢迎村贾津沟子辽金古城址。
520. 中国吉林省松原市夫余区五家站镇朱家城子辽金古城址。
521. 中国吉林省松原市夫余区新城局镇石头城子辽金古城址。
522. 中国吉林省松原市夫余区新站乡东井村南城子辽金古城址。
523. 中国吉林省松原市夫余区新站乡西井村南城子辽金古城址。
524. 中国吉林省松原市夫余区永平乡韭菜城子村辽金古城址。
525. 中国吉林省松原市夫余区长春岭镇下岱吉辽金古城址。
526. 中国吉林省松原市前郭尔罗斯蒙古族自治县查干花乡白音花村小城子辽金古城址。
527. 中国吉林省松原市前郭尔罗斯蒙古族自治县大山乡大山屯土城子辽金古城址。
528. 中国吉林省松原市前郭尔罗斯蒙古族自治县哈拉毛都乡哈朋店屯辽

金古城址。

529. 中国吉林省松原市前郭尔罗斯蒙古族自治县吉拉吐乡扎罕布拉屯扎布拉格辽金古城址。

530. 中国吉林省松原市前郭尔罗斯蒙古族自治县深井子乡早龙坑北辽金古城址。

531. 中国吉林省松原市前郭尔罗斯蒙古族自治县深井子乡早龙坑南辽金古城址。

532. 中国吉林省松原市前郭尔罗斯蒙古族自治县王府站乡那拉街村辽金古城址。

533. 中国吉林省松原市前郭尔罗斯蒙古族自治县乌兰塔拉乡西哈什坨子辽金古城址。

534. 中国吉林省松原市前郭尔罗斯蒙古族自治县乌兰图嘎乡好老宝村大喇嘛寨子辽金古城址。

535. 中国吉林省松原市前郭尔罗斯蒙古族自治县新丰乡偏脸子屯偏脸子辽金古城址。

536. 中国吉林省洮安县德顺乡城四家子辽金古城址。

537. 中国吉林省洮安县金祥乡蒙古屯辽金古城址。

538. 中国吉林省洮安县岭下乡小城子辽金古城址。

539. 中国吉林省洮安县兴业乡海城子辽金古城址。

540. 中国吉林省洮安县永胜乡土城子辽金古城址。

541. 中国吉林省通化市三棵榆树乡南台辽金古城址。

542. 中国吉林省通榆县边昭乡腰围子村拉户嘎屯辽金古城址。

543. 中国吉林省通榆县龙山乡长青村西学堂辽金古城址。

544. 中国吉林省通榆县兴隆山乡长发屯辽金古城址。

545. 中国吉林省图们市城子山辽金山城址。

546. 中国吉林省图们市满谷城山城址。

547. 中国吉林省图们市满台城辽金山城址。

548. 中国吉林省汪清县半城村辽金古城址。

549. 中国吉林省汪清县北城子辽金山城址。

550. 中国吉林省汪清县东四方台辽金山城址。

551. 中国吉林省汪清县东新乡新华村北城子辽金山城址。

552. 中国吉林省汪清县公家店辽金山城址。

553. 中国吉林省汪清县广兴辽金山城址。
554. 中国吉林省汪清县蛤蟆塘乡东四方台辽金山城址。
555. 中国吉林省汪清县蛤蟆塘乡新兴村广兴屯辽金山城址。
556. 中国吉林省汪清县罗子沟辽金古城址。
557. 中国吉林省汪清县罗子沟乡罗子沟辽金古城址。
558. 中国吉林省延吉市河龙辽金古城址。
559. 中国吉林省延吉市长白乡河龙村辽金古城址。
560. 中国吉林省延吉市长白乡长东村辽金古城址。
561. 中国吉林省延吉市长东辽金古城址。
562. 中国吉林省伊通县大孤山镇大营城子辽金古城址。
563. 中国吉林省伊通县东尖乡前大屯辽金古城址。
564. 中国吉林省伊通县三道乡城子村辽金古城址。
565. 中国吉林省伊通县五一乡宋家洼辽金古城址。
566. 中国吉林省伊通县新兴乡城合店辽金古城址。
567. 中国吉林省伊通县新兴乡前城子辽金古城址。
568. 中国吉林省永吉县两家子乡骆起辽金古城址。
569. 中国吉林省永吉县乌拉街韩城子辽金古城址。
570. 中国吉林省永吉县乌拉街乡大常辽金古城址。
571. 中国吉林省永吉县乌拉街乡富尔哈辽金古城址。
572. 中国吉林省永吉县乌拉街乡官通辽金古城址。
573. 中国吉林省永吉县乌拉街乡三家子辽金古城址。
574. 中国吉林省永吉县一拉溪乡吴城子辽金古城址。
575. 中国吉林省榆树市城发乡前城子屯辽金古城。
576. 中国吉林省榆树市大坡乡大坡辽金古城址。
577. 中国吉林省榆树市刘家乡合心村南城子辽金古城址。
578. 中国吉林省榆树市闵家乡古城村辽金古城址。
579. 中国吉林省榆树市双井乡城子村城子屯辽金古城址。
580. 中国吉林省榆树市思育乡山泉城辽金古城址。
581. 中国吉林省榆树市泗河乡泗河城辽金古城址。
582. 中国吉林省榆树市武龙乡榆树城子村辽金古城址。
583. 中国吉林省榆树市先锋乡哈拉海辽金古城址。
584. 中国吉林省榆树市新立乡新立村辽金古城址。

585. 中国吉林省榆树市新庄乡新城村城子村辽金古城址。
586. 中国吉林省长春市赛城区山城子辽金城址。
587. 中国吉林省长岭县东五十九号屯辽金古城堡。
588. 中国吉林省长岭县凤州辽金古城址。
589. 中国吉林省长岭县南城子辽金古城址。
590. 中国吉林省长岭县 13 号辽金古城堡。
591. 中国吉林省长岭县乌树台辽金古城堡。
592. 中国吉林省镇赉县丹岱乡大乌兰吐辽金古城址。
593. 中国吉林省镇赉县丹岱乡十家子村辽金古城址。
594. 中国吉林省镇赉县坦途乡好斯台辽金古城址。
595. 中国吉林省镇赉县沿江乡后少力辽金古城址。
596. 中国辽宁省鞍山市鞍山驿堡古城址（辽铁州故址）。
597. 中国辽宁省鞍山市旧城堡辽代铁州故址。
598. 中国辽宁省北票县城东北 40 公里黑城子辽金古城址。
599. 中国辽宁省北票市四家板村辽金古城址。
600. 中国辽宁省北票市四家板乡辽金古城址。
601. 中国辽宁省北镇市城东里窟隆台乡二十里堡村辽金古城址。
602. 中国辽宁省北镇市城辽金广宁城址。
603. 中国辽宁省北镇市南廖屯乡大亮甲村辽代故城址。
604. 中国辽宁省北镇市西南北镇庙前辽金古城。
605. 中国辽宁省北镇市西南闾阳辽金古城址。
606. 中国辽宁省北镇市西南 3.5 公里有常屯辽金古城址。
607. 中国辽宁省北镇市西南壮镇堡辽金古城址。
608. 中国辽宁省昌图市八面城镇辽前期韩州故址（今称八面城）。
609. 中国辽宁省昌图县八面城镇南侧辽金古城址。
610. 中国辽宁省昌图县二十家子乡四面城村辽金古城址。
611. 中国辽宁省昌图县马仲河辽金古城址（辽肃州，今青安县）。
612. 中国辽宁省昌图县南部马仲河村辽金古城址。
613. 中国辽宁省昌图县三江口镇北小塔子村辽今古城（辽韩州）。
614. 中国辽宁省昌图昭苏台河两岸七家子乡七家子村辽金古城址。
615. 中国辽宁省朝阳市大凌河北岸的黄花滩辽金古城址。
616. 中国辽宁省朝阳市大平房乡黄花滩村辽金古城址。

617. 中国辽宁省朝阳市南五十家子村南辽代富庶县故城址。
618. 中国辽宁省朝阳市区辽金兴中州故址。
619. 中国辽宁省朝阳市西营子乡五十家子村南辽金古城址。
620. 中国辽宁省大连市金州区内辽金古城址。
621. 中国辽宁省大石桥市汤池乡汤池村辽金古城址。
622. 中国辽宁省大石桥镇岳州城村辽代耀州故址。
623. 中国辽宁省丹东市九连城东鸭绿江中默定岛上辽金古城址。
624. 中国辽宁省丹江市九连城镇上尖村辽金古城址。
625. 中国辽宁省法库县包家屯南城子村辽金古城址。
626. 中国辽宁省法库县包家屯乡三合城村辽金古城址（辽代福州故址)。
627. 中国辽宁省法库县西土城子村辽金古城址。
628. 中国辽宁省法库县叶茂台乡二台子村辽金古城址。
629. 中国辽宁省抚顺市东古城子辽金城址。
630. 中国辽宁省抚顺市高尔山前辽金古城。
631. 中国辽宁省阜新蒙古族自治县旧庙乡他不朗村辽代宜州徽州城址。
632. 中国辽宁省阜新市阜新县大巴乡半截塔村辽代欢州故址。
633. 中国辽宁省阜新市阜新县大巴乡助力噶尺村辽金古城址。
634. 中国辽宁省阜新市阜新县国华乡犁树营子村辽金古城址。
635. 中国辽宁省阜新市阜新县化石乡哈尔脑村五家子屯辽金古城址。
636. 中国辽宁省阜新市阜新县旧庙乡四家子村辽金古城址。
637. 中国辽宁省阜新市阜新县平安地乡土城子村辽金古城址。
638. 中国辽宁省阜新市阜新县平安地乡勿利可湾子村可湾子屯辽金古城址。
639. 中国辽宁省阜新市阜新县沙拉乡六家子村辽金古城址。
640. 中国辽宁省阜新市阜新县十家子子乡烧锅屯辽金古城址。
641. 中国辽宁省阜新市阜新县塔营子乡高家窝铺屯辽金古城址。
642. 中国辽宁省阜新市阜新县塔营子乡辽代懿州故址。
643. 中国辽宁省阜新市阜新县塔营子乡西大八村辽金古城址。
644. 中国辽宁省阜新市阜新县勿欢池镇广民村塔营子屯塔子山辽金古城址。
645. 中国辽宁省阜新市阜新县新民乡卡拉房子村辽金古城址。
646. 中国辽宁省阜新市阜新县伊马图土城子村南城子辽金古城址。
647. 中国辽宁省阜新市红帽子村辽代成州故址。
648. 中国辽宁省阜新市清河门区细河堡乡辽金古城址。

649. 中国辽宁省阜新市彰武县大巴乡五家子村辽金古城址。
650. 中国辽宁省阜新市彰武县大冷蒙古族乡曹家村金家屯辽金古城址。
651. 中国辽宁省阜新市彰武县两家子乡小五喇叭村辽金古城址。
652. 中国辽宁省阜新市彰武县满堂乡大阪村陈家屯辽金古城址。
653. 中国辽宁省阜新市彰武县四堡子乡韩家杖子村沙力沟屯辽代渭城址。
654. 中国辽宁省阜新市彰武县四堡子乡小南洼辽金古城址。
655. 中国辽宁省阜新市彰武县四堡子乡兴隆村辽代豪州故址。
656. 中国辽宁省阜新市彰武县四合城乡城子村辽金古城址。
657. 中国辽宁省阜新市彰武县四合城乡大伙房村辽金古城址。
658. 中国辽宁省阜新市彰武县苇子沟蒙古族乡土城村辽金古城址。
659. 中国辽宁省阜新市彰武县苇子沟乡土城子辽金古城址。
660. 中国辽宁省复县北部土城乡西阳台村辽金古城址。
661. 中国辽宁省盖州市区辽代辰州故址。
662. 中国辽宁省盖州西南熊岳城辽金古城址。
663. 中国辽宁省海城市东南析木城城址。
664. 中国辽宁省海城市辽代海州故址。
665. 中国辽宁省黑山县东姜家屯古城址。
666. 中国辽宁省葫芦岛市池塘乡安昌岘村南临女儿河辽金古城址。
667. 中国辽宁省葫芦岛市暖池塘乡安昌岘村辽金古城址。
668. 中国辽宁省建平县八家乡驻地邹家湾村辽金古城址。
669. 中国辽宁省建平县建平镇北马圈子村辽金古城址。
670. 中国辽宁省建平县朱碌科乡朱碌科村西北房身村辽金古城址。
671. 中国辽宁省锦州市区辽金古城址。
672. 中国辽宁省锦州市台集屯荒地村辽金古城址。
673. 中国辽宁省锦州市西关辽金城址（明代广宁中屯卫城沿用）。
674. 中国辽宁省喀左县白塔子乡白塔子村辽金古城址。
675. 中国辽宁省喀左县北公营子乡公营子村辽金古城址。
676. 中国辽宁省喀左县城大城子镇东部辽金古城址。
677. 中国辽宁省喀左县大城子镇辽金利州故址。
678. 中国辽宁省开原老城镇北四面城辽金城址（安州、归仁县故址）。
679. 中国辽宁省开原市开原老镇辽金古城址（咸洲、咸平府）。
680. 中国辽宁省开原市南中固镇辽金古城址（辽同州，今为铜山县）。

681. 中国辽宁省康平县东南东南里新兴堡辽金古城址（辽之棋州、今之庆云县）。
682. 中国辽宁省康平县东南 17.5 公里齐家屯辽金古城址（辽代祺州故址）。
683. 中国辽宁省康平县辽河西岸山塔子村辽金古城址。
684. 中国辽宁省康平县四家城子乡辽金古城址（辽荣州城，今荣安县）。
685. 中国辽宁省辽阳城江官屯燕州城（辽代岩州故址）。
686. 中国辽宁省辽阳市东北里灯塔市西大窖乡城门口村东城山辽代古城址。
687. 中国辽宁省辽阳市辽金辽阳府故址。
688. 中国辽宁省辽阳市西南太子河左岸唐马寨村辽金古城址。
689. 中国辽宁省辽中县满都户乡古城子村石碑冈子辽代汤州故城址。
690. 中国辽宁省凌源市西十八里堡辽金古城址（辽榆州故址）。
691. 中国辽宁省明阳市西大凌河南岸木头城子辽金古城址。
692. 中国辽宁省沈阳北懿路辽金古城。
693. 中国辽宁省沈阳城东北东陵区八家子辽金古城址。
694. 中国辽宁省沈阳城东南的奉集堡辽金古城址。
695. 中国辽宁省沈阳市城西高花堡及彰驿站辽金古城址。
696. 中国辽宁省沈阳市东的石佛寺辽金古城。
697. 中国辽宁省沈阳市东陵区汪家乡下柏官屯辽代崇州故址。
698. 中国辽宁省沈阳市东南奉集堡辽金古城址。
699. 中国辽宁省沈阳市辽金沈洲故址。
700. 中国辽宁省沈阳市西南彰义站北之大高花堡辽金古城址。
701. 中国辽宁省沈阳市新城子区（今沈北新区）清水河乡懿路村辽代兴州古城址。
702. 中国辽宁省沈阳市新城子区石佛寺村辽金古城址。
703. 中国辽宁省沈阳市新民县公主屯乡辽滨塔村辽金古城址。
704. 中国辽宁省沈阳至赤峰铁路大巴站东辽金古城址。
705. 中国辽宁省绥中县城北里崔家河沿村辽金古城址。
706. 中国辽宁省绥中县前卫村辽金古城址（广宁前屯卫）。
707. 中国辽宁省绥中县中前卫乡名前卫村辽金古城址。
708. 中国辽宁省铁岭市城西南里新兴堡古城址（今新兴县）。
709. 中国辽宁省铁岭市城西源为辽金古城址。
710. 中国辽宁省瓦房店市西北复州城内辽金古城址。

711. 中国辽宁省瓦房店市复州城辽金古城址。
712. 中国辽宁省西拉木伦与察罕木伦河汇流处辽金古城址。
713. 中国辽宁省新民县东北的辽滨塔村辽金古城（辽州辽滨县故址）。
714. 中国辽宁省兴城市白塔峪乡辽金古城址。
715. 中国辽宁省兴城市城南四城子辽金古城址。
716. 中国辽宁省兴城市城西里东关驿古城址。
717. 中国辽宁省兴城市丁里东辛庄乡东关站村辽金古城址。
718. 中国辽宁省岫岩县城旧土城辽金古城址。
719. 中国辽宁省义县城南七里河乡开州村辽金古城址。
720. 中国辽宁省义县城内原辽金古城址（辽金宜州）。
721. 中国辽宁省义县大凌河与细河汇合处九道岭乡永宁铺村辽金古城址。
722. 中国辽宁省义县东北白永宁铺成辽金古城址。
723. 中国辽宁省义县东南大凌河东侧王民屯辽代古城址。
724. 中国辽宁省义县七里河乡开洲村辽金古城址。
725. 中国辽宁省营口市熊岳镇辽代卢州故址。
726. 中国内蒙古阿鲁科尔沁旗白城子村辽金古城（辽永州之义丰县）。
727. 中国内蒙古阿鲁科尔沁旗白音温都乡罕山林场辽金古城址。
728. 中国内蒙古敖汉旗双庙乡五十家子村辽金古城址（辽代仪坤洲）。
729. 中国内蒙古巴拉克台地区鬼流河支流平安河岸支列哈达辽金古城址。
730. 中国内蒙古巴林右旗白音查干乡布敦花村辽金古城址。
731. 中国内蒙古鲍尔屯一恰尔加林鲍里胡营子山古霍村卡沙辽金古城址。
732. 中国内蒙古赤峰拉西喇木伦河与老哈河会流处辽代白音他拉古城址。
733. 中国内蒙古赤峰市安庆沟乡村东辽金古城址。
734. 中国内蒙古赤峰市巴林右旗孛布力嘎（白塔子）乡孛布力嘎村辽代孝安县古城址。
735. 中国内蒙古赤峰市巴林右旗都希苏木（乡）有爱村辽金古城址（黑河州）。
736. 中国内蒙古赤峰市巴林右旗岗根苏木（乡）床金河与厚朴河汇合口处辽金古城址。
737. 中国内蒙古赤峰市巴林右旗十三敖包乡敖包后（原名红星古城）辽金古城址。
738. 中国内蒙古赤峰市巴林右旗索博日嘎苏木和朝阳乡境内有金代边堡

数十座。

739. 中国内蒙古赤峰市巴林右旗索博日噶苏木（乡）东北查干沐伦河畔平原辽金古城址。

740. 中国内蒙古赤峰市巴林右旗幸福之路乡福根村辽代怀州城故址。

741. 中国内蒙古赤峰市巴林左旗白音乌拉乡努和吐白其辽金古城址。

742. 中国内蒙古赤峰市巴林左旗白音乌拉乡乌兰白棋村辽金古城址。

743. 中国内蒙古赤峰市巴林左旗碧流台乡海苏沟村大营子辽金古城址。

744. 中国内蒙古赤峰市巴林左旗碧流台乡四方城村辽金古城址。

745. 中国内蒙古赤峰市巴林左旗碧流台乡四方城村辽金古城址。

746. 中国内蒙古赤峰市巴林左旗碧流台乡乌兰琪北沟辽金古城址。

747. 中国内蒙古赤峰市巴林左旗查干达哈乡南部于越王辽金古城址。

748. 中国内蒙古赤峰市巴林左旗查干哈达乡年（又称色财营子）辽金古城址。

749. 中国内蒙古赤峰市巴林左旗哈达英格乡道班以北辽金古城址。

750. 中国内蒙古赤峰市巴林左旗哈达英格乡市房子村辽代祖州古城址。

751. 中国内蒙古赤峰市巴林左旗哈达英格乡西店村辽代越王城址。

752. 中国内蒙古赤峰市巴林左旗哈拉达乡小城子辽金古城址。

753. 中国内蒙古赤峰市巴林左旗哈拉哈达乡乡城子村辽金古城址。

754. 中国内蒙古赤峰市巴林左旗十三敖包乡宝泉营子村辽今古城址。

755. 中国内蒙古赤峰市巴林左旗十三敖包乡宝泉营子村辽金古城址。

756. 中国内蒙古赤峰市巴林左旗土木富州乡南下段村蒙古营子辽金古城址。

757. 中国内蒙古赤峰市巴林左旗土木富州乡南下段村蒙古营子辽金古城址。

758. 中国内蒙古赤峰市巴林左旗乌兰达坝乡浩尔图村辽金古城。

759. 中国内蒙古赤峰市巴林左旗乌兰达坝乡浩尔吐村南辽金古城。

760. 中国内蒙古赤峰市巴林左旗乌兰套海乡龙胜村辽金古城址。

761. 中国内蒙古赤峰市巴林左旗乌兰套海乡隆胜村辽金古城址。

762. 中国内蒙古赤峰市大庙乡韩家营子辽金古城址。

763. 中国内蒙古赤峰市河南营子乡波罗湖辽金古城址。

764. 中国内蒙古赤峰市红山乡土城子辽金古城址。

765. 中国内蒙古赤峰市郊区城子乡城子村辽金古城址（辽代松山州故城）。

766. 中国内蒙古赤峰市老府乡老府村东城子辽金古城址。

767. 中国内蒙古赤峰市林西县二道沟城辽金古城址。

768. 中国内蒙古赤峰市林西县海清河子城辽金古城址。
769. 中国内蒙古赤峰市林西县五十家子乡大成村辽金古城址。
770. 中国内蒙古赤峰市林西县小城子乡樱桃沟辽金古城址。
771. 中国内蒙古赤峰市林西县新林镇辽金古城址。
772. 中国内蒙古赤峰市穆家营子乡八里庄城子辽金古城址（俗称木兰城）。
773. 中国内蒙古赤峰市宁城县八里罕镇塔其营子村辽金古城址。
774. 中国内蒙古赤峰市宁城县甸子张老哈河与黑里河交汇处的辽金古城址。
775. 中国内蒙古赤峰市宁城县铁匠营子乡大明镇辽金古城址。
776. 中国内蒙古赤峰市五三乡八家东部辽金古城址。
777. 中国内蒙古赤峰市元宝乡五家村辽金古城址。
778. 中国内蒙古赤峰是巴林左旗碧流台乡乌兰白旗北沟辽金古城址。
779. 中国内蒙古哈拉河与洮儿河汇流处辽金古城址。
780. 中国内蒙古海拉尔区西北海拉尔河右岸辽金古城址。
781. 中国内蒙古呼伦贝尔市布西古辽金古城址。
782. 中国内蒙古呼伦贝尔市乌尔科村辽金边墙城堡。
783. 中国内蒙古霍林郭勒盟正蓝旗黑城子辽金古城址。
784. 中国内蒙古科尔沁右翼前旗查尔森镇哈敦苏龙小学校辽金古城址。
785. 中国内蒙古科尔沁右翼前旗查尔森镇西北后沙利根村辽金古城址。
786. 中国内蒙古科尔沁右翼前旗哈达那拉乡哈达那拉村浩特营屯辽金古城址。
787. 中国内蒙古科尔沁右翼前旗西北查尔森镇沙利根村南公尺锡伯山辽金古城址。
788. 中国内蒙古通辽市科右前旗白章乡团结村辽金古城址。
789. 中国内蒙古通辽市科右前旗查尔森乡后沙力根辽金古城址。
790. 中国内蒙古通辽市科右前旗好仁乡哈拉根台村辽金古城址。
791. 中国内蒙古通辽市科右前旗乌兰哈达乡东方红村前公主岭屯号辽金古城址。
792. 中国内蒙古通辽市科右前旗乌兰哈达乡古城村辽金古城址。
793. 中国内蒙古通辽市科右中旗巴扎拉嘎乡和平村辽金古城。
794. 中国内蒙古通辽市科右中旗坤都冷乡毛改吐古城址。
795. 中国内蒙古通辽市科右中旗吐列毛杜乡号辽金古城址。
796. 中国内蒙古通辽市科右中旗吐列毛杜乡号辽金古城址。

797. 中国内蒙古土默特左翼东北里四家板村辽金古城址。
798. 中国内蒙古翁中特旗乌丹镇东辽代古城址。
799. 中国内蒙古兴安盟科右前旗乌兰浩特东北前公主岭辽金古城址（辽静州、今金山县）。
800. 中国内蒙古兴安盟札赉特旗宝力根花乡青山屯辽金城址（辽代泰洲之兴国县）。
801. 中国内蒙古扎赉特旗小城子乡东方红村（又称努图克“伪满”时称七堡）辽金古城址。
802. 中国内蒙古扎鲁特旗巴雅尔吐胡硕乡巴雅尔吐胡礦村辽金古城址。
803. 中国内蒙古扎鲁特旗格日朝鲁乡格日朝鲁村辽金古城址。
804. 中国内蒙古昭乌达盟巴林左旗白塔子辽金庆州古城址。
805. 中国内蒙古昭乌达盟巴林左旗林东镇辽上京临潢府古城址。
806. 中国内蒙古昭乌达盟赤峰市西郊城子乡城子屯辽金古城址。
807. 中国内蒙古哲里木盟（今通辽市）科尔沁左翼中旗烟灯吐乡中满舍敖村辽金古城址。
808. 中国内蒙古正蓝旗北与旗政府隔闪电河相望四郎城辽金古城址。
809. 中国黑龙江省黑河市爱辉区西岗子镇西沟村老羌城（即西沟古城南城）。
810. 中国黑龙江省北安市石华镇立业村庙台子辽金古城址。
811. 中国黑龙江省北安市南山湾辽金古城址（曷苏昆山谋克城）。
812. 中国黑龙江省五大连池市和平镇和安村辽金古城址。
813. 中国黑龙江省五大连池市双全镇永远村辽金古城址。
814. 中国黑龙江省五大连池市兴隆镇凤凰山辽金古城址。
815. 中国黑龙江省嫩江县门鲁河镇长江村门鲁河辽金古城址。
816. 中国黑龙江省嫩江县临江乡小石砬子辽金古城址。
817. 中国黑龙江省嫩江县前进镇繁荣村辽金古城址。
818. 中国黑龙江省嫩江县伊拉哈镇红嫩村辽金古城址。
819. 中国黑龙江省嫩江县海江镇西孟村辽金古城址。
820. 中国黑龙江省嫩江县塔溪乡光明村兴安辽金古城址。
821. 中国黑龙江省孙吴县沿江乡西屯村四方城辽金古城址。
822. 中国黑龙江省逊克县干岔子乡河西古城
823. 中国黑龙江省黑河市瑷珲区西岗子镇西沟村小羌城遗址（西沟北城）。

824. 中国黑龙江省逊克县新兴镇新兴村辽金古城遗址。
825. 中国黑龙江省逊克县西南 4 公里西石砬子辽金古城址。
826. 中国黑龙江省逊克县干岔子乡何地营子村西南约 7.5 公里何地营子古城地，又称河西古城。
827. 中国黑龙江省黑河市瑷珲区西岗子镇西沟村大羌城遗址（西沟南城）。

参考文献

一　古籍类

（北齐）魏收：《魏书》，中华书局 1974 年版。

（唐）魏征等：《隋书》，中华书局 1973 年版。

（后晋）刘昫：《旧唐书》，中华书局 1975 年版。

（北宋）欧阳修、宋祁：《新唐书》，中华书局 1975 年版。

（北宋）王溥：《唐会要》，上海古籍出版社 2006 年版。

（北宋）王钦若：《册府元龟》，中华书局 2003 年版。

（北宋）司马光：《资治通鉴》，中华书局 1979 年版。

（南宋）李焘：《续资治通鉴长编》，中华书局 2004 年版。

（元）脱脱：《辽史》，中华书局 2016 年版。

（元）脱脱：《金史》，中华书局 1975 年版。

崔文印校证：《大金国志校证》，中华书局 1986 年版。

叶隆礼：《契丹国志》，上海古籍出版社 1985 年版。

（宋）徐梦莘：《三朝北盟会编》，上海古籍出版社 1987 年版。

（明）宋濂等：《元史》，中华书局 1976 年版。

（清）顾祖禹：《读史方舆纪要》，上海书局 1998 年版。

（清）穆彰阿等：《嘉庆重修大清一统志》，上海古籍出版社 2008 年版。

二　地方志类

《瑷珲县志》，民国九年（1920）。

爱辉县修志办公室：《爱辉县志》，北方文物杂志社 1986 年版。

张伯英：《黑龙江志稿》，黑龙江人民出版社 1992 年版。

黑龙江省地方志编纂委员会:《黑龙江省志·民族志》,黑龙江人民出版社1998年版。
黑龙江省地方志编纂委员会:《黑龙江省志·文物志》,黑龙江人民出版社1998年版。

三 著作类

金毓黻:《东北通史》,五十年代出版社1981年版。
傅斯年:《东北史纲》,上海古籍出版社2012年版。
《曹廷杰集》,中华书局1985年版。
吕思勉:《中国民族史》,吉林人民出版社2013年版。
陈连开:《中华民族研究初探》,知识出版社1994年版。
张博泉:《东北地方史稿》,吉林大学出版社1985年版。
刘统:《唐代羁縻府州研究》,西北大学出版社1998年版。
张碧波:《东北古族古国古文化研究》(上),黑龙江教育出版社2000年版。
王绵厚:《东北古族古国古文化研究》(中),黑龙江教育出版社2000年版。
王禹浪:《东北古族古国古文化研究》(下),黑龙江教育出版社2000年版。
潘春良、艾书琴主编:《多维视野中的黑龙江流域文明》,黑龙江人民出版社2006年版。
孙进已、冯永谦:《东北历史地理》,黑龙江人民出版社2013年版。
谭其骧主编:《中国历史地图集释文汇编·东北卷》,中央民族学院出版社1988年版。
郭沫若:《中国史稿地图集》,中国地图出版社1990年版。
国家文物局:《中国文物地图集》,中国地图出版社1993年版。
高路加:《中国北方民族史》,内蒙古文化出版社1994年版。
东郭士等:《东北古史资料丛编》,辽沈书社1989年版。
佟柱臣:《中国边疆民族物质文化史》,巴蜀书社1991年版。
谭英杰、孙秀仁等:《黑龙江区域考古学》,中国社会科学出版社1991年版。
干志耿、孙秀仁:《黑龙江古代民族史纲》,黑龙江人民出版社1987年版。
王绵厚:《东北古代交通》,沈阳出版社1990年版。
《东北亚历史与考古信息》,吉林省考古研究所编1984—1994年版。
李澍田、薛红:《中国东北通史》,吉林文史出版社1987年版。
周文华主编:《黑龙江大辞典》,黑龙江人民出版社1992年版。

王钟翰主编:《中国民族史》,中国社会科学院出版社 1994 年版。
马一虹:《靺鞨、渤海与周边国家、部族关系史研究》,中国社会科学出版社 2011 年版。
刘浦江:《辽金史论》,辽宁大学出版社 1999 年版。
金启孮:《女真辞典》,文物出版社 1990 年版。
《黑龙江将军衙门档案选编》,黑龙江人民出版社 1986 年版。
王禹浪:《金代黑龙江述略》,哈尔滨出版社 1993 年版。
王禹浪、王宏北:《东北史地论稿》,哈尔滨出版社 2004 年版。
王禹浪等:《东北辽代古城研究汇编》,哈尔滨出版社 2008 年版。
王禹浪、王文轶:《辽东半岛的高句丽山城》,哈尔滨出版社 2008 年版。
王禹浪、都永浩:《文明碎片——中国东北地区辽、金、契丹、女真历史遗迹与遗物考》,黑龙江教育出版社 2013 年版。
王禹浪:《神秘的东北历史与文化》,黑龙江人民出版社 2011 年版。
王禹浪、王文轶:《东北古代史研究》,黑龙江人民出版社 2014 年版。
王禹浪、王文轶:《金源文化研究》,黑龙江人民出版社 2014 年版。
范恩实:《靺鞨兴嬗史研究》,黑龙江教育出版社 2012 年版。
程妮娜:《古代中国东北民族地区建置史》,中华书局 2010 年版。
傅朗云、杨旸:《东北民族史略》,吉林人民出版社 1983 年版。
李治亭:《东北通史》,中州古籍出版社 2003 年版。
冯恩学:《俄国东西伯利亚与远东考古》,吉林大学出版社 2002 年版。
[俄] P. 马克:《黑龙江旅行记》,商务印书馆 1977 年版。
[俄] E. N. 杰烈维扬科:《黑龙江沿岸的部落》,吉林文史出版社 1987 年版。

附录　王禹浪教授关于东北古城论文检索目录（1984—2016）

1984 年

王禹浪：《寥晦城考》，《黑龙江文物丛刊》1984 年第 2 期。

1985 年

王禹浪：《黑龙江省通河县太平屯古城考》，《北方文物》1985 年第 2 期。

1993 年

王禹浪：《哈尔滨城史纪元的初步研究》，《北方文物》1993 年第 3 期。

1995 年

王禹浪：《中国东北地区古城文化遗迹概述》，《黑龙江民族丛刊》1995 年第 4 期。

1996 年

王禹浪：《三百余年前日本发现的多贺城碑》，《社会科学战线》1996 年第 5 期。

王宏北、王禹浪：《“勿汗州兼三王大都督”官印初探》，《北方文物》

1996 年第 2 期。

王禹浪：《关于下通古斯卡的埃温克人的祭祀建筑》，《黑龙江民族丛刊》1996 年第 2 期。

1997 年

王禹浪：《靺鞨黑水部地理分布初探》，《北方文物》1997 年第 1 期。

1998 年

王禹浪、余长江：《东北亚区域国际环境变迁与哈尔滨战略地位的转换》，《东北亚论坛》1998 年第 3 期。

王禹浪：《黑龙江流域与日本东北及北海道的古代文化交流》，《学习与探索》1998 年第 5 期。

1999 年

王禹浪、李云翔：《黑龙江远古文化与古代文明》，《哈尔滨师专学报》1999 年第 2 期。

王禹浪、王宏北：《蒲鲜万奴与东夏国》，《哈尔滨师专学报》1999 年第 3 期。

王禹浪：《哈尔滨地名含义之谜》，《哈尔滨师专学报》1999 年第 4 期。

2000 年

王禹浪、都永浩：《渤海东牟山考辨》，《黑龙江民族丛刊》2000 年第 2 期。

张晖宇、王禹浪：《金代黑龙江地区的行政建制述略》，《哈尔滨师专学报》2000 年第 4 期。

王禹浪、王志洁：《黑龙江流域古代历史与文化概述》，《黑龙江民族丛刊》2000 年第 4 期。

2002 年

王禹浪、王宏北：《黑龙江渤海山城分布与特征》，《黑龙江民族丛刊》2002 年第 1 期。

王禹浪、王宏北：《黑龙江渤海山城的高句丽文化典型特征》，《黑龙江民族丛刊》2002 年第 3 期。

2003 年

王禹浪、李彦君：《北夷“索离”国及其夫余初期王城新考》，《黑龙江民族丛刊》2003 年第 1 期。

王禹浪：《论金源文化》，《黑龙江民族丛刊》2003 年第 3 期。

王禹浪：《关于金代完颜宗翰家族墓地的研究报告》，《满族研究》2003 年第 1 期。

王禹浪：《黑龙江流域的历史与文化》（一），《大连大学学报》2003 年第 1 期。

王禹浪：《黑龙江流域的历史与文化》（二），《大连大学学报》2003 年第 3 期。

王禹浪：《金代冷山考》，《大连大学学报》2003 年第 5 期。

2004 年

王禹浪：《东北历史与文化考察纪行——1996 年度鸭绿江右岸考察记录》（上），《大连大学学报》2004 年第 1 期。

王禹浪：《金朝初期春水纳钵之地的考察——兼考“冒离纳钵”与“莫力街古城”之谜》，《黑龙江民族丛刊》2004 年第 2 期。

宋协毅、王禹浪：《大连城史纪元的新思考》，《大连大学学报》2004 年第 3 期。

王禹浪、王宏北：《金源地区历史地理考证四则》，《黑龙江民族丛刊》2004 年第 4 期。

王禹浪：《1996 年度鸭绿江右岸考察记录》（下），《大连大学学报》2004 年第 5 期。

王禹浪：《黑龙江流域及其古代民族与五大帝国王朝》，《中国古代社会与思想文化研究论集》2004 年。

2005 年

王禹浪：《黑龙江流域古代文明探微》，《学术交流》2005 年第 7 期。

王禹浪、王建国：《古代辽阳城建制沿革初探》，《大连大学学报》2005 年第 5 期。

2006 年

王禹浪、王宏北:《金代黑龙江流域的历史与文化》,《哈尔滨学院学报》2006 年第 1 期。

王禹浪、王宏北:《女真族所建立的金上京会宁府》,《黑龙江民族丛刊》2006 年第 2 期。

王禹浪、于冬梅:《辽东半岛地区金代建置考》,《黑龙江民族丛刊》2006 年第 6 期。

2007 年

王禹浪:《三燕故都古朝阳的历史、文化与民族融合》,《黑龙江民族丛刊》2007 年第 3 期。

王禹浪、刘述昕:《辽河流域的古代民族与文化》,《黑龙江民族丛刊》2007 年第 6 期。

王禹浪、刘述昕:《黑龙江流域渤海古城的初步研究》,《哈尔滨学院学报》2007 年第 12 期。

2008 年

王禹浪、孙军、王文轶:《大、小凌河流域的古代文明与历史文化》,《黑龙江民族丛刊》2008 年第 1 期。

王天姿、王禹浪、孙慧:《图们江流域的历史与文化——兼考靺鞨族源、渤海旧国、东牟山及相关历史地理问题》,《黑龙江民族丛刊》2008 年第 5 期。

王禹浪、刘述昕:《清朝前期关外三京的初步比较研究》,《满族研究》2008 年第 1 期。

王禹浪、树林娜:《黑龙江流域渤海国历史遗迹遗物初步研究》,《哈尔滨学院学报》2008 年第 9 期。

2009 年

王禹浪、孙慧:《俄罗斯滨海地区及黑龙江流域的渤海古城遗迹》,《哈尔滨学院学报》2009 年第 2 期。

王禹浪、刘冠缨:《黑龙江地区金代古城分布述略》,《哈尔滨学院学报》

2009 年第 10 期。

王禹浪、王海波:《黑龙江流域金代女真人的筑城与分布》,《满语研究》2009 年第 1 期。

王禹浪、刘冠樱:《大石桥市海龙川山城考察报告》,《黑龙江民族丛刊》2009 年第 3 期。

王禹浪、王海波:《营口市青石岭镇高句丽山城考察报告》,《黑龙江民族丛刊》2009 年第 5 期。

2010 年

王禹浪、王文轶、王宏北:《辽东半岛高句丽山城概述》,《黑龙江民族丛刊》2010 年第 2 期。

王禹浪、王文轶:《营口地区盖州市万福镇贵子沟村赤山山城考察报告》,《黑龙江民族丛刊》2010 年第 4 期。

2011 年

王禹浪、刘述欣:《辽宁地区辽、金古城的分布概要》(一),《哈尔滨学院学报》2011 年第 1 期。

王禹浪、李福军:《辽宁地区辽、金古城的分布概要》(二),《哈尔滨学院学报》2011 年第 2 期。

王禹浪、郭丛丛:《辽宁地区辽、金古城的分布概要》(三),《哈尔滨学院学报》2011 年第 3 期。

王禹浪、王文轶:《大连地区的高句丽山城》,《哈尔滨学院学报》2011 年第 6 期。

王禹浪:《乌裕尔河流域的历史与文化——以北安市为中心》,《哈尔滨学院学报》2011 年第 7 期。

王禹浪、王文轶:《营口地区的高句丽山城》,《哈尔滨学院学报》2011 年第 9 期。

2012 年

王禹浪、刘加明:《西辽河流域的古代都市——辽中京大定府》(下),《哈尔滨学院学报》2012 年第 9 期。

王禹浪、程功、刘加明:《近三十年来渤海上京城研究综述》,《黑龙江民族丛刊》2012 年第 6 期。

王禹浪:《中国东北地区五大流域历史与文化概述》,《哈尔滨学院学报》2012 年第 1 期。

王禹浪、王文轶:《丹东地区的高句丽山城》,《哈尔滨学院学报》2012 年第 3 期。

王禹浪:《辽河流域文明之一辽河流域的历史文化与古代文明》,《哈尔滨学院学报》2012 年第 4 期。

王禹浪、王文轶:《鞍山地区山城研究》,《黑龙江民族丛刊》2012 年第 2 期。

王禹浪、程功:《东辽河流域的古代都城——辽阳城》,《哈尔滨学院学报》2012 年第 6 期。

王禹浪:《西辽河流域的古代都市——辽上京临潢府》(上),《哈尔滨学院学报》2012 年第 7 期。

王禹浪、王文轶:《高句丽在辽东半岛地区的防御战略——以辽东半岛地区的高句丽山城为中心》,《大连大学学报》2012 年第 4 期。

2013 年

王禹浪、江红春:《清代黑龙江流域副都统衙门建置沿革述略》,《哈尔滨学院学报》2013 年第 3 期。

王禹浪、刘加明:《嫩江的称谓、流域范围及其辽金古城研究综述》,《哈尔滨学院学报》2013 年第 4 期。

王禹浪:《金初乌古迪烈统军司地望新考》,《哈尔滨学院学报》2013 年第 6 期。

王禹浪、郝冰、刘加明:《嫩江流域辽金古城的分布与初步研究》,《哈尔滨学院学报》2013 年第 7 期。

王禹浪:《论宏观视野下墨尔根·嫩江流域的历史与文化——纪念嫩江县建县百年》,《哈尔滨学院学报》2013 年第 9 期。

王禹浪:《“索离”国及其夫余的初期王城》,《黑龙江民族丛刊》2013 年第 1 期。

王禹浪、刘加明:《三江平原地域族体考古文化研究综述》,《黑龙江民族丛刊》2013 年第 2 期。

王禹浪、程功:《大凌河流域隋唐时期营州历史与文化研究综述》(一),

《大连大学学报》2013 年第 2 期。
王禹浪、程功：《大凌河流域隋唐时期营州历史与文化研究综述》（二），《大连大学学报》2013 年第 5 期。

2014 年

王禹浪、于彭：《近三十年来渤海历史地理研究综述》，《哈尔滨学院学报》2014 年第 4 期。
王禹浪、夏振泉：《东北地区筑城的起源》，《哈尔滨学院学报》2014 年第 6 期。
王禹浪、于彭：《论牡丹江流域渤海古城的分布》，《哈尔滨学院学报》2014 年第 8 期。
王禹浪、寇博文：《大凌河流域朝阳地区的历史文化考察》，《哈尔滨学院学报》2014 年第 9 期。
王禹浪、陶信顺：《黑龙江右岸“江岸古城”发现的价值及萝北文化发展战略转换的意义》，《哈尔滨学院学报》2014 年第 11 期。
王禹浪、于彭：《近十年来渤海国五京的考古发现与研究综述》，《黑龙江民族丛刊》2014 年第 3 期。
王禹浪、于彭：《牡丹江流域辽金时期女真筑城分布研究》，《满族研究》2014 年第 3 期。
王禹浪、夏振泉：《东北古族的形成与东北筑城发展因素初探》，《黑河学院学报》2014 年第 5 期。
许盈、王禹浪：《太子河流域辽阳地区历史文化考察》，《黑河学院学报》2014 年第 5 期。

2015 年

王禹浪、王俊铮：《唐黑水都督府研究概述》，《东北史地》2015 年第 4 期。
王禹浪、王俊铮：《黑水靺鞨地理分布研究综述》，《哈尔滨学院学报》2015 年第 4 期。
王禹浪、闫举香、寇博文：《乌苏里江流域的历史与文化——以饶河县为中心》，《哈尔滨学院学报》2015 年第 6 期。
王禹浪、许盈：《近三十年来清前期“关外三京”研究综述》，《黑河学院学报》2015 年第 2 期。

王禹浪:《哈尔滨城史纪元始于金代的主要依据》,《哈尔滨学院学报》2015年第9期。

王禹浪、寇博文:《近三十年金上京研究综述——金上京考古发现与文物研究综述》,《哈尔滨学院学报》2015年第10期。

王天姿、王禹浪、王俊铮:《浑江流域的古代历史与文化》,《哈尔滨学院学报》2015年第12期。

王禹浪、王俊铮:《夫余族称与王城研究综述》,《黑河学院学报》2015年第4期。

王禹浪、王俊铮:《牡丹江、延边地区渤海历史遗迹考察》,《黑河学院学报》2015年第6期。

王禹浪、王天姿、寇博文:《金上京考古发现与文物研究综述》,《黑龙江民族丛刊》2015年第6期。

2016年

王禹浪、王天姿:《哈尔滨城史纪元的再研究年》(上),《哈尔滨学院学报》2016年第1期。

王禹浪、王天姿:《哈尔滨城史纪元的再研究年》(下),《哈尔滨学院学报》2016年第2期。

王天姿、王禹浪:《牡丹江流域辽金元及明清时期的民族文化遗存》,《黑河学院学报》2016年第2期。

王禹浪、王文轶:《辽东半岛地区高句丽山城的初步研究》,《中国边疆史地研究》2016年第1期。

王天姿、王禹浪:《西汉"南闾秽君"、苍海郡与临秽县考》,《黑龙江民族丛刊》2016年第1期。

后　记

本书是笔者经过四十年对东北地区古代民族筑城遗迹进行实地调查研究的成果积累。笔者对东北古代民族筑城的研究兴趣始于1980年秋。当时，我陪同著名东北史地学家李健才先生、张泰湘先生，以及我的恩师魏国忠先生一起考察黑龙江省东宁县的大城子渤海国率宾府遗址时，三位先生一路上给我讲解了许多东北历史地理研究领域存在着许多问题，并期待我们年轻人能够在今后的学术道路上注重东北历史地理的研究，尤其是要特别注意东北地区发现的古城遗迹的调查和研究。李健才先生还反复强调了古城遗迹在历史地理研究中的重要意义和价值。

1981年，在谭其骧先生的倡议下，由东北史地著名学者李健才、孙进己先生组建了东北历史地理的编撰课题组，并申报成功了七·五、八·五国家哲学社会科学基金重点项目，我有幸参加了这一重大课题项目。并被遴选为《东北历史地理·辽金卷》的副主编。由此，我走上了研究东北古代民族筑城与历史地理研究之路，那时我是这个课题组中最年轻的成员。《东北历史地理》作为当年国家社科基金重点项目经过三十多年的艰辛历程，已经由黑龙江人民出版社于2012年正式出版，分上·下两卷。从1981年到2018年，在这三十余年的时间里，我的主要研究方向没有离开过对东北地域古代民族筑城研究与调查。即使在指导研究生的硕士论文时的选题，也从来没有离开东北地域古代民族筑城的课题。在长达数十年的时间里我从来没有间断过对东北古代民族筑城的实地调查和研究，据不完全统计，我所调查古城的总行程已达数万公里，所掌握和调查过的东北古代民族筑城遗迹达1400余座。不仅如此，我还对中国的周边地区及国家，如朝鲜民主主义人民共和国、韩国、俄罗斯远东地区，以及日本的北海道及日本东北地区的部分古城遗迹都进行了实地考察，并撰写了一些研究综述和考据文章。特别是我把这些古城遗迹进行了统计，列出了一千多座古城的研究目录，这是我多年积累的第一手学术研究资料，并专门辟为第九章：东北古代民族筑城目录列于书的最后。

数十年来，在对这些古城遗迹的调查和研究过程中，给予我最大的帮助与合作者就是我的妻子王宏北教授，她几乎承担了全部家务，使我有充足的时间去田野调查，奔走在广袤的东北大地上。她本来应该成为一位最优秀的东北史学者，但是她为了我的兴趣和梦想得到最大的满足得以实现，却以牺牲自我的精神把所有的机会都无私的奉献给我。此外，原国防军事大学的夏振权博士，我的大连大学首批硕士研究生王文轶博士，都为我的筑城史的调查与研究给予了无私的帮助。1994年，我和王宏北教授完成了《高句丽渤海古城研究汇编》由哈尔滨出版社出版，2015年，我与夏振权博士合作完成了《东北古代筑城分布研究》一书，由黑龙江人民出版社出版，与王文轶博士共同完成了《辽东半岛高句丽山城的调查与研究》一书，由哈尔滨出版社出版。此间，我还完成了《辽代古城研究汇编》《东北辽金契丹女真历史遗迹遗物考》（上、下册），2015年由黑龙江教育出版社出版。这些成果都为这部《东北古代民族筑城研究》专著打下了坚实的基础。尤其需要说明的是，在本书的第一章：1、2节，第五章、第六章的部分章节中，是我与夏振权博士、王文轶博士共同研究的成果，对于他们的慷慨深表谢意！

2015年，有幸结识了大连大学于占杰博士，他极力推荐我的这部书的出版，并把社会科学出版社的编辑安芳同志介绍给我，在安芳的策划下我和我的研究生王俊铮整理了这部书稿。2016年3月，我有幸到黑河学院做兼职客座教授，并结识了党委书记曹百瑛教授，在他的帮助下我又完成了有关黑河地区古代民族筑城的调查与研究工作，并补充了一些新的资料。黑河学院校长贯昌福教授、副校长丛喜权教授、黑河学院总会计师宁艳杰教授、远东研究院院长谢春河教授，科研处处长宁艳红教授，《黑龙江民族丛刊》的特约编辑戴淮明研究员都对本书的出版给予了极大的帮助。我的研究生江红春、刘述欣、孙军、程功、孙慧、王海波、刘冠樱、刘佳明、于彭、王俊铮、寇博文、马振祥、翟少芳都为本书出力甚多，尤其是王俊铮同学，在赴俄罗斯阿穆尔国立大学攻读博士之际的百忙中，为我编辑了这部书的初稿，在此深表衷心感谢。

王禹浪

2017 年 12 月 31 日